袴谷憲昭

唯識文献研究

大蔵出版

本書は、拙く恥しきものながら、

恩師

平　井　俊　榮　先生

山　口　瑞　鳳　先生

へ前書に続いて捧げられる

はしがき

本書は、前書『唯識思想論考』に収め切れなかった旧稿を主として一書にまとめた論文集である。前書で残された旧稿は、唯識文献について思想史的観点から論じたもの、その論究に伴う訳註研究、あるいはテキストそのものの校訂提示なので、その集大成である本書を『唯識文献研究』と名乗らせて頂くことにした。

これらの旧稿中、本書の主要部分をなす「本論」の「論稿集成」として収録されたものは二二篇である。これらは、本書では「本論」第一論文ないし第二二論文として指示されることになるが、その多くが、唯識文献について論じたものや訳註研究であるのに対し、純然たるテキスト校訂やそれに準ずるものは、横組の「結」の部分に、第一校訂本、第二校訂本序、第二校訂本として、三群に分かたれて収められている。しかるに、これら旧稿は、「本論」第二二論文を除いて、全て二十年以上前の一九八七年以前の脱稿であるが、「序」は三篇とも今回の書下ろしである。「序」をなす三篇は、私が唯識文献を研究するようになってから著書や論文を通じて教わることになった多くの学者の中、問題点を感じながら私自身の未熟もあって長いこと触れず仕舞になっていた三人の学者に因むそれぞれの問題を取り上げて論じたものであるが、一書としてまとめるに当り、そうすることによって、旧稿と現時点の私の問題意識との間になんらかの橋渡しをなして、新著を提示できるのではないかと考えられたからにほかならない。

「序」第一論文は、フラウワルナー教授の“Amalavijñānam und Ālayavijñānam（アマラ識とアーラヤ識）”という有名な論文を、かつて懐いていた私自身の考えにも反省を加えながら、その論文全体を仏教思想のインドから中国への伝播という問題を視座に再考してみたものである。これに続く「序」第二論文と第三論文とは、順次に、ウェイマン教授の“Asaṅga's Views on Food（アサンガの食観）”の一節と、ラモット教授の『解深密経』の校訂仏訳に対する

“Préface”の一節とについて昔読んで気に掛かっていた点を機縁として論じられている。前者は、ウェイマン教授がウパニシャッド文献との類似という観点から提起したアサンガの食観を中心に、これに関連する仏教ないし唯識文献をインドにおける「土着思想」と「外来思想」という対比の中で再吟味してみたもの、後者は、ラモット教授が*Ghanavyūha*（『厚厳経』『密厳経』）という一大乗経典に籠めようとしていた見ようによっては些細な意図を、広く唯識思想展開の中での経証の問題として再検討してみたものである。以上の三篇は、提起された問題を徹底的に論じ尽すという視点から見れば、なお不充分な点は多く残っているが、仏教の心意識論の展開という大きな課題の下に旧稿と現時点の私の問題意識とに架橋を試みようとした点からは、一定の目的は果しえたのではないかと期待したい。

本書の主要部分をなす「本論」の二二篇の旧稿は、脱稿年次でいえば、最も最近の二〇〇六年脱稿の第二二論文以外は、一九七〇年脱稿の第一論文に始まって、一九八七年脱稿の第二一論文に終る一連のもので、最後の第二二論文をも加えて、ほぼ脱稿順に配列されている。従って、これらを順次に読んで頂けるならば、私の唯識文献に関する問題意識の推移も自ずと理解して頂けるのではないかと思う。しかし、それゆえに、時には、同一もしくは同種の文献を巡って論究が展開していく場合、引用される文献の重複が却って目立つ結果ともなっている。この面での見苦しさについてはどうか御海容を賜りたい。

「結」に配された三群の旧稿中、第一校訂本は、『摂大乗論』に対するアスヴァバーヴァ註釈の極最初の部分のチベット訳漢訳対照本であり、第二校訂本序と第二校訂本とは、『解深密経』の新旧両チベット訳に対する序を伴った対照本である。

さて、上述したように、本書の「本論」と「結」とは全て旧稿であり、しかも、二年前脱稿の「本論」第二二論文を除いては、皆二十年以上も前のものに属する。そのために、それらは、当然のことながら、三十八年から二十年に及ぶ間の研究上の埋め合せを必要としている。この必要に応じるため、本書でも、前書のやり方をほぼ踏襲して、個々の補足は亀甲カギカッコ内において、全体に及ぶ補足は各旧稿末尾においてなされている。ところで、全体的補足を前書では「研究余史」と命名したが、本書では「回顧と弁明」とした。年を取った分だけ、気持が研究そのものよりは回顧や弁明に動きやすいかもしれないと危惧したからにほかならない。ついでに申し添えておけば、粗忽な私には、補足は長い空白があるから必要であるというよりは、常時必要と言うべきかもしれず、現に二年前の旧稿にも補足が必要であったことは、「本論」第二論文の末尾を見てのとおりである。

しかし、かかる欠点はあるにせよ、右のような補足と、比較的長い書下ろし三篇の「序」とによって、かなり新しい論点も示しえたのではないかと思っている。しかも、前書と本書とによって、前書の冒頭に掲げた「唯識思想関連拙稿既刊目録」中の、論文(46)「離言(nirabhilāpya)の思想背景」一篇と書評の六篇以外は、全て新たな装いの下に世に投ずることができたこととなり、私個人としては、本書の刊行をもって、やっと唯識思想文献に関する私の過去の研究に一区切りをつけ、残された日々を、もし許されるならば、新たな展開の下に過しうるかもしれないと期待し、そのことをなによりも幸せなことと感じている。

今この幸せを嚙み締めることができるのも、研究の上では、私が唯識思想について学び始めて以来の、多くの先生たちや先輩たちの学恩のお蔭であることは勿論であるが、私の場合は、研究のみならず生活の面でもその多くの方々からの教えを蒙っており、それはまた私の同輩や後輩にまでも及ぶのである。ここに、それらの方々の一いちのお名を記すことはできないが、その感謝の気持は、前書出版の時と全く変らず、その意味で、本書も前書と同じく、私の二人の恩師である、平井俊榮先生と、山口瑞鳳先生とに、誠に恥しい成果ではあるが、献じさせて頂くことにしたい。

ところで、本書は、同じお二人の先生に献じさせて頂くが、新たに一書として出版するという観点からすれば、本書は、前書同様、大蔵出版の井上敏光氏なしにはこの世にありえなかった。実は、前書の刊行より本書の出版までの間には、既に七年もの時が流れてしまい、この間にやはり井上氏のお世話に与って、『仏教教団史論』『仏教入門』

『日本仏教文化史』の刊行は見たものの、前書刊行直後より、井上氏はそこより洩れた旧稿も早く一書としてまとめるべきであると絶えず勧めてきて下されたのであった。私はその慫慂を嬉しく感じ、また著者としてそれなりの責務も感じつつも、なかなか腰を挙げられぬままに、昨年の夏まで打ち過ぎてしまったのである。そこで、この夏休みこそ本書の準備に一応の決着をつけようと臨んだにもかかわらず、猛暑の夏には暑さに順ってのんびりと休むべきであるとの理屈を優先させてしまい、実際旧稿に向い始めた時は既に夏休みも終りに近かったのである。それでも、とにかく腰を挙げえたのは、熱心な井上氏のお勧めが私の念頭を去ることがなかったからなのであるが、旧稿の点検と補足とには実際やり始めてみるとやはり思いの外に時間を要し、旧稿の全てを「本論」と「結」の形でお渡しできたのは昨年の十月九日のことであった。その後に、やっと「序」の書下ろし部分に着手することを得たが、当初は、その第一論文さえ時間をかけて仕上げれば、他の二篇は簡単にすませて年内には片を付けることができるように思っていた。ところが、問題の第一論文を渡しえた時には既に十二月も半ばの十八日になっていたのである。その間に、「本論」の前半は組み上り出し、それに伴って、いつもの井上氏の的確なチェックもかかってきたのであるが、書下ろし部分については、第二論文以降も、当初の予定よりは長くなりがちなのを察知して、どんなに長くなってもかまわないから存分に書いてくれとて、辛抱強く待って下された。結局、残った二篇をお渡しできたのは年を越えてからのこととなり、第二論文は、今年の二月十四日、第三論文は二月二十六日のことであった。しかるに、これ以降の井上氏の迅速で的確な対応は常のごとくであったが、書下ろし部分については、旧稿に対する以上に、有意義な感想や御教示を得、それらを活かしえたことを、ここに改めて記して、深く感謝の意を表したい。

なお、その旧稿の補足や書下ろしの執筆過程で、遥か昔の些細なことで、正確に思い出そうにも思い出せないために、安易な道を求めて他人《ひと》に頼ろうとした折に、すぐ応じて適切な御教示を与えて下さったのが、松田和信氏と岡本一平氏とであった。しかし、その一いちを然るべき御教示の箇所に記すことができなかったので、ここに、両氏の御好意を記して、深く感謝を申し上げておきたい。

また、今回も、前書に準じて巻末に「索引」を付したが、今回のそれは、全て、石見明子氏の御尽力によるものである。勿論、その最終責任が私にあることは言うまでもないが、お忙しい中を本書の「索引」作成のために時間を廻して下された石見氏には、心からの謝意を表したい。

さて、世の中は、北海道洞爺湖サミットも閉会となって一段落ついた感じであるが、global capitalism とでも言うべきものが世界を席捲していて、その猛威は格差を世界中に散蒔きながら益々止みそうもない。しかも、昨今は、その勢いが大学にも及んで、今や大学は、批判的研究の場なのか、それともただの実務的教育の場なのかさえ分からなくなってきている。私は、駒沢短期大学の廃止に伴って、二〇〇六年度より再び駒沢大学仏教学部に戻りえたが、幸いなことに仏教学部はまだ批判的研究の場たりえている。そのお蔭もあってか、本書は、駒沢大学より、平成二十年度特別研究出版助成金の交付を受けている。このことを記して、駒沢大学、および、同仏教学部の諸先生に対して衷心よりお礼申し上げる次第である。

本書は、後一ヶ月もすれば店頭にもわずか姿を現わすことになるのであろうが、昨年の夏より数えてほぼ一年間、本書の出版を巡りながら、またまた大蔵出版の井上敏光氏といろいろな夢を親しく語り合うことができた。そのような折には、今後の話も多かったが、井上氏が私の話を書下ろしの方向へ展開させて『唯識思想批判』などにつながる形にしようと積極的であったのに対し、私の方はまだ残る旧稿を『仏教文献研究』としてまとめてみる必要があるなどと消極的であったものの、かかる話まで含めて、井上氏には今回も筆舌に尽し難いお世話になった。井上氏なしには本書はこの世に存在しなかったということを再度記して、甚深の謝意の表明に代えさせて頂くことにしたい。

二〇〇八年七月十一日

著者

唯識文献研究――目次

はしがき

序　仏教心意識論序説

一　フラウワルナー教授の識論再考 …… 3
二　「四食」「四識住」文献の予備的一考察 …… 101
三　唯識思想の経証としての『厚厳経』 …… 171

本論　論稿集成

一　*MS* に対する Asvabhāva 註釈の特徴――チベット訳を資料として―― …… 237
二　『大乗荘厳経論』第九章第五六―七六頌のアスヴァバーヴァ註釈 …… 246
三　Asaṅga の聖典観――*Abhidharmasamuccaya* の dharmaviniścaya 章について―― …… 259
四　『阿毘達磨集論』「法決択」章の一節について …… 282
五　『大乗荘厳経論』散文箇所の著者問題について …… 298
六　チベット訳『摂大乗論会釈』所引の一頌について …… 314
七　弥勒請問章和訳 …… 322
八　史的観点による「弥勒請問章」の一考察 …… 351
九　スティラマティとシーラバドラ …… 368

一〇　初期唯識文献研究に関する方法論的覚え書……373
一一　『転有経』の検討……387
一二　インド仏教における中観・唯識宗研究……396
一三　『大乗荘厳経論』第一四章第三四―三五頌の
　　アスヴァバーヴァとスティラマティとの註釈……409
一四　bhoga-nimitta 考……419
一五　〈自性清浄〉覚え書……427
一六　ラトナーカラシャーンティの転依論……436
一七　チベットにおける唯識思想研究の問題……451
一八　マイトレーヤ伝承の再検討……471
一九　〈法身〉覚え書……474
二〇　唯識文献における無分別智……502
二一　如来蔵説と唯識説における信の構造……550
二二　実修行派の経典背景の一実例……576
結
対照校訂テキスト
一　チベット訳漢訳対照『摂大乗論』「序章」「衆名章」アスヴァバーヴァ註釈……(3)
二　『解深密経』の新旧両チベット訳――初期チベット翻訳史についての覚え書――……(64)
三　新旧両チベット訳対照『解深密経』……(84)
索　引

序　仏教心意識論序説

一　フラウワルナー教授の識論再考

一　はじめに

トマス＝ホッブズ（Thomas Hobbes）は、主著『リヴァイアサン（*Leviathan*）』において、人間をテーマとしたその第一部の宗教について論じた第一二章を次のように書き起している。[1]

Seeing there are no signs, nor fruit of *religion*, but in man only ; there is no cause to doubt, but that the seed of *religion*, is also only in man ; and consisteth in some peculiar quality, or at least in some eminent degree thereof, not to be found in any other living creatures.

人間だけをのぞけば、宗教のしるしも果実も、どこにもないことを知るならば、宗教の種子もまた、人間のなかにだけあること、そして、他の生きた被造物のなかには見いだされないある特殊な性質、あるいはすくなくとも、それのある卓越した度合に存することを、うたがうべき理由はない。

まことに恥ずかしいことではあるが、『リヴァイアサン』を直接読んでみようと思ったのは、つい最近のことである。[2]そうして、六十歳もたっぷり過ぎてしまった今になって右のような一文に遭遇した。しかし、初めて出合った文章のような気がしないのである。昔、「宗教学」という授業を担当して以来、その授業はこの十年余「仏教と人間」

と名称を変えてはいるものの、その中でずうっと、宗教は言葉と共に人間にしか与えられていないと言い続けてきたような気がする。しかるに、私も人間として他者から学ばなければそのような考えは知りえなかったはずだから、明確に特定はできないにせよ、きっとどこかでそれを学んだことがあったのであろう。もっとも近代になってしまえば、そのような考えも有り触れたものとなり、特にだれそれの思想として教わったというような記憶もなしに身に付いてしまったのかもしれないが、今になって、ホッブズの右のような文言に直接触れてみると、ヨーロッパにおいてさえ、かかる思想の明確な表明はホッブズに始まるのか、あるいはそうではなくとも、十六世紀になってからのことだったのかしらなどと思われてくる。因みに、ホッブズの『リヴァイアサン』が刊行されたのは、大陸で意見を交したこともあるとされるデカルトが死した翌年の一六五一年のことだったのである。

その第一二章の中で、上引の宗教の種子が人間によっていかに育成されてきたかについて、ホッブズは次のように述べている。[3]

これらの種子（seeds）は、二種類の人びと（two sorts of men）によって、育成されてきた（have received culture）。ひとつの種類の人びとは、それらを、かれら自身の創意（their own invention）にしたがって、やしない秩序づけた人びとである。他方の人びとは、神の命令と指示（God's commandment, and direction）によって、そのことをしたのだが、双方の種類はともに、かれらに依拠する人びとを、服従、法、平和、慈恵、および市民社会に、それだけふさわしいものとするために、そのことをしたのである。したがって、まえの種類の宗教は、人間の政治 humane Politiques の一部であり、地上の王たちがその臣民たちに要求する義務の一部分をおしえる。そして、あとの種類の宗教は、神の政治 Divine Politiques であり、神の王国の臣民となった人びとに対する、戒律をふくんでいる。異邦人のコモン-ウェルスの創設者および立法者たちのすべては、まえの種類に属し、アブラハム（Abraham）、モーシェ（Moses）およびわれわれの祝福された救世主（our blessed Saviour）は、あとの種類に属するのであって、かれらによって神の王国の諸法（the laws of the kingdom of God）が、われわれのあいだに導入されたのである（have been derived unto us）。

私にとっては、右引中に記述された二種類の宗教のうち、「かれら自身の創意（their own invention）」によって育成されてきた宗教とは「土着思想（indigenous thought）」、「神の命令と指示（God's commandment, and direction）」によって育成されてきた宗教とは「外来思想（foreign thought）」であると言ってよいように考えられる。なぜかといえば、「土着思想」とは「他者」から学ぶことのない「自己」拡大であり、「外来思想」とは啓示の神をその典型とする「他者」から学ぶことによる「自己」縮少であるからである。(4) しかるに、ヨーロッパは、いわば、ユダヤから起った「外来思想」によってギリシアやローマやケルトやゲルマンの「土着思想」を追い遣ることによって育成されてきた（have been cultivated）とも言えるわけであるが、その「土着思想」を、ホッブズは「異邦人流の背理的な意見（The absurd opinion of Gentilism）」と呼んで、次のように言葉を続けている。(5)

> そして、宗教のうちで、見えない力の本性にかんする意見である部分についていえば、名称をもつほとんどすべてが、異邦人たちのあいだで、あれこれの場所（place）で神または悪鬼として尊敬されたり、あるいは、かれらの詩人たちによって、あれこれの霊（spirit）に活気づけられ（inanimated）、住みこまれ、とりつかれたと、称せられたものなのである。
>
> 世界の、形づくられない素材《マター》（the unformed matter）は、混沌 *Chaos* とよばれる神であった。
>
> 天、大洋、諸遊星、火、大地、風は、それだけの数の神がみであった。
>
> 男性、女性、鳥、鰐、子牛、犬、蛇、玉ねぎ、韮が、神化された。それとともにかれらは、ほとんどあらゆる場所（all places）を魔物とよばれる霊たちで、すなわち平野を男女のパン（Pan, and Panises）すなわち野の精《セイター》（Satyrs）で、森を牧神《フォーン》（Fawns）や妖精《ニンフ》（Nymphs）で、海を人魚やその他の妖精で、すべての川と泉を、それ

ぞれの名前をもった幽霊や、妖精たちで、すべての家をその家神《ラーレス》（*Lares*）すなわち使い魔《ファミリア》（familiars）で、すべての人をかれらの守護神《ジニアス》（*Genius*）で、地獄を幽霊たちと渡守*Charon*番犬*Cerberus*復讐神*Furies*のような霊的な役人たちで、そして、夜にはすべての場所（all places）を、ラルウァエ*Larvæ*、レムレース*Lemures*、死者たちの幽霊、および妖女と妖怪の全王国で、みたした（filled）のである。かれらはまた、時、夜、昼、平和、和合、愛、争い、徳性、名誉、健康、遅鈍、熱などのような、たんなる偶有性と性質（mere accidents, and qualities）に、神性を帰属させ（ascribed divinity）、それらのために神殿をきずいた（built temples）。

ヨーロッパのキリスト教は、このようにヨーロッパのすべての場所（all places）を満たしていた（filled）土着の神々と闘い、それらを追い出すことによって「土着思想」に打ち勝ち、「外来思想」としての「神の王国（the kingdom of God）」を打ち立てて近代に向ったのであるが、その途上では、というよりもその端緒にというべきであろうが、例えば、三一三年にミラノの勅令を発してキリスト教を国教と定めたコンスタンチヌス帝の甥で後に皇帝に立った有名な背教者ユリアヌスの登場などが想起される。ユリアヌス（三三一頃—三六三）は、キリスト教の下で教育を受けながら、イアンブリコス（Iamblichos、二四〇—三二五頃）などの新プラトン学派の影響も強く受けて、ギリシアやローマの詩神（Mousa, Mūsa, Muse）の歌う土着の神々の魅惑には抗し切れなかったのである。(6) しかし、ヨーロッパでは、断えざる「土着思想」の抵抗にもかかわらず、周知のごとく、「外来思想」としてのキリスト教が「土着思想」に勝利しつつ中世を経て近代を迎え、それが神の前での平等という人権思想ともなって現代に及んでいることは言うまでもない。

しかるに、「外来思想」がしっかりと定着しなかった日本においては、日本の詩神の歌う言霊の幸ふ国の「土着思想」が相変らず根深いどころか今やはっきりと復活の様相すら呈するに至っている。(7) 我が国においても他国同様に「土着思想」は他国の「土着思想」と結託しやすいという兆候をいつの時代でも示してはきたのであるが、その「土着思想」同士が峻別し難いのは当然としても、実際のところ、取り分けアジアにおいては、「外来思想」と「土着思想」とをも明確に区別することは難しいのである。[8] しかし、アジアにあって、特に、中国や日本においては、仏教が「外来思想」であったことはまず間違いないであろう。否、私とすれば、仏教はその成立の国であるインドにあってさえ「外来思想」であったと言いたいほどである。なぜなら、仏教だけが、インドのみならず全世界の「土着思想」に共通する未開で原始的なアニミステックな霊魂を、アートマン（ātman、我）やそれに準ずる一連の言葉によって、否定したと考えられるからにほかならない。[9] だが、アートマンが存在しないという主張は一種の絶対的命令であって、その命令を仏教の開祖から聞いて伝承し正しく解釈していかねばならない仏教徒にとっては、それが命令であっても、仏語に対する信仰ゆえに信受するのが当然であるが、しかし、その命令を仏教徒でない人々に押し付けるわけにはいかない。ここに、言葉の規則、即ち論理に従った論争の必要性というものが生じてくる。そして、「外来思想」に値するものを言葉を異にする種々の国々へ伝えて行こうとする人々は、論争する言葉の意味を重んじて正確にそれを他の言葉へ伝えていこうとするであろう。[10] しかしながら、他方では、言葉の意味性よりもそれぞれの固有の言語の詩神の歌う調べに乗った言葉そのものの姿を重んじて「土着思想」に断えず回帰していこうという傾向はまたいかなる国の文化においても根強い。[11] ましてや、インドの精神であるアートマンから決して訣別しようとはしなかったヴェーダやウパニシャッドやヒンドゥーイズムの伝統では言うまでもないことなのである。そのインドの「土着思想」に対立する唯一の「外来思想」ともいうべき仏教もまた、いやというほどその「土着思想」の影響を被らざるをえないことになる。本章で取り上げるフラウワルナー教授の次の論文は、そのような局面を見事に提示してくれたものと言うことができるのである。

Erich Frauwallner, "Amalavijñānam und Ālayavijñānam: Ein Beitrag zur Erkenntnislehre des Buddhismus", *Beiträge zur indischen Philologie und Altertumskunde: Walther Schubring zum 70. Geburtstag dargebracht von der deutschen Indologie*, Alt- und Neu-Indische Studien 7, Hamburg, 1951, pp. 148-159

本論文は、我が国においてもすぐに注目され、その刊行翌年には、雲井昭善博士の「解説」を伴った翻訳として、次のような形で、日本の仏教学界にも紹介されることになった。

雲井昭善訳「E・フラウワルネル教授　阿摩羅識と阿頼耶識」『大谷学報』第三二巻第二号（一九五二年十一月）、五四—七一頁

しかるに、私がフラウワルナー教授の右のような論文のあることを認識したのは一九七八年のことであったが、当時はその入手も困難で、既に一九七九年初出の拙稿中にも記しておいたように、入手については、二〇〇四年三月二十九日に七十九歳でお亡くなりになってしまわれた梶山雄一博士のお世話になったのである。[12] 因みに、私は入手のお願いの時点では、右のような雲井博士の和訳のあることさえ知らなかったのであるが、これもまた、既述のように、梶山博士より御教示と共にそのコピーまで頂戴することになったのであった。

ただし、私はその当時、「〈三種転依〉考」や「〈清浄法界〉考」[13]を上梓してからまだ余り時を経ていないということもあって、「清浄法界」を基点に見ていけば、「如来蔵思想」も「唯識思想」も従来考えられていたようには異なったものではないという理解に傾いていたので、その観点のみから、一九七九年初出の先の拙稿の梶山博士に対する謝辞中に、「Frauwallner 教授の論自体に対しては、筆者はまったく批判的立場をとらざるをえないが、その論評はいずれ別な機会をみて果すことにしたい。[14]」などと書き記してしまいながら、いまだにその責を果していないのみならず、雲井博士の和訳に対しても、「重大な誤訳」があると指摘しただけで実質的にはなにもしてこなかったので、ずうっとこの二つのことが気に掛かってきたのである。恐らく、そんな気持も関係していたであろうが、先に私が旧稿をまとめて『唯識思想論考』を刊行した折に、上記の「〈三種転依〉考」末尾補足の「研究余史」中に私は次のように認めた。[15]

高崎直道博士の解釈に関していえば、〈迷悟依〉=〈真如〉、〈持種依〉=〈本識〉である場合に、その区別が °parivṛtti, °parāvṛtti の区別に関与しないものだとしても、その両者、すなわち、真如と本識（アーラヤ識）とを区別すべきだとする視点は、改めて評価される必要があると現在の私は考えている。

これはフラウワルナー教授について述べたことではないが、私は、同教授が上掲の論文で提起された最も大きな意義にしてかつ今日でもまだ失われていない意義は、ドミエヴィル教授が余り重視しなかった、中国において展開された識の根底の性質を巡る論争を、インドに辿って、仏教のみならず広くインド思想史の中に跡付けようとしたことにあると思っており、それは、高崎博士に即して述べた真如とアーラヤ識との区別の必要性の問題とも大いに関係していることなのである。私は、現在でも、「如来蔵思想」と「唯識思想」とは本質的に相異なった思想ではないという理解を改める必要はないと思っているが、しかし、フラウワルナー教授の提起したその意義を一旦は評価しておかなければ、私は思想史上の重要な区別まで無みしてしまったと思われかねないと危惧する。しかし、それは私の真意ではない。

ここに、その危惧を回避するためと、そのフラウワルナー教授の果された意義を広く我が国の学界に知らしめた雲井博士の役割を高く評価しながらも、それの誤訳を口にしたことのある手前、その責任を取るためとのゆえに、唯識に関する旧稿を取りまとめて一書となすこの最後の機会に、上記フラウワルナー論文を新たに和訳して提示し、それに訳註と解説を施し、更に、現在の時点から問題点を整理して考察する、このような一文を、本書の冒頭に書き下ろす次第である。

しかし、それにしても、フラウワルナー教授の本論文が公けになってから既に半世紀以上を経過してしまった今日、なにを今更との感を懐く人もいるかもしれない。実際、同教授の論述中には今日では既に改められねばならない事実も多くあるし、論文自体も、その後に出版された同教授の『小論文集（*Kleine Schriften*）』中にも収録され、かつての入手困難もある程度解消されているので[16]、敢えて本稿のような扱いをしなくとも、必要になった人が必要に応じて参照すれば足りるという状況になっているとも言えよう。

そのような状況を充分に知りつつも、今回、かかる挙に出るのも、上述の個人的理由のほかに、フラウワルナー教授御自身の残された仏教研究の業績の偉大さによるのである。同教授の仏教研究は、周知のごとく、広く確実にインド哲学史全体の展開の特質を押えた上で、その流れの中に仏教思想を的確に位置づけていくといった手法を取っておられるが、それを教義的にも哲学的にもしっかりと推し進めえた背景には、同教授がアビダルマ教義学や仏教論理学の組織や展開に通暁していたことがあったと考えられる。最近の研究は、より緻密により精確に進められることも多くなっているが、極狭い分野に限られた中で全体の見通しを欠いた成果であるならば、フラウワルナー教授のような研究方法も顧みられるべきであろう。しかし、インド哲学やインド文学を手広く研究すればよいというわけでもないはずである。同教授のように、アビダルマ教義学や仏教論理学を着実に身に付けていくのでなければ、たとえ仏教の研究を主としようとも、インド哲学やインド文学の方に搦め捕られてしまうのが落ちであろう。ただし、私自身は、フラウワルナー教授のような仏教研究を理想的なお手本の一つに仰ぎながら、その一大碩学の全業績の足元すら見通すことができない。それゆえ、ここで、フラウワルナー教授の門下を代表するオバーハムマー教授とシュタインケルナー教授とが、上記の『小論文集』の「序言」に記している中から冒頭の一節のみを引いておくことにしよう[17]。

エリヒ=フラウワルナー（一八九八―一九七四）は、その業績において、インド哲学研究に初めて文献歴史学的方法（die philologisch-historische Methode）を充分に一貫して活用し、かくして、一般的にいえば、最初にインド哲学（die indische Philosophie）の歴史叙述（Geschichtsschreibung）を可能にしたのである。彼は、思想構造の文献形態としての作品から出発し、その発生の再構成においてその内容を把握することによって、最初から概念規定や概念史に至るのではなく、その歴史的依存関係の中での具体的文脈における作品や思想体系についての評価に至るのである。しかも、それによって、彼は、固有の思想家たちの働き（das Wirken der eigentlichen Denker）――それ自体はしばしばただ断片から明らかになるにすぎない場合でも――に従っていき、その判断においては、伝承の偶然性あるいは後代の伝統の図式的な意見記載（Doxographie）によって制約されることのない、歴史についての描写に至っている。ここに出版されるE＝フラウワルナーの『小論文集』によってはそのつながりにおいて根本的な意義がもたらされる。即ち、それは、単に彼の未完にとどまっている『インド哲学史（*Geschichte der Indischen Philosophie*）』の一般的叙述において省略されている重要な詳細な研究をもたらすだけではなく、彼の総合叙述の両巻だけには扱われていないインド哲学のあの諸学派についての価値ある諸論文をも含んでいるのである。

また、この「序言」末尾には、次の梶山雄一博士の一文への参照も指示されているので、ここでもそれを示しておきたい。

梶山雄一「『仏教哲学』について――E・フラウワルナーの生涯と業績――」『東洋学術研究』第一八巻第四号（一九七九年十一月）、五一―六七頁

これは、研究分野のかなりの部分を共有しえた著者にして初めてものしうる極めて簡にして要を得たフラウワルナー教授の紹介文といえるであろう。また、私自身は最近知ったものであるが、[18] かなり早い時期にやはり的確な同教授の業績紹介をなしていた一文に左のものがある。

服部正明「E. Frauwallner の近業　その他」『インド学試論集』第一号（京都大学印度・仏教学会、一九六〇年十二月）、四一―四五頁

ところで、私は、上述したように、種々の理由から、刊行より半世紀以上も経っていて改められねばならない点も多々あると知りながら、今回、このフラウワルナー論文を中心に若干の論述をなそうとしているわけであるが、最近、

岩田諦静博士によって博士御自身の真諦に関する旧稿に加筆増補もなさって出版された御著書中[19]に、左のような追記を見出したことも、私がこの論文の意義を改めて再確認しておく必要を感じた理由の一つになっているのである。その追記箇所で、岩田博士は、上記のフラウワルナー論文および雲井和訳を明示した後、その論旨をまとめながら、後半に至って次のように述べておられる。[20]

〔このフラウワルナー論文は〕このように阿摩羅識を歴史的にとらえて論じ ālaya-vijñāna と異なることを明らかにしている。そして、阿摩羅識の淵源をウパニシャドに求め、それは現存在の運搬者であり認識作用の主体である最高存在のアートマンに似たものであると結論する。しかし、なぜか論文は amala-vijñāna なる語がインドに無く真諦の造語であることに全くふれていない。また、この識の含有する意味を pabhassara-citta, prakṛti-viśuddha, viśuddha-citta, vimala-citta に求めていたことは正しい。しかし、この語がウパニシャドの最高存在としてのアートマンと等しいものであると説くのは西義雄氏が指摘するように仏教思想の正しい理解にもとずくものとは認めがたいものである。

岩田博士のこの言及に関しては、まず私の謝罪から始められなければならない。岩田博士が、真諦の阿摩羅識の原語は amala-jñāna であるとの説を提示されるようになったのは一九七一年前後と思われるが、私がそれに気づいたのは、それから十年近くも経った、拙稿「〈自性清浄〉覚え書[21]」をものした時だったのである。しかるに、私は、その間に、岩田博士のこの重要な問題提起を知らずに、amala-vijñāna は宇井伯寿博士の主張されたように原のテキストにあったわけではないという指摘を含む拙稿「*Viniścayasaṃgrahaṇī* におけるアーラヤ識の規定」を公けにしてしまっていたので、その件は上記「〈自性清浄〉覚え書」で謝罪した[22]。しかし、今、新たに一書となったものによって岩田博士の論究を読み直してみると、恐らくは二人の問題意識に異なったところがあったためかもしれないが、当時は、岩田博士の旧稿について、今直前に引用した文中にあるように同博士が「amala-vijñāna なる語がインドに無く真諦の造語である」とまで明確に主張なされていたとは理解できなかったために、[23] そのかつての私の謝罪も中途半端なものに感じられてしまう。確かに二人の立論の仕方も論調も異なったところは今でもあるのであるが、しかし、原のインドのテキストに amala-vijñāna なる語は存在しなかったという最初の主張者が岩田博士であることが明らかである以上、そのことを過去のある時点まで全く知らずに無視していたということを、ここに再確認した上で、改めて非礼を謝しておきたい。

さて、その上で言わざるをえないのであるが、今右に示した岩田博士の追記の中で、博士が、フラウワルナー教授が認め岩田博士もインドにおいてあったと認めておられる "pabhassaraṃ cittam" "prakṛti-viśuddha" "viśuddhaṃ cittam" "vimala-citta" について、「この識がウパニシャドの最高存在としてのアートマンと等しいものであると説くのは」「仏教思想の正しい理解にもとずくものとは認めがたい」とおっしゃっておられるのは果して正しいであろうか。[24] 私が初めて『宝性論（*Ratnagotravibhāga*）』に接した時に感じたように、その気持を正直に表明するとすれば、だれしもが『宝性論』の説く如来蔵思想はウパニシャッドなどのインドの思想と酷似していると感じているのではないだろうか。そう感じそう考えたからこそ、私は、唯識思想が如来蔵思想と同質であると認めなければならないと感じれば感じるほど、唯識思想の極少の部分にでも仏教であることを認めたいとの願いから、「聞熏習」を介した異質で無常な世界に仏教の徴《しるし》を求めることになってしまったのである。それが、私の決定的誤りであったとは、今にして初めて言えることではあるが、[25] そういう反省も込めながら、まずは、フラウワルナー教授の問題の論文を訳し直すことから始めていってみよう。

二　フラウワルナー教授当該論文和訳

本節では、前節で問題としたフラウワルナー教授の同論文を、拙訳によってできるだけ忠実に再現することに努めてみたい。再現に当り、和訳に伴う当然の変更はともかくとすれば、原文で脚註形式で各頁毎に示されている註記は、通し番号に変更した上で本節末に一括し本文と同じ扱いで掲載することとした。また、原文中の段落（パラグラフ）の取り方にはそのまま従ったことは言うまでもないが、本稿においてその段落の所在を容易に明瞭に指示できるように、各段落冒頭に、①、②、③…のように、通し番号を付した[26]。和訳に当っては、生硬であり過ぎると感じた訳文であっても、ドイツ語に通じていないゆえ、敢えて直訳のままであることを旨とした。なお、その場で訳註を加えた方がよいと思った箇所でも、本節では忠実な再現を主とし、それらは全て節を改めて若干の解説と共に次節で説明されるであろう。

アマラ識とアーラヤ識——仏教認識論考——

①P＝ドミエヴィル（P. Demiéville）は、『大乗起信論（*Mahāyānaśraddhotpādaśāstra*）』[27]の信憑性に関する秀れた論文 1 において、紀元六―七世紀の中国の仏教学派を盛んに悩ませた興味深い論争について言及している。そこでは、アマラ識（das fleckenlose Erkennen, amala-vijñāna[28]、阿摩羅識、無垢識）あるいはアーラヤ識（das Grund-erkennen, ālaya-vijñāna、阿頼耶識、根本識）のいずれを、識および全現象世界の基層（Grundlage）とみなすべきかということが問題となっているのである。ドミエヴィルは、その異なった学派の見解と議論の経緯とを、それらの要点において、驚く

べき明快さをもって描き出している。しかし、彼は一点で誤った。というのも、彼は、その記述を次のような言葉で結び、「その議論は実際のところ非常に虚しいものであった。なぜなら、実は、その清浄な識（le *vijñāna* pur）をアーラヤ（*ālaya*）の部類として分類するか、あるいは、それをアマラ（*amala*、無垢）の名の下に第九識（un neuvième *vijñāna*）とするか、というようなことは、教義の根本においてはあまり重要ではないからである。しかし、中国人は常に言語の分類に熱中する姿勢を示してきたし、従って、彼らが要はかくも表面的な問題についてそれほどまでに議論できたということも驚くにはあたらないのである。」（四六頁）と述べているからである。その結果、彼はこの議論に些細な学派論争しか見ていなかった。しかし、これは正しくない。真に問題となっているのは、仏教の、またインドの認識論（Erkenntnislehre）一般の、最も根本的かつ最も困難な問いかけなのである。そして、この点を提示し、更にこの問題を発展史的な脈絡において整理することが、以下の本稿の課題となるであろう。

②ドミエヴィルが述べているように、事実は以下のとおりである。[2] 紀元五〇八年に、二人の仏教伝道者（buddhistischer Missionar）、ボーディルチ（Bodhiruci、菩提流支）とラトナマティ（Ratnamati、勒那摩提）とが、インドから中国へ来た。両者とも観念論的な（idealistisch）実修行学派[29]（die Yogācāra-Schule）に属し、両者ともなによりもまず種々の大乗経典に対する古ヴァスバンドゥ（der ältere Vasubandhu）の註釈に基づいていた。取り分け、その両者ともに根本典籍とみなし両者ともに中国語に訳したものがヴァスバンドゥの『十地経論（*Daśabhūmikaśāstra*）』だったのである。しかしそれにもかかわらず、彼らの支持者たちは二つの異なった学派傾向を形成した。その分裂に導いた論争が一体なにを巡って行われたかということは、保存された情報から明確に知られよう。そこで問題となっていたのは、全ての識の基層（die Grundlage alles Erkennens）となるものであった。ボーディルチによれば、それはアーラヤ識（ālaya-vijñāna）であり、ラトナマティによれば、それは真如（tathatā）である。後代になると、ラトナマティの見解は、五四六年に中国に来た偉大なインドの伝道師パラマールタ（Paramārtha、真諦）にある依り所を見出した。

彼もまた実修行学派に属しており、その上、彼にとって根本典籍はアサンガの『摂大乗論（*Mahāyānasaṃgraha*）』であった。パラマールタは、全ての識の基層はアーラヤ識ではなく、より広い識であるアマラ識（amala-vijñāna）であると教えた。しかし、その論争は間もなく衰退した。七世紀には、玄奘の権威が最終的決着をもたらした。玄奘は、パラマールタとは逆にアーラヤ識であると決定したのである。

③この全議論を理解するためには、まずは二点をしっかりと把握しておく必要がある。第一には、伝承から明らかなように、[3]古い典籍の解釈に関する論争が問題となるのである。ボーディルチとラトナマティ、そして、パラマールタと玄奘というような両傾向とも、彼らがその見解をそこから選び取ったそれらの同じ典籍に基づいているのである。従って、それらの異なった解釈にとっての論拠は、確かにそれらの古い典籍に与えられていたであろうが、しかし、その問題設定の表面化やそれに起因する学派の対立は比較的新しいものである。第二には、その伝承についての論争の起源は、インドに遡るということが重要である。[4]そして、このことはそもそも自明なことといえる。なぜなら、上述の学派の指導的人物たちは、自らがインド人であるか、あるいは玄奘のように、直接インドの伝承に依っているものであるか、だからである。その場合に、アマラ識についての教義はスティラマティの学派に、アーラヤ識についての教義はダルマパーラに遡るのである。そもそも、六世紀におけるインドの実修行学派の様子（Bild）は、アサンガやヴァスバンドゥの著作、取り分けヴァスバンドゥの『三十頌成唯識論（*Triṃśikā Vijñaptimātratāsiddhiḥ*）』に関係する包括的な註釈者たちの活動によって決定づけられている。しかもその中心がナーランダーのあの偉大な仏教の最高学府であった。しかし、六世紀初頭にナーランダー出身の有名な学者であるグナマティ（Guṇamati、徳慧）がカーティアーワール（Kāṭhiāvār）〔半島〕にあるヴァラビー（Valabhī）に移り、そこに自らの学派を創設したが、それは彼の弟子のスティラマティのもとで充分な発展をみた。ナーランダーはその同じ時代に偉大な学者ダルマパーラのもとに全盛期を迎えたのである。そこで、我々はその両学派の対立についてしばしば耳にするが、スティラマティが古師

たち（die alten Meister, pūrvācāryāḥ）に従ったのに対して、ダルマパーラはより進歩的な傾向を支持した、とは確かに言われうるのである。それゆえ、アマラ識とアーラヤ識に関する異なった見解もまたこの両学派の対立に遡る。アマラ識についての教義はヴァラビーの学派に由来する。そして、事実、その主代表者たるパラマールタは、近隣のマーラヴァ（Mālava）に住んでいたのである。これに対して、アーラヤ識についての教義はナーランダーに由来する。そして、玄奘がダルマパーラにその最高の権威を見たことは周知のことである。

④そこで、この見解の相違がいかにしてインドにおいて生じ、その根底には一体なにがあるのかという問いが起ってくる。しかし、この問いに答えるためには、更に遡って若干のことを詳しく述べねばならない。古代インド哲学の、たとえ唯一ではないにせよ、最も重要な発展の潮流は、その淵源をウパニシャッドにもつ。ここにおいて、宇宙霊魂（die Weltseele）であるブラフマン（brahman）やアートマン（ātman）についての教義が創始され、それが、それ以来ずっと基準となり規範となり続けたのであった。しかるに、最古の時代に既に、ブラフマンを全ての世俗的なものを超えた高位に置き、ブラフマンを把握し難くかつ全ての世俗的な制約から自由なものとして言明する傾向が現われているのである。かくして、最終的には、かのヤージュニヤヴァルキヤ（Yājñavalkya）の名のもとに伝承されている最も有名な教義においては、後期ヴェーダーンタ〔学派〕が sac-cid-ānanda（〔存在（有）と精神（知）と歓喜〕）という語にまとめた三つの制約しかブラフマンには残っていなかった。即ち、それは存在（seiend、有）であり、それは精神（Geistigkeit、知）であり、それは歓喜（Wonne）であるのである。しかも、この同じ傾向の追求は、後に同じ発展の潮流から出現した学派、即ち、叙事詩の関連教義にも、仏教にも、サーンキヤにも広がった。そして、この場合においても、最高の実在（die höchste Wirklichkeit）が全ての世俗的なものを超えて止揚されるべく追求され、しかもそれどころか、それは極端なまでになされた。特にヤージュニヤヴァルキヤの教義に固有なものであった歓喜としての制約は一般的には放棄された。しかも、存在としての制約もまた、最高の実在に適合しない世俗的な概念で

あるとしばしばみなされたのである。それゆえ、既に叙事詩の教義において、最高の実在は存在でも非存在でもないものとして表示されていることが認められるのである。そして、このことは、仏教では中論学派[30]（die Schule der Mādhyamika）において最も鋭い形でなされたのであった。しかし、精神としての第三の制約は最大の困難をもたらした。この制約を簡単に放棄することは、それほど軽々しく決意することができなかったのである。なぜなら、認識の担い手（der Träger des Erkennens）を霊魂（Seele）のうちに認めていることはあまりにも明白だったからである。しかも他方では、それを保持したことが非常に不都合な結果を引き起した。最高の実在のためには、その永遠の純潔性と不変性とに対して特別な重要さが据えられた。なぜなら、それによってのみ、最高の実在は、生成と、消滅と、本質的に世俗的世界に属するその苦悩とから遠ざけられているからである。しかし、その結果、最高の実在はまた活動的なものではありえない、ということになる。というのも、それぞれの活動は、変化と、それゆえの生成と発生とを意味しているからである。特に、その活動の問題は、最高の創造神（ein höchster Schöpfergott）への信仰を支持する人たちに対して突き付けられた。しかも、同じことは認識（識、das Erkennen）にも妥当する。この認識もまた一種の経過であり、そして、そのようなものとしては、一種の変化である。かくして、認識は決して最高の実在に適することはできない、という結論となる。しかも、最高の実在に認識が欠けていると簡単にみなすこともできなかった。なぜなら、最高の実在と世俗的世界との間にいかなる結合がその場合に一般的になおも存続しているのか、また、だれがその現存在（Dasein）と輪廻（Verstrickung）と解脱（Erlösung）とを体験するのか、と人は問わざるをえなかったからである。

⑤これらの困難を、サーンキヤ体系は、次のような方法で解決しようとした。即ち、認識および一般的にいえば全ての心理的推移は、アートマンあるいは最高の実在にここでは相当する霊魂（Seele, puruṣa）に属しているのではなく、心理的な有機組織体（Organismus）に属しているのである、と言われたのである。それら〔の認識や推移〕は、

心理的器官、即ちブッディ（buddhi、覚）の性質である。しかし、これらは自分で認識する能力はない。というのも、その精神（Geistigkeit）自体は霊魂（Seele）にのみ付着しているからである。そこで、霊魂の性格を認識の担い手として守りながら、しかも他方では、そ〔の霊魂〕を全ての継起とそれぞれに連結された変化とから解除しようと考えられた。しかし、反論者が厳しく指摘するところによれば、それぞれの意識生成は、それが最高の主体として霊魂に帰せられねばならぬように、必然的に、変化とそれに伴った無常性という結果をもたらすことになってしまうのである。この関係については、しばしば引用される次の頌が相応しい。私の推測するところでは、これはヴァスバンドゥの『七十真実論（*Paramārthasaptatikā*）』に由来すると思う。[6]

[31] varṣâtapābhyāṃ kiṃ vyomanaś carmaṇy asti tayoḥ phalam/
carmôpamaś cet so 'nityaḥ kha-tulyaś cet asat-phalaḥ//

「雨と日光は虚空と一体なんの関係あろうぞ。それら〔二つ〕は皮膚に対してこそ効力あらん。今やもし〔霊魂〕皮膚に等しければ、そは無常ならん。もしそれ虚空に等しければ、〔そは〕いかなる影響も受けることなからん。」その挙句、多くの虚しい探求の果てに、[7] 次のような理論に導かれて、ブッディ（buddhi）は両面の鏡に似ていると言われるようになった。即ち、一方では、知覚された対象が鏡に映り、他方では、霊魂の精神〔が鏡に映るのであり〕、そ〔の精神〕はまるで同じもののようにそのブッディに移行し、それに対象の認識を可能にさせるのである。そこで、認識経過における全ての生起は専らブッディのみに帰しうると考えられ、しかも同時に認識の原理としては霊魂に固執するように考えられた。その際、霊魂とブッディの共同作用は次のように注意深く記述された。[8] [32] apariṇāmini hi bhoktṛ-śaktir apratisaṃkramā ca pariṇāminy arthe pratisaṃkrāntêva tad-vṛttim anupatati, tasyāś ca prāpta-caitanyôpagraha-rūpāyā buddhi-vṛtter anukāra-mātratayā buddhi-vṛtty-aviśiṣṭā hi jñāna-vṛttir ity ākhyāyate「認識すべき霊魂の能力は不変であり、いかなる〔他の対象〕にも移行できないにかかわらず、霊魂はしかもまるで可変のブッディに移行するかのようにその作用に従う。そして、そ〔の霊魂〕は、まるでその精神の様式を受け容れたかのようなブッディの作用に連結するだけなので、霊魂の作用はブッディの作用とは異なっていないと言われるのである。」しかし、この理論は、あまりにも人工的すぎて広く世の中に滲透することはなかった。そして、実際に、それはサーンキヤ以外の他の全ての学派から一致して拒否されたのである。

⑥仏教は、現象世界（Erscheinungswelt）に対する最高の実在の関係および認識の担い手についての問いを解くに際して、全く別な道を進んだ。仏教では、初めから、霊魂もしくは最高存在（ein höchstes Sein）を考慮することなく、全ての心理的経過は、専ら心理的要素に帰せられてきたのである。それによって、上述したような困難は回避された。また、それによって確かに霊魂は無用なものとなったし、取り分け説一切有部（Sarvāstivāda）の完全に仕上げられた教義は、霊魂を完璧に否認することすらも恐れなかった。しかし、そこまで徹底しなかった学派にとっては、その古い問題は全ての範囲にわたって更に続いたのであり、しかも、このことは、取り分け大乗の諸学派には妥当するのである。これら〔の大乗諸学派〕は、沈潜の〔集中〕状態において体験した最高存在（das höchste Sein）に対する信仰をなんとしても捨てないような神秘家たちの一群（die Kreise von Mystikern）より生じたのであった。しかし、それら〔の学派〕は、それゆえに、古い困難さの前に相変らず立っていたのである。なるほど確かに中論学派（Mādhyamika）中の最も極端な学派（die extremste Schule）は、その最高の実在の非把握性（die Unfaßbarkeit）を最高度に鋭く強調し、かくして現象世界との対立を極端にまで推し進めたことは推し進めたにせよ、そ〔の困難さ〕によって心動かされることはほとんどなかったのであるが、それというのも、彼らは決定的な問いを提示しなかったからである。それに対して、実修行学派[33]（die Schule der Yogācāra）にとっては、その困難さは、彼らが現象世界（Erscheinungswelt）を表象（Vorstellung）とみなすとき、認識の担い手への問いは彼らにとっても中心的な意義をもったにちがいないので、それだけ一層大きな問題であった。そして、これをもって、我々は我々の探究の出発点となっ

た領域に既に近づいたことになるわけである。

⑦そこで実修行派の教義（die Lehren der Yogācāra）を論ずるために、我々はまずその発展の経緯を辿ってみることにしたい。それは大略次のように経過したのである。実修行学派（die Schule der Yogācāra）は、既にその名が言い表わしているように、元来、取り分け解脱の問題に従事し、更に、それに関連する煩瑣哲学（Scholastik）を発展させてきた一種の学派であった。それは、大多数の大乗学派（die meisten Mahāyāna-Schulen）のように、大衆部のサークル（der Kreis der Mahāsāṃghika）と親密な関係を保った。けれども、それは独自の哲学体系（ein eigenes philosophisches System）をもたなかった。勿論、形而上学的問題にも従事させられることはあったであろうが、しかし、それは個々の付加項目（einzelne Ansätze）に留り、固有の体系は問題にならなかった。〔この系統に初めて〕一つの体系を創り出した（die Schöpfung eines Systems）のは、マイトレーヤナータ（Maitreyanātha、弥勒主）の作品であった。マイトレーヤナータは、手元にある付加項目（die vorhandenen Ansätze）を、サーラマティ（Sāramati、堅慧）の学派の最高存在についての教義（die Lehre vom höchsten Sein）と仏教学（Buddhologie）とに一体となるべく融合し、更にその際同時に、中論学派の教義（die Lehrsätze der Mādhyamika）との統合をもなそうと努めた。しかしそこには相変らず、小乗学派が発展させてきたような方法に関する充分に構築された教義学が欠如していたし、また、取り分け現象世界についての全ての所与の事実(34)（alle Gegebenheiten、一切法）を体系的に組織して明白な哲学的概念形成のもとで取り扱ったような教義学も欠如していたのである。この学派はこの点についてまず第一にアサンガのお蔭をこうむっている。化地部（Mahīśāsaka）の小乗学派出身のアサンガは、その古い学派の教義に倣って、実修行派のアビダルマ（der Abhidharma der Yogācāra）を改造し、古い解脱の煩瑣哲学（Erlösungsscholastik）の共同利用のもとで、マイトレーヤナータによって築かれた基礎の上に、全ての本質的特徴において絶えずその学派にとって基準であり続けた圧倒的な教義組織（Lehrgebäude）を構築したのである。

⑧ここで我々に関わっている問題について、差し当り我々は今、大乗の諸作品において最も多くの種々の箇所でその影響が認められる、大衆部の一教義、[9]即ち、純粋認識に関する教義（die Lehre vom reinen Erkennen）を考慮しなければならない。既にパーリ聖典中に、我々は次の章句を見出す。pabhassaraṃ idaṃ bhikkhave cittaṃ taṃ ca kho āgantukehi upakkilesehi upakkiliṭṭhaṃ[10]「比丘たちよ、この精神（Geist）は明るく輝いている。それは外来的な（äußerlich）染れ（Besudelung）によって汚されている。」従って、ここでは、本性として（von Natur aus）純粋であって、全ての汚すもの（Befleckung）が本質において精神の形態に触れることなく（ohne sie（=eine Form des Geistes）in ihrem Wesen zu berühren）、ただ外来的に（nur äußerlich）そこに付着しているにすぎないような、その精神の形態（eine Form des Geistes）について述べられているのである。この見解を大衆部学派は採用し確固たる教義に発展させた。その教義は、あの有名な仏教学派とその教義見解（Lehrmeinung）とに関するヴァスミトラ（Vasumitra、世友）の作品において、次のように翻訳されている（大正蔵、No. 2031、一五頁下、二七〔一二八〕行、教義四二〔三五〕）[11]。〔心[35]性本浄、客塵随煩悩之所雑染、説為不浄。〕「精神の性質（die Beschaffenheit des Geistes）は本性として純粋（von Natur aus rein, prakṛti-viśuddha）である。しかし、もしもそれが外来的な（äußerlich, āgantuka）汚れ（Besudelung, upakleśa）によって汚されるならば、それは不純であるといわれる。」この純粋精神（dieser reine Geist）が大衆部の体系においていかなる位置を占めていたかということは間違いなく確定したことではない。チベットの伝承[12]によれば、それは、九つの引き起されたものではない所与（nichtverursachte Gegebenheiten, asaṃskṛtā dharmāḥ、無為法）に数えられている。しかしながら、そ〔の精神〕が全ての心理的推移の基層（Grundlage）の役目を果し、[13]また一種の持続している本質がそれに帰せられたということは、[14]確実なのである。

⑨その純粋精神に関する同じような見解をサーラマティは採用し、あの最高存在（das höchste Sein）に転用した。サーラマティにとって、その最高存在は彼の教義の中心にあり、残りの全てはそこに帰着するのである。そして、確

かに、その最高存在は、彼の場合、ウパニシャッドのアートマンと全く類似の特徴（ganz ähnliche Züge wie der Ātmā der Upaniṣaden）を帯びており、時々は確かに非把握性（Unfaßbarkeit）と非表現性（Unausdrückbarkeit）とが強調されている。しかし、だからといって、中論学体系(36)（das Madhyamaka-System）におけるように、首尾一貫してあらゆる言明が回避されているわけでは決してない。次のような叙述は、ウパニシャッドの語調を想起させよう（『究竟一乗（*Uttaratantra*）』[15]、大正蔵、No. 1611、八三五頁上、一八―二五行、オバーミラー〔英訳〕、第一章、第七七―七九頌）。〔不生及不死、不病亦不老、以常恒清涼、及不変等故、以常故不生、離意生身故、以恒故不死、離不思議退、清涼故不病、無煩悩習故、不変故不老、無無漏行故〕「それは生まれず、死なず、病まず、老いず。なぜなら、それは永遠で、持続し、純粋で、不変だからである。それは永遠であるゆえに、生まれず、それゆえ、しかも精神的（geistig, mano-maya）身体すらないものである。それは持続するゆえに、死なず、それゆえ、また知覚できない変化なきものである。それは純粋であるゆえに、病まず、それゆえ、煩悩（Laster, kleśa）によって滲透されないのである。そして、それは不変であるゆえに、老いず、それゆえ、また汚れのない状態（unbefleckte Gestaltungen, anāsravāḥ saṃskārāḥ）に取り付かれないのである。」しかも、その外に、全く決定的な特性が、その最高存在に帰せられたが、それは、例えば、純粋性（Reinheit、浄）、自己（Selbst、我）、歓喜（Wonne、楽）、永遠性（Ewigkeit、常）という四つの特性である。[16] この最高存在は、仏の法身（dharma-kāya）であり、また、全ての生命あるものに、要素（Element, dhātu）あるいは種子（Same, gotra）として内在している（innewohnen）のである。

⑩その同じ最高存在は今や清浄心（viśuddhaṃ cittam）の顕著な特徴をも指示している。それは、その本質からすれば、精神（Geistigkeit）であり、[17] また、無垢心（vimalaṃ cittam）[18] もしくは清浄心（viśuddhaṃ cittam）[19] と呼ばれる。しかもそれは取り分け本性として純粋なのである。[20] 生き物の循環に巻き込まれること（die Verstrickung in den Wesenskreislauf、輪廻転生）をもたらすような全ての汚すもの（Befleckung）は単なる外来的なものにすぎない。そ

して、それは、確かに、普通の人たちの場合には完全に汚れたものであり、菩薩たちの場合には部分的に汚れ部分的に純粋であり、仏の場合には完全に純粋である。[21] それは多くの対比において描かれるが、その際に、虚空（Raum）のイメージ（Bild）が最も好まれている。〔それは、〕多くのものに代わり、次の一例を示せば十分であろう（大正蔵、No. 1611、八一四頁上、一八―二一行＝八三二頁下、四―七行〔大正蔵、No. 1626、八九三頁中、一行以下参照〕、および、八一四頁中、七―一〇行＝八三二頁下、二二―二五頁、オバーミラー〔英訳〕、第一章、第五一頌以下、および、第六一頌以下）。〔如虚空遍至、体細塵不染、仏性遍衆生、諸煩悩不染、如一切世間、依虚空生滅、依於無漏界、有諸根生滅……浄心如虚空、無因復無縁、及無和合義、亦無生住滅、如虚空浄心、常明無転変、為虚妄分別、客塵煩悩染〕「あたかも虚空が至るところに向って滲透してもその繊細性のゆえに塵埃に汚されないように、同様に、仏の本性（die Buddha-Natur）は全ての生命あるものに滲透しても悪徳（Laster, kleśa、煩悩）によっては汚されない。あたかも全ての世界が虚空の上に支えられて起って消え去るように、同様に、全ての生命力（alle Lebenskräfte）はあの汚れていない要素（unbeflecktes Element, anāsravo dhātuḥ）の上に支えられて起って消え去る。……純粋精神は、虚空のように、基礎なく（ohne Grund）、起因なく（ohne Ursache）、〔基礎と起因の〕集合（sāmagrī）なきもの（ohne Gesamtheit）であり、それは生成にも生起にも消滅にも関わりない。純粋精神は、虚空のごとくであり、絶えず明るく、不変のものである。それは、誤った観念に基づいて外来的な悪徳の汚物（Schmutz）によって汚される。」

⑪さて、このサーラマティの見解は、そこからマイトレーヤナータがその体系を樹立した最も重要な諸要素（die wichtigsten Bestandteile）の一つを形成している。またマイトレーヤナータにとっても、彼が多くの場合所与の要素（Element der Gegebenheiten, dharma-dhātu）あるいは真如（Soheit, tathatā）とも呼んでいる最高存在がその体系の中心点に位置しているのである。そ〔の最高存在〕は、この〔マイトレーヤナータの〕場合には、強い中論学派の影響（der starke Madhyamaka-Einfluß）に呼応して、より抽象的に理解されているように思われるが、しかし、それらの

本質的特徴は同質のものなのである。[22] そ〔の最高存在〕は、虚空のように、単一的に（einheitlich）等質的に（gleichartig）全てにわたって現に滲透している。それは、要素（Element, dhātu）あるいは種子（Same, bīja）として全ての生命あるもの（Lebewesen）に内在し、[23] その純粋な形態において仏の本性を成す。[24] しかし、取り分け、それは一方ではまた、清浄心（viśuddhaṃ cittam）の顕著な特徴をも担っている。それは精神的であり、本性として純粋であって、単に外来的に汚されているにすぎない。この点を、例えば、以下の『中辺分別論（*Madhyāntavibhāga*）』[25] の第五章の諸頌は、充分明瞭に示している。マイトレーヤナータは、錯誤なき状態（Irrtumslosigkeit, aviparyāsa）の種々のあり方を列挙し、その際に次のように述べている（第一九頌後半—二三頌前半）。

/ chos kyi dbyings ni ma gtogs par// ’di ltar chos yod ma yin te/ 19
/ de’i phyir spyi’i mtshan nyid der// de ni phyin ci ma log pa’o/
/ phyin ci log gi yid la byed// ma spangs pa dang spangs pa las/ 20
/ de ni ma dag rnam dag ste// de yang de la ma log pa’o/
/ chos kyi dbyings ni rang bzhin gyis// rnam par dag phyir rnam mkha’ bzhin/ 21
/ gnyis ni glo bur byung ba ste// de yang de la ma log pa’o/
/ chos rnams dang ni gang zag gi// kun nas nyon mongs rnam dag med/ 22
/ med phyir de bas skrag dang dngang// med de de ’dir ma log pa’o/

「所与の要素より離れたいかなる所与もありえないから（dharma-dhātu-vinirmukto yasmād dharmo na vidyate）」、それゆえに、これは、共通の特質に関して錯誤なき状態である。錯誤した見解（die irrige Auffassung, viparyasta-manaskāra）の不消滅あるいは消滅による（所与の要素の）不純性と純粋性、それが、それに関する錯誤なき状態である。この（不純性と純粋性との）両者は、所与の要素が本性として虚空のように純粋であるから（dharma-dhātor viśuddhatvāt prakṛtyā vyoma-vat)、外来的なものであるということ、それが、それに関する錯誤なき状態である。染汚と浄化とは、所与（die Gegebenheiten、諸法）と人格（Persönlichkeit, pudgala、人）とに関係しないのだから、そこにこれらは存在しない。それが、それに関する錯誤なき状態である。」更に、マイトレーヤナータは、それらが、不純、不純と純粋、もしくは完全な純粋であるのに応じて、本質（Wesen、自性）の三重の区別をも認識している。[26] そして、彼は、サーラマティと全く同様に、比喩によって、最高存在の染汚と浄化とを説明している。特に、彼は、それを、水や金やもしくは虚空が受けるような、また、その後で再び本来の純粋性が現われるような、純然たる外来的混濁（die rein äußerliche Trübung）と類同させている。[27]

⑫以上の全てより、マイトレーヤナータがウパニシャッドのアートマンと同じように全ての生き物（Lebewesen）に内在している最高存在を教示したこと、また、それゆえに、彼にとってはこの最高存在が現存在や認識の担い手であるということ、が明らかとなるのである。しかし、それと同時に、我々には、マイトレーヤナータが上述の課題にどのような態度を取ったか、また、彼がその最高存在に認識推移を帰すという困難性をどのように解釈したかということが問題となってくる。ところがそれに対しては、彼にはこの困難性は全く存在していないと言うべきである。彼の教義は、サーラマティのそれのように、独自の発展において独自の前提より出発したものであり、従って、それぞれの問題性を引き継ぐことはなかった。我々が既に見てきたことであるが、サーラマティは最高存在に躊躇することなく肯定的な属性を帰し、かくして彼は、マイトレーヤナータのように、最高存在を活動的なものであると考えることに不快感を覚えることもなかったのである。いやそれどころか、このことはむしろ両者の仏教学（Buddhologie）にとって必然的なこととさえいえよう。それで、彼らの場合には、その最高存在は仏の本質（das Wesen des Buddha）をも成しているので、仏の全ての働きは止むをえずそれに由来しなければならないということを、マイトレーヤナータは、『大乗荘厳経論（*Mahāyānasūtrālaṃkāra*）』の第九章において最も明白に描き上げている。そこにおいて、

彼は、例えば、努力（ābhoga）なしに（ohne Streben）行われる仏の働きを、宝石の輝き、あるいは、打たれることなしに鳴り響く天の楽器の音色に類同させたり（第一八頌以下）、あるいは、苦労なしに、また我欲なしに、また場所から動くことなしに、全てを照らす太陽の比喩を取り上げたり（第二九頌以下と第五一頌以下）している。従って、後はもはや、次のような問い、即ち、マイトレーヤナータは、認識における最高存在と心理的諸要因（die psychischen Faktoren）との同時作用をどのように想定しているか、また、彼は一般的に心理的推移を個々にどのように想像しているか、という問いが残っているだけである。しかし、我々はここで、彼の体系における亀裂に遭遇する。一般的にいって、最古の大乗には小乗のアビダルマに比肩できるような哲学的概念形成や体系化が欠如しているということは、最古の大乗の最も特徴的な諸特色の一つである。解脱の煩瑣哲学と最高存在に関連する形而上学的問題とに関する一面的な関心が、哲学体系の起ることを妨げたのである。一般的に、人は古い聖典上の概念で間に合わせ、必要のある場合には小乗の教義学の個別的な表象を借用したが、それは、マイトレーヤナータの場合においてもまたそうなのである。我々は、なにか説一切有部のそれに比肩しうるような、発展した心理学を彼の場合に求めてみても無駄であろう。確かに、彼は、ここで、取り分け彼の『中辺分別論』の第一章において、ある変化をもたらした最初の人ではある。しかし、それは萌芽の状態に留まっている。それは体系化を欠いているのである。概念と表現方法とは独自のものであって、凡庸なものではない。そして、特徴的なことは、例えば、後の実修行学派の特徴的な術語であるアーラヤ識（ālaya-vijñāna）という名称は彼の場合には現われないということである。ここにおいて、根本的な変化を創始したのは、まずは、彼の偉大な弟子のアサンガの功績である。我々は今から彼に取り組まなければなるまい。

⑬アサンガは、既に述べたように、小乗の哲学的概念世界を体系的に実修行派体系（das Yogācāra-System）のうちに導入し、それが必要としていたものに適合させた。従ってまた、そこには、充分に発展した心理学[28]、詳しく言えば、古くから知られていた認識の六種類（六識）と、そのほかに自我意識（Ichbewußtsein）の担い手としてのマナス

(manas、意)と、最後には、心理的な全生起の基層(Grundlage)を形成するようなものであって、また、ついでに言っておけば、既にその手本を小乗中に持っている、あのアーラヤ識(ālaya-vijñāna)とが見出されるのである。更に、彼は、小乗学派に似た、認識に附随するような全ての心理的所与(caitta、心所)の詳細なリストをも与えている。彼はこれらの要因から彼の心理学を構築し、それらによって全ての心理的推移を明確にしている。それで、そこには、驚くべきあり方において、マイトレーヤナータとの最も鋭い対立が現われている。小乗の学派にとってと同様に、アサンガにとっても、所謂心理的所与は、単に自主的に働く諸要因ではなく、生存輪廻に巻き込まれることと解脱との全ての推移もまたそれらの中で演じられ、マイトレーヤナータの場合には中心点に位置していた最高存在は、その傍で全く引っ込んでしまったのである。しかし、それは一見すると非常に驚くべきことに見えるかもしれないが、結局は極めて自然なことだ。小乗は、その煩瑣哲学において、極めて明確な思考形態をもって高度に発展した哲学体系を創設した。この優れた体系が、それを習得しようと試みるに際して、独自の強固な哲学的基盤なしにそこへ歩み寄るそれぞれの人を、その軌道に引き込み、この形態において思考するように強いたということは、なんら驚くべきことではない。さもなければ、人はまず自ら新たな自分自身の思考を実現することに全力を投入しなければならなかったであろう。しかるに、アサンガの状況はそのようなものではなかった。彼自身は結局小乗の出身者でしかなかったのである。しかし、この小乗の煩瑣哲学は、心理的経過を単に独立に働いている心理的所与の一種の演奏として認識した。アサンガの体系においては、サーラマティの意味での最高存在は入る余地はなかったのである。かくして、その最高存在は、小乗様式に従った所与のリスト中のどこに収められているのかといえば、それは残りの所与と全く別な様式の本質として対立しているのでは決してないだけではなく、それは他の所与のように一つの所与としてあの引き起されたものではない所与(die nichtverursachten Gegebenheiten, asaṃskṛtā dharmāḥ、無為法)のもとに組み込まれているということが、特徴的なことなのである。[29]

⑭従って、アサンガの場合には、そこに彼の理解の独自性が特に明白に現われる解脱の推移は、次のような仕方で展開する。彼は、小乗の教義学[30]のように、汚れた（besudelt, sāṃkleśika）〔所与〕と純粋な（lauter, vaiyavadānika）所与とを区別することから出発する。根本的認識（das Grunderkennen）であるアーラヤ識は、それに付着する全ての汚れた所与と共に、存在の輪廻（Wesenskreislauf）の基層（Grundlage）をなす。大乗の教説を聞くこと（das Hören der Mahāyāna-Lehren）により、また、その正しい理解により、それらの種子と共にアーラヤ識の心理的複合に連なっていくような純粋な所与が呼び起されている間に、解脱が準備される。これらの純粋な所与は、更に先の解脱の道の過程において強固にされ増大される。最終的には、解放され表象より自由な智（das erlösende vorstellungs-freie Wissen, nirvikalpakaṃ jñānam、無分別智）によって解脱が生じる。その智は解脱の道の最後に頂点に達するのである。これが即ち心理的複合の変貌（eine Umgestaltung, parāvṛtti）を惹起する。それによって、汚れた所与は消滅し、純粋な所与だけが残るのである。それと共に解脱が達せられる。今やただ更に存続するだけのより純粋な所与の複合体が仏の法身（dharma-kāya）である。それをアサンガ自身の言葉で表現してみよう（『摂大乗論』第九章第一節[31]）。de la ’khor ba ni gzhan gyi dbang gi ngo bo nyid de kun nas nyon mongs pa’i char gtogs pa’o// mya ngan las ’das pa ni de nyid rnam par byang ba’i char gtogs pa’o// gnas ni de nyid gnyi ga’i char gtogs pa ste/ gzhan gyi dbang gi ngo bo nyid do// gzhan gyur pa ni gang gzhan gyi dbang gi ngo bo nyid de nyid kyi gnyen po skyes na gang kun nas nyon mongs pa’i cha ldog cing rnam par byang ba’i char gyur pa’o//「依存している性質（die abhängige Beschaffenheit, paratantra-svabhāva、依他起性[32]）が汚れた部分を形成している限り、存在の輪廻は依存している性質であり、それが純粋な部分を形成している限り、涅槃（nirvāṇa）がそ〔の同じ依存している性質〕である。基層（Grundlage, āśraya）はこの二つの部分から成っている依存している性質であると呼ばれる。その基層の変貌（die Umgestaltung der Grundlage、転依）は、依存している性質がその対立物（Gegensatz, pratipakṣa）の生じた際に

それらの汚れた部分を放棄して純粋な部分になるということから成り立っている。」法身については、更に彼は次のように述べている（同上、第一〇章第三節）。gnas gyur pa'i mtshan nyid ni sgrib pa thams cad pa kun nas nyon mongs pa'i char gtogs pa'i gzhan gyi dbang gi ngo bo nyid rnam par log na sgrib pa thams cad las rnam par grol zhing chos thams cad la dbang sgyur ba nye bar gnas pa rnam par byang ba'i char gtogs pa'i gzhan gyi dbang gi ngo bo nyid du gyur pa'i phyir ro//「そ〔の法身〕は基層の変貌によって特徴づけられている。なぜなら、それは、全ての障害（Hemmnis, āvaraṇa）を包含する、汚れた部分を形成する依存している性質を放棄し、全ての障害から自由となることによって全ての所与に対する支配権を獲得している、純粋な部分を形成する依存している性質になってしまっているからである。」

⑮かくして、我々は、次のように、全ての心理的生起の担い手（der Träger alles psychischen Geschehens）に関する問題において、実修行学派の両学頭（die beiden Schul-Häupter）の間には鋭い対立があるという結論に達する。即ち、マイトレーヤナータはそ〔の担い手〕を所与の要素（dharma-dhātu、法界）、従って最高存在に見出しているのに対して、アサンガはそれをアーラヤ識（ālaya-vijñāna）の周りに集められるような心理的所与の複合体であるとみなしているのである。ところで、アサンガはマイトレーヤナータの教義を完全に排除してしまったわけではない。というのも、両者の著作はその学派の根本典籍として互いに並行して引き続き伝承されてきたからである。ただし、そうではあっても、この対立がまた後代の学派にその影響を及ぼしたことは当然である。学派の内部ではそれがもとで異なった傾向が生じ、その傾向が、ある場合には一つの理解を、ある場合には他の理解を選択させ、その結果として、全体の伝承をインド的習慣に従ってその考えにおいて明瞭にするように追求させたのである。そして、その学派内部での対立の最後の余波こそ初めに述べられた中国の情報において我々を出迎えたものだったのである。事実、ラトナマティはマイトレーヤナータの傾向を代表し、ボーディルチはアサンガの傾向を代表する。パラマールタはアサンガ

の主著をマイトレーヤナータの考えで再解釈しようとする試みをもたらし、他方、玄奘は再びアサンガの正しい理解へ戻っているのである。[33]

⑯それはともかく、更なる研究は、もしそれが我々の面前に今もなお立ち続けている廃墟から実修行学派の歴史に関する実像を得ることに成功するならば、学派の論争が特にインド自体でどのように経過したかということを示すにちがいない。しかし、若干のことは既に聞かされているのである。中国の伝承によれば、論争はナーランダーとヴァラビーとの学派の対立に関係づけられており、恐らく、これは正しいと思われる。しかし、ダルマパーラとスティラマティが両見解の主代表者（Hauptvertreter）であったかどうかには疑問が残る。彼らは両学派の最も著名な代表者として知られていたので、彼らの名前はよく引き合いに出されるが、[34] 彼らはいかなる場合においてもこの問題における対立の創始者ではありえなかったのである。というのも、ボーディルチとラトナマティが中国に来たときには、ダルマパーラはまだ生まれていなかったし、スティラマティはせいぜい子供だったろうからである。その上に、これまで発見され出版されたスティラマティの最も大部な著作、[35] 即ち『中辺分別論釈疏（*Madhyāntavibhāgaṭīkā*）』には、マイトレーヤナータの理解に関してスティラマティが明白に踏み込んだという足跡はなんら認められない。しかし、論争の足跡はここでも見出される。即ち、スティラマティは、『中辺分別論』の最初の註釈者ではなくして、多くの先駆者を持っているのであり、我々は少なくともその中の一人をチャンドラパーラ（Candrapāla、護月）と名前で呼ぶことができるのである。それゆえ、彼（スティラマティ）は、より重要な問題の場合には、再三、若干の解釈の試み（Erklärungsversuch）を列挙している。そして、その際に、マイトレーヤナータとアサンガの教義間におけるあの古い対立もまた現われているのである。少なくともある例がこのことを示すにちがいない。その第四章の解釈の過程で、スティラマティは、法身（dharma-kāya）について述べることになって、その際に次のように述べている。[36] sarvâvaraṇa-prahāṇāt tat-pratipakṣânāsrava-dharma-bīja-pracayāc câśraya-parāvṛtty-ātmakaḥ sarva-dharma-vaśavartī anālaya iti buddhānāṃ dharma-kāyaḥ... anye tu niḥśeṣâgantuka-malâpagamāt suviśuddho dharma-dhātur eva dharmatā-kāyo dharma-kāya iti varṇayanti.「仏の法身（dharma-kāya）は基層の変貌（die Umgestaltung der Grundlage、転依）にその本質があり、全ての障害が排除されることにより、また、それらの対立物を形成するような汚れていない所与の種子が蓄えられることにより、そ〔の法身〕は、全ての所与に対する支配権を持ち、根本的認識（Grunderkennen）のないものである。[37]……これに対して、あるものたちが述べるには、それは、全ての外来的な汚れの除去によって完全に純粋にされた所与の要素（vollkommen gereinigte Element der Gegebenheiten、清浄法界）となり、その時、そこでの所与の本質（das Wesen der Gegebenheiten）が身（Körper）であり、[38]法身（dharma-kāya）と称される、というのである。」その最初の見解がアサンガの理解に相当し、第二はマイトレーヤナータの理解に相当する。

⑰以上で、初めに提起した問いはその答えを見出したし、我々の考察も了った。中国を起点として証言された実修行学派の異なった代表者（Vertreter）たちの間における論争をその淵源にまで遡ることも我々には果された。そこで、古代インド哲学の最も興味深くまた最も議論の余地ある問題がその論争の基礎をなしていることが明らかになったのである。そして、私は、それらと共に、かくも重要な学派でありながら、しかも相変らず非常に大きな困難がその了解を妨げている、あの学派、即ち、実修行学派の歴史の上に新たな光が射したのではないかとも期待しているのである。

⑱補記[37] 本論文執筆後に『究竟一乗（宝性論）（*Uttaratantra*（*Ratnagotravibhāga*））』のサンスクリット原典が、E・H＝ジョンストンによって、ビハール学術協会誌、第三六巻（一九五〇年）において出版された。漢訳から上において翻訳された箇所は、細部においてサンスクリット原典とは相違している。〔しかし、〕構成自体に変るところはない。オバーミラーの頌の区分はしばしば不完全なので、彼の頌の数え方はサンスクリット本とは相違している。上に

引用した頌〔（ただし、和訳に際し、原論文の脚註は、これ以下の「註記」の部分に「原註」として一括して示されているので、脚註に示された同論頌は、本和訳では「上」にではなく、以下の「原註」にあることに注意されたい。）〕に対する〔サンスクリット本の〕対応は以下のとおりである。第三〇頌＝第三〇頌、第三四頌＝第三五頌、第四六頌＝第四七頌、第四八頌＝第四九頌、第五一頌以下と第六一頌以下＝第五二頌以下と第六二頌以下、第五八頌以下＝第五九頌以下、第七七―七九頌＝第八〇―八二頌

原註(38) （原論文における註記は、各頁ごとに脚註として示されているが、本和訳においては、それらを通し番号で指示した上、一括してこれ以下にその通し番号順に本文と同じ大きさで示す。）

1 P. Demiéville, "Sur l'authenticité du Ta tch'eng k'i sin louen", *Bulletin de la Maison Franco-Japonaise*, Série française, Tome II, No. 2 (1929).

2 〔同右〕p. 30 以下。

3 Demiéville, p. 38 以下。

4 Demiéville, p. 43.

5 *Mahābhārata*、第一二章第二〇一節第二七頌。

6 Yaśomitra, *Sphuṭārthā*〔U. Wogihara ed.〕, p. 699, ll.25〔-27〕, *Yuktidīpikā* (Calcutta Sanskrit Series), p. 105, 1.4, *Nyāyavārttika* (Kashi Sanskrit Series), p. 355, 1.4 など。

7 これについては、拙書 *Geschichte der indischen Philosophie*、第一巻の記述参照。

8 Vyāsa, *Yogabhāṣya* (Ānandāśrama Sanskrit Series), p. 89, ll.2〔-6〕、および、p. 197, ll.4〔-7〕.

9 La Vallée Poussin 編 *Abhidharmakośa*, VI, p. 299, n.1、および、*Vijñaptimātratāsiddhi*, p. 109 以下参照。

10　Aṅguttaranikāya, I, p. 10 など。

11　漢訳を私は大正蔵経版によって引用している。

12　M. Walleser, *Die Sekten des alten Buddhismus*, Heidelberg, 1927, p. 27 参照。

13　根本識（mūla-vijñāna）については、La Vallée Poussin, *Vijñaptimātratāsiddhi*, p. 178 以下、É. Lamotte, “〔Le Traité de l'acte de Vasubandhu〕 Karmasiddhiprakaraṇa”, *Mélanges chinois et bouddhiques*, IV（1936）, p. 250, É. Lamotte, *La Somme du Grand Véhicule* 〔*d'Asaṅga*〕, II, Louvain, 1938, p. 27、および、p. *7 参照。

14　このことは、『大毘婆沙論（*Mahāvibhāṣāśāstra*）』とサンガバドラ（Saṅghabhadra、衆賢）の『順正理論（*Nyāyānusāra*）』とにおける議論から明らかとなる。La Vallée Poussin, *Abhidharmakośa*, VI, p. 299, n.1 参照。

15　E. Obermiller, “The Sublime Science of the Great Vehicle to Salvation, being a Manual of Buddhist Monism, the Work of Ārya Maitreya with a Commentary by Āryāsaṅga”, *Acta Orientalia*, IX（1931）, pp. 81-306 によりチベット語から翻訳された。〔しかし、〕そのテキストは添えられておらず、従って、その翻訳は点検できない。その上、サンスクリット原典の断片は、私の知る限り、まだ出版されておらず、また、目下のところ、〔チベット訳〕論部（Tanjur）も私には利用できないので、私は、ラトナマティ（Ratnamati、勒那摩提）の漢訳によって引用するが、しかし、オバーミラーの数え方に従った頌数は添えておく。

16　大正蔵、No. 1611〔三一巻〕、八一四頁上、八行以下＝八二九頁中、九行以下、オバーミラー、第一章、第三四頌。

17　Obermiller, p. 187, n. 6, sems kyi rang bzhin don dam pa'i bden pa＝citta-svabhāva paramārtha-satyam、大正蔵、No. 1611、八一四頁上、二九行＝八三二頁下、一五行、「自性清浄心（tseu sing ts'ing tsing sin）」。

18　例えば、大正蔵、No. 1611、八一四頁上、一七行＝八三二頁中、八行、オバーミラー、第一章、第四八頌。

19　例えば、大正蔵、No. 1611、八一四頁中、二行以下＝八三二頁下、一七行以下、オバーミラー、第一章、第五八頌以下。

20　「自性常不変（tseu sing chang pou jan）」、大正蔵、No. 1611、八一四頁上、六行＝八二八頁中、二一行、オバーミラー、第一章、第三〇頌。大正蔵、No. 1626（*Dharmadhātuviśeṣatāśāstra*）〔『法界無差別論』〕、八九二頁中、二七行参照。

21　大正蔵、No. 1611、八一四頁上、一四行以下＝八三二頁上、一一行以下、オバーミラー、第一章、第四六頌。大正蔵、No. 1626、八九三頁上、五行以下参照。

22　これについては、特にSylvain Lévi校訂*Mahāyānasūtrālaṃkāra*, Paris, 1907-1911の第九章参照。

23　例えば、第九章第一五頌。

24　例えば、第九章第五九頌。

25　山口益編『漢蔵対照弁中辺論』（破塵閣書房）、名古屋、一九三七年）〔原註では、一九三五年とされているが、誤りとみなして改める〕。私の知る限り、サンスクリット原典はまだ出版されていない。

26　*Madhyāntavibhāga*、第四章第一五頌後半―第一六頌前半。

27　*Madhyāntavibhāga*、第一章第一六頌、*Mahāyānasūtrālaṃkāra*、第一一章第一三頌、および、*Dharmadharmatāvibhāga*の結語参照。

28　『阿毘達磨集論（*Abhidharmasamuccaya*）』（大正蔵、No. 1605）の最初も『顕揚聖教論（*Vikhyāpana*）』（大正蔵、No. 1602）のそれも、一種の体系的編成を含んでいる。

29　（ヴァスミトラ（世友）、大正蔵、No. 2031、一七頁上、八行以下の箇所での）化地部（Mahīśāsaka）の引き起されたものではない所与（無為法）のリスト、また、その後では、アサンガの『阿毘達磨集論』（大正蔵、No. 1605、六六六頁上、二一行以下）と『顕揚聖教論』（大正蔵、No. 1602、四八四頁中、二九行以下）とにおける、善と悪と無記との法についての真如（tathatā）を参照のこと。また、ヴァスバンドゥの『大乗百法明門論（*Mahāyānaśatadharmaśāstra*）』（大正蔵、No. 1614、八五五頁下、一九行）、および、『五蘊論（*Pañcaskandhaka*）』（大正蔵、No. 1612、八五〇頁上、一九行以下）を見よ。実修行学派（Yogācāra-Schule）におけるその概念の展開については、更に、『成唯識論（*Vijñaptimātratāsiddhi*）』、大正蔵、No. 1585、六頁中、一五行以下（La Vallée Poussin、七二頁以下）参照のこと。

30　ヴァスバンドゥが彼の『倶舎論』をそれによって開始したところのその有漏〔法〕（sāsravā〔dharmāḥ〕）と無漏法（anāsravā dharmāḥ）との根本的区別を参照のこと。

31　É. Lamotte, *La Somme du Grand Véhicule* (Bibliothèque du Muséon 7), Louvain, 1938 の版における分節区分によって私は引用する。

32　実修行学派は、現象世界の迷妄（der Trug der Erscheinungswelt）が基づいている、それらの心理的所与（psychische Gegebenheiten）の全体の複合体（der gesamte Komplex）を、このように呼んでいる。

33　玄奘は、その『成唯識論』中において、両者の理解に言及している。一方は、真如（tathatā）が心理的複合体（der psychische Komplex）の変貌（Umgestaltung）の基層（Grundlage）であり、その際にアーラヤ識は完全に消滅するというものであり、他方は、アーラヤ識が基層であり、その認識は更に存続して単にその状態の変化だけを受けるというものである（大正蔵、No. 1585、巻九、五一頁上、三行以下、および、巻一〇、五五頁上、一〇行以下、La Vallée Poussin の場合には、六一〇頁以下、および、六六五頁）。玄奘自身は第二の見解に傾いている。

34　特に、玄奘は、スティラマティやダルマパーラの教義に関説する場合には、彼ら自身の著作というよりは、むしろ彼がインドにおいて見聞したような彼らの学派の教義を念頭に置いていたように思われる。

35　現存チベット訳諸著作は、残念ながら、私には利用できない。

36　Susumu Yamaguchi（山口益）ed.（校訂）, *Madhyāntavibhāgaṭīkā, Exposition systèmatique du Yogācāravijñaptivāda*, Nagoya（名古屋）〔破塵閣書房〕, 1934, p. 191, l.4 以下。

37　そのときに、こ〔の根本的認識〕は汚れた所与と共に消失する。

38　これは、法身（dharma-kāya）という表現を説明しようとする試みである。それに応じて、それは、法性身（dharmatā-kāya）より接尾辞 -tā を脱落させることによって生じたものである。

三　当該論文に対する訳註と解説

以上で、フラウワルナー教授の「アマラ識とアーラヤ識――仏教認識論考――」を原註と共に拙訳によって提示し了ったが、以下では、それに対する簡単な補足を訳註と解説という形で与えておくことにしたい。

①フラウワルナー教授が、ドミエヴィル教授の『大乗起信論』を巡る論文を起点に、その論文を高く評価しながらも、中国で展開された関連の論争は、その淵源をインドに求めねばならない根本的な認識論上の問題であるということを示唆した発端の一段。

ドミエヴィル教授のその論文は、原註1の示すように、「『大乗起信論』の信憑性について」と題されたもので、その所掲誌のものが、後には、Paul Demiéville, *Choix d'Études Bouddhiques (1929-1970)*, E. J. Brill, Leiden, 1973, pp. 1-79 にも再録されているので、今では、この問題の論文をドミエヴィル教授の他の諸論文と共に一括して読みうる便宜も与えられているのである。

しかるに、その原論文が公けになった一九二九年より数えれば、現在はほぼ八十年近くを経過したことになるが、『大乗起信論』を巡る諸議論はいまだ終息を見ずというよりはむしろ異なった視点を加味しながら更に活発でさえある。これらの、ドミエヴィル教授自身も参照したそれ以前の日本や中国の諸学者の見解から今日に及ぶまでの『大乗起信論』に関する広範な諸研究成果の概略については、柏木弘雄博士の左に示す二点によって的確に述べられていると思うので、左に譲らせて頂きたい。

柏木弘雄『大乗起信論の研究』(春秋社、一九八一年)、四九三―五〇六頁、「〔附録〕 起信論関係文献目録」

柏木弘雄校註「〈真諦訳〉大乗起信論」、高崎直道、柏木弘雄校註『仏性論・大乗起信論(旧・新二訳)』、新国訳大蔵経、論集部2(大蔵出版、二〇〇五年)、三八五―四一八頁、「大乗起信論にたいする註解・研究の文献」

柏木博士自身の『大乗起信論』に関する御見解や他の研究者の見解に対する博士のコメントなどについては、右掲の二点の全体にわたって更に参照されるべきであるが、ドミエヴィル教授自身の『大乗起信論』の信憑性についての見解は、論書の成立はインドであるものの著者を馬鳴としたのは中国においてであろうとするものである。[39] そのドミエヴィル教授は、問題の論文の最末尾(七六頁)で、中国の教義分野の註釈(les commentaires chinois d'ordre doctrinal)や中国の記録(les documents chinois)は学派の偏見(des préjugés d'écoles)や他の外的要素の介入(l'intervention de facteurs externes)によって歪曲されているからそれらの研究が有効な結論に到るためには作品それ自体の研究(l'étude intrinsèque des œuvres)に頼るしかなく『大乗起信論』の場合も然りであると述べているが、最近の我が国における『大乗起信論』研究もこの方向を大きく逸脱するものではない。それどころか、『大乗起信論』それ自体の訳風を分析することによって、その訳業やテキスト成立の背景を真諦の周辺ではなく菩提流支ないし中国初期地論宗の周辺に求めようとする最近の我が国の研究動向は、ドミエヴィル教授のいう「作品それ自体の研究(l'étude intrinsèque des œuvres)」の徹底化の一具現とみなしえなくもないのである。その代表的な成果の一つを挙げるとすれば、次のものとなろう。

竹村牧男「地論宗と『大乗起信論』」平川彰編『如来蔵と大乗起信論』(春秋社、一九九〇年)、三三五―三七五頁

竹村博士のそのような見解は、御自身としては一九八〇年代の初めから徐々に提起しておられたようであるが、実際上は、右論文を前後する竹村博士の問題提起を嚆矢として、その後は、高崎直道博士、吉津宜英博士、石井公成博士、大竹晋博士などの、先の柏木博士の概略で触れられているような諸成果によって、『大乗起信論』成立の背景が菩提流支や勒那摩提や浄影寺慧遠の活躍した中国の北土もしくは地論宗などに辿られていくのである。しかし、この最近の詳細にわたる研究動向にも、万一、フラウワルナー教授がドミエヴィル教授に対して指摘した観点から見る時には、やはりそこに展開されている思想問題をインドの仏教思想史的文脈において検討していかなければならないという課題が残されているのではないだろうか。その意味では、フラウワルナー教授の提起した課題は今日においても意義を失っていないと私は思うのである。

②ドミエヴィル教授の報告に従いながら、フラウワルナー教授が、中国に伝えられた二つの異なった学派傾向を整理して示した一段。

ボーディルチ（Bodhiruci、菩提流(留)支）は全ての識の基層をアーラヤ識（ālaya-vijñāna）とみなしたのに対して、ラトナマティ（Ratnamati、勒那摩提）はそれを真如（tathatā）とみなしている。その後になって、識の基層をアマラ識（amala-vijñāna、阿摩羅識）とみなすパラマールタ（Paramārtha、真諦）が中国にやって来て、ラトナマティの見解がパラマールタの側と重ねて解釈されるようになった。これに対し、七世紀前半に登場しインドのナーランダーに留学もした玄奘は、識の基層はアーラヤ識にあると確定した。

以上がこの一段の要旨であるが、地論宗の根本典籍ともなり、ボーディルチが主となりラトナマティやブッダシャーンタ（Buddhaśānta、仏陀扇多）も協力して漢訳されたとされる『十地経論』の著者[40]につき、フラウワルナー教授が「古ヴァスバンドゥ（der ältere Vasubandhu）」という言い方をしていることには若干の説明を要する。これは、同じ一九五一年に刊行された同教授自身による左の論文において示された所謂ヴァスバンドゥ二人説に基づく見解の表明にほかならないからである。

E. Frauwallner, *On the Date of the Buddhist Master of the Law Vasubandhu*, Serie Orientale Roma, Roma, 1951

このヴァスバンドゥ二人説とは、その後変更も見られるのであるが、基本的には、「アサンガの弟であるヴァスバンドゥ（Vasubandhu the brother of Asaṅga）」と「『倶舎論』の著者であるヴァスバンドゥ（Vasubandhu the author of the *Abhidharmakośa*）」とを別人とみなし、前者を「古ヴァスバンドゥ（Vasubandhu the elder）」、後者を「新ヴァスバンドゥ（Vasubandhu the younger）」と呼んで区別し、ヴァスバンドゥという一人物に帰せられると困難に感じられるような思想的相違の問題を、その二人に割り振ることによって解決しようとした試みである。この二人説に対しては、ジャイニ（P. S. Jaini）教授の反論やシュミットハウゼン（Lambert Schmithausen）教授の異なった観点からの問題提起があったりして、その後フラウワルナー教授自身によって修正が加えられることになるが、それらについては、梶山雄一博士によって既にかなり詳しく報告されているので[41]、ここに再説することはしない。因みに、『十地経論』を含む大乗経典に註釈を施したのを「古ヴァスバンドゥ」とするフラウワルナー教授の見解には、その修正はほとんど及んでいないと考えられるのである。ただし、我が国においては、フラウワルナー教授のヴァスバンドゥ二人説を積極的に支持する人は非常に少ないので、大方の学者は、明言しないまでも、一人のヴァスバンドゥの思想的変化による推移の中で、それと並行して大乗経典に対する註釈も進められていったと考えているように思われる[42]。

③第一に両見解の対立に関する伝承を中国における典籍上に確認することの必要性と、第二にその対立の起源をインドに遡及して確認することの重要性とがまず指摘され、更に、後者について、アマラ識の教義はヴァラビーのスティラマティ（Sthiramati、安慧）の学派に辿られ、アーラヤ識の教義はナーランダーのダルマパーラ（Dharmapāla、護法）の学派に辿られるとした一段。

第一においてフラウワルナー教授が付け加えていることはないが、ドミエヴィル教授が参照している典籍中より、地論宗南道派と北道派に関する代表的記述として、智顗（五三八―五九七）の『法華玄義』とそれに対する湛然（七一一―七八二）の『法華玄義釈籤』との当該箇所を示しておけば、次のとおりである。(43)

此就教門、更判麁妙。何者、若不得四悉檀意、諸論諍競、誰能融通。如地論有南北二道。加復摂大乗興。各自謂真、互相排斥、令堕負処。（大正蔵、三三巻、七九二頁上）

初明地論教道多諍。次与別門弁諍軽重。初文云如地論有南北二道者、陳梁巳前、弘地論師、二処不同。相州北道、計阿黎耶、以為依持。相州南道、計於真如、以為依持。此二論師、倶稟天親、而所計各異、同於水火。加復摂大乗興、亦計黎耶、以助北道。又、摂大乗前後二訳、亦如地論、二計不同。旧訳即立菴摩羅識。唐三蔵訳、但立第八。（大正蔵、同、九四二頁下）

後に、右の記述を中心に地論宗における南道派と北道派との系譜の問題について考察したものに、池田魯参氏や結城令聞博士の論文(44)が知られるが、智顗や湛然の記述そのものにおいて注意しておかなければならないことは、『十地経論』や『摂大乗論』の中国将来以後に起った論争について、智顗や湛然も、水と火のごとく対立してしまう議論を、もし四悉檀の意を体得すれば起りえないものとして、非難すべき例として示しているということである。恐らく、こうした中国側の記述がドミエヴィル教授にも影響して、段落①において、フラウワルナー教授をして、「彼（ドミエヴィル教授）はこの議論に些細な学派論争しか見ていなかった。しかし、これは正しくない。」と言わしめた要因になっていたかもしれない。しかるに、論争の意味を重視するフラウワルナー教授は、その論争の起源を第二としてインドに辿っているわけなのである。

その第二に移る前に、前引の智顗や湛然の記述を中心に中国側に知られていた情報をまとめて図示しておけば次のようになろう。

甲　勒那摩提 → 南道派 ― 真如依持 tathatā ――― 真諦訳 ― 立菴摩羅識 amala-vijñāna
　　｜『十地経論』漢訳　　　　　　　→ ｜『摂大乗論』新旧訳
乙　菩提流支 → 北道派 ― 阿黎耶識依持 ālaya-vijñāna　玄奘訳 ― 立第八〔阿頼耶識〕 ālaya-vijñāna

さて、第二の考察に入って、フラウワルナー教授は、甲の思想系譜をカーティアーワール半島のヴァラビーで活躍したグナマティ（Guṇamati、徳慧）やスティラマティ、乙のそれを全盛期のナーランダーで活躍したダルマパーラに求めているが、同教授にとっては、それらインドのことは自家薬籠中の物であったためか、これらの記述がなにによったものであるのかが論文中には却って明示されていない。しかるに、我が国において、この方面の研究を詳細に進められたのが宇井伯寿博士であるから、我々としては、ここにおける典拠の不充分さは、宇井博士の左の二論文を参照することによって充分に解消することができるのである。

宇井伯寿「玄奘以前の印度諸論師の年代」『印度哲学研究』第五（甲子社書房、一九二九年、岩波書店再刊、一九六五年）、一〇九―一六一頁

宇井伯寿「瑜伽行派に於ける二系統」『印度哲学研究』第六（甲子社書房、一九三〇年、岩波書店再刊、一九六五年）、四九九―五四〇頁

ところで、インドのこととは言っても、ヴァラビー（伐臘毗国）やそれとの関係で述べられているマーラヴァ（摩臘婆国）についてはまだ分からないことも多いが、これらについては『大唐西域記』の両国の記載とそれに対する水谷真成博士の訳註を参照されたい[45]。また、地理以上に重要なことは、当然のことながら思想問題であるが、グナマティのことは、思想的に重要な人物として松田和信氏がかつて指摘したような方向での研究[46]が更に推し進められること

が期待される。なお、宇井博士やフラウワルナー教授の当時は、音写語「阿摩羅識」や「菴摩羅識」の原語として自明のごとくに考えられていたamala-vijñānaも、果してそうだったかとの疑義が提起されるようになっており[47]、また、フラウワルナー教授が論述中に用いている「古師たち（die alten Meister, pūrvācāryāḥ）」も、以前よりはかなり具体的な広がりをもってその用語の背景が検討されるようになっていることには[48]、充分注意が払われる必要があろう。

④アマラ識とアーラヤ識との相違に象徴されるような両学派対立の思想的淵源を、ウパニシャッドやヤージュニャヴァルキヤの教義や後期ヴェーダーンタ学派のsac-cid-ānanda（存在と精神と歓喜、有と知と歓喜）という三語にまとめられることになった制約や叙事詩の教義などに求めながら、それらとの関連で、「認識の担い手（der Träger des Erkennens）」としての「霊魂（Seele）」を問題とした一段。

sac-cid-ānandaの用語を巡るヴェーダーンタ学派のシャンカラより後期に及ぶまでの思想[49]については、次の二書を参照されたい。

中村元『シャンカラの思想』（岩波書店、一九八九年）、二二五—二五八頁、特に、二五二頁

前田専学『ヴェーダーンタの哲学——シャンカラを中心として——』（平楽寺書店、一九八〇年）、一〇九—一一二頁

フラウワルナー教授の述べるところに従えば、宇宙霊魂（die Weltseele）であるブラフマン（brahman）やアートマン（ātman）に帰せられたsat（存在、有）、cit（精神、知）、ānanda（歓喜）という三つの制約のうち、最後まで放棄されずに残されたのはcit（精神、知）であるが、それは、「認識の担い手」としての「霊魂」の存在が最後まで必要とされていたゆえであるとみなされている。

なお、フラウワルナー教授によって、中論学派（Mādhyamika）の『中論』の八不偈に擬えられたかのように、原註5で指示されている『マハーバーラタ（*Mahābhārata*）』の一頌を示しておけば次のとおりである[50]。

na strī pumān vâpi napuṃsakaṃ ca na san na câsat sad-asac ca tan na/
paśyanti yad brahma-vido manuṣyās tad akṣaram na kṣaratîti viddhi//
女ならず男ならずまた中性ならざる、そは有ならず非有ならず有非有ならざるなり。
およそブラフマンを知れるものたちの見れるもの、そは不滅にして滅せず、と汝は知るべし。

⑤「認識の担い手」を霊魂に認めることは、本来最高の実在として不変であるはずの霊魂に認識の推移としての無常性を容認してしまうという難点を抱え込むことを意味するが、インド哲学におけるその難点解釈の一例としてサーンキヤ学派の思想形態を取り上げた一段。

サーンキヤ学派は、その難点を回避するために、最高実在としての全く活動しない純然たる精神であるプルシャ (puruṣa) と、活動原理たる根本物質としてのプラクリティ (prakṛti) とを予め想定する二元論に立ち、認識の推移を後者から派生するブッディ (buddhi) に帰せしめたのである。しかし、そのあまりにも人工的な解決策は真の難点解消にはなりえなかったのであるが、その欠点を突いたのが、原註6で諸種の典拠が示されている、ヴァスバンドゥに帰せられる『七十真実論 (*Paramārthasaptatikā*, *Paramārthasaptati*)』の有名な一頌にほかならない。フラウワルナー教授は、『七十真実論』成立の背景について本論文ではなにも具体的な説明をなしていないが、同じ年に刊行された同教授のヴァスバンドゥ論[51]からも知られるように、その背景について語る『婆藪槃豆法師伝』の記載は次のとおりである。ヴァスバンドゥのアヨーディヤー (阿緰闍国、Ayodhyā) 不在中に、師のブッダミトラ (仏陀蜜多羅、Buddhamitra) はサーンキヤ学派のヴィンディヤヴァーシン (頻闍訶婆娑、Vindhyavāsin) と論争する羽目になり、かなりの高齢のためもあって師の方が負けてしまうが、以下の引用は、その師の敗退後のヴァスバンドゥの帰国から始まる。[52]

婆藪槃豆、後還、聞如此事、歎恨憤結。不得値之、遣人往頻闍訶山、覓此外道、欲摧伏、其佷慢、以雪辱師之恥、外道身已成石。天親弥復憤懣、即造七十真実論、破外道所造僧佉論。首尾瓦解、無一句得立。諸外道憂苦、如害己命。雖不値彼師、其悉檀既壊、枝末無復所依。報讐雪恥、於此為訖。衆人咸聞慶悦。王以三洛沙金、賞法師。法師、分此金為三分、於阿緰闍国、起三寺、一比丘尼寺、二薩婆多部寺、三大乗寺。

なお、ヤショーミトラ（Yaśomitra）が、『倶舎論』「破我品」の註釈中において、問題の一頌を引用するのは、仏教内の犢子部（Vātsīputrīya）がプドガラ（pudgala）の実在を主張するならばそれは外道の見解と同じであるという文脈に関してであるということには充分な関心を向けておく必要があるであろう[53]。

また、サーンキヤ学派の代表的主張として原註8下の本文中に引用されているヴィヤーサ（Vyāsa）の『ヨーガバーシュヤ（*Yogabhāṣya*）』についていえば、フラウワルナー教授の依ったĀnandāśrama Sanskrit Series版は、案外、入手困難かもしれないので、英訳も伴った比較的参照しやすい版での所在を示しておけば次のとおりである。

Rāma Prasāda (ed. & tr.), *Patanjali's Yoga Sutras with the Commentary of Vyāsa and the Gloss of Vāchaspati Miśra*, First published in 1912 by Panini Office, Allahabad, Reprint 1978 published by Oriental Books Reprint Corporation, p. 134, ll.7-9 and, p. 299, ll.14-17

当然のことながら、その前後と共に参照されたい。

⑥「認識の担い手」を霊魂に求めることから結果する難点は、霊魂を認めない無我説の仏教には本来起りえなかったが、霊魂の否認を徹底できなかった大乗仏教には、インド哲学諸学派に共通する難問がやはり生じたことを指摘する一段。

ただし、大乗仏教学派中、中論学派（Mādhyamika）は、その思想表明が『マハーバーラタ』の一頌と酷似しているとされるように、最高実在の非把握性を強調して難問にも興味を示さなかったゆえ、この難問に直面することはなかったが、実修行派（Yogācāra）は然にあらずとされる。

⑦その実修行派の教義の発展経緯を、サーラマティ（Sāramati、堅慧）―マイトレーヤナータ（Maitreyanātha、弥

勒主）—アサンガ（Asaṅga、無著）の系譜として辿った一段。

ここで、我々がフラウワルナー教授独自の考え方として気をつけておかなければならないことは、サーラマティが中論学派寄りの『宝性論（*Ratnagotravibhāga*）』本頌の作者として紀元後ほぼ二五〇年頃の人とみなされていることと、所謂マイトレーヤ（Maitreya、弥勒）がマイトレーヤナータとして紀元後ほぼ三〇〇年頃に実在していたとみなされていることとである。(54)

しかるに、このサーラマティとマイトレーヤナータとに関連するより大きな問題が、所謂「マイトレーヤの五法」と言われる伝承の問題であるが、私は、この意味でのマイトレーヤは存在せず、「五法」は後世の仮託であると考えている。(55)

一方、フラウワルナー教授の後に、『宝性論』に関して、世界の斯学界をリードするような大きな業績を挙げられたのは、高崎直道博士で、その最初の代表作は、周知されているごとく、左のものである。

Jikido Takasaki, *A Study on the Ratnagotravibhāga* (*Uttaratantra*) : *Being a Treatise on the Tathāgatagarbha Theory of Mahāyāna Buddhism*, Serie Orientale Roma, XXXIII, Roma, 1966

その後も、特に、如来蔵思想について研究を重ねられた高崎博士は、最近の『宝性論』の国訳の「解題」中において、右の自著を示された直後に、次のように述べておられる。(56)

そこで筆者は、『宝性論』の著者として本頌を弥勒造、釈論を堅慧造で、その年代は世親と同時代と推定した。しかし、その後、「弥勒の五部書」の伝承の成立を後代のことと考えるに至ったので、作者堅慧一人説に傾いている。

恐らくこの御見解の方が正しいと私には思われるが、高崎博士の想定されているサーラマティ（堅慧）は、フラウワルナー教授とは異なり、三世紀の人ではなくやはりヴァスバンドゥ（世親）と同時代かそれに限りなく近い生存年代の人として考えられているのではないかと思われる。そして、私にはこれも正しいと推測されるのであるが、そうだとすれば、残された問題は、歴史的人物としてアサンガ以前には存在していなかったとして消去されてしまったマイトレーヤの穴をいかに埋めるかということである。この問題は、言葉を換えていえば、アサンガ以前に古くから仏教思想側に徐々に滲透しつつあった通インド的な思想、即ちアートマン肯定の如来蔵思想的な動向をいかに仏教の中に位置づけるかという問題でもあるが、ここでそれに明確に答える用意はない。ただし、いずれそれに明確に答える必要は相変らず残っているであろう。それゆえ、たとえサーラマティの年代が下がり更にマイトレーヤが実在しなかったとしても、フラウワルナー教授が本論文で提起している問題は、やはりその形を変えて追究されていかなければならないと思われるのである。

ところで、フラウワルナー教授は、この段において、アサンガ以前の思想動向に欠如していた組織的な教義学体系を実修行派に構築した役割を化地部出身のアサンガに求めているが、それは、今日でもむしろ積極的に認められてよいであろう。ただし、今日的観点からいえば、問題となるのは、その実修行派を含む大乗学派（die Mahāyāna-Schulen）の教団的有り様をどう考えるかという点である。私見[57]によれば、インドにおいて後に大乗と呼ばれるような思潮が起った当初より後代に至るまで、大乗的思想を持った学僧は沢山いたであろうが、大乗教団なるものは存在したことはなく、存在したのは、例えば、大衆部の律を有する大衆部教団、化地部の律を有する化地部教団、説一切有部の律を有する説一切有部教団などの伝統的仏教教団でしかなかった、ということになる。では、例えば、段落⑤の、フラウワルナー教授の言及に関連して先に引用した『婆藪槃豆法師伝』中の、ヴァスバンドゥが「起三寺、一比丘尼寺、二薩婆多部寺、三大乗寺」したというような記述はどう解釈されるであろうか。ここでも私見を述べることが許されるのなら、ヴァスバンドゥが造った寺は、三種とも、基本的には説一切有部の律を有する説一切有部教団であったと考えられる。ただし、その三種中のそれぞれは、その基本に即しながらも、第一は説一切有部の比丘尼律に従うもの、第三は説一切有部律に従いつつ大乗経典もより多く所持するもの、という違いがあったので、「三寺」に分かって記述されたのであろう。なお、この場合の「大乗寺」の見本としては、かなり後代の記述にはなるが、玄奘訳の『法住記』に描かれる寺の様子を想起すればよいと思うのである。[58]

⑧大乗思想に大きな影響を与えたものとして、大衆部の一教義である「純粋認識に関する教義（die Lehre vom reinen Erkennen）」即ち「心性本浄（cittaṃ prakṛti-prabhāsvaram）」説が取り上げられて論及された一段。

この段で、その「心性本浄」説に関する重要な文献資料とされている『異部宗輪論』やそこで問題とされている当の「心性本浄」説については、我が国においては、取り分け多くの研究や議論が展開されていると思われる[59]が、ここでは、既に、寺本婉雅博士と平松友嗣氏との訳註において注意されていること[60]ではあるものの、本資料の漢訳三本とチベット訳との違いとして、フラウワルナー教授によって、後者によれば、「心性本浄」が九無為事（法）の一つとされている、と記されている件について、かかる違いの生じた実状をやや詳しく確認しておきたい。まず、以下に、『異部宗輪論』のチベット訳[61]の九無為事列挙箇所を示し、次にそれに対する拙訳を与えておくことにする。

so sor brtags pa’i ’gog pa dang/ *so sor brtags pa ma yin pa’i ’gog pa dang/ nam mkha’ dang/ nam mkha’ mtha’ yas skye mched dang/ rnam shes mtha’ yas skye mched dang/ ci yang med pa’i skye mched dang/ ’du shes med ’du shes med min skye mched dang/ rten cing ’brel bar ’byung ba rnams dang/ glo bur du ’ongs pa’i nye ba’i nyon mongs pas sems rang bzhin gyis ’od gsal ba ni ’dus ma byas kyi dngos po dgu’o//

㈠択滅（pratisaṃkhyā-nirodha）と㈡非択滅（apratisaṃkhyā-nirodha）と㈢虚空（ākāśa）と㈣空無辺処（ākāśânantyâyatana）と㈤識無辺処（vijñānânantyâyatana）と㈥無所有処（ākiṃcanyâyatana）と㈦非想非非想処（naivasaṃjñā-nāsaṃjñâyatana）と㈧〔十二支〕縁起（pratītyasamutpādaḥ）と㈨客塵の至りて随煩悩で染されしも本性清浄なる心（*āgantukâgatam upakleśaṃ prakṛti-prabhāsvaraṃ cittam）とが九つの無為事（asaṃskṛtavastu) である。

『異部宗輪論』の漢訳三本によれば、確かに、右のようなチベット訳の読みは改められ、寺本・平松訳註において既になされているように、㈨の「自性清浄心」の代わりに“lam (mārga、道)”を補う方が正しいと思われるが、しかし、仏教の伝統的解釈を重んじれば、無漏ではあっても無為ではないとされる「道」を無為のリストに加えるよりは、本性が不変とされる「心」を無為のリストに加える方が無難とする解釈があったとしても決して不思議ではないと思われるのである。

⑨大衆部の「心性本浄」説と同質のサーラマティの「最高存在 (das höchste Sein)」の見解を、現行の『宝性論』サンスクリット本によれば、その第一章第八〇—八二頌[62]に求めた一段。

この三頌を、フラウワルナー教授は、当時のサンスクリット原典未出版の状況から、勒那摩提訳によってドイツ語訳しているが、左に、今は容易に参照しうるサンスクリット原文を示せば次のとおりである。[63]

na jāyate na mriyate bādhyate no na jīryate/
sa nityatvād dhruvatvāc ca śivatvāc chāśvatatvataḥ// 80//
na jāyate sa nityatvād ātma-bhāvair mano-mayaiḥ/
acintya-pariṇāmena dhruvatvān mriyate na saḥ// 81//
vāsanā-vyādhibhiḥ sūkṣumair bādhyate na śivatvataḥ/
anāsravâbhisaṃskāraiḥ śaśvatatvān na jīryate// 82//

右の頌で「それ (saḥ)」という代名詞で示されているものが、フラウワルナー教授の言う「最高存在」を指しており、それはまた、その散文註によれば、「如来性 (tathāgata-dhātu=buddha-dhātu、仏性)」であり、また本頌を介して押えれば、「界 (dhātu)」であり、また意味上は、「性 (prakṛti)」でもありうる。[64] なお、フラウワルナー教授が、以上の三頌を中心に、その「叙述は、ウパニシャッドの語調を想起させる」と指摘していることは、極めて重要であり、また、ウパニシャッドに似ているものはもはや仏教ではないと我々自身が素直に認識することも重要なことである。その意味では、この段の末尾で、『宝性論』第一章第三五頌[65]に基づいて同教授によって指摘された「最高存在」の四つの特性としての「常（nitya）」「楽（sukha）」「我（ātman）」「浄（śubha）」も、正統的な仏教教義の強調する「無常（anitya）」「苦（duḥkha）」「無我（anātman）」「不浄（aśubha）」とは全く逆の特性であることも素直に認めておかなければならないであろう。

また、この観点から、フラウワルナー教授の本論文からやや後のことになるが、インドのゴーカーレ教授の左の論文によって、『宝性論』の一頌とヒンドゥー教の聖典ともいうべき『バガヴァッド゠ギーター（*Bhagavadgītā*）』の一頌とが酷似しているとの指摘がなされたことも[66]、決して忘れられてはならないであろう。

V. V. Gokhale, "A NOTE ON RATNAGOTRAVIBHĀGA I.52 = BHAGAVADGĪTĀ XIII.32," 山口博士還暦記念『印度学仏教学論叢』（法藏館、一九五五年）, p. 90-91

⑩前段に引き続き、更に、『宝性論』の第一章の、順次に、第四九頌、第五九頌、第三〇頌[67]、第四七頌、第五二―五三頌、第六二―六三頌によって、サーラマティの「最高存在」に関する見解を考察した一段。

このうち、勒那摩提訳によってこの段の本文中にドイツ語訳された同右第五二―五三頌と第六二―六三頌のサンスクリット原文を左に示しておけば次のとおりである[68]。

yathā sarva-gataṃ saukṣmyād ākāśaṃ nôpalipyate/
sarvatrâvasthitaḥ sattve tathâyaṃ nôpalipyate// 52//
yathā sarvatra lokānām ākāśa udaya-vyayaḥ/
tathâivâsaṃskṛte dhātāv indriyāṇāṃ vyayôdayaḥ// 53//

na hetuḥ pratyayo nâpi na sāmagrī na côdayaḥ/
na vyayo na sthitiś citta-prakṛter vyoma-dhātu-vat// 62//
cittasya yâsau prakṛtiḥ prabhāsvarā na jātu sā dyaur iva yāti vikriyām/
āgantukai rāga-malâdibhis tv asāv upaiti saṃkleśam abhūta-kalpa-jaiḥ// 63//

因みに、右に示した四頌中の最初の『宝性論』第一章第五二頌が、直前に指摘したごとく、ゴーカーレ教授によって『バガヴァッド=ギーター』第一三章第三二頌とほぼ同じものと指摘された頌である。フラウワルナー教授によってウパニシャッド的と感じられた『宝性論』の特性が、計らずも四年後に、ヒンドゥー的という限定は伴うにせよ、証明された格好になったわけだが、大切なことは、ウパニシャッド的なものやヒンドゥー的なものは、あくまでもそのごときものであって、決して仏教的なものとはなりえない、ということでなければならないであろう。

さて、ここで、その重要さに鑑みて、当の『宝性論』第一章第五二頌を、高崎直道博士の和訳によって示しておけば、次のとおりである。(69)

あたかも虚空が遍至すれども微細のゆえに染汚されないごとく、
これ（＝心性）もまた、衆生のうちに遍く存するも、染汚されることはない。

⑪以上のサーラマティの見解と実修行派の基礎を築いたとフラウワルナー教授によってみなされているマイトレーヤナータの見解との本質的同質性を後者の『大乗荘厳経論 *Mahāyānasūtrālaṃkāra*)』と『中辺分別論（*Madhyāntavibhāga*)』とを中心に考察した一段。

そのうち、『大乗荘厳経論』については、特に、その第九章「菩提品」(70)に絞り、第九章第一五頌と第五九頌とによって、「最高存在」は、マイトレーヤナータにとってもサーラマティと同様に、虚空（ambara＝ākāśa）のごとく、「全ての生命あるものに内在する（Es wohnt allen Lebewesen inne＜tat sattva-gaṇeṣu sarva-gam）」ものとされ、また

「その純粋な形態において仏の本性を成す（macht in seiner reinen Form die Natur des Buddha aus＜dharma-dhātur viśuddho 'yaṃ buddhānāṃ samudāhṛtaḥ）」ものとされているとした上で、フラウワルナー教授は、当時まだサンスクリット原文を参照しえなかった『中辺分別論』チベット訳の第五章第一九頌後半—二三頌前半によって、更に上述の件を追認している。その四頌は、その後に長尾雅人博士によって校訂出版されたサンスクリット原典によれば、第一九—二二頌となるが、以下に、その原文とこれによる長尾博士の和訳とを示しておきたい(71)。

dharmma-dhātu-vinirmukto yasmād dharmmo na vidyate/
sāmānya-lakṣaṇaṁ tasmāt sa ca tatrâviparyayaḥ// V.19
viparyasta-manaskārâvihāni-parihāṇitaḥ/
tad-aśuddhir viśuddhiś ca sa ca tatrâviparyayaḥ// V.20
dharmma-dhātor viśuddhatvāt prakṛtyā vyomavat punaḥ/
dvayasyâgantukatvaṁ hi sa ca tatrâviparyayaḥ// V.21
saṁkleśaś ca viśuddhiś ca dharmma-pudgalayor na hi/
asatvāt trāsatā-mānau nâtaḥ so 'trâviparyayaḥ// V.22

存在の法は、法界を離れては存在しえないのであるから、それゆえに（その法界が）ものの普遍的な相（共相）である。これが、それに関して倒錯がないことである。（五・一九）

倒錯した思索が断ぜられないと断ぜられているとに従って、それ（法界）の清浄でないことと清浄であることとがある。これが、このばあいにおける倒錯のないことである。（五・二〇）

法界はまた、本性として虚空のように清浄なものであるから、（清浄である、清浄でないという）二つのことは、偶然的なもの（客）にほかならない。これが、このばあいの倒錯のないことである。（五・二一）

存在（法）と個我（有情）とは（もともと）非有なるものであるから、それらには染汚もなく、清浄もない。それゆえに、おそれることも高慢になることもない。これが、このばあいの倒錯のないことである。（五・二二）

なお、この段落⑪の末尾で、「最高存在」と変化との関係で、フラウワルナー教授が、『大乗荘厳経論』第一一章「述求品」第一三頌と『法法性分別論』の結語とによって、「水（vāri）」と「金（suvarṇa）」と「虚空（ākāśa）」との比喩[72]を、サーラマティとマイトレーヤナータとに共通する見解の例として指摘していることも重要なことである。

⑫マイトレーヤナータの教義の特徴を結論的にまとめつつ、次のアサンガの考察への布石を打った一段。

フラウワルナー教授によれば、マイトレーヤナータは、サーラマティのように、「最高存在」はウパニシャッドのアートマンのごとく全ての生き物に内在しているとし、しかも、その「最高存在」を認識の担い手としながら、「最高存在」に認識推移を帰せしめるという問題に関しては全くその困難性を意識していなかったとされ、その例に再び『大乗荘厳経論』第九章の数頌が指摘されている。因みに、かかる意識の欠如は、言ってみれば、アビダルマ的な哲学的概念形成や体系化の欠如なのであるが、その穴を埋めたのがアサンガだとされるのである。

⑬次に、そのアサンガの考察に移り、アサンガを、マイトレーヤナータの段階では用いられていなかったアーラヤ識という用語を、小乗の哲学的概念体系と共に実修行派に導入し、この学派に根本的な変化を創始した学匠として位置づけた一段。

その結果、アサンガの哲学体系の中心はアーラヤ識に置かれることになり、サーラマティやマイトレーヤナータの哲学の中心にあった「最高存在」は、「真如（tathatā）」として、小乗様式の法（Gegebenheit、所与）のリスト中に無為法の一つとして数え挙げられるだけになった、とされる。

そのリストの例は、原註29に、『異部宗輪論』『阿毘達磨集論』『顕揚聖教論』『大乗百法明門論』『五蘊論』の場合が指示されているが、ここでは、その指示から洩れているものの、重要であり、また、私がかつて考察対象の一つとして扱ったこともある、[73]『瑜伽師地論』「本地分中意地」の一節、および、そのサンスクリット原文[74]とその和訳を、順次に示しておきたい。カッコ内の漢数字、アラビア数字は私が補ったものである。

無為、有八事。謂、㈠虚空、㈡非択滅、㈢択滅、㈣善㈤不善㈥無記法真如、㈦不動、㈧想受滅。如是無為、広八略六、若六若八、平等平等。

aṣṭāv asaṃskṛta-vastūni (1) ākāśam (2) apratisaṃkhyā-nirodhaḥ (3) pratisaṃkhyā-nirodhaḥ (4) kuśala-(5) akuśala-(6) avyākṛtānāṃ dharmāṇāṃ tathatā (7) āniñjyaṃ (8) saṃjñā-vedayita-nirodhaś ca/ tāny etāny aṣṭau samānāni ṣaḍ bhavanti ṣaṭ samānāny aṣṭau bhavanti//

無為の事は八つである。(1)虚空と、(2)非択滅と、(3)択滅と、(4)善(5)不善(6)無記の諸法の真如と、(7)不動と、(8)想受滅とである。そして、これらは、八つが六つになっても同じであり、六つが八つになっても同じなのである。

『瑜伽師地論』「本地分」の著者や編纂者については諸説があるが、もしこれがアサンガの編纂でも関与したものでも全くないとすれば、このリストは、化地部的な教義伝承が実修行派の中にただ単に継承され残存していただけにすぎないものということになるであろう。

⑭アーラヤ識を実修行派に導入したアサンガの教義の特徴を簡潔に説明した一段。

「存在の輪廻（Wesenskreislauf）」の「基層（Grundlage）」をなすのは「根本認識（das Grunderkennen）」としてのアーラヤ識であるが、そのアーラヤ識を、「大乗の教説を聞くこと（das Hören der Mahāyāna-Lehren）」即ち「聞熏習（śruta-vāsanā）」によって「変貌（eine Umgestaltung, parāvṛtti）」させ、その結果、「基層の変貌（die Umgestaltung der Grundlage, āśraya-parāvṛtti）」即ち「転依」が果され、更に「転依」に特徴づけられた「法身」が得られる、というのがアサンガの考えであると要約され、その根拠として、「転依」については、『摂大乗論』第九章第一節、「法身」については、同第一〇章第三節が示される。[75]

⑮これまでの考察をまとめながら、「全ての心理的生起の担い手（der Träger alles psychischen Geschehens）」をなにに求めるのかの鋭い対立に関して、マイトレーヤナータはそれを「所与の要素（dharma-dhātu、法界）」という「最高存在」に見出しているのに対し、アサンガはそれを「アーラヤ識（ālaya-vijñāna）」に見出しているとし、その両者の対立が中国にも及んでいると指摘した一段。

この指摘によれば、マイトレーヤナータの思想傾向はラトナマティ（勒那摩提）に受け継がれ、やがてはパラマールタ（真諦）系統の思潮となって現われていったのに対して、アサンガの思想傾向はボーディルチ（菩提流支）に受け継がれ、やがてはダルマパーラやシーラバドラを経由して玄奘系統の思潮となって現われていった、ということになるのである。

⑯以上の異なった実修行派の異なった二系統は、インドにおいてはヴァラビー学派とナーランダー学派との対立とみなしうる側面もあるが、それぞれの系統を代表するかに目されているスティラマティ（安慧）とダルマパーラ（護法）とが果してそれぞれの学派の主代表者（Hauptvertreter）であったかどうかには疑問を呈しつつも、スティラマティの『中辺分別論釈疏』の一節によって、その一節に示される二説中の前者をアサンガの理解、後者をマイトレーヤナータの理解に特定した一段。

その間に、『中辺分別論』の註釈者たちの一人として名の挙げられているチャンドラパーラ（Candrapāla、護月）については、フラウワルナー教授がその情報をどこから得ているのかは、同教授が原註に示していないので正確なことは分からないが、恐らくは、基が『唯識二十論述記』において、次のように述べていること[76]もしくはそれに準ずるものに依ったと考えられる。

弁中辺論護月釈云。無著菩薩、先住地前加行位中増上忍時、聞慈氏尊説此中辺所有頌已、得入初地、為世親説。世親菩薩、先住地前順解脱分廻向終心、聞無著説此弥勒頌、令其造釈、得入加行初煗位中。応是聖者、相伝此説。

所以護月、遂有此言。非無逗留、而為此義。

さて、このチャンドラパーラに帰せられる『中辺分別論』に対する註釈は伝えられていないが、インド撰述として現存する註釈は、本頌に対するヴァスバンドゥ（世親）釈とされるものと、これに対するスティラマティ註とのみであるが、後者が先の二説についてフラウワルナー教授が取り上げていた文献である。それを、同教授は、原註36に示されているように、当時既に刊行されていた、山口益博士の校訂本に依って示しているが、近年では、特に新たな写本に基づいたわけではないものの、山口校訂本やその後に長尾雅人博士によって出版されたヴァスバンドゥ釈のサンスクリット校訂本を比較参照することを得た、パンデーヤ教授の次の校訂本もよく使用されるようである。ここでは、その詳細と共に、問題の一節の原註36との対応箇所をも指示しておく。

Ramchandra Pandeya (ed.), *Madhyānta-Vibhāga-Śāstra, Containing the Kārikā-s of Maitreya, Bhāṣya of Vasubandhu and Ṭīkā by Sthiramati*, Motilal Banarsidass, Delhi/ Varanasi/ Patna, 1971, p. 143, ll.14-17

しかるに、『中辺分別論釈疏』のこの一節に対する現代語訳は、段落⑯の中に与えられているフラウワルナー教授よりも早く、山口益博士によって御自身の校訂本に基づいて和訳において示されていたことを我々は知っているが、今、それを示しておけば次のとおりである。[77]

一切障を断ずるにより、又、彼〔障〕の対治なる無漏法の種子を積集せるにより、転依を自体とし、一切法に自在なる無阿頼耶なるは、諸仏の法身なり。……然るに余の人々は、客塵を残無く除滅せる故に極浄法界こそ法〔性〕身なりとて法身と説明す。

さて、フラウワルナー教授は、この一節の……箇所で分かれる前半をアサンガの理解、後半をマイトレーヤの理解と特定していたのであるが、山口益博士は、この後半箇所を、『成唯識論』中に五法と三身との関係について示される諸説中の第二師の説とし、右引用に直結する『中辺分別論釈疏』中の次の箇所を第一師の説と判定されていると考えられるのである。[78] 左に、その箇所のサンスクリット原文と山口益訳とを並記して掲げた上で、その直後に、これらを順次に第一師と第二師と判定された山口博士の一文を示しておくことにしたい。[79]

sarvasminn api jñeye 'saktâpratihata-pravṛtti-viśiṣṭaṃ jñānaṃ dharma-kāya ity apare/

更に余の人々によれば、一切の所知に於て無染著無障害に起る殊勝なる智が法身なりと。

茲に法身を真如法界と見るか智と見るかの二説が挙られて居る。このこと成唯識論巻十（冠導本、二四左以下）に於て真如、大円、平等、妙観、成事の五法を三身に摂することを説くに二義あるに相当するのであらう。第一師は真如と大円鏡智とを法身に摂し、摂大乗論果智分の智殊勝具摂三身等の意によりて法身を智にて顕はさんとする人々であり、第二師は真如を自性法身とし大円鏡智はこれを自受用身に宛てゝ法身を独り浄法界にて顕はさんとするものである。

しかるに、山口博士が、右引中に「冠導本」によって指示された『成唯識論』巻十の当該箇所とは、次のように述べられている箇所である。[80]

以五法性、摂三身者。㈠有義、初二摂自性身。経説、真如是法身故。論説、転去阿頼耶識、得自性身、円鏡智品転去蔵識而証得故。（中略）㈡有義、初一摂自性身。説自性身本性常故。説仏法身無生滅故。説証因得非生因故。又説、法身諸仏共有、遍一切法、猶若虚空、無相、無為、非色心故。

右に示した㈠の有義が第一師の主張、㈡の有義が第二師の主張であるが、山口博士が指摘されておられたごとく、第一師は、五法中の真如（清浄法界）と大円鏡智とによって三身中の自性身（法身）を摂するとみなして法身を智にて顕わさんとするもの、第二師は、真如（清浄法界）だけによって自性身（法身）を摂するとみなして法身を独り清浄法界にて顕わさんとするものである。このことは、同じく「冠導本」によりそこに与えられている情報を基本的に踏襲しているラ・ヴァレ・プサン教授のフランス語訳[81]の場合でも然りであって、第一師は "Le Svābhāvikakāya est constitué par le Dharmadhātu et l'Ādarśajñāna（自性身は法界と大円鏡智より成る）"とされ、第二師は"Le Svābhāvikakāya est constitué par le seul Dharmadhātu（自性身は法界だけより成る）"とされているので、問題は、先のフラウワルナー教授や山口益博士の指摘に見たような、『中辺分別論釈疏』中の当該箇所の諸説との突き合わせ方にある。ここで、以上の指摘を整理しておけば次のようになるであろう。

『中辺分別論釈疏』		**フラウワルナー指摘**	**『成唯識論』**		**プサン、山口指摘**
前者	転依	＝法身―アサンガ説	第一師	清浄法界、大円鏡智（真如）	＝法身（自性身）
後者	清浄法界（真如）	＝法身―マイトレーヤナータ説			
本稿追加箇所	智	＝法身	第二師	清浄法界のみ（真如）	＝法身（自性身）

矢印：山口指摘（後者→第二師、本稿追加箇所→第一師）

ここで、フラウワルナー教授と山口博士との間に見られる食い違いに若干の折り合いをつけてみれば、『中辺分別論釈疏』における「前者」「後者」「本稿追加箇所」を単純に第一、第二、第三と呼ぶことにした上で言うと、第一は転依を特質とするものが法身であると示した一般説、第二、第三は、その第一を巡って後に生じた代表的異説で、『成唯識論』の段階では、その第二が第二師の主張へ、第三が第一師の主張へと展開していったとみなし、第三の追加箇所にフラウワルナー教授が第一について言わんとしていたことを加味するならば、ある程度、両者の違いは解消できるかもしれない。ただし、法相宗の伝統によっても、この第一師と第二師との主張は、例えば、有名な本有種子説と新熏種子説のように、特定の論師に帰せられることはなかったようである。(82)

⑰本論文全体を簡潔に締め括った結論の一段。

直前の段落⑯には、若干すっきりしない部分も残るが、段落⑮などの論述を主とすれば、フラウワルナー教授は、「最高存在」をアーラヤ識に認めた論師をアサンガ、真如や法界に認めた論師をマイトレーヤナータとみなし、中国に展開した「阿頼耶識」と「阿摩羅識」を巡る対立論争の淵源を、順次に、アサンガの主張とマイトレーヤナータの主張とに見出したと言うことができるのである。

ところで、フラウワルナー教授は、前の段落⑯においては、『中辺分別論釈疏』中の両説（これに追加箇所を加えれば、第一、第二、第三の三説）を、山口益博士のように、特に『成唯識論』中の諸説と関連づけようとはされていなかったわけであるが、しかし、他の箇所では、原註9、13、33からも分かるように、『成唯識論』およびそのプサン教授のフランス語訳を参照されていたことは言うまでもない。しかるに、その原註33で指摘されている『成唯識論』中の二箇所の記述は、「転依（āśraya-parāvṛtti, āśraya-parivṛtti, die Umgestaltung der Grundlage、基層の変貌）」の「依（āśraya, die Grundlage、基層）」を、アーラヤ識（ālaya-vijñāna）と真如（tathatā）とに求める異なった二つの観点を明記したものとして極めて重要な箇所である。それゆえ、その二箇所を、以下に、順次にAとBとの記号下に示しておくことにしたい[83]。また、それぞれの箇所中に示した㈠と㈡とは、順次に、「依」をアーラヤ識とする説と、「依」を真如とする説とである。

A此能捨彼二麁重故、便能証得広大転依。㈠依、謂、所依、即依他起。与染浄法、為所依故。染、謂、虚妄遍計所執。浄、謂、真実円成実性。転、謂、二分転捨転得。由数修習無分別智、断本識中二障麁重故、能転捨依他起上遍計所執、及、能転得依他起中円成実性。由転煩悩、得大涅槃。転所知障、証無上覚。成立唯識、意為有情、証得、如斯二転依果。㈡或、依、即是唯識真如。生死涅槃之所依故。愚夫顛倒、迷此真如、故無始来、受生死苦。聖者離倒、悟此真如、便得涅槃、畢竟安楽。由数修習無分別智、断本識中二障麁重故、能転滅依如生死、及、能転証依如涅槃。此即、真如離雑染性、如雖性浄、而相雑染、故離染時、仮説新浄、即此新浄、説為転依。

B所転依、此復有二。㈠一、持種依、謂、本識。由此能持染浄法種、与染浄法、倶為所依、聖道転令捨染得浄。余依他起性、雖亦是依、而不能持種、故此不説。㈡二、迷悟依、謂、真如。由此能作迷悟根本、諸染浄法、依之得生、聖道転令捨染得浄。余雖亦作迷悟法依、而非根本、故此不説。

⑱脱稿後に記された補足の一段。

一見して明らかなごとく、脱稿後に出版された『宝性論』のジョンストン校訂のサンスクリット原典に関する補足である。このジョンストン校訂本によって、脱稿前に利用されたチベット訳に基づくオバーミラー教授の頌の数え方のズレが正されている。

フラウワルナー教授は、ある意味では当然のことではあるが、断えず自分の過去の業績に補充を加えている。この「アマラ識とアーラヤ識——仏教認識論考——」が成ってから一五年後に刊行された、高崎直道博士の『宝性論』のサンスクリット原典に基づく英訳（段落⑦についての本節記述中参照）についても、自著 *Die Philosophie des Buddhismus* の第三版、p. 422 で補足されており、そこでは更に、ルエッグ教授の gotra 理論に関する本の予告までなされている。それは、本稿では私も参照していないが、後に刊行されたルエッグ教授の次の著書を指していたのだろうと思われる。

David Seyfort Ruegg, *La Théorie du Tathāgatagarbha et du Gotra : Études sur la Sotériologie et la Gnoséologie du Bouddhisme*, École Française d'Extrême-Orient, Paris, 1969

四　問題点と今後の課題

以上で、フラウワルナー教授が、唯識思想や如来蔵思想を中心とする識論を広くインド哲学史的展望の中で論究した論文を起点に、まずその和訳を提示し、それに対して若干の訳註や解説を施すことによって、同教授の提起した問題の一般的意義づけは果しえたのではないかと思う。そこで、本節においては、それらの問題点を、まさに今の時点に立って整理しながら、今後の課題を示唆することができたらと考える。

さて、以上でも散在的に触れたことではあるが、当該論文が今日においてもなお失っていない重要な意義を別にすれば、これが公けにされてから既に半世紀以上を経過しているので、改められねばならぬ点もしくは再検討されねばならぬ点はたとえ多かったとしても当然である。

それらの中で真先に挙げられるべきは、サーラマティやマイトレーヤナータの思想史的位置づけや歴史的存否に関する問題であろう。

このうち、サーラマティ（Sāramati、堅慧）の問題については、前節で、高崎直道博士の最近の修正案に触れ、私もそれに賛意を示したが[84]、この修正案に従うということは、『宝性論』全体をサーラマティ一人の作とし、フラウワルナー教授の推定していたサーラマティの紀元後約二五〇年頃という生存年代を、「マイトレーヤの五法」の成立年代説と齟齬をきたさないように、可能な限り下げていかなければならないということを意味する。なぜなら、『宝性論』自体が後代に成立した「マイトレーヤの五法」伝承の一角をなしているからである。

それゆえ、この問題は必然的にマイトレーヤナータの周辺に関連していかざるをえないのであるが、その問題に入る前に、「マイトレーヤナータ（Maitreyanātha、弥勒主）」と「マイトレーヤ（Maitreya、弥勒、慈氏）」という二つの呼称の違いについて一言しておかなければならない。と言っても、この二つの呼称を明確に意識して使い分けた最初の学者がだれなのかは必ずしも定かではないが、私の知る限りでは、「マイトレーヤナータ」の呼称によって史的実在の論師を指し、「マイトレーヤ」の呼称によって大乗経典等に登場する伝説上の神話的な菩薩を指して両者を区別せんとした最初期の試みの一つは、一九三〇年に刊行されたトゥッチ教授の著書に認められるのではないかと思う[85]。

これは、我が国の宇井博士の「史的人物としての弥勒及び無着の著述」の成果を受けたものと考えられるが、[86]それゆえ、トゥッチ教授のこの著書以降は、史的人物としての論師の名前をサンスクリットで示す場合には、多く「マイトレーヤナータ（Maitreyanātha）」が用いられるようになり、フラウワルナー教授も、その理由を明示しているわけではないが、恐らくかかる意味で「マイトレーヤナータ」の方を採用したのではないかと推測されるのである。しかし、その後、この方面の全ての学者が、その二つの呼称の区別に従ってきたわけではない上に、[87]今日、再び、「マイトレーヤ」にせよ「マイトレーヤナータ」にせよ、それらを包括したマイトレーヤ（弥勒）像全体の史実性が疑われるようになってきてみると、その呼称の区別の意義もまた失われようとしていることは否めない。

さて、このマイトレーヤ像全体の史実性に関する疑義は、「マイトレーヤの五法」の伝承が後代の成立ではないかとする説と密接に関係する問題なのであるが、かかる問題提起を初めて明確になした私の見解[88]によれば、この伝承の成立は限りなくチベットの仏教の「後伝期（snga dar）」当りまでに下がっていかざるをえないものの、今日では、その十一世紀頃のインドとチベットにおける伝承実態が更に別の角度からも追認されつつある。[89]しかるに、インド仏教史としては、チベットの「後伝期」に見合った後代のインド側の実態の研究が重要であることは言うまでもないことであるが、実修行派（Yogācāra）のインドにおける初期の動向を明らかにするためには、マイトレーヤの問題にもまだまだ検討すべき多くの重要な課題が残されているといえよう。

かかる課題のうち、私から見て火急に解決を迫られていると感じることは、もし初期の実修行派においてマイトレーヤが実在していなかったとすれば、彼に帰せられる著作およびその思想はどう処理されるべきかという点なのである。所謂「マイトレーヤの五法」といわれているものは、具体的にいえば、㈠『大乗荘厳経論（*Mahāyānasūtrālaṃkāra*）』、㈡『中辺分別論（*Madhyāntavibhāga*）』、㈢『法法性分別論（*Dharmadharmatāvibhāga*）』、㈣『現観荘厳論（*Abhisamayālaṃkāra*）』、㈤『宝性論（*Ratnagotravibhāga*）』との五法であるが、このうち、㈢㈣㈤の三法（三典籍）は、マイトレーヤ非実在説により、研究の進展に応じて、限りなく後代にその典籍の成立年代がずれ込んでいっても構わないにせよ、㈠と㈡は、アサンガの『摂大乗論』に引用されていることが明らかなので、これらの成立がアサンガを下ることはない以上、マイトレーヤ非実在説に与する限り、マイトレーヤに帰せられることのない二典籍とアサンガとの思想的関係をいかにみなすかという問題が残されてしまう。しかし、ここでこの問題を明確に処理してみせることはできないにせよ、私自身は、実修行派における唯識説の実質上の確立者であるアサンガが実在して活躍したこと、彼に大きな影響を与えた先行者が二典籍の全部ではないにせよアサンガが引用したごとき形態の作品[90]においてその感化をアサンガに及ぼしたことを伝説上の神話的な菩薩との邂逅として描いた伝承が存在したこととは、決して矛盾することではないと考えているのである。従って、この私見をフラウワルナー教授の当該論文に適用すれば、同教授が立論中に大きなウェイトを置いてしまったサーラマティに帰せられる『宝性論』の処理にはかなりの問題が残ってしまわざるをえないものの、アサンガ以前には、上記の㈠㈡およびそれと見合った限りでの如来蔵思想の原初的形態の存在を認めるだけで、そこからは史的実在者としてのマイトレーヤナータもしくはサーラマティの人物像を消し去ればよいのではないかと、私は思っている。

ここで問題となるのは、「如来蔵思想の原初的形態」ということで一体いかなる状態を想定しているかということである。しかるに、この状態を具体的にしかも厳密に想定することは難しいかもしれないが、如来蔵思想というものが、フラウワルナー教授が指摘されていたように、「最高存在（das höchste Sein）」のアートマンのごとき特性としての「常（nitya）」「楽（sukha）」「我（ātman）」「浄（subha）」に求められて当然とすれば、それはウパニシャッドの思想のごときインドの「土着思想」即ちヒンドゥーイズムとみなしうるから「外来思想」としての仏教とは認めることはできず、それとは、たとえ並行しながらも、絶えずそれよりは先行していた状態と押えることはできる。[91]そして、その具体例としては、上述した[92]ように、『バガヴァッド=ギーター』第一三章第三二頌の影響下で『宝性論』第一章第五二頌が作られ、このようなものが、あたかもアサンガが実際に引用した『中辺分別論』や『大乗荘厳経論』の頌がアサンガの直前に存在していたように、先行していたと想定することは許されるのではないかと思う。しかも、ここで大切なことは、先にも示唆しておいたごとく、[93] 比較された両者が酷似していると認められた場合には、正直にかく表明すべきであるということである。[94] しかも、「外来思想」的なものと「土着思想」的なものとが酷似している場合には、前者は後者を論理的に批判して両者は明確に対峙するものである以上、前者が先行している後者に侵蝕されて後者の影響を被ってしまうことが圧倒的に多い。それゆえ、フラウワルナー教授が、如来蔵思想の先駆的形態とでもいうべき「心性本浄」説[95]について、元々の経蔵には必ずしも多くはなかったパーリ文の "pabhassaraṃ idaṃ...cittaṃ taṃ ca kho āgantukehi upakkilesehi upakkiliṭṭhaṃ (この精神 (Geist) は明るく輝いている。それは外来的な (äußerlichi) 染れ (Besudelung) によって汚されている。)" を根拠に、「本性として (von Natur aus) 純粋であって、全ての汚すもの (Befleckung) が本質において精神の形態に触れることなく (ohne sie (=eine Form des Geistes) in ihrem Wesen zu berühren)、ただ外来的に (nur äußerlich) そこに付着しているにすぎないような、その精神の形態 (eine Form des Geistes)」である「最高存在 (das höchste Sein)」は「ウパニシャッドのアートマンと全く類似の特徴 (ganz ähnliche Züge wie der Ātmā der Upaniṣaden)」を帯びていると指摘されたのは、西義雄博士や岩田諦静博士が反対を表明されている[96]にもかかわらず、やはり正しいと認めなければならないであろう。

しかるに、いくらインドの思想に酷似していようが仏教として伝承されてきた以上は「心性本浄」説も如来蔵思想もあくまでも仏教であってインドの思想とは絶対に異なると言っているだけでは、研究者自身が大衆部のような立場[97]に立つことになってしまい、「外来思想」的なものと「土着思想」的なもの、あるいは仏教思想とインド思想とを峻別することはできなくなってしまうであろう。しかし、その峻別を心掛けるならば、中国や日本では典型的な仏典とみなされている『大智度論』などにも非仏教的思想が滲透していることが看て取れる[98]のであるが、最近、岡本一平氏によって『大智度論』およびその所釈の『大品般若』もしくはその系統の『二万五千頌般若』にも非仏教的思想である「他空説」が認められると指摘されたことは、如上の意味からも、極めて注目さるべき成果である。[99]「他空説」とは、「心性本浄」説や如来蔵思想に認められるように、「心性（cittasya prakṛtiḥ）」や「如来蔵（tathāgata-garbha）」や「仏性（buddha-dhātu）」などの「最高存在（das höchste Sein）」は永久に存在するが、それ以外の外来的な他法は存在しないという主張であるが、ここでは、『二万五千頌般若』の原文およびチベット訳[100]と、この系統の比較的古い本とされる無羅叉訳『放光般若経』[101]とによって、その考えを見ておきたい。

tatra katamā para-bhāva-śūnyatā/ yā utpādād vā tathāgatānām anutpādād vā sthitâivâiṣā dharmāṇāṃ dharmatā dharma-sthititā yāvat bhūta-koṭis tasyā yā tayā śūnyatā/ akūṭasthâvināśitām upādāya/ na sā pareṇa kṛtā/ tat kasya hetoḥ/ prakṛtir asyâiṣā/ iyam ucyate para-bhāva-śūnyatā/

de la gzhan gyi dngos po stong pa nyid gang zhe na/ de bzhin gshegs pa rnams byung yang rung/ de bzhin gshegs pa rnams ma byung yang rung ste/ chos kyi gnas nyid dang/ chos nyid dang/ chos kyi dbyings dang/ chos skyon med pa nyid dang/ de bzhin nyid dang/ ma nor ba de bzhin nyid dang/ gzhan ma yin pa de bzhin nyid dang/ yang dag pa'i mtha' ni de bzhin du gnas pa ste/ de ltar chos de dag gzhan gyis stong pa gang yin pa de ni gzhan gyi dngos po stong pa nyid ces bya ste/

そのうち、他法空（gzhan gyi dngos po stong pa nyid, para-bhāva-śūnyatā）とはどのようなものか。およそなんであれ、如来が出現しようが如来が出現しまいが、法の確定性（chos kyi gnas nyid, dharma-sthititā）にして法性（chos nyid, dharmatā）にして法界（chos kyi dbyings, dharma-dhātu）にして法の決定性（chos skyon med pa nyid, dharma-nyāmatā）にして真如（de bzhin nyid, tathatā）にして不離如性（ma nor ba de bzhin nyid, avitathatā）にして不異如性（gzhan ma yin pa de bzhin nyid, ananya-tathatā）にして実際（yang dag pa'i mtha', bhūta-koṭi）なる

ものはそのままに存続するものであり、かくしてそれ以外の他のものについて空であるようなものはなんであれ、それが他法空といわれるのである。

何等為余事空。有仏無仏、法性法寂如及爾真際住如、故以是異空、是為余事空。

ここでは、諸本に応じて種々の改変増広のあったことが考えられ、単一の読みを想定することはいささか困難であるが、しかし、これらの文献上に共通して結ばれる焦点においては、「最高存在」に相当する「法性（dharmtā）」「法界（dharma-dhātu）」「真如（tathatā）」「実際（bhūta-koṭi）」などの存在だけが肯定されており、それ以外の「他法（余事）」は否定されて「空」と呼ばれている、極めて非仏教的な考えが表明されていることは明らかに認めうるであろう。しかも、かかる非仏教的な考え、あるいは換言すれば、「ウパニシャッドのアートマンと全く類似した（ganz ähnlich wie der Ātmā der Upaniṣaden）」「土着思想」が『般若経』の増広過程で明確に「外来思想」の仏教中に浮上していた以上、このような思想的傾向を、我々は、マイトレーヤやサーラマティという個人的思想家の名称下でなくとも、アサンガ以前に既に存在していたと想定することはできるのである。問題は、フラウワルナー教授が、当該論文、段落⑥において、そのような思想傾向の典型である「最高の実在の非把握性（die Unfaßbarkeit）」を最高度に鋭く強調し、かくして現象世界との対立を極端にまで推し進めた」学派を中論学派（Mādhyamika）に求めている点であるが、しかし、私自身は、かかる思想傾向を必ずしも仏教的なものとは思っておらず、むしろこの種の「非把握性」は、『マーンドゥーキヤ=ウパニシャッド（*Māṇḍūkyopaniṣad*）』やそれを遡るウパニシャッドの思想に酷似しそこから借用されたものであるとの可能性さえ示唆したことがある。[102]

もっとも、この両者の思想的貸借関係を確定することは難しいであろうが、フラウワルナー教授の当該論文公刊より半世紀余を経て、当時とは大きく異なって反省を迫られているのは、中論学派や実修行派をも含む大乗仏教の成立と存続との思想的背景としての教団の問題である。[103] そこで、ここだけの必要に応じてこの問題の要点を簡単に述べれば、大乗教団などというものは、当時、考えられていたような形では存在したこともなく、存在したのは、基本的に二〇部派とされる伝統的仏教教団のみで、しかも、そこには、その教団が伝持した律蔵はもとよりそれを含む三蔵がきちんと所持されており、その上で、後代になれば大乗経典もその展開の受用度に応じて所持されていた、ということになる。かかる教団の具体的な様子を記した例としては、かなり後代のものにはなってしまうが、玄奘訳『法住記』やチベット訳『聖ナンディミトラ教訓物語』を挙げることができるであろう。[104]

さて、実修行派の唯識説を大成したと目されるアサンガもまたそのような例外ではありえなかったはずであるが、周知のように、アサンガの出家は、(a)説一切有部（Sarvāstivāda）か、あるいは、(b)その系統の分派である化地部（Mahīśāsaka）であるとされている。周知のことではあるが、ここでは、それぞれの出所を(a)『婆藪槃豆法師伝』(b)『大唐西域記』の原資料に当って確認しておきたい。[105]

(a)丈夫国（Puruṣapura）、此土有国師婆羅門姓憍尸迦（Kauśika）。有三子、同名婆藪槃豆（Vasubandhu）。婆藪（vasu）訳為天、槃豆（bandhu）訳為親。天竺、立児名、有此体、雖同一名、復立別名、以顕之。（中略）〔第一〕婆藪槃豆（Vasubandhu＝Asaṅga）、是菩薩根性人、亦於薩婆多部（Sarvāstivāda）出家。後修定、得離欲。思惟空義、不能得入、欲自殺身。賓頭羅（Piṇḍola）阿羅漢、在東毘提訶（Videha）、観見此事、従彼方来、為説小乗空観、如教観之、即便得入。雖得小乗空観、意猶未安。謂、理不応止爾、因此乗神通、往兜率多天（Tuṣita）、諮問弥勒（Maitreya）菩薩。弥勒菩薩、為説大乗空観。還閻浮提（Jambūdvīpa）、如説思惟、即便得悟、於思惟時、地六種動。既得大乗空観、因此為名、名阿僧伽（Asaṅga）。阿僧伽訳為無著。爾後、数上兜率多天、諮問弥勒、大乗経義。弥勒広為解説、随有所得、還閻浮提、以己所聞、為余人説、聞者多不生信。無著法師、即自発願、我今欲令衆生信解大乗、唯願、大師下閻浮提、解説大乗、令諸衆生、皆得信解。弥勒、即如其願、於夜時、下閻浮提、放大光明、広集有縁衆、於説法堂、誦出十七地経（*Saptadaśabhūmika* < *Yogācārabhūmi*）。随所誦出、随解

其義、経四月夜、解十七地経方竟。雖同於一堂聴法、唯無著法師、得近弥勒菩薩。余人但得遙聞。夜、共聴弥勒説法、昼時、無著法師、更為余人、解釈弥勒所説。因此、衆人聞信大乗弥勒菩薩教。無著法師、修日光三摩提、如説修学、即得此定。従得此定後、昔所未解、悉能通達、有所見聞、永憶不忘。仏昔所説華厳等諸大乗経、悉〔未〕解義、弥勒、於兜率多天、悉為無著法師、解説諸大乗経義。法師並悉通達、皆能憶持。後、於閻浮提、造大乗経優波提舎（upadeśa）、解釈仏所説一切大〔乗〕経。

(b)〔阿踰陀国（Ayodhyā）大都〕城、西南五六里、大菴没羅林中、有故伽藍。是阿僧伽（Asaṅga）唐言無著菩薩請益導凡之処。無著菩薩、夜昇天宮、於慈氏（Maitreya）菩薩所、受瑜伽師地論（*Yogācārabhūmi*）荘厳大乗経論（*Mahāyānasūtrālaṃkāra*）中辺分別論（*Madhyāntavibhāga*）等、昼為大衆、講宣妙理。菴没羅林西北百余歩、有如来髪爪窣堵波（stūpa）。其側故基、是世親（Vasubandhu）菩薩従覩史多天（Tuṣita）下見無著菩薩処。無著菩薩、健馱邏国（Gandhāra）人也。仏去世後一千年中、誕霊利見、承風悟道、従弥沙塞部（Mahīśāsaka）出家、修学頃之、迴信大乗。其弟世親菩薩、於説一切有部（Sarvāstivāda）出家受業、博聞強識、達学研機。無著弟子、仏陀僧訶（Buddhasiṃha）唐言師子覚者、密行莫測、高才有聞。二三賢哲、毎相謂曰、凡修行業、願覲慈氏、若先捨寿、得遂宿心、当相報語、以知所至。其後、師子覚、先捨寿命、三年不報。世親菩薩、尋亦捨寿、時経六月、亦無報命。時諸異学、咸皆譏誚、以為、世親菩薩、及師子覚、流転悪趣、遂無霊鑒。其後、無著菩薩、於夜初分、方為門人、教授定法、燈光忽翳、空中大明、有一天仙、乗虚下降、即進階庭、敬礼無著。無著曰、爾来何暮、今名何謂。対曰、従此捨寿命、往覩史多天、慈氏内衆蓮華中生、蓮華纔開、慈氏讃曰、善来広慧、善来広慧、旋繞纔周、即来報命。無著菩薩曰、師子覚者、今何所在。曰、我旋繞時、見師子覚、在外衆中、耽著欲楽、無暇相顧、詎能来報。無著菩薩曰、斯事已矣、慈氏何相、演説何法。曰、慈氏相好、言莫能宣、演説妙法、義不異此、然菩薩妙音、清暢和雅、聞者忘倦、受者無厭。

アサンガとトゥシタ天上の菩薩であるマイトレーヤとの神話的関係についても多くの近代的解釈がそそられる箇所かもしれないものの、問題のアサンガの出家は、(a)によるから説一切有部、(b)によるから化地部ということになるのであるが、いずれの可能性も捨て難い。しかし、いずれの伝統的仏教教団で出家したにせよ、注意すべきことは、その後に、アサンガが、若干状況に違いはあるものの、(a)(b)ともにおいて、たとえ大乗に転向したと述べられていようとも、それは決してその伝統的教団を出て別の独立した大乗教団において新たに出家し直したということを意味するのではないということである。インドに、比叡山のような大乗戒壇を備えた大乗教団が存在したことはなかったからにほかならない。ただし、(b)が記し、また、(a)も右引用の後の方で記しているように、ガンダーラ（Gandhāra）のプルシャプラ（Puruṣapura）で生まれて出家したアサンガが[106]、そこで仏教の学習をした後、更に中インドのアヨーディヤー（Ayodhyā）にある同じ伝統的仏教教団で活躍したとするのは一向に差し支えないのである。そして、このことは、アサンガがかかる教団に属しながら、当時プルシャプラからアヨーディヤーへ及ぶ北インドから中インドにかけての伝統的仏教教団に伝持されていた大乗経典およびそれに基づく様々な解釈をも、かかる移動の中で知りえたということを意味する。

その大乗経典のことについていえば、(b)では、先に引用した直後の記述で、アサンガがプルシャプラからアヨーディヤーにやって来た弟のヴァスバンドゥを迎える場面で、アサンガの指示に従っている弟子が夜半過ぎに『十地経』を暗誦している様子が描かれているが[107]、(a)では、先の引用末尾で、アサンガが天上のマイトレーヤの教示に従いながら『華厳経』を学んでいる様子が描かれている。これは、実修行派の唯識説を組織大成したアサンガの伝記に触れた箇所であるから、「三界唯心（citta-mātram idaṃ yad idaṃ traidhātukam）」と説き十二支縁起はその「一心に依る（eka-citta-samāśrita）」とした『十地経』[108]、およびそれや『入法界品』などを取り込んで大部な経典に編纂されていった『華厳経』が、ここで大乗経典の代表のように記述されているのも当然なのであるが、一般的には、アサンガに先立つ直前の時代までには、『十地経』に説かれるような「心（citta）」の「本性（prakṛti）」を「常」「楽」「我」「浄」の「清浄（prabhāsvara）」に求めた「心性本浄」説を強調する大乗『涅槃経』なども含む大方の大乗経典はほぼ出揃っていたのである。[109] しかるに、かかる大乗経典やそれを産み出した大乗仏教と呼ばれる動向は、批判的に見れば、仏教のヒンドゥーイズム化、換言すれば、仏教の「土着思想」化もしくは仏教の通俗化で、その兆候は既に『大毘婆沙論（*Mahāvibhāṣā*）』描くところのプルシャプラを中心に展開したと思われる「一音演説法」を巡る解釈の問題に看て取れるであろう。[110]

ところで、大乗仏教の展開を以上のように伝統的仏教教団を中心に押えていく上で大切なことは、仏教がある意味で「三蔵」と「三学」の体系である限り、いかなる出家者も、その所属していた特定の教団の中で、無記なる「生活（vinaya、律）」や「習慣（śīla、戒）」である「戒（śīla）」を、「定（samādhi）」を通して、善なる「哲学（abhidharma、論）」や「思想（dṛṣṭi、見）」である「慧（prajñā）」へ向って高めていかなければならないという制約を、意識的にせよ無意識的にせよ、なんらかの意味で受けながら生きていたはずである、ということである。[111] しかるに、その制約が強いか弱いかは、集団的にも個人的にも異なっていて、ある意味では千差万別であろうが、集団的にはその制約がかなり強い方の説一切有部かその分派である化地部の中で、個人的には「哲学」や「思想」よりは「生活」や「習慣」の方に重きを置く人々が集まってマニュアルを作成し増広してそのマニュアルを伝承していったのが「実修行派（Yogācāra）」[112]であり、そのマニュアルの集大成が『瑜伽師地論（*Yogācārabhūmi*）』であったのではないかと思われる。そして、このような『瑜伽師地論』について、フラウワルナー教授はかつて次のように記していたのである。[113]

初期実修行学派（die alte Yogācāra-Schule）が産み出した最も特徴的な作品は『瑜伽師地論（*Yogācārabhūmi-śāstra*、ヨーガの実践階梯に関する教科書）』である。それは、好んでインド的無制限性（Maßlosigkeit）を創り出してきたかのごとき典型的な巨大作品（Riesenwerk）の一つである。伝承は著者として学頭たち（die Schul-häupter）であるマイトレーヤとアサンガの名を挙げている。しかし、恐らくそれはその成立が幾多の世代にもわたった一種の学派の作品（ein Werk der Schule）であろう。『菩薩地（*Bodhisattvabhūmi*, 菩薩の階梯）』はその最も古い部分であるかもしれない。

このように『瑜伽師地論』を「一種の学派の作品（ein Werk der Schule）」とみなすフラウワルナー教授の見解は、その後、シュミットハウゼン教授によってより厳格に補強され、今日ではほぼ定説になっているが、[114] 向井亮氏や私のように、『瑜伽師地論』とアサンガとの密接な関係を、その重視の度合や方向性に違いはあるにせよ、完全に捨て切れていない人も皆無ではない。[115] ここで、私の見通しだけを簡単に述べておけば、マイトレーヤは歴史的人物としては全く存在していなかったとする私は、『瑜伽師地論』の著者からマイトレーヤを外すことにはなんの異議もないどころかむしろ当然と考えているので、残る重大な関心事は、『瑜伽師地論』を巡る教団所属の実修行派という学派グループとそれをリードしたアサンガやヴァスバンドゥという特定の論師（ācārya）たちとの関係や彼らの役割ということになるのである。[116] そして、フラウワルナー教授の提起した「ヴァスバンドゥ二人説」という刺激的難題も、今後、このような方向で研究されていかねばならないのではないかと私なら思う。アサンガの弟ヴァスバンドゥや弟子ブッダシンハ（Buddhasiṃha、仏陀僧訶、師子覚）のことも、上引の(b)『大唐西域記』では極めて神話的な形でアサンガよりも先に死んでいるものとして描かれ、例えば、死した直後のヴァスバンドゥの天上での瞬間の行動も地上では六ヶ月も要していたと物語られたりしているが、かかる神話を産み出しがちな土着的な雰囲気の中で、実修行派のグループは、戒定慧の体系としての「定（samādhi）」を「実修（yoga）」という方向で突出させる弊はあったにせよ、伝統的仏教教団という制約の下で、戒定慧中の「戒」である「生活」や「習慣」を、やはり「慧」である「哲学」や「思想」の側から学習していくことを強いられていたとすれば、それを指導するのは、なんといっても三蔵に通じた特定の論師（ācārya）たちでなければならない。その代表的な当時の実修行派の論師がアサンガでありヴァスバンドゥだったのであり、特に「唯識説」の組織大成者としてはアサンガがその開祖として相応しいのではないかと私は考えているのである。アサンガが、取り分け大乗も仏説であると論証することに拘泥したのも、特に伝統的な経蔵に制約されざるをえない教団的背景があったためと考えられる。(17)

しかし、そろそろ終りに向わなければならないと思うが、最後に、フラウワルナー教授が識論に関してもたらした最も重要な問題提起と考えられる、中国で展開された識論の淵源を広くインド思想史の中に探りそこで仏教の思想史的意味を考察するという成果に対して、私自身の過去の論稿についての反省も含めながら、現時点から若干の論評を試みておきたいと思う。

さて、サーラマティやマイトレーヤがアサンガ以前に存在していなかったとしても、彼以前に、彼らに仮託された作品や思想、更に『瑜伽師地論』が存在していたことは明白であり、特に後者の編纂にはアサンガ自身が深く関与していた可能性も大であるが、彼の主著ということになれば『阿毘達磨集論』と『摂大乗論』という二論典に止めを刺す。否、その二論典に述べられているものこそアサンガの思想と言ってよいのだとさえ思うが、『大乗荘厳経論』第一四章に対する註釈の中で、アスヴァバーヴァ(Asvabhāva、無性)もスティラマティ(Sthiramati、安慧)も共にアサンガの問題の二論典を論拠としてその所釈の論典の意味を考察している箇所がある。この箇所を問題としたのが、本書「本論」第一三論文となる旧拙稿である。詳細は、この第一三論文に譲ることにするが、ここでは、フラウワルナー教授が識論に関してもたらした最も重要な問題提起に直結するアサンガの『阿毘達磨集論』中の「滅(nirodha)」に関する三種の規定を、第一三論文末尾の「回顧と弁明」に示唆したとおり、三種転依と勝義の三解釈とに関連づけながら表として示してみることにしたい。

滅の三規定	三種転依	勝義（paramārtha）の三解釈
(α)滅の場所＝tathatā（真如） yasyāṃ nirodhaḥ sā tathatā	cittâśraya-parivṛtti（心転依） ＝ tathatâśraya-parivṛtti（真如転依）	artha（対象）＝tatpuruṣa
(β)滅の手段＝mārga（道） yena nirodhaḥ sa mārgaḥ	mārgâśraya-parivṛtti（道転依）	pratipatti（行為）＝bahuvrīhi
(γ)滅の主体＝kleśânutpāda（煩悩不生） yo nirodhaḥ sa kleśânutpādaḥ	dauṣṭhulyâśraya-parivṛtti（麁重転依）	prāpti（体得）＝karmadhāraya

右表中の一いちの語句の他語との関連における意味については、既に公けになっているそれぞれの論著[118]に当って頂きたいが、今は、これらを上掲の別な図[119]を用いて簡単に説明するだけにしよう。aは、もはや他を場所とすることのない（apratiṣṭhita）最終の究極的「場所（pratiṣṭhā）」であって、従って、この「場所」を超えるものはないという意味で、aは「虚空（ākāśa, vyoman）」のごとき最終の円周として比喩的に描かれているが[120]、実際には、フラウワルナー教授のいう「最高存在（das höchste Sein）」としての『二万五千頌般若』も説く「法性」「法界」「真如」「実際」などに同じく、右表中では(α)(β)(γ)に共通している「滅（nirodha）」の行われる「場所」に相当している[121]。bは、かかるaなる「場所」を場所として円内に存在しているもので、実際には、ありとあらゆる無数の物や人が考えられるが、ここでは、無数の有情（人）を三個の小丸$b^1b^2b^3$で表わしているものとし、以下、その中の一人をb^1で示して説明したい。従って、b^1は煩悩を滅していく主体であるが、現実的には、たとえ無自覚的であっても「真如」である最終の究極的「場所」の中に存在し、「勝義」であり「真如」であるその「場所」を「対象」としているのが(α)の系列の状態である。しかるに、このb^1が煩悩の滅

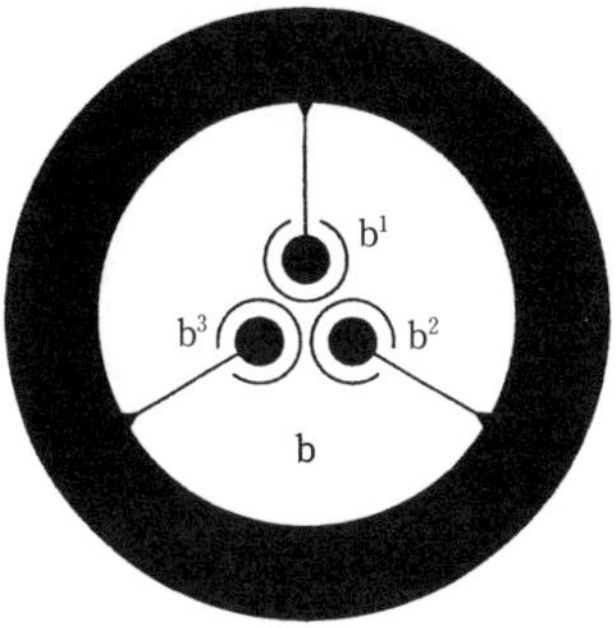

a
—「場所」の図—

を目指すようになると、その目指していく手段によるb¹からaへの線の過程が「道」および「行為」として捉えられる。これが(β)の系列であるが、その系列を経てb¹が煩悩の滅によって完全な結果aに至れば「体得」で、これが(γ)の系列である。これらを、「転依（āśraya-parivṛtti, -parāvṛtti、基層の変貌）」という観点から見れば、(α)が「心転依」もしくは「真如転依」、(β)が「道転依」、(γ)が「麁重転依」と呼ばれる。しかるに、これらの中の、(α)の「心（citta）」もしくは「真如（tathatā）」と、(γ)の「麁重（dauṣṭhulya）」との関係が、大雑把にいえば、フラウワルナー教授によって前者は「アマラ識」、後者は「アーラヤ識」とみなされたもの、あるいは、上引の『成唯識論』の記述[122]によって前者は「真如」、後者は「アーラヤ識」として扱われているものである。しかも、両者のこの複雑な関係こそ、これを巡って中国でも種々の議論が展開され、フラウワルナー教授がその淵源をインドに求めて考察に着手した問題にほかならない。そして、インドの論師であるアスヴァバーヴァやスティラマティから見れば、その淵源の最重要の一つがアサンガに求められていたということになるのである。しかも、ここから改めて反転して智顗の『法華玄義』の次のような箇所[123]を見通してみると、かかるアサンガの考えは、地論宗や摂論宗を介して、やはり中国にも比較的よく伝えられていたと認められるであろう。

　然摂大乗、明三種乗、理乗、随乗、得乗。理者、即是、道前真如。随者、即是、観真如、慧随順於境。得者、一切行願熏習、熏無分別智、契無分別境、与真如相応。此三意、一往乃、同於三軌、而前後未融。何者、九識是道後真如。真如無事。智行根本種子、皆在梨耶識中、熏習成就、得無分別智光、成真実性。是則、理乗本有、随得今有。

ここに記述されている事項を、先に示した(α)(β)(γ)の系列下に示せば、次のようになり、互いによく合致することが分かるであろう。

(α)理乗　＝　道前真如　＝　本有　＝（真性軌）

(β)随乗 ＝ 観真如 ＝ 今有 ＝（観照軌）
(γ)得乗 ＝ 道後真如（九識）＝ 今有 ＝（資成軌）

以上に図示したアサンガの考えと智顗の記述との間には微妙なズレもあってそれに対しては説明も必要かもしれないが、大枠がピッタリ合致することは明白である。私が一九七〇年代後半に「三種転依」や「清浄法界」を問題としていた時に、私は右の智顗の記述を全く知らなかったが、今、このような形で智顗の記述を加えて考えてみても、やはり一番問題となることは、(α)の系列と(γ)の系列との関係にあるであろう。しかるに、私見によれば、本来のこの思想においては、(α)と(γ)の、特に、智顗の記述中の「道前真如」と「道後真如」[124]とに顕著なような、「前」「後」という時間的経緯は、たとえその経緯がそこに影のように反映されることがあったとしても、本質的には含みえない、本質的に変化とは無縁の、フラウワルナー教授の指摘されたごとき「ウパニシャッドのアートマンと全く類似した（ganz ähnlich wie der Ātmā der Upaniṣaden）」「最高存在（das höchste Sein）」が自明の理として認められているのである。これが仏教思想の側にも浸透していった典型的な例を我々は「心性本浄」説とか「如来蔵思想」などと呼んでいるのだと思う。従って、これは、その弁護に立つか否かを別とすれば、非仏教的な思想と判断されて当然なのである。しかし、伝統的仏教教団にあってアビダルマ的教義伝承を比較的強く残している実修行派の「唯識思想」は必ずしも「如来蔵思想」と同じようには見えない。それゆえ、私は「如来蔵思想」と切り離すべく「唯識思想」を研究してみたのではあるが、結論的にいえば、両者が「清浄法界」という「最高存在」を自明の前提としている限り、伝統的に「性相融即」と「性相各別」と区別されている両者も結局は同質のものであるとみなさざるをえなくなったのである。それが、一九七〇年代後半の上記の一連の論文だったのであるが、しかし、私の考えの片隅には、アサンガには仏教的解釈を可能にする余地も残されているとの思いは必ずしも払拭し切れてはいなかった。その思いが、私をして、(α)の系列と(γ)の系列とを「転依」の観点から本質的に変化とは無縁のものと把握させる一方で、他方では、(α)中の

—「一切智者」の図—

tathatā や dharmatā-citta と(γ)中の dauṣṭhulya や ālaya-vijñāna との峻別へと向わせ、それによって、(β)の系列の mārga や pratipatti に時間的経緯を回復させ、その実践主体に「法界等流（dharma-dhātu-niṣyanda）」の「聞熏習（śruta-vāsanā）」が全く異質な教説の聴聞という形で与えられると解釈するように仕向けていったのである。今から考えると、dharmatā-citta と paratantra-citta との峻別に[125]「唯識思想」としての重要な意味があると指摘した一九八〇年刊行の本書「本論」第一五論文は、いわばそうした私の一連の考察の総仕上げみたいなものであったが、しかし、そこに私なりの文献を離れた勝手な解釈に含みを持たせたという意味では、悪しき論文の見本と言ってよいかもしれない。[126]なぜなら、私の考えには、上図[127]のようなイメージがあり、dharmatā-citta と隔絶した paratantra-citta の dauṣṭhulya なる ālaya-vijñāna の個々の小丸の主体が全く異質の「法界」からの仏説の聴聞によって「常」「楽」「我」「浄」ではない「無常」「苦」「無我」「不浄」の時間的経緯を辿りながら線上の「一切智者」である仏と一緒になることがあるいはあるかもしれないとの夢想があっただけにすぎないのであるが、しかし、文献による限り、どのような「唯識思想」であっても、結局「如来蔵思想」と同様に、それの示す仏が、図のように、最終の究極的「場所」である dharmatā-citta や「真如」や「法界」や「実際」を考慮することなしに、それと全く関係ないところに描かれうるはずはなかったからである。しかも、私にそのような夢想を可能にさせたのは、仏教思想とは全く関係ない文献だったのである[128]が、仏教思想である以上は、最終の究極的「場所」を全く想定せずに、矢印の彼方の「一切智者」である仏の教説そのものによるのでなければならないと、本当の意味で「仏教（buddha-vacana）」について私が考えるようになるには一九九三年の論文[129]まで待たなければならなかった。

しかるに、本書に収録されることになった論文は、最後の一篇を除き、全て一九八九年以前に書かれたものである。

今、もし私に「唯識思想」について新たに書き出す時間が許されるとすれば、私は「仏教」の観点から批判的に全く別様にその仕事に着手しなければならないであろう。

さて、文字どおりの最後において、フラウワルナー教授の指摘された問題に絡めて一言しておけば、厳密に詳細に「唯識思想」を研究していくためには、「唯識思想」が「如来蔵思想」と同じく、最終の究極的「場所」である「最高存在」を認めているという共通点はしっかりと押えながらも、前者と後者との違いには終始配慮すべきであり、そのためには、フラウワルナー教授がなされたように、インド思想に対しては、やはり共通性[130]は押えながらその内部の違いをも可能な限り広く深く研究していくべきであるが、仏教思想の研究がインド思想の研究の中に解消されてしまわないためには、これまたフラウワルナー教授がなされたように、アビダルマの教義の展開をもしっかりと学んでいかなければならないと考えられるのである。

註

（1） Thomas Hobbes, *Leviathan, or The Matter, Forme, & Power of A Common-Wealth Ecclesiasticall and Civill*, London, 1651, p. 52: *Leviathan*, Edited with an Introduction and Notes by J. C. A. Gaskin, Oxford World's Classics, Oxford University Press, Oxford/ New York, 1996, p. 71：水田洋訳『リヴァイアサン』㈠（岩波文庫、岩波書店、一九九二年改訳版）、一八一頁。勿論、私は、ホッブズの思想全体に共鳴してこれを引用しているわけではない。ホッブズの思想の功罪についての批判的な論究については、Bertrand Russell, *History of Western Philosophy*, Originally published 1946, Routledge Reprint, 1999, p. 531-541, "Hobbes's Leviathan"：市井三郎訳『西洋哲学史』3（みすず書房、一九五五年、一九七〇年改訳版）、五三九―五五〇頁、「ホッブスの「リヴァイアサン」」を参照されたい。

（2） 「仏教と人間」の授業の二〇〇六年度から講読し始めた、Bertrand Russell, *Political Ideals*, Originally published 1917, Great Books in Philosophy, New York, 2005, p. 82 に "primitive anarchy, "the war of all against all," which Hobbes asserted to be the original state of mankind" とあったことが、その直接の切っ掛けである。

（3） Hobbes, *op. cit.*, p. 54: pp. 74-75：水田訳、同上、一八七頁。以下は、水田訳の引用であるが、カッコ内に補われた原語は私によるものである。なお、大陸でのホッブズとデカルトの接触については、Russell, *op. cit.*（前註1）, p. 532：五四一頁を参照されたい。

（4）「外来思想」と「土着思想」とに関する私の考えについては、拙書『批判仏教』（大蔵出版、一九九〇年）、一九―二一頁、同『日本仏教文化史』（大蔵出版、二〇〇五年）、一―二〇頁参照。

（5）Hobbes, *op. cit.*（前註1）, pp. 54-55：p. 75：一八七―一八八頁。引用の仕方は、前註3の場合に準ず。

（6）ユリアヌスの宗教については、Edward Gibbon, *The Decline and Fall of the Roman Empire* (in Six Volumes), with an Introduction by Hugh Trevor-Roper, Volume 2, Everyman's Library, London, 1993, pp. 407-459, Chap. XXIII：村山勇三訳『ローマ帝国衰亡史』㈢（岩波文庫、岩波書店、一九五二年）、三二一―三七〇頁、第二十三章を参照されたい。イアンブリコス（Iamblichos、ヤムブリクス）の名は、同上、p. 412：三二七頁に登場する。ユリアヌスの生涯については、小説ではあるが、辻邦生『背教者ユリアヌス』上中下（中公文庫、中央公論新社、一九七五年）によって知るのもよいかもしれない。また、イアンブリコスについての最近の成果については、Johan F. Finamore & John M. Dillon, *Iamblichus De Anima: Text, Translation, and Commentary*, Philosophia Antiqua, Vol. XCII, Brill, Leiden/ Boston/ Köln, 2002 があり、これに基づく、伊藤雅巳、金澤修、金子善彦、河谷淳、栗原裕次、中村公博、納富信留、波多野知子『イアンブリコス　魂について』（慶応義塾大学21世紀ＣＯＥ人文科学研究拠点　心の統合的研究センター、二〇〇七年）がある。後者を私は河谷淳氏より頂戴したが、ここに記して河谷氏に感謝の意を表したい。

（7）例えば、現代において、釋迢空『死者の書』が、前註で触れたユリアヌスを題材としたロシアのメレシコーフスキイの作品である『背教者ユリアヌス』と結びつけて論じられるような状況が、安藤礼二編『折口信夫　初稿・死者の書』（国書刊行会、二〇〇四年）の「解説　光の曼陀羅」において見られる。これについては、拙稿「釋迢空『死者の書』の功罪」『駒沢大学仏教学部論集』第三七号（二〇〇六年十月）、三八五―四〇五頁を参照されたい。

（8）前掲拙書（前註4後者）、七―八頁により、「文化ａ」と「文化ｂ」につき、前者が後者の「外来思想」を学ぶだけではなく、互いに同質である「土着思想」に関しても、前者が後者から学ぶ可能性が非常に高いことを想起されたい。また、日本におけるその一例としては、同上書、九四―一〇四頁で扱われている陰陽道の件を参照されたい。

（9）インドの「土着思想」であるウパニシャッドやヒンドゥーイズムの根底をなすアートマンを仏教の開祖が否定したということは、そのアートマン肯定説を認めている「自己」を無知であると認識したことを意味するが、開祖が「他者」に教えられずしてそれを知りえたことは、一種の奇蹟である。しかし、それを単なる奇蹟として遠ざけてしまうのでない限り、開祖が「他者」から学びえたに近い形態においての「外来思想」としての性格がそこに成り立つであろう。そして、そこに、開祖に対する「信仰」によって「言葉」を介して弟子たちが「自己」の「無知」を知っていった過程に仏教が成立していったと考えられるのである。この問題に関し、所謂「四大聖人」と「無知」の問題については、拙書『道元と仏教』（大蔵出版、一九九二年）、八九―九三頁、シャーリプトラやチューダパンタカと「無知」の問題については、拙稿「『大乗大義章』第一三問答の考察」『駒沢短期大学仏教論集』第九号（二〇〇三年十月）、一九六―一九七頁、同「寡婦の両銭物語とP＝ケーラス紹介のそれに対するS＝ビールの見解」『駒沢短期大学仏教論集』第九号（二〇〇三年十月）、二三三―二三五頁、「自己」「他者」「信仰」「言葉」全般にかかわる問題については、拙書『仏教入門』（大蔵出版、二〇〇四年）、一―一九頁を参照されたい。なお、上記のチューダパンタカと「無知」の問題の素材となった*Divyāvadāna*については、最近、平岡聡博士によって全訳が公刊されたので、チューダパンタカの話全体については、平岡聡『ブッダが謎解く三世の物語『ディヴィヤ・アヴァダーナ』全訳』下（大蔵出版、二〇〇七年）、三二二―三九七頁、私が問題とした頌については、同、三三一頁を参照されたい。

(10)「アートマン（霊魂）が存在しない」という命題を開祖より仏教徒が受けとめるあり方を「絶対否定」、その問題を他人と論争するあり方を「相対否定」とすべきではないかとの私見については、拙稿「〈凡夫〉考」『駒沢短期大学仏教論集』第一二号（二〇〇六年十月）、三八―三九頁、四三―四四頁、註20参照。

(11)かつて、拙稿「小林秀雄著『本居宣長』」『駒沢大学仏教学部論集』第九号（一九七八年十一月）、二八七―二九四頁において、宣長の「姿ハ似セガタク、意ハ似セ易シ」に関し、言葉の似せ難き姿としての調べと、言葉の似せ易き意としての意味性とを、前者に荷担して論じたことのある私としては、この問題は決して容易なものではない。文学として事を論ずる時には、今でも前者に傾きがちな自分を感じないわけにはいかないからである。しかし、両者は必ずしも相反するものなのではあるまい。そして、仏教においても、言葉の意味性を重んじる後者の、多くの場合「善（kuśala）」であるべき「哲学（abhidharma、論）」や「思想（dṛṣṭi、見）」は、言葉の調べを重んじる前者の、多くの場合「無記（avyākṛta）」であるべき「生活（vinaya、律）」や「習慣（śīla、戒）」を破壊するはずもなく、むしろその多様性を保持するであろう。しかし、問題は、前者をもって後者の論理的正しさを無みしてしまう場合である。今春（二〇〇七年三月）、私は、柳瀬尚紀『日本語は天才である』（新潮社、二〇〇七年）を読んだが、私も根室出身者として、その一四六―一四九頁に述べられる根室方言を天才であると思い、また、「日本語は天才である」とも「アイルランド語は天才である」とも思うものの、しかし、自分の土着の言葉だけが天才であると主張したら忽ちおかしくなる（柳瀬氏の依拠した芥川は「最大の奇蹟は言語である」と言っているのである）ように、そこに固執していては、後者の論理的正しさを論ずることはできないであろう。しかも、私は、この前者と後者の攻防こそ、紀元後のプルシャプラを中心とする北西インドで展開した「一音演説法」を巡る解釈の違いの本質をなしていたのではないかと考えているのである。なお、「一音演説法」については、拙書『仏教教団史論』（大蔵出版、二〇〇二年）、二五九―二六五頁、前掲拙書（前註9後者）、一八二―一九一頁を参照されたい。

(12)　拙書『唯識思想論考』（大蔵出版、二〇〇一年）、三八八頁、註64参照。ただ、私は、この謝辞の中で、せっかく頂戴できた雲井訳について、重大な誤訳もあることまでも記してしまったので、今回の拙訳は、その発言の責任を取るという意味も密かに兼ねているつもりである。しかし、あまり建設的とは思われないので、その誤訳を一いち指摘するようなことはしなかった。私もまた拙訳が正しいと胸を張れるほどドイツ語が読めるわけではないので、気になった箇所については、両訳を彼此対照して頂ければ幸いである。

(13)　前者（初出、一九七六年三月）については、前掲拙書（前註12）、七一九―七四九頁、後者（初出、一九七六年十一月）については、同上、七五〇―七八七頁を参照されたい。

(14)　前註12に同じ。ただし、この中で触れた「批判的」という言葉は、当時のままで今も使われるわけではない。当時は、フラウワルナー教授の見解に反対して、「如来蔵思想」と「唯識思想」とは本質的に異ならないものと「批判的」に述べたい、とのつもりであったはずであるが、今それを果す段階では、その基本に変更はないものの、もっと厳密な区別を両者のみならず隅々にも徹底すべきであるとの考えにおいては、むしろフラウワルナー教授の手法を踏襲すべきであるとさえ思っているのである。

(15)　前掲拙書（前註12）、七四九頁。

(16)　G. Oberhammer, E. Steinkellner (eds.), *Erich Frauwallner Kleine Schriften*, Glasenapp-Stiftung, Band 22, Franz Steiner Verlag, Wiesbaden, 1982, pp. 637-648 参照。

(17)　*Ibid.*, p. V. フラウワルナー教授の肖像については、Wilhelm Rau, *Bilder 135 Deutscher Indologen*, Glasenapp-Stiftung, Band 23, Franz Steiner Verlag, Wiesbaden, 1982, p. 127 参照。

(18)　「学問の思い出――服部正明博士を囲んで――」『東方学』第一一三輯（二〇〇七年一月）、一―三〇（一七三―二〇二）頁、その末尾の「服部正明博士著作目録」、二八（二〇〇）頁による。

(19)　岩田諦静『真諦の唯識説の研究』（山喜房仏書林、二〇〇四年）参照。

(20)　岩田前掲書、一九四頁。なお、引用に際し、pabhāssara-とあるのを pabhassara-と改めてあるのを諒とされたい。なお、この岩田書の第二章第一節に相当する旧稿は、岩田良三「真諦の阿摩羅識説について」『鈴木学術財団研究年報』第八号（一九七二年三月）、四六―五六頁であり、本書収録に際し改稿加筆されたもののようであるが、旧稿、五五―五六頁、註22では、問題のフラウワルナー論文につき、「〔教授は〕この識はウパニシャッドの最高存在としてのアートマンに起因するものとみなしている」とのみあり、その教授の見解に反対する改稿加筆後のような表明は全くなされていない。しかし、私からみれば、改稿加筆後の岩田博士の方が当時より後退されているように思われるのである。

(21)　本書「本論」第一五論文。初出は、一九八〇年三月。

(22) 本書「本論」第一五論文、註4、16、特に後の註記箇所を参照のこと。なお、この註番号の直前の本文中に記した拙稿については、前掲拙書(前註12)、三六二—四四五頁を参照されたい。
(23) 弁解がましく言わせて頂ければ、かく理解できなかった理由はいろいろ考えられるであろう。しかし、ここでは、同じ文献の両者の処置の違いにつき、例えば、岩田旧稿、四七頁、岩田前掲書(前註19)、二一六頁、前掲拙書(前註12)、三七四—三七五頁によって、『決定蔵論』と『瑜伽論』とそのチベット訳とにおける文例の考察の仕方を比較して頂ければ幸いである。
(24) 以上の言及対象となるフラウワルナー論文については、本稿第二節中の段落⑧⑨⑩、原註18、19を参照のこと。また、岩田博士がフラウワルナー教授の仏教理解が正しくないとする傍証として、前註20箇所本文所引の直後に、西義雄後掲論文(後註59)が示されているが、これについては、本稿第四節中で触れたい。
(25) この私の「決定的誤り」と言えるものについては、本稿第四節後半、特に、註番号125以下の本文において述べられるであろう。
(26) なお、原註は脚註形式で与えられ、頁ごとに註番号は改められているが、本節中の和訳においては、通し番号の註記として本節末尾に一括して示す。また、原註の数字の示し方は、右片カッコつきであるが、本節においては、本稿通しの上下カッコつきの註番号との区別を明瞭にするため、カッコを伴わない数字とした。
(27) 原文における書名の表記は、多くのドイツ語論文のように、ジェンダーに応じた格の変化を示し、しかもローマン体のままであるが、ここでは、通常の邦語論文の場合に倣い、語幹のみをイタリック体で示す形式を採る。以下も同様である。
(28) 原文における vijñāna は vijnāna と ñ は n のまま表記されているが、これは当時 ñ の活字を求めることが困難だったためだけと考えられるので、以下についても ñ とあるべきは全て ñ として表記した。現に、前註16の初出一覧ではそのように改められている。
(29) 「実修行学派」と訳した箇所の原文は “die Yogācāra-Schule” であるが、拙訳では同じ訳になってしまうもう一つ別な原文の呼称に “die Schule der Yogācāra” がある。その例については、後註33参照のこと。その原文における違いが修辞上の問題だけなのか否かは私には未詳であるが、原文に Schule が付せられていれば、「実修行学派」と訳す。Yogācāra を「実修行(派)」と私が訳すことについては、前掲拙書(前註12)、五五頁、註43、および、そこに示した関連文献を参照されたい。なお、これと対峙する学派名「中論学学派」および「中論学(派)」については、後註30、36参照。
(30) 「中論学学派」と訳した箇所の原文は “die Schule der Mādhyamika” であるが、この Mādhyamika の箇所が Madhyamaka とされる可能性と実例については、後註36参照。フラウワルナー教授は、学派名を指す場合には Mādhyamika、その学派の教義内容を指す場合には Madhyamaka を用いているように思われるが、正確なことは私には分からない。ただ私なりにいえば、この問題は、madhyama(ka)(中)なる語をどう理解するかに収斂する。単純に敷衍すれば、それをナーガールジュナの *Madhyamaka-kārikā*

(『中論頌』)に見出すか、一般的な「中道」的「中観」に見出すか、によってその理解が異なってくると思われるが、拙訳は後者の理解を排除しようとするものである。これについては、拙書『唯識の解釈学――『解深密経』を読む』(春秋社、一九九四年)、四九―五〇頁、註18を参照されたい。ただし、そこで、自信がないと記したチャンキャの拙訳、および、その拙訳中で未確認としたバーヴィヴェーカの典拠とに関しては、その後、斎藤明「バヴィアの規定する madhyamaka とその解釈をめぐって」加藤純章博士還暦記念論集『アビダルマ仏教とインド思想』(春秋社、二〇〇〇年)、二六七―二七九頁において詳細な考察がなされているので、是非とも参照して頂きたい。なお、この語義確定とは直接の関係はないので、私の見落しには御海容を賜わりたいが、上記拙書刊行後に知った、「中論学派」の呼称に纏わる諸文献を取り上げて概観した論述には、David Seyfort Ruegg, *The Literature of the Madhyamaka School of Philosophy in India*, A History of Indian Literature, Vol. VII-1, Wiesbaden, 1981, pp. 1-3, "Introduction: the Name Madhyamaka" がある。ところで、また今回も見落しがあってはいけないと思って手にした(こんな不純な動機で御著書を手にされた著者には申し訳ないが)、この方面の最も最近の成果である、四津谷孝道『ツォンカパの中観思想――ことばによることばの否定――』(大蔵出版、二〇〇六年)、二頁には、学派名として Madhyamaka が採用されている。しかし、大切なことは、その「中」の意味であるが、それに対するツォンカパの見解の考察については、特に、同書、一八七―一九四頁を参照されたい。

(31) 原論文のサンスクリット原文の引用の仕方は、韻文と散文とでは自ずと異なっている。ここでは、韻文の場合であるが、原論文では、頌のみ改行されて引用符なしで示され、その直後に訳文が引用符を伴って改行追い込みで示される。この形態は、和訳としては若干異様に見えるかもしれないが、できるだけ原形に従う。これ以下においても同様である。

(32) これが、前註と異なる散文の場合の引用の仕方である。全て追い込みで示されて、しかも、サンスクリット原文には引用符が付せられず、そのドイツ語訳にのみ引用符が付せられるが、できるだけ原形に従うことは、前註に記したとおりである。

(33) 前註29に指摘したとおり、ここでの原文は "die Schule der Yogācāra" である。フラウワルナー教授の仏教に関する主著の一つ、Erich Frauwallner, *Die Philosophie des Buddhismus*, Akademie-Verlag, Berlin, 1956, 3. durchgesehene Auflage, Berlin, 1969, p. 264 以下では、主としてこの呼称が用いられている。

(34) ここで「所与の事実」と訳された原文は "Gegebenheit" で、これはサンスクリット原語の dharma のドイツ語訳として意識されているものである。この場合、dharma をどう理解するかが、原語のレヴェルでも問題となるが、本訳においては、ドイツ語の方に重きを置き、Gegebenheit とドイツ語訳されたものを、一律に「所与の事実」もしくは単に「所与」として訳すことで統一されている。

(35) 原論文に漢訳は示されていないが、フラウワルナー教授が漢訳に基づいてドイツ語訳されたことが確実な箇所においては、このように、これ以下でも、亀甲カギカッコ内に当該漢訳文を示しておいた。しかし、その箇所の拙訳は、直接その漢訳に基づくものではなく、あくまでもフラウワルナー教授のドイツ語訳を重んじてそれに従ったものである。

(36)「中論学体系」と訳した箇所の原文は"das Madhyamaka-System"であるが、この中のMadhyamakaが含む問題については、前註30を参照されたい。なお、Frauwallner, *op. cit.*(前註33), p. 143以下の正式呼称は、"Die Madhyamaka-Schule"である。

(37) Johnston (ed.), *The Ratnagotravibhāga Mahāyānottaratantraśāstra*, The Bihar Research Society, Patna, 1950が、執筆後に出版されたために必要となって補足されたものである。これによって、このテキストと、フラウワルナー教授が執筆中に用いた、E. Obermiller, "The Sublime Science of the Great Vehicle to Salvation, being a Manual of Buddhist Monism. The Work of Ārya Maitreya with a Commentary by Āryasanga", *Acta Orientalia*, IX (1931), pp. 81-306との頌番号のズレが正されている。なお、上記二つの版権が切れてしまったから許されるのかもしれないが、両者を合本にして出版されたものに、H. S. Prasad (ed.), *The Uttaratantra of Maitreya*, Bibliotheca Indo-Buddhica No. 79, Sri Satguru Publications, Delhi, 1991があり、便利ではある。なお、このpp. 203-206には、高崎直道博士によるサンスクリットテキストの訂正表も転載されている。

(38) 以下の原註の提示に関して、この箇所のカッコ内に記したこと以外で、その様式についていえば、私ほかの一般の斯学における和文論文のそれに従っている。その結果、特に違う点について記しておけば、書名および論文所掲誌は、原論文とは異なってイタリック体で示されているということである。

(39) ドミエヴィル教授の見解の要約については、本文中に示した、柏木博士の二点中の前者、一一二頁、一一六頁、註42、および、一七四頁を参照されたい。

(40)『十地経論』の著者および漢訳者と、それらに関する諸説とは、大竹晋「『十地経論』解題」、大竹晋校註『十地経論』I(新国訳大蔵経、釈経論部16、大蔵出版、二〇〇五年)、二〇—四〇頁に、的確にまとめて述べられているので参照されたい。

(41) 梶山雄一「解説」、長尾雅人、梶山雄一、荒牧典俊訳『世親論集』(大乗仏典15、中央公論社、一九七六年)、四一七—四二二頁参照。また、本稿の註18を付した直前の本文中に示した梶山論文、五七—五九頁も参照されたい。

(42) このようなヴァスバンドゥ一人説的な観点から、その著作順序について、御自身のそれまでのヴァスバンドゥ研究を踏まえながら、非常にすっきりした論述のなされたものに、松田和信「ヴァスバンドゥにおける縁起の法性について」『仏教大学総合研究所紀要』別冊(二〇〇五年三月)、一二五—一二六頁があるので参照のこと。また、木村誠司「世親の如来蔵思想」『駒沢短期大学研究紀要』第三四号(二〇〇六年三月)、一七五—一八四頁は、そのような観点に立ちながら、ヴァスバンドゥの『釈軌論』には如来蔵思想が認められることを積極的に論じようとしたものである。なお、かかる観点からは、更に、ヴァスバンドゥと大乗経典との関係も問題となってくるのであるが、特に、その中の『楞伽経(*Laṅkāvatārasūtra*)』とヴァスバンドゥとの関係については、夙に、舟橋尚哉『初期唯識思想の研究』（国書刊行会、一九七六年）、三六七―三七七頁、「世親と『入楞伽経』との先後について」（初出、一九七一年）で問題が提起されていたのである。しかるに、近時になり、再び、この問題が、当面、ヴァスバンドゥ二人説とは関係なく、とした上で、Lambert Schmithausen, "A Note on Vasubandhu and the Laṅkāvatārasūtra", *Asiatische Studien/ Études Asiatiques*, XLVI-1 (1992), pp. 392-397 によって論じられるに至った。いまや、トータルな形で、ヴァスバンドゥの思想が新たな視点から論じられるべき時期が到来しているのかもしれないが、そういう意味では、ヴァスバンドゥと『瑜伽師地論』との関係を具体的なテキストの関係において探ろうとしている、Robert Kritzer, *Vasubandhu and the Yogācārabhūmi : Yogācāra Elements in the Abhidharmakośabhāṣya*, Studia Philologica Buddhica, Monograph Series XVIII, The International Institute for Buddhist Studies, Tokyo, 2005 も注目される。また、ヴァスバンドゥを中心とする当時のインドの諸論師の年代論の再検討については、加藤純章「アビダルマ文献からみた世親等諸論師の年代について」高崎直道博士還暦記念論集『インド学仏教学論集』（春秋社、一九八七年）、二一五―二三九頁を参照されたい。

(43) 引用中の前者、即ち『法華玄義』の訓読については、菅野博史訳注『法華玄義』（下）（レグルス文庫、第三文明社、一九九五年）、八七四―八七五頁参照。また、引用の両箇所は、Demiéville, *op. cit.*（本稿、第二節、原註1）, pp. 38-39 で論じられている。

(44) 池田魯参「天台教学と地論摂論宗」『仏教学』第一三号（一九八二年四月）、一―二二頁、結城令聞「地論宗北道派の行方」（初出、一九八七年）『華厳思想』（結城令聞著作集、第二巻、春秋社、一九九九年）、五九―七八頁のほか、木村清孝『初期中国華厳思想の研究』（春秋社、一九七七年）、三三―四八頁、石井公成『華厳思想の研究』（春秋社、一九九六年）、二一―七八頁も参照のこと。また、中国における翻訳者真諦については、吉津宜英「真諦三蔵訳出経律論研究誌」『駒沢大学仏教学部研究紀要』第六一号（二〇〇三年三月）、二二五―二八五頁も参照されたい。なお、中国における地論派と摂論派の全般的な動向については、鎌田茂雄『中国仏教史』第四巻（東京大学出版会、一九九〇年）、三六六―三九五頁参照のこと。

(45) 『大唐西域記』、大正蔵、五一巻、九三六頁中―下の「伐臘毘国」と、同、九三五頁下―九三六頁中の「摩臘婆国」参照。また、水谷真成訳『大唐西域記』（中国古典文学大系22、平凡社、一九七一年）、三五一―三五六頁、特に、三五五―三五六頁、註1、4を参照のこと。なお、本文中のこの註番号の直前箇所に示した宇井博士の二論文中、前者については、一三六―一四二頁、後者については、五三九―五四〇頁を参照されたい。

(46) 松田和信「世親『縁起経釈（*PSVy*）』におけるアーラヤ識の定義」『印仏研』三〇―一（一九八二年十二月）、四二三―四二〇頁、同「Vasubandhu 研究ノート」(1)『印仏研』三二―二（一九八四年三月）、一〇四二―一〇三九頁参照。

(47) 本稿第一節の註番号20以下の本文、およびそれらに対する註20―23を参照されたい。

（48）拙稿「Pūrvācārya 考」（初出、一九八六年）、前掲拙書（前註12）、五〇六—五二〇頁、山部能宜「Pūrvācārya の一用例について」『九州龍谷短期大学紀要』第四五号（一九九九年三月）、二〇三—二一七頁、Robert Kritzer, *Rebirth and Causation in the Yogācāra Abhidharma*, Wiener Studien zur Tibetologie und Buddhismuskunde, Heft 44, Wien, 1999 などを参照されたい。

（49）後期のラーマーヌジャについては、松本照敬『ラーマーヌジャの研究』（春秋社、一九九一年）、一一八—一二四頁を参照のこと。

（50）以下の引用は、*The Mahābhārata : Text as Constituted in Its Critical Edition*, The Bhandarkar Oriental Research Institute, Poona, 1974, p. 2256, 12 Śāntiparva, 194, v.24 による。原註5の指示とは一致しないが、数年前、そのような場合で、Critical Edition 刊行以前であれば、Bombay Edition であることが多いと、矢島道彦氏に伺っていたことを思い出し、Paul Deussen (tr.), *Vier Philosophische Texte des Mahâbhâratam : Sanatsujâta-parvan - Bhagavadgîtâ - Mokshadharma - Anugîtâ*, Originalausgabe, Leipzig, 1906, Wiesbaden, 1980, p. 217 の第一二章第二〇一節第二七頌のドイツ語訳を介して Critical Edition の第一二章第一九四節第二四頌に辿りついた次第である。記して、矢島氏のかつての御教示に感謝したい。しかるに、他方では、ここでフラウワルナー教授によって指示されているような『マハーバーラタ』の一頌が果して中論学派の思想に近いのかどうかという問題については、後註102を参照されたい。

（51）E. Frauwallner, *On the Date of the Buddhist Master of the Law Vasubandhu*, Serie Orientale Roma III, Roma, 1951, pp. 24-25, nn.1, 2 ad p. 24, n.1 ad p. 25 参照。また、E. Frauwallner, *Geschichte der indischen Philosophie*, I. Band, Otto Müller Verlag, Salzburg, 1953, Shaker Verlag, Aachen, 2003, p. 184 : V. M. Bedekar (tr.), *History of Indian Philosophy*, Vol. I, Motilal Banarsidass, Delhi/ Patna/ Varanasi, 1973, p. 224 も参照されたい。

（52）真諦訳『婆藪槃豆法師伝』、大正蔵、五〇巻、一九〇頁上—中 : J. Takakusu (tr.), "The Life of Vasu-bandhu by Paramārtha (A. D. 499-569)", *T'ong pao*, Série II, Vol. V (1904), pp. 286-287 : 横山紘一訳「『婆藪槃豆伝』」三枝充悳『ヴァスバンドゥ』（人類の知的遺産14、講談社、一九八三年）、四一頁、同上『世親』（講談社学術文庫、二〇〇四年）、六〇—六一頁参照。

（53）舟橋一哉「称友造阿毘達磨倶舎論明瞭義釈　破我品——梵文の和訳と註と梵文テキストの正誤訂正表——」『大谷大学研究年報』第一五集（一九六二年三月）、八—九頁、および、その前後、櫻部建「破我品の研究」『大谷大学研究年報』第一二集（一九六〇年二月）、五四—五六頁（ただし、五五頁で、この頌を法称のものとするのは誤りか）、村上真完「人格主体論（霊魂論）——倶舎論破我品訳註（一）——」塚本啓祥教授還暦記念論文集『知の邂逅——仏教と科学』（同刊行会、一九九三年）、二七三—二七四頁（ただし、ヤショーミトラ所引の問題の頌には触れていない）参照。

（54）Frauwallner, *op. cit.*（前註33）により、サーラマティについては、pp. 255-264、マイトレーヤナータについては、pp. 296-326 を参照されたい。前者において、フラウワルナー教授は、サーラマティを"Die Schule Sāramatis（サーラマティの学派）"という題目下で扱っている。なお、フラウワルナー教授は、「マイトレーヤナータ」を、架空の菩薩である「マイトレーヤ」と区別して、歴史的に実在した論師名として用いているのであるが、これについては、後註85を参照されたい。また、『宝性論』がなにゆえに中論学派寄りに解釈されうるようになったかの歴史的背景については、拙稿「チベットにおけるマイトレーヤの五法の軌跡」、前掲拙書（前註12）、一六四―二〇〇頁を参照して頂きたいが、この問題はまた、前註50の本文、後註102で指摘の、中論学派の解釈とも関連する問題である。

(55) 前掲拙稿（前註54末）参照。

(56) 高崎直道校註『宝性論・法界無差別論』（新国訳大蔵経、論集部1、大蔵出版、一九九九年）「解題」、六（一八）頁。

(57) 以下の私見の詳細については、前掲拙書（前註11）参照。

(58) 拙稿「羅漢信仰の思想背景――『法住記』私釈――（序）」『駒沢大学仏教学部研究紀要』第六五号（二〇〇七年三月）、一―一七頁、同「*Nandimitrāvadāna* の両訳対照本とチベット訳和訳」『駒沢短期大学研究紀要』第三五号（二〇〇七年三月）、四三―八六頁参照。

(59) 平川彰「『部執異論疏』の大衆部説」『初期大乗仏教の研究』（春秋社、一九六八年）、五二一―五八頁、平川彰著作集、第3巻（春秋社、一九八九年）、五〇―五五頁、水野弘元「心性本浄の意味」（初出、一九七二年）『仏教教理研究』（水野弘元著作選集、第二巻、春秋社、一九九七年）、二一九―二三三頁、西義雄「近時の「心性本浄」研究の展開と問題」佐藤博士古稀記念『仏教思想論叢』（山喜房仏書林、一九七二年）、三六九―三九一頁など参照。なお、これらの研究に先駆けるものとして、赤沼智善後掲書（後註95）があるが、これについては、後註96を参照されたい。

(60) 寺本婉雅、平松友嗣共編訳註『蔵漢和三訳対校異部宗輪論　異部宗精釈　異部説集』（小山書店、一九三五年）、三八頁、註㊀②において、北京版の読みを漢訳によって訂正した後、「ワッシリエーフ、ワレザー両氏も本文に於ては原典の誤謬を踏襲せり。」と指摘されて、その所在も略号細字にて記されているが、ここに、その両所在中の、フラウワルナー教授が、原註12で指示している方、即ち、Max Walleser, *Die Sekten des alten Buddhismus*, Die buddhistische Philosophie in ihrer geschichtlichen Entwicklung, Vierter Teil, Heidelberg, 1927, p. 27 の当該訳を示しておけば、"9. das durch zufällig aufsteigende (*āgantuka*) Trübungen (*upakleśa*) (verdunkelte) Denken (*citta*), seinem Wesen nach (*prakṛtyā*) (aber) hell." とあり、これには脚註が施され、"Chin. a verzeichnet als neuntes *asaṃskṛta* "das Wesen der Bestandteile des Pfades" und faßt (9) der obigen Reihe als selbständigen Punkt" とあるので、漢訳が「心性本浄」ではなくその代わりに「道支」を第九に入れて九種無為の項を閉じていることは、ワレザー教授にも認識されていたのである。

(61) P. ed., No. 5639, U, 171b7-172a1 : D. ed., No. 4138, Su, 143a7-b1. 北京版とデルゲ版との間に相違はない。引用中、アスタリスク記号を付した㈡の「非択滅（apratisaṃkhyā-nirodha）」に相当するチベット語の欠落していることまでが、上記両版には共通している。因みに、ワレザー教授は、ナルタン版によったようであるが、その欠落に対する註記はないので、ナルタン版にその相当箇所は存在しているのかもしれない。それゆえ、問題の「心性本浄」の箇所には却って相違はないのである。

(62) 原註番号15を付された和訳箇所では、この頌は、「第七七―七九頌」と数えられているが、ここではJohnston ed. の頌番号により、「第八〇―八二頌」としてある。

(63) Johnston, *op. cit.*（前註37）, pp. 53-54. この和訳については、高崎直道訳註『宝性論』（インド古典叢書、講談社、一九八九年）、九三頁参照。なお、高崎同上書、二九九頁の九三頁に対する註1において、この三頌が、『法界無差別論』、大正蔵、三一巻、八九二頁下に認められる、との指摘がなされているが、重要なことと思われる。

(64) 高道前掲書（前註63）、九二頁の第七九頌（本頌25頌）、および、それに対する、同上、二九九頁の註4を参照されたい。

(65) Johnston, *op. cit.*（前註37）, p. 30、高崎前掲書（前註63）、五三頁参照。ただし、この頌では、śubha, ātman, sukha, nitya の順序であるが、ここでは、我々に親しい、例えば、『涅槃経』、大正蔵、一二巻、五〇〇頁下に出るような、「常楽我浄」の順序に組み替えられている。

(66) なお、この件については、高崎前掲書（前註63）、二八三―二八四頁の七四頁に対する註3をも参照されたい。

(67) この頌については、高崎前掲書（前註63）、四七頁、および、同、二五六頁の四七頁に対する註2により、『仏性論』、大正蔵、三一巻、七九六頁中―下、『法界無差別論』、同、八九二頁中―下を参照のこと。なお、この前後の頌数は、全てJohnston のそれによっている。

(68) Johnston, *op. cit.*（前註37）, pp. 42-43.

(69) 高崎前掲書（前註63）、七四頁。なお、この第一章第五二頌の三頌後に示される第一章第五五頌は、本稿第四節中の註番号120の前後の本文で扱われている「もはや他を場所とすることのない最終の究極的「場所」」である「虚空（ākāśa）」を述べたものであるが、「虚空」は、そのような最後の円周の「場所」でありながら、円内においても「遍至（sarva-gata）」し「遍く存する（sarvatrâvasthita）」ものであることに注意されたい。また、「虚空」の問題については、畝部俊也「「虚空」（"ākāśa"）という名称の適用根拠としてのākāśatva をめぐって――『入楞伽経註』とバルトリハリ――」九州龍谷短期大学仏教文化研究所『仏教文化』第一二号（二〇〇二年三月）、九一―一一四頁（横）も参照のこと。

(70) Sylvain Lévi (ed.), *Mahāyāna-Sūtrālaṃkāra*, Paris, 1907, pp. 33-49 参照。また、この章のスティラマティ註釈の和訳として、西

蔵文典研究会『安慧造『大乗荘厳経論釈疏』――菩提品(I)(II)――』(西蔵文献による仏教思想研究、第1、2号、山喜房仏書林、一九七九年、一九八一年)を参照されたい。

(71) Gadjin M. Nagao (ed.), *Madhyāntavibhāga-bhāṣya*, Suzuki Research Foundation, Tokyo, 1964, pp. 67-68. 長尾雅人訳「中辺分別論」『世親論集』(大乗仏典15、中央公論社、一九七六年)、三三六—三三八頁。

(72) この箇所のスティラマティ註釈については、Osamu Hayashima (ed.), "Dharmaparyeṣṭi: The XIth Chapter of the Sūtrālaṃkāravṛttibhāṣya, Subcommentary on the Mahāyāna-sūtrālaṃkāra—Its Synopsis and Tibetan Text, Edited and Collated on the Basis of the Derge and the Peking Edition—"『長崎大学教育学部人文科学研究報告』第二七号(一九七七年), p. 60参照。なお、『法法性分別論』の例については、前掲拙書(前註12)、七二九頁、『瑜伽師地論』「摂決択分」の例については、同上、七四〇頁を参照されたい。

(73) 拙稿「縁起と真如」(初出、一九八三年)『本覚思想批判』(大蔵出版、一九八九年)、八八—一〇八頁、特に、九四頁、一〇四—一〇五頁、註18参照。

(74) 順次に、大正蔵、三〇巻、二九三頁下、Vidhushekhara Bhattacharya (ed.), *The Yogācārabhūmi of Ācārya Asaṅga*, University of Calcutta, Calcutta, 1957, p. 69, ll.4-7による。

(75) 長尾雅人『摂大乗論 和訳と注解』下(インド古典叢書、講談社、一九八七年)の、順次に、二九八—三〇三頁、三二〇—三三三頁を参照されたい。また、第一〇章第三節については、Paul J. Griffiths, Noriaki Hakamaya, John P. Keenan, and Paul L. Swanson, *The Realm of Awakening: A Translation and Study of the Tenth Chapter of Asaṅga's Mahāyānasaṅgraha*, Oxford University Press, New York/ Oxford, 1989, pp. 73-92、および、本書「本論」第一九論文も参照のこと。

(76) 大正蔵、四三巻、一〇〇九頁下。また、富貴原章信国訳(国訳一切経和漢撰述部、論疏部十七、大東出版社、一九七四年)『唯識二十論述記』、一四六(二八四)頁、山口益『安慧阿遮梨耶造 中辺分別論釈疏』(破塵閣書房、一九三〇年、鈴木学術財団複刊、一九六六年)、(三〇)頁も参照のこと。なお、「護月」の名は、『大唐西域記』、大正蔵、五一巻、九二四頁上に見える。

(77) 山口前掲書、三〇四頁。この註77下と次註79下の本文中に示された『中辺分別論釈疏』の記述については、前半を除き、本書「本論」第一九論文、註48下の本文において、拙訳にて考察されているので、参照されたい。本稿での以下の考察には、その第一九論文と若干重複する部分もあるが、ここでは、なおまだ未解決の問題が残っているにせよ、フラウワルナー教授の論文に絡め、ラ・ヴァレ・プサン教授の成果をも加味しながら、より広く関連諸説が整理されたものと了解して頂ければ幸いである。なお、山口訳中に「法身」とある一箇所については、原文に"dharmatā-kāya"とあるのに合わせて「性」を補って「法〔性〕身」とさせて頂いた。

(78) 山口前掲書、三〇九—三一〇頁、註16参照。

(79) サンスクリット原文については、Susumu Yamaguchi (ed.), *Madhyāntavibhāgaṭīkā : Exposition Systématique du Yogācāravijñaptivāda*, Librairie Hajinkaku, Nagoya, 1934, repr., Tokyo, 1966, p. 191, ll.9-10 : Pandeya, *op. cit.*（本文中所掲）, p. 143, ll.17-18 によるが、ここでは後者に従っている。"-viśiṣṭaṃ jñānaṃ" は Yamaguchi ed. では "-viśiṣṭa-jñānam" とされている。山口訳については、山口前掲書、三〇四頁による。また、その直後の一文は、同上、三〇九—三一〇頁、註16による。

(80) 大正蔵、三一巻、五八頁上：新導本、巻十、二六—二七頁。

(81) Louis de La Vallée Poussin, *Vijñaptimātratāsiddhi : La Siddhi de Hiuan-tsang*, Paris, 1928, pp. 706-707 参照。

(82) 『成唯識論』のこの箇所に対する『述記』や三箇疏の註釈については、『会本成唯識論』第四（仏教大系刊行会、一九一九年、中山書房複刊版、一九七五年）、六四〇—六四一頁を参照のこと。なお、かかる解釈の間で、例えば、円測の「於一真如、有其二義。一、所縁境、名為真如及実際等。二、能縁義、名無垢識、亦名本覚。」（『解深密経疏』巻三、卍続蔵、第一輯第三四套第四冊、三六〇頁裏上）のような、「一真如」を「所縁」の「真如」と「能縁」の「本覚」に分かつ、というような理解も生じてくるのかもしれない。なお、この円測の解釈を知ったのは、岩田前掲書（前註19）、一七九頁による。また、『成唯識論』を巡る類似の問題については、本書「本論」第二論文、註13の補足参照。

(83) Aは、大正蔵、三一巻、五一頁上、新導本、九巻、二〇—二一頁、Poussin, *op. cit.*（前註81）, pp. 610-611、Bは、大正蔵、三一巻、五五頁上、新導本、十巻、七—八頁、Poussin, *op. cit.*, p. 665 である。また、『会本成唯識論』（前註82）により、Aについては、同、四七一—四七三頁、Bについては、同、五九一頁を参照されたい。なお、A㈠中の「畢竟安楽」が、大正蔵では「畢究安楽」とされているが、誤植と見て、「究」は「竟」に正されている。

(84) 前註56下の引用直後の本文参照。

(85) Giuseppe Tucci, *On Some Aspect of the Doctrines of Maitreya*[*nātha*] *and Asaṅga*, Calcutta University Readership Lectures, University of Calcutta, Calcutta, 1930, Reprinted by Chinese Materials Center, San Francisco, 1974 参照。しかし、必ずしも、その区別が明確に示されているわけではないと思う。

(86) Tucci, *ibid.*, p. 15 に、"According to Professor Ui, who has strongly supported the view that Maitreya is an historical person, even the Yogacryābhūmiśāstra is by Maitreya" と述べられている。宇井伯寿「史的人物としての弥勒及び無着の著述」『印度哲学研究』第一（甲子社書房、一九二四年、岩波書店再刊、一九六五年）、三五五—四一四頁は既に刊行されていたが、トゥッチ教授は、直接これによったわけではなく、再刊版の中村元博士の「解説」、四二六—四二七頁によれば、その英訳版が一九三〇年までに二種類ほど公けにされているので、恐らく、それによっていただろうと思われる。そして、また、再び、中村博士がそこに述べられていたような、マイトレーヤ（ナータ）を巡る解釈の相違が、別な観点から展開されようとしているのである。

(87) 思いつくままに、例を拾い上げてみると、宇井前掲論文、四一三頁には、「註者弥勒（Maitreyanātha）の名」とあるも、宇井伯寿『印度哲学史』（岩波書店、一九三二年）、三三五頁では、「弥勒（Maitreya）の学説」、Étienne Lamotte, *Histoire de Bouddhisme Indien*, Louvain, 1958 は特に区別せず、むしろ天上の菩薩として扱うが、この件については、*ibid.*, p. 787, n.54 が参照されるべきである。David Seyfort Ruegg, *La Théorie du Tathāgatagarbha et du Gotra*, Paris, 1969 も、どちらかといえば、Lamotte や Demiéville などのフランス語圏の学者と同じ見解を採っているように思われる。平川彰『インド仏教史』下巻（春秋社、一九七九年）、九二頁では、「この瑜伽行派の祖は弥勒（マイトレーヤ Maitreyanātha）である。」と極めて折衷的な表現がなされているのである。

(88) 前掲拙稿（前註54）参照。

(89) 典型的な成果としては、石田貴道「〈弥勒の五法〉再考」『仏教学』第四六号（二〇〇四年十二月）、一一一―一四〇頁（横）が挙げられよう。また、これの成立に関する「後伝期」のチベット仏教の背景を探る試みとして、石田貴道「後伝期におけるVairocanarakṣita の役割について――『入菩薩行論』流伝の一断面――」『日本西蔵学会会報』第五〇号（二〇〇四年五月）、三一―四八頁、同「Vairocanarakṣita と Dharmamati――『学華苞』翻訳の背景をめぐって――」『駒沢大学大学院仏教学研究会年報』第三七号（二〇〇四年五月）、一―二二頁（横）がある。なお、私の成果には全く言及はないが、五法中最も後世の成立の疑いのかかっている『法法性分別論』についての最近の成果には、Klaus-Dieter Mathes, *Unterscheidung der Gegebenheiten von ihrem Wahren Wesen* (*Dharmadharmatāvibhāga*), Indica et Tibetica, 26, Swisttal-Odendorf, 1996 があるので、特に、その pp. 11-17, pp. 163-165 を中心に参照されたい。また、「五法」に直接関係はないが、その背景にあるチベット仏教の如来蔵思想的動向を探るためには、木村誠司「『入楞伽経』チベット二註釈書の意義」『駒沢大学仏教学部論集』第三八号（二〇〇七年十月）、五三六―五二七頁のような研究も必要になってくると考えられる。なお、かなり以前のものになるが、「後伝期」以後のチベット仏教における如来蔵思想の問題点については、拙稿 "Some Doubts about the Evaluation of the *Ten sNying po'i mdos* and Tathāgatagarbha Thought", IHARA Shōren and YAMAGUCHI zuihō (eds.), *Tibetan Studies*, Proceeding of the 5th Seminar of the International Association for Tibetan Studies, Narita 1989, Vol. 1, Naritasan Shinshoji, Narita, 1992, pp. 67-75 も参照されたい。

(90) 例えば、かかる形態としての二作品である㈠『大乗荘厳経論』と㈡『中辺分別論』とについては、『摂大乗論』に引用されているという意味において、宇井伯寿『摂大乗論研究』（岩波書店、一九三五年）、八八―一一六頁を参照されたい。ここで、私が言いたいことは、今日現存しているままの形態での『大乗荘厳経論』と『中辺分別論』とが、アサンガ以前に存在していたことを自明の前提とすることはできないのではないかということである。比較的短く、組織も堅固な後者はともかく、特に、前者について、その全体がアサンガ以前に現行のとおりに完璧に存在していたと決め付けることは危険なように思われる。

(91) 前註64、65、および、それらの番号の付された前後の本文を参照されたい。

(92) 前註66、および、その番号の付された前後の本文参照。

(93) 前註24、および、その番号の付された前後の本文参照。

(94) そのよい例の典型が、松本史朗「如来蔵思想は仏教にあらず」（初出、一九八二年）『縁起と空——如来蔵思想批判——』（大蔵出版、一九八九年）、一—九頁である。

(95) この説の初期の形態を、Aṅguttaranikāya（増支部）などのパーリ文に辿った最初の学者がだれであったのか、私は残念ながら詳らかにできないが、少なくとも、赤沼智善『仏教教理之研究』（破塵閣書房、一九三九年）が、その最初期の代表的な成果の一つであることは明白であろうと思われる。西前掲論文（前註59）は、これに対する反論として書き始められていることに注意されたい。

(96) 岩田博士が、フラウワルナー教授に反対され（前註20下の本文中の引用参照）、その傍証に西論文を示されたことは、前註24に指摘しておいたが、この西前掲論文（前註59）は、初めの部分で、その赤沼説を三点にまとめてそれぞれを批判していくのであるが、第三点のまとめは、次のように、「此の「心性本浄説に就いては、正面からこれをいうものは原始経典に極めて少なく」……「この経文〔増支部の二経〕の存在は、一般に容認せられていなかった」（同書二一一頁）と言って、〔赤沼〕教授は後世の有部宗の順正理論の文などを引用して自説を結論づけられている。」（三七一頁）である。かくまとめられた赤沼説第三点に対する批判は、西同上論文、三七二—三七三頁でなされているが、恐らく批判は成り立っていないであろう。しかし、西論文には、これ以外にも、自説に都合よく文献を曲解する立論が目立つ。例えば、「名言の同一よりも義趣の同一を重視して「法義」を究明する方針をとりたい」（三八〇頁）とする自説の論拠として、『大毘婆沙論』中の所謂「一音演説法」を示すが、これは、「言多過実」の西博士のような見解に対して、「翻訳可能論」に立つ説一切有部が「名言」の正確な意味を翻訳によってでも確定していかなければならないとする批判を述べたものなのである。これについては、前掲拙書（前註11）を参照されたい。また、西論文は、「客塵煩悩」を「外来の煩悩」とする水野訳にクレームを付けて、「煩悩は多く内在のものであって、外から来るものとは言えないのではないか」（三八四頁）とおっしゃっているが、そもそも「客」とは外から来るものではないのか。『倶舎論』に対するヤショーミトラの註釈中で "āgantukāya gamikāya vā dānaṃ dadāti"（Wogihara ed., p. 353, 1.21）とあるのは、外から来たり去ったりするものに布施を与えることである。この箇所については、拙稿「選別学派と典拠学派の無表論争」『駒沢短期大学研究紀要』第二三号（一九九五年三月）、六四頁（横）、註83下の訳文を参照されたい。

(97) 前掲拙書（前註9後者）、一七―一八頁参照。そこに示した『異部宗輪論』の(β)が大衆部の立場であるが、仏教の正統説とは、これに対立する(α)でなければならないと、私は確信しているのである。また、同じ箇所は、本書「序」第三論文の註61下の本文中に、(α)は(s)として、(β)は(m)として、示されているので、今の時点では、こちらの方を優先して参照されたい。

(98) そのような典型的例については、拙稿「「善悪不二、邪正一如」の思想的背景に関する覚え書」『駒沢短期大学研究紀要』第三〇号（二〇〇二年三月）、一六九―一九一頁、特に、一八五―一八七頁参照。なお、このうちの「一如」という語句に関し、極最近（二〇〇七年十一月十九日）、その意味は「一つの真如」という意味ではないかとの御見解の披瀝の下に、岡本一平氏より、慧影の『大智度論疏』巻一四、卍続蔵、第一輯第七四套第三冊、二〇五頁表下の「浄名云。法随於如者。明有種種如義。云法同法性者。言同一法性義也。若問言同一法性者。亦同是一如。若言法同法性唯同一法性者。亦云法随於如。同随一如。」という記述を教わった。その考察は先のことになるかもしれないが、まずはこの機会に御教示に対して感謝の意を表しておきたい。なお、別途に知った「一真如」については、慧影よりはかなり遅くなるが、前註82の円測の場合を参照のこと。

(99) 岡本一平「『大乗義章』の研究（二）――「仏性義」註釈研究――」『駒沢短期大学仏教論集』第一二号（二〇〇六年十月）、七二頁、註95、同「浄影寺慧遠の仏性思想」（下）『駒沢大学仏教学部論集』第三八号（二〇〇七年十月）、三二七―三二八頁、註9参照。なお、ここに至るまでも、岡本氏と私との間では、「十八空」や「二十空」などを巡って若干の遣り取りがあったのであるが、二〇〇七年十一月十九日に、岡本氏より、私自身が全く忘れていた古い拙稿「*Dharmasaṃgraha* 和訳」(I)『駒沢大学仏教学部論集』第一〇号（一九七九年十一月）、二九八―二七六頁中の「二十の空性」について、私がその最後を「威力の空性（prabhāva°）」（二八三頁）としているのは誤りではないかとの御指摘を頂いた。岡本氏は、その場に原文を所持されていたので、私は即刻私の非を認め、正しくは「他法の空性（parabhāva°）」とされるべきとお答えせざるをえなかったわけであるが、ここに、岡本氏の御指摘に対し深謝の意を表させて頂きたい。一方、私は、デーヴァナーガリー書体からいってもpraとparaは容易に間違えて読んでしまうようなものではないゆえに、なぜそういう誤りをしたか、自分でもその原因が分かりかねたのであるが、授業で使ったこともあって、直接テキストから訳文を起すのではなく、一旦ローマ字で誤って写してしまったようなことがあったのかもしれないと想起もしてみたが、ここで、最も大事なことは、仮りに誤りの原因に不用意な要素があったかもしれないにせよ、その当時の私は、後に問題としなければならないような「他法空」という意味を全く意識していなかったということなのである。

(100) Nalinaksha Dutt (ed.), *The Pañcaviṃśatisāhasrikā Prajñāpāramitā*, Calcutta Oriental Series, No. 28, Luzac & CO., London, 1934, p. 198, ll.6-9: P. ed., No. 731, Nyi, 226b6-8: D. ed., No. 9, Ka, 223b5-7. 『二万五千頌般若』サンスクリット原典のDutt ed. 既刊相当箇所についても、Takayasu Kimura (ed.), *Pañcaviṃśatisāhasrikā Prajñāpāramitā*, I-1, Sankibo Busshorin Publishing Co.,

Tokyo, 2007が刊行されているが、問題の箇所は、次に刊行されるはずの*ibid.*, I~2に含まれているであろうと期待される。なお、上記箇所の和訳に当って、特にサンスクリット原文の“yāvat”に相当する箇所については、チベット訳により、*Myut.*, Nos. 1706–1723などによりながら、省略されている語を補って訳出し、また、サンスクリット原文中の下線部分についてはチベット訳の下線部分によって訳出してあるが、他の箇所についても多くチベット訳によっていることを諒とせられたい。

(101) 大正蔵、八巻、二二三頁中。なお、対応箇所の『光讃経』は、同上、一九〇頁上であるが、「其法界亦寂滅故無本」などとあって、『放光般若経』よりも古いか、あるいは、より仏教的形態を保とうとした工夫が認められるような気もする。また、対応の羅什訳『大品般若』は、同上、二五一頁上、『大智度論』は、大正蔵、二五巻、三九四頁中、三九六頁中である。因みに、羅什訳に顕著なのは、「空」が「十八空」と「四空」との二群に分かって述べられ、「他法空」は後者で扱われていることであるが、これと全く同様な扱いが、『二万頌般若』の冒頭に認められる。この点については、林純教『蔵文和訳二万頌般若経』(大東出版社、二〇〇〇年)、二〇—二五頁を参照して頂きたいが、この羅什訳の特徴と共に、この和訳のあることを私に御教示下されたのは岡本一平氏であり、ここに記して感謝申し上げたい。

(102) 拙稿「大乗荘厳経論　解題」袴谷憲昭、荒井裕明校註『大乗荘厳経論』(新国訳大蔵経、瑜伽・唯識部12、大蔵出版、一九九三年)、四二—四三(四六—四七)頁、および、五八—五九(六二—六三)頁、註87、88参照。なお、かかる「言忘慮絶」「言語道断」「言詮不及」の中道を中論学派とみなしてよいかどうかという問題は、「離辺中観説」を中観派とみなすか否かという問題に深く関わってくるが、ツォンカパの解釈を介して、これに関し従来の諸説に根本的な反省を迫った論文に、松本史朗「ツォンカパの中観思想について」(初出、一九八一年)「離辺中観説について」(初出、一九八二年「チベットの中観思想——特に離辺中観説を中心にして——」)『チベット仏教哲学』(大蔵出版、一九九七年)、一五九—一九四頁、二〇五—二二八頁があるので参照されたい。また、この問題は、前註30で触れた「中」の意味や、前註50、66で触れた*Mahābhārata*>*Bhagavadgītā*と大乗仏教文献との酷似の理由の説明の考察にも大きく関与してくることなのである。

(103) 佐々木閑『インド仏教変移論　なぜ仏教は多様化したのか』(大蔵出版、二〇〇〇年)、前掲拙書(前註11)参照。基本的に、伝統的仏教教団しかなかったという観点においては、上記二者中、私の方が急先鋒かもしれない。なお、伝統的仏教教団の二〇部派については、同上拙書、五一頁の図を参照されたい。

(104) 前掲拙稿(前註58)参照。なお、これに先立つ仏教教団の状況としては、平岡前掲書(前註9)、上下共を、平岡聡『説話の考古学　インド仏教説話に秘められた思想』(大蔵出版、二〇〇二年)と一緒に、しかるべき問題意識から読むならば、これらは、大乗経典成立の背景を探るための宝庫となるであろう。

(105) (a)は、大正蔵、五〇巻、一八八頁中―下、(b)は、同、五一巻、八九六頁中―下。これらの現代語訳中、(a)については、Takakusu, *op. cit.*（前註52）, pp. 272-275：横山前掲訳、二四―二八頁（文庫本、四一―四五頁）、(b)については、Samuel Beal (tr.), *Si-yu-ki: Buddhist Records of the Western World*, First published, London, 1884, Oriental Books Reprint Corporation, Reprinted, Delhi, 1969, Vol. I, pp. 226-228：水谷前掲訳（前註45）、一七二―一七三頁を参照されたい。

(106) (b)の『大唐西域記』の記載は、アヨーディヤー国について述べたものであるから、これがプルシャプラ出身のアサンガのアヨーディヤーにおける活躍について記述されたものであることは明白なのであるが、(a)の『婆藪槃豆法師伝』では、その後方の記載によっても、アサンガはプルシャプラに永く住みついていてアヨーディヤーにいる弟に使を送っている（「阿僧伽法師住在丈夫国、遣使往阿緰闍国、報婆藪槃豆云」、大正蔵、五〇巻、一九〇頁下、横山前掲訳、四五頁、文庫本、六五頁）ほどであるから、どれほどの期間アサンガがアヨーディヤーにおいて活躍していたのかは、実は、ヴァスバンドゥほどには定かではない。しかし、兄と弟の親密な交流を考慮すると、プルシャプラとアヨーディヤーとの移動について、(b)を加味しながら、これ以下の本文中でアサンガを中心に述べた教団の状況もある程度は許されるのではないかと思われるのである。その中心地であるプルシャプラ即ちペシャワールについて、中村哲氏は、その著『アフガニスタンの診療所から』（ちくま文庫、筑摩書房、二〇〇五年）の中で、「「ペシャワール」、それはインド亜大陸の人びとにとって何世代にもわたって独特のひびきのある古都の名であった。ほんの二～三〇〇年前まで、かつて陸路が世界貿易の中心であったころ、ペシャワールはサマルカンドとならぶ中央アジアの一大拠点であった。（改行略）またそれは、ムガール帝国の故地の都のひとつであり、ペルシア文化の窓口であり、偉大な文明と恐るべき征服者たちの出現する一方的な通路であった。紀元後、いかなるインド亜大陸の勢力もペシャワールをこえることができなかった。シーク教徒だけではなく、無敵をほこった英国でさえ敗退した。インド人と英国人にとって、それはまぎれもない辺境地帯であり、かつロマンと興味をそそる名前だった。」（八六頁）と記されているが、六、七世紀にナーランダーが名声を馳せるまでは、特に、四、五世紀のインドにあっては、アヨーディヤーから見てもプルシャプラはやはり一大国際都市であったのであろうと思われる。そのプルシャプラを中心とする六世紀を前後する北西インドについては、桑山正進『カーピシー＝ガンダーラ史研究』（京都大学人文科学研究所、一九九〇年）を参照されたい。

(107) 大正蔵、五一巻、八九六頁下―八九七頁上：水谷前掲訳（前註45）、一七三―一七四頁参照。

(108) Ryūkō Kondō (ed.), *Daśabhūmīśvaro nāma Mahāyānasūtram*, Tokyo, 1936, Reprint, Rinsen Book CO., Kyoto, 1983, p. 98：荒牧典俊訳『十地経』（大乗仏典8、中央公論社、一九七四年）、一七七頁参照。また、高崎後掲書（後註109）、五七三頁、註14も参照のこと。

(109) かかる意味での大乗経典の研究の一つの集大成として、高崎直道『如来蔵思想の形成』（春秋社、一九七四年）があり、必ず参照さるべきものである。また、この種の大乗経典の最も重要なものの一つである『涅槃経』の近時の研究史については、奥野光賢『仏性思想の展開——吉蔵を中心とした『法華論』受容史——』（大蔵出版、二〇〇二年）、二七五—二九一頁、「『涅槃経』をめぐる最近の研究について——一闡提論を中心として——」において的確に報告されているので参照されたい。なお、この中には紹介されていないが、「一闡提」についての教団史的な観点からの私見については、拙稿「icchantika（一闡提）の意味とlābha-satkāra」『仏教学セミナー』第七四号（二〇〇一年十月）、二〇—三四頁も参照のこと。この拙稿はまた、望月良晃『大乗涅槃経の研究——教団史的考察』（春秋社、一九八八年）、下田正弘『涅槃経の研究——大乗経典の研究方法試論』（春秋社、一九九七年）の提起した問題に対して、私の観点から若干の応答を試みてみたものである。また、その後、私のicchantika観とは異なった観点からなされた考察に、辛嶋静志「一闡提（*icchantika*）は誰か」望月海淑編『法華経と大乗経典の研究』（山喜房仏書林、二〇〇六年）、二五三—二六九頁（横）もあり、私自身、今後この観点も加味していかなければならないと考えているので、参照のこと。

(110)「一音演説法」については、前註11、および、96を参照されたい。

(111) 以上の件については、いろいろ言うべきことも多いし、既に言ってきたような気もするが、当面の最新拙稿として「『発智論』の「仏教」の定義」『駒沢短期大学仏教論集』第一二号（二〇〇六年十月）、二三—三一頁を参照して頂ければ幸いである。そこに至る経緯については、同上、二九頁、註3に挙げた拙稿や拙書を参照されたい。しかるに、以上で私が述べんとしていることが、「仏教」を(a)「仏の説いた教えである」と理解する方向にあるものとすれば、それと逆向きの方向にあるのが、「仏教」を(b)「仏に成るための教えである」とする大乗仏教圏には圧倒的に多い考え方である。この意味での(a)と(b)とについては、前掲拙書（前註9後者）、一一—一一九頁を参照して頂きたいが、この(b)の系列で重宝されるのが「七仏通戒偈」にほかならない。しかも、これを本稿のテーマである「識」の問題に絡めていえば、そこで強調される「心」は、後の「アーラヤ識」や「アラマ識」になることはあっても、(a)の系列で重んじられる「心（citta）」「意（manas）」「識（vijñāna）」が同義であるという意味においての第六「意識（mano-vijñāna）」としての「心（citta）」であることは決してない。(b)の系列においては、「分別」としての「意識」は忌避されているからである。それゆえ、西前掲論文（前註59）、三八二頁では、「七仏通誡偈」の「自浄其意」が「無心の心（cittam acittam）」として高く評価されているが、「七仏通戒偈」の意味やその問題点については、拙稿「七仏通戒偈ノート」『駒沢短期大学仏教論集』第一号（一九九五年十月）、二二四—一八一頁を参照されたい。

(112)「唯識説」が導入確立される以前のYogācāra文献あるいはyogācāraという語義については、Dieter Schlingloff, *Ein buddhistisches Yogalehrbuch* : *Textband*, Sanskrittext aus den Turfanfunden, Vol. 7, Akademie-Verlag, Berlin, 1964, Nobuyoshi Yamabe, "New Fragments of the *Yogalehrbuch*"『九州龍谷短期大学紀要』第四三号（一九九七年三月）、一一—三九頁（横）、do. "The Significance of the "*Yogalehrbuch*" for the Inverstigation into the Origin of Chinese Meditation Texts" 九州龍谷短期大学仏教文化研究所『仏教文化』第九号（一九九九年三月）、一—七三頁（横）、Jonathan A. Silk, "The *Yogācāra Bhikṣu*", J. A. Silk (ed.), *Wisdom, Compassion, and the Search for Understanding : The Buddhist Studies Legacy of Gadjin M. Nagao*, University of Hawai'i Press, Honolulu, 2000, pp. 265-314を参照されたい。

(113) Frauwallner, *op. cit.*（前註33）, p. 265.

(114) Lambert Schmithausen, "Zur Literaturgeschichte der älteren Yogācāra-Schule", *XVII. Deutscher Orientalistentag vom 21. bis 27. Juli 1968 in Würzburg* (*Zeitschrift der Deutschen Morgenländischen Gesellschaft*, Supplementa I), 1969, pp. 811-823参照。この問題提起を意識しながら、『瑜伽師地論』の成立や思想を包括的な視座から組織的に論究論述した近時の最も大きな成果が、勝呂信静『初期唯識思想の研究』（春秋社、一九八九年）である。シュミットハウゼン教授に対する勝呂博士の論評は、同上、三二三—三二六頁に示されているので参照されたい。私のそれが、本書「本論」第一〇論文（初出、一九七七年）であるが、その後、この私見を反省し改めていることについては、その第一〇論文末の「回顧と弁明」に記したので参照して頂ければ幸いである。

(115) 向井亮「アサンガにおける大乗思想の形成と空観——ヨーガーチャーラ派の始祖の問題として——」『宗教研究』第二二七号（一九七六年四月）、一二三—四四頁、同「ヨーガーチャーラ（瑜伽行）派の学派名の由来」『三蔵』第一五三号（一九七八年二月）、一—七頁、同「『瑜伽論』の成立とアサンガの年代」『印仏研』二九—二（一九八一年三月）、六八〇—六八六頁参照。私はどちらかといえば、今でも向井氏に近いと思っているが、その簡単な私見は、これ以下の本文にて述べる。なお、向井上記論文の第三に対する勝呂博士の論評は、勝呂前掲書、三二六—三二八頁に示されているので参照されたい。更に、勝呂博士の最新の御見解は、下川邊季由博士との共同御執筆の「摂大乗論釈　解題」、勝呂信静、下川邊季由校註『摂大乗論釈（世親造・玄奘訳）』（新国訳大蔵経、瑜伽・唯識部11、大蔵出版、二〇〇七年）、一—六六（五—七〇）頁にもよく示されていると思うので、合わせて参照されることが望まれる。

(116) このような方向での研究では、前註48や112で挙げられているような成果が更に推し進められていく必要があるであろうが、しかし、大切なことは、「哲学」や「思想」の類似点を「論師」の役割を忘れて過度に「習慣」や「生活」にまで辿り過ぎてはいけないということである。というのも、かかる方向での過度の極致においては、仏教がヒンドゥーイズムに解消されてお互いが酷似してくるのは当然だからであるが、その意味でもヒンドゥーイズムの「習慣」や「生活」を可能な限り明確にすることが求められる。そういった意味で、勝本華蓮『チャリヤーピタカ註釈——パーリ原典全訳——』（ラトナ仏教叢書II、国際仏教徒協会、二〇〇七年）は、異なった地域での類似の現象を押えるために、問題意識いかんによっては、極めて有益な素材となりうるものである。また、その面を勝本氏御自身が若干論じたものに、「Cariyāpiṭakaṭṭhakathā と Bodhisattvabhūmi——パーリ註釈書にみられる瑜伽行派の思想——」『仏教研究』第三四号（二〇〇六年三月）、一七三—一九二頁があるので参照されたい。

(117) 取り分け、『摂大乗論』の異様な書き出しは、かかる形を取らなければ、それが仏説として認められ難かったという教団的背景を告げているように私には感じられる。その冒頭箇所については、長尾前掲書（前註75）上、五九—七四頁、勝呂、下川邊前掲書（前註115）、一—一六（七五—九〇）頁参照。また、アサンガがなにゆえ *Abhidharmasamuccaya* を書かなければならなかったのかということも、かかる教団的背景と関係があるであろうと私には思われるのである。

(118) 「滅の三規定」については、本書「本論」第一三論文、「三種転依」については、「〈三種転依〉考」、前掲拙書（前註12）、七一九—七四九頁（特に、七三四頁）、「勝義の三解釈」については、「唯識説における仏の世界」、同上、六八九—七一八頁（特に、六九三頁）、全般については、「〈清浄法界〉考」、同上、七五〇—七八七頁を中心に参照の上、各語の意味を辿って頂ければ幸いである。なお、表中の「三種転依」で cittāśraya-parivṛtti と tathatāśraya-parivṛtti とを等号で結んでいるのは、同上、七二六頁に引用した *ASBh* の説明によるものであることをお断りしておきたい。

(119) この図は、前掲拙書（前註9後者）、一七六頁のものにより、その円内の小丸に $b^1b^2b^3$ の記号を加えただけである。なお、「円のイメージ」にこだわっている私の種々の図については、拙稿「安然『真言宗教時義』の「本迹思想」」『駒沢短期大学研究紀要』第三一号（二〇〇三年三月）、一三六頁を中心に、その前後を参照されたい。また、本書のこの図は、本書、七六頁の図と対になるが、このような意味で対となる同じような二つの図は、多少観点を変えながら、前掲拙書（前註4後者）、一二五頁と一二七頁とにも示されているので、参照のこと。

(120) 最終の究極的「場所」である「円のイメージ」そのものを具現している「虚空」については、前註69所掲の文献を参照されたい。また、「円のイメージ」については、拙稿「思想論争雑考」『駒沢短期大学仏教論集』第一二号（二〇〇六年十月）、一九九—二〇二頁も参照のこと。

(121) 「滅」の「場所」が「真如」である（yasyāṃ nirodhaḥ sā tathatā）という意味は、「滅」の主体の煩悩が完全に滅した時（煩悩不生）に、その段階で「滅」は「真如」と完全に合致することが予め自明の理として前提とされている、ということである。このような「滅」を意図する「法印」中の「涅槃寂静（śāntaṃ nirvāṇam）」は、私にはもともと余り仏教的なものとは感じられていなかった。そのことを述べたものが、拙稿「〈法印〉覚え書」『駒沢大学仏教学部研究紀要』第三七号（一九七九年三月）、六〇—八一頁（横）であるが、この拙稿においては、その後、所々で謝罪したように、先行業績として、藤田宏達「三法印と四法印」橋本芳契博士退官記念『仏教研究論集』（清文堂、一九七五年）、一〇五—一二三頁があるのを知らずして書いてしまったので、ここでも、そのことをお詫びしておきたい。しかるに、その後、「涅槃」については、松本史朗「解脱と涅槃——この非仏教的なるもの——」松本前掲書（前註

94）、一九一―二二四頁によって、「アートマン（A）の非アートマン（B）からの離脱、脱却」という構造が明確に示されるに至った。これにより、完き「円のイメージ」である最終の究極的「場所」に全てが包括されていることを示したものが、拙稿「自然批判としての仏教」『駒沢大学仏教学部論集』第二一号（一九九〇年十月）、三九一頁の「自然包括図」である。

(122) 本稿第三節末尾の註番号83下の本文中に引用した『成唯識論』の記述参照。

(123) 大正蔵、三三巻、七四二頁中。菅野前掲書（前註43）(中)、五二八頁参照。記述中の「三軌」については、大正蔵、同、七四一頁中、菅野同上、五二二―五二三頁により、順次に、「真性軌」「観照軌」「資成軌」を確認されたい。

(124) この「道前真如」と「道後真如」とは、もともとは、真諦訳書中にある概念であり、智顗はその真諦の思想をよく把握していたと考えられる。それゆえ、この概念は、真諦においても、決して真の意味での時間的経緯を表わしたものではないのである。なお、真諦におけるこの用語や思想については、宇井伯寿『印度哲学研究』第六、三三一頁など、岩田前掲書（前註19）、三九―五五頁、一〇六―一〇七頁などを参照されたい。

(125) 両者の峻別が無意味だと私は言っているわけではない。いくら峻別しようと、両者を認めている限り、最終の究極的「場所」を否定して、直接仏説に連なる「聞熏習」などありえないという意味である。なお、両者中の前者 dharmatā-citta は、前註118で指摘した cittâśraya-parivṛtti と tathatâśraya-parivṛtti と同質のものであるが、かかる cittâśraya-parivṛtti と後者 paratantra-citta とを峻別する必要があるとの唯識思想側の認識はやや後代のものかと思われる。このことは、「土着思想」的如来蔵思想が滲透してきたのを時を経て唯識側が認識してきたという歴史的経緯を告げているかもしれないが、その一例としては、Nathmal Tatia (ed.), *Abhidharmasamuccaya-bhāṣyam*, Tibetan Sanskrit Works Series, No. 17, K. P. Jayaswal Research Institute, Patna, 1976, p. 14, ll. 13-15：玄奘訳、大正蔵、三一巻、七〇二頁中、一二―一五行：D. ed., No. 4053, Li, 11b4-5：D. ed., No. 4054, Li, 136b5-7 も挙げることができる。揺り戻し現象についての若干の説明も要する箇所ではあるが、ここでは、例を指摘するだけにしておきたい。

(126) 本書「本論」第一五論文「〈自性清浄〉覚え書」と共に、その末尾の「回顧と弁明」をも参照されたい。

(127) この図は、前掲拙書（前註9後者）、一八一頁による。なお、この図は、本書、七三頁の図と対になるが、それについては、前註119も参照のこと。このように一対となる場合の後者の図は、芥川の『蜘蛛の糸』の場面のように、漠然とは常に私の脳裏にあった。しかし、「聞熏習」を前提とする限り、それは必ず「法界等流」であるゆえに、「法界」という最終の究極的「場所」を否定して、ただ「一切智者」としての「仏」の教え、即ち「仏教（buddha-vacana）」による、というこの図のようなことには決してならない。その反省も込めて、この図を掲げている次第である。しかるに、『蜘蛛の糸』を想起する場合には、この図よりは、前掲拙書（前註4後者）、一二七頁所掲の図の方が相応しいことを申し添えておきたい。

(128) 若い頃、私は、その後ほど仏教文献を読んだり学んだりもせずに仏教のことを思い、ドストエフスキイやキルケゴールを読みながら、仏をキリストのように信じることができたらと希っていた。そんな気持を若書きの浅はかさで認めたこともある（前掲拙書、前註4前者、三五三―三七二頁）が、やや後になって、仏教の言う「無常」はベルクソンの言う「時間」のように考えなければならぬように思い、それは、「縁起」を論じた、前掲拙稿（前註73）の枕に、彼の言葉「事象の波動を辿る真に直観的な哲学が出来れば、どの位教へるところが多いであらう。それは事物の全体を一挙に抱擁しようとこそしないが、各の事物に対して、正確に排他的に当嵌まるような説明を与へるであらう。」（河野與一訳による）の原文を掲げたことからも分かるであろう。しかし、この言わば内向きの「時間」にいつまでも拘泥していられない事態が、曹洞宗教団の差別事象問題との遭遇という形で突如外から与えられることになった。この時私は、この問題に真剣に取り組むために、まずなによりも「批判」を先とすべく、若い頃愛読したニーチェよろしく、「学者の家から出てしまう（bin ausgezogen aus dem Hause der Gelehrten）」ことを決意したのである。以来、その決意は全く変っていないと思うが、学者の家を出てしまってからの方が、「批判」の根拠としての仏教を学び直すことも多くなったし、苦慮することも多くなった。真先に気掛りになり、しかも、今でもそれが続いているのはベルクソンのことである。まず、気になったのは、まだベルクソンを愛読していた最中の頃だったと思うが、当時、ジャック・シュヴァリエ、仲沢紀雄訳『ベルクソンとの対話』（みすず書房、一九六九年）が出た直後に、その中で、シュヴァリエが、ベルクソンがラッセルについて彼に語った話として、次のように、「バートランド・ラッセルは、ある日プラトンのイデアのまったく唯物論的なかれの解釈をわたしが口頭で論駁したことを、けっして許そうとしなかった。わたしに復讐してかれは次のように言ったものだ。《ベルクソンにとっては、進化とは、一方では知性でその最高頂に達するが、これは数学者において完全な発展に到達し、もう一方の本能では、その最高段階は蜜蜂と蟻とそれからベルクソンに見られる。》」（二二一頁）と記しているのを読んで、随分と気にはなったのであるが、どこか頭の片隅では単なる揶揄だと打ち消してしまいたい気持の方が強かった。しかるに、はるか後年、というよりはつい最近、その趣旨の文章が、ラッセルの『西洋哲学史（*History of Western Philosophy*）』中のベルクソンを論じた箇所（Routledge repr. ed., 1996, p. 758：市井三郎訳、みすず書房、七八五頁）で実際にも書かれていたことを知ってショックを受けたのである。そのショックにはいろいろの意味があるが、この事実を知るに至ったのは、既に、拙稿「仏教思想論争考」『駒沢短期大学仏教論集』第一〇号（二〇〇四年十月）、一六六―一六七頁、一九八頁、註47―51でも記したように、山口瑞鳳「西洋哲学の時間観を訝かる―H・ベルクソンの哲学を見詰めて―」『成田山仏教研究所紀要』第二七号（二〇〇四年二月）、一―四三頁（横）が契機となっている。私にとって、ベルクソンのことは、事象の波動を柔軟に辿ろうとする調べに富んだ言葉と、論理的正しさを明確に主張しようとする意味性の強い正確な言葉との関係という、前註11でも記したような問題や、ラッセルとストローソンとの言語論争に関連する問題なども絡んで、まだまだ未決の問題である。また、ドストエフスキイについても、これを草している間に、亀山郁夫『『カラマーゾフの兄弟』続編を空想する』(光文社新書、光文社、二〇〇七年)を読んで、私もまた若い頃の空想を再び掻き立てられる思いをしたことを、ここに書き添えておきたい。

(129) 拙稿「苦行批判としての仏教」『駒沢大学仏教学部論集』第二四号(一九九三年十月)、三一九—三五四頁を、特に、三三八頁所引の『発智論』と『大毘婆沙論』の記述を中心に参照されたい。この記述についての最終稿が、前掲拙稿(前註111)である。なお、「仏教」に基づく「批判」の展開についていえば、例えば、ツォンカパに明確な「仏教」の主張があったとしても、なにゆえ「仏教」がツォンカパの活躍した直後からでもすぐに如来蔵思想や密教に席捲されざるをえなかったかということを考えるなら、その主張は直接「土着思想」を相手にして目に見えるような形でこの日本においても展開していかなければならいのではないかと思わざるをえないのである。

(130) その共通性とは、なんといっても、仏教以外のインド思想の全てが認めていた「アートマンが存在する」という主張に求められねばならないであろう。この当り前なことがなぜ素直に受け容れられないかというところに、既に、「外来思想」対「土着思想」の問題が潜んでいるのである。

二 「四食」「四識住」文献の予備的一考察

一

『瑜伽師地論（*Yogācārabhūmi*）』「本地分（Maulī bhūmiḥ）」[1]の第一三地に相当する『声聞地（*Śrāvakabhūmi*）』を、逸早くサンスクリット写本に基づいて研究したウェイマン（Alex Wayman）教授は、その公刊研究書中において「アサンガの食観（Asanga's Views on Food）」と題する一章を設けて『声聞地』の「食の量を知ること（bhojane mātra-jñatā, 於食知量）」をテーマとする一節に特別な関心を寄せながら考察を進めている。[2]この研究において、ウェイマン教授が『瑜伽師地論』全体をまるで近代的な意味におけるアサンガ個人の著述であるかのように扱っていることは、その刊行当時においても問題であったし、また今取り上げようとする一節も現在ではより厳密なサンスクリット校訂本を伴って和訳されるに至っているので、[3]今更との感は否めないかもしれないが、しかし、その一節の考察に当ってウェイマン教授が示された「四食」や「四識住」に関する文献やそれに対する教授の見解は批判的に見直してみる価値が現在でもあるように私には思われるのである。

ウェイマン教授は、その一節の考察の冒頭で、まず、仏教に先立つ最古のウパニシャッド文献に注目し、その中の『ブリハッド＝アーラニヤカ＝ウパニシャッド（*Bṛhadāraṇyakopaniṣad*）』第五章第一二節第一段の食物（anna）と息

(prāṇa、気) との不離の関係を述べた箇所を引き合いとした上で、『瑜伽師地論』「摂決択分（Viniścaya-saṃgrahaṇī）」の「四食」に「命根」を加えた記述[4]と『倶舎論（*Abhidharmakośabhāṣya*）』の「命根」の記述[5]とに言い及びながら、アサンガの食観にウパニシャッド思想との共通性を認めている。そこで、左に、『ブリハッド＝アーラニヤカ＝ウパニシャッド』の当該段全体について、重要ゆえ、原文とその訳文を示してみることにしよう[6]。

annaṃ brahmêty eka āhuḥ/ tan na tathā/ pūyati vā annam ṛte prāṇāt/ prāṇo brahmêty eka āhuḥ/ tan na tathā/ śuṣyati vai prāṇa ṛte 'nnāt/ ete ha tv eva devate ekadhā-bhūyaṃ bhūtvā paramatāṃ gacchataḥ/ tad dha smâha prātṛdaḥ pitaram/ kiṃ svid evâivaṃ viduṣe sādhu kuryāṃ kim evâsmā asādhu kuryām iti/ sa ha smâha pāṇinā mā prātṛda/ kas tv enayor ekadhā-bhūyaṃ bhūtvā paramatāṃ gacchatīti/ tasmā u hâitad uvāca vîti/ annaṃ vai vi/ anne hîmāni sarvāṇi bhūtāni viṣṭāni/ ram iti/ prāṇo vai ram/ prāṇe hîmāni sarvāṇi bhūtāni ramante/ sarvāṇi ha vā asmin bhūtāni viśanti sarvāṇi bhūtāni ramante ya evaṃ veda//

「ブラフマン（brahman）は食物（anna）である」と、ある人々は言う。しかし、そうではない。まことに、息（prāṇa）がなければ、食物は腐敗する。「ブラフマンは息である」と、他の人々は言う。そうではない。まことに、食物がなければ、息は乾《かわ》く。しかし〔食物と息という〕これら二つの神格は一つになって最高の状態（paramatā）に到達する。そこでプラートリダは父に言った――「このように知っている人に対して、わたしは、どんな良いこと（sādhu）をなし得るのか、あるいは彼のためにどんな悪いこと（asādhu）をなし得るのか？」と。手を振って、父は言った――「やめよ、プラートリダよ！　これら二つを一つにして、誰が最高の状態に到達するのか？」と。そして、彼に対して父はこのように言った――「ヴィ（*vi*）」と。まことにヴィは食物である。なぜなら、これらすべての生きものは食物の中に入っているからである。「ラム（*ram*）」と〔父は言った〕。まことに、ラムは息である。なぜなら、これらすべての生きものは、息において喜ぶからである。まことに、すべての生きものは、このように知っている人の中に入る、すべての生きものは彼において喜ぶ。

右に述べられているような食物と息との不離な関係はまた、ウェイマン教授によれば、アサンガの食観の表明の根拠としての阿含（āgama）中にも求められるとして、実際には、パーリ長部の『世起経（*Aggañña-sutta*）』の一節、および、それと相応する『大事（*Mahāvastu*）』の一節とが指示されている。(7) それは、確かに、興味深い箇所ではあるので、以下に、それぞれの原文と訳文とを上下に対照して示してみることにしよう。(8)

Aggañña-sutta

Hoti kho so Vāseṭṭha samayo yaṃ kadāci karahaci dīghassa addhuno accayena ayaṃ loko saṃvaṭṭati. Saṃvaṭṭamāne loke yebhuyyena sattā Ābhassara-saṃvaṭṭanikā honti. Te tattha honti mano-mayā pīti-bhakkhā sayam-pabhā antalikkha-carā subhaṭṭhāyino ciram dīghaṃ addhānaṃ tiṭṭhanti. Hoti kho so Vāseṭṭha samayo yaṃ kadāci karahaci dīghassa addhuno accayena ayaṃ loko vivaṭṭati. Vivaṭṭamāne loke yebhuyyena sattā Ābhassara-kāyā cavitvā itthattaṃ āgacchanti. Te ca honti mano-mayā pīti-bhakkhā sayam-pabhā antalikkha-carā subhaṭṭhāyino, ciraṃ dīgham addhānaṃ tiṭṭhanti.

Mahāvastu

bhavati bhikṣavaḥ sa kālo bhavati sa samayo yad ayaṃ loko dīrghasyâdhvano [a]tyayena saṃvartati// saṃvartamāne ca punar bhikṣavo loke yobhūyena satvā Ābhāsvare deva-nikāye upapadyanti// bhavati bhikṣavaḥ sa kālo bhavati sa samayo yad ayaṃ loko dīrghasyâdhvano atyayena vivartati// vivartamāne khalu punar bhikṣavo loke saṃsthite loka-sanniveśe anyatarā satvā āyuḥ-kṣayāya ca karma-kṣayāya ca Ābhāsvarāto deva-nikāyāto cyavitvā icchatvam āgacchanti// te bhavanti satvā svayaṃ-prabhāḥ antarīkṣa-carā mano-mayā prīti-bhakṣāḥ sukha-sthāyino yena-kāmaṃ-gatāḥ// dhar-

Ekodakī-bhūtaṃ kho pana Vāseṭṭha tena samayena hoti andha-kāro andhakāra-timisā. Na candima-suriyā paññāyanti, na nakkhattāni tāraka-rūpāni paññāyanti, na rattin-divā paññāyanti, na māsaddha-māsā paññāyanti, na utu-saṃvaccharā paññāyanti, na itthi-pumā paññāyanti. Sattā sattā tv eva saṅkhyaṃ gacchanti. Atha kho tesaṃ Vāseṭṭha sattānaṃ kadāci karahaci dīghassa addhuno accayena rasa-paṭhavī udakasmiṃ samatāni. Seyyathā pi nāma payaso tattassa nibbāyamānassa upari santānakaṃ hoti, evam evaṃ pātur ahosi. Sā ahosi vaṇṇa-sampannā gandha-sampannā rasa-sampannā, seyyathā pi nāma sampannaṃ vā sappi, sampannaṃ vā navanītaṃ, evaṃ vaṇṇā ahosi ; seyyathā pi nāma khudda-madhu anelakaṃ evam assādā ahosi.

matā khalu punar bhikṣavo yaṃ teṣāṃ satvānāṃ svayaṃ-prabhāṇāṃ antarīkṣa-carāṇāṃ mano-mayānāṃ prīti-bhakṣāṇāṃ sukha-sthāyināṃ yena-kāmaṃ-gatānāṃ//

ime candrama-sūryā loke na prajñāyensuḥ/ candrama-sūryehi loke aprajñāyantehi tāraka-rūpā loke na prajñāyensuḥ/ tāraka-rūpehi loke aprajñāyantehi nakṣatra-pathā loke na prajñāyensuḥ/ nakṣatra-pathehi loke na prajñāyantehi rātriṃ-divā loke na prajñāyensuḥ/ rātriṃ-divehi loke na prajñāyantehi māsârdha-māsā loke na prajñāyensuḥ/ māsârdha-māseṣu loke aprajñāyamāneṣu ṛtu-saṃvatsarā loke na prajñāyante// dharmatā khalu bhikṣavo yaṃ teṣāṃ satvānāṃ svayaṃ-prabhāṇām antarīkṣa-carāṇāṃ yāvad yena-kāmaṃ-gatānāṃ// ayam api mahā-pṛthivī udaka-hradaṃ viya samudāgacchet// sā câbhūd varṇa-sampannā rasa-sampannā sayyathāpi nāma kṣudraṃ madhv aneḍakaṃ evam āsvādo sayyathāpi nāma kṣīra-santānaṃ vā

『世起経』片山訳

ヴァーセッタよ、いつかあるとき、長い時間が経過して、この世界が破壊する（saṃvaṭṭati）時が現われます。世界が破壊するとき、生けるものたちは、ほとんど、光《こう》音天《おんてん》（Ābhassara）に転生します。かれらは、そこでは、意から成り（mano-maya）、喜びを食べ物とし（pīti-bhakkha）、自ら輝き（sayam-pabha）、空中を行き（antalikkha-cara）、清浄《しょうじょう》の中にあって（subha-ṭṭhāyin）、久しく長い間、とどまります。ヴァーセッタよ、いつかあるとき、長い時間が経過して、この世界が成立する（vivaṭṭati）ときが現われます。世界が成立するとき、生けるものたちは、ほとんど、光音天の身から没し、この状態（itthatta）にやって来ます。かれらは、ここでは、意から成り、喜びを食べ物とし、自ら輝き、空中を行き、清浄の中にあって、久しく長い間、とどまります。

sarpi-santānaṃ vā evaṃ varṇa-pratibhāso//

『大事』拙訳

比丘たちよ、長い時間が経過して、この世界が破壊する（saṃvartati）ような時代と時が〔いつか〕現われます。更に、比丘たちよ、世界が破壊するとき、生けるものたちは、ほとんど、光音天（Ābhāsvara）天衆（deva-nikāya）に転生します。比丘たちよ、長い時間が経過して、この世界が成立する（vivartati）ような時代と時が〔いつか〕現われます。更に、比丘たちよ、実に、世界が成立し、形成され、世界が完成したとき、なんらかの生けるものたちは、寿が尽きたために、また、業が尽きたために、光音天天衆より没し、この状態（icchatva＝itthatva）にやって来ます。かれら生けるものたちは、自ら輝き（svayaṃ-prabha）、空中を行き（antarīkṣa-cara）、意から成り（mano-maya）、喜びを食べ物とし（prīti-bhakṣa）、楽の中にあり（sukha-sthāyin）、欲するところへ趣く（yena-kāmaṃ-gata）ものたちです。更に、比丘たちよ、実に、自ら輝き、空中を行き、意より成り、喜びを食べ物とし、楽の中にあり、欲するところへ趣く、

ヴァーセッタよ、また、そのとき、万物は一水となり、暗黒、暗黒の闇となります。月（candima）も太陽（suriya）も認められず、もろもろの星（nakkhatta）ももろもろの星座（tāraka-rūpa）も認められず、夜（ratti）も昼（diva）も認められず、月（māsa）も半月（addha-māsa）も認められず、季節（uta）も年（saṃvacchara）も認められず、女性（itthi）も男性（puman）も認められません。生けるものたちは、ただ生けるものと称されるだけです。さて、ヴァーセッタよ、その生けるものたちに、いつかあるとき、長い時間が経過して、味土《あじつち》（rasa-pathavī）が水の上に拡がりました。たとえば、熱された牛乳（payas）が冷めているとき、その上に被膜《ひまく》（santānaka）が生じるように、まさにそのように、現われたのです。それは、色《いろ》をそなえ、香りをそなえ、味をそなえていました。たとえば、バター（sappi）がそなえているように、あるいは生バター（navanīta）がそなえているように、そのような色のあるものになりました。

かれら生けるものたちにとって、かくあることが常法（dharmatā）なのです。

この[9]世界には、〔まだ〕月（candrama）も太陽（sūrya）も認められないでしょう。世界に月も太陽も認められないので、世界に星座（tāraka-rūpa）も認められないでしょう。世界に星座も認められないので、世界に星（nakṣatra-patha）も認められないでしょう。世界に星も認められないので、世界に夜（rātri）も昼（diva）も認められないでしょう。世界に夜も昼も認められないので、世界に月（māsa）も半月（ardha-māsa）も認められないでしょう。世界に月も半月も認められない間は、季節（ṛtu）も年（saṃvatsara）も認められないでしょう。比丘たちよ、実に、自ら輝き、空中を行き、ないし、欲するところへ趣く、かれら生けるものたちにとって、かくあることが常法なのです。また、この大地（mahā-pṛthivī）もまるで湖（udaka-hrada）のように現われるでしょう。そして、それは、色《いろ》をそなえ（varṇa-sampanna）、味をそなえ（rasa-sampanna）、たとえば、純粋な（aneḍaka）小蜂の蜜（kṣudraṃ madhu）のように、そのように甘美

たとえばまた、純粋な（anelaka）小蜂の蜜（khudda-madhu）のように、甘美なものになりました。

なものになり、たとえば、牛乳（kṣīra）の被膜（santāna）あるいはバター（sarpi）の被膜のように、そのように、色《いろ》の顕われたもの（varṇa-pratibhāsa）になりました。

更に長く比較する価値のある箇所ではあるが、しかし、延々と続けるわけにもいかないので、右の少し後で、生けるものたちが味土（rasa-paṭhavī, pṛthivī-rasa）を食べたことによって生ずる変化の叙述のみを、右と同じやり方で示してみることにしたい(10)。

Aggañña-sutta

Yato kho [te] Vāseṭṭha sattā rasa-paṭhaviṃ hatthehi ālumpakārakaṃ upakkamiṃsu paribhuñjituṃ, atha tesaṃ sattānaṃ sayaṃ-pabhā antaradhāyi.

『世起経』片山訳

ヴァーセッタよ、かれら生けるものたちが味土（rasa-paṭhavī）を手で一口の食にして食べ始めてから、

Mahāvastu

yato ca bhikṣavas te satvā taṃ pṛthivī-rasam ālopakārakam āhāram āharensuḥ atha teṣāṃ kāye gurutvaṃ ca kharatvaṃ ca kakkhaṭatvaṃ ca upanipate// yâpi câbhūt pūrvaṃ sānaṃ svayaṃ-prabhatā antarīkṣa-caratā mano-maya-kāyatā prīti-bhakṣatā sukha-sthāyitā yena-kāmaṃ-gamatā sā antarahāye//

『大事』拙訳

そして、比丘たちよ、かれら生けるものたちがその味土（pṛthivī-rasa）を一口分にして食（āhāra）を食べる

かれら生けるものたちには、自らの輝きが消え失《う》せました。

でしょうが、それから、かれらの身には、重さや粗さや堅さやが現われるでしょう。また、およそなんであれ以前にあった、あの、自ら輝くこと、空中を行くこと、意から成る身であること、喜びを食べ物とすること、楽の中にあること、欲するところへ趣くことがかれには消え失せてしまうでしょう。

ウェイマン教授は、以上の文献の詳細を克明に報告しているわけではないが、これらを念頭に置きながら、次のように指摘しておられるのである。(11)

The various versions agree that by eating foods of increasing coarseness the bodies of these beings became more and more coarse, and these beings lost their original attributes. I do not know whether Hindu texts have a similar account, which may provide a rationale for the frequent Indian *yoga* practice of drastically curtailing food. Presumably, by reversing the process, one could gradually refine the body and ultimately re-attain the primordial state. Even assuming that such a goal is thereby reached, does this constitute the highest goal, or, in Buddhist terms, would one be a Rightly Accomplished Buddha (*samyaksaṃbuddha*)? The life of the Buddha shows that Gautama could not succeed in his aim by years of mortification. Consequently, he taught the avoidance of the extremes of mortification and indulgence. The application of this teaching in terms of food is well shown by Asaṅga's extended treatment of *bhojane mātrajñatā* ('knowing the amount in food'), where we find that the important thing is the attitude with which one eats food.

諸種の異本も、粗雑さを増す食を食べることによって、これら生けるものたちの身が益々粗雑となり、やがてこれらの生けるものたちがその本来の特性を失うのだ、ということを一致して認めている。ヒンドゥー文献が、徹底的に食を断つという常習的なインドの実修（yoga）行の理論的根拠となるような同種の説明を有しているかどうか、私は知らないが、恐らくは、その〔粗雑さを増すという〕過程を逆にすることによって、人は徐々にその身を軽妙にし、終には原初の状態に再び達することができるとされていたと思われる。ただ、そのような目的がそれによって到達されるのが当然だとしても、これが果して最高の目的であるのか、あるいは、仏教用語でいって、人は正等覚者（samyaksaṃbuddha）であるのだろうか。仏伝は、ガウタマが数年の苦行によっては彼の目的を達することができなかったと伝えているのである。その結果、彼は苦行と快楽との両極を避けることを教えた。この教えの食に関する適用が、アサンガの「食の量を知ること（bhojane mātra-jñatā）」という拡大された論じ方によってよく示されているのであり、そこに、我々は、重要なことは人がそれによって食を食べるという態度なのだということを見出すのである。

しかし、「人がそれによって食を食べるという態度（the attitude with which one eats food）」とは、「習慣（sīla、戒）」や「生活（vinaya、律）」ではあっても、それ自体で「思想（dṛṣṭi、見）」や「哲学（abhidharma、論）」を明瞭に示すことの極めて難しいものである。そのせいもあって、『世起経』の末尾に示される最終目的達成の一節は、『ブリハッド=アーラニヤカ=ウパニシャッド』のそれとも見分け難いもののようにも感じられてくるのであるが、ここでは、簡単にそのことを知ってもらうために、両者の当該箇所を順次に示してみることにしたい。まず、『世起経』は次のとおりである。[12]

Imesaṃ hi Vāseṭṭha catunnaṃ vaṇṇānaṃ yo hoti bhikkhu arahaṃ khīṇâsavo [vusitavā] kata-karaṇīyo ohita-bhāro anuppatta-sadattho parikkhīṇa-bhava-saṃyojano sammadaññā vimutto, so nesaṃ aggam akkhāyati dhammen' eva no adhammena. Dhammo hi Vāseṭṭha seṭṭho jane tasmiṃ diṭṭhe c'eva dhamme abhisamparāyañ ca.

ヴァーセッタよ、これら四の階級のうち、比丘にして、阿羅漢《あらかん》となり、煩悩が尽き、住み終え、なすべきことをなし、負担を下ろし、自己の目的に達し、生存の結びが滅尽し、正しく知り、解脱している者は、非法によってではなく、法のみによって、その最高者である、と言われます。それは、ヴァーセッタよ、『現世においても、来世においても、この衆において、法は最上である』からです。

次に、『ブリハッド=アーラニヤカ=ウパニシャッド』であるが、例文として引きたいものは沢山あるものの、ここでは、特に、その第四章第四節第七段を示しておく(13)。

yadā sarve pramucyante kāmā ye 'sya hṛdi śritāḥ/
atha martyo 'mṛto bhavaty atra brahma samaśnuta iti//
tad yathā 'hi-nirlvayanī valmīke mṛtā pratyastā śayīta/ evam evêdaṃ śarīraṃ śete/ athâyam aśarīro 'mṛtaḥ prāṇo brahmâiva teja eva/

彼の心臓に宿る、すべての欲望が解消される時に、
死すべきものは不死になり、この世においてブラフマンに到達する。

例えば、蛇の皮が、蟻塚に死んだまま脱ぎ捨てられて横たわっているように、まさにそのように、この死体は横たわっている。しかし身体のない、不死のこの息が、まさにブラフマンであり、まさに熱である」〔とヤージニャヴァルキヤは言った。〕

ここで両者を比較すると、前者の「煩悩が尽き（khīṇâsava）」「負担を下ろし（ohita-bhāra）」「生存の結びが滅尽し（parikkhīṇa-bhava-saṃyojana）」「解脱している者（vimutta）」は、後者の「欲望が解消され（pramucyante kāmāḥ）」

た結果「ブラフマンに到達する（brahma samaśnute）」「身体のない、不死のこの息（ayam aśarīro 'mṛtaḥ prāṇaḥ）」と酷似していないであろうか。しかも、この両者の目的の達成は、暗々裏に自明の前提とされている最終の究極的「場所」の中で全て行われているのである。ブラフマン（brahman）も食物（anna）も息（prāṇa）も全てその中で不離な関係にあるのであり、それゆえに、「これらすべての生きものは食物の中に入っている（anne hīmāni sarvāṇi bhūtāni viṣṭāni）」のであり、「これらすべての生きものは、息において喜ぶ（prāṇe hīmāni sarvāṇi bhūtāni ramante）」のであって、また、世界の破壊も成立もそこで行われ、その中にいる「自ら輝き、空中を行き、ないし、欲するところへ趣く」生けるものたちは、食次第で軽妙なままでいたり粗雑になったりもするのである。しかるに、このようなアニミステックな世界観は、恐らく原初的な宗教には通有の「習慣」や「生活」の反映なのであって、特に、ウパニシャッド、さもなくば仏教のどちらかの「思想」や「哲学」であると言って区別できるようなものではないだろう。それは、どちらかといえば、「土着思想」的であって、それゆえ、より古いものがより新しいものの中にも滲透し残存するといった伝承の形態を取るであろうと考えられる。従って、ウェイマン教授が指摘されたように、仏教文献の中にウパニシャッド思想との共通性があるとされるような場合には、大抵は、前者が後者の影響を受けたとみなしてよいのであるが、しかし、他方では、その両者の区別を明確になすためには、両者の「思想」や「哲学」レヴェルでの区別が要求されるのである。

二

その意味において、前の本書「序」第一論文で取り上げたフラウワルナー論文中で、同教授が述べていたことは、極めて重要と思われるので、ここでも、煩を厭わず、その拙訳を、原文を伴って、再度提示しておくことにしたい。(14)

Ganz andere Wege ging der Buddhismus bei der Lösung der Frage nach dem Verhältnis der höchsten Wirklichkeit zur Erscheinungswelt und nach dem Träger des Erkennens. Hier hatte man von Anfang an alle psychischen Vorgänge ausschließlich den psychischen Faktoren zugeschrieben ohne Rücksicht auf eine Seele oder ein höchstes Sein. Damit waren die besprochenen Schwierigkeiten vermieden. Allerdings war damit auch die Seele überflüssig geworden, und die vollausgebildete Dogmatik, vor allem des Sarvāstivāda, scheute sich auch nicht, eine Seele vollkommen zu leugnen. Für die Schulen, welche nicht so weit gingen, bestand aber die alte Problematik im ganzen Umfang weiter, und zwar gilt dies vor allem für die Schulen des Mahāyāna. Diese waren aus den Kreisen von Mystikern hervorgegangen, welche sich den Glauben an das höchste Sein, das sie im Zustand der Versenkung erlebt hatten, nicht nehmen ließen.（下線袴谷）

仏教は、現象世界（Erscheinungswelt）に対する最高の実在（die höchste Wirklichkeit）の関係および認識の担い手（der Träger des Erkennens）についての問いを解くに際して、全く別な道を進んだ。仏教では、初めから、霊魂（eine Seele）もしくは最高存在（ein höchstes Sein）を考慮することなく、全ての心理的経過（alle psychischen Vorgänge）は、専ら心理的要素に帰せられてきたのである。それによって、上述したような困難は回避された。また、それによって確かに霊魂は無用なものとなったし、取り分け説一切有部（Sarvāstivāda）の完全に仕上げられた教義（Dogmatik）は、霊魂を完璧に否認することすらも恐れなかった。しかし、そこまで徹底しなかった学派にとっては、その古い問題は全ての範囲にわたって更に続いたのであり、しかも、このことは、取り分け大乗の諸学派には妥当するのである。これら〔の大乗諸学派〕は、沈潜の〔集中〕状態（der Zustand der Versenkung）において体験した最高存在（das höchste Sein）に対する信仰（der Glaube）をなんとしても捨てないような神秘家たちの一群（die Kreise von Mystikern）より生じたのであった。（傍線袴谷）

言うまでもないことかもしれないが、右引用中の下線あるいは傍線部分においてフラウワルナー教授によって指摘されていることが、仏教の「思想」や「哲学」の特徴とされる「無我説（anātma-vāda）」なのであって、これ以外のほとんどのインドの「思想」や「哲学」は「我説（ātma-vāda）」である。大切なのは、その両者、即ち「無我説」と「我説」との「思想」もしくは「哲学」上の区別であるが、これに関して、水野弘元博士は、「心性本浄の意味」という論考の冒頭において、次のように述べておられる。(15)

原始仏教では、外教で説くような常住不変の実体を問題とせず、経験可能の現象界だけを考察して、これを一切法と呼んだ。従ってそこには常住の心性というような考えが入る余地はないのである。周知のように、仏教が存在するもの（一切法）として現象界だけを考察対象としたことは、外教の説く形而上学的実体を排除するためであった。ところで積極的自主的に作用する心のあり方について、外教ではこれをどのように説いたかといえば、正統派と非正統派ではまったく違った解釈をしていた。

正統派では転変説（pariṇāma-vāda）に立ち、有機的な生命体としての我《が》（ātman）という実体を立て、これを不生不滅の本体的存在とした。我は心の中心となって自主自律的に活動する主体である。これに対して、非正統派では積集説（ārambha-vāda）に立ち、精神的存在をも物質的に考え、我（霊魂）を不生不滅の本体であると説くとしても、それは自主的積極活動をなすものではなく、他の力によって機械的に動かされるにすぎないとした。

周知のように、仏教では外教の本体説と違って、心を生滅変化する現象としてのみとらえ、心に自主自律の積極作用があるとしても、それは他の種々なる条件（縁）によってはじめて作用するという無我縁起の説を立てた。

ところで、仏教の「無我説」の「思想」や「哲学」を、仏教以外のインドの「我説」の「思想」や「哲学」と対峙させ、その「我説」を右のように「転変説」と「積集（聚）説」との二つに分ち、仏教成立当時のインド思想界に関し、「正統婆羅門系統の思想」を「転変説」、「一般社会の思想系統」を「積聚説」と押えた嚆矢は、宇井伯寿博士に求められる。[16] その宇井博士は、当の「転変説（pariṇāma-vāda）」と「積聚説（ārambha-vāda）」なる用語を、遙か後代の不二一元論のヴェーダーンタ学者マドゥスーダナ＝サラスヴァティー（Madhusūdana Sarasvatī、一五〇〇年頃）の『種々なる道（*Prasthānabheda*）』から借用されたと推測されるが、[17] この用語に関する宇井博士の種々の説明中の一つを紹介すれば次のとおりである。[18]

仏陀の当時一般に行はれた宗教的方面には修定主義と苦行主義とが対立して居て、前者は理論として転変説に基き、後者は積聚説に基くものであるが、共に今いふた意味での常見論者である。修定主義は修定によつて消極的に身体環境より我を離れしめて最後に我が物質から解脱して独存に至ることを希ふて修行するもの、苦行主義は苦行によつて積聚的に身体環境を我より遠ざけ最後に我が物質と全く離れて独存することを望みて修行するもので、共に我の独存常住を欲するから、此二主義の人々の有する愛が有愛と称せらるゝものになる。

しかし、なにゆえかは私には不明であるが、右引中の二つの用語である「転変説」と「積聚（集）説」とを仏教成立当時のインドの思想界の分析に適用しようとした学者は、水野博士以降急速に減少していったように感じられる。[19] とはいえ、その適用を仏教成立当時に限らなければ、その両用語と、「転変説」と切り離せないとされる「化現説（vivarta-vāda）」との三用語は、後代の展開を含むインド哲学思想全体の分析記述においては今日でも用いられていないとはいえないであろう。例えば、古くは、フラウワルナー教授の『インド哲学史（*Geschichte der indischen Philosophie*）』第二巻中では、サーンキヤ学派の思想が pariṇāmavādaḥ（[die] Lehre von der Umgestaltung, the doctrine of transformation、転変説）と呼ばれているのに対して、ヴァイシェーシカ学派の思想は ārambhavādaḥ（die Lehre von der Zusammensetzung, the doctrine of composition or synthesis、積聚（集）説）と呼ばれており、[20] また、ハッカー教授の『化現（*Vivarta*）』においては、互いに分ち難い pariṇāma と vivarta の両概念が特に後者に力点を置いて論じられ、その両概念について、一七世紀のヴェーダーンタ学者ダルマラージャ（Dharmarāja Adhvarin）の定義が紹介されている。(21) 左に、その定義を、原文、ハッカー教授によるドイツ語訳、前田専学博士による和訳(22)の順に示しておく。

pariṇāmo nāma upādāna-sama-sattāka-kāryâpattiḥ; vivarto nāma upādāna-viṣama-sattāraka-kāryâpattiḥ. prātibhāsikaṃ rajataṃ avidyâpekṣayā pariṇāmaḥ, caitanyâpekṣayā vivartaḥ.

Pariṇāma liegt vor, wenn ein Produkt entsteht, das die gleiche Seinsart besitzt wie die materielle Ursache; *Vivarta*, wenn ein Produkt entsteht, das nicht die gleiche Seinsart wie die materielle Ursache besitzt. Das illusorische Silber ist im Verhältnis zum Nichtwissen Pariṇāma, im Verhältnis zum Geistigen Vivarta.

〈開展〉(pariṇāma) とは、質料因と等しい実在性を有する結果が生ずることである。〈仮現〉(vivarta) とは、質料因とは異なる実在性を有する結果が生ずることである。また顕現している銀は、無明から見れば開展であり、精神性 (caitanya) から見れば、仮現と云われる。

右引の和訳において、前田博士は、従来用いられてきた「転変」を「開展」、「化現」を「仮現」と訳し変えておられるが、これと共に、他の箇所では、同じく従来の「積聚（集）」を「集合」と訳し変えておられるので、以下に、これらの変更を伴った前田訳に従いながら、ここに取り上げた三説を前田博士御自身の説明によって見ておけば次のとおりである。(23)

古代インドにおいては、三種の代表的な宇宙論がある。第一は、開展説 (Pariṇāmavāda) であって、因果論として、原因の中にすでに結果が潜在的に含まれているとする学説である因中有果論 (Satkāryavāda) に立脚している。この因中有果論においては、原因と結果とは本質を同じくするものであって、原因と結果とはそれぞれ独立したものではなく、結果は原因の展開したもの、あるいは変化したものにほかならない。これは主としてサーンキヤ学派と初期ヴェーダーンタ学派の見解である。

第二の宇宙論は集合説（Ārambhavāda）である。この理論がもとづく因果論は、結果が原因の中に含まれていることを否定する因中無果論（Asatkāryavāda）である。これによれば、原因と結果とは全く別個のものであり、結果は全く新しい存在である。この場合には無数の性質の異なる原子を想定し、結果は一つの原因の展開したもの、あるいは変化したものではなく、結果は種々の原因の集合から生じ、あらゆるものは原子の集合から生ずるとする。この理論は、ニヤーヤ学派・ヴァイシェーシカ学派によって主張された。

第三の宇宙論は仮現説（Vivartavāda）である。後に論ずるように、従来、この呼称は、専らシャンカラ以後の不二一元論者の宇宙論を特徴的に示しているものとして用いられて来たものであり、現象世界は無明から生じ、本来は幻のように実在しないとする説を言う。仮現説は、因果関係から見れば、因中有果論から発展したものであって、開展説とは切り離せ得ない関係にある。

開展説においては、原因と結果は同一の実在性と真実性とを持っていることが前提されているが、仮現説においては、原因であるブラフマンのみが真実（satya）・実在（sat）であり、結果であるすべての経験的なものは非真実（asatya）であり、誤り（mithyā）であり、「実在であるとも非実在であるとも定義出来ない」（sadasad-bhyām anirvacanīya-）ものであって、原因と結果の真実性と実在性に関する程度の区別が前提されている。しかるに、この「程度の区別」を更に詳しく説明するために、前田博士が示すのが、先に掲げたダルマラージャの定義なのであるが、この定義のほかに、前田博士は、次のようなプラカーシャーナンダ（Prakāśānanda、一五五〇―一六〇〇年頃）の定義[24]も掲げておられる。これもまたハッカー教授によって注意され、やはりドイツ語訳も与えられているので、左に、先と同様に、原文、ハッカー訳、前田訳の順で提示しておくことにしたい[25]。

na hy adhiṣṭhāna-svarūpâtiriktaṃ vivarto nāma kiṃcid vastv asti... kiṃtv adhiṣṭhānam eva doṣa-vaśād vilakṣaṇâkāreṇa bhāsamānaṃ vivartaḥ.

Eine sogenannte Scheinentwicklung hat keine Realität, die neben dem Sein (ihres) Substrates bestünde...; sondern die Scheinentwicklung ist nur das Substrat, das durch Wirkung eines Übelstandes in einer ihm wesensfremden Gestalt erscheint.

実に〈仮現〉は、基体とは本性を異にしているから、決して実在ではなくして……〈仮現〉とは、欠点のために、本性を異にするものとして顕現している基体にほかならない。

これは、先の定義の「精神性（caitanya）から見れば、仮現と云われる」ということの内容説明とみなしうるものであるが、上掲の両定義の間を埋める前田博士の解説は実に懇切丁寧で明解なものなので、私もここでそれをそのまま引用させて頂くことにしたい。(26)

精神性、即ち実在にして真実のブラフマンから現象世界を見るならば、現象世界はブラフマンの仮現（vivarta）である。この精神性は世界の仮現の基体であると言う限りにおいて質料因（upādāna）である。そしてこの場合、ブラフマンと言う原因と、世界と言う結果とを見るならば、原因と結果とは、実在性に関して異なっている。換言すれば、等質ではない、と言う意味において、因中無果論すなわち果中有因論（Satkāraṇavāda）に属している。S・ダスグプタは、果中有因（satkāraṇa）を説明して、原因（kāraṇa）のみが実在（sat）であって、すべての結果は原因の仮現である、と述べている。

他方、世界の質料因としての無明（avidyā＝māyā）から見るならば、世界は無明の開展である。何となれば、無明の拠り所としてのブラフマンは実在にして真実の存在であるが、それに反して無明と世界は、共に、それより低い実在性の段階、即ち実在であるとも非実在であるとも定義出来ない段階にあるとはいえ、原因である無明と結果である世界とは等しい実在性・真実性の段階にあり、この意味において原因と結果とは等質であるからである。それ故に、この因果関係から判断すれば、無明からの宇宙の展開は因中有果論にもとづいていると言うことが出来る。

要約すれば、「世界はブラフマンの仮現であり、あるいは無明（あるいはマーヤー）の開展である。（die Welt ist Vivarta des Brahman oder Pariṇāma der Māyā.）」

右引中の最後の要約をもう一度言い直せば、顕現しているものが、基体（adhiṣṭhāna, Substrat）と本性を異にしていればブラフマンの仮現（vivarta）であり、基体と本性を等しくしていれば無明の開展（pariṇāma）である、ということになるであろう。そして、この両説、即ち「仮現（化現）説」と「開展（転変）説」とを一応「程度の区別」とみなして後者で代表することが許されるとすれば、仏教成立当時のインド思想界の「正統婆羅門系統の思想」をこの「転変説」で押え、「一般社会の思想系統」を「積聚（集合）説」で押えたのが、前述のごとく、宇井伯寿博士である。その宇井博士が、インド思想史をこれらの二大思潮で押えて仏教と対峙させることの効用について、次のように述べておられるのは、極めて重要と考えられるので、ここに示しておきたい(27)。

此二大思潮を明にして置けば之に対して仏教が如何なる新しき立場を取るに至つたかも明にすることが出来て、印度思想の発達の系統が明にせられ得るに至るのである。最後に予が六師外道の説を重むずる所以の一は、此一般社会の思想系統に於て後世勝論学派が其学説を立てゝ現はるゝことになり、更に此勝論説に基づいて正理学派が表はれて、其上に論理学的研究を纏めた如き重要なる結果を生ずるに至れるが為である。

しかるに、このような「転変説」「積聚説」という二大思潮を柱とする「我説」のインドの「思想」や「哲学」に対して、「新しき立場」として真向から対立するはずの「無我説」の仏教の「思想」や「哲学」がいかに応ずるべきかという問題の大きさは、例えば、『成唯識論』を読み直す度に痛感することであるが(28)、ここでは、この問題についてかつて述べたことを、かなり長くなるものの、そのまま再録することをお許し頂きたい(29)。

神々を追い出したのは、なにもキリスト教ばかりなのではなく、仏教もまたかかる神々を追い出しアニミズムを否定したものだったのである。かかる神々のことを、インドの言葉では、「我（ātman）」「精神（puruṣa）」「霊魂（jīva）」などという語で表わすが、いずれも「息をする」状態をさす語に由来していることは興味深い。仏教は、かかる神々を、「無我説（anātma-vāda）」によって全面否定するわけであるが、その否定対象は、ゴーサラの多元論の「霊魂」のごとく複数であることが多く、二元論のサーンキヤ学派においても「精神の複数性（puruṣa-bahutva）」は定説である。なぜかかることが許容されるかというと、先に宇井博士が「積聚説」について述べていたように、「大虚空を認め此中に独立常住にして而も多数なる要素を認むる」からではないかと私は考えている。インド哲学においては、この「大虚空」に相当するものへの志向は異常に強く、宇井博士は、「積聚説」と対峙させた「転変説」についてさえ、次のごとく説明せざるをえなかったのである。

> 最初の原本的のものより直接に生ずるものは必ず虚空でなければならぬ理である。唯一なるものは必ずしも空間を予想するとは限らないが、已に他のものを生ずる以上は其ものを存在せしめ又其もの以後に生ずるものによりて凡てのものが成立する場所が必要であるからである。ウッダーラカの説には虚空の生ずることは説かれて居ないが、之を継いだタイッティリーヤ・ウパニシャッドに之を説くは其為である。然し生といふも厳密にいへば最初の原本的のものの自己発展であり多化であるから、能生と所生とが別に存在するのではない。故に此意味を明にする為に唯一のものが他を生じて後必ず其生じたものの中に入ると説くのである。（傍点袴谷）

この「転変説」における「原本的のもの」の典型の一つが「我（ātman）」であるとすれば、「我」はこの一元論において始めて唯一の単数のものとなり、「虚空」を生じて後再び「虚空」の中に入って能生と所生と一体のものとして実在するものであるということになる。かかるアートマンについて、『イーショーウパニシャッド』は次のように述べている。

それは動き、それは動かず。それは遠くにあり、またそれは近くにもある。それは内なる全てに属し、またそれは全ての外に属す。

しかして、万物（sarvāni bhūtāni）をアートマンだけとして観察し、そして万物（sarva-bhūta）にアートマンを観察するような人は、そこから隠れようとはしないだろう。

いかにてあれアートマンだけが万物となったと認識し、〔その〕単一性（ekatva）を観察するものにとって、そこには、一体いかなる迷妄やいかなる憂愁があろうや。

私見によれば、インド哲学の全ての流れは、右のような、もはや虚空とも区別のつかないような、唯一絶対の単一なるアートマンの上に悉く位置づけることができるように思うのである。この「大虚空」ともいうべきアートマンの上にまず「転変説」的一元論があり、更にそこにサーンキヤ的「精神の複数性（puruṣa-bahutva）」も許容され、それに平行して「自然（prakṛti）」もあるが、かかる二元論的要素を強く意識しなければ、それは一挙に「積聚説」的多元論へと拡がることになる。勿論、私は、和辻博士が評価されたように、宇井博士が「転変説」と「積聚説」という互いに全く異る思想傾向を厳密に対峙させ、仏教とはそのいずれをも否定した全く新しい画期的な思想であったとの指摘は、決して後退させてはならない見解として高く評価していかなければならないと思っているが、その対峙する「転変説（pariṇāma-vāda）」と「積聚説（ārambha-vāda）」という両語自体が、この二つの思想傾向をすら自派の正統説である「化現説（vivarta-vāda）」の中に包含してしまおうとする正統婆羅門系に属す後代の教義綱要書『種々なる道（*Prasthānabheda*）』[30]から借用されたものであるということは、ここで、敢えて意識しておく必要はあるであろう。

かくして、大切なことは、結局は「化現（仮現）説（vivarta-vāda）」に帰着してしまう（paryavasāna）とされる「転変（開展）説（pariṇāma-vāda）」と「積聚（集合）説（ārambha-vāda）」との「我説（ātma-vāda）」のインドの

「土着思想」に対して、「外来思想」ともいうべき仏教の「無我説（anātma-vāda）」をいかに際立たせるか、逆に言えば、インドもしくはそれに準ずる地域において後者が前者の滲入を「思想」や「哲学」の上でいかに明確に区別して食い止めるか、あるいは滲入してしまったものをいかに排除するか、ということであるように私には思われる。[31] しかし、それは極めて困難なことであり、当の「外来思想」が「土着」の地域に密着していればいるほどその「土着」の「習慣」や「生活」を介して「土着思想」が「外来思想」に滲入してくることの防ぎ難きこと、例えば、先に見た『世起経』や『大事』の「習慣」や「生活」から類推し易い「自ら輝き（sayam-pabha, svayaṃ-prabha）、空中を行き（antalikkha-cara, antarīkṣa-cara）、意から成り（mano-maya）、喜びを食べ物とし（pīti-bhakkha, prīti-bhakṣa）、清浄（楽）の中にあり（subha-ṭṭhāyin, sukha-sthāyin）、欲するところへ趣く（yena-kāmaṃ-gata）ものたち」という表現に窺い知れるがごとくであるが、しかし、もしこれを単なる「習慣」や「生活」の記述ではなく、仏教の「思想」や「哲学」を語っている主張とみなしたならば、それは仏教の「無我説」とは抵触してしまうであろう。しかも、インドにあって仏教は終始インドの強力な「土着思想」に取り巻かれていたゆえに、この方面の区別には常に神経を尖らせていなければならないのである。

三

さて、本書の「序」全体の大きなテーマは「仏教心意識論」であるが、かつてこの観点から唯識説の発達を論じた水野弘元博士は、種々の重要な見解を披瀝される中で、最後に、「心相説」と「心性説」とを問題とされた箇所では、次のように述べるに至っている。[32]

心識には、心の本性に関係した方面がある。法相を具体的現象とすれば、法性は形式的本性ということができる。したがって心の本性は形式的なものであって、生滅変化にわたらないものである。それは心の形式的・可能的・理想的存在としてのものである。我々がさとりへの理想を追求しうるのはこの心性に基因するのである。部派時代には大衆部がこの心性を問題とし、心性本浄説を唱えた。我々が理想を求め仏陀となりうるのは、我々の心性が本来清浄無垢のものであるからであるというのである。もちろんこの清浄無垢は現実的具体的存在ではなく、可能的理想的存在である。上座部系の心相説を承けて大乗としての唯識思想が発達したように、大衆部系の心性説を承けて大乗としての如来蔵思想が展開した。すなわち心性本浄説から如来蔵清浄説として、また浄楽我常の真如仏性説として、極めて詳細な哲学説が発達して行った。

右のような水野博士の御見解に初めて接した当時は、漠然とそれを受け容れていたと思うが、しかし、大衆部系の心性説に由来するとされる如来蔵清浄説や浄楽我常の真如仏性説は素直に仏教とは考えられなかったので、それとは一応区別される唯識思想の方に関心があり、従って、それに対して別な方向での研究が可能であるように私は考えていたのである。とはいえ、研究がある程度進んでみると、違っていると思われていた「唯識思想」も「如来蔵思想」も、実は、「本性清浄」を本質的規定とする「清浄法界」を自明の前提としている思想構造としては、基本的に異なったものではない、との結論に達せざるをえなくなった。この私見については既に公けにしてきたし、本書でも「序」第一論文を中心に述べてあるので[33]、ここで詳しく触れる必要はないと思うが、その時以来私は、当の「本性清浄」を本質的規定とする「清浄法界」を、「深閑とした無機的宇宙にても成立しうる絶対的原理」として「円のイメージ」で描き続けてきたのである[34]。しかるに、その間に、松本史朗博士の“dhātu-vāda（基体説、the theory of locus)”という、非仏教的一元論的思想構造を「基体（locus)」と「超基体（super-locus)」とによる六つの規定で説明する「仮説」の提起があり[35]、私は逸早くその“dhātu-vāda”の非仏教的思想構造に対する批判としての有効性に賛同し、それに合わせて論述を展開していたつもりであったのであるが、私は当初からの「円のイメージ」を変えることなく、当の“dhātu（locus）”を私なりに「場所（topos）」と捉え、仏教に滲入した「土着思想」の側面を「場所仏教（topical Buddhism）」と呼ぶ一方、これを批判して「外来思想」を再構築していく側面を「批判仏教（critical Buddhism）」と呼んで、私のこの方面の言論に従事してきたのであった。[36]しかし、後に、この私の「円のイメージ」は、松本博士から次のような批判を受けることになったのである。[37]

「円のイメージ」によって、いかにして〝基体〟という観念を表現しうるであろうか。しかも、〝超基体〟の下にあり、〝超基体〟を支え、〝超基体〟の存在論的根拠ともなるこの〝基体〟の観念なしには、〝基体説〟全体が成立しない。私（＝松本）の〝基体説〟の仮説に幾分の新しさがあるとすれば、それはインドの一元論の性格づけにおいて、その〝一元〟を万物の〝基体〟と見た点以外にはないであろう。

この批判に対し、私は逸早く松本博士の“dhātu-vāda”の仮説に賛同したとはいえ、その仮説の有効性を、個々の事例について六つの規定全ての妥当性を吟味した上で、認めてきたわけではなかったことを深く反省する一方で、私が一貫して持ち続けてきた「円のイメージ」[38]についても再検討してみたが、「場所（locus, topos）」から「円のイメージ」を払拭することはできなかったのである。つまり、「場所」とはやはりイメージとして描かれる「円周」のように「包括するもの（periechon）」であり、種々の人や物は「円内」に「包括されているもの（periechomenon）」であって、「包括されているもの」は「包括するもの」である「場所（pratiṣṭhā）」を「場所としている（pratiṣṭhita）」のでなければならないと考えられたのである。[39]そして、永遠に存在していることが自明の前提とされる最終の究極的[40]「場所」とは、上引の宇井博士の言う「大虚空」のように、「もはや他のもののうちには存在しない天界（ho d'ouranos ouketi en allōi）」であり、「もはやなにかを場所とすることもなくなにかを根基とすることもない〔それ自体が最終的な〕虚空（ākāśam apratiṣṭhitam anālambanam）」であり、「〔それ自体は他を〕場所とすることのないもの（無住）という根本（apratiṣṭhāna-mūla）」であるのでなければならない。[41]従って、この前提に立つ限り、存在する全ての人や物は当の最終の究極的「場所」を超えて上に（super）出ることは決してできず、必ず「場所」の内側に「包括されているもの」なのであり、そこを「場所としている」のである。[42] ここで、かかる最終の究極的「場所」をａとして、そこに無数の「場所」が次々と包括されていると想定されている場合について言うと、ある「場所」ｎを、ａを基点に説明する系列と、その逆の系列とを、それぞれ、（１）（２）下に記号化して示せば、次のようになるであろう。[43]

（１）　ａ∵⃝ｂ∵⃝ｃ∵⃝ｄ……∵⃝ｎ

（２）　ｎ∷⃝……ｄ∷⃝ｃ∷⃝ｂ∷⃝ａ

この両系列の記号式につき、その基本的な読み方を示しておけば、（１）は「ａはｂの場所であり、ｂはｃの場所であり、ｃはｄの場所であり、……はｎの場所である」となり、（２）は「ｎは……ｄはｃを場所とし、ｃはｂを場所とし、ｂはａを場所としている」となるであろう。

しかるに、大抵の場合は、「包括するもの」である「場所」ａと、それを「場所としている」「包括されているもの」ｂとの二項を考えればよいわけであるが、そのような場合の典型的例文を、インド哲学の系譜では上述の「積聚（集合）説（ārambha-vāda）」に属する新ニヤーヤ（Navya-Nyāya）学派の近代の学者マヘーシャチャンドラ（Maheśacandra）の『ニヤーヤ=ラトナ（*Nyāyaratna*）』より、左に二つ示しておくことにしたい。[44]

㈠ dhriyate tiṣṭhati varttate yaḥ sa dharmmaḥ/ ākāśâdikaṃ vinā sarvva eva padārthāḥ yatra-kutracid api varttante iti sarvva eva ‘dharmmāḥ’ ity ucyante/ yatra yo varttate sa tasya dharmmaḥ/ yathā dravye jāti-guṇa-karmmāṇi tiṣṭhantîti jāti-guṇa-karmmāṇi dravyasya dharmmāḥ; sūtrâdau avayave paṭâdi avayavi dravyaṃ tiṣṭhatîti dravyam api paṭâdi sūtrâder dharmmaḥ/ ‘pātre jalaṃ varttate’ iti pātrasya dharmmo jalam/ ākāśâdikan tu na kutrâpi varttate iti ākāśaṃ na kasyâpi dharmmaḥ/ ata eva ‘ākāśam avṛtti-padārthaḥ' ity ucyate/

およそなんであれ支えられ（dhriyate）存続し（tiṣṭhati）存在している（varttate）ものであれば、それが法《ダルマ》（dharma）である。虚空（ākāśa）など以外の全ての対象（padārtha）は必ずどこかに存在しているから全ては法であるといわれる。aにおいてbが存在していればbがaの法である。例えば、実（dravya）において類（jāti）や徳（guṇa）や業（karman）が存続しているから、類や徳や業が実（dravya）の法であり、糸などの部分において布などの部分をもつ実が存続しているから、布などの実もまた糸などの法であるがごとくである。「容器の中に水が存在している」というとき、水が容器の法である。しかし、虚空などはどこにも存在していないから、虚空はいかなるものの法でもない。それゆえにこそ、「虚空は〔いかなる場所の中にも〕存在しない（avṛtti）〔場所そのものとしての〕対象（padārtha）である」と言われる。

〔二〕yac ca yatra varttate, tat tasya ādheyam, āśritaṃ, tad-vṛtti iti côcyate, yatra tu yad varttate, tat tasya adhikaraṇam, ādhāraḥ, āśrayaḥ iti côcyate/ yathā kuṇḍe vadaraṃ varttate, gṛhe paṭo varttate iti vadaraṃ paṭaś ca ādheyaḥ, kuṇḍaṃ gṛhañ ca ādhāra iti/

また、aにおいてbが存在していれば、bがaの所持（ādheya）[45]であり能依（āśrita）でありそこに存在しているもの（tad-vṛtti）であるといわれる。しかし、aにおいてbが存在している場合の、aはbの場所（adhikaraṇa）であり能持（ādhāra）であり所依（āśraya）であるといわれる。例えば、容器において果実が存在し、家において布が存在しているというとき、果実と布とが所持（あるいは能依）であり、容器と家とが能持（あるいは所依）であるというがごとくである。

ここで、右に示した二つの例文により、そこに記述されているaとbとの系列におけるそれぞれの名称と実例とを整理して表として示しておけば、次のようになろう。

	名称	実例
a	能持(ādhāra) 所依(āśraya) 場所(adhikaraṇa)	実(dravya) 容器 糸 家
b	所持(ādheya) 能依(āśrita) そこに存在しているもの(tad-vṛtti)	類(jāti) 徳(guṇa) 業(karman) 水 果実 布

因みに、以上のマヘーシャチャンドラの記述と図示とについて若干の説明を加えておくことにすれば、「支えられ (dhriyate) 存続し (tiṣṭhati) 存在している (varttate)」bの系列の「属性 (dharma、法)」を、支えてあらしめているのがaの系列の「場所」であるが、この「場所」を「属性」と対峙させるかのように、例えば、上引のプラカーシャーナンダの定義中の“adhiṣṭhāna”を、ハッカー教授が“Substrat”、前田博士が「基体」と訳されていたごとく、図示中のaの系列の“ādhāra”“āśraya”“adhikaraṇa”“dravya”をかく理解して、通常の哲学用語でこれらを“Substrat”“substratum”「基体」と訳したとしても一向に構わないものの、しかし、ここだけを捉えて、「基体」が説かれているから「超基体」と対になる「基体説」が説かれているというようなことには決してならないであろう[46]。

また、aの系列とbの系列とにおいて、例えば、「所依 (āśraya)」と「能依 (āśrita)」というように、両者が対峙していることが明らかでありさえすれば、一方を「基体」とし他方を「属性」としてよいというものでもない。仏教の場合には、特にこの点に気をつけなければならないであろうが、それに注意を促すために、『俱舎論』「界品」の一節を左に提示しておくことにする[47]。

evam āśrayāśritālambana-ṣaṭka-vyavasthanād aṣṭādaśa dhātavo bhavanti

玄奘訳：如是、所依能依境界、応知、各六界、成十八。

拙訳：このように、所依〔である六根〕と能依〔である六識〕と所縁〔である六境〕との各六つを設定するので界は十八となるのである。

この所謂「根境識和合」の三者に六局面を想定した、その中の、「所依」の系列を「基体」、「能依」の系列を「属性」と理解することは、到底認められることではないであろう。

では、私が考えるような「場所」が説かれていれば、それだけでそれが「場所」の「思想」や「哲学」になるのかといえば、これまた必ずしもそうではない。私が先のマヘーシャチャンドラの記述中に「場所」の「思想」や「哲学」を認めるのは、その「場所」が、そこにあるものと共に実体（Substrat）視されるからなのであるが、それ以上に、それらの実体視された「場所」が、その実例㈠に明らかなごとく、「〔いかなる場所の中にも〕存在しない〔場所そのものとしての〕」「虚空（ākāśa）」である最終の究極的「場所」を自明の前提として全てその中で考えられそこに終息してしまっているからなのである。そして、この完《まった》き「円のイメージ」である唯一の「場所」の観念が、本来「無我説」の仏教においては認められていなかったはずであるにもかかわらず、「土着思想」として、「外来思想」であるべき仏教に滲入してきたものを、私は「場所仏教」と呼んでいるにすぎない。それゆえ、私にもし「超場所（super-topos）」という概念が必要だとすれば、それは「場所（topos）」の上に（super）超出して「場所」を否定することになるので、仏教としては肯定されるべき概念となるはずである。[48]

さて、以下に、この「場所仏教」に「批判仏教」を対峙させた形での、両者の定義を、かつて述べたものによって、再提示しておくことにしたい。[49]

> 「場所仏教」とは、「所依（āśraya）」たる「本」が「能依（āśrita）」たる「迹」を「包括するもの（periechon, continens）」であり、「迹」が「本」によって「包括されているもの（periechomenon, contentus）」であるという関係において、「本」は「迹」の「場所（topos）」として機能しているということが自明の前提とされた上で、「全（pān）」なる「迹」を「一（hen）」なる「本」において完全に把握しうると是認している思想である。その際に、この思想を主張する人はもとより、それ以外の全ての人も、その「場所」のうちに包括されていることが

同時に前提されているものとする。その結果、「場所仏教」は、「真如」と「霊魂」と「離言」とを重視する。「批判仏教」とは、自明の「場所」を前提とすることなく、従って寄辺なき「罪悪生死凡夫」たる我々が、我々とは隔絶した真実の「基準（pramāṇa）」であると信じられる仏（Buddha）の言葉（vacana）の集成（piṭaka）を、知性（prajñā）によって批判的に吟味（pravicaya）しつつ、「本」なる「包括するもの」としての「場所」を否定し、「迹」なる「人（pudgala）」を「蘊（skandha）」なる「法（dharma）」に解体することを通して、「縁起」の「法」を社会に向う「利他」として、「言葉」によって批判的に構築していこうと目指していくものでなければならない。その結果、「批判仏教」は、「縁起」と「利他」と「言葉」を重視する。

右に示した「場所仏教」と「批判仏教」との定義中に用いられている個々の言葉で、私が自分勝手に使い出しているものは少ないと思うし、説明の必要のあるものはこれまでも説明してきたとは思うのであるが、本書でも説明しておいた方が親切であると考えられることについて、以下、若干の補足を試みておきたい。

「本」と「迹」とは、所謂「本迹思想」と称せられるもので用いられている語であるが、この両語を定義中に含めるのは、仏教の中国以来の拡がりが念頭にあるからにほかならない[50]。なお、両語それぞれに連なる両系統の語を図示しておけば次のとおりである[51]。

本＝所依＝理＝理＝住処＝理本＝体理＝無言＝本

迹＝能依＝事＝教＝行往＝事迹＝説教＝有言＝末

さらに、定義中に挿入した periechon, periechomenon, topos, pān, hen はギリシア語、continens, contentus はラテン語であるが、なぜこのようなことをしたのかについて説明しておきたい。「本」と「迹」という語の使用も実は例外ではないのだが、「習慣」や「生活」の局面がより強調される「場所」の哲学の場合では、「場所」を自明の前提としているので、その文化圏で育まれてきた土着の「場所」的な言葉に固執しがちである。一方、それを受け容れる他の文化圏の「場所」の哲学もまた、同性質の外来語によって御墨付を得たかのように、それらの言葉を用いる傾向にある。つまり、外来の言葉であるからといって、それが「外来思想」となるわけではないことは、「場所」の哲学同士の近親性を認識すれば理解できることなのである。先の定義中にギリシア語やラテン語を挿入したのは、その例を示したいがためである。このように、真の「土着思想」同士は、文化圏などの違いを容易に乗り越えて却って感情的に同化しやすいのであるが、一方、「批判」の哲学は、他の文化圏から「外来思想」を学ぼうとするときには、その外来の言葉が示している意味を論理的に明解に理解することに努め、かれらの母国語に翻訳し用いようとするであろう。[52]このことは「翻訳可能論」に基づく「仏教」の伝播にも言えるので、そのように「翻訳可能論」の要素が極めて強いものは「批判仏教」と言ってもよいのであるが、現実には、「翻訳可能論」の仏教が北西インドを中心にアジア全域に展開していく中で、「翻訳不可能論」的要素を留めた「一音演説法」的な仏教が「場所仏教」としてアジア世界により一層滲透していったことは否めないであろう。[53]

また、「批判仏教」の定義中に用いた「罪悪生死凡夫」は、善導の『観経疏』「散善義」の二種深信について述べられている用語からの借用であるが、その直後に示される「二河白道」の譬喩中の群賊にも喩えられる「罪悪生死凡夫」とは、「指方立相」の阿弥陀仏とは全く隔絶していながらその仏の前では皆な等しく凡夫であるはずの「九品唯凡」説としての凡夫のことである。[54]かかる凡夫のインド的表現としては、仏弟子中の最高の知者と称えられたシャーリプトラ（Śāriputra、舎利弗、舎利子）に託された『大毘婆沙論（*Mahāvibhāṣā*）』の次のような言葉を挙げることができるであろう。[55]

旧訳：若仏不出世、則我盲無目、過此一生。

新訳：若仏世尊不出于世、我等一切盲生盲死。

拙訳：もし仏がこの世に出現しなかったならば、私シャーリプトラは盲《めしい》たままで生涯を終らねばならなかったであろう。

しかるに、このような凡夫の無知の自覚と反比例するような形で、取り分け北西インドを中心に進展していったのが、仏の超人化もしくは「一切智者（sarva-jña）」化であったと考えられるが、その仏の言葉（buddha-vacana）を凡夫同士の論争を通してできるだけ正確に解釈し吟味（pravicaya）していこうとしたのが仏教の「哲学（abhidharma、論）」の展開だったのである。[56]

なお、「場所仏教」と「批判仏教」とのそれぞれの定義の末尾にカギカッコ付きで列挙した三語である「真如（tathatā）」と「縁起（pratītyasamutpāda）」、「霊魂（ātman、自己）」と「利他（parârtha, para-hita）」、「離言（anabhilāpya）」と「言葉（vacana, nāma-pada-vyañjana）」は、それぞれ対になる用語ではあるが、決して互いに相容れず真向から対立するものであることに留意されたい。[57]

四

ところで、本稿前節末尾に示した「場所仏教」と「批判仏教」の定義中、後者につき、「批判仏教」とは、「「本」なる「包括するもの」としての「場所」を否定し、「迹」なる「人（pudgala）」を「蘊（skandha）」なる「法（dharma）」に解体することを通して、「縁起」の「法」を社会に向う「利他」として、「言葉」によって批判的に構築していこうと目指していくものでなければならない。」と述べたが、原始仏教における「五蘊」説について、水野弘元博士は次のように記しておられる。[58]

五蘊は我々の肉体精神を示すものであるが、後には個体だけでなく、我々の内外の現象的存在世界の全体をも意味するようになった。この場合にも、色蘊は物質的なもの、他の四蘊は精神的なものを意味した。いずれにしても、物質以外の四蘊は精神的の要素的存在を意味し、心のそれぞれの作用の方面を指すものであった。そしてこのような五蘊は何のために説かれたかといえば、それは我々の個体または内外の現象的存在を構成する五蘊の一々は、いずれも永遠不変のものではなくして、常に変化するもの（無常）であり、固定性のないもの（無我）であり、苦を受け易いもの（苦）であることを説くためのものであった。いわば仏教の根本立場としての無常（anicca）苦（dukkha）無我（anattā）を論証するために五蘊が説かれたのである。従ってこの五蘊は善くも悪くも変化するものであって、悪い条件を除いてよい条件を加えれば、我々の人格は次第に理想に向かって進み行くものであるが、逆に悪い条件が加わって行けば、苦悩の状態に陥るものであるという事実を示すために、五蘊の無常、苦、無我の教えが説かれたのである。この意味のことを述べた経典は、原始聖典の中に極めて多い。

ここで、右に水野博士が指摘されておられるような、五蘊の無常、苦、無我を説いていると思われる原始聖典の例として、パーリと漢訳とでほぼ並行しているものを、パーリの「相応部（Saṃyutta-Nikāya）」「蘊相応（Khandha-vagga）」と、漢訳『雑阿含経』の印順によって整えられた「五蘊誦」第一「陰相応（*Skandha-saṃyukta）」とより、四経の要文を左の(a)(b)(c)(d)下に示してみることにしよう。[59]

(a)…Rūpam bhikkhave aniccaṃ// …Vedanā aniccā// Saññā aniccā// Saṅkhārā aniccā// Viññāṇaṃ aniccaṃ// …Evam passam bhikkhave sutavā ariyasāvako rūpasmim pi nibbindati// Vedanāya pi nibbindati// Saññāya pi nibbindati// Saṅkhāresu pi nibbindati// Viññāṇasmim pi nibbindati// nibbindaṃ virajjati virāgā vimuccati vimuttasmiṃ vimuttam iti ñāṇaṃ hoti// // Khīṇā jāti vusitaṃ brahmacariyaṃ kataṃ karaṇīyaṃ nāparam itthattāyāti pajānātīti// // …Rūpaṃ bhikkhave dukkhaṃ// Vedanā dukkhā// Saññā dukkhā// Saṅkhārā dukkhā// Viññāṇaṃ dukkhaṃ// // …Rūpam bhikkhave anattā// Vedanā anattā// Saññā anattā// Saṅkhārā anattā// Viññāṇam anattā// //…Evam passam bhikkhave… nāparam itthattāyāti pajānāti// //

…諸比丘よ、色は無常なり…受は無常なり…想は無常なり…行は無常なり…識は無常なり。諸比丘よ、有聞の聖弟子は是の如く観て色を厭離す、受を厭離す、想を厭離す、行を厭離す、識を厭離す、厭離して離欲す、離欲して解脱す、解脱せば解脱せりとの智生じ、生已に尽き梵行已に立ち所作已に弁じ更に後有を受けずと知る。…諸比丘よ、色は苦なり、受は苦なり、想は苦なり、行は苦なり、識は苦なり。…諸比丘よ、色は無我なり、受は無我なり、想は無我なり、行は無我なり、識は無我なり。…諸比丘よ、〔是の如く観て〕…更に後有を受けずと知る。

…当観色無常、如是観者、則為正観。正観者則生厭離、厭離者喜貪尽、喜貪尽者説心解脱。如是、観受想行識無常、如是観者、則為正観。正観者則生厭離、厭離者喜貪尽、喜貪尽者説心解脱。如是比丘、心解脱者、若欲自証、則能自証、我生已尽、梵行已立、所作已作、自知不受後有。如観無常、苦空非我、亦復如是。

(b)...Rūpam bhikkhave aniccaṃ// ...Vedanā aniccā// ...Saññā aniccā// ...Saṅkhārā aniccā// ...Viññāṇam aniccam// yad aniccaṃ taṃ dukkhaṃ// yaṃ dukkhaṃ tad anattā// Yad anattā taṃ netam mama neso ham asmi na me so attā ti// //Evam etaṃ yathābhūtaṃ sammappaññāya daṭṭhabbaṃ// // ...

…諸比丘よ、色は無常なり…受は無常なり…想は無常なり…行は無常なり…識は無常なり、無常なるものは苦なり、苦なるものは無我なり、無我なるものは我所に非ず、我に非ず、わが我に非ず。如実に正慧を以て是の如く観るべし。…

…色無常、無常即苦、苦即非我、非我者即非我所、如是観者、名真実正観。如是、受想行識無常、無常即苦、苦即非我、非我者亦非我所、如是観者、名真実正観。…

(c)...Arahatā pi kho āvuso Koṭṭhita ime pañcupādānakkhandhe aniccato dukkhato rogato gaṇḍato sallato aghato ābādhato parato palokato suññato anattato yoniso manasi kattabbā/ / / …

…友拘絺羅よ、阿羅漢は、此五取蘊を、無常なり、苦なり、病なり、癰なり、刺なり、痛なり、病なり、他なり、壊なり、空なり、無我なりと如理作意すべし。…

…摩訶拘絺羅、阿羅漢亦復思惟、此五受陰法、為病、為癰、為刺、為殺、無常、苦、空、非我。…

(d)…Tena kho pana samayena Yamakassa nāma bhikkhuno evarūpam pāpakaṃ diṭṭhigataṃ uppannaṃ hoti/ / //Tathāham Bhagavatā dhammaṃ desitaṃ ājānāmi// yathā khīṇāsavo bhikkhu kāyassa bhedā ucchijjati vinassati na hoti param maraṇā ti/ / / …..Sace maṃ āvuso evam puccheyum// Yo so kiṃ hotīti evam puṭṭho ham āvuso evaṃ vyākareyyaṃ/ / /Rūpaṃ kho āvuso aniccaṃ// yad aniccaṃ taṃ dukkham// taṃ dukkhaṃ taṃ niruddhaṃ taṃ atthagataṃ/ / /Vedanā// Saññā// Saṅkhārā// Viññāṇam aniccaṃ// yad aniccam taṃ dukkhaṃ// yaṃ dukkhaṃ taṃ niruddhaṃ tad atthagatan ti/ / /

その時、焔摩迦《ヤマカ》と名づくる比丘あり、是の如き悪成見を起せり、〔謂く〕我、世尊所説の法を解するが如くば、漏尽比丘は身壊して断滅し命終して有ることなしと。……友よ、我に是の如く問ふ者あらん。〔謂く〕…如何になるやと。友よ、是の如く問ふ者あらば是の如く答へん。〔謂く〕友よ、色は無常なり、無常ならば苦なり、苦ならば已滅・已没なり。受・想・行・識は無常なり、無常ならば苦なり、苦ならば已滅・已没なりと。

爾時、有比丘名焔摩迦、起悪邪見、作如是言。如我解仏所説法、漏尽阿羅漢、身壊命終、更無所有。……焔摩迦答言。尊者、舎利弗、若有来問者、我当如是答。漏尽阿羅漢、色無常、無常者是苦、苦者寂静清涼永没。受想行識、亦復如是。有来問者、作如是答。

以上に示した(a)(b)(c)(d)の四経は、漢訳『雑阿含経』でいえば、順次に、その第一経、第一〇経、第二五九経、第一〇四経であるが、次に、漢訳では『雑阿含経』第一一〇経、パーリでは「中部(Majjhima-Nikāya)」第三五経の

『小サッチャカ経（*Cūḷasaccakasutta*）』の一節を、第五例として示しておけば次のとおりである。(60)

(e) Kathaṁ pana bho Assaji samaṇo Gotamo sāvake vineti, kathaṁbhāgā ca pana samaṇassa Gotamassa sāvakesu anusāsanī bahulā pavattatîti. ——Evaṁ kho Aggivessana Bhagavā sāvake vineti, evaṁbhāgā ca pana Bhagavato sāvakesu anusāsanī bahulā pavattati: Rūpaṁ bhikkhave aniccaṁ, vedanā aniccā, saññā aniccā, saṅkhārā aniccā, viññāṇaṁ aniccaṁ; rūpaṁ bhikkhave anattā, vedanā anattā, saññā anattā, saṅkhārā anattā, viññāṇaṁ anattā; sabbe saṅkhārā aniccā, sabbe dhammā anattā ti.

「友、アッサジよ、沙門ゴータマはどのように弟子を指導していますか。また沙門ゴータマの弟子たちの間では、どのような部分が教誡として多く行なわれていますか」「アッギヴェッサナよ、世尊はつぎのように弟子たちを指導しておられます。また世尊の弟子たちの間では、つぎのような部分が教誡として多く行なわれています。すなわち、『比丘たちよ、色は無常である。受は無常である。想は無常である。もろもろの行は無常である。識は無常である。比丘たちよ、色は無我である。受は無我である。想は無我である。もろもろの行は無我である。識は無我である。一切の行は無常である。一切の法は無我である』と」

沙門瞿曇、為諸弟子、云何説法、以何等法、教諸弟子、令其修習。阿湿波誓言。火種居士、世尊、如是説法、教諸弟子、令随修学。言、諸比丘、於色当観無我、受想行識、当観無我。此五受陰、勤方便観、如病、如癰、如刺、如殺、無常、苦、空、非我。

以上に、五蘊が無常であり苦であり無我であるという主張、もしくはそれに準ずる主張を述べた五経典中の要文を列挙してみたが、その個々の意味は、厳密に言えば、むしろ容易に確定しがたいものの方が多いので、ここでは、五蘊と無我との関係について大まかな私見を述べるだけしかできないことを許されたい。

さて、先の本稿第二節で取り上げた「仮現説」に極まるインド哲学が「我説（ātma-vāda）」であるとすれば、それと真向から対峙するはずの仏教の「無我説（anātma-vāda）」としては明確な「我《アートマン》（ātman）」の否定が期待されるところであるが、右に見た五例の要文は必ずしもその要求に応えているとは言い難いであろう。現に、五例中のいずれにも、「アートマンは存在しない（n'atth'attā, nâsty ātmā）」という表現は見当らず、これら以外のものでも原始経典に明確なこの表現は認められないとされており、[61] 右の五例でも anattan の語をもたない(d)以外の四例は全て五蘊は「アートマンではない」という意味であって、漢訳も皆な「非我」と訳されているのである。ここで、仮りに「アートマンは存在しない」という主張を「無我説」、「アートマンではない」という主張を「非我説」と呼ぶことにすれば、なぜ原始経典において「無我説」が稀薄なのかといえば、「アートマンは存在しない」という釈尊の主張は、それゆえにこそ、アートマンもしくはそれに準ずるインドの言葉としては主語とはなり難く、主語の位置は「五蘊（pañca-skandha）」に取って代られたが、次いで仏教内に定着し出した「五蘊」が実体視されるのを避けようとして、今度はこの主語について「非我」であり「無常」であり「苦」であると述べられるようになったからではないかと私には思われる。しかるに、このような「無我説」と「非我説」とを、インドの後代の思想用語をもって呼べば、前者が prasajya-pratiṣedha（絶対否定、非定立的否定、動詞否定）、後者が paryudāsa（相対否定、定立的否定、名詞否定）ということになるであろうが、我々の通常の議論においては、後者に基づく解釈が重んじられるべきかもしれない。ただし、paryudāsa は、否定には違いないが、むしろ否定されたもの以外の定立を意図しているので、この方向での解釈が強まり、しかもその否定によって誤ったアートマン観が否定されていると解釈された場合には、暗に真のアートマンは肯定されているということにもなりかねないので注意しなければならない。[62] 先に私がその意味確定は難しいと言ったのもこの辺の事情によるものであるが、例えば、例文(d)は、引用中程《なかほど》の二文字分の点線部分で前後に切れ、前ではヤマカ（Yamaka、焔摩迦）の仏説に対する「悪邪見（pāpakaṃ diṭṭhigataṃ、悪成見）」が「漏尽比丘は身壊して断滅し命終して有ることなし（khīṇāsavo bhikkhu kāyassa bhedā ucchijjati vinassati na hoti paraṃ maraṇā）」との

「断滅論（uccheda-vāda）」的主張として示されているのに対して、後での主張は、直前のシャーリプトラの質問に対してヤマカが答えたもので、しかもシャーリプトラに承認された仏説との設定ではあるものの、その非仏説と仏説との相違は果して明確にされているであろうか。経典の記述は決して明確とはいえないのであるが、それゆえに、ヤマカのその返答直前に挿入されている“diṭṭheva dhamme saccato thetato tathāgato anupalabbhiyamāno（此処に現法に於て真実・如応に如来は無所得なり）”の解釈も問題となってくる。この問題に関し、シュタインケルナー教授は、ダルマキールティ以降の認識論を踏まえながら、anupalabbhiyamāna（無所得）が直ちに「存在しない（does not exist）」ことを意味するわけではないという観点から、他の同種の表現である『蛇喩経（*Alagaddūpama-sutta*）』の“saccato thetato anupalabbhamāne”なども加味して、anātma-vāda（無我説、非我説）とは、アートマンの存在を否定しているのではなく、単にその種の見解を排除しているだけにすぎないとの「非我説」的解釈に傾いておられる。[63] しかし、いずれにせよ、この問題に対しては、真偽の判断を保留せずに、しかも、「断滅論（uccheda-vāda）」にも「常住論（sassata-vāda, sāśvata-vāda）」にも陥らないことが肝要であるが、[64] しかし、五蘊が無常であり苦であり無我であると主張する経典自体に既に「常住論」的見解が忍び込んではいないであろうか。先に見た例文(a)では、そのような主張の後に、“nāparam itthattāya（不受後有、更に後有を受けず）”とあるのである。また、引用中には省略したが、全く同じ文は、例文(b)でも引用直後に続いているのであるから、[65] やはり原始経典のこの段階では、五蘊の働きが停止してしまった状態において、もはや「後有を受けることのない」常住な世界が考えられていたような気もするのである。

この世界が更に一歩進めば、それは容易に最終の究極的「場所」としての無為法の「真如」に育ちえようが、しかし、説一切有部の「哲学（abhidharma）」体系が、五蘊と無為とを峻別したことは周知のことであろう。[66] ただし、これと並行して存在した部派の中には、これまた周知のごとく、両者の峻別を避けて「非即非離蘊我」といわれる見解を主張した犢子部（Vātsīputrīya）のような部派もあったのである。この犢子部の見解について、心識論の発達と潜在識との関係を主眼として論じた水野弘元博士は、『異部宗輪論』などの記述[67]を中心に、次のようにその考察結果をまとめておられる。[68]

犢子部等の説く我（pudgala, puggala 補特伽羅）というのは、その主張者自身は業や経験の保持者として、他部派で説く潜在識と同じものとして立てているものと思われるけれども、他部派からは犢子部の我をもって、外教で説く ātman と同じものと見なし、したがってこの我は無我を説く仏教に反するものであるとて、犢子部を付仏法の外道とまで極言したとされる。しかし犢子部等の非即非離蘊我は、外教の説く常一主宰の形而上的自我と全く異なり、経験に従って常に変化しつつ存続するものであるから、他部派の有分識・一味蘊・窮生死蘊等と本質的には異ならないものである。

『中阿含』の『嗏帝経』にあるように、嗏帝 Sāti 比丘が、縁起を識が前世から後世に存続することであると主張して、釈尊に叱られ、改めて仏教の正しい無我による縁起説を教えられたとされるが、嗏帝比丘が考えていた識の存続は、我を主張する外教の立場に立つものであって、縁起による業の相続の主体を識とか我 pudgala とか呼ぶものと同視すべきではない。（傍線袴谷）

右引中の傍線箇所における水野博士の御判断には私としては賛同するわけにはいかず、犢子部の「非即非離蘊我」は、他部派の「有分識」や「一味蘊」や「窮生死蘊」などと同様に、やはり「外教の説く常一主宰の形而上的自我」と類似したものであると率直に認めるべきではないかと思う[69]が、この点以外は、分けても、縁起による業の相続の主体である識や pudgala の問題に関して『嗏帝経』を引き合いに出されたことは、本稿で取り上げた「四食」や「四識住」の問題とも関連する視点であり、重要な着眼であると敬服せざるをえないことなのである。なぜかといえば、本経は、経蔵としての「四阿含」や「四ニカーヤ」の中においても、『雑阿含経』や「相応部」の一部[70]を除けば、経蔵中に「四食」が導入されるようになった理由を仄めかしている最有力の経典の一つに思われるからにほかならない。本経は、パーリでは Majjhima-Nikāya 第三八経の *Mahātaṇhāsaṅkhaya-sutta*（『大愛尽経』）であるが、漢訳は、その問題の主人公サーティ（Sāti、嗏帝）比丘の名に因んで『嗏帝経』と呼ばれている『中阿含経』[71]第二〇一経である。この経中に説かれる「四食」の問題、および、これとの関連で取り上げていかなければならない「四食」や「四識住」に関する文献やその問題については、節を改めて考察してみることにしよう。

五

まず最初に、『嗏帝経』で「四食」が説かれる一節を示しておけば次のとおりである。[72]

若異学来問汝、汝等応如是答。所以者何。此所説観。一曰、摶食麁細。二曰、更楽。三曰、意念。四曰、識也。

Cattāro 'me bhikkhave āhārā bhūtānaṁ vā sattānaṁ ṭhitiyā sambhavesīnaṁ vā anuggahāya, katame cattāro : kabaḷiṁkāro āhāro oḷāriko vā sukhumo vā, phasso dutiyo, manosañcetanā tatiyā, viññāṇaṁ catutthaṁ.

比丘たちよ、すでに生まれている生けるものたちの維持のために、あるいは生まれを求めるものたちの保護のために、これら四の食《じき》があります。

四とは何か。粗大あるいは微細な物質食、第二は接触食、第三は意思食、第四は意識食です。

しかるに、この「四食」の記述は一種定型化したもので、特に『雑阿含経』の「雑因誦」中の「因縁相応」の最後をなす第三七一―三七八経[73]では、この定型句が繰り返されるのであるが、その最大公約数的な定型句を、パーリ対応文と『倶舎論』所引の経文とから想定されるサンスクリット文に拙訳を添えて、示せば次のとおりである。[74]

有四食、資益衆生、令得住世、摂受長養。何等為四、謂、一麁摶食、二細触食、三意思食、四識食。

catvāra ime āhārā bhūtānāṃ sattvāṇāṃ sthitaye yāpanāyai saṃbhavâiṣiṇāṃ câugrahāya/ katame catvāraḥ/ kavaḍīkārâhāra audārikaḥ sūkṣmaḥ sparśo manaḥ-saṃcetanā vijñānam āhāraḥ/

生ける有情たちを存続させ延長させるために、また生存を求めるものたちを支援するために、これら四つの食がある。四つとはどのようなものか。粗大な段食（kavaḍīkārâhāra audārikaḥ）と、微細な触食（sūkṣmaḥ sparśa［āhāraḥ］）と、意思食（manaḥ-saṃcetanā［āhāraḥ］）と、識食（vijñānam āhāraḥ）とである。

これによって、「四食（cattāro āhārā, catvāra āhārāḥ）」の定型句を確認すると共に、その定型句中にも「四食」導入の理由が目的の形で示されていることに気づかれたとは思うが、ここで、問題の『嗏帝経』のサーティ比丘の仏説に対する誤解の件に話を戻してみることにしたい。この仏説に対するサーティの非仏説的誤解は、本経の漢訳では「悪見」とされているが、その対応のパーリは"pāpakaṁ diṭṭhi-gataṁ"[75]であり、これは前節の例文(d)でヤマカの誤解が漢訳で「悪邪見」とされている箇所のパーリと同語であって、問題の主人公の仏説に対する誤解を中心に、非仏説と仏説とを対比させるという話の構成の仕方においても両経には共通点があると認められる。しかるに、本経のサーティの「悪見」の非仏説と、これに対する仏説とを、それぞれ、左のように(α)と(ω)との下に示せば次のとおりである。[76]

(α)今此識往生不更異。
idaṁ viññāṇaṁ sandhāvati saṁsarati, anaññaṁ.
この識は流転し、輪廻し、同一不変である。

(ω)識因縁故起、有縁則生、無縁則滅。
paṭiccasamuppannaṁ viññāṇaṁ, aññatra paccayā na'tthi viññāṇassa sambhavo.

識は縁によって生じ、縁がなければ識の生起はない。

そして、仏説(ω)を具体的に示すべく最初に述べられるのが、「識随所縁生、即彼縁説（yañ ñad eva...paccayaṁ paṭicca uppajjati viññāṇaṁ tena ten' eva saṅkhaṁ gacchati)」として語られる、六根と六境による六識の生起と、その六識命名に因む比喩とである。しかるに、この比喩は、本経の成立展開を知る上で重要な手掛りを示唆しているかもしれないので、左に、漢訳と、パーリ、および、その片山訳とを示しておきたい[77]。

猶若如、火随所縁生、即彼縁説、縁木生火、説木火也、縁草糞聚火、説草糞聚火。

Seyyathā pi bhikkhave yañ yad eva paccayaṁ paṭicca aggi jalati tena ten'eva saṅkhaṁ gacchati: kaṭṭhañ ca paṭicca aggi jalati, kaṭṭhaggi t'eva saṅkhaṁ gacchati; sakalikañ ca paṭicca aggi jalati, sakalikaggi t'eva saṅkhaṁ gacchati; tiṇañ ca paṭicca aggi jalati, tiṇaggi t'eva saṅkhaṁ gacchati; gomayañ ca paṭicca aggi jalati, gomayaggi t'eva saṅkhaṁ gacchati; thusañ ca paṭicca aggi jalati, thusaggi t'eva saṅkhaṁ gacchati; saṅkārañ ca paṭicca aggi jalati, saṅkāraggi t'eva saṅkhaṁ gacchati;

比丘たちよ、たとえば、それぞれの縁によって火が燃えれば、それはそれぞれによって呼ばれます、薪によって火が燃えれば、それは薪の火と呼ばれます。また、木片によって火が燃えれば、それは木片の火と呼ばれます。また、草によって火が燃えれば、それは草の火と呼ばれます。また、牛糞によって火が燃えれば、それは牛糞の火と呼ばれます。また、籾殻によって火が燃えれば、それは籾殻の火と呼ばれます。また、塵芥《じんあい》によって火が燃えれば、それは塵芥の火と呼ばれます。

この比喩は、上述したように、「縁によって識が生じること（識随所縁生）」を容易に理解させるために提示されたものであるから、「木片によって火が燃える」ようにとして示される木片などの例示の数は必ずしも多い必要はなく、漢訳の「木」と「草」と「糞聚」との三つでも比喩としては充分であるが[78]、これがパーリでは“kaṭṭha”,“sakalika”, "tiṇa", "gomaya", "thusa", "saṅkāra" の六つとなっているものの、この六つには内容上で六識のそれぞれに対応しているという必然性はほとんどないゆえに、これらは六識の数にだけ合わせて後に増広されたもののように思われる。しかるに、これと同じ比喩が、他の文献の旧訳と新訳との間で、やはり右と同じような増広の跡を示している例のあることが知られる。それは真諦訳『決定蔵論』と玄奘訳『瑜伽師地論』の *Viniścayasaṃgrahaṇī* におけるアーラヤ識規定中の一節であるが、そこでは、真諦訳が「草」「木」「糞」の三つであるのに対して、玄奘訳およびこれと対応するチベット訳は「草（rtswa, tṛṇa）」「木（shing, kāṣṭha）」「牛糞（lci ba, gomaya）」「糠（phub ma, tuṣa）」「札（sbur ma, śakalika）」の五つで、パーリの "saṅkāra" に対応する saṃkāra だけがまだない段階ではあるものの、恐らくパーリに近い状況を示しているであろう[79]。更に、チベット訳を介して見るとき、それぞれの縁に随って燃えた火が三つないし六つを伴った火で呼ばれることを、パーリは "saṅkhaṁ gacchati（呼ばれます）" と特徴ある用法で示しているのであるが、*Viniścayasaṃgrahaṇī* もまたその箇所でこのパーリに応じた saṃkhyāṃ gacchati（＝grangs su 'gro）なる表現を用いていたと考えられるので、『瑜伽師地論』は、たとえ直接この経に基づいてはいないとしても、これと類似の経文を下敷きにこの箇所の記述をなしていた可能性が濃厚となるのである[80]。

しかるに、『嗏帝経』自体は、右のような増広の跡を残しつつ、最終のパーリの *Mahātaṇhāsaṅkhaya-sutta* の段階に至っても、その基本的構格を変えていないと思われるが、本経は、右に考察した比喩の直後に、所謂「栰喩法（kullūpama-dhamma）」を示す。しかし、この箇所の漢訳はあまりにも難解で私には処理し切れない[81]ので、今は便宜的にパーリによることにすれば、「この見解に執着せず、愛好せず、貪り求めず、我がものとしないならば（[imaṁ diṭṭhiṁ] na allīyetha na kelāyetha na dhanāyetha na mamāyetha、不著彼不惜彼不守彼欲令捨者）」よく理解されるとされる「栰喩法」によって説かれるのが、「食の生起（āhāra-sambhava）」と「食の滅（āhāra-nirodha）」であり、しかも、この直後に、本節冒頭に示した「四食」が説かれているのである。

ここで、『嗏帝経』の大枠は、サーティ比丘の「悪見」である「この識は流転し、輪廻し、同一不変である」という非仏説(α)に対して、「識は縁によって生じ、縁がなければ識の生起はない」という仏説(ω)を提示することにあるという点を想起するならば、「四食」も明らかに仏説とされなければならないのであるが、ここには、「食」という観念と共に、空間を占める「肉体」と「霊魂」というインド的通念が忍び込んでいることに注意しなければならない。本稿の第一節冒頭で触れたウェイマン教授は、直観的に仏教文献のこの側面を察知されておられたかもしれないのであるが、より一般化していえば、かかる側面には、人類に原初以来共通して認められる「場所」の観念の根深さが再確認されるように思われるのである。

そもそも、人が物の移動や運動を考えるとき、人はその動きをそこに物が置かれている「場所」の進行として把えがちである。しかも、それは、空間的拡がりをもった物質や肉体だけに止まらず、空間的拡がりをもたない非物質的なもの即ち精神的なものにも適用されながら、「場所」そのものは不変であると思い込まされてしまうのである[82]。上述のサーティ比丘の「悪見」は、かかる思考の習慣をよく示していると思われるが、特に先にも引用した『ブリハッド=アーラニヤカ=ウパニシャッド』の第四章は、かかる「場所」観を見事に物語っているように感じられる。そこで、その「場所」観を探るために、以下に、更にもう二ヶ所、第四章第一節第七段の一部と、同第二節第三段のほぼ全文とを、それぞれ順次に(イ)と(ロ)の下に示しておきたい[83]。

(イ) hṛdayam evâyatanam ākāśaḥ pratiṣṭhā/ sthitir ity enad upāsīta/ … hṛdayaṃ vai samrāṭ sarveṣāṃ bhūtānāṃ pratiṣṭhā/ hṛdaye hy eva samrāṭ sarvāṇi bhūtāni pratiṣṭhitāni bhavanti/

心臓がそれの住居であり、虚空がそれの基礎である。人は、これを安定性として瞑想すべきである。…まことに、大王よ！ 心臓はすべての生きものの基礎である。大王よ！ 心臓において、すべての生きものは基礎づけられているからである。

(ロ) tayor eṣa saṃstāvo ya eṣo 'ntar-hṛdaya ākāśaḥ/ athâinayor etad annaṃ ya eṣo 'ntar-hṛdaye lohita-piṇḍaḥ/ athâinayor etat prāvaraṇaṃ yad etad antar-hṛdye jālakam iva/ athâinayor eṣā sṛtiḥ saṃcaraṇī yâiṣā hṛdayād ūrdhvā nāḍy uccarati/ yathā keśaḥ sahasradhā bhinna evam asyâitā hitā nāma nāḍyo 'ntar-hṛdaye pratiṣṭhitā bhava[n]ti[84]/ etābhir vā etad āsravad āsravati/ tasmād eṣa praviviktâhāratara ivâiva bhavaty asmāc chārīrād ātmanaḥ//

〔インダとヴィラージ〕二人の会う場所は、心臓の中のこの虚空である。それから、彼らのこの食物は、心臓の中にある血の塊りである。それから、彼らのこの衣服は、心臓の中の、この網目のようなものである。彼らが一緒に行くこの道は、心臓から上に行く、この血管である。一本の毛髪が千倍に裂《さ》かれているように、このようにヒターと名づけられるこれらの血管は、彼の心臓の内部に存在している。まことに、これらの血管を通って流れている、このものは流れる。それゆえに、この人間は、この身体に宿る自己よりももっと微細な食物を何とかして摂取する。

右の(ロ)中の"nāḍyo 'ntar-hṛdaye pratiṣṭhitā bhava[n]ti（血管は心臓の内部に存在している）"は、私流に訳せば、「血管は心臓の内部を場所としている」となるが、(イ)の場合についても、引用後半の主要な二文を抽出して私流に訳せば、「心臓は万物の場所である（hṛdayaṃ sarveṣāṃ bhūtānāṃ pratiṣṭhā）」「万物は心臓を場所としている（hṛdaye sarvāṇi bhūtāni pratiṣṭhitāni[85]）」となる。因みに、本稿の第三節では、最終の究極的「場所」をaとし、次々とその中に包括される「場所」をb、c、d……nとして示したが、ここで、任意のある「場所（pratiṣṭhā）」をxで示し、その中に置かれ支えられ包括されている物や人を「(xを)場所としているもの（pratiṣṭhita）」としてyで示すことにすれば、その第三節でマヘーシャチャンドラの記述に従って示した表中のaの系列はx、bの系列はyということになる。その結果、記号を変更した上で、第三節での表の実例を使えば、xが「容器」や「家」で、yが「水」や

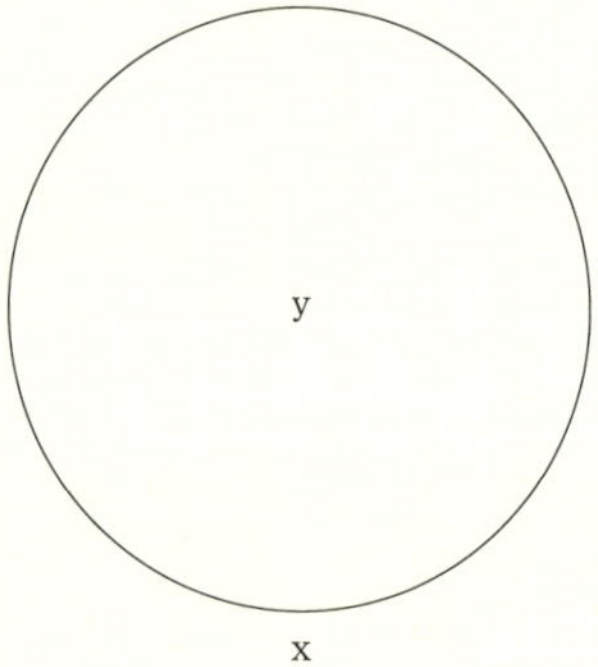

―「場所」xyの図―

「果実」である場合は、「xはyの場所である」とか「yはxを場所としている」と言っても、xがyを包括しているということは空間的にイメージしやすいのであるが、「糸」と「布」とのように、xとyとがそれぞれ別な空間を占めるわけではないような場合には、部分（avayava）である「糸」xは全体（avayavin、部分をもつもの）である「布」yの「場所」である、とか、「布」yは「糸」xを「場所としている」、とかいうことはかなり理解し難くなってくるであろうが、これは構成要素である部分において全体が仮設されている、という意味だと捉えればやや理解し易くなるかもしれない。しかるに、空間的拡がりをもたない精神的なものが、空間におけるなんらかの動きを表示するために、物質的なものと結合した場合には、両者のどちらがxやyになろうが、xとyとは一体のものと考えられがちなので、xとyは、あたかも上掲の図の円周と円内が分離不能であるように、分かち難いものとイメージされるようになる。かかる意味でのxとyとの不可分な関係を表わす語にātma-bhāvaなる語があるが、これを私はかつてātmanをy、ātma-bhāvaをxとみなして、ātma-bhāvaを「アートマンの場所」という意味で「霊魂の住み家」と訳したことがあった。[86] これは、中村元博士がシャンカラの*Brahmasūtra-bhāṣya*から和訳引用された箇所をヒントにしたものであったが、ここに、その原文と拙訳とを示せば次のとおりである。[87]

tathâpy ātmano ’pracyutâtma-bhāvasyâiva satas tattvânavabodha-nimitto dehâdiṣv anātmasv ātmatva-niścayo laukiko dṛṣṭaḥ/

しかし、たとえ、アートマン（霊魂、我）がアートマンの場所から追い出されていない間であっても、真実を覚知していないために、アートマンではない肉体などをアートマンであると確信している世間の人々のいることが認められている。

しかも、シャンカラによれば、「アートマンは〔まさに〕アートマンたるものであるからそれを否認しようとする想定は成り立たない（ātmatvāc câtmano nirākaraṇa-śaṇkânupapattiḥ）[88]」ようなものであるから、アートマン（ātman）はアートマン本来の場所（ātma-bhāva）から分離してはいけないｘｙの関係のものなのであろうが、それにもかかわらず、人は全く別な肉体などをアートマンと思い込んでしまうと、シャンカラは考えていたと思われる。上引の『ブリハッド＝アーラニヤカ＝ウパニシャッド』(ロ)末尾に言われている"śārīra ātmā（身体に宿る自己、肉体をもった霊魂）"とは、まさにかく誤って思い込まれてしまったアートマンのことと考えられるが、現にシャンカラは、右引と同じ一節中で、かく「無明によって分別された（avidyā-kalpita）」アートマンを「肉体をもった作者や受者（śārīraḥ kartā bhoktā）」として「認識我（vijñānâtman）」と呼んで、「最高我（paramâtman）」と区別し、前者を「制約に限定された壺中の虚空（ghaṭâkāśa upādhi-paricchinnaḥ）」、後者を「制約に限定されない虚空（anupādhi-paricchinna ākāśaḥ）」に擬えているのである[89]。

では、ここで、この「制約に限定されない虚空」をさえ創造しうるとみなされている真に最終の究極的「場所」とも言うべきアートマン[90]本来の「場所」（ātma-bhāva）から離れて、その「場所」の中を移動している個的な小さな丸でイメージされる霊魂もしくは肉体を、先の「場所」ｘｙの図で考えてみたらどうなるであろうか。このｘとｙは、先に第三節で見た、ａとｂとにそれぞれ対応しているので、ｘは、ādhāra（能持）、āśraya（所依）、pratiṣṭhā であり、ｙは、ādheya（所持）、āśrita（能依）、pratiṣṭhita であるが、この両者の関係は、実際にその用例が認められる"ādhārâdheya-bhāva（能持所持関係）"の言い方に倣っていえば、"āśrayâśrita-bhāva（所依能依関係）"あるいは"pratiṣṭhā-pratiṣṭhita-bhāva（「場所」ｘｙ関係）"と称することも可能であるかもしれない[91]。勿論、この関係において根本的により重要であるのはｘであるが、その上でｘとｙとの関係をどう考えるかを推測してみると、極端に言えば、xを「霊魂」とするものと「肉体」とするものとの二種類の可能性が想定され、その二種類の間でyについてもxと同質とみなしうるものからその逆に近いものまで含むかなり多くの種類が想定されるであろう。[92]

ところで、『嗏帝経』においてサーティ比丘が思い描いている非仏説(α)たる「悪見」の「識(viññāṇa＝vijñāna)」とは、「場所」xyとしては、xを「霊魂」とみなしながらなんらかの意味でyに「肉体」的な制約を加えた“śārīra ātmā(肉体をもった霊魂)”即ち「認識我(vijñānâtman)」に近いものではないかと考えられるが、しからば、仏説(ω)として示される「識は縁(paccaya)によって生じ、縁がなければ識の生起はない」という主張は、その非仏説(α)を真向から否定したものでなければならないであろう。しかし、それは必ずしも成り立っているとは認め難いのである。なぜかといえば、私は「縁(paccaya)」が説かれているだけでそれを「場所」的な考えと認めるつもりはないが[93]、しかし、本経が、十二支縁起を、肉体化し渇愛(taṇhā、愛)に染められた「場所」xyの移動のように把握し、その経名でもある「愛尽解脱(taṇhā-saṅkhaya-vimutti、渇愛滅尽解脱)[94]」とは、「四食」を得て重くなって渇愛に塗れた肉体が解放されて、最終の究極的「場所」に帰着することをもって「解脱」とする意味であることは明白だと思われるからなのである。[95]しかも、恐らくは、このようにして「縁起」と「四食」が結びついていった経典を、それに並行していたか先行していたかはともかく、一つのテーマの下にまとめたものが、『雑阿含経』「雑因誦」第三の「因縁相応」中の最末尾を構成する第三七一—三七八経であったと考えられる。[96]そして、『雑阿含経』のこれらの経に基づいた『瑜伽師地論』「摂事分」の一部が、総タイトルで「縁起食諦界択摂(rten cing 'brel bar 'byung ba dang zas dang bden pa dang khams rab tu rnam par 'byed pa zhes bya ba'i bsdu ba)」と称されるもののうちの「食(zas, āhāra)」と題された箇所なのである。[97]

さて、無我説の仏教の展開の中で、「場所」xyとして「霊魂」と「肉体」の問題が想定されがちになるのは「五蘊」においてであり、だからこそ、上述の犢子部の「非即非離蘊我」のような主張も展開されることになったのであるが[98]、十二支縁起中でこの意味での「場所」xyである「五蘊」が問題となるのは、ブラーフマナ文献やウパニシャッド文献以来の観念を伴った「名色（nāma-rūpa）[99]」と、これの縁となる「識（viññāṇa, vijñāna）」とにほかならない。しかも、この局面において登場するのが「四識住（cattāro viññāṇa-ṭṭhitiyo, catasro vijñāna-sthitayaḥ）」であり、それをテーマとした有名な経典が『雑阿含経』第六四経と第三九経もしくはこれらと対応するパーリ「相応部」の「蘊相応（Khandha-saṃyutta）」第五五経 *Udāna*（『優陀那』）と第五四経 *Bīja*（『種子』）とであるが[100]、従って、これらが「陰相応（Skandha-saṃyukta）」の主題下に収められているのも当然のことと言わなければならない。「四識住」の問題は、これらの経典を中心に多くの学者によって研究されてきたが[101]、それらを踏まえながら、以下に、唯識文献における「四識住」の問題に対する私の今後の研究方向だけでも簡単に示しておくことにしたい。

「四識住」に関して唯識文献としてまず取り上げるべき重要な文献は、『瑜伽師地論』「摂決択分」即ち『決定蔵論』の「住（gnas pa, sthiti）差別」を含む「識蘊差別（rnam par shes pa'i phung po'i rab tu dbye ba, vijñāna-skandha-prabheda、識陰分別）」をテーマとした箇所であるが[102]、今は、「住差別」の箇所を中心に「四識住」について簡単に触れておく。「四識住」とは、その「住差別」の記述自体が上記の二経などを擦っているかのようであるが、要約していえば、「識蘊」が残りの「色受想行（rūpa-vedanā-saṃjñā-saṃskāra）」なる「四蘊」を場所としている（pratiṣṭhita, patiṭṭhita>sthita, ṭhita）ことであり[103]、従って、「四（蘊）」が「識（蘊）」の「場所（pratiṣṭhā, patiṭṭhā>sthāna, ṭhāna>sthiti, ṭhiti, 住）」である、という意味である。それゆえ、『倶舎論』などの記述[104]を加味していえば、「識蘊」が「種子（bīja）」であり「船乗り（nāvika）」であるのに対して、「四蘊」は「種子」を支える「田（kṣetra）」であり「船（nau）」であり「場所としての因（pratiṣṭhā-hetu, 建立因）」であるとされるのであるが[105]、しかし、「摂決択分」の「住差別」の記述はこれだけに止まるのではない。後半に至っては、「およそなんであれ清浄な識であるものであるならば、それはもはやなにかを場所とすることのないものである（*yad viśuddhaṃ vijñānaṃ tad apratiṣṭhitam）[106]」と述べられていて、「識」は既に「四蘊」を場所とするものではない「場所」自体となっているのであるが、更にこの後では、「心性本浄」説が経文の引用と共に肯定され、最後は「識は識住ではない（rnam par shes pa ni rnam par shes pa gnas pa ma yin、唯識不立識住、識非住処、*vijñānaṃ na vijñāna-sthitiḥ）」と伝統的「識住」が「唯識」的に解釈されて結ばれているのである。[107] しかるに、この「場所」の側に廻った「識」には、当然、「名色」の縁としてのアーラヤ識が予想されているのであるが、このような「識」と「名色」との相互依存関係が『摂大乗論』において経典に基づいて説かれる「蘆束（mdung khyim, naḍa-kalāpa）」の喩えにほかならない。[108]

それゆえ、唯識文献においては、伝統的な「四識住」に対する右のような解釈の転換が「五蘊」の解釈にまで及んだに違いないと思われる。ここで、その例を『阿毘達磨集論』より一つだけ示して、そろそろ終結に向うことにしたい。ただし、この箇所は、現存するサンスクリット断片中には含まれていないので、チベット訳の次に示すサンスクリット原文は、チベット訳を参考に、*Abhidharmasamuccaya-bhāṣya* 相当箇所に基づいて還元されたものである。[109]

ci’i phyir phung po rnams lnga kho na zhe na/ bdag gi gzhi rnam pa lnga brjod pa’i phyir te/ bdag gi gzhi lus yongs su gzung ba dang bcas pa brjod pa dang/ bdag gi gzhi longs spyod brjod pa dang/ bdag gi gzhi tha snyad brjod pa dang/ bdag gi gzhi chos dang chos ma yin pa mngon par ’du byed pa brjod pa dang/ bdag gi gzhi de dag gi gnas brjod pa’i phyir ro//

kim upādāya skandhāḥ pañcâiva/ pañcâkārâtma-vastûdbhāvanatām upadāya/ saparigraha-dehâtama-vastûdbhāvanatām upādāya/ upabhogâtma-vastûdbhāvanatām upādāya/ vyavahārâtma-vastûdbhāvanatām upādāya/ dharmâdharmâbhisaṃskārâtma-vastûdbhāvanatām upādāya/ tad-āśrayâtma-vastûdbhāvanatām upādāya/

なんのために蘊は五つだけであるのか。五種類のアートマンの基体を顕示するためにである。㈠包括物（である六境〕および肉体〔である六根〕としてのアートマンの基体を顕示するために〔色蘊があり〕、㈡享受としてのアートマンの基体を顕示するために〔受蘊があり〕、㈢言語活動としてのアートマンの基体を顕示するために〔想蘊があり〕、㈣法と非法の現成としてのアートマンの基体を顕示するために〔行蘊があり〕、㈤そ〔れら四つ〕の所依としてのアートマンの基体を顕示するために〔識蘊があるの〕である。

ここに規定されているような「五蘊」は、「場所」xyとしては、上述したシャンカラのātma-bhāva以上に、xのアートマンであることがātma-vastu（アートマンの基体）という語によって強調されているようにさえ考えられるのであって、従って、この個体としての「場所」xyの「五蘊」においては、「識蘊」だけが他の「四蘊」の真の「場所」になっているのである。それゆえ、かかる「五蘊」説は、「無我説」に立つ仏教とは到底認め難いのであるが、しかし、一九八〇年頃までの私は、かかる「場所」化した仏教を、あたかもベルクソンが「空間に位置づけられる客観的原因（la cause objective, située dans l'espace）」や「進行の空間における場所化（la localisation d'un *progrès* dans l'espace）」に対抗して「真の持続、即ち意識が知覚するもの（la vraie durée, celle que la conscience perçoit）」を取り戻そうと努めたように[110]、「縁起」に真の時間を回復することによって、正しい仏教に再解釈することが、「唯識思想」解釈においても、「如来蔵思想」や「如来蔵思想」化した「唯識思想」を追い出せば、可能であるような気がしていた。それは、仏教徒としてはかなり奇妙なことには違いなかったが、しかし、その傾向は、私が一九八四年に「縁起と真如」を書いた時点でもまだ明白に残っていたのである[111]。しかるに、仏教徒はまずなにを置いても「仏教（buddha-vacana）」自体に基づいて批判を開始しなければならないという自覚に初めて明白な意識をもって立ち至ったのは一九九三年のことであるが[112]、このことに触れた最新稿が『発智論』の「仏教」の定義[113]なので、興味のある方は参照頂きたい。ところで、左は、「仏教」に因み、その言葉の重要さを述べた『雑阿含経』第一〇二〇経中の一頌である[114]。

名者映世間　名者世無上　唯有一名法　能制御世間

最後に、では本稿で一体なにを言いたかったのかということをまとめておけば、「四食」や「四識住」に纏わる「食（anna, āhāra）」の観念はウパニシャッド以来の古いものだったかもしれないが、「四食」や「四識住」が原始経典中に登場してくるのは新しいのではないか、そして、それは『雑阿含経』において「食」が「縁起」に直結するかのように配置されるようになった形態にも示唆されているのではないか、ということになるであろう。(115)

註

（1）この原題については、松田和信「ダライラマ13世寄贈の一連のネパール系写本について――『瑜伽論』「摂決択分」梵文断簡発見記――」『日本西蔵学会会報』第三四号（一九八八年三月）、一八頁参照。

（2）Alex Wayman, *Analysis of the Śrāvakabhūmi Manuscript*, University of California Press, Berkeley/ Los Angeles, 1961, pp. 135-162, Chap. V, "Asaṅga's Views on Food" 参照。

（3）大正大学綜合仏教研究所声聞地研究会『瑜伽論　声聞地第一瑜伽処――サンスクリット語テキストと和訳――』（山喜房仏書林、一九九八年）、一一六―一四九頁参照。

（4）大正蔵、三〇巻、六六四頁上―下：D. ed., No. 4038, Zhi, 211b3-213a2 参照。

（5）大正蔵、二九巻、二六頁上―二七頁上：P. Pradhan (ed.), *Abhidharmakośabhāṣya of Vasubandhu*, K. P. Jayaswal Research Institute, Patna, 1967, pp. 73-75：櫻部建『倶舎論の研究　界・根品』（法藏館、一九六九年）、三二八―三三三頁参照。なお、ここで、「命根」と共に問題とされる「寿」「煖」「識」の三は、『成唯識論』のアーラヤ識の証明において「寿煖識証」として用いられる経証と関係するものであるが、その経証については、本書「本論」第二論文末尾の「回顧と弁明」を参照されたい。

（6）*Bṛhadāraṇyakopaniṣad*, 5.12.1, V. P. Limaye & R. D. Vadekar (ed.), *Eighteen Principal Upaniṣads*, Vol. I, Gandhi Memorial Edition, Poona, 1958, p. 262. 訳文は、湯田豊『ウパニシャッド――翻訳および解説――』（大東出版社、二〇〇〇年）、一三七頁による。

（7）Wayman, *op. cit.*（前註2）, pp. 135-136 参照。なお、その p. 136, n.5 で指摘されている Csoma de Körös のチベット訳からの英訳を介しての『世起経』や『大事』と類似するチベット訳文献への参照は、重要と思われるが、チベット訳文献そのものの確認はウェイマン教授によってなされていないので、私なりに調べた経緯と結果をここに記しておきたい。まず、ウェイマン教授の依ったチョーマ・ド・ケレスの *Tibetan Studies* 中の英訳は、現行の J. Terjék (ed.), *Collected Works of Alexander Csoma de Kőrös : Tibetan Studies*, Akadémiai Kiadó, Budapest, 1984, pp. 27-34 を指すと思われるが、これと照合して同定される文献は、北京版によれば、P. ed., No. 967, Shu, 1-130b, *mNgon par 'byung ba'i mdo* (*Abhiniṣkramaṇa-sūtra*) である。なお、本文中のこれ以下に上下対照して示した *Aggañña-sutta* と *Mahāvastu* とにほぼ対応する、生けるものたちが「光音天（'Od gsal gyi lha'i ris）」に生まれ、その彼らが「自ら輝き（rang gi 'od can）空中を行き（nam mkha' la 'gro ba）喜びを食べ物としている（dga' ba za）」状態から、やがて世界に闇が生じるところまでについては、Shu, 112b4-113b2 を参照されたい。三者の詳細な比較対照は、必要ならば、同種の表現を示す、R. Gnoli (ed.), *The Gilgit Manuscript of the Sanghabhedavastu*, Pt. I, Roma, 1977, p. 7 などの律蔵関連文献などと比較しながら、今後に果したいと思っている。以上は、必ずしも註記として必要なことではないかもしれないが、この件は、定評ある北京版勘同目録である、大谷大学図書館『大谷大学図書館蔵西蔵大蔵経甘殊爾勘同目録』（同図書館、一九三〇—一九三二年）、三七五頁、No. 967 にも注意されていないので、敢えて記し置く次第である。

（8）*Aggañña-sutta* については、P. T. S. ed., Dīgha-Nikāya, Vol. III, pp. 84-85、訳文は、片山一良訳「世起経」『長部（ディーガニカーヤ）パーティカ篇Ｉ』パーリ仏典、第二期５（大蔵出版、二〇〇五年）、一七五—一七六頁による。上段に示した片山訳は、改行扱いの箇所を追い込みで引き、中見出しを略したり訳文中に原語を挿入したりして、原の形態とは異なっている。対照の都合のための改変であり、お許し頂きたい。*Mahāvastu* については、É. Senart (ed.), *Le Mahâvastu*, Tome I, Société Asiatique, Paris, 1882, Repr. by Meicho-Fukyū-Kai, Tokyo, 1977, pp. 338-339 によるが、その英訳については、J. J. Jones (tr.), *The Mahāvastu*, Vol. I, London/Tonbridge, 1949, repr., 1973, pp. 285-286 参照。下段に示した訳は、片山訳「世起経」に合わせながら、私によってなされたものである。

（9）原文には "ime" とあるので、複数主格とみて candrama-sūrya (nom. pl.) に掛かるように処理すればよいのかもしれないが、なんとなく不自然なので、asmi のような形を想定して、loka (loc. sg.) に掛け「この世界には」と訳した。Franklin Edgerton, *Buddhist Hybrid Sanskrit Grammar*, London, 1953, Repr. by Rinsen Book Co., Kyoto, 1985, p. 118, § 21.85. 参照。なお、candrama-sūrya の動詞 "prajñāyensuḥ" については、*ibid.*, p. 142, § 29.18. を参照されたい。

（10）*Aggañña-sutta* については、*op. cit.*（前註８）, pp. 85-86：片山前掲訳、一七七頁、*Mahāvastu* については *op. cit.*, p. 339：Jones (tr.), *op. cit.*, p. 286 による。

（11）Wayman, *op. cit.*,（前註２）, p. 136.

（12）*Aggañña-sutta*, *op. cit.*,（前註８）, p. 97：片山前掲訳、一九七頁。片山訳は、原文に合わせて追い込んで示してある。

（13）*Bṛhadāraṇyakopaniṣad*, 4.4.7, *op. cit.*（前註6）, pp. 248-249：湯田前掲訳、一一八―一一九頁。なお、ここでの引用は湯田訳のままであるが、この箇所は、拙書『道元と仏教――十二巻本『正法眼蔵』の道元――』（大蔵出版、一九九二年）、七四頁にも、拙訳で引用したことがある。その引用前後の説明と共に参照して頂ければ幸いである。

（14）E. Frauwallner, "Amalavijñāna und Ālayavijñāna : Ein Beitrag zur Erkenntnislehre des Buddhismus", *Beiträge zur indischen Philologie und Altertumskunde : Walther Schubring zum 70. Geburtstag dargebracht von der deutschen Indologie*, Hamburg, 1951, p. 151. 本書「序」第一論文中で紹介した和訳と解説では、⑥段の前半に当るので、そこを、その前後と共に参照されたい。

（15）水野弘元「心性本浄の意味」（初出、一九七二年）『仏教教理研究』、水野弘元著作選集、第二巻（春秋社、一九九七年）、二一九―二二〇頁。なお、これに先立って、「心性本浄説」の教義史を詳しく考察したものに、勝又俊教『仏教における心識説の研究』（山喜房仏書林、一九六一年）、四六三―五一一頁、「心性本浄説の発達」があるので参照されたい。

（16）宇井伯寿『印度哲学研究』第二（甲子社書房、一九二五年、岩波書店再刊、一九六五年）、三四五―四二三頁、「六師外道研究」参照。また、同、二六一―三四三頁所収の「十二因縁の解釈―縁起説の意義」、特に、三二五―三三八頁も参照されたい。

（17）宇井伯寿『印度哲学研究』第四（甲子社書房、一九二七年、岩波書店再刊、一九六五年）、四二五―五七五頁、「種種なる道」参照。なお、その原典としては、Albrecht Weber (ed.), "Madhusûdana-Sarasvatî's encyclopädische Uebersicht der orthodoxen brahmanischen Litteratur", *Indische Studien : Zeitschrift für die Kunde des indischen Alterthums*, I, 1850, Repr., Georg Olms Verlag, Hildesheim/ New York, 1973, pp. 1-24、近時の訳註研究としては、湯田豊「マドスーダナ・サラスヴァティーの著わした正統バラモン体系概観」『インド哲学の諸問題』（大東出版社、一九七八年）、五七―一一五頁がある。また、用語の借用に関する推測などを含む、このテキストについての私の過去の言及については、拙稿「自然批判としての仏教」『駒沢大学仏教学部論集』第二一号（一九九〇年十月）、三八〇―四〇三頁を参照されたい。

（18）宇井「十二因縁の解釈―縁起の意義」、宇井前掲書（前註16）、二八八―二八九頁。

（19）例えば、水野弘元『原始仏教』（サーラ叢書、平楽寺書店、一九五六年）、八五―九〇頁と、平川彰『インド仏教史』上巻（春秋社、一九七四年）、二八頁とを比較すれば、水野博士に対して平川博士の扱いが極めて少なくなっていることが分かる。しかし、それでもなお、平川博士はこの件に言及されておられるのであるが、平川博士以降で、この問題を大きく扱っている学者は余りいないのではないかというのが私の印象である。

（20）Erich Frauwallner, *Geschichte der indischen Philosophie*, Band II, Salzburg, 1956, Shaker Verlag ed., Herausgegeben von Andreas Pohlus, Aachen, 2003, pp. 60-61 : *History of Indian Philosophy*, Tr. by V. M. Bedekar, Vol. II, Motilal Banarsidass, Delhi/

Patna/ Varanasi, 1973, pp. 58-59 参照。なお、Band I, pp. 262-266 : Vol. I, pp. 323-329 も参照。後者では、術語として用いられていないが、p. 262（p. 324）で pariṇāma は Umgestaltung（transformation）ではなく Umwandlung（change）と訳されている。なお、インド哲学関係のものでも、例えば、金倉圓照『インド哲学史』（平楽寺書店、一九六二年）では、一六七頁、註1で言及されているだけで、その扱いは極めて小さい。

(21) Paul Hacker, *Vivarta : Studien zur Geschichte der illusionistischen Kosmologie und Erkenntnistheorie der Inder*, Akademie der Wissenschaften und der Literatur, Abhandlungen der Geistes- und Sozialwissenschaftlichen Klasse, Jahrgang 1953, Nr. 5, Franz Steiner Verlag, Wiesbaden, 1953, pp. 1(185)-58(242)、引用は、p. 7(191), n.1 と p. 11(195), n.4 による。なお、「仮現説」については、中村元『シャンカラの思想』（岩波書店、一九八九年）、二一六―二二三頁も参照されたい。

(22) 前田専学『ヴェーダーンタの哲学』（サーラ叢書、平楽寺書店、一九八〇年）、一〇七頁。なお、ダルマラージャについては、前田同上書、五一頁を参照のこと。

(23) 前田前掲書、一〇五―一〇七頁。また、前田専学『インド的思考』（春秋社、一九九一年）、四三頁参照。

(24) プラカーシャーナンダの *Vedāntasiddhāntamuktāvalī* における定義であるが、この著者については、前田前掲書（前註22）、五〇―五一頁参照。

(25) 原文、ハッカー訳については、Hacker, *op. cit.*（前註21）, p. 10(194)、前田訳については、前田前掲書（前註22）、一〇八頁による。なお、ハッカー訳が "Substrat"、前田訳が「基体」としているものの原語は "adhiṣṭhāna" である。

(26) 前田前掲書（前註22）、一〇七―一〇八頁。引用中引用となる、末尾の要約を兼ねた引用は、Hacker, *op. cit.*（前註21）, p. 8(192) によると断られているが、前田書にはないドイツ語は、それから私によって補われたものである。

(27) 宇井前掲書（前註16）、四二一―四二三頁。

(28) 特に、『成唯識論』巻第一の外教論駁箇所を読んでいる時はかかる問題を痛感する。その感想は、拙書『日本仏教文化史』（大蔵出版、二〇〇五年）、一四九頁と、二六〇頁とに記したので参照されたい。その過程で生じたほんの小さな一つの問題の検討については、拙稿「『成唯識論』外教論駁総括箇所の考察」『駒沢短期大学仏教論集』第一二号（二〇〇六年十月）、一〇五―一二二頁参照。それにしても、批判というものは、相手を批判しさえすれば、自己の主張が成立するわけでない以上、相手を批判すればするほど、自己の主張の吟味が不可欠である。『成唯識論』巻第一を主とする外教論駁箇所の読解においては、当時のインド哲学を代表するほどの勢いのあったサーンキヤ学派やヴァイシェーシカ学派の思想に深く通じているばかりではなく、唯識学派のそれらに対する批判が果して仏教としても成り立っているであろうかとの問題意識も断えず必要とされるであろう。幸い最近は、城福雅伸『現代語訳・講義　成唯識論』巻第五（春秋社、二〇〇五年）、同、巻第六（春秋社、二〇〇七年）の刊行も相継ぎ、『成唯識論』の研究も盛んになる気配であるが、巻第一についての早期の種々なる成果が鶴首される。なお、城福上掲書、巻第五については、拙稿「城福雅伸著『現代語訳・講義成唯識論』巻第五」『駒沢短期大学仏教論集』第一二号（二〇〇六年十月）、二一五―二二七頁を参照されたい。

(29) 前掲拙稿（前註17）、三八九―三九一頁。

(30) その拙稿にも註記してあるように、これは、Weber, *op. cit.*（前註17）, pp. 23-24：宇井前掲書（前註17）、四五〇―四五一頁を指す。その折には指摘できなかった湯田訳は、湯田前掲書（前註17）、八四―八五頁に示されている。

(31) ここで述べている件については、インドの「土着思想」に対比させて、仏教をインドの「外来思想」とみなしてもよいという私見を含めて、もう一度、本書「序」第一論文の第一節前半を参照して頂ければ幸いである。

(32) 水野弘元「心識論と唯識説の発達」宮本正尊編『仏教の根本真理』（三省堂、一九五六年）、四一五―四五七頁：水野前掲書（前註15）、三〇一―三四二頁。以下の引用は、前者の四五三頁、後者の三四〇頁である。ここでの引用は後者によっているが、ここ以外で、この論文に触れる時は、全て後者の頁だけを示す。なお、「心性本浄」説に関する重要な論文には、櫻部建「心染有情染　心浄有情浄」『仏教学セミナー』第三六号（一九八二年十月）、一―三頁があり、説一切有部は「心性本浄」説を受け容れなかったということが論証されているので参照されたい。

(33) 拙稿「〈清浄法界〉考」（初出、一九七六年）『唯識思想論考』（大蔵出版、二〇〇一年）、七五〇―七八七頁を中心に、同書所収の関連論文、および、同書の「序論」、更に、本書「序」第一論文の第四節、「本論」第九論文などを参照されたい。

(34) 前掲拙書（前註33）、七六七頁、および、拙稿「仏教思想論争考」『駒沢短期大学仏教論集』第一〇号（二〇〇四年十月）、一六九頁参照。

(35) 松本史朗「如来蔵思想は仏教にあらず」（初出、一九八六年）『縁起と空――如来蔵思想批判――』（大蔵出版、一九八九年）、一―九頁参照。六つの規定は、五頁に示されている。

(36) 拙書『批判仏教』（大蔵出版、一九九〇年）参照。

(37) 松本史朗「袴谷憲昭著『法然と明恵　日本仏教思想史序説』」『駒沢大学仏教学部論集』第二九号（一九九八年十月）、四七〇頁。

(38) 特に言う必要もないことかもしれないが、敢えて言っておけば、「円のイメージ」の「円」とは、あくまでも作図上の二次元的平面のイメージとして言っているのであって、実際上のイメージは、その典型的例が「虚空（ākāśa）」であったり「天空（ouranos）」であったりすることからも分かるように、三次元的立体であると言うべきであろう。そして、そのイメージとは、必ずしも空間的拡がりをもったものについてだけではなく、その種の拡がりをもたない精神的なものについても、それが存在すると言われている時の、それが存在すると思い描かれている「場所」のことでもあるのである。

(39) 以上は、拙稿「松本史朗博士の批判二篇への返答」『駒沢短期大学仏教論集』第八号（二〇〇二年十月）、一五三―一八六頁、前掲拙稿（前註34）、一四九―二一〇頁、拙稿「『法華経』の対極にあるもの」望月海淑編『法華経と大乗経典の研究』（山喜房仏書林、二〇〇六年）、五七―八四頁などで述べてきたことの要旨である。なお、pratiṣṭhā と pratiṣṭhita との関係については、後註85を参照されたい。

(40) ここで「場所」を規定している二つの形容詞中、前者の「最終の」とは、作図的にも物理的にも、思い描かれている「場所」の「円周」を超える「円周」はもはや描きえないという意味、後者の「究極的」とは、価値的にその「場所」を主張する人にとっての全てを超えた最高の根本的立場という意味である。この「場所」の中に無数の「場所」が想定されることは言うまでもない。なお、「最終の」について付言しておけば、これが厳密に適用されれば、物理的には「有限論」に立つことになるであろうが、これは決して素朴な感情的「無限論」を排除するものではないであろう。

(41) 以上に示した三つの典拠についていえば、第一はアリストテレスの『自然学』、第二は『倶舎論』所引の経文、第三は『維摩経』によるものである。これらについては、ここでは一いち指摘しないので、前掲拙稿（前註39後者）、六六―七〇頁を参照されたい。

(42) 最終の究極的「場所」の中に存在すると考えられる人や物については、今回、本稿の第五節中において、「場所」ｘｙという概念と図を持ち込んで、若干の説明を試みているが、その「場所」ｘｙの場合においても同じことであるが、super の理解の問題については、最終の究極的「場所」を例にした方が分かり易いと思う。本稿の註37下の引用後の本文で述べているように、私は、「場所(locus, topos)」について、「円のイメージ」を除去し難いのであるが、その「場所」観が正しいとすれば、私にとって、super-locus とは、卑近な例では super-man が man を超えるように、あるいは、『旧約聖書』「詩篇」第八篇第1節の "elevata est magnificentia tua super caelos（なんぢの栄光は諸の天のうへに挙げられる）" の栄光が天を超えるように、locus を超えることは肯定されるべきものになってしまうであろう。しかるに、松本史朗博士は、その御著書『仏教思想論』上（大蔵出版、二〇〇四年）中で、「この「支えるもの」と「支えられるもの」を、以下に「基体」(dhātu「置く場所」locus) と「超基体」(dharma, super-locus) という語によって表現したい。」（二九―三〇頁）とおっしゃっておられるが、私にとって、「支えられるもの」とは、「場所」の内側に置かれ、「場所」の中に存在しているものでなければならないのである。その私の「場所」観を適用して、松本同上書、二七七―三一八頁で論じられている「四食」と「四識住」の問題を、私自身の旧稿を踏まえながら、今後の検討へ向けて私なりにまとめておこうというのが、本稿執筆の目的の一つでもある。なお、松本博士は、その「基体説」がインド特有の言語観、例えば、「この花は、白い」を「この花に、白性（白いものであること）がある」と捉える言語観念に根差すものであることを強く示唆されておられる（二九頁）が、重要な御指摘で私にも全く異存はない。ただ、私にとってより大事なことは、インドばかりではなく、それぞれの言語圏のあり様に強く拘束された「土着思想」が、いかにそれを否定してそこから立ち上っていくことができるかということなのである。

(43) これは、基本的に、前掲拙稿（前註34）、一八四―一八五頁に示して説明したものと同じものである。ただし、そこで、xとしたものは、ここではnに改められている。

(44) 以下に示す原文については、宇野惇『インド論理学』（法蔵館、一九九六年）により、㈠は、同、一二〇頁、㈡は、同、一二五頁から引用されたものである。その宇野訳は、それぞれ、同、八五頁と、九八―九九頁とに示されているが、「所依」と「能依」の訳語が逆に与えられていることには注意されたい。なお、本文中に示された訳は、宇野訳を参考に私によってなされたものであるが、基本的には、拙稿「思想論争雑考」『駒沢短期大学仏教論集』第一二号（二〇〇六年十月）、二〇一―二〇二頁に示したものと、次註45で正す件を除けば、同じである。因みに、マヘーシャチャンドラは新ニヤーヤ学派に属しているから、ある意味で当然かもしれないが、新ニヤーヤ学派の論理学について考察したマティラル教授も、このマヘーシャチャンドラと異なったことを述べているわけではないと思う。Bimal Krishna Matilal, *The Navya-nyāya Doctrine of Negation*, Harvard Oriental Series, Vol. 46, Cambridge, Massachusetts, 1968, pp. 71-72で扱われている“locus”の問題については、拙稿「安然『真言宗教時義』の「本迹思想」」『駒沢短期大学研究紀要』第三一号（二〇〇三年三月）、一四四―一四六頁で取り上げたことがあるので参照されたい。

(45) 原語でādhāraとādheyaとが対になり、漢訳では、前者が「能持」と訳されるのに対して、後者が「所持」と訳される例のあることを私は知らなかったわけではないのであるが、前掲拙稿（前註44前者）、二〇二頁において、私はこの語に敢えて「所置」という訳語を与えておいた。ādhāraがā-DHṚ-より派生するのに対して、ādheyaはā-DHĀ-より派生すると解し、それに忠実であろうとしたためである。しかるに、その後、桂紹隆博士より、この拙稿を踏まえた研究ノート「仏教における〈場所〉の概念――袴谷憲昭氏へのレスポンス――」と題する『龍谷大学論集』へ御寄稿予定の草稿を拝する機会に恵まれた（二〇〇七年五月二十二日付私信と共に、同五月二十五日受領）が、その御草稿の註7において、この「所置」の訳語に関し、早速に「後出する「能持」という表現〔と〕対比するためには「所持」という訳語の方が適切であるかもしれない。」との御指摘を頂いた。お手紙にて「校正で直すことあるかも知れ」ないとおっしゃっている、今の執筆時点で未刊の御草稿に、こうした形で触れることが果して適切かどうか私には分からないところもあるが、ここにこれを記させて頂くのも、桂博士の御指摘によって「所置」を「所持」に訂正しえたということを明示しておきたかったからにほかならない（その後、本稿を草し了えてからまだ余り月日も経っていない二〇〇八年二月九日に、恐らくは刊行されたばかりの同誌の抜刷を、桂博士御自身より郵送にて拝受した。その刊行年月と所掲頁は、二〇〇七年七月、二―二二頁（横）であるから、実際の刊行は半年ばかり遅れたのだと推測されるが、ここに、桂博士の御厚意に対して深謝の意を表しておきたい。なお、御論文は、先に参照した註記も一字の補い以外はそのままであり、全体も基本的には草稿と同じと思われるが、実際に刊行された以上は、種々御指摘頂いたことには、今後お応えしていきたいと願っている)。なお、漢訳中の適例を一つだけ示しておくことにすれば、玄奘訳『阿毘達磨雑集論』中に、「安住転者、謂、所持法、住能持中、而転故」(大正蔵、三一巻、七六五頁下)がある。因みに、対応サンスクリット文は“avasthāna-vṛttir ādheyasyâdhāre vyavasthānam”(Tatia ed., p. 141, l.26-p. 142, l.1)である。なお、Monier-Williams, *A Sanskrit-English Dictionary*, p. 139, col.1には、“ādhārâdheya-bhāva”が“the relation of the recipient and the thing to be received (as of a mirror and the object reflected)”の意味であるとあり、その用例が*Hitopadeśa*にあるというので調べてみたところ、第三話Vigraha(戦争)の第一二頌に、“mahān apy alpatāṃ yāti nirguṇe guṇa-vistaraḥ/ ādhārâdheya-bhāvena gajendra iva darpaṇe//”(金倉圓照、北川秀則訳『ヒトーパデーシャ——処世の教え——』、岩波文庫、一五七頁参照)とあったので、報告しておきたい。また、ādhārâdheya-bhāvaについては、後註91も参照のこと。

(46)「基体説(dhātu-vāda)」とは、前註35で指摘したごとく、六つの規定を伴って提起された松本史朗博士の「仮説」であるから、その六つの規定によってその妥当性が検証されていない段階で、従来の哲学用語としての「基体(Substrat, substratum)」が用いられていたとしても、その「基体」が「仮説」としてのdhātuの要件を充たしているわけではない、ということである。

(47) Pradhan, *op. cit.*(前註5), p. 11, l.26-p. 12, l.1:大正蔵、二九巻、四頁中、一〇—一一行。また、櫻部前掲書(前註5)、一六九頁も参照のこと。

(48)以上のことは、前註42でも述べたが、より詳しくは、前掲拙稿(前註39)を参照されたい。

(49)前掲拙稿(前註34)、一八五頁。

(50)中国におけるこの意味での仏教の展開については、伊藤隆寿『中国仏教の批判的研究』(大蔵出版、一九九二年)を参照のこと。そこで、伊藤博士が提起されている「道・理の哲学」の取り分け「道」は、私から見れば、まさに最終の究極的「場所」と考えられるのであるが、博士御自身はそのようなお考えはお持ちではないかもしれない。

(51)以下の図示に先行するものとして、前掲拙稿(前註44後者)、一〇六—一〇七頁、前掲拙稿(前註34)、一七四頁も参照されたい。

(52)以上で述べた「外来思想」と「土着思想」との問題、あるいは、「思想」と「習慣」との問題については、前掲拙書(前註28)、一—一一頁も参照のこと。

(53)以上の「翻訳可能論」と「翻訳不可能論」との問題、および、「一音演説法」の問題については、拙書『仏教入門』(大蔵出版、二〇〇四年)、一六—一九頁、一八二—一九一頁、拙稿「カイネーヤ仙人物語——「一音演説法」の背景——」『駒沢短期大学仏教論集』第六号(二〇〇〇年十月)、五五—一一四頁参照。

(54) 大正蔵、三七巻、二七一頁上―二七三頁中参照。また、現代語訳を含む善導への入門書としては、藤田宏達『善導』(人類の知的遺産18、講談社、一九八五年)があるが、特に、その二九五―三〇二頁に上記箇所の現代語訳があるので参照されたい。なお、「深信」と「凡夫」の問題に論点を絞った論文には、ジョアキン　モンティロ「二種深信の思想的な意味について――善導における如来蔵思想批判――」『同朋大学仏教文化研究所紀要』第一六号(一九九七年一月)、二六五―二八三頁、池田和貴「『観経』註釈者の思想的相違について――浄土観と凡夫観を中心として――」『駒沢短期大学仏教論集』第三号(一九九七年十月)、一二九―一四〇頁、拙稿「〈凡夫〉考」『駒沢短期大学仏教論集』第一二号(二〇〇六年十月)、三三―四五頁があるので参照のこと。

(55) 以下の引用につき、旧訳は、大正蔵、二八巻、一一六頁中、新訳は、同、二七巻、一五一頁中による。その解釈の一端は、前掲拙書(前註53)、一三―一六頁にも示したが、そこで、取り扱った「区別の知の無知」と「無別の知の無知」とについては、いささか説明不足もあり、誤解を受け易いかもしれないので、ここに若干の補足を試みておけば、前者は、区別=知に対する無知、後者は、無別=知=無知で、後者では無知のままで知であるが、前者は区別することによって無知を正していくことのできる知である。

(56) このようにして、北西インドで展開したかもしれない仏教の一端については、拙稿「『大乗大義章』第一三問答の考察」『駒沢短期大学仏教論集』第九号(二〇〇三年十月)、一八七―二〇八頁があるので参照されたい。かかる展開の中での「一切智(知)者」は、「一向他者(atyantânyad)」と呼ばれてもよい側面を有していたことについては、同上、二〇五―二〇六頁、註39で述べたが、その意味での仏の超人化は、同時に仏教の通俗化をもたらすかもしれない。かかる観点からは、同上拙稿でも触れた「チューダパンタカ譚」(同、二〇六頁、註43参照)を含む *Divyāvadāna* などの北西インドに流布した諸文献が克明に吟味されていく必要がある。平岡聡『ブッダが謎解く三世の物語　『ディヴィヤ・アヴァダーナ』全訳』上・下(大蔵出版、二〇〇七年)の出現は、その画期として誠に称賛に値しよう。そこに示されるどの章も重要な資料となるものであるが、「チューダパンタカ譚」との関係でいえば、その第三五章は、平岡同上書、下、三二二―三九七頁に「覚りを開いた愚者」として訳出されているものである。

(57) 以上の詳細については、拙書『本覚思想批判』(大蔵出版、一九八九年)、一一―三四頁参照。なお、「真如」は、最終の究極的「場所」を示す代表的な用語として挙げられているが、その同義語の列挙の一例については、前掲拙稿(前註34)、二〇八頁に、『智光明荘厳経』のものが表として示されているので参照されたい。

(58) 水野前掲論文(前註32)、水野前掲書(前註15)、三〇二―三〇三頁。

(59) 以下、「相応部」は、P. T. S. ed, Saṃyutta-Nikāya, Vol. III により、(a)はp. 21、(b)はp. 22、(c)はp. 168、(d)はpp. 109-112、その訳文は、南伝蔵、一四巻、相応部経典三(渡辺照宏訳)により、(a)は三二―三三頁、(b)は三三―三四頁、(c)は二六四頁、(d)は一七四―一七八頁、『雑阿含経』は、大正蔵、二巻により、(a)は一頁上、(b)は二頁上、(c)は六五頁下、(d)は三〇頁下―三一頁中である。引用に当っては、原文も渡辺訳も、分節番号や改行も略して、全て追い込みで示していることを諒とせられたい。なお、『雑阿含経』中の四経を、順次に、大正蔵によってその経番号を言えば、(a)は第一経、(b)は第一〇経、(c)は第二五九経、(d)は第一〇四経であるが、これを以下の引用に見られるような(a)(b)(c)(d)の順で示したのは、印順編『雑阿含経会編』(上)（正聞出版、一九八三年）において正されている順序に従ったもので、それらの「陰相応」内での番号を、その所出頁数（カッコ内）と共に示せば、(a)は第一経（二―三頁）、(b)は第一六経（一三―一四頁）、(c)は第四二経（四九頁）、(d)は第一七二経（一八四―一八六頁）である。因みに、この印順の『雑阿含経』研究の意義については、水野弘元「『雑阿含経』の研究と出版」（初出、一九八八年）『仏教文献研究』、水野弘元著作選集、第一巻（春秋社、一九九六年）、三五七―四一三頁参照。また、この印順の研究とは別途になされた成果に、向井亮「『瑜伽師地論』摂事分と『雑阿含経』――『論』所説の〈相応アーガマ〉の大綱から『雑阿含経』の組織復原案まで――附『論』摂事分―『経』対応関係一覧表」『北海道大学文学部紀要』第三三巻第二号（一九八五年一月）、一―四一頁（横）もあるので参照されたい。

(60) P. T. S. ed., Majjhima-Nikāya, Vol. I, p. 228：片山一良訳「小サッチャカ経」『中部（マッジマニカーヤ）根本五十経篇II』パーリ仏典、第一期2（大蔵出版、一九九八年）、一七二―一七三頁（引用に当って、改行なしの追い込みにて示す）：大正蔵、二巻、三五頁上―中、印順前掲書、「陰相応」第一七八経、二〇三頁。なお、Tilmann Vetter, *The Ideas and Meditative Practices of Early Buddhism*, E. J. Brill, Leiden/ New York/ København/ Köln, 1988, pp. 35-44 において、「智慧（paññā, prajñā, discriminating insight）」の観点から「五蘊無我」の問題が論じられ、その pp. 36-37 では、本経にも関説されているので、目下の問題と直結することではないが、今後は、この方面の問題も掘り下げていってみたいと思っている。

(61) "n'atth'attā" と "atth'attā" とが質問の形で出る有名な経典が、P. T. S. ed., Saṃyutta-Nikāya, Vol. IV, pp. 400-401, XLIV, 10, *Ānanda*：南伝蔵、一六巻上、相応部経典五、一三二―一三四頁、「無記説相応」第一〇経「阿難」（立花俊道訳）：『雑阿含経』第九六一経、大正蔵、二巻、二四五頁中：印順前掲書（前註59）(下)、六五三頁、「如来所説誦」中「婆蹉出家相応」第六経である。これは、仏説を判断保留にならずにいかに「無記」と「中道」として理解するかという問題を提起している経典で、その解釈は極めて困難なのであるが、網羅的には、まず、Étienne Lamotte, *Le Traité de la Grande Vertu de Sagesse de Nāgārjuna* (*Mahāprajñāpāramitāśāstra*), Louvain, 1976, pp. 2003-2005 が参照されるべきであろう。後註63も参照のこと。なお、"nâsty ātmā" の表現はないが、「五蘊」仮説を強く主張している経に、前掲拙書（前註53）、一四三―一四四頁でも取り上げた『雑阿含経』第三〇六経、大正蔵、二巻、八七頁下―八八頁上：印順前掲書（前註59）、三八九―三九〇頁、「入処相応」第二三〇経があるが、この経については、室寺義仁「仏教的「一切」(*sarva*) と識別 (*vijñāna*) ――世親の有部批判――」『東方学』第一〇五輯（二〇〇三年一月）、一四八―一三五頁（横）を参照されたい。

（62）以上の問題に関しては、prasajya-pratiṣedha と paryudāsa との用語の使用に関する私の反省を含めて、前掲拙稿（前註28前者）、特に、一一六—一一八頁、一一九—一二一頁、註11、12、13、前掲拙稿（前註54）、四三—四四頁、註20を参照されたい。

（63）Ernst Steinkellner, "Lamotte and the Concept of Anupalabdhi", *Asiatische Studien/ Études Asiatiques*, XLVI-1, 1992, pp. 398-410 参照。『蛇喩経』については、P. T. S. ed., Majjhima-Nikāya, Vol. I, *Alagaddūpama-sutta*, pp. 130-142：片山訳「蛇喩経」、片山前掲書（前註60）、第一期1（一九九七年）、三四七—三七四頁を参照されたい。

（64）前註61で『雑阿含経』第九六一経系統の諸文献について述べたことが、我々自身の解釈において試されていると同時に、文献自体にこの種の判断保留が忍び込んでいないかどうかを断えず警戒する必要があるであろう。しかるに、かかる局面で問題になってくるのが、解釈者もしくは経典中の問者の「意図次第（āśayâpekṣā）」という論点である。その「意図次第」にあまりにも傾斜してしまった経典は、当の解釈者もしくは問者から見て、「未了義経（neyârtha-sūtra）」ということになるであろうが、かかる āśaya に絡む「雀の比喩」については、後註69の石見明子論文を参照されたい。

（65）前註59中で示した(b)の省略されている末尾箇所 p. 22, 1.17 に "nāparam itthattāyāti pajānātīti" とあるのを参照。

（66）*Abhidharmakośakārikā*, I-7ab に "te punaḥ saṃskṛtā dharmā rūpâdi-skandha-pañcakam" とあり、五蘊はあくまでも有為であって無為とは峻別される。玄奘訳『倶舎論』、大正蔵、二九巻、二頁上—中、『順正理論』、同、三三二頁下も参照のこと。

（67）寺本婉雅、平松友嗣共編訳註『蔵漢和三訳対校異部宗輪論』（小山書店、一九三五年）、六三—六四頁、チベット訳校訂、一三頁（横）参照。重要と思われるので、玄奘訳とチベット訳、および、後者からの和訳を、順次に示せば、「補特伽羅、非即蘊、非離蘊。依蘊処界、仮施設名。諸行有暫住、亦有刹那滅。諸法若離補特伽羅、無従前世転至後世。依補特伽羅、可説有移転。」（大正蔵、四九巻、一六頁下）："phung po rnams gang zag ma yin no// phung po rnams las gud na yang med do// phung po dang khams dang/ skye mched la brten te btags pa// 'du byed thams cad ni dus gzhan la skad cig dag go// gang zag ma gtogs pa 'jig rten 'di nas 'jig rten pha rol tu gang 'pho ba'i chos gang yang med do// gang zag 'pho'o zhes brjod par bya'o// (〔五蘊〕は人（pudgala）ではなく、〔五〕蘊と別なところにも〔人は〕存在しない。〔五〕蘊と〔十八〕界と〔十二〕処とに依って仮説されるものである。全ての行（saṃskāra）は他時には刹那に滅してしまうものである。人と関係なしにこの世界から他世界に移転してしまうような法はいささかも存在しない。人は移転すると言われるべきである。)" となるであろう。

（68）水野前掲論文（前註32）、水野前掲書（前註15）、三三八頁。

（69）唯識思想に近い『倶舎論』の著者ヴァスバンドゥの主張が全面的に正しいということは勿論ありえないことではあるが、その第九章の「破我品（pudgala-kośa, *ātma-pratiṣedha-nirdeśa）」におけるヴァスバンドゥの批判は、この犢子部批判ということでは、ある程度正しいと認められるべきではないかと思う。この「破我品」の研究については、本書「序」第一論文、註53に挙げたもの以外では、拙稿「無我説と主張命題――「破我品」の一考察――」前田専学博士還暦記念論集『〈我〉の思想』（春秋社、一九九一年）、一五五―一六七頁、本庄良文「シャマタデーヴァの伝える阿含資料補遺――破我品(上)(下)――」『神戸女子大学文学部紀要』第三一巻（一九九八年三月）、九一―一〇四頁（横）、『神戸女子大学教育学科研究会（教育諸学研究論文集）』第一二巻（一九九八年五月）、七五―八四頁（横）、Jong Cheol LEE（李鍾徹）(ed.), *Abhidharmakośabhāṣya of Vasubandhu, Chapter IX : Ātmavādapratiṣedha*, The Sankibo Press, Tokyo, 2005、石見明子「雀の比喩と無記説――『倶舎論』「破我品」の所説に関して――」『印仏研』五五―一（二〇〇六年十二月）、三九九―三九六頁、同「問記と諂心――『倶舎論』の所説に関して――」『印仏研』五六―一（二〇〇七年十二月）、三七八―三七五頁を参照されたい。なお、「破我品」の批判とは別に、部派仏教における心体論に絡む教義史を詳しく考察したものに勝又前掲書（前註15）、五一三―五九二頁があるので、それらの教義の概略を知るためにも参照される必要があろう。

(70)　ここで「一部」というのは、『雑阿含経』でいえば、その第三七一―三七八経を指す。「雑（相応）」という Āgama（阿含）や Nikāya（部）の総タイトルから言っても、その「一部」とは、既に「四食」を説く経典ということが意識された段階での編纂意図が秘められたものと解することができる。因みに、『雑阿含経』第三七一と第三七二に相当するパーリは「相応部」の「因縁相応」中の「四食」に所属している。しかるに、『中阿含経』もしくはMajjhima-Nikāya は、そのような意味での編纂意図で構成されたものではないから、そこに収められている、本文中のこれ以下で取り上げる『嗏帝経』もしくは *Mahātaṇhāsaṅkhaya-sutta* には、却って「四食」導入の理由が仄めかされているかもしれない。なお、『雑阿含経』第三七一―三七八経については、後註73、96を参照のこと。

(71)　『中阿含経』については、水野弘元「漢訳の『中阿含経』と『増一阿含経』」（初出、一九八九年）、水野前掲書（前註59）、四一五―四七一頁、櫻部建「シャマタデーヴァの依用する中阿含について」山口博士還暦記念『印度学仏教学論叢』（法蔵館、一九五五年）、一五五―一六一頁参照。

(72)　大正蔵、一巻、七六七頁下：P. T. S. ed., Majjhima-Nikāya, Vol. I, p. 261：片山一良訳「大愛尽経」、片山前掲書（前註60）、二四四頁。

(73)　『雑阿含経』第三七一―三七八経については、後註96参照。また、前註70も参照のこと。Wayman, *op. cit.*（前註2）, pp. 136-137では、「四食」の例として、この第三七三経に相当する P. T. S. ed., Saṃyutta-Nikāya, Vol. II, p. 98 の Nidāna-saṃyutta の第六三経 *Puttamaṃsa*（『子肉』）中のものが挙げられている。また、松本前掲書（前註42）において、その第三七一経は、三一一―三一二頁、第三七二経は、三〇三―三〇四頁、第三七四経は、三〇六―三〇八頁で、対応パーリや関連諸文献と共に詳細に検討されている。なお、松本同上書、二八九―三一七頁は、「四識住・識食・有取識」と題されていて、松本博士の「基体説」の仮説の検討と共に、アーラヤ識成立史の中で、関連文献が考察されており、私の本稿の目的とは異なるが、極めて有益なので参照されたい。また、上記中の『雑阿含経』第三七二経は、その対応パーリでは *Phagguna* と呼ばれているように、『俱舎論』所引箇所でも *Phālguna-sūtra* と呼ばれているが、本経の全体については、本庄前掲論文（前註69）、(上)、一〇二―一〇四頁を参照のこと。

(74) 漢訳『雑阿含経』については、大正蔵、二巻、一〇一頁下、一〇二頁上、一〇二頁中、一〇二頁下―一〇三頁上、一〇三頁上、一〇三頁中参照。サンスクリット文想定の依り所とした *Abhidharmakośabhāṣya* 所引の経文は、Pradhan, *op. cit.*（前註5）, p. 153, ll.6–7である。この経がなんであるかは、本庄良文『俱舎論所依阿含全表Ⅰ』（私家版、一九八四年）、四四頁、Chap. 3〔72〕においても同定されていない。なお、私のサンスクリット想定文中の "kavaḍīkārāhāra audārikaḥ sūkṣmaḥ sparśo" は、正しいかどうか自信はないが、こうすれば、漢訳はこのような文中の audārika（麁）を「摶食」に係け、sūkṣma（細）を「触食」に係けたという説明もつくと考えたからである。

(75) この語の初出でいえば、Majjhima-Nikāya, Vol. I, p. 256, l.18：大正蔵、一巻、七六六頁下参照。片山前掲書（前註60）、二三四頁とこれ以下では「悪しき見解」と訳されている。

(76) 前註で指摘した箇所以下参照。なお、(ω)のパーリの例文（p. 258, ll. 20–21）からは、"viññāṇaṁ" と "aññatra" との間の "vuttaṁ" を除いてある。それに伴い、利用させて頂いた片山訳にも若干の変更を施したことを諒とせられたい。

(77) 大正蔵、一巻、七六七頁上：Majjhima-Nikāya, Vol. I, p. 259：片山前掲書（前註60）、二四〇頁。片山訳は追い込みで引用させて頂いた。

(78) 従って、私は、この三つがパーリのような六つの形態へと増広されたと単純に考えているが、ただし、この比喩の直後に示される、漢訳でいえば、七六七頁中、一二行―下、四行の「仏言、真説見耶。」より「比丘答曰、唯然、世尊。」までの間は、かなり難解な箇所で、増広についての判断も私には単純に下すことができない。この国訳者の立花俊道博士は、パーリの āhāra（食）を漢訳者が araha（真）と誤解したことによる現象とお考えのようである。この件については、立花俊道国訳『中阿含経』「嗏帝経」、国訳一切経印度撰述部、阿含部六、二七五（一〇二九）頁、脚註6、7参照。なお、この六識の命名の比喩として、以上の三つないし六つの比喩が名称の仮説の域から出て、仮説の背景を実体的に捉えて、kaṭṭha ないし saṅkāra が、あたかも「布」に対する「糸」のように実体化された構成要素と考えられるようになれば、この paṭicca＝pratītya（よって）示される対象は実体化される可能性があるが、この点については後註93を参照されたい。

(79) 拙稿「*Viniścayasaṃgrahaṇī* におけるアーラヤ識の規定」（初出、一九七九年）、前掲拙書（前註33）、四一〇―四一一頁、四三五頁参照。私は、植物やその果実の加工品等について全く無知なので、当時、パーリの本経を知らずに訳文を与えていた私のそれら個々のものに対する訳語は正確ではなく改められるべきかもしれないが、今の時点での、パーリ語、サンスクリット語、漢訳語の対応関係は、本文中に示したものでほぼよいのではないかと思っている。

（80）『瑜伽師地論』が『嗏帝経』に基づいていたという関係は、『瑜伽師地論』が『多界経』に基づいていたという関係と類似の状況であるかもしれない。その意味での『中阿含経』中の『多界経』については、櫻部前掲論文（前註71）、および、拙稿「三乗説の一典拠――*Akṣarāśi-sūtra* と *Bahudhātuka-sūtra*――」（初出、一九八一年）、前掲拙書（前註33）、二三六―二五一頁を参照されたい。

（81）前註78で触れた箇所の難解さを指す。そこで、片山前掲書（前註66）、二四一頁の脚註の導きによって、ブッダゴーサの註釈、P. T. S. ed., *Papañcasūdanī : Majjhimanikāyaṭṭhakathā of Buddhaghosâcariya*, Part II, p. 307 のこの箇所の導入部の説明を見ると、"Evaŋ viññāṇassa sappaccayabhāvaŋ dassetvā idāni pana pañcannam pi khandhānaŋ sappaccayabhāvaŋ dassento, *bhūtam idan* ti ādim āha. Tattha *bhūtam idan* ti idaŋ khandhapañcakaŋ jātaŋ bhūtaŋ nibbattaŋ, tumhe pi taŋ bhūtam idan ti, bhikkhave, passathā ti. *Tad āhārasambhavan* ti tam pan' etaŋ khandhapañcakaŋ āhārasambhavaŋ, paccayasambhavaŋ, taŋ sati paccaye uppajjatī ti evaŋ passathā ti pucchati. *Tadāhāranirodhā* ti tassa paccayassa nirodhā.（このように識の有縁の状態を示された後で、更に〔世尊は〕今や五蘊の有縁の状態を示されつつ、「これは生じている」などと言われた。そこで「これは生じている」とは、この五蘊が生じ生まれ生成しており、汝らもまた、比丘たちよ、それでこれは生じていると見るべきである、ということである。「その食の生起」とは、またそれで、この五蘊が食の生起で、縁による生起であり、それは縁があれば生起すると、このように〔汝らも〕見るべきである、とて〔世尊は〕お尋ねになったのである。「その食の滅によって」とは、その縁が滅することによってである。）"となっているのである。五蘊が「食（āhāra）」と「縁（paccaya）」と共に極めて強く「実体」化されていることが分かるが、このブッダゴーサの āhāra＝paccaya との見解については、松本前掲書（前註42）、三〇四頁を参照されたい。

（82）私のこうした考え方は、Henri Bergson, *Essai sur les données immédiates de la conscience*, 1889, pp. 1-180 : *Henri Bergson : Œuvres*, Édition du Centenaire, Presses Universitaires de France, Première Édition, 1959, Seconde Édition, Paris, 1963, pp. 5-156、平井啓之訳『時間と自由』、ベルグソン全集1（白水社、一九六五年）によるところが大きいが、後になって、徐々に、ベルクソンに対して、特にその言語観を中心に批判的にならざるをえなくなったことについては、後註111を参照のこと。なお、これ以下に、ベルクソンの原文に言及する時は、上掲前者の単行本頁ではなく、後者の百年祭版の通し頁によることにし、単行本頁は念のためカッコ内に付しておくことにする。しかるに、今の本文中に述べた問題に関しては、特に、*ibid.*, pp. 51-92 (56-104), Chap. II, "De la multiplicité des états de conscience — L'idée de durée"、平井上掲訳書、七五―一三一頁、第二章「意識の諸状態の多数性について――持続の観念」を参照されたい。

(83) *Bṛhadāraṇyakopaniṣad*, *op. cit.*（前註6）につき、(イ)はp. 235、(ロ)はp. 236、湯田前掲書（前註6）につき、(イ)は一〇二頁、(ロ)は一〇三―一〇四頁。ただし、(ロ)の湯田訳については、問答体の改行形式になっているものを追い込みに改めさせて頂いた。なお、本文の引用後に示した私流の訳で(イ)全体の拙訳を示せば、「心臓こそ〔ブラフマンの〕住処なり、虚空が〔ブラフマンの〕場所なり、これを立脚所と想うべし。…大王よ、まこと心臓は万物の場所なり。大王よ、げに万物は心臓をこそ場所としていればなり。」となるであろう。しかるに、(ロ)全体について同じことができないのは、私にとって難しい箇所が多すぎるからである。特に、重要な語である“praviviktâhāratara”が私にはよく分からない。サンスクリット校訂者は、*Māṇḍūkyopaniṣad* 4の“pravivikta-bhuk”の読みを示唆しているが、この語は、Monier-Williams, *A Sanskrit-English Dictionary*, p. 692, col. 2で“eating delicate food”とされている。また、この語の少し前にある“āsravatinti”も分からないのであるが、校訂本を“āsravati”と改めさせて頂いた。

(84) “nāḍyo”（nāḍi, pl.）の動詞であるからbhavantiであるべきではないかと思い、一応、校訂本にあるbhavatiにnを補っておいた。

(85) 必ずしもpratiṣṭhāと対にされたpratiṣṭhitaについてではないが、サンスクリット文献におけるpratiṣṭhitaの用法研究に、金沢篤「satyaとdharma」『駒沢大学仏教学部論集』第三三号（二〇〇二年十月）、三五八―三二八頁があるので参照されたい。

(86) 拙稿「初期大乗仏教運動における『法華経』――uddiśyaの用例を中心として――」『勝呂信静博士古稀記念論文集』（山喜房仏書林、一九九六年）、二四二頁、二四九頁、註27参照。そこでは、中村前掲書（前註21）、六一三頁を指示するのみに止まったが、以下の本文では、そのātma-bhāvaの意味を、「場所」ｘｙとして、原典に基づいて若干考察を加えた。

(87) Mahādeva Śāṣtrī Bākre, Wāsudev Laxmaṇ Śāṣtrī Paṇśīkar (ed.), *The Brahmasūtra-Shānkarbhāshyam with the Commentaries Bhāshya-Ratnaprabhā, Bhāmatī and Nyāyanirmaya of Shrīgovindānanda, Vāchaspati and Ānandagiri*, Nirṇaya-Sâgar Press, Bombay, 1934, p. 123：金倉圓照『シャンカラの哲学　ブラフマ・スートラ釈論の全訳』上（春秋社、一九八〇年）、七七―七八頁。“apracyutâtma-bhāva”の、私が「追い出されていない」と訳したapracyutaは、金倉訳によっては「離脱しない」、中村訳では「没することはない」と訳されているが、仏教文献でなら「無没」とでも訳されうるであろうか。いずれにせよ、今の場合、本来的な状態にあることがapracyutaで、従って、そこから離れることがpracyutaとなる。アートマンが、最終の究極的「場所」から離れていない場合であっても、真実の覚知がないために、アートマンは「場所」ｘｙとしてそこを離れたかのように肉体化されて把握されてしまうということが意図されているのではないかと考えられる。

(88) *Ibid.*, p. 508, l. 3. 金倉前掲書（前註87）、下（春秋社、一九八四年）、一八頁参照。

(89) 以上については、*ibid.*, p. 124：金倉前掲書（前註87）、七八頁による。

（90）「最終の究極的」という意味において、ātman と ākāśa のどちらが大きいとみなされているかということは、意外に難しい問題であろうが、アートマン至上主義からいえば、アートマンと答えるべきであろう。*Taittirīyopaniṣad*, 1.6. "ākāśa-śarīraṃ brahma", 1.7. "ākāśa ātmā", 2.1. "etasmād ātmana ākāśaḥ saṃbhūtaḥ", Limaye & Vadekar, *op. cit.*（前註6）, p. 52, p. 55：湯田前掲書（前註6）、三四七頁、三四八頁、三五二頁などに基づき、シャンカラによってアートマンが「虚空」などの万物を生ずると考えられていたことについては、*Brahmasūtra-Śāṃkarabhāṣya*, *op. cit.*（前註87）, p. 501, pp. 504-505：金倉前掲書（前註88）、八頁、一三―一四頁を参照されたい。

（91）以上の本文中に示した ādhārâdheya-bhāva の *Hitopadeśa* 中における実際の用例については、前註45参照のこと。この *Hitopadeśa* の比喩では、ādhāra（能持）が darpaṇa（鏡）、ādheya（所持）が gajendra（大象）であるが、この比喩は、唯識説における bimba（本質）と pratibimba（鏡像）との関係を想起させる。その場合に、一体だれがその像を見るのかという認識論の問題になってくると、そこに『成唯識論』以降の問題として「三類境」の「性境」「独影境」「帯質境」の問題が展開する。特に、アーラヤ識の相分としての「種子」「有根身」「器世間」は、物質的なものを根本的に認めていない唯識説にとっては、困難な課題であるが、これについては、山部能宜「法相唯識に於ける色法の識所変性についての考察――《三類境義》の観点から――」『南都仏教』第六三号（一九八九年十二月）、一―一八頁を参照されたい。なお、「場所」ｘｙは極めて小さな丸でイメージされる個体として考えられるとき、「認識我」としてのアートマンのみならず、それを否定する仏教でさえ、「五蘊」がその個体と考えられ、そのｘｙ全体を ādhāra として、そこに ādheya としてのアートマンやプドガラの名称が仮説されると考えられるような場合も生じる。このような場合に適用される「鏡（ādarśa）」と「鏡像（pratibimba）」の比喩が、Michael Hahn (ed.), *Nāgārjuna's Ratnāvalī*, Indica et Tibetica, Vol. 1, Bonn, 1982, pp. 14-15, vv. 1.31-33：瓜生津隆真訳「宝行王正論（一連の宝珠――王への教訓）」『龍樹論集』（大乗仏典14、中央公論社、一九七四年）、二三八頁に認められるが、これを含む中論学派における五蘊の問題については、斎藤明「ナーガールジュナにおける自我とニルヴァーナ」前田専学博士還暦記念論集『〈我〉の思想』（春秋社、一九九一年）、一八一―一九六頁、特に、一八九―一九〇頁参照のこと。

（92）ここで私が考えているのは、「場所」ｘｙという構造を全く変えることなく、その丸のイメージの内部で行われる「配置転換」や「形態変換」のことであるが、それがヒンドゥー文献では vyūha と把握されていることについては、原實「Gaṇḍa-vyūha の題名考」中村元博士還暦記念論集『インド思想と仏教』（春秋社、一九七三年）、二一―三六頁、松原光法「ヴューハ説の形成(I)――序説――」前田専学博士還暦記念論集『〈我〉の思想』（春秋社、一九九一年）、三六一―三七三頁、また、その「パンチャ構造」の仏教への導入の問題については、松原光法「ヴューハ説の形成(III)――インド仏教史における「パンチャ構造」の共時認識――」『密教文化』第一七八号（一九九二年三月）、一二六―一〇二頁を参照されたい。

(93) 松本史朗博士は、「縁（paccaya, pratyaya）」即「基体（dhātu, locus）」であるとのお考えである。そのことは、松本前掲書（前註42）全体で示されているともいえるが、特に、一八七―一八八頁、註105、107と二九九頁とを参照されたい。前者では、paccaya とほぼ同義の pratītya についても、「眼識」にとって「縁られるもの」である「眼」と「色」とが「基体」とされ、従って、これも「基体説」であって仏教ではないということになるであろうが、しかし、これが非仏教的になるのは、三者が和合すると捉えられて、その三者が和合する「場所」xyが実体視されているからではないかと私は考える。もし pratītya 自体が「基体」を示唆しているのであれば、それによって起るとされる「縁起（pratītya-samutpāda）」も即非仏教とされねばならないであろう。また、後者では、「識が名色において住処（patiṭṭhā, pratiṣṭhā）を得る」という表現により「名色」が「識」の「基体」であるということが指摘されているが、私にとって、この考えが非仏教的になるのは、「場所」xy（xは名色、yは識）が個体として実体化されて移行していくと捉えられていると判断されるからであって、pratyaya/ paccaya が用いられていれば即非仏教ということにはならないのではないかと思うのである。なお、pratītya のパーリ形 paṭicca の用例とそれに関する問題については、前註78、非仏教的な「場所」xyの移行の一例については、後註107を参照されたい。

(94) 本経の正式経名は、漢訳では『嗏帝経』、パーリでは *Mahātaṇhāsaṅkhaya-sutta*（『大愛尽経』）であるが、その各末尾に、漢訳では「愛尽解脱」、パーリでは "taṇhā-saṅkhaya-vimutti" が別名として記されている。

(95) 松本史朗博士によれば、「解脱」思想とは、「A（アートマン）のB（非アートマン）からの離脱」であるが、私は、同博士のその最初の提示以来、これを認めて今日に至っているが、その一つについては、拙稿「アビダルマ仏教における菩薩論」加藤純章博士還暦記念論集『アビダルマ仏教とインド思想』（春秋社、二〇〇〇年）、一九―三四頁、特に、二一頁、二九頁、註7を参照されたい。ただし、「円のイメージ」の「場所」論にこだわる私は、アートマンの肯定の仕方の違いによって、そのアートマンの離脱の仕方にも当然違いが出てくると考えるようになってきており、それは近時になるほど私の論調にも現われてきていると思うが、ここで一つだけ具体例を示すと、例えば、アートマンの肯定の仕方に、「転変（開展）説」「積聚（集合）説」「化現（仮現）説」があるとすると、第一説や第二説の離脱には、「場所」xyの移行がなんらかの意味で想定されざるをえないのに対して、第三説のそれでは、覚知しさえすれば無知はなくなるとすると、移行は必須ではなく、即刻離脱が成り立つとも考えられるであろう。なお、「成仏」が「解脱思想」であるか否かについては問題があるかもしれないが、これについては、上記拙稿のほか、前掲拙稿（前註44後者）、特に、一九四―一九五頁、註112も参照されたい。また、後註107も参照のこと。

(96) 『雑阿含経』第三七一―三七八経については、大正蔵、二巻、一〇一頁下―一〇三頁下、その全体の体系中での位置取りが意識された再編本については、印順前掲書（前註59）、(中)、八七—九八頁参照。印順によれば、それらの経は、順次に、「因縁相応」中の、第七一—七八経である。なお、それらの経典中の個々の若干の問題については、前註70、73も参照されたい。

(97) 以上の経典に関する『瑜伽師地論』「摂事分」は、大正蔵、三〇巻、八三八頁下—八四〇頁中：D. ed., No. 4039, Zi, 271a3-275a1である。なお、全体における、この位置取りについては、向井前掲論文（前註59）、三六頁の表を参照のこと。また、本文中に示したチベット中の総タイトル箇所は、D. ed., Zi, 303b2である。因みに、この冒頭部分は、松本前掲書（前註42）、三一二—三一四頁で、和訳を伴って取り上げられ、それ以下に考察されているので参照されたい。

(98) 前註67、68、69を付した箇所の本文、および、それぞれの註を参照されたい。

(99) nāma-rūpa について述べた文献中に Brāhmaṇa を加えたのは、自ら確認したわけではなく、Monier-Williams, *A Sanskrit-English Dictionary*, p. 536, col.2 の当該項目の記載によるものである。また、その記載中の指示により、Monier-Williams, *Buddhism, In its Connexion with Brāhmanism and Hindūism and in its Contrast with Christianity*, New York, 1889, p. 102 前後を参照することを得たが、その p. 100 の記載により、更に、『マヌ法典（*Manusmṛti*）』第六章第七七頌を知った。「名色」に直接関係するものではないが、重要と思うので左に示しておく。原文は、Kashi Sanskrit Series, No. 114, p. 299、和訳は、渡瀬信之『サンスクリット原典全訳マヌ法典』（中公文庫、一九九一年）、一九六頁によるものである。

　　jarā-śoka-samāviṣṭaṃ rogâyatanam āturam/ rajas-valam anityaṃ ca bhūtâvāsam idaṃ tyajet//
　　老いと悲しみに占領され、病の座所であり、苦に悩まされ、ラジャス質に満ち、そして無常なこの物質要素の住処（身体）を遺棄すべし。

さて、問題の nāma-rūpa に言及したウパニシャッド文献は、決して少なくはないが、ここではその一例のみを、*Chāndogyopaniṣad*, *op. cit.*（前註6）, p.138, 6.3.3：湯田前掲書（前註6）、二八六頁より示しておけば、"sêyaṃ devatêmās tisro devatā anenâiva jīvenā'tmanā 'nupraviśya nāma-rūpe vyākarot/（この神格は、これら三つの神格（＝熱、水、食）の中に、まさに、この生命としての自己《アートマン》によって入り、名称と形態とを展開した。）" である。なお、この『チャーンドーギヤ＝ウパニシャッド』の直前の段をも含めての「名色（名称と形態）」の考察については、中村元『原始仏教の思想』II、中村元選集〔決定版〕、第16巻（春秋社、一九九四年）、四八二—五一九頁を参照されたい。

(100) 大正蔵、二巻、一六頁下—一七頁上、八頁下—九頁上、P. T. S. ed., Saṃyutta-Nikāya, Vol. III, pp. 55-56, pp. 54-56、南伝蔵、一四巻、八七—九二頁、八四—八七頁参照。印順によって正された順序では、順次に、「陰相応」中の第六一経と第一五一経となるが、それぞれ、印順前掲書（前註59）、一〇一—一〇三頁、一四六—一四七頁を参照されたい。

(101) 挙げれば切りがないほど多くの研究があるであろうが、ここでは、中村前掲書（前註99）、松本前掲書（前註42）のほかに、榎本文雄「『摂大乗論』無性釈に引用される若干の経文をめぐって——「城邑経」の展開を中心に——」『仏教史学研究』第二四巻二号（一九八二年三月）、四四—五七頁（横）、梶山雄一「輪廻と超越——『城邑経』の縁起説とその解釈——」『哲学研究』第四七巻第八冊（第五五〇号記念特別号、一九八四年十月）、三二四—三五八頁、特に、その三五〇—三五三頁を挙げるだけに止めるので、以上の四成果によって、従来の研究を参照されたい。

(102) 宇井伯寿「決定蔵論の研究」『印度哲学研究』第六（甲子社書房、一九三〇年、岩波書店再刊、一九六五年）、六六〇—六六九頁、大正蔵、三〇巻、五九四頁下—五九六頁上：一〇三〇頁中—一〇三一頁中：D. ed., No. 4038, Zhi, 42a4-45a6 : P. ed., No. 5539, Zi, 44b1-47b7 参照。

(103) ここで、この箇所の基づいている経文を、チベット訳で示せば、"bzhi po 'di dag ni rnam par shes pa gnas pa'i rgyu dang len pa dang dmigs pa yin te/ gzugs la nye bar song ba'i rnam par shes pa gnas pa dang/ gzugs la dmigs pa'o... nga ni rnam par shes pa 'di dag ni shar phyogs na gnas pa dang/ phyogs mtshams kyi bar na gnas par yang mi smra ste/ tshe 'di nyid la grib ma med pa dang/ mya ngan las 'das pa dang/ zhi ba dang bsil bar gyur pa dang tshangs par gyur pa yin" (D. ed., Zhi, 42b2-4) であるが、これにほぼ対応する『雑阿含経』第三九経は、「何等為四。於色中識住、攀縁色、…於受想行中識住、攀縁受想行……我説、彼識不至東西南北四維上下、無所至趣。唯見法、欲入涅槃寂滅清涼清浄真実。」（大正蔵、二巻、九頁上）であり、また、パーリについては、若干説明は必要かもしれないが、説明は略し、ただ対応箇所だけを示しておけば、"Rūpupāyam vā bhikkhave viññāṇaṃ tiṭṭhamānam tiṭṭheyya rūpārammaṇaṃ rūpapatiṭṭhaṃ... Vedanupāyaṃ... Saññupāyaṃ... Saṅkhārupāyaṃ... Tad apatiṭṭhitaṃ viññāṇaṃ... vimuttaṃ// vimuttattā ṭhitaṃ ṭhitattā santusitaṃ santusitattā na paritassati// aparitassaṃ paccattaññeva parinibhāyati//" (Saṃyutta-Nikāya, Vol. III, pp. 54-55) である。

(104) *Abhidharmakośabhāṣya*, Pradhan, *op. cit.*（前註5）, p. 117, l.17-p. 118, l.19：山口益、舟橋一哉『倶舎論の原典解明　世間品』（法蔵館、一九五五年）、五五—六三頁参照。また、*ibid.*, p. 333, l.2-11：櫻部建、小谷信千代『倶舎論の原典解明　賢聖品』（法蔵館、一九九九年）、五二—五八頁も参照されたい。

(105) 前註104指摘の箇所の "kṣetra-bhāvena Bhagavatā catasro vijñāna-sthitayo deśitāḥ/ bīja-bhāvena ca sôpādānaṃ vijñānaṃ" (p. 118, ll.10-11), "yāṃś ca dharmān abhiruhya vijñānaṃ vāhayati nau-nāvika-nyāyena te dharmā vijñāna-sthitaya uktāḥ" (p. 118, ll.1-2)、"bīja-kṣetra-bhāvaṃ" (p. 333, l.11), "vijñāna-sthitayo 'pi pratiṣṭhā-hetuḥ"（*AKVy*, p. 522, l.27：櫻部建、小谷前掲書、五四頁）による。

(106) 前掲拙稿（前註79）、三七五頁参照。このサンスクリット文は、そこで想定されているものによる。このうちの"vijñānaṃ apratiṣṭhitam"が、前註103の末尾に示したパーリの"apatiṭṭhitaṃ viññāṇaṃ"とほぼ同文であることに注意されたい。

(107)「識は識住ではない」ということ自体は、識が「場所」の側にないことを意味する限りでは、伝統的解釈なので、その「唯識」的解釈といえるものとは、小丸のイメージの個体である「場所」xyから、「田」であり「船」である「四蘊」xに「種子」として「船乗り」として非本来的にそれらを場所としていた「識蘊」yが、本来の状態である最終の究極的「場所」へ戻り転換したということを意味するものである。その意味で、これは、前註95で示唆した「解脱」の仕方の一パターンであるともいえよう。また、「唯識」説のこの「転依」については、本書「本論」第一三論文と共に、本書「序」第一論文第四節の「滅の三規定」も参照されたい。なお、本文中に示した「識は識住ではない」相当の諸本中、漢訳については、宇井前掲論文（前註102）、六六六頁、上段、一二行、下段、一行、チベット訳については、D. ed., Zhi, 44a6-7を参照のこと。

(108)『城邑経』を踏まえながらの私のこの問題への一考察については、拙稿「離言（nirabhilāpya）の思想背景」『駒沢大学仏教学部研究紀要』第四九号（一九九一年三月）、一六九―一二五頁、特に、一五三―一四三頁参照。

(109) *Abhidharmasamuccaya*, D. ed., No. 4049, Ri, 44(1)b7-45(2)a1. 大正蔵、六六三頁上、一六―一八行参照。また、従来の還元サンスクリットについては、P. Pradhan (ed.), *Abhidharma Samuccaya of Asaṅga*, Visva-Bharati Studies 12, Santiniketan, 1950, p. 1, l.14-p. 2, l.1があり、還元に当っては、これを参考にしたことは言うまでもない。なお、一いち記さないが、それと異なるものは、*Abhidharmasamuccayabhāṣya*の別系別訳のD. ed., No.4054, Li, 119a3-5を参照した結果によるところが大きい。-udbhāvanatāṃ upādāyaを一いちに付したのもそれによる。この註釈文の拙訳については、前掲拙稿（前註34）、一八六頁を参照。なお、その二〇七頁、註102で触れている ātma-sva-vastu の sva- については、ここでは、無いものとして処理した。

(110) ベルクソンのことについては、前註82参照。なお、これ以前の本文中に引き抜いた箇所については、Bergson, *op. cit.*（前註82）, p. 71(79), p. 75(84) による。

(111) 拙稿「縁起と真如」（脱稿、一九八四年、初出、一九八五年）、前掲拙書（前註57）、八八―一〇八頁参照。この拙稿の枕には、ベルクソンの *La Pensée et le mouvant*, Bergson, *op. cit.*（前註82）, p. 1272(26-27) が示されていたのである。しかし、私は、この頃から、ベルクソンの哲学は、結局、言葉軽視に陥らざるをえないことになるので、その面にはかなり批判的になっていったが、これ以降の状況については、本書「序」第一論文、註128を参照されたい。

(112) 拙稿「苦行批判としての仏教」『駒沢大学仏教学部論集』第二四号（一九九三年十月）、三一九―三五四頁、特に、三三八頁参照。

(113) 拙稿「『発智論』の「仏教」の定義」『駒沢短期大学仏教論集』第一二号（二〇〇六年十月）、二三―三一頁参照。なお、この箇所は、本書「序」第三論文、註59下の本文中にも引用され考察されているので参照のこと。

(114) 大正蔵、二巻、二六六頁上。これと対応のパーリとして、次の頌が知られている。

Nâmam sabbam addhabhavi// nâmâ bhîyo na vijjati//
nâmassa ekadhammassa// sabbeva vasam anvagû// (Saṃyutta-Nikāya, Vol. I, p. 39)

この頌については、中村前掲書（前註99）、四八六頁でも訳が与えられた上、ウパニシャッド思想の継承という方向で解釈がなされているが、この頌ほど互いに相反する立場から解釈されたものはないのかもしれない。その意味では「意図次第」という要素が多い完全な「未了義経」といえるかもしれないが、この点は、次の本書「序」第三論文でも取り上げる。

(115) こういう形で、一応、本稿を結ぶことになったが、その執筆動機には、昔読んで以来気になっているウェイマン教授の「アサンガの食観」があったことは本文冒頭に述べたとおりである。そのため、ウェイマン教授の問題提起との関係で、本稿第一節では、『世起経』の扱いにかなりのスペースを費すこととなった。しかるに、この『世起経』については、本稿の私とは全く異なった視点からのアプローチであるため、これまで記す機会を失ってきたが、Lambert Schmithausen, "Man and World: On the Myth of Origin of the *Aggaññasutta*"『仏教大学総合研究所紀要』別冊（二〇〇五年三月）, pp. 165-182 があるので、参照されたい。本経に関し、私は、本経が「経蔵」の「長部」所収であるにもかかわらず、「食」という「習慣」や「生活」に密着したテーマを扱っているため、「土着思想」の影響を受けやすい、多くの場合「無記」であるとされる「律蔵」に準ずるかのように、本経に対処してきたが、本経もやはり、多くの場合「善」であるとされる「経蔵」所収であるからには、「思想」や「哲学」の観点からの考察も蔑ろにされてはならないであろう。シュミットハウゼン教授の本経に対する分析や解釈の結果は、必ずしも一言で要約できるような単純なものではないが、本経に関する従来の諸学者の見解を踏まえ、ウパニシャッド文献やヒンドゥー文献を押えた上での御研究なので、「思想」や「哲学」の側からの考察にも極めて有益である。なお、私の「経蔵」に関する見解の一部は、特殊な問題に限られてではあるが、次の「序」第三論文で述べられるであろう。

三　唯識思想の経証としての『厚厳経』

一

『解深密経（*Saṃdhinirmocana-sūtra*）』の文献学的研究に輝かしい足跡を遺されたラモット教授は、その研究の序文で、アスヴァバーヴァ（Asvabhāva、無性）が『大般若波羅蜜多経（*Mahāprajñāpāramitā*）』を引用していることに関して、次のように述べておられる[1]。

Cet extrait de la *Mahāprajñāpāramitā* est important. Avec ses théories des trois caractères et du《Rien-qu'idée》(*vijñaptimātra*), il indique le thème général sur lequel sont venus se greffer les développements du *Saṃdhinirocana*, du *Laṅkāvatāra* et du *Ghanavyūha* que l'école Yogācāra systématisera dans ses traités.

その『大般若波羅蜜多経』からの引用は重要である。それは、その三性説と唯識説とによって、そこに『解深密経』や『入楞伽経（*Laṅkāvatāra*）』や『密厳経（*Ghanavyūha*）』の展開が加えられるようになった一般的主題を指示しており、これらの経を実修行学派は彼らの論書中で体系化することになったのである。

このように、ラモット教授が指摘しておられる、アスヴァバーヴァが引いているところの『大般若波羅蜜経』の実情については、三十年余も昔にいささか考察を加えたことがあったのであるが[2]、その折に、論述の必要上から右のラモット教授の記述を引用したまではともかく、若気の至りで、性急にも *Ghanavyūha* とある箇所は *Gaṇḍavyūha*（『華厳経』「入法界品」）の誤りではないかと思ってしまったために、そこに *Ghanavyūha* を疑う記号 *sic*（ママ）を付してしまったのである。[4]

ところが、それは私が思ったような誤植なのではなかったのかもしれない。しかし、もし *Ghanavyūha* のままでよいとするならば、当時私が感じていた疑問はやはり今も残らざるをえないのである。[3]そして、日本の学者であれば、恐らくは私と同じような疑問を、ラモット教授のその成果が公けになった時点から、右の記述に対して持ってきたのではないかと考えられる。なぜなら、『密厳経』については、日本の学者によって、後の実修行派（Yogācāra）の論書に体系化を促すような経典としては、『解深密経』に比肩しうるようなものとは思われてこなかったに違いないからである。唯識説の組織体系化に功のあったヴァスバンドゥ（Vasubandhu、世親）より成立が先か後かを問われている『入楞伽経』でさえ、それゆえに、『解深密経』と同列には扱いえないのに、その成立が『入楞伽経』よりも遅いとされる『密厳経』は日本の学界[5]ではもはや論外であるようにも思われていたであろう。それゆえ、当時の私は、*Ghanavyūha* が *Gaṇḍavyūha* の間違いではないかと思い込んでしまったのであるが、しかし、『密厳経』それ自体は、ヴァスバンドゥ以前の唯識思想史からは仮りに外しうるとしても、彼と同時期および彼以降の思想展開においては決して等閑に付すことのできぬ重要な経典である。また、ヴァスバンドゥと同時期かそれ以降かという明確な近代的意味での歴史認識を伴っていたわけではないにせよ、『成唯識論』に基づく玄奘門下の法相宗の伝統では、『密厳経』は『厚厳経』の名で「唯識無境」を証明する「六経十一論」の一つとして充分にその重要性が認識されてきたのであった。そこで、この伝統下で「唯識」について述べる学者なら必ず口にすると言ってもよい、この「六経十一論」について、それを初めて明示した基の『成唯識論述記』の一節を、彼の列挙する経論名のままに引用すれば次のとおりである。[6]

今此〔成唯識〕論、爰引、六経、所謂、華厳・深密・如来出現功徳荘厳・阿毘達磨・楞伽・厚厳、十一部論、瑜伽・顕揚・荘厳・集量・摂論・十地・分別瑜伽・観所縁縁・二十唯識・弁中辺・集論等、為証。

ここに列挙された「六経十一論」の「六経」中に『厚厳〔経〕』と称せられているのが『密厳経』のことであるが、この名称を異にする二つの経を同定したのは、日本の平安中期に活躍した真言宗の学僧、真興（九三五―一〇〇四）であるとされている。(7) その真興は、法相宗の初祖である基（六三二―六八二）の『大乗法苑義林章』の「唯識義林」に対する註釈『唯識義私記』の中で、次頁以下に示す『厚厳経』所引表中のvに当る一頌が、所釈の「唯識義林」において示されていることに因み、『厚厳経』と『密厳経』とが「同本」であるという割註の指摘を含めて、次のように註釈しているのである。(8)

問。引此文、意何。答。是亦第二、為証捨濫留純、所引也。此経、西方有梵本、未翻訳。唯識論第七、引此経文。章主〔基〕、依此引為証泰法師仏地疏云。法師持梵本来、若翻可得五六巻許、。然未翻也。云云。義濱云。密厳経是同本也。云云。

ところで、『厚厳経』が実際に『成唯識論』中に引用される場合は、決して実名が挙げられているわけではなく、「契経伽他」あるいは「契経」または単に「頌」として引かれているにすぎない。しかるに、それらの六頌が、基の『成唯識論述記』において『厚厳経』のものと判定され、門下もそれを踏襲してきたところ、日本の真興によって、六頌中の一頌の註釈を介して、その一頌を含む『厚厳経』が『密厳経』と同本であると判断された、というのが実状なのである。

その意味で、『厚厳経』の六頌は確定的なものではないのであるが、それゆえに、『厚厳経』のものと伝承されてきた六頌を現行の『密厳経』に探って精査された勝又俊教博士は、その結果を表の形に整理して示されたが、(9) ここでは、それを踏まえながら、本稿独自にチベット訳等の他の資料との照合結果も加味して、「『厚厳経』所引表」として、次頁以下に提示しておきたい。なお、勝又博士が（1）ないし（6）とした所引順の頌番号は、ここでは、iないしviと変更されていることを諒とせられたい。

頌番号	所引頌	『成唯識論』所引箇所（頌導入句）	所引頌の典拠情報				チベット訳『密厳経』中の頌文
			地婆訶羅訳	不空訳	チベット訳	備考	
i	如愚所分別 外境実皆無 習気擾濁心 故似彼而転	新導本、巻二[10] 九—一〇頁 大正蔵、三一巻 七頁上 （契経伽他中説）			[11]	なしとされるもほぼ同じ頌が『入楞伽経』中に見出しうる。下がそれなり。[12]	(bāhyo na vidyate hy artho yathā bālair vikalpyate// vāsanair luḍitam cittam arthâbhāsaṃ pravartate/)
ii	為対遣愚夫 所執実我法 故於識所変 仮説我法名	新導本、巻二 一一—一二頁 大正蔵、三一巻 七頁中 （契経伽他中説）				なし。	
iii	一切唯有覚 所覚義皆無 能覚所覚分 各自然而転	新導本、巻二 二八頁 大正蔵、三一巻 一〇頁上—中 （如契経説）	大正蔵 一六巻 七三一頁下 二四— 二五行	大正蔵 一六巻 七五七頁上 一四— 一五行	Cu, 25b3-4 Cha, 22a6-7		'di dag thams cad blo tsam pas// rtogs bya'i dngos po yod pa min// blo dang rtogs bya'i dngos por ni// bdag nyid rab tu 'jug pa ste//

iv	衆生心二性 内外一切分 所収能取纏 見種種差別	新導本、巻二 三〇頁 大正蔵、三一巻 一〇頁中—下 (契経伽他中説)	大正蔵 一六巻 七三五頁上 一五— 一六行	大正蔵 一六巻 七六一頁中 六—七行	Cu, 34a7 Cha, 30a4-5	この頌は、「是故経言」として『仏地経論』中にも引用さる。[13]	sna tshogs snang ba rang sems te// lus can rnams kyi bdag nyid gnyis// phyi dang nang dang thams cad du// gzung dang 'dzin pa lta bur gnas//
v	心意識所縁 皆非離自性 故我説一切 唯有識無余	新導本、巻七 二三頁 大正蔵、三一巻 三九頁上 (伽他説)	大正蔵 一六巻 七四七頁上 二八— 二九行	大正蔵 一六巻 七七六頁上 二四— 二五行	Cu, 62b4-5 Cha, 55b4	但し、同じとは断定できず。『大乗法苑義林章』にて「厚厳経云」とされるはこの頌なり。[14]	ji snyed yul yod ci yang rung// sems dang rnam shes spyod yul du// sna tshogs snang ba de dag kyang// rnam shes yin te yul med do//
vi	非不見真如 而能了諸行 皆如幻事等 雖有而非真	新導本、巻八 三三頁 大正蔵、三一巻 四六頁下 (有頌言)				なし。	

勝又博士は、『成唯識論』所引の『厚厳経』の頌とされるものを、右のごとく、現行の『密厳経』に辿る一方で、その頌の『成唯識論』での取り扱われ方を踏まえながら、伝承の状況を次のように判定されておられる。[15]

いま成唯識論に引かれている厚厳経の伽他をあげて、大乗密厳経との関係を見ると、〔勝又所掲の表のごとくであり、〕すなわち、(3)(=iii)と(4)(=iv)とは密厳経に一致し、(5)(=v)はやや類似した文である。しかしその他の三偈は密厳経の中に見出し得ない。そこで厚厳経と密厳経とは本来同一の経典であるが、内容に変化があったと見るべきか、あるいは密厳経と一致しない偈は他の経典の偈であり、これらを誤って厚厳経の偈としたのかとの疑問が生ずる。この点は現在のところ解明し得ないが、いずれにしてもこれらの六偈が護法の思想に大きな影響を与えていることは否定できない。すなわち(1)(=i)は唯識無境の教証であり、(2)(=ii)は識変の依他の上に遍計所執の我法を立てる思想の教証であり、(3)は二分説の教証であり、(4)は四分説の教証であり、(5)は唯識説の教証であり、(6)(=vi)は円成実性を証見せずして依他起を見ることはできないという思想の教証となすものである。これを要約すれば、(1)(5)唯識無境説と、(2)(6)三性説と、(3)(4)心分説とに関するものである。しかして護法は心分説上、三分または四分説を考え、三性説上、心心所の二分は依他、二分の上の妄執(我法)は遍計であると考え、したがってまた唯識説上、識は見相二分の構造を有し、それがさらに外境に似現する所が我法であるから、我法が実用でない点で唯識無境と説くのであるが、かかる護法の基本的な考方は厚厳経に負うところがきわめて大きい。思うに唯識説、心分説、三性説は無著、世親の諸論書において根本的な問題として論究されたのであるが、しかしそれの教証としては解深密経と大乗阿毘達磨経などに限定されていた。しかるに護法はそれらの経典の他に新たに入楞伽経と厚厳経とを前の二経典と同様に権威ある経典として依用するに至り、これらによって護法の思想が一段と発展したのである。

『厚厳経』も『密厳経』もその原題は *Ghanavyūha* であり、それにチベット訳をも加えて、それらが同系同本であることは今日ではもはや疑うべくもないが、これまでに見てきたような齟齬がどうして生じたかということになれば、右引中で勝又博士も指摘されておられるように、『厚厳経』自体が変化したためか、経典のトレースに後世の誤りがあったためか、その両者が考えられるであろうが、勝又博士が気づいておられなかった、右のiの例、すなわち、『厚厳経』の頌とされていたものが実は『入楞伽経』のものであったと分かったような例を加味するならば、後世の誤りという可能性はあるにせよ、『密厳経』の増広発展の過程には、『入楞伽経』の頌を取り込んでも決しておかしくないような顕著な如来蔵思想の浮上が認められるので、単に後世の誤伝とまでは決めつけることはできないのである。しかるに、『密厳経』の成立を『入楞伽経』以降のかなり遅い時期に、恐らくは初めて明確に設定されたであろう常盤大定博士は、本経の思想内容について次のように述べておられる。(16)

本経中には、一方には不増不滅不生不滅の如来蔵を説き、他方には万法は唯識の所現に外ならぬとして阿羅耶識を立て、至る所空観を背景として、如来蔵系阿頼耶系の諸経論の共通組織であつた五法三性八識二無我を繰返して説き、更に三密を以て荘厳せる初地以上の菩薩の依処たる浄土密厳国を説き、最後に已上の如来蔵・阿頼〔耶〕識・密厳の三者は別のものではなく、全く同一のものの異名に過ぎぬとして之を調和し、就中如来蔵を以て之を統括せんとしてゐる。而して阿頼耶識に関説してゐる所から、法相宗所依の経典の一に数へられ、如来蔵を強調する所から、華厳宗の学者の依用する所となり、又密厳浄土を説く所から、「金剛頂一切瑜祇経」と共に密教に関係を持つ。かくの如く本経は、大乗の教理を列挙して包括して説いてゐるので、或る意味からすれば、正しく大乗経典の終結と見ることが出来やう。

ラモット教授には、かかる視点が全く欠如していたわけであるが、私としては基本的に常盤大定博士の捉え方でよいと思っているのである。しかも、このような後代の成立と考えられる経典をも視野に入れながら、大乗経典の展開を大観するとき、マガダで誕生した仏教は、西暦紀元後次第にその拠点をガンダーラはプルシャプラに移し、終には北西インド一帯を中心に未曾有の隆盛を見、それが再びマガダに戻って、ナーランダーを中心にバラモン文化復古の兆しが強まった時代背景の中で再度整備されていった様子が窺い知られるのであるが、「土着思想」として断えず仏教の側に滲入しようとしていた如来蔵思想もまた、早い時期のインド西側、遅い時期のインド東側の展開に分けて検討される必要があるように私には感じられる。そして、その二つの接点に立つのが、仏教思想家としてはヴァスバンドゥ(Vasubandhu、世親)[17]、経典としては『入楞伽経』、と考えればよいのではないかと思うのである。

そこで、次に、ヴァスバンドゥの前後から、玄奘のインド留学を頂点とする後代に至るまでの、インドより中国やチベットにわたる大乗仏教を中心とした思想展開を概観しておきたい。

如来蔵思想を述べた大乗経典の白眉と目される『涅槃経』の伝訳者である曇無讖[18](Dharmakṣema/Dharmarakṣa/Dharmasvin、三八五—四三三)は、中インド出身ではあるが、ガンダーラのプルシャプラ(罽賓)を経由し中央アジアから中国に入り、ヴァスバンドゥよりはやや先立つ時期の如来蔵思想を中国に伝えた人である。また、やはりこの時期の、しかもヴァスバンドゥの生存年代設定次第によっては、同時期に活躍していたかもしれない訳経僧で、曇無讖とは異なって海路で中国へ入った人に、求那跋摩(Guṇavarman、三六七—四三一)と求那跋陀羅(Guṇabhadra、三九四—四六八)とがいる。求那跋摩は、ガンダーラ(罽賓)出身の王族で、後、セイロンに逃れたとされるが、その経路はインド西海岸のシュールパーラカ(Śūrpāraka, Suppāraka、首波羅)からアラビア海を経由したとも思われるものの、そこから更にジャワ島を経由して健康に至り、中国では九ヶ月という短い活躍ではあったにせよ、『菩薩地(*Bodhisattvabhūmi*)』の同系異本の漢訳である『菩薩善戒経』や律関係の漢訳も残して後の中国初期禅宗の形成にまで大きな影響を与えた[19]。一方、求那跋陀羅は、中インド出身ながらやはりセイロン経由で広州に上陸し、『勝鬘経』や『入楞伽経』(四巻)など文字どおり如来蔵思想や唯識思想関係の経論の翻訳を多くなして、中国におけるこの方面の思想形成に甚大な影響を残したが、同時に彼が『雑阿含経』の漢訳者であったことも忘れてはならないのである[20]。

しかるに、求那跋摩や求那跋陀羅の後の、既にヴァスバンドゥ以降であることの明らかな時代に、西インドのウッジャイニー（Ujjayinī、優禅尼）出身の真諦（Paramārtha、四九九—五六九）がやはり海路で健康に至って、彼以前に確立されていた西インドにおける唯識思想や如来蔵思想を中国に伝えたのに対して、[21]次の新たな時代になって、玄奘（六〇二—六六四）が七世紀前半の中インドのナーランダーを中心とした唯識思想を基軸とする仏教学を伝えたが、その頃のインドにおける仏教の思想史的状況については、本書「序」第一論文で、フラウワルナー教授の論文を基として考察したので、ここでは再説しない。

しかし、玄奘の時代には、唯識思想の中に取り込まれながらも抑えられていた如来蔵思想が、インドの「土着思想」と言うべきヒンドゥーイズムとしての「密教」の隆盛と共に仏教の主流となり、ディーパンカラシュリージュニャーナ（Dīpaṃkaraśrījñāna、九八二—一〇五四）がヴィクラマシラーの学頭として登場するような時代になると、「マイトレーヤの五法」が如来蔵思想を主体として形成され、それがチベットにも大きな影響を与えるようになるのである。[22]

『厚厳経』とは、以上のように鳥瞰した如来蔵思想形成史の中でいえば、ヴァスバンドゥ以降で、玄奘のインド留学に限りなく近い時期までにインド仏教界に登場し、もし『成唯識論』に因む伝承のとおりだとすれば、ダルマパーラ（Dharmapāla、護法）がその中の六頌を「経証」として用いうるに足るほどのなんらかの形で流布した経典で、それが、地波訶羅（Divākara、六一三—六八七）と不空金剛（Amoghavajra、七〇五—七七四）とによってそれぞれの段階の『厚厳経』として中国に伝訳され、その思想系統の学僧によって重んじられたのだと考えられる。[23]しかるに、本稿では、ここで二つのことを問題としたい。一つは、後世に作られた経典という観点も踏まえ、いかなるものが「経証」たりうるのか、ということであり、もう一つは、私が「経証」と呼んだものを、勝又博士は先の引用で「教証」とおっしゃっておられるが、いずれを採るべきか、ということである。

二

まず、「経証」とすべきか「教証」とすべきか、という問題に関していえば、玄奘訳の圧倒的な影響下にある学者は、恐らくは、「教証」が正しいと考えて、それを用いてきたのではないかと推測される。その根拠となる一例を、既に示したのではあるが、[24]ここで今一度、詳しく諸資料を提示して再確認してみたい。その一例とは、『摂大乗論』第二章第七節における「唯識性（rnam par rig pa tsam nyid, vijñapti-mātratā）」を論証するための導入の一文である。以下に、その箇所を、(イ)チベット訳、(ロ)仏陀扇多訳、(ハ)真諦訳、(ニ)達磨笈多訳、(ホ)玄奘訳の順で示す。[25]最後の(ヘ)は(イ)に基づく拙訳である。

(イ) de kho na shes pas ma sad pas rnam par rig pa tsam nyid du ji ltar rjes su dpag par bya zhe na/ lung dang rigs pas dpag par bya ste/

(ロ)未覚者、唯識事、云何得知。従阿含及解釈順義中。

(ハ)若人未得真如智覚、於唯識中、云何得起比智。由聖教及真理、可得比度。

(ニ)若未有真実智覚、云何、於唯識、得起比知。由阿含及道理。

(ホ)其有未得真智覚者、於唯識中、云何比知。由教及理、応可比知。

(ヘ)まだ真実の智によって目覚めていない人は、唯識性についてどのように推測すべきなのか。聖典（lung, āgama）と論理（rigs pa, yukti）とによって推測すべきである。

右の(ヘ)において、私が仮りに「論理」と訳した rigs pa, yukti と対にして用いられる用語が、目下問題となる lung, āgama なのであるが、この、やはり私が仮りに「聖典」と訳しているものを、実傍線部分のとおり、(ロ)(ニ)は

「阿含」と訳し、(ハ)は「聖教」と訳している。これらが仏教の聖典である「経蔵」所収の経典を想起させる用語であるのに対して、玄奘訳(ホ)は「教」とあるだけなので、その余りにも一般化された用語は、伝統的な「経蔵」所収の経典を指示するニュアンスを全く欠如していると言えるであろう。しかるに、『摂大乗論』において、lung, āgama として、実際にこの直後に示されているのは『十地経』と『解深密経』なのであるが、当初は仏教経典とは認められていなかった大乗経典も、アサンガの時代ともなれば、『十地経』も『解深密経』も仏教の経典と認められてもよい状況になっていたので、恐らくアサンガは『摂大乗論』中にそれらの経典を āgama として用いえたのであろう。ところが、そのテキストの後代の漢訳者である玄奘にとっては、中国において「阿含経」とか「阿含時」とか「四阿含」というように部派仏教のイメージと結びついてしまった「阿含」は、完全に排除しようと思ったわけではないにせよ、できれば避けたかったのではないであろうか。事実、玄奘が āgama を「阿笈摩（阿含）」と音写せずに「教」と訳した例は非常に多いのである。[26] しかし、『摂大乗論』の実質的冒頭ともいえるアーラヤ識の存在証明箇所である第一章の第一、第二、第四節では、āgama として『阿毘達磨経（*Abhidharmasūtra*）』と『解深密経』とが示されるが、さすがに玄奘もここでは āgama を「阿笈摩」と音写している。[27] しかるに、その玄奘訳の『成唯識論』における同じようなアーラヤ識の存在証明箇所の導入部分と結論部分とでは、音写ではなく次のような微妙な用語が用いられているのである。左に、導入部分をA、結論部分をZとして示そう。[28]

A云何応知、此第八識、離眼等識、有別自体。聖教正理、為定量故。

Z証此識有、理趣無辺、恐厭繁文、略述綱要。別有此識、教理顕然、諸有智人、応深信受。

このAとZとに挿まれた『成唯識論』中のほぼ一巻分に相当するアーラヤ識の存在証明箇所は、スティラマティ（Sthiramati、安慧）の『唯識三十頌（*Triṃśikāvijñaptikārikā*）』に対する註釈中には見出されないものであるから、[29] 訳者玄奘が『摂大乗論』などを中心に当時の諸資料より補った可能性はなくはないものの、いずれにせよ、サンスクリット原文があったとすれば、右引の実傍線部分の原語は āgama、点傍線部分の原語はyukti であったことは確実である。しかるに、玄奘は、その両語を右引のAの箇所では、順次に、「聖教」と「正理」として、「聖」と「正」を付して訳しているが、Zの箇所では単に「教」と「理」としている。このように、一般の玄奘訳では、「教」と「理」とされることが多いためもあってか、『成唯識論』のほぼ一巻分に相当するアーラヤ識存在証明箇所は、玄奘門下によって古来「五教十理」によって「本識（第八識、アーラヤ識）」の有ることを証する箇所として扱われてきている。[30]そして、現代においても、āgama を「教証」と訳される学者は、多く、この強固な法相宗の伝統に沿ってその訳語を選んでおられるのではないかと推察される。しかし、それは、仏教本来の āgama の権威や伝統を軽視して、玄奘がインドに留学した頃の、大乗経典も āgama の中に含めてもよいとするような風潮に、識らず知らずのうちに取り込まれていることを意味するのではないかと危惧されるのである。しかも、なによりも問題なのは、玄奘は遅い時代の人としてひとまず置くとしても、例えば、当のヴァスバンドゥ自身が、当時あった大乗経典の全てを自明の āgama として用いることができたかどうかということであるが、万一この方面に多少でも疑義があれば、玄奘としては妥当だと思われたような解釈をそれ以前の時代へ反映させることはできる限り慎まなければならないであろう。

そこで、玄奘以前のインドの文献において、実際に āgama という用語がどのように扱われていたかを確認するために、まずヴァスバンドゥの『倶舎論』中の一記述を取り上げてみよう。以下に示す、(a)はサンスクリット原文、(b)は玄奘訳、(c)は真諦訳、(d)は小谷・本庄訳である。[31]

(a) "dvayaṃ pratītya vijñānasyôtpāda" ity uktam/ dvayaṃ katamat/ cakṣū rūpāṇi yāvad mano dharmā iti/ asati vā 'tītânāgate tad-ālambanaṃ vijñānaṃ dvayaṃ pratītya na syāt/ evaṃ tāvad āgamato 'sty atītânāgataṃ yuktito 'pi/

(b) 又具二縁、識方生故、謂契経説、識二縁生。其二者何。謂、眼及色、広説乃至、意及諸法。若去来世非実有者、能縁彼識、応欠二縁。已依聖教、証去来有。当依正理、証有去来。(c)依二識生、此義是経所説。何者為二。謂、眼及色、乃至、意及法。彼経云、過去未来若無、能縁彼識、不由二生。如此、由阿含証、得知過去未来是有。若以道理為証。

(d)〔世尊は〕「識は二つによって生ずる。二つとは何か。眼と色、乃至、意と法とである」と説かれた。そして過去・未来が無かったなら、それを所縁とする識は、二つによっては存在しないこととなろう。まず以上のように、教〔証〕によって過去・未来は有る。理〔証〕によっても〔過去・未来は有る。〕

āgama は、(d)の小谷・本庄訳では、「教〔証〕」と訳されているが、両訳者によって、この場合の āgama は『雑阿含経』第二一四経もしくはこれに準ずる経典を指し、このヴァスバンドゥの記述はその経を踏まえてなされたものであることが知悉された上でのことであることは、その註記によっても明白なのである。[32] (b)の玄奘訳、(c)の真諦訳も、また当然のことながら、かかる記述の背景をなす経典のことは熟知していたに違いなく、それゆえ、真諦は「阿含」と音写しているのであろうし、玄奘も多くは「教」と処理していながらここでは「聖教」と「聖」を補って訳したとも考えられる。そして、私自身は、伝統的「三蔵」の権威を伝える経典を典拠として指す āgama の語感を保つためには、その訳語として、「経」は残しておいた方がよいと考えて「経証」と訳してきたのである。[33] 因みに、āgama が「経証」と漢訳された実例を示すことにすれば、先に見た『摂大乗論』冒頭箇所で引かれた『阿毘達磨経』の頌を指す āgama を、仏陀扇多が「此是経証」と訳している例が知られる。[34]

しかし、āgama という語がインドの言葉である以上は、もとよりこの語は仏教の伝統的権威ある経典だけを指すための用語ではありえない。それゆえ、この当然なことを、一応、ここで簡単に確認しておくことにしたい。モニエル・ウィリアムズ教授は、その辞書中で "a traditional doctrine or precept, collection of such doctrines, sacred work, Brāhmana" の意味で用いられる āgama の例として、次の『マヌ法典』第一二章第一〇五頌を指示している。[35]

pratyakṣaṃ cânumānaṃ ca śāstraṃ ca vividhâgamam/
trayaṃ suviditaṃ kāryaṃ dharma-śuddhim abhīpsatā//
正しい生き方（ダルマ）についてその純正さを欲する者は、知覚、推論および種々の伝承を含む教えの三つに充分に精通せねばならない。

ここでヒンドゥーの教え（śāstra）を構成する「種々の伝承（vividhâgama）」とは、その註釈によれば、「ヴェーダを根本とする聖伝文献などの姿をとったもの（veda-mūlaṃ smṛty-ādi-rūpam）」[36]とされるから、その教えとは、ヴェーダなどの天啓文献（śruti）もそれ以外の聖伝文献も含んでいるのであろうが、いずれにせよ、その文化伝統で伝承され保持されてきた権威ある聖典を指すという点では āgama の用いられ方に仏教の場合との相違があるわけではない。しかるに、この『マヌ法典』の成立年代は、紀元前二世紀から紀元後二世紀とされるのが一般的で、まことに漠然たるものであるが、右引の箇所は、最終章ということもあり、更に後代に付加されたものという可能性もあるにせよ、āgama の一応のインド一般の意味は押えたことにしたい。

次に、仏教に戻り、ブッダゴーサ（Buddhaghosa、仏音）が活躍していた紀元後五世紀のセイロンに眼を転じてみよう。私は南伝の仏教については寡聞にして、yutti（yukti）と対にして用いられる āgama の例を全く知らないのであるが、ブッダゴーサの『清浄道論（*Visuddhimagga*）』については、水野弘元博士の和訳もあって、若干調べることができた。ただ、この論書においても、yutti と対に用いられる āgama の用例は認められないようであるが、āgama 単独の用例としては、管見の及ぶ限りでいえば、次のような三例を挙げることができる。なお、以下のそれぞれの原文の左側に示したのは水野博士の和訳である。[37]

(1) pariyattiyā āgamavyattito savyañjanam.
〔教法は〕教法に〔熟達することに〕よりて〔それが〕聖教たることを明すが故に有文なり。

(2) Āgamo nāma antamaso opammavaggamattassa pi buddhavacanassa pariyāpuṇanam.
聖教とは乃至譬喩品のみの仏語をも遍く得ることなり。

(3) Tasmā aññatra āgamādhigamappattehi na sukarā paṭiccasamuppādassa atthavaṇṇanā
故に聖典〔の義〕の証得を得たる人々を除きては、縁起の義の解説は容易ならず

これらによれば、āgamaとは、パーリにおいても、伝承され保持されてきた権威ある聖典を意味していることは明白であろう。特に、(2)の「譬喩品」がなにを指すかについては異論もあるようであるが[38]、却って、その箇所に至るまでの仏語（buddha-vacana）としての権威ある聖典がāgamaとして意識されていたことを明示しているのではないかとさえ思われるのである。

さて、五世紀のセイロンにおいてブッダゴーサによって仏教の組織体系化が進められていた頃、インド本土においては初期唯識文献の一大叢書ともいうべき『瑜伽師地論』の組織体系化はまだ完了されていなかったかもしれないと推測されるのであるが、その「本地分」の「有尋有伺等三地」中の一節中で、サーンキヤ学派のヴァールシャガニヤ（Vārṣagaṇya, Khyu mchog pa'i tshogs[39]、雨衆（外道））の「因中有果」説の主張が、āgamaとyuktiとに基づいて展開される箇所がある。今、その箇所を、サンスクリット原文、チベット訳、玄奘訳、拙訳の順序で示せば次のとおりである[40]。

te punaḥ kena kāraṇena hetau phalaṃ paśyanti vyavasthāpayanti paridīpayanti/ yad utâgamato yuktitaś ca//

āgamaḥ katamaḥ/ tat-pratiyuktânuśrava-paramparā-piṭaka-sampradāna-yogenâiṣām āgataṃ bhavati vidyata eva hetau phalam iti//

yuktiḥ katamā/......

de dag kyang ci'i phyir rgyu la 'bras bu yod par lta zhing rnam par 'jog la/ yongs su ston par byed ce na/ 'di ltar lung dang rigs pas byed de/

lung gang zhe na/ rgyu la 'bras bu yod pa kho na'o zhes de dang ldan pa thos pa gcig nas gcig tu brgyud pa dang/ sde snod byin pa'i tshul gyis de dag la 'ongs pa yin no//

rigs pa gang zhe na/......

問。何因縁故、彼諸外道、起如是見、立如是論、顕示因中具有果性。答。由教及理故。

教者、謂、彼先師所造教蔵、随聞転授伝至于今、顕示因中先有果性。

理者、……

また、彼らは、いかなる理由によって、原因において結果があると見て規定し明示するのかといえば、即ち、経証と理証とによるのである。

経証とはどのようなものか。原因において結果がまさしく存在するのであるという、それと適合したことを随聞し途切れることなく伝承して教義の宝庫を与えるような仕方によって、これらのものたちに伝持されるに至ったものが〔経証で〕ある。

理証とは……

これは、仏教以外のものにとっても、āgama とは、ある教義を伝承しているものたちに伝持されて権威をもつに至っている聖典を意味している、ということを明白に示しているであろう。その意味で、これは、先に引用した『マヌ法典』第一二章第一〇五頌に現われていた āgama とほぼ同義とみなしてよいであろうが、その第一〇五頌が述べていた精通すべき三つのものもまた、『瑜伽師地論』「聞所成地」において、八種の「能成立法（sādhana, bsgrub pa）」中の最後の三つとして「現量（pratyakṣa, mngon sum）」「比量（anumāna, rjes su dpag pa）」「正教量（āptâgama, yid ches pa'i lung)」の順序で取り上げられているが、[41] ここに、その「経証（āgama）」に相当する「正教量」の説明を示しておけば次のとおりである。[42]

āptāgamaḥ katamaḥ. yat sarvajñabhāṣitaṃ tato vā śrutvā tadanudharmaṃ vā. sa punas trividho draṣṭavyaḥ. pravacanāvirodhataḥ saṃkleśapratipakṣato lakṣaṇāvirodhataś ca.

yid ces pa'i lung gang zhe na/ thams cad mkhyen pas gsungs pa'am/ de la thos pa'am/ de'i rjes su mthun pa'i chos gang yin pa'o// de yang rnam pa gsum du blta bar bya ste/ gsung rab sdud pa dang/ kun nas nyon mongs pa'i gnyen po dang/ mtshan nyid dang mi 'gal ba'o//

正教量者、謂、一切智所説言教、或、従彼聞、或、随彼法。此復三種、一不違聖言、二能治雑染、三不違法相。

信頼に足る聖典[43]とはどのようなものか。およそなんであれ、一切智者によって説かれたものであって、あるいはそれから聞いたものであるか、あるいはそれに随順したものであれば、そのようなものが〔信頼に足る聖典〕である。また、それは三種であると考察さるべきである。〔即ち、〕聖言に矛盾しないことにより、また、雑染を対治することにより、また、〔法の〕特質に矛盾しないことによってである。

三

さて、インドにおいては、仏教のみならず他のインド哲学宗教の諸学派においても正しい知識を獲得するための基準（pramāṇa、量）として「現量（pratyakṣa、知覚、直感）」や「比量（anumāna、推論、推理）」と並んで認められていた「聖典（āgama）」につき、以上の考察によって、仏教の伝統での「信頼に足る聖典（āptâgama）」とは、「三蔵」取り分け「経蔵」の経典（sūtra）を含意しなければならないという意味で、玄奘以下の法相宗の伝統とは異なるが、

「教証」ではなく「経証」とする方がよいのではないか、ということを提言してみたわけであるが、この過程で、問題は既に残された次の問題にも移行していたのである。即ち、その問題とは、ではいかなるものが「経証」たりうるのか、ということであるが、なぜそのようなことになるのかといえば、紀元後に、仏教の拠点がガンダーラのプルシャプラを中心とする北西インドに移って以来、次第に「経蔵」以外の経典が取り分け大乗経典という形で創作され始め、終にその勢いが盛んになっていったからにほかならない。その結果、āgama とは本来「経蔵」の経典を指していたはずなのに、それ以外のものまでをも含みうる方向に強く傾斜していかざるをえなくなったのである。それは、前節末で取り上げた『瑜伽師地論』「聞所成地」中の āptâgama の規定において、「一切智者によって説かれたもの」という第一の規定に、更に「それから聞いたもの」「それに随順したもの」という第二、第三の規定が加えられていることにも見て取れるのであるが、次には、この規定を受けながらものされたであろう、アサンガ（Asaṅga、無著）の(α)『阿毘達磨集論（*Abhidharmasamuccaya*）』の āptâgama の規定と、それに対する(β)註釈とを見てみることにしよう。[44]

(α) āptâgamas tad-ubhayâviruddhôpadeśaḥ/
yid ches pa’i lung ni de gnyi ga dang mi ’gal bar ston pa’o//
聖教量者、謂、不違二量之教。
信頼に足る聖典とは、〔現量と比量という〕その二つと矛盾しない説示である。

(β) āptâgamas tad-ubhayâviruddhôpadeśaḥ/ yatrôpadeśe tat pratyakṣam anumānaṃ ca sarvathā na viru-
dhyete na vyabhicarataḥ sa āptâgamaḥ saṃpratyayitvāt//
yid ches pa’i lung ni de gnyi ga dang mi ’gal bar ston pa ste/ nye bar bstan pa gang la mngon sum dang
rjes su dpag pa de rnam pa thams cad du ’gal ba med cing ’khrul pa med pa ste/ yid ches pa’i lung ni yid

ches par byed pa'i phyir ro//

聖教量者、謂、不違二量之教。此云何。謂、所有教、現量比量、皆不相違、決無移転、定可信受、故名聖教量。

信頼に足る聖典とは、その二つと矛盾しない説示であって、およその説示（upadeśa, nye bar bstan pa）において、かの現量と比量とがあらゆる点で矛盾せず混乱していなければ、そ〔の説示〕は確信を引き起すものであるから信頼に足る聖典なのである。

ここでは、āgama（聖典）が upadeśa（説示）の方向で解釈されているが、そこに既に問題は胚胎しているのである。つまり、upadeśa とは、十二分教による経典の分類が問題となった昔から、仏教の開祖以外の弟子たちの説示をも含みうるものだったからにほかならない。その仏教聖典成立時の問題点については、夙に、前田惠學博士によって指摘されている[45]と思うので、ここでその問題には詳しく触れないが、『瑜伽師地論』「声聞地（*Śrāvakabhūmi*）」の upadeśa を mātṛkā や abhidharma と同置する規定[46]などを経て、終には最も過剰な解釈を盛り込むに至ったヴァスバンドゥの『釈軌論（*Vyākhyāyukti*）』の upadeśa の規定を示しておけば次のとおりである[47]。

gtan la dbab par bstan pa'i sde ni gang dag las de kho na mthong ba rnams dang/ gzhan rnams kyis mdo sde'i don chos kyi rjes su mthun par gtan la dbab par bstan pa'o// de nyid de'i don rnam par 'chad pas ma mo zhes bya ste/ de las gzhan pa'i mdo sde'i don bshad pa'i rten yin pa'i phyir ro// chos mngon pa zhes kyang bya ste/ mtshan nyid phyin ci ma log par ston pa nyid kyis chos kyi mtshan nyid la mngon du phyogs par byed pa'i phyir ro//

論議（gtan la dbab par bstan pa'i sde, upadeśa、説示）とは、およそそこにおいて、真実を観たもの（de kho na mthong ba, tattva-darśana）たちや他のものたちが経の意味（mdo sde'i don, sūtrârtha）を法と一致して説示したものである。その同じものが、その意味を分析するということによって、論母（ma mo, mātṛkā）といわれるのは、〔それが〕それ以外の経の意味を説明する拠り所だからである。アビダルマ（chos mngon pa, abhidharma）ともいわれるのは、〔法の〕特質（mtshan nyid, lakṣaṇa）を顚倒なく説示することによって、法の特質（chos kyi mtshan nyid, dharma-lakṣaṇa）に対向させる（mngon du phyogs par byed, abhimukhī-KṚ）からである。

āgama を、ヴァスバンドゥが規定するような upadeśa に限りなく近づけて解釈していけば、āgama とはもはや sūtra でさえなく大乗経典であってもまた abhidharma そのものであっても差し支えないということになってしまうであろう。しかし、その側面は極めて濃厚であるにもかかわらず、当初は、彼も āgama にそこまでの意味を含めてしまうことはなかったようである。少なくとも、ヴァスバンドゥの『倶舎論』中では、āgama としての sūtra を確認もせずに有耶無耶にすませてしまおうとする態度にはむしろ厳しく接している様子さえ感じられるのであるが[48]、しかし、大乗にコミットしてしまった後では、必ずしもそうではなかったように思われる。ただし、ヴァスバンドゥは、既に山口益博士によって指摘されているとおり、大乗にコミットしてしまったか否かの判定の難しい『成業論（*Karmasiddhiprakaraṇa*）』では、大乗経典としての『解深密経』を引用しながらも、「解深密経を、彼の論題の解明の為にもち出してゐるのであつて聖教量として用ひてゐるのではない[49]」のである。しかし、ヴァスバンドゥは、既にこの時点でも、経中に認められなければその見解は即非仏説であるという立場を取っていたわけではないことは、『成業論』中の次の一節によって確認されるであろう[50]。

rNam par bshad pa'i rigs pa las kyang/ deng sang mdo sde thams cad ni mi snang ngo zhes bsgrubs te/ de lta bas na mdo sde dag las lhangs por ma gsungs zhes te/ kun gzhi rnam par shes pa 'dod par mi bya ba ni ma yin no//

又、於今時、一一部内、無量契経、皆已隠没、如釈軌論、広弁応知。故不応計、阿頼耶識、定非経説。

『釈軌論』においても、「現在、全ての経典が現われているのではない」と証明されており、それゆえに、諸経典においてて明瞭に説かれていないとて、アーラヤ識は認められるべきではない、ということにはならないのである。

ここに指示されている『釈軌論』の箇所とは、次の条りを指しているのではないかと推測される。[51]

Yongs su mya ngan las 'das pa chen po la sogs pa'i mdo gzhan dag gi nang nas 'byung ba'i mdo sde mang po rnams ni 'don pa tha dad par snang ngo// de lta bas na 'di dag dang mdo sde'i shes par byed pa gzhan mang po dag gis nyan thos kyi theg pa la yang da ltar sangs rgyas kyi gsung mtha' dag ni mi snang bar mngon no//

『大般涅槃経（*Mahāparinirvāṇa*[-*sūtra*]）』などの他の経典の中に出てくる多くの経典は、誦し方が異なって現われている。それゆえ、以上の〔経典〕および経典を知らしめる他の多くのものによって、声聞乗（śrāvaka-yāna）においてさえ、現在は、あらゆる仏語（buddha-vacana）が現われているわけではないことは明白である。

先の『成業論』が指示している『釈軌論』とは、右引中の下線部分もしくは傍線部分を擦ったものと推測されるのであるが、しかし、かかる見解を採ってしまえば、アーラヤ識を説いたものが伝統的な経典に認められない場合であっても、全ての伝統的経典が現存しているわけではない以上、今は失われてしまった経典中のあるものにアーラヤ識を説いていた経典があったはずだ、との解釈学に道を開くことになるのである。そうなればまた、失われてしまったものの再生としての大乗経典も「経証（āgama）」でありうるということに直ちになってしまうのであるが、恐らく、後期のヴァスバンドゥは、その意味での大乗仏説論者であったことは明白であろう。[52] では、その兄であったとされるアサンガの場合はどうであったろうか。実は、そのアサンガが大乗仏説論者としての見解を表明した書こそ『摂大乗論』にほかならなかったとも言えるのであり、その彼の立場は、その序章に集約的に現われているのである。

しかし、今、この序章に触れる前に、アサンガ以前に明らかに存在していた最も重要な文献の一つである『瑜伽師地論』「菩薩地（*Bodhisattvabhūmi*）」の「真実義品（Tattvârtha-paṭala）」においてyuktiを一方に踏まえながら他方でāptâgamaが取り上げられている箇所について簡単に触れておきたい。「真実義品」については、最近、高橋晃一博士によって、その品の考察を基点に、それを前後して展開する思想史的な問題がvastu概念を中心に詳しく検討されているので、[53]ここでは、その成果を活用させて頂きながら、当該の関心事に一言するのみである。高橋博士のシノプシス番号によれば、5.が「諸法が言語表現し得ないことに関する論証」、6.が「諸法が言語表現し得ないことに関する教証」で、前者5.ではyuktiという語は多く用いられていないものの、内容的にその「論証」がyuktiによる論述を展開しているのに対して、後者6.は用語の上からもāgamaによる論述であることを明示している。思想展開上の問題からいえば、内容的にも極めて重要な箇所は前者5.であり、取り分け、5.2.1., 5.2.2., 5.2.3.がその中心をなすが、この間、yuktiという語自体は、5.2.3.中で、その論述を中締めするような形で登場し、そのまとめの5.5.でupapatti-sādhana-yukti[54]という複合語で出るだけである。これに対し、後者6.は、思想内容上の観点からいえば、前者ほどの重要さはないにせよ、āgamaもしくはāptâgamaを用いる文献としては重要な例を提供していると言える。yuktiは、それが中心となるべき前者では、必ずしもその語が首尾に明示されているわけではないのに対して、āgamaの方は、後者6.において、その総説の6.1.では"āptâgamato 'pi" そのまとめの6.3.では"āgamato 'pi"という形で「(信頼に足る) 聖典」による論述であることが首尾で明確に記された上で、その基づくāgamaとして6.2.1.では*Bhavasaṃkrāntisūtra*、6.2.2.では*Arthavargīya*、6.2.3.では『雑阿含経』第九二六経相当のものが引かれている。[55]そして、ここで大事なことは、「真実義品」のこの箇所でāgamaとみなされているものが、大乗経典ではなく、仏教徒にとっては、いかなる部派に属していようとも共通してāgamaと認めうる経典だったということなのである。[56]

しかるに、『瑜伽師地論』「菩薩地」の「真実義品」より後の時代になって著わされたアサンガの『摂大乗論』では、先に本稿の第二節前半において指摘したように、その第一章の冒頭の第一、第二、第四節では『阿毘達磨経』と『解深密経』とが、第二章第七節では『十地経』と『解深密経』とが、大乗経典であるにもかかわらず、āgama とされていたのであった。そして、その背景には、本節の直前で取り上げたヴァスバンドゥの『釈軌論』において明確に理論化されたような大乗仏説論があったに違いないのであるが、そのアサンガなりの表現が『摂大乗論』の序章にほかならない。その序章では、『阿毘達磨経（*Abhidharmasūtra*）』が敢えて大乗（mahāyāna）を付した形で冒頭に登場し、その保証の下に大乗の十種の論点が仏説であると宣言されるのであるが[57]、その『阿毘達磨経』のことは現在もなお解明されているとは言い難い。私もまた、従来の説になにほどのものも付け加えることはできないが、アサンガの別な著作である㈠『阿毘達磨集論』の最末尾と、㈡その註釈とには、なんらかのヒントが秘められているかもしれないので、以下にそれを提示しておきたい[58]。

㈠ kim upādāyêdaṃ śāstram *Abhidharmasamuccaya* iti nāma labhate/ sametyôccayatām upādāya samantād uccayatām upādāya samyag-uccayatvāyâyatanatāṃ côpādāya//

bstan bcos 'di ci'i phyir *Chos mngon pa kun las btus pa* zhes bya zhe na/ rtogs nas bsdus pa'i phyir ro// kun na bsdus pa'i phyir ro// yang dag par mtho ba'i gnas yin pa'i phyir ro//

何故、此論名為大乗阿毘達磨集。略有三義。謂、等所集故、遍所集故、正所集故。

なんのために、この論書は『阿毘達磨集』という名を得るのか。一緒にして積み上げるためと、完全に積み上げるためと、正しく積み上げることの根拠となるためとである。

㈡ kim upādāyêdaṃ śāstram *Abhidharmasamuccaya* iti nāma labhate/ nirukti-nyāyena (i) sametyôccayatām upādāya tattvam abhisametyâdhigamya bodhisattvaiḥ saṃkalanād ity arthaḥ/ (ii) samantād uccayatām upādāyâbhidharma-sūtrataḥ sarva-cintā-sthāna-saṃgrahād ity arthaḥ/ (iii) samyag-uccayatvāyâyatanatāṃ côpādayêty aviparītenôpāyena yāvad buddhatva-prāpaṇād ity arthaḥ//

bstan bcos 'di ci'i phyir *Chos mngon pa kun las btus pa* zhes bya bar ming btags zhe na/ nges pa'i tshig gi tshul gyis rtogs nas bsdus pa'i phyir te/ byang chub sems dpa' rnams kyis de kho na nyid mngon par rtogs shing khong du chud nas mdor bsdus zhes bya ba'i tha tshig go// kun las btus pa'i phyir zhes bya ba ni chos mngon pa'i mdo rnams las te/ bsam pa'i gnas thams cad bsdus pa'i phyir zhes bya ba'i tha tshig go// yang dag par mtho ba'i gnas yin pa'i phyir zhes bya ba ni phyin ci ma log pa'i thabs kyis sangs rgyas nyid kyi bar du thob par byed pa'i phyir zhes bya ba'i tha tshig go//

何故、此論名為大乗阿毘達磨集。略有三義。謂、等所集故、遍所集故、正所集故。由釈詞理、以顕得名、故為此問。等所集者、謂、証真現観諸大菩薩共結集故。遍所集者、謂、遍摂一切大乗阿毘達磨経中諸思択処故。正所集者、謂、由無倒結集方便、乃至証得仏菩提故。

「なんのために、この論書は『阿毘達磨集』という名を得るのか」、といえば、諸義解釈の規則によって〔以下のように〕である。(i)「一緒にして積み上げるため」とは、菩薩たちが真実を現観し証得して凝縮するから、という意味である。(ii)「完全に積み上げるため」とは、「阿毘達磨経（abhidharma-sūtra）」に基づいて全ての「思択処」を集約するから、という意味である。(iii)「正しく積み上げることの根拠となるため」とは、顛倒なき方便によって仏果まで導くから、という意味である。

(甲)の *Abhidharmasamuccaya* の説明は、その題名全体についてというよりは、samuccaya だけに集中して、その sam-と-uccaya とを語呂合せ的に語義解釈したにすぎないものであるが、(乙)の説明中の特に(ii)は、その註釈が成るまでの過去のなんらかの思想史的趨勢を告げているようにも思われるので、節を改めて、その背景を探ってみたい。

四

しかし、かかる探索を始めるに当って、まず必要なのは、その思想を展開した仏教徒にとって、仏教即ち仏語（buddha-vacana）とはなんであったかということの確認である。

紀元前一、二世紀の北西インドにあって、その後の仏教の教義展開の基をなしたカーティヤーヤニープトラ（Kātyāyanīputra、迦多衍尼子）は『発智論（*Jñānaprasthāna*）』において「仏教（buddha-vacana）」を次のように定義している。[59]

katamad buddha-vacanam/ tathāgatasya yā vāg vacanaṃ vyāhāro bhāṣā gīr niruktir vāk-patho vāg-ghoṣo vāk-karma vāg-vijñaptiḥ/ buddha-vacanaṃ kuśalaṃ vaktavyam/ avyākṛtaṃ vaktavyam/ syāt kuśalam/ syād avyākṛtam/ katarat kuśalam/ kuśala-cittasya tathāgatasyasya vācaṃ bhāṣamāṇasya yā vāg yāvad vāg-vijñaptiḥ/ katarad avyākṛtam/ avyākṛta-cittasya tathāgatasyêti pūrvavat/ buddha-vacanaṃ nāma ka eṣa dharmaḥ/ nāma-kāya-pada-kāya-vyañjana-kāyānāṃ yā anupūrva-racanā anupūrva-sthāpanā anupūrva-samāyogaḥ/

仏教（buddha-vacana）とはどのようなものか。およそなんであれ、如来（tathāgata）の、語（vāc）と言葉（vacana）と言語表現（vyāhāra）と言語（bhāṣā）と談話（gir）と解釈（nirukti）と語の領域（vāk-patha）と語の音声（vāg-ghoṣa）と語による行為（vāk-karman）と語によって〔他人に〕表示するもの（vāg-vijñapti）とであれば、〔それらが全て仏教〕である。仏教とは、善（kuśala）と言われるべきか、無記（avyākṛta）と言われるべきか。善の場合もあるだろうし、無記の場合もあるだろう。善の方はどのようなものか。およそなんであれ、如来が善心（kuśala-citta）をもって語を述べている時の、語と、ないし語によって〔他人に〕表示するものとであれば、〔それらが全て善〕である。無記の方はどのようなものか。〔およそなんであれ、〕如来が無記心（avyākṛta-citta）をもって語を述べている時の、とて前述のごとくである。仏教といわれているこの法（dharma）はどのようなものか。およそなんであれ、名身（nāma-kāya、単語群）と句身（pada-kāya、文章群）と文身（vyañjana-kāya、音節群）とを秩序正しく配列し（anupūrva-racanā）秩序正しく構築し（anupūrva-sthāpanā）秩序正しく連結した（anupūrva-samāyoga）ものであるならば、〔それがこの法〕である。

さて、『発智論』を基として、紀元後に説一切有部によって推し進められた教義論争がやがて集成されるようになった一大註釈書が、周知のごとく、『大毘婆沙論（*Mahā-Vibhāṣā*）』であるが、右引中の「〔仏教は、〕善の場合もあるだろうし、無記の場合もあるだろう」という以下の箇所に対する註釈の一部を引いておけば次のとおりである。(60)

阿毘達磨（abhidharma）、素怛纜（sūtra）蔵（piṭaka）、多分是善。毘奈耶蔵（vinaya-piṭaka）、多分無記。如世尊説、「門応関閉。衣鉢応置竹架龍牙。」如是等言、皆無記故。有説。「仏教、若為所化説、応知、是善。若為余事、説是則無記。如世尊告阿難陀言。汝往観天、為雨不雨、園中何故高声大声、如是等言、皆無記故。」有説。「仏教、若用功説、応知是善。若任運説、是則無記。」

まず、『発智論』によれば、「仏教（buddha-vacana）」とは、仏教の開祖である如来（tathāgata）によってあらゆる形で発せられ残されてきた言葉の全てであり、それは「善（kuśala）」の場合も「無記（avyākṛta）」の場合もあるとされるが、具体的には、当の仏教教団によって「三蔵」として伝承されてきたものである。しかるに、『大毘婆沙論』によれば、如来が「思想（dṛṣṭi、見）」や「哲学（abhidharma、論）」に関して語った言葉と信じられている教説の集成である経蔵（sūtra-piṭaka）およびそれに基づく弟子たちの議論の集成である論蔵（abhidharma-piṭaka）は、その成立伝承過程において、論理的もしくは倫理的に正しいと如来自身もしくは出家比丘たちによって判断の下されたものであるから、多くの場合「善である」とされているのに対して、如来が「習慣（śīla、戒）」や「生活（vinaya、律）」に関して語った言葉と信じられている教説およびその教団の解釈等の集成である律蔵（vinaya-piṭaka）は、習慣や生活が時代や地域によって変化するものであり、論理的もしくは倫理的に一方的な善悪の判断を下すことのできないものであるから、多くの場合「無記」であるとされているに違いないであろう。

それゆえ、以上のような考え方をもった教団や出家比丘たちにとって、まず大事なことは、扱うべき当の問題が論理的もしくは倫理的に真偽もしくは善悪などの判断を下しうる性質のものであるかどうかということであり、次に、判断の下しうる性質のものであれば、徹底的にその真偽もしくは善悪を言葉だけによる論争を通して確定していかなければならないということであったはずである。しかし、教団も出家比丘たちも全てがこのような考え方を支持していったわけではない。その結果、当然のことではあるが、思想的な問題に関して、仏教教団相互における主張の違いもありえたであろうし、また同じ教団に属していても、個人的な出家比丘たちの間での様々な見解の相違もありえたであろう。かかる問題に関し、仏教教団の分裂や教団相互の主張の違いを記録し伝えたのが『異部宗輪論』であるが、「如来のお言葉（de bzhin gshegs pa'i gsung, tathāgata-vacana）」即ち仏教（buddha-vacana）についての(s)説一切有部（Sarvāstivāda）の主張とⓜ大衆部（Mahāsāṃghika）系の主張とを示せば次のとおりである。[61]

(s) de bzhin gshegs pa'i gsung thams cad ni chos kyi 'khor lo rjes su bskor ba [ma] yin no// thams cad rdzas su mngon par gsungs pa ma yin no// thams cad don ji lta ba bzhin gsungs pa ma yin no// mdo sde thams cad nges pa'i don gyis gsungs pa ma yin no// mdo sde thams cad nges pa'i don ma yin te/ nges pa'i don gyis mdo sde yod do//

非如来語皆為転法輪。非仏一音能説一切法。世尊亦有、不如義言。仏所説経、非皆了義、仏自説、有不了義経。

全ての如来のお言葉が法輪（dharma-cakra）を転じたものなのではない。全てが実質的に明瞭に説かれたものなのではない。全てが如実に説かれたものなのではない。全ての経典（sūtra）が了義（nītārtha）として説かれたものなのではない。全ての経典が了義なのではなく、了義によって経典があるのである。

(m) de bzhin gshegs pa'i gsung thams cad ni chos kyi 'khor lo rjes su bskor ba'o// thams cad rdzas su mngon par gsungs pa'o// thams cad don ji lta ba bzhin nyid du gsungs pa nyid do//

諸如来語、皆転法輪。仏以一音、説一切法。世尊所説、無不如義。

全ての如来のお言葉が法輪を転じたものである。全てが実質的に明瞭に説かれたものである。全てが如実に説かれたものである。

ここに、「仏教（buddha-vacana）」即ち「如来のお言葉」である「三蔵」に対する仏教徒の真向から対立する両極の主張が見事に示されているのであるが、一言でいえば、(m)が仏教と伝承されてきたものは全て仏教であると主張しているのに対して、(s)は「了義（nītārtha）」と確認されて初めて仏教であると承認されると主張しているのである。そして、右引の(s)の説明中に登場している「了義（nītārtha）」とは、暗に意図されている「未了義（neyârtha）」と対になる語であるが、「了義」とは言葉の意味（artha）が論理的に完全に導かれ終わっていて（nīta）しかも仏教的に正しくもはやそれ以上に解釈を加える余地のないものと判断されている記述を指すのに対して、「未了義」とは言葉の意味にまだ解釈の余地のあるもの（neya）と判断されている記述を指す。従って、(s)の主張をなす説一切有部もしくはそのような考え方の出家比丘たちは、多くの場合「善である」経蔵についても「了義」か「未了義」かを問い、「未了義」のものについては「了義」に従いながら議論を通して正しい解釈を重ねて、多くの場合「善である」論蔵を作り上げていかなければならない。これこそ abhidharma の伝統なのである。これに対して、(m)のような主張を展開した大衆部のような考え方をする出家比丘たちの立場では、その経典が如来によって説かれたものであるとの伝承さえ成り立てば、なにもかも仏教であるから、大乗経典と呼ばれるものさえ直ちに仏説でありうる。そして、その立場で推し進められた最も通俗的な形態が仏による「一音演説法」という流儀での教説の流布のされ方なのであるが、右引の(m)の漢訳の「仏以一音、説一切法」という表現中に、このことが恐らく明確に意識されていたと看て取ることができるであろう。しかし、説一切有部は、かかる通俗説が讃仏などの単なる美辞麗句に止まっている場合ならともかく、それが仏教解釈上の明確な主張となるような局面では、「不必須通、非三蔵故。諸讃仏頌、言多過実。」[62]と明確な反対を表明しているのである。

それゆえ、このような(m)の立場に反対する(s)の主張は、当然のことながら、先に見た「仏教」についての『発智論』およびそれに対する『大毘婆沙論』の解釈中に認めることができたわけであるが、『大毘婆沙論』は、先に引いた解釈の直後に、「仏教」の「作用」として十二分教の説明を展開し、その最末尾には、本稿の第三節でも関説した、upadeśa の説明がある。ここで、それを示すことにすれば次のとおりである。[63]

論議（upadeśa）云何。謂、諸経中、決判黙説（kālâpadeśa）大説（mahâpadeśa）等教。又如、仏一時略説経已、便入静室、宴黙多時、諸大声聞、共集一処、各以種種異文句義、解釈仏説。

右引中の「又」以前の説明には不明な点も残るが[64]、「又」以後の説明によれば、upadeśa とは、仏教徒である「大声聞」たちが、仏が略説しただけで沈黙してしまった「未了義」の経典[65]について議論し、その仏説を「法性（dharmatā）」に随順させ「了義」として解釈したものである[66]、ということになるが、このようにして集成されたものが「論蔵（abhidharma-piṭaka）」にほかならず、先に見た『大毘婆沙論』の「仏教」観に従えば、これが多くの場合「善である」「思想」もしくは「哲学」である、ということにもなるのである。

しかるに、説一切有部が、以上のような意味において、abhidharma もまた仏説としての sūtra であるとみなしていったのと並行して、「仏教」について先の(m)のような主張をなす大衆部を代表とする出家比丘たち、あるいは説一切有部までを含めての伝統的仏教教団所属の出家比丘たちの中には、「一音演説法」的考え方の下に、大乗経典もまた仏説としてのsūtraであるとみなしていった者がいたに違いない。そして、その場合、「一音演説法」とは、美辞麗句に頼った通俗的性格が強いゆえに、「思想」や「哲学」を重んじた言葉の分析に基づく前者の説一切有部とは異なって、後者の系譜に属する者は、むしろ直感重視の方向で言語表現を超えた体験を追求するようになっていったであろうと考えられる。[67] しかも、後者の場合でも、前者と同様に、「法性」に随順するということは強調されたであろうが、前者では言葉が重視されたので、「法性」に随順するとは、仏の言葉に対する解釈に論理的矛盾がないという意味であったはずであるが、後者では言葉が軽視されたので、「法性」に随順するとは、仏の世界即ち「法界(dharma-dhātu)」に合一しそこから教えを聞くこと、即ち「法界等流(dharma-dhātu-niṣyanda)」の「聞熏習(śruta-vāsanā)」を確立することと考えられたのではなかろうか。[68] そして、このような経緯が、本稿の前節末で示唆したように、『摂大乗論』の序章において大乗の十種の論点が仏説であるとされていることの思想的背景になっていたのではないかと推測されるのである。しかるに、これは上記以上に更に推測の域を出るものではないのだが、アサンガやヴァスバンドゥの頃は、āgamaとして大乗経典を用いる場合には、それらは、『十地経』や『解深密経』のように、最初期の『般若経』に準じる経典として多くの仏教教団によって承認されていたもの以外には、まだāgamaの資格がなく、当時創作されたばかりの経典であれば、abhidharmaと同等のsūtraとしてabhidharma-sūtraなどと呼ばれたこともあったのではないだろうか。そうだとすれば、前節末尾で見た『阿毘達磨集論』の命名に因む註釈の(ii)は、かかる複数のabhidharma-sūtraに基づいて*Abhidharmasamuccaya*が成立したとの見解を示していたことになるのである。[69]

さて、ほとんど空想めいた推測ついでに、本稿の第一節末で鳥瞰した北西インドからの仏教の伝播に因んで、大乗経典創作の背景について一言しておきたい。そこで育った仏教は、アサンガやヴァスバンドゥの時代を経て、再び中インドのナーランダーにて隆盛を極めることになったが、それはまた北伝して東アジアに伝播し、あるいは南伝してセイロンからまた東南アジアに伝播したのであるが[70]、その伝播の拠点の一つとしては、先でも触れたシュールパーラカの名を挙げることができる。この名が私の脳裏を離れないのは、昔読んだ、渡辺照宏博士の『仏教』第二版中の「プールナの僻地布教」という話以来のことなのだが[71]、そのプールナ(Pūrṇa, Puṇṇa、富楼那、満願)について示された材源の中で最も情報に富んだものが『ディヴィヤ=アヴァダーナ(*Divyāvadāna*)』の第二章である。本文献については、極最近、平岡聡博士による全訳が出版され、その第二章も非常に近づき易いものとなった[72]。本文献の話自体は、avadāna 文献という性格上極めて通俗的な因縁譚ではあるが、私には、北西インドの説一切有部を中心とした伝統的仏教教団において大乗経典が続々と創作されていった時代が本文献全体にわたって活写されているように感じられる。第二章についても同様であるが、今は平易な平岡訳によって容易に直接読みうるようになったわけであるから、ここでは、本稿の私の関心事から留意すべき数点のみを指摘しておくに止めたい。

仏教が大乗経典を産み出すまでに展開したということは、大規模化した伝統的仏教教団の確立と、それを莫大な寄進によって支えた在家信者の存在とがその背景にあったということを意味する。本文献の第二章は、かかる仏教教団と寄進者を擁しうる大都会として、シュローナーパラーンタカ(Śroṇāparāntaka、西方輸盧那国)の都であるシュールパーラカ(Śūrpāraka, Sūrpāraka, Suppāraka)[73]を描き出しているといえる。その都に、世尊は「両足を有する福田(dvi-pādakaṃ puṇya-kṣetram)」として入るが[74]、実際には如来の他に布施に値するものとして āgantuka, gamika, glāna, glānôpasthāyaka, upadhi-vārika の五種が挙げられている[75]。そして、このような「福田」に対して予期されている「在家菩薩」の善業とは、私の言うところの「苦行主義」を前提とした「作善主義」による「悪業払拭の儀式」に通ずるものなのだが[76]、出家してシュローナーパラーンタカへの伝道の熱意に燃えるプールナ自身はよき「福田」として死をも厭わぬ真の苦行者として描かれている。そして、そのプールナに対する世尊のお墨付きの言葉は次のとおりである[77]。

gaccha tvaṃ Pūrṇa mukto mocaya tīrṇas tāraya āśvasta āśvāsaya parinirvṛtaḥ parinirvāpaya

さあ、プールナよ、お前は〔自ら〕解脱して〔他を〕解脱せしめ、〔自ら〕渡って〔他を〕渡らしめ、〔自ら〕安穏を得て〔他に〕安穏を得せしめ、〔自ら〕般涅槃し〔他を〕般涅槃せしめよ。

右引のように TṚ, MUC, ā-ŚVAS, pari-nir-VṚ(-VĀ) の四つの語根に由来する動詞をもって「解脱思想」が表現されている場合に、その四連語を私は「解脱の四連語」と呼んでいるが、[78] この表現は、本文献第二章の原素材と言ってもよい経典中では、パーリとしては単に“damūpasamena samannāgato[79]（調御と寂止を備えている）”とあるのに対して、漢訳『雑阿含経』第三一一経においては、その「解脱の四連語」中の一語を欠いた過渡的な状態で次のように表現されているのである。[80]

汝今宜去。度於未度、安於未安、未涅槃者令得涅槃。

以上で、経典で芽生えた「解脱思想」が avadāna 文献で生長し、やがてそれが大乗経典にも取り込まれていく様子が推測できるのではないかと思われるが、本文献『ディヴィヤ＝アヴァダーナ』の主テーマである業の黒（kṛṣṇa）白（śukla）の問題に関しては、説一切有部の業論を踏襲しているように見えながら、やはり大乗的な方向にも解釈の余地が残されているような気もするのである。[81]

五

ところで、本稿の主題は「唯識思想の経証としての『厚厳経』」であったわけだから、人によっては随分と脱線が長いと思われてしまったかもしれないが、その論述の中心にはできるだけ「経証」を据えようと努めてきた。そして、この過程で一番言いたかったことは、āgama として一部の大乗経典が援用されるようになったアサンガやヴァスバンドゥの時代にあってさえ、仏教に関して自己の見解を主張するためには、伝統的な経蔵由来の経典が āgama として前提とされていなければならないという一種の緊張感があったのであり、従って、当の経典が議論の上で問題となれば、その経典が「了義」であるか「未了義」であるかについても当然応じる用意ができていなければならなかったが、かかる意味での āgama を、玄奘の訳例に倣って「教（証）」としてしまうと、インドに現前していた āgama の当時の語感まで失われてしまうのではないか、というこの点だけだったのである。

しかるに、唯識思想として新たにアーラヤ識（ālaya-vijñāna）や染汚意（kliṣṭa-manas）を伝統的な六識に加えることになった実修行派にとって断えず問題として意識されていたのが伝統的な「心意識」との関係であったろうことは想像に難くない。[82] 以下に、この点を考察して結びに向っていきたい。まず、「心意識」に関する『倶舎論』第二章第三四頌前半とそれに対するヴァスバンドゥ自身の註釈と、『倶舎論』に対する反論を意図してものされたサンガバドラ（Saṃghabhadra、衆賢）の『順正理論』の対応箇所とを、左に、I『倶舎論』サンスクリット原文[83]とその拙訳、次の上段には、IIその玄奘訳[84]、その下段には、III玄奘訳『順正理論』当該箇所[85]の順で、提示してみよう。

I uktāḥ saha cittena caitāḥ prakāraśas teṣāṃ punar imāḥ saṃjñāḥ paribhāṣyante/ pravacana etābhiḥ saṃvyavahārāt/

cittaṃ mano 'tha vijñānam ekârthaṃ

cinotîti cittam/ manuta iti manaḥ/ vijānātîti vijñānam/ citaṃ śubhâśubhair dhātubhir iti cittam/ tad evâśraya-bhūtaṃ manaḥ/ āśrita-bhūtaṃ vijñānam ity apare/ yathā cittaṃ mano vijñānam ity eko 'rthaḥ/ evaṃ

〔以上で〕心と共に諸心所が種別ごとに説かれ了った。次に、それらについて、以下の名称が説明される。聖教（pravacana）中では、以下〔の名称〕によって言及がなされているからである。

心（citta）と意（manas）識（vijñāna）とは同義（ekârtha）である。集める（cinoti）から心（citta）であり、考える（manute）から意（manas）であり、識る（vijānāti）から識（vijñāna）である。また他のものたちは、浄と不浄との界によって積み重ねられる（cita）[86]から心（citta）であり、その同じものが所依（āśraya）であるときには意（manas）であり、能依（āśrita）であるときには識（vijñāna）である、という。ちょうど心と意と識とが同義であるように〔それら以外の語も〕全く同様である。

II如是已説、諸心心所、品類不同倶生異相。然心心所、於契経中、随義建立種種名想。今当弁此名義差別。頌曰。

心意識体一　（中略）

論曰。集起故、名心。思量故、名意。了別故、名識。復有釈言。浄不浄界種種差別、故名為心。即此、為他作所依止、故名為意。作能依止、故名為識。故心意識、三名所詮、義雖有異、而体是一。如心意識三名所詮義異体一、（諸心心所名有所依所縁行相相応）亦爾。

III如是已説、諸心心所、品類不同倶生決定差別之相。然心心所、於契経中、随義建立種種名想。今当弁此名義差別。頌曰。

心意識体一　（中略）

論曰。心意識三、体雖是一、而訓詞等義類有異。謂、集起故、名心。思量故、名意。了別故、名識。或、種種義、故名為心。即此、為他作所依止、故名為意。作能依止、故名為識。或、界処蘊施設差別。或、復増長相続業生種子差別。如是等類、義門有異、故心意識、三名所詮、義異体一。如心意識、三名所詮、義異体一。

右引中で、原文において“pravacana（聖教）”とあったものは、玄奘によって、IIでもIIIでも「契経」と訳されているが、pravacanaがāgamaたりうる伝統的経蔵中の諸経典を意味していることは明らかであろう。しかも、それらの経典に基づいて形成されたアビダルマの教義学の伝統を継承している限り、その仏教の正統説では、「心」は心所とは別途に絶えず一つとして働き、それが瞬時に過ぎ去って識の所依となれば「意」と呼ばれ、一つの心も「識」

としての瞬間ごとの機能としてみれば直感（現量）的な前五識と推論（比量）的な意識（mano-vijñāna）とに分かれるが、かかる「心」「意」「識」以上のものは認められないという点では、右のヴァスバンドゥ（ⅠⅡ）とサンガバドラ（Ⅲ）とを比較しても分かるように、その語義解釈に若干の相違が認められようとも、両者は基本的に合致しているのである。

それならば、かかるアビダルマの教義学を形成した背景にあるāgamaとしての経典もしくはpravacanaには、「心意識」に関して実際のところどのようなことが説かれていたのであろうか。とはいえ、ヴァスバンドゥが先の第三四頌前半で“cittaṃ mano 'tha vijñānam ekârthaṃ”と述べていたとおりの文言が、この場合にはāgama中に求められる必要はないようなので、「心意識」のそれぞれの場合について妥当するāgamaは却って相当の数に上ることが予想される。しかるに、ラ・ヴァレ・プサン教授は、この点に関し、二つの文献の参照を指示している。これは二つとも参照に値する重要なものである。[87] まず、第一は、パーリの『梵網経（*Brahmajāla-sutta*）』中に「一部分常住論、一部分非常住論（ekacca-sassatikā ekacca-asassatikā）」の主張の一例として示されるもので、そこでは次のように言われている。[88]

Yaṃ kho idaṃ vuccati cakkhun ti pi sotan ti pi ghānan ti pi jivhā ti pi kāyo ti pi ayaṃ attā anicco addhuvo asassato vipariṇāma-dhammo. Yañ ca kho idaṃ vuccati cittan ti vā mano ti vā viññāṇan ti vā ayaṃ attā nicco dhuvo sassato avipariṇāma-dhammo sassati-samaṃ tath'eva ṭhassati

この、眼であるとも、耳であるとも、鼻であるとも、舌であるとも、身であるとも言われる我（attan＝ātman）は、常でなく、常恒でなく、常住でなく、変化する性質のものである。しかし、この、心（citta）であるとか、意（manas）であるとか、識（viññāna＝vijñāna）であるとか言われる我は、常であり、常恒であり、常住であり、変化する性質がなく、永遠に、そのままとどまるであろう。

かかる主張が、『梵網経』の前半に示される非仏教的主張である「六十二見」の一つとして、後半に示される仏教の立場から否定されるものであることは明白なのであるが、極めて残念なことに、その後半において、この主張が具体的に取り上げられて否定されることはない。しかし、これは仏教によって否定されねばならない主張であることだけは、しっかり頭に刻み込んで、次の例に移ってみよう。次もやはりパーリで、プサン教授が実際に指示するのは「相応部」の「因縁相応」第六一経中の文言[89]なのであるが、本経は次の第六二経とも密接し、しかも、この両経はまた、順次に、『雑阿含経』第二八九経、第二九〇経と対応することが知られており、またそのサンスクリット原文も知られているものなのである。[90] 従って、ここでは、このプサン教授の指示から多少自由になって、左のサンスクリット文に眼を転ずることを許されたい。[91]

bālo bhikṣavo 'śrutavān pṛthagjanaś catur-mahā-bhautikāt kāyān nirvidyeta virajyeta vimucyeta/ tat kasmād dhetoḥ/ dṛśyate bhikṣavo 'sya catur-mahā-bhautikasya kāyasya ācayo 'py apacayo 'py ādānam api nikṣepaṇam api/ yat punar idam ucyate cittam iti vā mana iti vā vijñānam iti vā tato nâlaṃ bālenâśrutavatā pṛthagjanena nirvettuṃ vā viraktuṃ vā vimoktuṃ vā/ tat kasmād dhetoḥ/ dīrgha-rātram etad bālenâśrutavatā pṛthagjanena kelāyitaṃ gopāyitaṃ mamāyitam upagatam upādattam etan mama eṣo 'ham asmi/ eṣa me ātmêti/ tasmāt tato nâlaṃ bālenâśrutavatā pṛthagjanena nirvettuṃ vā viraktuṃ vā vimoktuṃ vā/ varaṃ bhikṣavo bālenâśrutavatā pṛthagjanenâyam eva catur-mahā-bhautikaḥ kāyaḥ ātmata upagato na tv eva vijñānam/ (中略) tad-yathā markaṭo vṛkṣasya śākhām ālaṃbeta/ tām utsṛjyânyām ālaṃbeta/ evam eva yat punar idam ucyate cittam iti vā mana iti vā vijñānam iti vā tat teṣāṃ teṣāṃ[92] rātri-divasānām atyayāt pūrvavad yāvan nirudhyamānaṃ nirdhyate/ tatra śrutavān ārya-śrāvakaḥ pratītyasamutpādam eva sādhu ca suṣṭhu ca yoniśaḥ pratyavekṣate/

比丘たちよ、無聞の凡夫異生は、[93] 四大所造の身から逃れ、無関心となり、解脱しようとするであろう。それはなぜか。比丘たちよ、この四大所造の身には増えることも減ることも取ることも捨てることも見られるからでる。更にまた、およそなんであれ、この心とも、あるいは意とも、あるいは識とも言われるものであれば、それから、無聞の凡夫異生は、逃れようとしたり、無関心となろうとしたり、解脱しようとしたりすることはできないであろう。それはなぜか。無聞の凡夫異生は、長夜にわたって、「これは私のものである。これは私である。これは私のアートマンである。」と思って、これを愛惜し愛護し愛着し随愛し執着するからである。[94] それゆえに、無聞の凡夫異生は、それから、逃れようとしたり、無関心となろうとしたり、解脱しようとしたりすることはできないのである。比丘たちよ、無聞の凡夫異生によって、ほかならぬこの四大所造の身がアートマンとして随愛される方がまだ増しであるが、しかし、識の場合には全くそうではない。（中略）ちょうどあたかも、猿が木の枝を捉まえ、それを離して次〔の枝〕を捉まえるのと全く同様に、更にまた、およそなんであれ、この心とも、あるいは意とも、あるいは識とも言われるものであれば、それは、それぞれの日夜の経緯のうちに、上述のようになるまで、消滅しつつ、消滅してしまうのである。そこで、多聞の聖声聞は、まさしく縁起を善く良く如理に観察するのである。

右は比較的長く主として『雑阿含経』第二八九経相当のサンスクリットによって引用した経文であるが、その第二八九経全体を、第二九〇経やそれらと関連するパーリなどの諸資料と比較しながら、思想史的展望の中で解釈することは、是非とも必要なことであるものの、ここでは省略する。[95] ただし、右引中で確認できる基本的なことを押えておけば、それは、引用末尾で明らかになるように、この経では、仏教のことをよく聞いて知っている多聞の聖声聞と、仏教のことを全く知らない無聞の凡夫異生との考え方の違いが対比的に示されているということである。そして、その仏教を知らないものの考え方は、本経の前に示した『梵網経』の一例とも通じ合うものとみなすことができよう。

そこで、この一例も加味した上で、それらの仏教を知らないものの考え方を、先に本書「序」第二論文で「場所」xyとして実体化された個体[96]について述べたことに基づいて、まとめてみると、その無聞の凡夫異生たちによって、「場所」xyについては、このうちのより強固で常住のアートマンのように執着されるxが、ある場合には「身」であると捉えられ、ある場合には無常な眼耳鼻舌身を除いた「心」とも「意」とも「識」とも捉えられているということになるのである。これに対し、仏教のことをよく知った多聞の聖声聞は、かかる「場所」xyをなんら前提とすることなく、ただひたすら仏の教え（buddha-vacana）に従って、仏教の開祖によって初めて教えられた縁起（pratītyasamutpāda）を学んでいくにすぎない。これを後に確立されたアビダルマの「思想」や「哲学」を踏まえて言い換えれば、開祖が「能詮（abhidhāna）」の「名（nāman）」「句（pada）」「文（vyañjana）」の配列（racanā）構築（sthāpanā）連結（samāyoga）として示した法（dharma）[97]に従って、「声聞（śrāvaka）」即ち仏弟子は、その「心意識」分けてもその中の意識（mano-vijñāna）を駆使して、意識の対象である一切法を、「因果決定の義[98]」の「縁起」として厳密に解釈し尽くされた（nīta）「所詮（abhidheya）」の「義（artha）」において、考えていかなければならない、ということになるであろう。

しかるに、ここでアビダルマ的に問題となってくるのが、「仏教（buddha-vacana）」を含めた「名身（nāma-kāya）」「句身（pada-kāya）」「文身（vyañjana-kāya）」としての「心不相応行（citta-viprayukta-saṃskāra）」の「実有（dravyato 'sti）」か否かの問題、あるいは、それに絡む「能詮（abhidhāna）」としての「名（nāman）」と「所詮（abhidheya）」としての「義（artha）」との関係の問題なのである。しかし、これらはここで簡単に論じ切ることのできるような問題ではないので、「仏教」を含めて仏教は当然言葉を重視しなければならないという観点から、その場合によく「経証（āgama）」として用いられる一頌だけを中心に、この問題に対する私見を、ある方向性を示唆できる程度に、簡単に述べておきたい[99]。

その一頌とは、パーリ「相応部」「有偈篇」の「諸天相応」中の第六一経のもの、もしくは漢訳『雑阿含経』第一〇二〇経中に示されるものであるが、左に、(い)パーリ頌、(ろ)その中村元訳、(は)漢訳の順で示してみることにしよう。[100]

(い) Nâmam sabbam addhabhavi// nâmâ bhíyo na vijjati//
nâmassa ekadhammassa// sabbeva vasam anvagû//

(ろ)名は一切のものに打ち勝つ。名よりもさらに多くのものは存在しない。名という唯だ一つのものに、一切のものが従属した。

(は)名者映世間　名者世無上　唯有一名法　能制御世間

中村元博士は、この一頌に、仏教的というよりはむしろウパニシャッド的な色調を感じておられるようであるが、[101]中村博士がその論拠とされた『チャーンドーギヤ＝ウパニシャッド』より、ここでは、別な箇所を引いてみることにしよう。[102]

cittaṃ vāva saṃkalpād bhūyaḥ/ yadā vai cetayate 'tha saṃkalpayate/ atha manasyati/ atha vācam īrayati/ tām u nāmnīrayati/ nāmni mantrā ekaṃ bhavanti/ mantreṣu karmāṇi//

確かに、理解力は意図よりも偉大である。まことに、人が理解する時に、それから、人は意図する。それから、人は考える。それから、人は言語（vāc）を響かせる。そして、名前（nāman）において、人はそれを響かせる。名前において祭祀の決まり文句は一つになる。祭祀の文句において儀式は〔一つになる〕。

人間は言葉によって原初の世界より飛翔できたのであるから、言葉を獲得しえた人間の驚きや喜びは世界通有のものであって、その太古の感動としてウパニシャッドと共通の色調が仏教に認められたとしても特に驚くことではない。問題は、その後の「思想」史において、「無我説」の仏教が「我説」のインド思想に対して、その「哲学」が異なっている分だけ、いかに異なった言語観を確立しえたかという点にあるのである。しかるに、仏教の側には、インド思想に近い仏教もあれば遠い仏教もあるというのが現実であるから、それに応じて仏教の言語観も様々な色調を呈することになる。先の一頌も、「経証」としてかなり処々に引かれて種々に解釈されているようであるが、ここでは、玄奘訳中における「教（āgama）」と「理（yukti）」の用例も兼ねて『順正理論』中の一箇所を示しておく。[103]

又、諸法中、無無名者。若有、応成非所知過。故薄伽梵説如是言。

名能映一切　無有過名者　是故名一法　皆随自在行

有余師説、「義少名多。於一義中、有多名故。」有余復説、「名少義多。名唯一界少分所摂、義則具収十八界故。」復有説者、「互有少多、謂、約界摂、義多名少。若依立教、義少名多、謂、仏世尊、於一一法、随義施設、無辺名故、如、貪名愛、名火、名蛇、名蔓、名渇、名網、名毒、名泉、名河、名修、名広、名針縷等、如是一切。此中、経主作如是言、「豈不、此三、語為性故、用声為体、色自性摂。如何乃説、為心不相応行。[104]」此責非理。所以者何。由教及理、知別有故。教、謂、経言、「語力、文力。」若文即語、別説何為。又説、「応持正法文句。」又言、「依義不依於文。[105]」又説、「伽他因、謂、闡陀（chandas）[106]文字。」闡陀、謂、造頌分量語為体。又契経言、「知法、知義。」法謂名等。義謂所詮。又契経言、「文義巧妙。」又言、「応以善説文句、読誦正法。悪説文句、読誦正法、義即難解。」又説、「如来獲得、希有名句文身。」又説、「彼彼勝解文句、甚為希有。」由此等教、証知、別有、能詮諸義名句文身、猶如、語声実非仮。理、謂、現見。有時、得声而不得字。有時、得字而不得声。故知体別。有時得声不得字者、謂、雖聞声、而不了義。現見、有人粗聞他語、而復審問、汝何所言。此聞語声、不了義者。都由未達所発文故。如何乃執文不異声。有時得字不得声者、謂、不聞声、而得了義。現見、有人不聞他語、都脣等動、知其所説。此不聞声、得了義者。都由已達所発文故。由斯理証、文必異声。

かなり長い引用をなしながら、その丁寧な解説もなさずに、しかもその上ある部分で引用文をも離れてしまうようではあるが、ここで、「能詮（abhidhāna）」の「名（nāman）」と「所詮（abhidheya）」の「義（artha）」との関係について、相対立する両極の考え方を(o)(p)として示してみれば次のようになろう。[107]

(o)個体や個物である「場所」xyを全く前提とすることなく、ただ「能詮」の「名」によって論理的に正しいと考えられる主張を「所詮」の「義」として的確に陳述しようとし、その限りでの言葉しかないとする考え方

(p)個体や個物である「場所」xyがまず実体として存在することを前提とし、しかもそれが「所詮」の「義」にほかならず、それを指示するにすぎない「能詮」の「名」は、それゆえ、単なる言葉でしかないとする考え方

先に示した問題の一頌は、仏教的には(o)の方向で解釈されるべきであろうと私は思うが、実際にはなかなかそれは難しかったようである。[108] 現に、本稿で問題の『厚厳経』も、一見、その頌と酷似した次のような頌を示している。[109]

世間種種法　一切唯有名　但想所安立　離名無別義
一切唯有名　亦唯想安立　従能詮異故　所詮不可得

'di dag thams cad ming tsam ste// 'du shes tsam la rab tu gnas//
brjod las tha dad gyur pa yi// brjod par bya ba yod pa min//

これら全ては名（nāman）のみにして、ただ想（saṃjñā）のみを場所とせり（pratiṣṭhita）。能詮（abhidhāna）と異なりたる所詮（abhidheya）はあることなし。

しかし、この経の立場が(p)であることは、次の一頌によってより明白である。[110]

心識之所行　一切諸境界　所見雖差別　但識無有境
心識之所縁　一切外境界　見種種差別　無境但唯心

ji snyed yul yod ci yang rung// sems dang rnam shes spyod yul du//
sna tshogs snang ba de dag kyang// rnam shes yin te yul med do//

あらん限りの対象（viṣaya、境）のいずれなりとも、心（citta）と識（vijñāna）との認識領域（gocara）とし

て種々に顕現せしものにして、それらもまた識なりて、対象あることなし。

ここに示されているのは、存在するのは「場所」xyとしての識のみであって、「名」はそこに仮構される単なる言葉でしかないとする立場なのである。

以上、いろいろ述べてきたが、たとえ脱線ではないにしても、本来論ずべきことからみれば、結局は傍論にしかすぎなかったかもしれない。しかし、alam atiprasangena（傍論且止）である。願わくは、いつか時を得て、論ずべきことを論ずることのできる日のあることを期待したい。

註

（1） Étienne Lamotte, *Saṃdhinirmocana Sūtra : L'Explication des Mystères*, Louvain/ Paris, 1935, p. 16. なお、この箇所は、昔、英文でものし、今回、和訳して、本書「本論」第八論文として収録した中にも引用されているものであるが、ここでの訳文もその拙訳による。今回、新たに本稿を執筆した動機は、その第八論文末の「回顧と弁明」中に記したとおりなので、その参照を乞う次第である。

（2） 本書「本論」第七論文、および、第八論文参照。

（3） かく判断したのは、"le *Ghanavyūha* que l'école Yogācāra systématisera dans ses traités（実修行学派が彼らの論書中で体系化することになる『密厳経』）" とされている以上、その経とは明らかに実修行学派以前に存在していたものでなければならないからである。かかる観点からすると、ヴァスバンドゥと同時頃の成立の可能性もある『入楞伽経』でさえ既に問題であるのに、『入楞伽経』以降の成立が明白であるとされる『密厳経』は問題外としなければならない。しかるに、『解深密経』と比肩でき、しかもそれ以前の成立の明らかな経としては *Gaṇḍavyūha* が想起されるが、そのために、私は、不遜にも *Ghanavyūha* とあるのは *Gaṇḍavyūha* の誤記ではないかと考えてしまったのである。なお、『密厳経』とは、玄奘門下の法相宗に伝えられ、本稿のタイトル中にも採用した『厚厳経』と同じものであるが、その件については、後註8下の本文に引く真興の註釈を参照されたい。また、『入楞伽経』を巡る状況については、本書「序」第一論文、註42参照のこと。

（4） 本書「本論」第八論文、註番号11を付した箇所の本文中における引用の『密厳経』の部分、および、そのことに触れた、同論文末の「回顧と弁明」中の記述参照。

（5） 一九三五年に『密厳経』の国訳を公けにされた常盤大定博士の「解題」中の見解が、それ以降の「日本の学界」の本経成立年代論を代表していると思われるので、その箇所を示しておけば、「本経の三大眼目は、如来蔵と阿頼耶識と密厳浄土の高潮せられる所に、本経成立の時期を規定せしむるのがあるといふ事になる。然らばその年代は如何といふ事になれば、それは適確に指示する事が出来ぬのは、他の経典と同様であるが、初訳者地婆訶羅の来朝せる西暦六七六年以前なる事は言ふまでもない。西暦六七六年は最下限である。然らばその最上限はどの辺まで遡るかといふに、盛唐の文化的能力から考へると、印度の最高思想は、成立するや否や直に東流したに相違ないから、恐らくは地婆訶羅同時又はその直前の成立であつたらうと思はれる。然らばその最上限は西暦六〇〇年の頃であつたらう。斯の如くにして本経の成立を、西暦六〇〇—六七六の間に置いて、大過はあるまい。」（常盤大定「大乗密厳経解題」、国訳一切経、経集部、一六、大東出版社、一九三五年、一九九二年改訂五刷、七—八（七—八）頁）である。なお、本経に関しては、岩田諦静『真諦の唯識説の研究』（山喜房仏書林、二〇〇四年）、一五七—一五九頁も参照のこと。ただし、そこで、岩田博士は、常盤博士の上記年代論に触れて、「常盤大定氏は『楞伽経』成立（四〇〇年以後）の後、地波訶羅が中国に入る以前（六〇〇年）の期間の成立としている。」（一五七頁）と述べておられるが、ここにはなにか大きな誤解があるのではないかと思われる。私も、漢訳年代だけではない要素を加味すれば、常盤博士の年代設定よりも若干年代を押し上げることができるかもしれないとは考えるが、このことは、この誤解とは別に考えられなければならないであろう。

（6）大正蔵、四三巻、二二九頁下—二三〇頁上。また、仏教大系完成会編『会本成唯識論　述記三箇疏』（仏教大系刊行会、一九一九年、中山書房複刊、一九七五年、以下、「大系本」と略す）、第一、四頁参照。この箇所の引用につき、大正蔵にて「楞迦」とあるものは、大系本によって「楞伽」に改められている。なお、「六経十一論」については、深浦正文『唯識学研究』下巻（永田文昌堂、一九五四年）、八—一五頁、勝又俊教『仏教における心識説の研究』（山喜房仏書林、一九六一年）、六七—七〇頁参照。

（7）深浦前掲書（前註6）、一二頁参照。ただし、真興のその註釈中に示される割註の性格が確認されれば、割註で言及されている義濱が両経の「同本」を確認した最初の人である可能性は残されている。

（8）大正蔵、七一巻、三一三頁下。なお、その所釈の『大乗法苑義林章』は、大正蔵、四五巻、二五八頁下である。

（9）勝又前掲書（前註6）、八四—八七頁参照。

（10）佐伯定胤校訂『新導成唯識論』全（法隆寺、一九四〇年、以下、「新導本」と略す）を指す。これには、通し頁の他に、『成唯識論』全一〇巻ごとの各巻の頁があるが、ここでは、後者の頁による。また、これによって、『成唯識論』の巻数も知られたい。

（11）本経のチベット訳については、P. ed., No. 778, Cu, 1-62b8 : D. ed., No. 110, Cha, 1-55b7 参照。

（12）基によって『厚厳経』の頌とされていたものと同じ頌が『入楞伽経』中にも認められることを初めて指摘したのは、私の知る限り、La Vallée Poussin, *Vijñaptimātratāsiddhi : La Siddhi de Hiuan-tsang*, Paris, 1928, p. 84, n.2 である。その指示により、Bunyiu

Nanjio (ed.), *The Laṅkāvatāra Sūtra*, The Otani University Press, Kyoto, 1956, p. 285 参照。これは、第十章第一五四頌後半と第一五四頌前半とで一頌をなすものであるが、これと多少の違いを示すものの、ほぼ同じ頌が、同第十章第六二四頌（Nanjio ed., p. 342）としても知られる。表の下方カッコ内に示したものは前者によるものであるが、この両箇所に認められる不安定性が、この頌が『厚厳経』のものであるとされることの背景をなす『厚厳経』成立状況との関係をも示唆しているように考えられるのである。なお、問題の頌は、『入楞伽経』の四巻本にはないが、十巻本には、前者に当るものが、大正蔵、一六巻、五六九頁上に、後者に当るものが、同、五八〇頁上に、七巻本には、前者に当るものが、同、六二七頁中に、後者に当るものが、同、六三四頁下―六三五頁上に見出されうる。また、本経のサンスクリット原典からの和訳については、安井広済『梵文和訳入楞伽経』（法蔵館、一九七六年）、二五五頁、三〇六頁を参照されたい。

(13)『仏地経論』、大正蔵、二六巻、三〇三頁中参照。

(14)『大乗法苑義林章』、大正蔵、四五巻、二五八頁下参照。なお、この箇所こそ、前註8下の本文中に示した真興の註釈の所釈箇所にほかならない。また、本頌の諸訳は、本稿の本文最末尾、註110下に示された上、そのチベット訳からの拙訳もそこに示されているので参照されたい。因みに、本頌は確定的に同定されたものではないので、その分、類似の文や頌が他にも散在するが、それらについては、大正蔵、一六巻、七三七頁下、一五―一六行、七四二頁上、二四―二六行、七四二頁下、二二―二三行、七六四頁下、一八―一九行、七七〇頁中、二〇―二一行、七七一頁中、一〇―一一行参照。

(15) 勝又前掲書（前註6）、八五―八七頁。なお、引用中のカッコを伴った等号とローマ数字は私による補いである。

(16) 常盤前掲解題（前註5）、三（三）頁。

(17) ヴァスバンドゥの年代論に関しては、加藤純章「アビダルマ文献からみた世親等諸論師の年代について」高崎直道博士還暦記念論集『インド学仏教学論集』（春秋社、一九八七年）、二一五―二三九頁を参照すると共に、それを組み込んだ上にその思想も論じた、加藤純章『経量部の研究』（春秋社、一九八九年）、同「アビダルマの存在理由《レゾン・デートル》と大乗仏教徒の苦悩」『駒沢短期大学仏教論集』第三号（一九九七年十月）、一―二一頁参照。なお、ヴァスバンドゥ研究については、参照を指示すべき成果も極めて多いが、ここでは、ヴァスバンドゥの如来蔵思想を新たな視点から照射しようとする試みの一つとして、木村誠司「世親の如来蔵思想」『駒沢短期大学研究紀要』第三四号（二〇〇六年三月）、一七五―一八四頁（横）を指摘しておくに止めたい。

(18) 曇無讖については、鎌田茂雄『中国仏教史』第三巻（東京大学出版会、一九八四年）、二六―五五頁、曇無讖と罽賓との関係については、桑山正進『カーピシー＝ガンダーラ史研究』（京都大学人文科学研究所、一九九〇年）、四一―四二頁参照。

(19) 求那跋摩については、鎌田茂雄『中国仏教史』第四巻（東京大学出版会、一九九〇年）、七―九頁参照。また、求那跋摩と中国仏教における特殊な思想問題との関係については、拙稿「「善悪不二、邪正一如」の思想的背景に関する覚え書」『駒沢短期大学研究紀要』第三〇号（二〇〇二年三月）、一六九―一九一頁、石井公成「禅宗の先駆――求那跋摩三蔵の伝記と遺偈――」田中良昭博士古稀記念論集『禅学研究の諸相』（大東出版社、二〇〇三年）、六三―八四頁参照。

(20) 求那跋陀羅については、鎌田前掲書（前註19）、一二一―一七頁参照。

(21) 真諦については、鎌田前掲書（前註19）、二七―九一頁参照。この真諦の中国仏教への影響は、周知のごとく、隋代にかけて活躍した浄影寺慧遠（五二三―五九二）や智顗（五三八―五九七）や吉蔵（五四九―六二三）、更に、彼らの弟子たちに強く深く及んだので、この方面での研究成果も数多く、到底挙げ切れるものではない。ここでは、智顗に関しては、佐藤哲英『続・天台大師の研究――天台智顗をめぐる諸問題――』（百華苑、一九八一年）、大野栄人『天台止観成立史の研究』（法蔵館、一九九四年）、池田魯参『詳解摩訶止観』現代語訳篇（大蔵出版、一九九五年）、同、定本訓読篇（同、一九九六年）、同、研究註釈篇（同、一九九七年）、吉蔵に関しては、平井俊榮『中国般若思想史研究――吉蔵と三論学派――』（春秋社、一九七六年）、また、智顗や吉蔵を中心に置きながら、広い視野から批判的に考察のなされたものとしては、平井俊榮『法華文句の成立に関する研究』（春秋社、一九八五年）、伊藤隆寿『中国仏教の批判的研究』（大蔵出版、一九九二年）、奥野光賢『仏性思想の展開――吉蔵を中心とした『法華経』受容史――』（大蔵出版、二〇〇二年）、松本史朗『道元思想論』（大蔵出版、二〇〇〇年）、特に、二六六―二六八頁「吉蔵」、二六九―二七七頁「智顗」のみを指摘しておくので参照されたい。なお、松本上記書、二六九頁において、「智顗を「本覚思想批判者」として位置づけることは、不適切であると思われる。」との私に対する指摘があるが、その御指摘は全く正しいことをここで明確に認めておきたい。私は、仏教徒は「本覚思想批判者」でなければならぬとの大前提まで撤回するわけでは決してないけれども、智顗自身の著述分析において余りにも無批判でありすぎたことを認めざるをえないからである。ところで、この註記では、極めて重要な学僧であると思いながらも、ここまで慧遠には触れなかったのは、浅学のため、慧遠のことは、日頃の管見に及ぶことのないゆえである。ただし、ここ数年は、畏友ジョアキン　モンティロ博士が機縁となって、岡本一平氏に親しくお話を伺える機会も多くなり、お蔭でその状況も若干改善された。慧遠は、智顗や吉蔵と違い、漢訳された経論をストレートに用いる傾向が強いようであるが、それゆえに、慧遠を批判的に研究することは、非常に意味のあることだと考えられる。岡本一平「『大乗義章』の研究（一）――「三蔵義」「十二部経義」註釈研究――」『駒沢短期大学仏教論集』第一一号（二〇〇五年十月）、五九―一〇八頁、同「『大乗義章』の研究（二）――「仏性義」註釈研究――」『駒沢短期大学仏教論集』第一二号（二〇〇六年十月）、四七―一〇三頁、同「浄影寺慧遠の仏性思想」（上）『駒沢大学仏教学部研究紀要』第六五号（二〇〇七年三月）、一七七―一九二頁、同（下）『駒沢大学仏教学部論集』第三八号（二〇〇七年十月）、三〇九―三三二頁などの最近の一連の御論稿には、特にそういう面が強く感じられる。お聞きするところによれば、近々、そのような慧遠に関する御成果が一冊にまとめられて刊行されるとのことであるので、大いに期待したい。なお、真諦から玄奘に及ぶ、インドないし中国の唯識思想および如来蔵思想の動向については、本書「序」第一論文を参照されたい。

(22) マイトレーヤ（弥勒）の五法やアティーシャ（最近は「アティシャ」と表記される方が多くなっているが、いずれにせよ、ディーパンカラシュリージュニャーナのこと）については、山口瑞鳳『チベット』下（東京大学出版会、一九八八年、改訂版、二〇〇四年）、五四—五六頁、二二五—二三一頁、二五八—二六四頁、舟橋尚哉「『大乗荘厳経論』の諸問題並びに第一一章求法品のテキスト校訂」『大谷大学研究年報』第五二集（二〇〇〇年三月）、四—一二頁（横）、二九—三二頁（横）、註5—35、「弥勒（Maitreya）の五部論について」、石田貴道「〈弥勒の五法〉再考」『仏教学』第四六号（二〇〇四年十二月）、一一一—一四〇頁（横）参照。ところで、私は、最近になって、荒牧典俊「弥勒論書における「虚妄分別」の起源について」『仏教学セミナー』第七五号（二〇〇二年五月）、一—二八頁のあることを知るに至ったが、その末尾の二七—二八頁の註5で、松田和信氏の『法法性分別論』の後代成立説が批判されているのを初めて知って驚いているところである。もし荒牧博士の批判が成立することになるなら、私の「マイトレーヤの五法」についての見解も多くの点で成り立たなくなるからであるが、今の時点で、私には荒牧博士の批判が適切であるとはまだ考えることはできない。舟橋上記論文、一〇頁では、松田和信「*Nirvikalpapraveśa* 再考——特に『法法性分別論』との関係について——」『印仏研』四五—一（一九九六年十二月）、三六九—三六三頁中の、それ以前の諸氏の成果に触れながら同論の後代成立説を論じた三六五頁の記述が引用された上で、それが追認されており、私も自説を含めてそのように考えてよいものだとばかり思ってきたので、私の「マイトレーヤの五法」に関する見解についても荒牧博士によって更に具体的な批判が展開されなければ、私としても返答しようがないというのが実情である。私の『法法性分別論』に関する論究については、本書「本論」第二〇論文（初出、一九八五年）、特に、註番号55、56の付された箇所を中心に参照されたい。なお、最近、「マイトレーヤの五法」の伝承にも絡むチベットの「後伝期」の仏教における「他空説」の問題に関して、四津谷孝道「二つの空性理解と三転法輪」（駒沢大学仏教学会第二回定例研究会、二〇〇八年一月二十六日、於駒沢大学中央講堂）なる口頭発表があり、近々活字にて公けにされるとも伺ったので、ここに付記しておく。また、チベット仏教との関係で、チョナン派やトゥルプパの「他空説」や如来蔵思想を批判的に考察した研究成果には、山口瑞鳳「チョナンパの如来蔵説とその批判説」田村芳朗博士還暦記念論集『仏教教理の研究』（春秋社、一九八二年）、五八五—六〇五頁、上杉隆英「Dol bu pa の「他空」説について」『曹洞宗研究員研究生研究紀要』第一五号（一九八三年八月）、三九—四〇頁（横）、荒井裕明「ツォンカパの他空説批判——*Yum gsum gnod 'joms* を中心として——」『仏教学』第三三号（一九九二年九月）、二七—四七頁（横）、池田道浩「トゥルプパの三性説解釈とツォンカパの批判説」『日本西蔵学会会報』第四一・四二号（一九九七年三月）、五一—五九頁、望月海慧「Dol po pa の二諦説理解について」『仏教学』第四八号（二〇〇六年十二月）、二一—五一頁（横）、同「Dol po pa の二諦説理解について」(II)『身延山大学仏教学部紀要』第八号（二〇〇七年十月）、二三—六四頁（横）があるので参照されたい。

(23) 地波訶羅と不空金剛とについては、鎌田茂雄『中国仏教史』第六巻（東京大学出版会、一九九九年）、順次に、三七七—三七九頁、四〇八—四一八頁参照。また、本経を巡る中国における展開の一面については、大竹晋『唯識説を中心とした初期華厳教学の研究　智儼・義湘から法蔵へ』（大蔵出版、二〇〇七年）、四七七—五〇〇頁を参照のこと。

(24) 本書「本論」第八論文末「回顧と弁明」中『摂大乗論』のC.2.として取り上げた箇所（本書三六六—三六七頁）参照。なお、ここの本文中で「既に示した」とか「今一度」「再確認」とかの記述がなされているのは、上記の「回顧と弁明」を受けているためであるが、本書の体裁の順序に従って、いきなりこの本文に遭遇した場合には、いささか奇異に思われる方もいらっしゃるかもしれないので、ここに、記述の経緯についても触れておく次第である。

(25) 以下、順次に、(イ)は、D. ed., No. 4048, Ri, 14a1, (ロ)は、大正蔵、三一巻、一〇一頁上、(ハ)は、同、一一八頁中、(ニ)は、同、二八五頁中、(ホ)は、同、一三八頁中である。なお、この箇所についても、本論典の秀れた訳註研究として定評のある、長尾雅人『摂大乗論　和訳と注解』上（講談社、一九八二年）、二八八頁、二九一頁、六一頁（横）を参照されたい。

(26) 厖大な玄奘訳中より、その用例を網羅的に抽出することはほとんど不可能に近いし、目下はその余裕もないので、ここでは簡便な方法を採らせて頂く。平川彰、平井俊榮、高橋壮、袴谷憲昭、吉津宜英『倶舎論索引』第一部（大蔵出版、一九七三年）、七二頁のāgama-の項によれば、真諦訳が「阿含」と「経」とに収斂しているのに対して、玄奘訳は「阿笈摩」なる音写の例を示さず、ほとんどは「教」か訳語中に「教」を含めるかの用語になっている。逆に、この現象を漢訳側から見るために、同『倶舎論索引』第二部（大蔵出版、一九七七年）、一頁の「阿笈摩」の項を確認してみると、意外なことに、āgama が「阿笈摩」と訳されたとされる箇所が二箇所指摘されている。大正蔵、二九巻、一四七頁下、四行と、同、一五四頁中、二二行とであるが、最初の例は、『倶舎論』第八章「定品」第九頌d中の“āgama”が頌中では訳されていないために散文註釈中に玄奘によって補われたもので、厳密に言えば、原文の散文註釈中（*AKBh*, p. 440, ll.17-21）には āgama の語が見出されないものである。また、第二の例は、原文 *AKBh*, p. 466, l.5 の“kṣudra-ke 'pi câgame”が玄奘によって「於雑阿笈摩中」と訳されたものの「阿笈摩」が採録されたものでしかない。このようなことから、玄奘は āgama を「阿笈摩」と音写することはむしろ避けて、できるだけ「教」の方向で漢訳しようと努めたのではないかと思われるのであるが、その傾向は、例えば、『順正理論』などの説一切有部の正統的文献においても濃厚であると私には感じられるのであるが、本稿の註103下の本文中に引く『順正理論』の一節もその一例たりうると思うので、それによって引用中に実傍線の付された「教」の部分を確認されたい。なお、上述した最初の例を含む『倶舎論』「定品」の、原文でいえば、*AKBh*, p. 439, l.1-p. 440, l.5 は、「楽受(sukha-vedanā)」などを巡る異説が検討される箇所であるが、「楽受」は、ともすれば āgama を離れた体験と結びつきやすいので、その意味でもこの箇所は重要である。幸い、「定品」には、櫻部建、小谷信千代、本庄良文『倶舎論の原典研究　智品・定品』（大蔵出版、二〇〇四年）があるので、この箇所については、同、二四七—二六〇頁を参照されたい。特に、その中で“adhyāropita eṣa pāṭhaḥ kenâpi/ sarva-nikāyântareṣu kāyikam ity eva pāṭhāt/（この〔経の〕読み方は〔「心の」という語が〕誰かによって増広されたのである。他のすべての部派においては「身の」とだけ読んでいるからである。）”（*AKBh*, p. 439, l. 4：櫻部、小谷、本庄上掲訳、二四七頁）と述べられていたり、dhyāna（定、静慮）の体験との関係からYogācāraとしてのPūrvācāryaの見解が引き合いに出されていることなどが注目される。しかるに、「楽受」については、「定品」ではなく、「賢聖品」を中心にしたものではあるが、夙に、加藤純章博士によって、その異説が問題とされているので、加藤前掲書（前註17）、一八三—一九七頁を参照されたい。また、「定品」の上記箇所に言及されるPūrvācāryaについては、松田和信「*Vyākyāyukti*——Vasubandhu研究ノート(2)——」『印仏研』三三—二（一九八五年三月）と共に、拙稿「Pūrvācārya考」（初出、一九八六年）、拙書『唯識思想論考』（大蔵出版、二〇〇一年）、五一四頁の（11）の例に対する論及を参照のこと。

(27)　玄奘訳『摂大乗論』、大正蔵、三一巻、一三三頁中、二〇行、二五行参照。なお、長尾前掲書（前註25）、七五—八五頁、前掲拙書（前註26）、五六三—五六四頁も参照のこと。

(28)　新導本によれば、Aは、巻第三、一七頁、Zは、巻第四、一二頁、大正蔵によれば、Aは、三一巻、一四頁上、Zは、同、一九頁上である。

(29)　『成唯識論』のこの証明箇所の長さの異常さを理解してもらうために、宇井伯寿『安慧護法唯識三十頌釈論』（岩波書店、一九五二年）によって説明しておけば、同、四一頁下段に「以下第八識存在の論証」と言って省略されている一行の間に、その問題の論証箇所が、上段に省略なしで続いている安慧釈に対して、ほぼ一巻分に相当する長さとして存在しているということである。

(30)　便宜的には、前註28で指摘した新導本の上段に示される頭註欄参照のこと。また、その簡単な解説としては、深浦前掲書（前註6）、二七一—二七六頁があるので、参照されたい。

(31)　(a)は、P. Pradhan (ed.), *Abhidharm-koshabhāṣya of Vasubandhu*, Tibetan Sanskrit Works Series, Vol. VIII, Patna, 1967（略号*AKBh*), p. 295, ll.14-16、(b)は、大正蔵、二九巻、一〇四頁中、(c)は、同、二五七頁下である。(d)は、小谷信千代、本庄良文『倶舎論の原典研究　随眠品』（大蔵出版、二〇〇七年）、一一二頁によるが、これは、所謂「三世実有説」が述べられる箇所なので、同、一一一—一四八頁全体も参照されたい。なお、(d)の引用に当っては、訳者によって付せられている傍線は略し、また、改行されている箇所も追い込みにされていることを諒とせられたい。従って、引用中に用いられている実傍線も点傍線も私によって付されたものである。

(32)　小谷、本庄前掲書（前註31）、一四二頁、註5参照。これにより、漢訳とパーリの所在を明示すれば、『雑阿含経』第二一四経は、

大正蔵、二巻、五四頁上―中、印順編『雑阿含経論会編』(上)（正聞出版社、台北、一九八三年）、二六三頁、「相応部」「六処相応」第九三経『二〔法〕(*Dvaya*)』は、P. T. S. ed., Saṃyutta-Nikāya, IV, pp. 67-69、南伝蔵、一五巻、一一一―一一三頁である。

(33) 中国における古訳において「経」がdharmaに準じるような意味で用いられ、その意味で「経法」などの訳語が使用されていた例のあることを、Tilmann Vetter and Stefano Zacchetti, "On *Jingfa* 経法 in Early Chinese Buddhist Translations",『創価大学国際仏教学高等研究所年報』第七号（二〇〇四年三月）, pp. 159-166は報告している。いずれにせよ、「四書」「五経」の国で、「経」が「教」よりも聖典的権威をもって受け止められていたことは確かなことではないかと思われるのである。

(34) 仏陀扇多訳『摂大乗論』、大正蔵、三一巻、九七頁中、二八行参照。

(35) Gopāla Śāstrī Nene (ed.), *The Manusmṛti with the 'Manvartha-Muktāvalī' Commentary of Kullūka Bhaṭṭa*, Kashi Sanskrit Series 114, Chowkhamba Sanskrit Series Office, Varanasi, 1970, p. 653. 訳文は、渡瀬信之『サンスクリット原典全訳マヌ法典』（中公文庫、中央公論社、一九九一年）、四一八頁による。

(36) クッルーカ=バッタの註釈、Nene, *ibid.*, p. 653, l.32による。

(37) Rhys Davids (ed.), *The Visuddhi-magga of Buddhaghosa*, P. T. S., London, 1920-1921, Reprinted in one volume, Routledge & Kegan Paul, London/ Boston, 1975により、(1)はp. 214、(2)はp. 442、(3)はp. 522である。なお、水野弘元訳『清浄道論』については、(1)は、南伝蔵、六二巻、四二四頁、(2)は、同、六四巻、一一頁、(3)は、同上、一六五頁による。

(38) 水野弘元訳『清浄道論』、南伝蔵、六四巻、一四頁、註27参照。

(39) Vārṣagaṇya はVārṣagaṇa やVṛṣagaṇa としても出るが、Vṛṣagaṇa が実名で、彼の弟子たちや学派をVārṣagaṇya とかVārṣagaṇa と言ったのかもしれない。このサーンキヤ学派のヴァールシャガニヤ（雨衆）については、宇井伯寿『印度哲学史』（岩波書店、一九三二年、一九六五年再刊）、四六三―四六七頁、中村元『インド思想史』（岩波全書、岩波書店、一九五六年）、一三三頁参照。また、Erich Frauwallner, *Geschichte der indischen Philosophie*, Band I, 1953, Shaker Verlag ed., 2003: *History of Indian Philosophy*, Vol. I, tr. by V. M. Bedekar, Motilal Banarsidass, Delhi/ Patna/ Varanasi, 1973につき（以下、カッコ内頁は英訳版）、p. 184 (224), p. 207 (252), p. 213 (259), p. 235 (288), p. 241 (296), p. 244 (300), p. 256 (316), p. 261 (321) も参照されたい。なお、『瑜伽師地論』のこの箇所で論じられているヴァールシャガニヤが唱えるサーンキヤ学説に対する批判については、神子上恵生「瑜伽師地論に於けるサーンキヤ説批判」『仏教文化研究所紀要』第五集（一九六六年五月）、九一―九四頁、Esho Mikogami, "A Refutation of the Sāṃkhya Theory in the Yogācārabhūmi", *Philosophy East and West*, vol. XIX, No. 4, 1969, pp. 443-447があるので参照のこと。また、サーンキヤ学派と、仏教、取り分け、実修行学派との影響関係は極めて重要な課題であるが、にもかかわらず、私自身はこの分野に疎く、多くを、遠藤康「ヨーガ・バーシュヤの viśeṣa——現量の対象における——」『印仏研』三三—二（一九八五年三月）、五三七—五三八頁、同「*Yogabhāṣya* の推理説について——」『印仏研』三五—二（一九八七年三月）、九八六—九八五頁、同「*Yogasūtrabhāṣyavivaraṇa* 第四章及び *Bṛhadāraṇyaka-Upaniṣad-Śāṅkarabhāṣya* IV, 3, 7. の仏教批判について」『駒沢大学仏教学部論集』第一八号（一九八七年十月）、五〇六—四八七頁、同「*Yogasārasaṅgraha* の業理論」『東方』第九号（一九九三年十二月）、一〇七—一一八頁に負うていることを記し、それらの参照を乞う次第である。

(40) Vidhushekhara Bhattacharya (ed.), *The Yogācārabhūmi of Ācārya Asaṅga*, Part I, University of Calcutta, Calcutta, 1957, p. 119 : D. ed., No. 4035, Tshi, 60b6-7：玄奘訳、大正蔵、三〇巻、三〇三頁下。

(41) 大正蔵、三〇巻、三五六頁下：D. ed., No. 4035, Tshi, 189a4-5 参照。なお、この箇所を前後する「聞所成地」の"*Hetuvidyā Section*"のサンスクリット原文は、矢板秀臣『仏教知識論の原典研究——瑜伽論因明、ダルモッタラティッパナカ、タルカラハスヤ——』（成田山新勝寺、二〇〇五年）、九八—一二四頁に示されているので、今の箇所については、一〇一頁、3.2 を参照されたい。因みに、八種の sādhana とは、pratijñā（立宗）、hetu（弁因）、udāharaṇa（引喩）、sārūpya（同類）、vairūpya（異類）、pratyakṣa（現量）、anumāna（比量）、āptâgama（正教量）である。

(42) 以下は、順次に、矢板前掲書（前註41）、一一一頁、3.28、D. ed., No. 4035, Tshi, 193b4-5、大正蔵、三〇巻、三五八頁下、である。

(43) これ以下に示したのは拙訳であるが、同箇所の矢板訳については、矢板前掲書（前註41）、三一—三二頁を参照のこと。因みに、矢板訳は、同上、註38において、別な理解もありうることを示唆しているが、ここは、いずれにせよ、簡略な説明の中に、いろいろな理解を読み込みうるという意味で難解である。関係代名詞の yat は、疑問を受けて答えの全体を括っていると考えられるが、問題はその括られた中の読み方にある。チベット訳は、①「一切智者によって説かれたもの」、②「それから聞いたもの」、③「それに随順したもの」のいずれかであればよい、という理解かもしれないが、私は、①が基本で、それに②であっても③であってもよい、という理解で訳した。玄奘訳は、恐らく、その理解であり、矢板訳もそうであると思う。その上で、②と③の理解が問題であるが、私は、②が伝統的な「三蔵」中の sūtra を指し、③が「法性」に随順していれば abhidharma も sūtra であるということを含意しうる文献を指す、とここでは理解している。しかし、ここで、真に重要なことは、今は本格的に論じることができないにせよ、āgama に āpta が冠せられていることと、その説明の基本である①で、この āpta が sarvajña（一切智者）の方向で解釈されていることとであるかもしれない。āgama に āpta が冠せられるようになるのはいつ頃からなのか詳らかにしないが、それほど古いことなのではないような気がする。āpta は、辞書的に言えば、「獲得された」を意味し、そこから「信頼に足る」もしくは「信頼に足る人」を意味するが、①はそれを sarvajña と押えているにせよ、このようにして人が前面に出てくると、その人は、仏教の開祖だけではなく、時代の進展と共に、多くの仏菩薩をも意味するようになる可能性が強まってくるのである。玄奘が āgama を「教」と訳すようになった背景には、かかる歴史状況があったのかもしれないが、本稿の意図は、āgama の原義を押えることにあることを諒とせられたい。しかし、今の時点で知りえている後代の用法として、āptâgama よりも更に進んだ形での āptôpadeśa の使用例だけは、ここに報告しておきたい。スティラマティの *Triṃśikāvijñaptibhāṣya*, Lévi ed., p. 25, l.27 では、yukti と対になるべき āptâgama の箇所で、その語に代って、"āptôpadeśa" が用いられている。しかし、この upadeśa は、後註47にも示す「十二分教」の一つとしての upadeśa と異なることが意識されたためか、チベット訳では āgama に対するのと同じ訳語である lung で訳され "yid ches pa'i lung" (D. ed., No. 4064, Shi, 155a3) とされているため、チベット訳の上では āptôpadeśa は āptâgama と区別できない結果となっている。とはいえ、サンスクリット原語の上では、upadeśa は āgama よりも玄奘の理解するところの「教」により近くなっているとは言えるであろう。因みに、野沢静証博士は、「唯識三十頌の原典解釈」山口益、野沢静証『世親唯識の原典解明』(法蔵館、一九五三年)、二五六頁で、スティラマティの如上の箇所の "yuktita āptôpadeśato vā" を「理趣により或は信頼し得べき人の教によりて」と訳しておられる。また、野沢同上箇所に示されるヴィニータデーヴァ(Vinītadeva、調伏天)の釈疏でも upadeśa は lung とチベット訳されているが、この箇所のチベット訳については、D. ed., No. 4070, Hi, 27a1-2 を参照されたい。因みに、ヴィニータデーヴァは、この少し先で、āpta を明確に "tshad mar gyur pa'i skyes bu (*pramāṇa-bhūta-puruṣa)" (28a5) と註釈しているので、野沢博士の āpta の訳が「信頼し得べき人」とされているのも、この註釈が踏まえられているゆえかもしれない。なお、以上に述べた①②③の三種とは一応別途なものとして示されている次の三種のうちの第一について、チベット訳のみは、他と違って、「聖言を集めたもの (gsung rab sdud pa)」という理解を示していることには、注意を払っておくべきかもしれない。ところで、以上の本註記で扱った問題を惹起した文献は、アサンガ活躍の直前までには成立していたと思われる『瑜伽師地論』「聞所成地」の「現量 (pratyakṣa)」「比量 (anumāna)」「正教量 (āptâgama)」を問題とした箇所で、特に、その「正教量」であったわけだが、インド仏教史的にいえば、この「現量」「比量」と一組にされる「正教量」の問題は、紀元二〇〇年を前後する時代に成立したとされる『チャラカ本集 (*Carakasaṃhitā*)』第三篇第八章やナーガールジュナに帰せられる『方便心論』にまで遡らなければならない問題でもある。しかるに、その三概念一組の用語中、ここで問題とした āgama もしくは āptâgama に相当するもののみは、当時も余計不安定だったようで、『チャラカ本集』では "aitihya"、『方便心論』では「随経書」が用いられている。従って、この概念用語については、紀元四〇〇年を前後する頃より以降に āgama に āpta が付されて、それが sarva-jña や *pramāṇa-bhūta-puruṣa などの概念を伴って展開していく過程を検討していく一方で、紀元二〇〇年を前後する頃より四〇〇年頃までの、この概念用語の推移をも考慮していかなければならないであろう。『チャラカ本集』や『方便心論』については、宇井伯寿博士や梶山雄一博士などの秀れた御研究があるが、これらを踏まえた最近の成果には、石飛道子『龍樹造「方便心論」の研究』（山喜房仏書林、二〇〇六年）がある。当面の問題については、特に、その六〇頁を参照されたい。なお、『チャラカ本集』の aitihya（伝承）から、後代のスティラマティの頃の āptôpadeśa までの語法を繋ぐ文献として、ヴァスバンドゥとほぼ同時代のヴァイシェーシカ学派の思想家プラシャスタパーダ（Praśastapāda）の次のような規定、即ち "aitihyam apy avitatham āptôpadeśa eva（伝承も、虚偽でないものは、信頼に足る聖典にほかならない。）"（*Nyāyakandalī, Being a Commentary on Praśastapādabhāṣya*, Gaekwad's Oriental Series, No. 174, p.546：金倉圓照『インドの自然哲学』、平楽寺書店、一九七一年、一八三頁）が注目される。

（44）(α)については、サンスクリット原文が、V. V. Gokhale, "Fragments from the Abhidharmasamuccaya of Asaṃga", *Journal of the Bombay Branch, Royal Asiatic Society*, New Series, Vol. 23, 1947, pp. 13-38 中に見出されない箇所であるが、しかし、以下に示したごとき原文が(β)中より容易に回収できるものである。なお、(α)のチベット訳は、D. ed., No. 4049, Ri, 118b7、玄奘訳は、大正蔵、三一巻、六九三頁下による。(β)は、順次に、Nathmal Tatia (ed.), *Abhidharmasamuccaya-bhāṣyam*, Tibetan Sanskrit Works Series, No. 17, Patna, 1976, p. 153, ll.6-7, D. ed., No. 4053, Li, 114a2-3、大正蔵、三一巻、七七二頁上による。和訳はいずれも拙訳である。

（45）前田惠學『原始仏教聖典の成立史研究』（山喜房仏書林、一九六四年）、四七二―四七九頁参照。なお、ここでも、取り上げられている『大毘婆沙論』の例については、後註63下の本文中で若干の検討を加えることにする。

（46）Karunesha Shukla (ed.), *Śrāvakabhūmi of Ācārya Asaṅga*, Tibetan Sanskrit Works Series, Vol. XIV, Patna, 1973, p. 139, ll. 7-9、大正蔵、三〇巻、四一八頁上参照。更に、大正大学綜合仏教研究所声聞地研究会『瑜伽論　声聞地第一瑜伽処――サンスクリット語テキストと和訳――』（山喜房仏書林、一九九八年）、二三二―二三三頁、(1)-C-III-10-a-(1)-xii も参照されたい。

（47）D. ed., No. 4061, Shi, 83a1-3. なお、ここに示したのは拙訳であるが、この箇所の『釈軌論』の訳註については、李鍾徹（Lee, Jong Cheol）『世親思想の研究――『釈軌論』を中心として――』（山喜房仏書林、二〇〇一年）、六九―七〇頁、および、同、註129も参照のこと。また、upadeśa は、説明上の語と理解されたときには、チベット訳でも、前註44下の訳例に見るように、単に "ston pa" のように訳されるが、十二分教としての術語であることが意識されたときには、ここにおけるように "gtan la dbab par bstan pa'i sde" とか、前註46の「声聞地」の対応チベット訳、D. ed., No. 4036, Dzi, 56b5 におけるように "gtan la phab par bstan pa'i sde" と訳される。ところで、この箇所へ私が注目する切っ掛けとなったのは、山口益博士の『浄土論』の題名に因んだ御指摘のお蔭であったが、それは、山口益『世親の浄土論』（法蔵館、一九六六年）、一四―一五頁なので、参照されたい。なお、āgama とあるべき箇所に upadeśa が用いられるようになった後代の用例については、前註43を参照のこと。かかる upadeśa はチベット訳では āgama に対すると同じく lung と訳されたようであるが、チベット訳では、*AKBh* で単独で用いられる upadeśa に対しても、āgama に準ずると理解されたためか、やはり"lung"と訳されている例が二つ認められる。*AKBh*, p. 183, l.16 と p. 458, l.15 に対する P. ed., No. 5591, Gu, 183a2 と Ngu, 93a1 である。後者については、櫻部、小谷、本庄前掲書（前註26）、三五〇頁、「教説の力によって」の前後参照。

(48) ヴァスバンドゥの āgama に対するこのような態度は、前註26中に示した、sūtra が増広された（adhyāropita）可能性もあることを問題にしていることにも確認されるのではないかと思うが、『倶舎論』「根品」で有為の四相が āptâgama 絡みで論じられている箇所も難解ではあるが参考になるのではないかと思う。この箇所については、*AKBh*, p. 76, l.20-p. 77, l.5：櫻部建『倶舎論の研究　界・根品』（法蔵館、一九六九年）、三三六—三三七頁：P. ed., No. 5591, Gu, 92b3-93a3：玄奘訳、大正蔵、二九巻、二七頁中—下：真諦訳、同上、一八五頁下—一八六頁上参照。なお、「破我品」においても、āgama としての sūtra の存否が問題とされているので参照されたい。しかも、その問題は "nâsmākam (ayaṃ) nikāye paṭhyate（(これは) 我々の部派では誦せられていない)"（*AKBh*, p. 466, l.17 and ll.20-21）という表現に集約されていると思うが、これと同じ状況は更に拡大した形で『釈軌論』中に見出すことができる。これについては、山口益「世親の釈軌論について」（初出、一九五九年）『山口益仏教学文集』下（春秋社、一九七三年）、一八四—一八五頁参照。ここで論じられる「大乗非仏説」が『釈軌論』第四章で批判されることについては、更に、同「大乗非仏説論に対する世親の論破——釈軌論第四章に対する一考察——」（初出、一九六二年）、同上、二九九—三二〇頁参照。

(49) 山口益『世親の成業論——善慧戒の註釈による原典的解明——』（法蔵館、一九五一年）、二〇頁。

(50) D. ed., No. 4062, Shi, 143a2-3：玄奘訳、大正蔵、三一巻、七八五頁中。ただし、D. ed. 中の "ldangs por" は P. ed., No. 5563, Si, 166a2 によって "lhangs por" に改められている。厳密に言えば、私には分からない語であるが、表に立ち現われた結果、表面ではっきりと顕になった状態を指す語と解して、ここでは「明瞭に」と訳されている。それを含め、和訳は拙訳である。なお、毘目智仙訳は、同上、七八〇頁中で、ほぼ同様の記載がなされているが、『釈軌論』を指示するような文言はない。また、本論典のチベット訳については、室寺義仁『成業論チベット訳校訂本』（私家版、京都、一九八五年）があり、その四七頁が引用箇所に相当するので、参照されるべきである。かく言う私自身が最初に本校訂本を参照しなかったために、『釈軌論』の同定に、若干のズレが生じてしまったが、この件には次註で触れる。また、この箇所の山口益訳については、山口前掲書（前註49）、二一三頁を参照されたい。

(51) D. ed., No. 4061, Shi, 99b3-4. 和訳は拙訳である。この箇所を推測するに際して、私は、山口前掲書（前註48）、三〇三—三〇四頁に示される『釈軌論』の要約引用を手掛りにしていたのであるが、註の段階になって、室寺前掲校訂本（前註50）、四七頁を見るに至り、同頁、脚註aにおいて、『釈軌論』のより正確な所在が既に指摘されているのを知った。その箇所は、D. ed.でいえば、Shi, 98a4-5で、私がここの本文で示した箇所よりほぼ一葉ほど前に当る。そこには、"yang na sangs rgyas bcom ldan 'das mya ngan las 'das nas ring po ma lon zhing 'phags pa Kun dga' bo yang bzhugs bzhin du sangs rgyas kyi gsung mtha' dag mi snang na/ deng sang

na lta smos kyang ci dgos/（また、仏世尊がお亡くなりになってからまだそれほど時が経っておらず聖アーナンダもまだ御存命でいらっしゃったのに仏語が悉く現われていたのではないとすれば、〔それから長い時を経てしまった〕現在（deng sang）、〔現存しない経典があるのは〕言うまでもないことなのである。）”とあり、その“deng sang”という特徴ある語に注目すれば、問題の文の所在は、室寺氏の御指摘どおり、ここだとすべきであろう。深くお詫びし訂正したい。しかし、ここでの引用文は、正しい箇所と差し替えなくとも、それほど見当違いなことにはならないと思うので、そのままとしたことを諒とせられたい。

(52) ヴァスバンドゥの『釈軌論』第四章にそれが明確に示されていることについては、前註48末で指摘したが、更に、李鍾徹前掲書（前註47）、六三—六八頁も参照のこと。また、木村前掲論文（前註17）、一七七—一七八頁は、かつて、山口前掲書（前註48）、三一一—三一二頁において、『釈軌論』中に“yang gsungs pa”（D. ed., No. 4061, Shi, 106a4）として引かれる六頌が『入楞伽経』のもの（即ち「偈頌品」第一五〇—第一五五頌）だと指摘されていたことに関し、これを更に、如来蔵思想の側から考察しているので参照されたい。いずれにせよ、この段階になれば、ヴァスバンドゥが、大乗経典を、あたかも伝統的āgamaと同格でもあるかのように“yang gsungs pa”として示していたことは明白であろう。

(53) 高橋晃一『『菩薩地』「真実義品」から「摂決択分中菩薩地」への思想展開——vastu概念を中心として——』（山喜房仏書林、二〇〇五年）参照。なお、これに対しては、拙書評、『駒沢大学仏教学部論集』第三七号（二〇〇六年十月）、四〇七—四一八頁があるので参照されたい。また、これ以下の本文に示される「真実義品」のこの箇所の概要説明に関しては、高橋同上書、七八—七九頁の「シノプシス」参照のこと。

(54) この語は、『声聞地』「第三瑜伽処」で「四種道理」の第三「証成道理」として説かれているものと同じである。これについては、Shukla, *op. cit.*（前註46）, p. 369, ll.14-17：D. ed., No. 4036, Dzi, 135a1-2：玄奘訳、大正蔵、三〇巻、四五一頁下参照。なお、Shukla ed., l.16に“atrātmā”とあるのは、atrâptâgamā の誤りであると思われる。また、『声聞地』や『菩薩地』で説かれる「四種道理」と親しい関係にある『解深密経』のそれについては、吉水千鶴子「*Saṃdhinirmocanasūtra* X における四種の yukti について」『成田山仏教研究所紀要』第一九号（一九九六年三月）、一二三—一六八頁（横）、「真実義品」の「離言」に関する三つの yukti が提起している思想的問題については、拙稿「離言（nirabhilāpya）の思想背景」『駒沢大学仏教学部研究紀要』第四九号（一九九一年三月）、一六九—一二五頁を参照されたい。

(55) この経典を中心にした研究に、阿理生「三昧の一側面——除遣について——」『印仏研』三二—二（一九八四年三月）、一〇三四—一〇三〇頁があり、また、これを踏まえながら、『菩薩地』「真実義品」における実践を問題にしたのが、阿理生「瑜伽行派の空性と実践」『哲学年報』第四三輯（一九八四年二月）、五五—八二頁（横）であるので、ここのāgamaの問題に関連して、両論文とも参照されたい。

(56) ただし、以上で āgama として用いられている三経典中、もしかすると、大乗経典として認知されていたかもしれないと思われるものが *Bhavasaṃkrāntisūtra* である。本経については、拙稿「*Bhavasaṃkrāntisūtra*——解説および和訳——」(初出、一九七七年)、前掲拙書（前註26）、二五二—二九三頁参照。なお、本経が仮りに大乗経典であったとしても、中論学派（中観派）と共有しえるものであったことについては、同、二五七頁を参照のこと。

(57) 『摂大乗論』の序章については、荒牧典俊「摂大乗論の序章」『インド学試論集』第六・七号（一九六五年三月）、一五六—一七一頁（横）、本書「結」第一校訂本中の「序章」、長尾前掲書（前註25）、五九—七四頁、三—九頁（横）参照。しかるに、私がここで特定しようとしている大乗仏説論の流れを、むしろ広く大乗経典の中で捉えようとしている最近の成果に、藤田祥道「大乗の諸経論に見られる大乗仏説論の系譜Ⅰ——『般若経』：智慧の完成を誹謗する菩薩と恐れる菩薩——」『インド学チベット学研究』第九・一〇号（二〇〇六年十月）、一—五五頁、同「Ⅱ——『迦葉品』：仏陀の説法とその理解——」『仏教学研究』第六〇・六一号（二〇〇六年三月）、四四—六五頁、同「Ⅲ——『解深密経』：三無自性という一乗道の開示——」『インド学チベット学研究』第一一号（二〇〇七年十月）、一—三〇頁があるので参照されたい。

(58) ㈠に示した本文のサンスクリット文は知られていないが、還元については、Pralhad Pradhan (ed.), *Abhidharma Samuccaya of Asaṅga*, Visva-Bharati Studies 12, Santiniketan, 1950, p. 107, ll.15-17 参照。私も一応これを参照したが、プラダン教授が、玄奘訳によって補ったと思われる “saṃkṣepatas tribhir arthaiḥ” は不要とみて削除した。また、同教授が “samyag-uccayatāṃ” としてある箇所は、㈡の(iii)を重視して “samyag-uccayatvāyâyatanatāṃ” をそのまま採用した。しかし、それは更に “samyag-uccayâyatanatāṃ” と訂正された方がよいのかもしれない。㈠中のチベット訳は、D. ed., No. 4049, Ri, 120a5-6、玄奘訳は、大正蔵、三一巻、六九四頁中である。㈡については、順次に、Tatia, *op. cit.*（前註44）, p. 156：D. ed., No. 4053, Li, 117a2-4：大正蔵、三〇巻、七七三頁下—七七四頁上によっている。和訳はいずれも拙訳である。なお、アサンガ自身の聖典観については、本書「本論」第三論文参照のこと。

(59) 『発智論』、大正蔵、二六巻、九八一頁上—中、『八犍度論』、同上、八五三頁中に当るが、サンスクリットの回収から始まって、その修正に至るまでの、全経緯は、全て、拙稿「『発智論』の「仏教」の定義」『駒沢短期大学仏教論集』第一二号（二〇〇六年十月）、二三—三一頁に記されているので、それに譲りたい。ここに示した拙訳も含めて、基本的に全てそのままであるが、ただし、以下の本文中に示したサンスクリット文のうち、“buddha-vacanaṃ kuśalaṃ vaktavyam/ avyākṛtaṃ vaktavyam/” といわれている箇所では、本来はあった二者択一の疑問を作る “kiṃ nu...āhosvid” などの語がいつの間にか脱落してしまったとみなして、その文を “kiṃ nu buddha-vacanaṃ kuśalaṃ vaktavyam āhosvid avyākṛtaṃ vaktavyam/” などと改めた方がよいかもしれないと今は思っている。

なお、『発智論』に関する最近の成果として、櫻部建、加治洋一校註『発智論』I II（新国訳大蔵経、大蔵出版、一九九六年、二〇〇〇年）があるが、ここでの問題にも絡む「仏の語言、評論、唱詞、語路、語音、語業、語表」（II、三六二（四一四）頁）という読みに関して言えば、この箇所は、「仏の語、言、評、論、唱、詞、語路、語音、語業、語表」のように、十箇所に切らなければならない、ということになるのである。

(60) 大正蔵、二七巻、六五九頁中。

(61) 寺本婉雅、平松友嗣共編訳註『蔵漢和三訳対校異部宗輪論』（黙働社、一九三五年）により、(s)は、一二頁（横）、一一―一五行、五七頁、(m)は、同上、四頁（横）、一七行―五頁（横）、一行である。また、チベット訳と玄奘訳だけを見るために、それらの所在を示しておけば、(s)は、P. ed., No. 5639, U, 174b3-5 : D. ed., No. 4138, Su, 145a6-b1 : 大正蔵、四九巻、一六頁下、(m)は、P. ed., *ibid.*, 170b4-5 : D. ed., *ibid.*, 142b2-3 : 大正蔵、四九巻、一五頁中であるが、P. ed. にも D. ed. にも、引用中に亀甲カギカッコ内に補った ma はないが、当然あるべきと考えて、寺本、平松校訂本どおりに ma は補うべきである。なお、この両箇所に対する簡単な解説は、拙書『仏教入門』（大蔵出版、二〇〇四年）、一七一―一九頁でも与えられているので参照されたい。

(62) 『大毘婆沙論』、大正蔵、二七巻、四一〇頁中。なお、「一音演説法」を巡る問題については、拙書『仏教教団史論』（大蔵出版、二〇〇二年）、二五九―二六五頁、および、前掲拙書（前註61）、一八二―一九一頁を参照のこと。

(63) 『大毘婆沙論』大正蔵、二七巻、六六〇頁中。なお、前註45も参照されたい。

(64) この「諸経中、決判黙説大説等教」について、前田前掲書（前註45）、四七五頁は、「「黙説」とは無記のことで問いに対して黙して答えないこと、「大説」は有記に当り積極的に説法することを言うのであろうか。」としているが、『瑜伽師地論』「思所成地」、大正蔵、三〇巻、三六一頁中には、「能善了知黒説大説」とあり、このうちの「黒説」は明本に「黙説」とあるとされているので、「黙説大説」は「黒説大説」というのと同じともみなしうるであろう。しかるに、この箇所は、最近、大正大学綜合仏教研究所声聞地研究会『瑜伽論　声聞地第二瑜伽処　付非三摩呬多地・聞所成地・思所成地――サンスクリット語テキストと和訳――』（山喜房仏書林、二〇〇七年）において、鈴木晃信氏によるサンスクリット校訂本としても参照可能となったので、その三一八頁を見ると"kālāpadeśa-mahâpadeśaṃ ca parijānāti"なる原文を求めることができる。これを鈴木氏は「黒説大説を了知する」（三一九頁）と訳された上で、脚註において、Franklin Fdgerton, *Buddhist Hybrid Sanskrit Dictionary*, 1953, p. 180 の kālāpadeśa の説明や、宇井伯寿博士の *Bodhisattvabhūmi* に基づく説明などに言及されている。kālāpadeśa と mahâpadeśa とに関しては、以上の事実が確認された後でも、なおかつ不明な点は残るのであるが、いずれにせよ、十二分教中の upadeśa の解釈と無縁な方向に逸れることのできぬ用語であることは確かであろう。なお、mahâpadeśa に関しては、片山一良「四大教法（Cattāro Mahāpadesā）について」『パーリ学仏教文化学』

第二号（一九八九年三月）、五六―六八頁（横）を参照されたい。

(65) ここでの仏の沈黙を文字どおりに受け取れば、当然、仏生存中の話であることが前提とされてしまうのであるが、仏が簡略な説明について弟子に確認を求められて答えなかったことなど考えられないとすれば、仏に答えてもらえないという状況は、仏死後の時代ということを暗示しているとも考えられるのである。

(66)「又」以後の説明を、前田前掲書（前註45）は、他論書の説をも加味しながら、「要するに upadeśa は「世尊所説の諸経」「修多羅」「略説」ないし「仏語」「仏説」をば、主として摩訶迦栴延等の大弟子が「広解」し「分別広説してその相貌を弁」じ、「種々異なる文句の義をもって解釈」し、「議論」するものである。一言にして言えば upadeśa 即広分別であると言いうる。」（四七四頁）と解釈しておられる。恐らく、この線上に、アビダルマは仏説である、との見解が成立するのだと思うが、この点については、本庄良文「阿毘達磨仏説論と大乗仏説論――法性、隠没経、密意――」『印仏研』三八―一（一九八九年十二月）、四一〇―四〇五頁を参照されたい。私が本文中に「法性（dharmatā）に随順させ」という表現を用いたのは、これによるものである。

(67) 仏教のこの方面の展開については、荒牧前掲論文（前註22）、藤田前掲論文（前註57）を参照されたい。

(68) この意味での「法界等流」の「聞熏習」については、本書「序」第一論文の末尾、特に、「「場所」の図」所掲以降の本文記述を参照のこと。

(69) 前註58下の本文所引の『阿毘達磨集論』およびその註釈を参照の上、それと、『瑜伽師地論』「声聞地」の十二分教中の最後である upadeśa の説明、即ち、“sarvamātṛkābhidharmaḥ sūtrāntaniṣkarṣaḥ sūtrāntavyākhyānam upadeśaḥ（一切の論母（名目）であり、アビダルマであり、経典の要約であり、経典の注釈であるもの、（それが）論議）”（大正大学綜合仏教研究所声聞地研究会前掲書（前註46）、二三二―二三四頁）：玄奘訳「一切摩呾履迦、阿毘達磨、研究甚深素呾纜義、宣暢一切契経宗要、是名論議」、大正蔵、三〇巻、四一九頁上とを比較されたい。なお、この「声聞地」の説明については、前田前掲書（前註45）、四七五頁も参照のこと。

(70) 例えば、『ミリンダパンハ』の中国への流伝については、伊藤隆寿「漢訳仏典における霊魂不滅説――『那先比丘経』との対比において――」『日本仏教学会年報』第七一号（二〇〇六年五月）、二九―四一頁参照。『ミリンダパンハ』の南伝に関しては、明示されてはいないが、それを含意しているものとして、荒牧前掲論文（前註22）、五頁参照。

(71) 渡辺照宏『仏教』第二版（岩波新書、岩波書店、一九七四年）、一四〇―一四二頁参照。なお、この話の材源については、一四二頁に記されている。

(72) 平岡聡『ブッダが謎解く三世の物語　『ディヴィヤ・アヴァダーナ』全訳』上（大蔵出版、二〇〇七年）、五七―一一七頁参照。その底本として用いられているものは、E. B. Cowell and R. A. Neil, *The Divyâvadâna, A Collection of Early Buddhist Legends,*

Cambridge, 1886, Reprint, Amsterdam, 1970, Varanasi, 1987である。

(73) シュールパーラカについては、赤沼智善『印度仏教固有名詞辞典』(破塵閣、一九三〇年、法蔵館複刊、一九六七年)、六六五—六六六頁、Suppāraka[1]の項を参照されたい。『ディヴィヤ=アヴァダーナ』の表記は Sūrpāraka、従って、平岡訳も「スールパーラカ」(平岡前掲訳書、九五頁、註2参照)であるが、正規のサンスクリット表記としては Śūrpāraka の方がよいのではないかと思い、私はこの表記に従っている。Monier-Williams, A Sanskrit-English Dictionary, 1899, Oxford, p. 1086, col.3 の śūrpāraka の項参照。また、私は、前掲拙書(前註61)でも、二二五頁所掲の Joseph E. Schwartzberg の文献⑰の地図により、シュールパーラカ(Śūrpāraka)として、二五七頁の地図上にもアラビア海はボンベイ北にその名を記してあるのである。

(74) Cowell and Neil, *op. cit.* (前註72), p. 48, ll.6-7:平岡前掲訳書、八六頁参照。実際都に入る話の展開はこれより後のことであるが、ここでは「福田」という表現に注目したい。なお、「福田」については、後註75参照のこと。

(75) Cowell and Neil, *op. cit.*, p. 50, ll.27-28:平岡前掲訳書、八九頁参照。なお、この五種は、当時、プルシャプラを中心に北西インド一帯で称讃された福徳である「有依七福業事(sapta- aupadhika- puṇya-kriyā-vastu-)」の七つのうちの五つであるが、「有依七福業事」の提示する問題については、前掲拙書(前註62)、第二部第六章、および、拙稿「選別学派と典拠学派の無表論争」『駒沢短期大学研究紀要』第二五号(一九九五年三月)、六四—六五頁(横)、七四—七六頁(横)、八九頁(横)、註83、九四頁(横)、註133を参照されたい。因みに、漢訳のみにしか知られない『中阿含経』第七経「世間福経」を含む『中阿含経』全体を中国に将来し翻訳したのは、罽賓(Puruṣapura、プルシャプラ)出身の僧伽提婆(Saṃghadeva)である。この面での僧伽提婆と罽賓とのことについては、鎌田茂雄『中国仏教史』第二巻(東京大学出版会、一九八三年)、二六—二九頁、二二八—二三〇頁、三二五—三二七頁、桑山前掲書(前註18)、四三—五九頁参照。

(76) この件については、前掲拙書(前註62)、特に、その第二部第十二章「悪業払拭の儀式と作善主義」を参照のこと。また、「在家菩薩」にとって布施に値する「福田」としては「出家菩薩」も当時極めて有力なものとなっていたが、その両者の関係を、「解脱思想」や「捨身」を踏まえながら論じた拙稿が、「アビダルマ仏教における菩薩論」加藤純章博士還暦記念『アビダルマ仏教とインド思想』(春秋社、二〇〇〇年)、一九—三四頁なので参照されたい。

(77) Cowell and Neil, *op. cit.*, p. 39, ll.14-15:平岡前掲訳書、七六頁。この定型句に関しては、平岡前掲訳書、一〇五—一〇六頁、註122、平岡聡『説話の考古学　インド仏教説話に秘められた思想』(大蔵出版、二〇〇二年)、一七四頁、三二六—三三四頁参照。

(78) この「解脱の四連語」の定型句が示している問題については、拙稿「出家菩薩と在家菩薩」村中祐生先生古稀記念論文集『大乗仏教思想の研究』(山喜房仏書林、二〇〇五年)、三—一八頁参照。しかるに、この定型句の背景にあるインドの「土着思想」的な「解脱思想」や「捨身」が前面に躍り出てくると、極端な肉体蔑視と霊魂讃美となり、その理屈で自殺も称讃されることになってしまう。それゆえ、渡辺照宏博士は、この「プールナの僻地布教」に関して、渡辺前掲書（前註71）、一四一頁で、「仏陀が自殺を認めたか否かは問題になる点である。芥川竜之介もこの問題に触れている。悩みを抱えたまま死を急ぐことは許されないが、執着をまったく離れた人が自分の生命を断つことは、黙認された例もある（Vakkali の場合）。」と誠に際疾いコメントを付されて注意を促しておられるのである。ここで指摘されている芥川とは、芥川龍之介の『河童』のことを言っておられるのかと思ってきたが、ヴァッカリのことは、「相応部」「蘊相応」の第八七経、南伝蔵、一四巻、一八八―一九六頁、「跋迦梨」（渡辺照宏訳）：P. T. S. ed., Saṃyutta-Nikāya, III, pp. 119-124, *Vakkali* に語られているので参照されたい。なお、本経を前後する一〇経は「長老品（Thera-vagga）」としてまとめられている「品（vagga）」で、釈尊と十人の弟子との問答を記し留めた含蓄に富む一群であるが、その分、日常の卑近な「生活」とも密着する話題も含まれており、「哲学」からの読解には難しい面もある。因みに、「跋迦梨」の直後の「阿湿波誓（Assaji）」は、釈尊が病で瀕死の状態にあるアッサジを見舞う話であるが、釈尊が弟子の安らかな死を願っているにしても、見舞っている以上は、「自殺」を肯定しているとは解釈すべきではないであろう。

(79) P. T. S. ed., Majjhima-Nikāya, III, p. 269, l.16：片山一良訳『中部（マッジマニカーヤ）後分五十経篇』II（パーリ仏典、第一期6、大蔵出版、二〇〇二年）、三三六頁（なお、この箇所の補註、五〇三頁、註2も参照のこと）、および、Saṃyutta-Nikāya, IV, p. 62, l.30：南伝蔵、一五巻、一〇二頁。なお、問題のパーリ文を有する上記の「中部」第一四五経は、*Puṇṇovāda-sutta*（『プンナ教誡経』）と称せられるが、その直前に収められる「中部」第一四四経 *Channovāda-sutta*（『チャンナ教誡経』）は、むしろ自殺否定説と解しうるものである。いずれにせよ、通俗的な「土着思想」ならともかく、霊魂否定の仏教が、霊魂を前提とした霊魂讃美の自殺肯定説となることは、理論上、ありえないことであろう。

(80)『雑阿含経』第三一一経、大正蔵、二巻、八九頁下。印順前掲書（前註32）、三九七―三九九頁参照。なお、『ディヴィヤ=アヴァダーナ』第二章の同本異訳ともみなしてよい、『根本説一切有部毘奈耶薬事』の対応箇所では、「汝当度苦、亦応度他。汝当速得解脱、亦応解脱於人。汝当得安隠、応亦安隠於人。当得涅槃、応令他得涅槃。」（大正蔵、二四巻、一二頁中）というように、「解脱の四連語」は、完璧な形で登場しているが、『雑阿含経』第三一一経の同本異訳と考えた方がよい、『仏説満願子経』では、「調順寂然」（大正蔵、二巻、五〇三頁上）とあって、前註79のパーリの例にむしろ近いことが注意される。また、同本異訳に準ずるものとみなされる『法句譬喩経』中の「羅漢品」（大正蔵、四巻、五八八頁中―下）は、かなり違った様相も呈し、問題の文自体は認められないが、末尾の偈中に「寂然帰滅」などの句が現われているのが気にかかる。

(81)『ディヴィヤ=アヴァダーナ』における「黒白業」に関する定型句は、平岡前掲書（前註77）、一六八―一六九頁に示されているので参照のこと。その業論は、本文献の性質上、当然、説一切有部系統の考え方を反映していたものと考えられるが、その正統的な黒白業説については、水野弘元「業に関する若干の考察」（初出、一九七四年）『仏教教理研究』（水野弘元著作選集、第二巻、春秋社、一九九七年）、一八一―二一七頁、特に、一九七―二〇二頁参照。その黒白業説には、四句分別的に四種に分類されるものがあるが、業を尽くすことに関係するその中の第四には、水野博士によれば、a「非黒非白無異熟業能尽諸業」と、b「非黒非白非黒非白異熟業能尽諸業」の二系統があるとされ、aが説一切有部系統、bがパーリ仏教や法蔵部の影響を受けた大乗仏教とされる（一九八頁）が、「無異熟」か「異熟」かを問題とせずに、“ekānta-kṛṣṇāni karmāṇy apāsya vyatimiśrāṇi caikānta-śukleṣv eva karmasv ābhogaḥ karaṇīyaḥ（完全に黒い業と〔黒白〕斑の〔業〕とを捨て去って、完全に白い業においてのみ心を向けるべきである。）”（平岡前掲書（前註77）、一六九頁）と説く『ディヴィヤ=アヴァダーナ』は、bの系統に近いのかもしれない。しかるに、水野博士は、『瑜伽師地論』をaの系統に配しながらも、bでもありえた可能性を、Bhattacharya, *op. cit.*（前註40）, p. 190, ll. 4-5 の“akṛṣṇam aśukla-vipākaṃ karma karma-kṣayāya saṃvartate”中の下線部分を根拠に推測されておられる（水野前掲書、二〇〇頁）が、P. ed., No. 5536, Dzi, 110b3: D. ed., No. 4035, Tshi, 96b7-97a1 を見れば明らかなように、その下線部分は直前のmaが抜けた単なる誤植で、本来はavipākaṃとあるべきであるから、『瑜伽師地論』は少なくとも、この点に関しては、aの系統を受けているとみなしてよいのである。また、この箇所が単なる誤植であることは、同じ校訂本の三頁先のp. 193, l. 4に、“akṛṣṇam aśuklam avipākaṃ karma karma-kṣayāya saṃvartate”とあることによっても知られるであろう。そして、以上のことから明らかなのは、説一切有部の正統説である限り、業は、「無異熟」とならなければ、尽くすことはできないと考えられていた、ということなのである。

(82) この問題に関しては、再考の余地はあるものの、前掲拙書（前註26）、五七四―五八九頁を参照されたい。

(83) Pradhan, *op. cit.*（前註31）, p. 61, l. 18-p. 62, l. 2. 拙訳をなすに当っては、当然、櫻部前掲書（前註48）、二九九―三〇〇頁を参照させて頂いている。Pradhan, *ibid.*, p. 61, l. 19 の“sadvyavahārāt”は、“saṃvyavahārāt”に改めて読んだ。

(84) 大正蔵、二九巻、二一一頁下。なお、平川彰編、小林圓照、沖本克己、藤田正浩校訂『真諦訳対校阿毘達磨倶舎論』第一巻（山喜房仏書林、一九九八年）、一五三―一五四頁も参照されたい。

(85) 『順正理論』、大正蔵、二九巻、三九四頁下。

(86) 櫻部前掲書（前註48）、三〇一頁、註1に記されているように、櫻部博士は、この語について、citraの読みを採用されている。充分に理由のあることではあるが、真諦訳「所増長」（大正蔵、同、一八〇頁下、四行）やチベット訳“bsags pa”（P. ed., Gu, 79a2）から見ると“cita”も捨て難く、ここでは、校訂本どおりとした。

(87) La Vallée Poussin, *L'Abhidharmakośa de Vasubandhu*, Tome I, 1923, Nouvelle édition anastatique présentée par Étienne

Lamotte, Bruxelles, 1971, p. 176, n.5 に "Comparer Dīgha, i. 21, Saṃyutta, ii. 94." とある。ただし、この二箇所が重要だというのは、「心意識」が同義語だからという積極的な意味からではなく、それらが同義語のように並記されている上に、場合によっては、危険な方向さえ指し示しているからである。

(88) *Brahmajāla sutta*, P. T. S. ed., Dīgha-Nikāya, I, p. 21：片山一良訳「梵網経」『長部（ディーガニカーヤ）戒蘊篇』Ｉ（パーリ仏典、第二期1、大蔵出版、二〇〇三年）、一一六頁。

(89) P. T. S. ed., Saṃyutta-Nikāya, II, p. 94, ll.13-14 参照。この第六一経と次の第六二経とについては、*ibid.*, pp. 94-97：南伝蔵、一三巻、一三六―一四一頁を参照のこと。

(90) 大正蔵、二巻、八一頁下―八二頁上：印順前掲書（前註32）(中)、一六―一九頁：Chandrabhāl Tripāṭhī (ed.), *Fünfundzwanzig Sūtras des Nidānasaṃyukta*, Sanskrittexte aus den Turfanfunden VIII, Akademie-Verlag, Berlin, 1962, pp. 115-120, Sūtra 7, "markaṭa", pp. 120-121, Sūtra 8, "dvayaṃ kāṣṭhe" 参照。

(91) Tripāṭhī, *ibid.*, p. 115, l.2-p. 116, l.16, p. 117, ll.7-17. なお、引用に当っては、テキストの厳密な再現のために付されている記号や改行などが一切省略されていることを諒とせられたい。和訳は拙訳である。

(92) 校訂本には "āryāsrāvakaḥ" とあるが、*ibid.*, p. 119, ll.19-20 に "ārya-śrāvako" とあるのに倣ってかく改めた。

(93)「無聞の凡夫異生」と仮りに訳した原文は "bālo 'śrutavān pṛthagjanaḥ" であるが、これが引用末尾に出る "śrutavān ārya-śrāvakaḥ（多聞の聖声聞）" と対に用いられていることは明白である。そして、更に細かく対応を求めれば、「無聞（aśrutavat）」と「多聞（śrutavat）」、「凡夫（bāla）」と「声聞（śrāvaka）」、「異生（pṛthagjana）」と「聖（者）（ārya）」とが対になっているのではないかと考えられるが、最も素朴な段階では、仏教の教えを聞き学んでいきさえすれば、前者から後者になりうると考えられていたと思われるが、この経典がどの程度の段階にあるかは、この狭い範囲だけでは決めることはできないであろう。また、内容的に直接の関係はないものの、"bālo 'śrutavān pṛthagjanaḥ" の用法の一例としては、本書「本論」第一一論文、註14参照。なお、この文献の pṛthagjana の意味確定とは直接関係はないが、仏教文献のかなり狭い範囲での、この用語を中心にした凡夫の考察については、拙稿「〈凡夫〉考」『駒沢短期大学仏教論集』第一二号（二〇〇六年十月）、三三―四五頁を参照されたい。

(94) 全く暫定的に「愛惜し愛護し愛着し随愛し執着する」と訳した原文は "kelāyitaṃ gopāyitaṃ mamāyitam upagatam upādattam" で、五つの動詞の過去分詞の連語となっているが、五語とも対象に対する愛を意味するが、その程度が、第一から第五まで徐々に強まっていく、というのが全体の流れであろう。五語は重要であるものの難解で、ここで、五語それぞれの語義を確定するようなことは私の力の及ぶところではない。しかるに、このうちの最初の語については、Edgerton, *op. cit.*（前註64）, p. 192, kelāyati の項を見れば、"*tends, care for* (persons)" の語義下に、S. Lefmann (ed.), *Lalita Vistara*, Erster Teil: Text, Halle a. S., 1902, p. 100, l.9, "gopāyituṃ kelayituṃ mamāyituṃ" が用例として示されている。この箇所は、外薗幸一『ラリタヴィスタラの研究』（大東出版社、一九九四年）、八三七頁では、「保護し世話し養育すること」と訳されている。これは、母を失った菩薩を、だれが実子のように愛し育てるかという文脈で述べられているものであるから、決してマイナスの用例ではないが、あたかも実子でないのに実子のごとく自己でない自己を愛し執着するということで、対象にはまり込んで取著する（upagatam upādattam）という語を加えてマイナスの方向に用いられるようになったのかもしれない。

(95) にもかかわらず、註記として、簡単な感想だけを述べておけば、大まかではあるが、パーリから漢訳へという方向で、成立がより後であると思われる文献ほど、非仏教的な「解脱思想」の程度が強められているように思う。「心意識」とは、仏教的にいえば、その最も有力な特徴は意識であるべきであろうから、それによって「縁起」を考えるはずのところ、遅い文献ほど、それを軽視するようで、現に、パーリ「因縁相応」第六一経で「縁起」は十二支のそれが予想されている提示の仕方であるのに対して、『雑阿含経』第二八九経では、「縁起」は言われていても、重点は「触」「受」にあり、しかも、五蘊が前面に出て、そこからの「解脱」が強調されるような仕組みになっているのである。

(96) 本書「序」第二論文、第五節、特に、「「場所」xyの図」を提示した前後より後方を参照のこと。

(97) 以上は、前註59下の本文中に示した『発智論』の「仏教」の定義の特に後半をパラフレーズしたつもりで記したものである。

(98) この語は、『大毘婆沙論』、大正蔵、二七巻、一一六頁下による。ただし、説一切有部によれば、これが意味するのは、仏教の開祖である如来によって初めて開示された「縁起」の十二支の因果関係が決定しているという、その「法性（dharmatā）」の決定のことで、「無為」の意味ではないということであったのであるが、その「法性」を、開祖が現われようと現われまいと関係のない「無為」の「真如」と解する方向に仏教史が大きく逸れていったところに困難な問題が生じているのである。これについては、前掲拙書（前註61）、一五九頁所引の『雑阿含経』第二九九経と『大毘婆沙論』の解釈を参照した上で、更に、同上拙書、一六頁の(イ)に対する(ロ)の考え方を参照されたい。

(99) この点で、勿論私なりの暫定的な答えはあるが、この短いスペースでそれを述べても独断と思われかねないので、控えたい。ただ、この際の一般的了解事項として一つだけ注意を促しておけば、インドにおいて、仮りに「全ては名（nāman）だけである」という命題があった場合、その「名（nāman）」とは、アビダルマ仏教的に言えば、「名身」の「名」で単語を指し、説一切有部であれば、それは「実有（dravyato 'sti）」とみなされるであろうが、インド一般では、むしろ「色（rūpa）」と対峙されて、「名（nāman）」とは、肉体や物質の否定としての霊魂や精神と考えられるであろうということである。それゆえ、霊魂否定の仏教であって、なおかつ、説一切有部的な「実有」を否定するというのであれば、「名」に関する仏教的な解釈のその方向は、単語、即ち、概念を基本とする言葉の重視ということになるであろう。

(100) (い)については、P. T. S. ed., Saṃyutta-Nikāya, I, p. 39、(ろ)については、中村元訳『ブッダ神々との対話――サンユッタ・ニカーヤI――』(岩波文庫、岩波書店、一九八六年)、八八頁、(は)については、大正蔵、二巻、二六六頁上による。また、(は)については、印順前掲書(前註32)(下)、二三九―二四〇頁も参照のこと。なお、この一頌については、本書「序」第二論文の最末尾でも触れた。

(101) 中村元『原始仏教の思想』II(中村元選集〔決定版〕、第16巻)、四八五―四八七頁参照。

(102) *Chāndogyopaniṣad*, 7.5.1, V. P. Limaye & R. D. Vadekar (ed.), *Eighteen Principal Upaniṣads*, Vol. I, Gandhi Memorial Edition, Poona, 1958, p. 150:湯田豊『ウパニシャッド――翻訳および解説――』(大東出版社、二〇〇〇年)、三〇五頁。なお、中村博士が論拠とされておられるのは、*Chāndogyopaniṣad*, 6.3.2 である。

(103) 『順正理論』、大正蔵、二九巻、四一三頁下―四一四頁上。また、赤沼智善訳註『阿毘達磨順正理論』、国訳一切経、毗曇部、二七、三四六―三四七(三五〇―三五一)頁も参照のこと。なお、この一頌が、他でも「経証」とされている件に関していえば、私は精査したわけではないけれども、漫然と気づくだけでも、『順正理論』、同上、三九六頁、『瑜伽師地論』、大正蔵、三〇巻、六六三頁上がある。

(104) 赤沼前掲訳註書、三四六(三五〇)頁、註32で指摘されているように、これは、『倶舎論』、大正蔵、二九巻、二九頁上、二二―二四行のヴァスバンドゥの主張を指す。因みに、その原文は、*AKBh*, p. 80, ll.22-23:"nanu câite vāk-svabhāvatvāc chabdâtmakā iti rūpa-svabhāvā bhavanti/ kasmāc citta-viprayuktā ity ucyante/"である。また、この和訳については、櫻部前掲書(前註48)、三四七頁を参照のこと。

(105) 原文は、Unrai Wogihara (ed.), *Sphuṭârthā Abhidharmakośavyākhyā by Yaśomitra*, Tokyo, 1932-1936, Sankibo Buddhist Book Store repr., 1971, p. 704, ll.19-22 所引中の"arthaḥ pratisaraṇaṃ na vyaṃjanaṃ"であろうが、その厳密な意味での āgama としての sūtra はまだ知られていない。この点については、本庄良文『倶舎論所依阿含全表I』(私家版、京都、一九八四年)、二四―二五頁、Chap. 2〔64〕、一一六―一一七頁、Chap. 9〔10〕を参照のこと。また、これの提示している問題については、今となっては不充分な点もあるが、拙稿「四依(catuṣ-pratisaraṇa)批判考序説」(初出、一九八七年)『本覚思想批判』(大蔵出版、一九八九年)、一八四―二〇八頁を参照されたい。

(106) 赤沼前掲訳註書(前註103)に「闡陀」に対する註は施されていないが、chandas の音写語である。chandas には akṣara-chandas と mātrā-chandas と gaṇa-chandas との三種があるが、これらの簡単な説明としては、辻直四郎『サンスクリット読本』(春秋社、一九七五年)、一八九―一九〇頁を参照されたい。ここに、その冒頭のみを引けば、「Skt. の韻(metrum)は大別して1.長短音節を一定の規則に従って配列するもの（akṣaracchandas）と、2.音量（mora）の数によって規定されるもの（mātrāchandas）となり、3.この際4 moraeを一脚（gaṇa）として規定されるものをgaṇacchandasと呼ぶ。」である。「造頌分量語為体」とは、このようなchandasの規定を指すであろう。なお、パーリの韻律については、A. K. Warder, *Pali Metre : A Contribution to the History of Indian Literature*, Pali Text Society, London, 1967を参照されたい。因みに、パーリにおける三つのchandasは、順次に、akkharacchandas, mattāchandas, gaṇacchandasである。

(107) なお、この問題に関しては、前掲拙書（前註61）、二一三頁、一五一一九頁、一三〇一一三一頁について、ここでの、(o)については、(a)―(イ)―（α）―(o)―「無我説」―霊魂否定説の系列、(p)については、(b)―(ロ)―(β)―(p)―「非我説」―霊魂肯定説の系列を辿られたい。また、この問題は、前掲拙稿（前註54）でも論じられているが、これを参照する場合には、(o)については、b―b′の系列、(p)については、a―a′の系列を辿られたい。

(108) 例えば、前註103で指摘した、『瑜伽師地論』の場合を見ると、この箇所は「摂決択分」の「思所成慧地」であるから、この一頌も唯識三性説的立場を踏まえて完全に(p)の系列で解釈されているのである。それゆえ、私としては、(o)の系列で解釈するためには、前註99で示唆したように、『順正理論』的解釈を一応標準とし、その「実有」観を批判しながら、「名」を重視する方向を考えていかなければならないと思っている。

(109) 以下は、順次に、地婆訶羅訳、大正蔵、一六巻、七三九頁中：不空訳、同、七六七頁上：P. ed., No. 778, Cu, 45a2-3である。付された拙訳はチベット訳による。また、類似の頌として、同、七四〇頁中、一〇―一一行：同、七六八頁上、九―一〇行：P. ed., *ibid.*, 47a4も参照のこと。

(110) この頌は、本稿冒頭に示した「『厚厳経』所引表」中のvと同じものであるが、再確認も兼ね、前註109に準じて再度指摘しておけば、大正蔵、一六巻、七四七頁上：同、七七六頁上：P. ed., *ibid.*, 62b4-5である。

本論　論稿集成

一、本書の「本論　論稿集成」における「本論」とは、本書の主要部分を意味し、ここに収められている論稿とは、原則的に「唯識文献」について論じた旧稿である。

一、収録の順序は、その旧稿の所掲誌書の刊行年月順であり、その時点より今日までの経緯の中で補足されるべき事柄については、全体的には旧稿末尾直後の「回顧と弁明」で補足する一方、補足が本文やその註記中で個々に行われる方が適切とみなした場合は、その箇所において亀甲カギカッコ内に補足する。

一、右に断った両様の補足箇所について用いられる略号は次のとおりである。

『印仏研』：『印度学仏教学研究』（この略号下では第・巻・号も略して、一九―一のように記し、この略号のみは、補足箇所以外にも使用される）

『駒仏紀』：『駒沢大学仏教学部研究紀要』

『駒仏論』：『駒沢大学仏教学部論集』

『唯識考』：拙書『唯識思想論考』（大蔵出版、二〇〇一年）

一、この「本論」に収録された旧稿の呼称は、特にその題名を指示する必要のない限り、その収録順に従い、例えば、本書「本論」第七論文のように用いるが、これは、「七　弥勒請問章和訳」を指すがごとくである。

一　MS[1]に対するAsvabhāva註釈の特徴
――チベット訳を資料として――

一

筆者の仮定によれば、*Mahāyānasaṃgrahopanibandhana*（略号、*MSU*[2]）に関しては、Hu.〔(玄奘訳)〕よりもTu.〔(チベット訳)〕の方が、Asvabhāvaの註釈をより原型に近い形で保存しているように思われる。前回〔の発表である、拙稿「玄奘訳『摂大乗論釈』について――チベット訳との比較による一考察――」(『唯識考』第二部第七章として再録)において〕は、この仮定をHu., Tu.両訳の比較を通して検証してみた。[3]今回は、この仮定を前提として、Tu.にみられるAsvabhāva註釈の特徴を考察してみたい。もし仮定が正しいとすれば、それは単にTu.の特徴を明らかにするだけにとどまらず、Asvabhāva自身の思想史的再検討への一助ともなるであろう。ただし、今回の考察は、Tu.全体を見通した上での結論ではなく、ごく一部についての考察であることを断っておかねばならない。考察の対象に選んだ箇所は以下に示すとおりであるが、これは、この機会に、前回論じ残した(3)の問題[4]にも言及しておこうと思ったからである。

二

*MS*本文第二章の最初の部分の論構成は、A.で、jñeya-lakṣaṇaを、1.paratantra-lakṣaṇa、2.parikalpita-lakṣaṇa、3.pariniṣpanna-lakṣaṇaに分って説明し、B.で、A_1.中に説かれたdeha-dehi-bhoktṛ-vijñapti（lus dang lus can dang za ba po'i rnam par rig pa）よりsugati-durgati-cyuty-upapatti-vijñapti（bde 'gro dang ngan 'gro dang 'chi 'pho dang skye ba'i rnam par rig pa）までのvijñaptiを十八界に関係づけ、C.で、vijñapti-mātraを1.譬喩、および2.āgamaとyuktiによって明らかにする、という具合に展開される。(5) 以下に引用する一節は、上記の*MS*本文中、A_1.の末尾よりC_1.の箇所に対する註釈である。この箇所は、Tu., Hu. 両訳にかなりの相異がみられ、また(3)の問題を論及するのにも必要であるから、両訳を比較対照して示すことにしよう。

A_1.……rnam par rig pa tsam nyid ces bya ba ni log par yongs su rtog pa'o// yang dag pa ma yin pa'i kun tu rtog pas bsdus pa zhes bya ba ni gzung ba dang 'dzin pa'i dngos por rnam par 'jog pa'o// yod pa ma yin pa dang nor ba'i don snang ba'i gnas zhes bya ba ni gzugs la sogs pa yod pa ma yin pa dang/ der rnam par rtog pa nor bar snang ba rab tu gsal ba'i rgyu'o//

A 1.……「唯識為性」者、由邪分別、二分顕現、実唯是識、善等法中、雖無邪執、縁起力故、二分顕現、亦唯是識。

「是無所有非真実義顕現所依」者、所取色等名無所有、能取識等名非真実、此二皆是遍計所執、並名為義。虚妄分別所摂諸識、是此二種顕現因縁、故名所依。

'di ni gzhan gyi dbang gi mtshan nyid do zhes bya ba ni rtogs par bya ba zlos te ston pa'o//

「如是名為依他起相」者、如上所弁「阿頼耶識為種子」等、皆説名為依他起相。

A_2. gang don med kyang zhes bya ba la sogs pa ni gzhan gyi dbang gi rang bzhin rnam par rig pa tsam nyid sems dang sems las byung ba 'khrul ba'i rang gi ngo bo nyid kyi don gyi rnam par rig pa'i cha la dngos por byed pa ni kun brtags pa'i mtshan nyid do//

「謂於無義唯有識中似義顯現」者、実無所取及能取義、唯有虚妄分別所摂種種識中遍計所執似義顯現。

A_3. de nyid kun brtags pa de dang gtan du bral ba ni yongs su grub pa'i mtshan nyid de/

「謂即於彼依他起相由似義相永無有性」者、謂、於縁起心及心法所現影中、由横計相永無所顕真如実性、此即名為円成実相。

A 2.(イ)又、一切法従因縁生唯識為性、当知皆名依他起相。顛倒横計似義顕現、当知皆名遍計所執相。依他起上遍計所執永無所顕真如実性、当知皆名円成実相。

A'_1. dper na smig rgyu la rang gi rgyud sngon du btang ste/ chur bzung ba dang 'dzin pa'i dngos por rnam par 'jog pa'i log par yongs su rtog pa ni gzhan gyi dbang ngo// A'_2. chur snang ba la dngos por byed pa ni kun brtags pa'o// A'_3. de dang gtan du bral ba ni yongs su grub pa lta bu'o//

(ロ)譬如、鹿愛自相続力、安立似水所取能取邪遍計性、当知名為依他起相。横計実有水事顕現、当知名為遍計所執相。即於如是鹿愛事中、横計水相畢竟無性、当知是名円成実相。

A''_2. rnam par rtog pas brtags pa'i don[6]//
kun tu brtags pa'i ngo bo nyid//
A''_1. rnam par rtog pa gzhan gyi dbang//
A''_3. de yi stong nyid yongs su grub//

B. rnam par rig pa 'di dag gi zhes bya ba ni lus la sogs pa nas de la nye bar spyod pa la thug pa'i bar gyi rab tu dbye ba ste/ de dag las byung ba'i phyir ro//

C_1. rnam par rig pa rnams don med pa'i dper rmi lam smos te grub pa'i phyir ro// dper na rmi lam zhes bya ba la sogs pa ni tshig de nyid kyis bshan zin[7] to//

(P. ed., 270a5–270b5)

A3.(イ)又、遍計所執相即是遍計所執自性。依他起相即是依他起自性、亦名分別自性。円成実相即是円成実自性、亦名法性自性。(ロ)如是三種、即是宣説応知応断応証三法。如大般若波羅蜜多経中亦説。（以下経文略）

B.「此諸識」者、謂、如前説身等為初、能受為後。言「差別」者、是此諸識差別性故、謂即、於有為識中、皆有已行現行当行差別性故、依之建立世影現識、於此諸識、皆有一等差別性故、依之建立数影現識、於所受識、有上下等差別性故、依之建立処影現識。余類応知。

C1.一切唯識都無有義、挙夢等喩、以顕示者、共成立故。「如夢中」等、其文易了無労重釈[7]。

（大正蔵、三一巻、三九九頁中、三行―四〇〇頁上、七行）

三

まず、A.段についてTu.の流れを辿ると、*MS*本文の論構成に応じて、註釈もA_1.―A_2.―A_3.の構成をとる。これは、本文の語句に従った一通りの解釈であるが、これに続くA'_1.―A'_3.、A''_1.―A''_3.の部分も、本文の論構成に順じて、その意味内容を、譬喩A'_1.―A'_3.と偈A''_1.―A''_3.とで締め括った適切な註釈といえよう。特に偈A''_1.―A''_3.に示される分別（vikalpa）によって分別された対象（artha）が parikalpita-svabhāva であり、〔その〕分別が paratantra であって、それの空たること（śūnyatā）が pariniṣpanna である。

との意味は、Maitreya、Vasubandhu、Sthiramati などの著作にも認められる唯識思想の基本的な考えを表わしていると言ってよい。(8) 従って、Tu. による限り、Asvabhāva がこのA.段中に彼独自の見解を述べようとした形跡は認められ難い。

ところが、この箇所を Hu. によって見ると、全く異なった様相を呈する。Tu. がいわば従属的に註釈を構成しているのに対し、Hu. はA1.—A2.—A3.というような並列的な構成をとり、A2.とA3.とは、その冒頭の「又」の字によっても知られるように、本文とは直接関係のない別説を述べるような形態になっている。特に、A2.の前半に示される文(イ)は、Tu. 中に直接対応する文が見出されないものである。しかも、この文があるため、Hu. における譬喩(ロ)までも、この別説に対する説明となり、Tu. の譬喩 A_1'.—A_3'.がA段全体に意味を持っていたのとは全く異なった趣きのものとなっている。かつて宇井博士は、このA2.(イ)の文に関し、「論本の三性説を解釈すると共に護法説と同じ三性説をも又説として述べて居る」「これ護法以前に、摂論を釈しながら、解深密経、瑜伽論の説を容れたもので、まさに護法説の直接の一典拠となつて居るものであることが判る。(9)」と指摘されたが、Hu. によるかぎり、これは全く鋭い指摘と言わねばならない。ただし、筆者の仮定によれば、ここにも玄奘の加筆もしくは改変があったと思われるのである。従って、Asvabhāva 自身がこのA2.(イ)の文に示されるような思想を有していたとは考えられない。

ここで、前回論じ残した(3)の問題を補うことにしよう。前回の拙論では、宇井博士が Asvabhāva（無性）について護法の先駆思想と指摘された箇所を三点にまとめ、そのうちの(1)、(2)について、玄奘加筆の可能性を検討したのであるが、(3)三性、特に依他起性（paratantra-svabhāva）の有を主張するという点に関しても、同種の推測が許されよう。博士が(3)の論拠とする Hu. のA2.(イ)の文が Tu. にみられないことは、以上の所論で明らかであるから、後は、この Hu. の文について玄奘加筆の可能性が強く主張できればよい。

さて、A 2.(イ)の文中特に注意すべきは「一切法従因縁生唯識為性」の一句である。この一句は、宇井博士が指摘されたように、『解深密経』、『瑜伽師地論』との関連が認められるのみならず、『成唯識論』中の

依他起性、有実有仮。聚集相続分位性故、説為仮有。心心所色、従縁生故、説為実有。[10]

という文の傍点箇所との類似を思わせるものがあるからである。もし、この一文を踏まえて、先の一句を加筆と考える場合には、「従因縁生」の語によって依他起性が有だということを玄奘が暗に仄めかそうとしたともみなしえよう。たとえそこまで想像しなくとも、『成唯識論』において、「従縁生」もしくはそれに類する語が、玄奘によって理解されたような依他起性の有を根拠づける重要な概念であったことは事実であろう。[11] しかも、Hu. について(3)が指摘できるのも、我々がこのような『成唯識論』の理解を背景にして Hu. を読むからだと思う。というのも、paratantra-svabhāva が pratyaya-udbhava, pratītyasamutpanna を表わしているというだけの用例なら、他の唯識文献にも見出しうるのであり、しかも我々はそれらを『成唯識論』的に読む必要を感じていないからである。[12] とすれば、我々が Hu. に(3)を認めるのは、Asvabhāva 自身がそうだったからではなく、『成唯識論』と同一の訳者玄奘による微妙な加筆を通して、我々自身も、Hu. 中に玄奘の理解を投影してしまうためと考えるのが至当ではあるまいか。筆者が玄奘加筆を主張する理由はそこにしかない。前回の(1)、(2)の検討に比して、根拠は極めて薄弱であるが、こう理解した方が、Hu. A 1.中で Tu. にはない「縁起力」「縁起」の語が必要以上に強調されている理由も納得できるであろう。

Tu., Hu. 両訳の比較が今回の主題ではないが、Hu. A 3.については一言しなければなるまい。このうち、A 3.(イ)は、Tu. の A_1'''—A_3''' と場所上対応するが、先に指摘したように、後者が偈の形をとっているのに対し、前者は羅列的な文であって、内容的にも全く異なっている。また、「如大般若波羅蜜多経中亦説」として引かれる経文 A 3.(ロ)は、Tu. 中に全くみられない。もし、A 3.(イ)が玄奘の加筆なら、それを権威づける必要から、A 3.(ロ)の経文も補われたと

考えうるが、A3.(イ)の内容が玄奘だけに独自の意味をもっていたとは断定できないので、この箇所について玄奘加筆の可否を問うことは、今のところ保留せざるをえない[13]。

さて、両訳がこれほどまでに相違しているなら、サンスクリット原典がすでに異なっていたと考える方が適切かもしれないが、これは問題をすり替えることでしかあるまい。なぜなら、問わねばならぬことは、あくまでも何が Asvabhāva 自身の原典であったかということであろうから。筆者が Tu. によって Asvabhāva の特徴を捉えようとするのは、それが原典と等価だからではなく、Hu. よりも後世の附加が少ないと判断するからである。原典に二種あったと考えるより、近似的であれ、Asvabhāva の姿に近い原典を想定することの方が先決であると思う。

Tu. にかえって、B.段以下を見よう。あえて指摘する必要もないであろうが、Tu. は、B.、C_1.ともに *MS* 本文に即し、簡潔にして要をえた註釈である。Hu. のBには、「謂」以下、Tu. には見られない説明があるが、Tu. によれば、これはなくてもさしつかえない蛇足的なものである。因みに、Tbh.〔Vasubandhu 釈チベット訳〕を参照すると[14]、そこには、本文B.、C_1.に対する註釈はなく、すぐC_2.に対する註釈へ移っている。Tu. の簡略な説明はこれに近いのである。

四

以上で、Tu. の一節について、A.、B.、C.ともに、論述の形態がかなり本文に忠実なものであることを指摘しえたと思う。内容的な検討に深く立ち入れなかったのは、Tu. 全体を把握していない筆者の不勉強による。しかし、前回の所論とあわせ考えるならば、従来 Asvabhāva に関して言われた護法の先駆的思想は Tu. 中に指摘できないということが、消極的な結論ではあるが、Tu. による Asvabhāva 註釈の特徴として認められうるであろう。換言すれば、

Tu. によって想定されるMSUは、従来考えられていたよりは、はるかに本文に忠実なものであるということである。

註

（1）『摂大乗論』の原題と考えられるMahāyānasaṃgrahaの略号。五訳間の相違を問題とする必要のない場合、もしくは原典を想定する必要のある場合はこの略号を用いる。

（2）この略号を用いる場合は前註の条件に準ずる。

（3）拙論「玄奘訳『摂大乗論釈』について——チベット訳との比較による一考察——」『印仏研』一八—一、一四〇—一四一頁〔『唯識考』、四九〇—四九三頁〕。なお、特にことわらない略号は上記拙論の場合に準ずる。

（4）Hu. について護法の先駆思想と指摘される、依他起性（paratantra-svabhāva）の有に関する問題。

（5）チベット訳、山口本〔佐々木月樵『漢訳四本対照摂大乗論』（萌文社、一九三一年）所収〕、四四—四九頁、Lamotte ed., pp. 24-27（II §1-8〔本稿の記号との対応は、§1＝A, §2＝A_1, §3＝A_2, §4＝A_3, §5＝B, §6＝C_1, §§7, 8＝C_2である〕）、真諦訳、大正蔵、三一巻、一一八頁上—下、達摩笈多訳、同、二八四頁下—二八五頁下、玄奘訳、同、一三七頁下—一三八頁中参照。

（6）P. ed., "don no"。この段はD. ed. によると明らかに偈を訳したものと考えられる。P. ed. によれば、この第一句に最後の"no"が一音多いことになる。しかし、両版とも第四句では"de yi"を用い、おそらく偈の翻訳を意識したと思われる。

（7）Tu. 中の下線部分、Hu. 中の「……」はMS本文の引用文であることを示す。

（8）例えば、*Madhyāntavibhāga*、第一章第五頌、および、そのVasubandhu釈（Nagao ed., p. 19, ll. 17-20）、また、*Triṃśikāvijñapti-kārikā*、第二〇—二一頌、および、そのSthiramati釈（Lévi ed., pp.39-40）参照。

（9）前文、宇井伯寿『摂大乗論研究』、三八七頁、後文、同『瑜伽論研究』、一〇〇—一〇一頁。

（10）『成唯識論』、巻第八、大正蔵、三一巻、四七頁下、新導本、三八〇頁。

（11）例えば、『成唯識論』、巻第九、「依次依他、立生無性。此如幻事、託衆縁生。無如妄執自然性故、仮説無性、非性全無。」（大正蔵、三一巻、四八頁上、新導本、三九二頁）参照。なお、『成唯識論』のこの一文を中心に言及されたと思われる上田義文博士の見解（『仏教思想史研究』〔（永田文昌堂、一九五一年、改訂版、一九五八年）〕、四一頁）を参照されたい。

（12）"paratantra-svabhāvas...pratyayôdbhavaḥ"（*Triṃśikāvijñaptibhāṣya*, Lévi ed., p.39, l.21）、"pratītyasamutpannatvaṃ punar vijñānasya pariṇāma-śabdena jñāpitaṃ/"（*ibid.*, p.16, ll.16-17）など。なお、前註に引用した『成唯識論』の文に類似したものすら

指摘することが可能である。“na svayaṃbhāva etasya māyā-vat para-pratyayenôtpatteḥ/ ataś ca yathā prakhyāti tathâsyôtpattir nâstîti ato 'sya utpatti-niḥsvabhāvatêty ucyate/” (*ibid.*, p.41, ll.17-19)。しかし、これも我々は『成唯識論』的に読む必要を感じないであろう。

(13) A 3.(ロ)の文が Hu. にしかないことは、すでに、Lamotte 教授が指摘している（*Saṃdhinirmocana Sūtra, L'Explication des Mystères*, Louvain, 1935, pp. 14-15）。なお、この『大般若波羅蜜多経』の経文については、Lamotte 教授が、大正蔵、No. 220 を指摘する（*La Somme du Grand Véhicule d'Asaṅga*, Louvain, 1938, p. 91）のみ。

(14) Tbh., P. ed., 171b. 達摩笈多訳、大正蔵、三一巻、二八五頁中―下、玄奘訳、同、三三八頁中―下も同じ。　（一九七〇年八月）

回顧と弁明

本拙稿の初出は、『印仏研』一九―一（一九七〇年十二月）、四四四―四三九頁（横）である。今回、これを本書に再録するに際して、横組を縦組に改めたのに伴い、若干の修正や加筆を試みたが、可能な限り、原型は保つように努めた。最も大きな変更は、チベット語のローマ字表記をチャンドラ＝ダス方式からワイリー方式に改めたことであるが、この点は、これ以下の再録についても同様であり、表記のみならず、本拙稿で試みられた程度の修正や加筆は、いちいち断らずとも、これ以下に踏襲されることを、ここに明示しておきたい。なお、初出の論題中の MS. は今回 *MS* と改められている。書名の略号であることをはっきりさせるためである。これに伴い、本文中の MS., MSU. もそれぞれ *MS* と *MSU* に改められている。また、本拙稿は、私の処女論文「玄奘訳『摂大乗論釈』について――チベット訳との比較による一考察――」『印仏研』一八―一（一九六九年十二月）と密接な関係にあるので、その増補再録である、『唯識考』、四九〇―五〇三頁も参照されたい。本拙稿は、その、四九八―四九九頁に示された「参考資料№2」とほぼ同じ文献の分析と言ってもよいものなのである。ところで、本拙稿、註13で触れた、『大般若波羅蜜多経』のことは、当時の私には全く分からないものであったが、後に、その経文は、所謂「弥勒請問章」と言われるものにあることが判明した。これに関する拙稿が、本書「本論」第七論文、第八論文として再録された二論文なので参照されたい。

二 『大乗荘厳経論』第九章第五六―七六頌のアスヴァバーヴァ註釈

一

アスヴァバーヴァ（Asvabhāva、無性）の註釈である『摂大乗論会釈（*Mahāyānasaṃgrahopanibandhana*）』（略号、*MSU*）が玄奘訳のみを介して研究されている限り、唯識説（Vijñaptivāda）学派の展開における彼の思想の位置付けを正確になすことは難しい。玄奘は、既に指摘したように[1]、原典に彼自身の解釈を加えながら翻訳をなしたように思われる。かかる翻訳の結果、アスヴァバーヴァはダルマパーラ（Dharmapāla、護法）の先駆者と考えられるようになったのである。因みに、『唯識三十頌（*Triṃśikāvijñaptikārikā*）』に対するダルマパーラの解釈こそ玄奘によって訳された『成唯識論』において正統説として採用されてきたものにほかならない。

他方、*MSU* のチベット訳の方は、より精確にその原典態を保ってきたように思われる。このチベット訳によれば、アスヴァバーヴァは『摂大乗論（*Mahāyānasaṃgraha*）』（略号、*MS*）の本文に忠実な註釈を施したように我々には映じるし、また、むしろ彼独自の解釈を見出そうとする方が難しいのである。それゆえにこそ、我々は、サンスクリット原典が失われてしまっている以上、*MSU* をそのチベット訳に基づいて再考しなければなるまい。

しかるに、本稿では、チベット訳大蔵経だけにしかないアスヴァバーヴァの別な註釈である『大乗荘厳経論広註

(*Mahāyānasūtrālaṃkāraṭīkā*)[2]』(略号、*MSAṬ*)を採り上げ、その『大乗荘厳経論(*Mahāyānasūtrālaṃkāra*)』(略号、*MSA*)第九章第五六―七六頌に対する彼の解釈を専ら検討してみることにしたい。この調査は、別な観点から、アスヴァバーヴァの思想解明に手掛りを与えてくれるのではないかと推測されるのである。

ここで、我々がなぜ *MSAṬ* のこの部分を選んだのかという理由を示しておけば、以下のようになる。

⑴漢訳されなかった *MSAṬ* の場合には、アスヴァバーヴァがダルマパーラの先駆者であると評価されてきた伝統とは別に、彼の註釈の特徴を容易に考察することができること。

⑵ *MSAṬ* を、同じ *MSA* 本文に対する別な註釈であり、かつ、その註釈者がアスヴァバーヴァと別な学系に属しているとされる、スティラマティの『経荘厳註疏(*Sūtrālaṃkāravṛttibhāṣya*)[3]』(略号、*SABh*)と比較できること。

⑶ *MSA* の第九章第五六―七六頌は、両註釈も認めているように、『仏地経(*Buddhabhūmisūtra*)』で説明される「五法(pañca-dharma)」に基づいているので、この部分は一つのまとまりとして一緒に考察されねばならぬものであること。

二

最初にまず、*MSAṬ* の若干の特徴を、*SABh* の同じ部分と比較しながら、外部より考察してみよう。*MSAṬ* は、*MSA* 本文に対し、*SABh* よりはかなり簡略な解釈をなしているために、その全体の量は、*SABh* の四分の一弱しかない。しかし、両註釈は、その量的差異にもかかわらず、同じ伝統を示している。両註釈は、問題の第五六―七六頌の構成を次のように説明する。[4]

覚り(bodhi、菩提)の一般的考察は〔第五六頌〕以前になされた。これ以下は、その個別的考察が、それの自性（svabhāva）と因（hetu）と果（phala）と業（karman）と相応（yoga）と起行（vṛtti）[5]との様相から試みられるであろう。

これまでは、覚りが異なった諸経典に従って考察されてきた。しかし、これ以下は、『仏地経（*Buddhabhūmi-sūtra*）』に基づいている。この経典には、「仏地（buddha-bhūmi）は、五法、即ち、清浄法界（dharma-dhātu-viśuddha）と大円鏡智（ādarśa-jñāna）と平等性智（samatā-jñāna）と妙観察智（pratyavekṣaṇā-jñāna）と成所作智（kṛtyânuṣṭhāna-jñāna）とから成っている。[6]」と説かれている。それゆえ、この経典の五法の順序によれば、この部分の主題は、まず最初に、清浄法界、それから、四智という具合に、順次に考察されるべきである。従って、その第五六―七六頌の構成の分析において、両註釈は完全に一致しているのである。このことは、両者が同じ伝統に従っていることを含意していよう。[7]

更に、その両者は『如来興顕経（*Tathāgatotpattisaṃbhavanirdeśasūtra, De bzhin gshegs pa skye ba 'byung ba bstan pa'i mdo*）[8]』より同じ四頌を引用している。アスヴァバーヴァは、一箇所[9]を除き、この経名を指示していないけれども、彼がそれらを同経より引用したことは、経名が順次に指示されているスティラマティの引用と比較すれば、明白である。両者の比較は以下のごとし。

	〔*MSAṬ*〕	〔*SABh*〕
(1)	sangs rgyas bcom ldan 'das rnams ni rnam pa thams cad mkhyen pa'i rten gyi ye shes dang ldan pa'i phyir ye ses kyi 'byung gnas chen po'o// (83a7)	sangs rgyas bcom ldan 'das rnams ni ye shes kyi rten 'byung gnas/ rnam pa thams cad du ye shes kyi rten du gyur pa'i ye shes dang ldan pa'i phyir ro (156b8)
(2)	sangs rgyas bcom ldan 'das rnams ni mthong na	sangs rgyas bcom ldas 'das rnams ni ye shes kyi zla

[sems can][10] thams cad dga' ba'i phyir/ ye shes chen po'i zla ba yin no（83b1-2）	ba chen po yin te/ sems can thams cad zhi ba nye bar ston pa'i phyir ro（157b5）
(3) sangs rgyas bcom ldan 'das rnams ni rnam pa thams cad du shes bya yang dag par rab tu gsal bar mdzad pa'i phyir/ ye shes chen po'i nyi ma yin no（83b4）	sangs rgyas bcom ldas 'das [rnams] ni ye shes kyi nyi ma chen po yin te/ shes bya thams cad la ye shes kyi snang bar byed pa'i phyir ro（158a7-8）
(4) sangs rgyas bcom ldan 'das rnams ni nyon mongs pa'i nad thams cad rab tu zhi bar mdzad pa'i phyir/ ye shes chen po'i sman yin no（83b5）	sangs rgyas bcom ldan 'das rnams ni ye shes kyi sman chen po dang ldan pa sems can thams cad kyi nyon mongs pa'i nad zhi bar byed pa'i phyir ro（159b4）

両註釈間の若干の相違は、原典上のものというよりはむしろ翻訳のそれである。両者はともに四智の説明のために四つの引用を行っている。最初の二つの引用(1)(2)の場合には、*MSAṬ* も *SABh* も、順次に大円鏡智（ādarśa-jñāna）と平等性智（samatā-jñāna）とを表明している第六七頌と第七一頌とのための説明箇所で、それらを引用している。最後の二つの引用に関していえば、*MSAṬ* では、(3)が第七三頌、(4)が第七四頌のために引かれているのに対して、*SABh* では、(3)は第七二頌、(4)は第七五頌のために引かれている。最後の二つでは、引用箇所が互いに異なっているけれども、〔四〕智中の最後の二つを説明しようとする意図においては合致している。というのも、第七二頌と第七三頌とは妙観察智（pratyavekṣaṇā-jñāna）を表明し、第七四頌と第七五頌とは成所作智（kṛtyânuṣṭhāna-jñāna）を表明しているからである。

四智に関連する四つの引用が同じであるということは、アスヴァバーヴァとスティラマティとが、たとえ別な学系に属していたと認めるにせよ、同じ伝統の中で *MSA* 本文を解釈しようとしていたことを示唆していよう。*MSAṬ* と *SABh* との間には、上述した一致に加えて、また差異も存する。アスヴァバーヴァは、*MSA* の韻文箇所だけではなく頌に対する直接的な註釈である散文箇所をも引きながら解釈をなすが[11]、スティラマティはほとんど散文箇所を引かない。もっとも、アスヴァバーヴァにとっては、その註釈の題名中の ṭīkā が「他の註釈に対する註釈」もしくは「複註」を意味するものである以上、それは当然のことかもしれない。しかしながら、もしその *MSA* の散文箇所がヴァスバンドゥによって著わされていたとするならば[12]、それは注目に値しよう。なぜなら、彼の別な註釈である *MSU* においては、アスヴァバーヴァがヴァスバンドゥの註釈に言及することはないからである。もっとも、*MSA* 本文や *MSAṬ* または他の関連文献の更なる考察がなされない限り、この事実からいかなる結論が導かれうるかは定かではないけれども、そのことを、*SABh* とは異なった *MSAṬ* の特徴の一つとして指摘することだけはできるであろう。

三

さて、今や我々は、*MSAṬ* を内部より考察してみなければならない。しかし、紙幅の関係で、本稿の考察は大円鏡智の問題に限定されざるをえない。『成唯識論』[13]によれば、大円鏡智に関しては二つの解釈があったと言われている。それは次のように紹介されている。

大円鏡智相応心品、有義、但縁真如、為境。是無分別、非後得智。行相所縁、不可知故。有義、此品、縁一切法。荘厳論説、大円鏡智、於一切境不愚迷（sarva-jñeyeṣv asaṃmūḍham）[14]故。仏地経説、

如来智鏡、諸処境識衆像現故。(15)

中国や日本の法相宗の伝統は、第二の解釈を正義として認めてきた。それによれば、大円鏡智は、無分別智であるばかりでなく後得の有分別智でもある。

かかる状況下では、『成唯識論』に引用されているのと同じ文言（sarva-jñeyeṣv asaṃmūḍham）を含む *MSA* の第六八、六九頌に対するアスヴァバーヴァの解釈を検討してみるのが有益であろう。ここで、*MSAṬ* の問題の文は、長く引用するに値すると思われる。(16)

「大円鏡智は無我所で無分割であり」〔第六八頌ａｂ〕といわれているうち、「無我所」であるのは、我執や我所執も所執や能執もないからである。「空間的な観点から無分割である（aparicchinnaṃ deśataḥ）」といわれているのは、ここには、東などの空間を別々に区分することがないということ。「〔大円鏡智は〕常に障害を離れているから全ての所知において愚昧ではない（sarva-jñeyeṣv asaṃmūḍhaṃ sadâvaraṇa-vigamāt）」というのは、ここではこのようにそ〔の大円鏡智〕は全ての時に煩悩と所知との障害を離れているからである。「〔その智は〕無行相のゆえにそれらの法に対して現前しているのでもない（na ca teṣu〔dharmeṣv〕āmukham anākāratvāt）」といわれているそのことは、〔その智が〕所知において色などを縁ずるままの所縁の区別もしくは青などの行相の区別によって働くものではない(17)ということ。そ〔の智〕は所縁と能縁とが平等であることによって平等で無分別であり、真如を縁ずることを自性としている。それゆえに、不動なのである。

「そして、〔その智は〕それら平等性〔智〕などの〔三〕智の全ての様相の因であるから全ての智の庫蔵のごとくである（teṣāṃ ca samatâdi-jñānānāṃ sarva-prakāraṇāṃ hetutvāt sarva-jñānānāṃ ākarôpamaṃ）」といわれているのは、ここでは、『如来興顕経（*Tathāgatotpattisaṃbhavanirdeśasūtra*）』において「仏世尊たちは一切種智（sarvâkāra-jñatā）の依り処となる智をもっているから智の大庫蔵である(18)」と説かれている、この経の一段と関連づけられているのである。「それは受用仏でもあって[19]」といわれているのは、受用仏の因であるから受用仏といわれる。「智の影像が生ずるからそれ[19]」といわれているうちの「それ」という語は大円鏡智と関連づけられるのである。

このMSAṬの引用と『成唯識論』の引用とを比較してみることは興味深い。先の第二の解釈の根拠として『成唯識論』がMSAから引用したのと同じ文（sarva-jñeyeṣv asaṃmūḍhaṃ[20]）に触れながら、アスヴァバーヴァはその語句の意味だけを説明している。従って、彼の解釈によれば、MSAのこの文は、大円鏡智が無分別智のみならず有分別智でもあるということを示しているのではありえないし、実際、彼はその智を無分別だと明白に規定している。その結果、彼の解釈は、『成唯識論』における正義とは異なっているのである。

この件に関し、もし我々がSABhを参照するならば、我々はスティラマティの解釈もまたほとんどアスヴァバーヴァのそれと同じであることに気づくであろう。彼は第六九頌を次のように解釈している。

その無分別智に対して、なにゆえに大円鏡智といわれるのか。あたかも鏡の中に種々の様相の影像が生じるように、それと同様に、その無分別智においても平等性〔智〕と妙観察〔智〕と成所作智の影像が生じるから、大円鏡智といわれるのである。[21]

これは、スティラマティが大円鏡智を無分別智とみなしていたことを証している。我々は、無分別智と種々の影像の反映との間にはなんの矛盾もないのだということを理解しなければならない。

更に、我々は、『成唯識論』が第二の解釈の別な根拠として用いた『仏地経』の文の例においても、やはり上述したのと同じ事実を見出すことができる。

バンドゥプラバ（Bandhuprabha、親光）などによって著わされた玄奘訳『仏地経論』は、『成唯識論』同様に、大円鏡智は無分別智であるのみならず有分別智でもあるということを示しているのに、チベット訳に残されている[22]『聖仏地解説（*Āryabuddhabhūmivyākhyāna*）』において、〔その著者〕シーラバドラ（Śīlabhadra、戒賢）は、大円鏡智は真如を縁ずる無分別智であると規定しているのである[23]。

本稿では、その関連事項をこれ以上詳細に考察する余裕もないし、また、西尾京雄博士の詳細な御研究[24]のお蔭で、そうする必要もない。

四

当面ここでは次のような結論を導くことができよう。

(1)外部的および内部的観点の双方から見ても、その註釈中におけるアスヴァバーヴァの解釈は、『成唯識論』における正義よりもスティラマティのそれにより類似している。しかるに、『成唯識論』は、後者スティラマティよりも前者アスヴァバーヴァをより高く評価しているのである。従って、我々は、アスヴァバーヴァを従来と同程度の意味において〔『成唯識論』の正義とされる〕ダルマパーラの先駆者とみなすことはできない。

(2)唯識説関連のチベット訳中に『成唯識論』の正義に類似した解釈を見出すことは難しいが、しかし、我々は、原著者たちが異なっている他の玄奘訳中にはかかる解釈を多数見出すことができる。それゆえ、『成唯識論』において正義とみなされている解釈は玄奘自身によって按配されたものであるようにも思われる。

(3)他方では、*MSAṬ* のチベット訳はインドの原典形態を保存しているように見える。チベット訳が逐語訳であると一般的に承認されていることは周知のことである。もし我々が、インドの唯識学派の歴史的展開におけるアスヴァバーヴァの思想を考察しようと意図するならば、法相宗の伝統もしくは玄奘の解釈を離れて、*MSAṬ* を *SABh* と比較しながら広く考察することが有益であろう。

註

(1) 拙稿「玄奘訳『摂大乗論釈』について」『印仏研』一八—一（一九六九年十二月）〔『唯識考』、四九〇—五〇三頁再録〕、同「MS. に対するAsvabhāva註釈の特徴」『印仏研』一九—一（一九七〇年十二月）〔本書、二三七—二四五頁再録〕参照。

(2) *Theg pa chen po'i mdo sde'i rgyan gyi rgya cher bshad pa*, P. ed., No. 5530 : D. ed., No. 4029.

(3) *mDo sde rgyan gyi 'grel bshad*, P. ed., No. 5531 : D. ed., No. 4034.

(4) 以下の引用は、*MSAṬ*, Bi, 80b5-81a5 と *SABh*, Mi, 149b1-150a3 との両者の要約である。本稿におけるチベット訳の葉数は P. ed. による。

(5) 以上の六つの様相は、*MS* 第一〇章第二七節（É. Lamotte 本）で論じられている。また、J. Takasaki, *A Study on the Ratnagotravibhāga*, Roma, 1966, pp. 400-408, Appendix III, "Description of the Ultimate Reality by Means of the Six Categories in Mahāyāna Buddhism"〔その後、本稿は、高崎直道『如来蔵思想』II（法蔵館、一九八九年）、一九〇—二〇二頁に和訳され再録された〕をも参照されたい。

(6) *'Phags pa Sangs rgyas kyi sa zhes bya ba theg pa chen po'i mdo*, P. ed., No. 941, 'U, 89a3-4 : 玄奘訳『仏説仏地経』、大正蔵、一六巻、七二一頁上参照。〔後に分かったことではあるが、既に、『唯識考』、七八七頁で補足したごとく、この箇所の経文のサンスクリット原文は、ラトナーカラシャーンティ（Ratnākaraśānti）の *Sāratamā* より回収されうる。これによれば、「清浄法界」の原語は dharma-dhātu-viśuddha ではなく dharma-dhātu-viśuddhi と訂正されるべきであろうが、ここでは当初のままとしてある。〕

(7) 山口益博士は、*MSA* に対する両者の註釈の冒頭で述べられる帰敬偈に関して、両者の伝統的一致を認めておられる。Susumu Yamaguchi (ed.), *Stiramati ; Madhyāntavibhāgaṭīkā : Exposition Systématique du Yogācāravijñaptivāda*, Nagoya, Hajinkaku, 1934, repr. 鈴木学術財団、一九六六年、Introduction, pp. XII-XIII 参照。〔原英文ということもあって、そこには記さなかったが、今回ここに補っておけば、邦文による同様な指摘は、山口益訳註『安慧阿遮梨耶造中辺分別論釈疏』（破塵閣書店、鈴木学術財団複刊、一九六六年）、「序論」、三〇—三一頁でもなされているので参照されたい。〕

(8) 本経については、J. Takasaki, *op. cit.*, p. 35 参照。〔本経に関するその後のより詳しい考察については、高崎直道『如来蔵思想の形成』（春秋社、一九七四年）、五七四—六〇二頁を参照されたい。なお、今回、当時当然記しておくべきであったと気づいたことに、西尾京雄後掲書（後註15）、一九—二四頁があるので、ここにお詫びして補っておきたい。これは、スティラマティの註釈を中心に、本文のこれ以下に扱う引用を含めて、本経と *MSA* との関係を考察したもので有益である。また、本経については、その後、高崎直道「華厳経如来性起品」『如来蔵系経典』（大乗仏典12、中央公論社、一九七五年）、一二七—二八一頁としてチベット訳に基づく邦訳が公

けにされているので、問題とされている箇所については、適宜これに当って頂くことをお勧めしたい。〕

(9) 本経の名称は、*MSAṬ* における以下の四つの引用中の(1)の例において指示されている。その経名を含む引用(1)の訳は、以下の本文中の註18を付した箇所に示されている。

(10) "sems can" は D. ed. によって補われたものである。

(11) 例えば、後註16で指摘の例を参照のこと。

(12) 宇井伯寿博士は、*MSA* の韻文箇所の著者をマイトレーヤ、散文註釈箇所のそれをヴァスバンドゥと考えておられる。宇井『大乗荘厳経論研究』（岩波書店、一九六一年）、一―二頁参照。しかし、サンスクリット原典の校訂者、シルヴァン＝レヴィ教授は、テキスト全体の著者をアサンガに帰している。Sylvain Lévi, *Asaṅga : Mahāyāna-Sūtrālaṃkāra : Exposé de la Doctrine du Grand Véhicule selon le Système Yogācāra*, Tome II, Paris, 1911, p.*8 参照。アレクス＝ウエイマン教授は、アサンガの著者性を除外するけれども、次のように、「しかし、この〔アサンガを除く〕ことは、根本テキストをなす韻文だけにかかわることである。レヴィによって韻文と一緒に出版された散文註釈は、チベット訳大蔵経（東北目録、No. 4026）ではヴァスバンドゥに帰せられている。この主要註釈が、実際にヴァスバンドゥによるものであるか、あるいはアサンガに帰せられるものであるかどうかは、これまで確定されてはいないのである。」と述べておられる。Alex Wayman, *Analysis of the Śrāvakabhūmi Manuscript*, University of California Press, Berkeley / Los Angeles, 1961, p. 40 参照。

(13) 『成唯識論』、大正蔵、三一巻、五六頁下。Louis de La Vallée Poussin, *Vijñaptimātratāsiddhi : La Siddhi de Hiuan-tsang*, Paris, 1928, pp. 688-689 参照。〔この箇所については、更に、新導本、巻第十、一七―一八頁（四五五―四五六頁）、仏教大系本会本、第四、六二一―六二二頁、島地大等・深浦正文訳註『国訳成唯識論』（国民文庫刊行会、一九二〇年）、五二八頁を参照されたい。しかるに、私は、『成唯識論』のここに示される二つの解釈中の後者を正義とする法相宗の伝統的見解についてその根拠を明示していないことに今回初めて気がついた。しかし、『述記』や三箇疏中には、それを明言する文言はないようなので、私は、その判断を、島地・深浦前掲書の脚註九三と九四とにおける、「第一説は不正義なり」、「こは（＝後者の解釈）正義」という説明に求めていたようである。ここに、重要な根拠を明示し忘れた粗忽をお詫びすると共に、これだけでは伝統的見解とする根拠は薄弱かもしれないものの、一応の補足とさせて頂きたい。なお、これと類似の問題については、本書「序」第一論文、註80下の引用、および、註82参照。〕

(14) このサンスクリット文は、*MSA*, Lévi ed., p. 46, IX-68 から採られたものである。

(15) 以上の「如来智鏡、諸処境識衆像現」については、『仏説仏地経』大正蔵、一六巻、七二一頁中に、「大円鏡智者、如、依円鏡、衆像影現、如是、依止如来智鏡、諸処境識衆像影現。」とあり、*'Phags pa Sangs rgyas kyi sa zhes bya ba theg pa chen po'i mdo*, P. ed.,

No. 941, 'U, 40b2-4 に "me long lta bu'i ye shes ni 'di lta ste dper na/ me long gi dkyil 'khor la brten nas gzugs brnyen dag snang ngo// de bzhin du de bzhin gshegs pa rnams kyi me long lta bu'i ye shes kyi dkyil 'khor la brten nas skye mched dang/ de'i yul la rnam par shes pa'i gzugs brnyen dag snang ngo//（大円鏡智は、すなわち、例えば、鏡の円面に依って影像が現われるように、全く同様に、如来たちの大円鏡智の円面に依って、処やその境に識の影像が現われるのである。）" とある。玄奘訳とチベット訳との相違に関しては、西尾京雄『仏地経論之研究』第二巻（破塵閣書房、一九四〇年）、九六―九九頁を参照されたい。

（16）以下の引用中において〔カッコ内に挿入されている〕サンスクリット文は、アスヴァバーヴァが *MSA* の散文箇所から引いているものを示す。〔なお、引用箇所は、P. ed., 83a2-b1 : D. ed., 74a4-b3 である。〕

（17）P. ed. には "'jug pa yin pa'o" とあり、D. ed. には "'jug pa ma yin pa'o" とある。ここでは D. ed. に従って読む。

（18）このチベット文については、上述の本文 *MSAṬ* 中の引用(1)を参照のこと。

（19）*MSA*, IX-69cd 参照。しかし、これらの〔チベット〕語が頌を示しているのか否かは確かではない。*MSA*〔自体〕における頌は "saṃbhoga-buddhatā-jñāna-pratibimbôdayāc ca tat" である。

（20）「於一切境常不愚迷（= sarva-jñeyeṣv asaṃmūḍhaṃ）」という文は *MSU* の玄奘訳、大正蔵、三一巻、四三八頁上における大円鏡智の説明中に示されているが、その文はチベット訳中には見出されない。〔なお、『成唯識論』中の玄奘訳の一文と *MSU* のそれとを比較すると、同文ではあるが、後者には「常」が補われていることに注意。〕

（21）*SABh*, Mi, 157a4-5.

（22）大正蔵、二六巻、三〇二頁下―三〇三頁上参照。〔この箇所の原英文には、上記『仏地経論』の一部を英訳したと覚しきものが記されているが、不明瞭で不正確なものと思われるので、ここには訳出しない。恐らく上記箇所の末尾に、「此鏡智、唯縁真如、無分別智、非後得智。諸心心法、体雖是一、義用有多、随用差別、分為二智、亦無有過。要達真理、方了事俗。故雖一心、義説先後。或似後得、名後得智。余亦如是。」とあるのを要約的に英訳したのかもしれないが、ここで重要なのは後半の解釈に対して「如実義」の判定が与えられていることにあるにもかかわらず、その後が当該箇所には見当らないのである。ひょっとしたら、誤って、その直後の「平等性智」の説明中の「如実義」を含む一節を英訳していたのかもしれない。いずれにせよ、今となっては明確に誤りを正しえないことを、ここにお詫びしておきたい。〕

（23）*'Phags pa Sangs rgyas kyi sa'i rnam par bshad pa*, P. ed., No. 5498, Chi, 300a7 に "(me long lta bu'i ye shes ni ....../ rnam par rtog pa'i gnas yongs su gyur pa'i ngo bo) de bzhin nyid la dmigs pa ste/ rnam par mi rtog pa'i ye shes so//" とある。〔西尾前掲書（前註15）、二一一頁参照。〕

（24）　西尾前掲書（前註15）参照。

回顧と弁明

本稿の原題は“Asvabhāva's Commentary on the *Mahāyānasūtrālaṃkāra* IX. 56-76”で、私の最初の英文論文である。原、『印仏研』二〇―一（一九七一年十二月）、四七三―四六五頁に収録されたが、ここに、私自身によって和訳され再録される。なお、本文中の註13以下に示される『成唯識論』の「大円鏡智」に関する二説の伝統的解釈が、明確な論拠も示されずに述べられているのではないかということに、今回訳しながら感じるところがあったが、急遽厳密な検討も適わず、註13中の亀甲カギカッコ内に今述べうることを若干補ったことでお許しを乞いたいと思っている。しかし、弁明ということになれば、このこと以上に、次のことを言っておかなければならない。私は、本拙稿の本文中の註4以下に引用した *MSAṬ* と *SABh* との両註釈につき、そこに出る「清浄法界」の所謂「六相」を、これと同じ問題を扱った拙稿「〈清浄法界〉考」（『唯識考』、七一九―七八六頁再録）の訳文（七五二頁参照）に倣って訳し、従ってその第六vṛtti は、「起行」とされている。しかるに、その「六相」の訳語については、同上拙書、七七五頁、註13で、玄奘訳『仏地経論』のそれを借用したと私自身によって記されている。しかし、実際に、『仏地経論』の当該箇所（大正蔵、二六巻、三二二頁下）を見ると、他の五語についてはそう言えても、第六については不可であり、その玄奘訳は「差別」なのである。この不備を私に気づかせてくれたのは、岡本一平氏であった。昨年二〇〇六年の六月頃だったと思うが、岡本氏は、その後公けになった、氏の二つの御論文「清浄法界と如来蔵――理性・行性の思想背景――」『駒仏論』（二〇〇六年十月）、二七三―二九八頁と『大乗義章』「仏性義」における「行性」について」『印仏研』五五―一（二〇〇六年十二月）、七二―七六頁を、当時準備されていた。その所論の重要な指摘の一つが「行性」の「行」の原語は vṛtti であるというものであったが、この問題との関係から、岡本氏は、私になぜ同語を「起行」と訳したのかを問われたのである。私はすぐに上註13に記していたようなことを答えたと思うが、岡本氏によれば、「起行」は同氏の調べた限りいかなる漢訳にもないとのことであった。その後、私自身も大いに気になって、調べてみたが、岡本氏のおっしゃることに間違いはなかったのである。しかるに、「起行」という訳語は、その時、岡本氏が示唆して下されたように、高崎直道博士の訳に特徴的なものであることがはっきりしてきたので、恐らく、当時の私は、漢訳に従うつもりではいたものの、vṛtti のみは「差別」や「行」では落ち着きが悪いと判断して、なんらかの段階で高崎訳の「起行」に従いながらそれを明記するのを忘れてしまったのだと思う。忘れてしまったですむことでは決してないが、ここに、この件を気づかせて下された岡本氏に感謝し、また、結果的に訳語の無断借用という失礼を犯すことになってしまった高崎直道博士には衷心よりお詫び申し上げたい。因みに、私が当時この方面で参照しえた高崎博士の邦文の御論文は、「法身の一元論――如来蔵思想の法観念」、平川彰博士還暦記念論集『仏教における法の研究』（春秋社、一九七五年）、二二一―二四〇頁であるが、これは、後に、高崎直道『如来蔵思想』Ｉ（法蔵館、一九八八年）、五六―七七頁に再録されているので参照されたい。また、岡本一平氏の上記二論文は、「行性」の「行」の原語を vṛtti と確定することによって、仏教のインドから中国への展開について新たな観点を提示するものとして重要であることも、ここに申し添えておきたい。

三　Asaṅga の聖典観 ——_Abhidharmasamuccaya_ の dharmaviniścaya 章について——

唯識諸文献中には、過去から伝承された聖典を内的に自覚し、その意味内容を新たに問いなおそうとする姿勢が顕著であるが、本稿で取り上げる _Abhidharmasamuccaya_ 中の dharmaviniścaya 章もその例外ではない。

Abhidharmasamuccaya は玄奘により『大乗阿毘達磨集論』として漢訳されたが、同じ著者 Asaṅga の*_Mahāyāna-saṃgraha_[1]（『摂大乗論』）に較べれば、さほど重要視された痕跡もとどめていないし、近年の研究も、そのサンスクリット断片等の発見によって端が開かれたもので、いまだ思想的な内容考察までには至っていない。

筆者もおそらくは文献照合の域をでないであろうが、本稿において、Asaṅga の上述の論書中より、特に dharmaviniścaya 章を取り上げるのは、この章が Asaṅga の聖典観を考察するうえで重要な資料を提供すると思うからである。

本稿は、dharmaviniścaya 章を次の三点に分かって考察する。

（i）論全体からみた文献上の問題点

（ii）Asaṅga の思想史的基盤を検討するうえで極めて重要と思われる一文

（iii）Asaṅga における教説の意味

一

まず、文献上の問題に言及しよう。

Abhidharmasamuccaya は、上述の玄奘訳『大乗阿毘達磨集論』、およびチベット訳 *Chos mngon pa kun las btus pa*[2] として全訳されたものが現存するが、不幸にして、サンスクリット原典は完全な形では残っていない。ただし、その断片は V. V. Gokhale 博士によって出版され[3]、しかも、玄奘訳『大乗阿毘達磨雑集論』、チベット訳 *Chos mngon pa kun las btus pa'i bshad pa*[4] に相当する *Abhidharmasamuccayabhāṣya* が完全な形で現存するので、Gokhale 博士が御指摘のように[5]、全体の六割にあたる散失部分も復元可能かと思われる。筆者は、一日も早くこの写本の複写写真を入手したく、Gokhale 博士の推薦状を頂いて[6]、K. P. Jayaswal Reseach Institute の Director、A. L. Thakur 氏に依頼状を送ったが、写本はすでに校訂ずみで、上述の Institute から出版予定であるため、その完了までは誰にも送附できぬとのことであった[7]。現段階では出版を待ち望むより術はない。

Abhidharmasamuccaya のサンスクリット還元はすでに P. Pradhan 教授によって試みられ出版されているが[8]、その還元には不審な点も認められる[9]。ただし、このサンスクリット還元は Pradhan 教授自ら述べているように[10]、restoration というよりは translation、あるいは retranslation と称した方がよい性格を持つから、不備な点を指摘することは還元者の意に添わないかもしれない。しかし、筆者の見た限りで言えることは、Pradhan 教授があえて retranslation と呼ぶこの試みは、かなり漢訳を重視しており、漢訳の翻訳上の補いと考えられるものまでもサンスクリットにおきかえている点が眼につく。現存のサンスクリット断片とそれに対応する漢訳を対照して読むと、漢訳には翻訳上の補いと認めうるものがかなりあり、それはかならずしも原本の相違ではなかったと思われる。一方、相当箇所の

チベット訳は断片とよく一致するから、少なくとも散失部分の原典推定にはやはりチベット訳が重視されるべきであろう。

筆者も、Pradhan 教授が指摘するように、厳密な意味での original の restoration は不可能と考えるものであるが、可能なかぎりは原典の推定を厳密になすべきであるし、この論の場合はある程度それが可能だと思うのである。ここに、筆者が Bhāṣya の複写写真を自ら試してみたかった一つの理由があるが、上述の情況により、本稿ではこれを利用して原典推定上の批判的研究を行うまでには至れない。ただし、ところによっては、Pradhan 教授がその還元本の脚註で Bhāṣya 中の文を引用しているから、それを参照しうる場合もある。

ここで、論述の必要上ことわっておくが、筆者はサンスクリット原典を推定するうえで、サンスクリット断片の完全態と漢訳ないしチベット訳の基づいた原本とがほぼ一致していたとは考えるが、全く同じものであったとは認めていない。原本の相違と思われる箇所は以下に指摘するであろうが、それを翻訳上の相違と混同するようなことは避けるつもりである。

Abhidharmasamuccaya の章節の切り方については、すでに Pradhan 教授が指摘したように(11)、漢訳とチベット訳との間に相違がみられる。漢訳は大きく「本事分」と「決択分」とに分かれ、それぞれに四品あるから計八品となる。一方、チベット訳は五章に分かれ、それぞれの章末には次のように記されている。

(1) *Chos mngon pa kun las btus pa* las/ mtshan nyid kun las btus pa zhes bya ste/ kun las btus pa dang po'o// (P. ed., 86b2-3)

(2) bden pa rnam par nges pa zhes bya ba ste/ kun las btus pa gnyis pa'o//（*ibid.*, 119b7-8）

(3) chos bstan pa kun las btus pa ste/ gsum pa'o//（*ibid.*, 125a5-6）

(4) 'thob pa rnam par nges pa zhes bya ba ste/ kun las btus pa bzhi pa'o//（*ibid.*, 138a7）

(5) *Chos mngon pa kun las btus pa* slob dpon Thogs med kyis mdzad pa rdzogs sto//（*ibid.*, 141b1-2）

このチベット訳の区分は、断片および *Bhāṣya* から推定されるサンスクリット原典に一致しており、チベット訳はおそらくそれに従ったのである。漢訳の八品の区分は、Pradhan 教授も認めるように、玄奘によってなされたものであろう。これと全く同じ事情が玄奘訳『弁中辺論』の場合にみられ、山口博士御指摘のように、一般に玄奘訳では「所説の内容に従ふて、或は偈頌を整頓し、又は章節を整へた、と想はれる跡がある」[12]といえよう。

しかし、この場合、章節の区分の相違はただちに内容の相違を意味するのではないから、本稿においてこれを論ずる必要はない。両訳中の冒頭に示されるUddāna はともに同趣意であり、玄奘はそれに基づいて合理的に章節を区分したまでである。玄奘が「本事分」を四品に分けたのが、チベット訳では第一章として数えられる。先に引用した章末のチベット訳(1)がそれを示す。幸い、サンスクリット断片中にこれと対応する章名が残っており、次のように記されている。

Abhidharmasamuccaye lakṣaṇasamuccayo nāma prathamaḥ samuccayaḥ[13]//

これはチベット訳とそのまま一致する。

これについで bden pa rnam par nges pa（satyaviniścaya）章があり、その後に本稿で取り上げる(3)の dharmaviniścaya 章がくる。章末のチベット訳は多少おかしいが、前後の(2)、(4)にならえば、

chos rnam par nges pa zhes bya ba ste/ kun las btus pa gsum pa'o//

とあるべきか[**]。この章も、末尾の章名が断片中に認められるが、残念ながら、

abhidharmasamuccaye dharmavi-

とだけあって、あとは散失箇所となる。完全に章名が残っている(1)に対応するサンスクリットから推測すれば、おそらく、

dharmaviniścayo nāma tṛtīyaḥ samuccayaḥ[14]//

と続いていたものであろう。

さて、章名のサンスクリットが dharmaviniścaya であったことは、断片中に dharmavi- まで残っていること、およびこの章の主題を提示する冒頭に、漢訳は「云何法決択」、チベット訳は "chos rnam par nges pa gang zhe na" とあることから、まず間違いないことであろう。ちなみに漢訳の品名は「決択分中法品第二」である。

二

Abhidharmasamuccaya の著者については、伝承に従って、Asaṅga と認めることにさして支障もないであろうし、文献上でも Asaṅga の主著 *Mahāyānasaṃgraha* と全同の文を二三見出すことができるので、いまさら彼の著者性を疑う必要はないと思う。

全同の文中、一つは、dharmaviniścaya 章のほぼ末尾にあるもので、幸いサンスクリット断片を活用できる箇所に属する。[15] 以下に、その一文を含む断片中の一節を引用するが、*Mahāyānasaṃgraha* のチベット訳との比較の必要上、この一節と対応するチベット訳もあわせて引用しておこう。

Skt.

vaipulye dharma-samādhi-kuśalo bodhisattvaḥ kathaṃ pratyavagantavyaḥ/ pañcabhiḥ kāraṇaiḥ—pratikṣaṇaṃ sarva-dauṣṭhulyâśrayaṃ drāvayati, nānātva-saṃjñā-vigatāṃ ca dharmârāma-ratiṃ pratilabhate, aparicchinnâkārañ ca 〔sarvato〕 'pramāṇaṃ dharmâvabhāsaṃ saṃjānāti, viśuddha-bhāgīyāni câsyâvikalpitāni nimittāni samudācaranti, dharma-kāya-paripūri-pariniṣpattaye côttarād uttarataraṃ hetu-saṃparigrahaṃ karoti//

tatra pañcavidhāyāṃ bhāvanāyāṃ phalaṃ pañcavidhaṃ nirvartitam iti darśayati/ pañcavidhā bhāvanā— saṃbhinna-bhāvanā, animitta-bhāvanā, anābhoga-bhāvanā, uttapta-bhāvanā, parivṛttinibhā-bhāvanā yathākramam[16]//

Tib.

shin tu rgyas pa la byang chub sems dpa' chos la ting nge 'dzin du mkhas par ji ltar khong du chud par bya zhe na/ rnam pa lnga ste/ skad cig re re la gnas ngan gyi gnas thams cad 'jig par byed pa dang/ sna tshogs kyi 'du shes dang bral te/ chos kyi dga' ba la dga' ba 'thob pa dang/ chos kyi snang ba rnam pa yongs su ma chad pa thams cad du tshad med pa yang dag par shes pa dang/ de la rnam par dag pa'i cha dang mthun pa rnam par mi rtogs pa'i mtshan ma rnams kun tu 'byung ba dang/ chos kyi sku yongs su rdzogs par bya ba dang yongs su bsgrub pa'i phyir gong ma bas kyang ches gong ma'i rgyu yongs su 'dzin par byed pa'o[16]//

下線部分が *Mahāyānasaṃgraha* と全同の文である。サンスクリット中の下線以下の文は、チベット訳中に対応箇所を見出すことができない。この点、漢訳も同じく対応箇所をもたず、逆に、サンスクリット、チベット訳にない別個の文が認められる。以下に同漢訳を引用しよう。

復次、方広分中、於法三摩地善巧菩薩相、云何可知。謂、由五種因故。一、刹那刹那消除一切麁重所依。二、出離種種想、得楽法楽。三、了知無量無分別相。四、順清浄分無分別相恒現在前。五、能摂受転上転勝円満成就仏法身因[17]。

声聞蔵法菩薩蔵法等、従如来法身所流。

下線部分が *Mahāyānasaṃgraha* と全同の文で、それ以下が他本にみられない文である。

さて、サンスクリット断片、チベット訳、漢訳相互間にみられる以上の相違は、単なる翻訳上の相違とは認めがたいから、この箇所は、原本が異なっていたと考えざるをえない。本稿では、そのいずれが原型に近いかを詮索しないが、サンスクリット断片中にのみ認められる一文については、*Mahāyānasaṃgraha* との比較の後に一言加えたいと思う。

以下に、この比較を試みるため、*Mahāyānasaṃgraha* のチベット訳中より、*Abhidharmasamuccaya* と全同の文を含む一段を引用し、あわせてその和訳を附しておこう。

sa ’di dag gi bsgom pa ji ltar blta zhe na/ ’di la byang chub sems dpa’ sa dang sa la zhi gnas dang lhag mthong bsgom pa na/ rnam pa lngas bsgom ste/ lnga gang zhe na/ ’di lta ste/ ’dres par bsgom pa dang/ mtshan ma med par bsgom pa dang/ lhun gyis grub par bsgom pa dang/ ’bar bar bsgom pa dang/ chog par mi ’dzin par bsgom pas so//

bsgom pa rnam pa lnga po ’di dag gis byang chub sems dpa’ rnams kyi ’bras bu lnga mngon par ’grub par byed de/ ’di ltar skad cig re re la gnas ngan len gyi gnas thams cad ’jig par byed pa dang/ sna tshogs kyi ’du shes dang bral te/ chos kyi kun dga’ la dga’ ba thob pa dang/ chos kyi snang ba thams cad du tshad med cing rnam pa yongs su ma chad pa yang dag par shes pa dang/ rnam par dag pa’i cha dang mthun pa’i mtshan ma rnam par brtags pa ma yin pa rnams de la kun tu ’byung ba dang/ chos kyi yongs su rdzogs pa dang/ yongs su grub par bya ba’i phyir gong ma bas ches gong ma’i rgyu yongs su ’dzin par byed pa’o//[(18)]

これらの地（bhūmi）の修習（bhāvanā）はどのように考察されるか。この場合、菩薩はそれぞれの地において、止（śamatha）と観（vipaśyanā）とを修習するのに、五種の方法によって（pañcabhiḥ kāraṇaiḥ）修習する。五種の方法とはなにか。すなわち、(1)総合的な修習(saṃbhinna-bhāvanā)と(2)無相の修習(animitta-bhāvanā)と(3)はからいのない修習(anābhoga-bhāvanā)と(4)激しい修習(uttapta-bhāvanā)と(5)飽くことのない修習(asaṃtuṣṭa-bhāvanā)とによるものである。

これら五種の方法である修習によって、菩薩たちの五種の結果が現われる。というのも、〔菩薩は〕(1)一瞬ごとに(pratikṣaṇam)あらゆる粗悪の本(sarva-dauṣṭhulyâśraya)を断ち(drāvayati)、(2)多種な概念の除去(nānātva-saṃjñā-vigata)と法の園における喜び(dharmârāma-rati)とを得(pratilabhate)、(3)分割できぬ姿をし(apari-cchinnâkāram)、いかなるところでも量りきれぬ(sarvato 'pramāṇam)法の輝き(dharmâvabhāsa)をよく知り(saṃjānāti)、(4)清浄に順ずる(viśuddha-bhāgīya)無分別の相(avikalpitāni nimittāni)が彼に現われ(asya samudācaranti)、(5)法身(dharma-kāya)を充満し(paripūri)完成する(pariniṣpatti)ために、完璧さからより完璧なものへと(uttarād uttarataram)〔仏たることの〕因を体得する(hetu-saṃparigrahaṃ karoti)からである。

下線が両論全同の箇所。この箇所の和訳中カッコ内のサンスクリットは *Abhidharmasamuccaya* 断片中から補ったもの。これを介してチベット訳同士を比較すれば、わずかな相違は翻訳上のことにすぎぬことがわかろう。

さらに、両論の引用全体に眼を転じれば、*Abhidharmasamuccaya* 断片中にのみある'tatra'以下の文章[19]と、上に引用した *Mahāyānasaṃgraha* の前段とが互いに類似していることに気づくだろう。これによれば、'tatra' 以下は後者の理解を手懸りに読んでしかるべきであり、

以上で、五種の修習において五種の結果が完成される、ということを示す。五種の修習とは、……

と和訳してさしつかえないと思う。

ただ、この五種の修習のうち、最後の名称が両論で一致しないが、両語は内容的に同一のことを意味しているのか、あるいはいずれか一方が訂正されるべきものなのか、今の筆者には定かでない。[20]

さて、文献学上、諸本間に相違がみられる場合には、そのいずれが原型に近いか、あるいはいずれが著者の意に適っているかが問われねばならないが、以上の考察でわかるように、両論の内容的一致の度合からみて、*Abhidharmasamuccaya* 断片の'tatra'以下の文は、後世の附加とのみ断定しきれないものがある。のみならず、それは著者Asaṅga の文と考えた方がよい性格も示している。なぜなら、両論全同の文は、後に指摘するように、**Saṃdhinirmocanasūtra* の第八章（分別瑜伽品）中の一文ともほぼ完全に一致し、あたかもそれからの引用を思わせるほどなので、両論中における五種の修習による解釈こそ Asaṅga 自身の説明と考えられる節があるからである。

なお、ここの所論とは直接関係ないが、両論全同の文は、さらに *Mahāyānasūtrālaṃkāra*, XX-XXI の第三一偈に対する散文註釈中の文ともほぼ完全に一致する。この点は、*Mahāyānasaṃgraha* を基点に、すでに宇井博士[21]、É. Lamotte 教授[22]によって気づかれていたようであり、少なくとも *Mahāyānasaṃgraha* の仏訳中に、先の偈に対するサンスクリット註釈を補い、それによってこの箇所を訳出した É. Lamotte 教授は、両論が全同であることを認めていたはずである。かくして、この全同の文は、筆者が新たに指摘した *Abhidharmasamuccaya* 中のものを加えて、三論において全同であるということになる[23]。この文は、いずれの論中でも引用であることが明示されていないが、先に触れたように、それは確かに *Saṃdhinirmocanasūtra* 中の経文と合致するのである。この事実には、同経および *Mahāyānasaṃgraha* のチベット訳校訂と仏訳を試みた É. Lamotte 教授さえ気づいていないようであるから[24]、ここではまずこの報告を義務としなければならない。以下に同経の問題の箇所を引用する。

bcom ldan 'das byang chub sems dpa' ji tsam gyis na 'dres pa'i chos la dmigs pa'i zhi gnas dang lhag mthong thob par 'gyur lags/ byams pa de ni rgyu lngas thob par 'gyur bar rig par bya ste/ 'di lta ste yid la byed pa'i tshe skad cig skad cig la gnas ngan len gyi rten thams cad 'jig par byed pa dang/[25] 'du shes sna tshogs rnam par spangs te/ chos kyi kun dga' la dga' ba 'thob pa dang/ chos snang ba phyogs bcur tshad med cing rnam pa yongs su ma chad pa yang dag par shes pa dang/ dgos pa yongs su grub pa dang ldan pa rnam par dag pa'i cha dang 'thun pa'i mtshan ma rnam par ma brtags pa rnams de la kun 'byung ba dang/ chos kyi sku 'thob pa dang/ yongs su rdzogs pa dang yongs su 'grub par bya ba'i phyir/ rgyu gong ma bas ches gong ma/ bzang po bas ches bzang po yang dag par yongs su 'dzin par byed pa'o//[26]

下線部分が上記三論中のものとほぼ完全に一致する文である。相違している箇所のうち、次の四箇所を除けば、他はすべて翻訳上の相違と考えてさしつかえない部類に属す。以下その四箇所を指摘しよう。まず、三論中にみえる“sarvataḥ（thams cad du）”が、この経では“phyogs bcur（daśa-diśaḥ）”とあり、同経の漢訳も、菩提流支訳[27]、玄奘訳[28]ともに「十方」と訳しているから、おそらくこの箇所は原本が異なっていたであろう。また、第四の修習の説明中、三論中にみられない“dgos pa yongs su grub pa dang ldan pa”なる句がこの経中にみられ、漢訳にも、菩提流支訳[27]「所作成就相応」、玄奘訳[28]「所作成満相応」とあるので、経の原本にはこの句があったと認めなければならない。最後に、第五の修習の説明中の二箇所、“'thob pa”と“bzang po bas ches bzang po”にあたるものは三論中に見出せない（ただし、後者の句は、*Abhidharmasamuccaya* の玄奘訳の場合は別である）。前者は、先の二箇所のように漢訳中に明確な対応をたどれないにしても“'thob pa”にあたる原語はあったと想定される。後者の対応箇所には、菩提流支訳[27]「(上上) 勝勝」、玄奘訳[28]「後後転（勝）妙」とあるから、この句も経の原本では“(uttarād uttarataraṃ) bhadrād bhadrataram”などのようになっていたと思われる。

さて、この程度の相違であれば、上記三論で一致している文は、Asaṅga が *Saṃdhinirmocanasūtra* から引用したと考えるのが普通であろう。この考えに多少の無理を感ずるとすれば、それは次のような事実をどう説明するかといった場合に起る。たとえば、*Mahāyānasaṃgraha* を例にとると、この論には、周知のごとく、同経の名を明示した引用が二箇所みられる。[29] これが一般の引用形式であって、たとえ経名を記さない場合でも、引用はなんらかの形で明示されるのが普通である。もし、*Mahāyānasaṃgraha* の問題の文が同経からの引用だとすれば、なぜ Asaṅga は経名も引用の標も示さなかったのか。他の二箇所では経名まで明示しているのであるから、この疑問は一層脹む。では、両文がこれほど酷似しているにもかかわらず、これは引用と考えない方がよいのか。とすれば、先に示した経との相違箇所は、Asaṅga が自分なりの表現で経の内容を記述したために生じた差異かもしれない。*Abhidharmasamuccaya* の記述例も"vaipulye……"とあるから、引用と考えるよりも、Asaṅga が大乗経典に基づいて自説を述べたとみる方が明解な気もする。文章はいずれも論の方が簡潔になっているから、あるいはこの可能性が強いかもしれない。この点が明確になれば Asaṅga の著作の成立背景にいくぶんかの光をあてることもできよう。さらに、問題の文が、Asaṅga 自身の記述とすれば、*Mahāyānasūtrālaṃkāra* の散文註釈も彼によって書かれたと考えることもできるのである。

本稿は以上の推測をさらにおしすすめることを目的とはしていない。ここでは、Asaṅga と *Saṃdhinirmocanasūtra* との関係が、この新しい事実によって、従来考えられていたよりもさらに密接なものであることを指摘できればよい。特にこの経の第八章（分別瑜伽品）との関係は密接である。すでに知られている *Mahāyānasaṃgraha* 中の vijñaptimātra の経証がこの章からの引用であり、三論一致の文も上述のようにこの章との深い繫りを示し、さらに *Abhidharmasamuccaya* の dharmaviniścaya 章の場合には、その論述内容にも関連している。この点は次節で必要に応じて指摘するであろう。

三

dharmaviniścaya 章は、その題名の示すとおり、dharma の考察を主題としているが、この場合の dharma とは、存在や構成要素を意味する存在論的考察の対象ではなく、教説を表わす認識論的考察の対象である。章の始めに、

dharma を説明して十二分教のそれぞれを列挙しているのが、このことを示している。これに引き続き、十二分教各論、およびそれらと sūtra-piṭaka, vinaya-piṭaka, abhidharma-piṭaka の三蔵、ないし śrāvaka-piṭaka, bodhisattva-piṭaka の二蔵との関係が論じられる。そして、これらがともに聞（śruta）・思（cintā）・修（bhāvanā）よりなる心・心所の gocara であると述べられるまでを一区切りと考えてよいであろう。

　このような論述形式に類似したものとして

(1) *Saṃdhinirmocanasūtra* の第八章[30]

(2) *Mahāyānasūtrālaṃkāra*, XI, 1-7, および、その註釈[31]

(3) **Mahāyānasaṃgrahabhāṣya* 中の本文註釈に移る前段[32]

(4) *Śrāvakabhūmi*[33]

が参照されるべきである。最も論述形式が類似しているものは(4)で、サンスクリット推定の手懸りとしても重視されるべきである。この点は、この章のサンスクリット散失部分の他の箇所においてもあてはまる。十二分教が列挙されているものは、上記の経論中(1)と(4)であるが、その列挙順序は、水野弘元博士の分類に従えば、有部系統中雑阿含系に属するものである。[34] (1)では十二分教いちいちは説明されていないが、(4)ではそれがなされているから dharmaviniścaya のものと互いに比較されるべきであろう。(2)(3)には十二分教の列挙はないが、二蔵・三蔵の論述は dharmaviniścaya 中のものより詳しい。

　以下に十二分教中最も重要な vaipulya の説明を取り上げ、ついで Asaṅga の聖典（教説）に関する意識を探っていくことにしよう。まず、比較の意味もかね、(4)中の説明を引用するが、A. Wayman 教授の text 中には、当然あるべきサンスクリット文が、遺憾ながら vaipulya に限って欠除している。[35] 写本にもなかったと考えうるが、漢訳・チベット訳中には見出しうるし、A. Wayman 教授自身も、"The twelve members will be presented in full, immediately below.[36]” と当然それがあるごとく話を進めているから、おそらく彼の単なる誤りとしか思えない。もし写本にもないとすれば、当然註記すべき性質のものである。したがって、ここでチベット訳・漢訳によってそれを補っておく。

shin tu rgyas pa'i sde gang zhe na/ gang las bla na med pa'i yang dag par rdzogs pa'i byang chub dang/ stobs bcu dang/ sgrib pa med pa'i ye shes yang dag par bsgrub pa'i phyir/ byang chub sems dpa' rnams kyi lam bstan pa gang yin pa de ni shin tu rgyas pa'i sde zhes bya'o//[37]

云何方広。謂、於是中、広説一切諸菩薩道、為令修証阿耨多羅三藐三菩提十力無畏無障等一切功徳、是名方広。[38]

vaipulya とはなにか。なんであれそこに、無上正等菩提（anuttara-samyak-saṃbodhi）、十力（daśa-bala）、妨げのない智（nirāvaraṇa-jñāna）を完成するために菩薩道が説かれていれば、それこそ vaipulya といわれるものである。

これによれば、vaipulya は菩薩道を説いたものということになる。Wayman 教授のように、*Śrāvakabhūmi* を Asaṅga の著作とすれば、これは彼の考えとなる。

dharmaviniścaya 章の説明はさらに詳しい。

shin tu rgyas pa'i sde gang zhe na/ gang byang chub sems dpa'i sde snod dang ldan no// shin tu rgyas pa ji lta ba bzhin du rnam par 'thag pa dang mtshungs bral yang de bzhin no// ci'i phyir shin tu rgyas pa zhes bya zhe na/ sems can thams cad la phan pa dang/ bde ba'i gnas yin pa dang/ (rgyas pa dang/) rgya che ba dang/ zab pa'i rnam par chos bstan pa'i phyir ro// ci'i phyir rnam par 'thag pa zhes bya zhe na/ sgrib pa thams cad rnam par 'thag pa'i phyir ro// ci'i phyir mtshungs bral zhes bya zhe na/ mtshungs pa med pa'i phyir ro//[39]

vaipulya とはなにか。菩薩蔵（bodhisattva-piṭaka）に関連したものである。vaipulya（shin tu rgyas pa）がそ

うであるように、vaidalya (rnam par 'thag pa) も vaitulya (mtshungs bral) も全く同様である。なぜ vaipulya というのか。あらゆる有情に対する利益と安楽の拠り所であり、広くて深い相において法を説くものだからである。なぜ vaidalya というのか。あらゆる妨げ（āvaraṇa）を打ち破るものだからである。なぜ vaitulya というのか。比べものもないものだからである。

vaipulya は菩薩蔵の内容を詰め込んだ解釈ではち切れそうになっている。

vaipulya 一般の語義、用法、およびその歴史的変遷については、前田恵學博士の研究が参照されるべきであるが[40]、この *Abhidharmasamuccaya* では上記の説明以外に、章の終り近くで vaipulya が種々の問題とからめて取り上げられているから、まずそれによって用例を確かめるのが Asaṅga の意に即していよう。先の節で検討した一文もその一つで、「vaipulya において、法に関するサマーディ（samādhi）に巧みな菩薩をどのように理解しなければならないか。」とあって、例の *Saṃdhinirmocanasūtra* と酷似した文が認められるのであるから、その用例を推測する上で一つの手懸りを与えられたことになる。

章末の vaipulya を扱った一段は、おそらく九項に分けうるであろう。そのうち、(1)―(4)は「どんな理由で vaipulya は……（kena kāraṇena vaipulyam）」という問に対する答を示し、(5)は「一切法は無自性であると vaipulya で説かれているが、そこにはなんの密意（abhisaṃdhi）があるのか（yad uktaṃ vaipulye—niḥsvabhāvāḥ sarvadharmā iti, tatra ko 'bhisaṃdhiḥ/）。」という問に対して、いわゆる三無自性を述べ、(6)、(7)は vaipulya において理解されるべき（anugantavya）如来の意趣（abhiprāya）および秘密（abhisaṃdhi）としてそれぞれに四種を挙げ、次の(8)に、先の節で引用し検討した一文がくる。これに続く最後の(9)は次のように結ばれる。

kena kāraṇena vaipulya-dharmā dhūpa-mālyâdibhiḥ pūjāḥ, na tathā śrāvaka-dharmāḥ/ sarva-sattva-hita-sukhâdhiṣṭhānatām upādāya//

どんな理由で、vaipulya の教法（dharma）は香や花飾りで崇拝されるにあたいし、声聞（śrāvaka）の教法はそうではないのか。〔vaipulya は〕あらゆる有情に対する利益と安楽の拠り所だからである。

ここで、vaipulya-dharma は śrāvaka-dharma と対比的に扱われ、それが崇拝にあたいする理由として、先の vaipulya の語義解釈中の説明と全く同じ一句が示されている。[41]

先に引用した vaipulya の二つの説明、および(1)―(9)の用例からみて、vaipulya は、その語義的由来がどうであれ、śrāvaka-piṭaka, śrāvaka-dharma に対する大乗の教説を総称していることは確かである。そして、その具体的用例は、はっきり引用を指示する(5)、もしくは引用の可能性を含む(8)の用例によってある程度の推測が許されるかもしれない。(5)に示される "niḥsvabhāvāḥ sarva-dharmāḥ" の句は般若系の大乗経典でしばしば説かれるものであるし、さらにそれに対する三無自性の説明を考慮すれば、この箇所の論構成は全く *Saṃdhinirmocanasūtra* 第七章（無自性相品）の経文にのっとってそれを集約したものと考えてよい。

このように文献を辿ってみると、Asaṅga は般若系の複数の経典（vaipulya）に説かれていた "niḥsvabhāvāḥ sarva-dharmāḥ" の句を *Saṃdhinirmocanasūtra* を介して、そこに新たな意味を自覚し、それを記述したものと思われる。[42] その自覚を育んだ広く深い歴史の集積、すなわち聖典の宝庫を彼が vaipulya と呼んだと解してもなんらさしつかえないであろう。しかもそれは彼一個人の意識ではなかったはずである。新たな意味の自覚（abhisaṃdhi, abhiprāya）とは、決して個人の勝手な解釈（parikalpita）ではなく、聖典の宝庫に参入して（praveśa）自らその宝庫と化すことであったはずだから、この自覚に現代風な個人の刻印を読みとってはいけないと思う。[43]

(8)の場合にはどうであろうか。すでにいくぶんの推測をなしたが、(5)の場合のように考えれば、例の文が *Saṃdhinirmocanasūtra* 以外の経にも説かれていたため vaipulya と総称し、それを彼なりに消化して論中に組み入れたともみれよう。

上記の vaipulya の二つの用例、特に(5)の場合の用例に関して我々の理解を助けるものは *Mahāyānasaṃgraha* 中の次の一節である。

sangs rgyas bcom ldan 'das rnams kyis/ theg pa chen po shin tu rgyas pa bstan pa gang yin pa'i bstan pa der kun brtags pa'i ngo bo nyid ji ltar rig par bya zhe na/ ..... gzhan gyi dbang gi ngo bo nyid ji ltar rig par bya zhe na/ ..... yongs su grub pa'i ngo bo nyid ji ltar rig par bya zhe na ...../[44]

仏世尊によって大乗である vaipulya が説かれたが、その教えにおいて、所分別の自性（parikalpita-svabhāva）はどのように知らるべきか。……依他起の自性（paratantra-svabhāva）はどのように知らるべきか。……円成実の自性（pariniṣpanna-svabhāva）はどのように知らるべきか。……

上述の三つの問に対する答として、無・幻（māyā）などの八譬・四種の清浄法が示されるが、その内容はすでに般若系の大乗経典、すなわち vaipulya で説かれていたものである。したがってこの一段は、三自性という立場から、過去の聖典の新たな意味を探ろうとする態度を示している。Asvabhāva はこの一段を釈して「大乗の教説に関連づけて依他起（paratantra）など〔の三自性〕を表わすために、まず問を設け、無などの新たな意味（paryāya）を説くのである。[45]」と述べているが、けだしこの事情をよく現わしているといえよう。

かかる自覚をもって過去の聖典（dharma）にのぞむことが、dharmaviniścaya 章の始めに説かれるように、十二分教ないし三蔵を聞・思・修よりなる心・心所の gocara とすることである。以下この章は、dharma に関する ālambana の差別を四種、すなわち vyāpyâlambana, carita-viśodhanam ālambanam, kauśalyâlambana, kleśa-viśodhanam ālambanam として挙げ[46]、それぞれを説明する。このうち、最初の vyāpyâlambana としてあげられる四種もまた *Saṃdhinirmocanasūtra* 第八章の始めに説かれているものと同じである。[47] 同経の第八章でとりあげられる十二分教の扱い方を含め、これは、yoga 体験と聖典との深い関係を示唆するものといえよう。

以下、章末で vaipulya の問題が取り扱われるまで、dharma をめぐって論が進むが、本稿はそれらに言及せず筆をおく。

註

(1) asterisk 記号は推定のサンスクリットを示す。本稿においては、初出の固有名詞（経論名）に限りこれを附す。

(2) P. ed., No. 5550, Li, 51a1-141b2 : D. ed., No.4049, Ri, 1b1-77a7.〔通しの葉数では 44b1-120a7〕

(3) V. V. Gokhale, "Fragments from the Abhidharmasamuccaya of Asaṃga", *Journal of the Bombay Branch, Royal Asiatic Society*, N. S. Vol. 23, 1947 参照。

(4) P. ed., No. 5554, Shi, 1b-143b2 : D. ed., No. 4053, Li, 1b-117a5.

(5) V. V. Gokhale, *op. cit.*, p. 14 参照。

(6) V. V. Gokhale 博士は、一九七一年十一月から一九七二年一月まで東大〔印度哲学研究室〕で講義をもたれた。推薦状はその折に頂いた。

(7) 一九七二年二月十九日現在。なお、Gokhale 博士のお便りによれば、校訂者は Pradhan 教授ではないか、とのことであった。〔その後出版されたサンスクリット原典については、本稿末尾の「回顧と弁明」参照。〕

(8) Pralhad Pradhan, *Abhidarmasamuccaya of Asanga*, Visva-Bharati Studies 12, Santiniketen, 1950 参照。

(9) 例えば、チベット訳 "drang ba'i don", "nges pa'i don" にあたるサンスクリットを "anirūpito 'rthas (p. 78, 1.12)", "niūpitârtha (p. 78, 1.14)" と還元するが、恐らくは、"neyârtha", "nītârtha" とすべきものである。また、"ji snyed yod pa" に対する還元サンスクリットは、"kṣayabhāvikatā (p. 80, 1.16)" ではなく、"yāvadbhāvikatā"、同じく、"dbugs 'byung ba dang rngub pa rjes su dran pa" に対する還元 "avatārâprativāṇi-smṛti (p. 81, 1.4)" は、"āna-apāna-smṛti" と訂正されるべきものである。なお、この二例に関しては、論述上の類似性からみて、Alex Wayman, *Analysis of the Śrāvakabhūmi Manuscript*, p. 86 を参照されたい。また後者は、いわゆる五停心観の一つで、*Abhidharmakośabhāṣya* の中で次のように定義されている。

"ānanam āna āśvāso yo vāyuḥ praviśati/ apānanam apānaḥ praśvāso yo vāyuḥ niṣkrāmati/ tayoḥ smṛtir āna-apāna-smṛtiḥ sâiva prajñā-svabhāvāḥ" (*AKBh*. p. 339, ll.7-8)

"dbugs rngub pa ni dgu dbugs rngub pa ste rlung 'jug pa gang yin pa'o// dbugs 'byung ba ni dbugs 'byin pa ste rlung 'byung

ba gang yin pa'o// de gnyis dran pa ni dbugs rngub pa dang 'byung ba dran pa ste/ de ni shes rab kyi rang bzhin yin no//"
(P. ed., Ngu, 12a6-7)

下線のサンスクリットとチベット訳との対応関係が、上述の還元とチベット訳との場合と異なるごとくであるが、āna-apāna-smṛti＝dbugs 'byung ba dang rngub pa rjes su dran pa の用例は、*AKBh*. p. 410, 1.11：チベット訳、P. ed., Ngu, 63a3 の場合に確かめられる。

(10) P. Pradhan, *op. cit.*, Introduction, pp. 21-22 参照。

(11) *ibid.*, pp. 9-11 参照。

(12) 山口益『中辺分別論釈疏』(破塵閣書房、一九三五年)、序論、一三頁。

(13) V. V. Gokhale, *op. cit*. p. 30, 1.16.

(＊＊) 追記。執筆後 D. ed. を見るに及んで、この推測が正しいことがわかった。D. ed., 62b3〔通しの葉数では 105b3〕参照。

(14) Gokhale 博士も同様に考えて断片を補っている (p. 35) が、"tṛtīyo" にあたる語を "dvitīyo" としている。おそらく漢訳中に「決択分中法品第二」とあるのによった誤りであろう。〔初出では、samuccayaḥ を viniścayaḥ としていたが、本稿公刊後に、しかも *Abhidharmasamuccayabhāṣya* 出版よりかなり前に、samuccayaḥとあるべきことに気づいて、控えにかく訂正しておいたので、今回はその控えの訂正に従った。なお、その後に出版された Tatia ed. によれば、写本には章名は示されていないとのことであるが、同校訂者による章名の推定の仕方も、私がここに示したものと同じである。〕

(15) dharmaviniścaya 章のサンスクリット断片についていえば、漢訳の「次能取亦無　後触無所得」(大正蔵、三一巻、六八七頁中、二一行) に対応する偈 "tataś ca grāhakâbhāvaṃ nôpalambhaṃ spṛśet tataḥ//" 以下、章末までの断片が現存 (Gokhale, *op. cit.*, pp. 34-35, Fragment F)。なお断片中のこの偈は、漢訳とチベット訳によれば、五種の yogabhūmi (*MSA*,〔Lêvi ed.,〕p. 65, 11.16-20 参照) 中、第四の āloka を示すのに引かれる両偈の、第二偈後半句に相当する。この両偈は *Mahāyānasaṃgraha* 第三章 (Lamotte ed., p. 56) 所引のものと全同。したがって、同論の第二偈後半句もサンスクリットがわかったことになる。

(16) Skt., V. V. Gokhale, *op. cit.*, p. 35〔, ll.25-30〕: Tib. P. ed., 125a1-4.

(17) 大正蔵、三一巻、六八八頁上。

(18) *Mahāyānasaṃgraha*, V, § 4 (Lamotte ed., pp. 66-67). 仏陀扇多訳、大正蔵、三一巻、一〇七頁上、二六行―中、四行、真諦訳、同、一二六頁中、一一―一七行、達摩笈多訳、同、三〇三頁中、二一―二八行、玄奘訳、同、一四六頁上、四―一二行参照。

(19) 'tatra'以下の文につき、P. Pradhan 教授は次のように述べている。"There is another passage probably from Vaipulya quoted

with the word 'tatra' which refers to the Vaipulya as appears from the Bhāṣya."（Pradhan, *op. cit.*, Introduction, p.20）. しかし、以下の本稿で述べるように解せば、'tatra'は vaipulya をさすのではなく、上述の文章を受けるものとなる。

（20） Pradhan 教授が註記するところによれば、この一節に関する *Bhāṣya* は次のごとくである（*ibid.*, p.85, n.5）。

"tad etat pañcavidhāyā bhāvanāyāḥ phalaṃ pañcavidhaṃ nirvarttata iti sandarśitam/ pañcavidhā bhāvanā katamā/ praśrabdhi-nimitta-bhāvanā saṃbhinna-bhāvanā animitta-bhāvanā anābhoga-bhāvanā parinirvṛtti-nimitta-bhāvanā ca"

漢訳『大乗阿毘達磨雑集論』（大正蔵、三一巻、七五二頁下）には、「彼因如是五種、即顕五修能得五果。何等為五。謂、息相修、和合修、無相修、無功用修、転相修。」とあり、サンスクリット *Bhāṣya* とよく一致する。*Bhāṣya* およびその漢訳が一致する点からすれば、第五の修習は、やはり parinirvṛtti-nimitta-bhāvanā（転相修）とあるべきこと（*Abhidharmasamuccaya* 中の nibhā は nimitta の誤りか）になり、両論の名称は異なっていたとみなすことになる。なお、チベット訳中には、本論の場合同様、上の *Bhāṣya* およびその漢訳に対応する箇所はみあたらない。

（21） 宇井伯寿『摂大乗論研究』（岩波書店、一九三五年）、六二四頁参照。

（22） Étienne Lamotte, *La Somme du Grand Véhicule d'Asaṅga*, Tome II, pp. 205–206、及び、Notes et Références, p. 40* 参照。

（23） なお、*Mahāyānasaṃgraha* 中の問題の文につき、上記両博士は、更に、*Mahāyānasūtrālaṃkāra*, XIV、第一九—二二偈を参照すべきことを指摘している。後述する *Saṃdhinirmocanasūtra* 中の文をあわせ考えるとき、これら四偈と同経との関係がさらに問題となってくるであろう。

（24） 本稿がなった後、野沢静証『大乗仏教瑜伽行の研究』（法蔵館、一九五七年）、二四六—二五〇頁、註8に *Abhidharmasamuccaya* を除く上記諸経論に関する言及のあることを知った。しかし、*Saṃdhinirmocana* に関しては、以下筆者が試みる観点からの言及はないから、本稿はいぜん発表の価値を失わないであろう。

（25） チベット訳原文は"du byed' とある（駒沢大学大学院博士課程在学中の伊藤秀憲氏の校合によれば、P. ed., D. ed., N. ed. すべて"du byed'とのことである。記して質問に答えられた同氏に感謝する）。漢訳は、菩提流支「相」、玄奘「想」とあり、それらによって、ここでは"du shes'と訂正して出しておく（野沢同上書、二四六頁、註4も参照のこと）。

（26） É. Lamotte, *Saṃdhinirmocana Sūtra : L' Explication des Mystères*, pp. 95–96.

（27）『深密解脱経』、大正蔵、一六巻、六七五頁下参照。

（28）『解深密経』、大正蔵、一六巻、六九九頁上参照。

（29） *Mahāyānasaṃgraha*, I, § 4（Lamotte ed., p. 4）、及び、II, § 7（*ibid.*, p. 26）参照。

(30) Lamotte ed., VIII, § 3, pp. 88-89 参照。

(31) S. Lévi ed., pp. 53-56 参照。

(32) チベット訳、P. ed., No. 5551, Li, 143a2-144b4.〔真諦訳、大正蔵、三一巻、一五四頁上―下、笈多訳、二七一頁上―下、玄奘訳、三二一頁中―三二二頁中〕

(33) Alex Wayman, *op. cit.*, pp. 75-78、『瑜伽師地論』、大正蔵、三〇巻、四一八頁中―四一九頁上参照。

(34) 水野弘元「大乗経典と部派仏教との関係」宮本正尊編『大乗仏教の成立史的研究』（三省堂、一九五四年）、二七三―三一三頁、特に、二八五頁、及び、二八七―二八八頁参照。その性格は「恐らく西北印度カシュミーラの正統有部に属するもの」（同書、二八七頁）とされている。

(35) Wayman, *op. cit.*, p. 77 参照。jātaka の説明の次に当然 vaipulya の説明がなされているはず〔であるが、欠如〕。

(36) *ibid.*, p. 75 参照。

(37) *rNal 'byor spyod pa'i sa las Nyan thos kyi sa*, D. ed., No.4036, Dzi, 56b2-3.

(38)『瑜伽師地論』、大正蔵、三〇巻、四一八頁下。

(39) P. ed., No. 5550, Li, 120b2-4.

(40) 前田惠學『原始仏教聖典の成立史研究』（山喜房仏書林、一九六四年）、三八九―四二八頁参照。

(41) チベット訳同士を比較すれば、「拠り所」と和訳した語が、先の語義解釈中では、'gnas'であるに対し、今の引用に対応する箇所では 'gzhi' である、という相違がある。

(42) 隠れた意図（saṃdhi）を解きほぐそう（nirmocama）とした *Saṃdhinirmocanasūtra* は Asaṅga の自覚をより深めたであろう。同経の思想史上の役割について É. Lamotte 教授は次のように述べている。

"En donnant des paroles du Buddha une interprêtation neuve et originale, le *Saṃdhinirmocana* marque une étape nouvelle dans l'évolution de la philosophie bouddhique. II sert de transition entre la littérature de *Prajñapāramitā* et les traités de l'école idéaliste Yogacāra." (*Saṃdhinirmocana Sūtra*, Préface, p. 14).

適切な指摘というべきであろう。

(43) A. Wayman 教授は全く別な事例（Paramārthagāthā）の場合について興味あることを述べている。

"It seems to me that he (Asaṅga) has quoted some *gathās* in full, taken portions of others and pieced together new *gāthās*, sometimes filling out the verses with his own versification of certain prose discourses. This would be the easiest way of

constructing the basic text to conform to his exegetical organization. Also, in this way he could feel that he had only added his own arrangement of the traditional ideas and therefore could, with clear conscience, call it 'trustworthy scripture' (*āptāgama*)." (Wayman, *op. cit.*, p. 164).
もし日本の学界における定説のように、Paramārthagāthā が Asaṅga のものでないとしても、この指摘は示唆に富んでいるといえよう。

(44) *Mahāyānasaṃgraha*, II, § 26 (Lamotte ed., p. 37).

(45) "theg pa chen po bstan pa la sbyor bas gzhan gyi dbang la sogs pa mtshon pa'i phyir dri ba sngon du btang ste/ med pa la sogs pa'i rnam grangs ston to//" (*Mahāyānasaṃgrahopanibandhana*, P. ed., No. 5552, Li, 282a8-b1).

(46) A. Wayman, *op. cit.*, p. 86 には次のようにある。
"tatrâlambanaṃ katamat/ āha catvāry ālambana-vastūni/ katamāni catvāri/ vyāpyâlambanaṃ carita-viśodhanam ālambanaṃ kauśalyâlambanaṃ kleśa-viśodhanaṃ câlambanaṃ/"

(47) Lamotte ed., p. 88 参照。ただし、Lamotte 教授の還元サンスクリットは、上記の註に引用した *Śrāvakabhūmi* の文によって訂正されるべきである。

（一九七二年五月五日）

回顧と弁明

本拙稿の初出は、『曹洞宗研究員研究生研究紀要』第四号（一九七二年九月）、一六九―一五四頁（横）である。しかるに、ここで論じられた文献資料は、その後、観点を若干変えながらも、拙稿「五種の修習に関する諸文献――和訳および註記――」『駒仏論』第三号（一九七二年十二月）、一―一九頁（横）と、同 "On a Paragraph in the *Dharmaviniścaya* Chapter of the *Abhidharmasamuccaya*"『印仏研』二一―一（一九七二年十二月）、四六八―四五七頁でより整理されて扱われているので、これら二論文を是非参照し、文献の分析や和訳については二論文の方に従われたい。因みに、二論文中の前者は、『唯識考』、二九四―三一九頁に再録され、後者は、和訳されて、本書「本論」第四論文として再録されている。本稿は、考察の経緯よりも結果が重視されるべしとの観点に立てば、破棄されて然るべきものであるが、アサンガの聖典観を問うことを主としているという点で、上記二論文とは異なっている面が大きいので敢えて再録した。しかし、引用等について重複が生じているのは、特に同じ本書の中では、見苦しいのであるが、それらを削除して説明だけを残すわけにもいかないので、見苦しい点にはお許しを乞いたい。そして、それら二論文の再録に際して付加されたことからも、当然知りうることではあろうが、ある程度の重複を覚悟の上で、ここに、本稿に関連して必要な事柄を補っておきたい。本稿、註7で触れた、当時未刊の註釈テキストは、その後、Pradhan教授ではなくTatia教授によって、*Abhidharmasamuccaya-Bhāṣyam*, Tibetan Sanskrit Works Series No.17, K. P. Jayaswal Research Institute, Patna, 1976として出版された。これによって、本稿、註14で触れた章名の件について補足しておけば、第三章の題名は、写本にはないものの、*ibid*., p.95において、"dharmaviniścayo nāma tṛtīyaḥ samuccayaḥ"として推定され補われている。なお、本稿、註20に示した*Bhāṣya*の一節は、このTatia ed.では、p.116, §137に相当する。また、本稿、註9で触れた五停心観の一つである数息観を扱った*Abhidharmakośabhāṣya*の一節については、その後刊行された訳註研究である、櫻部建、小谷信千代『倶舎論の原典解明　賢聖品』（法蔵館、一九九九年）、八八頁、五―七行に和訳が与えられているので、その前後と共に参照されたい。更に、本稿、註33において触れた*Śrāvakabhūmi*については、その後、写本を含めた文献研究が急速に進んだが、代表的なものを挙げておけば、Karunesha Shukla (ed.), *Śrāvakabhūmi of Ācārya Asaṅga*, Tibetan Sanskrit Works Series Vol. XIV, K. P. Jayaswal Research Institute, Patna, 1973、及び、大正大学綜合仏教研究所声聞地研究会『瑜伽論　声聞地　第一瑜伽処――サンスクリット語テキストと和訳――』（山喜房仏書林、一九九八年）、同『瑜伽論　声聞地　第二瑜伽処　付　非三摩呬多地・聞所成地・思所成地――サンスクリット語テキストと和訳――』（山喜房仏書林、二〇〇七年）がある。因みに、本稿、註37、38で指示したvaipulyaの説明箇所は、Shukla, *op. cit*., p.138, ll.14-16、大正大学綜合仏教研究所声聞地研究会、前者、二三〇―二三一頁、(I)-C-III-10-a-(1)-xである。これらによれば、問題のサンスクリット文は、やはりWayman教授の見落しだったということになる。それゆえ、ここに、その原文のみ示しておけば、"vaipulyaṃ katamat/ yatra bodhisattvānāṃ mārgo deśyate/ anuttarāyai samyak-saṃbodhaye/ daśa-balānāvaraṇa-jñāna-samudāgamāya/ idam ucyate vaipulyam/"である。また、『瑜伽師地論』「第四瑜伽処」の「世間道（Laukika-mārga）」、及び、その関連諸文献の訳註研究には、Florin Deleanu, *The Chapter on the Mundane Path (Laukikamārga) in the Śrāvakabhūmi: A Trilingual Edition* (*Sanskrit, Tibetan, Chinese*), *Annotated Translation, and Introductory Study*, Two Volumes, Studia Philologica Buddhica, Monograph Series XXab, The International Institute for Buddhist Studies, Tokyo, 2006がある。さて、最後に、現時点における本拙稿の価値について私見を述べておけば、稿が成ってから三十五年も経っているので、その後、この方面での文献資料についての研究が進んだ分だけ、本稿の今日的意味はほとんど無に近いと言えるかもしれない。しかし、本稿の主目的は、アサンガ（Asaṅga、無著）の聖典観を問うことにあったという意味からいえば、本稿のその問題提起的な意義はまだ失われてはいないと思う。今日では、伝統的仏教教団から独立した大乗仏教というものなどは考え難くなっていると思われるが、プルシャプラで生まれ、化地部で出家し、アヨーディヤーで活躍したとされるアサンガが、北西インドから中インドにかけての伝統的教団にあって、常に伝統的三蔵（声聞蔵）を学びながら、他方で崇拝（pūjā）に値するとみなされた大乗経典（菩薩蔵）をvaipulyaとしていかに位置づけていたかを、今後具体的に明らかにしていくことは、相変らずアサンガの聖典観を問い続けていくこととして必要なことであろうと考えているのである。そのアサンガの聖典観については、本書「序」第三論文も参照のこと。なお、最後になるが、*Abhidharmasamuccaya* の dharmaviniścaya 章を中心とした訳註研究には、舟橋尚哉「十二分教と三蔵・二蔵との相摂関係について――「大乗荘厳経論」「大乗阿毘達磨集論」「瑜伽論」を中心として――」『大谷学報』第五七巻第三号（一九七七年）、二七―三九頁、同「大乗阿毘達磨集論（Abhidharmasamuccaya）並びに Abhidharmasamuccaya-bhāṣya の和訳――決択分、法品第二より――」（1）『大谷学報』第六二巻第三号（一九八二年）、二九―四一頁、（2）『大谷学報』第六六巻第一号（一九八六年）、一七―三一頁、同「大乗阿毘達磨集論（Abhidharmasamuccaya）の諸問題――和訳と研究――」『大谷学報』第七〇巻第一号（一九九〇年）、一―一六頁、同「『大乗阿毘達磨集論』と初期唯識論書との先後について――十二有支と三雑染との関係を中心として――」『仏教学セミナー』第五四号（一九九一年）、一五―三七頁があり、最後の二つは単に訳註研究のみではなく重要な提言も含んでいるので参照されたい。また、dharmaviniścaya 章ではないが、本論典の縁起説を論じた重要な論文に、松田和信「*Abhidharmasamuccaya* における十二支縁起の解釈」『大谷大学真宗総合研究所研究紀要』第一号（一九八三年）、二九―五〇頁（横）のあることを付記しておきたい。

四　『阿毘達磨集論』「法決択」章の一節について

一

アサンガ（Asaṅga、無著）と『解深密経（*Saṃdhinirmocanasūtra*）』とには密接な関係があるということは周知された事実である。[1]

アサンガは主著『摂大乗論（*Mahāyānasaṃgraha*）』において本経より二つの引用をなす。『解深密経』第六章から引用された一頌は、アーダーナ識（ādāna-vijñāna）がアーラヤ識（ālaya-vijñāna）の同義語であることを証明するために、「所知依（jñeyâśraya）」と題される『摂大乗論』の第一章において示される。[2] 他の一つは、かなり長文で、「所知相（jñeya-lakṣaṇa）」と題される『摂大乗論』の第二章において唯識（vijñapti-mātra）の経証として『解深密経』第八章から引用されたものである。[3]

その後者の文が引用されている『解深密経』第八章は、アサンガに最も重要な影響を与えているように思われる。かかる適例を我々は彼の他の著作である『阿毘達磨集論（*Abhidharmasamuccaya*）』の「法決択（dharmaviniścaya）」章[4]にも認めることができる。この第三章[5]において、「法（dharma）」とは、瞑想の対象[6]（ālambana, gocara）である仏の十二分教（dvādaśâṅga-vacogata）を意味する。これと類似して、『解深密経』第八章の「法仮（dharma-prajñapti）」

は同じものを意味しているのである。[7]

更に、『阿毘達磨集論』第三章において、その瞑想の対象は四種に区別される。すなわち、「遍満所縁(vyāpyâlambana)」と、「浄行所縁(carita-viśodhanâlambana)」と、「善巧所縁(kauśalyâlambana)」と、「浄惑所縁(kleśa-viśodhanâlambana)」とである。[8] その最初の瞑想の対象は更に四種に細分される。すなわち、「有分別影像(savikalpa-pratibimba)」と、「無分別影像(nirvikalpa-pratibimba)」と、「尽所有性(yāvad-bhāvikatā)」と「如所有性(yathāvad-bhāvikatā)」としての「事辺際(vastu-paryantatā)」と、「所作成就(kārya-pariniṣpatti)」とである。[9] この最後の四種は、『解深密経』第八章中[10]に数え挙げられているものと同じい。最初の四種は、『解深密経』第八章中には触れられていないが、それに対する註釈は、最後の四種だけではなく最初の四種にも言及している。[11]

以上の『阿毘達磨集論』第三章と『解深密経』第八章との比較から、我々は、アサンガが特に前者を著わした時には後者によって刺激を受けていたと推測できるかもしれない。しかし、ここで、我々は両者の一般的比較に進んでいこうとは思わない。我々の推測がそれによって支持されることはないだろうからである。それゆえ、我々は我々の推測を強めうる『阿毘達磨集論』第三章の一節を示してみることにしよう。というのも、それは、『解深密経』第八章で述べられているのとほとんど同じ文を有しているからである。我々は、その二つの文を比較した後に、その一致の意義について考察するであろう。

二

以下には、『阿毘達磨集論』第三章より問題の一節をそのチベット訳と漢訳と共に示してみよう。[12]

Skt.

vaipulye dharma-samādhi-kuśalo bodhisattvaḥ kathaṃ pratyavagantavyaḥ/ pancabhiḥ kāraṇaiḥ—pratikṣaṇaṃ sarva-dauṣṭhulyâśrayaṃ drāvayati, nānātva-saṃjñā-vigatāṃ* ca dharmârāma-ratiṃ* pratilabhate, aparicchinnâkārañ ca sarvato[13] 'pramāṇaṃ dharmâvabhāsaṃ saṃjānāti*, viśuddha-bhāgīyāni câsyâvikalpitāni* nimittāni samudācaranti, dharma-kāya-paripūri-pariniṣpattaye côttarād uttarataraṃ hetu-saṃparigrahaṃ[14] karoti//

tatra pañcavidhāyāṃ bhāvanāyāṃ phalaṃ pañcavidhaṃ nirvartitam iti darśayati/ pañcavidhā bhāvanā—saṃbhinna-bhāvanā, animitta-bhāvanā, anābhoga-bhāvanā, uttapta-bhāvanā, parivṛtti-nibhā-(*sic*, nimitta?)-bhāvanā yathākramaṃ//

Tib.

shin tu rgyas pa la byang chub sems dpa' chos la ting nge 'dzin du mkhas par ji ltar khong du chud par bya zhe na/ rnam pa lnga ste/ skad cig re re la gnas ngan len gyi gnas thams cad 'jig par byed pa dang/ sna tshogs kyi 'du shes pa dang bral te/ chos kyi dga' ba la dga' ba 'thob pa dang/ chos kyi snang ba rnam pa yongs su ma chad pa thams cad du tshad med pa yang dag par shes pa dang/ de la rnam par dag pa'i cha dang mthun pa rnam par mi rtogs pa'i mtshan ma rnams kun tu 'byung ba dang/ chos kyi sku yongs su rdzogs par bya ba dang yongs su bsgrub pa'i phyir gong ma bas kyang ches gong ma'i rgyu yongs su 'dzin par byed pa'o[15]//

漢訳

復次、方広分中、於法三摩地善巧菩薩相、云何可知。謂、由五種因故。一、刹那刹那消除一切麁重所依。二、出離種種想、得楽法楽。三、了知無量無分別相。四、順清浄分無分別相恒現在前。五、能摂受転上転勝円満成就仏法身因。

声聞蔵法菩薩蔵法等、従如来法身所流。[16]

右のそれぞれに示した下線（傍線）部分は、以下に示すであろう『解深密経』第八章の一節中に施された下線（傍線）部分とほとんど同じ文であることを指示している。そして、その文はまた『大乗荘厳経論（*Mahāyānasūtrālaṃkāra*)』第二〇―二一章第三一頌に対する散文註釈中[17]と『摂大乗論』第五章第四節[18]中のそれとも完全に一致するものである。

右引の"tatra"以下の文については検討の余地が大いにあるであろう。その文はチベット訳にも漢訳にも見出しえないのである。しかし、プラダン（P. Pradhan）教授が指摘しているように[19]、その相当文はこれの註釈である『阿毘達磨集論釈（*Abhidharmasamuccaya-bhāṣya*）[20]』と同漢訳中[21]には見出される。もっとも、同チベット訳中には、それに相当する文はないけれども、別なチベット訳註釈『阿毘達磨集論解説（*mNgon chos kun nas btus pa'i rnam par bshad pa zhes bya ba,*[22] *Abhidharmasamuccaya-vyākhyā-nāma*）』中には並行文が見出されうるのである。しかしながら、その五種の修習に対する名称に関していえば、サンスクリットの本文テキストとその註釈三本との間には相違がある。しかるに、その註釈同士は互いにほぼ一致しているので、我々は、その文が、後の時代になって、その註釈から本文テキストへと誤って挿入されたと推測することができる。しかも、その本文テキストのチベット訳と漢訳は、かかる推測を支持するように見えるけれども、我々は、別な理由からそれを認めない。

というのも、アサンガは、『摂大乗論』第五章第四節において、註18に示した文を提示する直前で、その五種の修習に対して同じ名称を与えているからである。彼はそれらの名称を以下のように示している。

sa 'di dag gi bsgom pa ji ltar blta zhe na/ 'di la byang chub sems dpa' sa dang sa la zhi gnas dang lhag mthong bsgom pa na/ rnam pa lngas bsgom ste/ lnga gang zhe na/ 'di lta ste/ 'dres par bsgom pa dang/ mtshan ma med par bsgom pa dang/ lhun gyis grub par bsgong pa dang/ 'bar bar bsgom pa dang/ chog par mi 'dzin par bsgom pas so//(23)

『摂大乗論』第五章第四節のチベット訳における以上の名称と『阿毘達磨集論』第三章のサンスクリット文における名称とを比較すると、最初の四つの名称は互いに完全に一致すると認めうるが、前者における最後の名称でラモット教授によって“asaṃtuṣṭa-bhāvanā”と還元されている“chog par mi 'dzin par bsgom pa”は、後者における名称である“parivṛtti-nibhā-(*sic*, nimitta?)-bhāvanā”とは一致しない。しかしながら、前者に相当する最古の漢訳を参照すると、その修習の最後の名称である「転転修」は、“asaṃtuṣṭa-bhāvanā”という語よりは“parivṛtti-nimitta-bhāvanā”という語により近いと認めることができる。(24) そして、もしその「転転修」の原型が「転相修」であったとすれば、それは“parivṛtti-nimitta-bhāvanā”と完全に一致するであろう。それゆえ、『阿毘達磨集論』第三章のサンスクリット本だけに見出される文は、後の時代になって挿入されたと推測するよりも、アサンガ自身によって書かれたと推測する方がより可能性が高い。

ところで、プラダン教授は、問題の文に関して、その“tatra”という語は「『釈(*Bhāṣya*)』から明らかなように*Vaipulya*(方広)を指示している」(25)と解釈している。しかし、もし我々が、この文は上引の『摂大乗論』第五章第四節の一文に基づいていると理解するならば、この語はその前の文を指示しているとみなすべきであろう。かくして、この一文の我々の読みは次のようになる。

以上において(tatra)五種の修習における五種の結果が展開したということが示された。五種の修習とは、順次に、……である。

我々の読みは、『阿毘達磨集論釈』における“tad etat ……”の語句(26)によって支持されるのではないかとも思う。

三

さて、第二節の始めに『阿毘達磨集論』第三章より示した一節全体に戻りながら、その節を『解深密経』第八章よりの一節と比較してみよう。そのチベット訳の一節を両漢訳と共に示せば次のとおりである。

bcom ldan 'das byang chub sems dpa' ji tsam gyis na 'dres pa'i chos la dmigs pa'i zhi gnas dang lhag mthong thob par 'gyur lags/ byams pa de ni rgyu lngas thob par 'gyur bar rig par bya ste/ 'di lta ste yid la byed pa'i tshe skad cig skad cig la gnas ngan len gyi rten thams cad 'jig par byed pa dang/ 'du shes* sna tshogs rnam par spangs te/ chos kyi kun dga' la dga' ba 'thob pa dang/ chos snang ba phyogs bcur tshad med cing rnam pa yongs su ma chad pa yang dag par shes pa dang/ dgos pa yongs su grub pa dang ldan pa rnam par dag pa'i cha dang 'thun pa'i mtshan ma rnam par ma brtags pa rnams de la kun 'byung ba dang/ chos kyi sku 'thob pa dang/ yongs su rdzogs pa dang yongs su 'grub par bya ba'i phyir/ rgyu gong ma bas ches gong ma/ bzang po bas ches bzang po yang dag par yongs su 'dzin par byed pa'o//[27]

玄奘訳

世尊、菩薩齊何名得縁総法奢摩他毘鉢舎那。仏告慈氏菩薩曰。善男子、由五縁故、当知名得。一者、於思惟時刹那刹那融銷一切麁重所依。二者、離種種想、得楽法楽。三者、解了十方無差別相無量法光。四者、所作成満相応浄分無分別相恒現在前。五者、為令法身得成満故、摂受後後転勝妙因。[28]

菩提流支訳

弥勒菩薩言。世尊、云何菩薩証得差別観奢摩他毘婆舎那法。仏言、弥勒、有五種観、観彼法。何等五種。所謂、思惟奢摩他毘婆舎那、念念滅一切煩悩身。離種種相、得法楽楽。如実知十方無量無畔斉、知無量法光明。所作成就相応清浄分無分別相現前。為得成就法身、証上上勝勝因。(29)

下線（傍線）部分の文は、『阿毘達磨集論』第三章のそれとほとんど同じであり、両者間の若干の相違は、二重下線（傍線）部分の四箇所を除き、原文上のそれではなく翻訳上のそれである。

『解深密経』第八章の最初の “phyogs bcur” という語は、その最初の箇所に相当する『阿毘達磨集論』第三章では “thams cad du (sarvataḥ)” とある。『解深密経』第八章の両漢訳における「十方」という語は “phyogs bcur” と一致しているので、そのサンスクリット原語は “daśa-diśaḥ” であり、『阿毘達磨集論』第三章における “sarvataḥ” とは異なっていると思われる。しかし、この場合には、“sarvataḥ（一切において）” とは、『大乗荘厳経論』の同じ文に対するアスヴァバーヴァの註釈(30)によれば、“daśa-diśaḥ（十方において）” ということを意味するのである。

そのチベット訳の最後の三つの箇所の語句は、『阿毘達磨集論』第三章中にはその相当語句をもたない。しかし、右の『解深密経』第八章のチベット訳と両漢訳との対比において見られるように、上記の三つの語句は両漢訳中の語句とは一致している。すなわち、“dgos pa yongs su grub pa dang ldan pa” と「所作成満相応」もしくは「所作成就相応」、“thob pa” と「得」、“bzang po bas ches bzang po” と「後後転……妙」もしくは「勝勝」とである。これら諸本における一致から、我々は、これらに相当する原典には、『阿毘達磨集論』第三章には見出されないサンスクリット原語があったのではないかと想定することができる。しかしながら、これらの語句中、“thob pa” という語に「得」が果して対応しているのかということには、なお若干の疑問は残る。なぜなら、チベット訳の文脈においては、“chos kyi sku ’thob pa dang yongs su rdzogs pa dang yongs su ’grub par bya ba’i phyir” という文句は、「法身を獲得し充満し完成するために」と読まれ、それは、『解深密経』第八章に対する両註釈が認めているように、法身に関する三つの段階を示していると理解されるのに、(31) 漢訳における「為令法身得成満故」もしくは「為得成就法身」という文句は、チベット訳のように明確に理解されえないからである。しかるに、かかる特殊な場合には、漢訳の曖昧さゆえに、当分はチベット訳に従っておいた方がよいように思われる。

さて、以上の両文の比較の結果として、我々は、それらの間にはわずかな相違しかなく、従ってそれらは互いに密接な類似性を示しているということを知りえたのである。かくして、我々は、それらの間の一致が決して単なる偶然ではありえないと推測できるであろう。

四

では、その二つの文の間の一致の理由と意義とを考察してみることにしよう。

アサンガがその文を『解深密経』第八章から引用したからその一致が生じたと想定することは可能かもしれない。しかし、それなら、なぜ彼はこの経の名を指示しなかったのかという疑問が生じよう。彼は、本稿の導入部分で言及した『摂大乗論』においては二箇所で本経の名を示している。それゆえに、もしその文が『解深密経』第八章からの引用であったとすれば、アサンガはその典拠を指示していたはずであろう。

それならば、その文は『解深密経』第八章からの引用ではなくて他の典拠からの引用だったのであろうか。しかしながら、この場合において、彼が "yathôktam (bhagavatā) ...... iti" とか "yad uktam (bhagavatā) ...... iti" などというようないかなる引用の徴も示していないという事実は、その文が引用でさえなかったということを示しているように思われる。ではもし、その文がいかなる典拠からの引用でもなかったとしたなら、それが『解深密経』第八章の一文に酷似しているということを我々はいかに説明することができるであろうか。

既に知られているように、『摂大乗論』第二章第三三節(32)には、引用符はなんら明瞭に示されていない(33)けれども、現存文献に辿ることのできる一文が存在する。[34] この場合には、その一節は経典解釈に関する主題を扱っているので、内容によって、我々は、その一節がなんらかの典拠に基づいたものであることを推測できるし、かかる一文は、必ずしも特定の経典に限定されることもなく、アサンガの時代には周知されていたものであって、今でもなお『翻訳名義大集（*Mahāvyutpatti*）』中に列挙されているのである。[35]

この例に倣えば、我々は、『阿毘達磨集論』第三章における一文と『解深密経』第八章におけるそれとの間の密接な類似性について理由を説明できるかもしれない。両者に共通の文は、アサンガの時代には周知されており、それは『解深密経』第八章のように他の経典にも述べられていたのではないか。その結果、アサンガは、明瞭な意識をもってその文がある典拠からの引用であると認識していたにせよ、若干の経典中から一つだけを選んでその名称を示す必要性を感じなかった。この推測は、もしも我々が、それを、アサンガは彼の諸著作において若干の経典に基づきながら他のものの部分も採用しそれらを唯識体系の組織化のために彼自身の文章とも一緒にしてしまったと思われる事実[36]に照らして考察するならば、大いに認められるかもしれない。

しかしながら、我々は同時に、『阿毘達磨集論』第三章におけるその一文が『摂大乗論』第二章第三三節におけるそれとは異なったものであるということも認めざるをえない。後者の一文は現存の二種の経典[37]中にも見出される周知のステレオタイプの表現であるのに対して、前者はそのような性格のものではなくアサンガに先行する現存経典の一つである『解深密経』第八章にだけ見出されるのである。更に、問題の一文は、『解深密経』第八章における一文との比較の結果から知られるように、単なる言い換えでもなくオリジナルな文章なのでもない。かくして、なぜアサンガがいかなる引用の徴も示さなかったのかという理由を説明することはやはり不可能である。かかる状況下で、もし我々がその一文を『解深密経』第八章からの剽窃であるとみなすことができるならば、その文に関する我々の疑問はほとんど解消するであろう。しかし、これは解決のための単なる容易な手段にしかすぎない。なぜなら、仮りにそうだとしても、議論されねばならないのは、剽窃自体の内的な行使にこそあるはずだからである。

我々はなんらかの結論を導くにはほど遠い状況にあるかもしれない。というのも、我々の用いうる資料は相変らず不充分だからである。しかし、我々はこの問題を心理学的に説明してみることにしよう。[38] その一文は『解深密経』第八章からの剽窃であったのかもしれない。にもかかわらず、我々が外見によってそれを剽窃であると判断するその事実が、アサンガの気持には一種の独創的創造と思われていたかもしれない。それゆえ彼はその経典名だけではなくいかなる引用符をも示さなかったのではないか。心理学で用いられる「クリプトムネジア (cryptomnesia)[39]」という術語はアサンガの内的な気持をよく説明する。「クリプトムネジア」現象においては、自動的な想像的力が、失われた記憶をかなり大きな断片として写真のような迫真性をもって再現させると言われている。[40] この現象の特性を、C・G＝ユンクは次のように指摘している。[41]

できるだけ早く忘れ去られるだけでもよいような全く取るに足らない細部が突如ほとんど文字通りの迫真性をもって再現される一方で、その物語の主要点は修正されずにただ一種の個別的な仕方で再‐創造されるのである。

『阿毘達磨集論』第三章におけるその一文は、典拠である『解深密経』が指示されている『摂大乗論』の第一章や第二章におけるそれとは異なっている。前者は、唯識体系の組織化のための経証として引用される後者に比較すれば、アサンガにとっては取るに足らないものであったに違いない。勿論、アサンガは、『解深密経』における問題の一文を読んでいたではあろう。しかし、それは、彼の組織化のためにはそれほど重要なものではなかったので、彼の意識の暗い背後、すなわち、無意識に滑り込んでいた。しかるに、後に、彼が著作をなそうとした時、それが、上に指摘した四箇所を除いて、逐語的に再生されたのである。

ここで、我々は、問題の一文は、彼の主著である『摂大乗論』にある一文とは完全に一致するが、『解深密経』第八章における一文とは四箇所で微妙に異なっていることに注意しなければならない。その事実は、その一文がアサンガには彼自身の独創的創造であると思われていたことを示唆する。彼がかつて「クリプトムネジア」を介しわずかな差異を伴いながら彼自身のものであると意識的に認めたその一文がわずかな差異もなく彼の他の著作中に書き記されたことは当然なのである。もし、その一文が一種の彼自身の独創的創造であるという我々の仮定が認められるとすれば、それは、『大乗荘厳経論』の散文註釈の著者問題(42)を考える場合にも一つの手掛りを与えるであろう。『阿毘達磨集論』第三章と『摂大乗論』第五章とにまさに共通しているその一文はまた上述した『大乗荘厳経論』註釈中の一文(43)とも完全に一致するのであるから、その散文註釈箇所はアサンガによって著わされたと我々には思われるのである。

以上で、我々は、古代インドの哲学者の一人であるアサンガに対して「クリプトムネジア」現象を適用することが果して正しいかどうか不明であるにせよ、『阿毘達磨集論』第三章と『解深密経』第八章とにおける文章間の一致に関して、暫定的な説明を与えるべく努めてきた。しかしながら、アサンガがジャムブー洲（Jambū-dvīpa）に降りてきたマイトレーヤより大乗の教義を聞いたというアサンガ伝説(44)は、「クリプトムネジア」現象を告げているようにも思われる。つまり、アサンガ自身の意識が無意識に接近し、彼の創造的著作は無意識すなわちマイトレーヤによって仲介されたのである。そして、その問題の一文が無意識的に再生されたものであればあるほど、それはアサンガの著作と『解深密経』との直接的な関係をますます明白に示していることになるであろう。

註

（1）E. Obermiller, "The Doctrine of Prajñā-pāramitā as exposed in the Abhisamayālaṃkāra of Maitreya", *Acta Orientalia*, Vol. XI, 1932, pp.93-98, É. Lamotte, *Saṃdhinirmocana Sūtra : L'Explication des Mystères*, Louvain / Paris, 1935, Préfece 参照。

（2）É. Lamotte (ed.), *La Somme de Grand Véhicule d'Asaṅga* (*Mahāyānasaṃgraha*), Louvain, 1938, Tome I, p. 4 参照。〔後に出版の、長尾雅人『摂大乗論　和訳と注解』上（講談社、一九八二年）、八三―八五頁、一〇―一一頁（横）、第一章第四節をも参照されたい。〕

（3）É. Lamotte, *ibid.*, pp. 26-27 参照。〔後に出版の、長尾前掲書、二八八―二九四頁、六一―六三頁（横）、第二章第七節参照。〕

（4） V. V. Gokhale, "Fragments from the Abhidharmasamuccaya of Asaṃga", *Journal of the Bombay Branch, Royal Asiatic Society*, New Series, Vol. 23, 1947, pp. 34-35, Fragment F, P. Pradhan (ed.), *Abhidharma Samuccaya of Asanga*, Visva-Bharati Studies 12, Santiniketan, 1950, pp. 78-85 参照。

（5） 「法決択（dharmaviniścaya）」は、チベット訳あるいは仮定上のサンスクリット原典によれば、全五章中の第三章である。しかし、漢訳（玄奘訳）によれば、〔大きく二分されたうちの〕第二分としての四つの細分中の第二品である。我々はこの章を前者によって第三章と呼ぶことにする。なぜなら、プラダン教授も指摘しているように（Pradhan, *ibid.*, Introduction, p.10 参照）、漢訳は玄奘によって改められたと思われるからである。

（6） P. Pradhan, *op. cit.*, p. 78, p. 80 参照。

（7） É. Lamotte, *op. cit.*, pp. 88-89 参照。〔対応の玄奘訳については、大正蔵、一六巻、六九七頁下—六九八頁上参照。〕『解深密経』に対する〔チベット訳〕註訳である *'Phags pa dGongs pa nges par 'grel pa'i mdo'i rnam par bshad pa* はこの章の概略を次のように "de la le'u brgyad pa 'di'i bsdus pa'i don ni mdor bsdu na chos gdags pa rnam par bzhag pa las brtsams nas/ rnal 'byor gyi yongs su bsdus pa'i zhi gnas dang lhag mthong gi lam gyi rab tu phye ba bstan pa yin no// 〔(そこで、この第八章の概略的意味は、要約すれば、法仮の規定を主題として、実修（yoga）に摂められる止（śamatha）と観（vipaśyanā）との実践（mārga）の区別を説示することである。)〕" (P. ed., No. 5845, Co, 161b5-6) と説明している。〔なお、本経、第八章、及び、それに対するチベット訳二註釈の和訳研究については、野沢静証『大乗仏教瑜伽行の研究』（法蔵館、一九五七年）を参照されたい。本稿での当該箇所について参照すべきは、一〇九—一五一頁である。〕

（8） P. Pradhan, *op. cit.*, p.80 参照。四種の瞑想対象は『声聞地（*Śrāvakabhūmi*）』でも説明される。その著者をA=ウエイマン教授はアサンガに帰す。A. Wayman, *Analysis of the Śrāvakabhūmi Manuscript*, Berkeley / Los Angeles, 1961, p. 86 参照。ここで採用したサンスクリット用語はウエイマン教授のものによる。〔なお、原英文では、ここに、それの用語の英訳についてもウエイマン教授のものに従ったことが記されているが省略する。〕

（9） P. Pradhan, *op. cit.*, p. 80 参照。この四種も『声聞地』で説明されている。サンスクリット用語については、前註8の場合に準ず。

（10） É. Lamotte, *op. cit.*, p. 88 参照。ラモット教授によって還元されたサンスクリット用語は、Wayman, *op. cit.* に従って正されるべきである。

（11） *'Phags pa dGongs pa nges par 'grel pa'i mdo'i rnam par bshad pa*, *op. cit.*, 165a8-b2 参照。

（12） 幸運にも、この箇所のサンスクリット原文は、Fragment F中に見出しうる。Gokhale, *op. cit.*, p. 35 参照。その一節は、*Ma-*

hāyānasūtrālaṃkāra（『大乗荘厳経論』）の散文箇所における一文と同じ文を含んでいるが、それについては、以下において触れる。両者間にはわずかな差異しかない。アスタリスク記号を付した四語句のみが、後者における語句、すなわち、°vigatiṃ, °ratiḥ, saṃjānīte, avikalpitāni câsya viśuddhi-bhāgīyāni と、順次に異なっているだけである。

（13）この語は Fragment F においては見出しえないが、チベット訳と漢訳とによって補う。

（14）ゴーカレ教授は、その校訂本中で "hetu-saparigrahaṃ" と読んでいるが、ここでは、*Mahāyānasūtrālaṃkāra* の校訂本中のレヴィ教授の読みに従う。

（15）*Chos mngon pa kun las btus pa*, P. ed., No. 5550, Li, 125a1-4.

（16）大正蔵、三一巻、六八八頁上。引用中の最後の文はサンスクリット文中にもチベット訳中にも見出されない。しかし、この点に関しては本稿で触れるつもりはない。

（17）Sylvain Lévi（ed.）, *Mahāyāna-Sūtrālaṃkāra*, Paris, 1907, p. 181, ll.16-20.

（18）É. Lamotte, *op. cit.*, pp.66-67. "skad cig re re la gnas ngan len gyi gnas thams cad 'jig par byed pa dang/ sna tshogs kyi 'du shes dang bral te/ chos kyi kun dga' la dga' ba thob pa dang/ chos kyi snang ba thams cad du tshad med cing rnam pa yongs su ma chad pa yang dag par shes pa dang/ rnam par dag pa'i cha dang mthun pa'i mtshan ma rnam par brtags pa ma yin pa rnams de la kun tu 'byung ba dang/ chos kyi sku yongs su rdzogs pa dang/ yongs su grub par bya ba'i phyir gong ma bas ches gong ma'i rgyu yongs su 'dzin par byed pa'o//"〔後に出版の、長尾前掲書（前註2）、下（一九八七年）、一七五―一八〇頁、八二頁（横）、第五章第四節参照。しかし、これらの一連の文の同定は、一九七二年に公けにされた、この原英文を含む三篇の拙稿によって初めてなされたと思う（本書「本論」第三論文、註23、24参照）が、それらへの言及のないことには注意されたい。〕

（19）P. Pradhan, *op. cit.*, Introduction, p. 15 参照。

（20）*Abhidharmasamuccayabhāṣya* の校訂本がまだ出版されていないのは残念なことであるが、その問題の一文は、プラダン教授の「序文」もしくは校訂中の註記で読むことができ（p.15〔Introduction〕, p.85, n. 5 参照）、それは次のとおりである。"tad etat pañcavidhāyā bhāvanāyāḥ phalaṃ pañcavidhaṃ nirvarttata iti saṃdarśitam/ pañcavidhā bhāvanā katamā/ praśrabdhi-nimitta-bhāvanā saṃbhinna-bhāvanā animitta-bhāvanā anābhoga-bhāvanā parivṛtti-〔parinirvṛtti, *sic*〕nimitta-bhāvanā ca//"〔その後に出版された校訂本については、Nathmal Tatia（ed.）, *Abhidharmasamuccaya-bhāṣyam*, Tibetan Sanskrit Works Series, No. 17, Patna, 1976, p.116, §137 を参照されたい。なお、引用中の最後の用語 "parivṛtti-nimitta-bhāvanā" の parivṛtti については、parinirvṛtti とあるのに、私はなんの説明も与えずに、parivṛtti の方を採用してしまっていたことに今回気がついた。因みに、Tatia 本で

はparinirvṛttiである。しかるに、この箇所の読みについては、どれが正しいかの判断を下すことは、現時点でも難しいが、かかる推測の一つについては、『唯識考』、三一五―三一六頁、註35の補足を参照されたい。恐らく、この語については、parivṛtti, parinirvṛtti, parinivṛta, parinirvāṇa の読みがありえたことが考えられよう。〕

(21) 大正蔵、三一巻、七五二頁下参照。「彼因如是五種、即顕五修能得五果。何等為五。謂、息相修、和合修、無相修、無功用修、転相修。」とある。

(22) P. ed., No. 5555, Shi, 309a2-4.: “de dang de dag gang gis rnam par bsgoms pa na/ 'bras bu rnam pa lnga 'grub par 'gyur zhes yang dag par bstan to// bsgom pa rnam pa lnga gang zhe na/ shin tu sbyangs pa'i mtshan ma bsgom pa dang/ tha mi dad pa bsgom pa dang/ mtshan ma med pa bsgom pa dang/ spyod pa med pa bsgom pa dang/ yongs su mya ngan las 'das pa bsgom pa'o//”

(23) É. Lamotte, *op. cit.*, pp. 66.

(24) 『摂大乗論』の最古の漢訳である仏陀扇多訳が「転転修」(大正蔵、三一巻、一〇七頁上)を用いているのに対して、真諦訳、達摩笈多訳、玄奘訳は、順次に、「不知足修」(同、一一六頁中)、「無厭足修」(同、三〇三頁中)、「無喜足修」(同、一四六頁上)を用いているが、それは各々“asaṃtuṣṭa-bhāvanā”に相当するものである。

(25) P. Pradhan, *op. cit.*, Introduction, p. 20.

(26) J. S. Speijer, *Sanskrit Syntax*, 1886, § 445 参照。

(27) É. Lamotte, *op. cit.*, pp. 95-96. ＊印の“du shes”は、どの本でも'du byedである〔が、ここでは、'du shesに改められている。〕

(28) 大正蔵、一六巻、六九九頁上。

(29) 同右、六七五頁下。

(30) *Theg pa chen po'i mdo sde'i rgyan gyi rgya cher bshad pa*, P. ed., No. 5530, Bi, 188b6-7に、“yang na thams cad du rnam pa yongs su ma chad pa zhes bya ba ni/ phyogs bcur rnam pa yongs su ma chad pa'i chos kyi snang ba yang dag par shes so//”とある。

(31) 「獲得する」のは第三地においてであり、「充満する」のは第十地においてであり、「完成する」のは如来地においてである。*'Phags pa dGongs pa nges par 'grel pa'i mdo las 'phags pa byams pa'i le'u nyi tshe'i bshad pa*, P. ed., No. 5535, 'Tshi, 181b2; *'Phags pa dGongs pa nges par 'grel pa'i rnam par bshad pa*, *op. cit.*, 205b6-206a1 参照。〔野沢前掲書(前註7)、二三六頁、二四二頁参照。なお、これを調べていて今回気づいたことであるが、野沢静証博士は、『解深密経』の問題の文と、『大乗荘厳経論』のLévi ed.との

それとが、全くの同文であるとは明確に意識しておらず、従って、私が提起したような問題意識はお持ちではないが、一連の関連文献の密接なつながりについては、私がここで言及していないものまでにも触れておられる。『大乗荘厳経論』「教授品」（大正蔵、三一巻、六二五頁上）や、それに対応する同品、第一九—二二頌などがそれであるが、私自身も、もっと広い視野からこれらを再考する必要があるかもしれないと目下反省している次第である。〕

（32） É. Lamotte, *op. cit.*, p. 43 参照。

（33） チベット訳における "di lta ste"、漢訳における「所謂説」（大正蔵、三一巻、一〇三頁下）、「広説」（同、一二一頁中）、「如説」（同、二九三頁上）、「謂説」（同、一四一頁中）は、一種の引用符とは見うるかもしれない。

（34） É. Lamotte, *op. cit.*, Tome II, p. 134-143 参照。〔長尾前掲書（前註2）、四一〇—四二五頁参照。〕

（35） *Myut.*, Nos. 351-372 参照。

（36） A. Wayman, *op. cit.*, p. 164、宇井伯寿『摂大乗論研究』（岩波書店、一九三五年）、一一五—一一六頁参照。

（37） 『仏地経（*Buddhabhūmisūtra*）』と『解深密経（*Saṃdhinirmocanasūtra*）』とであり、両経ともチベット訳と漢訳として伝えられている。〔この経文のことについては、長尾前掲書（前註2）、四一三—四一四頁、註1を参照されたい。〕

（38） 友人がC. G. Jung, *The Collected Works*, Vol. I, London, 1957 を教えてくれ、そこには、ニーチェの *Thus Spake Zarathustra*（*Also Sprach Zarathustra*『ツァラトゥストラはかく語りき』）中の一文とケルナー（Kerner）の *Blätter aus Prevorst* との比較に触れた考察があり、これが私に暫定的結論を導くのを勇気づけてくれた。

（39） 〔ギリシア語由来の〕この術語は、文字通りには「隠された記憶（hidden memory）」を意味する。

（40） C. G. Jung, *ibid.*, p. 106 参照。

（41） C. G. Jung, *ibid.*, p. 83.

（42） 私は『大乗荘厳経論』の著者をヴァスバンドゥに帰する見解に疑問を呈してきた。〔原論文では、ここに重大な勘違いがあったようで、当該拙稿として、本書「本論」第二論文を指示しているが、正しくは、第三論文（本書、特に二六九頁）を指示すべきだったようである。お詫びし訂正したい。〕

（43） 前註12参照。

（44） J. Takakusu, "The Life of Vasu-bandhu by Paramārtha (A. D.499-569)", *T'oung Pao*, Ser. II, Vol. 5 (1904), pp. 274-275 参照。〔また、『婆藪槃豆法師伝』、大正蔵、五〇巻、一八八頁中—下、三枝充悳「『婆藪槃豆伝』」『ヴァスバンドゥ』（人類の知的遺産14、講談社、一九八三年）、二五—二八頁も参照のこと。〕

本稿は、初出の英文論文 “On a Paragraph in the *Dharmaviniścaya* Chapter of the *Abhidharmasamuccaya*”『印仏研』二一―一（一九七二年十二月）、四六八―四五七頁の拙訳で、本書の前論文末尾でも述べたように、その本書「本論」第三論文として再録されたものと、この第四論文として再録されたものと、既刊の『唯識考』の第二部第三章として再録されたものとは、いわば三部作みたいなもので、互いに関係し、多くの点で重複もしているので、特に引用の重複は見苦しいとは思うが、それぞれを参照して補完しあって頂ければ幸いである。因みに、本稿において、資料文献のみが与えられているものについて、参照すべき和訳箇所を指示しておけば、本稿、註12下の本文中に示された資料の和訳は、『唯識考』、三〇二―三〇三頁、註23を伴って本文中に示された資料の和訳は、同、二九八―二九九頁、註27、28、29を伴って本文中に示された資料の和訳は、同、三〇八頁に与えられている。なお、本稿中で言及したユンクの「クリプトムネジア（cryptomnesia）」についての説明については、その典拠の示し方があまり丁寧ではなかったと感ずるので、ここに若干の補足を試みておきたい。その当時、私が用いたのは、ドイツ語原典ではなく、次のような英訳全集の一冊であった。C. G. Jung, *Psychiatric Studies*, translated by R. F. C. Hull, The Collected Works of C. G. Jung, Volume I, Bollingen Series XX, Princeton University Press, 1970. これに対応する、今は所持しえているドイツ語原典は、C. G. Jung, *Psychiatrische Studien*, C. G. Jung, Gesammelte Werke, Erster Band, Walter-Verlag, Olten und Freiburg im Breisgau, 3. Auflage, 1981である。以下に、本稿の註40、41で参照したそれぞれの箇所を、英訳全集とドイツ語原典全集の順序で示しておけば、註40については、“These psychic proccesses, where an automatic creative force causes lost memories to reappear in sizeable fragments and with photographic fidelity, are what science calls cryptomnesia.” (p. 106) “Diese psychischen Vorgänge, bei denen eine automatisch schaffende Kraft verlorene Gedächtnisspuren in größeren Fragmenten von photographischer Treue wiedererscheinen läßt, bezeichnet die Wissenschaft als Kryptomnesie.” (p. 114) であり、註41については、“a quite unimportant detail which only deserves to be forgotten as quickly as possible is suddenly reproduced with almost literal fidelity, while the main point of the story is, one cannot say modified, but re-created in an individual manner.” (p. 83) “ein ganz unwesentliches Detail, das nichts anderes als schleuniges Vergessen verdient, wird plötzlich mit beinahe wörtlicher Treue reproduziert, während die Hauptpunkte der Erzählung in individueller Weise, man kann nicht sagen abgeändert, sondern neu geschaffen werden.” (p. 93) である。また、本稿、註42で示唆した『大乗荘厳経論』の著者問題について、その当時の私見をまとめたものが、次の、本書「本論」第五論文であるが、これに関してはその後大いに反省し批判的にならざるをえなくなったので、その末尾の「回顧と弁明」と共に、関連論稿を参照されたい。

五　『大乗荘厳経論』散文箇所の著者問題について

一

Mahāyānasūtrālaṃkāra（『大乗荘厳経論』、略号 *MSA*, *MSABh*）[1] は韻文箇所とその散文註釈箇所とよりなるが、いずれの箇所もその著者については一定した説がない[2]。

筆者は、全く目的を異にする文献操作の過程で、*MSABh* の著者を Asaṅga ではないかと考え、これを公けにした[3]が、それはほとんど推測の域をでなかった。しかるに、David Seyfort Ruegg 教授は筆者の考えを読まれ、その私信において筆者の仮定を支持するような文献を御教示された[4]。それが、ārya-Vimuktisena の *Abhisamayālaṃkāravṛtti*（略号 *AAV*）中に、"……ity ācārya-Asaṅgaḥ"[5] として示される一文であり、以下の対照からわかるように、この文とほとんど同じものが、*MSABh* に見出されるのである。したがって、ārya-Vimuktisena の言が信頼できるものであり、"……ity ācārya-Asaṅgaḥ" として示される文が *MSABh* からの引用であるとすれば、後者の著者を Asaṅga とみなすことができよう。

以上の説明でわかるように、本稿を起す動機は全て D. S. Ruegg 教授の御教示に負っている。その御教示の全文は註4に示したとおり簡潔なものであるが、*MSABh* の著者問題に関心を持つ者なら一見してその意味するところを理解するであろう。かかる者にとって本稿は蛇足に過ぎぬかもしれないが、教授の御教示を日本の学界に広く紹介する意味も含めて、これを敷衍して公けにすることもあながち無意味ではあるまい。筆者の払った努力は教示された文献をできるだけ厳密に辿ることであり、それから派生した問題にいささかのコメントを加えることである。
記してD. S. Ruegg 教授に感謝の念を捧げる。

二

MSABh と *AAV* とにおける問題の箇所を対照して示すと以下のごとくである。イタリックが全同の箇所、その中で語句に多少の相違があるものにはさらに下線を附す。

MSABh

ṣaṣṭy-aṅgī[6] sâcintyā yā Guhyakādhipatinirdeśe[8] buddhasya ṣaṣṭy-ākārā vāg nirdiṣṭā/ punar aparaṃ Śāntamate tathāgatasya ṣaṣṭy-ākārôpetā vāg niścarati snigdhā ca mṛdukā ca manojñā ca manoramā ca śuddhā cêti vistaraḥ/ tatra

(1) *snigdhā sattva-dhātu-kuśala-mūl<u>ôpastambhikatvāt</u>*/
(2) *mṛdukā dṛṣṭa eva dharme sukha-saṃsparśatvāt*/
(3) *manojñā svarthatvāt*/

AAV

tatra[7] ṣaṣṭy-aṅgôpetaḥ svaro[9] bauddhī vāk/ sa punaḥ katamā/ yad idaṃ

(1) *snigdhā sattva-dhātu-kuśala-mūl<u>ôpastambhakaratvāt</u>*/
(2) *mṛdukā dṛṣṭa eva dharme sukha-saṃsparśatvāt*/
(3) *manojñā svarthatvāt*/

(4) *manoramā suvyañjanatvāt*/

(5) *śuddhā niruttara-lokottara-pṛṣṭha-labdhatvāt*/

(6) *vimalā sarva-kleśânuśaya-vāsanā-visaṃyuktatvāt*/

(7) *prabhāsvarā pratīta-pada-vyañjanatvāt*/

(8) *valguḥ sarva-tīrthya-kumati-dṛṣṭi-vighāta-bala-guṇa-yuktatvāt*/

(9) *śravaṇīyā pratipatti-nairyāṇikatvāt*/

(10) *anelā*[10] *sarva-para-pravādibhir anācchedyatvāt*/

(11) *kalā rañjikatvāt*/

(12) *vinītā rāgâdi-pratipakṣatvāt*/

(13) *akarkaśā śikṣā-prajñapti-sukhôpāyatvāt*/

(14) *aparuṣā tad-vyatikrama-samyag*[12]*-niḥsaraṇôpadeśa-katvāt*/

(15) *suvinītā yāna-traya-vinayô*[13]*padeśikatvāt*/

(16) *karṇa-sukhā vikṣepa-pratipakṣatvāt*/

(17) *kāya-prahlādana-karī samādhy-āvāhakatvāt*/

(18) *cittâudvilya-kalī vipaśyanā-prāmody-āvāhakatvāt*[15]/

(19) *hṛdaya-saṃtuṣṭi-karī saṃśaya-cchedikatvāt*/

(20) *prīti-sukha-saṃjananī mithyā-niścayâpakarṣikatvāt*/

(4) *manoramā suvyañjanatvāt*/

(5) *śuddhā lokottara-niruttara-pṛṣṭha-labdhatvāt*/

(6) *vimalā sarva-kleśânuśaya-vāsanā-visaṃyuktatvāt*/

(7) *prabhāsvarā pratīta-pada-vyañjanatvāt*/

(8) *valguḥ sarva-tīrthya-kumati-dṛṣṭi-vighāta-bala-guṇa-yuktatvāt*/

(9) *śravaṇīyā pratipatti-nairyāṇikatvāt*/

(10) *anelā sarva-para-pravādibhir anācchedyatvāt*/

(11) *kalā rañjikatvāt*/

(12) *vinītā rāgâdi*[11]*-pratipakṣatvāt*/

(13) *akarkaśā śikṣā-prajñapti-sukhôpāyatvāt*/

(14) *aparuṣā tad-vyatikrame samyag niḥsaraṇôpadaiśi-katvāt*/

(15) *suvinītā yāna-traya-vinayôpadaiśikatvāt*/

(16) *karṇa-sukhā vikṣepa-pratipakṣatvāt*/

(17) *kāya-prahlādana-karī samādhy-āvāhakatvāt*/

(18) *cittôdvilya-karī vipaśyanā*[14]*-pramody-āvāhakatvāt*/

(19) *hṛdaya-saṃtuṣṭi-karī saṃśaya-cchedikatvāt*/

(20) *prīti-sukha-saṃjananī mithyā'niścayâpakarśikatvāt*/

(21) *niḥparidāhā pratipattāv avipratisāratvāt/*
(22) *ājñeyā saṃpanna-śrutamaya-jñānâśrayatvāt/*
(23) *vijñeyā saṃpanna-cintāmaya-jñānâśrayatvāt/*
(24) *vispaṣṭā anācāryamuṣṭi-dharma-vihitatvāt/*
(25) *premaṇīyā 'nuprāpta-svakârthānāṃ premakaratvāt/*
(26) *abhinandanīyā 'nanuprāpta-svakârthānāṃ spṛhaṇīyatvāt/*
(27) *ājñāpanīyā acintya-dharma-samyag-deśikatvāt/*[16]
(28) *vijñāpanīyā cintya*[17]*-dharma-samyag-deśikatvāt/*
(29) *yuktā pramāṇâviruddhatvāt/*
(30) *sahitā yathârtha-vineya-deśikatvāt/*
(31) *punar-ukta-doṣa-jahā avandhyatvāt/*
(32) *siṃha-svara-vegā sarva-tīrthya-saṃgha-trāsakatvāt/*[20]
(33) *nāga-svara-śabdā udāratvāt/*
(34) *megha-svara-ghoṣā gambhīratvāt/*
(35) *nāgêndra-rutā ādeyatvāt/*
(36) *kinnara*[21]*-saṃgīti-ghoṣā madhuratvāt/*
(37) *kalaviṅka-svara-ruta-ravitā 'bhīkṣṇa*[22]*-bhaṅguratvāt/*
(38) *brahma-svara-ruta-ravitā dūraṃgamatvāt/*

(21) *niṣparidāhā pratipattāv avipratisārakatvāt/*
(22) *ājñeyā sampanna-śrutamaya-jñānâśrayatvāt/*
(23) *vijñeyā sampanna-cintāmaya-jñānâśrayatvāt/*
(24) *vispaṣṭā anācāryamuṣṭi-dharma-vihitatvāt/*
(25) *premaṇīyā 'nuprāpta-svakârthānāṃ premakaratvāt/*
(26) *abhinandanīyā 'nanuprāpta-svakârthānāṃ spṛhaṇīyatvāt/*
(27) *ājñāpanīyā acintya-dharma-samyag-daiśikatvāt/*
(28) *vijñāpanīyā cintya*[17]*-dharma-samyag-daiśikatvāt/*
(29) *yuktā pramāṇâviruddhatvāt/*
(30) *sahitā yathârtha-vineya-daiśikatvāt/*
(31) *punar-ukta-doṣâjananī*[18] *avandhyatvāt/*[19]
(32) *siṃha-svara-vegā sarva-tīrthya-saṃgha-trāsakatvāt/*
(33) *nāga-svara-śabdā udāratvāt/*
(34) *meghā-svara-ghoṣā gambhīratvāt/*
(35) *nāgêndra-rutā ādeyatvāt/*
(36) *kinnara*[21]*-saṃgīti-ghoṣā madhuratvāt/*
(37) *kalaviṅka-svara-ruta-ravitā 'tīkṣṇa*[23]*-bhaṅguratvāt/*
(38) *brahma-svara-ruta-ravitā dūraṅgamatvāt/*

(39) *jīvaṃjīvaka-svara-ruta-ravitā sarva-siddhi-pūrvaṃgama-maṅgalatvāt/*	(39) *jīvaṃjīvaka-svara-ruta-ravitā sarva-siddhiṣu maṅgalatvena pūrvaṅgamatvāt/* tatra svara-grahaṇam artha-pratyāyana-lakṣaṇasya dhvaneḥ pratyāyanârtham/ ruta-grahaṇaṃ tat-tat-saṃketa-pratyāyanârtham/ ravita-grahaṇaṃ tat-tad-ruta-saṃketânunāda-pratyāyanârtham/(24)
(40) *devêndra-madhura-nirghoṣā anatikramaṇīyatāt/*	(40) *devêndra-madhura-nirghoṣā 'natikramaṇīyatvāt/*
(41) *dundubhi-svarā sarva-māra-pratyarthika-vijaya-pūrvaṃgamatvāt/*	(41) *ḍunḍubhi-svarā sarva-māra-pratyarthika-vijaya-pūrvaṅgamatvāt/*
(42) *anunnatā stuty-asṃkliṣṭatvāt/*	(42) *anunnatā stuty-asaṃkliṣṭatvāt/*
(43) *anavanatā nindā 'saṃkliṣṭatvāt/*	(43) *anavanatā nindā 'saṃkliṣṭatvāt/*
(44) *sarva-śabdânupraviṣṭā sarva-vyākaraṇa-sarvâkāra-lakṣaṇânupraviṣṭatvāt/*	(44) *sarva-śabdânupraviṣṭā sarva-vyākararaṇeṣu sarvâkāra-lakṣaṇânupraviṣṭatvāt/*
(45) *apaśabda-vigatā smṛti-saṃpramoṣe tad-aniścaraṇa-tvāt/*	(45) *apaśabda-vigatā smṛti-sampramoṣeṇa tad-aniścara-ṇāt/*
(46) *avikalā vineya-kṛtya-sarva-kāla-pratyupasthitatvāt/*	(46) *avikalā vineya-kṛtyeṣu sarva-kālaṃ pratyupasthita-tvāt/*
(47) *alīnā lābha-satkārâniśritatvāt/*	(47) *alīnā lābha-satkārâniśritatvāt/*(25)
(48) *adīnā sāvadyâpagatatvāt/*	(48) *adīnā sāvadyâpagatatvāt/*

(49) *pramuditā akheditvāt/*

(50) *prasṛtā sarva-vidyā-sthāna-kauśalyânugatatvāt/*

(51) *akhilā*[27] *sattvānāṃ tat-sakalârtha-saṃpādakatvāt/*

(52) *saritā prabandhânupacchinnatvāt/*

(53) *lalitā vicitrâkāra-pratyupasthānatvāt/*

(54) *sarva-svara-pūraṇī eka-svara-naika-śabda-vijñapti-pratyupasthānatvāt/*

(55) *sarva-sattvêndriya*[28]*-saṃtoṣaṇī ekânekârtha-vijñapti-pratyupasthānatvāt/*

(56) *aninditā yathā-pratijñatvāt/*

(57) *acañcalā āgamita-kāla-prayuktatvāt/*

(58) *acapalā atvaramāṇa-vihitatvāt/*

(59) *sarva-parṣad-anuravitā dūrântika-parṣat-tulya-śravaṇatvāt/*

(60) *sarvâkāra-varôpetā sarva-laukikârtha-dṛṣṭānta-dharma-pariṇāmikatvāt/*

(49) *pramuditā*[26] *akheditvāt/*

(50) *prasṛtā sarva-vidyā-sthāna-kauśalânugatatvāt/*

(51) *sakalā*[27] *sattvānāṃ tat-sakalârtha-sampādikatvāṭ/*

(52) *saritā prabandhânupacchinnatvāt/*

(53) *lalitā vicitrakāra-pratyupasthānāt/*

(54) *sarva-svara-pūraṇī eka-svarâneka-śabda-vijñapti-pratyupasthānāt/*

(55) *sarvêndriya-saṃtoṣaṇī ekânekârtha-vijñapti-pratyupasthānāt/*

(56) *aninditā yathā-pratijñatvāt/*

(57) *acañcalā āgamita-kāla-prayuktatvāt/*

(58) *acapalā atvaramāṇa-vihitatvāt*[29]*/*

(59) *sarva-pariṣad-anuravitā dūrântika-parṣat-tulya-śravatvāt/*

(60) *sarvâkāra-varôpetā ca sarva-laukikârtha-dṛṣṭānta-dharma-pariṇāmitatvād*

ity[30] ācārya[31]-Asaṅgaḥ/

三

MSABh と *AAV* とにおける問題の箇所の対応関係は以上のごとくである。この関係からみるかぎり、ārya-Vimuktisena が Asaṅga の *MSABh* から引用を試みたと考えるのが最も自然であろう。この場合、最も留意しなければならない相違は、註24で指摘したように *AAV* が *MSABh* に全く認められない一文を記していることである。しかし、この文は直前の(37)、(38)、(39)の三句に共通している '°svara-ruta-ravita' 三語の説明解釈であって附加的性格が強い。それゆえ、元来は Asaṅga の *MSABh* にはなかったものを、ārya-Vimuktisena 自身か後世の誰かが説明の必要を感じて附加した可能性が大きい。

もし、以上の推測を認めない場合には、少なくとも次の二点が主張されねばならぬであろう。

(1) *MSA* とは別に、Asaṅga の著作 χ があって、ārya-Vimuktisena の引用はその χ よりなされたものであること。

(2) ārya-Vimuktisena の伝承自体に信頼すべき確実さがないこと。

しかし、おそらくはこの二つの主張を論証する方がより困難であろう。

もし、(1)を主張しうるとしても、その仮定される Asaṅga の著作 χ と *MSABh* との関係についてまた新たな問題が提出されよう。例えば、*MSABh* を Vasubandhu の著作と考えるなら、*MSABh* の一文は Asaṅga の著作 χ からの引用ということになるが、その場合には *MSABh* の一文が引用の体裁をとっていないことの理由が説明されねばならぬだろう。筆者は、仮りに χ が存在するとしても、χ の著者＝*MSABh* の著者と考えるから、その理由を説明する必要も、*MSABh* を Asaṅga の著作とする推測を訂正する必要も感じない。

もし、⑵を主張しうるなら、上述した推測の全ての発端が否定されることになる。しかし、信頼すべきかどうかは、先ずその言を信じて個々の事例を収集し、その事例相互の矛盾の有無によって決定されるべきものであるから、今は事例の収集の方が急務であろう。筆者は本稿とは全く異なった事例において、[32] *AS* の著者＝*MS* の著者＝*MSABh* の著者と考えるのに特別困難な矛盾を感じなかった。現段階では、ārya-Vimuktisena の言を信じて不都合はないであろう。

最後に、あまり知られることのない ārya-Vimuktisena について一言しよう。彼の伝記は Bu ston および Tāranātha の仏教史に記録され、[33] *Abhisamayālaṃkāravṛtti* の colophon にも多少の言及がある。[34] これらが彼の伝記に関する文献のほとんど全てであろうが、D. S. Ruegg 教授はこれらの文献に基づいてそれを紹介しているので参照されたい。[35]

Tāranātha の記述によると、ārya-Vimuktisena は Buddhapālita, Bhāviveka の同時代の人といわれる。[36] D. S. Ruegg 教授はその可能性を認め、ārya-Vimuktisena を六世紀前半の生存と推定している。[37] いずれにせよ、Asaṅga からそれほど遠く隔った人とは思われないから、よほどの反証がないかぎり、ārya-Vimuktisena の言は信用しうるであろう。

四

以上、D. S. Ruegg 教授の御教示により、*MSABh* の著者を Asaṅga に求めるべく論を進めた。しかし、これだけの資料で従来の説を否定するつもりはない。また parallel passage を文献学的に操作するだけでことたれりとも思っていない。*Madhyāntavibhāga* について Sthiramati が伝えるように、論偈の作者（Kārikā-śāstrasya praṇetā）は

Maitreya[38]、そのMaitreyaを基盤とした（Maitreyâdhiṣṭhānāt）法の相続（dharma-santāna）によってこの論が説者（vaktṛ）としてのAsaṅgaに現われて説かれ[39]、さらにそれを聞いてVasubandhuがその註釈を作った（tad-bhāṣyam akarot）[40]、という事情は、このMSAおよびMSABhの場合にも充分考慮すべきかもしれない。考慮すべきという意味は、作者―Maitreya、説者―Asaṅga、註釈者―Vasubandhuという関係を事実として固執するのではなく、*MSABh*の作者をAsaṅgaとする場合でも、Maitreyaを基盤として過去の歴史に連なったAsaṅgaを軸に、三者の深い宗教的体験を無視できないという意味である[41]。

註

（1） 韻文箇所を指す場合の略号を*MSA*、散文註釈箇所を指す場合の略号を*MSABh*とする。

（2） 諸説中、代表的なものを挙げれば次の三つである。(a) S. Lévi教授の説：*MSA*, *MSABh*とも著者をAsaṅgaとする（*Asaṅga : Mahāyāna-Sūtrālaṃkāra*, II, p. *8 参照）。(b)宇井博士の説：*MSA*をMaitreya, *MSABh*をVasubandhuとする（『大乗荘厳経論研究』一―二頁参照）。(c) A. Wayman教授の説：*MSA*のAsaṅga作を否定し、*MSABh*の著者についてはAsaṅgaとするかVasubandhuとするか決定を保留する（"A Report on the Śrāvaka-bhūmi and Its Author (Asaṅga)", *Journal of the Bihar Research Society*, Vol. 42, pp. 324-325、および、*Analysis of the Śrāvakabhūmi Manuscript*, pp. 30-31, p. 40 参照）。

（3） 拙稿"On a Paragraph in the *Dharmaviniścaya* Chapter of the *Abhidharmasamuccaya*"『印仏研』二〇―一、四五七頁〔本書、二九二頁〕参照。

（4） 一九七三年五月六日附筆者宛。この教示の全文は次のとおり。"With regard to your suggestion that the *MSABh* was written by Asaṅga, this seems to me to be quite possible and even to be supported by a passage of Vimuktisena's *Vṛtti* on the *AA* (p. 115)."

（5） この語はTib. 訳により'ārya'と訂正した方がよいかもしれない。後註31参照。

（6） 以下に引用する文は、*MSA*, XII, Deśanādhikāra 第九偈：

vyañjana-saṃpac câiṣā vijñeyā sarvathâgra-sattvānāṃ/ ṣaṣṭy-aṅgī sâcintyā ghoṣo 'nantas tu sugatānāṃ//

に対する散文註釈箇所（S. Levi ed., p. 79, l.15-p. 81, l.1）にある。これに対応するTib. 訳は、P. ed., No. 5527, Phi, 197a5-198b7に見

出される。同上和訳は、宇井伯寿『大乗荘厳経論研究』、二五九―二六二頁、仏訳は、S. Lévi, *Asaṅga : Mahāyāna-Sūtrālaṃkāra*, II, pp. 142-145 参照。

なお、以下においても参照するはずの Asvabhāva, Sthiramati 両註釈の相当箇所を示すと次のとおりである。

Mahāyānasūtrālaṃkāraṭīkā（略号 *MSAṬ*）, P. ed., No. 5530, Bi, 117a1-119a8.

Sūtrālaṃkāravṛttibhāṣya（略号 *SAVBh*）, P. ed., No. 5531, Mi, 257a6-264a8.

（7） 以下に引用する文は Corrado Pensa (ed.), *L'Abhisamayālaṃkāravṛtti di Ārya-Vimuktisena*, Primo Abhisamaya, Serie Orientale Roma XXXVII, Roma, 1967, p. 113, l.8-p. 115, l.2 に見出されるもの。同 Tib. 訳：P. ed., No.5185, Ka, 96a3-97b3 参照。

（8） この経は、すでに S. Lévi 教授によってトレースされている（Lévi ed., p. 79, n.6 参照）が、ここでは大正蔵経によってその所出箇所を指摘しておく。『大宝積経』「密迹金剛力士会」、大正蔵、No. 310、一一巻、五五頁下―五六頁上：「如来言辞出六十品……」。『如来不思議秘密大乗経』、大正蔵、No. 312、一一巻、七一九頁下―七二〇頁上：「如来語具有六十四種殊妙之相……」。

本稿は両経の異同を論ずべきものではないからそれには詳しく言及しないが、両経を *MSABh, AAV* 中の六〇種と比較すると、前者の経はその数は一致するが、列挙の仕方、その訳語にはなお検討すべき余地が残る。その点後者の方が、数こそ一致しないが内容的にはむしろ一致する。第一―第四八までは *MSABh, AAV* の(1)―(48)に完全に対応し、第五二―第五八までが両論の(54)―(60)に対応する。第五九―第六四として数えられるものは本来列挙すべき性質のものではないから、これを除外すれば、異同は第四九―第五一の間にのみあると考えなければならない。

参考までに『大宝積経』の Tib. 訳相当箇所にふれておくと、数は'rnam pa drug cu rtsa bzhi'とあって漢訳中後者に一致するが、列挙順序および名称は、ほとんど *MSABh, AAV* 中の六〇種と一致する。ただ両論の(59)と(60)に相当する語の間に、''dod chags zhi bar byed pa', 'zhe sdang 'dul ba', 'gti mug sel ba', 'bdud tshar bcad pa'の四種が加えられているため六四種と数えられているわけである（*'Phags pa De bzhin gshegs pa'i gsang ba bsam gyis mi khyab pa bstan pa zhes bya ba theg pa chen po'i mdo*（*Āryatathāgatācintyaguhyanirdeśanāmamahāyānasūtra*）, P. ed., No. 760-3, Tshi, 152a4-b4 参照）。

なお、S. Lévi 教授がその仏訳中で指摘する（p. 142, n. 9-1）ように、ṣaṣṭy-aṅga の音声は *Mvyut.*, § XX, Nos. 445-504 に列挙され *MSABh, AAV* 中のものとほぼ全同である。

（9） "ṣaṣṭy-aṅgôpetaḥ svaro" は *Pañcaviṃśatisāhasrikāprajñāpāramitā* 中の句。この句を含む一段を示すと以下のとおり。"sa cet Subhūte tathāgatasya ṣaṣṭy-aṅgôpetaḥ svaro bhāvo bhaviṣyan nâbhāvo nâiva tathāgato'rhan samyaksaṃbuddho daśasu dikṣu aprameyâsaṃkhyeyān loka-dhātūn svareṇâbhivyajñāpayiṣyat/ yasmāt tarhi *etc.* abhivijñapayati/" N. Dutt ed., Calcutta Oriental

Series, No. 28, London, 1934, p. 234, ll.10–12.『大般若波羅蜜多経』、大正蔵、No. 220、七巻、九七頁上、『摩訶般若波羅蜜経』、大正蔵、No. 223、八巻、二六二頁中参照。

(10) 校訂本には ‘anantā’ とあるが、仏訳中で Lévi 教授自ら ‘anelā’ に訂正している。

(11) 校訂本には ‘rāga°’ のみであるが、C. Pensa も指摘するごとく、Tib. 訳は ‘’dod chags la sogs pa’ とあり、しかも ‘rāga’ の通常の用例からみて、‘rāgâdi°’ とするのが正しいであろう。*MSABh* の文もこれを支持する。

(12) 校訂本には ‘°saṃpan°’ とあるが、漢訳「正（出）」により ‘°samyag°’ に訂正。Tib. 訳 ‘yang dag par’ も ‘°samyag°’ のあったことを予想させる。

(13) 校訂本には ‘°naya°’ とあるが ‘°vinaya°’ に訂正。Tib. 訳 ‘’dul ba’’ 漢訳「教化」も ‘°vinaya°’ を支持しよう。また ‘suvinītā’ の説明としても ‘° vinaya°’ の方が適切。

(14) 校訂本には ‘vidarśana°’ とあるが、‘vipaśyanā°’ に訂正。C. Pensa はなにも指摘しないが、Tib. 訳には ‘lhag mthong’ とあり、*MSABh* との対比からみても ‘vipaśyanā°’ の誤写と考えるのが正しいであろう。

(15) 校訂本には ‘°āvāhaphalakatvāt’ とあるが、漢訳、Tib. 訳に ‘phala’ に相当する語がみあたらないので ‘°āvāhakatvāt’ と訂正する。

(16) 校訂本には ‘°darśikatvāt’ とあるが、次の㉘ ‘vijñāpanīyā’ に対する理由の末尾にある ‘°deśikatvāt’ と同じ語に訂正する。両語は、漢訳「正説」、Tib. 訳 ‘ston pa(r) mdzad pa'i phyir’ といずれも同じ訳語が用いられており、内容的にも㉗、㉘における理由句の相違は末尾の両語に求められるべきではなく、理由句の最初 ‘acintya°’ と ‘cintya°’ との違いに求められるべきと考えるからである。次注参照。

(17) *MSABh, AAV* ともに ‘acintya°’ とあるが ‘cintya°’ に訂正。もし、‘acintya°’ をそのまま採用すると、前註16における訂正により、*MSABh, AAV* ともに、㉗ ‘ājñāpanīyā’、㉘ ‘vijñāpanīyā’ に対する理由句が同じになる。Tib. 訳は両本とも ‘bsam gyis mi khyab pa（= acintya）とあるのでこの状況を支持するが、漢訳は「思議」とあって ‘cintya°’ と正してもよい根拠を与える。さらに *SAVBh* には㉘ ‘vijñāpanīyā’ に関し “bsams pa'i chos yang dag par ston pa'i phyir rnam par shes par byed pa'o// zhes bya ba la/ phung po dang khams dang skye mched dang/ sa dang pha rol tu phyin pa bsams pa'i chos zhes bya ste/ chos de dag phyin ci ma log par bstan pa'i phyir rnam par shes par byed pa zhes bya'o//”（260b4–5）とあって、㉗の ‘acintya-dharma’ が自内証（so so rang gis rig par bya ba）の法であるのに対し、この㉘の ‘cintya-dharma’ は蘊・界・処、地・波羅蜜の法であると説明されている。おそらく、内容的には、㉗と㉘との差異は無分別とその後得の世界との間に求められるべきものであろう。‘acintya°’ を ‘cintya°’ に訂正するゆえんである。長尾博士もその索引において ‘cintya°’ と正し、Tib. 訳に依った旨を記しているが、Tib. 訳は先にみたとおりなので、あるい

はデルゲ版には'mi'がないのかもしれない。今、デルゲ版をみる時間的余裕のないのを遺憾とする。〔D. ed., No. 4026, Phi, 183a4 は'bsam du rung ba'で cintya を支持。〕

(18) 種々の比較よりみて "jahā" がよいと思うが、Tib. 訳 'med pa' は訂正するほどの根拠を与えないので、ここでは "ajanani" のままとする。

(19) 校訂本註記は、写本中に 'arthanyatvāt' らしき語が腐食していることを伝えるが、ここでは一応形態上最もこの語に近い 'avandhyatvāt' を *MSABh* より採用する。しかし決定的なものではない。校訂者もいうように、この Tib. 訳には "don med par mi gsung ba'i phyir" とあり、また *SAVBh* に所引の本文には "dgos pa dang bcas pa'i phyir (260b8)" とあるから、この伝承には異なりがあったのかもしれない。

(20) 校訂本には "°saṃtrāsakatvāt' とあるが、Tib. 訳 'tshogs' にあたる語があった方がよいであろう。*AAV* との対比から 'gha' が脱落していると考え "°saṅgha-trāsakatvāt' と訂正。

(21) すでに S. Lévi 教授も指摘しているように、*Mvyut.*, No. 480 には 'gandharva' とある。*MSABh*, *AAV* の Tib. 訳 'dri za' はこの 'gandharva' に対応する。しかし、*MSABh* の漢訳は「緊那羅」とあり、*MSABh*, *AAV* の Skt. と一致する。また『如来不思議秘密大乗経』には「緊那羅」、その Tib. 訳には 'dri za' とあり、漢訳、Tib. 訳の間にはやはり同種の相違がみられる。ただし、*SAVBh* は Tib. 訳としては例外的に 'mi 'am ci (kinnara) (261b2)' としている。これらも伝承の相違か。

(22) 校訂本には 'abhīkṣṇa°' とあるが、S. Lévi 教授はその仏訳中で 'tīkṣṇa°' に読みかえている。長尾博士も根拠は示さないが、'tīkṣṇa°' と訂正している。Tib. 訳 'rno ba' は確かに 'tīkṣṇa°' を推測させるが、以下の理由により、この箇所は簡単に訂正すべき性質のものではないと思う。なぜなら、*MSAṬ*, *SAVBh* ともに、異なった伝承の読みがあることを伝えているからである。

MSAṬ (118b3-6) は、本文としてまず "rno ba dang 'jig pa'i phyir (tīkṣṇa-bhaṅguratvāt)" を註釈し、他に "yang dang yang du 'jig pa'i phyir (abhīkṣṇa-bhaṅguratvāt)" と誦するもののいることを伝えている。

SAVBh (261b3-7) も同様に異説を挙げるが、それは *MSAṬ* とは同じでない。Sthiramati が、本文として最初にあげる読みは "phyir zhing mi gcod pa'i phyir (abhīkṣṇa-abhaṅguratvāt)" であって、いずれとも異なり、第二の読みとして挙げる "phyir zhing gcod 〔pa'i phyir〕 (abhīkṣṇa-bhaṅguratvāt)" が *MSABh* 写本、および *MSAṬ* の第二説が伝える読みと一致する。

以上のように、この箇所は異なった伝承のあったことを認めるべきであるから粗忽な訂正は許されないと思う。

(23) 'tīkṣṇa°' に訂正するのが正しいと思うが、前註に述べたような事情もあるから、ここでは校訂本どおりにしておく。

(24) この一段は *MSABh* 中には全く認められない。前後の context からみて挿入的な文章ではあるが、*AAV* の Tib. 訳も以下に引用するように、この Skt. と対応する文を持つ。

“de la sgra smos pa ni don ston pa’i mtshan nyid kyi sgra yin par go bar bya ba’i don to// dbyangs smos pa ni de dang de’i brda go bar bya ba’i don to// grags pa smos pa ni sgra de dang de’i brda’i rjes su sgrogs par byed pa’i don yin no//” (97a2-3)

(25) 校訂本には ‘^{0}saṃniśritatvāt’ とあるが、Tib. 訳 ‘mi bsten pa’i phyir’ からみても内容的にみても否定の前接辞が必要。‘^{0}asaṃniśritatvāt’ と訂正するのが無難とは思うが、*MSABh* にならって ‘^{0}aniśritatvāt’ とする。

(26) 校訂本には ‘amuditā’ とあるが、なんの註記も施していないところをみると不用意な誤りか。Tib. 訳には ‘rab tu dga’ ba’ とあり、またいずれの資料にも ‘amuditā’ とあるをみないから ‘pramuditā’ と訂正。

(27) ここでは両校訂本のままにしておく。訂正を試みることは現在の筆者の力に余ることであるから、以下参照できる資料を全て列挙するに止める。

MSABh は、Skt.: ‘akhilā’, Tib.: ‘tha ba dang bcas pa(’i tshad〔in P., ched in D.〕)’、漢訳：「善友（声）」、S. Lévi 訳：‘sans manque’、宇井訳：「欠陥の無い」。*MSAṬ* は、‘tha ba dang bcas pa(’i ched)’。*SAVBh* は、‘tha ba dang bcas pa’。*AAV*; Skt.: ‘sakalā’, Tib.: ‘tha ba med pa’.『大宝積経』; Tib.: ‘chub pa’. *Mvyut.*, No. 495; Skt.: ‘sakhilā’, Tib.: ‘chub pa’。

なお、Edgerton, *BHSD*, pp. 3-4, akhila 1,2 の項、および、p. 544, sakhila 1,2 の項参照。

(28) Tib. 訳は ‘dbang po thams cad’。*Mvyut.*, No. 499 などからみても ‘sarvendriya’ を可とすべきかもしれぬが、漢訳に「衆生根」とあるのであえて訂正しない。また単に ‘indriya’ とあっても ‘sattva’ の ‘indriya’ であることは *SAVBh* (263b7) も認めるところであるから、‘sattva’ の有無は意味の相違とはならないであろう。

(29) 校訂本には ‘^{0}virahitatvāt’ とあるが、Tib. 訳 ‘rtab rtab por mi gsung ba’i phyir’ により、*MSABh* にならって ‘^{0}vihitatvāt’ と訂正。

(30) 以上の文が *MSABh* に見出しうることは、*AAV* の校訂者 C. Pensa も気づいているが、*MSABh* を Vasubandhu の *Sūtrālaṃkārabhāṣya* と呼び、S. Lévi 教授の Skt. 本には触れず、Tib. 訳の相当箇所を指摘するのみ。したがって本稿で取りあげたような問題提起はない。しかし、少なくとも Lévi 本との校合は果すべきであったと思う。

(31) Tib. 訳には ‘phags pa(ārya)’ とある。Asaṅga に冠される敬称には ‘ārya’ が一般的である点より考えれば Tib. 訳を取るべきかもしれない。ちなみに *Abhisamayālaṃkārālokā* に使用される八例は全て ‘ārya-Asaṅga’ である。ただし、*Madhyāntavibhāgaṭikā* では ‘ārya’ も ‘ācārya’ もそれぞれ一度ずつ使用されている。

(32) 前註3に示した拙稿参照。

(33) A. Schiefner (ed.), *Târanâthae De Doctrinae Buddhicae*, pp. 107–109（A. Schiefner 独訳 pp. 138–140；寺本和訳 pp. 208–210 参照). Obermiller (tr.), *History of Buddhism by Bu-ston*, II, pp. 155–156. なお、多少新しいが、Sum pa mkhan po（一七〇二年生）の *Pag Sam Jon Zang*（Chandra Das ed., p. 99）にも ārya-Vimuktisena の記述がある。

(34) "kṛtiḥ sukṛti-karmaṇo mahāyāna-samprasthitasya śākya-bhikṣor ārya-Vimuktisenasya Kaurukullârya-Saṃmatīyasyânekôdāra-svāmy-ācārya-Buddhadāsa-naptuḥ", C. Pensa, ed., *AAV*, p. 1, n. 1 に所引。

(35) D. S. Ruegg, "Ārya and Bhadanta Vimuktisena on the Gotra-Theory of the Prajñāpāramitā", *WZKSO*, 12/13, pp. 305–307 参照。

(36) "lho phyogs kyi rgyud du slob dpon Sangs rgyas bskyangs（Buddhapālita）byon/ Legs ldan（Bhāviveka）dang/ rNam grol sde（Vimuktisena）gnyis kyi sku the'i stod kyi dus tsam yin/"（Schiefner ed., p. 99).

(37) D. S. Ruegg, *La Théorie du Tathāgatagarbha et du Gotra*, p. 65, n. 4.

(38) R. C. Pandeya, ed., p. 3, ll.18-19：山口本, p. 2, l.4.

(39) R. C. Pandeya, ed., p. 5, ll.14-16：山口本, p. 4, ll.19-20.

(40) R. C. Pandeya, ed., p. 4, l.2：山口本, p. 2, l.9.

(41) かつて筆者は、Asaṅga の深い宗教体験を、心理学の用語である潜伏記憶（cryptomnesia）現象によって説明したことがある（前註3に示した拙稿、四六〇—四五七頁〔本書、二八九—二九二頁〕参照）。その所論において、筆者は、*Saṃdhinirmocanasūtra* の一文と極めて酷似した文が *AS, MS, MSABh* 中に認められることに注目し、その文は、聖典の宝庫（vaipulya）に参入し自らその宝庫と化した Asaṅga の意識上に聖典自体が創造的に甦ったものであり、それが Maitreya と呼ばれたのであると解釈した。*MSA* を Maitreya, *MSABh* を Asaṅga のものと考える場合にも筆者はこの点に思いをいたさざるをえない。

（一九七三年十月三十一日）

回顧と弁明

本拙稿の初出は、『駒仏論』第四号（一九七三年十二月）、一—一二頁（横）であるが、『大乗荘厳経論』散文箇所の著者問題そのものに対する論文としては、完全な失敗作であると思っている。後代の Vimuktisena がアサンガの文と言っているものと同じ文が問題の散文箇所の中に見出されうるからといって、それを含む散文箇所全体の著者をアサンガだとするのは余りにも短絡的すぎるからである。従って、これは間もなく、小谷信千代「『大乗荘厳経論』のBhāṣyaの著者について」『日本西蔵学会会報』第二四号（一九七八年三月）、九—一一頁（後に、小谷『大乗荘厳経論の研究』（文栄堂書店、一九八四年）、九—一四頁に改訂再録）によって批判されることとなった。これを受け、現在の私は、その著者をヴァスバンドゥとする説に傾いているが、本拙稿の立場を捨てた後での私のこの問題に対する見解は、袴谷憲昭、荒井裕明校註『大乗荘厳経論』（新国訳大蔵経、瑜伽・唯識部12、大蔵出版、一九九三年）の「解題」、一三—一九頁、四九—五二頁、註23—42に示されているので参照されたい。なお、その「解題」で触れ得た諸学者の成果の後に公けにされた最近の最も注目すべき論文には、都真雄「『大乗荘厳経論』長行の著者は誰か——無着・世親の修道論の差異からの考察——」『仏教学セミナー』第八二号（二〇〇五年十月）、二〇—三五頁がある。本論文は、使用されている思想用語の検討から、『大乗荘厳経論』第一四章第七—九頌に対する散文註釈箇所（長行）における修道論が、意言（mano-jalpa）を尋（vitarka）と伺（vicāra）とに関連づけて説明するヴァスバンドゥの特徴を示しているとの判断のもとに、散文箇所（長行）の著者をヴァスバンドゥであると主張したものである。また、私は、この都論文、三二頁、註1によって、この方面の参照すべき研究成果に、Tshul khrims skal bzang, *Byams chos bskar shib drang nges mdzes rgyan*, New Delhi, 1984のあることを知った。しかるに、私はこの御著書を著者御自身から拝受していたはずだということを今回想い出し、見出し得て、これまで結果的にこれを無視していたことになったと思うと慚愧に堪えない。いつ頂戴したのかは定かではないが、もしそれが出版年に近かったとすれば、拙稿「チベットにおけるマイトレーヤの五法の軌跡」（初出、一九八六年、拙書『唯識考』、一六四—二〇〇頁再録）にも参照可能だったはずなのである。それにもかかわらず、そのことを果しえなかった非礼を、ここに記して、衷心よりお詫び申し上げておきたい。さて、このTshul khrims skal bzang著が扱う「五法」全体のことはともかく、本稿の関係する『大乗荘厳経論』の問題の箇所だけについていえば、本稿で対照された*MSABh*と*AAV*とのチベット訳同士の対照が、同書、八三—九〇頁に示され、また、同じ如来の「六十支分の音声」に関する『思択炎』と『釈軌論』とのやはりチベット訳同士の対照が、同書、九一—九五頁に示されている。この後者の対照表における『釈軌論』のことは、私も、如上の「解題」、五二頁、註42で記したように、別途知りえていたが、『思択炎』のことは、今回これによって初めて知りえた。その箇所とは、『思択炎』、チベット訳、D. ed., No. 3856, Dza, 142b7-143a7である。因みに、この「六十支分の音声」の『大乗荘厳経論』における㊺の例が、Paul Griffiths, "Memory in Classical Indian Yogācāra", Janet Gyatso (ed.), *In the Mirror of Memory: Reflections on Mindfulness and Remembrance in Indian and Tibetan Buddhism*, SUNY, Albany, 1992, p. 114, p. 127, n. 22で問題の一例として取り上げられている。なお、この如来や仏の「六十支分の音声」とされるものが決してアサンガに特定しうるものでないことは、本稿、註8にも示したごとく、『大宝積経』にもあることから知られるが、また八十巻本『華厳経』「如来出現品」にも「六十種妙音」（大正蔵、一〇巻、二六六頁下）とあり、この原語のあったことが予想される。ただし、これと対応する六十巻本『華厳経』「如来性起品」では「八種如来妙音」（大正蔵、九巻、六一七頁上）、チベット訳, P. ed., No. 761, Shi, 94b8 では“sangs rgyas kyi gsung stong phrag drug cu dang ldan pa”とあって一致しない。高崎直道訳「華厳経如来性品」『如来蔵経典』（大乗仏典12、中央公論社、一九七五年）、一七四頁は、チベット訳を底本とするゆえ「六万の仏語」とするのみで、異同についての註記はない。これは、変遷過程を反映したものかもしれないが、その総称との異同とは別に、*Laṅkāvatāra-sūtra*, Nanjio ed., p.142, ll.1-2 には、別称の(38)と類似した語が総称にも転じたかのような“catuḥ-ṣaṣṭy-ākāro brahma-svara-ruta-ghoṣa-vāg-vikalpaḥ pravartate”という表現も認められる。この箇所の和訳については、安井広済『梵文和訳入楞伽経』（法蔵館、一九七六年）、一二八頁、常盤義伸『『ランカーに入る』——梵文入楞伽経の全訳と研究——』（花園大学国際禅学研究所研究報告、第二冊、一九九四年）、「本文・研究」篇、一五〇頁、「註」篇、七三―七四頁、註4を参照されたい。因みに、最古の四巻本『楞伽経』におけるこの箇所の漢訳は「六十四種梵音言語相生」（大正蔵、一六巻、四九八頁下）である。さて、ここで、再び著者問題の件に戻れば、私は、マイトレーヤの「五法」に関する上記拙稿以来、マイトレーヤは史的人物としては決して実在しなかったという考えを益々強固に持っているが、その意味では、実修行派（Yogācāra）の大成者としての神秘思想家アサンガの姿は依然私には顕在している。その観点からすると、向井亮「『瑜伽論』の成立とアサンガの年代」『印仏研』二九―二（一九八一年三月）、一九八―二〇四頁には、まだ気脈の通じるものを感じるのである。L. Schmithausen, “On Three *Yogācārabhūmi* Passages Mentioning the Three *Svabhāvas* or *Lakṣaṇas*” Jonathan A. Silk (ed.), *Wisdom, Compassion, and the Search for Understanding : The Buddhist Studies Legacy of Gadjin M. Nagao*, University of Hawai'i Press, Honolulu, 2000, pp. 245-263 は、思想用語の検討に基づく一種の向井上記論文批判でもある。私には、ある意味でこの批判も当然と思われるものがあるので、私としては、マイトレーヤは実在しなかったとの立場から、両氏の問題提起を活かした形での新たな立論が摸索されなければならないと思っている。その私の念頭には、まだマガダに仏教が復興していない時代のプルシャプラからアヨーディヤーにかけて活躍し、伝統的な仏教である buddha-vacana としての仏語もしくは仏教をいかに受容するかを考えた実修行派の大成者としての神秘思想家アサンガと、その弟で兄の感化を受けながらその大成された実修行派の思想をあくまでもアビダルマ的学識によって体系づけようとしたヴァスバンドゥとの姿が浮かぶのである。この神秘思想家アサンガとアビダルマ学者ヴァスバンドゥとの違いを明確にするためには、上記の都論文、Schmithausen 論文のようなアプローチがどうしても必要であろう。その意味で、lakṣaṇa と svabhāva という使用用語の違いから「三相」「三性」の思想的相違を究明しようとした注目すべき最近の論文には、小澤憲雄「三相と三自性」佐藤良純教授古稀記念論文集『インド文化と仏教思想の基調と展開』第一巻（山喜房仏書林、二〇〇三年）、一三―三〇頁、木村誠司「唯識文献における三性と三相について」『駒沢短期大学仏教論集』第一一号（二〇〇五年十月）、三四二―二一七頁があるので参照されたい。なお、本稿は、後にものされた、本書「本論」第一〇論文である「初期唯識文献に関する方法論的覚え書」とも関係するので、今回そこに付された「回顧と弁明」をその論文と共に参照されることを願う次第である。

六　チベット訳『摂大乗論会釈』所引の一頌について

一

『摂大乗論会釈（*Mahāyānasaṃgrahopanibandhana*）』のチベット訳と漢訳（玄奘訳）との間にはかなりの相違がある。これらの相違は以下の三群に分類される。

(1)両訳における文言が互いに内容的に異なっていることを示すもの
(2)漢訳にある文言がチベット訳中に見出されないもの
(3)チベット訳にある文言が漢訳中に見出されないもの

(1)(2)群に属する相違に関するこれまでの考察の結果として、それらのほとんどは玄奘の加筆に帰しうるし、従って、チベット訳の方が原典により忠実である、と我々は判断してきた。[1]

本稿では、(3)群に属する相違から一例を取り上げ、それを検討してみることにしよう。

二

アサンガは、彼の『摂大乗論』第八章第二節において、無分別智（nirvikalpa-jñāna）を五つの観点から定義している。[2] アスヴァバーヴァ（Asvabhāva、無性）はその第三の定義に関して次のような解釈をなす。その一節をチベット訳[3]と漢訳[4]とを比較しながら示してみよう。

“’du shes dang tshor ba ’gog pa” zhes bya ba la sogs pa yang gal te ’du shes dang tshor ba rnam par zhi ba rnam par mi rtog pa yin na ni des na rnam par mi rtog pa’i ye shes nyid du mi ’gyur te/* sems med par sems las byung ba rnams mi ’byung ba’i phyir ro// ’gog pa’i snyoms par ’jug pa la sogs pa la yid kyi rnam par shes pas sems dang bcas pa nyid du ’gal te/

sems las byung ba med par ni//** sems ni nam kyang mi*** ’byung te//**
nyi ma dang ni ’od zer bzhin//** de dag nyid dang lhan cig ’byung//(5)**

zhes ji skad**** bshad pa lta bu’o//

若想受滅是無分別智、此智体相難可成立。無想等中、離心無有諸心法故。由意識滅、説彼無心、如前已説。

三

アサンガによるこの第三の定義は、無分別智が、アビダルマ学者によってその有心（sacittaka）か無心（acittaka）かが初期の頃から議論されてきた[6]当の無想定（asaṃjñi-samāpatti）あるいは滅尽定（nirodha-samāpatti）の状態とは異なったものであることを明らかにしたものである。

アスヴァバーヴァはこの二つの定（samāpatti）を唯識説の観点から無心（acittaka）と認めている。それゆえ、彼は、その解釈中で、心（citta）なくしてはいかなる心所（caitta）もないと明言し、そのように心所が心に依存していることを証するために一頌を引用するのである。

しかしながら、そのチベット訳にある一頌に相当するものが漢訳中には見出しえない。ここで、その両訳中のいずれが原典により忠実であるかという問題が起るのである。

もし、我々のこれまでの考察の結果がこの場合にも適用でき、かくしてチベット訳の方が原典的形態を保っていると推定されるならば、なぜ玄奘訳（漢訳）がその頌を原典から削除したのかを説明する必要があるだろう。

法相宗の根本典籍である玄奘訳『成唯識論』は、心なしにいかなる心所もないと固執する主張者を拒否するために本論が著わされたと公言している。[7]

先のチベット訳中の一頌は『成唯識論』によって是認されえない意味を示している。それゆえ、玄奘は、彼に好ましくないその意味を隠すためにそれを敢えて翻訳するようなことはしなかったという可能性があるかもしれない。[8]

四

しかるに、もし我々の上述の憶測が認められない場合には、チベット訳と漢訳とがそれぞれ異なった校訂本に基づいていたという可能性もある。かかる可能性も考慮して、我々は、上引のそれぞれの一節を両訳の文脈において理解すべく努めてみよう。チベット訳において、我々は、問題の一頌とほぼ同じ引用文をもった他の一節を認めることができる。それは以下のとおりである。[9]

“sems tsam*” zhes bya ba la sogs pa la sems ni rnam par rig pa dang don gcig go// tsam gyi sgras ni don sel bar byed de/ de med pas ’dzin pa yang sel te/ brtags pa’i phyir ro// de sems las byung ba med par mi ’byung ba’i phyir sems las byung ba rnams ni mi dgag ste/ ji skad du sems las byung ba rnams med par sems nam yang mi** ’byung ngo[10] zhes bya ba la sogs pa gsungs pa lta bu’o// ’gog pa’i snyoms par ’jug pa gang yin pa de’i sems ji lta bu zhe na/ ’di ni phyogs can la nyes par ’gyur ro// kho bo cag la ni de na sems gang yod pa de mtshungs par ldan pa dang bcas par yod do// gang med pa de ni mtshungs par ldan pa dang bcas su med do[11]//

この一節から、我々は、(1)心が心所を含んでいること、[12] (2)問題の一頌の前半と同じ〔意味をもっている〕引用文は心所が心に依存していることを証するのに有用であること、(3)心と心所の主題は一般的に滅尽定に関係していることを理解することができる。

この理解によれば、チベット訳がその問題の一頌を（滅尽定に関係している）無分別智の第三の定義に関するアスヴァバーヴァの解釈中で示していることは適切であるということになろう。

ここで、我々は、上引の漢訳の一節に戻って、チベット訳には見出されない「如前已説」という語句に注目しよう。漢訳の文脈においてこの語句を考察することは重要である。

玄奘がもしもその語句の挿入によって問題の一頌を引用することでの繰り返しを避けたのだと推測できるなら、その語句は、問題の一頌の〔前〕半とほとんど同じチベット訳のそれに相当する〔漢訳中の〕引用文[13]を指示しているであろう。しかしながら、漢訳の文脈においてかく考えることは不可能である。なぜなら、その「如前已説」という語句は、「意識滅（mano-vijñāna の破壊）」による「無心」という主題を扱っている文を指示していると予期されるからにほかならない。

しかし、アスヴァバーヴァの解釈中にはそのような主題を扱った若干の文があるので、その語句によって指示される箇所を確定することは難しい(14)。しかも、私の知る限り、「如前已説（yathā pūrvam uktaḥ ……）」の類の語句が、漢訳の文脈ではあまり不自然ではないにせよ、サンスクリット原典においては、かかる曖昧な言いまわしで用いられる例は極めて少ないように思われる。

逆に、チベット訳から予期される問題の一頌をもった原典はより自然なものに感じられる。かくして、我々には、「如前已説」〔の語句〕をもった漢訳の一節は、チベット訳とは異なった校訂本に基づいたと考えるよりはむしろ玄奘によるなんらかの改変を許したものであるように思われるのである。

註

（1） 拙稿「玄奘訳『摂大乗論釈』について――チベット訳との比較による一考察――」『印仏研』一八―一（一九六九年十二月）、一四〇―一四一頁〔『唯識考』、四九〇―五〇三頁に再録補足〕、「MS. に対する Asvabhāva 註釈の特徴――チベット訳を資料として――」『印仏研』一九―一（一九七〇年十二月）、四四四―四三九頁〔本書、二三七―二四五頁に再録〕、"MAHĀYĀNASAṂGRAHOPANIBANDHANA (I) —Its Tibetan and Chinese Texts—"『駒沢大学仏教学部研究紀要』第三一号（一九七三年三月）、三六八―三六二頁〔本書、七七八―七六八頁〕参照。しかし、上記拙稿の最後で扱われている二例については判断は保留されている。

（2） É. Lamotte, *La Somme du Grand Véhicule d'Asaṅga*, Tome I, p. 75 : Tome II, pp. 233-234 参照。〔また、後に刊行の、長尾雅人『摂大乗論　和訳と注解』下（講談社、一九八七年）、二四四―二四八頁、第八章第二節参照。〕この無分別智の五定義に密接した相当文は、『法法性分別論』（チベット訳、P. ed., No. 5523, Phi, 50b5-6, No. 5524, Phi, 54a1-2）と『阿毘達磨集論』（チベット訳、D. ed., No. 4049, Ri, 74a2-5）にも認められる。〔なお、後に、これらを含むこの定義文は、拙稿「唯識文献における無分別智」で取り上げられることになったので、その再録である、本書「本論」第二〇論文を参照されたい。〕

（3） P. ed., No. 5552, Li, 323a1-3 : D. ed., No. 4051, Ri, 266b4-6. * D. ed. には "rnam par mi 'gyur te/" とある。** P. ed. には "/" あるいは "//" がなし。*** D. ed. には "nams kyang" とある。**** P. ed. には "ji skad" なし。

（4） 大正蔵、三一巻、四二九頁下。その仏訳は、É. Lamotte, *op. cit.*（前註2）, Tome II, p. 234 に与えられている。

(5) この頌型の引用文につき、私はその典拠を辿ることができないが、しかし、それと極めて類似した文を、*Laṅkāvatāra*, Nanjio ed., p. 227, ll. 12-15 中に認めることはできる。それは、次のように、"yaḥ punar Mahāmate tad-āśraya-pravṛtto vikalpaś citta-caitta-saṃśabdito yugapat-kālôdita āditya iva raśmi-sahito vicitra-lakṣaṇa-svabhāvo vikalpâdhārakaḥ sa Mahāmate svabhāvaḥ paratantra ity ucyate/" とある。〔この和訳については、後に出版された、安井広済訳『梵文和訳入楞伽経』（法蔵館、一九七六年）、二〇七頁、一—三行を参照されたい。〕

(6) *Abhidharmakośabhāṣya* に "Bhadanta-Vasumitras tv āha Paripṛcchāyāṃ 'yasyâcittikā nirodha-samāpattis tasyâiṣa doṣo mama tu sacittikā samāpattir' iti/ Bhadanta-Ghoṣaka āha tad idaṃ nôpapadyate/" (P. Pradhan ed., p. 72, ll. 21-22) とあるのを参照されたい。〔この和訳については、櫻部建『倶舎論の研究　界・根品』（法蔵館、一九六九年）、三二五頁参照のこと。〕また、これと同種の議論は、『成業論（*Karmasiddhiprakaraṇa*）』（チベット訳、山口益本、一六頁、P. ed., No. 5563, Si, 162a）においても扱われ、そこには、上記引用〔の『倶舎論』〕下線部分と同じ文が、次のように、"btsun pa dByig gshes kyis *Yongs su dris pa* las/ 'gang gi ltar na 'gog pa'i snyoms par 'jug pa sems med pa yin pa de la skyon de yod kyi/ kho bo'i ltar na 'gog pa'i snyoms par 'jug pa sems dang bcas pa nyid yin pas' shes smras pa" と示されている。〔なお、以上の『倶舎論』や『成業論』の文を含む「有心」と「無心」の問題を「滅尽定」の問題と共に論じたものに、拙稿 "*Nirodhasamāpatti*—Its Historical Meaning in the *Vijñaptimātratā* System"『印仏研』二三—二（一九七五年三月）、pp. 1084-1074 があり、その訳が「滅尽定—唯識説におけるその歴史的意義——」として、『唯識考』、五二一—五四〇頁に収められているので参照されたい。〕

(7) 〔『成唯識論』に〕「或執離心無別心所」（大正蔵、三一巻、一頁上：Louis de La Vallée Poussin, tr., p. 4）とある。長尾雅人博士は、『成唯識論』によるこの主張が法相宗の伝統に特有のものであるということを既に指摘しておられる。長尾雅人「『成唯識論』に於ける造論意趣について」『東方学』（京都）、第九冊（一九三八年十月）、一九七—二一七頁〔後に、同『中観と唯識』（岩波書店、一九七八年）、三八九—四〇五頁に再録〕を参照のこと。

(8) しかしながら、玄奘（＝『成唯識論』）が、その一頌に非常に類似した引用文（註釈書が『楞伽経（*Laṅkāvatāra*）』に帰するもの、前註5参照）を逆の論拠に用いている例もある（大正蔵、三一巻、三七頁上、Poussin, *op. cit.*, p. 396〔、新導本、巻第七、九（三〇三）頁参照〕）。にもかかわらず、私は、玄奘の訳例が原典と隔っているのではないかと思う。

(9) これは、『摂大乗論』、第二章第七節に対する註釈である。P. ed., No. 5552, Li, 270b7-271a3: D. ed., No. 4051, Ri, 221a4-7 参照。*P. ed. には "can" とある。**P. ed. には "sems" なし。〔本稿の翌年に刊行された、片野道雄『唯識思想の研究——無性造「摂大乗論註」所知相章の解読——』（文栄堂書店、一九七五年）、七一頁に、この箇所の和訳が示されているので、同、七三—七八頁のこの

箇所に対する註記と共に、参照されたい。〕

(10) 引用下線部分中にもし一シラブル補いうるなら、それは、チベット訳のみにある上引の一頌の前半と同じである。

(11) 以上の箇所と対応する漢訳は、「『唯有心』者、心識是一。『唯』声為遣所取境義。由彼無故、能取亦無。不遮心法、由彼与心不相離故。如説、若無心所有法、心未曾転。若爾、滅定何故唯心。是彼宗過。我大乗宗、若処有心、必定亦有心相応法、若処無有心相応法、心亦定無。」（大正蔵、三一巻、四〇〇頁中）である。両訳は、漢訳が "brtags pa'i phyir ro" に対応する文言を欠いている以外は、互いに一致している。

(12) この解釈は、ヴァスバンドゥやスティラマティのような唯識説のそれと一致する。片野道雄「無性の学派について——チベット訳をテキストとして——」『仏教学セミナー』第一八号（一九七三年十月）、六七―八一頁参照。そこで、片野氏は、私が既に拙稿（前註1参照）において主張したような批判的方法によって、アスヴァバーヴァの歴史的位置を検討しようと試みておられる。

(13) 前註11中で下線を付した漢訳文参照のこと。

(14) 例えば、ラモット教授は、その仏訳（*op. cit.*, Tome II, p. 234〔, Chap. VIII, § 2-3〕において、『摂大乗論』、第一章第七節に対する註釈箇所（大正蔵、三一巻、三八四頁下）を指示している。また、この語句は、『摂大乗論』、第一章第五二節に対する註釈箇所（大正蔵、三一巻、三九五頁下）を指示しているとみることも可能であろう。

回顧と弁明

原題 "On a Verse Quoted in the Tibetan Translation of the *Mahāyānasaṃgrahopanibandhana*" 初出『印仏研』二二―二（一九七四年三月）、一一一一―一一〇七頁の拙稿を自ら訳してここに再録したもの。本拙稿の本文第二節に示された問題の箇所中、チベット訳にしかない一頌にはどこにも訳が与えられていないので、ここに補っておけば、「心所なくして、心は決して生ずることなし。太陽と光線とのごとく、〔それは〕それらと同時に生ず。」である。この心と心所との関係の問題を、伝統的な教義用語で言い換えれば、「心心所同体説」か「心心所別体説」か、という問題になろうが、『成唯識論』の立場はそのいずれでもない。この点に関し、本稿、註8で指摘した『成唯識論』は、その直前で、「如是六位、諸心所法、為離心体有別自性、為即是心分位差別。」と設問し、「二俱有過。」と答えている。その内容はかなり複雑になるが、一応この答えが『成唯識論』の正統的な解釈を簡単に示したものなのである。本稿の註5、8で示唆した『楞伽経』を想起させる一文「心与心所、俱時而起、如日与光。」もこの解釈中に登場することに注意されたい。この一文を『楞伽経』に帰した註釈書とは、具体的にいえば、『述記』と『演秘』で、それについては、仏教大系会本『成唯識論述記三箇疏』第三、五〇九頁を参照されたい。なお、それぞれを、大正蔵、四三巻中に指摘しておけば、『述記』のそれは、同、四七四頁上、『演秘』のそれは、同、九二九頁上である。

七　弥勒請問章和訳

ここに和訳して紹介する「弥勒請問章（*Byams zhus kyi le'u*）」とは、『一万八千頌般若（*Aṣṭādaśasāhasrikā-prajñāpāramitā*）』（略号 *ADS*）チベット訳第八三章[1]、『二万五千頌般若（*Pañcaviṃśatisāhasrikā-prajñāpāramitā*）』（略号 *PVS*）チベット訳第七二章[2]に相当する箇所を指す。この章を「弥勒請問章」と呼ぶのは、恐らくチベットにおける伝統であって、インドに端を発するものではなかろう[3]。

この章に始めて注目したのは、筆者の知るかぎり E. Obermiller 教授が最初である[4]。わが国では山口益博士が『仏教における無と有との対論』において、清弁（Bhāviveka or Bhavya）の『中観心論註思択炎（*Madhyamakahṛdayavṛtti-Tarkajvālā*）』（略号 *TJ*）所引の『般若経』の文との関連から、かの Obermiller 教授の説を紹介して、「二万五千頌般若の「弥勒の請問」なる一章は、般若経が解深密経と同じき意趣の上に置かれんとした般若経の歴史的進展による加上」であると述べ、さらに「学派的色彩の漸く加はるに至らんとする時代の瑜伽唯識派として、中観派に対してかかる「弥勒の請問」なる一章の文を掲出し、以て瑜伽唯識が大乗の標識たる般若の本意を満足するものであると示すに至ったことは、あり得らるることと思はれる」と言明されたが、残念ながらこの章の所在は不明とされたのであった[5]。また、É. Lamotte 教授は、『解深密経』チベット訳の校訂ならびに仏訳に対する序文中で、玄奘訳『摂大乗論釈』のみにおいて無性（Asvabhāva）が『大般若波羅蜜多経』として引用する文に注目し、そこに『般若経』から『解深密経』へと展開する思想史的意義を認めたのである[6]。しかし、彼もやはり、その典拠を『般若経』中に明示すること

ができず、単に玄奘訳『大般若波羅蜜多経』六百巻を指示するに止まった。(7)

その思想史的重要さにもかかわらず、従来指摘困難だった上述の清弁と無性の引用典拠を、*PVS* サンスクリット写本中に始めてトレースして紹介したのが、わが国の飯田昭太郎教授である。(8) 同時に、教授は、同写本のこの箇所をE. Conze 教授と共同で校訂し公表した。(9) この箇所がチベットにおいて「弥勒請問章」と呼称され、チベット訳 *PVS* 第七二章、*ADS* 第八三章に対応することは劈頭に示したとおりである。なお、サンスクリット写本のこの箇所が、漢訳諸本には対応箇所を欠くも、上記のチベット訳に対応することは、すでに干潟龍祥博士によって指摘されていた。(10)

本稿は、E. Conze、飯田昭太郎両教授校訂のサンスクリットを底本とし和訳によってこの章を紹介せんとするものである。この章の成立年代(11)およびその唯識思想史上における意義については稿を改めて論じたいと考える。和訳にあたってはConze 教授の英訳を参照した。(12) また和訳によって専門家にはかえって意味が曖昧になるような technical term の場合には、漢訳慣用語およびサンスクリットを補っておいた。なお和訳中に示したアラビア数字は校訂本において飯田教授が付した分節番号である。必ずしも妥当とは思わない箇所も存するが、対応の便宜のため今はこれに従う。ローマ数字は英訳中に Conze 教授が示した章節番号であり、そこに並記した表題は英訳を参考に筆者が与えたものである。作業の性質上チベット訳三本もいちいち厳密に対照すべきであったが、筆者個人の時間的制約のため、意を尽すことができなかったのを遺憾とする。

和訳

I　菩薩の学ぶべき諸問題

(1)そのとき、マイトレーヤ（Maitreya）菩薩大士は世尊（Bhagavat）にこう申しあげた。(2)「世尊よ、もしもすべての存在（sarva-dharma）が無存在の性質（abhāva-svabhāva）のものであるなら、世尊よ、智慧の完成（prajñā-pāramitā）について実践し、菩薩の学道（bodhisattva-śikṣā）について学ぼうと欲する菩薩大士は、物体（色、rūpa）[13]についてどのように学ぶべきでしょうか、感覚（受、vedanā）・表象（想、saṃjñā）・意欲（行、saṃskāra）・認識（識、vijñāna）[14]についてどのように学ぶべきでしょうか。視覚の領域（眼処、cakṣur-āyatana）・聴覚の領域（耳処、śrotra^{0}）・嗅覚の領域（鼻処、ghrāṇa^{0}）・味覚の領域（舌処、jihvā^{0}）・体覚の領域（身処、kāya^{0}）・意覚の領域（意処、mana^{0}）についてどのように学ぶべきでしょうか、物体の領域（色処、rūpa^{0}）・音声の領域（声処、śabda^{0}）・香臭の領域（香処、gandha^{0}）・風味の領域（味処、rasa^{0}）・感触の領域（触処、spraṣṭavya^{0}）・存在の領域（法処、dharma^{0}）[15]についてどのように学ぶべきでしょうか。視覚の要素（眼界、cakṣur-dhātu）・物体の要素（色界、rūpa^{0}）・視覚の認識要素（眼識界、cakṣur-vijñāna^{0}）……意覚の要素（意界、mano^{0}）・存在の要素（法界、dharma^{0}）・意覚の認識要素（意識界、mano-vijñāna^{0}）[16]についてどのように学ぶべきでしょうか。視覚の接触領域（眼触処、cakṣuḥ-saṃsparśāyatana）、聴覚・嗅覚・味覚・体覚・意覚の接触領域[17]についてどのように学ぶべきでしょうか。無明（avidyā）・形成力（行、saṃskāra）……生（jāti）・老死（jarāmaraṇa）[18]についてどのように学ぶべきでしょうか。苦の真理（苦諦、duḥkha-satya）・集の真理（集諦、samudaya^{0}）・滅の真理（滅諦、nirodha^{0}）・道の真理（道諦、mārga^{0}）[19]についてどのように学ぶべきでしょうか。

(3)物体的な（有色、rūpin）もの（dharma）[20]・非物体的なもの（無色、arūpin）[21]、見えるもの（有見、sanidarśana）・見えないもの（無見、anidarśana）[22]、抵抗のあるもの（有対、sapratigha）・抵抗のないもの（無対、apratigha）[23]、有為のもの（saṃskṛta）・無為のもの（asaṃskṛta）、有漏のもの（sāsrava）・無漏のもの（anāsrava）[24]、欠陥のあるもの（有罪、sāvadya）・欠陥のないもの（無罪、anavadya）、劣ったもの（hīna）・勝れたもの（praṇīta）[25]、内的なもの（ādhyātmika）・外的なもの（bāhya）[26]、見られるもの・聞かれるもの・感覚されるもの・認識されるもの（見聞覚知、dṛṣṭa-śruta-mata-vijñāta）[27]、過去・未来・現在のもの（atītânāgata-pratyutpanna）、善か不善か決定できるもの・できないもの（kuśalākuśala-vyākṛtâvyākṛta）[28]、欲望よりなる世界にかかわるもの（欲界繋、kāma-pratisaṃyukta）・物体よりなる世界にかかわるもの（色界繋、rūpa^{0}）・非物体よりなる世界にかかわるもの（無色界繋、ārūpya^{0}）[29]、有学に属するもの（śaikṣa）・無学に属するもの（aśaikṣa）・非学非無学に属するもの（naivaśaikṣa- nāśaikṣa-）[30]についてどのように学ぶべきでしょうか。(4)強欲（貪、rāga）・嫌悪（瞋、pratigha）・高慢（慢、māna）・無明（avidyā）・見解（見、dṛṣṭi）・疑惑（疑、vicikitsā）[31]についてどのように学ぶべきでしょうか。吝嗇（慳、mātsarya）・施与（施、dāna）、悪い習慣（dauḥśīlya）・良い習慣（戒、śīla）、憎悪（瞋恚、vyāpāda）・忍耐（忍、kṣānti）、怠惰（懈怠、kauśīdya）・勤勉（進、vīrya）、散乱（乱、vikṣepa）・瞑想（定、dhyāna）、悪慧（dauṣprajña）・智慧（慧、prajñā）[32]についてどのように学ぶべきでしょうか。分別（vikalpa）・空性（śūnyatā）、特徴（相、nimitta）・無特徴（無相、ānimitta）、誤った願い（mithyā-praṇihita）・正しい願い（samyak^{0}）、浄（śubha）・不浄（aśubha）[33]のあり方（dharma）についてどのように学ぶべきでしょうか。(5)煩悩（kleśa）と煩悩の捨断（kleśa-prahāṇa）、雑染（saṃkleśa）と清浄（vyavadāna）、輪廻（saṃsāra）と涅槃界（nirvāṇa-dhātu）についてどのように学ぶべきでしょうか。仏法（buddha-dharma）[34]についてどのように学ぶべきでしょうか。」

II　名称の偶然性

(6)このようにいわれて、世尊はマイトレーヤ菩薩大士につぎのように言った。「マイトレーヤよ、智慧の完成について実践し、菩薩の学道について学ぼうと欲する菩薩大士は、物体は単なる名称にすぎない[35] (nāma-mātrakaṃ rūpam) と学ぶべきであり、……ないし、仏法にいたるまで〔すべては〕単なる名称にすぎないと学ぶべきである。」(7)すると、マイトレーヤ菩薩大士は世尊につぎのように申しあげた。「世尊よ、これは物体であるという命名 (nāmadheya) は事物にかかわっている (savastuka) と感得され (upalabhyate)、ないし、これは仏法であるという命名は事物にかかわっていると感得されます。というのも〔それらは〕形成因 (saṃskāra-nimitta)[36] に基づいているからです。このような場合に、菩薩大士はどのようにして物体は単なる名称にすぎないと学ぶべきでしょうか、……ないし、仏法は単なる名称にすぎないと学ぶべきでしょうか。しかるに、このように事物にかかわっていない (avastuka) とすれば、その名称 (nāman) が単なる名称にすぎないということすらも適切ではありません。すなわち、これは物体であるというのが単なる名称にすぎないというのも適切ではないし、……ないし、これは仏法であるというのが単なる名称にすぎないというのも適切ではありません。」

(8)このようにいわれて、世尊はマイトレーヤ菩薩大士につぎのように言った。「これは物体であるというこの命名は偶然的なもの (āgantuka) であり、その形成因 (saṃskāra-nimitta) である事物 (vastu) に対して付加されたもの (prakṣipta) である[37]……ないし、これは仏法であるというこの命名も偶然的なものであり付加されたものである。(9)マイトレーヤよ、その形成因によって、事物に対して物体であるといい、この名称に対して物体であるという理解[38] (saṃpratyaya) や了解 (pratyayāgama) や認知 (pratisaṃvedanā)[39] があるのだから、それゆえ、マイトレーヤよ、この方法 (paryāya) によってつぎのように知るべきである。『これは物体であるとか……ないし、これは仏法であるというこの命名は、偶然的なものであり、その形成因である事物に対して付加されたものである』と。⑽マイトレーヤよ、おまえはこれをどう思うか。この場合に、あるものは、その形成因である事物そのものに対して、表象（想、saṃjñā）、概念（施設、prajñapti）、名称（nāman）、言葉（言説、anuvyavahāra）、執著（abhiniveśa）をもつのではなかろうか。」

⑾彼は言った。「そのとおりです、世尊よ。」

⑿〔世尊は言った。〕「それで、マイトレーヤよ、この方法によってもまたつぎのように知るべきである。『これは物体であるとか……ないし、これは仏法であるというこの命名は偶然的なものであり、その形成因である事物に対して付加されたものである』と。」

III　言語表現を越えた根源的世界

⒀そのとき、マイトレーヤ菩薩大士は世尊につぎのように申しあげた。「世尊よ、もしもそうなら、それに基づいて、これは物体であるとか……ないし仏法であるという名称・表象・概念・言葉がおこる、その形成因である事物としての、物体の自性（svabhāva）は感得されうるでしょうか。」

⒁このようにいわれて、世尊はマイトレーヤ菩薩大士につぎのように言った。「形成因たる事物に対して、物体であるという名称・表象・概念・言葉がおこるが、マイトレーヤよ、おまえはこれをどう思うか。それは物体の自性であるのか、あるいは単なる概念にすぎない（prajñapti-mātra）のか。」

⒂彼は言った。「単なる概念にすぎません、世尊よ。これは単なる概念にすぎません。」

⒃世尊は言った。「しからば、マイトレーヤよ、それに基づいて、これは物体であるとか……ないしこれは仏法であるという名称・表象・概念・言葉がおこる、その形成因である事物のもとに、物体の自性が感得されるというような考えがどうしておまえに浮かぶのか。マイトレーヤよ、おまえはこれをどう思うか。それは感覚・表象・意欲・認

識、……ないし仏法の自性であるのか、あるいは単なる概念にすぎないのか。」

(17)彼は言った。「単なる概念にすぎません、世尊よ。これは単なる概念にすぎません。」

(18)世尊は言った。「しからば、マイトレーヤよ、感覚・表象・意欲・認識、……ないし仏法の自性が感得されるというような考えがどうしておまえに浮かぶのか。」

(19)マイトレーヤが申しあげた。「世尊よ、もしも、物体……ないし仏法というものが、単なる名称・表象・符牒（saṃketa）・概念・言葉（vyavahāra）にすぎないとすれば、このような場合に、物体について、すなわちこれは単なる名称・〔表象・〕符牒・概念・言葉にすぎないものであるといわれ、またこのような場合に、……ないし仏法について、すなわちこれは単なる名称・表象・符牒・概念・言葉にすぎないものであるといわれる、〔そのような物体ないし仏法の〕自性はまったく感得されないのではありませんか。」

(20)世尊は言った。「マイトレーヤよ、おまえはこれをどう思うか。物体というものが単なる名称・表象・符牒・概念・言葉にすぎないものであり、……ないし仏法というものが単なる名称・〔表象・〕符牒・概念・言葉にすぎないものである場合、その生起（utpāda）や消滅（vyaya）あるいは雑染（saṃkleśa）や清浄（vyavadāna）が了知される（prajñāyate）であろうか。」

(21)彼は言った。「そうではありません、世尊よ。」

(22)〔世尊は言った。〕「しからば、マイトレーヤよ、物体……ないし仏法などというものの自性が感得されるというような考えがどこでおまえに浮かびえよう。」

(23)マイトレーヤが申しあげた。「それでは、世尊よ、物体……ないし仏法はいかなるありかたにおいても（sar-vaśaḥ）個別的特質としても（sva-lakṣaṇena）[40]まったく存在しないのでしょうか。」

(24)世尊は言った。「マイトレーヤよ、わたしは、物体……ないし仏法がいかなるありかたにおいても個別的特質としても存在しないとは説かない。」

(25)マイトレーヤが申しあげた。「世尊よ、物体……ないし仏法はどのようにして存在するのでしょうか。」

(26)世尊は言った。「マイトレーヤよ、物体……ないし仏法は世間的符牒の言葉（loka-saṃketa-vyavahāra）として存在する、しかし最高の実在（勝義、paramārtha）として〔存在するの〕ではない。[41]」

(27)マイトレーヤが申しあげた。「世尊よ、いまやわたしが世尊のおっしゃった意味を知ったように、根源的世界（dhātu）[42]は最高の実在としてまったく言語表現を越えたもの（nirabhilāpya）であります。世尊よ、もしも、根源的世界が最高の実在として言語表現を越えたものであるなら、かの形成因であり、それに対して、物体であるという偶然的命名が付加され、……ないし、仏法であるという偶然的命名が付加される事物（vastu）は、どうして最高の実在として存在しないことになるのでしょうか。もしもそれが最高の実在として〔存在し〕ないならば、どうして言語表現を越えた根源的世界は存在するのでしょうか。〔どうして〕形成因である事物が言語表現を越えた根源的世界であるというのは不適切なのでしょうか。」

(28)世尊は言った。「それゆえ、マイトレーヤよ、わたしはまさにこの点についておまえに尋ねよう。おまえは自分の最もよいと思うように答えなさい。マイトレーヤよ、おまえはこれをどう思うか。おまえが言語表現を越えた根源的世界において智慧を行使（pracāra）している、そのような時に、おまえは、形成因であり、それに対して、これは物体であるとか、……ないし仏法であるというこの偶然的命名が付加される、〔その〕事物を感得するであろうか。」

(29)〔彼は言った。〕「そうではありません、世尊よ。」

(30)〔世尊は言った。〕「それで、マイトレーヤよ、この方法によってもまたおまえはつぎのように知るべきである。『かの形成因である事物は、言語表現を越えた根源的世界と異なるものでもなく、また異ならないものでもない』と。どうして、[43]言語表現を越えた根源的世界が、それに対してこれは物体であるとか……ないし仏法であるというこの偶然的命名が付加される、この形成因である事物と異なるものでもなく、異ならないものでもないのかといえば、マイトレーヤよ、もしも言語表現を越えた根源的世界が、形成因たる事物と異ならないとすれば、今しもあらゆる愚かな凡夫（bāla-pṛthagjana）たちが完全に涅槃するであろうし（parinirvāyuḥ）、このうえなく正しい覚り（無上正等菩提、anuttara- samyak-saṃbodhi-）を直観するであろう（abhisaṃbuddheran）[44]。(31)マイトレーヤよ、もしも言語表現を越えた根源的世界が、形成因たる事物と異なっているとすれば、もはや、それによって言語表現を越えた根源的世界の体得（prativedha）がありうるようなその因（nimitta）も感得されないであろう。それで、マイトレーヤよ、この方法によってもまた、おまえはつぎのように知るべきである。『言語表現を越えた根源的世界は、それに対してこれは物体であるとか……ないし仏法であるというこの偶然的命名が付加される、その形成因たる事物と異なるものでもなく、またそれと異ならないものでもない』と。」

(32)マイトレーヤが申しあげた。「世尊よ、もしも、言語表現を越えた根源的世界にかかわって智慧を行使しつつある菩薩大士が、それに対してこれは物体であるとか……ないし仏法であるというこの偶然的命名が付加される、その形成因たる事物を感得しないとすれば、世尊よ、それは、存在しているもの（vidyamāna）が感得されないのでしょうか、あるいはまた存在していないもの（avidyamāna）が感得されないのでしょうか。」

(33)このようにいわれて、世尊はマイトレーヤ菩薩大士につぎのように言った。「実に、マイトレーヤよ、その形成因たる事物はいかなる存在性（vidyamānatā）でもなく、また非存在性（avidyamānatā）でもない。どうしてかといえば、マイトレーヤよ、おまえが形成因たる事物を分別している場合には、その形成因たる事物は、分別による（vi-kalpataḥ）把握（grahaṇa）になるし、あるいはまた、言語表現を超えた根源的世界にかかわって智慧を行使しつつあるおまえが、〔それを〕分別しない場合には、〔それは〕無分別による（nirvikalpataḥ）把握になるからである。」

(34)マイトレーヤが申しあげた。「そのとおりです、世尊よ。」

(35)世尊は言った。「しかし、マイトレーヤよ、そうであるならば、これ、すなわち、それに対してこれは物体であるとか……ないし仏法であるというこの偶然的命名が付加される形成因としての事物は単なる分別にすぎないではないか。それが単なる分別にすぎず、あるいはまた無分別の根源的世界にあるものが分別を離れているとき、それに対してこれは物体であるとか……ないし仏法であるというこの偶然的命名が付加される、そのものについて、いかなる存在性（vidyamānatā）あるいは非存在性（avidyamānatā）が感得されようか。」

Ⅳ もののあり方に関する三種の様相[45]

(36)マイトレーヤが申しあげた、「世尊よ、智慧の完成について実践し、もののあり方の区分[46]に関する熟練（法差別善巧、dharma-prabheda-kauśalya）を行っている菩薩大士は、いくつの様相（ākāra）によって、物体の区分設定（差別施設、prabheda-prajñapti）……ないし仏法の区分設定を理解すべき（anugantavya）でしょうか。」

(37)世尊は言った。[47]「マイトレーヤよ、智慧の完成について実践し、もののあり方の区分に関する熟練を行っている菩薩大士は、三種の様相によって、物体の区分設定（rūpa-prabheda-prajñapti）……ないし仏法の区分設定（buddha-dharma-prabheda-prajñapti）を理解すべきである。すなわち、これは仮構された物体（parikalpitaṃ rūpam）であり、これは分別された物体（vikalpitaṃ rūpam）であり、これはものの本性（法性）としての物体（dharmatā-rūpa）である、……ないし、これは仮構された仏法であり、これは分別された仏法であり、これはものの本性としての仏法である、と。[48]」

(38)マイトレーヤが申しあげた。「世尊よ、仮構された物体とはなんでしょうか、分別された物体とはなんでしょうか、ものの本性としての物体とはなんでしょうか、……ないし、仮構された仏法とはなんでしょうか、分別された仏法とはなんでしょうか、ものの本性としての仏法とはなんでしょうか。」

(39)世尊は言った。[49]「マイトレーヤよ、その形成因たる事物に対して、物体であるといって、名称・表象・符牒・概念・言葉に依って、物体の自性としての仮構（parikalpanā）がある、これが仮構された物体（parikalpitaṃ rūpam）である、……ないし、これが仮構された仏法（parikalpitā buddha-dharmāḥ）である。(40)また、その形成因たる事物にとって、単なる分別にすぎないものの本性（vikalpa-mātra-dharmatā）に対する限定性（avasthānatā）があり、分別を条件とする言語表現性（vikalpa-pratītyâbhilapanatā）があれば、それに対して物体であるとか……ないし仏法であるというこの名称・表象・符牒・概念・言葉があるわけで、これが分別された物体（vikalpitaṃ rūpam）……ないし分別された仏法（vikalpitā buddha-dharmāḥ）である。(41)如来（tathāgata）たちが現われても現われなくとも、この様々なもののあり方の本性（諸法実相、dharmāṇāṃ dharmatā）・ものの確定性（法住性、dharma-sthititā）・ものの根源的世界（法界、dharma-dhātu）は確定したものであり[50]、かの仮構された物体のゆえに、分別された物体が永久に（nityaṃ nitya-kālam）・永遠に（dhruvaṃ dhruva-kālam）[51]無自性（niḥsvabhāvatā）であり[52]、固定的実体のないもの（法無我、dharma-nairātmya）であり、あるがまま（真如、tathatā）であり、究極の真実（実際、bhūta-koṭi）であること、これがものの本性としての物体（dharmatā-rūpa）であり、ないし〔ものの本性としての〕仏法である。」

(42)マイトレーヤが申しあげた。「世尊よ、これら三種の物体のうち、どの物体が無実体なもの（adravya）と考察されるべきでしょうか、どれが有実体なもの（sadravya）と考察されるべきでしょうか、どれが無実体なものでもなく有実体なものでもなく、最高の実在によって特徴づけられたもの（paramārtha-prabhāvita）と考察されるべきでしょうか、……ないし、三種の仏法のうち、どれが無実体なものと考察されるべきでしょうか、どれが有実体なものと考察されるべきでしょうか、どれが無実体なものでもなく有実体なものでもなく、最高の実在によって特徴づけられたものと考察されるべきでしょうか。」

(43)世尊は言った。「マイトレーヤよ、仮構された物体なるもの、これが無実体なものと考察されるべきである。(44)

この分別された物体なるものは分別（vikalpa）なる有実体性（sadravyatā）に基づいたものであるから[53]有実体なものと考察されるべきであるが、しかしそれ自体で起るものとして（svatantra-vṛttitaḥ）〔考察されるべきでは〕ない、

(45)ものの本性としての物体なるもの、それが無実体なものでもなく有実体なものでもなく、最高の実在によって特徴づけられたものと考察されるべきである。……ないし、マイトレーヤよ、ものの本性としての仏法なるもの、それが無実体なものでもなく有実体なものでもなく、最高の実在によって特徴づけられたものと考察されるべきである。」

(46)マイトレーヤが申しあげた。「世尊よ、物体であるとか……ないし仏法であるというのは無二のもの（advaya）を数えたのであると世尊は説かれたが、それで、このように物体の区分設定……ないし仏法の区分設定がある場合には、なにを意図して（saṃdhāya）、世尊は、物体であるというのは無二のものを数えたのであり、……ないし仏法であるというのは無二のものを数えたのであると説明した（nirdiṣṭa）のでしょうか。」

(47)世尊は言った。[54]「マイトレーヤよ、おまえはこれをどう思うか。仮構された物体における無実体性（adravyatā）が物体（rūpa）なのかあるいはそうではないのか。」

(48)〔彼は言った。〕「そうではありません、世尊よ。」

(49)〔世尊は言った。〕「では、また、それに対してなされる物体であるという単なる名称・表象・概念・言葉にすぎないものが物体であるのかどうか。」

(50)彼は言った。「そうではありません、世尊よ。」

(51)〔世尊は言った。〕「それで、マイトレーヤよ、この方法によってもまたつぎのように知るべきである。『仮構された物体は物体（rūpa）でもなく非物体（arūpa）でもない。また物体でも非物体でもないものは無二のもの（advaya）である。これを意図して、わたしは、これは物体であるというのは無二のものを数えたのであると説いたのである』と。」

(52)マイトレーヤよ、おまえはこれをどう思うか。分別された物体の有実体性（sadravyatā）であって、それに基づいて物体であるという名称・表象・概念・言葉がおこるものがその物体であるのかどうか。」
(53)彼は言った。「そうではありません、世尊よ。」
(54)〔世尊は言った。〕「マイトレーヤよ、おまえはこれをどう思うか。仮構された物体である因によって、分別された[55]物体が、その自性をもっており、その特質をもっていることが、物体であるのかどうか。[56]」
(55)彼は言った。「そうではありません、世尊よ。」
(56)〔世尊は言った。〕「それで、マイトレーヤよ、この方法によってもまたおまえはつぎのように知るべきである。『分別された物体は物体でもなく非物体でもない。また物体でも非物体でもないものは無二のものである。これを意図して、わたしは、これは物体であるというのは無二のものを数えたのであると説いたのである』と。」
(56)′マイトレーヤよ、[57]おまえはこれをどう思うか。ものの本性としての物体が、固定的実体のないこと（無我、nairātmya）によって特徴づけられていることが物体であるのかどうか。」
(57)彼は言った。「そうではありません、世尊よ。」
(58)〔世尊は言った。〕「また、このように、ものの本性としての物体（dharmatā-rūpa）が、物体というものの本性であること（rūpa-dharmatā）が物体であるのかどうか。」
(59)彼は言った。「そうではありません、世尊よ。」
(60)〔世尊は言った。〕「それで、マイトレーヤよ、この方法によってもまたつぎのように知るべきである。『ものの本性としての物体は物体でもなく非物体でもない。また物体でも非物体でもないものは無二のものである。これを意図して、わたしは、これは物体である、……ないし仏法であるなどといわれることについてなさるべきこと〔すべては〕無二のものを数えたのであると説いたのである』と。」

V　遍知・捨断・現証・修習の特質

(61)マイトレーヤが申しあげた。「世尊よ、智慧の完成について実践し、物体についてこのように無二の特質（advaya-lakṣaṇa）に熟練（善巧、kuśala）し、……ないし、仏法についてこのように無二の特質に熟練し、両極端（anta-dvaya）を離れて中道（madhyamāṃ pratipadam）を完遂した（pratipanna）菩薩大士にとって、遍知の特質（lakṣaṇa-parijñā）とはいかなるもの、捨断の特質（lakṣaṇa-prahāṇa）とはいかなるもの、現証の特質（lakṣaṇa-sākṣāt-kriyā）とはいかなるもの、修習の特質（lakṣaṇa-bhāvanā）[58]とはいかなるものであると考察されるべきでしょうか。」

(62)世尊は言った。「マイトレーヤよ、智慧の完成について実践し、両極端を離れて中道を完遂した菩薩大士にとって、物体は遍知でもなく遍知でないものでもないが、これこそまさに彼の遍知である、……ないし、仏法は遍知でもなく遍知でないものでもないが、これこそまさに彼の遍知である。(63)物体は捨断でもなく捨断でないものでもないが、これこそまさに彼の捨断である、……ないし仏法は捨断でもなく捨断でないものでもないが、これこそまさに彼の捨断である。(64)物体は現証でもなく現証でないものでもないが、これこそまさに彼の現証である、……ないし、仏法は現証でもなく現証でないものでもないが、これこそまさに彼の現証である。(65)物体は捨断する〔実践〕道の修習でもなく修習でないものでもないが、これこそまさに彼の修習である、……ないし、仏法は捨断する〔実践〕道の修習でもなく修習でないものでもないが、これこそ彼の修習である。」

VI　菩薩の涅槃

(66)マイトレーヤが申しあげた。「世尊よ、智慧の完成について実践し、このように遍知と捨断と現証と修習とを具備した菩薩大士の涅槃とはどのようなものでしょうか。」

(67)世尊は言った。「マイトレーヤよ、菩薩大士たちの涅槃は深奥であり（甚深、gambhīra）、最高に深奥である（parama-gambhīra）。」

(68)マイトレーヤが申しあげた。「どんな理由によって、菩薩大士たちの涅槃はこのように深奥であり、最高に深奥なのでしょうか。」

(69)世尊は言った。「マイトレーヤよ、菩薩たちの涅槃は涅槃（nirvāṇa）でもなく涅槃でないもの（anirvāṇa）でもないが、それゆえ、深奥で最高に深奥なものといわれるのである。」

(70)マイトレーヤは申しあげた。「世尊よ、どうして菩薩たちの〔涅槃は〕涅槃でもなく涅槃でないものでもないのでしょうか。」

(71)世尊は言った。「マイトレーヤよ、他人の利益（parârtha）に依拠して（ārabhya）輪廻（saṃsāra）を捨てないことは涅槃ではなく、自分の利益（ātmârtha）に依拠して涅槃を捨てないことは涅槃でないものではない〔からである〕。」

(72)マイトレーヤは申しあげた。「世尊よ、もしも菩薩大士が他人の利益に依拠して輪廻を捨てないならば、輪廻を捨てないのですから、どうして彼は〔逆に〕涅槃を捨ててしまわないのでしょうか。(73)世尊よ、もしも菩薩大士が自分の利益に依拠して涅槃を捨てないならば、涅槃を捨てないのですから、どうして彼は〔逆に〕輪廻を捨ててしまわないのでしょうか。」

(74)世尊は言った。「マイトレーヤよ、この場合、智慧の完成について実践する菩薩大士は、輪廻であっても輪廻として分別することなく、涅槃であっても涅槃として分別することがないが、(75)このように彼が分別しない場合には、これ、すなわち輪廻と涅槃とは平等なのである。それはどうしてか。彼が輪廻を輪廻として分別しないときには輪廻を厭わず（nôdvijati）、同様に涅槃を涅槃として分別しないときには涅槃を厭わない。このように無分別の根源的世界（avikalpa-dhātu）に定住した（pratiṣṭhita）ものは、この道理のゆえに、輪廻を捨てることもなく、涅槃を捨てることもないと知られるべきである。」
(76)マイトレーヤが申しあげた。「世尊よ、智慧の完成について実践し、無分別の根源的世界に定住した菩薩大士にとって、輪廻が、捨てられない(na tyaktaḥ)と同様に、取られない(nâdattaḥ)ものであるなら、どうして捨てられないもの(atyakta)なのでしょうか。涅槃が、捨てられないと同様に、取られないものであるなら、どうして捨てられないものなのでしょうか。」
(77)世尊は言った。「マイトレーヤよ、わたしは、このように輪廻の取得(ādāna)[59]も不取得(anādāna)も説かないし、このように涅槃の取得も不取得も説かない。(78)しかしながら、マイトレーヤよ、智慧の完成について実践する菩薩大士が、無分別の根源的世界を境界とする(ālambana)智(jñāna)によって心の自在(citta-vaśitā)を獲得して、十方世界(daśa-diśi loke)のガンジス河の砂ほどの世界において、方便の熟練(upāya-kauśalya)によって輪廻のうちに示現すること(saṃdarśana)に基づいて、わたしは、完全に涅槃した菩薩大士たちは輪廻を捨てないと説いたのであり、(79)空性にして不可得な根源的世界(śūnyatânupalambha-dhātu)に定住していることに基づいて、わたしは〔彼らが〕涅槃を捨てないと説いたのである。」
(80)マイトレーヤが申しあげた。「世尊よ、無分別(avikalpanā)の要約された特質(samasta-lakṣaṇa)はどのように考察されるべきでしょうか。」
(81)世尊は言った。「マイトレーヤよ、物体(rūpa)……ないし仏法(buddha-dharma)および物体の空性(rūpasya śūnyatā)……ないし仏法の空性(buddha-dharmāṇāṃ śūnyatā)、それら様々なもののあり方およびその空性は存在と非存在の無二性(bhāvâbhāvâdvayatā)であり、あるいは無戯論(aprapañcanā)であるが、このことが、マイトレーヤよ、無分別の要約された特質であると考察されるべきである。」

VII　種姓の問題

(82)マイトレーヤは申しあげた。「世尊よ、すべての声聞（śrāvaka）たちが涅槃に定住すること（nirvāṇa-pratiṣṭhā）は絶対的に決ったもの（ekāṃśenâikāṃśikī）なのかどうでしょうか。」

(83)世尊は言った。「マイトレーヤよ、そうではない。それはなぜか。なぜなら、マイトレーヤよ、この世界は様々な素質の根源をもち（nānā-dhātuka）、種々の素質の根源をもつもの（aneka-dhātuka）[60]であって、その様々な素質の根源において、生存する（bhūta）生あるものの家系（有情種姓、sattva-gotra）など[61]が感得される。(84)マイトレーヤよ、生あるものたちのなかには、最初から勝れた殊別（praṇītaṃ viśeṣam）を追求し勝れた殊別だけを理解する（adhigacchati）家系の生まれつきのもの（gotra-jāti）もいる。(85)また、最初から劣った殊別（hīnaṃ viśeṣam）だけを追求し劣った殊別を理解し、それのみで満足する家系の生まれつきのものもいる。(86)また、最初から劣った殊別を追求し劣った殊別だけを理解するが、それのみで満足せず、そのためにさらに勝れた殊別を追求し勝れた殊別を理解する家系の生まれつきのものもいる。」

(87)マイトレーヤが申しあげた。「世尊よ、第三の家系の段階（種姓地、gotra-bhūmi）にある生あるもの（sattva）であって、阿羅漢の状態（arhatva）を得て、このうえもない正しい覚りをさらに追求しつつあるが、再び生まれかわっていないもの（anupapadyamāna）[62]は、どのようにして〔それを〕獲得するのでしょうか。世尊は彼の生（upapatti）をさらに前進するものとしては（pratipattyā）[63]明示され（vyākṛta）なかったのです。」

(88)世尊は言った。「マイトレーヤよ、わたしは、彼のために業（karman）と煩悩（kleśa）の力による生を教示しない（na prajñapayāmi）が、しかし、阿羅漢（arhat）のためには不可思議な（acintya）涅槃の岸に達する（nirvāṇa-pāra-gāminī）生（upapatti）を教示したのである。」

(89)マイトレーヤは申しあげた。「稀有なこと（āścarya）です、世尊よ。ないし菩薩大士たちは崇高な志向（udārâśaya）をもち、高潔な覚悟（māhātmyâdhyāśaya）をもっております。そこで〔彼らは〕今や最初から勝れた殊別を追求し勝れた殊別を理解するのです。世尊よ、菩薩大士たちの崇高な志向はどのようなものであり、高潔な覚悟はどのようなものでしょうか。」

(90)世尊は言った。「マイトレーヤよ、菩薩大士は、シャクラ・世界の守護者・転輪王の状態、およびあらゆる種類の世間的栄達を求めず、このうえもない正しい覚りにおける善根（kuśala-mūla）を廻向する（pariṇāmayati）が、それらの状態における無執着なこと（niḥsaṃgatā）および無渇望なこと（niravagrahatā）、これが菩薩大士の崇高な志向である。さらにまた、菩薩大士たちは、その無執着の安楽（asakti-sukha）・無渇望の安楽（anavagraha°）・止息の安楽（nirvṛtti°）をすべての生あるものに共有のものとしようと欲して、すなわち輪廻を捨てないがゆえに、このうえもなく正しい覚りにおける善根を廻向するが、これが彼らの高潔な覚悟であると考察されるべきである。」

(91)そのとき、マイトレーヤ菩薩大士は世尊につぎのように申しあげた。「世尊よ、菩薩の徳性（bodhisattva-dharma）は稀有にして驚くべきもの（āścaryâdbhuta）です。世尊よ、菩薩の学道（bodhisattva-śikṣā）は稀有にして驚くべきものです。稀有にして驚くべきものであるがゆえに、世尊よ、菩薩の徳性を獲得しようと欲する善男（kula-putra）・善女（kula-duhitṛ）はこのうえもない正しい覚りにたいして心をおこすべきであります。」

註

（1） P. ed., No. 732, Phi, 168b1-180a4.

（2） P. ed., No. 731, Di, 243a3-254b2 : No. 5188, Ca, 369a3-380a2.

（3） 以下に示すように、清弁の引用では『般若経（*Shes rab kyi pha rol tu phyin pa*＝*Prajñāpāramitā*）』、無性の引用では『大般若波羅蜜多経（＝*Mahā-Prajñāpāramitā*）』として引かれ、単に『般若経』の一節であることしか示さない。もしこの章が独立の一本として流行していたものとすれば、*Maitreyaparipṛcchā-parivarta* などに相応する名称で引用されたはずである。しかし、その痕跡は現時点ではインドに辿れない。チベット訳 *ADS* 第八三章、*PVS* 第七二章の章名は *Byang chub sems dpa'i slab pa rab tu dbye* (*phye*) *ba* である。チベットにおける問題の呼称は、例えば、Tsong kha pa, *Legs bshad snying po*, P. ed., No. 6142, Nga, 120b8-121a5 など参照。

(4) E. Obermiller, "The Doctrine of Prajñāpāramitā as exposed in the Abhisamayālaṃkāra of Maitreya", *Acta Orientalia*, XI (1932), pp. 97-98 参照。

(5) 山口益『仏教における無と有との対論』(一九四一年、山喜房仏書林、修訂版、一九六四年)、一五〇—一五三頁。なお、同書、三九二—三九三頁において *TJ* 所引の『般若経』の文を和訳にて紹介。

(6) É. Lamotte, *Saṃdhinirmocana Sūtra : L'Explication des Mystères*, Louvain/Paris, 1935, Préface にて無性所引の文を仏訳で紹介 (p. 15) した直後 "Cet extrait de la *Mahāprajñāpāramitā* est important. Avec ses théories des trois caractères et du《Rien-qu'idée》(*vijñaptimātra*), il indique le thème général sur lequel sont venus se greffer les développements du *Saṃdhinirmocana*, du *Laṅkāvatāra* et du *Ghanavyūha* (*sic*) que l'école Yogācāra systématisera dans ses traités." (p. 16) という。〔この引用文の訳は、本書、三五二頁の註番号11を付した箇所に示されている。〕

(7) Lamotte 教授前掲書中ではその典拠に触れていないが、同教授 *La Somme du Grand Véhicule d' Asaṅga*, Louvain, 1938, Tome II, p. 91 では、大正蔵、No. 220＝*Śatasāhasrikā* と示す。しかし、この漠然とした指示は現段階ではなんの根拠もないことが判明した。この無性所引の文を含む「弥勒請問章」は現存漢訳諸本にその対応箇所を見出しえないことがすでに報告されているからである（註10参照）。

なお本稿の目的とは直接関係のないことではあるが、かつて筆者は玄奘訳無性釈論の特質を論じ、玄奘訳のみにあってチベット訳にはない箇所の多くを玄奘加筆と断じたのであるが、この引用箇所については同じ条件下にあるにかかわらず、内容的観点より玄奘加筆の可否を問うことは保留にしておいた（拙稿「MS. に対する Asvabhāva 註釈の特徴——チベット訳を資料として——」、『印仏研』一九—一、四三九頁〔本書、二四二—二四三頁〕参照）。しかるに問題の引用文が玄奘訳『大般若波羅蜜多経』中に認められないことが判明した現時点では、玄奘加筆の可能性が薄まり、玄奘が用いたサンスクリット原本にはかかる経文があったとする方向に向わねばならない。

(8) Shōtarō Iida, "Āgama (Scripture) and Yukti (Reason) in Bhāvaviveka" 金倉博士古稀記念『印度学仏教学論集』(平楽寺書店、一九六六年), pp. 85-91, Point II. The Maitreya Chapter and Bhāvaviveka. この論文を知ったのは服部正明博士の御教示による（一

九七五年五月二十四日、大谷大学における印仏研・学術大会にて)。記して感謝申し上げたい。

(9) E. Conze and Iida Shotaro, ""Maitreya's Questions" in the *Prajñāpāramitā*", *Mélanges d' Indianisme à la Mémoire de Louis Renou*, Paris, 1968. 東大写本、松濤目録 (*A Catalogue of the Sanskrit Manuscripts in the Tokyo University Library*), No. 234 を底本とし Cambridge Add. 1628, 1629 を比較対照した校訂本。

(10) R. Hikata, *Suvikrāntavikrāmi-Paripṛcchā Prajñāpāramitā-Sūtra*, Fukuoka, 1958, Table III (3), n. 1, "This Sk. portion (=Ms. 462a-467a) is missing in each of Ch. MPPSs, but it corresponds to the Tib. Chap. 83* of khri-brgyad-stoṅ-pa, and also to the Chap. 72* of stoṅ-phrag-ñi-śu-lṅa-pa."

(11) Obermiller 教授が Bu ston の仏教史に基づいて "evidently a later production" (*History of Buddhism by Bu-ston*, II, p. 50, n. 335) といったように後世の産物であることは間違いないとしても下限が問題である。漢訳諸本中には存在しないがその一部が玄奘訳無性釈論にあることより、それ以前であるという見当はつく。しかし、この章が『般若経』から『解深密経』へ展開する過程の産物であるとみて『解深密経』以前の成立であるというには論証が必要であろう。

(12) Conze, *The Large Sutra on Rerfect Wisdom with the divisions of the Abhisamayālaṅkāra*, University of California Press, Berkeley, Los Angeles, London, 1975, pp. 644-652.

(13) 物体 (rūpa) 以下ないし本節末尾の仏法 (buddha-dharma) にいたるまでのものは、いわば Abhidharma 的法の分類を列挙したもの。『三十頌』第二〇偈に対する安慧釈に "yena yena vikalpenêti/ yad yad vastu prakalpyate/ ādhyātmikaṃ bāhyaṃ vântaśo yāvad buddha-dharmā api/" (Lévi ed., p 39, ll. 11-12) といわれる場合には、おそらくここに列挙されたような法が意識されていたとみなければならない。その意味で、一見無味乾燥な列挙ながら重要なものである。

(14) 以上、存在の基本的範疇たる五蘊 (pañca-skandha)。

(15) 以上、十二処 (dvādaśâyatana)。

(16) 以上、十八界 (aṣṭādaśa-dhātu)。Conze 教授は以上の三範疇を "the five skandhas, the twelve sense fields, the eighteen elements" と意訳す。

(17) 諸感覚機能を器官と対象と認識という三者の接触の方面より把えたもの。*Abhidharmakośabhāṣya* (Pradhan ed.、略号 *AKBh*)、"sparśāḥ ṣaṭ (v. III-30b) cakṣuḥ-saṃsparśo yāvan manaḥ-saṃsparśa iti/ te punaḥ saṃnipāta-jāḥ/ (v. 同上) trayāṇāṃ saṃnipātāj jātā indriyârtha-vijñānānām/" (p. 142, l.21-p. 143, l.2) 参照。

(18) 以上、十二支縁起 (dvādaśāṅgaḥ pratītyasamutpādaḥ)。

(19) 以上、四聖諦（catvāry ārya-satyāni）。

(20) 一応「もの」と訳しておいたが、以下すべてに dharma が補われる。以下の分類はもののあり方（dharma）を Abhidharma 的分析において考察する場合の諸概念である。

(21) “rūpaṃ hi sapratighatvāt sarvâudārikam/ arūpiṇāṃ vedanā pracārâudārikatayā”（*AKBh*, p. 15, l.9）.

(22) “ye punar ime aṣṭādaśa dhātava uktās teṣāṃ kati sanidarśanāḥ katy anidarśanāḥ/ sanidarśana eko'tra rūpaṃ (v. I-29a)”（*AKBh*, p. 18, l.24-p. 19, l.1）.

(23) “kati sapratighāḥ katy apratighāḥ/sapratighā daśa rūpiṇaḥ (v. I-29bc)”（*AKBh*, p. 19, ll. 3-5）.

(24) “saṃskṛtā mārga-varjitāḥ/ sāsravāḥ (v. I-4bc)”（*AKBh*, p. 3, ll. 8-9）. “kati sāsravāḥ katy anāsravāḥ/ ......”（*AKBh*, p. 21, l. 21-p. 22, l.1）.

(25) “dharmāṇām idānīṃ kecit paryāyā ucyante/ sāvadyā nivṛtā hīnāḥ kliṣṭā dharmāḥ (v. IV-127ab) kliṣṭānāṃ dharmāṇāṃ sāvadyā nivṛtā hīnā iti paryāyāḥ/ śubhâmalāḥ/ praṇītāḥ (v. IV-127bc) kuśalânāsravāṇāṃ praṇītā iti paryāyaḥ/”（*AKBh*, p. 275, ll.7-12）.

(26) “katy ādhyātmikā dhātavaḥ kati bāhyāḥ ......”（*AKBh*, p. 27, ll.1-6）.

(27) “yac cakṣur-vijñānenânubhūtaṃ tad dṛṣṭam ity uktam/ yac chrotra-vijñānena tac chrutam/ yan mano-vijñānena tat vijñātam/ yat ghrāṇa-jihvā-kāya-vijñānais tan matam/”（*AKBh*, p. 245, ll.14-16）.

(28) “eṣām aṣṭādaśa-dhātūnāṃ kati kuśalāḥ katy akuśalāḥ katy avyākṛtāḥ ......”（*AKBh*, p. 20, ll.4-15）.

(29) eṣām aṣṭādaśa-dhātūnāṃ kati kāma-dhātv-āptāḥ kati rūpa-dhātv-āptāḥ〔katy ārūpya-dhātv-āptāḥ〕......（*AKBh*, p. 20, l.16-p. 21, l.20）. 今の場合、°pratisaṃyukta も °dhātv-āpta も同義。

(30) “śaikṣāṇāṃ dharmāṇāṃ śaikṣâiva prāptiḥ aśaikṣāṇām aśaikṣâiva naivaśaikṣā-nāśaikṣāṇāṃ tu bhedaḥ”（*AKBh*, p. 64, l.24）.

(31) 以上、いわゆる六煩悩（kleśa）。これはむしろ Abhidharma 教学よりも唯識学派で主張されたもの。遅い成立を示唆するか。列挙順はチベット訳三本ともに一致。『三十頌』第一一偈ｃｄ－一二偈ａでは “kleśā rāga-pratigha-mūḍhayaḥ māna-dṛg-vicikitsāś ca” とあり、安慧釈も rāga, pratigha, moha（＝avidyā）, māna, dṛś（＝dṛṣṭi）, vicikitsā の順であるから、本章の場合と moha, māna の順が異なる。因みに *Abhidharmasamuccaya* では “rāgaḥ pratigho māno 'vidyā vicikitsā satkāya-dṛṣṭiḥ”（V. V. Gokhale ed., p. 15, ll. 33-34）とあり、(satkāya-)dṛṣṭi が後置される点が本章と異なる。

なお本校訂本中に dṛṣṭe とあるは dṛṣṭau と正すべきであろうし、viciktsāyāṃとあるのは vicikitsāyāṃのミスプリであろう。

(32) マイナス・プラスのあり方を対にした一群。プラスの方はいわゆる六波羅蜜の徳目が並んでいる。*AKBh* (p. 267) でも六波羅蜜は説かれているが、これらがどういう系統を意識した一群か筆者には未詳。

(33) 同じくマイナス・プラスのあり方を対にした一群であるが、筆者にはどのような性格の一群か未詳。プラスの方は空性・無相・無願にも解しうるが、その場合は浄・不浄がわからない。

しかるにチベット訳三本を対照してみると問題は一応解決するようである。

No. 731, "stong pa nyid dang rnam par rtog pa dang/ mtshan ma med pa dang/ mtshan ma dang/ smon pa med pa dang/ log pa'i smon lam dang/ mi dge ba'i chos dang/ mi rtag pa dang/ sdug bsngal ba dang bdag med pa" (244a2-3).

No. 732, "rnam par rtog pa dang/ stong pa nyid dang/ mtshan ma dang/ mtshan ma ma mchis pa dang/ log pa'i smon lam dang/ smon pa ma mchis pa dang/ mi sdug pa'i chos rnams dang mi rtag pa dang/ sdug bsngal ba dang/ bdag med pa rnams" (169a6-7).

No. 5188, "rnam par rtog pa dang/ stong pa nyid dang/ mtshan ma dang/ mtshan ma ma mchis pa dang/ log pa'i smon lam dang/ smon pa ma mchis pa dang/ sdug pa dang/ mi sdug pa'i chos rnams" (370a3-4).

チベット訳によれば、最後のNo. 5188を除き、この文は二群に分けられている。すなわち、最初の一群はいわゆる「三解脱門」とそのマイナス面、第二群は「四顛倒」に対立するaśubha（不浄）、anitya（無常）、duḥkha（苦）、anātman（無我）である。No. 731とNo. 732とではマイナス方面、プラス方面の列挙順が異なるが、これは前註32の場合でも同様であり、今は内容上問題となることではない。No. 5188が最もよくサンスクリットに合致するが、「三解脱門」は明確に意識して訳されている。

Conze教授は校訂本、英訳中にても上述のことには一切触れない。ただ文中のdharmaが単数か複数かを諸本校合しているにすぎない。チベット訳No. 731, No. 732をとるとすればConze教授の考えるように"śubha-aśubha-dharmeṣu"ではなく、「四顛倒」群すべてにかかる複数のdharmaでなければならない。従ってComp.ではない。

以上、提示された諸群を検討したわけであるが、各群を中心に考えれば飯田教授の示した分節番号はあまり根拠のあるものとはいえない。

(34) Conze教授はそのまま"the Buddhadharmas"とする。『八千頌般若』に"tvam anupūrveṇa buddha-dharmāṇāṃ lābhī bhaviṣyasi" (Vaidya ed., p. 63, ll.19-20) とあり、この仏法を梶山雄一博士は「仏陀の徳性」と和訳し（『八千頌般若経』Ⅰ、大乗仏典2、一五四頁）、その註記（同書、三二九頁、註113）で「仏陀の教え」の意味にもとれるとしている。この場合の'buddha-dharma'もその意味を決定しがたいが、おそらくは「仏陀の徳性」の意に解してよいであろう。因みに、*AKBh*ではbuddha-dharmaの用例が二箇所（p. 1, l.11, p. 411, l.8）みられるが、いずれも「仏陀の徳性」の意味である。後者では明らかに「不共仏法」の意味、前者もYaśomitra の *AKV*, p. 4, l.29 で “buddha-dharmeṣv āveṇik'ādiṣu” と説明されている。

（35） Conze 教授は瑜伽行派に愛用された「単なる名称にすぎない」という表現は『般若経』の古い章句に遡れると註す。

（36） Conze 教授は “the sign of something conditioned” と訳す。後に vastu と同格で扱われることから分るように、この場合は vastu に基づいて nāman があるとする考えを表明しているので「形成因」と訳した。

（37） “āgantukam etan nāmadheyaṃ prakṣiptam” という表現につき、Conze 教授は『八千頌』“āgantukam etan nāmadheyaṃ prakṣiptam/ avastukam etan nāmadheyaṃ prakṣiptam/ anātmīyam etan nāmadheyaṃ prakṣiptam/ anārambaṇam etan nāmadheyaṃ prakṣiptaṃ yad uta sattvaḥ sattva iti/”（Vaidya ed., p. 24, ll.3-4）を参照す。またその Haribhadra 註で prakṣiptam は “prakṣiptam adhyāropitaṃ samvṛti-mātram”（Wogihara ed., p. 179, l.8）と解釈されている。

（38） nāman と vastu の関係については、唯識説では特に「四尋思」「四如実遍智」で問題にされる。例えば、『荘厳経論』に “tatra nāmno vastuny āgantukatva-paryeṣaṇā ......”（Lévi ed., p. 168, l.21 以下）。なおこの箇所の訳文については補註1参照。

（39） Conze 教授は “the conviction, the assignment, the recognition” と訳し、さらに註を付す（校訂本、p. 235, n. d、英訳、n. 5）。チベット訳 No. 5188 には yang dag par rtogs pa, rab tu rtogs pa, so so yang dag par rig pa とある。しかるに Nos. 731, 732 はかなりの増広があり対応が明確でないが、No. 731 では yid ches pa, khong du chud pa, so so rig pa、No. 732 では rig pa, rtogs pa,'tshal ba がこれら三語に対応するかと思われる。

（40） チベット訳 No. 5188, “rnam pa thams cad du mtshan nyid thams cad kyis（いかなるありかたにおいてもいかなる特質によっても）”（372a6）。答えを考慮すればこの理解の方がいい。

（41） 拙稿「唯識説における法と法性」（『駒沢大学仏教学部論集』第五号）一七八頁〔『唯識考』、六八三頁〕、註41参照。

（42） Conze 教授が Dezhung Rinpoche の説明として the *dharmadhātu* と註するがごとく、dhātu＝dharmadhātu＝dharmatā。この場合の dhātu は女性形で扱われる。なお dhātu に関しては前掲拙稿、一八〇―一七九頁〔『唯識考』、六八二―六八三頁〕、註29、32、33参照。

（43） sacet とあるを Conze 教授の指示により katham と読む（校訂本、n. n）。

（44） 分節(30)に対応するチベット文には異同あり。No. 5188, 373a2-6, No. 731, 247b8-248a3, No. 732, 173a4-8 参照。

（45） この章節が特に唯識の三性説と関連して重要である。

（46） dharma-prabheda とは本章の劈頭に列挙されたような、あらゆるもののあり方に関する区分である。以下に示されるのと類似の

dharma の取り扱い方が Asaṅga の *Ahbidharmasamuccaya* に認められる。すなわち蘊・界・処に関する三種の区分であって、その文はすでに指摘しておいた。前掲拙稿、一八四頁〔『唯識考』、六八〇頁〕、註9参照。

(47) この分節(37)以下の文が清弁の *TJ* に引かれる。対応する箇所にそれぞれの分節番号を挿入して示すと次のとおりである。

"'dir smras pa/ de ni shes rab kyi pha rol tu phyin pa las kyang gsungs te/ (37) byams pa byang chub sems dpa' gzugs kyi bye brag gdags pa ni rnam pa gsum gyi〔s〕 khong du chud par bya ste/ 'di lta ste/ 'di ni kun btags pa'i gzugs so// 'di ni rnam par brtags pa'i gzugs so// 'di ni chos nyid kyi gzugs so zhes bya bas so// (38) de la kun btags pa'i gzugs gang zhe na/ (39) gzugs zhes bya ba ni ming dang 'du shes dang/ gdags pa dang/ tha snyad la brten nas gzugs kyi ngo bo nyid du rtog pa gang yin pa de/ (43) de ni rdzas su med do〔//〕(38) de la rnam par btags pa'i gzugs gang zhe na/ (40) rnam par rtog pa la brten nas gang la ming dang/ 'du shes dang/ gdags pa dang/ tha snyad kyi gzugs zhes bya ba la sogs par mngon par brjod pa nyid de/ (44) 'di ni rnam par rtog pa rdzas su yod pa nyid la brten nas rdzas su yod pa yin gyi/ rang dbang du 'jug pa las ni ma yin no// (38) de la chos nyid kyi gzugs gang zhe na/ (41) kun btags pa'i gzugs des rnam par btags pa'i gzugs de la rtag tu ngo bo nyid med pa nyid dang/ chos bdag med pa nyid dang/ yang dag pa'i mtha' la sogs pa gang yin pa ste/ (45) de la rdzas su yod pa yang ma yin la/ rdzas su med pa yang ma yin te/ rnam par btags pa'i don gyis stong pa nyid dang/ rnam par shes pa yod pa'i phyir ro// zhes gsungs so" (*TJ*. P. ed., No. 5256, Dza, 229b3-230a1)

下線の表現は本章中にはみあたらない。

(48) 以上に列挙された parikalpita, vikalpita, dharmatā が順次に三性説の parikalpita, paratantra, pariniṣpanna に相当するものである。なお buddha-dharma の場合は複数で示されるが、ここではあえて訳出しない。以下にても同様。

(49) この分節(39)以下の文が無性釈に引かれる。清弁の場合と同様に対応する分節番号を挿入して示すと次のとおり。

「如大般若波羅蜜多経中亦説、(39)仏告慈氏、若於彼彼行相事中、遍計為色為受為想為行為識乃至為一切仏法、依止名想施設言説、遍計以為諸色自性乃至一切仏法自性、是名遍計所執色乃至遍計所執一切仏法、(40)若復於彼行相事中、唯有分別法性安立、分別為縁、起諸戯論、仮立名想施設言説、謂之為色乃至謂為一切仏法、是名分別色乃至分別一切仏法、(41)若諸如来出現於世若不出世、法性安立法界安立、由彼遍計所執色故、此分別色、於常常時、於恒恒時、是真如性、無自性性、法無我性、実際之性、是名法性色、乃至、由彼遍計所執一切仏法故、此分別一切仏法、於常常時、於恒恒時、乃至是名法性一切仏法」(大正蔵、三一巻、三九九頁中―下)。

(50) "yā utpādād vā tathāgatānām anutpādād vā sthitâivêyaṃ dharmāṇāṃ dharmatā dharma-sthititā dharma-dhātuḥ". 類似の表現については、前註42に掲げた拙稿の同箇所〔の本文、『唯識考』、六六九―六七〇頁〕参照。

(51) dharmāṇāṃ dharmatā に関する類似の表現中、この「永久に・永遠に（nityaṃ nitya-kālaṃ dhruvaṃ dhruva-kālam）」は『解深密経』中に特徴的にあらわれるものである。『解深密経』チベット訳は“rtag pa rtag pa'i dus dang ther zug ther zug gi dus su”（Lamotte ed., p. 52, ll.12-13 or p. 70, ll.13-14）である。本章のチベット訳三本中、No. 5188, 375a7, No. 732, 175a8 はこれと同じ訳語であるが、No. 731, 250a2-3 は“(b)rtag cing rtag pa'i dus brtan zhing brtan pa'i dus su”とある。しかし原語が同じであったことは容易に想像がつく。Lamotte 教授の還元“nityakālaṃ śāśvatakālam”は訂正されるべし。

(52) “tena parikalpita-rūpeṇa tasya vikalpita-rūpasya...... niḥsvabhāvatā......”の文は唯識文献でよく認められる表現、例えば『三十頌』第二一偈、“tasya（=paratantrasya）pūrveṇa（=parikalpitena）rahitatā”などを思わせる。補註2参照。

(53) Conze 教授が示すチベット訳“rnam par rtog pa rdzas su yod pa'i phyir”を参考にして訳した。

(54) これ以下の引用をなす無性釈の文を分節番号を挿入して示すと次のとおり。

「如大般若波羅蜜多経中説、(47)慈氏、於汝意云何、諸遍計所執中、非実有性為色非色、(48)不也、世尊、(49)諸依他起中、唯有名想施設言説性為色非色、(50)不也、世尊、(56)諸円成実中、彼空無我性為色非色、(57)不也、世尊、(51)(56)(60)慈氏、由此門故、応如是知、諸遍計所執性決定非有、諸依他起性唯有名想施設言説、諸円成実空無我性是真実有、我依此故密意説言、彼無二数謂是色等」（大正蔵、三一巻、三八二頁下）。

この玄奘訳では唯識説における三性の用語がはっきりと使用されている。

(55) 左の註に示すようにサンスクリット校訂本では parikalpita とあるも vikalpita として読む。

(56) この一節、サンスクリットとチベット訳三本とでは理解が異なる。

Skt. “yā nimittena (*sic*, tena?) parikalpitena rūpena parikalpitasya (*sic*, vikalpitasya?) rūpasya tat-svabhāvatā sal-lakṣanatâpi (*sic*, tal-lakṣanatâpi?) nu tad rūpam.”

No. 5188, “rnam par brtags pa'i gzugs de nyid la kun tu brtags pa'i gzugs des de'i ngo bo nyid ma yin zhing de'i mtshan nyid ma yin pa gang yin pa de gzugs yin nam/”（376b3-4）.

No. 731, “rnam par brtags pa'i gzugs de nyid la yongs su brtags pa'i gzugs kyi ngo bo nyid med pa dang/ de'i mtshan nyid ma yin pa gang yin pa de ci gzugs yin nam/”（251a7）.

No. 732, “rnam par rtags pa'i gzugs de nyid la kun rtags pa'i gzugs des/ de'i ngo bo nyid ma yin zhing/ de'i mtshan nyid ma yin pa gang yin pa de gzugs yin nam/”（176b5-6）.

これは前註52で示した表現と類似する点より、dharmatā にかかわるものとすれば、Tib. のように「その無自性、無特質」という理解がよい。しかるに、後註57で示す対応関係より、vikalpita を主題とすると解せば、Skt. も可。補註2参照。

(57) 飯田教授はこの箇所を分節しないが、不当。この前後は次のような対応関係にある。(47)：(48)：(49)：(50)：(51)＝(52)：(53)：(54)：(55)：(56)＝(56)′：(57)：(58)：(59)：(60)という関係であり、それぞれ parikalpita, vikalpita, dharmatā に関することをテーマとしている。

(58) 以上の四語については、前掲拙稿、一八三頁〔『唯識考』、六八一頁〕、註18参照。

(59) テキストには saṃsārasya..... mokṣaṇam とある。Conze 教授の註するチベット訳 len to、および下の類似の表現により、saṃsārasya..... ādānam と読む。

(60) この箇所につき、Conze 教授は dhātu＝kula＝gotra とし、"this world has beings of various dispositions, of maniforld dispositions" と英訳する。これを参考に訳した。

(61) テキストには prabhṛtayaḥ とあり、今はこれに従ったが、Conze 教授の註するところによれば、チベット訳は rang bzhin mang du＝bahu-prakṛtayaḥ である。

(62) 筆者に未詳。Conze 教授が "without ever being reborn again" と英訳するのを参考にして訳す。

(63) 同じく筆者未詳。Conze 教授の "(be necessary to) enable him to make further progress" を参考にして訳す。なお最後の章節の主題である gotra については補註3参照。

（一九七五年七月十七日）

(補註1) Skt. は "tena saṃskāra-nimittena vastuni rūpam ity etasmin nāmni rūpam iti ....." とあるが、Tib. 訳、No. 5188 には "du byed kyi mtshan ma'i dngos po des gzugs zhes bya ba'i ming der gzugs zhes bya bar....." (370b7-8) とあることより、vastuni を vastunā とし「その形成因である事物によって、物体であるというこの名称に対して、物体であるという……」と訳す方が可か。

(補註2) 勝呂信静教授は「唯識と法性」（平川博士還暦記念『仏教における法の研究』、春秋社、一九七五年）、二五八頁にて、この paratantra と parikalpita の関係について数例を挙げて検討。なお唯識説におけるこの関係の解釈については上田義文博士『仏教思想史研究』第一章第二節、真如の項（特に三八―五一頁）参照。唯識説においては、paratantra (gen.) が parikalpita (instr.) を離れており、それが pariniṣpanna であるという理解になる。前註52の場合も vikalpita (gen.) が parikalpita (instr.) を離れている＝無自性であると読みうる。しかるに、前註56に示した tena と思われる箇所に nimittena ともあるので、一応理由の意味にとって訳した。なお前註56の場合の理解の相違については上田博士前掲書御指摘のような背景があったかもしれない。

(補註3) 高崎直道博士の関連論文「GOTRABŪ と GOTRABŪMI」（金倉博士古稀記念『印度学仏教学論集』）、三一三―三三六頁、「GOTRABŪMI 覚え書」（『駒沢大学仏教学部研究紀要』第二五号）、一―二七頁、「種姓に安住する菩薩」（中村元博士還暦記念集

『インド思想と仏教』)、二〇七―二二二頁参照。〔高崎博士の上記三論文は、後に、高崎直道『如来蔵思想』II(法蔵館、一九八九年)、二〇九―二三四頁、二三五―二七四頁、三三二―三四九頁に、それぞれ順次に再録されているので参照されたい。〕

回顧と弁明

本拙稿の初出は、『駒仏論』第六号(一九七五年十月)、二一〇―一九〇頁(横)であるが、これが、いわば、「弥勒請問章」の訳註研究であるとすれば、同じ年にものされた、本書の次に第八論文として和訳再録されることになった、原英文論文は、その思想史的考察ともいうべきものであるから、両者を一対のものとして彼此対照して頂ければ幸いである。しかし、それから三十二年も経っているので、特に、本稿の訳註研究の方は、今訳したらこうは訳さないだろうと思う箇所も多いのであるが、和訳箇所については、刊行直後の当時に気づいた誤植を正した以外は、全てそのままとした。註記も、若干の表記統一を試みたほかは、ほとんどそのままであるが、その代り、それ以降に補足すべきと感じたものは、ここに、思い出す限り全て記さんとの覚悟で臨みたい。かつて、山口益博士は、この「弥勒請問章」のことについて、次のごとく、「オバーミラーは、二万五千頌般若の摘要書たる現観荘厳論の研究者ではあったが、その弥勒の請問なる一章に対しては只 Byams-par shus-paḥi leḥu なる西蔵語を与へるのみで、その一章が西蔵大蔵経中の二万五千頌般若に於て云何に位置せられてあるかに就いて何事も記してゐない。大谷大学図書館編西蔵大蔵経勘同録にも編者の綿密なる注意にも拘はらず、またその一章の所在は示されてゐない。それはその一章が現存の西蔵大蔵経中の二万五千頌般若に含まれてゐないと云ふことなのであらうか。」(本稿、註5の山口書、一五二―一五三頁)と記された。一九四一年六月に刊行された御著書の中においてであった。しかるに、ここに言及されている、その当時より十年ほど前の一九三〇―一九三二年の刊行年をもつ同目録には、山口博士は見過されておられたかもしれないが、二一六頁の P. ed., No. 734 の『聖八千般若波羅蜜多』に対する脚註2で次のように記されているのである。当目録は、元の至元年間に編まれた『至元法宝勘同総録』(通称『至元録』)なども参照した綿密な非常に秀れた目録であるが、入手困難な状況でもあるので、ここにその註記の全文をそのまま示しておきたい。〔至〕とあるのは、『至元録』の略である。「〔至〕此會經與蕃本八千頌般若對同。此會比蕃本少常啼法勇囑累慈氏所問四品、前三品却在前第一會中、慈氏所問品全闕といふ。而るに後に註する如く、常啼等三品は四會五會何れにも闕いて居るのであり、擧ぐる所の慈氏所問品なるものは八千頌蕃本にはなく、二萬五千頌の第七十二品、萬八千頌の第八十三品なる分別菩薩學品(この品は慈氏菩薩の所問である)がそれであると推定し得られ、八千頌及び四會にありて五會になき第二十九隨知品のことではないと思はれるから、この五會下の〔至〕の注記は正しくない。」この記載によって、その当時既に、当目録の実質上の著者である櫻部文鏡師によって、『二万五千頌』の第七二章、『一万八千頌』の第八三章が「弥勒請問章」と同定されていたことが、明確に分かるであろう。しかし、私もこのことを、一九九三年に、櫻部建博士に五月十七日付のお葉書を頂戴するまでは全く知らなかったのである。知った時点で私がものした一文は、拙書『仏教教団史論』（大蔵出版、二〇〇二年、初出、一九九三年）、二六九頁、註4として示されているので参照されたい。そこに記した多くのことは、その後、二度にわたって頂いた長文のお手紙とお葉書とによるのであるが、その日付は記さなかったのでここに補えば、お手紙は一九九三年五月二十七日付、お葉書は同年五月三十一日付である。この年の秋が当目録の著者櫻部文鏡師の十三回忌とのお話でもあった。顧みるに、それからでも十四年になるが、更に遡って、再び本稿の出発点であった一九七五年に戻れば、私は櫻部文鏡師の重要な御指摘を見落すという、研究史的にはあってはならないミスを犯しはしたが、問題の章を山口益博士の呼称にほぼ準じて「弥勒請問章」とした上で、本経を巡るその時点での一応の取り纏め的な基礎的な準備は、上記二篇の拙稿を公けにすることによって果しえたのではないかと思う。その後、『二万五千頌般若』ではなく『一万八千頌般若』に対する註釈ではあるが、「弥勒請問章」にも言及のあるラトナーカラシャーンティのそれが、P. S. Jaini, *Sāratamā : A Pañjikā on the Aṣṭasāhasrikā Prajñāpāramitā Sūtra by Ācārya Ratnākaraśānti*, Tibetan Sanskrit Works Series, No. XVIII, K. P. Jayaswal Research Institute, Patna, 1979として出版されたことが注目される。私がこれを入手したのは、実際の出版年からはかなり遅れていたのではないかと思うが、本経に対する引用関説は、*ibid.*, p. 189, l.16–p. 191, l.17でなされており、本稿拙訳のⅣ－Ⅶに相当する要約的引用関説である。その二年後には、Ācārya Khaṅ-dkar Tshul-khrims-skal-bzaṅ, *Byams źus le'u'i 'phros don daṅ bcas pa'i dpyad źib : A thesis on Prajñāpāramitā philosophy based upon the Bodhisattvaśikṣāprabheda*, Western Tibetan Cultural Association, New Delhi, 1981が出版され、私の成果を含む従来の諸成果が、チベット人学僧としての伝統的識見に立脚しながら、紹介された。ツルティムケサン教授は、その後、白館戒雲として日本国籍も取得されて活躍中であるが、ここでは一いち記さないものの、本経に関するその後の邦文論文は、後に示す、片野道雄博士や海野孝憲博士の御著書中に言及されているので参照されたい。次に、松本史朗「Madhyamakāloka の一乗思想――一乗思想の研究(I)――」『曹洞宗研究員研究生研究紀要』第一四号（一九八二年七月）、一一四七頁（横）の二〇頁、四四頁、註105によって、カマラシーラが『中光明』中（D. ed., No. 3887, Sa, 242a1-3）で言及する『般若経』が「弥勒請問章」の(87)のほとんどと(88)全体とに相当するものであることが明らかにされた。その相当箇所の一部を、先の Jaini ed. の価値を知らしむるためにも、そこより引用すれば、"tasya tatprāptaye yā upapattayo na tāḥ karma-kleśa-vaśena/ api tv acintyāṃ nirvāṇa-pāragāminiṃ arhato'py upapattiṃ prajñapayāmi" (p. 191, ll.8-9) となる。しかも、これが菩薩たちの「最初の種姓（性）生（prathamā gotra-jātiḥ)」と言われていることや、その前の(86)に相当する箇所には、Jaini ed. が註15（p. 220）でチベット訳には欠と指摘する直後の文中（p. 191, ll.5-6）には「一向趣寂声聞（śamâikāyanaḥ śrāvakaḥ)」が見えたりしている。その前後の「弥勒請問章」の行りの和訳には、私も「未詳」を連発しているが、今後は、こうしたものを手掛りに再考してみる必要があると思っている。次に、兵藤一夫「Bstan ḥgyur 所収の『二万五千頌般若』についての二・三の問題――特に『現観荘厳論』との関連において――」『日本西蔵学会会報』第三〇号（一九八四年三月）、七―一二頁、特に、九―一一頁によって、『現観荘厳論』を巡るインドとチベットの伝承の中で「弥勒請問章」の位置づけや問題点が明らかにされた。それらからみると、むしろ最近のことに属するが、片野道雄『インド唯識説の研究』（文栄堂書店、一九九八年）と、海野孝憲『インド後期唯識思想の研究』（山喜房仏書林、二〇〇二年）が、両博士の従来の研究成果の集約として公刊され、前者によっては、ツォンカパの『レクシェーニンポ』を中心に「弥勒請問章」のことも考察され、後者の、特に、二〇七頁以下によって、ラトナーカラシャーンティの思想解明の観点から「弥勒請問章」に言及がなされているので、参照されたい。なお、『二万五千頌般若』のサンスクリット原典そのものに関していえば、N. Dutt ed. を引き継ぐ形で一九八六年より刊行が開始された、Takayasu Kimura（木村高尉）, *Pañcaviṃśatisāhasrikā Prajñāpāramitā*, II・III, IV, V, VI~VIII（山喜房仏書林）が二〇〇六年をもってほぼ刊行を完了した。この快挙により、我々は、その最後の同 VI~VIII, pp. 145-157 において、干潟龍祥博士が、本稿、註10で触れた Table の n.1 で指摘されておられた、漢訳にはない「弥勒請問章」箇所相応の一章を『二万五千頌般若』のサンスクリット原典としても読めることになったわけである。ところで、本稿と直接関係することではないが、しかし、本稿の中心課題である「弥勒請問章」を引用し論及もしている有力な論師の一人が『思択炎（*Tarkajvālā*）』の著者、清弁（Bhāviveka or Bhavya）であることが本稿でも明らかである以上、この著者の問題もまた本稿とは無縁ではありえない。しかるに、この問題に関しては、『思択炎（*TJ*）』の著者と、その本頌である『中観心論頌（*Madhyamakahṛdayakārikā, MHK*）』の著者とは同一人ではありえないとの問題が提起されており、今日ではほぼそれが認められつつも、まだ種々議論が展開されていると思うが、「二諦説」や「所知障」という重要な思想的観点からこの問題に切り込んでいる研究者に池田道浩氏がおり、これに関連する論文も多いものの、ここに比較的新しいものを一つだけ示しておけば、池田道浩「*Tarkajvālā* に引用される Candrakīrti の見解」『駒沢短期大学仏教論集』第一二号（二〇〇六年十月）、二八二―二七三頁がある。この、二七六頁、註1、3を参照すれば、著者問題のおよその経緯を知ることができよう。また、斎藤明「バヴィアの規定する madhyamaka とその解釈をめぐって」加藤純章博士還暦記念論集『アビダルマ仏教とインド思想』（春秋社、二〇〇〇年）、二六七―二七九頁の、特に、二七七頁、註2において、本頌の著者をバーヴィヴェーカ（Bhāviveka）とし、その註釈である『思択炎』の著者をバヴィア（Bhavya）とするとの案も示されており、従うべきとも思うが、旧稿の多い本書においては、この提案は全く活かされていないことをお断りしておきたい。

八　史的観点による「弥勒請問章」の一考察

「弥勒請問章（*Byams zhus kyi le'u*）」[1]は、『二万五千頌般若（*Pañcaviṃśatisāhasrikā-prajñāpāramitā*）』チベット訳の第七二章[2]、もしくは『一万八千頌般若（*Aṣṭādaśasāhasrikā-prajñāpāramitā*）』チベット訳の第八三章[3]である。本章は、実修行派（Yogācāra）の三性（svabhāva）、即ち、parikalpita-svabhāva, paratantra-svabhāva, pariniṣpanna-svabhāva に、順次に比定しうる三相（lakṣaṇa）、即ち、parikalpita-lakṣaṇa, vikalpita-lakṣaṇa, dharmatā-lakṣaṇa を取り扱っている。

本章に初めて注目し、三性の観点から『般若経』（＝『二万五千頌』）と『解深密経（*Saṃdhinirmocana-sūtra*）』との関係に言及したのは、E＝オバーミラー（E. Obermiller）教授であった[4]。É＝ラモット（É. Lamotte）教授[5]と山口益博士[6]は、オバーミラー教授の見解を採用し、それに従って、その経文が実際に出ている箇所を特定はできなかったけれども、アスヴァバーヴァ（Asvabhāva、無性）とバーヴィヴェーカ（Bhāviveka、清弁）〔、原の表記では、Bhāvaviveka（バーヴァヴィヴェーカ）〕の『般若経』からの引用を然るべく処理した。

飯田昭太郎教授は、その引用文を「弥勒請問章」にトレースすることに成功し[7]、更に、飯田教授とE＝コンゼ（E. Conze）教授は、序文を伴ったそのサンスクリット原典を公けにされた[8]。これは、チベット訳三本〔上記の『二万五千頌』と『一万八千頌』の二本に論部《テンギュル》所収のP. ed., No. 5188＝D. ed., No. 3790の一本を加えたもの〕中の章もしくは部分に相応するものである。

本稿において、我々は、「弥勒請問章」を、上述した最近の成果に基づきながら、実修行派における三性説という史的観点から精査するであろう。[9]

一

漢訳（玄奘訳）にのみ現存しているアスヴァバーヴァの引用文[10]に関して、ラモット教授は次のように述べている。

> その『大般若波羅蜜多経（*Mahāprajñāpāramitā*）』からの引用文は重要である。それは、その三性説と唯識（vijñaptimātra）説とによって、そこに『解深密経』や『入楞伽経（*Laṅkāvatāra*）』や『密厳経（*Ghanavyūha*《ママ》）』の展開が加えられるようになった一般的主題を指示しており、これらの経を実修行学派は彼らの論書中で体系化することになったのである。[11]

これは、実修行派の思想の歴史的展開に関する秀れた観点であるけれども、その引用文の性格を評価する前に、その引用がなされたと思われる当の「弥勒請問章」の出現の時期を検討する必要がある。なぜなら、現在の状況下では、「弥勒請問章」が『解深密経』以前に存在していたということは自明のことではないからである。

「弥勒請問章」は、ラモット教授が指摘している[12]『大般若波羅蜜多経』の玄奘訳に欠如しているだけではなく、他の漢訳中にも欠如している。[13]それゆえ、我々はその年代を確かめる最良の方法を欠いていることになる。そこで今のところ、「弥勒請問章」相当の文言よりの最古の引用文を示すアスヴァバーヴァ（無性）の『摂大乗論会釈（*Mahāyānasaṃgrahopanibandhana*）』の玄奘訳[14]をもって出発する以外に方法はない。これらの引用文によれば、「弥勒請問章」は既に五世紀には存在していたと推測することが充分に可能かもしれない。というのも、アスヴァバーヴァは、紀元四五〇—五三〇年に生存したのではないかと言われているからである。[15]

この推測は、バーヴィヴェーカの引用文[16]によっても確認されるかもしれない。その引用文に対する彼の姿勢より判断して、バーヴィヴェーカは、「弥勒請問章」が彼の専ら拒否する三性説を示唆しているにもかかわらず、彼が『思択炎（*Tarkajvālā*）』を著わした時には、『般若経』中に「弥勒請問章」が存在することを認めていたにちがいない。もしも、「弥勒請問章」が彼の時代に挿入された[17]とするならば、たとえ彼が全ての経証（āgama、聖典）を知識根拠（pramāṇa、量）として扱ってその正しい意味を理証（yukti、論理）によって説明した[18]としても、彼はその〔「弥勒請問章」の〕経証としての真正さを否定したであろう。それゆえ、「弥勒請問章」の存在は、バーヴィヴェーカ（五〇〇—五七〇[19]）の数世代前、即ち、五世紀に遡ることができるのである。

二

しかし、「弥勒請問章」が『解深密経』以前に存在したかどうかという問題はまだ解決されずに残っている。ここで、アサンガが『般若経』文献における三相（lakṣaṇa）の出現を前提としていたと思われる文言に注目することは興味深いことであろう。というのも、彼は、時代的にも教義的にも『解深密経』とは極めて親密な関係にあったからである。[20]その文言は、彼の『阿毘達磨集論（*Abhidharmasamuccaya*）』に見出される。それは次のとおりである。

api khalu samāsataḥ skandha-dhātv-āyatanānāṃ prabhedas trividhaḥ, parikalpita-lakṣaṇa-prabhedaḥ, vikalpita-lakṣaṇa-prabhedaḥ, dharmatā-lakṣaṇa-prabhedaś ca// tatra parikalpita-lakṣaṇa-prabhedaḥ katamaḥ/ skandha-dhātv-āyataneṣv ātmêti vā sattvo jīvo jantuḥ poṣaḥ pudgalo manujo mānava iti vā yat parikalpyate// vikalpita-lakṣaṇa-prabhedaḥ katamaḥ/ tāny eva skandha-dhātv-āyatanāni// dharmatā-lakṣaṇa-prabhedaḥ katamaḥ/ teṣv eva skandha-dhātv-āyataneṣv ātmâbhāvaḥ, sattva-jīva-jantu-poṣa-pudgala-manuja-mānavâbhāvaḥ, nairātmyâstitā//[21]

この文言中で、アサンガは、明らかに、『般若経』における「弥勒請問章」の"dharma-prabheda[22]（法差別）"と同じ主題の下に、三相、即ち、parikalpita-lakṣaṇa, vikalpita-lakṣaṇa, dharmatā-lakṣaṇa を扱っている。[23] そのほかに、三相の説明中に用いられる一連の用語、ātman, sattva, jīva, jantu, poṣa, pudgala, manuja, mānava は、『般若経』文献[24]の表現中にもしばしば見出されるものである。かくして、アサンガは、『阿毘達磨集論』を著わした時に、「弥勒請問章」と類似したなんらかの形態における『般若経』に極めて精通していたのではないかと思われる。

アサンガはまた、彼の『摂大乗論（*Mahāyānasaṃgraha*）』中では次のように述べている。

de dag（＝dharmāḥ）kyang gnas kyi mtshan nyid（āśraya-lakṣaṇa）dang/ kun brtags pa'i mtshan nyid (parikalpita-lakṣaṇa) dang/ chos nyid kyi mtshan nyid (dharmatā-lakṣaṇa) do// 'dis ni ngo bo nyid gsum (tri-svabhāva) gyi mtshan nyid bstan pa yin te/[25]

この文言もまた、三相（lakṣaṇa）説[26]が、三性（svabhāva）説が確立される以前、即ち、アサンガ以前に存在していたということを示唆している。[27]

上述の件に似た事例は、『中辺分別論（*Madhyāntavibhāgabhāṣya*）』においても認められる。その文言は長めに引くに値しよう。

kathaṃ idaṃ daśavidhaṃ kauśalya-tattvaṃ mūla-tattve 'ntarbhavati/ yatas triṣu svabhāveṣu te skandhâdayo 'ntarbhūtāḥ/ katham antarbhūtāḥ/

parikalpa-vikalpârtha-dharmatârthena teṣu te// III. 16.

trividhaṃ rūpaṃ parikalpitaṃ rūpaṃ yo rūpasya parikalpitaḥ svabhāvaḥ/ vikalpitaṃ rūpaṃ yo rūpasya paratantraḥ svabhāvas tatra hi rūpa-vikalpaḥ kriyate/ dharmatā-rūpaṃ yo rūpasya pariniṣpannaḥ svabhāvaḥ/ yathā rūpam evaṃ vedanâdayaḥ skandhāḥ dhātv-āyatanâdayaś ca yojyāḥ/ evan triṣu svabhāveṣu skandhâdīnām antarbhāvād daśavidhaṃ kauśalya-tattvaṃ mūla-tattva eva draṣṭavyaṃ/[28]

三性説による蘊（skandha）などのような説明は、まさに、三相説が蘊など即ち法の差別（dharma-prabheda）に関して説示されているという前提に立ってこそ可能であったろう。この点において、「弥勒請問章」が、色（rūpa）などより仏法（buddha-dharma）に至るまで[29]のこと（＝『中辺分別論』における蘊界処）と関連させて相（lakṣaṇa）を明示していることは非常に興味深い。

三

しかしながら、以上の考察の結果からは、「弥勒請問章」がアサンガやヴァスバンドゥ（＝『阿毘達磨集論』『摂大乗論』『中辺分別論』）よりも早くに存在していたことは推測できるかもしれないにせよ、「弥勒請問章」が『解深密経』よりも時代的に先行していたと決定することはできない。

それゆえ、そのような決定とは別個に、我々はまず、「弥勒請問章」を『解深密経』と比較してみることにしよう。そして、もしそれらを注意深く吟味するならば、両者が、語彙や文体や教義内容において互いに類似しているという事実にだれも異議を懐かないであろう。以下には、かかる類似性の典型的な例を示してみることにしよう。

「弥勒請問章」

yā utpādād vā tathāgatānāṃ anutpādād vā sthitâivêyaṃ dharmāṇāṃ dharmatā dharma-sthititā dharma-dhātur yat tena parikalpita-rūpeṇa tasya vikalpita-rūpasya nityaṃ nitya-kālaṃ dhruvaṃ dhruva-kālaṃ niḥsvabhāvatā dharma-nairātmyan tathatā bhūtakoṭir idaṃ dharmatā-rūpam.....ime yāvad buddha-dharmāḥ(30)

『解深密経』

de bzhin gshegs pa rnams byung yang rung ma byung yang rung ste/ rtag pa rtag pa'i dus dang ther zug ther zug gi dus su chos gnas par bya ba'i phyir chos rnams kyi chos nyid dbyings de ni rnam par gnas pa kho na yin pa(31)

de lta bur ni gzhan gyi dbang gi mtshan nyid de(/) kun brtags pa'i mtshan nyid der rtag pa rtag pa'i dus dang/ ther zug ther zug gi dus su yongs su ma grub cing ngo bo nyid med pa nyid kyis yongs su grub pa'i mtshan nyid blta bar bya'o//(32)

右『解深密経』のサンスクリット還元(33)

yā utpādād vā tathāgatānām anutpādād vā nityaṃ nitya-kālaṃ dhruvaṃ dhruva-kālaṃ(34) dharma-sthāpanāya sthitâivêyaṃ dharmāṇāṃ dharmatā dhātuḥ.

evaṃ yat tena parikalpita-lakṣaṇena tasya paratantra-lakṣaṇasya(35) nityaṃ nitya-kālaṃ dhruvaṃ dhruva-kālaṃ(34) apariniṣpannatvaṃ niḥsvabhāvatā idaṃ pariniṣpanna-lakṣaṇaṃ draṣṭavyam.

両者の類似性についてはもはやいかなる説明も不要であろうが、ここでは、『解深密経』に特有な "nityaṃ nitya-kālaṃ dhruvaṃ dhruva-kālam" という、「弥勒請問章」にも見出される表現にだけ注意を促しておこう。

しかしながら、それらの間にあるその密接な類似性も「弥勒請問章」の『解深密経』に対する先行性を保証することはできない。それどころか、それは、逆に、前者が後者の影響下に作成され、それがアサンガに接近したある時期に『般若経』文献（『二万五千頌』あるいは『一万八千頌』）中に挿入されたという可能性さえ強めるかもしれない。それを決定するためには、「弥勒請問章」が『般若経』と『解深密経』とのいずれにより類似しているかということが(36)

重要である。この点において、「弥勒請問章」を、『般若経』と『現観荘厳論（*Abhisamayālaṃkāra*）』という文献の歴史的展開の観点からも吟味することが必要となる。そこでは、「弥勒請問章」の末尾に示される「種性（gotra）」の問題も主導的役割を演じているかもしれないのである。

四

しかし、今はかかる問題を論じる余白も能力もないので、以下には、『現観荘厳論』文献の中における「弥勒請問章」に対する若干の言及のみを示しておくことにしたい[37]。

「弥勒請問章」は、コンゼ教授によれば、『現観荘厳論』の第八章第五節第二一段と第八章第五節第二二段との間に挟まれるように指摘されているが[38]、ラトナーカラシャーンティ（Ratnākaraśānti）によれば、第八章第五節第二二段に属するのである。

『現観荘厳論』の分節	『現観荘厳論』用『二万五千頌』チベット訳、P. ed., No. 5188, Ca	ラトナーカラシャーンティの *Śuddhamatī* チベット訳、P. ed., No. 5199, Ta
VIII 5, 21 satya-darśana	(367a3-369a3) 〔..... bden pa mthong ba la dgod pa'i phrin las yin no//〕	mngom par rdzogs par sangs rgyas nas zhes bya ba nas/ sems can rnams la chos ston to zhes bya ba'i bar gyis ni bden pa mthong ba la 'god pa'i las so// (235b1-2)

	* (369a3-380a2)	de nas tshe dang ldan pa rab 'byor gyis zhes bya ba nas dngos po las rnam par 'grel to zhes bya ba'i bar gyis ni phyin ci log spangs pa la 'god pa'i las so// (235b2-3)
VIII 5, 22 viparyāsa-prahāṇa	(380a2-382a7) *＝「弥勒請問章」 〔...... phin ci log spangs pa dgod pa'i phrin las yin no〕	de ni don rgyas pa nyid kyi phyir bdag gis kyang rgyas par bshad par bya ste...... (253b3-239a2) ＝「弥勒請問章」註 de nas tshe dang ldan pa rab 'byor gyis zhes bya ba la sogs pa ni rab 'byor gyi 'dri ba'o// de nas bcom ldan 'das kyis zhes bya ba la sogs pas ni bcom ldan 'das kyi(s) lan no// de bas na byang chub sems dpa' de ltar shes rab kyi pha rol tu phyin pa la spyod pa na 'khrul pa log par 'dzin pa gang yin pa de dag ni phyin ci log ste/ de dag kyang byams pa dang rab 'byor gyi tshig gis ston par byed do// de dag spangs pa dang/ dor ba la 'god pa ni bcom ldam 'das kyis bkas so// de ni 'dis phyin ci log spangs pa la 'god pa'i las te/ <u>nyi shu rtsa gnyis pa'o</u>// (239a2-5)

ダンシュトラセーナ（Daṃṣṭrasena）は、その「弥勒請問章」を彼の『広釈（*Bṛhaṭṭīkā*）』[39]中において次のように扱

っている。

de ltar *bCom ldan 'das ma 'bum pa'i* bshad pa yongs su rdzogs par byas nas/ da ni *Nyi khri lnga stong pa* (*Pañcaviṃśatisāhasrikā-prajñāpāramitā*) las gang 'byung ba de bshad par bya'o[40]//.....yang 'phags pa Byams pas kun rdzob dang/ don dam pa'i dbang gis gzugs la sogs pa chos thams cad kyi rab tu dbye[41] ba bstan pa'i phyir de'i 'og tu/ "bcom ldan 'das byang chub sems dpa' shes rab kyi pha rol tu phyin pa la spyod pa chos rab tu dbye ba mkhas pa la zhu〔g〕s pas/ gzugs rab tu dbye ba'i brtags pa du zhig tu rtogs par bgyi[42]" zhes bya ba la sogs pa zhus so// de nas bcom ldan 'das kyis/ "Byams pa rnam pa gsum du rtogs par bya" zhes bya ba la sogs pa rab tu dbye ba bstan to// "kun brtags pa'i gzugs (parikalpita-rūpa) dang/ rnam par brtags pa'i gzugs (vikalpita-rūpa) dang/ chos nyid kyi gzugs (dharmatā-rūpa) zhes bya ba nas/ .....bar" gyis ni 'jig rten dang 'jig rten las 'das pa'i chos thams cad rnam pa gsum gyi nang du 'dus par bstan to[43]//

『現観荘厳論』文献における「弥勒請問章」のこのような取り扱い方は、挿入当時における特殊な状況を反映しているように思われる。たとえそうであるとしても、その挿入は、アサンガ以前になんらかの形態においてなされたにちがいないと考えられるのである。

註

(1) チベット訳における本章の実際の名称は「菩薩学差別(Byang chub sems dpa'i slab pa〈la〉rab tu phye (dbye) ba, Bodhisattva-śikṣā-prabheda)」である。コンゼ教授は"rab tu phye (dbye) ba"を prabhāvanā と還元しているが、prabheda がこの章の内容にはより合致するであろう。E. Conze, *The Large Sutra on Perfect Wisdom with the Divisions of the Abhisamayālaṅkāra*, University of California Press, Berkeley / Los Angeles / London, 1975, p. 644, n.1 参照。一方、「弥勒請問章(*Byams zhus kyi le'u*)」という名称は、インド由来の原題ではなく、チベットの学僧によって与えられたものではないかと思う。〔インドにおける言及例とし

ては、〕後註7、43で示されているように、アスヴァバーヴァとバーヴィヴェーカは、その文言を『(大)般若((*Mahā-*)*Prajñāpāramitā*)』の名の下に本章より引き、ダンシュトラセーナは『二万五千頌』の名の下にそうしているのに対して、〔チベットの学僧〕ニャウン=クンガペル(Nya dbon Kun dga' dpal)やツォンカパ(Tsong kha pa)はそれを「弥勒請問章」の名の下に扱っている。*Yid kyi mun sel*, D. S. Ruegg, *La Théorie du Tathāgatagarbha et du Gotra*, Paris, 1969, pp. 147-148と、*Legs bshad snying po*, P. ed., No. 6142, Nga, 173b4以下参照。また、ツォンカパが、ラトナーカラシャーンティによって『二万五千頌般若』の「法身章(chos kyi sku'i le'u)」と呼ばれているのと同じ典籍に対して、「弥勒請問章」の名を与えていることに注目するのも面白い。〔ツォンカパの〕*Legs bshad snying po*(*ibid*., 120b8-121a5)とラトナーカラシャーンティの『般若波羅蜜多論(*Prajñāpāramitopadeśa*)』(P. ed., No. 5579, Ku, 154a7-b4)とを比較されたい。〔以上の両箇所の文言を対比させれば、〕"......gsum pa ni *Nyi khri* la sogs la 'dod de 'di'i byams zhus kyi le'ur sgra ji bzhin gyi don du zhen pa'i......" : "......gang dag gnyis kas(=gsum pa)yin zhe na/ *'Phags pa Nyi khri lnga stong pa* la sogs pa pa ste/ de'i chos kyi sku'i le'u las/ gang gi phyir phyin ci ma log pa la dgod pa'i 'phrin las (aviparyāsaniveśanakarman=AA, VIII 5, 22, viparyāsaprahāṇa?)/ sgra ji bzhin pa'i don la mngon par zhen pa'i......"である。〔その後、これら両箇所の文言を含む両テキストの和訳は、前者については、片野道雄「「弥勒請問章」の三相所説に対するツォンカパの解明」『仏教学セミナー』第五六号(一九九二年十月)、一一一三頁などを経て、同『インド唯識説の研究』(文栄堂書店、一九九八年)に集大成されて刊行され、後者については、海野孝憲『インド後期唯識思想の研究』(山喜房仏書林、二〇〇二年)にて与えられているので参照されたい。右掲箇所に対応する和訳は、前者の一一三頁と二六五頁、後者の二〇六頁に示されている。〕章名に関しては、本稿においては、チベットの伝統に従い、「弥勒請問章」を用いるであろう。

(2) P. ed., No. 731, Di, 243a3-254b2≒No. 5188, Ca, 369a3-380a2参照。

(3) P. ed., No. 732, Phi, 168b1-180a4参照。

(4) E. Obermiller, "The Doctrine of Prajñāpāramitā as exposed in the Abhisamayālaṃkāra of Maitreya", *Acta Orientalia*, Vol. XI (1932), pp. 97-98参照。

(5) É. Lamotte, *Saṃdhinirmocana Sūtra : L'Explication des Mystère*, Louvain/ Paris, 1935, pp. 14-16参照。

(6) 山口益『仏教における無と有との対論』(一九四一年、修訂版、山喜房仏書林、一九六四年)、一五〇—一五三頁、三九二—三九三頁参照。

(7) Shōtarō Iida, "Agama (Scripture) and Yukti (Reason) in Bhāvaviveka" 金倉博士古稀記念『印度学仏教学論集』(平楽寺書店、一九六六年)、pp. 85-91参照。

『般若経』よりのアスヴァバーヴァとバーヴィヴェーカの引用文は以下のとおりであるが、照合を容易にするために、「弥勒請問章」のサンスクリット本中に飯田教授によって挿入されている番号を、ここでも採用する。

玄奘訳『摂大乗論釈』中のアスヴァバーヴァの引用文。一：如大般若波羅蜜多経中説。「(47)慈氏、於汝意云何、諸遍計所執中、非実有性為色非色、(48)不也、世尊、(49)諸依他起中、唯有名想施設言説性為色非色、(50)不也、世尊、(56)諸円成実中、彼空無我性為色非色、(57)不也、世尊、(51)(56)(60)慈氏、由此門故、応如是知、諸遍計所執性決定非有、諸依他起性唯有名想施設言説、諸円成実空無我性是真実有、我依此故密意説言、彼無二数謂是色等」（大正蔵、三一巻、三八二頁下）。これの最初の認定者は飯田教授に帰せられる。二：如大般若波羅蜜多経中亦説、「(39)仏告慈氏、若於彼彼行相事中、遍計為色為受為想為行為識乃至為一切仏法、依止名想施設言説、遍計以為色自性乃至一切仏法自性、是名遍計所執色乃至遍計所執一切仏法、(40)若復於彼行相事中、唯有分別法性安立、分別為縁、起諸戯論、仮立名想施設言説、謂之為色乃至謂為一切仏法、是名分別色乃至分別一切仏法、(41)若諸如来出現於世若不出世、法性安立法界安立、由彼遍計所執色故、此分別色、於常常時、於恒恒時、是真如性、無自性性、法無我性、実際之性、是名法性色、乃至、由彼遍計所執一切仏法故、此分別一切仏法、於常常時、於恒恒時、乃至是名法性一切仏法」（同、三九九頁中―下）。ラモット教授が注意を促しているのはこの文言である。いずれの引用文もそのチベット訳中には示されていない。後註10参照。

『思択炎（*Tarkajvālā*）』中のバーヴィヴェーカの引用文。：'dir smras pa/ de ni *Shes rab kyi pha rol tu phyin pa* las kyang gsungs te/ "(37) Byams pa byang chub sems dpa' gzugs kyi bye brag gdags pa ni rnam pa gsum gyi[s] khong du chud par bya ste/ 'di lta ste/ 'di ni kun btags pa'i gzugs so// 'di ni rnam par brtags pa'i gzugs so// 'di ni chos nyid kyi gzugs so zhes bya bas so// (38) de la kun btags pa'i gzugs gang zhe na/ (39) gzugs zhes bya ba ni ming dang 'du shes dang/ gdags pa dang/ tha snyad la brten nas gzugs kyi ngo bo nyid du rtog pa gang yin pa de/ (43) de ni rdzas su med do [//] (38) de la rnam par btags pa'i gzugs gang zhe na/ (40) rnam par rtog pa la brten nas gang la ming dang/ 'du shes dang/ gdags pa dang/ tha snyad kyi gzugs zhes bya ba la sogs par mngon par brjod pa nyid de/ (44) 'di ni rnam par rtog pa rdzas su yod pa nyid la brten nas rdzas su yod pa yin gyi/rang dbang du 'jug pa las ni ma yin no// (38) de la chos nyid kyi gzugs gang zhe na/ (41) kun btags pa'i gzugs des rnam par btags pa'i gzugs de la rtag tu ngo bo nyid med pa dang/ chos bdag med pa nyid dang/ yang dag pa'i mtha' la sogs pa gang yin pa ste/ (45) de la rdzas su yod pa yang ma yin la/ rdzas su med pa yang ma yin te/ rnam par btags pa'i don gyis stong pa nyid dang/ rnam par shes pa yod pa'i phyir ro//" zhes gsungs so (P. ed., No. 5256, Dza, 229b3-230a1) 下線部分の文は、「弥勒請問章」中には見出されない。

(8) Edward Conze and Iida Shotaro, ""Maitreya's Questions" in the *Prajñāpāramitā*", *Mélanges d'Indianisme à la Mémoire de*

Louis Renou, Paris, 1968, pp. 229-242 参照。このサンスクリット校訂本は、東京大学所蔵写本、松濤カタログ、No. 234, Cambridge Add. 1628, 1629 に基づいてなされている。本テキストは、チベット訳三本〔P. ed. でいえば、Nos. 731, 732, 5188〕中の No. 5188 に最も近い。というのも、そのサンスクリット本とチベット訳とは、『現観荘厳論』の区分に合わせて改訂されているからである。〔ただし、今考えると、この判断には若干の誤解があったかもしれない。〕Conze and Iida, *ibid*., pp. 229-230 参照。このサンスクリット校訂本の英訳と和訳とについては、E. Conze, *op. cit*.（前註1）, pp. 644-652、および、拙稿「弥勒請問章和訳」『駒沢大学仏教学部論集』第六号（一九七五年十月）、二一〇—一九〇頁〔本書「本論」第七論文〕参照。

（9） コンゼ教授が提起した問題については、Conze and Iida, *op. cit*., p. 233 参照。

（10） 前註7、更に、拙稿「MS. に対する Asvabhāva 註釈の特徴——チベット訳を資料として——」『印仏研』一九—一（一九七〇年十二月）、四四四—四三九頁〔本書「本論」第一論文〕、同 “MAHĀYĀNASAṂGRAHOPANIBANDHANA (I) —Its Tibetan and Chinese Texts—”『駒沢大学仏教学部研究紀要』第三一号（一九七三年三月）、pp. 368-362〔本書、七七八—七六八頁再録〕、同上 (II)、同上、第三二号（一九七四年三月）、p. 12, n. 2〔本書、七五〇頁、註2に同じ〕参照。なお、これにつき、漢訳だけに見られる『般若経』からの引用文を、玄奘の加筆とみなすことはできない。なぜなら、全ての漢訳『般若経』文献に相応文が欠如している以上、それはインド由来の形態を保持していると思われるからである。

（11） É. Lamotte, *op. cit*., p. 16.

（12） ラモット教授は、その典拠を、彼の *La Somme de Grand Vêhicule d'Asaṅga* (*Mahāyānasaṃgraha*), Tome II, Louvain, 1938, p. 91 において、“Taishô n⁰ 220＝Śatasāhasrikā” と指示している。〔このような、厖大な文献に対する漠然とした指示では、典拠を示したことには全くならない、というのが、これを記した当時の私の気持だったような気がする。〕

（13） Conze and Iida, *op. cit*., p. 229 参照。更に、R. Hikata (ed.), *Suvikrāntavikrāmi-Paripṛcchā Prajñāpāramitā-Sūtra*, Fukuoka, 1958〔Rinsen Repr., 1983〕, Table III (3), n. 1 も参照のこと。

（14） 前註7〔中に示した玄奘訳〕参照。

（15） この年代は、宇井伯寿「玄奘以前の印度諸論師の年代」『印度哲学研究』第五（甲子社書房、一九二九年、岩波書店再刊、一九六五年）、一四五—一四七頁によって設定されたものである。アスヴァバーヴァは、もし彼がディグナーガ（Dignāga）の弟子であるとすれば、フラウワルナー（E. Frauwallner）教授のディグナーガ年代の算出に従う場合、五十年以上後に置かれるかもしれないにせよ、ここでは便宜上宇井説に従っておく。

（16） 前註7〔中に示した『思択炎』の引用文〕参照。

（17）E. Obermiller, *op. cit.*（前註4）, p. 98参照。プトゥン（Bu ston）の『仏教史（*Chos 'byung*）』によれば、彼は、「弥勒請問章」は後代の挿入であると思われると述べている。

（18）S. Iida, *op. cit.*（前註7）, pp. 90-91参照。

（19）バーヴィヴェーカの年代については、Y. Kajiyama, "Bhāvaviveka, Sthiramati and Dharmapāla", *Wiener Zeitschrift für die Kunde Süd-und Ostasiens und Archiv für Indische Philosophie*, Bd. XII-XIII (1968/69), pp. 90-91〔後に、Y. Kajiyama, *Studies in Buddhist Philosophy*（*Selected Papers*）, Kyoto, 1989に再録〕参照。

（20）拙稿 "On a Paragraph in the *Dharmaviniścaya* Chapter of the *Abhidharmasamuccaya*"『印仏研』二一―一（一九七二年十二月）, pp. 468-457〔本書「本論」第四論文〕参照。

（21）V. V. Gokhale, "Fragments from the Abhidharmasamuccaya of Asaṃga", *Journal of the Bombay Branch, Royal Asiatic Society*, New Series, Vol. 23, 1947, p. 29, ll.1-6：大正蔵、三一巻、六七二頁中：チベット訳、P. ed., No. 5550, Li, 81b3-8. Walpola Rahula, *Le Compendium de la Super-Doctrine* (*Philosophie*) (*Abhidharmasamuccaya*) *d'Asaṅga*, École Française d'Extrême-Orient, Paris, 1971, p. 51参照。また、この文言を、「弥勒請問章」、E. Conze and S. Iida, *op. cit.*（前註8）, pp. 237-238, Nos. 36-41のそれと比較されたい。

（22）dharma-prabheda＝skandha-dhātv-āyatanānāṃ prabhedaḥ. E. Conze, *op. cit.*（前註1）, p. 648, n. 13参照。

（23）『中辺分別論』もまた dharma-prabheda の主題下で三相に言及する。後註28、29参照。

（24）『二万五千頌』、N. Dutt ed., p. 39, ll.3-4, p. 237, ll.3-4, p. 237, ll.10-11など参照。

（25）É. Lamotte, *op. cit.*（前註12）, Tome I, p. 42.〔この箇所は、D. ed., No. 4048, Ri, 21a5-6に相当するが、更に、後に刊行された邦訳、長尾雅人『摂大乗論　和訳と注解』上（講談社、一九八二年）では、四〇二頁の第二章第三二節c中の一文に相当するので、それに対する注解と共に参照されたい。〕

（26）āśraya-lakṣaṇa＝vikalpita-lakṣaṇa. また本文中の上〔註21を付した箇所〕に示した『阿毘達磨集論』の vikalpita-lakṣaṇa-prabheda の説明と〔同論のその下の〕āśraya-prabheda の説明、即ち "āśraya-prabhedaḥ katamaḥ/ yāvantaḥ sattvāśrayās tāvanti skandha-dhātv-āyatanāni", V. V. Gokhale, *op. cit.*（前註21）, p. 29, ll.9-10とを比較されたい。

（27）アサンガの『摂大乗論』、É. Lamotte, *op. cit.*（前註12）, Tome I, pp. 37-38、第二章第二六節〔長尾前掲書（前註25）、三六二―三六四頁〕において、アサンガは更に、大乗経典（mahāyāna-vaipulya）に説示されているような、無（nāsti）と幻等（māyâdi）と四種清浄（caturvidha-vyavadāna）との教説を、三性説によって解釈している。ディグナーガ（Dignāga）は、その大乗経典を、彼の

『般若波羅蜜要義（*Prajñāpāramitāpiṇḍārtha*）』第二七—二九頌、E. Frauwallner ed., *WZKSO*, III (1959), p. 142〔*Kleine Schriften*, p. 818〕において『般若経』とみなす。これについては、服部正明「ディグナーガの般若経解釈」『大阪府立大学紀要（人文・社会科学）』第九巻（一九六一年）、一一九—一三六頁、S. Iida, *op. cit.*（前註7）, pp. 85-86をも参照されたい。その問題の三頌は次のとおりである。

prajñāpāramitāyāṃ hi trīn samāśritya deśanā/ kalpitaṃ paratantraṃ ca pariniṣpannam eva ca//
nāstîty-ādi-padaiḥ sarvaṃ kalpitaṃ vinivāryate/ māyôpamâdi-dṛṣṭāntaiḥ paratantrasya deśanā//
caturdhā vyavadānena pariniṣpanna-kīrtanaṃ/ prajñāpāramitāyāṃ hi nânyā buddhasya deśanā//

なお、ジュニャーナシュリーミトラ（Jñānaśrīmitra）が彼の *Sākārasiddhiśāstra* と *Sākārasaṃgrahasūtra*（A. Thakur ed., *Jñānaśrīmitranibandhāvali*, p. 505, p. 549）において同頌を引用し取り込んでいることにも注意すべきである。

（28） G. M. Nagao ed., p. 44, ll.12-22. スティラマティの註釈については、Yamaguchi ed., p. 138, l.16-p. 139, l18参照。〔これは、山口益『安慧阿遮梨耶造中辺分別論釈疏』（破塵閣書房、一九三五年、鈴木学術財団、一九六六年）では、二一九—二二〇頁に相当し、当時入手可能となったばかりの、Ramchandra Pandeya (ed.), *Madhyānta-Vibhāga-Śāstra, Containing the Kārikā-s of Maitreya, Bhāṣya of Vasubandhu and Ṭīkā by Sthiramati*, Motilal Banarsidass, 1971では、p. 105, l.23-p. 106, l.14に当る。〕

（29） 色などより仏法に至るような一切法の区別は、「弥勒請問章」、E. Conze and S. Iida, *op. cit.*, pp. 233-234, Nos. 1-5において示されている。

（30） E. Conze and S. Iida, *op. cit.*, p. 238, No. 41.

（31） É. Lamotte, *op. cit.*（前註5）, p. 52, ll.11-14.

（32） *ibid.*, p. 62, ll.30-34あるいはp. 63, ll.8-10.

（33） この還元は、ラモット教授のそれを参照した上で、「弥勒請問章」のサンスクリット原文とチベット訳との比較を通して、私によってなされたものである。

（34） この箇所は、ラモット教授によって“nityakālaṃ śāśvatakālam”と還元されているが、「弥勒請問章」のサンスクリット原文に従って、かく訂正されるべきであろう。

（35） “tena parikalpita-lakṣaṇena tasya paratantra-lakṣaṇasya”という文は、唯識文献における表現に従って還元されたものである。例えば、『三十頌』第二一頌、S. Lévi ed., pp. 39-40の“niṣpannas tasya（＝paratantrasya）pūrveṇa（＝parikalpitena）sadā rahitatā tu yā〔しかるに円成実はそれ（＝依他起）が前（＝所分別）を常に遠離しているようなものである〕”を参照されたい。

(36) 「弥勒請問章」と『般若経』もしくは『解深密経』との関係に関するラトナーカラシャーンティやツォンカパの見解については、E. Conze and S. Iida, *op. cit.*, pp. 232-233を参照されたい。なお、コンゼ教授は、「弥勒請問章」は『般若経』のそれ以外の箇所とは根本的に異なっている（*ibid.*, p. 233）と述べておられるが、その関係については再考の余地があろう。〔現在もなおかく言いうると思うが、前註1に補足した、片野、海野両博士の扱った文献を中心に、この問題は、インドにおける『般若経』自体の展開中としては勿論のことであるが、インド=チベットの後期仏教史の思想史的展開の文脈の中でも再考されることが要求されよう。〕

(37) ハリバドラ（Haribhadra）の三相に対する言及については、既にE. Obermiller, *op. cit.*, p. 229において指摘されている。また、U. Wogihara (ed.), *Abhisamayālaṃkār'Ālokā Prajñāpāramitāvyākhyā*（*Commentary on Aṣṭasāhasrikā-Prajñāpāramitā*）*by Haribhadra Together with the Text Commented on*, Part I, The Toyo Bunko, Tokyo, 1932-1935, p. 47, ll.12-15参照。

(38) Conze and Iida, *op. cit.*, p. 229参照。

(39) 『広釈』もしくはその著者ダンシュトラセーナについては、E. Obermiller, *op. cit.*, p. 5, n. 4、および、D. S. Ruegg, "The Jo naṅ pas: a School of Buddhist Ontologists according to the *Grub mtha' šel gyi me loṅ*", *Journal of the American Oriental Society*, Vol. 83 (1963), pp. 74-75参照。

(40) この文は、「弥勒請問章」が『二万五千頌般若』に特有なものであることを示唆している。

(41) ここに"sarva-dharma-prabheda（一切法の区別）"という語が用いられていることは注意すべきである。前註1、22、29参照のこと。

(42) この箇所は、E. Conze and S. Iida, *op. cit.*, p. 237, No. 36の"prajñāpāramitāyāṃ caratā Bhagavan bodhisattvena mahāsattvena dharma-prabheda-kauśalye varttamānena katibhir ākārair rūpa-prabheda-prajñaptir anugantavyā"に相当する。

(43) *Bṛhaṭṭīkā*, P. ed., No. 5206, Pha, 320a1......325b1-5.

〔**追記**〕 余白を利用し、「弥勒請問章」の三相と『解深密経』の三性との関係についてのラトナーカラシャーンティの見解を示しておこう。それは、"*dGongs pa nges par 'brel ba* la sogs pa'i mdo las/ kun tu brtags pa dang gzhan gyi dbang dang yongs su grub pa ste/ ngo bo nyid gsum gsungs la/ de nyid *bCom ldan 'das ma* phyin ci ma log pa la dgongs (*sic*, dgod?) pa las/ kun brtags pa dang/ rnam par brtags pa dang/ chos nyid kyi(s) sgras gsungs te/ kun brtags pa'i gzugs dang/ ......zhes bya ba nas......kyi bar du'o zhes bya ba'o// de dag mtshan nyid la sogs pa mdo rnams las rgyas par nges par bstan pa de rnams 'dir mdor bsdus nas brjod par bya ste/" (*Prajñāpāramitopadeśa*, P. ed., No. 5579, Ku, 156a5-8) であるが、ラトナーカラシャーンティが、*Bhagavatī*（=

Prajñāpāramitā）の名の下に、「弥勒請問章」の文言に触れていることに注意されたい。なお、前註1も参照のこと。

回顧と弁明

本稿は、"A Consideration on the *Byams sus kyi leḥu* from the historical point of view" の原題で、『印仏研』二四―一（一九七五年十二月）、四九九―四八九頁に発表された英文論文を、ここに、自ら訳して再録するものである。これは、直前の第七論文の「回顧と弁明」中に断ったごとく、それと相互に補われるべきものであるから、補註することも、この第八論文に限られる事柄のみとし、他は先に譲りたい。まず、本稿、冒頭の「バーヴィヴェーカ」初出の箇所で断っておいたことだが、原の呼称で「バーヴァヴィヴェーカ」であったものを、これ以外でも全て、本書では、近時の傾向に依って「バーヴィヴェーカ」に改めたことを、ここに明記しておきたい。これは、先の『唯識考』でもそうだったのだが、その理由は、同書、二八〇頁、註24に記したので、ここでは再説しない。なお、『思択炎』の著者をこの名前で呼ぶことは今日では非常に問題なのであるが、今は、簡単に訂正の適わぬものであることに御理解を乞うのみである。これについては、『唯識考』、五六―五七頁、註50に示した、池田道浩論文をぜひ参照されたい。本稿、註番号11を付した箇所の本文引用のラモット教授の記述は、本書「本論」第七論文、註6に示された原文と同じものであるが、その両者に、私が「ママ」"*sic*"を補ったことの意味背景は、本書「序」第三論文「唯識思想の経証としての『厚厳経』」で論じられるので参照を乞う次第である。次に、本稿、註18の註番号の直前で āgama と yukti に当てられた「経証」と「理証」という訳語について一言しておきたい。yukti を「理証」と訳すことはむしろ一般的でこれに特に問題はないであろうが、āgama については「経証」と訳すよりも「教証」と訳す方が一般的と思われるものの、私は「経証」を採りたいと昔から考えてきたのである。āgama を「教証」と理解しまた訳すことは、恐らくは、大乗経典を含む経に対する玄奘的理解が大きく影響しているのではないかと思われるので、その根拠を玄奘訳中に求めることは比較的容易であろう。試みに、本書「本論」第一論文の第二節の始めに示した *MS*（『摂大乗論』）の「C.で、vijñapti-mātra を 1. 譬喩、および 2. āgama と yukti によって明らかにする」とした箇所の āgama に相当する漢訳四本を比較すると、仏陀扇多訳「阿含」、真諦訳「聖教」、達摩笈多訳「阿含」、玄奘訳「教」（佐々木月樵『漢訳四本対照摂大乗論』、三〇頁参照）とあって、玄奘訳のみ「教証」となりうる理解を示す。ただし、『摂大乗論』の玄奘訳でも、例えば、第一章、冒頭の原語は恐らく āgama であったと思われる箇所（佐々木上掲書、五頁）では、仏陀扇多のみが「経証」とするのに対して、他はその音写である「阿含」「阿笈摩」を用いている。『倶舎論』の場合は、その索引、七二頁の āgama- の項を見れば明らかなように、真諦訳が「阿含」と「経」のみであるのに対して、玄奘訳は「経」もあることにはあるが、「教」「教法」「聖教」で「教」を含む例が圧倒的に多いのである。その理由としては、āgama に大乗経典や論蔵的性格の典籍などを含むような時代が考慮されれば、「経」よりは「教」の方が都合がよいと考えられるようになっていった状況が想定できるかもしれない。そして、玄奘訳で「教」が突出していくのは『成唯識論』である。例えば、それに基づく「五教十理」などという言い方（新導本、巻第三、一七頁以下参照）はその典型であろう。従って、その「五教」の「教」を科文は「教証」と伝統的に言い慣わしているのであるが、しかし、その「教」とて注意深く読めば、あくまでも「聖教」なのである。その意味の āgama を活かすため、私は、仏陀扇多や真諦の訳例の方を重んじて「経証」と訳すことにしている。最後に、二点だけ補足しておきたい。まず、本稿、註24の註番号の直前に示した ātman の同義語について言えば、これらの語は、『般若経』のみならず、仏教である限りは、本来は、どのような文献においても多く見られしかも否定的に用いられるはずのものである。従って、これらの語の伝統的な用例についても知っておく必要はあるが、その一部については、拙稿「〈凡夫〉考」『駒沢短期大学仏教論集』第一二号（二〇〇六年十月）、三七頁でも触れたことがあるので、その箇所と共に、同、四二頁、註9に指摘した文献も参照されたい。特に、アビダルマの場合については、齋藤滋「初期アビダルマ仏教における「我」の同義語について」『印仏研』五四―二（二〇〇六年三月）、九六―一〇一頁（横）参照。次に、本稿、註39、43で触れたダンシュトラセーナの『広釈（*Bṛhaṭṭīkā, gNod 'joms*）』について言えば、この文献のチベットにおける評価のされ方を、ツォンカパの批判的視点を踏まえながら論じたものに、荒井裕明「ツォンカパの他空説批判――*Yum gsum gnod 'joms*――」『仏教学』第三三号（一九九二年九月）、二七―四七頁（横）があるので、参照されたい。

九　スティラマティとシーラバドラ*

本稿は、法身（dharma-kāya）もしくは清浄法界（dharma-dhātu-viśuddhi）に関する二つの文言、即ち、一つはスティラマティの『経荘厳註疏（*Sūtrālaṃkāravṛttibhāṣya*）』のもの、他はシーラバドラの『仏地解説（*Buddhabhūmivyākhyāna*）』のもの、その両文言の一致を報告し、かつ、その一致から導かれる若干の可能性と問題点とを指摘せんとするものである。[1]

スティラマティは、『大乗荘厳経論』第九章第六〇頌〔d〕[2]を註釈するに当り、『仏地三昧註解（**Buddhabhūmi-samādhiṭīkā, Sangs rgyas kyi sa’i ting nge ’dzin ti ka*）』の題名下にある文言を引用し、それを彼の説明を権威づけるものとみなしている。その箇所は次のとおりである。[3]

thog ma gnyis po’i gnas yin zhes bya ba la thog (ma) ni chos kyi sku la bya ste/ chos kyi sku ni rdzogs longs spyod pa’i sku dang sprul sku gnyis kyi gnas nas rten yin no zhes bya ba’i don to// de bas na *Sangs rgyas kyi sa’i ting nge ’dzin ti ka* las kyang “de la chos kyi rnam grangs mtha’ dag thos pa’i bag chags yongs su smin pas ma lus par bsgoms pa rgyur gyur pa’i rtag tu sems can thams cad la phan pa dang bde ba skye ba’i phyir nye bar gnas pa’i ting gye ’dzin dang/ gzungs kyi sgo dpag tu med pa dang/ bsod nams dang ye shes kyi tshogs dang ldan pa shes bya dang nyon mongs pa’i sgrib pa thams cad las dben pa ni chos kyi dbyings rnam par dag pa ste/ chos thams cad kyi de bzhin nyid do// phyin ci ma log pa’i rang bzhin yin no// 'phags pa'i chos thams cad kyi skye ba'i rgyu'o// de bzhin gshegs pa thams cad kyi bdag nyid do" zhes bshad do//

〔「最初のものは〔他の〕二つの依止である」といわれるうち、「最初のもの」とは法身についていわれ、法身とは、受用身と変化身との二つの依止であり依り処であるという意味である。

それゆえ、『仏地三昧註解』においても、「そこ（仏地）において、あらゆる法門の聞熏習を成熟することによって余すところなく修習するのを因とし、常に一切の有情に対する利益と安楽を生ずるために住し、無量の三摩地と陀羅尼の門と福徳と智慧の資糧とを具備し、所知と煩悩との一切の障害を離れたものが、清浄法界であって、〔すなわち、それは〕一切法の真如であり、無顛倒の自性であり、一切聖法の生因であり、一切如来の自体である。」と説かれているのである。〕

右の下線〔傍線〕部分と同じ文言が『仏地解説』に見出され、それは次のとおりである。[4]

ji skad du sngar bshad pa bzhin de la chos kyi rnam grangs mtha' dag thos pa'i bag chags yongs su smin pas ma lus par bsgoms pa rgyur gyur pa/ rtag tu sems can thams cad la phan pa dang bde ba nye bar bskyed par bya ba'i phyir nye bar gnas pa ting nge 'dzin dang/ gzungs kyi sgo dang bsod nams dang ye shes kyi tshogs gzhal du med pa dang ldan pa/[5] shes bya dang nyon mongs pa'i sgribs pa thams cad las dben pa chos kyi dbyings rnam par dag pa ni chos thams cad kyi de bzhin nyid phyin ci ma log pa'i rang bzhin 'phags pa'i chos thams cad nye bar bskyed pa'i rgyu ste/ de bshin gshegs pa thams cad kyi bdag nyid yin no//

〔先に説かれていたように（ji skad du sngar bshad pa bzhin）「そこ（仏地）において、あらゆる法門の聞熏習を成熟することによって余すところなく修習するのを因とし、常に一切の有情に対する利益と安楽を生ずるために住し、無量の三摩地と陀羅尼の門と福徳と智慧の資糧とを具備し、所知と煩悩との一切の障害を離れた清浄法界

は、一切法の真如であり、無顛倒の自性であり、一切聖法の生因であり、一切如来の自体である。」〕

下線〔傍線〕部分の二つの文言が同じものであることについては疑問の余地はない[6]ので、ここから我々は二つの可能性を推測することができるであろう。

可能性1：スティラマティもシーラバドラも共に同一の典拠即ち『仏地三昧註解』[7]より引用し、前者はそれをその実名で指示し、後者はそれを「先に説かれていたように（ji skad du sngar bshad pa bzhin）」という語で示唆した。

可能性2：『仏地三昧註解』という題名はシーラバドラの『仏地解説』の別名として一般的に用いられていた。それをスティラマティは前者の題名の下に引用した。この場合には、その文言が元々シーラバドラによるものとされなければならない。それゆえ、「先に説かれていたように」という語は、引用を導くものではなく、彼自身の上述した文言を指示したものということになる。

この可能性の中で、『仏地三昧註解』についてはいかなる情報も得られないにせよ、前者が既知の事実にはより合致するように思われる。しかるに、後者はスティラマティとシーラバドラとの関係に関して難点を示す。フラウワルナー教授によれば、スティラマティの生涯は紀元五一〇―五七〇年に置かれ彼の活動地域はヴァラビー（Valabhī）とされる[8]一方、シーラバドラは彼の師ダルマパーラ（Dharmapāla、護法）が菩提樹の下に退いた[9]五五八年には三十歳で要するに彼は紀元五二九年生まれであるとされる。とすれば、スティラマティはシーラバドラよりも十九歳年長ということになる。その結果、前者がその註釈の権威として後者を引用することは、不可能ではないにせよ、難しいのである。この困難性は可能性2を排除するが、しかし、その可能性は単純に否認されるべきではない。なぜなら、「先に説かれていたように（ji skad du sngar bshad pa bzhin）」という語は、それ以下の文言が、もしもその語が彼自身の上述した文言を指示しているとするならば[10]、シーラバドラ自身によって書かれたことを証しているかもしれないからである。『仏地解説』中の他の箇所における“sngar ji skad du bshad pa bzhin”もしくは“ji skad du sngar bshad pa('i) bzhin"[11]という語は、引用を導くというよりはむしろ先行する文言を指示しているであろう。

本稿においては、『経荘厳註疏』と『仏地解説』との二つの文言の一致からだけで決定的な結論を導くことはできないが、しかし、二つの可能性を指摘することはしたのである。もしもその可能性2がなんらかの方法によって強められるならば、それはスティラマティとシーラバドラとの関係を再検討すべく開かれるであろう。

註

* 本稿は、拙稿「〈清浄法界〉考」『南都仏教』第三七号（未刊〔この時点で未刊なるも、その後、一九七六年十一月に刊行され、更に、『唯識考』、七五〇—七八六頁に再録〕）の第二節と実質的に同じものである。

（1）D・S＝ルエッグ教授は、私が一九七二年三月十八日に『経荘厳註疏』と『仏地解説』との一致についてお尋ねした時に、種々の御教示を下さったが、ここに記して深謝の意を表したい。

（2）S. Lévi (ed.), *Mahāyāna-Sūtrālaṃkāra*, p. 45, l.4: "prathamas tu dvayāśrayaḥ".

（3）P. ed., No. 5531, Mi, 152b2-6.〔原英論文に、No. 5530, Bi とあるのは誤りで、ここにお詫びし訂正しておきたい。〕

（4）P. ed., No. 5498, Chi, 300a1-4 : Kyoo Nishio (ed.), *The Buddhabhūmi-Sūtra and the Buddhabhūmi-Vyākhyāna of Śīlabhadra*, Nagoya, 1940, p. 60, ll.1-13. 本稿においては〔英文を意識したため〕、本テキストの参照については、後者は西欧の学者には利用し難いと思われるので、前者による。

（5）西尾博士によれば、当文言はここで二分される。西尾前掲校訂本、および、西尾京雄『仏地経論之研究』（破塵閣書房、一九四〇年）、二一〇—二一一頁参照。しかし、この分節は『経荘厳註疏』中の引用と比較すると不適切である。

（6）両者間における差異は翻訳に帰因するものと思われる。例えば、"skye ba'i phyir"（『経荘厳註疏』）、"nye bar bskyed par bya ba'i phyir"（『仏地解説』）は upapatty-artham、"dpag tu med pa"（『経荘厳註疏』）、"gzhal du med pa"（『仏地解説』）は aprameya、"kyi skye ba'i rgyu"（『経荘厳註疏』）、"nye bar bskyed pa'i rgyu"（『仏地解説』）は upapatti-hetu などの翻訳と考えられるのである。

（7）『仏地経論』は *Bandhuprabha などによって著わされた（親光菩薩等造）と言われている。それゆえ、『仏地経（*Buddhabhūmi-sūtra*）』に対する別な註釈もあり、その一つが『仏地三昧註解』と呼ばれたとも思われるのである。

（8） E. Frauwallner, “Landmarks in the History of Indian Logic”, *Wiener Zeitschrift für des Kunde Süd- und Ostasiens*, V (1961), pp. 136-137 参照。宇井博士は、スティラマティ（安慧）を紀元四七〇—五五〇年に置く。〔宇井伯寿「玄奘以前の印度諸論師の年代」『印度哲学研究』第五（甲子社書房、一九二九年、岩波書店再刊、一九六五年）、一三六頁参照。〕しかし、スティラマティの年代に関する博士の見解は、今日では、ほとんどの日本の学者によって認められなくなっている。

（9） E. Frauwallner, *ibid.*, p. 133 参照。宇井博士は、シーラバドラ（戒賢）を紀元五二九—六四五年に置く。〔宇井前掲論文、一三二頁参照。〕これは、フラウワルナー説と一致する。しかし、前者〔宇井〕によれば、玄奘が師であるシーラバドラにナーランダーで会ったのは、紀元六三四年であったとされる。〔なぜこのようなことを記したのか今となっては定かではないが、玄奘とシーラバドラとの相見をフラウワルナー教授が六三三年（p. 133）とするのに対して、宇井博士は六三四年（一二二—一二三頁）とする違いだけを指摘したかったにすぎないのかもしれない。〕

（10） その語は、先行する文言、即ち Chi, 299a-300a、特に “chos kyi dbyings la dmigs pas thos pa ma lus par 'dzin pa dang/ sems can thams cad la bdag dang gzhan mnyam pa nyid brnyes pa dang/ yang dag pa'i chos rab tu ston pa'i thabs dang gzhan la phan 'dogs pa'i rgyu ni'o//〔法界を縁ずることによって聞を余すところなく保持することと、一切の有情に対する自他の平等性を獲得することと、正法を説示する方便と、他を饒益する因とである（Nishio ed. の rgyu'o の読みに従う）。〕” (Chi, 299a7-8〔: Nishio ed., p. 58〕）を指しているように私には思われる。〔また、西尾前掲書（前註5）、二一〇頁参照。〕

（11） Chi, 287a4 と 298a1 を参照のこと。後者に関しては、西尾前掲書（前註5）、二〇八頁、註1は、その語が先行する文言 Chi, 294b2-6 を指示していると記している。

（一九七六年七月三十日）

回顧と弁明

本稿は、“Sthiramati and Śīlabhadra” の原題で、『印仏研』二五—一（一九七六年十二月）、四九〇—四八八頁に発表された英文論文を、ここに、自ら訳して再録するものである。しかし、註記の＊記号下に断られているように、本稿は、拙稿「〈清浄法界〉考」の第二節（『南都仏教』第三七号、六—九頁：『唯識考』、七五七—七六二頁）と実質的に同じものなので、再録の価値はあまりないかもしれない。ただし、全く無意味とならないよう、本稿においても、上記拙稿においても、チベット訳文のみが掲げられていたものについては、本稿のこの再録のみに、和訳を与えておいたので、理解の一応の手助けにはなるのではないかと思う。

一〇　初期唯識文献研究に関する方法論的覚え書

初期唯識文献の研究には様々な困難が伴う。その原因の多くは、それら文献の著者たちに関する伝承が一見矛盾する要素を含んでいること、更にその伝承の曖昧さを解明するために多くの学者が種々の見解を提示したことに由来するであろう。

かかる困難性を鮮明に意識して、初期唯識文献の研究に携っていたと思われるL. Schmithausen教授は、一九六九年、"Zur Literaturgeschichte der älteren Yogācāra-Schule"[1]という論文において、従来の諸学説を批判的に検討しながら、特に *Yogācārabhūmi*（*YBh*）を考察の中心に据え、極めて斬新な見解を提示した。更に同年、D. S. Ruegg教授は、初期唯識文献を直接研究対象としたものではないが、その著書 *La Théorie du Tathāgatagarbha et du Gotra*[2]において、Maitreya-Asaṅga伝承に関する諸資料を広範囲にわたって参照し、示唆に富む問題提起を行った。この意味で、一九六九年は、Maitreya-Asaṅga伝承を包含した初期唯識文献研究史上に、新たなMerkmalを画したといえよう。

我が国では、古くは宇井博士が、初期唯識文献研究に関してあまりにも巨大な足跡を遺したために、この分野の研究は永らくその説を主流とするかに見えたが、近年種々の観点から批判的成果が提示されてきたこと[3]は、この分野の研究進展のためにも慶賀すべきことである。本稿で問題とする、初期唯識文献もしくはMaitreya-Asaṅga伝承に直接関連する方面でいえば、最近の注目すべき論文として、筆者は次の二点を挙げたい。すなわち、横山紘一「五思想よりみた弥勒の著作――特に『瑜伽論』の著者について――」（『宗教研究』二〇八号、一九七一年）、および向井亮「アサンガにおける大乗思想の形成と空観――ヨーガーチャーラ派の始祖の問題として――」（『宗教研究』二二七号、一九七六年）である。しかるに、甚だ遺憾なことながら、両論文は共に、上記の Schmithausen 教授、Rueegg 教授の成果の後に公けにされたにもかかわらず、それらを全く参照していないという弱点をもつ。遅れること二年ばかりの横山氏の場合はともかく、更に五年も後の向井氏の論文が上記の成果に全く言及しないのは頗る残念である。というのも、筆者はある意味で向井氏の論文を最も高く評価するものであるが[(4)]、それだけに、もし氏が上記の成果を参照してさえいれば、より総合的な観点から氏の主張を提示しえたであろうと惜まれるからである。しかも、そのような観点から立論がなされていれば、恐らく筆者が改めて本稿のような蛇足を加える必要もなかったであろう。

初期唯識文献研究に関する上述のごとき経過を踏まえながら、その研究方法に関して、筆者なりの見解を覚え書風に認めておきたいというのが本稿の意図である。

さて、これまでなんの限定もなしに「初期唯識文献」という言葉を使用してきたが、これは、この言葉が今さら限定を必要としないほど自明のものであることを意味しない。むしろ逆であって、それゆえにこの言葉はより厳密な限定を要求している。しかし、この限定のためにこそ以下の論述が必要なのであるから、ここでは便宜上結論を先取りして、一応筆者なりの限定を与えておく。「初期」という語は、*Saṃdhinirmocanasūtra*（*SNS*）以後に成立した論書で、（Maitreya-）Asaṅga によって編纂もしくは著述されたと思われる論書の範囲を、時間的に限定する。[(5)]「唯識」という語は、それら論書群の内容を規定する名称として選ばれる。[(6)]このような時間的・内容的限定を受けうる文献を総称して「初期唯識文献」と呼称する。

この初期唯識文献中、最も困難な問題を孕んでいるのが *YBh* である。周知のように、*YBh* は漢訳伝で Maitreya 説、チベット伝で Asaṅga 造（mdzad pa）とされるように、一見矛盾する伝承[(7)]のもとに伝えられている厖大な文献で、その伝承の解釈について様々な見解が提示されている。Schmithausen 教授は、この状況下で、Maitreya–Asaṅga の伝承から一旦身を引いて、直接現存の *YBh* について、そのテキストの形式上および思想上の構成（der formale und gedankliche Aufbau des Textes）を精査検討する立場を提示した。この文献学的手法を駆使した彼の成果は、人を瞠目させるに充分な説得力をもつが、残念なことに、伝承からは身を引くことのできた彼も、師の E. Frauwallner 教授の提唱した意見、すなわち *YBh* は「漸次に成長した学派の作品（ein allmählich gewachsenes Schulwerk）」であるという前提からは自由でありえなかった。[8] 筆者は、ここに彼の弱点を指摘しうると思うのであるが、その前に彼の論述を簡単に辿ってみたい。

師 Frauwallner 教授の命題（These）が、充分な論証のうえに構築されたものではないことを看破していた彼は、むしろ自らにその論証の役割を課したとさえいえるほど師に忠実である。従って、その時点で提示されていた諸説中、*YBh* を Asaṅga の著作と考え、それによって Asaṅga の思想を記述する A. Wayman 教授の所説[9]が最大の論難の対象となる。Schmithausen 教授は Wayman 教授とは異なり、*YBh* が「独自的に形成されたある唯一の著者の作品（das selbständig gestaltete Werk eines einzigen Verfassers）」とは考えない。彼は、その論証のために、自ら具体的に検討した *Viniścayasaṃgrahaṇī* の *Sopadhika-nirupadhika-bhūmi-viniścaya* 章[10]（漢訳「摂決択分中有余依及無余依二地」）を中心に、*YBh* が形式的にも思想的にも同一著者による同質性（Homogenität）を示さず、むしろ異質性（Heterogenität）を露呈していることを詳細に指摘していく。彼によれば、その異なった層からなる *YBh* の異質性は、ある編纂者（ein Kompilator）が校訂・挿入・拡大したことに起因するものとされる。更に彼は、Maitreya–Asaṅga に帰される他の作品[11]の影響が *YBh* 中に認められず[12]、しかも *YBh* がそれら諸作品に典型的な教義・術語、すなわち apratiṣṭhita-nirvāṇa（無住処涅槃）・tri-kāya（三身）・citta-, vijñaptimātratā（唯心・唯識）の教義および abhūta-parikalpa（虚妄分別）なる術語[13]を欠除していることから、*YBh* の Maitreya–Asaṅga 諸作品に対する先在性（die

Priorität）を主張し、前者の後者に対する影響の方が確認できるとする。

ここまでの議論は筆者も充分認めざるをえない。しかし、彼が *YBh* の編纂者と Asaṅga とを結びつけることに躊躇するのは筆者に解しかねる。彼が *YBh* の異質性から想定した編纂の事実と、いわゆるの Maitreya-Asaṅga 伝承とはなんらの矛盾もきたさないと思うからである。[14] 恐らくは、伝承から身を引く彼の研究態度と、その成果による *YBh* の Maitreya-Asaṅga 諸作品に対する先在性とが、彼を躊躇せしめているのであろうが、だからといって師の命題の延長線上に留まってよいという保証はどこにもない。もし、古くからの伝承と、ある学者の脳裏に浮かんだ命題とを取捨択一にかけるとすれば、矛盾がない限り前者を選ぶべきだというのが筆者の考えである。その意味で、「伝説・伝承を全く離れては当の問題自体がはじめから成り立たない[15]」とする向井氏の発想の基盤に賛意を表したいと思う。

かく言うからには Schmithausen 教授に賛同できない点を詳細に指摘すべきであるが、残念ながら本稿はそれに見合う充分な紙幅を与えられてはいない。しかし、他人を批判したままお茶を濁すわけにもいくまいから、批判の要点をできるだけ簡潔に指摘しよう。

伝承から離れて直接文献を考証しうるという背景には、当然、文化の東西を問わず、時代の古今を問わず、人類である限り常に不変的な思考の一貫性が求められうることが前提されていなければならない。判断者も判断される文献もこの真空状態で解読という場に立合うというわけであろう。しかし、伝承とは、いわば文化の中核であり、古今東西のそれぞれの綾を織りなしたものである。伝承を離れた文献など考古学的な物体にすぎない。筆者は Schmithausen 教授の文献学が考古学的物体を対象としているとは思わないし、その文献学的厳密さにはしばしば教えられることも多いのであるが、伝承より身を引く彼は文献も一種の伝承であることを忘れている。それゆえ、*YBh* の構成を、自信に満ちた、むしろ健康的ともいえる合理性[16]によって分析し、その伝承を離れた文献の中身を解剖してみせるのである。更にその分析は、*YBh* と Maitreya-Asaṅga の他の作品との比較に及び、先に言及したごとく *YBh* の先在性が確認される。しかし、その論拠となる、*YBh* が後者に典型的な教義・術語を欠くという判断は果して誤りのないものであろうか。この際、その「典型的な教義・術語（eine Reihe von typischen Lehren und Termini）」ということ自体が彼の合理性によって選択されたものであることに注意しておこう。さて、その判断があくまでも正しいと思うなら、その選択から漏れ、しかも両者に共通する教義が認められた場合でも、既得の判断の方が優先されねばなるまい。しかし、新たな事実を既得の判断で裁くことは過誤に陥る危険を含む。

ここで彼の「典型的」という選択から漏れた Asaṅga の *Abhidharmasamuccaya*（*AS*）の一文、しかもそれが *YBh* すなわち *Bodhisattvabhūmi*（*BBh*）のものと全く共通する一文を紹介しよう。

yad yatra nâsti tat tatra śūnyam iti yathābhūtaṃ samanupaśyati yat punar atrâvaśiṣṭaṃ bhavati tat sad ihâstîti yathābhūtaṃ prajānāti

これは、長尾博士によってその重要性が初めて指摘され、向井氏が「空性の定型句」と呼んで更に厳密な検討を加えた一文にほかならない[17]。この事実のみは、Schmithausen 教授も別な観点から全く同様に認めている[18]が、その解釈が長尾博士、向井氏の場合とおよそ異なる。Schmithausen 教授がこの事実を指摘するのは、*AS* の小乗的教義（the Hīnayānistic doctrine）の側面を例証するためなのである。しかもその第一の論拠に用いるのであるから、「『瑜伽論』（*YBh*）の空性説は、ことばと実在という『般若経』（*PP*）と親しい問題が前面に出され、道理の上から存在論的に説かれている[19]」とする向井氏の解釈とは全く異なるといわねばならない。筆者は、*BBh*＜*YBh* に見出されるこの一文が、Tattvārthapaṭala（真実義品）中のものであること、およびその経証として *Bhavasaṃkrāntisūtra*（*BhSS*）が引用されること、更にこの前後の一段が *PP* のいわゆる *Byams zhus kyi le'u*（*BZhL*、弥勒請問章）の説相と類似していることから[20]、向井氏と同様の見解をとる。しかるに全く同じ事実について Schmithausen 教授が、躊躇することなく「小乗的教義」の例証とするのは、先にも指摘したように、彼の選択になる「典型的な教義・術語」を最優先して判断したためとしか考えようがない(21)。

もし、彼の言う「典型的な教義・術語」から離れて考えるならば、*YBh* を含めて、いわゆる Maitreya-Asaṅga に帰せられる諸作品相互の間には、伝承が我々に語りかけるように、より親密な関係が想定されるのである(22)。既に断ったように、筆者は Schmithausen 教授のいう *YBh* の先在性を否認するものではない。ただその先在性の内実を問題としたいと思っている。既得の判断にこだわらなければ、*YBh* を含む諸作品相互の親密度は、徐々にその内実を我々に明してくれるかもしれぬ。しかし、その文献の量はいつ果てるともなく厖大である。誰しもこの厖大さの前では謙虚にならざるをえまい。Schmithausen 教授とて高慢に決断を下しているわけではなく、更に広い探究が継続されねばならないと断ってはいる。しかし、そうならばいかなる判断も固定することなく、文献の全貌が明らかになるまで探究を継続すべきである。ということは、矛盾がない限り我々は伝承に従わざるをえないということでもあろう。彼のしばしば口にする「ある編纂者（ein Kompilator）」が Asaṅga であったとしても、伝承とはなんの矛盾も示さないのである。それを保留してみせるのは、いかにも厳密そうでありながら実は甚だ奇妙なことだといわねばならない。なぜなら、伝承と矛盾することを指摘する場合にのみ、その編纂者が Asaṅga でないと論証する義務が生じるわけであるが、そもそも伝承から出発していない Shmithausen 教授には、Asaṅga かどうかと躊躇する資格さえないはずだからである(23)。ここに筆者は、師 Frauwallner 教授の命題が亡霊のごとく前提とされている様をみないわけにはいかない。もし彼が首尾一貫して、つまり躊躇することなく、*YBh* が Asaṅga によって編纂されたのではないことを主張したいなら、彼の指摘する程度の証明では全然役に立たないから、論証の義務が彼の上に果しなく課せられねばならない。しかし、彼の本意は Asaṅga でないことを論証せんとしているのではあるまいから、むしろ現段階では、師の命題を捨てて伝承に従っておくべきなのである。筆者の Schmithausen 教授に対する批判はこの一点に尽きる。

それ以外の成果の多くは筆者も充分利用させて頂くはずである。筆者は、ただ、伝承の深読みと文献的手法とは決して矛盾するものではないと考えているにすぎない。

この伝承の深読みの方向で諸資料・諸学説を再検討したのが Ruegg 教授である。ただし彼は、既に指摘したように、*YBh* を直接問題にしているのではなく、*Ratnagotravibhāga* の著者問題との関連上、チベット伝にいう Maitreya の五論 (byams chos sde lnga) を中心に Maitreya-Asaṅga の伝説・伝承を取り挙げて吟味しているにすぎないが、随所に卓見が披瀝される。彼はなに一つ確定的なことを言わないが、それは彼の曖昧さによるものではなく、「Asaṅga の時代の直後から生きている記憶 (un souvenir vivant dès l'époque d'Asaṅga)」と「その著者の考えを分析的に述べるために書かれた概論 (un manuel écrit pour exposer analytiquement les idées de son auteur)」とを保存している仏教の伝承に対して、彼が極めて謙虚だということによる。彼は、Maitreya-Asaṅga の伝承が伝える byin rlabs (adhiṣṭhāna、加持)、lha'i dro skad cig (天の一瞬間)、lha'i rna ba'i mngon shes (divya-śrotrâbhijñā、天耳通) などの言葉を、Asaṅga が超俗的な啓示 (une révélation extra-temporelle) を受けたことの表現と解し、編纂者 (le rédacteur) としての Asaṅga が、校訂者のように (à la manière d'un réviseur)、伝統的な教えの集成 (un corpus) の一部をなす古い資料を利用するうちに、天上の師 (un maître céleste = Maitreya) によってインスピレーションを得たかのごとき体験をしたことはありうるとみる。従って彼は、五論にかかわる Maitreya を Asaṅga の人間としての師 (le maître humain) とは解さない[24]。そして、かかる編纂の事態を仮定することによって、一方で Asaṅga の純然たる著作の教義と、編纂者としての教義とを区別する必要があるとしても、Asaṅga がその二つの役割を埋めることは不可能ではないという。

この Ruegg 教授の言葉、すなわち Asaṅga は著者と編纂者という二つの役割を担いうるという指摘を、実は Schmithausen 教授に送りたいのである。筆者は彼の言う「ある編纂者 (ein Kompilator)」を具体的に Asaṅga とみなしたとしても、彼の成果にはなんの不都合も生じまいと考える。ただし、その成果を導いた前提のうち、「典型的な教義・術語」の典拠とされたMaitreya(nātha)の著作、すなわち *Mahāyānasūtrālaṃkāra*（*MSA*）, *Madhyāntavibhāga*（*MAV*）, *Dharmadharmatāvibhāga*（*DhDhV*）の三論、および当の著者自体であるMaitreya(nātha)をどう考えるかに問題が残るであろう。しかしながら、Schmithausen 教授は師の Frauwallner 教授とは異なり、Maitreya(nātha) を必ずしも歴史的に実在した人物とは明言しないから、[25] 彼の用いる Maitreya-Asaṅga-Komplex という概念の方向で、その三論をより Asaṅga に接近させて考えてみることは可能である。すなわち *MSA, MAV, DhDhV* の三論は、直接 Asaṅga の著作とはいえないにせよ、その最終的編纂が Asaṅga のインスピレーションを介して行われたと解しうるということである。その決定的証拠というにはまだほど遠いかもしれぬが、筆者が既に指摘した二つの事例[26]は、恐らくその方向でしか考えようのないものと思われる。また彼が、Maitreya-Asaṅga-Komplex による著作中に「典型的な教義・術語」を前提にして導いた *YBh* の先在性も、その「典型的」という規定にこだわらぬ限り、両者間の類似性は今後も更に見出しうるであろうし、[27] またかかる類似性が検討された後も、なおかつその先在性が疑いえないとしても、*YBh* が過去の厖大な資料の集成であってみれば、恐らくはそれも説明のつくことであろう。

もし、初期唯識文献における Asaṅga の役割を以上のように考えることができるならば、Asaṅga こそ初期唯識文献の大成者でなければならない。冒頭で規定した「初期唯識文献」の範囲を中心に考えれば、当時の状況は恐らく次のように想定しうるであろう。Asaṅga の生存以前に、yoga を実践するグループ、すなわち Yogācāra と呼称されるものたちの永い伝統があった。[28] そのグループの中で、それ以前の仏教の様々な要素が統合され、その力が一挙に高まった時に、*BhSS, BZhL, SNS* などを包含する経典群が生み出されたかもしれない。[29] それらを、「初期唯識文献」と区別して、あるいは「*Yogācāra* 文献」と呼称しうるとすれば、Asaṅga はこれらの *Yogācāra* 文献と密接なかかわりをもったはずである。まず Asaṅga はそれら *Yogācāra* 文献を蒐集する必要を感じて、*YBh* を編纂した。文献の宝庫に深く参入していくその過程で、過去の伝承がまるで啓示を受けたかのごとく彼自らの体験をとおして詩偈の形で迸り出た。その詩偈の中には、cryptomnesia[30]と心理学で称される現象のために、伝承のままで保存されたものもあったであろう。彼のもとに集まっていたYogācāraたちは、Maitreya仏の信仰者でもあったので、その事跡が彼らにはまるでAsaṅgaがMaitreya仏の啓示を受けたかのように映じた。こうして編纂されたのが[31]——この場合も編纂という言葉が許されるならば——*MSA, MAV, DhDhV*などであった。その後彼は、より体系的に自らの考えを著述する必要を感じて、まず*AS*を作り、その後に*Mahāyānasaṃgraha*（*MS*）を著わした。そのために、この*AS*と*MS*はその伝承の当初より彼の著作であることが疑われなかったのであろう。このようにして生まれた一連の文献を、それ以前の「*Yogācāra*文献（多くは無記名の経典群）」と区別して、筆者は「初期唯識文献」と呼称したわけである。

しかし、ここに叙述した「初期唯識文献」の内実は、ある種の人にとって極めて空想めいて聞こえるかもしれぬが、伝承の中核を信じる筆者にとっては誠に自然なことに思われる。また、前述したSchmithausen教授とは逆に、伝承から出発する筆者には、否定的証明の義務が負わされることもあるまい。ただ、伝承の深読みの過程で厖大な文献の中に徐々に読みの結果を露わにする事実を指摘していきたいと思うのみである。その際、誰からも疑われることのなかったAsaṅgaの二つの著作、*AS*と*MS*とを文献解読の基準におくべきだと考えている。幸いなことに、*AS*の註釈*Abhidharmasamuccayabhāṣya*のサンスクリット原典も極最近刊行されたばかりである[32]。

最後に、列挙しながらあまり言及することのなかった横山氏および向井氏の論文に一言加えて結びとしよう。横山氏のものは、Schmithausen教授の方向と共通する点が多く、しかも筆者がSchmithausen教授に賛同できなかったまさにその理由の上で、氏の論旨は展開し閉じられている。それゆえ、宇井説批判としては、その時点で勝れた価値を示したとは思うが、筆者の採るところではない。またSchmithausen教授の場合はその文献学的厳密さによる多大な成果は残るが、氏の場合にはその厳密さを求むべくもない[33]。しかもSchmithausen教授の方が年代的にも氏に先行するわけであるから、今後横山氏の論文を起点に考える必要はないであろう。向井氏の論文は、筆者の考えと発想において軌を一にするところがあるので無条件に賛意を表したいのであるが、『十七地論』すなわち *YBh* が「アサンガ自身の手によって成った」[34]という、その内容規定に厳密さを欠くのを残念に思う。これは Schmithausen 教授、Ruegg 教授の編纂者（ein Kompilator, le rédacteur）に関する提示を知らなかったために、それを意識して内容を限定する必要を感じなかったせいかと思われる。これは誰にでも生じうる単なる見過しによるものであろうから、知った段階で論旨を追認補強すれば許されることである。しかし次の事実はどう理解すればよいだろうか。氏の論文は Yogācāra およびその Maitreya 信仰に関して秀れた見解を披瀝するが、その多くは P. Demiéville 教授の所論に負うことが明らかなのである。しかるにそれを明記しないのはいかなる理由によるのか。論文中の註記により、氏が教授の "La *Yogācārabhūmi* de Saṅgharakṣa" を参照したことは疑いもないことである[35]から、その理由次第によっては、氏の論文の評価を大きく変更しなければならないと思われる。

註

（1）*Orientalistentag 1968 Würzburg, Vorträge. ZDMG*-Supplementband, pp. 811-823. 以下、同論文参照につき特別な場合を除き、個々の頁数の指摘は省略す。なお、同論文は入手困難であったため、高崎直道先生にお願いしたところ、そのコピーを頂戴することができた（今年六月六日）。記して厚く感謝申し上げたい。

（2）École Française d'Extrême-Orient, Paris, pp. 39-46, 50-55, 66-70. 以下同書参照頁数については前註に順ず。

（3）本稿所掲の向井論文四〇―四一頁、註21参照のこと。

（4）ただし、本稿末尾に記すごとく、その多くを Demiéville 教授に負っている風がみられるので、その点値引きして考えねばならない。

（5）ここでは一応 Vasubandhu を外す。これは Vasubandhu 二人説、もしくは彼の経量部的色彩をどう処理するかにかかわる問題である。なお、本稿は他説の論評に急なあまり、全体の展望を欠く恨みがある。Vasubandhu の問題を含め、唯識説について簡潔平易な叙述を試みられた梶山雄一「解説」(『大乗仏典』15、四一〇—四二八頁)をぜひ参照されたい。

(6) 名称として「唯識(Vijñānavāda)」を選ぶか「瑜伽行(Yogācāra)」を選ぶかには、いずれも一長一短がある。Schmithausen, *op. cit.*, p. 811, n. 2 参照。

(7) 向井本稿所掲論文、四二頁、註35および四四頁、註49参照。

(8) Schmithausen, *op. cit.*, p. 812 による。

(9) *Analysis of the Śrāvakabhūmi Manuscript*, Berkeley and Los Angeles, 1961, pp. 25-41 で述べられる所説。

(10) この成果が同年 *Der Nirvāṇa-Abschnitt in der Viniścayasaṃgrahaṇī der Yogācārabhūmiḥ*, Wien, 1969 として刊行さる。

(11) Schmithausen 教授はこれを "Yogācāra-Werke des Maitreya-Asaṅga-Komplexes" と呼び、Maitreya に *MSA*, *MAV*, *DhDhV* を、Asaṅga に *MS*, *AS* および『顕揚聖教論』を想定している。

(12) 特に *YBh* に *MSA* に対する言及ありとして、後者の前者への影響を考える Wayman 教授の見解を破す。*MSA* に対する言及ありとするのは、Schmithausen 教授の指摘のごとく、Wayman 教授の誤読である。

(13) 「典型的な教義・術語」を基準に両者を比較する点は、横山本稿所掲論文と共通する。基準中に abhūtaparikalpa を選ぶことは両者唯一の一致点なので最も説得力がありそうであるが、厳密にはこれも未確定というべきだろう。チベット訳者が同一の Ye shes sde であるとしても、彼の訳語には不確定要素も認められるので、log pa の原語が abhūta でなかったと言い切ることはできまい。Schmithausen 教授は積極的に mithyā を想定するがそのためには mithyā を玄奘が「虚妄」と訳す例を指摘する必要がある。筆者は今のところその例を確認できない。

(14) 本稿で後述する Ruegg 教授の見解を参照のこと。

(15) 向井本稿所掲論文、三三頁。

(16) 筆者の内心は、厖大な文献を一人の人間が著述するわけがないという Frauwallner 教授的常識のことを言いたい。その常識が我々凡俗の常識に対して最も強く働きかける点が反論を困難にする。

(17) 長尾雅人「余れるもの」『印仏研』一六—二(一九六八年)、二三—二七頁(後に、長尾雅人『中観と唯識』、岩波書店、一九七八年、五四二—五六〇頁に「空性に於ける「余れるもの」」として改訂再録さる)、向井亮「『瑜伽論』の空性説——『小空経』との関連において——」『印仏研』二二—二(一九七四年)、三六八—三七四頁参照。*AS*, *BBh* 以外の引用例についても両論文参照のこと。

(18) Schmithausen, "The Definition of Pratyakṣam in the Abhidharmasamuccayaḥ", *WZKS*, XVI (1972), pp. 155-156, n. 8. *AS* のこの箇所は断片に欠く部分であるが、彼の還元は Pradhan 教授のものとは異なり、*BBh* と全く同一の文を示す。

(19) 向井前註17所掲論文、三七四頁。

(20) 以上については、拙稿 "A Consideration on the *Byams ṣus kyi leḥu* from the historical point of view"『印仏研』二四―一（一九七五年）、四九九―四八九頁〔本書「本論」第八論文〕、および「*Bhavasaṃkrāntisūtra*――解説および和訳――」『駒沢大学仏教学部論集』第八号（一九七七年、現時点未刊〔その後、予定どおり、その三〇二―二七五頁として刊行され、後に、『唯識考』、二五二―二九三頁に再録〕）参照のこと。

(21) Schmithausen 教授が前註18指摘の箇所に引き続いて挙げる第二例、三種の lakṣaṇa に関しても判断が狂っていると思われる。前註20所掲中、先の拙稿参照の上、第三者が判断を下されたい。

(22) 拙稿「五種の修習に関する諸文献」『駒沢大学仏教学部論集』第三号（一九七二年）、一―一九頁〔『唯識考』、二九四―三二〇頁〕参照。*MS*, *AS*, *MSA*, *SNS* 中に全く共通する一文が見出される。*YBh* については未確認であるが、それに引用される *SNS* には同文がある。

(23) 「漸次に成長した学派の作品」という師の命題を前提とし、伝承を白紙に還元するならば、編纂者が誰かという積極的証拠が挙がらぬ限り Asaṅga だと想定することさえできぬはずである。白紙に躊躇するならともかく、Asaṅga に躊躇するのはおかしい。しかし、伝承から出発するなら、Asaṅga でないという決定的証拠が挙がらぬ限り、Asaṅga だと仮定しておいてよいわけである。

(24) 以下は Ruegg, *op. cit.*, p. 55 による。

(25) Schmithausen, "Zur Literaturgeschichte…", p. 812, n. 5. 彼は実際的見地から、名称（Name）あるいは符牒（Chiffre）として Maitreya(nātha) を保存するかにみえる。

(26) 前註22の拙稿および「『大乗荘厳経論』散文箇所の著者問題について」『駒沢大学仏教学部論集』第四号（一九七三年）、一―一二頁〔本書「本論」第五論文〕参照。

(27) Schmithausen 教授が指摘する *YBh* 中の「無分別智」の五相は単に *DhDhV* のみならず、*AS*, *MS* にも見出しうること、*YBh* 中の「四種依」が *MSA* のみならずより広範な文献中に見出しうることなど検討の余地は多い。厳密な提示は別な機会を俟ちたい。〔本稿の「回顧と弁明」の最末尾参照。〕

(28) P. Demiéville, "La *Yogācārabhūmi* de Saṅgharakṣa", *BEFEO*, XLIV (1954), pp. 381, 384, 434, および向井本稿所掲論文、二九―三二頁参照。

(29) 前註20所掲の拙稿参照。

(30) 拙稿 "On a Paragraph in the *Dharmaviniścaya* Chapter of the *Abhidharmasamuccaya*"『印仏研』二一―一（一九七二年）、四五

八頁〔本書に和訳再録の二九六頁〕、註39参照。

（31）前註28所掲の両論文参照。

（32）*Abhidharmasamuccaya-bhāṣyam*, ed. N. Tatia, TSWS, 17 Patna, 1976.

（33）例えば、氏は *YBh* 全体より任意に論拠を選ぶが、これは全体を均等なものとみなしていなければ不可能なことである。しかも *YBh* 以外は宇井説のまま Maitreya の著作と認めるわけであるからその史的実在性は信じられている。均等であるがゆえに *YBh* がある一人の著作とすれば、それは一体誰が著述したことになるであろうか。しかも氏は *YBh* の方が Maitreya 著作より先行すると想定しているから、Maitreya 以前に更に別に *YBh* の著者が実在していたのでなければならない。それは歴史的時間の中で可能だろうか。

（34）向井本稿所掲論文、三三頁。

（35）前註28所掲の両論文を比較されたい。氏は他の学者の説は本文中にも明示するのに、最も参照価値のあったと思われる Demiéville 教授については、註19と21で同一箇所を二度繰り返して指摘するにすぎない。しかも二註記とも当の問題には全く関説していない。筆者には故意の抹殺としか思えないのである。

（一九七七年七月二十六日）

回顧と弁明

本稿の初出は、『三蔵』第一四七号（一九七七年十一月）、一—九頁である。『三蔵』とは、その当時、大東出版社から刊行されていた国訳一切経の月報名であるが、私の記憶に間違いがなければ、その月報に執筆の決まっていたある大家が突然辞退されたために、急に私に降って湧いてきたような役割が、本稿の執筆の端緒だったのである。「瑜伽部」の配本に当るので、瑜伽唯識に関係したものとの限定はあったと思うが、論題の制約はなかったゆえ、恐らく、当時の私が最も深い関心を寄せていたことで御茶を濁そうとしたのではなかったかと思う。しかし、だからといって、手を抜こうという気持は全くなかったと確信するが、今、それこそ四半世紀ぶりくらいに読み返してみると、汗顔の至りである。残ってしまっているから仕方がないが、自分の論拠を充分に示さないままに、シュミットハウゼン教授や向井亮氏に対する言い振りからしても、今思うと非常に失礼に感ずる。どうかお許し願いたい。そもそも、当時の私にしたところで、方法論について述べるよりも、文献を処理することによって自ずとそこに己れの方法を示すことの方が先決だと考えていたはずであるが、その考えの逆を行っていたことは恥ずかしい。しかし、それにしてもつくづく思うことであるが、私は、文献に現われる教義や思想用語の厳密な分析を重視するシュミットハウゼン教授にも、文献継承における Asaṅga 伝承の意味を重視する向井亮氏にも、充分に賛成しているのであり、そのこと自体は、当時も今も変らないと思う。では、どこに違いが出てくるのかといえば、仏教文献に対する研究者の問題設定の仕方によるのである。陳腐な答えかもしれないが、これは、仏教に対する研究者の姿勢まで含んでいると思う。私は、今後も一仏教者として、その問題設定を摸索していければと願っている。しかるに、シュミットハウゼン教授も向井氏もまた、当時のままに留まっていたわけでは決してない。その後のお二人のこの方面の代表的論文が、本書「本論」第五論文に対する「回顧と弁明」中に示した、向井亮「『瑜伽論』の成立とアサンガの年代」（一九八一年）、および、L. Schmithausen, "On Three *Yogācārabhūmi* Passages Mentioning the Three *Svabhāvas or Lakṣaṇas*" (2000) であり、これは、一言でいえば、玄奘訳『瑜伽師地論』の、大正蔵、三〇巻、三四五頁中、四行―下、一六行相当の記述に対する解釈の問題なのである。因みに、他の事柄に関しても、こちらとあちらの「回顧と弁明」の記載事項は関連しあっているので、彼此対照されたい。ここでは、それらとは別に、本稿特有な問題に関する件だけを補っておけば、シュミットハウゼン教授によって、Maitreya-Asaṅga-Komplex のマイトレーヤ側の三論として一括して考えられているもの、即ち、*MSA, MAV, DhDhV* に関して、マイトレーヤを史的人物ではないとした論文に、拙稿「チベットにおけるマイトレーヤの五法の軌跡」（初出、一九八六年、『唯識考』、一六四―二〇〇頁再録）があり、*DhDhV* を後世成立したマイトレーヤ仮託作品とした論文に、拙稿「唯識文献における無分別智」（初出、一九八五年、本書「本論」第二〇論文）がある。なお、これらに言及しながら、それぞれの私見を加えた論文に、松田和信「*Nirvikalpapraveśa* 再考――特に『法法性分別論』との関係について――」『印仏研』四五―一（一九九六年）、三六九―三六三頁、舟橋尚哉「『大乗荘厳経論』の諸問題並びに第一一章求法品のテキスト校訂」『大谷大学研究年報』第五二集（二〇〇〇年三月）、一―六九頁（横）があるので参照されたい。ところで、本稿では避けられた（註5参照）が、マイトレーヤやアサンガとの関係で、ヴァスバンドゥのことも当然問題にはなってくるのであるが、このヴァスバンドゥのほぼ確実な著作とみなされていた *Trisvabhāva*（『三性論』）について、これを後世の仮託ではないかとの見解を初めて示したものに、木村誠司「世親の如来蔵思想」『駒沢短期大学研究紀要』第三四号（二〇〇六年三月）、一七五―一八四頁があり、ヴァスバンドゥの著作順につき、それについての独自の私見を披瀝しながらヴァスバンドゥの縁起観を論じたものに、松田和信「ヴァスバンドゥにおける縁起の法性について」『仏教大学総合研究所紀要別冊』（二〇〇五年三月）、一二五―一三二頁（横）があるのでやはり参照されたい。最後に、本拙稿の註27で「別な機会を俟ちたい。」と述べていたことに関していえば、その時点で私は具体的な計画を持っていたわけではなかったが、後に、結果的にその機会の具現となったものが、右に触れた拙稿「唯識文献における無分別智」だったのである。

一一　『転有経』の検討*

一

『転有経（*Bhavasaṃkrāntisūtra*）』（略号 *BhSS*）は、その簡略さにもかかわらず、初期実修行派（Yogācāra）文献史において重要な典籍と考えられる。それは、次のように、サンスクリット、漢訳、チベット訳で伝えられている。

(1)　*Bhavasaṃkrāntisūtra*, ed. and tr. by N. Aiyaswami Sastri, *Journal of Oriental Research*, Madras, V-4 (1931?)[1]

(2)　『仏説大方等修多羅王経』、菩提流支（Bodhiruci）訳、大正蔵、No. 575、一四巻、九四八頁下—九四九頁上

(3)　『仏説転有経』、仏陀扇多（Buddhaśānta）訳、大正蔵、No. 576、一四巻、九四九頁上—下

(4)　『仏説大乗流転諸有経』、義浄訳、大正蔵、No.577、一四巻、九四九頁下—九五〇頁中

(5)　*'Phags pa Srid pa 'pho ba zhes bya ba theg pa chen po'i mdo*, Jinamitra, Dānaśīla, Ye shes sde 訳、P. ed., No. 892, Tshu, 185a8-187a1 : D. ed., No. 226, Dza, 175a6-177a3[2]

『転有経』は、二つの部分、即ち、散文箇所と韻文箇所[3]とから構成されているが、後者は、通常のごとく、単なる前者の要約なのではない。両箇所は、互いに異なった淵源に由来しているように思われる。

本稿において、我々は、その両箇所の特徴を別々に検討し、その後で『転有経』をその文献展開の背景にまでわたって探ってみることにしたい。

二

既に指摘されているように、後者の箇所の第二頌は、『菩薩地（*Bodhisattvabhūmi*）』（略号 *BBh*）の「真実義（Tattvārtha）」章に引用され、[4] また、バーヴィヴェーカ（Bhāviveka、清弁）によってその『中観心頌（*Madhyamaka-hṛdayakārikā*）』の第五章第七四頌中にそのままの語で取り込まれている。[5] 更に、シャーンタラクシタ（Śāntarakṣita）はその『摂真実論（*Tattvasaṃgraha*）』の第八六九頌においてその意を別な語で表わし、[6] カマラシーラ（Kamalaśīla）はその『摂真実論釈（*Tattvasaṃgraha-pañjikā*）』において『転有経』の当の第二頌を引用している。[7] かかる事実は、問題の第二頌が、バーヴィヴェーカが明言しているように、[8] 実修行派（Yogācāra）と中論学派（Mādhyamika）双方によって絶対的な実在（dharmatā＝nirabhilāpyatā＝niḥsvabhāvatā）を証するための経証とみなされていたことを示しているのである。

その他に、『転有経』の第三、四、五、六、七頌は、ナーガールジュナ（Nāgārjuna、龍樹）に帰せられる『転有論（*Bhavasaṃkrāntiśāstra*）』とマイトレーヤナータ（Maitreyanātha、弥勒）に帰せられる『転有論疏（*Bhavasaṃkrānti-ṭīkā*）』の後半とかなり類似している。[9] たとえそれらの著者性が不確かであるにしても、この類似性は、『転有経』の韻文箇所が般若経（*Prajñāpāramitā*）の伝承との密接な関係下にあることを証しているのである。

上述した事実から、我々は、『転有経』の韻文箇所が、あたかも『弥勒請問章（*Byams zhus kyi le'u*）』のように、[10] 般若経文献の影響下において成立したのではないかとの考えに傾くのである。その成立年代の下限は確実には紀元三五〇年に置かれるかもしれない。なぜなら、『転有経』の第二頌は、紀元四一二年に姑臧に入った曇無讖（Dharmakṣe-ma）によって訳された『菩薩地』に引用されているからである。

三

他方、散文箇所は、般若経文献の強い影響下にはなく、それはむしろ、世俗的な生存を仲介する識（vijñāna）による心の相続（citta-saṃtati）を問題とする小乗的テーマを示しているのである。空性説や大乗的教義もまた散文箇所に示唆されているけれども、それらは後世の挿入のように思われる。しかも、現行の『転有経』が韻文箇所と一緒にされて成立した時に、それらの挿入はなされ、それは、紀元三五〇年以前であったはずである。

『転有経』の現行の散文箇所よりも更に展開した形態が『父子合集経（*Pitāputrasamāgamasūtra*）』（略号*PPSS*）中に認めうる。[11] 本経は『集学論（*Śikṣāsamuccaya*）』に長文にわたって引用されており、[12] そこには『転有経』の問題の箇所とほとんど同じ文言が現われているのである。『転有経』と『父子合集経』とは、互いに、より多くの類似点とより少ない相異点とを示している。紙幅が充分ではなく双方を詳細に比較することはできないので、ここでは、それらの類似点と相異点との中から、それぞれの典型的な例のみを取り上げて示しておくことにしたい。[13]

類似例

『転有経』（*BhS*）	『父子合集経』（*PPSS*）
bcom ldan ’das kyis bka’ stsal pa// rgyal po chen po de bzhin du byis pa so so’i skye bo thos pa dang mi ldan pa yang mig gis gzugs rnams mthong na yid bde	bcom ldan ’das kyis bka’ stsal pa/ rgyal po chen po de bzhin du byis pa so so’i skye bo thos pa dang/ mi ldan pa yang mig gis gzugs mthong na yid bde bar ’gyur ba

bar 'gyur ba'i gzugs rnams la mngon par zhen te/ mngon par zhen par gyur nas rjes su chags par 'gyur ro// rjes su chags nas kun tu chags par 'gyur ro//

rnams la mngon par zhen par 'gyur te/ de mngon par zhen pas rjes su chags par 'gyur ro// rjes su chags par gyur nas yongs su chags par 'gyur ro//

両者のサンスクリット原文は同じであったとみなされる[14]。些細な相違は翻訳上のそれである[15]。

相異例　『転有経』（*BhSS*）

rgyal po chen po de ltar rnam par shes pa tha ma 'gag cing skye ba'i char gtogs pa'i rnam par shes pa dang po yang na ni lha'i nang du/ yang na ni mi'i nang du/ yang na ni sems can dmyal ba'i rnams su/ yang na ni dud 'gro'i rnams su/ yang na ni yi dags rnams su 'byung bar 'gyur ro//

『父子合集経』（*PPSS*）

rgyal po chen po de la rnam par shes pa tha ma'i dbang dang/ las dmigs pa de dang rkyen gnyis kyis skye ba'i char gtogs pa'i rnam par shes pa dang po 'byung ste/ yang na ni sems can dmyal bar/ yang na ni dud 'gro'i skye gnas su/ yang na ni gshin rje'i 'jig rten du/ yang na ni lha ma yin gyi ris su/ yang na ni mi'i nang du/ yang na ni lha'i nang du 'byung bar 'gyur te/

『父子合集経』がより大乗的な六趣（道）説を採用しているのに対して『転有経』は五趣（道）説の小乗的伝統に従っていることが注意されるべきである。

『転有経』と『父子合集経』との比較から、我々は、『転有経』の原初テキストの存在を推定し、そこから、『転有経』の散文箇所は直接的に派生し、また『父子合集経』も枝分れして更に展開した、と考えうるかもしれない。

四

『転有経』の両箇所を別々に検討し了ったので、本節では、現行のテキスト全体の文献史的展開の背景を粗描してみることにしよう。まず第一に、心の相続についての小乗的教義を述べているテキストxの存在を仮定しよう。それが般若経文献の軽微な影響の下に『転有経』の原初テキストに展開した。その後、他の淵源に由来する『転有経』の韻文箇所が、般若経中に『弥勒請問章』を挿入し恐らくは実修行派（Yogācāra）と呼ばれるものに属していたようなグループによって、『転有経』の原初テキストと結合された。その時に、現行の『転有経』全体のテキストが生じたのである。

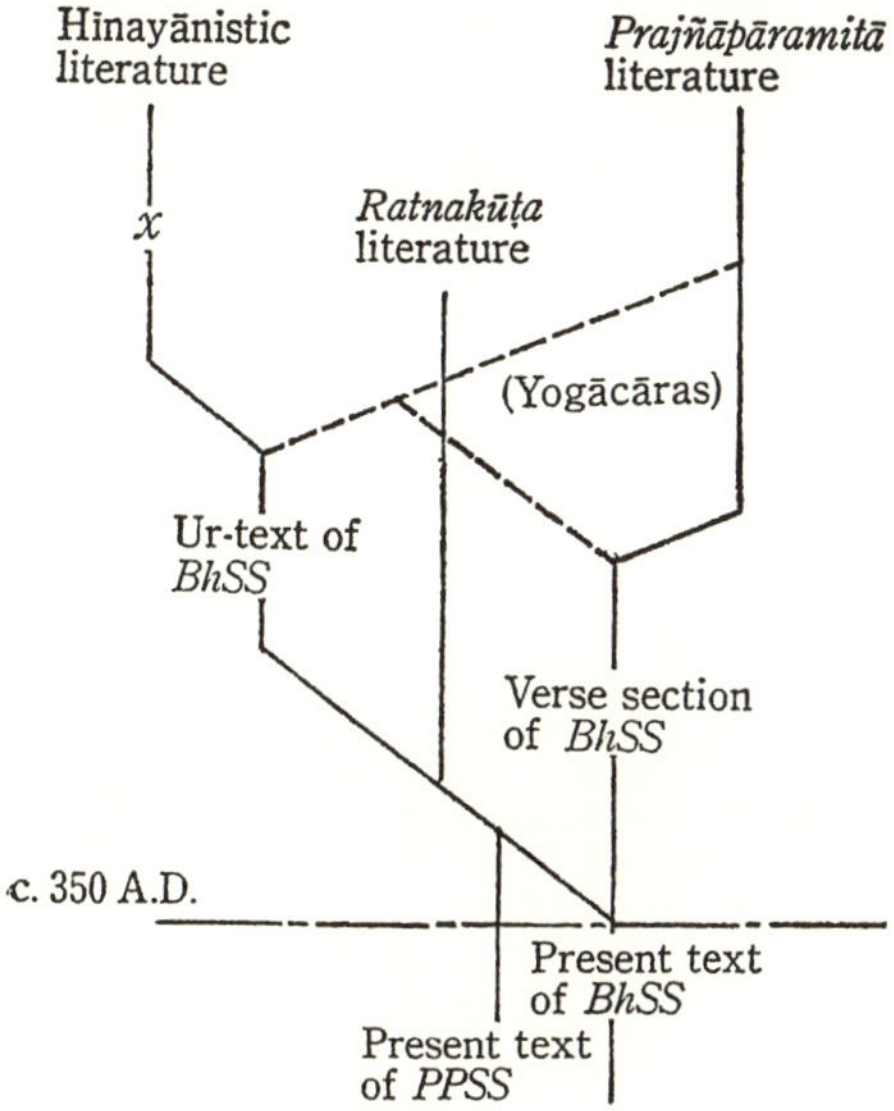

ここで、我々は、『転有経』の現行テキストが中論学派よりもむしろ実修行派に属していたであろうことを証明する状況証拠を挙げることができるかもしれない。『転有経』のほとんどの部分は、実修行派のアーラヤ識（ālaya-vijñāna）を論駁するために、チャンドラキールティ（Candrakīrti、月称）の『入中論（*Madhyamakāvatārabhāṣya*）』中に引用されている。[16] なぜチャンドラキールティが『父子合集経』よりも『転有経』の方をより好んで採用したかという理由を説明することは難しいかもしれないが、恐らく、彼は、経証として、まさに彼の反対の立場、即ち実修行派に属している『転有

経』を用いることによって、より効果的論駁を期待したのではないかと考えられるのである。『転有経』の漢訳者たちもまた実修行派の伝統に属していたのであった。

註

＊ 本稿は、拙稿「*Bhavasaṃkrāntisūtra*——解説および和訳——」『駒沢大学仏教学部論集』第八号（未刊〔この時点で未刊なるも、その後、一九七七年十月に刊行され、更に、『唯識考』、二五二—二八九頁に再録〕）の要約であり、詳細はそれを参照のこと。

（1） 残念ながら、私は本文献を入手していない。情報は *Bodhisattvabhūmi* の Dutt 校訂本、p. 32 の脚註と、S. Hanayama, *Bibliography on Buddhism*, p. 647, No. 11590 による。末尾の「追記」参照のこと。

（2） コロホンによれば、本訳本は欽定新訳語（skad gsar chad）によって訂正され確認されたと言われている。なお、本文中のこれ以下にも示されるように、『転有経』のチベット訳は、これと同じ翻訳者たちによって訳された『父子合集経』の対応文のチベット訳と若干異なっている。その相異は、一方が欽定新訳語を経由しているのに対して他方はそうではないという事実から結果しているのかもしれない。この点に関連して、後註15も参照のこと。

（3） この箇所は七頌よりなる。

（4） *Bodhisattvabhūmi*, Wogihara ed., p. 48 : Dutt ed., pp. 32-33 参照。これに対する Sāgaramegha の註釈については、P. ed., No. 5548, Ri, 83b3-84a3 参照のこと。そこで、Sāgaramegha はその頌を三性説によって解釈している。

（5） 山口益『仏教における無と有との対論』（弘文堂書房、一九四一年、山喜房仏書林、一九六四年修訂版）、五一一—五一七頁参照。『中髄頌（*Madhyamakahṛdayakārikā*）』に対する註釈『思択炎（*Tarkajvālā*）』については、P. ed., No. 5256, Dza, 243b8-244b2 参照のこと。〔なお、原英文論文において Bhāvaviveka としていたものを Bhāviveka としたことについては、本書「本論」第八論文末尾の「回顧と弁明」を参照されたい。また、山口上掲書に従って、ここで『中髄頌』第五章第七四頌とされているものは、その後に刊行されたサンスクリット本に従えば、同第五章第七五頌と改められねばならないが、この件を含むサンスクリット本のことについては、本稿末尾の「回顧と弁明」において記す。〕

（6） 『摂真実論』第八六九頌 "yasya yasya hi śabdasya yo yo viṣaya ucyate/ sa sa saṃvidyate nâiva vastūnāṃ sā hi dharmatā//" と『転有経』第三頌 "yena yena hi nāmnā vai yo yo dharmo 'bhilapyate/ na sa saṃvidyate tatra dharmāṇāṃ sā hi dharmatā//" とを比較されたい。

（7） Swami Dwarikadas Shastri（ed.）, *Tattvasaṅgraha of Ācārya Shāntarakṣita with the Commentary 'Pañjikā' of Shri Kamalshīla*,〔Vol. 1〕, Bauddha Bharati Series 1, Varanasi, 1968, p. 15, p. 339 参照。Shastri は、その引用を *Laṅkāvatārasūtra*（『入楞伽経』）第十章第五〇〇頌（＝第三章第八二頌）に辿っているが、前者は後者にかなり類似しているにせよ、同じではない。

（8） "de la gzhung lugs gnyi ga（＝both Yogācāra and Mādhyamika）la grags pa'i lung yang yod de/〔それについて、双方（実修行派と中論学派）の立場において一般的に承認されている経証もある。〕"（*Tarkajvālā*, P. ed., *op. cit.*, 243b3〔: D. ed., No. 3856, Dza, 219a4-5〕）とあるのを参照。

（9） 『転有論』、P. ed., No. 5240, Tsa, 171a6-b3 と『転有論疏』、P. ed., No. 5241, Tsa, 177a7-178b1 とを比較されたい。この御教示は、江島恵教博士による。また、参照すべきものには、N. Aiyaswami Sastri, *Bhava Saṃkrānti Sūtra and Bhavasaṃkrānti Śāstra*, Adyar, 1938 もあるが、私はこれを入手できていない。これについての情報は、山田龍城『梵語仏典の諸文献』（平楽寺書店、一九五九年）、一一三頁、〔註8〕によるものである。

（10） 拙稿 "A Consideration on the *Byams ṣus kyi leḥu* from the historical point of view"『印仏研』、二四—一、四九九—四八九頁参照。〔本稿は、本書「本論」第八論文として和訳再録されているので参照されたい。〕

（11） 『父子合集経』、チベット訳、P. ed., No. 760-16, Zhi, 153b3-154b3 参照。

（12） Cecil Bendall（ed.）, *Çikshāsamuccaya*, Bibliotheca Buddhica I, 1897-1902, Osnabrück, 1970, p. 252, l.2-p. 253, l.14 参照。

（13） 詳細な比較については、前掲拙稿（前註＊）を参照されたい。比較は、『転有経』のサンスクリット本が利用できないため、両チベット訳によってなされている。〔この箇所については、本稿末尾の「回顧と弁明」中の指示により、その後に刊行された前掲拙書（前註＊）の関連箇所を参照されたい。〕

（14） Bendall, *op. cit.*, p. 252, ll.10-12 によれば、そのサンスクリット原文は、"bhagavān āha/ evam eva mahārāja bālo 'śrutavān pṛthagjanaś cakṣuṣā rūpāṇi dṛṣṭvā saumanasya-sthānīyāny abhiniviśet/ so 'bhiniviṣṭaḥ sann anunīyate 'nunītaḥ saṃrajyate//" である。

（15） 例えば、『転有経』の "kun tu chags par 'gyur" と『父子合集経』の "yongs su chags par 'gyur" とは、欽定新訳語（skad gsar chad）を経由している前者が *Mvyut.*, No. 2206 により適合するにせよ、共に〔サンスクリット語の〕"saṃrajyate" に等価なのである。

（16） Louis de La Vallée Poussin（ed.）, *Madhyamakāvatāra par Candrakīrti*, Bibliotheca Buddhica IX, 1907-1912, Osnabrück, 1970, p. 127, l.17-p. 129, l.17 参照。

（一九七七年八月二十三日）

〔**追記**〕　私の要求に応じてAyyaswami Sastriの前掲論文（前註1）のコピーを送付して下されたBritish Library, Lending Divisionに謝意を表したい。私はこれを一九七七年十一月七日に受領した。〔ここに、そのコピーによって直接知りえた論文名等を正確に記し直せば、N. Ayyaswami Sastri, "*Bhavasaṃkrānti Sūtra*, Restored from the Tibetan Version with an English Translation"であり、雑誌発行年も、私が付した疑問符が先方によって消去されていたので一九三一年で正しいのだと思う。なお、この論文での著者名の英文表記はAiyaswamiではなくAyyaswamiである。〕その〔入手したコピーの〕副題から知られるように、本篇はサンスクリット原典ではなく、チベット訳と『集学論』（∨『父子合集経』）や『摂真実論釈』〔のサンスクリット本〕などのような他の資料とからの還元本である。〔一九七七年十月四日〕〔今、上の日付を記入すると同時に、この日付ではLending Divisionからコピーを受領した日付の方が後になってしまうことに気づいた。これではコピーの確認もなさずに「追記」を書いたという、ありえないことになってしまうので、いずれかの日付が間違っているということになる。「追記」の日付が雑誌の刊行時からみて初校ゲラの時だとすれば、これは動かしえないので、受領日を誤って記した可能性が高い。因みに、Lending Divisionへの申し込み用紙に間違いなく記されて残っている日付は一九七七年七月十八日である。これから推測すれば、受領は十一月七日ではなく八月七日だったのかもしれない。しかし、そうであれば、その八月をなぜ十一月としてしまったのかは、今となっては究明しようもないのを遺憾とする。〕

回顧と弁明

本稿は、"Analysis of the *Bhavasaṃkrāntisūtra*"の原題で、『印仏研』二六－一（一九七七年十二月）、四八三－四七九頁に発表された英文論文を、ここに、自ら訳して再録するものである。しかし、本稿は、註記の＊記号下に断わられているように、後に刊行され更に『唯識考』に再録された拙稿「*Bhavasaṃkrāntisūtra*――解説および和訳――」の一種の要約なので、訳したこと以外は、再録自体にあまり意味はないかもしれないが、一方にないものや違ったものもあるので彼此対照されたい。本書、三九一頁の図と、『唯識考』、二七二頁の図とは全く同じものであるが、本書では、図中の英語的な表現をそのまま残してあるので、万一、日本語式表現を知りたい場合は、『唯識考』のそれによられたい。ところで、本稿では、本書、三八九－三九〇頁に、『転有経』と『父子合集経』との代表的な類似例と相異例とが示されているが、類似例は、『唯識考』、二六六頁、六－一一行に示されたチベット訳文と同じく、相異例は、同、二六七頁、一〇－一五／一六行に示されたチベット訳文と同じであるので、それぞれの和訳については、順次に、『唯識考』、二七四頁、一三－一六行「世尊がおっしゃった。「大王よ、……saṃ-RAÑJ）であろう。」」、同、二七五頁、五－八行「大王よ、そのように……に生ずるであろう。」を参照されたい。なお、『唯識考』、二六七頁、一三行の補注＊＊、同、二八八頁のその補註に示したように、後に知ったD. ed.に従えば、「阿修羅」があって六道説となってしまうが、やはり「阿修羅」のない P. ed. や仏陀扇多訳を除く他の漢訳の五道説の方が、『転有経』の本来の形とみなすべきだと思う。また、本稿、註5の亀甲カギカッコ内に補足した *Madhyamakahṛdayakārikā* のサンスクリット本として後に参照可能となったものは、Shrikant S. Bahulkar, "The *Madhyamaka-Hṛdaya-Kārikā* of Bhāvaviveka : A Photographic Reproduction of Prof. V. V. Gokhale's Copy", *Nagoya Studies in Indian Culture and Buddhism : Saṃbhāṣā*, 15 (1994), pp. i-iv, 1-49、及び Chr. Lindtner, *Bhavya's Madhyamakahṛdaya* (*Pariccheda Five*), *Yogācāratattvaviniścayāvatāra*, (Reprinted from *The Adyar Library Bulletin*, Vol. 59 (1995), pp. 37-65), The Adyar Library Pamphlet Series No. 48, Madras, 1995 である。山口益博士は、第五章第四〇頌に当るものを数えていないので、それ以降は一頌減じる結果となっているが、上記サンスクリット本によって、左に念のために、第五章第七五頌を示しておく。

yena yena hi nāmnā vai yo yo dharmo 'bhilapyate/
na sa saṃvidyate tatra dharmāṇāṃ sā ca dharmatā// 75 // (Bahulkar, p. 32, Lindtner, p. 20)

なお、右の第七五頌とも結果的に同じになるが、その意味でもよく引用関説されたらしい『転有経』の結頌第二頌は、また、『大乗荘厳経論』に対する(a)アスヴァバーヴァと(b)スティラマティの両註釈の初めの部分にもまた引用されていることに今回気づいたので左に示しておきたい。

(a) ming gis mngon par brjod pa gang yin pa de ni med de/ bcom ldan 'das kyis ji skad du/
ming ni gang dang gang dag gis// chos ni gang dang gang brjod pa//
de ni de la yod min de// 'di ni chos rnams chos nyid yin// zhes gsungs pa lta bu'o// (D. ed., No. 4029, Bi, 41a1-2)

(b) de bas na bcom ldan 'das kyis kyang/
ming ni gang dang gang dag gis// chos ni gang dang gang brjod pa//
de ni de na med pa ste// de ni chos kyi chos nyid do// zhes gsungs so// (D. ed., No. 4034, Mi, 9a5)

下線部分が第二頌の引用である。若干の違いは訳文のそれであって、原文のそれではないことが容易に分かるであろう。

ところで、私自身はつい最近頂戴した（二〇〇八年五月十四日受領）ので、奥付と実際の刊行との間にどれほどの隔たりがあるのか知りえないが、『思択炎』第五章の最も最近の注目すべき翻訳に、斎藤明「『中観心論』*Madhyamakahṛdayakārikā* および『論理炎論』*Tarkajvālā*、第五章「瑜伽行派の真実〔説〕の〔批判的〕確定」（Yogācāratattvaviniścaya）試訳」斎藤明（研究代表者）『大乗仏教の起源と実態に関する総合的研究—最新の研究成果を踏まえて—』（研究課題番号15320010、研究成果報告書、二〇〇七年三月）、二〇一—二六九頁のあることを、ここに付記しておきたい。

一二　インド仏教における中観・唯識宗研究

インドの後期仏教が四つの学派に大別されていたことは、仏教内部の文献のみならず、仏教外の文献においても等しく認められていたことであって、今更喋喋と論ずる必要もないほどである。しかし、その仏教の四学派が、いつ、いかなる思想史的背景のもとに互いに独自の立場に立って論争しあう学派として仏教史上に登場したか、あるいはまたそれら学派内部にいかなる論点の相違を来したかは、必ずしも自明のことではない。しかも、本研究の中心課題となるチベットは、かような後期インド仏教の流れを国家的視野から忠実に受容せんとしたのであるから、後期インド仏教の思想史的解明は、チベット仏教史の観点からみても必要欠くべからざる課題とされねばならない。

仏教の四学派とは、毘婆沙師（Vaibhāṣika）・経量部（Sautrāntika）・瑜伽行派（Yogācāra＝唯識派）・中観派（Mādhyamika）であるが、前二者がいわゆる小乗仏教、後二者が北伝した仏教思潮の主流をなす大乗仏教に属する。前二者は、後二者を主要となす立場からは価値的に低く評価されたが、学派間の教義上の論争点を解明するには看過すべからざる重要性を有し、殊に認識論上の思想史的展開を探るには、経量部の教義解明は必須の課題とされねばならない。しかるに、チベットを中心に後期インド仏教史を考察する本課題においては、研究対象を唯識・中観の両学派に限定した。というのも、チベットにインド系仏教を導入するのに、最初にしてかつ決定的役割を担ったŚāntarakṣita は、後二者、すなわち中観・唯識両学派の教義を総合せんとした、インド大乗仏教の代表的学匠と目されるからである。またbSam yas 大寺院群の完成（七八七年）を見ずして逝ったŚāntarakṣita の遺言に従って、チベットへの入国を乞われたKamalaśīlaも、既にインドにあって、師Śāntarakṣitaの代表的著作*Tattvasaṃgraha*に対する註釈*Tattvasaṃgraha-pañjikā*を著わし、師の学風を継承するにふさわしい地位を獲得した学匠であった。このKamalaśīla（七九四年入国）と、中国禅宗側を代表する摩訶衍との間で、チベット国内における仏教の主導権を巡って論争が展開されたわけであるが、その事実および遺された関連文献解明の一端は、研究分担者の一人、木村隆徳氏によって報告されているとおりである。本研究分担者の課題は、この論争の一方を代表するŚāntarakṣita-Kamalaśīlaの思想史的背景を、インド仏教史上から解明することにあった。

Śāntarakṣita-Kamalaśīlaには、上述したごとく、両者が密接に関連した著作が、しかもサンスクリット原文で伝えられているにもかかわらず、彼らのインド仏教史上における位置づけは、従来必ずしも十全なものではなかった。この方面の研究が進展しなかった理由として、*Tattvasaṃgraha*および*Pañjikā*が、彼らの代表作とはいえ、一種の包括的なインド哲学諸学派の綱要書であるため、彼ら自身の立場を明確に規定することが困難であったこと、および彼らの他の代表的著作、例えばŚāntarakṣitaの*Madhyamakālaṃkāra*、Kamalaśīlaの*Madhyamakāloka*（以上は、Jñānagarbhaの*Satyadvaya*と共に、後世チベットにおいて、東方自立派の三論Raṅ rgyud śar gsumと呼ばれる重要な典籍）などがチベット訳にしか伝わっていないために、サンスクリット文献を主要な資料とするインド仏教研究者からは敬遠されていたことなどが考えられる。更に、後期インド仏教においては、認識論あるいは論理学上の様々な議論が展開されるが、その議論の背景を誤りなく解釈するには、あらかじめその問題に関する思想史上の前後の脈絡が明瞭に辿られていなければならないが、Dharmakīrti（六〇〇―六六〇年頃）以降ないしインドにおいて仏教が姿を消すまでの、包括的な後期インド仏教史は、いまだ近代の学者によって著わされていないという現状も考慮されねばなるまい。

かかる状況下で、本研究分担者の採った方法は、極めて迂遠な道ではあるが、Śāntarakṣita-Kamalaśīlaという一点に三方面から接近していくということであった。以下に、この三方面からの方法を概略し、その後にそれぞれの方法に基づく成果を報告することにしたい。

まず第一に、後代から前代へ思想史を遡る方法である。先に、包括的な後期インド仏教史は近代の学者によっていまだ著わされていないと言ったが、この欠落を補うべきジャンルが、チベットにおいてはgrub mthaḥ（宗義）文献として成立している。この文献群は、もとよりインド仏教の宗義の記述にのみ止まるものではないが、大旨先の四学派の区分にそった宗義の規定に力を注いだものが多く、インド仏教史解明のために極めて有益な資料を提供する。ただし、チベットにおけるこのジャンルの成立は、いかに遡っても十二世紀を遙かに出ることはないと思われるので、それらに記述された教義内容のそれぞれの典拠を注意深くインド仏教史上にトレースする手続が要求される。その手続さえ怠らなければ、八世紀末に仏教が導入されて以来、常にインド仏教を正統視し続けたチベット学僧の手になるgrub mthaḥ文献によって、後期インド仏教が展開した諸問題に思想史的脈絡をつけることは、従来の欠落をうめる極めて有益な方法となるのである。

第二に、Śāntarakṣita-Kamalaśīlaと接近した時代に著わされたチベット文献を精査検討するという方向である。この方向は、まさしく本研究の各分担者にかかわる共通面ともいうべき性格のものであるが、本研究分担者は、あくまでもインド仏教を念頭に置いた上で、この課題に接近し、これに関連するチベット大蔵経所収のチベット撰述文献および敦煌資料を精査した。この方面では、従来も種々な形で研究成果が報告されてきたが、研究の進展と共に、それらのいくつかは再検討を余儀なくされているといわねばならない。

第三に、インドを中心に、前代から後代へ、すなわち、インド論理学史上に重大な影響を与えたDharmakīrti、あるいは唯識・中観両学派の論争史上に決定的位置を占めたBhāvavivekaからŚāntarakṣita-Kamalaśīlaに至るまでのインド仏教史を、上記の二つの方法による成果を踏まえながら、歴史的時間の流れにそって追認し確認するという方法である。この方面では、後期インド仏教を専門とする諸学者によって、従来も個別的には勝れた成果が提出されているので、今後は中観・唯識両学系の形成展開における論争点の異同を総合的視野のもとに記述する必要がある。

以上の、三方面からの接近によって、本研究分担者はŚāntarakṣita-Kamalaśīlaを中心に、インド仏教史における中観・唯識の思想動向を闡明せんとしたわけであるが、これを過去二ケ年の成果として完璧に報告するには余りにも問題が大きすぎると言わざるをえない。よって、以下に、本研究分担者がこの期間内に明らかにしえた新たな成果を記し、同時にそこから導かれる今後の課題を認めておくことにしたい。

grub mthaḥ文献が、インド仏教史記述の上で重要な資料たりうることは、Wassiljew, Stcherbatsky, Obermillerなど、いわゆるレニングラード学派に連なる学者が夙に注意もし参照もしていたのであるが、その学風は一時跡切れ、その重要性が再び認識されたのはむしろ最近のことに属する。本研究代表者山口瑞鳳助教授は、早くからその重要性を再認識していた一人であるが、本研究開始と共に、grub mthaḥ文献中の代表的二つの著作、すなわち、ḥJam dbyaṅs bshad paḥi rdo rje Ṅag dbaṅ brtson ḥgrus（1648–1722）の *Grub mthaḥi rnam bśad* と、lCaṅ skya Rol paḥi rdo rje（1717–1786）の *Grub mthaḥi rnam par bshag pa* との解読を本研究グループを中心に開始した。この成果に基づき、中観・唯識に関する両文献の概略を日本の学界に報告する必要を感じた本研究分担者は、「中観派に関するチベットの伝承」（『三蔵』第一一七号、一九七六年九月）、および「唯識の学系に関するチベット撰述文献」（『駒沢大学仏教学部論集』第七号、一九七六年十月）とにおいて、両学派の伝承に関する問題点を指摘した。詳細は同拙稿に譲るが、特に次の二点は本報告の性格上認めておきたい。中観派の伝承に関しては、Tsoṅ kha pa（1357–1419）以降、チベットにおいて圧倒的優位を占めるに至った、いわゆる中観帰謬派（Thal ḥgyur pa）の思想史的淵源が重要な問題となる。帰謬派はインドのCandrakīrtiの流れを汲む学派であるが、インドにおいて思想史的に重要な位置を占めるのはむしろ当のCandrakīrtiによって批判されたBhāvavivekaの方である。後者は、後代のチベットにおいては自立派（Raṅ rgyud pa）と呼ばれ、帰謬派よりは一段低くみられるが、チベットの初期仏教伝播期の動向を決した、

Śāntarakṣita-Kamalaśīla のインド仏教思想史上における位置づけは、より多く Bhāvaviveka との関連から考察する必要があり、その限りで、インドとは価値評価が逆転してしまったチベット後代の尺度をそのままインド仏教史上に持ち込むことは厳につつしまねばならぬことが知られる。また、唯識の学系に関しては、従来チベットの伝承として知られていた聖典追従唯識派（Luṅ gi rjes ḥbraṅs sems tsam pa）・論理追従唯識派（Rigs paḥi rjes ḥbraṅs sems tsam pa）という二学系の呼称には、Dharmakīrti 以降の論理学および認識論上の様々な問題が複雑に絡み合っていることが判明した。しかもそれらの価値評価には、やはり Tsoṅ kha pa の影響が微妙な影を落している。以上の二点から、grub mthaḥ文献の今後の研究としては、次のことが留意されねばならない。以上の成果の基礎となったḥJam dbyaṅs bshad pa および lCaṅ skya の著作は、Tsoṅ kha pa の圧倒的影響下にあった後代のものであるから、できれば彼以前の grub mthaḥおよびその関連文献が渉猟されることが望ましい。この点は、本研究グループにおいても早くから明瞭に意識され、事実この方向での研究成果も徐々に明らかにされつつあるが、それに先だって、上述の grub mthaḥ文献中 lCaṅ skya の著作が、詳細な註記を伴って、本研究グループから和訳刊行される日もそう遠い将来のことではあるまいと思われる。

次に、Śāntarakṣita-Kamalaśīla に接近した時代のチベット文献を精査するために、特に本研究分担者が注目したのが Ye śes sde である。彼は、Śāntarakṣita の弟子ともいわれ、Kamalaśīla とほぼ同時代の後輩とも推測されるチベット人翻訳官であるが、現チベット大蔵経中には、彼自身の著作と伝えられるものが三点見出される。この中、*lTa baḥi khyad par* という題名で知られる著作は、Ye śes sde が直接見聞した、当時のインド仏教の学系を記述した文献として、従来も注目されていたものであるが、最近、上山大峻教授および教授と前後して、東京大学大学院原田覺氏が、この文献を敦煌資料中に確認し、それとの対比からチベット大蔵経所収のものが極めて不完全なものであることを指摘した。従って、本文献の研究は、両氏が指摘するように、敦煌資料 P. No. 814、および P. No. 815, S.

Nos. 692, 694 を抜きにしては進められぬこととなり、より十全な考察はなお今後に俟たねばならぬのが現状である。本研究分担者も Ye śes sde のこの著作には当然のことながら興味を持っていたが、より興味を感じたことは、その学系の記述に後続する教義の叙述内容が極めて唯識的色彩を帯ていることであった。かかる傾向は、同じ Ye śes sde の *Saṅs rgyas gtso boḥi rgya cher ḥgrel pa* にも看取される。そこで、本研究分担者は、この著作に注目しその訳註研究として「*Saṅs rgyas gtso boḥi rgya cher ḥgrel pa*——解説および和訳——」(『駒沢大学仏教学部研究紀要』第三五号、一九七七年三月) を公けにした。この結果判明したことは、本文献が従来漠然と考えられていたような独立した Ye śes sde の著作ではなく、題名中の *rgya cher ḥgrel pa* が暗示するごとく、事実上も Mātṛceta 作と伝えられる *Triratnastotra* に対する Ye śes sde の註釈であったということである。この新たに判明した事実自体は、思想史的には必ずしも重要なことではない。しかし、訳註で明らかにされたように、その註釈内容がまさしく唯識学派の用語・教義によって埋め尽されていることは充分注目に価する。この思想傾向は、本文に規定される註釈の性格上、幾分は値引きされねばならないにしても、*lTa baḥi khyad par* の後半と全く同様の性格を示している点からみても、かなり根深いものとみなければならない。ここで両著作を勘案すれば、いかに当時のチベットに唯識学派の教義が深い影響を与えていたかを、この Ye śes sde を介して窺い知ることができるのである。今のところ、*Saṅs rgyas gtso boḥi rgya cher ḥgrel pa* は、*lTa baḥi khyad par* とは異なり、敦煌資料中に見出しえないが、これと類似の文献は、本研究分担者によりその所在が確認された。すなわち、P. No. 281 がそれである。これは *Triratnastotra* 本文の書写本で、行間に簡単な註が施されていたものであるが、その割註内容が Ye śes sde の註釈との類似性を示す。この割註で重要なのは、「*Buddhabhūmiṭīkā* によれば」として、その典拠が明示されている点である。これと同名の書は現チベット大蔵経中に確認できないが、それが唯識学派にとって重要な典籍である *Buddhabhūmisūtra* および *Buddhabhūmivyākhyāna* の系統を引く文献であったことはまず間違いない。しかも、*Buddhabhūmisūtra* のチベット訳者は

Ye śes sde であるが、この点に関し、Bu ston は「長さ二〇〇シュロクの *Buddhabhūmisūtra* は、Ye śes sde が四つの註釈（ṭīkā）と校合して〔新たに〕翻訳したもの」（*Chos ḥbyuṅ*, 152a7〔-b1〕）と伝えているので、*Buddhabhūmiṭīkā* とは、まさしくその四つの中の一つであったかもしれない。このようにみるならば、一片の敦煌資料も、存外広い範囲に唯識系統の学説が滲透していたことを物語るであろう。では、Ye śes sde において完全に習得されていたはずの唯識の学説は一体誰から学ばれたであろうか。前述したチベット人学匠 lCaṅ skya は、Ye śes sde を Śāntarakṣita の弟子であると伝えているが、これは後代の記述であるため、そのまま論拠とはなし難い。しかるに、この記述も、最近のチベット訳経史上の成果からみるならば、存外その確実性を強めうるように思われる。Ye śes sde がチベット訳した経典の一つに、*Bhavasaṃkrāntisūtra* があるが、その colophon には、本経が「インドの学者 Jinamitra と Dānaśīla と、大校閲翻訳官・沙門 Ye śes sde とによって翻訳・校閲され、また欽定新訳語によっても、訂正確認されたもの」と記録されている。この記録中の欽定新訳語（skad gsar chad）については、最近山口助教授が提起されたように、その語義決定にはいまだ問題が残るとしても、それがチベットの訳語統一のために国家的視野から制定されたものであり、その制定が八一四年であったことはまず確実なことである。この八一四年の欽定新訳語を基点に、本研究分担者によって次のような興味深い事実が指摘された。たまたま *Bhavasaṃkrāntisūtra* と原文を等しくする *Pitāputrasamāgamasūtra* は、サンスクリットの現存する *Śikṣāsamuccaya* 中に長文の引用がなされているために、両経典ともそのサンスクリット原文を回収することができ、しかも同一訳者 Ye śes sde が両経典のチベット訳者であることから、一つの原文を中心に、同一訳者による両チベット訳を比較しうるという、極めて希有な事例を獲得することができる。そこで、両チベット訳を比較すると、両者は同一訳者の翻訳であるにかかわらず、その訳語・訳風に微妙な相異が認められ、欽定新訳語によって訂正確認されたという前者の方は、欽定新訳語を集成した *Mahāvyutpatti* に一致するが、後者はそうではないという結果が得られる。この結果から一挙に決定的結論を導くことは、なお早急との感がなきにしもあらずであるが、恐らくは次のような情況を暫定的に思い描いても大過はあるまい。すなわち、Ye śes sde の主要な活躍時期は八一四年以前に属し、その期間に彼の大部分の翻訳は完了しており、むしろこのようにして既に先行していた諸訳を目安にして八一四年の欽定新訳語が制定されたであろうということである。かかる暫定的な推定をより強固にするには、同じ Ye śes sde の訳した異なったテキスト間にみられる parallel passage の検討、チベット訳中の colophon の精査などが要求されるが、その成果は本研究代表者山口助教授によって明らかにされよう。ここでは本題に返り、Ye śes sde の主要活躍時期が八一四年以前であるということにのみ注目しておきたい。もしそうであれば、彼が七九四年入国の Kamalaśīla とはほぼ同時代の人、更に、六年間滞在して bSam yas 大本堂の落慶（七七九年）直後にチベットを去ったかあるいは殺害されたとされる Śāntarakṣita の弟子であったことは充分考えうるのである。この Ye śes sde が *lTa baḥi khyad par* において、「師 Śāntarakṣita が説かれたことに対しては瑜伽行中観（rNal ḥbyor spyod paḥi dbu ma）と名付ける」と記していること、およびその立場を「世俗としては（kun rdsob du）かの〔瑜伽行派の〕規定と等しく識のみであると論証するが、勝義としては（don dam par）識も無自性である（raṅ bshin med pa）と説く」と述べていることには改めて注意を喚起しなければならない。Ye śes sde の著作に上述のごとき唯識的立場が濃厚なことも、かかる師の学系を抜きにしては考えられぬからである。

ここに我々はインド仏教史とチベット仏教史の最も重要な接点をみなければならないのであるが、まさしくこの接点において我々は二つの困難な問題に遭遇する。一つは、瑜伽行中観という呼称および学系が果してインド仏教史上に明確に辿りうるかということ、他方は、学系の立場を峻別する勝義と世俗という規準がいかなる思想上の内容を持つかということである。前者の問題としては、チベット語から推定しうる Yogācāra-madhyamaka なる呼称が、恐らくいまだにインド仏教文献中にトレースされていないという点が大きな溝として残るであろう。ただし、Śāntarakṣita がその著 *Madhyamakālaṃkāra* の第九三偈において、「二つの規矩なる馬車（tshul gñis śiṅ lta）に乗って、論理の手綱をさばくもの」と言って、瑜伽行（=唯識派）・中観両派を認めていたことは明らかであるから、かかる点に呼称の素地はあったといえる。しかるにここで呼称の淵源にこだわらず、彼が両学派に立脚していたという実質をとるとしても、後者、すなわち世俗と勝義という規準の問題はやはり困難な局面を抱えたままである。Ye śes sde がその著作に書き記したような、三身・四智の教義は、Śāntarakṣita も認めるのであるが、これはまさしく唯識学派に由来する説である。しかも唯識学派は、かかる説を勝義の観点から述べはするが、識と密接に関係する智をただちに無自性とすることはない。従って、Ye śes sde が「勝義としては識も無自性であると説く」と規定した Śāntarakṣita の立場は、両学説の極めて微妙な総合であったことがわかる。そして、この微妙な立場の解明には、インド仏教史上からのアプローチが要求されるであろう。ここに、前述した第三の方向が想定されるのである。

この最も重要かつ最終的な課題については、本研究分担者独自の知見はほとんど皆無といってよい。あえてこれに関連する方面での成果を挙げれば、本報告でも問題とした *Buddhabhūmisūtra* およびその註釈に関して、唯識の学系史上より二・三の問題に言及した「〈清浄法界〉考」（『南都仏教』第三七号、一九七六年十一月）、および唯識・中観の論争上重要な *Bhavasaṃkrāntisūtra* を巡る思想史上の諸問題に関説した「*Bhavasaṃkrāntisūtra*――解説および和訳――」（『駒沢大学仏教学部論集』第八号、一九七七年十月）などがある。Śāntarakṣita-Kamalaśīla という中心課題よりみれば、これに Jñānagarbha を加えた三者の思想解明が最も重要であることは論じるまでもない。この三者に関連して看過しえないのが Bhāvaviveka と Dharmakīrti である。前者については、既に山口益『仏教における無と有との対論』、安井広済『中観思想の研究』、江島恵教「Bhāvaviveka 研究――空性論証の論理を中心として――I、II」（『東洋文化研究所研究紀要』第五一、五四冊）などの勝れた業績があるので、今後は、これらの成果を踏まえて、Jñānagarbha, Śāntarakṣita, Kamalaśīla の、特に前述した中観自立派の三論と呼ばれるものの解読に心がけたい。また、後者 Dharmakīrti については、近年内外の研究者によって論理学上の個別研究が盛んになっているので、それらの成果に照して、唯識の学説変遷史的観点からDharmakīrtiを眺めてみたいと考えている。最も重要な方面で、本研究分担者に特記すべき成果のなかったことは遺憾であるが、ここに今後の課題の方向を述べ、報告にかえたい。

回顧と弁明

本稿の初出は、研究代表者、山口瑞鳳『チベットにおける中・印仏教交渉史の研究――敦煌資料を中心として――(昭和51～52年度科学研究費補助金一般研究(B)研究成果報告書)』(一九七八年三月)、一二―二二頁である。本報告書は、わずか三二頁からなる小冊子であるが、拙稿の他には、山口瑞鳳「中・印両系仏教徒論争に関する年代考」と木村隆徳「チベットに流入した中国禅」が寄せられている。その研究の課題番号は145004、研究代表者は山口瑞鳳、研究分担者は高崎直道と木村隆徳と私とであり、二年間に与えられた研究費は三七〇万円である。しかるに、こんなことを書くと、今時の役人や世間の人を怒らせることになるかもしれないが、当時の私はその研究課題に実際に加わっていたわけでもないし研究費を受け取っていたわけでもなく、当時その実務を仕切っていた木村隆徳氏の依頼により、単に分担者の名前を貸し、その最終年度には再び木村氏の依頼により、本稿を我々仲間で言うところの「作文」として提出したにしか過ぎない。どうしてそういうことになるのかというと、この事情は今日でも変っていないと思うが、研究分担者には、実際の研究の主役である大学院生がなれないということに起因する。しかし、実際に大切なことは、指導者のよろしきを得て大学院生が最新の研究に従事しうるということなのである。しかるに、これに対しては、今でも「謝金」という名での報酬しか与えられないであろうが、実際問題としては、山口瑞鳳先生下で真の研究がその後十数年にわたって継続されたということが特筆されなければならない。その研究の一部は、上記報告書にも記載されている『スタイン蒐集チベット語文献解題目録――第一分冊――』(東洋文庫、一九七七年)に始まり、その後別な研究費も受けながら進められて、『スタイン蒐集チベット語文献解題目録――第一二分冊――』(東洋文庫、一九八八年)で完結したものである。この研究を敢えて一部と呼ぶのも、これが、単に敦煌チベット語文献の研究に終始しただけではなく、仏教研究の多くの分野にも及んでその関係から多くの秀れた研究者を輩出することになったからにほかならない。残念ながら、私は、山口先生を代表者とする研究グループとは、多くの影響を受けこそすれ、上述のごとく、直接関与はしておらず、文字どおりの「作文」を提供したに過ぎないので、その「作文」を論文としてここに再録することには最後まで躊躇することとなった。私にこんな「作文」があるのを再認識したのは、先に『唯識考』を準備した時であるが、この種の報告書は一般には入手し難いことを勘案し、「作文」名のみを晒して思わせ振りに終始することのないためにも、躊躇する気持を押えて、再録に踏み切った次第である。その結果、却って当時の山口先生下の学問的雰囲気も伝いえているかもしれないが、いっそそれならばとて、誤植を正した以外は、弁解も加えず、全てそのままの文字どおりの再録とした（ただし、年代は西暦に改めて表記した）。そのために、本書のこの箇所のみは、全体の表記の統一からは除外されて、チベット語ローマ字表記のチャンドラ=ダス方式もBhāvavivekaという呼称も残ることになっているが、許されたい。それにしても、年寄りになったから言えることかもしれないが、当時からみると、国立大学も私立大学も研究機関の財団法人も「教育」と「研究」において、グローバリゼーション化の世間の荒波の中ですっかり様変りしてしまった。「教育」と「研究」は分離され、大学教授と大学院教授とも分離化の方向に向い、国立大学は「国立大学法人」となり、私立大学は国の補助金カットで脅かされ、財団法人東洋文庫も経営が苦しいと聞く。私は終に堪忍袋の緒が切れて、否、敢えて切って、拙稿「大学の理念」『駒沢大学仏教学部論集』第三八号（二〇〇七年十月）、三八三―四二一頁をものしたので、関心のおありの方は参照されたい。しかし、ここで、頭を冷し、本稿初出の一九七八年に戻り、その「作文」で述べたような分野でのその後の成果について、今居ながらにして思いつくままを、無知と独断と偏見に充ちた管見から列挙してみることにしたい。山口瑞鳳「吐蕃王国仏教史年代考」『成田山仏教研究所紀要』第三号（一九七八年）、一―五二頁、同「『二巻本訳語釈』研究」『成田山仏教研究所紀要』第四号（一九七九年）、一―二四頁、戸崎宏正『仏教認識論の研究』上巻（大東出版社、一九七九年）、下巻（大東出版社、一九八五年）、池田練太郎「lCaṅ skya宗義書に於けるVaibhāṣika章について」『日本西蔵学会会報』第二五号（一九七九年）、一―六頁、原田覺「“*Mahāvyutpatti*”の成立事情」『日本西蔵学会会報』第二五号（一九七九年）、一〇―一三頁、江島恵教『中観思想の展開』（春秋社、一九八〇年）、木村隆徳「敦煌チベット語禅文献目録初稿」『東京大学文学部文化交流施設研究紀要』第四号（一九八一年）、九三―一二九頁、西岡祖秀「『プトゥン仏教史』目録部索引」ⅠⅡⅢ『東京大学文学部文化交流施設研究紀要』第四号（一九八一年）、六一―九二頁、同、第五号（一九八二年）、四三―九五頁、同、第六号（一九八五年）、四七―二〇一頁、松本史朗「lTa baḥi khyad parにおける中観理解について」『曹洞宗研究員研究生研究紀要』第一三号（一九八一年）、九三―一二四頁（松本後掲書、一九九七年、七二―一一五頁に加筆補訂再録）、木村俊彦『ダルマキールティ宗教哲学の原典研究』（木耳社、一九八一年）、斎藤明「lCaṅ skya宗義書における経量行中観自立派の章について」『日本西蔵学会会報』第二七号（一九八一年）、七―一〇頁、Katsumi Mimaki（御牧克己）, *BLO GSAL GRUB MTHA'; Chapitres IX* (*Vaibhāṣika*) *et XI* (*Yogācāra*) *édités, Chapitre XII* (*Mādhyamika*) *édité et traduit*, Zinbun Kagaku Kenkyusyo, Kyoto, 1982、山口瑞鳳「チベット」『仏教史Ⅱ』（世界宗教史叢書8、山川出版社、一九八三年）、松本史朗「後期中観派の空思想」『理想』第六一〇号（一九八四年）、一四〇―一五九頁（松本後掲書、一九九七年、一一七―一五八頁に加筆補訂再録）、宮坂宥勝『インド古典論』下（筑摩書房、一九八四年）、Shoko Watanabe（渡辺照宏）編、Shigeaki Watanabe（渡辺重朗）序 “Glossary of the Tattvasaṅgrahapañjikā —— Tibetan-Sanskrit-Japanese Part I ——”『インド古典研究』Ⅴ（成田山新勝寺、一九八五年）、山口瑞鳳編『敦煌胡語文献』（大東出版社、一九八五年）、一郷正道『中観荘厳論の研究―シャーンタラクシタの思想―』（文栄堂書店、一九八五年）、同、Madhyamakālaṃkāra（文栄堂書店、一九八五年）、山口瑞鳳編『敦煌胡語文献』（講座敦煌6、大東出版社、一九八五年）、山口瑞鳳監修『チベットの仏教と社会』（春秋社、一九八六年）、木村誠司「*Pramāṇavārttika* pramāṇasiddhi 章における anuloma・pratiloma について」『印仏研』三五―二（一九八七年）、山口瑞鳳『チベット』上下（東京大学出版会、一九八七―一九八八年）、同「シャーンタラクシタの中観」『成田山仏教研究所紀要』第一一号（一九八八年）、六四一―六八二頁、加藤純章『経量部の研究』（春秋社、一九八九年）、上山大峻『敦煌仏教の研究』（法蔵館、一九九〇年）、Takashi Iwata（岩田孝）、*Sahopalambhaniyama, Struktur und Entwicklung des Schlusses von der Tatsache, daß Erkenntnis und Gegenstand ausschließlich zusammen wahrgenommen werden, auf deren Nichtverschiedenheit*, Teile I, II, Alt- und Neu-Indische Studien, Stuttgart, 1991、川崎信定『一切智思想の研究』（春秋社、一九九二年）、Masahiro Inami（稲見正浩）、Kazunobu Matsuda（松田和信）and Tadashi Tani（谷貞志）、*A Study of the Pramāṇavārttikaṭīkā by Śākyabuddhi from the National Archives Collection, Kathmandu*, Part I, Sanskrit Fragments Transcribed, The Toyo Bunko, Tokyo, 1992、Shunzo Onoda（小野田俊蔵）、*Monastic Debate in Tibet : A Study on the History and Structures of Bsdus Grwa Logic*, Wiener Studien zur Tibetologie und Buddhismuskunde, Heft 27, Wien, 1992、Takashi Iwata（岩田孝）、*Prasaṅga und Prasaṅgaviparyaya bei Dharmakīrti und seinen Kommentatoren*, Wiener Studien zur Tibetologie und Buddhismuskunde, Heft 31, Wien, 1993、松本史朗『禅思想の批判的研究』（大蔵出版、一九九四年）、ツルティム・ケサン、高田順仁、片野道雄、藤仲孝司『ツォンカパ中観哲学の研究』ⅠⅡⅢⅣⅤ（文栄堂書店、一九九六―二〇〇二年）、小野基、小田淳一、高島淳『ダルマキールティ梵文テクストKWIC索引』（辞典編纂プロジェクト叢刊、東京外国語大学アジア・アフリカ言語文化研究所辞典編纂プロジェクト、一九九六年）、Chizuko Yoshimizu（吉水千鶴子）、*Die Erkenntnislehre des Prāsaṅgika-Madhyamaka nach dem Tshig gsal stoṅ thun gyi tshad ma'i rnam bśad des 'Jam dbyaṅs bźad pa'i rdo rje*, Wiener Studien zur Tibetologie und Buddhismuskunde, Heft 37, Wien, 1996、松本史朗『チベット仏教哲学』（大蔵出版、一九九七年）、金子宗元「'Arthakriyāsamartha' の解釈を巡って――『量評釈』「現量章」第三偈を中心として――」『曹洞宗研究員研究紀要』第二八号（一九九七年）、三三一―三〇四頁、計良龍成、上田昇『荻原雲来校訂版『現観荘厳論光明般若波羅蜜多釈』梵語索引』（山喜房仏書林、一九九八年）、片野道雄『インド唯識説の研究』（文栄堂書店、一九九八年）、石飛道子「ウッディヨータカラの命題論理学」『印度哲学仏教学』第一三号（一九九八年）、四四一―五九頁、Shoryu Katsura（桂紹隆）(ed.), *Dharmakīrti's Thought and Its Impact on Indian and Tibetan Philosophy*, Proceedings of the Third International Dharmakīrti Conference, Hiroshima, Nobember 4-6, 1997, Österreichische Akademie der Wissenschaften, Wien, 1999、Kodo Yotsuya（四津谷孝道）、*The Critique of Svatantra Reasoning by Candrakīrti and Tsong-kha-pa : A Study of Philosophical Proof According to Two Prāsaṅgika Madhyamaka Traditions of India and Tibet*, Tibetan and Indo-Tibetan Studies

8, Stuttgart, 1999、Chizuko Yoshimizu（吉水千鶴子）、“The Development of *Sattvānumāna* from the Refutation of a Permanent Existent in the Sautrāntika Tradition”, *Wiener Zeitschrift für die Kunde Südasiens*, Band 43, 1999, pp. 231-354、Shigeaki Watanabe（渡辺重朗）、“Prajñākaragupta's Pramāṇavārttikabhāṣyam ad Pramāṇavārttikam 2.1. abc and 2.4. d-2.5. ab, Sanskrit Text and Tibetan Text with Tibetan-Sanskrit Index”『成田山仏教研究所紀要』第二三号（二〇〇〇年）、一―八八頁（横）、谷貞志『刹那滅の研究』（春秋社、二〇〇〇年）、赤松明彦「ウッディヨータカラの思想―NV 研究(3)― ――NS 1.1.2 の解脱論をめぐって――」戸崎宏正博士古稀記念論文集『インドの文化と論理』（九州大学出版会、二〇〇〇年）、六六七―六八三頁、拙稿「pramāṇa-bhūta と kumāra-bhūta の語義――bhūta の用法を中心として――」『駒沢短期大学仏教論集』第六号（二〇〇〇年）、三二八―二九九頁、同「Pramāṇa-bhūta 補記」『駒沢短期大学研究紀要』第二九号（二〇〇一年）、四三三―四四八頁、上田昇『ディグナーガ、論理学とアポーハ論』（山喜房仏書林、二〇〇一年）、Atsushi Kanazawa（金沢篤）, *Word-Index to Kumārila's Ślokavārttika*（インド論理学研究会、二〇〇一年）、池田道浩「*Tarkajvālā* の二諦説に関する疑問」(1)『曹洞宗研究員研究紀要』第三一号（二〇〇一年）、一四四―一三五頁、同(2)『駒沢短期大学仏教論集』第七号（二〇〇一年）、二四〇―二三一頁、海野孝憲『インド後期唯識思想の研究』（山喜房仏書林、二〇〇二年）、Kaie Mochizuki（望月海慧）, *A Study of the Mahāsūtrasamuccaya of Dīpaṃkaraśrījñāna*, I, II, Faculty of Buddhism, Minobusan University, 2002-2004、ツルティム・ケサン（白館戒雲）「チベットにおける『アビダルマ集論』の研究――パン・ロツァーワの『註釈』を中心にして――」櫻部建博士喜寿記念論集『初期仏教からアビダルマへ』（平楽寺書店、二〇〇二年）、四〇一―四一四頁（横）、新井一光「『量評釈』「現量章」第三五四頌の解釈――識の〈三分〉説をめぐって――」『曹洞宗研究員研究紀要』第三二号（二〇〇二年）、一八四―一四八頁、同「能熏の原語について」『仏教学』第四五号（二〇〇三年）、四七―六五頁（横）、同「ジュニャーナシュリーミトラの中観派批判――自己認識説を中心として――」『曹洞宗研究員研究紀要』第三四号（二〇〇四年）、三〇二―二六二頁、岡崎康浩『ウッドヨータカラの論理学』（平楽寺書店、二〇〇五年）、本多恵『ダルマキールティの『認識批判』』（平楽寺書店、二〇〇五年）、矢板秀臣『仏教知識論の原典研究――瑜伽論因明、ダルモッタラティッパナカ、タルカラハスヤ――』（成田山新勝寺、二〇〇五年）、四津谷孝道『ツォンカパの中観思想』（大蔵出版、二〇〇六年）、渡辺重朗「Jayantabhaṭṭa ad Nyāyasūtram 1.1.5」［I］［II］『成田山仏教研究所紀要』第二九号（二〇〇六年）、一―四五頁（横）、第三〇号（二〇〇七年）、一―三四頁（横）、山口瑞鳳「仏説と『般若経』および唯識・中観」『成田山仏教研究所紀要』第三〇号（二〇〇七年）、一―二〇六頁、川崎信定、吉水千鶴子『トゥカン『一切宗義』序章「インドの思想と仏教」』（西蔵仏教宗義研究、第八巻、東洋文庫、二〇〇七年）、以上である。無知と独断と偏見とによって、かなり限定したものと思って始めたところ、意外にも網羅的なものになってしまったために、却って落ちてしまったものが目立つかもしれない。その落ちは、右に挙げたものに示される参考文献から補われたい。

一三　『大乗荘厳経論』第一四章第三四—三五頌のアスヴァバーヴァとスティラマティとの註釈

実修行派（Yogācāra）の思想の歴史的展開におけるアサンガ（Asaṅga、無著）の影響を確定するためには、彼の後継者たちによって引用された諸著作の文言を収集し検討することが必要である。しかしながら、『成唯識論』におけるアサンガの諸著作からの引用(1)を除けば、かかる文言は、斯学の学者たちによってもほとんど指摘されてこなかったのである。本稿はそのような欠落を埋めるための単なる報告にしかすぎない。

『大乗荘厳経論（*Mahāyānasūtrālaṃkāra*）』（略号 *MSA*）第一四章の第三〇—三五頌は、ジュニャーナシュリー（Jñānaśrī）の『要義（*Piṇḍārtha*）』によれば(2)、「見道の特質の確立（darśana-mārga-lakṣaṇa-vyavasthāna）」という主題を扱っており、そのうちの、第三四頌、第三五頌前半、第三五頌後半(3)とは、それぞれ順次に、空性（śūnyatā）と無相（animitta）と無願（apraṇihita）という三つの解脱門（vimokṣa-mukha）に関連している。その第三四頌後半と第三五頌前半との註釈において、アスヴァバーヴァ（Asvabhāva、無性）とスティラマティ（Sthiramati、安慧）とは共に、アサンガの著作から同じ文言を引用している。一つは『摂大乗論（*Mahāyānasaṃgraha*）』（略号 *MS*）からのものであり、他は『阿毘達磨集論（*Abhidharmasamuccaya*）』（略号 *AS*）からのものである。そこで、我々は、以下において、アスヴァバーヴァの『大乗荘厳経論疏（*Mahāyānasūtrālaṃkāraṭīkā*）』（略号 *MSAṬ*）とスティラマティの『荘厳経論釈（*Sūtrālaṃkāravṛttibhāṣya*）』（略号 *SAVBh*）とにおける引用を示し、それらをアサンガの著作と比較してみることにしよう。

A　*MSA* 第一四章第三四頌後半に対する *MSAṬ* と *SAVBh*

(1)　*MSAṬ*[4]：de'i（=de bzhin nyid kyi）ngo bo nyid kyang gang zhe na/ kun nas* brtags pa'i gnyis med pa'i ngo bo gang yin pa sangs rgyas dang byang chub sems dpa' rnams kyi so so rang gis rig par bya ba'i gnas skabs bstan du med cing bsam gyis mi khyab pa rtog ge'i spyod yul las yang dag par 'das pa ste/ ji skad du *Theg pa chen po bsdus pa* las/ chos kyi sku de bzhin nyid kyi mtshan nyid ni bsam gyis mi khyab pa'i mtshan nyid de/ de bzhin nyid de ni 'jig rten na dpe med pa'i phyir dang/ rtog ge'i spyod yul ma yin pa'i phyir so so rang gis rig par bya ba yin no// zhes bshad pa lta bu[5]〔その（=真如の）自性はまたどのようなものか。およそなんであれ所分別（parikalpita）である〔所取と能取との〕二なき自性にして仏菩薩たちの自内証（pratyātma-vedanīya）の状態である説示できない（anidarśana）不可思議（acintya）にして尋思の領域を超えたもの（tarka-gocara-samatikrānta）であって、以下のように、『摂大乗論（*Theg pa chen po bsdus pa, Mahāyānasaṃgraha*）』において、「法身（dharma-kāya）である真如（tathatā）の特質は、不可思議を特質とするもの（acintya-lakṣaṇa）であって、その真如（tathatā）とは、世間にて喩えようのないもの（loke'nupama）であるから、また、尋思の領域を超えたもの（atārkika-gocara）であるから、自内証のもの（pratyātma-vedanīya）なのである。」と説明されているがごとくである。〕

* om. in D.

(2)　*SAVBh*[6]：de la stong pa nyid kyi rang bzhin ni de bzhin nyid kyi mtshan nyid de/ de yang kun tu brtags pa'i rang bzhin dang bral ba'i ngo bo yin pas gnyis dang bral ba'i rang bzhin stong pa nyid de ni/ sangs rgyas dang byang chub sems dpa' rnams kyis so so* rang gis** rig par bya ba bstan du med pa bsam gyis mi khyad pa/

rtog ge pa'i spyod yul las 'das pa'i rang bzhin te/ de ltar khong du chud pa na*** rang bzhin gyis stong par shes pa zhes bya'o// de bas na *Theg pa chen po bsdus pa*'i bstan bcos las kyang/ chos kyi sku ni bsams gyis mi khyab pa'i mtshan nyid de/ de yang rang bzhin nyid kyi mtshan nyid do// de bzhin nyid de ni so so rang gis rig pa dang/ 'jig rten na dpe med pa dang/ rtog ge'i spyod yul las 'das pa**** na***** bsam gyis mi khyab par rig par bya'o zhes bshad do//(5) 〔そこで、空性の自性（śūnyatā-svabhāva）とは真如の特質（tathatā-lakṣaṇa）であって、それはまた、所分別の自性（parikalpita-svabhāva）を離れたあり方であるから、二を離れた自性であるその空性は、仏菩薩たちの自内証のもの（pratyātma-vedanīya）であり説示できない（anidarśana）不可思議なもの（acintya）であり尋思の領域を超えた自性（tarka-gocara-samatikrānta-svabhāva）であり、このように了解されたとき、自性として空であると知る、といわれる。それゆえ、『摂大乗論（*Theg pa chen po bsdus pa, Mahāyānasaṃgraha*）』という論典（śāstra）においても、「法身（dharma-kāya）は、不可思議を特質とするもの（acintya-lakṣaṇa）であって、それはまた真如を特質とするもの（tathatā-lakṣaṇa）である。その真如とは、自内証のもの（pratyātma-vedanīya）であり、世間にて喩えようのないもの（loke'nupama）であり、尋思の領域を超えて（tarka-gocara-samatikrānta）不可思議となった（acintya）ものである、と知るべきである。」と説明されているのである。〕

*sor in D.　**gi in P.　***ni in D.　****om. in D.　*****nas in D.

(3)　*MS*(7): sangs rgyas rnams kyi chos kyi sku mtshan nyid... lngar rig par bya ste/ ... bsam gyis mi khyab pa'i mtshan nyid ni de bzhin nyid rnam par dag pa de so so rang gis rig par bya ba dang/ 'jig rten na dpe med pa dang/ rtog ge pa'i spyod yul ma yin pa'i phyir ro// 〔仏たちの法身（dharma-kāya）の特質は……五つであると知られるべきである。……〔その第五の〕不可思議を特質とするもの（acintya-lakṣaṇa）とは、かの清浄なる真如（tathatā）が自内証のもの（pratyātma-vedanīya）であり、世間にて喩えようのないもの（loke'nupama）であり、尋思の領

域を超えたもの（atārkika-gocara）だからである。〕
『大乗荘厳経論疏』と『荘厳経論釈』とにおけるそれぞれの引用は『摂大乗論』とはかなり相違し、また、引用それ自体も互いに若干の相違を示している。かかる相違は、アスヴァバーヴァとスティラマティとの両者が『摂大乗論』よりその意味を剔抉してその要旨を述べようとしたこと、および、この両註釈が異なった訳者たちによってチベット語に翻訳されたこと[8]、から結果していると考えられる。

B　*MSA* 第一四章第三五頌前半に対する *MSAṬ* と *SAVBh*

(1)　*MSAṬ*[9]: gang du rnam par rtog pa yang dag par zad pa de ni gzhi zhes bya ste/ ji skad du *Chos mngon pa kun las btus pa* las/ 'gog pa'i bden pa'i mtshan nyid las ji ltar shes par bya zhe na/ gang du 'gog par 'gyur ba de bzhin nyid dang/ gang gis 'gags* par 'gyur ba lam dang/ 'gag pa gang yin pa nyon mongs pa mi skye ba'o zhes bshad pa lta bu ste/ 〔あるところにおいて分別がまさしく尽きたならば、そこが基盤（依処、場所）といわれる。次のように、『阿毘達磨集論（*Chos mngon pa kun las btus pa, Abhidharmasamuccaya*）』において、「滅諦の特質（nirodha-satya-lakṣaṇa）によるとはどのように知らるべきか。滅の場所（yasyāṃ nirodhaḥ）となる真如（tathatā）と、滅の手段（yena nirodhaḥ）となる道（mārga）と、滅の主体（yo nirodhaḥ）である煩悩の不起（kleśânutpāda）とである。」と説かれているがごとくである。〕

*'gag in D.

(2)　*SAVBh*[10]: de la rnam par rtog pa ni yod pa dang med pa dang/* gzugs dang sgra la sogs pa'i** rnam par rtog pa nas mya ngan las 'das pa'i bar du rnam par rtog pa de*** thams cad zad pa'i rnam par rtog pa kun dang bral ba'i de bzhin nyid 'gog pa'i bden pa la bya/ dngos po'i sgras ni dmigs par bya ba'i yul la bya ste/ de bzhin nyid 'gog pa'i bden pa ni mtshan ma med pa'i ting nge 'dzin gyis dmigs shing de shes par byed do zhes bya ba'i don to// de'ang mtshan ma med pa'i ting nge 'dzin gyis ni stong pa nyid 'gog pa'i bden pa ste gzugs dang sgra**** la sogs pa'i mtshan ma thams cad dang bral bar shes so// de bas na *mNgon pa'i chos bsdus pa'i* bstan bcos las kyang/ 'gog pa'i bden pa'i mtshan nyid ji ltar shes par bya zhe na/ de ni gang du 'gags pa dang/ gang gis 'gags pa dang/ ji ltar 'gags pa shes par bya ste/ gang du 'gags she na de bzhin nyid***** du 'gags so// gang gis 'gags she****** na lam gyi bden pas 'gags so// gang 'gags she na rnam par rtog pa la sogs pa'i nyon mongs pa 'gags so zhes bshad do// 〔そこで、分別（vikalpa）とは、あるとかないとかと、色（rūpa）や声（śabda）などの分別より涅槃（nirvāṇa）に至るまでの分別であって、その分別が全て尽きた、全分別を離れた真如（tathatā）が、滅諦（nirodha-satya）に対して言われ、事体（vastu）という語によっては、把握対象とされる対象（場所）に対して言われるのであって、真如である滅諦を無相三昧（animitta-samādhi）によって把握対象とし、それを知るという意味である。それはまた、無相三昧によれば、空性（śūnyatā）である滅諦であって、色や声などの全ての相（nimitta）を離れたものとして知るのである。それゆえに、『阿毘達磨集論（*mNgon pa'i chos bsdus pa, Abhidharmasamuccaya*）』という論書においても、「滅諦の特質（nirodha-satya-lakṣaṇa）はどのように知るべきか。それは、滅の場所（yasyāṃ nirodhaḥ）と、滅の手段（yena nirodhaḥ）と、滅の主体（yo nirodhaḥ）であると知るべきである。どこにおいて滅するのかといえば、真如において滅するのである。なにによって滅するのかといえば、道諦によって滅するのである。なにが滅するのかといえば、分別などの煩悩（kleśa）が滅するのである。」と説明されているのである。〕

*med pa dang om. in P. **par in P. ***om. in D. ****dang sgra om. in P. *****om. in D. P. ******shes in P.

(3) *AS*[11]: 'gog pa'i bden pa gang zhe na/ mtshan nyid dang... mtshan nyid kyis ji lta bu zhe na/ de bzhin nyid

dang/ lam dang/ nyon mongs pa mi 'byung ba ste/ gang du 'gog pa dang/ gang gis 'gog pa dang/ gang 'gog pa'o// bcom ldan 'das kyis ji skad du/ … zhes gsungs pa lta bu'o// yang gsungs pa/ … zhe'o//* rnam grangs 'dis ni** de bzhin nyid la dmigs pa gang du zag pa dang bcas pa'i dngos po 'gag*** pa de 'gog pa'i mtshan nyid do//〔滅諦 (nirodha-satya) とはどのようなものか。特質と……。特質によるとはどのようなものであるのか。真如 (tathatā) と、道 (mārga) と、煩悩の不起 (kleśānutpāda) とであって、〔この三つは、順次に、〕滅の場所 (yasyāṃ nirodhaḥ) と、滅の手段 (yena nirodhaḥ) と、滅の主体 (yo nirodhaḥ) とである。世尊が、次のように、……と説かれているがごとくである。また、……と説かれている。この観点によれば、真如を把握対象としているあるところにおいて有漏の事体 (vastu) が滅するならば、それが滅の特質なのである。〕

* zhes in P. ** na in D. ***'gags in P.

この場合〔B〕にも、前者〔A〕と同種の相違がある。

Chos mngon pa kun las btus pa と *mNgon pa'i chos bsdus pa* というチベット訳題名の相違は原題のそれではなく、両題名は共に *Abhidharmasamuccaya* と等価である。『大乗荘厳経論疏』の〔チベット〕訳者ペルツェク (dPal brtsegs) は、『阿毘達磨集論』の〔チベット〕訳者イェシェーデ (Ye shes sde) より少し若い同時代人であり、彼らは欽定新訳語 (skad gsar chad、紀元八一四年) の時の前後に活躍したと思われるが、他方、『デンカルマ目録 (*lDan dkar ma*)[12]』(紀元八二四年[13]) に記録されていない『荘厳経論釈』の〔チベット〕訳者チェタシー (lCe bkra shis)[14] は、『青冊 (*Deb ther sngon po*)[15]』によれば前伝 (snga dar) 期に属しているけれども、紀元八二四年の後に翻訳事業に従事していたと思われる。両者の翻訳方法における相違はこれらの状況を反映したものにちがいない。

『大乗荘厳経論疏』と『荘厳経論釈』とにおけるそれぞれの文言は『阿毘達磨集論』を簡潔に引用したものであり、そのことは、前二者〔*MSAṬ* と *SAVBh*〕が後者〔*AS*〕の要約であることを示唆している。『阿毘達磨集論』と同じく、その要約もまた、三つの様相[16]、即ち、真如（tathatā）（yasyāṃ nirodhaḥ）と道（mārga）（yena nirodhaḥ）と煩悩の不起（kleśânutpāda）（yo nirodhaḥ）とから、滅諦（nirodha-satya）の特質を明白に述べている。それらの中で、そこにおいて滅が実現される真如（tathatā）なるもの（the *tathatā* in which the *nirodha* is realized）が、無相三昧（animitta-samādhi）の基盤（pada）として最も本質的な特質を有している。それゆえ、アスヴァバーヴァもスティラマティも共に無相三昧の彼らの解釈の権威として『阿毘達磨集論』よりその文言を引用したのである。

以上のアサンガの〔二〕著作からの引用は、アスヴァバーヴァとスティラマティに対するアサンガの影響を確定するためには充分ではないけれども、それらを指摘し検討することはなした。しかし、少なくとも、アスヴァバーヴァもスティラマティも共に『大乗荘厳経論』を同じ伝統[17]において解釈していたのだということ、また、従って彼らはその第三四頌後半と第三五頌前半とに対する彼らの解釈においてアサンガの『摂大乗論』と『阿毘達磨集論』から同じ文言を引用したのだ、ということは確かなのである。

註

（1）勝又俊教『仏教における心識説の研究』（山喜房仏書林、一九六一年）、一二二―一四五頁参照。また、E. Frauwallner, *Die Philosophie des Buddhismus*, Berlin, 1958, pp. 394-407 参照のこと。そこにおいて、教授は、アサンガを、『成唯識論』の記述に基づいて、スティラマティとは異なった系譜に位置づけている。

（2）P. ed., No.5533, Tshi, 18a3 参照。野沢静証「智吉祥造「荘厳経論総義」について」『仏教研究』第二巻第二号（一九三八年四月）、一三五頁参照。

（3）Sylvain Lévi (ed.), *Mahāyāna-Sūtrālaṃkāra*, Paris, 1907, pp. 94-95.

（4）P. ed., No. 5530, Bi, 128b8-129a3 : D. ed., No. 4029, Bi, 114b5-7.

（5）この引用に引き続き、両者とも『宝雲経（*Ratnameghasūtra*）』に言及する。

(6) P. ed., No. 5531, Mi, 307a4-7 : D. ed., No. 4034, Mi, 275a1-3.

(7) Étienne Lamotte (ed.), *La Somme du Grand Véhicule d'Asaṅga* (*Mahāyānasaṃgraha*), Tome I, 1938, pp. 84-85, § 3、特に§ 3-5. また、『摂大乗論釈』(世親釈)、大正蔵、三一巻、二五二頁上—中、三一三頁下、三七一頁中—下（この部分のチベット訳は欠落）、『摂大乗論釈』(無性釈)、大正蔵、同、四三七頁中、P. ed., No. 5552, Li, 334a7-b1 : D. ed., No. 4051, Ri, 277a4-5 も参照のこと。〔なお、É. Lamotte, *ibid.*, Tome II, pp. 268-274、更にその後に刊行された、長尾雅人『摂大乗論　和訳と注解』下（インド古典叢書、講談社、一九八七年）、三三〇—三三三頁、Paul J. Griffiths, Noriaki Hakamaya, John P. Keenan, and Paul L. Swanson, *The Realm of Awakening : A Translation and Study of the Tenth Chapter of Asaṅga's Mahāyānasaṅgraha*, Oxford University Press, New York / Oxford, 1989, pp. 73-92 も参照されたい。〕

(8)『摂大乗論』はイェシェーデ (Ye shes sde) によって訳される一方、『大乗荘厳経論疏』はペルツェク (dPal brtsegs) によって、『荘厳経論釈』はチェタシー (lCe bkra shis) によって訳されている。

(9) P. ed., *op. cit.* (前註4), 129b4-5 : D. ed., *op. cit.* (前註4), 115a1-2.

(10) P. ed., *op. cit.* (前註6), 307b1-6 : D. ed., *op. cit.* (前註6), 275a5-b1.

(11) P. ed., No. 5550, Li, 107b4-108a2 : D. ed., No. 4049, Ri, 90(47)b2-6 : 大正蔵、三一巻、六八一頁下。この箇所は、V. V. Gokhale, "Fragments from the Abhidharmasamuccaya of Asaṃga", *Journal of the Bombay Branch, Royal Asiatic Society*, New Series, Vol. 23, 1947 にはないものであり、また、*Abhidharmasamuccaya-bhāṣya* においても言及されていないものである。

(12) 芳村修基「デンカルマ目録の研究」（初出、一九五〇年、後に、芳村修基『インド大乗仏教思想研究』、百華苑、一九七四年、九九—一九九頁（横）に再録）、一七七頁によれば、No. 627 は一〇巻 (bam po) と二七〇頌 (śloka) とよりなり、No. 628 は一二巻よりなり、両者はそれぞれ、P. ed., No. 5527 と No. 5530 とに相当する。従って、六〇巻よりなる『荘厳経論釈』は、この目録には記録されていないのである。〔また、Marcelle Lalou, "Les Textes Bouddhiques au Temps du Roi Khri-sroṅ-lde-bcan", *Journal asiatique*, Tome 241, 1953, p. 334, Nos. 633, 634 も参照のこと。なお、今知ったことによれば、芳村 No. 627 と Lalou No. 633 とにつき、前者が一〇巻と二七〇頌で全三二七〇頌とするのに対して、後者は七巻と二七〇頌で全二三七〇頌とするので、両者は一致しない。後者の方が現行の長さには合うような気がするが、現行の『大乗荘厳経論』(P. ed., No. 5527) と『大乗荘厳経論疏』(P. ed., No. 5530) とには「巻 (bam po)」の挿入記載がなされていないので、確定的なことは言えない。しかるに、『荘厳経論釈』(P. ed., No. 5531) が『デンカルマ目録』には記録されていないと判断されるのは、その長さがプトゥンの「目録」では六〇巻とされていて（後註14参照）、それが現行のそれと一致すると想定されるのであるが、そのように長いものは『デンカルマ目録』中には存在しないからである。ところが、この長大な『荘厳経論釈』の現行本には、その六〇巻の「巻（bam po）」数記載はやはりなく、現行本は、基づいた所釈の論を七巻と数えて、それに対する解説を完了した、という、かなり変則的な形で「巻」数を記し留めているだけである。現行本のこの数えられ方で意図されている所釈の論が、もし、『大乗荘厳経論』を指しているとすれば、その数え方は、八巻に近い七巻を想定したものなので、これは、先のLalou No. 633が七巻と二七〇頌という、ほぼ八巻に近い形態を示唆しているのでこれと合致することになる。しかるに、プトゥンの目録は、これを一〇巻と二七〇頌と数えている（後註14の西岡No. 678参照）ので、却って、芳村No. 627と一致しているのである。しかし、いずれにせよ、現行本で二帙に及び推定で六〇巻の長さと考えられる『荘厳経論釈』の所釈の論の数え方は、チベット訳されたものに適用されるものであろうから、現行本のテキストのコロホン（D. ed., No. 4034, Tsi, 266a5-6）において述べられている、ネパールに接したチベットのマン国（Mang yul）で行われた翻訳において参照された数種のṭīkā（註釈）中の基本的なものは、既にチベット訳されたものを指していたという可能性の方が高くなるであろう。なお、本現行本における「巻（bam po）」への言及の仕方の実際については、東京大学文学部印度哲学印度文学研究室編『デルゲ版チベット大蔵経論疏部（東京大学所蔵）』唯識部3、4（世界聖典刊行協会、一九八〇年）の「目次」（袴谷執筆）を参照されたい。〕

（13）　山口瑞鳳「吐蕃王国仏教史年代考」『成田山仏教研究所紀要』第三号（一九七八年十月）、一―五二頁参照。ここでは、G. Tucci, *Minor Buddhist Texts*, Pt. II, Roma, 1958, p. 48ではなく、山口論文に従う。

（14）　Bu ston, *Chos 'byung*, Śatapiṭaka Series, Vol. 64, f. 953（Ya, 161a）4-5に“*mDo sde rgyan gyi 'grel bshad chen po* slob dpon Blo brtan gyis mdzad par grags pa bam po drug cu lCe bkras shis kyi 'gyur/〔『荘厳経論大釈』、論師スティラマティが著わし給うたものと一般的に承認されているもの六〇巻、チェタシーの翻訳〕”とある。〔なお、プトゥンの「目録」については、後に刊行された、西岡祖秀「『プトゥン仏教史』目録部索引」II『東京大学文学部文化交流研究施設研究紀要』第五号（一九八二年三月）、五六頁、Nos. 677-682を参照されたい。〕

（15）　Śatapiṭaka Series, Vol. 212, f. 317（Ja, 4a）6-7：G. Roerich, *The Blue Annals*, Pt. I, Calcutta, 1949, p. 359参照。

（16）　『阿毘達磨集論』における滅諦（nirodha-satya）の三つの様相は、Walpola Rahula, *Le Compendium de la Super-Doctrine*（*Philosophie*）（*Abhidharmasamuccaya*）*d'Asaṅga*, École Française d'Extrême-Orient, Paris, 1971, p. 99において、P. Pradhan（ed.）, *Abhidharma Samuccaya of Asaṅga*, Visva-Bharati Series 12, Santiniketan, 1950, p. 62のサンスクリット還元“tathatāyām āryamārge kleśānām anutpādaḥ”に基づき、“C'est la non-apparition（*anutpāda*）des souillures（*kleśa*）dans le noble sentier（*āryamārga*）de la quiddité（*tathatā*）”と無批判にフランス語訳されているが、その訳“dans le noble sentier de la quiddité”は少なくとも“par le noble sentier dans la quiddité”と正されるべきである。

(17) 拙稿"Asvabhāva's Commentary on the *Mahāyānasūtrālaṃkāra* IX. 56-76"『印仏研』二〇—一（一九七一年十二月）、四七三—四六五頁、（本書、二四六—二五八頁に、「『大乗荘厳経論』第九章第五六—七六頌のアスヴァバーヴァ註釈」と和訳されて再録）参照。

（一九七八年八月一日）

回顧と弁明

本稿は、"Asvabhāva's and Sthiramati's Commentaries on the *MSA*, XIV, 34-35"の原題で、『印仏研』二七—一（一九七八年十二月）、四九一—四八七頁に発表された英文論文を、自ら訳してここに再録するものである。『大乗荘厳経論』のこの箇所は、これを介して、『摂大乗論』と『阿毘達磨集論』との関連において、アサンガの思想史的位置づけを試みる場合には極めて重要な箇所であるが、本論典の第一四章全体は、後に、小谷信千代『大乗荘厳経論の研究』（文栄堂書店、一九八四年）によっても訳され、この箇所は、同書、一七三—一七六頁、および二〇七—二一一頁、註63—76に相当する。本稿、Aで扱った『摂大乗論』の箇所は、後の拙稿「〈法身〉覚え書」（初出、一九八四年、本書「本論」第十九論文）で扱ったB段、特にB[5]に当るので参照されたい。また、本稿、Bで扱った『阿毘達磨集論』の箇所も最高度に重要なものであるが、そのキーポイントである滅諦の特質に関する三種の規定の文言については、小谷上掲書では、本拙稿にも言及がなされているにもかかわらず、プラダンのサンスクリット還元に対する私の訂正は無視された格好になっているので、その「場所」と「手段」と「主体」という三種につき、私の訂正したサンスクリットに基づいて若干の補足を試みれば、それらは、(a) yasyāṃ nirodhaḥ sā tathatā（ある場所に滅があればその場所が真如である）、(b) yena nirodhaḥ sa mārgaḥ（ある手段によって滅があればその手段が道である）、(c) yo nirodhaḥ sa kleśânutpādaḥ（ある主体が滅すればその主体が煩悩の不起である）となるであろう。この考え方は、三種転依や勝義の三解釈とも通底するものであるが、これについては、本書「序」第一論文で述べたい。なお、原英文を邦訳した結果、本稿訳文中の註記12、13、14の箇所で、原文と訳文の語順が異なってしまったために、註番号にも原論文との相違が生じてしまった。本訳稿における註番号12、13、14は、原英文では、順次に、13、14、12であることを、ここに補足しておく次第である。

一四　bhoga-nimitta 考*

MSA, XIX, 49 において、我々の現実のあり方[1]を束縛する nimitta として、pratiṣṭhā, bhoga, bīja の三種が列挙されている。この三語それぞれと nimitta との複合語に関し、従来は、それらをおしなべて同性質の複合語と解する傾向が強かったように思われる[2]。筆者はこの点に関し、いささか疑問を感じていたが、本稿では、bhoga-nimitta を中心に、その関連文献によって明らかとなった点を報告すると共に、初期唯識文献（論書）の思想史的背景に関し若干の私見を述べてみることにしたい。

pratiṣṭhā-nimitta, bhoga°, bīja° の三複合語に関し、最も簡潔明解な解釈を施しているのが *MSAṬ*[3]である。まず、この解釈を参照することから始めよう。

> nimitta という語は、(1) pratiṣṭhā-nimitta、(2) bhoga-nimitta、(3) bīja-nimitta というように、〔三語〕それぞれに結合すべきものである。そこで、〔(1)の場合は〕pratiṣṭhā こそ nimitta にほかならないから、pratiṣṭhā-nimitta なのであり、〔これは〕同格限定複合語（las 'dzin par tshig bsdu, karmadhāraya-samāsa）である。〔(2)の場合は〕bhoga の nimitta であるから、bhoga-nimitta なのであり、〔これは〕格限定複合語（de'i skyes bur tshig bsdu, tatpuruṣa°）である。〔(3)の場合は〕bīja こそ nimitta にほかならないから、bīja-nimitta なのであり、〔これは同格限定複合語である〕。（P. ed., Bi, 180a4-6）

ここで注意すべきことは、三複合語中、(2)の bhoga-nimitta のみが、他の二つとは異なった性質の複合語と解されている点である。即ち、*MSAṬ* のこの解釈によれば、他の二つが karmadhāraya とされるのに対し、bhoga-nimitta は bhogasya nimittam と解すべき tatpuruṣa とされるわけである。しかも、このような理解は、複合語解釈を明示しない *SAVBh*[4] においても、全く同様に看取される。そこで、両註釈の関連箇所のみを以下に示す。

MSAṬ:「bhoga-nimitta とは物体（rūpa）などの五境（pañca-viṣaya）である」と〔*MSABh* で〕いうち、bhoga は眼識（cakṣur-vijñāna）などの六識（ṣaḍ-vijñāna）であり、それらの nimitta 即ち把握対象（ālambana）が物体など（rūpâdi）の対象（viṣaya）である。（P. ed., Bi, 180a2-4）

SAVBh:「bhoga-nimitta とは」と〔*MSABh* で〕いうち、bhoga は眼識より意識（mano-vijñāna）までの六つに対していわれ、それらの nimitta[5] もしくは対象（yul, viṣaya＝ālambana）が物体（rūpa）より可触（spraṣṭavya）に至るまでの五つである。[6]（P. ed., Tsi, 242b5）

両註釈が全く同じ理解に立って bhoga-nimitta なる複合語を解釈していることは一目瞭然であろう。即ち、bhoga は認識主体としての六識（ṣaḍ-vijñāna）、nimitta は認識客体（ālambana＝viṣaya）としての五境（pañca-viṣaya）を指し、前者に所属する後者（bhogasya nimittam）という関係を表わすのが bhoga-nimitta なる複合語であるとする点で、両註釈は全く軌を一にしているのである。

ところで、もし、bhoga が六識、nimitta が五境を表わすということが、語義上全く自明のことであるなら、なにも殊さら両註釈を俟つまでもなく、この複合語が bhogasya nimittam なる意味であることくらい誰にも直ちに理解されることであろう。特別な哲学的解釈でも持ち込まぬ限りは、六識即五境などという理解が起りうるはずもないからである。しかし、実際は、本稿でも敢えて訳語を与えるのを避けてきたように、bhoga も nimitta も共に意味の確定しがたい難解な言葉と言ってよいであろう。そこで、類似の文献について、両語の用例を検討してみなければならない。

bhogaは、一般的にいえば、動詞BHUJから派生した名詞で、精神的および肉体的享受そのものを意味すると共に、その主体が享受する対象物さえも含意する。(7) MSA(Bh)の用例(8)でもやはり同様の幅があるが、精神的享受を指す場合は、偈中のbhogaがMSABhでsaṃbhogaやupabhogaに置き換えられている場合が多い。逆に、bhogaが自己の享受する所有物の意味に用いられる場合は、MSABhでもbhogaがそのまま使用されているように見受けられる。このMSA(Bh)の傾向は、MAV(Bh)においても確認しうるように思われるが、今は、本稿の関連上最も注意すべきものとして、MAV, III, 18abを挙げねばなるまい。この偈は、十二処(dvādaśâyatana)中、内的六処を感受されたものの享受(vedita-bhoga)、外的六処を対象の判別の享受(artha-pariccheda-bhoga)という両面から捉え、その両者の享受が営まれる場(bhogâya-dvāra)を処(āyatana)と解釈したものである。このbhogaは、MAVBh中でupabhogaに置き換えられているように、(9) 認識内部における享受そのものを示唆していることは明白であるが、偈中のbhogaから直ちに六識を想起するには多少の困難を伴う。しかし、その可能性が全くないとは言い切れない点もある。(10)

次にnimittaであるが、今はその広範な用例に眼を転ずる余裕はない。(11) しばし註釈によるに、SAVBhが「nimittaと対象(viṣaya)とは同一意味である(ekârtha)」(Tsi, 242a2)といい、先に引用したbhoga-nimittaに関する両註釈もまた、nimittaをālambanaに置き換え(MSAṬ)、あるいはnimittaとviṣayaを並置している(SAVBh)ように、nimittaとは、認識を引き起す原因となる対象の特性を意味する。(12) しかも、それは、一般に外的事物(rūpâdi)と思われているものだけに限られるのではなく、認識主体さえも、限りなく自己を対象化して主体自体に働きかけるという意味で、nimittaとしての機能を担う。ここにnimittaの固定しがたい性格があるわけであるが、(13) しかし、nimittaがいかに認識内部の事態として言及されようとも、それは認識主体に働きかける対象の特性という意味を失することはない。従って、bhogaが認識内部における主体的あり方を意味する限り、bhoga-nimittaとは、享受主体内部に現われる対象の特性（bhogasya nimittam）、即ち tatpuruṣa としか解しようがないわけである。*MSABh* が、これを註して「物体などの五境（pañca rūpādayo viṣayāḥ）」とするのは、複合語の後分をなす nimitta に力点を置いたがためであろう。では、bhoga が六識を含意することは、唯識の伝統において、その当初から自明のことであったのか。しかし、かく断定しえないことは、以下のごとき、*MAV*, III, 22 に対する *MAVBh* の説明から推察される。

> nimitta とは、場所と身体と享受とに含まれる（pratiṣṭhā-deha-bhoga-saṃgṛhītam）〔アーラヤ識（ālaya-vijñānam）〕(14)、および活動的識に含まれる（pravṛtti-vijñāna-saṃgṛhītaś(15) ca）思考と把握と判断（mana-udgraha-vikalpaḥ）とである。（Nagao ed., p.48, ll.9-10）

bhoga に対する直接の説明は見られないが、後続の他語の説明中で、把握（udgraha）を五識、判断（vikalpa）を意識（即ち、udgraha＋vikalpa＝六識）と解するから、語義の重複がない限り、bhoga を直ちに六識とみなすことはできない。事実、真諦および玄奘は、bhoga を、それぞれ「所受用」「受用具」と漢訳し(16)、bhoga＝bhoga-nimitta＝五境と解しうる可能性を示唆する。もしそうなら、bhoga＝nimitta となり、従って bhoga-nimitta を karmadhāraya と解しうる背景もありえたということになる。しかし、この箇所に対する *MAVṬ* は、かかる解釈を明示してはいない(17)。それはともかく、以上の考察で、bhoga という語が極めて不安定なものであったとの予測はつくのではあるまいか。

上所引の *MAVBh* は、pratiṣṭhā-deha-bhoga と、mana-udgraha-vikalpa とを対のごとく示す点で重要であるが、筆者の知る限り、両複合語を対で用いるのは、初期唯識文献（論書）としては、これが初出のものである。なるほど、両複合語中の後者、即ち mana-udgraha-vikalpa に関していえば、*MSA*, XI, 45 では三語が一群のごとく扱われ、同、IX, 42, 43, 44 では三語が順次にその変貌（parāvṛtti）と共に言及されているから、一対のうちの前者よりは遙かに古いといえるが、前者についてはその確たる痕跡はない。因みに、*MSA*, XI, 40 は、前者と後者とが所取（grāhya)・能取（grāhaka）として一対をなすことを暗示する偈ではあるが、*MSABh*で明示される各三語は、後者については三語とも全く同じ語であるのに対し、前者についてはpada, artha, dehaとされdeha以外は他の語が採用されている。[18] しかも、この偈に対する*MSABh*と全く同じ事例が、*MSA*, XI, 44, 45両偈でもやはり対の形で現われているから、一対の用語としては、pratiṣṭhā-deha-bhogaに較べて、padârtha-dehaの方がより古く確定した用語といえるのである。ここで、もし、pratiṣṭhā-deha-bhogaにおけるbhogaが、上所引の*MAVBh*の両漢訳から類推されるように、かなり早くからbhoga＝五境[19]という関係にあったと主張しえるなら、あるいは両者とも全く同じようにもともと所取（grāhya）を意味する用語だったといいうるかもしれない。しかし、pratiṣṭhā-deha-bhogaの方は、用語そのものとしては*MSA*もしくは*MAV*の偈中に見出しえぬこと、更にその中のbhogaなる語が極めて不確定なことからみて、これら三語は、当初からmana-udgraha-vikalpaと対に用いられていたのではなく[20]元来はむしろ単独で身体や認識の主客（deha-bhoga-pratiṣṭhā）[21]を包含する用語として直観的に愛誦されていたと考える方が自然なのではないか。それが、徐々に初期唯識文献（論書）に採用され[22]、両面一対の概念として所取の側面を担うようになると、bhogaの語義も変質せざるをえなかったと考えるのは穿ち過ぎであろうか[23]。

註

＊ 本稿では紙数不足のため略号表は省き、全て、拙稿「**Mahāyānasaṃgraha*における心意識説」『東洋文化研究所紀要』第七六冊（一九七八年三月）、一九七頁〔『唯識考』、五四一—五四二頁〕、同「*Viniścayasaṃgrahaṇī*におけるアーラヤ識の規定」『東洋文化研究所紀要』第七九冊（一九七九年三月）、一頁〔『唯識考』、三六二頁〕所載のものに準ず。ただし、*MSA*に関し、偈と散文箇所を一応区別するため、前者についてはそのまま*MSA*、後者については新たに*MSABh*の略号を加える。なお、偈番号等により、その所在が容易にわかると思われるものについても個々の指摘を略す。

（1） *SAVBh*によれば、偈の“sāśrayāś citta-caittāḥ”とは、端的には五蘊（pañca-skandha）を指す。

(2) Lévi 訳：'Le Signe d'Assiette', 'Le Signe de jouissance', 'Le Signe de semence' (p.277)；宇井訳：「住持の相」、「受用の相」、「種子の相」（五二〇頁）；高崎訳：「依処という因」、「受用という因」、「種子という因」（「入楞伽経の唯識説——"Deha-bhoga-pratiṣṭhâbhaṃ Vijñānam"の用例をめぐって——」『仏教学』創刊号、一六頁。以下、高崎論文と略す）。前二者における'de'および「の」は、同格を示すとも解しうるが、Skt. の理解としては、恐らく tatpuruṣa とみたのであろう。後一者は、明らかに三複合語とも karmadhāraya と解したことを示す。また、余計なことであるが、この *MSABh* 中の "yac ca teṣāṃ bījam ālaya-vijñānam"（同種の文が二度あるうちの後者、ca があることが後者の特徴）に関し、後二者の理解は誤っている。「それら（＝pratiṣṭhā＋bhoga）の種子であるアーラヤ識なるものもまた〔束縛される〕」とすべきである。

(3) XIX, 49 に対する *MSAṬ* の全文は、P. ed., No.5530, Bi, 180a1-7：D. ed., No.4029, Bi, 160b4-161a2 である。

(4) XIX, 49 に対する *SAVBh* の全文は、P. ed., No.5531, Tsi, 241b8-242b6：D. ed., No.4034, Tsi, 208b1-209a5 である。

(5) P. ed. は'mtshan nyid'なるも D. ed. により'mshan ma'をとる。

(6) 高崎論文、一七頁参照。同じ箇所ではないが、註釈の意図は同一と思われる。高崎博士が「この安慧註（チベット訳）には、受用の説明で若干混乱があるやに見うけられる」と指摘するのは、bhoga-nimitta を *SAVBh* とは異なり、karmadhāraya と解したことに起因すると思われる。この箇所の *SAVBh* 自体に混乱はない。

(7) 例えば、Renou の辞書、p.540, bhoga の第二項参照。

(8) Nagao, *Index to the Mahāyāna-Sūtrālaṃkāra*, Pt. I, pp.189-190 による。

(9) upabhoga を端的に六識と解する例として、*MS*, II, §2 に対する *MSBh*, *MSU* が参照さるべきである。ただし、*MSU*, Tib. が多少異なった理解を示すことについては、片野道雄『インド仏教における唯識思想の研究』（文栄堂書店、一九七五年）、五七頁参照。

(10) 例えば、āyatana の古典的解釈と比較すると、citta-caittâya-dvāra（*AKBh*, p.13, l.16）＝bhogâya-dvāra という関係にあり、bhoga は当然 citta-caitta、即ち、六識とその心所ということになる。また、同じく十二処を含意する *MAV*, I, 17ab の bhoktṛ-bhojana 中、bhoktṛは内的六処、bhojana は外的六処を指すから、bhoga は根・境和合の接点として六識を意味しうる。

(11) より広範な用例については、横山紘一「nimitta（相）について」『仏教学』創刊号、八八—一一一頁参照。

(12) Renou の辞書、p.365 によれば、「特性、符牒、前兆；目的、原因、動機、手段、動力因」。

(13) 五法と三性との関係で、nimitta は parikalpita に含まれたり paratantra に含まれたりする。『成唯識論』巻八、新導本、三七五—三七六頁、および横山前掲論文、九六頁参照。

(14) *MAVṬ*, Yamaguchi ed., p.161, l.13, "ālaya-vijñānam iti prakṛtam" によって補う。

(15) Nagao ed. では-tāś となっているが誤植とみて-taś に改める。*MAVṬ*, Pandeya ed., p.121, l.25 所引のものは-taś。なお、この語は直接 mana-udgraha-vikalpa にかかると思われるのに、高崎論文、一八頁で「……分類される〔アーラヤ識〕、すなわち、意……」と補った真意がどこにあるか筆者にはわからない。

(16) 山口益『漢蔵対照弁中辺論』（破塵閣書房、一九三七年、鈴木学術財団複刊、一九六六年）、六八頁。

(17) *MAVṬ*, Yamaguchi ed., p.161, ll.18-21 : Pandeya ed., p.121, l.26-p.122, l.2. その終りで、“tan-nirbhāsaṃ vijñānaṃ bhoga-saṃgṛhītam” というのは、tad が対象を意味しさえすれば、むしろ六識を暗示する註釈である。また、説明の始めに “(bhoga-saṃgṛhītam) etad evôttaram uktam（これは、上述したものと全く同じ）” とあるのは、どこを指すか明らかではないが、本稿でも取り上げた III, 18ab に関説しているようにも思われる。山口訳、二六〇頁は、「彼後に説けるものなり」とあるが uttaram は、恐らく「後」ではなく「上」ではないか。Tib. P. ed., Tshi, 112b3-4 は‘gong du’。

(18) 高崎論文、一三―一五頁参照。

(19) もし、この関係を認めうるとしても、高崎論文、一四頁にも示されるごとく、*SAVBh* において artha は六境とされるから、bhoga＝五境＝artha の等号関係を直ちに導き出せるわけではない。所取としては、やはり artha の方に確定性があるというべきであろう。だから、能所一対の所取の側を意味するに際し、bhoga が artha の影響を受けて artha の意味に接近することはありえても、その逆は成り立たない。

(20) 高崎博士が *Laṅkāvatārasūtra*（*LAS*）から拾集された用例のうち、ただ一箇所のみ、この対応を示す箇所がある。高崎論文、五頁。ただし、これは、博士御指摘のごとく、不完全な面もあり、また Sagāthaka のみに存するものでもある。

(21) *LAS* で最も多く用いられる語順を採用した。

(22) *Vajracchedikā* に対する *Kārikāsaptati*（Tucci, *Minor Buddhist Texts*, Pt. I, p.91）に “pratiṣṭhā-deha-bhogatā” とある。長尾『中観と唯識』（岩波書店、一九七八年）、五八二頁、註35参照。この場合の bhoga は漢訳釈論（大正蔵、二五巻、八八四頁下）によれば「其受用性是三事合所生性故」とあるから、前註10で推測した意味合いに近い。また、*ASBh*, p.137, ll.9-10 に “deha-pratiṣṭhā-bhoga-vijñaptayaḥ”（ここではテキストの訂正理由は略す）とある。これは、*MS*, II, §20-2 と対応する *AS* の nimitta-vikalpa を解釈する文中に見出されるものであるが、この *ASBh* の bhoga は rūpâdi-viṣaya とされている。ところで、その *MS* の対応箇所には *nimitta-vikalpaḥ tadyathā rūpâdi-vijñaptayaḥとあり、*MSBh*, *MSU* も同趣意であるから、bhoga＝rūpâdi の他に、deha＝rūpîndriya, pratiṣṭhā＝bhājanaloka を含む *ASBh* の解釈はむしろ過剰気味なのである。この点、およびその語順がこれまでのいずれとも相違していることは、文献史上注意しておかねばなるまい。ただし、bhoga＝rūpâdi の関係が明示されているわけだから、

ASBh の成立が関連文献中で最も遅いと思われる点を除けば、bhoga＝五境もしくは六境となすための数少ない論拠の一つとはなろう。

（23）この推測は、高崎論文、二三頁で言及される結論と全く逆になる。この際、筆者は現存の *LAS* が、そのままの形態で初期唯識文献（論書）に先行したと考えているわけではない。拙稿「*Bhavasaṃkrāntisūtra*――解説および和訳――」『駒沢大学仏教学部論集』第八号、三〇二―二七五頁、特に、二九一―二九〇頁〔『唯識考』、二五二―二九三頁、特に二六三―二六四頁〕で述べたように、類似の詩句を唱えあったグループが先行し、そこに *LAS* の塑形のごときものがあったと空想するのみである。

（一九七九年八月二十九日）

回顧と弁明

本稿の初出は、『印仏研』二八―一（一九七九年十二月）、四三八―四三三頁である。原の論題中の bhoga-nimitta はイタリック体で示されていたが、ここではローマン体に改められている。また、この点は、原、イタリック体で示されていたチベット訳語の表記についても同様である。一方、原、横組であったものを縦組に改めたことに伴う、それなりの統一は、本稿でも他の場合と同様になされているが、誤植訂正につき、一つだけは、ここに明記して、お詫びの意も表しておきたい。本稿、註20に「高崎論文、五頁。」とあるのは、原の拙稿では、「高崎論文、九頁。」となっていたのであるが、本来は、「註9」とすべきだったのだと思う。しかし、本書では、「頁」を残す方の処置をして「五頁」と改めた次第である。従って、詳しく正確に改めるとすれば、「高崎論文、五頁、および、二四頁、註9参照。」とすべきであるが、無断でそこまでは直せまいと考えて、今の処置となったわけであるが、遅きには失するものの、ここにお詫びし訂正したい。なお、本稿は、この高崎論文の刺激があって初めてものされたものであるが、私自身はその後この方面の考察を突き詰めていくことはなかったけれども、高崎直道博士が、この御論文によって、『入楞伽経』成立の背景に係るような、この種の用語法を巡る問題を提起された意義は大きかったと思われる。アビダルマの教義用語がしっかりと確立されていたに違いない時代に、しかも、アサンガやヴァスバンドゥに接近する時代になって、pratiṣṭhā, bhoga, bīja など、むしろ一般的で通俗的と思われる用語が堂々と採用されるようになっていった背景には、本書「序」第三論文で取り上げられる『厚厳経』を巡る問題に先駆けるような動向があったかもしれないと考えられるので、むしろ、私自身を含めて、今後の研究が期待されるのである。

一五　〈自性清浄〉覚え書*

MSA, XIII, 一六―一九偈は、無自性性 (niḥsvabhāvatā) と自性清浄[1] (prakṛti-pariśuddhi) とに対する畏怖 (trāsa) を断つための四偈といわれるが、最後の第一九偈は自性清浄について次の如く述べる。

心 (citta) は常に自性清浄 (prakṛti-prabhāsvara) であるが、それは偶然の (āgantuka) 過失によって汚されているといわれる (前半偈)。〔しかるに〕法性心 (dharmatā-citta) 以外には、そのほかの心のあり方が (anya-cetasaḥ=anyasya cetasaḥ) 自性上清浄なものである (prabhāsvaratvaṃ prakṛtau) とは規定しえない (後半偈[2])。

前半偈は伝統的な自性清浄説[3]を祖述したものに過ぎないが、後半偈はそれに対する新たな解釈を提示したものとみなしうる。この解釈によれば、自性清浄である心と、そのほかの心のあり方とは厳密に区別され、自性清浄であるのは、あくまでも法性心であって、決してそれ以外の心ではないという意味になる[4]。その意味は、この偈に対する *MSABh* においてもより明確に述べられ、偈中の「そのほかの心のあり方」という語に対しては、「依他起を特質とするもの (paratantra-lakṣaṇa)」という語が同格で明示されている[5]。従って、心に関してここで峻別されねばならぬ両者とは、法性心と、依他起を特質とするそれ以外の心だということになる。このように両者を峻別する傾向は、*MSAṬ*, *SAVBh* 両註釈においても、全く同様に看取される。

そこで、まず *MSAṬ* の解釈を参照してみることにしたい。*MSAṬ* は、*MSA*, XIII, 第一六―一九偈の箇所に対して、第一九後半偈のみを意図して解釈を施すが、それは、この後半偈の重要さを物語っているといえよう。

依他起の心（paratantra-citta）は、常に自性清浄（prakṛti-prabhāsvara）なるものとしては適合しない。というのも、その心は、一瞬毎に、貪（rāga）や信（śraddhā）などの有漏法[6]（sāsrava-dharma）と同生同滅することによって、雑染（saṃkleśa）のあり方において、無始時以来、有漏法と結合したものでもあるから、それ故に、依他起の心は、常に清浄（prabhāsvara）なるものとしては成立しえない。〔しかるに〕法性心[7]は、常に清浄なるものであり、そこでは、いかなる時であれ、同生同滅の次第を経て、輪廻の有漏法によって汚されることはないのである。それ故に、そ〔の法性心〕こそが常に清浄なものといわれる[8]。

SAVBh もまた、その趣旨、如上の *MSAṬ* と同じい。ただ *SAVBh* 一般に認められる註釈形態を反映して、この箇所についても *SAVBh* の説明はより詳細であるが、以下には、必要当該箇所のみを抜粋して紹介することにしたい。問題の第一九後半偈に対しては、直接その偈を引用した後に、次の如く註す。

そ〔の第一九後半偈〕についていえば、無二にして円成実を特質とする（pariniṣpanna-lakṣaṇa）かの法性心そのものに対して[9]、自性清浄[10]と説くのであるが、しかし、円成実を特質とするものとは関係のない依他起の心（paratantra-citta）に対しては、清浄な心と説くことはできないという意味である[11]。

この註釈においては、心に関する両者の峻別が、円成実と依他起という対比において、更に鮮明に示されているといえよう。

それはともかく、*MSAṬ*, *SAVBh* が、両者の峻別に関し、共に一致した理解を示している背景には、心に対する仏教史上の様々な解釈動向を、唯識説の立場から独自に解明しようとしたその伝統が、より明白な自覚を伴って継承されていたことを示唆しているように思われる。もっとも、その自覚は、*MSABh* 自体が、第一九後半偈の註釈に引き続き、「それゆえ、ここでいう心（citta）とは、心の真如（citta-tathatā）にほかならない[12]」と述べた時点で確立していたともみれるが、この *MSABh* の註釈文を解して、*SAVBh* は次の如く言明している。

心は自性清浄であると説かれたとしても、〔それは〕すべての心に対していうのではなく、円成実を特質とする心の真如（citta-tathatā）に対して〔のみ〕心は自性清浄であるというのである。それ故、〔この場合の〕心（citta）という語は、心の真如に対していわれているのだと知るべきである。[13]

素朴な形で説かれた心（citta）を厳密に規定しようとする態度は執拗なほどであるが、その執拗さが、逆にこの問題の重要さを浮き彫りにしているといえよう。以下に、その執拗さを別な事例から拾ってみることにしたい。

MSA, XI, 第三四偈及び第四九偈で示される心（citta）を、*SAVBh* はそれぞれ次のように説明している。

心という語は、アーラヤ（ālaya）などの識及び心所に対していわれる[14]（ad v.34）。

ここで心という語は、アーラヤ識などの心及び心所法に対していわれる[14]（ad v.49）。

これは、心を円成実なる心の真如と解する例とは逆の場合であるが、無限定に使用されている心という語を厳密に規定しようとする態度においては全く軌を一にするものである。唯識文献において、「心（citta）」という語が用いられていれば、一般的に言って、それは、ここで指摘された如き「アーラヤなどの心及び心所」の意味と考えてよいが、それを敢えて強調しなければならなかったこと自体、上述の諸例とは逆の意味において、心に対する曖昧な解釈を拒絶する必要のあった唯識説本来の立場を示して余りないといえる。

さて、このように、「心（citta）」を依他起的なものか円成実的なものかのいずれか一方に峻別しようとする解釈の伝統は、*MSABh* の漢訳者、波羅頗〔迦羅〕蜜多羅（Prabhākaramitra）によっても明瞭に自覚されていたといわねばならない。彼は、問題の箇所を次の如く漢訳している。

ここでは、心の真如（citta-tathatā）を離れた別異の心即ち依他相（paratantra-lakṣaṇa）を自性清浄と説くのではない。この場合の心とは、心の真如を指すのであって、それが自性清浄であり、この心こそ阿摩羅識といわれるものにほかならない。[15]

この漢訳でも、やはり心に関して両者が峻別されていることに注目すべきであって、心の自性清浄的側面が阿摩羅識と呼ばれていることに気を取られるべきではない[16]。なるほど、漢訳年代の前後関係からみても、阿摩羅識という特殊な訳例については、「阿摩羅識は是れ自性清浄心なり」と説く真諦訳『十八空論』などの影響を考慮しなければならないであろうが[17]、それとこれとでは問題が全く異なる。敢えてこのようなことを言うのも、阿摩羅識が説かれていれば、それがまるで如来蔵思想でもあるかのようにみなす短絡した評価を避けんがためである。

かかる評価を挟まなければ、心の両面を峻別する立場は、*MSABh* の漢訳においてすら明白であることを確認した上で、再度言葉を重ねよう。依他起を特質とする通常の心と、円成実を特質とする法性心もしくは心の真如とは全く異質なものである。だから、通常の心が自性清浄的な側面を分有することは絶対にありえない。ましてや、依他起的存在が真妄の両面を具備するなどという記述は、唯識の正系を継ぐ文献中には決して見出しえないものである。しかし、両者は全く隔絶しているのではない。前者は現実の法（dharma）として存在している心であり、後者はその法性（dharmatā）であるが、法性は決して法から分離したものではない[18]。ただし、その同質性は、あくまでも法性を観たものの立場からのみ言いうることである。この法と法性の異質性と同質性こそ、唯識説の主要な関心事であった。*Dharma-dharmatā-vibhāga* は、その題名の示す如く、この問題を正面から取り上げた論書であり、*MAV* もまた、虚妄分別（abhūta-parikalpa）と空性（śūnyatā）という対比において、この問題を取り扱ったものである。先に触れた真諦訳『十八空論』の文は、この問題の真只中に登場する言葉であることを忘れてはならない[19]。この箇所に対応するのは、*MAV*, I' 第二二後半偈の「心は清浄なものであるから（prabhāsvaratvāc cittasya）」という句であるが、この句の「心（citta）」に対し、*MAVṬ* は次の如き説明を与えている。

ここでは、心（citta）という語によって、心の法性（citta-dharmatā=citta-tathatā）のみが説かれているのである。なぜなら、〔現実の〕心そのものは、垢れを特質とするもの（mala-lakṣaṇatva）だからである[20]。

*SAVBh*と同じ註釈者であるSthiramatiは、この説明によって、句中の「心」を、依他起を特質とするアーラヤ識などと峻別せんとする意図を当然抱いていたとみなければならない。真諦訳中で「阿摩羅識」がいわれたのも、それによって、アーラヤ識との峻別を明確にせしめんとしたものと解しうるのである。[21]

自性清浄心や如来蔵を主要テーマとして説く経典は、法性を観たものの立場に留ってそれを直観的に表現するが、同じ立場から法自体を詳細に分析することはしない。それ故、法性もしくは真如との同質性のみが強調され、法としての煩悩（kleśa）も所詮は偶然的なもの（āgantuka）に過ぎないことになる。勿論、唯識説は、過去の聖典に説かれているこの立場を否定するものではなくむしろ当然のこととして受け入れたが、唯識説からみれば、その立場は結局は円成実だけの世界にほかならない。従って、唯識説がこの種の聖典に淵源を持つ「心」を解釈する場合は、それを常に法性心（dharmatā-citta＝citta-dharmatā）もしくは心の真如（citta-tathatā）としての円成実の世界の中でのみ処理するのである。[22]

唯識説に対するこの理解が正しい限り、如来蔵系統に由来する考え方を、アーラヤ識を中心とする依他起の世界へ持ち込んで、真妄和合の二分依他的な解釈を試みることは、二重の意味において誤ちを犯すことになりかねない。なぜなら、第一には、ひたすら真如の世界に留って、それを直観的に表現せんとした如来蔵そのものに対して、妄として活動する基盤となるアーラヤ識的性格を付与することになるからであり、第二には、同様に真如を立場としながらも、それと現実の心とを執拗に峻別し、その法としての心を依他起として位置づけた唯識説独自の立場を極めて曖昧なものにしてしまうからである。

ここで、冒頭に示した*MSA*(*Bh*)自体の記述に戻ることにするが、自性清浄に対する畏怖とは、真如としては自性清浄であるにもかかわらず、現実には法としての心が法性としての心に変貌するという、形式論理上はありえない事態[23]に対する畏怖なのである。もしも、唯識説が、自性清浄心とアーラヤ識とを峻別する必要を認めていなかったとすれば、かかる畏怖は当初から問題にすらならなかったであろう。

法と法性とにおける同質性と異質性の問題は、このわずかな紙幅で論じ切れるほど簡単なものではない。それは、中国においても、「性相融即」「性相隔別」という対比に姿を変えて大きな波紋を投げ続けた。近代から現代にかけての我が国の研究者の解釈にも、その余波を受けて微妙なものがある。それらの成果を思うとき、本稿の如き単純な論じ方では、かえって誤解も招きかねないが、自性清浄を中心に一応の問題点を覚え書程度に認めたまでである。(24)

註

＊ 略号については、拙稿「*bhoga-nimitta* 考」『印仏研』二八―一、四三五頁〔本書、四二三頁〕の＊印下に準ず。

（1） 以下、「清浄」として扱う原語は、pariśuddhi, prabhāsvara の場合と、viśuddhi と想定されうる場合（ただし、その論拠は極めて弱い。後註10参照）とがあるが、ここで原語の差異を問題とする必要はない。prakṛti と結びついた用例としては prabhāsvara が最も古いのではないかと思われる。

（2） Lévi 本、p.88, ll.9-10. 現代語訳については、Lévi 訳、p.158、宇井『大乗荘厳経論研究』（岩波書店、一九六一年、以下、宇井研究と略称す）、二八三―二八四頁参照。しかし、両訳（ただし、散文箇所の Lévi 訳は除く）とも anyasya cetasaḥを subjective な意味に訳さないため、それと prabhāsvaratva とが対立する点が稀薄になっているように思われる。

（3） 高崎直道『如来蔵思想の形成』（春秋社、一九七四年）、三九七頁参照。

（4） 前註2でも指摘したが、従来、「法性心」と「それ以外の心」との対比については、ほとんど明確に意識されていないように思われる。例えば、岩田良三「真諦の阿摩羅識説について」『鈴木学術財団研究年報』第八号、五三頁〔後に、岩田諦静『真諦の唯識説の研究』（山喜房仏書林、二〇〇四年）に「真諦の阿摩羅識説の考察」として、かなり加筆増補された形で再録されたものの、一四四頁〕では、この後半偈の意味を「心真如（dharmatā-citta、法性心）を離れて別に心性浄（prakṛti-prabhāsvaratva）が有るのではない」と解している。

（5） “na ca dharmatā-cittād ṛte 'nyasya cetasaḥ paratantra-lakṣaṇasya prakṛti-prabhāsvaratvaṃ vidhīyate”, Lévi 本、p.88, ll.17-18.

（6） 前者によって kleśa、後者によって kuśala の心所を代表させたもの。

（7） Tib. には sems kyi chos nyid とあり、機械的には citta-dharmatā を推測させるが、あるいは dharmatā-citta を訳したものとみなした方がよいのかもしれない。*SAVBh* は所引の第一九偈中の dharmatā-citta を sems kyi chos nyid と訳しているからである。しかし、両訳は訳者が異なるので決定的な論拠とはなしえない。ただし、原語としては、citta-dharmatā（心の法性）でも dharmatā-citta（法性としての心）でも意味に大差はないと思われる。なお、原語としての citta-dharmatā は後出の *MAVṬ*（後註20）中にも認められる。

（8） D. No.4029, Bi, 110b3-6：P. No.5530, Bi, 124a5-8.

（9） la は D. に欠くも P. に従う。

（10） Tib. には rnam par dag pa とあり、viśuddhi（*Mvyut.* No.110）を想定させるが、所引の偈中の prabhāsvara がやはり rnam par dag pa と訳されているので、この場合も、prabhāsvara を原語とみなすべきであろう。勿論、viśuddhi とあった可能性が皆無とはいえないが、*SAVBh* の Tib. が *Mvyut.* の訳語に従わない例として数えておく方が、今後のチベット訳経史の研究上むしろ有益と思われる。

（11） これ以下、*MSAṬ* と類似した説明が続くが、その箇所を含めて、D. No.4034, Mi, 256b5-257a1：P. No.5531, Mi, 285b8-286a4 参照。

（12） "tasmāc citta-tathatâivâtra cittaṃ veditavyam", Lévi 本、p.88, l.18.

（13） D. *op. cit.*, 257a7-b1：P. *op. cit.*, 286b4-6.

（14） Hayashima 校訂本、『長崎大学教育学部人文科学研究報告』第二七号、p.98 及び p.118 をそれぞれ参照のこと。なお、この第三四偈及び第四九偈に対する *MSAṬ* は D. *op. cit.*, 89b2-5 及び 92b2-3 であるが、その心は、*SAVBh* 同様、明瞭に依他起として把握されており、法性心などと解する余地は全くない。しかるに、宇井研究、一一頁、二四―二五頁によれば、この場合の心も法性心の方向で解釈されている。これは、前註2、4で指摘した場合も含め、両者を峻別しない二分依他的な理解に基づく誤りである。

（15） 読み方を明瞭にするため、漢訳から大意を取って和訳で示した。漢訳については、大正蔵、三一巻、六二三頁上、及び宇井研究、二八三―二八四頁参照。

（16） 岩田良三「Amala-jñāna と阿摩羅識について」『印仏研』一九―二、一三六―一三七頁、及び前註4で指摘の岩田論文参照。阿摩羅識の原語想定に関しては同氏に従ってもよいが、前註4でも記したように、両者峻別の意義に注意を払わぬこと、及び阿摩羅識を自明の第九識として扱うことに不満が残る。

（17） 岩田前掲論文、及び宇井研究、一一頁参照。真諦訳との関係については、『般若燈論釈』、大正蔵、三〇巻、一〇三頁下所引の『無上依経』(Tib. D. No.3853, Tsha, 178ab にはこの部分を欠き、漢訳所引の経文も現行真諦訳『無上依経』中に見出しえない)のような事例も考慮されねばならぬであろう。

(18) "dharma-dhātu-vinirmukto......dharmo na vidyate", "dharmatā-vyatirekeṇa dharmâbhāvāt"(*MSA*, Lévi 本、p.87);"pṛthaktve sati dharmād anyā dharmatêti na yujyate"(*MAVBh*, Nagao 本、p.23)など参照。

(19) 宇井「十八空論の研究」『印度哲学研究』第六、一四八頁。

(20) Yamaguchi 本、p.61, ll.3-4. この場合の mala-lakṣaṇatva は、paratantra-lakṣaṇatva と考えてよい。

(21) 真諦が阿摩羅識をどのような意味に用いたかについては、拙稿「*Viniścayasaṃgrahaṇī* におけるアーラヤ識の規定」『東洋文化研究所紀要』第七九冊(一九七九年三月)、一〇一一九頁〔『唯識考』、三七四—三八二頁〕参照。なお、その時点で前掲岩田論文を参照できなかった非礼を謝す。

(22) 拙稿「唯識説における仏の世界」『駒沢大学仏教学部研究紀要』第三四号、二五—四六頁〔『唯識考』、六八九—七一八頁〕参照。

(23) 拙稿「〈三種転依〉考」『仏教学』第二号、四六—七六頁〔『唯識考』、七一九—七四九頁〕参照。この場合、最も注意すべきは三種中の cittâśraya-parivṛtti であるが、この citta が *ASBh* では dharmatā-citta と解される(同、五二—五三頁〔七二六—七二七頁〕参照)。真如が変貌する(tathatā-parivṛtti, tathatâśraya-parivṛtti)という困難な意味については、同、五五—六〇頁〔七二九—七三三頁〕参照。

(24) 唯識説に対する如来蔵的理解を払拭せんとした唯一最高の業蹟は、上田義文『仏教思想史研究』(永田文昌堂、一九五一年、改訂版、一九五八年)である。本稿は、教義理解上、特に、同書、一二三—一三九頁、二二八—二五五頁の成果に多くを負うものである。

(一九八〇年八月十六日)

回顧と弁明

本稿の初出は、『印仏研』二九—一(一九八〇年十二月)、四二八—四二三頁である。ここに提起した問題は、私にとってはまだ重要な意味を持つが、その論点は随分違ってきていると思うので、かかる論点から、本書「序」第一論文で、この問題を改めて考え直すことができたらと考えている。なお、本稿、註17で触れた『無上依経』を巡る問題は、本経が『宝性論』の翻案ではないかという、月輪賢隆博士によって提示され、高崎直道博士によって更に強固にされた御見解に対するささやかな疑義といった程度のものであったが、今のところ、これに対する応答はなされていないと思う。ただし、この疑義は、『般若燈論釈』の漢訳者、波羅頗〔迦羅〕蜜多羅(Prabhākaramitra）によって、その直後に漢訳された『大乗荘厳経論』の場合と共に、彼の訳場において本経も付加されたことが証明されれば氷解する類の問題ではある。ともあれ、『無上依経』の問題については、高崎直道「『無上依経』*Anuttarāśrayasūtra の構造」『如来蔵思想』II（法蔵館、一九八九年、初出英文論文、一九六〇年）、一三一―一四〇頁、三五八―三五九頁を参照されたい。

一六　ラトナーカラシャーンティの転依論

　冒頭から私事にわたって恐縮であるが、かつて筆者が「〈三種転依〉考」なる論文[1]を公けにしてから間もなくのことだったと思うが、駒沢大学大学院の上杉隆英氏より、Tucci 教授の校訂した“Ratnākaraśānti on *Āśraya-parāvṛtti*”[2] なる小篇において、Ratnākaraśānti（ラトナーカラシャーンティ）も同じ〈三種転依〉の問題に言及していることを御教示頂いた。氏の御教示により、筆者も、この小篇が収録されている Tucci 教授の *Opera Minora* を早速入手して問題の箇所に目を通したが、筆者が上述の論文で考察した大筋は、Ratnākaraśānti の記述からも補強されるような気がしただけでその後は等閑に付した。

　ところが、昨年、勝又俊教先生の古稀を記念して「大乗仏教から密教へ」という課題で原稿を求められた時、とっさに頭に浮んだのが Ratnākaraśānti のその記述だったというような次第である。今、締め切りもぎりぎりの段階になって、始めて冷静にこの箇所を読んでみると、その正確な理解も甚だおぼつかない。それを、殊さら和訳を中心に紹介してみたところで、どれほど意味のあることか内心忸怩たるものがあるが、現時点で急遽論題を改める程の器用さも持ち合せておらず、後はただ、勝又先生の記念論文集の名を恥かしめないことのみを祈るほかはない。

　なお、和訳の底本は、Tucci 教授の上述のサンスクリット校訂本であるが、時にチベット訳の読みに従った場合もある。和訳に当っては、できるだけ現代語に置き換えてみようと試みたが、意の満たない訳語を補うために適宜サンスクリット原語を並記し、さらに、漢訳にも伝えられた術語については、関連文献中より代表的漢訳語を取り出して示した。なお、和訳に先立ち、以下に、問題の文献をめぐる簡単な解説を施すことにしたい。

解説

Ratnākaraśānti の手になる問題の文献とは、チベット訳で、*Nam mkha' dang mnyam pa zhes bya ba'i rgya cher 'grel pa*[3]（『虚空と等しいと名づけられる広註』）として伝えられている註釈書である。この註釈の依拠した経典が密教系のものであったことは明らかであるが、具体的にどの経典を註釈したものなのかを筆者は明確にすることができない[4]。Tucci 教授も、上述の小篇において、“this commentary of Rathākaraśānti on the Khasamatantra” と記すのみで、その具体的経典名には触れていない。これは、註釈全体を問題とする時には、当然明確にされねばならぬ点であろうが、今はしばらく置く。

Tucci 教授の報告によれば、教授は、ネパールにおいて、この註釈書のサンスクリット写本を二種入手したらしいが、その写本が全体にわたる完全なものであるかどうかなど、詳細な点には一切言及がない。従って colophon があるのかないのかも不明であるが、Tucci 教授は、ただ āśraya-parāvṛtti（転依）の問題に対する興味から、それに関連する冒頭の一節のみを取り上げて校訂し、それを対応するチベット訳と共に公けにしたにすぎないのである。この Tucci 教授の成果に全面的に依拠した筆者もまた、その校訂範囲を一歩も出るものでないこと言を俟たない。

この冒頭箇所は、筆者の見るところによれば、後の和訳中の分節番号でも示すように、次のような構成で記述されているように思われる。

（0） 経典に登場するヴァジュラダラ（Vajradhara）世尊を、覚り（bodhi）に帰せしめ、その覚りを三種の āśraya-parāvṛtti によって説明する。

次に、その三種を順次に説明する。すなわち、

（1） dauṣṭhulyâśraya-parāvṛtti＝dauṣṭhulyâśrayasya parāvṛttiḥ[5]

（2） mārgâśraya-parāvṛtti＝mārgâśrayasya parāvṛttiḥ[5]

（3） tathatâśraya-parāvṛtti＝tathatâśrayasya parāvṛttiḥ[5]

の三種である。

（0′） 最後に、三種の āśraya-parāvṛtti を要約しながら、導入部（0）の説明を受けて、覚り＝ヴァジュラダラ＝法身＝自性身＝虚空と等しいもの（kha-sama）であることを説明する。

さらに、法身との関連上、三身中の他の二身、すなわち、（a）受用身（saṃbhoga-kāya）（b）変化身（nirmāṇa-kāya）についても付説し、冒頭箇所を結ぶ。

次に、この冒頭箇所の記述が、いかなる意義を有するかを述べねばならないが、その前にこの註釈書の著者、Ratnākaraśānti について簡単に触れておく必要があろう。

周知のように、Ratnākaraśānti は、インド仏教の末期に当る十一世紀頃の大学匠であり、無形象唯識説（Nirākāra-vijñānavāda）を自己の思想的立場とし[6]ながら、後期仏教論理学史上にも重要な役割を演じ[7]、なおかつ偉大な密教学者として重んじられた人である。彼に、上述の *Nam mkha' dang mnyam pa zhes bya ba'i rgya cher 'grel pa* なる註釈があったことは、彼の密教学者としての一面を物語るものであるが、本稿で取り上げたその冒頭箇所を見ただけでも、彼の立場とした無形象唯識説の思想傾向が色濃く流れている様を看取することができる。彼は、当時のあらゆる学問的方面に通暁し、厖大な著作を残した学者であるから、その全貌に触れることは至難の業であるが、彼がその根底で受け継いだ唯識説の系譜がどのようなものであったかを解明することは、インドの唯識思想史の展開を見渡す上で重要な課題といわねばならない。その課題は着実に果されつつある[8]が、筆者自身は、本稿で紹介する箇

所以外は、Ratnākaraśānti の著作に直接当ったこともなく、論理学を中心とする後代の思想史的展開に関する知識も皆無に近いから、本稿に関連する限りで、感想めいたことを付記するに止めたい。

後代のチベットの学僧 lCang skya Rol pa'i rdo rje（一七一七―一七八六）は、その著 *Grub pa'i mtha' rnam par bzhag pa* で、「唯識を主張する論師には、Asaṅga 兄弟、大徳 Dharmapāla, Sthiramati, Dignāga, Dharmakīrti, Suvarṇadvīpa, Ratnākaraśānti（Shanti pa）など多くのものがいる」[9]と一般的に記す一方、同書の唯識の学系に関する記述では、六識を主張する Dignāga や Dharmakīrti に対して、「八〔識〕と認めるのは、〔Asaṅga の〕〈地〉の部（＝*Yogācārabhūmi*）などに出ているような聖典追従唯心派である」[10]と述べている。ところで、Ratnākaraśānti は、問題の冒頭箇所で、三種の āśraya-parāvṛtti 中、最初の dauṣṭhulyāśraya-parāvṛtti の説明において、アーラヤ識について明言しているから[11]、彼が八識を予想していた可能性は充分ありうるのである。この点から言えば、Ratnākaraśānti は、時代的には Dignāga, Dharmakīrti 以降の論理学や認識論上の影響を強く受けながらも、思想上ではむしろ遥か以前の Asaṅga の系譜に連なっていた学匠とみなしうるであろう。

事実、Ratnākaraśānti が取り上げた三種の āśraya-parāvṛtti（°parivṛtti）は、現在知られる限りでは、Asaṅga の *Abhidharmasamuccaya* で言及されるものが初出のものであり[12]、仮りに多少時代を遡ったとしても、せいぜい *Yogācārabhūmi* の *Viniścayasaṃgrahaṇī* にその萌芽らしいものが見出されるにすぎない[13]ので、いずれにせよ、それは、Asaṅga の時代に明確に意識されるようになった考え方と思われる。この三種の āśraya-parāvṛtti（°parivṛtti）は、その後、Sthiramati, Asvabhāva, Śīlabhadra などの註釈文献中においても関説された[14]重要な考え方であるが、それがいかなる思想的特質を示すものであるかについては、既に前述の拙稿で考察したので、ここで再説することは避けたい。ただし、この三種の āśraya-parāvṛtti（°parivṛtti）の伝統を真直ぐに受け継いだ Ratnākaraśānti の記述によって、より明確になった点のみは以下に記しておく方がよいように思われる。

まず、āśraya-parāvṛtti（°parivṛtti）という複合語の後分についてであるが、そこに°parāvṛtti もしくは°parivṛtti のいずれかが選ばれようとも、それ自体が本質的問題とはなりえないという筆者の想定は[15]、Ratnākaraśānti の記述においても確めうる。Tucci 教授の校訂が正しいとすれば、Ratnākaraśānti の採用した原語は°parāvṛtti であるが、チベット訳によれば、その対応箇所が全て yongs su gyur pa となっており、°parivṛtti とあった可能性も全面的には否定できない。しかし、°parāvṛtti であったにせよ、°parivṛtti であったにせよ、それは消滅（nivṛtti）と活動（pravṛtti）という両面を担いうる意味内容のものでなければならないことが Ratnākaraśānti の記述上明らかである[16]。これは、両語が互いに交叉しあって共通の意味範囲をもつに至ったとする Schmithausen 教授の考察結果をも補強しうるであろう[17]。

次に、三種の āśraya-parāvṛtti（°parivṛtti）を具体的に指示する dauṣṭhulya°, mārga°, tathatā° 三語と°āśraya との複合関係を問題としたいが、これについては、先の拙稿で二つの可能性を推測しておいた[18]。すなわち、三語それぞれと°āśraya との関係を、tatpuruṣa で解する場合と、karmadhāraya で解する場合とである。この観点から Ratnākaraśānti の記述に注目すると、冒頭箇所の構成を図示した際に並記しておいたように、三種の āśraya-parāvṛtti について、それぞれを、dauṣṭhulyâśrayasya parāvṛttiḥ（粗悪源としての基層が変貌する）、mārgâśrayasya parāvṛttiḥ（実践としての基層が変貌する）、tathatâśrayasya parāvṛttiḥ（真如としての基層が変貌する）と明示し、三語それぞれと°āśraya との関係を karmadhāraya で解する方向を強く示唆している。かつて筆者は、この複合語解釈を両者のいずれか一方に決定することを差し控えたが、後者、つまり karmadhāraya による複合語解釈を採用したい気持が強かった。しかし、この解釈を採用した場合、最も説明に困難を伴うのが、三種中の tathatâśraya-parāvṛtti（°parivṛtti）の例であった。そこで、この例に関連して Ratnākaraśānti の記述をみると次のごとくである。

sarva-dharma-tathatâpi teṣām āśrayaḥ/ tasya parāvṛttir āgantuka-sarvâvaraṇa-viśuddhir ātyantikī[19]/

この記述から、(sarva-dharma-) tathatā＝āśraya すなわち両語の関係が karmadhāraya であることがわかり、さらにこれを受けた tasya parāvṛttiḥ によって、tathatâśraya-parāvṛtti とは、「真如としての基層が変貌すること」であることが自ずと明白である。その結果、真如は変化 (vikāra) こそしないが変貌 (parāvṛtti＝parivṛtti) はするのだという、かつての筆者の結論をより確実に導くことができるように思われる。さらにここで、上に引用した文脈が、*Mahāyānasūtrālaṃkāra*、第九章、第五六前半偈およびその註釈に酷似していること[20]に注意を喚起しておくこともあながち無意味ではあるまい。

以上、Ratnākaraśānti の記述により、三種の āśraya-parāvṛtti に関して、問題点がより明確になったものについて簡単に言及したが、その記述は、Asaṅga に始まり、Sthiramati, Asvabhāva, Śīlabhadra によって継承された伝統を忠実に再現しているとさえ思われる。それならば、Ratnākaraśānti は、問題の冒頭箇所で、彼独自の立場を全く示していないのかといえば、決してそうではない。そもそも、ヴァジュラダラを三種の āśraya-parāvṛtti で説明したこと自体が、後代の密教的展開を窺わせるに足ることであるが、この点は、所釈の経典とも絡む問題であるにもかかわらず、始めに断ったとおり、その経典のなんたるかも知らず、なおかつ密教的素養を全く欠除する筆者としては、この方面に関して思想史的な観点からはいかなる判断も下すことができない。ただし、無形象唯識説という彼の思想史的立場については、勝れた研究成果が公けにされているので、それを参照すれば、この極く短い Ratnākaraśānti の記述中にも、彼独自の思想的特色が容易に看取される。彼は、認識の内部に客観的契機として現われる様々の青や白等の形象 (ākāra) が存在すると主張する有形象唯識説に対して、その形象すらも真実には存在しないとみなし、すべての分析的仮構を離れた光明 (prakāśa) の世界を強調する。[21] それが、この冒頭箇所では、āśraya-parāvṛtti の世界として描き出されているわけであるが、āśraya-parāvṛtti を獲得することが、[22] とりもなおさず「思考の習慣的働きを離れた清らかな虚空のごとき無限の光明自体としての活動 (viśuddha-gaganôpamena niṣprapañcena prakāśātmanā 'nantena pravṛttiḥ)」[23]にほかならないのである。また、このあり方こそが、法身であり自性身なのであるが、それというのも、「〔法身や自性身が〕真如と光明という両者の本来のあり方に永久に留まっているからである(tathatā-prakāśayoḥ svarūpe 'tyantam avasthānāt)」[24]。しかし、受用身や変化身の場合には、直ちにそれを光明の世界だと言い切ってしまうことはできない。なぜなら、両者は形象を離れている(nirākāra)わけでもなく現象を離れている(nirābhāsa)わけでもないからである[25]。従って、Ratnākaraśānti が、特に受用身について比較的長い独自の説明を施すのも、彼が無形象唯識説を立場としていたことの傍証とも見れるが、その記述の詳細については筆者も充分な理解が得られず、単に和訳を提示したにとどまる。

和訳

(0) ここでヴァジュラダラ(Vajradhara)[26]世尊とは、すべての覚者(buddha、仏、仏陀)たちの覚り(bodhi、菩提)のことである。そして、そ〔の覚り〕は、基層の変貌(āśraya-parāvṛtti[27]、転依)を特質とするものである。基層(āśraya、依、依止)とは身体(śarīra)である[28]。そして、そ〔の基層の変貌〕は三種である[29]。

そこで、

(1) 心の持続(citta-santāna、心相続)を特質とする基層は、いかなる場合であれ、汚れた生存形態(sāṃkleśika-dharma、雑染法)の種子(bīja)すなわちそ〔の汚れた生存形態〕の潜在余力(vāsanā、熏習)である粗悪源(dauṣṭhulya、麁重)といわれるものを保持している(ādhāra)限り、アーラヤ(ālaya)であるが[30]、後に、永い実習を経て(cira-bhāvita)思考の習慣的働きを離れた(niṣprapañca、無戯論)神聖な実践(ārya-mārga、聖道)によって、アーラヤが環境や肉体や享受(pratiṣṭhā-deha-bhoga[31]、器身並受用具)として現象している(nirbhāsa、顕現)それらの識別（vijñapti）[32]を絶滅し[33]（parikṣaya）、また、それ以外に起っている汚れた生存形態を撲滅し（astaṃgama）、そして、すでに起らなくなってしまったものを永久に（atyantam）起らないようにするから、〔この変貌は〕それ自体の（tenâtmanā）消滅の規定（nivṛtti-niyama）[34]であるが、〔観点を変えていえば、それは〕思考の習慣的働きを離れた清らかな虚空のごとき（viśuddha-gaganôpama）無限の光明自体の（prakāśâtmanā）活動の規定（pravṛtti-niyama）[35]で〔も〕ある。その変貌（parāvṛttiḥ sā）が、覚者たちの粗悪源の基層の変貌（dauṣṭhulyâśraya-parāvṛtti、麁重転依）であり、それこそが、彼らの垢れなき根源（anāsravo dhātuḥ、無漏界）[36]であるといわれる。なぜなら、〔それは〕垢れなき（anāsrava）覚者の諸特性（buddha-dharma、仏法）の種子を保持している（bīja-dhara）からである。

（2）その実践（mārga、道）もまた、彼らの基層（āśraya）である。[37]そ〔の基層〕の変貌（＝mārgâśraya-parāvṛtti、道転依）は、経験的あり方の（laukikena rūpena）永久的消滅（ātyantikī nivṛttiḥ）であり、かつ、超経験的〔あり方〕の（lokôttareṇa）永久的活動（ātyantikena pravṛttiḥ）[38]でもある。

（3）すべての存在の真如（sarva-dharma-tathatā）もまた、彼らの基層（āśraya）である。そ〔の基層〕の変貌（＝tathatâśraya-parāvṛtti、＊真如転依＝cittâśraya-parāvṛtti、心転依）は、偶然的なすべての障害からの永久的浄化（āgantuka-sarvâvaraṇa-viśuddhir ātyantikī）である。

（0′）この〔基層の変貌〕は、覚者たちの、粗悪源としての基層（dauṣṭhulyâśraya）、実践としての基層（mārgâśraya）、および真如としての基層（tahatâśraya）が変貌したもの（parāvṛtti）であるが、そ〔の変貌〕こそが彼らの覚り（bodhi、菩提）であり、それこそが法身（dharma-kāya）である。〔しかも、それは〕覚者の諸徳性を身体とするもの（buddha-dharmāṇāṃ kāyaḥ）すなわち基層（āśraya）であるから、[39]本質的身体（svābhāvika-kāya、自性身）といわれる。なぜなら、〔それは〕真如と光明という両者の（tathatā-prakāśayoḥ）本来のあり方（svarūpa）に永久に留まっている（avasthāna）からである。それで、この覚者の覚りの特質（buddha-bodhi-lakṣaṇa）が、ヴァジュラダラ世尊であり、本性上（prakṛtyā）、虚空に等しく（kha-sama）、この本性（prakṛti）が本質的身体（svābhāvikaḥ kāyaḥ、自性身）である。それゆえに、〔それは〕まさしく虚空と等しい。なぜなら、現象を離れ（nirābhāsa、無顕現）無限で（ananta）極めて清らかな（suviśuddha）光明（prakāśa）は、真如を本質としているからである。(40)

（a）受用〔身〕（sāṃbhogika）は、形象が多様である（ākara-vaicitrya）から、たとえ、その形象のままでは（yathākāram）決して虚空と等しくないにしても、それにもかかわらず、そのように現象したままで（yathā-pratibhāsam）、まさしく虚空と等しいのである。事実、法身は、〔すべての〕あり方を（dharmān）、虚空に等しい真実（tattva）として、妨げなく（anāvṛtta）直観し（anubhavati）、受用身（saṃbhoga-kāya）は、〔そのような法身と〕全く同様に、〔すべてのあり方を虚空に等しい真実として〕、分析する（paricchinatti）。なぜなら、〔受用身の分析は、法身の〕直観が同質に派生したもの（niṣyanda）だからである。どのようにして、全く同様に、分析するのか。(41) 客観（grāhya、所取）と主観（grāhaka、能取）、およびそれらとして現象しているものが、非存在である（asattā）と分析する（pariccheda）からである。通常の人たちの場合（bālānām）(42)、壺など（ghaṭâdi）の直観から同質に派生した確定（niścaya）(43)は、〔壺を〕存在するものと〔確定している〕が、ちょうど、通常の人たちの場合に（bālānām）(42)、より明瞭に直観された壺の形象は、たとえ存在するという言葉(44)（jalpa）を除外しても、以前に確定したことの反復による潜在余力の力によって（prāktana-niścayâbhyāsa(43)-vāsanā-balāt）(45)、まさしく存在するものと〔その人が〕分析するように、同様に、覚者たちの場合も、たとえ言葉がなくとも（ajalpo 'pi）、受用身は、自らの形象（svam ākāram）を、まさしく非存在であると分析する。その分析（pariccheda）自体は(46)、ここでは、現象（pratibhāsa、顕現）という語によって表明されている（vivakṣita）。〔その〕現象とは、認識（saṃvedana）と表示（upalakṣaṇa）(47)との二種にほかならない。それゆえ、受用身もまた、覚者たちにとっては、そのように現象したままで、まさしく虚空と等しいのである。

（b）しかし、変化身（nirmāṇa-kāya）は、より一層（sutarām）(48)、虚空と等しい。〔変化身は〕、たとえ幻の諸形象によろうとも（māyākārair api）[49]、自ら化作した身体などを、非存在であると分析する。[50] そして、そ〔の変化身〕は、すべての覚者を生ぜしむる（janaka）ヴァジュラダラであり、彼ら〔覚者〕たちもまた、そ〔のヴァジュラダラ〕より同質に派生したものであるから、虚空と等しいというのが究極の立場（siddhānta）である。

註

（1）『仏教学』第二号（一九七六年）、四六―七六頁〔『唯識考』、七一九―七四九頁〕所収。以下、拙稿A論文と略称す。

（2）*Asiatica, Festschrift für Fr. Weller* (Lipsia, 1954), pp.765-767 所収。後、G. Tucci, *Opera Minora*, Parte II (Roma, 1971), pp. 529-532 に再録さる。

（3）P. ed., No.2141, Na, 176a5-197b5 : D. ed., No.1424, Wa, 153a3-171a7. チベット訳の伝える原題は、*Khasamamātṛkā* である。なお、本稿で取り扱う冒頭箇所については、Tucci, *op.cit.*, pp.531-532 に D. ed.とN. ed. と校合したものが示されている。彼の未校合のP. ed. 当該箇所は、Na, 176a7-177a8 である。

（4）最初は、類似した題名を持つ、P. ed., No.31, *dPal Nam mkha' dang mnyam pa'i rgyud kyi rgyal po zhes bya ba* (*Śrī-Khasamatantrarāja-nāma*) のことかと思ったが、直接の関係はないようである。

（5）等号以下に示したものは、実際には、次の(0')初めに、"dauṣṭhulyâśrayasya mārgâśrayasya tathatâśrayasya parāvṛttiḥ" (Tucci, *op.cit.*, p.530, l.26) と述べられているものを、語義解釈上重要とみて、分解して並記したものである。

（6）松本史朗「Ratnākaraśānti の中観派批判（上）」『東洋学術研究』第一九巻第一号（一九八〇年四月）、一四八―一七四頁参照。

（7）梶山雄一「ラトナーカラシャーンティの論理学書」『仏教史学』第八巻第四号（一九六〇年）、二一―四〇頁参照。

（8）前註（6）で指摘した論文のほか、海野孝憲 "The vijñaptimātratā theory of Ratnākaraśānti in the Prajñāpāramitopadeśa ――On the concept of "ākāra"――"『印仏研』一七―一（一九六八年十二月）、四三九―四三五頁、同「ラトナーカラ・シャーンティの三性説」『印仏研』二〇―一（一九七一年十二月）、三八三―三八六頁、同「ラトナーカラ・シャーンティの形相説批判」『印仏研』二四―一（一九七五年十二月）、四七〇―四六七頁、同「ラトナーカラ・シャーンティの自証説」『印仏研』二七―一（一九七八年十二月）、四六四―四六一頁、同「Vijñaptimātratāsiddhi の和訳解説」『名城大学人文紀要』第二二・二三集（一九七九―一九八〇年）、四三―六二頁、竹内覚「ラトナーカラシャーンティの二諦説」『印仏研』二二―一（一九七三年十二月）、三二九―三三二頁、Shoryu

Katsura "A Synopsis of the Prajñāpāramitopadeśa of Ratnākaraśānti"『印仏研』二五—一（一九七六年十二月）、四八七—四八四頁、早島理「ラトナーカラシャーンティの菩薩道——Prajñāpāramitopadeśa における——」『印仏研』二五—二（一九七七年三月）、九四四—九四一頁、沖和史「ラトナーカラシャーンティの有形象説批判」『印仏研』二五—二（一九七七年三月）、九四〇—九三七頁などの論文があるが、今のところ、Ratnākaraśānti の文献に無縁の筆者は、これらの論文を、全て吟味した上で列挙したわけではないことを諒とされたい。

（9）東大蔵外目録、Nos.86-88, Ka, 116a5-b1. Suvarṇadvīpa は一般に著名な人物としては知られていないが、P. ed. の rGyud 'grel（秘密疏部）所収の Nos.3883, 4994 の著者である。なお、Ratnākaraśānti は、チベットにおける一般的な呼称、Shanti pa として記されている。人物名の列挙順の意味合いは定かではないが、Asaṅga 兄弟から Sthiramati までは八識論者、Dignāga, Dharmakīrti は六識論者、Ratnākaraśānti を含む後二者は密教展開期の唯識論者、もしかするとそういう含意があったかもしれない。

（10）拙稿「唯識の学系に関するチベット撰述文献」『駒沢大学仏教学部論集』第七号（一九七六年十月）、二四九頁〔『唯識考』、二〇六頁〕の和訳および二四二頁〔『唯識考』、二一三—二一四頁〕の図参照。

（11）本稿和訳(0)の(1)の記述を参照されたい。なお、松本前掲論文、一六五頁所引の記述〔37〕にも同趣旨のことが述べられている。

（12）拙稿A論文、五二—五三頁〔『唯識考』、七二六頁〕参照。

（13）拙稿「*Viniścayasaṃgrahaṇī* におけるアーラヤ識の規定」『東洋文化研究所紀要』第七九冊（一九七九年三月）、一七頁〔『唯識考』、三八〇頁〕、註59の箇所、および六六頁〔『唯識考』、四三一—四三二頁〕参照。なお、以下、拙稿B論文と略称す。

（14）拙稿A論文、五七—五九頁〔『唯識考』、七三〇—七三二頁〕、および六一—六二頁〔『唯識考』、七三五頁〕参照。

（15）拙稿A論文、四八—四九頁〔『唯識考』、七二一—七二三頁〕参照。

（16）本稿和訳(0)の(1)および(2)の記述参照のこと。三種の āśraya-parāvṛtti 中、前二者、すなわち dauṣṭhulya° と mārga° の場合にのみ、この両面がいわれるが、tathatā° の場合にはそれがいわれない。しかし、前二者に選ばれたのと同じ語が tathatā° の場合にも使用されることに注意されたい。tathatā° の場合になぜ両面がいわれないのかは、用語例とはまた次元を異にした問題である。

（17）Schmithausen, *Der Nirvāṇa-Abschnitt in der Viniścayasaṃgrahaṇī der Yogācārabhūmi*, Wien, 1969, p.99、および拙稿A論文、六九頁〔『唯識考』、七四二頁〕、註14参照。

（18）拙稿A論文、五四—五六頁〔『唯識考』、七二七—七二九頁〕参照。

（19）Tucci, *op.cit.*, p.530, ll.24-25. なお、本稿和訳(0)の(3)参照のこと。

（20）"sarva-dharma-tathatā-viśuddhi" に対する拙稿A論文、五九—六〇頁〔『唯識考』、七三二—七三三頁〕の記述、および拙稿B論文、一五頁〔『唯識考』、三七八―三七九頁〕所引のA論文、六五頁〔『唯識考』、七三八―七三九頁〕の記述を参照されたい。āgantuka が tathatāśraya-parāvṛtti (⁰parivṛtti) の説明下に現われるのは、*Abhidharmasamuccaya* の場合も同様である。tathatāśraya-parāvṛtti (⁰parivṛtti) は唯識説にあっては、他の āśraya-parāvṛtti (⁰parivṛtti) と一体のものであるにもかかわらず、tathatā のみが浮き上って āgantuka との関係が取り沙汰されると極めて異なった局面へと展開していく。しかし、Ratnākaraśānti は、三種の āśraya-parāvṛtti を正確に把握した、唯識の正系を嗣ぐ人のように筆者には思われる。

(21) 松本前掲論文、一四八―一四九頁の記述による。なお、「光明（prakāśa）」については、同、一四九頁所引の記述〔1〕〔2〕、一六五―一六七頁所引の記述〔37〕〔38〕〔39〕参照のこと。なお、「輝き」「照明」と訳されているものが、本稿での「光明」に相当する。

(22) この考え方が彼の根底にあったとすれば、彼の認識論が、通常人の認識一般の解明を突き通した認識論であったことは理の当然である。

(23) Tucci, *op.cit.*, p.530, ll.19-20. 本稿和訳（0）の（1）参照。

(24) Tucci, *op.cit.*, p.530, ll.28-29. 本稿和訳（0′）参照。

(25) 受用身と変化身がなぜ自性身（＝法身）たりえないかについては、*Mahāyānasaṃgraha*, Lamotte ed., Chap. X, §§ 35-36：佐々木月樵『漢訳四本対照摂大乗論』（萌文社、一九三一年）、一〇九―一一〇頁を参照されたい。

(26) 所釈の経典中に登場する世尊とみなして和訳したが、その経典自体は筆者未詳。密教史上における Vajradhara の展開についても未詳であるが、今、便宜的に、Wayman, *The Buddhist Tantras*, London, 1974 によれば、五仏と対応していた五つの装身具以外の、第六の装身具（sacred thread）との関連で Vajradhara が登場（pp.120-122）、終局的には、本初仏（Ādi-buddha）が Vajradhara の名をもって呼ばれたという（p.53）。

(27) 「基層の変貌」などと和訳することは問題もあろうが、拙稿A論文の考察結果を経て、Schmithausen 教授の訳例、"Umgestaltung der Grundlage"、"Neugestaltung der Grundlage" を念頭に置いた訳語である。

(28) āśraya を「肉体的人格構成の総体（der Inbegriff der körperlichen Persönlichkeitskonstituenten）」とみなした Schmithausen 教授の解釈が思い起される。拙稿A論文、四七―四八頁〔『唯識考』、七二〇―七二一頁〕、および六六頁〔『唯識考』、七三九―七四〇頁〕参照。

(29) Skt. は "sa teṣāṃ trividhaḥ" なるも、Tib. "de yang rnam pa gsum ste" により、"sa ca trividhaḥ" として読む。

(30) Skt. "yāvat....tāvad ālayākhyasya" に対応する Tib. は "ji srid....de srid kun gshi'o" である。ここでは一応 Tib. に従った。Skt. によれば、「……限り、アーラヤといわれるものである〔が、それ〕を」と読んで意味も通じるが、後註33の場合に順じて Tib.

に従ったまでである。

(31) *Madhyāntavibhāga* (*bhāṣya*), III, 22、および拙稿「*bhoga-nimitta* 考」『印仏研』二八―一（一九七九年十二月）、四三六頁〔本書、四二一―四二二頁〕参照。漢訳語は、これと対応する玄奘訳を借用した。この三語それぞれの意味内容は必ずしも定かではないが、もし、*Mahāyānasūtrālaṃkāra*, XI, 44 に説かれる pada, deha, artha にそれぞれ対応するなら、その Sthiramati 註（Hayashima ed., Pt. II, p.112）により、pratiṣṭhā は「器世界なる大地（snod kyi 'jig rten sa gzhi chen po）」、deha は「六根」、artha は「六境」を意味することになる。両者いずれの用例においても、この三語がアーラヤ識のみにかかわるものであることは充分注意されてよい。従って、目下の「それ以外に起っている汚れた生存形態」とは「六識（〔転識として〕kliṣṭa-manas までを意図していたかは Ratnākaraśānti 自身の記述からは判明しない）」を指しているであろう。

(32) Tib. "rnam par shes pa" で、通常の訳例 "rnam par rig pa" とは異なる。

(33) 「アーラヤが環境や……」以下、ここに至るまでの Skt. は "tāsāṃ parikṣayād *anālayâkhyasya sataḥ* pratiṣṭhā-deha-bhoga-nirbhāsānāṃ vijñaptīnām" であり、Tib. は "kun gzhi gnas dang lus dang longs spyod du snang ba'i rnam par shes pa de yongs su zad pa" である。ここでは Tib. に従った。Skt. は斜体部分を ālayasya に改める方がよいように思われる。もっとも、anālaya という用例は他にも認められ（例えば、拙稿B論文、一三頁〔『唯識考』、三七六―三七七頁〕所引の文）、「それらを絶滅するから、アーラヤならざるものがあり……」とも読みうるが前後が続かない。

(34) nivṛtti が直前の instr. case と関連して、「それを離れる」「それが消滅する」の意となることは、次の(0)の(2)の "laukikena rūpenâtyantikī nivṛttiḥ" によっても明らかである。Tib. は "bdag nyid ni ldog pa"（それ自体が逆転する）と訳す。

(35) 文字通りには、「光明自体としての活動（prakāśâtmanā pravṛttiḥ）」であるが、前註34に順じて訳した。なお、nivṛtti, pravṛtti については、*Mahāyānasūtrālaṃkāra*, IX, 14、およびその散文註参照。また、その両面性については、拙稿A論文、六五―六六頁〔『唯識考』、七三九―七四〇頁〕を参照されたい。

(36) Tucci 校訂本では anāśrava と表記されるが通常の形で示した。なお、anāsravo dhātuḥについては、*Triṃśikā*, v. 30、拙稿B論文、一三頁〔『唯識考』、三七七頁〕、松本前掲論文、一六五頁、記述〔37〕後半参照。

(37) Skt. "so 'pi mārgas teṣām āśrayaḥ", Tib. "de yang de rnams kyi lam gyi rten te（それもまた、彼らの実践の基層である）"。ここでは、mārgâśraya が tatpuruṣa ではなく、karmadhāraya であるという筆者の理解から Skt. の読みを採用した。

(38) ātyantikī と改めるべきであろうか。

(39) Skt. "buddha-dharmāṇāṃ kāya āśraya iti kṛtvā", Tib. "sangs rgyas kyi chos rnams kyi sku'i rten zhes bya zhing". Skt. に

よれば、kāya と āśraya は同格となるが、Tib. によれば kāyasyâśrayaḥ のごとくに読める。〔なお、本文中のこの箇所の訳は、Skt. 原文からすれば、ほとんどありえない訳であるが、ここに、その原文直訳を示しておけば、「覚者の諸徳性の身体すなわち基層であるから」となるであろう。〕

(40) Skt. "nirābhāsânanta-suviśuddha-prakāśānāṃ tathatā-svabhāvatvāt", Tib. "snang ba med pa mtha' yas pa shin tu rnam par dag pa rab tu gsal ba dang/ de bzhin nyid kyi rang bzhin yin pa'i phyir ro//". Tib. によれば、「なぜなら、〔自性身は〕現象を離れ無限で極めて清らかな光明と真如を本質としているからである」と読める。光明と真如は、先にも "tathatā-prakāśayoḥ" とあるように dvaṃdva であろうから、Tib. に従い、°prakāśānām の case を除いて、tathatā と結合させる方がよいかもしれない。ここでは、一応 Skt. に従っておいた。

(41) Skt. "kathaṃ ca paricchinatti", Tib. "ji ltar na <u>de bzhin du</u> yongs su gcod pa yin zhe na". 下線部分に対応するものが Skt. にはないが、これは前文を受ける質問であるから、Tib. により、前文と同様の tathâiva を補うべきであろう。

(42) Tucci 校訂本は bālanam とするが、通常の gen. pl. の形に改めた。

(43) Tucci 校訂本に niśraya とあるも、Tib. nges pa により niścaya と訂正する。

(44) Skt. に sattā-jalpa とあるも、sattā に対応する語は Tib. に欠く。

(45) Tucci 校訂本に vāsavāsanā とあるを vāsanā に改めた。

(46) Skt. "<u>sâiva</u> paricchedaḥ", Tib. "yongs su gcod pa de nyid". 下線部分は sa eva か。

(47) pratibhāsa が saṃvedana と upalakṣaṇa の二種で説明される例は、後代の文献にあるのかもしれないが、筆者未詳。

(48) Tucci 校訂本は suturām とするが、恐らくは誤植。受用身の場合に比べて「より一層」という意味であろう。

(49) Tucci, *op.cit.*, p.532, n.5 は、māyā-kāra（幻術師）とみて、Tib. を sgyu ma'i mkhas pa と改めるが、sgyu ma'i rnam pa のままで、Skt. の方を māyā-ākāra と理解して読んだが、定かなことは筆者にはわからない。māyā-kāra を避けたのは、比喩でもないのに māyā-kāra が示されるのは唐突であるような気がしたこと、māyā-kāra なら pl. で示される必要はないと思ったこと、などの漠然とした理由があったに過ぎない。

(50) 「身体などを、……」以下ここまでの Skt. は "puruṣâder asattayâiva paricchedāt" であるが、ここでは、Tib. "sku la sogs pa med pa yongs su gcod pa'o" に従って訳した。Skt. では sku（身体）に当る語が puruṣa となっている他、全体が理由句として示されている点に相違がある。

回顧と弁明

本稿の初出は、勝又俊教博士古稀記念論集『大乗仏教から密教へ』（春秋社、一九八一年）、二三五―二四八頁である。本稿、註6に示した松本論文の続篇は、その直後に、松本史朗「Ratnākaraśānti の中観派批判（下）」『東洋学術研究』第一九巻第二号（一九八〇年十一月）、一五二―一八〇頁として公けにされている。本稿、註9で触れたSuvarṇadvīpa は、アティーシャの『菩提道燈論細疏（*Bodhimārgapradīpapañjikā*）』に言及されていることを、江島恵教『中観思想の展開』（春秋社、一九八〇年）、二四一頁の和訳引用によって後に知った。これによれば、Suvarṇadvīpa は、アティーシャの言う「現在（da ltan）」の人で、アティーシャともラトナーカラシャーンティともほぼ同時代の学者であったということになる。なお、アティーシャのその記述の思想史的な意味については、拙稿「チベットにおけるインド仏教の継承」『チベット仏教』（岩波講座、東洋思想、第一一巻）、一三一―一三二頁に、拙訳を示した上で、その前後において論じたことがあるので、参照されたい。本稿で、註28を付した箇所の「基層（āśraya、依、依止）」とは、身体（śarīra）である。」という訳文中の śarīra に対する「身体」という訳語は、特に不味いと感じた。本稿の他の箇所において、肉体を意味するわけでは全くないことが示唆されているとは思うが、単に「体」とした方がよいと今は感じている次第である。ところで、ラトナーカラシャーンティをインドの論理学や認識論の思想的展開の観点から通史的に位置づけたものとしては、梶山雄一『仏教における存在と知識』（紀伊国屋書店、一九八三年）、Katsumi Mimaki et al. (ed.), Y. *Kajiyama, Studies in Buddhist Philosophy* (*Selected Papers*), Rinsen Book Co., Ltd., Kyoto, 1989, esp., pp.[389]-[418], "Controversy between the Sākāra- and Nirākāra-vādins of the Yogācāra School—Some Materials" があり、今もなお基本的な研究成果たり続けているであろうと思う。因みに、ラトナーカラシャーンティの『般若波羅蜜多論（*Prajñāpāramitopadeśa*）』を中心とした研究成果としては、海野孝憲『インド後期唯識思想の研究』（山喜房仏書林、二〇〇二年）がある。また、ラトナーカラシャーンティの別な著作についての最近の成果には、望月海慧「ラトナーカラシャーンティ『経集解説・宝明荘厳論』和訳」(1)(2)(3)『身延論叢』第一〇号（二〇〇五年三月）、一―四〇頁（横）、同、第一一号（二〇〇六年三月）、一―五〇頁（横）、同、第一二号（二〇〇七年三月）、二九―六三頁（横）があるので、参照されたい。

一七　チベットにおける唯識思想研究の問題

一　はじめに

今ここに与えられた課題にまともに答えようとすれば非常な困難を覚える。この課題において本来要求されていることは、一つの独立した価値を担ったチベット仏教思想史の展開において、唯識思想がいかなる位置を占め、いかに研究されてきたかを問いかつ答えることでなければならないであろう。しかるに、チベットにおいては、その仏教導入のほとんど最初期から、インド系顕教の学説に関しては、絶えず中観思想が最高視されてきたという動かし難い事実が存する。ために、唯識思想は、常に中観思想の背後に押し去られ、決して表立ってチベット仏教史を飾ることはなかった。しかし、このことは必ずしもチベットにおいて唯識思想の研究が乏しかったことを意味するものではない。ダルマキールティ Dharmakīrti 以降のインド後期仏教史が内包したあらゆる問題を鮮明に受け止め、それを自らの問題として解決せんとしたチベット仏教は、思想史の必然的帰結として、唯識思想に対する知識もまた豊富に有するのである。従って、我々は、唯識文献のチベット訳、更にはそれらに対するチベット人学僧の註釈や言及を通して、これらの知識の一端に触れることができるし、かかる成果の一部は現代の学者によっても報告されるに至っている(1)。

しかし、チベット仏教が有した唯識思想に関する知識をチベット仏教史自体の展開に即して描き出すことと、それをインド仏教史の解明のために利用することとは、自ずと別事である。(2) しかも、別事ではあるが、この両者が、一方を欠除しては他方の特質を浮き彫りにすることはできないという密接な関係にあることもまた否めない。両者は、平行して進められてこそ十全を期しうるであろうが、筆者が冒頭で非常な困難を覚えると述べたのは、特に前者のあるべき姿を意識したからである。チベット人学僧の唯識思想に関する知識を紹介することは比較的容易であっても、それをチベットの中観至上主義的な太い流れのうちにいかに位置づけるかはかなり面倒な仕事に属する。この前者の方向は、むしろこれから積極的に推し進められるであろうし、またそうあらねば、チベット仏教史としての唯識思想について口を挾むことは慎まねばなるまい。

その意味では、現在の筆者もまた、あまり多くを語る資格をもたない。従来筆者の試みてきたことといえば、ただチベットに伝えられた翻訳文献や撰述文献を通して、インドの唯識思想史の解明に役立つと思われる事実のいささかを報告してきたに過ぎないからである。ただし、チベットのことはあくまでもチベット内部のこととして把握した上で報告に及ぼうと思ってきたので、その観点から気のついたことは、なんらかの意味でチベット仏教史の展開に係わる問題として提起できるのではないかと思う。本稿は、このような視点から、筆者がこれまでに気づいてきたことを、チベットにおける唯識思想研究の問題に絡めて、多少とも整理して示そうとしただけのものに過ぎない。与えられた課題の本来要求するところからはほど遠いことは百も承知の上であるが、本稿がこの方面の研究の一助ともなればもって多としなければならない。

以下、チベット史家の分類に従い、仏教の前期伝播期（snga dar）と後期伝播期（phyi dar）とにおける唯識思想の受容に関するいくつかの問題を取り上げ、最後に今後の課題となりうる方向を示唆できればと考える。

二　前期伝播期における問題

前期伝播期として最も重要なことは、当然のことながら、この時期にどのような唯識文献がチベット語に翻訳され、それがいかにチベットに受容されたかを知ることでなければならない。しかし、私見によれば、この極当然と思われる問題すら、従来は等閑に付されがちであったような気がしないでもない。筆者自身、最近たまたま、敦煌出土のチベット語唯識文献を調べる機会を与えられ、その時始めて、如上の問題意識から、チベット最古の訳経目録『デンカルマ』*lDan dkar ma*（八二四年成立）[3]における唯識論典の配列順序を改めて見直したような次第である。それに関する筆者の知見は既に別稿にて記したが[4]、重要と思われるので、ここに要点を摑み、本稿の課題に即して述べなおしておきたい。

まず最も注目すべきことは、『デンカルマ』の唯識論典（rnam par shes pa'i bstan bcos）の項目下[5]に配列されたチベット訳典籍名は、ただ雑然と網羅されたものではなく、ある明確な意図のもとに整然と列挙されたものであるということである。その意図とは、後代の言葉を借りていえば、アサンガ Asaṅga の地の五部（Sa sde lnga、五部からなる『瑜伽師地論』を指す）と二種の綱要書（sdom rnam pa gnyis、『摂大乗論』と『阿毘達磨集論』とを指す）、及びヴァスバンドゥ Vasubandhu の八論書（pra ka ra ṇa brgyad）[6]のみを綱格として諸典籍名を列挙しようとしたものにほかならない。即ち『デンカルマ』の当該箇所は、右に指摘したアサンガとヴァスバンドゥの計十一部の論典（『瑜伽師地論』をチベット流に五部と数えれば計十五部となる）を基本典籍とみなすものであり、その前後に配された典籍名は、それらの基本典籍に対してあくまでも従属的なものに過ぎない。ここで最も肝腎なことは、後に「マイトレーヤの五法」（Byams pa'i chos lnga, Byams chos sde lnga）と称せられ、現代の学者にとっても通念と化したかに思われる五論典、即ち『大乗荘厳経論』*mDo sde rgyan*、『中辺分別論』*dBus dang mtha' rnam 'byed*、『法法性分別論』*Chos dang chos nyid rnam 'byed*、『究竟一乗宝性論』*rGyud bla ma*、『現観荘厳論』*mNgon rtogs rgyan*の名は、そのようなあり方においては全く言及されていないということである。なるほど、この五論典中『〔大乗〕荘厳経論頌』*mDo sde rgyan gyi tshig le'ur byas pa*（芳村No.626、ラルーNo.632）及び『中辺分別論頌』*dBus dang mtha' rnam par 'byed pa'i tshig le'ur byas pa*（芳村No.629、ラルーNo.635）の名は当該箇所中に見出しうるが、いずれも独立した二論典としてではなく、ヴァスバンドゥの著作たる両註釈書に対する根本頌といった格好で添えられているように思われる。この最後の点を明確にそうだと言い切るためには、今少し決定的な証拠が必要であるが、敦煌写本として伝わる『中辺分別論頌』のコロホンには「マイトレーヤ造」なる記載が本来なかったように見受けられること、[8]また敦煌チベット文献中には少なくとも現時点で「マイトレーヤの五法」に関する伝承が全く見出しえないことなどの状況証拠から斟酌して、当時訳された『大乗荘厳経論頌』及び『中辺分別論頌』がヴァスバンドゥの両註釈書と別個に切り離して取り扱われていたとは決して思えないのである。[9]万一そうではなく、もし仮りに、後世「マイトレーヤの五法」と言われるに至る観念に見合った明瞭な意識が『デンカルマ』の編纂者にあったとすれば、翻訳が五論典中のまだ二つのみという不完全な体裁のままであっても、この頌型の両論典は、あたかも同目録の中観論典（dBu ma'i bstan bcos）の項目下にナーガールジュナ Nāgārjuna の『中論頌』*dBu ma rtsa ba'i tshig le'ur byas pa shes rab ces bya ba*（芳村No.574、ラルーNo.573）が筆頭に掲げられているように、唯識論典中の冒頭を飾っていたはずであろう。しかも、もしそうであったなら、それはそれで、不完全ながらも、アサンガの『瑜伽師地論』に先立って、まず「マイトレーヤの五法」を掲げる後世のプトゥン Bu ston の『仏教史』[10]におけるような唯識論典の取り扱い方の先駆をなしていたとも見れるのであるが、決してそうはなっていないことには、いくら注意を払っても払い過ぎることはない。

さて、以上の観点から、チベットにおける仏教の前期伝播期には「マイトレーヤの五法」に関する伝承が全く存在しなかったとみることができるならば、『デンカルマ』の唯識論典についての記載は、同目録の成立時点までに、唯識関係の重要な論典はほぼ完璧にチベットに伝訳されていたことを物語っていることにもなるのである。ここで、ほぼ完璧だという意味を知ってもらうためには、例えば、これを同目録の中観論典の場合と比較してみるのがよいだろう。『デンカルマ』における中観論典の列挙の仕方も、唯識論典の場合同様、やはりある意図のもとに配列されていたとすれば、そこには次のような配慮がなされていたように見受けられる。恐らく『デンカルマ』の編纂者は、まず、前言した如く、中観の根本典籍としてナーガールジュナの『中論頌』を筆頭に掲げ、次にその註釈書を添え、その後には当時のチベットにおいて直接かつ重要な影響を及ぼしたと思われるシャーンタラクシタ Śāntarakṣita、ジュニャーナガルバ Jñānagarbha、カマラシーラ Kamalaśīla の中観に関する独立の著作を配したのである。[11] 更に『デンカルマ』成立の時期に接して急速にその需要の高まったと思われるバーヴィヴェーカ Bhāviveka, Bhavya の『思択炎』*Tarkajvālā* は、翻訳に着手されたものの、文字通り翻訳途上の論典として同目録の末尾に廻さざるをえなかった。[12] かくして、前期伝播期には未完に終った種々の中観論典の翻訳が、その後、後期伝播期を通じて、いかに多く訳出されていったかは夙に稲葉正就教授の明らかにされたところである。[13] 中観論典の翻訳が、絶えずその時々のチベットにおける中観思想に対する評価に応じて次第に変化し増大していったのに対して、唯識論典の場合は、『デンカルマ』成立の時点までに、アサンガの『瑜伽師地論』を中心とする唯識の基本典籍に対するチベット側の認識は、既に固定し、その認識に見合った翻訳は全て完了していたとみなしうる。これが先にほぼ完璧だと言った意味である。換言すれば、先に指摘した十一部の唯識の基本典籍に対する註釈の中には、いささか未翻のものもあったが、基本典籍それ自体の翻訳は当時完全に果されていたのだと言ってよい。後世の「マイトレーヤの五法」に関する伝承は、このほぼ完璧と言ってよい唯識論典の翻訳の上に、マイトレーヤの名を冠した論典を加え、いわばマイトレーヤの名が唯識の基本典籍全体をすっぽりと包み込んだような格好で展開することになるが、後に述べるように、この伝承自体は、もともとインド古典期の唯識思想の動きとは直接関係するものではなく[14]、むしろチベットの後期伝播期と呼応する、まるで時間の軸を遡ったかのような動きの投影ではなかったかとみられる点には充分注意を払わねばならない。

さて、一旦定着してしまった伝承から悉く解放されて、ものを直かに見るということは極めて難しい。『デンカルマ』に記載され、その時点で既にある意図はほぼ完璧に達成されていたかに思われる唯識論典の翻訳が、いかに当時のチベットに受容されていたかを、いかなる通念も介在させずに知るには、これら唯識論典の約三分の二に近い[15]翻訳に関与したイェシェーデ Ye shes sde 自身の証言を聞くのを最も至当とする。彼は「大校閲翻訳官」(Zhu chen gyi lo tsā ba)の背書をもつ大翻訳家であったと同時に、自らの著作も数点残し[16]、そこに当時の現場からの声を直接聞きうるからである。その際、最も中心となるのが同著『見差別』*lTa ba'i khyad par* であるが、これに関する従来の成果もまた、後代の通念から解放されることがいかに難かしいかを示していたに過ぎない。しかし、極最近、松本史朗氏によってかかる通念を払拭するような注目すべき見解が明らかにされた[17]。氏の結論を筆者なりに必要に応じて摑んで示せば、『見差別』の立場は次のとおりである。本書は、バーヴィヴェーカの著作に対する呼称「経中観」(mDo sde dbu ma)を最も高い立場とみなし、シャーンタラクシタのそれに対する呼称「瑜伽行中観」(rNal 'byor spyod pa'i dbu ma)を次位に置く。後者の呼称中「瑜伽行」とはアサンガの『瑜伽師地論』を指すが、法成はその線を更に強く打ち出して、シャーンタラクシタをアサンガの弟子とさえみなした。そしてイェシェーデもまた、直接教示に与れたかもしれぬカマラシーラの立場を、シャーンタラクシタの「瑜伽行中観」とは異なる「経中観」に近いものとみていた。以上が松本氏の結論の筆者なりの要約であるが、テキスト自体の解明を主眼とする氏は、それを当時の国家的事業の動きの中に見るのではなく、『見差別』の立場は即ちイェシェーデ自身の立場でもあるとみなしているようである。しかし、「瑜伽行中観」よりも「経中観」をより高度なものとみなすことが、敦煌宗義文献中に一般化していることを思えば[18]、そこには単なる個人的な判断のみではなく、国家的視野からの判断も反映されていたかのように見える。そう見れば、かかる判断の下される以前に、あの厖大な『瑜伽師地論』を始めとする唯識論典を体系的に翻訳しようとする意図が国家的レベルで働き、それがほぼ完成の域にまで達した時期があったとみなしうるのである。その後に成立した『デンカルマ』は、唯識論典のその意味での翻訳の完成度を告げると共に、『瑜伽師地論』を許容したシャーンタラクシタから、翻訳途上にあった『思択炎』の著者バーヴィヴェーカを重視するカマラシーラへの移行の過程をも示唆しているように思われる。この間を縫い、唯識思想に関しても豊富な知識を有したイェシェーデの活躍は、その訳語の問題と共に研究されねばならぬであろう。[19] 一方、シャーンタラクシタ自身は、「二つのあり方の馬車（tshul gnyis shing rta）に乗って論理（rigs pa）の手綱をさばくもの」を推奨し、その「二つのあり方」とは、カマラシーラによって「中観と瑜伽行である」と註釈されたのであるが、[20] この二大学僧がインドの中観思想史上の文脈においてもまた異なった立場を取ったかどうかは、それぞれの主著について今後厳密に検討されねばならぬ問題という。[21] そのインド的評価が俟たれるが、それをひとまず別にしても、イェシェーデや法成の評価が現われる前に、唯識思想が前期伝播期のチベットにおいていかに受容されていたかについては、チベット本土との関係も考慮しながら敦煌出土のチベット語唯識文献を更に精査する必要があろうかと思われる。[22]

三　後期伝播期における問題

周知の如く、九世紀前半を中心に栄えたチベット仏教は、八四一年に即位したダルマ王の破仏、及びそれに続く王の殺害（八四三年）、王朝の分裂（八四六年）をもって終焉を告げるが、十一世紀に至って再び仏教興隆の気運が熟した。これ以降のチベット仏教を後期伝播期と称するが、その最初の中心人物となったのが一〇四一年ころ入蔵したアティーシャ Atiśa（九八二—一〇五四）である。彼と相前後して活躍した重要な翻訳官に、リンチェンサンポ Rin chen bzang po（九五八―一〇五五）、ナクツォ＝ツルティンゲーワ Nag tsho Tshul khrims rgyal ba（一〇一一―?）、ゴク＝ロデンシェーラプ rNgog Blo ldan shes rab（一〇五九―一一〇九）、パツァプ＝ニマタク sPa tshab Nyi ma grags（一〇五五―?）などがあり、彼らがいかなる般若中観の論典を訳出したかは、前掲の稲葉論文に詳しい。今密教や論理学の典籍の翻訳を除いて大雑把な言い方をすれば、それらは、前期伝播期に翻訳進行中であったバーヴィヴェーカの論典[23]から、ほとんどこの期に集中して登場することになったチャンドラキールティ Candrakīrti の論典までを含むものである。

この間、アティーシャは、その直弟子ナクツォ＝ツルティンゲーワと共にバーヴィヴェーカの『思択炎』を訳す一方、チャンドラキールティの『五蘊論』なども訳し、更に弟子の方は単独でチャンドラキールティの『入中論頌』も訳したことになっている[24]。バーヴィヴェーカを捨ててチャンドラキールティを取るという後のツォンカパ Tsong kha pa（一三五七―一四一九）に始まるゲルク派（dGe lugs pa）の立場からみると、両者を許容するようなアティーシャの態度には非常に曖昧な面が指摘されうるのであるが[25]、彼一流の実践尊重主義の前では、教理に係る論理的取捨など第一義的な問題ではなかったのかもしれない。彼はまた、中観論典のみならず、やはりナクツォ＝ツルティンゲーワと共に、ヴァスバンドゥの『摂大乗論釈』やグナプラバ Guṇaprabha の『菩薩地註』を前代の欠を補うべく翻訳し[26]、更に「マイトレーヤの五法」の一つでもある『究竟一乗宝性論』を訳したとも伝えられ[27]、唯識論典にも関心を示したことが窺える。

さて、半ば周知のことに言を重ねてしまったが、無論筆者は後期伝播期におけるチベットの翻訳一般のことを述べたかったわけではない。前期伝播期に「マイトレーヤの五法」に関する伝承がなかったとすれば、その伝承がいかに形成されたかを考えてみなければならないが、その下地を提供する意味でアティーシャ前後の翻訳の状況を一瞥してみたに過ぎない。前述の如く、この期に至るまでの翻訳の成果をほとんど全て見渡しえたプトゥン（一二九〇―一三六四）の『仏教史』中に「マイトレーヤの五法」は始めて明確な姿を取って現われるわけであるが、プトゥンの記述による限り、この伝承が彼よりもかなり先立って存在していたことは明白である。[28] では一体、それはいつごろ成立した伝承なのか。前期にその伝承がなかったとすれば、それが、マイトレーヤ造とされる五論典中、前期に訳されることなく終った三論典、即ち『法法性分別論』『究竟一乗宝性論』『現観荘厳論』が翻訳されたこの後期伝播期に関係していたであろうとのおよその見当はつけることができる。プトゥン『仏教史』の「目録」によれば、以上の三論典中、『法法性分別論』はナクツォ＝ツルティンゲーワ、残る二つは共にゴク＝ロデンシェーラプによって翻訳されたことになっている。[29] 後二者中『究竟一乗宝性論』の翻訳は、これに先立って、アティーシャと共訳でナクツォ＝ツルティンゲーワによっても試みられていたとの伝があることは既に見たとおりであるが、その訳本が後にゴク＝ロデンシェーラプのものに取って代られたといわれていることからも分るように、[30]「マイトレーヤの五法」の伝承解明に係るより重要な鍵はゴク＝ロデンシェーラプの近辺に求められそうである。プトゥンの『仏教史』は彼について次のような注目すべき記述を与えている。[31]

ツェデ rTse lde 王によってカシュミーラ Kaśmīra, Kha che に派遣されたゴク＝ロデンシェーラプ rNgog Blo ldan は、パラヒタバドラ Parahitabhadra, gZhan phan bzang po とバヴィヤラージャ Bhavyarāja, sKal ldan rgyal po のもとで論理学（tshad ma）を学び、バラモン（bram ze）サッジャナ Sajjana とアマラゴーミン Go mi 'chi med, Amaragomin などのもとでマイトレーヤの法（Byams chos）を学んだ。

この最後の箇所は、単に「法」（chos）と言うのみで「五法」（chos lnga）とは言っていないが、それがマイトレーヤ造になる具体的な典籍を指していることは明白である。[32] しかも、この時ゴク＝ロデンシェーラプが就いた師のサッジャナとアマラゴーミンとは、現行チベット大蔵経のコロホンによれば、後に彼が『究竟一乗宝性論』と『現観荘厳論』を訳した時の、それぞれのインド側の学者として並記され、更にパラヒタバドラは、『法法性分別論』がガードル dGa' rdor によって改訂された時のインド側の学者として記される人であることは充分注目してよい。[33] また、『法法性分別論』に対するヴァスバンドゥの註釈は、マハージャナ Mahājana と共にやはりゴク＝ロデンシェーラプによって訳されたものであるから、その意味では、後期にチベット訳された「マイトレーヤの五法」中の三論典には、全て、ゴク＝ロデンシェーラプが絡んでいたことになる。そして、彼のそのような素地は、彼の学んだ当時のカシュミーラの教学に深く係っていたといえるであろう。今マハージャナ[34]については詳しいことは分らないが、彼の共訳者ともなった他の師、サッジャナ、アマラゴーミン、パラヒタバドラは全てカシュミーラの学者だからである。しかし、筆者は、これだけの理由で、「マイトレーヤの五法」に関する伝承がカシュミーラに発していたと結論づけるつもりは毛頭ない。決定的証拠を挙げるにはなお少し精査を必要とするであろうが、状況証拠に類することは今一つ指摘することができるかもしれない。それは、前期に既に訳出されていた「五法」中の二論典の一つ『大乗荘厳経論頌』も、かかる風潮の中で再度見直されていたらしいという事実である。現行チベット大蔵経のコロホンによれば、ペルツェク dPal brtsegs 訳の『大乗荘厳経論頌』は、この期にパラヒタバドラ、サッジャナ、ゴク＝ロデンシェーラプの三人によって改訂されたと伝えられ、[35] 更にこれに対するパラヒタバドラの註釈が彼自身とシュンヌチョク gZhon nu mchog、ジュニャーナシュリー Jñānaśrī の註釈がチューキツゥントゥー Chos kyi brtson 'grus によって新たに翻訳されたことになっている。[36] 既出の三人についてはもう言う必要もないであろうが、ジュニャーナシュリーもまたツェデ王に招かれたカシュミーラの学僧であったという。[37] 当時のカシュミーラを「マイトレーヤの五法」のみから見るのは確かに片手落ちであろうが、[38] この伝承に関する重要な背景をなしていたとはみなしうるであろう。[39]

しかし、チベットの仏教史としては、この伝承がカシュミーラから齎らされたか或はチベットで形成されたかという起源の問題よりも、それが実際にどのようにチベット仏教の中で受容されていたのかという方がはるかに大切な問題であるかもしれない。ただし、今この問題に答えることは、筆者の現在の知識からみても許された紙幅からみても到底できない。ここでは、既にツォンカパを経過してしまった後代のゲルク派の解釈のみを紹介しておくことにしたい。チャンキャ lCang skya（一七一七—一七八六）は、その著『宗義規定』*Grub mtha' rnam bzhag* の中で、大乗の流儀（shing rta'i srol）の開祖を、ナーガールジュナ、マイトレーヤ、アサンガの三人とする説に関連し、前二者によって般若経典の解釈法が二様になったと説くツォンカパの真意を説明して次のように述べている。[40]

その〔ツォンカパの〕お言葉についていえば、尊師 rje btsun マイトレーヤは『現観荘厳論』において般若経典（yum）の隠れた意味（sbas don）[41]である現観の次第を主として解釈し、導師 dpal mgon ナーガールジュナは『中論頌』*rTsa ba shes rab* などにおいて般若経典の根本教説（dngos bstan）[41]である空性の次第を主として解釈したので、般若経典の意味を〔何を〕主として解釈する〔かという〕仕方は同じからざる二様のものとなっているとおっしゃったと思われるのであるが、中観の流儀の開祖を二人であるとお認めになられたのではないのである。『善説心髄』*Legs bshad snying po* において（中略）[42]お説きになられたように、中観派の流儀の開祖ナーガールジュナと唯心派（＝唯識派）の流儀の開祖アサンガとの〔お二方〕のみとなすのがツォンカパ（rJe bdag nyid chen po）の御意図であろうと思われる。（中略）そうでないとすれば、尊師マイトレーヤは唯心派の流儀の開祖にもなってしまうであろう。なぜなら、『大乗荘厳経論』*mDo sde rgyan* 及び『中辺分別論』と『法法性分別論』の二つ（'byed rnam gnyis）には唯心派と一致した見解が説かれているからである。

表現はかなり微妙であるが、注意深く読めば、ゲルク派の解釈が、マイトレーヤを別立せずにむしろ中観派内部に位置づけようとしていたことが明白となろう。事実、ゲルク派にあっては、『現観荘厳論』を中心とする「マイトレーヤの五法」は般若経典に関連する典籍として学ばれ、その意味でのチベット撰述文献は比較的多い。[43]しかし、かかる傾向は、「マイトレーヤの五法」の伝承なしには決して起りえなかったことをここに我々は銘記しておかねばなるまい。前期伝播期に翻訳され、しかもマイトレーヤではなくむしろヴァスバンドゥに関連させられていた『大乗荘厳経論』や『中辺分別論』だけがチベットに伝わっていたなら、両頌の作者は、チャンキャの言うように「唯心派の流儀の開祖にもなってしまう」どころか、唯心派そのものとしか解釈しえなかったであろう。しかし、伝承の由来がどうあれ、一旦成立してしまった伝承は、巧みにゲルク派の中に吸収され、前期伝播期に翻訳されていた本来の唯識論典のあり方をマイトレーヤの名のもとに覆ってしまったのである。今日の我々にしても、「マイトレーヤの五法」の伝承に足元を掬われてしまえば、前期伝播期における唯識論典の翻訳が不完全なものに見えてきたとしても致し方あるまい。

四　おわりに

短い紙幅にしてはむしろ長過ぎる時期に跨がり、論旨がボケてしまった感は拭い難いが、まがりなりにも「マイトレーヤの五法」に関する伝承に焦点を当てようとは考えてきたつもりである。しかし、それとて突込んだ論究ができたわけのものではなく、筆者自身にも多くの不満が残るが、一応の問題提起は果せたのではないかと思う。

さて、後期に訳されたマイトレーヤの三論典中、特に『現観荘厳論』と『究竟一乗宝性論』とは、インド唯識思想上においても異質なものと判定しうるのであるが、今後は、この二論典を含む「マイトレーヤの五法」が、後代のチベットにおいていかに註釈されていたかを個々のチベット撰述文献に即して調べると同時に、その「マイトレーヤの五法」なる伝承を剝ぎ取るような視点も加味されることが望まれる。

なお、本稿では、「マイトレーヤの五法」に関連し、前期伝播期における唯識論典の翻訳がほぼ完璧であったことを強調する余り、前期の「補充」でも「再編」でもない後期伝播期独自の意義をもった唯識論典の翻訳については、つい閑ざりになってしまった。前期の単なる「補充」でも「再編」でもないという意味で、後期伝播期の翻訳中最も重要なものとしてラトナーカラシャーンティ Ratnākaraśānti, Śāntipa の著作のチベット訳を挙げねばなるまい。(44) 彼は、アティーシャによっても同時代（da ltar）の人として言及されるインド後期の唯識思想を代表する学僧であり、(45) その著作は、インド古典期の唯識論典に直接関係する註釈などとは異なった独自の意義を有するからである。(46) 彼のインド仏教史上における位置の解明は最近急速に進められつつあるが、(47) 今後はそれらの成果を踏まえつつ、彼のチベットに及ぼした影響も充分考慮していかねばなるまいと思う。(48) 彼は、単に「マイトレーヤの五法」のみならず、アサンガの『阿毘達磨集論』も重視したようであるが、(49) ここでは、それに対するチベット撰述文献として、サキャ派（Sa skya pa）の系統を引くプトゥンやロトゥゲーツェン Blo gros rgyal mtshan（一三一二―一三七五）の著作(50)があることを注意するにとどめる。

註

（1） 長尾雅人「西蔵に残れる唯識学」『中観と唯識』（岩波書店、一九七八年）、四一三―四二五頁所収、拙稿「唯識の学系に関するチベット撰述文献」『駒沢大学仏教学部論集』第七号〔後に、『唯識考』第一部第四章として再録〕、片野道雄「ツォンカパ造了義未了義論の試解㈠――チベット仏教の唯識受容についての一性格――」『大谷大学研究年報』第三四集〔後に、片野道雄『インド唯識説の研究』（文栄堂書店、一九九八年）の第二部として同論「唯識章」全訳中に収められる〕、小谷信千代「チベットに於ける荘厳経論の研究」『日本西蔵学会会報』第二八号〔後に、小谷信千代『大乗荘厳経論の研究』（文栄堂書店、一九八四年）の第一部第四章として大幅に加筆増補されて再録〕。

（2） この点を明瞭に指摘した論文として、松本史朗「チベットの仏教学について」『東洋学術研究』第二〇巻第一号、特に一五〇―一五二頁参照。

（3） 年代は、山口瑞鳳「吐蕃王国仏教史年代考」『成田山仏教研究所紀要』第三号、一八―二〇頁による。極最近、原田覺氏によって八三六年説が提起されたことを、同氏「敦煌本 *sGom rim daṅ po* 考」『日本西蔵学会会報』第二八号、六頁、及び七頁、註4によって知ったが、その論拠筆者未詳につき、ここでは従わない。

（4） 拙稿「敦煌出土チベット語唯識文献」『敦煌胡語文献』講座敦煌6参照。ただし出版事情の関係で脱稿後久しく未刊。〔後に、かなり遅くなってからであるが、山口瑞鳳博士監修下に、上記のとおりの書名論名で、一九八五年八月に大東出版社より刊行され、更に、その拙稿は、『唯識考』第一部第二章として再録された。〕

（5） Shyuki Yoshimura, "The Denkar-Ma, An Oldest Catalogue of the Tibetan Buddhist Canons"『インド大乗仏教思想研究』所収（以下、芳村 No. で指示）、六〇―六三頁、芳村 Nos.615-648、及び Marcelle Lalou, "Les textes bouddhiques au temps du roi Khri-sroṅ-lde-bcan," *Journal asiatique*, Tome 241, n^0 3, 1953（以下、ラルー No. で指示）, pp.334-335、ラルー Nos.614-654 参照。

（6）「地の五部」「二種の綱要書」「八論書」及びそれら個々の典籍に関しては、拙稿「瑜伽行派の文献」『講座大乗仏教』8―唯識思想、四七頁及び五九―七〇頁〔『唯識考』、七五頁及び八六―九七頁〕参照。なお、「八論書」なる語は、S六一三、P七九〇などの敦煌文献にも見られ、必ずしも後代の言葉ではない。

（7） 前註拙稿、四六頁及び五四―五八頁〔『唯識考』、七五頁及び八二―八六頁〕参照。この箇所は、インド仏教史の観点からは修正すべき点も多いが、その時点で、あくまでもプトゥンのみを下敷とした筆者の意図を汲まれたい。

（8） S六三九のコロホン、及び前註4の拙稿、註43参照。

（9） 逆に「八論書」がヴァスバンドゥの名のもとに一括して扱われる例は、S六一三、P七九〇などの敦煌文献中に見られる。その際、敦煌文献が『デンカルマ』と一致して『縁起経広釈』（芳村 No.647、ラルー No.653）を「八論書」中に数え挙げることは決定的な意味を持つ。この点については、前註4の拙稿、註98参照。

（10） 前註6の拙稿参照。なお、プトゥンの「目録」については、西岡祖秀「『プトゥン仏教史』目録部索引II」『東京大学文学部文化交流研究施設研究紀要』第五号（以下、西岡 No. で指示）参照。「目録」でも、これらは同様の取り扱いを受けている（西岡 Nos.677, 683, 685, 688）が、『現観荘厳論』（西岡 No.535）のみは独立した項目で取り扱われている。プトゥンと、彼以降の特にゲルク派とでは、「マイトレーヤの五法」の取り扱い方にも微妙な相違があると思うが、本稿ではそれを正面から論ずることはできなかった。

（11） 芳村 Nos.574-589、ラルー Nos.573-588 参照。論証を省くが、『中論頌』及び後世の言葉でいう「東方自立の三論」（拙稿「中観派に関するチベットの伝承」『三蔵』一一七（一九七六年九月）、註37参照）が肝要とみなされ、他は恐らくナーガールジュナのものといえども後置されたのである。

（12） 芳村 Nos.728-729、ラルー No.732 参照。ただし、これは後註23で指摘の如く現存しない。当時のバーヴィヴェーカの評価については、後註17の松本論文の成果を踏まえる。

（13） 稲葉正就「チベット中世初期における般若中観論書の訳出」（上、下）『仏教学セミナー』第四号、一五―三三頁、第五号、一三―二五頁参照。

(14) インド古典期の唯識思想に関連したマイトレーヤの伝承としては、例えば、中国にも伝わった『瑜伽師地論』を「弥勒（マイトレーヤ）説」とする一連の伝承が知られるが、「マイトレーヤの五法」として一括された伝承はそれとは全く別なものであるとの視点が必要である。

(15) 前註4の拙稿、註153参照。

(16) 上山大峻「エセイデの仏教綱要書」『仏教研究』第三二・三三号、二一一―二二二頁参照。そこで未確認とされた『彼世間成就』と『想念四動念備忘』のうち、前者については、前註4の拙稿、註66参照。なお、後者に与えられた上山氏の訳語は全くの誤解で、本来『四〔種〕の意趣と秘密の忘備録』（芳村No.565、ラルーNo.564参照）と理解さるべきもの。上記拙稿脱稿後に気のついたことであるが、この後者は、あるいは敦煌写本S六七九などと関連があるのかもしれない。

(17) 松本史朗「*lTa baḥi khyad par* における中観理解について」『曹洞宗研究員研究生研究紀要』第一三号（一九八一年七月）、九三―一二四頁〔後に、松本史朗『チベット仏教哲学』（大蔵出版、一九九七年）に加筆補訂された、七一―一一五頁〕参照。

(18) 前註の松本論文、特に一〇五―一〇九頁〔松本前掲書、八七―九四頁〕参照。

(19) 彼の有した唯識思想に関する知識の一端としては、拙稿「*Saṅs rgyas gtso boḥi rgya cher ḥgrel pa*――解説および和訳――」『駒沢大学仏教学部研究紀要』第三五号（一九七七年三月）、一―二二頁（横）参照。なお、彼の翻訳や著作などを比較すると術語の用例に関しても推移が認められる他、前註4の拙稿、註61で指摘したような問題も残り、彼を巡る包括的な研究が望まれる。

(20) 順次に、『中観荘厳論頌』*Madhyamakālaṃkārakārikā*, P. ed., No.5284, Sa, 52a5、及びその『細疏』*Pañjikā*, P. ed., No.5286, Sa, 138b7による。なお、江島恵教『中観思想の展開』（春秋社、一九八〇年）、二二二―二二三頁参照。このシャーンタラクシタの言葉は、ジャムヤンシェーパによれば、カシュミーラのラクシュミー Lakṣmī によっても注意されたようである（前註11中で指摘の拙稿、八頁参照）。ラクシュミーについては、前註17の松本論文、一〇四―一〇五頁〔松本前掲書、八七―八八頁〕参照。

(21) 前註17の松本論文、一一〇―一一二頁〔松本前掲書、九五―九八頁〕参照。

(22) 前註4の拙稿中、特に「未確認の唯識文献について」で示唆した諸事項参照。

(23) 現行チベット大蔵経所収のもの（P. ed., Nos.5255, 5256, D. ed., Nos.3855, 3856）には、この期にアティーシャとナクツォ＝ツルティムゲーワとによって訳されたもののみが現存、前期に進行中だった翻訳に見合うものは現在知られない。なお、江島前掲書、一五頁参照。

(24) 前註2の松本論文、一四四頁、及び一五三頁、註16参照。

(25) 前註2の松本論文、一四二―一四四頁参照。

(26) 順次にD. ed., No.4050（P. ed., No.5551）, D. ed., No.4044（P. ed., No.5545）参照。

(27) 前註13の稲葉論文、上、三〇頁、下、一七頁参照。そこで指摘された『青冊』*Deb ther sngon po*, Ca, 14b-15a：G. Roerich, *The Blue Annals*, pp.271-272は、始めアティーシャとナクツォとによって訳された訳本が用いられていたが、後にゴク＝ロデンシェーラプの訳本にとって代られたことを伝えている。この指摘以外に、『青冊』Cha, 10a：Roerich, *op.cit.*, p.350は、上と同様な記載の他に、『究竟一乗宝性論』を巡る更に増幅された記載を有するが、「マイトレーヤの五法」の流伝を知る上で興味深い。ただし、今後は、プトゥン（一二九〇—一三六四）の『仏教史』とシュンヌペル gZhun nu dpal（一三九二—一四八一）の『青冊』との時間的隔りには充分注意を払っていかねばならぬように思われる。

(28) 前註6の拙稿、四七頁〔『唯識考』、七五頁〕所引のプトゥンの記述参照。彼以前に、典籍の数の確定に関して、異説のあったことがこの記述より知られる。

(29) 順次に、西岡 Nos.688, 683, 535参照。現行チベット大蔵経については、順次に、D. ed., No.4022（P. ed., No.5523）, D. ed., No.4024（P. ed., No.5525）, D. ed., No.3786（P. ed., No.5184）参照。なお、大蔵経には、『法法性分別論』の頌型のテキスト（D. ed., No.4023：P. ed., No.5524）が収められ、マハージャナ Mahājana とセンゲーツェン Seṅge rgyal mtshan の訳とされるが、これにはプトゥンは言及していないようである。

(30) 前註27参照。

(31) E. Obermiller (tr.), *History of Buddhism*（*Chos ḥbyung*）*by Bu-ston*, II, p.215：*The Collected Works of Bu-ston*, Pt. 24（Śatariṭaka Series, Vol. 64）, f. 907（＝Ya, 138a）, l.7. なお、後註39のRuegg著、p.36参照。

(32) 『青冊』Ca, 37b：Roerich, *op.cit.*, p.326によれば、ゴク＝ロデンシェーラプは「マイトレーヤの五法」（Byams chos sde lnga）を教授したことになっている。

(33) 以上、それぞれの論典について、前註29指摘の現行大蔵経のコロホンを参照されたい。なお、ガードルはプトゥンの「目録」（西岡No.688）との対比により、スガーワドジェ gZu dga' ba rdo rje と知られ、従って、後註39のRuegg著、pp.40-41に付された疑問符は除去してもよく、同著、p.36記載の人物と同じとみられる。

(34) 後註39のRuegg著、p.36, p.41, n. 1参照。サッジャナの父ということになるか。

(35) D. ed., No.4020（P. ed., No.5521）のコロホン参照。ペルツェクの訳故、本来改訂など要しなかったはずであるが、それを要求した背景はなんであったか。或は単なる後代の「マイトレーヤの五法」に関する伝承を投影したものに過ぎなかったか。短いコロホンも種々の疑問を散播く。

（36）順次に、D. ed., No.4030 (P. ed., No.5532), D. ed., No.4031 (P. ed., No.5533) 参照。プトゥン「目録」については、順次に、西岡 Nos.680, 681 参照。

（37）プトゥン『仏教史』E. Obermiller, *op.cit.*, p.215 : *The Collected Works of Bu-ston*, *op.cit.*, f. 907 (= Ya, 138a), ll.5-6.

（38）当時のこととて、当然、密教や中観や論理学のことも忘れてはならない。事実、前註31、37で指摘したプトゥン『仏教史』の記載は、密教や論理学にも関説したものである。

（39）この伝承に関するチベットの史料をほぼ網羅したかに思われる大著にD. S. Ruegg, *La Theorie du Tathāgatagarbha et du Gotra*, Paris 1969があり、既にこの伝承の背景についても詳細な検討がなされている（特に、pp.31-70）。本稿はその成果を越えるものではもとよりなく、見ようによっては、下手な要約とも言われかねないが、同著はこの伝承が前期伝播期には全く存在しなかったという視点は欠除しているように思われる。その点では、高崎直道『如来蔵思想の形成』（春秋社、一九七四年）最末尾（七七三頁）に提起された問題の方が現在の筆者には得心がいった。これはとうの昔に読んでいたはずのものであるが、今回改めてその示唆する意味の大きさに気づかされた。〔本稿末尾の「回顧と弁明」参照。〕

（40）東京大学所蔵チベット蔵外文献目録No.86, Ka, 100a3-b4.

（41）sbas don, dngos bstan の意味するところについては、長尾雅人『西蔵仏教研究』、一九―二〇頁参照。

（42）略した箇所には『善説心髄』帰敬の第四頌が引用されている。この頌については、前註1の片野論文、四九―五〇頁〔片野前掲書、一二〇―一二三頁〕を参照されたい。

（43）その学ばれ方については、前註41の長尾前掲書、一六―一九頁参照。チベット撰述文献については、例えば、アクリンポチェ A khu rin po che（一八〇三―一八七五）の「目録」の般若経典の部 (Phar phyin skor), Lokesh Chandra (ed.), *Materials for a History of Tibetan Literature*, Pt. 3, pp.528-534を見れば多数存在していたことがわかる。このうち、特に『マイトレーヤの五法の解説』とか『マイトレーヤの後の四法の註釈』などといった類の題名に注目すれば、Nos.11472, 11474, 11476, 11477, 11480, 11616, 11662などを指摘することができる。なお、このような文献中から『大乗荘厳経論』のチベット撰述註釈書に的をしぼった研究が前註1で指摘した小谷論文である。

（44）現行チベット大蔵経唯識部所収のものとしては、D. ed., Nos.4072, 4076, 4078, 4079, 4085 (P. ed., Nos.5573, 5577, 5579, 5580, 5586) がある。

（45）前註20の江島前掲書、二四一頁所引の『菩提燈論細疏』参照。

（46）それ故、チャンキャは、彼を唯識の学匠として、特別に数え上げたのだと思われる。拙稿「ラトナーカラシャーンティの転依論」

勝又俊教博士古稀記念論集『大乗仏教から密教へ』、一二三七―一二三八頁〔本書、四三九頁〕参照。

(47) ここでは最も重要なものとして、松本史朗「Ratnākaraśānti の中観派批判（上、下）」『東洋学術研究』第一九巻第一号、第二号のみを指摘しておく。

(48) 伝説の域を出ないのかもしれないが、サキャ派の祖ともいうべきドクミ 'Brog mi は、ラトナーカラシャーンティについて学んだといわれている。『青冊』Roerich, *op.cit.*, p.206 参照。

(49) プトゥン『仏教史』Obermiller, *op.cit.*, pp.139-140 には、異説として、ラトナーカラシャーンティが、本論をマイトレーヤ造ともみなしたとの説を伝える。真偽はともかく、彼が本論典に関し一家言を持っていたとみなされていたことを示しているであろう。また、前註46の拙稿で取り上げた文献は『阿毘達磨集論』の影響ありともみれるものである。なお、Ruegg, *op.cit.*, p.45 参照。

(50) プトゥンの註釈については、拙稿「アーラヤ識存在の八論証に関する諸文献」『駒沢大学仏教学部研究紀要』第三六号、五頁〔『唯識考』、三五三頁〕、註18を参照の他、同、四頁〔『唯識考』、三五三頁〕、註16も合わせ参照されたい。プトゥンは、『青冊』: Roerich, *op.cit.*, pp.344-346 の『阿毘達磨集論』の研究者の系譜を述べる箇所中（p.345）にもその名が挙げられている。ロトゥゲーツェンの註釈については、Sa-bzaṅ Ma-ti Paṇ-chen 'Jam-dbyaṅs-blo-gros, *Dam pa'i chos mṅon pa kun las btus pa'i 'grel pa Ŝes bya rab gsal snaṅ ba*, Published by Gonpo Tseten, Palace Monastery, Gangtok, Sikkim and Printed at the Lakshmi Printing Works, Ballimaran, Delhi, 1977, 2 Vols. なる影印本がある。その「序」によれば、ロトゥゲーツェンはサキャ派のラマダンパ゠スゥーナムゲーツェン Bla ma dam pa bSod nams rgyal mtshan（一三一二―一三七五）の弟子で、本註釈の他にも、未発見であるが「マイトレーヤの五法」の註釈があったという。ちなみに、前註43で指摘したアクリンポチェの「目録」中、No.11477 が『ラマダンパ゠スゥーナムゲーツェンのマイトレーヤの五法に対する解説』と題される文献である。こういう文献を蒐集して、例えば、ゲルク派の解釈と比較してみることなどが、今後に課せられた課題であるかもしれない。（一九八二年八月二十七日、マジソンにて）

〔**追記**〕初校ゲラ落掌直前に、編集部を介し、本特集の監修者たる山口瑞鳳先生より、本拙稿に関して貴重な数点の御助言を頂いた。できる限りその御指摘を活かしたいと願ったことは無論のことであるが、物理的な諸般の事情に加えて、筆者自身のチベット仏教に対する乏しき素養の故に、急遽拙稿を改める余裕のなかったことを甚だ遺憾とする。日本にありさえすれば、御指摘を得た諸点に関し、直接先生に御教示を仰ぐことができたであろうにと思うと、口惜しい念は一層募るのみである。ゲルク派におけるマイトレーヤの位置づけの問題や、そこに至るまでの過程の問題に関して、本拙稿が適切かつ具体的な論証を欠除していることは、筆者にも充分自覚されており、この弱点を突かれた先生の御助言は、今後に充分活かしたいと念じている。（一九八二年十月二十八日、マジソンにて付記）

回顧と弁明

本拙稿の初出は、『東洋学術研究』第二一巻第二号「特集・チベット仏教」(一九八二年十一月)、一四三—一六〇頁であるが、本稿を読み返しながら、ウイスコンシン大学のあるマジソンで、本稿と「敦煌出土チベット語唯識文献」(『唯識考』再録)とをものした当時のことをいろいろ想起させられた。確か、後者の企画は滞米中に実現するとの読みは、出発前に可能だったはずで、従って、私は、敦煌チベット語文献の唯識に関係するであろうものを、一種の勘も働かせながら、スタイン文書やペリオ文書より余裕をもって選び、それを持参していた。しかし、本稿を含むチベット仏教の特集の企画は、アメリカに行ってから知ったものではなかったかと思う。だが、結果的に、この二つは、sabbatical を決め込んでいた私に、かなりの束縛を強いることになったものの、私自身そこから得たものは非常に大きかったのである。この二つの方面で自分の仕事を進めるのに、マジソンは取り分けこの分野の資料文献は不充分だったので、環境としては必ずしも好かったわけではないが、充分な時間はあったために、敦煌文献や資料とじっくり向き合うことができたのはその後の私には非常に有り難いことであった。もっとも、今、本稿の「追記」を読んでも、その時の山口瑞鳳先生の御指摘がなんであったかも思い出せないし、出来上った二つの成果も極めて不充分なものではあったが、この時、文献をじっくり見ていて感じたことが、後に「マイトレーヤの五法」に関する疑義の解明につながっていったことは確かである。さて、四半世紀も前の回顧はこれくらいにして、弁明の方に向いたい。本稿、註35で、D. ed. に対応する P. ed. をカッコ内に機械的に付しておいたのであるが、その後、実際に P. ed. のコロホンを見るに至って、これの欠如していることを確認した。この問題はあるいは大きく脹らむのかもしれないが、かつて確認しただけでそれ以上のことはなにもしていない。本稿、註40の番号下の本文中に引用したチャンキャの『宗義規定』の訳文の前半は、後に誤りと気づき、拙書『唯識の解釈学』(春秋社、一九九四年)、一五—一六頁では正されている。その拙書は、目下品切れ状態が続いているので、ここに、正されたものを示しておけば、「(『般若経』の解釈の仕方が二とおりになったという)その〔ツォンカパの〕お言葉についていえば、尊師マイトレーヤは『現観荘厳論』において『般若経』の隠れた意味(sbas don)を現観の次第を主として解釈し、尊師ナーガールジュナは『中論』などにおいて『般若経』の直接の教示(dngos bstan)を空性の次第を主として解釈したので、『般若経』の意味を〔なにを〕主として解釈する〔かという〕仕方は同じからざる二様のものとなるとおっしゃったと思われるのであるが、中論学派(dbu ma pa, Mādhyamika)の学派の開祖を二人であるとお認めになられたのではないのである。」である。これに伴い、本稿、註41で示した二語の訳語も、順次に、「隠れた意味」と「直接の教示」ということになる。本稿、註39で触れた高崎博士の問題提起は「マイトレーヤの五法」に関するものであり、敦煌文献には触れられてはいないものの、今回これを読み直し、私の新たな問題提起の時にはこれを冒頭に示すべきであったと深く反省している。なにかで、きちっと言及したいと思うが、ここでは無視する結果になったことだけでも謝罪しておきたい。なお、チベットにおける唯識思想に関する重要な著述の一つにはツォンカパの *Kun gzhi'i dka' 'grel* があるが、これの訳註研究を中心とした著述が、その後、ツルティム・ケサン、小谷信千代『ツォンカパ著アーラヤ識とマナ識の研究——クンシ・カンテル——』（文栄堂書店、一九八六年）として刊行されているので参照されたい。また、唯識思想と関連して学ばれねばならない学問にアビダルマがあるが、チベットのこの方面に関する一つの成果が、小谷信千代『チベット倶舎学の研究——『チムゼー』賢聖品の解読——』（文栄堂書店、一九九五年）である。

一八　マイトレーヤ伝承の再検討

インド唯識思想の事実上の確立者と目されるアサンガ（Asaṅga、無著）は、マイトレーヤ（Maitreya、弥勒）菩薩との師資相承に纏わる場面では、断えず神話的伝承に彩られて登場する。否定的であれ肯定的であれ、この両者に絡む伝承をいかに解釈するかということは、唯識思想の形成期及び確立期のあり方をいかに把握するかという問題に直結する重要な課題である。ために、従来も様々な見解が提起されてきたが、その神話的性格の故に、マイトレーヤ伝承を巡る諸問題は、いまだに充分解明されているとは言い難い。

本発表は、マイトレーヤとアサンガの師資相承のみに焦点を絞るものではないが、従来あまり批判的に取り扱われることのなかった「マイトレーヤの五法（Byams chos sde lgna）」に関するチベット伝承の吟味を中心に、マイトレーヤ伝承全般に関する従来の諸見解に対しても再検討の余地のあることを指摘したいと意図するものである。

従来、マイトレーヤの著作に関しては、中国伝承とチベット伝承とが、あまりにも無批判に、一般的かつ対等に取り扱われてきた嫌いがある。しかし、彼に五著作を帰するチベットの伝承、即ち「マイトレーヤの五法」なる伝承は、チベットにおいてすら前期伝播期（snga dar）から確立していたわけのものではない。本発表では、この点を、『デンカルマ目録』や敦煌出土チベット文書に基づいて具体的に論証することを第一の目的とする。しかし、この点が論証されたとしても、中国に伝わる、より古いこれとは全く別途の伝承までをも否定し去ることはできない。従って、マイトレーヤの「五論之頌」に関する中国伝承は、このチベット伝承の否定の上に立って、新たに見直されねばならないであろう。

回顧と弁明

本稿の初出は、『東方学』第六七輯（一九八四年一月）、一一〇頁であるが、本稿は、読んで直ぐ分かるように、研究発表の要旨であり、論文としてこのようなところに再録すべき性質のものでは元々ない。しかし、敢えてここに再録するのは、この発表が、後の拙稿「チベットにおけるマイトレーヤの五法の軌跡」（一九八五年八月二十二日脱稿、初出、一九八六年十一月、『唯識考』、第一部第三章に再録）の出発点となったことと、それの再録後にも研究に進展が見られること、のゆえに、その辺の事情を回顧し弁明しておきたかったからである。発表要旨の公刊年月から判断すると、発表自体は、前年の秋くらいだったのかもしれない。このようなことは、所掲誌を調べれば確かめうるのかもしれないが、手元には、この要旨のコピーがあるだけで、発表の資料もなにも発表の痕跡が一切残っていない。数年後に「チベットにおけるマイトレーヤの五法の軌跡」をものした後に全て廃棄してしまったのかもしれない。しかし、妙なことに発表直後のことは鮮明に覚えている。この発表は、ある筋から依頼があって引き受け、そのために急遽東方学会員となり、発表後も数年は所属していたと思うが、いつの間にかやめてしまった、というような朧気なものなのだが、この発表会場には、お偉い先生を別とすれば、私の親しい方としては、松田和信氏だけが来られていたことをはっきりと覚えており、発表が終って二人で地下鉄の駅に向ったところ、そこでたまたま高崎直道先生にお会いし、その夜は、二人して高崎先生の御馳走に与ったのである。飲んだことは覚えていて、研究に関することをなにも覚えていないのはいかにも私らしいと言われればそれまでだが、私がしっかりしていれば、直前の、本書「本論」第一七論文の「回顧と弁明」の末尾に記したような事態も避けえたのではないかと悔やまれる。しかるに、その後、上記のように、「チベットにおけるマイトレーヤの五法の軌跡」は幸いに再録の機会に恵まれたが、その「研究余史」の時点でも、この事態は気づかれていなかったのである。しかし、そのことを除けば、「マイトレーヤの五法」を巡る発表後の研究の進展については、先の「研究余史」で大体のことは補足できたのではないかと思う。ただし、Tshul-khrims-skal-bzaṅ, *Byams źus le'u'i 'phros don daṅ bcas pa'i dpyad źib : A thesis on Prajñāpāramitā philosophy based upon the Bodhisattvaśikṣāprabheda* (*Maitreyaparipṛcchā, the 83rd chapter of the Aṣṭādaśasāhasrikā*), Western Tibetan Cultural Association, New Delhi, 1981 は当時記しえたにもかかわらず失念していたので、ここに補足しておきたい。更に、それから後では、石田貴道「後伝期における Vairocanarakṣita の役割について——『入菩薩行論』流伝の一断面——」『日本西蔵学会会報』第五〇号（二〇〇四年五月）、三一—四八頁、同「Vairocanarakṣita と Dharmamati——『学華苞』翻訳の背景をめぐって――」『駒沢大学大学院仏教学会年報』第三七号（二〇〇四年五月）、一―二一頁（横）、同「Kṛṣṇapāda の『入菩薩行論』理解について」『駒仏論』第三五号（二〇〇四年十月）、二三〇―二〇七頁、同「〈弥勒の五法〉再考」『仏教学』第四六号（二〇〇四年十二月）、一一一―一四〇頁（横）がある。アティシャ（Atiśa）以降の「マイトレーヤの五法」のチベットへの流伝の系譜を、ヴァイローチャナラクシタを中心に克明に辿ることによって、その密教的如来蔵思想が、ベンガル地方から直接北上してチベットにもたらされたことを論証しようとした一連の論稿である。私もこの可能性を予測していなかったわけではないが、主眼はカシュミーラの方に注がれていたので、ベンガル地方からの直輸入という、地理上最も考え易いことが致命的な死角になっていたのである。なお、私も示唆していたアドヴァヤヴァジュラとマイトリーパが同一人物ではないかということも、石田貴道博士によっては、積極的に論証されようとしているが、私の気にしていたカウォチェについては、私の気づいた限りではあまり論及はなされていない。また、石田上記論文の第二と第三を境に、アティーシャ（Atiśa）の呼称がアティシャに変わっているが、その根拠を含む明確な説明の与えられていないことは気になる。しかし、いずれにせよ、石田博士の一連の論稿によって「マイトレーヤの五法」の研究に新たな局面が切り開かれたことは明らかであるが、話を、マイトレーヤ伝承と結びついたアサンガの神秘思想の側面史としてのインドに戻せば、やはりカシュミーラやガンダーラからマガダやベンガルにかけての仏教とインドの「土着思想」であるヒンドゥーイズムとの関係をどう捉えるかという大きな問題に対峙していかなければならないのではないかと思う。それは、観点を変えれば、マイトレーヤは実在しなかったということを、思想史の展開の上にいかに位置づけていくかということでもあるが、私が全くの後世の仮託としてその「五法」からさえ外したいほどの『法法性分別論』のその後の研究には、Klaus-Dieter Mathes, *Unterscheidung der Gegebenheiten von ihrem wahren Wesen* (*Dharmadharmatāvibhāga*), Indica et Tibetica, Bd. 26, Swisttal-Odendorf, 1996 がある。出版年時からみて、先の「研究余史」にも補いえたものであるが、当時は知らず、近頃、石田博士より御教示頂いて知るに至った。私自身はこれを批判的に吟味したことはないが、ここに、御教示に感謝しつつ、補足するものである。

一九　〈法身〉覚え書

つらく〳〵思ひめぐらせば、世ノ中にあらゆる事、なに物かはあやしからざる、いひもてゆけば、あやしからぬはなきぞとよ。

——本居宣長『玉勝間』（小林秀雄『本居宣長補記』より引用）

本〔弘法大師一一五〇年御遠忌〕記念論文集に与えられた共通テーマは「神秘思想」であるが、ここでこの問題をまともに取り扱うことは到底できない。もとより、mysticism の近代的訳語としての「神秘思想」なる用語が過去の仏典中に見出しうるわけもないわけであるが、仏典中に現われる「不可言説」(nirabhilāpya) や「不可思議」(acintya) などの言葉は、そういう系譜の思想を表わしているものだとはみなしうるであろう。本稿では、この種の言葉を冠して呼ばれる仏典中の種々の主題のうちから、法身 (dharma-kāya) のみを取り上げて、若干の考察を加えてみようとするにすぎない。しかし、法身の問題自体が仏教史を貫く一つの大きな中心課題と言ってよく、このようなわずかな紙幅で軽々しく論ずべき性格のものではないかもしれないが、筆者が現時点で感じていることを、恵まれたこの機に乗じて、文字通り覚え書風に認めておきたいと願ったような次第である。問題が文献史もしくは思想史上の流れに即して明確に絞れたわけでもなく、貴重な紙幅を雑駁な文章で埋める結果ともなりかねないが、法身に関する今後の考察に向けて、筆者なりの見通しを立てることができればと念じている。

Asvabhāva（無性）は、『大乗荘厳経論』*Mahāyānasūtrālaṃkāra* 中の「法身はいかなるあり方においても見られない」[1]という一文に関連して、次のような典拠[2]に言及している。

法身は、自内証のものである（so so rang gis rig par bya ba yin pa, pratyātma-vedanīyatva）から、不可思議を特質とするもの（bsam gyis mi khyab pa’i mtshan nyid, acintya-lakṣaṇa）であり、また、尋思の領域を越えたものである（rtog ge’i spyod yul ma yin pa, atārkikagocaratva）から、世間にて喩えようもないもの（’jig rten na dpe med pa nyid, loke’nupamatva）である。

Asvabhāva は、この出典名を明示せず、筆者も現時点で全くの同文を他の典籍中に見出しえないため、その確実な典拠と断言することは憚れるが、この引用と最も類似した一文として『摂大乗論』*Mahāyānasaṃgraha* 第十章の一節を指摘することができる[3]。更に、今問題となっている主題が法身であるということを一応度外視することが許されるなら、類似した一文は『瑜伽師地論』*Yogācārabhūmi* の「菩薩地の決択」（Bodhisattvabhūmi-viniścaya）中にも見出しうる。それは次のような一節[4]である。

それ（=菩提 bodhi）はまた、二つの理由によって不可思議なものである（bsam gyis mi khyab pa nyid, acintyatva, acintyâiva）と考察すべきである。不可言説の義（brjod du med pa’i don, anabhilāpyârtha）により、言葉の領域を越えたものである（tshig gi spyod yul las ’das pa, pada-gocara-samatikrāntatva）から、それゆえに不可思議であり、また、出世間性（’jig rten las ’das pa nyid, lokottaratva）により、世間にてその喩えとなるようなものがありえない（’jig rten na de’i dpe med pa, loke ’tadupama）から、それゆえに不可思議である。

この引用文中「それ」という代名詞が具体的になにを指しているかは多少問題となるかもしれないが、『菩薩地』

Bodhisattvabhūmi の「菩提品」(Bodhi-paṭala) の「決択」(viniścaya) を使命とするこの箇所の大きな流れの中では、「それ」が「菩提」を指していることは明らかである。[5] 現に我々は、『菩薩地』「菩提品」そのものの中でも、「〔菩提は〕実に不可思議なもの (acintyā) である。なぜなら〔それは〕すべての尋思の道を越えたもの (sarva-tarka-mārga-samatikrāntatva) だからである」[6] という、やはり類似の表現が用いられていることを確認しうるのである。それならば、同じような規定のもとに語られている二つの主題、即ち法身と菩提とは果して実際上も同じものとみなしうるかどうかという問題がここに生じてくるであろう。今、思想史的展開に基づく意味の広狭を問わずに[7] 結論を先取りするなら、法身と菩提とは、その名指そうとした当体は同じものであったとみなしうるものである。以下、この両者の関係を文献上に跡付けてみるべく、かなり雑駁な取捨に基づくことを承知の上で、関連文献を一瞥してみたい。

周知のように、『菩薩地』は、学ぶべき対象 (yatra śikṣante) の究極的あり方としての「菩提品」と、それを学ぶ人 (ye śikṣante) の究極的あり方としての「建立品」(Pratiṣṭhā-paṭala)[8] とを、それぞれのテーマの末尾に配するという構成を示している。[9] 学ぶべき対象とそれを学ぶ人とは、究極的には相適うわけで、従ってそれを扱う両品とも互いに密接に関連するものであること、例えば「菩提品」がその説明の一部を「建立品」に譲ることからみても明らかである。[10] 両品中、「菩提品」は文字通り「菩提」を主題にそれを自性 (svabhāva) の面から規定しつつ同時にその特性にも言及するが、[11]「建立品」は如来 (tathāgata) という究極的あり方に到達したものの段階に的を絞ってその特性のみを記述する。[12] この両品は、これまた周知のごとく、『菩薩地』とその綱格を等しくする『大乗荘厳経論』の中では、それぞれ「菩提品」(Bodhy-adhikāra) と「究竟品」(Niṣṭhādhikāra)[13] とに対応するわけであるが、[14] それぞれの内容も大略は合致する。しかし、内容の詳細を比較するなら、『菩薩地』における「建立品」と『大乗荘厳経論』における「究竟品」とがむしろ量的な増減を示すにすぎない[15]のに対し、両論の「菩提品」の間には、単なる量的相違としては片付けきれない内容上の著しい展開の跡が認められるのである。ここで、その厳密な比較に立ち入るつもりはないが、端的に両者の差異を指摘するならば、『菩薩地』の「菩提品」には全くみられない新しい用語が、『大乗荘厳経論』の「菩提品」にはかなり頻出し、しかもそれが「菩提」を規定する重要な概念として用いられているということである。[16] 例えば、転依 (āśraya-parāvṛtti)、清浄法界 (dharma-dhātu-viśuddhi)、三身 (trividhaḥ kāyaḥ)、四智 (caturvidhaṃ jñānam) などが、そのような新たな用語として指摘しうるであろう。ここに我々は、同じ「菩提」という主題が新たな概念で規定されようとしている展開の跡を認めることができるのであるが、「菩提」という主題に関する類似の動向は、同じ『瑜伽師地論』という一群の文献中にも認めうるのである。ここで、『本地分』*Sa'i dngos gzhi*[17]に属す同論『菩薩地』の「菩提品」と、同箇所に対する『摂決択分』*Viniścayasaṃgrahaṇī*「菩薩地の決択」[18]とを比較すると、同じ菩提の自性が、後者では、前者には全くみられない四種の転依によって規定されていることが知られる。[19] しかも、その第四に「清浄法界」(chos kyi dbyings shin tu rnam par dag pa, dharma-dhātu-viśuddhi)[20] なる語が用いられていることも、ここで合わせて注意しておきたい。

以上、「菩提」という同一主題を扱う文献として指摘したもの、即ち、『菩薩地』「菩提品」、『摂決択分』「菩薩地の決択」当該箇所、及び『大乗荘厳経論』「菩提品」は、今列挙し直した順序で成立展開したようにも思われるが、更にこれらに、前述の『菩薩地』「建立品」と『大乗荘厳経論』「究竟品」[21]及びその他の所説の内容を加え、中心となる主題を「菩提」から「法身」に移して纏められたものが、『摂大乗論』第十章ではなかったかと筆者は考えている。勿論、冒頭に断ったように、本稿は法身の思想史的展開に厳密を期そうとするものではなく、ここでは、『摂大乗論』における法身が、これらの過程を全て反映し、豊富で広範な内容を担ったものであることを指摘できればよいと思うのみである。しかもその背景には、断えず智としての菩提が生き続けて、法身とは即ち智としての菩提であるという視点は決して失われることはなかったと思われる。ここで、『摂大乗論』第十章において、法身がいかなる意味において中心的主題をなしているかを見るために、その主要部分の概略を紹介してみることにしたい。(最下段に示したものは、ラモット校訂本における分節番号である。）

A　智の殊勝（jñāna-viśeṣa）を三身によって考察すべしとの総説。以下、A^1自性身(svābhāvikaḥ kāyaḥ)、A^2受用身（sāmbhogikaḥ kāyaḥ）、A^3変化身（nairmāṇikaḥ kāyaḥ）を別説す[22]。 §1

b—k　以下の十の主題（B—K）を列挙する綱目頌。 §2

B　法身（dharma-kāya）こそ仏陀たちの特質（buddhānāṃ lakṣaṇam）にほかならぬことを示し、それを以下の五つの特質によって述べる[23]。 §3

B^1　転依を特質とす（āśraya-parivṛtti-lakṣaṇa）。

B^2　白法所成を特質とす（śukla-dharma-maya-lakṣaṇa）。即ち六波羅蜜（a—f）によって十自在（daśa-vaśitā）[24]を得ること。

B^3　無二を特質とす（advaya-lakṣaṇa）。即ち、a有と無との無二（sad-asal-lakṣaṇa）、b有為と無為との無二（saṃskṛtâsaṃskṛta-lakṣaṇa）、c異性と一性との無二（nānātvâikatva-lakṣaṇa）とを具体的内容とす。末尾に、cに関する二頌あり。

B^4　常住を特質とす（nitya-lakṣaṇa）。

B^5　不可思議を特質とす（acintya-lakṣaṇa）[25]。

C　法身の獲得（dharma-kāyasya prāptiḥ）。転依を媒介とす。 §4

D　法身が獲得する五種の自在（vibhutva）。その自在（D^1—D^5）は五蘊を転ずることによって得られることを示す[26]。 §5

E　法身は、E^1種々なる仏住（buddha-vihāra）[27]の依止（āśraya）、E^2受用身の依止、E^3変化身の依止であることを示す。この間に、E^1に関する二頌あり。 §6

F　法身は、六種の仏法（buddha-dharma）、即ち、F^1清浄（viśuddha）、F^2異熟（vipāka）、F^3安住（vihāra）、F^4自在（vibhutva）、F^5言説（vyavahāra）、F^6抜済（vinirhāra）なる仏法によって包摂されていることを示す。　§7

G　法身の異不異を論ずる（G^1）と共に、受用身（G^2）、変化身（G^3）の場合についても同種の問題を論ず。[28]　§8

H　法身の具備する二十一種の功徳（guṇa）。　§9

H^1　二十一種の功徳に関する十七頌を示す。[29]　§§10—26

HH　法身の具備する功徳を別な六つの観点から二頌によって示す。[30]　§27

I　法身の十二の甚深（gāmbhīrya）を十二頌にて示す。[31]　§28

I^1　十二の甚深の名目を散文にて列挙す。

J　法身としての仏陀の念じ方(buddhânusmṛti)。[32]即ち、J^1一切法における自在(sarva-dharmeṣu vaśa-vartī)、J^2常住（nitya）、J^3最勝無罪（utkṛṣṭa-niravadya）、J^4無功用（anābhoga）、J^5大受用（mahā-bhoga）、J^6無染法（anupalipta）、J^7大利益（mahârtha）という七種の観点から念ずべきことを示す。この間、J^1に関し例外規定（apavāda）を述べる頌を挿入し、末尾に、七種を要約した頌を付す。　§29

JJ　Jの付説として（特にJ^5に関連すると思われる）清浄仏国土（pariśuddha-buddha-kṣetra）の十八円満（sampad）を叙し、[33]その受用のあり方を述べる。　§30

K　法界（dharma-dhātu）、即ち法身が五業を具備していることを示す。[34]五業とは、K^1災横（upadrava）、K^2悪趣（apāya）、K^3非方便（anupāya）、K^4有身（satkāya）、K^5乗（yāna）からの救済（paritrāṇa）を意味す。末尾に、Kをまとめる頌あり。　§31

以上、長きに失したかもしれぬが、全体を通じ、『摂大乗論』第十章が、法身を主題の中心に据え[35]ながら、従来の諸説を取り込んだもの[36]であることは容易に看取されることと思う。もっとも、第十章の総説ともいうべきA節では、三身が中心主題であるかのように述べられてはいるが、それとて、実際の文脈の中では、自性身は法身にほかならず、他の受用身も変化身も法身に基づくものであるとされ、三身の背後には必ず法身が予想されていることがわかるのである。そして、次に示された綱目頌（b—k）以降は、文字通り法身が前面に押し出されて、B節からK節までの実質上の中心主題をなす。受用身や変化身に言及があるのは、わずかにE節とG節のみにすぎない。ただし、『摂大乗論』第十章は、先に示した梗概中のK節で終ってしまうわけではなく、いわば傍論ともいうべき箇所がそれに継続しており、[37]そこでは、法身を中心とする三身の問題にもより多く言及がなされているが、しかし、この箇所は、思想史的にみれば重要な議論を含むとはいえ、論の構成自体からみるときは、あくまでも派生的な問題を扱った部分とみなさねばならないものである。

かかる意味において、十の主題を提示する綱目頌は、『摂大乗論』第十章の中心テーマを標榜したものといえるのであるが、綱目頌自体の中では、これら十の主題は「仏陀そのもの」(sangs rgyas nyid, buddhatva)[38]を示すものとされている。しかるに、実際に展開されるB節からK節にわたって、それは法身として登場するわけであるから、法身こそ「仏陀そのもの」即ち仏陀の本質にほかならないことがわかるわけである。[39]しかも、それが最も狭義の本質規定を伴ったときには、例えばB¹節にみるように、法身とは転依を特質とするもの (dharma-kāya āśraya-parivṛtti-lakṣaṇaḥ) として示されることになる。この点は、『摂決択分』「菩薩地の決択」において、菩提の自性が転依によって規定されるようになったのと軌を一にするものであり、その意味で法身はまた智としての菩提そのものだと言い換えることもできるのである。[40]ここに我々は、bodhi = buddhatva = dharma-kāya なる図式を導きうるが、それをかつて論じた言葉で呼べば、法身は無垢清浄 (vaimalya-vyavadāna) の世界にほかならないということでもある。[41]この点は、唯識の洗練を受けた文献中でも常識的なことかもしれない[42]が、敢えてここでそれを強調するのも、元来このように智の性格を強く包含していた法身も、後には智を自らその内部より締め出すという傾向を生むようになるからである。[43]しかし、『摂大乗論』自体においては、法身は智の性格を締め出すどころか、智をその本質として色濃く漂わせながら、智以外の特性までも含めて描かれていることに充分注意を払わねばなるまい。それゆえ、『摂大乗論』に描かれる法身は、二十一種の功徳を具備するものと言われたり、五業を具備するものと述べられたりもしているのである。[44]また、ここにこそ、智のニュアンスを濃厚に留める菩提から、より広範な特性を包含しうる法身へと用語が推移した理由もあったのではないかと仮定できないわけではない。この際、法身（dharma-kāya）とは「仏陀たちの無漏なる特性の集り」（anāśravo buddhānāṃ dharma-rāśiḥ）であるという語義解釈をそのまま適用できるからである。[45]

さて、『摂大乗論』第十章は、『菩薩地』や『大乗荘厳経論』の両「菩提品」に説かれる智としての「菩提」の本質を見失うことなく、[46]それを法身という主題に発展させて、やはり同じ両論における「建立品」や「究竟品」に示される如来（＝仏陀）の特性を積極的に取り込んで他の同種の資料と共に構成されたようにも見え、それに関する大雑把な私見は先に述べたわけであるが、[47]その意味では、『摂大乗論』の第十章は行き着くところまで行き着いた感が深い。後は、その上り詰めた坂を、哲学的議論と共に徐々に駆け降りるほかはなかったような気がしないでもないのである。Sthiramati（安慧）は、その『中辺分別論釈疏』*Madhyāntavibhāga-ṭīkā* において、法身に関して次のような二説があったことを紹介している。[48]

しかるに、あるものたちは、余すところなく客塵障垢（āgantuka-mala）を除去するがゆえに、極清浄なる法界（suviśuddho dharma-dhātuḥ＝dharma-dhātu-viśuddhi）こそ法身にほかならないから、法身である、と説く。他のものたちは、いかなる所知（jñeya）に対してであろうとも執着なく妨げられることなく働く殊勝なる智（viśiṣṭa-jñāna）が法身である、と説く。

この二説は、既に山口益博士の指摘されるごとく、『成唯識論』中に説かれる五法と三身の包摂関係を巡る二師の説とほぼ見合うものである。[49] 清浄法界（dharma-dhātu-viśuddhi）と大円鏡智（ādarśa-jñāna）との両者を共に法身とみなす第一師がSthiramatiの挙げる後者に大体は該当し、清浄法界のみを法身とみなす第二師がSthiramatiの前者に合致する。この第二師の説が、後には法相宗の正義とされたことからもわかるように、玄奘訳を介した唯識の系統では、法身から智の側面を除外しようとする傾向が強いのである。[50] ここで、法身の本質規定として断えず智の性格を濃厚に漂わせていた『摂大乗論』から、それを除去する方向に向った流れを探るために、『成唯識論』にいう第二師、Sthiramatiの指摘する前者の説を今少し検討してみることにしたい。

さて、清浄法界のみを法身とみなすことが即ち法身から智の側面を締め出すことにほかならないと言うためには、清浄法界が既に智的性格を欠いたものであることを前提にしていなければならない。しかし、この前提自体が思想史上では一つの大きな問題なのである。この問題は、清浄法界の本質を本性清浄（prakṛti-vyavadāna）とみるか無垢清浄（vaimalya-vyavadāna）とみるかという論点に置き換えることができるが、それについては既に若干の私見を述べたことがあるので、[51] その結論に従えば、清浄法界を智に係わりのない本性清浄なもので、[52]「真如凝然不作諸法」[53] といわれるような真如と全く符合するものとみなす傾向は、現時点では、ただ玄奘訳の文献及びそれに基づく法相宗の伝承においてのみ明瞭に確認できるにすぎない。その意味では、本性清浄なる真如と無垢清浄なる智とを峻別する傾向は、インド側の思想史的展開においてはあまり顕著な痕跡を止めることはなかったかとも考えられるが、Sthiramatiが、法身を清浄法界とみなす説と智とみなす説との双方を紹介している以上、その思想史上における相違の意味合いは、やはりインド仏教史自体の展開の上に一度は辿ってみる必要がありそうに思われる。

今ここに筆者は、インド仏教史の最後を飾るともいうべきRatnākaraśāntiの『八千頌般若』に対する註釈中より、右の問題に関連すると思われる一節を引用するが、その思想史上における意味合いを明瞭に自覚しているわけではなく、事によれば筆者の後期の思想史上の展開に関する無知を曝す結果に終るかもしれないが、資料としては重要と思われるので、敢えてその一節に触れてみることにしたい。Ratnākaraśānti は、その註釈中で、自性身を主題とする『現観荘厳論』*Abhismayālaṃkāra* 第八章第一頌「すべてのあり方における清浄に到達した（sarvâkārāṃ viśuddhiṃ prāptāḥ）あらゆる無漏の特性（dharmā nirāśravāḥ）、それら〔特性〕の本性をなす特質（prakṛti-lakṣaṇa）が牟尼（muni）[54]の自性身である」[55]を引用した後、次のように述べている。[56]

それらの本性（prakṛti）とは、法性（dharmatā）[57]であり、法界（dharma-dhātu）である。しかし、法界は如来（tathāgata）ではありえないのではないか。[58]非常な誤謬となってしまうからである。[59]然らばいかん。清浄法界（dharma-dhātu-viśuddhi）が〔如来〕である。『聖仏地経』*Ārya-Buddhabhūmi-sūtra* において、次のように「スサムディタ[60]（Susamudita）よ、仏地（buddha-bhūmi）は五つの様相（ākāra）によって包括されると知るべきである。五つとはなにか。清浄法界（dharma-dhātu-viśuddhi）と大円鏡智（ādarśa-jñāna）と平等性智（samatā°）と妙観察智（pratyavekṣaṇā°）と成所作智（kṛtyânuṣṭhāna°）[61]とである」と説かれているがごとくである。[62]清浄法界とは極清浄なる法界（suviśuddho dharma-dhātuḥ）であり、極清浄なる法界は法性となんら意味の異なるものではないのである。[63]

この際、自性身は即ち法身と考えてよいから、これは、極清浄なる法界を法身とみなす、Sthiramati のいう前者の説と、字面上も一致する説といわねばならない。しからば、この Ratnākaraśānti の説は、果して『成唯識論』の伝える第二師の説とも相通ずるものだったのだろうか。これに答えることは非常に難しいが、その判断の決め手は、先に述べたごとく、ここでも、Ratnākaraśānti が清浄法界の本質を無垢清浄から分離した本性清浄にあると考えていたか否かに求めてみることができるように思われる。Ratnākaraśānti に関する筆者の貧しい知識からは、この点に対する判断すら覚束ないが、かつて紹介した文献中で、Ratnākaraśānti は、「菩提は転依を特質とするものである」とか「転依こそが仏陀たちの菩提であり、それこそが法身である」と述べているから、[64]彼には、清浄法界を、転依によって得られた智即ち無垢清浄から分離して、本性清浄とのみ規定するような考えはなかったのではないかと推察される。転依によって得られた「極清浄なる法界」が本性清浄の同義語ともいうべき「法性」[65]と「なんら意味の異なるものではない」と彼が言うのも、法性は仏陀たちの智によって観られた（paramasya jñānasya）時に始めて同一の真如として体得される（prāptiḥ）と考えられていたからだと思われる。[66]この意味では、清浄法界を法身とみなすRatnākaraśānti の考えは、『成唯識論』の第二師よりは、理智不二の法身を説く『宝性論』*Ratnagotravibhāga* にむしろ近いともいえるのである。[67]しかも、このような考えは、Ratnākaraśānti のみならず Śīlabhadra（戒賢）の著作中にも看取することができるので、後期の唯識説における確かにある一つの潮流をなしていたとは考えうる。Śīlabhadra は、その『仏地経解説』*Buddhabhūmi-vyākhyāna* 中で、やはり清浄法界を法身とみなすことに触れて次のように述べている。[68]

その清浄法界はまた、〔それが〕すべてのあり方において清浄であり、かつすべての如来にとって[69]無差別である場合に、法身と言い表わされる。それこそが、すべての時にわたって真実のままにあるがゆえに、勝義において（don dam par, paramārthataḥ）如来といわれるのである。それゆえにこそ、〔それは〕すべての有情の心の相続中においてもあるから、「すべての有情は如来蔵を有す」と説かれているのである。

もし、Śīlabhadra にも Ratnākaraśānti と同様な転依の考えが[70]あり、清浄法界とはその転依と別ものではないと彼がみなしていたことを知らずに、この引用文だけを見れば、これは恐らく、彼が清浄法界を本性清浄とのみみなしていた証拠のように見えるかもしれない。しかし、彼の同じ註釈中を辿れば、決してそうとは判断できぬということについては既に指摘したとおりである。[71]従って、清浄法界を法身とみなす内実においては、Śīlabhadra も Ratnākaraśānti も同じ系譜にあったとみることは不可能なことではない。そして、このような系譜上において、如来蔵思想がいかに位置づけられていたかは、再度虚心に考察し直してみなければならないようにも考えている。[72]もっとも、この系譜が、清浄法界に関して転依の本質を見失わず、従ってそこにあくまでも智の性格を付与していたとすれば、Sthiramati のいう後者即ち法身を智によってのみ規定しようとしたものたちがいかなる系譜に属していたかは当然問題となってこようが、これは、今便宜的に Śīlabhadra と Ratnākaraśānti とを繋いだ系譜上の問題と共に考察されねばなるまい(73)。

しかし、不確かなことに屋上屋を重ねることはこの辺で止めにしたいが、右の問題とも関連すると思われる筆者なりの疑問点を、ここに一つだけ取り上げておく。時代は急に遡るが、真諦がその漢訳『中辺分別論』において、本性清浄の同義語である真如（tathatā）、空性（śūnyatā）、実際（bhūta-koṭi）、無相（animitta）、勝義（paramārtha）、法界（dharma-dhātu）の六語(74)のほかに、更に法身なる語を加えたことはよく知られている(75)。山口益博士が既に指摘されたごとく、基がそれを旧訳の増語として手厳しく批判したからである(76)。しかし、基はその批判の理由をなんら明示していないため、彼の真意を探ることも憶測の域を出ないわけであるが、筆者の疑問は、彼の真意を法相宗の伝承のうちで首尾一貫したものとして計り切れない点にある。法相宗の正義が法身から智を払拭しようとする傾向にあったということが正しいとすれば、法身を真如などと同義に置く真諦訳は、ある意味では、「真如凝然」といわれる「真如」と、智的性格を払拭した「理のみの法身」とが相等しいとみなす典拠ともなり得、基にとってはむしろ好都合ではなかったかとすら思われるわけである。しかし、一方では、真諦の伝え残した教学の総体から推せば、彼が法身を「真如凝然」なる「真如」と同じと考えていたはずもないから、基の批判はその点に触れたものであるともみなしうる。ここで、真諦訳の『三無性論』中より、次のような一節を引くことにしよう(77)。

本来清浄、即是道前道中。無垢清浄、即是道後。此二清浄、亦名二種涅槃。前即非択滅、自性本有、非智慧所得。後即択滅、修道所得。

真如を始めとする六つの同義語によって呼びうる本性清浄（＝本来清浄）は、確かに、智によって得られる無垢清浄とは異なり、「道前道中」においても「自性本有」のものとしてありうるが、それが同一の真如として「道後」にも現われるのは、ただ、転依を特質とする智即ち法身にとってのみ以外にはありえない。この本性清浄と無垢清浄とが一体となっている点を指して、真諦が、六つの同義語に対して、更に法身を付加したことは充分に考えうることなのである。この局面では、本性清浄の同義語ともいうべき真如などが真実上も無垢清浄となっている、或はむしろ、同じ真如（本性清浄）が「道後」においては法身（無垢清浄）のみとなる、とも解しうるわけで、この際の法身はまさしく理智不二の法身である。[80] 基は、恐らく、このような本性清浄と無垢清浄との一体化を嫌って、旧訳の法身を排斥したのかもしれない。本性清浄を表わす六つの同義語は、あくまでも智の対象として智自体とは峻別されねばならぬ。もし、基にそのような考えがあったとすれば、逆に彼は、法身には智的性格を残存せしめたともいいうるのである。ならば、「理のみの法身」ということは法相宗の正義としても成り立たなくなるのではないか、或は法相宗義をかく前提とすること自体が誤っているのか、かかる疑点が筆者には避け難い。[81]

しかし、それはともかく、如来の特性などに関する従来の諸説を法身を中心に纏めたと思われる『摂大乗論』第十章において、法身が智徳を具備した性格のものとして描かれていることは紛れもない事実である。その意味では、第十章の冒頭で言及される三身説さえ付随的なものに見えるわけであるが、法身が具備する徳との関係からいえば、法身と特に受用身の関係を等閑に付すわけにはいかない。『摂大乗論』では、三十二相（lakṣaṇa）八十随好（anuvyañjana）すら法身の主題のもとに論じられるわけで、[82] これは、同じ項目を明確に受用身の主題のもとで扱う『現観荘厳論』[83] とは明らかに相違しているとみなければならない。もっとも、『摂大乗論』では、法身なる自性身と受用身との差異に触れて、受用身とは「色身（rūpa-kāya）として顕現するもの[84]」と述べられているから、両者を厳密に区別した際には、色身としての三十二相八十随好は当然受用身に属すとは考えられていたと思われる。この点からも、逆に、三身を並列的に解説することが『摂大乗論』第十章の目的ではなく、同論があくまでも転依を特質とする法身をその重層的な論構成の中心に据えようとしていたことがわかるのである。[85] その意味では、同じく自性身と受用身との差異に触れた箇所で、受用身は「アーラヤ識と転識との二つの転依によってはありえないものとして顕現する」[86]と述べられていることは注目に値する。法身（＝自性身）が、菩提を巡る記述を中心に唯識説における転依と密着して展開してきたと思われることと合わせ考えるならば、受用身はそのような過程とは別途に成長した概念かもしれぬことを示唆するからである。しかし、現時点では、受用身はもとより、それを含めた三身説自体がどのような過程で成立したかはまだ明確なことではない。しかるに、Ratnākaraśānti は、上所引の直前で、あたかも『般若経』*Mahatī Bhagavatī* が三身説の典拠であるかのような引用を試みている。この典拠名から推して、その引用は『二万五千頌般若』や『一万八千頌般若』からなされたかとも思われるが、今俄かにその所在を確認することも叶わず、しかも彼自身が後代（十一世紀頃）に属すゆえ、果してそれが思想史を論ずる際の資料たりうるかどうかも不明であるが、なにかの参考になればと思い、以下にその経文[87]のみを引用しておくことにしたい。

㈠すべてのあり方において清浄となった（sarvākāra-pariśuddha）無漏なる一切法の本性（prakṛti）なるもの、それが如来（tathāgata）応（arhat）正等覚（samyaksaṃbuddha）であると知るべきである。㈡更にまた、同じそれら〔一切〕法の証得（adhigama）により、無上正等菩提（anuttarāṃ samyak-saṃbodhiṃ）を現等覚し（abhisambudhya）、三十二相八十随好によって荘厳された（alaṅkṛta）身体をもてる如来応正等覚は、菩薩たちが無上の楽しみ（rati）や喜び（prīti）や歓喜（prāmodya）や安楽（sukha）を享受する（upabhoga）ように、最高の大乗法（paramaṃ mahāyāna-dharmam）を説くのである。㈢更にまた、同じそれら一切法の証得により、無上正等菩提を現等覚した後、如来応正等覚は、十方の無量無辺なる世界において、あらゆる時に、雲のごとき種々の変化（nānā-nirmāṇa-megha）によって、すべての有情の利益をなすのである。

三身のそれぞれを明示する言葉は用いられていないが、㈠㈡㈢のそれぞれが三身説を意図した表現であることは疑うべくもない。それゆえにこそ、たとえこの箇所が『般若経』中に検索できたとしても、後世の挿入という可能性は充分考慮しなければなるまい。文献史的な検討を経た上でなければなんともいえないが、しかし、受用身についていえば、それが転依などの唯識思想史上の展開と直接関係するものではないとすれば、受用身は(二)に説かれているような大乗経典（法）の享受そのもののイメージと共に育ってきたような気も強くしないわけではない。そのイメージは、大乗経典自体が、清浄仏国土の菩薩の集会（pariṣan-maṇḍala）における法の享受として描き切った世界でもある。(88)

＊　＊　＊

始めに覚え書と断ったことをよいことに、甚だ纏まりの悪い雑駁な文章となってしまった。当初は、なにゆえに法身が不可思議であるのかを、本記念論文集の共通テーマに即しつつ述べてみるつもりであったが、筆を進めながら、事が自分も予期せぬ方向へ逸れていくことを否応なしに思い知らされたような次第である。法身を議論の果てに不可知の彼方へ押しやってしまうことそれ自体は決して不可思議なことではなく、本来の不可思議とは、その豊富なあり方が現にありありと感得され、表現しようにも言葉が見つからぬという極通常の体験であるはずだとの視点から、この一文を草してみたいと思ったわけであるが、それは全くの戯言に終ってしまった。辛うじて書き記したことも、定まりない私見に満ち満ちていることと思うが、筆者なりに比較的新たな見解と感じたことは、後日必ず詳細に論じ直したいと考えている。貴重な紙幅を不本意な文章で埋めたことを謝すと共に、忌憚なき御叱正を乞うゆえんである。

註

（1）　Lévi ed., p. 189, ll. 1-2, p. 188, v. 61 参照。

（2）　D. No. 4029, Bi, 174a6-7. なお、拙稿「*Mahāyānasūtrālaṃkāraṭīkā* 最終章和訳」『駒沢大学仏教学部研究紀要』第四一号、四一八―四一七頁〔『唯識考』、四七四頁〕参照。

(3) Lamotte ed., p. 85, ll. 15-17、佐々木月樵『漢訳四本対照摂大乗論』(萌文社、一九三一年、以下、佐々木本)、九九頁、四—七行参照。この箇所は、本文梗概中に示したB^{5}節に当る。なお、Vasubandhu は、I節末尾の「不可思議の甚深」に対する註釈においてこの箇所に言及し、それを三つの理由による不可思議と呼んでいる(D. No. 4050, Ri, 184b4-5、大正蔵、三一巻、三七六頁上)から重要な一節だったと考えられる。

(4) D. No. 4038, *Zi*, 29a4-5、大正蔵、三〇巻、七〇七頁中。

(5) sâpi kāraṇa-dvayenâcintyâiva draṣṭavyā のように「それ」(de) は女性形で示されていたと思われる。

(6) Wogihara ed., p. 94, ll. 13-14. この場合は、代名詞すら与えられていないが、述部の女性形より bodhi を指すことは明白。

(7) 思想史的展開の跡を受けて法身の方が菩提よりも広義に用いられていると考えられる。後註35、45参照。

(8) この章の切り方には問題もあるが、ここでは、曇無讖訳や玄奘訳のごとく、この章名のもとに Lakṣaṇânuvyañjana-paṭala をも含むものと考えられたい。後註10に示した例では、諸本一致して、そのようにみなしていることが知られる。

(9) このような論構成については、既に論自体(Wogihara ed., p. 22, ll.5-12、大正蔵、三〇巻、四八二頁下)の中で示唆されている。なお、『菩薩地』全体の綱格については、藤田光寛「敦煌出土瑜伽論チベット語遺文I」『密教文化』第一二六号、七二—六八頁で扱われるS六一六—三を参照されたい。ただし、同論文、七〇頁の「何を学ぶか」は「どのような人が学ぶか」(ye śikṣante) と訂正した上、それは「菩薩功徳品」から「建立品」までを含むものと考えたい。

(10) Wogihara ed., p. 89, l.9、及び前註2の拙稿、註72を参照されたい。なお、『摂決択分』「菩薩地の決択」(D. 4038, *Zi*, 102b6、大正蔵、三〇巻、七三八頁下)でも同様な記述が与えられている。

(11) 「菩提品」が五つの観点から記述されていることはその末尾(Wogihara ed., p. 94、大正蔵、三〇巻、五〇〇頁上—中)に明示さる。「自性」以外の、「最勝」(parama)「功徳の名号と随念」(guṇa-nirdeśânusmaraṇa)「出現」(saṃbhava)「差別」(viśeṣa)は、菩提に達した如来の特性を叙したものと考えられる。

(12) 「建立品」は十一群の仏法(buddha-dharma)のみに言及する。この場合の dharma は「特性」を意味し、buddha-guṇa に通ず。

(13) この章名については、前註2の拙稿、註21参照。漢訳の「敬仏品」を指す。

(14) S. Lévi, *Asaṅga, Mahāyāna-Sūtrālaṃkāra, Exposé de la Doctrine du Grand Véhicule selon le Système Yogācāra*, Tome II, pp. *10-*11、及び、宇井伯寿『瑜伽論研究』四四—四五頁参照のこと。なお、『大乗荘厳経論』の詳細な科文については、野沢静証「智吉祥造『荘厳経論総義』に就て」『仏教研究』第二巻第二号、一〇四—一五四頁、特にその付表を参照されたい。

(15) 前註2の拙稿、註72参照。ただし、『菩薩地』「建立品」の十一群の仏法に対する言及を終えた以降(Wogihara ed., p. 405, l.8, ff.、大正蔵、三〇巻、五七四頁中以下）はその限りではない。そこには「転依」の初出ともいうべき表現がみられるからである。

(16) 恐らく、この点は『大乗荘厳経論』の両註釈者、Asvabhāva や Sthiramati によっても気づかれていたと思われる。以下に例示した転依、清浄法界、三身、四智のうち、特に後三者を直接の主題とする「菩提品」第五六―七六頌に関する両註釈については、拙稿「唯識説における仏の世界」『駒沢大学仏教学部研究紀要』第三四号、三五―三六頁〔『唯識考』、七〇四―七〇五頁〕参照のこと。第五六頌以前を「菩提」の一般的考察とみなし、それ以下を特別な考察として取り扱っている点に彼らの同箇所に対する自覚を読み取ることができる。なお、同拙稿、註70で不明として扱った gnas bdun po, don rnam pa bdun は『菩薩地』で説かれる sapta sthānāni を意味し、「先に」とは Asvabhāva の註釈では、D. No. 4029, Bi, 39a4-5, Sthiramati の註釈では D. No. 4034, Mi, 4a2-3 を指す。

(17) サンスクリット原名は知られていないが、実例については、後註24のごときを参照されたい。〔本稿末尾の「回顧と弁明」参照〕

(18) このうち、「菩提品」の決択は、D. No. 4038, Zi, 27b6-29b4、大正蔵、三〇巻、七〇七頁上―下に当る。その冒頭に示されるごとく、この箇所は「本地分」「聞所成地」で説かれる五つの観点（D. No. 4035, Tshi, 162a6-7、大正蔵、三〇巻、三四五頁下）より菩提を決択したものである。自性はその第一の観点をなす。

(19) 前者においては、菩提の自性は、基本的には断（prahāṇa）と智（jñāna）とによって規定されているが、後者では、次註の「清浄法界」を含む転依の四種の特質によって考察されている。かかる転依の思想史的意義については、後日を俟って詳しく検討してみたい。

(20) 玄奘訳は、この複合語をサンスクリットの語順通り、「法界清浄」と訳しているが、要するに、この語は、持業釈複合語として、「清浄」が「法界」を修飾していると考えねばならない。従って、この箇所で、「清浄法界」は「極清浄なる法界」(chos kyi dbyings shin tu rnam par dag pa, suviśuddho dharma-dhātuḥ) と同義と考えられており、これと全く同じ用語による説明は、後註56の Ratnākaraśānti の註釈中にもより明瞭な形で現われている。なお、この箇所から想定されるサンスクリット文 sâśraya-parivṛttiḥ suviśuddhena dharma-dhātunā prabhāvitā（その転依は、極清浄なる法界によって特質づけられたものである）は、かつて論じた、転依＝清浄法界＝無垢清浄の関係を証する一文ともみなしうると思う。

(21) 「建立品」と「究竟品」との『摂大乗論』第十章における位置については、前註2の拙稿、及び後註29、30参照。

(22) 以上の三身説は『大乗荘厳経論』「菩提品」第六〇、六一、六四頌（Lévi ed., pp. 45-46）の記述に最も近いと思われる。ただし、「菩提品」では、三身が単に「仏身」(buddha-kāya) として扱われているのに対し、それを更に「智の殊勝」という大きな主題のもとに配した点に『摂大乗論』独自の論構成がある。

(23) 以下の五つの特質中、最も主要な主題となる「転依」はもとより、「無二」「常住」「不可思議」なる語も、前註18指摘の『摂決択分』において散在的に説かれている。「白法所成」(śukla-dharma-maya) なる語は、内容上からも、『大乗荘厳経論』「菩提品」第四頌で śukla-dharma-mayaṃ buddhatvam と説かれているものと全く同じものである。また、後註39で示すように、buddhatva とは dharma-kāya にほかならないから、dharma-kāyaḥ śukla-dharma-maya-lakṣaṇaḥ という表現は容易に導きうる。更に、同「菩提品」第六〇頌の「自性身」に対する散文註釈の dharma-kāya āśraya-parāvṛtti-lakṣaṇaḥ のごとき表現も、法身が中心的主題となると共に、『摂大乗論』では B^{1} として扱われるようになったのだと考えうる。なお、B^{3} の c に関する二頌中の後者は、同「菩提品」第七七頌と一致することが既に知られている。

(24)「十自在」については、『摂決択分』「菩薩地の決択」(D. No. 4038, Zi, 29a5、大正蔵、三〇巻、七〇七頁中) で「威力 (mthu, anubhāva) とはなにか。要約すれば、十自在を威力というのであり、寿自在 (tshe la dbang ba, āyur-vaśitā) などの、即ち『本地分』(*Sa'i dngos gzhi*) に説かれているものである」と指示されているが、今その所在を詳かにできない。〔本稿末尾の「回顧と弁明」参照〕

(25) 前註3で指摘の箇所を指す。

(26) 以上のCとDの背後では、転依及び転依による結果とがそれぞれ問題とされている。Lamotte 教授が指摘されるごとく (p. 50*)、Cについては、『菩薩地』「建立品」(Wogihara ed., p. 405, l.8–p. 406, l.2、大正蔵、三〇巻、五七四頁中)、及び『大乗荘厳経論』「教授品」第四五頌 (Lévi ed., p. 96)、Dについては、『大乗荘厳経論』「菩提品」第三八—四八頌を参照されたい。なお、『菩薩地』「建立品」の当該箇所で説かれる「転依」については、前註19の問題と共に別稿を期したい。〔本稿末尾の「回顧と弁明」参照〕

(27)「仏住」については、長尾雅人『摂大乗論 和訳と注解』上 (講談社、一九八二年)、四一五頁、注2参照。「聖住」「天住」「梵住」は『菩薩地』「菩提品」及び『摂決択分』「菩薩地の決択」前掲箇所のいずれにも出づ。

(28) Lamotte 教授の指摘 (p. 51*) どおり、『大乗荘厳経論』「菩提品」第六六頌と同種の問題が論じられている。

(29)『大乗荘厳経論』「究竟品」第四三—五九頌に同じ。

(30) 同前「究竟品」第六〇—六一頌に同じ。「六つの観点」については、高崎直道「法身の一元論」平川彰博士還暦記念論集『仏教における法の研究』、二三一—二三五頁〔高崎直道『如来蔵思想』I (法蔵館、一九八八年)、六七—七一頁〕、拙稿「〈清浄法界〉考」『南都仏教』第三七号、二一—四頁〔『唯識考』、七五二—七五四頁〕参照。

(31) Lamotte 教授は『大乗荘厳経論』「菩提品」第二二—三六頌との関係を指示す (p. 61*)。それとの密接な関連と共に、『摂大乗論』独自の面も窺える。

(32) Lamotte 教授は、前註11で指摘した「功徳の名号と随念」(guṇa-nirdeśânusmaraṇa) の「功徳の随念」(guṇânusmaraṇa) を関

連文献として指示する。確かに、いわゆるの「如来の十号」を「随念」することと、法身としての仏陀を念ずることとには内的関連があるかもしれない。因みに、法身は断えず単数で示される（『般若経』の有財釈的用法を除く）が、ここで七種の述語によって指示される主語は複数の如来であり仏陀である。

(33)「清浄仏国土の十八円満」については、西尾京雄『仏地経論之研究』第二巻（破塵閣書房、一九四〇年）、特に四二―四四頁参照。

(34) この場合の「法界」が「法身」を意味するものであることは Vasubandhu 註 (D. No. 4050, Ri, 186b1-2) も Asvabhāva 註 (D. No. 4051, 292a1) も共に認めている。Lamotte 教授は、その還元サンスクリットや註記から推しても、この関連文献には気づいておられないが、この五業は、『大乗荘厳経論』「菩提品」第七―八頌、特に後者と全く同じものである。同「菩提品」における実質上の主題は buddhatva であるが、これは後註39で指摘した事例により、直ちに dharma-kāya と置き換えられる。しかるに、テキスト自体は諸本（佐々木本、一〇七頁一七行）全て「法界」(dharma-dhātu) とあったことを支持するので、Asaṅga（無著）自身が、buddhatva＝dharma-kāya＝dharma-dhātu と考えていたことを示唆する。なお、同じ五種の「救済」(paritrāṇa) に関する記載は、*Abhidharmasamuccayabhāṣya*, Tatia ed., p. 123, l.27a-p. 124, l.6（大正蔵、三一巻、七五七頁下）にも見られる。

(35) 法身を転依と共に主題の中心に据えようとした萌芽は『解深密経』「如来成所作事品」の冒頭（Lamotte ed., p. 149）にも認められる。もとより、法身は唯識説の独創ではなく、転依と結びつく以前にかなりの展開をみていたわけである。その前史については、高崎直道『如来蔵思想の形成』（春秋社、一九七四年）において散在的に取り上げられ、特に、同著、七六三―七六六頁にはその概略が纒められているので参照されたい。かかる展開を受けながら、なにゆえ法身が転依と結びついて主題の中心を占めるに到ったかについては、後註45で指摘したような事情が考えられる。

(36) もとより厳密な指摘はなしえなかったが、前註22、23、24、26、27、28、29、30、31、32、33、34のそれぞれを参照されたい。Fについても、散在的に関連文献を指示することが可能であるが、ここでは保留した。

(37) Lamotte ed. §§ 32-39 がそれに当るが、分量的にも残された箇所はわずかである。

(38) 漢訳（佐々木本、九七頁一九行）には「(諸) 仏」（玄奘、仏陀扇多）「仏身」（達摩笈多、真諦）とあり、直ちに buddhatva を想定せしめないが、ここではチベット訳による。buddhatva が「仏身」と訳される他の例もあったように記憶するが、今詳細を確めることができない。

(39) 前註30の高崎論文、二二八―二二九頁（高崎前掲書、六四―六五頁）参照。なお、『大乗荘厳経論』「菩提品」における実質上の最初の主題（第一―六頌参照）が buddhatva であることもここで注意しておきたい。

(40) 単に等価の言葉を求めあうだけでは論証の態をなさないことを自覚しているが、ここで筆者の言いたいことは次のような点である。

即ち、法身は、智としての菩提を取り込むことによって完成したが、完成した後も、その本質規定に及ぶ時には必ずそれを取り込んだ時点に立ち返ったということであり、その局面で bodhi, buddhatva, āśraya-parivṛtti などの言葉が現われると考えられる。

(41) 前註16の拙稿を参照されたい。

(42) 前註30の高崎論文、二三一頁〔高崎前掲書、六八頁〕参照。

(43) 前註30の高崎論文、二三五―二三六頁〔高崎前掲書、七二―七三頁〕参照。しかし、本稿の以下の所論でも述べるごとく、「理の智からの分離」という傾向を唯識説一般の現象として敷衍することはできないと思う。その傾向は、唯識説においてすら特殊なものではなかったかという考えを筆者は持ち続けている。

(44) 順次に、本文中の梗概、H、Kを参照されたい。また、F、J、JJなどもこの種の特性とみなしうる。

(45) この語義解釈は、サンスクリットによる定義を与えるべく、後註56の Ratnākaraśānti の *Sāratamā*, p. 174, l.26 より、便宜的に借用したが、類似の定義は処々にみられる。例えば、Asvabhāva 註 (D. No. 4051, Ri, 275a3) には「身とは集積されたごときもの (sku ni bstsags pa lta bu ste)」とあり、『成唯識論』(新導本、巻十、二五頁) には「体依聚義、総説名身」とある。なお、前註35の高崎前掲書、七六四頁の「五分法身」についても参照されたい。

(46) 第十章は「智の殊勝」を説くものであることを合わせ想起されたい。前註22参照。

(47) 前註36参照。

(48) Yamaguchi ed., p. 191, ll.7-10, D. No. 4032, Bi, 282b5-6. なお、引用中、初出の「法身」は、チベット訳により、dharma-kāya と改めて読んだものであるが、校訂本には dharmatā-kāya とあり、これも捨て難い。

(49) 山口益訳註『中辺分別論釈疏』(破塵閣書房、一九三五年、鈴木学術財団複刊、一九六六年)、三〇九―三一〇頁、註16参照。なお、『成唯識論』については、新導本、巻十、二六―二七頁参照。〔『成唯識論』のこの箇所は、本書「序」第一論文、註50下の本文中に示されている。〕

(50) 佐久間秀範「五法と三身の結び付き――仏地経論を中心として――」『印仏研』三一―一、一二四―一二五頁参照。

(51) 前註30の拙稿、特に九―一三頁〔『唯識考』、七六三―七六八頁〕を参照されたい。

(52) 唯識説に関連する文献で、清浄法界は本性清浄ではないと主張するものは恐らく皆無であると思われる。その意味では、関連諸文献は、全て清浄法界を本性清浄だと認めているといえる。それゆえ、問題は、本性清浄と無垢清浄とを分離するものとみるか否か、中国仏教史の言葉で言えば「性相各別」か「性相融即」かという点に帰着する。ここで指摘したいのが前者の側面であることは言うまでもない。

(53) この有名な言葉を、筆者も伝承に則り、しばしば用いることがあるが、いまだその典拠を詳かにしない。識者の御教示を賜われば幸甚である。

(54) 今筆者は遺憾ながら、当の『現観荘厳論』のテキストを確認できず、次註56の *Sāratamā* のみに依っているが、そこで mataḥ とされているものを、その脚註、及びチベット訳により muneḥ と改めて読んだ。〔今回、Th. Stcherbatsky and E. Obermiller (ed.), *Abhisamayālaṅkāra-prajñāpāramitā-upadeśa-śāstra : The Work of Bodhisattva Maitreya*, Bibliotheca Buddhica XXIII, 1929, p. 33 により、"muneḥ" であることを確認した。なお、この頌を含む、Abhisamaya 文献の訳註研究として、真野龍海『現観荘厳論の研究』(山喜房仏書林、一九七二年)、二四七頁を中心に、全体を参照されたい。〕

(55) この頌の、特に sarvâkārāṃ viśuddhiṃ prāptāḥ なる句は、『大乗荘厳経論』「菩提品」第三七頌の tathatā śuddham āgatā なる表現に近いことが注目される。この「菩提品」第三七頌が『宝性論』に引用されること、及びその意味については、前註30の高崎論文、二二七頁〔高崎前掲書、六二頁〕参照。なお、後註68の Śīlabhadra の『仏地経解説』の一文は、この「菩提品」第三七頌及びその散文註釈を敷衍したような説相を示す。

(56) Jaini (ed.), *Sāratamā, A Pañjikā on the Aṣṭasāhasrikā Prajñāpāramitā Sūtra by Ācārya Ratnākaraśānti*, Tibetan Sanskrit Works Series, Patna, 1979, p. 172, l.23–p. 173, l.2, P. ed., No. 5200, Tha, 226b3–6.

(57) チベット訳 chos nyid によって補う。引用末尾の結論からみても dharmatā はあった方がよいと考える。

(58) チベット訳は、nanu による疑問を経文引用の直後まで規定するように読むが、これには従わない。

(59) 無限定の「法界」即ち本性清浄は、直ちに如来ではありえない。なぜなら如来は、清浄なる真如に到達したもの、即ち無垢清浄そのものにほかならないからである。それゆえ、無限定の「法界」を如来だと言えば非常な誤謬となってしまうことを指摘したのがこの文意であろうかと思われる。従って、これに対する解答は、『仏地経』の引用を通じ、この場合の「法界」が決して無限定のものではなく、「極清浄なる法界」(suviśuddho dharma-dhātuḥ) として「法性」「法界」と同一であることを示したものであると考えられる。

(60) 以下の『仏地経』の一節は、前註30の拙稿、二頁〔『唯識考』、七五一頁〕に引用したものと根本的には異ならない。ただし、「五法」の dharma を ākāra とし、「包括される」(saṃgraho) の後に veditayaḥ を付すのはテキスト上の相違とみなしうる。また、サンスクリット文が知られたことによって、『仏地経』の対告衆「妙生」(Shin tu 'dus) の原名は Susamudita と判明したわけである。なお、かの拙稿中、「妙観察智」に当る語を pratyavekṣa° としたのは、うかつにも頌形のものに従ったためであり、ここで pratyavekṣaṇā° と訂正しておきたい。

(61) 本稿の意図とは直接関係ないが、ここに、チベット訳上の問題として一言加えておくことを許されたい。この後期伝播期に属すチベット訳において、kṛtyânuṣṭhāna-jñāna は bya ba nan tan gyi ye shes と訳されているが、前期伝播期の Ye shes sde や dPal brtsegs の訳では、ほとんど例外なく bya ba grub pa'i ye shes と訳される。しかも、前者の方が『翻訳名義大集』の方に近く、後者は『語合』の用例と一致する。勿論、この一例のみからは、なんとも言えないが、この種の用例が多く指摘できるようになれば、『語合』の方が成立が先だとする原田覺説に傾くかもしれない。〔原田説について、その論文名も記さないような書き方になったのは、当時手元に資料がなかったせいかもしれないが、原田覺「"*sGra sbyor bam po gñis pa*" 考」『印仏研』二七―二（一九七九年三月）、九一二―九〇七頁、同「"*Mahāvyutpatti*" の成立事情」『日本西蔵学会会報』第二五号（一九七九年三月）、一〇―一三頁が、時期的に私の念頭にあったであろう。そして、同「敦煌本 *sGom rim daṅ po* 考」『日本西蔵学会会報』第二八号（一九八二年三月）、四―八頁、同「*lDan dkar ma* 目録考」田村芳朗博士還暦記念論集『仏教教理の研究』（春秋社、一九八二年）、六〇七―六一七頁もそろそろ実見しうる時期ではあったのである。これを詳述できなかった非礼をここに補ってお詫びしておきたい。〕

(62) 校訂本は、dharmāṇāṃなるも、チベット訳により、dharma-dhātūnāṃと読み改める。

(63) チベット訳は「……ないからである」と読む。或は nârtha-bhedāt とあったのかもしれないが、ここでは校訂本の bhedaḥ に従う。

(64) 拙稿「ラトナーカラシャーンティの転依論」勝又俊教博士古稀記念論集『大乗仏教から密教へ』（春秋社、一九八一年）、二四一頁〔本書、四四二頁〕、二四二頁〔本書、四四三頁〕参照。

(65) 本性清浄の同義語については、後註74参照。「法性」はその六語中には含まれないが、「法性」がそれらと同義であることを示す文献は多い。

(66) 前註30の拙稿、九頁〔拙書『唯識考』、七六二頁〕を参照されたい。

(67) 前註30の高崎論文によって考察された『宝性論』の法身説とこの場合とを比較されたい。本性清浄と無垢清浄との関係についていえば、唯識説と、いわゆる如来蔵思想との間には大きな差はないと思われる。唯識説は、経典に説かれるような如来蔵を本性清浄のもとに認めていたのであって、それを無垢清浄から分離させてしまったわけではない。その意味では、玄奘よりも真諦の方が、唯識説に対して透徹した理解を示しているように筆者には考えられるのである。なお、前註16の拙稿、三九頁〔『唯識考』、七〇九頁〕、註12参照。

(68) Nishio ed., p. 66, l.24-p. 67, l.2. なお、大正蔵、二六巻、三〇五頁下も合わせ参照されたい。なお、この引用箇所は、前註55で指摘したように、『大乗荘厳経論』「菩提品」第三七頌及びその散文註釈（Lévi ed., p. 40, ll.13-16）を敷衍したかのごとき感を呈すので、彼此詳細に比較されたい。〔また、先行和訳として、西尾前掲書（前註33）、二一七頁も参照のこと。〕

(69) 原文には、sarveṣāṃ tathāgatānāṃ とあったと思われるが、玄奘訳はこれを「法身」にかかるように読み、チベット訳は今和訳したごとく「無差別」にかけて読む。いずれが正しいとも決しかねるが、ここでは一応チベット訳に従う。

(70) いわゆる「三種転依」に関し、両者は同様な見解を示している。前註30および64の拙稿参照のこと。なお「三種転依」の意味に関しては、拙稿「〈三種転依〉考」『仏教学』第二号、四六—七六頁〔『唯識考』、七一九—七四九頁〕を参照されたい。

(71) 前註30の拙稿、五頁〔『唯識考』、七五六—七五七頁〕参照。

(72) 彼は、いわゆる「マイトレーヤの五法」が成立した時期に生存しており、註釈を残した『現観荘厳論』はもとより、『宝性論』を始めとする他の「マイトレーヤの五法」に関しても一家言をもっていたと思われる。従って、彼のかかる見解をその著作中に確認することも決して不可能ではあるまい。なお、拙稿「チベットにおける唯識思想研究の問題」『東洋学術研究』第二巻第二号、一五四—一五五頁〔本書、四六二—四六三頁〕、及び一六〇頁〔本書、四六八頁〕、註49参照。

(73) Ratnākaraśānti が転依を重視した形象虚偽論（=無形象派=無相唯識派）であったとみて、これと対比的に言えば、法身を智とみなしたものは、形象真実論（=有形象派=有相唯識派）であったということになるが、かかる短絡した図式が成り立つかどうか、慎重を要する。後者が、八識の転依を認めずに、智のみを形象真実論の立場から主張していたとすれば、右の図式も成り立ちうるが、それには今後多くの論証が必要であろう。いずれにせよ、両者の関係は錯綜したものであるが、それに関して一般的に記述された最近の論文としては、沖和史「無相唯識と有相唯識」『講座・大乗仏教8—唯識思想』、一七七—二〇九頁参照。

(74) この本性清浄としての六語に関しては、前註16の拙稿、二六頁〔『唯識考』、六九一頁〕参照。また、*Madhyānta-vibhāga-bhāṣya*, Nagao ed., p. 23, v. I-14 参照。

(75) 真諦訳『中辺分別論』、大正蔵、三一巻、四五二頁中。なお、前註49の山口前掲訳註、八〇—八一頁、註1参照。

(76)『弁中辺論述記』、大正蔵、四四巻、七頁上。

(77) 大正蔵、三一巻、八七二頁下、宇井対照本、『印度哲学研究』第六、二四九頁。なお、この一節は、『大乗荘厳経論』「菩提品」第一二頌と極めて類似の思想を表明したものであること、及び次註のような状況から、それが『摂決択分』とも関連していたかもしれないことが注意される。

(78)「転依」については、右の真諦訳、大正蔵、同、八七四頁下で説かれる。なお、この箇所は、向井亮「『顕揚聖教論』と『瑜伽師地論』」『仏教学』第八号、特に五五頁の成果を踏まえていえば、『摂決択分』*Viniścayasaṃgrahaṇī* と極めて密接な関係を持っていたことが知られる。この箇所の玄奘訳に対する関連でいえば、前者に説かれる「一分転依」「具分転依」「有動転依」「有用転依」「究竟転依」は、後者の「此無相転、復有五位、一少分位、二遍満位、三有動位、四有加行位、五成満位」（大正蔵、三〇巻、七〇一頁下）に同じく、また前者の「此転依、略説、如来功徳有六種。一円満、二無垢、三無動、四無等、五利他為事、六勝能」は、後者の「復次、由六種相、当知、略摂如来功徳。一円満、二無垢、三不動、四無等、五能作有情利益事業、六功能」（大正蔵、同、七〇七頁下）に同じい。今は、単に指摘しやすいものを挙げたにとどまるが、詳細に比較するなら、真諦の『摂決択分』に対する知識の並々ならぬことが知られよう。この比較によって、真諦のこの方面に関する知識が単に『決定蔵論』にとどまるものではなく、『摂決択分』の全体に跨がるものであることを証しうると同時に、彼の記憶の基層が単に如来蔵思想にのみ通じていたのではないことの傍証たりうる点で、この比較は極めて重要なことと思われる。

(79) 両者一体の意味については、前註16の拙稿、三五頁（『唯識考』、七〇三—七〇四頁）を参照されたい。真諦が、無垢清浄即ち転依の意義を薄めて、本性清浄なる如来蔵のみを強調したとみることは恐らく誤りであろう。

(80) 竹村牧男「地論宗・摂論宗・法相宗——中国唯識思想史概説」『講座・大乗仏教8—唯識思想』、二九八頁、二七六頁、及び註53に掲げられた真諦訳の二文を参照されたい。

(81) 法相宗義については、例えば、前註の竹村前掲論文、二七九頁参照。

(82) 本文中の梗概、H、H[1]、に当る箇所で述べられる。これに関して、Asvabhāva は「法身は、相や随好を示現する依止であるから、あたかもそれらを具備したかのごときものとして示される」(D. No. 4051, Ri, 283b3) と註す。

(83) *Abhisamayālaṃkāra*, VIII-12. 今は、*Sāratamā*, p. 179 所引のものによる。〔Stcherbatsky and Obermiller, *op. cit.* (前註54), p. 35、真野前掲書（前註54）、二五二頁参照。〕

(84) Lamotte ed., p. 96, § 35-1.

(85) その意味では、本文中の梗概、JJで述べられる、大乗法の受用の場としての清浄仏国土も同様である。

(86) Lamotte ed., p. 97, § 35-6. これを Vasubandhu は「なんであれアーラヤ識の転依したものが自性〔身〕であるが、もしも、それら〔二身〕が同一の自性であるとすれば、そ〔の自性身〕は受用〔身〕でもあることになるから、転識の転依したものからは一体どんな身が成就することになるであろうか。〔そのようなことはありえないから〕それゆえにまた、自性〔身〕は受用〔身〕ではありえない。」(D. No. 4050, Ri, 188b7-189a1、大正蔵、三一巻、三七八頁下）と註し、Asvabhāva は「アーラヤ識の転じたものが自性〔身〕であり、転識の転じたものが受用〔身〕である」(D. No. 4051, Ri, 294a4-5、大正蔵、同、四四八頁上）と註す。真諦訳のみは「阿黎耶識、及生起識、即是受用身。此二識転依、名法身」（大正蔵、同、二六七頁中）と異なった解釈を与え、問題を残す。前註50の佐久間論文中、cとして指示されたものが、この真諦訳の当該箇所である。

(87) 前註56の *Sāratamā*, p. 172, ll.5-12, P. ed., Tha, 226a4-8.

(88) 前註33の西尾前掲書、同上、及び一六五頁、一八五—一九一頁、関連文献については、同、一九一頁、註1を参照されたい。なお、

『解深密経』の「序品」以外に、「如来成所作事品」には「如来の領域（spyod yul, gocara）とは、すべての如来に共通せる、不可思議にして無量なる功徳の飾りを配備せる清浄仏国土である」(Lamotte ed., p. 162, ll.11-14) とも述べられている。

（一九八二年十二月三十日、マジソンにて）

回顧と弁明

本稿の初出は、『インド古典研究』第六巻（一九八四年五月）、五七―七九頁で、執筆は、一九八二年十二月である。弘法大師の御遠忌に因む「神秘思想」を特集した記念号であったが、その執筆依頼は、私がアメリカに滞在中に受け（一九八一年中ではあったと思うが確かなことは控えてもいないし覚えてもいない）、その執筆の十二月というのは、年が明けたら出来るだけ早目に帰国しようと決めていた年の暮れで、なんとなく気忙しい気持の中で慌しくまとめあげられたとの記憶だけは鮮明である。とは言っても、渡辺照宏博士に由来する権威ある雑誌を拙稿ごときで汚したくはないとの思いは強かったので、最善は尽くしたはずであるが、今読み返すと私一人の思いだけが過剰に空回りしていて、本書「本論」第五論文として再録した拙稿に次ぐ失敗作だったかもしれない。私の思いが過剰だというのは、私は若い頃から、仏が出ようと出まいとそれとは関係なく存在し続けるものを認めてしまったら仏は不用となり仏教も仏教ではなくなると堅く思っており、それが「本性清浄」と「無垢清浄」との関係の解釈にも反映されて、「清浄法界」即「本性清浄」を認めてしまっては仏教でなくなってしまうので、「無垢清浄」の方へ加担することによって、仏教でなくなることを回避しうるのではないかとの志向を強く示していたことを指す。その志向が、私をして、玄奘より真諦の方を高く評価しようとする傾向に拍車を掛けていると思うが、だからといって、私が「如来蔵思想」を仏教として肯定しようと思ったことは、いまだかつて一度もなかったことと思う。真諦を評価するように見えて「如来蔵思想」は肯定しない、と見えるようなすっきりしない立論が失敗作と言わざるをえない由縁であるが、しかし、ここで扱われた文献が無意味になるとは全く思えない。そこで、その価値を今後少しでも高めうるよう、若干の補足を試みておきたい。まず、本稿の冒頭に掲げた、アサンガの『摂大乗論』第十章の一節は、アサンガ以降の論師たちによっても、アサンガに特定しうるアサンガの独創的規定と認識されていたであろうことは、本稿でも明らかであろうが、基によってもまたそうであったことを後に知ったので、基『成唯識論述記』、大正蔵、四三巻、六〇二頁下の「如摂論中以三義解不思議」の文言の前後を参照されたい。なお、『摂大乗論』のこの箇所については、本書「本論」第一三論文として再録された拙稿中のA節をも見て頂きたいが、その拙稿をも含み更に新たな指摘を伴って、問題の一節に的確な註記を与えているのが、極最近刊行となった、勝呂信静、下川邊季由校註『摂大乗論釈（世親釈、玄奘訳）』（大蔵出版、二〇〇七年）、「補註」、五三―五五頁である。ただし、そこで、『大乗荘厳経論』「縁起品」第一：Lévi ed., p. 2, v. I-2 の無性

（Asvabhāva）釈（"D. 41^{b6}, P. 48^{a7}"と指示されている箇所）と対応するものとして示されている安慧（Sthiramati）釈にはなんらかの混乱があり、実際に示されているのは「教授品」に対する註釈中のもの（"D. 275^{a2}, P. 307^{a6}"と指示されている箇所）であり、正しくは、"de yang *Theg pa chen po bsdus pa'i bstan bcos* las chos kyi sku ni bsam gyis mi khyab pa'i mtshan nyid do zhes bshad pa lta bu'o// de ltar na de bzhin nyid rnam par dag pa ni so so rang gis rig pa yin pa'i phyir dang/ 'jig rten na de dang 'dra ba'i dpe med pa dang/ rtog ge'i spyod yul las 'das pa'i phyir bsam gyis mi khyab pa'o//" (D. ed., No. 4034, Mi, 10a6-7) でなければならない。しかるに、この「補註」の指摘によって、アスヴァバーヴァもスティラマティも、その註釈の始めの部分においては、『摂大乗論』という論名を明示し、その結果、後半では論名を略すこともありえたということになるのである。その意味では、本書「本論」第一三論文のA節下に示した両箇所と同様に、この冒頭両箇所もまた重要であるということになるが、ここでは、この点だけを記し、Griffiths, Hakamaya, Keenan, and Swanson の英訳の件も含めて他は全てその「補註」に譲らせて頂くことにして、以下には、それら以外の本稿に関する補足を続けることにする。本稿冒頭で『摂大乗論』第十章始めの部分の概略を示したが、そのうちのB^1段は「転依」を主題としている。その「転依」が、内容的に、『大乗荘厳経論』第九章第五六―五九頌の「清浄法界」に関する四頌と密接していることは、本稿によっても明らかであろうが、西蔵文典研究会訳註「安慧造『大乗荘厳経論釈疏』――菩提品(I)――」『西蔵文献による仏教思想研究』第一号（山喜房仏書林、一九七九年）、一七―二三頁、四五―五一頁、註80―118、特に、註81は、その四頌を視野に入れながら、同第九章第一二―一七頌の「転依」に関する六頌を問題にしている。本稿、註17で触れた『本地分』の原題が *Maulī bhūmiḥ* であることについては、『唯識考』、一〇四頁に掲げた、松田和信氏の論文を参照されたい。本稿、註24で、「所在を詳かにできない。」とした『本地分』は、『菩薩地』、Wogihara ed., pp. 351-352、大正蔵、三〇巻、五六一頁上を指しているのかもしれない。これは、小谷信千代『大乗荘厳経論の研究』（文栄堂書店、一九八四年）、一二一頁、一三五頁、註81を介して、後にかく推測するようになったものである。本稿、註26を付した本文中のD下の「五種の自在」の「自在」に対して、初出誌では、サンスクリット語として vittatva が与えられているが、今回 vibhutva と改めた。その箇所のチベット語は dbang 'byor pa であり、この語に対しては一般に vibhutva と想定されるのが普通であるのに vittatva とあるのは、単純な誤植か、それなりのなんらかの根拠があったか、のいずれかである。一時は、前者として処理しようとも思ったのであるが、実は、同じ条件のF下の「F^4自在」の「自在」にも vittatva が与えられており、誤植とは言えないことが分かった。しかし、今となっては、どんな根拠があったのかも思い出せないので、以上のような弁明を添えた上で、問題の二箇所の vittatva を、今回ここに、vibhutva と改めさせて頂く次第である。なお、その註26では、註19と関連づけながら、将来、「菩提」の「断」と「智」の両面を「転依」に絡めて論じてみたいようなことが述べられているが、これは今もって果されていないことを、ここにお断りしておきたい。本稿、註27において、その年に出版されたばかりの長尾雅人訳註書を彼の地で参照しえたのは、これをわざわざアメリカまでお送り頂いたからである。今も所持するその本の扉には、"Prof. G. M. Nagao gave me this Book, which I received here in Madison on July 12, 1982" と記されている。当時を偲び、ここに甚深の謝意を表したい。しかるに、本訳註書は、その五年後に、長尾雅人『摂大乗論　和訳と注解』下（講談社、一九八七年）として完結したのであるが、本稿と関連する第十章は、その三一四頁以下に相当するので参照されたい。最後に、本稿、註87下の本文中に出所も確かめず経文のみを示した件で、今回調べてみるとその典拠は直ぐ確認できたので報告しておく。これも本書「本論」第七論文として再録した拙稿末尾の「回顧と弁明」の一番最後に記しておいたように、Takayasu Kimura (ed.), *Pañcaviṃśatisāhasrikā Prajñāpāramitā* VI～VIII, Sankibo Busshorin Publishing Co. Ltd., 2006 が出版されていたればこそである。その pp. 43-44 を、改行を無視して、まず必要なところだけを追い込みで示す。

㈠ punar aparaṃ Subhūte teṣām eva svapnôpamānāṃ sarva-dharmāṇām avastukānām abhāva-svabhāvānāṃ svalakṣaṇa-śūnyānāṃ sarvâkāra-pariśuddhānām anāśravānāṃ yā prakṛtir eka-lakṣaṇā yad utâlakṣaṇā sa tathāgato 'rhan samyaksaṃbuddho veditavyaḥ. evam khalu Subhūte bodhisattvena mahāsattvena prajñā-pāramitāyāṃ śikṣitavyam.（中略）iti svabhāvikaḥ kāyaḥ ㈡ punar aparaṃ Subhūte prajñā-pāramitāyāṃ śikṣitvā teṣām eva dharmāṇām adhigamād anuttarāṃ samyaksaṃbodhim abhisaṃbuddhya sarveṇa sarvaṃ sarvathā sarvaṃ dvātriṃśad-mahā-puruṣa-lakṣaṇair asītyā câ nuvyañjanair alaṃkṛta-kāyas tathāgato 'rhan samyaksaṃbuddho bodhisattvānāṃ mahāsattvānāṃ paramaṃ mahāyāna-dharmam anuttara-rati-prīti-prāmodya-sukhôpabhogāya deśayati. evaṃ khalu Subhūte bodhisattvena mahāsattvena prajñā-pāramitāyāṃ śikṣitavyam. iti sāṃbhogikaḥ kāyaḥ ㈢ punar aparaṃ Subhūte prajñā-pāramitāyāṃ śikṣitvā teṣām eva sarva-dharmāṇām avigamenânuttarāṃ samyaksaṃbodhiṃ abhisaṃbuddhya tathāgato 'rhan samyaksaṃbuddho daśasu dikṣv anantâparyanteṣu sarva-loka-dhātuṣu sarva-kālan nānā-nirmāṇa-meghena sarva-sattvānām arthaṃ karoti. evaṃ khalu Subhūte bodhisattvena mahāsattvena prajñā-pāramitāyāṃ śikṣitavyam. iti nairmāṇikaḥ kāyaḥ

右引中、下線は「現観」の第八章「法身章」冒頭の「三身」の主題をそれぞれ示したもの。これで切れる三箇所各冒頭の㈠㈡㈢は本文中註87下の引用と合わせて挿入したもの。波線部分がラトナーカラシャーンティの実際に引用している経文である。これによって彼が『二万五千頌般若』から引用していたことが判明する。ただし、この相応箇所は、Kimura ed., p. 185 の表にも示されているように、現存の漢訳中にはなく、後世の増広部分であることは明らかである。また、この箇所は、『八千頌般若』のサンスクリット本にないのは勿論、『二万五千頌般若』の Conze ed. 中の対応箇所中にも見出されないように思われる。ところで、本稿と直接関係のあることではないが、枕に使った宣長の『玉勝間』中の有名な言葉は、大野晋編、本居宣長全集、第一巻（筑摩書房、一九六八年）によれば、その一五一頁、〔二四一〕段に出ているものである。これを、わざわざ、小林秀雄『本居宣長補記』（新潮社、一九八二年）によって引用したのは、本書がその年に出版になったのを知って、マジソンまで取り寄せていたからにほかならない。本書、一〇六頁で、宣長のこの言葉を引いた小林は、そのやや後方で、「彼（＝宣長）は、思想があつて、それを現す為の言葉を用意した人ではない。言葉が一切の思想を創り出してゐるといふ事を見極めようとする努力が、そのまゝ彼の思想だつたのである。」（二〇九頁）と述べている。しかし、今になって思えば、「思想」の言葉とは、宣長や小林が言っているような言葉では決してありえないのだが、とはいっても、そのような言葉をも射程のうちに収めて、「思想」の言葉を論じていかなければならないのではないかと思う昨今である。さて、文字どおり、最後の最後になるが、先に、勝呂、下川邊上記校註書の「補註」に詳細を委ねた英訳については、やはりここでも触れておいた方がよいと思い記せば、Paul J. Griffiths, Noriaki Hakamaya, John P. Keenan, and Paul L. Swanson, *The Realm of Awakening : A Translation and Study of the Tenth Chapter of Asaṅga's Mahāyānasaṅgraha*, Oxford University Press, New York / Oxford, 1989 がそれである。これは、私のマジソン滞在中の一九八一年より翌年末まで続けられた『摂大乗論』第一〇章講読会の成果でもあるが、私は単に契機となったのみで、実際の成果は全て私を除く他の三教授に帰せられねばならない。ただ、私が教場で示した科文記号は上記書でも活かされており、それは本稿で私が用いているものと同じであるから、彼此対照するには有効かもしれない。既に四半世紀を越えたマジソンのことは、それに因む名を記すだけでも胸に迫るものがあるが、『摂大乗論』第一〇章は、当時私が考えていた以上に、いろいろな意味で重要かもしれないと思い直している昨今である。さて、そんな感慨に耽りつつこの欄を了えたいところであったが、本稿のテーマの一つでもある「転依」に関し、補足しておいた方がよいと思うことが生じてきたので一筆しておきたい。「転依」の「転識得智」の問題に関し、八識と四智の関係に断えず深い関心を払ってきた研究者に、佐久間秀範博士がおられ、その最近の成果には、本書「結」第一校訂本末尾の「回顧と弁明」でも触れておいたのであるが、極最近、更に、同博士の「『サーンキヤ・カーリカー』を根拠とする意識→成所作智、五識→妙観察智の正当性」『（筑波大学）哲学・思想論集』第三三号（二〇〇八年三月）、二三一三〇頁（横）が加わることになった。論題どおり、「転識得智」の後に一般化した説とは異なった識と智の対応関係の正当性を、サーンキヤ説に依拠しながら、論じたものである。唯識思想と「土着思想」との関係について考えさせられる論稿であるが、私個人としては、佐久間博士が問題とされた漢訳二論のヴァリアントにつき、同じ箇所を四十年近くも前に取り上げながら（『唯識考』、四九六—四九七頁参照）、そのヴァリアントに一顧だにすることなく過ぎてきたことに大いに反省させられている。

二〇　唯識文献における無分別智

八世紀末のチベットで行われた所謂サムイェー（bSam yas）の宗論において、「若し妄想を離るれば、大智本自然に成就す」とか「但だ心想妄想を離るれば、即ち三十七道品は自然に具足し、一切功徳も亦た皆円備す」などと「不思不観」の禅を鼓舞していた摩訶衍[1]に対し、インドの中観派を代表するカマラシーラ（Kamalaśīla）[2]は、プトゥン（Bu ston Rin chen grub、一二九〇―一三六四）の『仏教史』によれば、次のように述べたとされている。[3]

その〔不思不観による頓悟が第十地と同じであるという〕ように、なにものをも思わないということを主張するのは正しい個別観察の慧（so sor rtog pa’i shes rab）を捨ててしまうことになると思う。正しい智（yang dag pa’i ye shes）の根本は、個別観察の慧であるから、それを捨てては、出世間の慧（’jig rten las ’das pa’i shes rab）をも捨てることになるだろう。個別観察の慧がないならば、瑜伽者（rnal ’byor pa）は一体なにによって無分別の境地（rnam par mi rtog pa）に住することができよう。もしも、すべての事柄（chos thams cad）を想起すること（dran pa）もなく注意すること（yid la bya ba）もない[4]のだとすれば、すべての経験（nyams su myong ba）を想起すべきではなく注意すべきではないということも不可能である。もしも、「私は〔それらの〕事柄を想起すべきではない」と思うならば、そのこと〔自体〕が甚だ想起し注意したことになってしまうだろう。単に想起がないというのみでこと足るならば、失神（brgyal ba）または昏迷（’bog pa）のときに無分別の境地になるであろう。〔しかし、〕正しい個別観察なしに無分別の境地に入る手段はないのである。単に想起のみを排斥したとしても、正しい個別観察がないならば、すべての事柄が無自性である（ngo bo nyid med pa）ということに一体どうして入ることができよう。空性（stong pa nyid）を悟らずしては、障害を断つこともできない状態に止まるほかはないのである。

以上のごときプトゥンの記載が、当のカマラシーラの著作『修習次第（*Bhāvanākrama, bsGom pa'i rim pa*）』後篇などの記述に基づいて再構成されたものであることは夙に指摘もされ[5]既に周知のことでもあろうが、ここでは、無分別の境地が単に想起や注意のないことでもなく、従って失神や昏迷の状態とも異なったものである点に触れた如上の箇所と平行する一節を、『修習次第』後篇のサンスクリット文に主として依拠しながら、紹介してみることにしたい[6]。

一体、単に想起（smṛti, dran pa）や注意（manasikāra, yid la byed pa）のないことだけが、無想起（asmṛti, dran pa med pa）と無注意（amanasikāra, yid la byed pa med pa）であると意図されているならば、その場合には、その両者の非存在（abhāva, med pa）は、どんなあり方として（kena prakāreṇa, rnam pa gang gis）あるのかという、まさにこの点のみが考察されねばならない[7]。しかるに、非存在（abhāva, med pa）とは、それに基づいてそこから無分別の境地（nirvikalpatā, rnam par mi rtog pa nyid）がありうるような、〔そのような〕正しい根拠とはなりえない[8]。〔無分別智の境地が〕想起や注意のないこと（abhāva）に基づいているならば[9]、失神した人[10]（saṃmūrchita, brgyal ba）もまた無分別の境地に入ることになってしまうであろう。しかし、正しい個別観察（bhūtapratyavekṣā, yang dag par so sor rtog pa）なしには、なんらかのあり方によって（yena prakāreṇa, rnam pa gzhan gyis）無想起や無注意を行いうるような、他の手段（upāya, thabs）はないのである。

無分別の境地に入るためには、なにを置いてもまずは正しい個別観察に基づかねばならぬというカマラシーラの上述のごとき考えは、先のプトゥンの記載中にもほぼ類似の行文によって示されていたわけであるが、その詳細な説明となれば、やはり、カマラシーラ自身の『修習次第』後篇中に見られる、以下のような箇所に依らなければなるまい。

[11]一体、精神統一に集中した（samādhi-samāpanna, ting nge 'dzin la snyoms par zhugs pa）瑜伽者（yogin, rnal 'byor pa）にとって、もしも、意識（mano-vijñāna, yid kyi rnam par shes pa）があるとするならば、その場合には、彼は必ずなにものかを把握対象としなければならない（ālambayitavya, dmigs dgos）。なぜなら、通常の人々（pṛthagjana, so sor skye bo）の智（jñāna, shes pa）が忽然と（sahasā, glo bur）把握対象のないもの（nirālambana, dmigs pa med pa）となることはないからである。あるいはまた[12]、〔意識が〕ないとするならば、その場合には、すべての事柄が無自性であるということ（niḥsvabhāvatā dharmāṇām, chos rnams kyi ngo bo nyid med pa）を一体どのようにして理解しうるであろうか。また、どんな対治（pratipakṣa, gnyen po）によって煩悩障（kleśāvaraṇa, nyon mongs pa［'i sgrib pa］[13]）を断ちうるであろうか。〔意識なしには、そのように理解することも断つこともできず〕、また、まだ第四禅（caturtha-dhyāna, bsam gtan bzhi pa）を得ていない通常の人には、心の滅すること（citta-nirodha, sems ni 'gog pa）もありえないのである。それゆえ、正しい教法[14]（saddharma, dam pa'i chos）中に無想起（asmṛti, dran pa med pa）と無注意（amanasikāra, yid la byed pa med pa）とが誦せられていれば、その両者は、まずもって正しい個別観察を前提としたものであると考察されねばならない。というのも[15]、正しい個別観察によって〔こそ〕無想起にも無注意にもなされうることができるが、それ以外では〔決して〕そうはならないからである。かくして、瑜伽者が正しい慧（samyak-prajñā, yang dag pa'i shes rab）によって考えつつ、勝義において（paramārthataḥ, don dam par）、三世にわたっていかなる事物（dharma, chos）の生起することをも決して見ないならば、そのような時には、一体そこでいかにして想起や注意をなしえようか。なぜなら、三世にわたって存在しないがゆえに、勝義において、経験されることもないようなものは、なんであれ、想起されることも注意されることもないからである。それゆえ、彼は、すべての言語習慣が寂静となった（sarva-prapañcôpaśama, spros pa thams cad nye bar zhi ba[16]）無分別智（nirvikalpaṃ jñānam, rnam par mi rtog pa'i ye shes）

に入るであろう。そして、それに入ったことによって空性（śūnyatā, stong pa nyid）を洞察する（pratividhyati, rtogs par 'gyur）。そして、それを洞察したことによってあらゆる誤った見解の網を断ったものとなる。そして、手段を伴った慧を培うことによって（upāya-yukta-prajñāsevanataḥ, thab dang ldan pa'i shes rab bsten pas）[17]正しく世俗〔諦〕（saṃvṛti, kun rdzob）と勝義諦（paramārtha-satya, don dam pa'i bden pa）とに通暁したものとなる。このように、障害のない智（anāvaraṇa-jñāna, sgrib pa med pa'i ye shes）を得るから、まさに一切の仏法を証得する。それゆえ、正しい個別観察なしには、正しい智の生起もなく煩悩障を断つこともないのである。

また、[18]なんであれ、聞（śruta, thos pa）と思（cintā, bsam pa）とよりなる慧によって知られたことであるならば、それだけが修（bhāvanā, bsgom pa）よりなる慧によって実習されるべきであるが、それ以外のものはそうではない。例えば、馬が走る場所を指示された後に走るがごとくである。それゆえに、〔まず〕正しい個別観察がなさるべきである。たとえ、こ〔の観察〕が分別（vikalpa, rnam par rtog pa）を本質としているとしても、決りに従った注意（yoniśo-manasikāra, tshul bzhin du yid la byed pa、如理作意）を本質としているがゆえに、そこから正しい[19]無分別智（bhūta-nirvikalpa-jñāna, rnam par mi rtog pa'i ye shes）が生起するのであるから、その智を求めるものは、〔まず〕か〔の正しい個別観察〕を培わねばならない。

かなり長い引用になってしまったが、以上のカマラシーラの記述を通して、いかなる人であれ、無分別の境地（rnam par mi rtog pa nyid, nirvikalpaṃ jñānam, nirvikalpa-jñāna, rnam par mi rtog pa'i ye shes）に至るためには、必ず一定の方向性をもった段階を経ることが必要とされていることが分ったと思う。修よりなる慧は必ず聞と思とよりなる慧を俟たねばならず、無分別智は必ず正しい個別観察を俟たねばならぬのである。しかるに、意識を研ぎ澄まし充分に熟慮することもなく、忽然と把握対象のない智が現われるとするのであれば、それは失神や昏迷の状態となんら選ぶことはあるまい。これこそ、インドの中観派を代表するカマラシーラが、「不思不観」の頓悟を主張する中国禅宗の摩訶衍に向けた最大の批判点の一つだったのである。[20] しかし、本稿は、かかる批判点を巡る両者の論争を通して、無分別智に関する両者の見解の相違を明らかにしようと目指すものではなく、ただここでは、将来ともこの無分別智を問題とするからには、上述のごとき尖鋭な対立となって現われた論争点を断えず想起することが、無分別智に関する種々の解釈や立場の相違を誤魔化したり薄めたりしないで事を進めるためには、自戒の意味をも込めて、極めて有益だと思う筆者の気持をまず表明しておきたかっただけのことに過ぎない。ただ、その気持があまりにも強かったために、本来「はしがき」とも言うべき箇所が異常に長くなってしまったことを、あらかじめお許し頂きたい。

さて、無分別智に関する立場や見解の相違は、なにもサムイェーの宗論に始まったわけではない。インド仏教史の展開においても、中観派と唯識派とは、無分別智に関してその見解を異にしていたのである。例えば、バーヴィヴェーカ(Bhāviveka, Bhavya、清弁)は、『思択炎』(*Tarkajvālā*)の中で、次のように述べている。[21]

ここで、反対論者たち(＝唯識派)は、「分別(rnam par rtog pa, vikalpa)は束縛である」と〔経典中に〕説かれているから、そ〔の分別〕を離れたならば解脱であると考えて、「もしも、非存在(dngos med, abhāva)を把握対象とする(dmigs pa, ālambana, upalabdhi)知覚(blo, buddhi)が無分別である(rnam par mi rtog, nirvikalpa)と認めるならば」と〔第五章第一四頌前半で〕いうのは、次のように、すべての事柄(chos thams cad, sarva-dharma)は非存在を本質とするもの(dngos po med pa'i ngo bo nyid, abhāva-svabhāva)[22]として一味である(ro gcig pa, eka-rasatva)から、非存在を把握対象とする知覚がなにものかを分別するなら有分別になるであろう〔が〕、無分別であるがゆえに、そ〔の知覚〕は対象そのままのもの(don ji lta ba bzhin)であるというならば、ということである。〔これに対する〕論師(slob dpon, ācārya＝バーヴィヴェーカ[23])の説明として「それゆえに、物体(gzugs, rūpa)〔など〕の知覚の無分別なものもまた真正なもの(dam pa yin pa nyid)となってしまうだろう」と〔同第一四頌後半で〕いうのは、もしも、無分別たる知覚が対象そのままのものであるならば、そのような場合には、物体などの条件より生じ、計度や随念の分別（nges par rtog[24] pa dang rjes su dran pa'i rnam par rtog pa, abhinirūpaṇânusmaraṇa-vikalpa）を離れた世間的な知覚（'jig rten pa'i blo, laukika-buddhi）〔すら〕もまた対象そのままのものであるという性質を得るであろう〔という意味である〕。

　このようなバーヴィヴェーカの唯識派の無分別智に対する批判[25]が正鵠を射たものだとすれば、唯識派でいう無分別智とは、所謂現量（pratyakạa）と呼ばれる、計度や随念の分別を欠如しただけの無分別[26]と同類のものとなってしまうほかはない。確かに、唯識派における思想史的展開を注意深く追うならば、彼らによって無分別智の把握対象と考えられた真如（tathatā）が、非存在の存在（abhāvasya bhāvaḥ）としての性格を強める[27]につれて、バーヴィヴェーカに批判されるような側面もまた次第に増幅されていったことは否めないのである。そんな側面が極端な形で現われれば、無分別智も失神や昏迷の状態と同じだといわれかねないが、そういう危険には断えず曝されていたと率直に認めた方がよいのかもしれない。しかし、唯識派自らがそうした認め方をするはずもなく、唯識派が無分別智を単なる分別の欠如の状態と区別するためには、既に山口益博士によって指摘されている[28]ように、以下で取り上げるがごとき五種の観点からなる規定を用いる場合が多い。本稿では、新たな指摘[29]も含めて、まず、かかる五種の規定を述べた文献を網羅的に蒐集し、註釈テキストではなく本文テキストを中心に、古いと思われるものから順に提示してみることにしたい[30]。

＊　＊　＊

A　*Yogācārabhūmi, Viniścayasaṃgrahaṇī*

（1）チベット訳：デルゲ版、No. 4038, Zi, 27a1-7（北京版、No. 5539, 'I, 29a5-b5） de kho na'i don 'dzin pa'i shes rab ni rnam par mi rtog pa yin no zhes gang gsungs pa de ji ltar rnam par mi rtog pa yin par rig par bya/ ci ⑴ yid la mi byed pa las sam/ ⑵ ynag dag par 'das pa las sam/ ⑶ dngos po med pa las sam/ ⑷ rang bzhin las sam/ ⑸ dmigs pa la mngon par 'du byed pa las rnam par mi rtog pa yin/ ⑴′ gal te yid la mi byed pa las yin na ni des na tshul bzhin yid la byed pa dang ldan pa zhes[a] byar mi rung ste/ gnyid log pa dang/ myos pa dang/ rab tu myos pa rnams[b] la yang de thal bar 'gyur ro// ⑵′ gal te yang dag par 'das pa las yin na ni[c] des na khams gsum pa'i sems dang/ sems las byung ba'i chos rnams ni[d] rnam par rtog pa yin no zhes gang gsungs pa'i gzhung dang ji ltar 'gal bar mi 'gyur/ ⑶′ gal te dngos po med pa las yin na ni des na shes rab sems las byung ba'i chos su mi 'gyur ro// ⑷′ gal te rang bzhin las yin na ni des na shes rab ngo bo med par 'gyur te[e]/ yang dag par rtog[f] pa med pa'i mtshan nyid du ji ltar mi 'gyur/ ⑸′ gal te dmigs pa la[g] mngon par 'du byed pa las[h] yin na ni[i] des na rnam par mi rtog pa'i shes rab mngon par 'du byed pa med pa nyid la ji ltar skur pa btab par mi 'gyur/

de ltar rnam pa de dag mi rigs pa yin na/ ji ltar shes rab de rnam par mi rtog pa yin par blta bar bya zhe na/ smras pa/ de ni dmigs pa la mngon par 'du byed pa med pa'i phyir te/ de'i dmigs pa ni dngos po dang dngos po med pa dang mi mthun pa'i chos[j] de bzhin nyid yin[k] la/ de yang rnam par mi rtog pa yin no// de ni mngon par 'du byed pa med kyang sngon gyi shugs kyis gang gi tshe de bzhin nyid kyi[l] ting nge 'dzin dang ldan pa'i shes rab skye bar 'gyur ba'i tshe/ dmigs pa'i mtshan ma des mngon sum du 'dzin par byed de/ de ni rnam par mi rtog pa zhes bya'o//

a　P. は ces とする。　b　P. は rnams を欠く。　c　P. は ni を欠く。　d　P. は ni を欠く。　e　P. には ngo bo med par 'gyur te とあるも、D. は ngo bo nyid dang とする。ここでは P. を取る。　f　D. は rnyog とする。　g　P. は la を欠く。

h D., P. とも la なるも las と改める。 i P. は ni ni とする。 j P. は chob とする。 k P. は yin を欠く。 l P. は kyi を欠く。

（2） 玄奘訳：大正蔵、三〇巻、七〇六頁中―下

問。如説、能取真実義慧、是無分別、云何応知、無分別相。（1）為由不作意故、（2）為由超過彼故、（3）為由無所有故、（4）為由是彼性故、（5）為由於所縁境作加行故。(1′)若由無作意故者、彼与如理作意相応、不応道理。熟眠狂酔、応成此過。(2′)若由超過彼故者、云何不与聖教相違、如説、三界所有諸心心所、皆是分別。(3′)若由無所有故者、云何此慧非成非心所。(4′)若由是彼性故者、云何此慧非成色自性及非貫達相。(5′)若由於所縁境作加行故者、云何不謗無分別慧離加行性。

若如是等、皆不応理、云何当知、無分別慧。答。於所縁境、離加行故、此所縁境、離有無相、諸法真如、即此亦是、離諸分別。由先勢力所引発故、雖離加行、若於真如等持相応妙慧生時、於所縁相、能現照取、是故、此慧名無分別。

B *Abhidharmasamuccaya* (*bhāṣya, vyākhyā*)

（a―1） 本文、チベット訳：デルゲ版、No. 4049, Ri, 117a4-5（北京版、No. 5550, Li, 138a4-6）

spros pa med pa'i rnam par mi rtog pa nyid ni[a] (1) yid la byed pa med pas ma yin/ (2) yang dag par 'das pas ma yin/ (3) rnam par zhi bas ma yin/ (4) ngo bo nyid kyis ma yin/ (5) dmigs pa la[b] mngon par 'du byed pas ma yin par blta ste/ 'on kyang dmigs pa la mngon par 'du byed pa med par blta'o//

a D. は ni を欠く。 b D. は las とする。

（a―2） 本文、玄奘訳：大正蔵、三一巻、六九三頁上

無戯論無分別、復離五相。⑴一非無作意故、⑵二非超過作意故、⑶三非寂静故、⑷四非自性故、⑸五非於所縁作加行故、謂於所縁不起加行。

（b－1）註釈，サンスクリット原文，Tatia ed., p. 139, ll.10-26

bodhisattvās tad api rūpâdi-dharma-mātraṃ prapañca iti viditvā sarva-dharma-nimittāni vibhāvayantaḥ parama-śāntena lokottareṇa jñānena sarvatragāṃ tathatāṃ pratividhyanty ataḥ sā teṣāṃ niṣprapañca-nirvikalpatêty ucyate/ katham punar asau niṣprapañca-nirvikalpatêty ucyate/ ⑴ yady amanaskāratas tena supta-mattādīnāṃ nirvikalpatā-prasaṅgaḥ, teṣāṃ dharma-nimittâmanaskārāt/ ⑵ atha samatikramatas tena dvitīya-dhyānāt prabhṛti sarvatra nirvikalpatā[ṃ] prāpnoti, vitarka-vicāra-vikalpānāṃ samatikramāt, tataś ca vikalpasya śarīraṃ hi citta-caittāḥ traidhātukā ity asya virodhaḥ/ ⑶ atha vyupaśamatas tena saṃjñā-vedita-nirodha-samāpattir ni[r]vikalpatā[ṃ] prāpnoti, tatra citta-caitta-vikalpa-vyupaśamāt, tataś ca jñānâbhāvaḥ prasajyate/ ⑷ atha svabhāvatas tena rūpaṃ nirvikalpatā[ṃ] prāpnoti, tasyâvikalpa-svabhāvatvāt/ ⑸ athâlaṃbane 'bhisaṃskār[at]as tena savikalpatâiva nirvikalpatā[ṃ] prāpnoti, nirvikalpam etad ity etasyâbhisaṃskārasya nimitta-vikalpa-lakṣaṇatvāt/

tasmān nâibhiḥ prakāraiḥ nirvikalpatā draṣṭavyā/ api tv ālaṃbane 'nabhisaṃskārato draṣṭavyā/ kathaṃ kṛtvā/ yadā hy asya bodhisattvasyânulomikam avavādam āgamya prakṛtyā sarva-dharma-nimittāny aparinișpannānîti vicārayatas tad-vicāraṇâbhyāsa-balâdhānāt pratyātmam anabhisaṃskāreṇâiva yathāvan niṣprapañca-dhātau sarva-dharma-tathatāyāṃ cittaṃ samādhīyate sā'sāv ucyate niṣprapañca-nirvikalpatêti//

（b－2）註釈，チベット訳：デルゲ版，No. 4053（*ASBh*），Li, 103b4-104a5（北京版，No. 5554, Shi, 128a2-b4）；デルゲ版，No. 4054（*ASVy*），Li, 278a6-b7（北京版，No. 5555, Shi, 343a4-b8）

byang chub sems dpa'[a] ni gzugs la sogs pa[b] chos tsam[c] de yang spros par[d] rig nas chos thams cad kyi mtshan ma rnam par bshig ste/ 'jig rten las 'das pa'i ye shes mchog tu zhi bas de bzhin nyid thams cad du 'gro ba[e] rtogs te/ de'i phyir de dag gi de[f] ni spros pa med pa'i rnam par mi rtog pa nyid ces bya'o[g]// [h…]ji ltar na de spros pa med pa'i rnam par mi rtog pa zhes bya ba[i] zhe na[…h] (1) gal te yid la byed pa med pas de skad[j] bya na ni[k]/ des na gnyid kyis log pa dang/ ra ro ba la sogs pa[l] yang rnam par mi rtog pa nyid du 'gyur te/ de dag la chos kyi mtshan ma yid la byed pa med pa'i phyir ro// (2) ji ste yang dag par 'das pas de skad[m] bya na ni/ des na[n] bsam gtan gnyis pa la sogs pa [o…]thams cad kyang [p…]rnam par mi rtog pa nyid[…p] du 'gyur te[…o]/ rtog pa dang dpyod pa'i rnam par rtog pa rnams las yang dag par 'das pa'i phyir ro// de'i phyir na rnam par rtog pa'i lus ni khams gsum pa'i sems[q] dang sems las byung ba'o[r] zhes bya ba ni[s] 'di dang 'gal lo// (3) ji ste rnam par zhi bas de skad[t] bya na ni/ des na 'du shes dang tshor ba 'gog pa'i snyoms par 'jug pa yang rnam par mi rtog pa nyid du 'gyur te/ der[u] sems dang sems las byung ba'i rnam par rtog pa rnam par[v] zhi ba'i phyir ro// de'i phyir shes pa med par 'gyur ro// (4) ji ste ngo bo nyid kyis de skad[w] bya na ni/ des na gzugs kyang[x] rnam par mi rtog pa nyid du[y] 'gyur te/ de rnam par mi rtog pa'i ngo bo nyid yin pa'i phyir ro// (5) ji ste dmigs pa la mngon par 'du byed pas[z] de skad bya na ni/ des na[aa] rnam par rtog pa dang bcas pa[bb…] nyid[cc] […bb]rnam par mi rtog pa nyid du[dd] 'gyur te/ 'di ni rnam par mi rtog pa'o zhes mngon par 'du byed pa 'di ni mtshan ma la rnam par rtog pa'i mtshan nyid yin pa'i phyir ro//

de lta bas na rnam pa de dag gis rnam par mi rtog pa nyid du mi blta ste[ee]/ 'on kyang dmigs pa la mngon par 'du byed pa med [ff…]pa nyid du blta'o[…ff]// ji ltar[gg] zhe na/ gang gi tshe byang chub sems dpa' de[hh] rjes su mthun pa[ii] nyid kyi gdams pa la brten nas/ chos thams cad kyi mtshan ma ni rang bzhin gyis yongs su ma grub par rnam par rtog pa[jj] ste/ rnam par rtog pa de la goms pa'i stobs bskyed pas so so rang gis[kk] mngon par 'du byed pa med pa[ll] nyid kyis ji lta ba bzhin du spros pa med pa'i dbyings[mm] chos thams cad kyi de bzhin nyid la sems mnyam par 'jog ste/ de ni de'i spros pa med pa'i rnam par mi rtog pa nyid ces bya'o[nn]//

a　*ASVy* は D., P. とも dpa' の後に rnams を付す。　b　*ASVy* は D., P. とも pa la とする。　c　*ASBh*, P. は tsam を欠く。　d　*ASVy* は D., P. とも spros par を spong bar とするが誤り。　e　*ASVy* は D., P. とも bar とする。　f　*ASVy* は D., P. とも gi de を欠く。　g　*ASVy* は D., P. とも bya'o の箇所を brjod do とする。　h…h　*ASVy* はこの文の替りに本文をそのまま挿入。　i　*ASBh*, P. は ba を欠く。　j　*ASBh*, P. は skad の後に ces を付す。　k　*ASVy* は D., P. とも bya na ni を byas na とする。　l　*ASVy* は D., P. とも pa la とする。　m　*ASBh*, P. 及び *ASVy*, D., P. は skad の後に ces を付す。　n　*ASVy* は D., P. とも de bas na とする。　o…o　*ASBh*, P. は yang rnam par mi rtog pa nyid du 'gyur te とするが、恐らくは遺漏。　p…p　*ASVy* は D., P. とも rnam par rtog pa med pa nyid とする。　q　*ASVy*, P. のみ sems can とするも誤り。　r　*ASVy* は D., P. とも ba'i とする。　s　*ASBh*, P. 及び *ASVy*, D., P. は ni を欠く。　t　*ASVy* は D., P. とも skad の後に du を付す。　u　*ASVy* は D., P. とも des とする。　v　*ASBh*, P. は rnam par を欠く。　w　*ASVy* は D., P. とも skad の後に ces を付す。　x　*ASVy* は D., P. とも kyang を欠く。　y　*ASVy* は D., P. とも pa nyid du を par とする。　z　*ASBh* は D., P. とも pas の前に pa med を挿入するが、恐らく誤り。　aa　*ASBh*, D. は na を欠く。　bb…bb　*ASBh*, P. に欠くも、恐らくは遺漏。　cc　*ASVy* は D., P. とも nyid を欠く。　dd　*ASVy* は D., P. とも pa nyid du を par とする。　ee　*ASVy* は D., P. とも blta bar bya ste とする。　ff　*ASBh*, P. は par blta'o, *ASVy* は D., P. とも par blta bar bya'o。　gg　*ASBh*, P. は ji ste とする。　hh　*ASBh*, D. は de を欠き、P. は ste とする。　ii　*ASVy* は D., P. ともこの後に de を付す。　jj　*ASVy* は D., P. とも pa を欠く。　kk　*ASVy* は D., P. とも gi とする。　ll　*ASVy* は D., P. とも med pa を欠くが、恐らく誤り。　mm　*ASBh*, D. のみ chos kyi dbyings とする。　nn　*ASVy* は D., P. とも bya'o を brjod do とする。

(b—3)　註釈、玄奘訳：大正蔵、三一巻、七六五頁上

由、諸菩薩、知色等法唯戯論已、遂能除泯一切法相、得最極寂静出世間智、通達遍満真如、是名無戯論無分別。此[a…]無分別智、復離五相。謂、非無作意故、非超過故、非寂止故、非自性故、非於所縁作加行故、名無分別[…a]。所似者何。(1)若無作意故名無分別、熟眠酔等、応是無分別智。由彼不思惟諸法相故。(2)若超過故名無分別、従第二静慮已上一切地、応是無分別智。由彼超過尋伺故。若爾、三界心心法、是分別体、言即為相違。(3)若寂止故名無分別、滅受想定、応是無分別智。分別心心法、於彼寂止故。若爾、智亦応無。(4)若自性故名無分別、色等応是無分別智。彼非分別自性

故。⑸若於所縁作加行故名無分別、即分別性、応是無分別智。若謂此是無分別、此加行相即分別相故。是故、無分別智、非彼五相。若爾、当云何観無戯論無分別相。謂、於所縁不起加行。此復云何。若諸菩薩、遇[b]随順教、観察諸法、若性若相、皆不真実、由此観察串習力所持故、不由加行、於如実無戯論界一切法真如中、内心寂定、如是乃名、無戯論無分別智。

a…a 本文相当文が挿入されたもの。ASVy の場合と同じ。 b 現行本は「過」とあるも、宋・元・明三本、宮内省本により「遇」に改める。

C *Mahāyānasaṃgraha (bhāṣya, upanibandhana)

（a—1） 本文、チベット訳：デルゲ版、No. 4048, Ri, 34a5-7（北京版、No. 5549, Li, 39b5-8 ；山口本、p. 129, l.7-p. 130, l.1 ；Lamotte ed., p. 75, ll.7-17, Chap. VIII, § 2）

de la rnam pa lnga[a] rnam par spangs pa ni/ rnam par mi rtog pa'i ye shes kyi ngo bo nyid ces bya ste/ (1) yid la mi byed pa yongs su spangs pa dang/ (2) rtog pa dang bcas pa dang dpyod pa dang bcas pa'i sa las shin tu 'da' ba yongs su spangs pa dang/ (3) 'du shes dang/ tshor ba 'gog pa nye bar zhi ba yongs su spangs pa dang/ (4) gzugs kyi ngo bo nyid yongs su spangs pa dang/ (5) de kho na'i don la bkra bar 'dzin pa yongs su spangs pa'i phyir te/ rnam par mi rtog pa'i ye shes ni/ rnam pa 'di lnga yongs su spangs par rig par bya 'o//

a D, P. とも lngas なるも山口本、Lamotte ed. の訂正に従って lnga としておく。

（a—2） 本文、仏陀扇多訳：大正蔵、三一巻、一〇八頁中（佐々木本、八九頁、第四段）

是中、離五種相、無分別性智故。⑴意離念故、⑵果離有覚有観地故、⑶離想受滅定捨[a]、⑷離色性故、⑸真実処捨種種相故、彼無分別智、離如是五種相。

a 「捨」は「故」の誤字ではないかと思われる。

（a—3） 本文、真諦訳：大正蔵、三一巻、一二八頁上（佐々木本、八九頁、第三段、宇井本、九五頁）

無分別智自性、応知、離五種相。五相者、(1)一離非思惟故、(2)二離非覚観地故、(3)三離滅想受定寂静故、(4)四離色自性故、(5)五於真実義離異分別故。是五相所離智、此中応知、是無分別智。

（a—4） 本文、達摩笈多訳：大正蔵、三一巻、三〇七頁中（佐々木本、八九頁、第二段）

此無分別智自性、離五種相。(1)離非思惟故、(2)離過覚観地故、(3)離滅受想定故、(4)離色自性故、(5)離計度真実義種種相故。離此等五種相、是無分別智、応知。

（a—5） 本文、玄奘訳：大正蔵、三一巻、一四七頁中（佐々木本、八九頁、第一段）

此中、無分別智、離五種相、以為自性。(1)一離無作意故、(2)二離過有尋有伺地故、(3)三離想受滅寂静故、(4)四離色自性故、(5)五離於真義異計度故。離此五相、応知、是名無分別智。

（b—1） 註釈（*Bhāṣya*）、チベット訳：デルゲ版、No. 4050, Ri, 175a5-b4（北京版、No. 5551, Li, 212b4-213a4)

de la dang por re zhig rnam par mi rtog pa'i ye shes kyi ngo bo brjod par bya'o// 'dir ngo bo nyid de ni mtshan nyid ces brjod de/ byang chub sems dpa' rnams kyi shes// rnam rtog med pa'i ngo bo nyid// rnam pa lnga ni rnam spangs shin// yang dag don la bkrar 'dzin med// ces bya bar sbyor ro// rnam pa lnga ni (1) yid la byed pa med pa tsam rnam par mi rtog pa'i ye shes nyid yin na gnyid log pa dang/ ra ro ba dang/ bag med pa la sogs pa yang rnam par mi rtog pa'i ye shes su thal bar 'gyur ro// (2) yang rnam par rtog pa dang bcas rnam par dpyod pa dang bcas pa'i sa las 'das pa rnam par mi rtog par 'dod na/ de'i phyir bsam gtan gnyis pa la sogs pa thams cad kyang rnam par mi rtog par thal bar 'gyur ro// de lta yin na ni 'jig rten pas kyang rnam par mi rtog pa thob par thal bar 'gyur ro// (3) yang na gang du sems dang sems las byung ba mi 'jug pa 'du shes dang tshor ba 'gog pa la sogs pa de'i gnas skabs rnam par mi rtog par 'dod na de ni ye shes nyid du mi 'gyur te/ 'gog pa'i snyoms par 'jug pa la sogs pa'i dus na sems med pa'i phyir ro// (4) yang na gzugs kyi ngo bo bzhin du rnam par shes pa 'dod na yang de'i phyir ji ltar gzugs bems po yin pa bzhin du rnam par shes pa yang bems po nyid du 'gyur ro// (5) yang na gang de kho na nyid kyi don la bkra bar 'dzin par zhugs pa de rnam par mi rtog pa yin na/ de nyid ni rnam par rtog par 'gyur te/ 'di ni de kho na nyid do zhes rtog[a] pa'i phyir ro//

de lta bu'i rnam pa 'di lnga yongs su spangs pa'i ye shes kyis de kho na nyid kyi don la gal te zhugs par gyur na ni de kho na nyid kyi don ni 'di'o zhes de kho na nyid kyi don la bkra bar 'dzin par mi 'gyur ro// de lta bu ni rnam par mi rtog pa'i ye shes kyi mtshan nyid de kho na nyid kyi don la dmigs pa yin[b] te/ mig gi rnam par shes pa bzhin du sna tshogs kyi rang bzhin ma yin no zhes bya ba'i tha tshig go//

a　D. は rtogs とする。　b　D. は ma yin とするが取らない。

（b―2）　註釈（*Bhāṣya*）、真諦訳：大正蔵、三一巻、二三九頁中

（釈曰。）若具離五相、則是無分別智。若不具離五相、則非無分別智。（釈曰。）⑴此智若由離思惟故、名無分別智、熟眠放逸狂酔、同離思惟、応得無分別智。⑵若由過覚観地故、名無分別智、従二定以上已過覚観地、応得無分別智。若依此二義、凡夫応得無分別智。⑶是処能離心及心法、応説名無分別智。謂、想受滅定等、若人在此位中、得無分別智、此則不成智。何以故。於滅定等位、無心及心法故。⑷若言、如色自性、智自性亦如此、如色鈍無知、此智応鈍無知。⑸若於真実義、由已分別顕現、是分別応成無分別智。何以故。此分別能分別真実義、謂、此義真実。

（釈曰。）若智離五相、縁真実義起、若不異分別真実義、謂、此法真実但縁真実義、如眼識不以分別為性、是名無分別智相。

（b―3）　註釈（*Bhāṣya*）、達摩笈多訳：大正蔵、三一巻、三〇七頁上―下

今応先釈無分別智自性。自性即是体相。諸菩薩無分別智自性、応須離五種相、今当説。（釈曰。）五種相中、(1)若不作意是無分別者、則重睡耽淫[a]極酔等、応是無分別智。(2)復次、若過覚観地是無分別者、則二禅已上、皆応是無分別知。若爾、世間人亦応得無分別智。(3)復次、若心及心法不行故、是無分別智者、住滅受想定等、応是無分別智。此智不成。何以故。以住滅定等時無有心故。(4)復次、若智体性如色者、如色頑鈍無知、智亦如是頑鈍無知。(5)復次、若於真実義中、取種種相、是無分別者、此取即是分別。以分別言、此是真実故。

若智離此五種相、縁真実義、於真実義中、若不起種種相、言、此是真実、此是無分別智相、故、縁真実義時、如眼識縁色、無種種相、此是其義。

a　宋・元・明三本、宮内省本では「婬」とされる。

（b—4）　註釈（*Bhāṣya*）、玄奘訳：大正蔵、三一巻、三六三頁下—三六四頁上

且応先説、無分別智所有自性。此中、体相説名自性。謂、諸菩薩無分別智、離五種相、以為自性。離五相者、(1)若無作意是無分別智、睡酔悶等、応成無分別智。(2)若過有尋有伺地、是無分別智、第二静慮已上諸地、応成無分別智。若如是者、世間応得無分別智。(3)若想受滅等位中、心心法不転是無分別智、滅定等位無有心故、智応不成。(4)若如色自性、是無分別智、如彼諸色頑鈍無思、此智応成頑鈍無思。復有余義。若如色性、智不応成。(5)若於真義異計度転、無分別智、応有分別、謂分別言、此是真義。

若智遠離如是五相、於真義転、於真義中、不異計度、此是真義無分別智。有如是相、縁真義時、譬如眼識不異計度、此是其義。

（c—1）　註釈（*Upanibandhana*）、チベット訳：デルゲ版、No. 4051, Ri, 266a7-267a1（北京版、No. 5552, Li, 322b4-323a5)

ngo bo nyid kyi dbang du byas nas rnam pa lnga rnam par spangs pa zhes bya ba smos so// bzlog pa'i sgo nas mtshan nyid ston te/ dmus long la gzugs bsnyad pa bzhin du bsgrub pa'i sgo nas brjod par mi nus pa'i phyir ro// rnam par rtog pa bsal ba'i[a] sgo nas rnam par mi rtog pa'i ye shes bsgrub tu rung gi gzhan du na rnam par rtog pa dang bcas par 'gyur ro// rnam par mi rtog pa de dag gang zhe na/ yid la mi byed pa zhes bya ba la sogs pa rgyas par smros pa'o// (1) gal te yid la mi byed pa nyid rnam par mi rtog pa'i ye shes yin du zin na/ gnyid kyis log pa dang ra ro ba la sogs pa yid la ci yang mi byed pa yang rnam par mi rtog pa'i ye shes su 'gyur ro// de yang 'dod pa ma yin te 'bad pa med par yang thams cad phyin ci log med par thal bar 'gyur ba'i phyir ro// (2) rtog pa dang bcas shing dpyod pa dang bcas pa zhes bya ba la sogs pa ni gal te rtog pa dang dpyod pa las 'das pa rnam par mi rtog pa'i ye shes yin na ni des na bsam gtan gnyis pa yan chad kyi so so'i skye bo dang/ nyan thos la sogs pa yang rnam par mi rtog pa'i ye shes su 'gyur bas de yang 'thad pa ma[b] yin no// (3) 'du shes dang tshor ba 'gog pa zhes bya ba la sogs pa yang gal te 'du shes dang tshor ba rnam par zhi ba rnam par mi rtog pa yin na ni des na rnam par mi rtog pa'i ye shes nyid du rnam par[c] mi 'gyur te/ sems med par sems las byung ba rnams mi 'byung ba'i phyir ro// 'gog pa'i snyoms par 'jug pa la sogs pa la yid kyi rnam par shes pas sems dang bcas pa nyid du 'gal te/ sems las byung ba med par ni// sems ni nams kyang mi 'byung ste// nyi ma dang ni 'od zer bzhin// de dag nyid dang lhan cig 'byung// zhes ji skad[d] bshad pa lta bu'o// (4) gzugs kyi ngo bo nyid yongs su spangs pa zhes bya ba ni gal te rnam par mi rtog pa'i gzugs la sogs pa lta bu yin na ni des na ye shes nyid du mi 'gyur te/ 'byung ba las gyur pa yin pa'i phyir ro// (5) de kho na'i don la bkra bar 'dzin pa zhes bya ba la sogs pa ni gal te de kho na'i don la rnam par mi rtog[e] pa bkra bar 'dzin pa 'byung ba gang yin pa de rnam par mi rtog pa yin na ni de rnam par mi rtog pa nyid du mi 'grub ste/ bkra bar 'dzin pa nyid rnam par rtog pa'i phyir ro//

a　D. は bstsal　pa'i とする。　b　P. は ma を欠くも誤り。　c　P. は rnam　par を欠く。　d　P. は ji　skad を欠く。　e　P. は rnam par mi rtog pa の前に rnam par mi rtog pas を挿入する。

（c—2）　註釈（*Upanibandhana*）、玄奘訳：大正蔵、三一巻、四二九頁下

（釈曰。）依智自性、説離五相。由遮詮門、説智体相。以表詮門、不可説故、遣分別門。無分別智、其相可了。若異此智、応有分別。何等分別、謂後広説、無作意等。(1)若無作意是無分別智、熟眠酔等無所作意、応成無分別智。然不応許。由離功用応得無顛倒故。(2)若過尋伺地是無分別智、第二静慮已上諸地、一切異生、及声聞等、応成無分別智。然彼無有無分別智。(3)若想受滅是無分別智、此智体相、難可成立。無想等中、離心無有諸心法故。由意識滅、説彼無心、如前已説。(4)若如其色是無分別智、応不得成無分別智。譬如大種所造色故。(5)若於真義異相計度是無分別智、此智不成無分別性。以於真義異相計度、言此是真、是無分別、有分別故。

D　*Dharmadharmatāvibhāga*（*vṛtti*）

（a—1）　本文、散文チベット訳：デルゲ版、No. 4022, Phi, 48a6-7（北京版、No. 5523, Phi, 50b5-6、野沢本、p. 16, ll.8-9）

mtshan nyid yongs su shes pa ni/ (1) yid la byed pa med pa dang/ (2) yang dag par 'das pa dang/ (3) nye bar zhi ba dang/ (4) ngo bo'i don dang/ (5) bkra bar 'dzin pa lnga spangs pa ni rang gi mtshan nyid do//

（a—2）　本文、散文チベット訳：デルゲ版、No. 4023, Phi, 52b2（北京版、No. 5524, Phi, 54a1-2）

mtshan nyid yongs su shes pa ni//

(1) yid la mi byed (2) yang dag 'das//

(3) nye bar zhi dang (4) ngo bo'i don//

(5) mngon rtags 'dzin pa rnam pa lnga//

spangs pa'i rang gi mtshan nyid do//

（b） 註釈、チベット訳：デルゲ版、No. 4028, Bi, 35a1-b1（北京版、No. 5529, Bi, 41a3-b4；野沢本、p. 37, l. 3-p. 38, l.4）

de la mtshan nyid yongs su shes pa ni ⑴ yid la mi byed pa dang/ ⑵ yang dag par 'das pa dang/ ⑶ nye bar zhi ba dang/ ⑷ ngo bo nyid kyi don dang/ ⑸ mngon rtags su byed pa ste/ rnam pa lnga spangs pa'i rang gi mtshan nyid kyis so//

re zhig (1′) rnam par mi rtog pa'i ye shes de rnam par rtog pa yid la mi byed pas ni rnam par mi rtog pa'i rang bzhin du mi rigs so// gal te rnam par rtog pa yid la mi byed pas rnam par mi rtog pa yin na ni/ de la bu chung dang byis pa la sogs pa'i shes pa yang rnam par mi rtog par 'gyur te/ gang gi phyir de dag kyang gnas skabs de'i tshe rnam par rtog par mi byed pas so// (2′) rnam par rtog pa las yang dag par 'das pa'i rang bzhin yang yin par rigs pa ma yin te/ gal te yang dag par 'das pa'i rang bzhin de yin na ni/ de las bsam gtan gnyis pa la sogs pa'i snyoms par 'jug pa la snyoms par zhugs pa yang der 'gyur te/ rtog dpyod med pa la rnam par rtog pa med pa'i phyir ro// (3′) rnam par rtog pa nye bar zhi ba'i rang bzhin yang yin par mi rigs te/ gal te rnam par rtog pa nye bar zhi bas rnam par mi rtog pa yin na ni des na gnyid log pa dang/ myos pa dang/ brgyal ba rnams kyang der 'gyur te/ gang gi phyir de dag kyang gnas skabs de'i tshe rnam par rtog par mi byed pas so// (4′) 'on te ngo bo nyid kyi don kho nas rnam par mi rtog pa yin na ni gzugs la sogs pa'i yul yang rnam par rtog par mi 'gyur te/ gang gi phyir de dag kyang gyo ba med pa'i phyir rnam par rtog pa mi byed pas so// (5′) rnam par mi rtog pa'i rnam pa[a] nyid mngon rtags su byed pa yang de yin par mi rigs so// 'di ltar rnam par mi rtog pa'o// rnam par mi rtog pa'o zhes yid la byed[b] bzhin na ni shes pa de skye ba ma yin te/ rnam par mi rtog par rnam par rtog cing tjod[c] pa'i yid la byed pa yang rnam par rtog pa'i rnam pa nyid yin pa'i phyir ro// de'i phyir shes pa de ni rnam pa 'di lnga'i rang gi mtshan nyid las grol bar rig par bya'o//

a　P. によるも D. は 'i rnam pa を欠く。　b　P. によるも D. は byed pa とする。　c　P. によるも D. は brjod とする。

＊　＊　＊

上に示した文献がいかなる問題を提起しているかという点に触れる前に、各文献群の大体の内容を了解してもらうべく、上所引各群中のチベット訳あるいはサンスクリット原文を底本としながら、それらを和訳によって紹介しておいたほうがよいかもしれない。各文献は、いずれも同じ五種の観点から無分別智を規定しているために、相互に重複し合う部分も多いが、煩を厭わず、基本的には、すべての群に跨って和訳を提示しておきたい。

A　『瑜伽師地論（*Yogācārabhūmi*）』「摂決択分（*Viniścayasaṃgrahaṇī*）」

「真実の対象（de kho na'i don, tattvârtha）を把握する（'dzin pa, grāhaka）慧（shes rab, prajñā）は無分別なもの（rnam par mi rtog pa, nirvikalpa）である[31]」と説かれているようなものは、どのようにして無分別なものであると知るべきなのか。一体、〔その無分別な状態というものは[32]〕、(1)注意のないこと（yid la mi byed pa, amanaskāra）に由来し、(2)あるいは超越（yang dag par 'das pa, samatikrama）に由来し、(3)あるいは寂滅（dngos po med pa, vyupaśama[33]）に由来し、(4)あるいは本質（rang bzhin, svabhāva）に由来し、(5)あるいは把握対象（dmigs pa, ālambana）に対する作為（mngon par 'du byed pa, abhisaṃskāra）に由来して無分別なものである〔といわれる〕のか。(1')もしも注意のないことに由来するのであれば、それゆえに、〔その無分別が〕決りに従った注意（tshul bzhin yid la byed pa, yoniśomanaskāra）を伴ったものであるというのは不適切となり、熟睡したり（gnyid log pa, supta）酩酊したり（myos pa, matta）陶酔したり（rab tu myos pa, pramāda）した人たちにもそ〔の無分別〕があるということになってしまうであろう。(2′)もしも超越に由来するのであれば、それゆえに、「三界に属する心や心作用のあり方は分別である」[34]と説かれている典籍と、一体どうして矛盾しないことになろうか。(3′)もしも寂滅に由来するのであれば、それゆえに、慧（shes rab, prajñā）は心作用のあり方とはならないであろう。(4′)もしも本質に由来するのであれば、それゆえに、慧は存在しないことになり、〔物体と同様に〕無判断（yang dag par rtog pa med pa, asaṃtīraṇa）を特質とするものに一体どうしてならないであろうか。(5′)もしも把握対象に対する作為に由来するのであれば、それゆえに、無分別の慧（rnam par mi rtog pa'i shes rab, nirvikalpa-prajñā）は無作為（mngon par 'du byed pa med pa, anabhisaṃskāra）なものであるということに対して、一体どうして非難がなされないであろうか。

かくして、以上の〔五つの〕様相（rnam pa, prakāra）が不合理なものであるならば、その慧はどのようにして無分別なものであると考察すべきなのか。答えて言う。それは、把握対象に対して無作為なものだからであって、その把握対象は存在（dngos po, bhāva）と非存在（dngos po med pa, abhāva）とのいずれにも順じないあり方としての真如（de bzhin nyid, tathatā）であるが、それはまた無分別なものでもある。そ〔の慧〕は無作為なものであるけれども、以前からの促進力（shugs, vega）によって、真如による精神統一（de bzhin nyid kyi ting nge 'dzin, tathatā-samādhi[35]）を伴った慧が生じるようになった場合には、把握対象の形相（mtshan ma, nimitta）をそ〔の慧〕が目のあたりに把握する（mngon sum du 'dzin par byed, sākṣāt-GRAH-）が、それが無分別なものといわれるのである。

B（a）『阿毘達磨集論（*Abhidharmasamuccaya*[36]）』

言語習慣を離れた無分別性[37]（spros pa med pa'i rnam par mi rtog pa nyid, niṣprapañca-nirvikalpatā）とは、(1)注意のないことに由来するのでもなく、(2)超越に由来するのでもなく、(3)寂滅に由来するのでもなく、(4)本質に由来するのでもなく、(5)把握対象に対する作為に由来するのでもないと考察すべきであり、しかも、一方では、〔その無分別性は〕把握対象に対する無作為に由来するものであると考察すべきである。

（b）『阿毘達磨集論釈（*Abhidharmasamuccayabhāṣya*）』

菩薩たちは、かの物体など（rūpādi）の事物（dharma）にすぎないものを言語習慣（prapañca、戯論）であると知って、すべての事物（sarva-dharma、一切法）の形相（nimitta）を排除し（vibhāvayat）[38]、最高度に静謐にされた（parama-śānta）出世間智（lokottara- jñāna-）によって、すべてに遍在する（sarvatraga）真如（tathatā）を洞察する（pratividhyanti）。それゆえ、これが、彼らの言語習慣を離れた無分別性であるといわれる。では一体、どうしてこれが言語習慣を離れた無分別性であるといわれるのか。(1)もしも〔それが〕注意のないこと（amanaskāra）に由来するのであれば、それゆえに、熟睡したり（supta）酩酊したり（matta）などしたものたちにも無分別性があることになってしまうであろう。なぜなら、彼らは事物の形相（dharma-nimitta）を注意してはいない（amanaskāra）からである。(2)あるいはまた超越（samatikrama）に由来するのであれば、それゆえに、第二定（dvitīya-dhyāna）以上のすべての場合に、人は無分別性を得ることになる。なぜなら、〔第二定以上の人は〕推察（vitarka、尋）と考察（vicāra、伺）との分別を超越している（samatikrama）からである。そして、それゆえに、「分別の体（vikalpasya śarīram）は、実に、三界に属する心と心作用である[39]」といわれていること〔の典籍〕と矛盾してしまうのである。(3)あるいはまた寂滅（vyupaśama）に由来するのであれば、それゆえに、想や受を滅した精神統一（saṃjñā-vedita-nirodha-samāpatti、滅受想定）は無分別性を得ることになる。なぜなら、そ〔の状態〕においては、心や心作用が寂滅してしまっている（vyupaśama）からである。そして、それゆえに、智（jñāna）は存在しないことになってしまうのである。(4)あるいはまた本質（svabhāva）に由来するのであれば、それゆえに、物体（rūpa）が無分別性を得ることになる。なぜなら、そ〔の物体なるもの〕は無分別（avikalpa）を本質としている（svabhāvatva）からである。(5)あるいはまた把握対象（ālambana）に対する作為（abhisaṃskāra）に由来するのであれば、それゆえに、有分別性（savikalpatā）こそ無分別性（nirvikalpatā）を得ることになる。なぜなら、これは無分別なものである（nirvikalpa）

というこのような作為（abhisaṃskāra）は形相を分別すること（nimitta-vikalpa）を特質としているからである。

それゆえ、以上の〔五つの〕様相（prakāra）によって無分別であると考察すべきではないが、しかも、一方では、〔その無分別性は〕把握対象に対する無作為に由来するものであると考察すべきである。どのようにしてか。実に、いかなる場合であれ、この菩薩が、適切な（ānulomika）[40]教授《おしえ》（avavāda）のお蔭によって（āgamya）、すべての事物の形相（sarva-dharma-nimitta）は本性として完全なものではない（apariniṣpanna）と考察しつつ（vicārayat）、その考察（vicāraṇa）の反履（abhyāsa）の力に鼓舞されて、個人的に（pratyātmam）、もっぱら無作為なあり方によって、あるがままに、言語習慣を離れた根源（niṣprapañca-dhātu）であるすべての事物の真如（sarva-dharma-tathatā）に心を委ねるときには、そのことが、かの言語習慣を離れた無分別性であるといわれるのである。

C（a）『摂大乗論（*Mahāyānasaṃgraha）』[41]

そこで、五つの様相（rnam pa lnga, pañca-prakāra）を離れたもの（rnam par spangs pa, vivarjita）が無分別智（rnam par mi rtog pa’i ye shes, nirvikalpa-jñāna）の本質（ngo bo nyid, svabhāva）であるといわれる。〔すなわち〕、(1)注意のない状態を離れ（yid la mi byed pa yongs su spang pa, amanaskāra-parivarjita）、(2)推察を伴い考察を伴った段階を超越した状態を離れ（rtog pa dang bcas pa dang dpyod pa dang bcas pa’i sa las shin tu ’da’ ba yongs su spangs pa, savitarka-savicāra-bhūmi-samatikrama-parivarjita）、(3)想や受を滅した寂滅の状態を離れ（’du shes dang tshor ba ’gog pa nye bar zhi ba yongs su spangs pa, saṃjñā-vedita-nirodha-vyupaśama-parivarjita）、(4)物体の本質を離れ（gzugs kyi ngo bo nyid yongs su spangs pa, rūpa-svabhāva-parivarjita）、(5)真実の対象を様々に把握する状態を離れている（de kho na’i don la bkra bar ’dzin pa yongs su spangs pa, tattvârtha-citrīkāra-parivarjita）[42]から、無分別智はこれら五つの様相を離れていると知るべきである。

（b）『摂大乗論釈（*Mahāyānasaṃgrahabhāṣya、ヴァスバンドゥ釈）』

そこで、まず最初に、無分別智の本質を述べるべきである。ここで、その本質（ngo bo nyid, svabhāva）とは特質（mtshan nyid, lakṣaṇa）のことであると言われ、〔その意味は、本文中の頌〕、「菩薩たちの無分別智の本質は、五つの様相を離れたものであり、真実の対象を様々に把握することのないものである[43]」といわれるものに関連づけられるのである。五つの様相とは、〔以下のとおりである〕。(1)単に注意のないことのみが無分別智にほかならないとすれば、熟睡したり（gnyid log pa, supta）酩酊したり（ra ro ba, matta）陶酔したりすること（bag med pa, pramāda）なども無分別智だということになってしまうであろう。(2)また推察を伴い考察を伴った段階を超越した状態（rnam par rtog pa dang bcas rnam par dpyod pa dang bcas pa'i sa las 'das pa, savitarka-savicāra-bhūmi-samatikrama）が無分別であると認めるならば、それゆえに、第二定以上のすべて〔の段階〕もまた無分別だということになってしまうであろう。そうであるならば、世間的な人もまた無分別を得るということになってしまうであろう。(3)またそこにおいて心と心作用が働いていないあの想や受を滅したものなどの状態（gnas skabs, avasthā）が無分別であると認めるならば、それは智（ye shes, jñāna）にふさわしいものとはならないであろう。なぜなら、滅尽定（'gog pa'i snyoms par 'jug pa, nirodha-samāpatti）などの時には無心の状態（sems med pa, acittaka）になっているからである。(4)また識（rnam par shes pa, vijñāna）を物体の本質（gzugs kyi ngo bo, rūpa-svabhāva）と全く同様なものであると認めるならば、またそれゆえに、物体（gzugs, rūpa）が無感覚物（bems po）であるのと全く同様に識もまた無感覚物にほかならぬことになろう。(5)またなんであれ真実の対象（de kho na nyid kyi don, tattvârtha）を様々に把握するように起ったものが無分別なものであるとするならば、それ自体が分別となるであろう。なぜなら、〔それは〕、これが真実である、と分別しているからである。

以上のごときこれら五つの様相を離れた智によって、真実の対象にもしも入ったとしたならば、真実の対象はこれであると、真実の対象を様々に把握するようなことにはならないであろう。このような無分別智の特質は、真実の対象を把握対象とするもの（de kho na nyid kyi don la dmigs pa, tattvârthâlambana）であって、〔それは〕眼識（mig gi rnam par shes pa, cakṣur-vijñāna）のように多様性を本質とするものではないという意味である。

（c）『摂大乗論釈（*Mahāyānasaṃgrahopanibandhana*、アスヴァバーヴァ釈）』

〔無分別智の〕本質（ngo bo nyid, svabhāva）を主題として「五つの様相を離れたもの（pañca-prakāra-vivarjita）」と言うのである。否定的論証の観点から（bzlog pa’i sgo nas）[44]〔無分別智の〕特質を示すのは、生まれつきの盲人（dmus long, jāty-andha）に対して物体《もののすがた》を物語る〔のが困難である〕ように、肯定的論証の観点から（bsgrub pa’i sgo nas）〔無分別智を〕言い表わすことはできないからである。分別（rnam par rtog pa, vikalpa）を除去する観点から無分別智（rnam par mi rtog pa’i ye shes, nirvikalpa-jñāna）を論証するのは適切であるが、そうでなければ〔無分別智は〕分別を伴ったもの（rnam par rtog pa dang bcas pa, savikalpa）となるであろう。それら〔五つの様相をもった〕無分別とはなにか、というわけで、「注意のない状態（amanaskāra）」などと詳しく述べるのである。(1)もしも注意のない状態が無分別智であるとしたならば、熟睡したり（gnyid kyis log pa, supta）酩酊したりすること（ra ro ba, matta）など、いささかも注意を働かせていない状態もまた無分別智になってしまうであろう。〔しかし〕、それはまた認められることではない。なぜなら、努力もせずに、すべてが錯倒していないということになってしまうからである。(2)「推察を伴い考察を伴った（savitarka-savicāra）」などというのは、もしも推察や考察を超越した状態（rtog pa dang dpyod pa las ’das pa, vitarka-vicāra-samatikrama）が無分別智であるならば、それゆえに、第二定以上の通常の人（so so’i skye bo、異生）や声聞（nyan thos, śrāvaka）なども無分別智〔を得たもの〕となるが、それもまたありうることではないのである。(3)「想や受を滅した（saṃjñā-vedita-nirodha）」などというのもまた、もしも想や受の寂滅した状態（’du shes dang tshor ba rnam par zhi ba, saṃjñā-vedita-vyupaśama）が無分別なものであるならば、それゆえに、〔それは〕無分別智たるものとはなりえないであろう。なぜなら、心（sems, citta）なくして心作用（sems las byung ba, caitta）は起りえないからである。滅尽定（'gog pa'i snyoms par 'jug pa, nirodha-samāpatti）などに関して、意識（yid kyi rnam par shes pa, mano-vijñāna）によって心を伴った状態である（sems dang bcas pa nyid, sacittakatva）とすることには矛盾があり、〔その点については〕「心作用なくしては、心もまた決して起りえない。あたかも、太陽と光線のように、〔心は〕それら〔心作用〕と同時に生じる」[45]と説かれているがごとくである。(4)「物体の本質を離れ（rūpa-svabhāva-parivarjita）」などというのは、もしも〔無分別智が〕無分別の物体（rnam par mi rtog pa'i gzugs, avikalpa-rūpa）などのようなものであるならば、それゆえに、〔それは〕智（ye shes, jñāna）たるものとはなりえないであろう。なぜなら、〔物体（rūpa）は四つの〕無機的要素から構成されたもの（'byung ba las gyur pa, bhautika, 大種所造）だからである。(5)「真実の対象を様々に把握する状態（tattvârtha-citrīkāra）」などというのは、もしも、なんであれ真実の対象に対して無分別のまま様々に把握する状態が生じていることが無分別なものであるならば、それは無分別たるものとしては成立しえない。なぜなら、様々に把握することこそ分別だからである。

D（a）『法法性分別論（*Dharmadharmatāvibhāga*）』[46]

特質（mtshan nyid, lakṣaṇa）を徹底的に知ること[47]（yongs su shes pa, parijñāna）についていえば、(1)注意のないこと（yid la byed pa med pa, amanaskāra）と、(2)超越（yang dag par 'das pa, samatikrama）と、(3)寂滅（nye bar zhi ba, vyupaśama）と、(4)本質の意味（ngo bo'i don, svabhāvârtha）[48]と、(5)様々に把握すること（bkra bar 'dzin pa, citrīkāra）という五つを離れたものが〔無分別智の〕固有の特質（rang gi mtshan nyid, svalakṣaṇa）である。

（b）『法法性分別論釈（*Dharmadharmatāvibhāgavṛtti*）』

そこで、特質を徹底的に知ることについていえば、(1)注意のないこと（yid la mi byed pa, amanaskāra）と、(2)超越（yang dag par 'das pa, samatikrama）と、(3)寂滅（nye bar zhi ba, vyupaśama）と、(4)本質の意味（ngo bo nyid kyi don, svabhāvârtha）と、(5)様々に把握すること（mngon rtags su byed pa, citrīkāra）[49]という五つの様相（rnam pa lnga, pañca-prakāra）を離れた〔無分別智の〕固有の特質によって〔無分別智へ悟入するの〕である。

まず、(1′)その無分別智が注意を欠如した（yid la mi byed pa, amanaskāra）分別（rnam par rtog pa, vikalpa）によって無分別を本質としたものとなるというのは正しくない。もしも注意を欠如した分別によって無分別であるならば、その場合には、赤児（bu chung）や幼児（byis pa, bāla）などの智（shes pa, jñāna）も無分別となるであろう。というのは、彼らもまたその状態（gnas skabs, avasthā）のときには分別をなさないからである。(2′)また〔無分別智が〕分別を超越した状態を本質としているというのも正しいことではない。もしも〔分別を〕超越した状態を本質とするものがその〔の無分別智〕であるならば、それゆえに、第二定以上の精神統一（snyoms par 'jug pa, samāpatti）に集中しきったもの（snyoms par zhugs pa, samāpanna）もまたその〔の無分別の状態〕になるであろう。なぜなら、〔第二定以上のように〕推察や考察（rtog dpyod, vitarka-vicāra、尋伺）がない場合には分別もないからである。(3′)また〔無分別智が〕分別の寂滅を本質としているというのも正しくはない。もしも分別の寂滅によって無分別であるならば、それゆえに、熟睡したり（gnyid log pa, supta）酩酊したり（myos pa, matta）失神したりした（brgyal ba, saṃmūrchita）人たちもまたその〔の無分別の状態〕になるであろう。[50] というのは、彼らもまたその状態（avasthā）のときには分別をなさないからである。(4′)あるいはまた、〔無分別智が〕本質の意味だけから無分別であるならば、物体などの対象（gzugs la sogs pa'i yul, rūpâdi-viṣaya）もまた無分別となるであろう。[51] というのは、それら〔の物体など〕もまた流動的なものではないがゆえに分別をなさないからである。(5′)また無分別の形象（rnam par mi rtog pa'i rnam pa, nirvikalpâkāra）を様々に把握する[52]のがその〔の無分別智〕であるというのも正しくはない。このように、無分別である、無分別であると注意しながら、その〔無分別〕智が生ずることはないのである。なぜなら、無分別でありながら分別し表現する注意はまた分別を形象としているにほかならないからである。それゆえ、その〔無分別〕智は以上の五つの様相の固有の特質から離脱したもの[53]であると知るべきである。

＊　＊　＊

以上は、単に、五種の観点から無分別智を規定した文献を列挙し、それを和訳によって紹介したものにすぎないが、かかる規定が唯識思想史上いかなる意義を有するかということになれば、当然のことながら、無分別智に関するあらゆる言及を広く系統的に辿ってみた上で、それらとの対比において、唯識文献における如上の規定やその他の規定を位置づけてみる必要があるであろう。また、そう試みてこそ、表題に掲げた本稿の元来の意図にも沿うことになると思われるのであるが、今はそうした準備を全く欠如していることを率直に認めておかねばならない。そのために、本稿では、如上の文献の提示を最低限の義務と考えてそれを中心に置いたが、以下は、多少ともそれを踏み台にして、無分別智に関する筆者なりの見通しを断片的に書き止めておくだけのものにすぎない。

無分別智を先にみたような五種の観点から規定した文献は、あるいは他にも見出しうるかもしれないが、現在筆者の知る限りでは、前掲のものが全てである。あくまでもこうした制約のもとでではあるが、その初出の文献としては今のところ『瑜伽師地論』「摂決択分」の当該箇所を重視しなければなるまい。『阿毘達磨集論』も『摂大乗論』も、当然「摂決択分」の記述を継承したと思われるが、それを、前者は三種の無分別性（nirvikalpatā）中の「言語習慣を離れた無分別性（niṣprapañca-nirvikalpatā）」の規定として採用し、後者は無分別智（nirvikalpa-jñāna）の本質（svabhāva）の規定として採用したわけである。因みに、前者で言及される三種の無分別性は後者中にも触れられ[54]、註釈を介すると、前者にいう「言語習慣を離れた無分別性」と後者にいう無分別智の本質とは相通じ合う関係にあることがわかる。更に、後者である『摂大乗論』においては、単に前者である『阿毘達磨集論』と共通する記述が見出されるのみならず、特に無分別智に関しては、その第八章全体が様々な観点からの無分別智の記述に専ら当てられており、唯識説における無分別智を考察する上では最も重要な資料を提供している。しかるに、マイトレーヤ

(Maitreya、弥勒) に帰される『法法性分別論』の方は、その著者に関する伝承から推測されるほどには古いものではなく、後に展開した術語を自明のごとくに前提とした上で述作されており[55]、この無分別智の規定に関しても転依 (āśraya-parivṛtti) との結びつきを前提として述べられているので[56]、恐らくは、かなりの文献が出揃った後代に成立したのではないかと推測される面もあり、これを初期の唯識文献として扱うことは文献史的には危険であるといわなければなるまい。従って、現時点で上述した文献についていえば、一方では「摂決択分」の無分別(智)の規定を初出のものとして尊重し、他方では『摂大乗論』のそれを最も体系的に整理された文献中における記述として重視するのが至当ではないかと思う。

そこでまず、「摂決択分」において、五種の観点による無分別の規定がどのような問題意識のもとに述べられていたかを改めて考えてみることにしたい。典拠は不明ながらも、その箇所は、先に提示したごとく[57]、「真実の対象を把握する慧は無分別なものである (*tattvârtha-grāhakā prajñā nirvikalpā)」という言明を意識して、その無分別が、卑近に解釈されがちな文字通りの無分別の状態とは全く異なっていることを明確にせんとして述べられたものである。しかるに、誤解を排除することを目的とするその規定は、当然のことながら、積極的側面をなんら含んでおらず、当の規定を結ぶに際して辛うじてやや積極的な記述に転じているにすぎない。その記述によれば、無分別の慧 (nirvikalpa-prajñā) の把握対象 (ālambana) は真如 (tathatā) であって、その慧が把握対象の形相 (nimitta) を目のあたりに把握するのだということが知られるが、真如と無分別とのそのような密接なつながりは、『般若経』などにおいても認められることであって[58]、殊更唯識文献に限って特徴的なこととはいえない。では、唯識文献に独自な無分別智の特徴はどこに求められるべきかといえば、無分別智自体の規定が積極的なものではない以上、その考察は当の無分別智の把握対象としての真如の性格の分析を通してしかありえないように思われる。今、「摂決択分」の問題の箇所において、かかる真如の性格に触れたとみなしうるのが「存在 (bhāva) と非存在 (abhāva) とのいずれにも順じないあり方としての真如（tathatā）」という一句である。この一句は、直ちに『菩薩地（*Bodhisattvabhūmi*）』「真実義品（Tattvârtha-paṭala）」の主要テーマを想起させるが、「摂決択分」のこの箇所の「決択」の対象が「真実義品」であってみれば[59]、それも半ば当然といえる。以下に、「真実義品」中より、先の一句と最も関連深いと思われる箇所[60]を示してみることにしたい。

〔所知に対する障害を浄化した智の認識領域である真実（jñeyâvaraṇa-viśuddhi-jñāna-gocara-tattva）[61]とは〕、すべての事柄は言語表現を越えたものを本質としているということ（sarva-dharmāṇāṃ nirabhilāpya-svabhāvatām）に依拠して、菩薩や仏世尊たちが、法無我（dharma-nairātmya）に徹底せんがために、徹底されしかも非常によく浄化された、概念的名辞（prajñapti-vāda）の本質を分別しない、所知と等しい智によって、認識領域である対象（gocara-viṣaya）となしているものであるが、そのようなものはなんであれまた、所知の究極にかかわる（jñeya-paryanta-gata）最高にして無上の真如[62]（paramā tathatā niruttarā）なのであって、そ〔の真如〕のうちにおいて、すべての事柄の確定（pravicaya）も正しく行われ離反することもないのである。また、その真実の特質（tattva-lakṣaṇa）は、規定すれば（vyavasthānataḥ）、無二によって顕わされるもの（advaya-prabhāvita）であると知るべきである。二（dvaya）とは、存在（bhāva）と非存在（abhāva）とであるといわれる。

この引用末尾に示されている存在（bhāva）と非存在（abhāva）という二（dvaya）を離れることが無二（advaya）であり、その無二によって顕わし出されているものが真実の特質（tattva-1akṣaṇa）であって、これこそ、問題の「摂決択分」において「存在と非存在とのいずれにも順じないあり方としての真如（tathatā）」と言われていたものにほかならない。また、かかる真如は、「真実義品」を対象とした「摂決択分」の冒頭箇所では、次のように定義されてもいる[63]。

真如（de bzhin nyid, tathatā）とはなにか。法無我によって顕わされる（chos bdag med pas rab tu phye ba, dharma-nairātmya-prabhāvita）、聖者の智の認識領域（'phags pa'i ye shes kyi spyod yul, ārya-jñāna-gocara）であって、すべての言語表現の名辞（mngon par brjod pa tshig, abhilāpa-vāda）の痕跡（gzhi'i gnas, pada-sthāna）をとどめない個物[64]（dngos po, vastu）であるようなものである。

この定義において、真如（tathatā）は、幾分の限定を受けながらも、個物（vastu）に連なっていくものであることが示されているが、その定義自体は必ずしも積極的な面を表わしているとは言い難い。しかるに、この真如と個物との密接な関連について、始めて明確な論理的基盤を提供した文献こそ「真実義品」であり、この章の記述全体が、先に指摘したような、存在と非存在という二を離れた立場の解明に費やされているといっても過言ではない。そして、そこで一貫して述べられる論理が「aにbがないならば（yad yatra na bhavati）、aはbについて空であり（tat tena śūnyam）、そのような空がcとしての無二なる真如にほかならない」という一種定型的な空の論理なのである。これについては既に述べたこともあるので[65]、ここに再説することは避けたいが、本稿の論述上必要と思われる点には触れておかねばなるまい。そこで、存在と非存在という二を離れた立場を主張する「真実義品」の論点を、上に示した定型句と関連づけて説明すると、次のようになる。定型句の論理によれば、aは一種の場として決して否定できない存在であるのに対し、bは本来的に絶対ありえない非存在なのであるが、このaとbとをそのように認めず、誤ってaを非存在とみなしbを存在とみなしているのが二（dvaya）を離れていない立場にほかならないが、それを先の定型句のように、aという実在の場においてbは本来存在しないものであることをcとして認めることが無二（advaya）の立場なのである。しかも、このような論理によって肯定されたaとcとが、それぞれ、先の言葉でいわれたところの、個物（vastu）と真如（tathatā）とに相当するものであることは言うまでもないが、そうだとすれば、誤らない正しい物事の認識とは、個物と真如とを正しく認識することだということになりはしないであろうか。少なくとも、以下に示す「真実義品」の一文[66]は、個物と真如とに関するそのような認識のあり方に触れたものと思われるのである。

さて、かの菩薩は、長いことかけて徹底されたその法無我（dharma-nairātmya）の智（jñāna）によって、すべての事柄（sarva-dharma）は言語表現を越えたものを本質としている（nirabhilāpya-svabhāvatā）ということを如実に（yathābhūtam）知って、個物のみであること（vastu-mātra）を把握し（gṛhṇāti）真如のみであること（tathatā-mātra）を〔把握する〕以外は、いかなるあり方をいかなる仕方によっても決して分別しない（na kalpayati）し、それが個物のみであるとか真如のみであるとかという考えを懐くこともないが、しかし一方で、かの菩薩は、対象（artha）に向って働きかけ、最高の対象に向って働きかけながら、すべての事柄はかの真如（tathatā）と全く等しい（sama-sama）と慧（prajñā）によって如実に観察し（paśyati）、いたるところで等しい見解をもち等しい心をもちながら最高の平静さ（upekṣā）を獲得するのである。

ここには、無分別智（nirvikalpa-jñāna）という用語は示されていないが、筆者には、この記述が、本稿で取り上げた五種の観点による消極的な無分別智の規定に比べれば、はるかに具体的で積極的な無分別智の描写となっているように思われてくる。確かに、「いかなるあり方をいかなる仕方によっても決して分別しない（na kalpayati）」と述べられている点では消極的と言ってもよいが、その消極的言辞のうちにありながらも、なおかつ、その智が個物のみであること（vastu-mātra）を把握し真如のみであること（tathatā-mātra）を把握するものだということははっきりと言明されているとみなければなるまい。しかるに、ここで把握対象とされている両者中、真如（tathatā）が「すべての事柄の普遍相」（sarva-dharmāṇāṃ sāmānyaṃ lakṣaṇam）」[67]として一般的抽象的性格が強いのに対し、個物（vastu）は、後にこれがアーラヤ識（ālaya-vijñāna）とみなされるようになったこと[68]からもわかるように、むしろ特殊的で具体的な語感の強い言葉である。このように互いに相反するニュアンスをもった二つの事態が、先の記述では、あたかも同時に把握されるかのように示されていたわけであるが、無分別智という高度に知的な体験においては、かかる矛盾的な事態を合わせもつような困難が敢えて可能だとみなされていたのかもしれない。否、無分別智が単に抽象的な概念に呼応しているのでない限り、むしろそれは抽象に堕すことを避けながら断えず具体的で個別的な状態であり続けなければならないものかもしれないのである。[69] そして、事実、分別のみである（kalpanā-mātra）と知ることが無分別智（avikalpa-jñāna）にほかならないといえるような表現[70]もないわけではなかったが、しかし、真如と個物が同時に把握されるかのように述べる傾向の論典は急速に影を潜めていったのではないかと思われる。その結果は、当然のごとく、真如（tathatā）と個物（vastu）との分離となって現われ、しかも、それぞれの対象に見合うかのように、真如を把握対象とする（tathatālambana）無分別智（nirvikalpa-jñāna）と、個物を把握対象とする（vastv-ālambana）後得智（tat-pṛṣṭha-labdha-jñāna）とが言われるようになった[71]のではないかと推測されるのである。従って、その初出に近いような形が「真実義品」中に認められる[72]にしても、この両種の智の対象が明確に意識されるようになるのは、アサンガ（Asaṅga、無著）もしくは彼以降のことではなかったかとの感触をもつ。[73] こういう問題が全て確認された上でなければなんともいえないが、その意味では、スティラマティ（Sthiramati、安慧）によって、この両種の智の対象の相違に関する典拠として引用された『悟入無分別陀羅尼〔経〕（*Nirvikalpapraveśadhāraṇī*）』[74]もあるいは遅い成立なのかもしれない。

　ところで、真如と個物とがそれぞれ無分別智と後得智との対象として明白に確定されてしまったということは、この両種の智が、その用語自体が示す前後関係のように、対象に関しても真如から個物へという一定の方向性をもってしか継起しえないものとして自覚されるようになったことを意味する。それを最も明確に述べたものが、ヴァスバンドゥ（Vasubandhu、世親）の『三十頌（*Triṃśikā*）』第二二頌、及びそれに対するスティラマティの註釈中における如上の箇所なのである。[75] ここで、直観的な無分別智から分析的な後得智へという一定の方向性に関していえば、「直観（l'intuition）からは分析（l'analyse）へ移れるけれども、分析から直観へは移れない[76]」というベルクソンの深く鋭い考察を俟つまでもなく、五識身（pañca-vijñāna-kāya）から意識（mano-vijñāna）へ、自性分別（svabhāva-vikalpa）から計度や随念分別（abhinirūpaṇânusmaraṇa-vikalpa）へ、無分別（avikalpa）から分別（vikalpa）へという仏教の古典的な認識論上の規定[77]からいっても、その方向性はむしろ常識的に認められうるのであるが、しかし、両種の智の対象について、もし真如（tathatā）が普遍相（sāmānya-lakṣaṇa）であり個物（vastu）が個別相（sva-lakṣaṇa）であるとするならば、智は普遍相から個別相の認識へと進むことになってしまうが、これは、直観（pratyakṣa、現量）によって個別相（sva-lakṣaṇa、自相）を把握し分析（anumāna、比量）によって普遍相（sāmānya-lakṣaṇa、共相）を把握するという規定を始めて明言したディグナーガ（Dignāga、陳那）以降の考え方[78]とは全く逆の関係を示していることになり、この種の問題は、そうした齟齬を解消すべく、極めて錯綜した様相を呈しながら進展していく。[79]例えば、大円鏡智（ādarśa-jñāna）に関して、それが無分別智にしてなおかつ後得智でもありうるのかを問い、あるいはそれが真如のみならず世俗をも把握対象となしうるのかを問う『成唯識論』[80]、もしくは、個別相（自相）と普遍相（共相）とのあり方に関して、それのディグナーガによる規定との食い違いを会通せんと試みる『仏地経論』[81]などは、すべて上述のごとき錯綜した状況を反映したものとみなすことができるのである。しかし、そういう錯綜した状況が災いしたためか、例えば、無分別智は普遍を認識するのか、あるいは個物を認識するのかというような肝腎な点すら、従来は学者の批判的な問題意識から擦り抜けていたのではないかと思われないわけでもない。[82]本稿において、ほとんど中心に据えることのできなかった『摂大乗論』第八章については、そういう反省も踏まえて、近い将来、批判的な問題意識から検討を加えてみたいと思っている。

さて、文字通りの断片的見通しを連ねているうちに紙数も尽きてしまったが、無分別智あるいはそれに類する智の対象として、大乗仏教のほとんどの文献において認められていると思われる真如（tathatā）もしくは真実の特質（tattva-lakṣaṇa, tattvasya lakṣaṇam）について、全く純然たる感想を付け加えて筆を置くことにしたい。『中論頌

(*Madhyamaka-kārikā*)』第一八章、第九頌[83]は、かかる真実の特質について述べた最も有名な表現の一つであろうが、それに関説するにあたって、バーヴィヴェーカは次のように述べている。[84]

もしも真実の特質(de kho na'i mtshan nyid, tattvasya lakṣaṇam, tattva-lakṣaṇa)が言語表現されるもの(brjod par bya ba, vācya, abhilāpya)であるならば、説かれる必要があるというのも真実(bden pa, satya)であるが、しかし、それは言語表現されるものではない。にもかかわらず、初心者(skye bo las dang po, ādikarmika-jana)たちを正しく落ち着かせるために(dbugs dbyung ba'i phyir)[85]、分別を伴った個別観察智(so sor rtog pa'i shes pa, pratyavekṣā-jñāna)によって、そのように確定してここに説明されようとしている〔のが第九頌である〕。

このように、真実の特質が言語表現できないものであるということは中観派も唯識派も共に認めるところであるが、考えねばならぬ点は、それがなにゆえに言語表現できないかということなのである。もし、この表現不可能性が、真実におけるすべてのものの無常性に由来するとしたら、我々は無常に即して、求めても適わぬ言語表現を、それゆえにこそ断えず工夫しながら求め続けねばなるまい。しかし、真実が一箇の物のように不変で確固として存在しているのにもかかわらず、その描写の適わぬことを言語表現できないというのであれば、あたかも閉じていた眼を開ければ物が見えるように[86]、真実はたとえ描写されずとも容易に発見されるであろう。しかも真実が物のようにはっきりと発見された以上、あとはなんの工夫もいらないはずである。[87]そんな通念が、知らず識らずのうちに無分別智の上にも重ね合わされていないかどうかは充分気をつける必要がありそうに思われる。勢いのない消極的な規定で事足れりとするような思考の背後には、ともすればそういう危険性が付きまとっていると考えねばならぬからである。

註

(1) 木村隆徳「『金剛経』を媒介とした禅と印度仏教の比較」『仏教学』第一一号、八九—一〇六頁、特に、九七—九八頁の記述による。

（2）カマラシーラのインド中観思想の展開における位置づけについては、松本史朗「後期中観派の空思想」『理想』No. 610（一九八四年三月号）、一四〇—一五九頁〔松本史朗『チベット仏教哲学』（大蔵出版、一九九七年）に第三章として加筆補訂されて再録された、一一七—一五八頁〕参照。

（3）Bu ston, *Chos 'byung*, The Collected Works of Bu-ston, Pt. 24 (Śata-piṭaka Series, Vol. 64), f.888 (Ya, 128b), l.4-f.889 (Ya, 129a), l.1。なお、山口瑞鳳「チベット」（玉城康四郎篇『仏教史II』、世界宗教史叢書8所収）、二一〇—二一一頁所引のものは、このプトゥンの記載に基づくと思われるので、本書の前後の記述と共に、この箇所を参照されたい。

（4）次註5、6で指摘する『修習次第』後篇の"sarva-dharmeṣv asmṛtir amanasikāro vā"（Tucci ed., p. 15, l.14）に対応する。「想起」がsmṛtiの訳語、「注意」がmanasikāraの訳語として、本稿では以下においても踏襲される。必ずしも、よい訳語とは思わないが、プトゥンの引用直後の記述に「想起と注意がなければ、前世を思い起したり、すべてを知ったりすることに、一体どうしてなれよう」とあることからもわかるように、smṛtiは過去のことを知り、manasikāraは現在のことを知るという意味合いが強い。それはともかく、manasikāraを「注意」と訳すのは、現在の日本語の語感からすれば、その強い緊張感を表わすにはいかにも弱いとの謗りを免れまいが、元来は〔注意も〕それほど弱い言葉とも思われないので、敢えて暫定的に採用しておく。

（5）芳村修基『インド大乗仏教思想研究』（百華苑、一九七四年）、四三二頁、註1：御牧克己「頓悟と漸悟——カマラシーラの『修習次第』」『中観思想』、講座・大乗仏教7、二一七—二四九頁参照。

（6）G. Tucci, *Minor Buddhist Texts*, Pt. III, *Third Bhāvanākrama*, SOR XLIII, Roma, 1971, p. 15, l.18-p. 16, l.3：D. ed., No. 3917, Ki, 62a4-6. なお、和訳としては、芳村前掲書、四三四頁参照。

（7）Skt. は"vicāryate"なるも、Tib. "dpyad dgos"によって訳す。

（8）「しかるに」以下の文に対応するTib. は、「非存在はまた根拠としても正しいものとはならないであろう。そ〔のような非存在〕に基づくなら、無形相や無注意から無分別の境地〔が得られること〕になるであろう」と読める。

（9）Tib. は"de tsam gyi phyir（それだけに基づくならば、それだけの理由で）"と読む。

（10）芳村和訳が「仏」とするのは、"brgyal ba"をsangs rgyasと読み誤ったためと思われる。

（11）Tucci, *op. cit.*, p. 16, l.20-p. 17, l.15：D. ed., *op. cit.*, 62b4-63a3. なお、芳村前掲書、四三六—四三七頁参照。

（12）この前後の行文は、"yadi mano-vijñānam asti (gal te yid kyi rnam par shes pa yod na)......atha nâsti (ci ste med na)"とあって、"yadi"以下は意識のある場合、これ以下、すなわち"atha"以下は意識のない場合を想定して、そのいずれの場合も成り立たないことを述べるわけであるが、芳村和訳は、その行文を正しく押えていない。

(13) "āvaraṇa" に相当する語は Tib.中にはないが補っておく。

(14) 以下に "paṭhitau (ʼbyung ba)" とあるので、この場合の dharma とは典籍や典拠としての教法を指すと解せられる。芳村和訳はこの点が明確ではないが、芳村前掲書、四三七頁、註1に指摘されるツォンカパ所引のものに対する長尾訳（『西蔵仏教研究』、三七七頁）は、この点正しく押えられていると思われる。

(15) Skt. は "asmād" とあるも Tib. "gang gi phyir" により yasmād と改めて読む。

(16) Tib. は "nye bar zhi bas（寂静となったことによって）" と理由のように読む。

(17) Skt. は "upāya-yuktaḥ prajñāsevanatas" なるも、Tib. により prajñā にかかる複合語として読む。

(18) Tucci, *op. cit.*, p. 20, ll.3-8 : D. ed., *op. cit.*, 64a2-4. なお、芳村前掲書、四四一頁参照。

(19) Tib. は "bhūta（正しい）" に相当する語を欠く。

(20) この点に関しては、山口瑞鳳「チベット学と仏教」『駒沢大学仏教学部論集』第一五号（一九八四年十月）、三〇—五三頁、特に三九—四三頁を必ず参照してもらいたい。ここにいう批判点とは、同論文中で指摘される二点中の後者である。着実にして具体的な実現はかなり先のことになるかと思われるが、本稿は、同論文中における山口博士の次のような言葉、即ち「たとえ〔徹底して植物人間に近い禅定を続けた結果最後に「仏性」が〕顕現する筈としても、その「仏性」が古来釈迦牟尼仏にしか顕現していないのでは、不信心のものにとって顕現してみなければそれと同じ保証がない得体の知れない「もの」にすぎません。〔そのような「仏性」は、〕楽天的にあらゆる徳性をそこに期待して妄想されているのですが、仏教が成立の当初から否定し続けて来たブラフマンとかアートマンに類するものとしか云いようがないのであります。道元禅師が蛇蝎のように嫌われた先尼外道そのものの説と云ってよいでありましょう。そこには除かれるべき実体的思考、つまり、無明そのものがあって、無明を内容とする「悟り」という矛盾したものが待たれているわけであります」（同、四一頁下）というような指摘に啓発され、また、道元禅師の「又しるべし、われらはもとより無上菩提かけたるにあらず。とこしなへに受用すといへども、承当することをえざるゆゑに、みだりに知見をおこすことをならひとして、これを物とおもふによりて、大道いたづらに蹉過す。この知見によりて、空華まちまちなり。あるひは十二輪転、二十五有の境界とおもひ、三乗・五乗・有仏・無仏の見つくることなし。この知見をならふて、仏法修行の正道とおもふべからず」（『正法眼蔵弁道話』岩波文庫本、上、六三頁、傍点筆者）などという言葉を脳裏において書き出してみたいと思ったものである。

(21) D. ed., No. 3856, Dza, 204a1-4 : P. ed., No. 5256, Dza, 224b2-6. なお、山口益『仏教における無と有との対論』（一九四一年、修訂版、山喜房仏書林、一九六四年）、一九五—一九九頁参照。〔本稿末尾の「回顧と弁明」参照〕

(22) *Madhyāntavibhāga*, I, 13ab に対する *Bhāṣya*, "dvaya-grāhya-grāhakasyâbhāvaḥ/ tasya câbhāvasya bhāvaḥ śūnyatāyā lakṣa-

ṇam ity abhāva-svabhāva-lakṣaṇatvaṃ śūnyatāyāḥ paridīpitaṃ bhavati"（Nagao ed., p. 22, l.24-p. 23, l.2）の下線部分による。

（23） 論師（ācārya）がバーヴィヴェーカを指すことの問題点については、江島恵教『中観思想の展開』（春秋社、一九八〇年）、一三一一五頁参照。

（24） Tib. は D. ed., P. ed. とも単に "rtog pa" であるが、nges par が脱けているとみて補った。しかし、それがない場合でも根本的な違いがあるわけではない。

（25） なお、山口益前掲書（前註21）、四三七—四三九頁も参照のこと。

（26） *Abhidharmakośabhāṣya*, Pradhan ed., p. 22, ll.19-25：櫻部建『倶舎論の研究』（法蔵館、一九六九年）、一九九—二〇〇頁参照。

（27） 後註60、65で指摘された文献、及び、これらの註記の付された本文の前後箇所を参照されたい。

（28） 山口益前掲書、四三九—四四〇頁、同『山口益仏教学文集』上、一八六—一八七頁、及び、一九五—一九六頁、註17、拙稿「唯識説における仏の世界」『駒沢大学仏教学部研究紀要』第三四号、四二頁（『唯識考』、七一二頁）、註39参照。

（29） 本稿で示す文献中、*Yogācārabhūmi*（『瑜伽師地論』）の *Viniścayasaṃgrahaṇī*（「摂決択分」）で述べられる一節については、従来全く取り上げられたことがなかったように思う。

（30） 以下に掲げる *Viniścayasaṃgrahaṇī*, *Abhidharmasamuccaya*（『阿毘達磨集論』）, **Mahāyānasaṃgraha*（『摂大乗論』）, *Dharmadharmatāvibhāga*（『法法性分別論』）という文献列挙順について、前三者についてはほとんど問題はないであろうが、後一者を最後に配するのは現段階ではむしろ唐突かもしれない。*Dharmadharmatāvibhāga* が前三者よりも成立が遅いということを論証するためには、それだけで独立した論稿を必要とするが、筆者はまだその準備を充分整えるには到っていない。ここでは、拙稿「チベットにおける唯識思想研究の問題」『東洋学術研究』第二一巻第二号、一四三—一六〇頁（本書「本論」第一七論文）、同「マイトレーヤ伝承の再検討」『東方学』第六七輯、四頁（本書「本論」第一八論文）などで散在的に述べたように、*Dharmadharmatāvibhāga* を含むマイトレーヤの五法の伝承がチベットでも後代に伝えられたものであるという点に加え、その用語が唯識思想のかなりの展開を予想した上で使われていることを理由に、暫定的に四者中の最後に配列したものと了解されたい。

（31） この「摂決択分」箇所が『菩薩地』（*Bodhisattvabhūmi*）の「真実義品」（Tattvârtha）を対象としていることから、そこに説かれている語句かとも思ったが見当らないようである。その Skt. は、tattvârtha-grāhakā prajñā nirvikalpā などとあったとも考えられるが、今のところ正確な典拠は不明。〔今思うに、『般若経』に当るべきだったのかもしれない。〕

（32） 以下の五つはあまりにも簡略すぎて、すぐには意味不明と思われるが、その詳細は以下の(1′)〜(5′)の説明、あるいは他文献のそれと比較すれば明らかになると思うので、いちいちの解説は略す。

(33) 現在知られる限りでの Skt. と Tib. との対応関係からは vyupaśama を導くことには無理があると思われるが、内容的には *ASBh* で用いられるこの vyupaśama という語に最もよく合致すると推測される。通常想定される abhāva では、余りにも一般的過ぎて規定の態をなさないように感じられる。

(34) *ASBh* の対応箇所では "vikalpasya śarīraṃ hi citta-caittāḥ traidhātukāḥ" として引用され、ほぼ同じ典拠に言及されていることがわかるが、その正確な典拠は分らない。類似のものとしては、例えば、有名な *Madhyāntavibhāga*, I, 8ab の "abhūta-parikalpaś citta-caittās traidhātukāḥ" (Nagao ed., p. 20, l.14) があるが、ここで重要な意味を持つ vikalpa を含むものとしては、「摂決択分」中の「何等為分別。謂、三界行中所有心心所」(大正蔵、三一巻、六九六頁上)："rnam par rtog pa gang zhe na/ khams gsum na spyod pa'i sems dang sems las byung ba'i chos rnams so//" (D. ed., No. 4038, Zhi, 287b3) がより適切かもしれない。

(35) Tib. "de bzhin nyid kyi" の "kyi" が P. にはないので、tathatā-samādhi なる複合語を確実に想定できるという自信はないが、例えば、*Mvyut.*, No. 620 に示されるように、tathatā を付して呼ばれる samādhi もありえたかもしれないと思って訳出した。

(36) *AS* の以下の箇所の Skt. は断片中には見出されないが、*ASBh* より niṣprapañca-nirvikalpatā nâmanaskārato na samati-kramato na vyupaśamato na svabhāvato nâlambane 'bhisaṃskārato draṣṭavyā/ api tv ālambane 'nabhisaṃskārato draṣṭavyā// などのごとき Skt. が想定される。

(37) これは、無分別 (nirvikalpatā) に三種ありとして列挙される、知足無分別 (saṃtuṣṭi-nirvikalpatā)、無顛倒無分別 (aviparyāsa-nirvikalpatā)、無戯論無分別 (niṣprapañca-nirvikalpatā) のうち、最も重要な第三番目の説明として述べられているものである。なお、niṣprapañca を「言語習慣を離れた (こと)」と訳すについてはそれ相応の理由が明示されなければならないであろうが、今はこの語を詳細に分析したものとして、L. Schmithausen, *Der Nirvāṇa-Abschnitt in der Viniścayasaṃgrahaṇī der Yogācārabhūmiḥ*, Wien, 1969, pp. 137-142 を指摘するにとどめ、私見を述べるのは、別な機会に譲りたい。

(38) "vibhāvayat" の語については、小谷信千代『大乗荘厳経論の研究』(文栄堂書店、一九八四年)、一一五—一二〇頁、及び一三一—一三三頁、註69を参照されたい。

(39) 典拠は不明であるが、前註34を参照されたい。

(40) "ānulomika" の語の思想史的な意義については、松田和信「菩薩地所説の ānulomikopāya について——三性三無性説との関連において——」『印仏研』二八—二 (一九八〇年三月)、一四二—一四三頁を参照されたい。

(41) 以下の箇所に対応する仏訳については、É. Lamotte, *La Somme du grand véhicule d'Asaṅga* (*Mahāyānasaṃgraha*), Tome II, Louvain, 1938, pp. 233-234, Chap. VIII, §2 を参照されたい。なお、和訳中に示した還元サンスクリットは、当然のことながら、

ASBh 中の用例を重視したために、Lamotte 教授のそれを必ずしも踏襲してはいない。

(42) Lamotte, *ibid.* では bhūtârtha-citrikāra と還元されているが, Tib. de bho na に対応する *Mvyut.*, Nos. 1707, 7539 の用例やその他の極一般的な用例からみても bhūta よりは tattva の方がよいであろう。また、そのように考えて tattvârtha と想定した方が、*Viniścayasaṃgrahaṇī* を介して、この箇所が *BBh* の Tattvârtha-paṭala へも連なりうるものであることをより理解しやすくするのではないかと思う。なお、Lamotte 教授が bkra bar 'dzin pa を citrīkāra と還元するのは、*Mvyut.*, No. 7563 に基づいたものと思われるが、それを直接保証するような資料を筆者は持ち合わせておらず、今は Lamotte 教授に慣う。ただし、後註49で示すように cihnakāra/-in と読み誤られた可能性が強くなってくれば、逆に citrīkāra の可能性も保証されるのではないかと思ってはいる。

(43) *MS* の本章において、散文による説明を受けて示される二四頌中の第一頌を指す。

(44) 以下に示される bsgrub pa'i sgo nas と対になって用いられている術語的表現と考えられるが、筆者は寡聞にしてこの方面のことを知らず、Lamotte 教授が玄奘訳の「遮詮門」と「表詮門」によって nirākaraṇamukha と pratipattimukha とするのが正しいのかどうかすら判断がつかない。ただし、『正理門論』中で用いられる「遮詮」（江島前掲書、一一七参照）などとは異なった原語に基づいていることだけは確かであろう。〔本稿末尾の「回顧と弁明」参照〕

(45) 正確な典拠は不明であるが、類似のものは *Laṅkāvatāra-sūtra* 中に見出しうる。なお、この引用を含む(3)の段全体に関する問題点については、拙稿 "On a Verse Quoted in the Tibetan Translation of the *Mahāyānasaṃgrahopanibandhana*"『印仏研』二二―二（一九七四年三月）、一一一一―一一〇七頁〔本書「本論」第六論文として和訳再録〕を参照されたい。

(46) 以下の本文の和訳については、散文チベット訳を底本とする。恐らく、韻文チベット訳よりははるかに基本的なものと考えられるからである。松田和信氏によれば（ただし、今は全くのふとした会話を思い出しているに過ぎないのでその責任はすべて筆者にある）、Bo dong の編纂した大蔵経中には、*Abhidharmasamuccaya* についても純然たる韻文型のテキストが収められているとのことである。こういうものは恐らく後代のチベットで修整されたものと考えられるが、後代に伝わりしかもある時期急速に重視されたと思われる本論典についてもそういう可能性が考えられる。なお、和訳については、山口益「弥勒造法性分別論の訳註」『山口益仏教学文集』上（春秋社、一九七二年）、一八六―一八七頁を参照されたい。

(47) この主題は、転依への徹底（āśraya-parivṛtti-praveśa）を問題とする一〇点中の第六である所依（āśraya）、即ち無分別智について六項目を数えるうちの「徹底的に知ること（parijñāna）」を取り上げたものであって、これに四種挙げられるうちの第二が今の場合の「特質」である。従って、この場合の「特質」とは、端的には、無分別智の特質を指していると考えてよい。

(48) ngo bo のみから svabhāva を導くのは無理かもしれないが、註釈中では ngo bo nyid となっており、内容上からも判断して sva-

bhāva としておく。don（artha）を付すのは、*Dharmadharmatāvibhāga* 関係の資料に限られるようである。

（49） Lokesh Chandra, *Tibetan-Sanskrit Dictionary*, p. 623R, mngon rtags の項に、*Udrā*. 28.14（これは略号表中に示されておらず筆者にはテキスト名不明）の用例として cihna が挙げられている。この mngon rtags に su byed pa を伴った言葉の原語としては、cihnakāra/-in が考えられよう。本文の散文チベット訳は、*MS* 関係資料の場合同様、"bkra bar 'dzin pa" とするが、他の本文韻文チベット訳も "mngon rtags 'dzin pa" としているので cihnakāra/-in（しるしをつける）の読みを示すテキストもあったのかもしれない。しかし、ここでは、それは citrikāra がそのように読み誤られたものと考え、bkra bar 'dzin pa の意味で読んだ。

（50） これは、内容上、(3)及び(3′)で示される「寂滅（vyupaśama）」を否定する理由にはなりえないもので、他のテキストが示すように、(1)及び(1′)で示される「注意のないこと（amanaskāra）」を否定する理由としてのみふさわしいものと考えられるので、本来は(1)及び(1′)相当箇所にあったものが、(3)及び(3′)のなんらかの欠損を補うべく、ここへ混入してきたものと考えられる。山口益前掲論文（前註46）も、この点に関し、*MSBh* との相違には触れているが、他の資料を知らなかったためか、いずれが正しいかの判断は控えているにもかかわらず、暗に *MSBh* の方に省略があったような書き振りをしている。しかし、実際上は、*DhDhV* の方に混乱があったとみなければならない。「寂滅（vyupaśama）」とは、(1)及び(1′)に示される「無注意（amanaskāra）」のように単に意識の希薄な状態ではなく、精神統一によって意識の活動が静められた（vyupaśama）という語感を強く有するものであり、内容的には、他のテキストが示すような滅尽定（nirodha-samāpatti）などを指すからである。もとより、両者の結果が極めて類似したものとみなすのは評者の勝手であるが、インド的伝統では両者が明確に区別されていたことを忘れてはなるまい。

（51） Tib. は "rnam par rtog par mi 'gyur te" とあるが、rnam par mi rtog par 'gyur te として読む。

（52） Tib. は "mngon rtags su byed pa" であるが、前註49に示したごとく、bkra bar 'dzin pa として読む。

（53） 「その〔無分別〕智は以上の五つの様相の固有の特質から離脱したもの（shes pa de ni rnam pa 'di lnga'i rang gi mtshan nyid las grol ba）」という表現は、本文中の「五つを離れたものが〔無分別智の〕固有の特質である（lnga spangs pa ni rang gi mtshan nyid do）」という表現と一致しないが、一応、Tib. によって読みうるままに訳出しておいた。しかし、恐らく本文中の表現が正しいであろう。

（54） Lamotte, ed., p. 78, Chap. VIII, § 19-2 : Lamotte, *op. cit.*（前註41), pp. 248-250 : 佐々木本、九一―九二頁：大正蔵、三一巻、二四三頁下―二四四頁上、三〇九頁下、三六七頁上、四三二頁中。

（55） 前註30を参照されたい。

（56） 前註47を参照されたい。

(57)　前註31、及びその註番号を付した以下の本稿本文を参照されたい。

(58)　例えば、『八千頌般若(*Aṣṭasāhasrikā*)』に、"sarvāś câitās tathatāyā advayā advaidhīkārā avikalpā nirvikalpā iti tāṃ tathatāṃ tāṃ dharmatām avataranti/ tathatāyāṃ sthitas tathatāṃ na kalpayati na vikalpayati, evaṃ avatarati/ evam avatīrṇo yathātathatāṃ śrutvâpi tato 'pi câpakramya na kāṅkṣati na vimatiṃ karoti, na vicikitsati, nāivam iti na dhandhāyati, api tu evam etat tathatâivêty adhimuñcaty avagāhate（〔菩薩は、〕これらすべては真如と不二であり、二分されず、分別されず、分別を離れている、と考えて、その真如とその法性に入って行く。彼は真如のうちに住しながら、真如を思惟せず、分別もせずに、そのように入って行く。彼はそのように入りながら、真如のままに、聞きもし、またそこから出ても、迷わず、ちがった考えをいだかず、疑わず、そうではないなどと遅滞せずに、しかも、これはそのように真如である、と傾倒し、確信する)"（Vaidya ed., p. 161, ll.6-9. 梶山和訳、大乗仏典3、一〇七―一〇八頁参照）とある。なお、他に、Vaidya ed., p. 102, ll.18-22, p. 153, ll.22-30, p. 173, ll.11-15など参照。

(59)　本稿中のAで扱った箇所の直後に、「如是已説真実義分決択（de kho na'i don gyi le'u'i rnam par gtan la dbab pa rdzogs so＝*Tattvârtha-paṭala-viniścayaḥ samāptaḥ)」（大正蔵、三〇巻、七〇六頁下：D. ed., No. 4038, Zi, 27a7）とある。即ち、これ以前は「真実義品（Tattvârtha-paṭala)」の「決択（viniścaya)」であることが明示されているわけである。

(60)　*Bodhisattvabhūmi*, Wogihara ed., p. 38, l.22-p. 39, l.2：Dutt ed., p. 26,　ll.11-16.

(61)　*BBh*では"-gocaras tattvam"であるが、*MAV*, Nagao ed., p. 42, l.14により、-gocara-tattvaなる複合語とみる。

(62)　Wogihara ed.は"sā sauparamā"なるも、Dutt ed.に従って、"sâsau paramā"として読む。

(63)　D. ed., No. 4038, Zhi, 287b3-4：大正蔵、三〇巻、六九六頁上。なお「真実義品」に対する「決択」は、この直前（287b1：六九五頁下、二六行）から始まる。

(64)　なんら文献上の準備もなくvastuを「個物」と訳すことは憚れるが、敢えてtathatāとの対応を強く意識してもらうべく、この訳語を選んでいるにすぎない。例えば、dharmāṇāṃ tathatāというような表現における複数のdharmaの意味をvastuは担うことができても、tathatāにはそのような働きはない。辞書上の意味からいえば、vastuは「物」「事物」「真に実在する物」「実在」「場」「場所」「基体」などを指すが、唯識説においては、「場」的な「基体」の意味で用いられることが多い。しかし、個々の対象となる「物」や個別的な意識のあり方としてアーラヤ識なども指すので、訳語中に個別的な意義を盛り込んでみたいと思った次第である。vastuに関する文献的な研究は後日を期したいと考える。

(65)　拙稿「空性理解の問題点」『理想』No. 610（一九八四年三月）、五〇―六四頁〔拙書『本覚思想批判』（大蔵出版、一九八九年）に再録された拙稿、三五―五四頁〕、特に五五―六一頁〔同上、四一―五〇頁〕参照。

(66) Wogihara ed., p. 41, ll.15-23 : Dutt ed., p. 28, ll.9-14. なお、註釈文献として、D. ed., No. 4044, 'I, 158b3-6 ; D. ed., No. 4047, Yi, 62a6-b4 参照。

(67) *MAV*, p. 67, l.11 (ad V,19) による。実際の主語は、dharma-dhātu であるが、それは tathatā とも置き換えうるものである。なお、*MAVṬ*, Yamaguchi ed., p. 221, l.23-p. 222, l.13 : 山口益和訳、三四八—三四九頁、及び三五七頁、註16 ; Schmithausen, *op. cit.* (前註37), p. 107 参照。また、今の問題と直接の関係はないが、自相共相の問題に絡めて、山口同上和訳、三五九—三六〇頁、註27の指示により、後藤恵照「初期瑜伽唯識に於ける行観の一型体」『宗教研究』第九五号（一九三六年）、六六—九〇頁参照。

(68) 拙稿「〈三種転依〉考」『仏教学』第二号（一九七六年十月）、四六—七六頁〔『唯識考』、七一九—七四九頁〕、特に五七—六二頁〔同上、七三〇—七三五頁〕、野沢静証『大乗仏教瑜伽行の研究』（法蔵館、一九五七年）、一一六頁、一三四頁参照。

(69) Schmithausen, *op. cit.* (前註37), pp. 107-108 参照。そこで、彼は、tathatā が、vastu-mātra と並用されていることに注目し、それを Maṇḍanamiśra の用例に類同させたりした上で、単なる抽象でない実在を「雑多性から単に濾過するような考えられた抽象化の意味においてではなく、それを事実上破棄しながら、多様性から抽象する一種の神秘的な〝抽象化〟の意味における普遍」であるというが、そういう tathatā（真如）も単なる神秘体験によって発見されるにすぎぬものではないだろうか。なお、「真如」に関する現段階での筆者の見解については、拙稿「『大乗起信論』に関する批判的覚え書」『大乗起信論の研究』（仮題、未刊）、及び「縁起と真如」（平川彰先生古稀記念論集、未刊）を参照されたい。〔本註記の最後に記された当時未刊の二篇の拙稿は、その後、それぞれ、ここに記したままの論題で草されて公けになり、更にその後、拙書『本覚思想批判』（上記註65に補足のものと同じ）、五五—八七頁、八八—一〇七頁に再録されているので参照されたい。〕

(70) 例えば、"tasya bhūmi-vyavasthānasya kalpanā-mātra-jñānāt tad-avikalpanā ca veditavyā/ yadā tad-bhūmi-vyavasthānaṃ kalpanā-mātraṃ jānīte/ tad api ca kalpanā-mātraṃ na vikalpayaty evaṃ grāhya-grāhakâvikalpa-jñāna-lābhād bhūmi-pariniṣpattir uktā bhavati" (*Mahāyānasūtrālaṃkāra*, Lévi ed., p. 180, ll.4-7 : 宇井和訳、五五五頁) など。

(71) 前掲拙稿（前註68）の五七—六二頁〔同上、七三〇—七三五頁〕を参照されたい。

(72) Wogihara ed., p. 38, ll.3-4 : Dutt ed., p. 25, ll.22-24 参照。

(73) *AKBh*, Pradhan ed., p. 334, ll.10-11 において、"yathā lokôttareṇa jñānena gṛhyate tat-pṛṣṭha-labdhena vā laukikena tathā paramārtha-satyam/ yathā 'nyena tathā saṃvṛti-satyam iti Pūrvâcāryāḥ" といわれる Pūrvācārya は Yogācāra (*AKVy*, Wogihara ed., p. 524, l.28) であり、これはまた、*AKVy*, *ibid.*, p. 281, l.27 で "Pūrvâcāryā Yogācārā āryÂsaṅga-prabhṛtayaḥ" といわれるものと同じと考えられる。また、*AKVy*, *ibid.*, p. 140, l.13 で "atra Pūrvâcāryā āhuḥ" として以下に引用されるものは、Asaṅga の

ASもしくはそれに準ずる文献を指すと考えられる（拙稿「小谷信千代著『大乗荘厳経論の研究』」『駒沢大学仏教学部論集』第一五号（一九八四年十月）、三〇九頁参照）。従って、*AKBh* が指摘するような「出世間智（＝無分別智）」や「後得世間智（＝後得智）」を説いたのは、Pūrvâcārya であり Yogācāra であり Asaṅga などであったと推定しよう。なお、『瑜伽師地論』の著者問題や、Asaṅga に関しては別稿を期したい。〔この別稿が、後に、拙稿「Pūrvācārya 考」『印仏研』三四―二（一九八六年三月）、八六六―八五九頁として公表され、後日、『唯識考』、五〇六―五一八頁に再録されたものである。〕更に、この問題については、昨年、大正大学における印仏研の学術大会において配布された、松田和信氏の配布資料「*Vyākhyāyukti* における *Bhavasaṃkrāntisūtra*」、四頁によって啓発されたことの大であることを記して謝意を表したい。〔この松田氏の御発表は、後に、松田和信「*Vyākhyāyukti* の二諦説―― Vasubandhu 研究ノート(2)――」『印仏研』三三―二（一九八五年三月）、七五六―七五〇頁として公表されているので参照されたい。〕

(74) 本経に関する問題については、松田和信「Nirvikalpa-praveśa-dhāraṇī について――無分別智と後得智の典拠として――」『仏教学セミナー』第三四号、四〇―四九頁を参照されたい。〔この問題は、後に、松田和信「*Nirvikalpapraveśa* 再考――特に『法法性分別論』との関係について――」『印仏研』四五―一（一九九六年十二月）、三六九―三六三頁によって再度論じられ、その中で、私の提起した『法法性分別論』後世成立仮託説は積極的に論証されることになったので参照されたい。〕

(75) Lévi ed., p. 40, 1.21-p. 41, 1.2：山口益、野沢静証『世親唯識の原典解明』（法蔵館、一九五三年）、三六八―三七二頁参照。スティラマティ註釈中には tathatā-mātra の語が見出される。なお、この場合の一定の方向性とは、円成実性（pariniṣpanna-svabhāva）から依他起性（paratantra-svabhāva）へということでもあるが、*MS*, Chap. III で、依他起性から円成実性への方向性を説くアサンガにとっては、まだその方向性が固定されていなかったのか、ということは今後の問題として残しておく。

(76) H. Bergson, *La Pensée et le mouvement*, p. 202：河野与一訳『哲学入門・変化の知覚――思想と動くもの I――』（岩波文庫、一九五二年）、三六頁。ただし、その方向性に関しては、一見類似してみえようとも、その直観と仏教でいう古典的な規定における五識身とでは、全く異なったものがあることを忘れてはいけない。

(77) 前註26で指摘されたものを参照されたい。

(78) M. Hattori, *Dignāga, On Perception*, p. 24, pp. 79-80, n.1.14；宇井伯寿「因明正理門論解説」『印度哲学研究』第五、六三三頁以下参照。

(79) 進展していく以前のある段階での個別相（自相）と普遍相（共相）に関する包括的な記述としては、『瑜伽師地論』「本地分中思所成地」（大正蔵、三〇巻、三六一頁下：D. ed., Tshi, 201a3-b6）が注意されるべきかと思う。

(80) 拙稿 "Asvabhāva's Commentary on the *Mahāyānasūtrālaṃkāra* IX. 56-76"『印仏研』二〇―一（一九七一年十二月）、四七三―

四六五頁〔本書「本論」第二論文〕、特に、四六九―四六六頁〔同上、二五〇―二五三頁〕参照。
(81) 大正蔵、二六巻、三一八頁、四―一五行参照。なお、これは、Schmithausen, *op. cit.*（前註37), p. 108, 1.9 の指摘によったものである。
(82) 仏教外のことではあるが、この種の問題が、金沢篤「ātman, ātmaka, tādātmya について――クマーリラとパールタサーラティの普遍論を中心に――」『駒沢大学仏教学部論集』第一五号（一九八四年十月）、三八四―三六〇頁で論じられており、今記したような反省もこの論文に啓発された面が多い。従来同じ Bhāṭṭa 派に属する学匠として、普遍と個物との関係に関しても同じ考えを持つと無批判に考えられてきたクマーリラとパールタサーラティにとって、その普遍と個物に対する考え方はむしろ逆になっているのではないかという点が論証されており、仏教でもそういうことは起りえたのではないかと非常に教えられるところが多かったわけである。
(83) L. de La Vallée Poussin (ed.), *Prasannapadā*, p. 372.
(84) *Prajñāpradīpa*, D. ed., No. 3853, Tsha, 190a1-2：梶山雄一和訳「知恵のともしび」（世界の名著2『大乗仏典』、中央公論社、一九六七年）、三三四頁。
(85) 通常の意味では「息を出させるために」であろうが、これでは通じ難い。梶山和訳は「はげますために」とする。『蔵文辞典』（五九一頁右）のこの語の項に、bde bar gnas pa'i don（安楽に住する義）とも記されているので、今はそれを念頭に「落ち着かせるために」と読んだ。Skt. は praśvāsanârtham などとあったのであろうか。
(86) *MS*, Lamotte ed.（前註41), Chap. VIII, § 16a では実際このような譬喩が用いられている。
(87) 前註20で示したことに再び返って吟味して頂きたい。

（一九八五年一月四日）

〔付記〕 必ず書き加えねばならぬほどのことではないので却って弁解がましくなるかもしれないが、たまたま思った以上の余白に恵まれているのを利用して、一言付記しておきたい。

今、初校の段階で本稿を読み返してみると、いかにも機が熟していない思いつきみたいな書き様で誠に恥しい。その上、資料くらいにはなると思っていた訳文も甚だ心許無く、もう一度原文に当り直さねばならぬと感じるような箇所も多いが、今は全く個人的な事情も災いして十全を期せないのを遺憾に思う。しかし、今こうして示されているとおりが偽らざる筆者の実力でもあるわけであるから、どうか忌憚のない御批判を賜わりたい。

本稿はもともと書く予定もなかったものであるが、本誌の締め切りになってから、文部省の科学研究費、総合研究(A)「インド思想の言語空間――真理表現の可能性とその限界」（研究代表者、高崎直道）の研究分担者として、筆者が、「インドにおける認識論と言語」

というテーマのもとに加っていることを想起し、急遽準備したにすぎないものというのが実際の状況である。本来、そのようなテーマであれば、Dignāga の *Pramāṇasamuccaya* の第五章あたりからと思ってはいたわけであるが、力及ばないばかりか、本稿のような論題に関しても極めて貧しい成果であったことを認めざるをえない。冷静に考えれば、本稿、註82で示した金沢篤氏の論旨に関しても、肝腎な点について誤解があるかもしれないのであるが、今後の検討を約して御寛容を乞いたい。

余白を利用し、書かずもがなのことを書いて、余計恥の上塗りを重ねただけにすぎないが、急遽駄文を書き添えた次第である。

（一九八五年三月十五日）

回顧と弁明

本稿の初出は、『駒仏紀』第四三号（一九八五年三月）、二五二―二一五頁で、脱稿はその年の一月四日である。私は、この頃から元号ではなく西暦で年を記入しようとしていたかと思われるが、その年は昭和六十年ではなく一九八五年と記入すべきなのに、早速に一九六〇年と誤記してしまったせいか、それが最後まで誤植のように残ってしまったことが昨日のように思い起される。勿論、誤植は直ぐ正したが、そんなことはまざまざと思い出されるのに、論文の方は遙か遠くの方に翳んでしまい、読み返しながらようやく以来二十年余も経ってしまったことを実感している。そして、問題を提起しながらあまり自分では摘み取ろうとはしなかったことが今更のように無責任に感じられる。もっとも、本稿の問題自体は、本書再録の「本論」第一〇論文の註27（本書、三八四頁参照）で予告していたことを結果的に摘み取ったものではあるが、その後が続かなかったことが痛感されるわけである。関心が他に移ったためであるが、しかし、向った先でも成果が収められたわけではない。虻蜂取らずの私をよく表わしているのかもしれないが、それゆえに、真剣に考えれば、補うべきことは、この紙幅に収まり切るものでは到底ありえない。従って、ここでは、補うべき最低の責めを果しておくに過ぎない。本稿、註21下の本文中に示した『思択炎』の訳文で言及のある *Madhyamakahṛdaya* の第五章第一四頌のサンスクリット文を、後に刊行された Chr. Lindtner, *Bhavya's Madhyamakahṛdaya* (*Pariccheda Five*) *Yogācāratattvaviniścayāvatāra*, The Adyar Library Pamphlet Series, No. 48, Adyar, 1995, p. 15 によって示しておけば次のとおりである。

abhāvâlambanā buddhir avikalpā yadiṣyate/ nanv evam avikalpâpi rūpa-buddhiḥ satī bhavet// 14 //

これによって訳文のカッコ内の nirvikalpa は avikalpa に正して頂きたい。本稿、註34、39で触れた典拠は、やはり、論典ではなく経典に求められるべきなのであろうか。経典だとすれば、『十地経』の "citta-mātram idaṃ yad idaṃ traidhātukaṃ" (Ryūko Kondō ed., p. 98) などに関連する経典を視野に入れなければならないのかもしれないが、今なお不明であることに変わりはない。本稿、註44で「遮詮門」と「表詮門」のサンスクリット原語は、『正理門論』で用いられた原語とは異なっていたであろう、というようなことを述べているのは、端的に言えば、その原語はprasajya-pratiṣedha（絶対否定）とparyudāsa（相対否定）ではないだろう、との意味である。しかるに、この術語が『成唯識論』においては用いられていた可能性のあることについては、後の拙稿「『成唯識論』外教論駁総括箇所の考察」『駒沢短期大学仏教論集』第一二号（二〇〇六年十月）、一〇五－一二二頁を参照されたい。では、「遮詮門」と「表詮門」の原語はなんであったかというに、あくまでも推測の域を出ないが、vyavaccheda-mukhaとpariccheda-mukhaのような系列の語であった可能性はあると思うのである。「門」に対応する原語mukhaはなかった可能性の方が強いかもしれないが、vyavacchedaの系統の語はチベット語ではrnam (par) bcad (pa)、paricchedaのそれはチベット語ではyongs (su) gcod (pa)と訳されて、ダルマキールティ以降の論理学的問題が議論される場合には、インドでもチベットでもかなりよく使用されている。私のよく馴染んでいる術語ではないが、前者は「否認」「排除」、後者は「確認」「確定」の意味である。比喩によって単純化していえば、縄が蛇であるということが否定されるのが前者、縄が縄として成立することが後者ということになるであろうが、この術語を的確に解説した辞書的なものが私には不明なので、それに代るものとして私が言えるのは、張怡蓀主編『蔵漢大辞典』（民族出版社、一九九三年）、一五六五頁のrnam bcad、二六〇二頁のyongs gcodを指示するぐらいのものである。しかるに、もし、この推測が正しいとすれば、「無分別智」とは、「無分別智」として肯定的に「確認」できるものではなく、「無分別智」として世間で誤って考えられているものを「否認」することによってしか表わすことのできないものということになろうが、しかし、vyavacchedaがbzlog paとチベット訳され、paricchedaがbsgrub paとチベット訳されたとは、やはり実例が示されない限り、今の私には納得し難い点が多く残らざるをえない。本稿、註60下の本文中に示した「真実義品」の訳文中、後方の「そ〔の真如〕のうちにおいて」とされているものは、"yasyāḥ"とある語をyasyāmとあるように見たための誤りで、「そ〔の真如〕より」と正されるべきである。ここに訂正しお詫びしたい。本稿、註64で説明しようとしたvastuとtathatāとの相違や区別は極めて重要なことであるが、今もなお、充分にその違いを明確にすることは難しい。それにしても、tathatāに限りなく近い用例たるこのvastuを「個物」と訳したのはやはり失敗であったかと今は痛感しているものの、特に新たなよい考えがあるわけでもない。今から新たに考えを展開していくとすれば、最終の究極的「場所」としてのtathatāと「場所」ｘｙとしてのvastuと考えうるかもしれないが、しかし、敢えて現状のままで、補足のみしておく。vastuはdhātuと通じ合う面があり、vastuはdhātuのように複数としても多く用いられるがtathatāが複数として用いられることは極度に少ない。ここに、tathatāが最終の究極的「場所」として「虚空」にもよく喩えられて「無為法」に組み入れられる秘密があるような気がする。これに対し、恐らくvastuは厳密な意味ではdhātuと同様に「無為法」とはならないであろうし、現にdharma-dhātuはtathatāの同義語ではありえても「無為法」にリストアップされることはないのである。このようなtathatāが「場所」であるということについては、本書「本論」第一三論文中の「滅の場所（yasyāṃ nirodhaḥ)」という観念を参照されたい。かかる tathatā は「場所」でありつつ、ちょうど「虚空」が「風輪」を支え「水輪」を支え「地輪」を支え更にその中に包含される一切のものを支えているように「基体」ともなっていることを、註の中では「「場」的な「基体」」と言っているのである。しかるに、本文中のBの訳文末尾（五二三頁）に示された「真如」もやはりかかる意味での「真如」でなければならないゆえに、それを「真如に」と「心」に係るように訳しているのはほとんど誤訳と言ってよく、できることならば、「真如において」と、「場所」を明示する訳文に改めて頂きたいと思う。さて、註記中において、個々に補足した方がよいと思われる事項は、それぞれその箇所で補足したが、最後に、全体に跨る問題については、ここでまとめて補足しておきたい。因みに、一部ではあるが、本稿全体に及ぶ問題には「分別」があり、文献には「真実義品」があるが、これらについて、その後なされた重要な研究には、木村誠司「分別について」『駒仏紀』第五一号（一九九三年三月）、二九七—二八三頁、同「『倶舎論』における svabhāva について」『駒沢短期大学仏教論集』第八号（二〇〇二年十月）、三二〇—二三三頁、池田道浩「『菩薩地』「真実義品」における二つの vastu」『印仏研』四五—一（一九九六年十二月）、三七二—三七〇頁、同「瑜伽行派における自性分別と無分別智」『駒沢短期大学仏教論集』第五号（一九九九年十月）、二五二—二三八頁、高橋晃一『『菩薩地』「真実義品」から「摂決択分中菩薩地」への思想展開——vastu 概念を中心として——』（山喜房仏書林、二〇〇五年）がある。なお、本稿で問題とした重要な概念には、過去を知る smṛti（想起）、現在を知る manasikāra（注意）があるが、Paul Griffiths, “Memory in Classical Indian Yogācāra”, Janet Gyatso (ed.), *In the Mirror of Memory: Reflections on Mindfulness and Remembrance in Indian and Tibetan Buddhism*, Albany, 1992, pp. 109-131, do., *Religious Reading: The Place of Reading in the Practice of Religion*, Oxford University Press, New York / Oxford, 1999 などを読んでいると、大いに刺激を得て、仏教も元々は smṛti や manasikāra を重視していたのだということを強く思わざるをえない。しかし、仏教は「無我説」であるゆえに、いかにして神秘的な「我説」にならずしてそれらを強調していくかという課題が存続し続けるのである。なお、Griffiths 教授の上記後者の書に対しては、Joaquim Monteiro（ジョアキン＝モンテイロ）「Paul J. Griffiths 著 *Religious Reading—The Place of Reading in the Practice of Religion*」『仏教学セミナー』第七四号（二〇〇一年十月）、四三—五二頁の書評があることも、ここに申し添えておきたい。ところで、全体に跨ることではないのであるが、あと二点だけ記しておきたい。まず、『法法性分別論釈』のチベット訳校訂についてであるが、私自身はその諸版対照を本稿で全く試みていないことに、今回気づき、それは全面的に「野沢本」に依ったがゆえであることに思い至った。それにしては、当然のことのように、ただ「野沢本」とのみしか記していない私の処置は全く不適切なものである。その「野沢本」とは、Jōshō Nozawa,（野沢静証）“The Dharmadharmatāvibhaṅga and the Dharmadharmatāvibhaṅga-vṛtti, Tibetan Texts, Edited and Collated, Based upon the Peking and Derge Editions,” 山口博士還暦記念『印度学仏教学論叢』（法蔵館、一九五五年）, pp. 9-49（横）を指す。ここに、詳細を記し、うっかり続いてしまった不適切な処置を深くお詫びする次第である。それと共に、今回知った、野沢本に依った上でのD. P. 両版の違いについては、その箇所のａｂｃ下に註記として補足しておいた。従って、この箇所は初出論文には本来なかったものであることを、ここにお断りしておきたい。次に、*Abhidharmasamuccayabhāṣya* の Tatia ed. の当該箇所についてであるが、このうちの動詞 prāpnoti を私は他動詞と考えて、その前にある nirvikalpatā を対格に改めているが、prāpnoti が純然たる自動詞として機能しているとすれば、その訂正は不要と言うべきかもしれない。しかも、そうであれば、nirvikalpatā は主格として主語にも立ちうることになり、読解もいろいろ考え直さなければならないのかもしれないが、今は旧稿のままとしておくことに御海容を乞うのみである。

二　如来蔵説と唯識説における信の構造

本稿は、別稿「『宝性論』における信の構造批判」(1)と内的な関連をもち、従ってその変奏と思って読んでもらった方がありがたいが、もとよりこれのみで独立した体裁を取りうるよう意図していることは言うまでもない。

一　信の意味と問題点

いささか唐突に思われるかもしれないが、その理由は徐々に分ってもらえると考えるので、まず最初に、三宝に対する道元の論述を紹介しておくことにしたい。道元は、晩年撰述の十二巻本(2)『正法眼蔵』第六「帰依仏法僧宝」の巻において、彼が最高の経典であると信ずる『法華経』より三宝についての一頌を引き、それに基づいて、三宝の功徳が最尊・最上であると述べた後、次のように言葉を続けている。(3)

世尊言《ノタマハク》、衆人怖《レテ》二所逼《ヲ》一、多《ク》帰二依《ス》諸山、園苑及《ビ》叢林、孤樹・制多等《ニ》一。此《ノ》帰依《ハ》非《ズ》レ勝《ニ》、此《ノ》帰依《ハ》非《ズ》レ尊《ニ》。不下因《テハ》二此《ノ》帰依《ニ》一、能《ク》解中脱《セ》衆苦《ヲ》上。諸有《ル》下帰二依《シ》仏《ニ》一、及《ビ》帰中依《スルコト》法僧《ニ》上、於《テ》二四聖諦中《ノ》一、恒《ニ》以《テ》レ慧観察《シ》、知《リ》レ苦《ヲ》、知《リ》二苦集《ヲ》一、知《リ》三永《ク》超《エンコトヲ》二衆苦《ヲ》一、知《リ》二八支《ノ》聖道《ヲ》一、〔趣《ク》二安穏涅槃《ニ》二〕。此《ノ》帰依《ハ》最勝《ナリ》、此《ノ》帰依《ハ》最尊《ナリ》。必《ズ》因《テ》二此《ノ》帰依《ニ》一、能《ク》解二脱《セン》衆苦《ヲ》一。

世尊あきらかに一切衆生のためにしめしまします。衆生いたづらに所逼をおそれて、山神・鬼神等に帰依し、あるいは外道の制多に帰依することなかれ。かれはその帰依によりて衆苦を解脱することなし。（中略）人身うることかたし、仏法あふことまれなり。いたづらに鬼神の眷属として一生をわたり、むなしく邪見の流類として多生をすごさん、かなしむべし。はやく仏法僧の三宝に帰依したてまつりて、衆苦を解脱するのみにあらず、菩提を成就すべし。

外道に帰依することなく、三宝に帰依せよというその文意は自ずと明らかだと思うが、その根拠として引かれた典籍は通常『倶舎論』にトレースされている。[4] しかし、道元が実際になにに依ったかはともかく、「世尊言」といわれていれば、その典拠は、最終的には、経典にまでトレースされねばならないわけである。事実、『倶舎論』でも、その箇所は「世尊言（uktaṃ hi Bhagavatā）」となっていて明らかに経典からの引用であることが示されており、しかも、その典拠のほとんどが既に La Vallée Poussin 教授によって指摘されているので[5]基本的にはそれから出発しなければならない。それによれば、「世尊言」以下に示される五頌は、『ダンマパダ（*Dhammapada*）』の第一八八－一九二頌[6]、『ウダーナヴァルガ（*Udānavarga*）』第二七章、第三一－三五頌[7]、『ディヴィヤ＝アヴァダーナ（*Divyāvadāna*）』第一二章所述の五頌[8]、及び『大毘婆沙論』巻第三四所引の五頌[9]と一致することが知られる。以上の、Poussin 教授の指摘以外のものとしては、『ディヴィヤ＝アヴァダーナ』と部分的対応箇所をもつ『根本説一切有部毘奈耶雑事』巻第二六所述の五頌[10]を加えることができる。ここは、字句の相違を穿鑿する場所ではないので、今は最も古いと思われるパーリ文に基づいて、問題の五頌を訳出して示せば次のとおりである。

実に多くの人々が[11]、恐怖にかられて（bhaya-tajjita）、山岳（pabbata）や森林（vana）、また園林（ārāma）や樹木（rukkha）や霊祠（cetya＝catiya）に帰依する。

しかし、この帰依は安穏（khema）ではなく、この帰依は最上（uttama）でもない。この帰依に依ってはすべての苦から解脱することはないのである。

しかるに、仏と法と僧とに帰依したものは、正しい知慧（samma-paññā）によって四聖諦（cattāri ariya-saccāni）

を見る。
〔すなわち〕、苦と苦集と苦の超克と苦の寂滅に趣く八支聖道（ariyaṃ aṭṭhaṅgikaṃ maggaṃ）とを〔見るのである〕。
けだし、この帰依は安穏であり、この帰依は最上であり、この帰依に依ればすべての苦から解脱するからである。

このような三宝や四聖諦を対象とする心のあり様が、後には「信（śraddhā）」と呼ばれ、例えば、『倶舎論』におけるように、「信（śraddhā）とは心の純粋さ（prasāda）であるが、他の人々によれば、〔四聖〕諦（satya）と〔三〕宝（ratna）と業（karman）と果（phala）とに対する信頼（abhisaṃpratyaya）である」[12]などと言われるようになるが、「信（saddhā, śraddhā）」そのものは、『スッタニパータ（*Suttanipāta*）』や『ウダーナヴァルガ』などの古い経典でも重視されていたことは言うまでもない。今、両経典に共通する「信」についての頌に注目するならば、次のようなものを代表的な例として挙げることができる。[13]

ひとは信（saddhā, śraddhā）によって激流を渡り、不放逸によって海を〔渡り〕、精進によって苦を超え、慧（paññā, prajñā）によって清らかとなる。

尊敬に価する人（arahant, arhant）たちを信じ（saddahāna, śraddhādhana）、涅槃を得んがために教え（dhamma）を聞こうと欲する不放逸にして聡明なものは慧を得る。

そして、右にみたような「信（śraddhā）」から「慧（prajñā）」へという展開の仕方には、夙に藤田宏達博士が指摘しておられるように[14]、アウグスチヌスの「知らんがために我は信ず（credo ut intelligam）」と述べたところと極めて類似した方向性があるのであって、これこそ、人間が言葉を重んじ信じて考え抜いていく場合の正常な道ではないかとすら私は思っている。なにも主知主義（Intellektualismus）を脱することが「信」への道ではないのである。しかも、「信」から「慧」へという方向性のみならず、この「信」に相当するサンスクリット語の動詞 śrad-dhā とラテン語の動詞 cred-do が比較言語学的にも全く対応するものであること[15]は今更説明も要すまい。だが、私は、「語釈は肝要ならず」と思う点では完全に宣長の徒であるから、「信」の語源解釈に触れたからといって、それによってなにか決定的な点を押えたと考えているわけではない。私はただ、いかなる伝統のうちに生きているにせよ、人は皆「正しいこと（sacca, satya、諦）」がなんであるかを知るために、正しい人の言葉を信じてまずその伝統の中で考えてみるよりほかはどこへ出発しようもないと思っているだけなのだが、しかし、苦労し悩んで知ろうとする「知」を放擲し、一挙に、言葉を離れた真理を体験的に捕捉しようとする「信」の形態は、いかなる伝統にも根強く存続し続けてきているような気がしてならないのである。

しかるに、仏教の伝統において、かかる安易な真理を夢想するものを外道と呼び、その外道の考え方に、三宝や四聖諦や因果を信ずる仏教の正しい考え方を真向から対峙させた仏者の一人に道元がいる。道元は、先に示した巻に続く、十二巻本『正法眼蔵』第七「深信因果」の巻で、その点を次のように述べているのである。[16]

龍樹祖師云ク、如ク二外道人ノ一、破レバ二世間因果ヲ一、則チ無ケン二今世後世一。破レバ二出世因果ヲ一、則チ無ケン二三宝・四諦・四沙門果一。

あきらかにしるべし、世間・出世の因果を破するは、外道なるべし。今世なしといふは、かたちはこのところにあれども、性はひさしくさとりに帰せり。性すなはち心なり、心は身とひとしからざるゆゑに。かくのごとく解する、すなはち外道なり。あるいはいはく、ひと死するとき、かならず性海に帰す、仏法を修習せざれども、自然に覚海に帰すれば、さらに生死の輪転なし、このゆゑに後世なしといふ。これ断見の外道なり。かたちたとひ比丘にあひにたりとも、かくのごとくの邪解あらんともがら、さらに仏弟子にあらず、まさしくこれ外道なり。おほよそ因果を撥無するより、今世後世なしとはあやまるなり。因果を撥無することは、真の知識に参学せざるによりてなり。真の知識に久参するがごときは、撥無因果等の邪解あるべからず。龍樹祖師の慈海、ふかく信仰《しんがう》したてまつり、頂戴したてまつるべし。

右の文中始めの「龍樹祖師云」以下の引用については、曹洞宗宗学者の渉典により、『摩訶止観』にまではトレースされているが、[17]「龍樹祖師」とある以上は、もとよりそれで充分なはずがない。その「龍樹祖師」に当る箇所は、『摩訶止観』においては、『中論』となっているので、道元が、引用の際『中論』を「龍樹祖師」と改めたか、あるいは直接『中論』を参照したかのいずれかになろう。しかし、今『中論』を一瞥した限り、道元の引用文どおりのものは『中論』に見出せないようなので、『中論』第二四「観四諦品」の記述に基づいて智顗が要約した『摩訶止観』の一文を道元が孫引きしたのではないかと、現時点で私は思っている。[18]もとよりここは渉典の場ではないが、とにかく、かかる引用の跡付けによって、四諦と三宝と業と果とに対する「信（śraddhā）」の系譜ともいうべきものが、龍樹―智顗―道元へと、あたかも高く孤立しながらしかも深く繋がっている点と線のように見えてくるのである。

もっとも、右の引用は、「深信因果」というテーマを問題としている巻でいわれていることであるから、そこでは力点が四諦や三宝ではなく「業と果」という因果の上に置かれていることは言うまでもないが、この「因果」こそ、智顗によって、土着の道家の「自然」に真向から対立する仏教の根本思想とみなされたものにほかならない。[19]しかるに、智顗に先立つこと一世紀ほど以前に、「因果同相、自然之道也」[20]と、両者の関係を曖昧にしていた僧肇が、智顗と同時代人の吉蔵によって再び最大級の評価を受け、しかも、既に平井俊榮博士が見事に論証されたごとく、[21]智顗の思想そのものが、その門下の灌頂以下によって、後代の吉蔵著作の混入による改竄や増幅の結果、メチャクチャにされてしまったのであるから、「因果」と「自然」の区別も凡庸な仏者の眼には全く見難いものとなってしまい、却って智顗の系譜を嗣ぐ日本の天台宗下に「自然」の変奏ともいうべき「本覚思想」が風靡してしまったのである。道元は、後世のどうでもよい付加などを突き透して、智顗その人を直に感得するところもあったのではないかということは、業や因果を巡る若き日のメモ『宝慶記』からも窺い知ることができるのであるが、[22]その若き日の疑問や悩みが、帰国後の叡山を中心とする「本覚思想」という巨大な敵との闘いの中での紆余曲折を経て、晩年に深く鋭く明瞭にまとめられたものが、十二巻本『正法眼蔵』の、しかも今の場合は、先の「深信因果」の巻だったということができよう。そこでは、「永遠の真理（die ewige Wahrheit）」とでもいうべき「性海」や「覚海」に帰すというような「本覚思想」が「撥無因果」の外道と糾弾され、それに対峙されて、業や果を三宝や四諦を信ずると同様に信ずることが「深信因果」と述べられ、それこそが外道ではない正しい仏教だと主張されたのである。(23)

言っておくが、私はここで直接道元のことを論じたいと思っているわけではない。ただ、「信」という本稿のテーマに絡み、これほどまでに、仏教の「信」と仏教ならざるものの「信」とを明確に峻別せんとした仏者の例が希有であるということに鑑み、敢えて道元晩年の明瞭な意識に訴えんとしてみたまでである。従って、道元を俟って始めて峻別のつくような、この困難な接点は、ちょっと浮か浮かしてしまえば、これを断えず誤魔化そうとしている世の大勢を支配する通念にすぐ摑まって元も子もなくされてしまうから充分気をつけねばならない。そもそも、古くから伝承され、『ダンマパダ』や『ウダーナヴァルガ』にも誦み嗣がれていた三宝に関する先の五頌を三宝の「救済（trāṇa）」たることの論拠として引用した『倶舎論』にしてからが、三宝の背後に、それを支える究極的なものを別に見出そうとする傾向にあったのである。それを示す『倶舎論』第四章第三二頌(24)を和訳によって引用しておくことにしたい。

およそ誰であれ三つのものに帰依するものは、仏と僧とを形成している、無学の法と、〔学と無学という〕二つの法と、及び〔法そのものである〕涅槃とに帰依するのである。

これはもはや、仏を直接「信ずる（śraddadhāti）」のではなく、仏の背後に、それを成り立たしめている唯一の「永遠の真理」だけが「有る」とする考え方にもう一歩のところまで来た「理解」だとみなさなければなるまい。

二　如来蔵説における信

如来蔵説における「信」は、右に見たような、唯一の「永遠の真理」だけが「有る」という考え方に向って最後の一歩を進めたところに成立したと私は見ているが、そういう考え方が、洋の東西を問わず、いかに世の通念に馴染みやすいかを示すために、プラトンの『ポリテイア（国家篇）』第七巻冒頭の所謂「洞窟の比喩」と称せられている話に因んで、マックス＝ウェーバーが述べている解釈[25]を引用することから始めたいと思う。

たとえば、諸君はかのプラトンの『ポリテイア』第七巻のはじめにある不思議な比喩を想起されたい。そこには、洞窟のなかに鎖でつながれた人々のことが書かれている。かれらはかれらの前にある岩壁のほうを向いており、かれらの背後からは明かりが差し込んでいる。だが、かれらにはこの明かりをみることができない。そこで、かれらはただ前の壁に映るもろもろの影（die Schattenbilder）だけを相手とし、それらのあいだの関係を解明しようとして骨折っている。こうした状態は、かれらのひとりが自分の鎖を断ち切ることに成功するまで続く。かれは鎖を断ち切り、振り返ってそこに明かり——太陽（die Sonne）——をみる。まばゆさに目がくらんでかれはそこらを手さぐりし、そしてかれがなにをみたかをどもりつつ物語る。ほかの連中は、かれが間違っているのだという。しかし、かれのほうはしだいにこの明かりを見詰めることをおぼえ、かくてここにかれの使命（Aufgabe）が生まれる。洞窟のなかへ戻ってほかの連中の目を明かりのほうへ向けてやること、それがかれの使命である。かれとは哲学者（Philosoph）のことであり、太陽とは学問の真理（die Wahrheit der Wissenschaft）のことである。この比喩は、学問のみが幻影（Scheingebilde und Schatten）ならぬ真の実在（das wahre Sein）をとらえるものであることを教えている。

もっとも、『職業としての学問』を直接読む人にはすぐ分るように、ウェーバーはこの解釈を直ちに肯定的な意味で使っているわけではない。むしろ、かつて考えられていた「真の実在への道（Weg zum wahren Sein）」などという学問の意義が当時は失墜し、彼の時代の若者にとっては、洞窟の壁の影絵の方に真の実在（die wirkliche Realität）があるという逆の意味になってしまったという例として右の話は引かれているのであるが、しかし、ウェーバーは、学問の世界から「真の実在」を完全に締め出してしまったわけではなく、ただ学問から主観的な価値判断を排除し「真実をして語らしめる（die Tatsachen sprechen läßt）」ことによって、却って「真の実在」の形を変えた復権を図ろうとしたにすぎないと考えたほうがよいのである。

ただし、ここでは、ウェーバーの真意がどこにあったかはさほど問題ではない。今は、先のような単純化された比喩がいかに世の通念に馴染みやすいかを示めせればよいのである。ところで、ウェーバーは、哲学者の使命（Aufgabe）を強調する余り、彼が洞窟へ戻ってから以降のことを極めて楽天的に拡大して吹聴しているが、プラトンの原文では決してそんな風に記述されていないことには注意を要する。むしろ原文は、「どもりつつ物語る」などという状況よりは、彼が正しいことも伝えられぬままに殺されてしまうことを暗示しているのだが、人口に膾炙する話としては深刻めいていないほうがよいと相場が決っているかもしれない。その上で、「真の実在」としての太陽が出てくれば、誰しも、いつも見ている太陽のように「真理」が「有る」ことを容易に肯ってもはやなんの抵抗も疑問も感じなくなってしまうのだ。しかし、太陽のように、「真理」が「有る」ことを見た人なぞはどこにもいたためしはなかったのだということは当然執拗に拘泥し続けねばならぬことなのである。

ところが、仏教史の内部には、むしろ通念に従って、そういう「真理」がいつも「有」り、仏となった釈尊はその発見者であり、従って原理上は発見者の数だけ仏もいるなどというふうに考えた人もいたことは率直に認めなければなるまい。「相応部（Saṃyutta-nikāya）」一二・六五の『城邑（*Nagara*）』という経[26]はそういう考え方の一端を伝えたものと考えてよいが、これは、ある人が古い道を辿り古い城邑を発見したことを、釈尊の八正道と悟りに譬えたものであるが、今はその話をパーリ原典や関連諸資料に直接当って文献学的に考証することをやめ、それを巡って人口に膾炙している極一般的な解釈例の一つを紹介しておく方が話がわかりやすくなるかもしれない。その解釈例の一つとは次のごとくである。(27)

これをもって分かるように、釈尊も古人の行履（道跡のこと）に随って修行されたということ、しかも、その修行法はすでにあったものを偶然発見し、それを信じ、専ら随順して行ったということであった。

そしてわれわれに説き示された縁起の理法も、たとえでいえば古い都であって、そこはすでにだれかによって住まわれていたところである。つまり縁起の理法は過去仏によって、すでに発見されていたものであった。

それ以後、久しく人絶えてだれも訪れるものなく、知られずにあったものを、釈尊は八正道の修行を成就することによって、すでにあった縁起の理法を発見されたのである。

縁起は仏教の根本真理と大げさに後世では言いはやすが、釈尊にとっては「仏教の」と表現せずとも「だれでもの」真理として、すでにあったものを発見したにすぎないと、さりげなく述べておられるのが印象的である。

「「だれでもの」真理」などとはいかなるテキストにも明示されてはいないが、釈尊とすら関係のない真理の永遠性や普遍性を強調していけば当然そうなるのがオチであることは言うまでもあるまい。事実、如来蔵説を述べた代表的経典である『如来蔵経（*Tathāgatagarbha-sūtra*）』は、かかる真理観を最も単純明白に推し進めて、次のように宣言するに至るのである。(28)

善男子よ、これは諸法の法性（dharmāṇāṃ dharmatā）である。如来たちが出現しようと出現しまいと、これら有情たちは、いつでも（sadāiva）、如来蔵（tathāgata-garbha）を有しているのだ。

これによって明らかなように、「永遠の真理」である如来蔵は、如来、即ち釈尊もしくは仏とは全く無関係に有り、そのことが「諸法の法性」として決っていることになるわけである。しかも、その「法性」は言葉を尽して証明され論証されるべきものではないから、後はその「存在」を自明の事実として「容認する（adhi-muc）[29]」か闇雲に「信ずる（śrad-dhā）」かしかありえないことになる。実際、それゆえに、右の経文を引用し、しかもそれを重要な典拠としている『宝性論（*Ratnagotravibhāga*）』は、その引用直後に、次のように述べているのである。[30]

その〔の法性〕は、思考されるべきもの（cintayitavya）ではなく、判断されるべきもの（vikalpayitavya）ではなく、ただ容認されるべき（adhimoktavya）だけのものである。

更に、同論は、この直後に、次のような第一五三頌[31]を掲げている。

自在者〔たる仏〕たちの最高の真理（paramārtha）は信（śraddhā）だけによって追認されるべき（anugantavya）である。というのも、無眼者は、光輝く太陽の円輪を見ることがないからである。

ここで言われる「無眼者」とは、凡夫と二乗と新米の菩薩（nava-yāna-saṃprasthito bodhisattvaḥ）とを指すものであることは、直後の註釈によって分るが、右の頌と直前の註釈とを引き較べてみると、「容認」と「信」とが同じような意味合で用いられているようにも見える。しかるに、実際テキストに当ってみると、『宝性論』中では意外にも「信（śraddhā）」の語は少ない[32]のであって、しかも、重要な「信」の用例は、全て他経からの引用であることが判明するのである。次に、その重要な二箇所を示してみよう。前者が『堅固増上意楽経（*Dṛḍhādhyāśaya-parivarta*）[33]』、後者が『勝鬘経』からの引用である。[34]

㈠　シャーリプトラよ、実に、この真理（artha）は、如来の対象（viṣaya）であり、如来の認識領域（gocara）である。シャーリプトラよ、この真理は、まずもって、声聞や独覚たちによっても、自己の慧（sva-prajñā）をもってしては、正しく知ることも見ることも[35]観察することもできないものである。ましてや幼童凡夫たちは言うまでもない。ただし、如来に対する信（tathāgata-śraddhā）によって理解する（gamana）ものを除く。というのも、シャーリプトラよ、最高の真理（paramārtha）は、信によって理解されるべきもの（śraddhā-gamanīya）だからである。シャーリプトラよ、この最高の真理といわれるものは有情界（sattva-dhātu）の同義語（adhi-vacana）であり、シャーリプトラよ、この有情界といわれるものは如来蔵（tathāgata-garbha）の同義語であり、シャーリプトラよ、この如来蔵といわれるものは法身（dharma-kāya）の同義語である。

㈡ 妃よ、次の二つのことは了解し難い。心が本性上清浄だということも了解し難く、またその同じ心が染されているということも了解し難い。妃よ、汝はこの二つのことを聞くものとなるであろうし、あるいはまた偉大な教えを成就した菩薩たちもそうであろう。〔しかし、〕妃よ、それ以外の声聞や独覚たちにとっては、この二つのことは、ただ如来に対する信によって理解されるべき（tathāgata-śraddhā-gamanīya）だけのものである。

以上の二箇所では、「信」は、二乗や凡夫が縋《すが》り付くほかないような、一段低い機能しかもたないように記述されているとすら私には思われるが、それでもまだ、そこには「信」だけしかないというような最低の緊張感は残っているように感じられるにもかかわらず、『宝性論』自体では、かかる「信（śraddhā）」さえも、「容認（adhimukti）」に統一されていったのではないかと考えられるのである。仏教において一般に「信」の対象とされる三宝についても、『宝性論』ではついにśraddhāという語が用いられることはなく[36]、しかも、『宝性論』は、仏そのものを信ずるという構造を示すことが決してないばかりではなく[37]、却って、「仏性（buddha-dhātu, buddha-gotra）」もしくは「宝性（ratna-gotra）」を信ずるという構造において「性（dhātu, gotra）」だけが「有る」ことを「理解」するように勧めているにすぎないテキストだということは、既に論じたので[38]、ここでは再説しない。しかるに、『宝性論』が、人々に対し、苦労し長い時間をかけて仏を「信ずる」ことを勧めるよりは、瞬時に「永遠の真理」の「有る」ことを「理解」させる安易な道を勧めたということが本当だとすれば、同論が「信（śraddhā）」を捨てて「容認（adhimukti）」という一つへ搾り込もうとした事情も大いに頷くことができるのである。事実、『宝性論』の結尾は、「容認の功徳

(adhimukty-anuśaṃsa)」を述べることに当てられているが、その「容認(adhimukti)」とは、既に、高崎直道博士も指摘しておられるがごとく[39]、『宝性論』の「七金剛句」中、三宝以外の、最も主要な「仏性(buddha-dhātu)」以下の四つの「実有性(astitva)、可能性(śakyatva)、有徳性(guṇavattva)」に対する容認(adhimukti)」を基本的構格としている。しかるに、高崎博士は、如来蔵説を「信の宗教」と規定されたが、その「信」の原語としては、少なくとも『宝性論』においては、śraddhā ではなく adhimukti のみが使用されている以上、むしろそれは「容認(adhimukti)の宗教」と呼ばれた方が正確かもしれないのである。問題は、adhimukti に対して私が暫定的に与えた訳語「容認」という理解が正しいかどうかだけであるが、この点は、唯識文献における用例も踏まえねばならぬので、次節において検討することにしよう。

三　唯識説における信

唯識説を検討する場合に、まず承知しておかなければならないことは、極めて常識的なことではあるが、まず最初に唯識説という思想があって、その後にその思想に基づくグループが形成されたのではなく、まずヨーガーチャーラ(Yogācāra、瑜伽師、ヨーガの実践者たち)と称されるグループがあり、その実践に関する様々な綱要を集積していく過程で、彼らの思想を表わす代表的な一つとして唯識説が形成されていったのだということである。これは、このグループにとって、正しい仏教とはなにかということが、絶えず、あれかこれかという形で思想や信仰の問題として取捨されていったのではなく、仏教の実践という極めて漠然とした意識のもとに、仏教であろうがなかろうが、とにかく実践において体験されるようなことは一切合財取り込まれていったのだということを物語る。それのある程度整備された厖大な成果が『瑜伽師地論(*Yogācārabhūmi*)』だということができる[40]。従って、如来蔵説のように、意識的に仏教の道を踏み外し、仏を信ずるのではなく、仏の背後に、仏とは関係のない「永遠の真理」である如来蔵が有るという考えを、単純明白に突走って、後はただ真理を「容認（adhimukti）」するだけという結果に落ち着いてしまうような理論的一貫性は、唯識説の場合には始めから求めうべくもない。仮りにアサンガ（Asaṅga、無著）の著作のように、唯識として完全に体系づけられたものを取り挙げたとしても、そこには、過去の幾筋もの伝統が引き摺り込まれているのである。しかし、とりわけ思想の問題の場合には、いろんな伝統を引き摺り込んで最後に花開いたがゆえに「究極の立場（die letzte Stellungnahme）」を表わすなどと考えるようなことがあってはなるまい。「最後に笑うものが一番よく笑う」というのは処世の上のことだけである。

　さて、前置きが長くなってしまったが、「信」の問題に関しても、唯識説においては、śraddhā が adhimukti に収斂していくような形跡は全く認められず、śraddhā も adhimukti（adhimokṣa）も全く別な異なった心所（caitta, caitasika）として並存されているところに、今先に見たような状況を垣間見ることができる。以下に、この両語の意味の異同を論ずることにしたいが、もとよりかかる試みは今私によって初めてなされるわけではなく、既に藤田宏達博士などの秀れた成果[41]もあるのだが、ここではそういう成果を考慮しながらも、検討範囲を唯識文献に限定し、その分だけ、より詳細に原文に即して考察を進めていくことにしたい。

　ところで、前節において、adhimukti の訳語として「容認」という理解でよいかどうかの検討を課題として残して置いたので、両語中、まず adhimukti（adhimokṣa）の方を先に取り挙げて検討する。以下に、この語に対する代表的唯識文献中の定義を、(a)アサンガの『阿毘達磨集論（*Abhidharmasamuccaya*）』、(b)ヴァスバンドゥ（Vasubandhu、世親）の『五蘊論（*Pañcaskandhaprakaraṇa*）』、(c)スティラマティ（Sthiramati、安慧）の『唯識三十頌釈論（*Triṃśikāvijñaptibhāṣya*）』の順で示す。

(a)[42]　adhimokṣaḥ katamaḥ/ niścite vastuni yathā-niścayaṃ dhāraṇā/ asaṃhāryatā-karmakaḥ//

mos pa gang zhe na/ nges pa'i dngos po la ji ltar nges pa bzhin du 'dzin pa ste/ mi 'phrogs pa nyid kyi las can no//

何等勝解。謂、於決定事、随所決定、印持為体。不可引転為業。

〔試訳：容認とはいかなるものか。確定された物事に対して、確定したとおりに限定することであり、変節できないことを機能としている。〕

(b)[43] mos pa gang zhe na/ nges pa'i dngos po la de bzhin du nges par 'dzin pa'o//

（*adhimokṣaḥ katamaḥ/ niścite vastuni tathâivâvadhāraṇam//）

云何勝解。謂、於決定事、即如所了、印可為性。

〔試訳：容認とはいかなるものか。確定された物事に対して、まったくそのとおりのままに限定することである。〕

(c)[44] adhimokṣo niścite vastuni tathâivâvadhāraṇaṃ/ niścita-grahaṇam aniścita-pratiṣedhârtham/ yuktita āptôpadeśato vā yad vastu asaṃdigdhaṃ tan niścitaṃ yenâivâkāreṇa tan niścitam anitya-duḥkhâdy-ākāreṇa tenâivâkāreṇa tasya vastunaś cetasy abhiniveśanam evam etan nânyathêty avadhāraṇam adhimokṣaḥ/ sa câsaṃhāryatā-dāna-karmakaḥ/ adhimukti-pradhāno hi sva-siddhāntāt para-pravādibhir apahartuṃ na śakyate/

〔試訳：容認（adhimokṣa）とは、確定された物事に対して、まったくそのとおりのままに限定することである。確定されたと言うのは、まだ確定されていないものを否定するためである。論理及び聖教の観点から、およそなんであれ、疑われていない物事であれば、それが確定されたものである。無常や苦の形象など、あるものだけの形象によってそれが確定された場合、その同じ形象によって、その物事を心に定着させ、これはこのようであってそれ以外ではないと限定することが容認である。そしてそれは変節できないことをもたらすのを機能としている。というのも、容認（adhimukti）を主要とするものは、反対論者たちによって、自己の教義から引き離されることがありえないからである。〕

しかし、もはやくどくど言い立てる必要はあるまい。少なくとも、唯識文献に限っていえば、adhimukti（adhimokṣa）とは、物事を「確定的に限定して容認すること」を意味していることは明白だと言わなければならないのである。因みに、唯識説において、adhimukti（adhimokṣa）は、「特殊〔な対象〕に決定しているから別境である（viśeṣe niyatatvād viniyatāḥ）」[45]と定義される、五別境の一つとして位置づけられ、(a)に対する註釈においても「確定したとおりに限定することとは、これはこのようであってそれ以外ではないと容認（adhimukti）することである」[46]と、(c)のスティラマティと非常によく似た説明が与えられていることを付記しておきたい。

しかるに、「信（śraddhā）」とは、周知のごとく、唯識説においては、別境とは全く別のグループである善（kuśala）の心所に属する。この「信」に対する定義についても、先の「容認」に対する場合と全く同じ三つの文献について、同じ順序とやり方で取り挙げてみることにしよう。

(a)[47] śraddhā katamā/ astitva-guṇavattva-śakyatveṣv abhisaṃpratyayaḥ prasādo ’bhilāṣaḥ/ chanda-sanniśraya-dāna-karmikā//

dad pa gang zhe na/ yod pa nyid dang/yon tan can dang/ nus pa rnams la mngon par yid ches pa dang/ dad pa dang [/] ’dod pa ste / ’dun pa’i rten byed pa’i las can no//

何等為信。謂、於有体・有徳・有能、忍可・清浄・希望為体。

〔試訳：信とはいかなるものか。実有性と有徳性と可能性とに対して、信服し信頼し熱望することであり、欲望に依り所をもたらすことを機能としている。〕

(b)㊽ dad pa gang zhe na/ las dang 'bras bu dang/ bden pa dang/ dkon mchog la mngon par yid ches pa dang/ 'dod pa dang/ sems dang ba'o//

(*śraddhā katamā/ karma-phala-satya-ratneṣv abhisaṃpratyayo 'bhilāṣaḥ prasādaś cetasaḥ/)

云何為信。謂、於業果・諸諦・宝中、極正符順・心浄為性。

〔試訳：信とはいかなるものか。業と果と、〔四〕諦と、〔三〕宝とに対して、信服し、熱望し、心に信頼することである。〕

(c)㊾ śraddhā karma-phala-satya-ratneṣv abhisaṃpratyayaḥ prasādaś cetaso 'bhilāṣaḥ/ śraddhā hi tridhā pravartate/ sati vastuni guṇavaty aguṇavati vā saṃpratyayâkārā/ sati guṇavati ca prasādâkārā/ sati guṇavati ca prāptum utpādayituṃ vā śakye 'bhilāṣâkārā/ cetasaḥ prasāda iti śraddhā hi citta-kāluṣya-vairodhikīty atas tat-saṃprayoge kleśôpakleśa-mala-kāluṣya-vigamāc cittaṃ śraddhām āgamya prasīdatīti cetasaḥ prasāda ucyate/ sā punaś chanda-saṃniśraya-dāna-karmikā/

〔試訳：信とは、業と果と、〔四〕諦と、〔三〕宝とに対して、信服し、心に信頼し、熱望することである。というのも、信は、有徳のあるいは無徳の物事がある場合には信服を形象とし、また有徳のものがある場合には信頼を形象とし、また得たり生じさせたりできる有徳のものがある場合には熱望を形象として、三様に働くからである。心に信頼し（cetasaḥ prasādaḥ、「心の清潔」の意なるも意訳）ということについていえば、信は心の混濁と逆のものであるから、それゆえにそ〔の信〕と相応すれば、煩悩や随煩悩の垢れの混濁が〔心より〕離れるから、信に依って、心が清潔になるというわけで、心に信頼し（心が清潔になる意）というのである。それはまた、欲望に依り所をもたらすことを機能としている。〕

以下に、adhiukti（adhimokṣa）と śraddhā との比較に関する若干の考察に移る前に、右の(a)に対する註釈を示しておけば次のとおりである。[50]

信は、実有性（astitva）に対しては信服を形象とし（abhisaṃpratyayâkāra）、有徳性（guṇavattva）[51]に対しては信頼を形象とし（prasādâkāra）、可能性（śakyatva）に対しては私は得たりあるいは成就したりすることができるというように熱望を形象（abhilāṣâkāra）としているのである。

これによって、astitva—abhisaṃpratyaya, guṇavattva—prasāda, śakyatva—abhilāṣa という三様の関係が明確となり、信は三様に働くとする(c)のスティラマティの説明と形態上は非常によく一致するが、内容的には必ずしも適合しているとは言い難い。その最も大きな原因は、(c)が(b)同様に śraddhā の実質的対象として、業と果、四諦、三宝といったものを保持し続けている点にあるということができるのである。しかも、先に見た『倶舎論』でも述べられていたように[52]、これらのものを śraddhā の実質的対象とみなす伝統は確かに存在し継承されていたのであって、唯識文献のあるものはそれを伝えながら、一般に śraddhā が軽視されていく風潮と共に、それらの実質的対象が看過されていくという状況も生じえたかもしれない。高崎博士が論述された[53]ように、『宝性論』における astitva, śakyatva, guṇavattva という三つの構造が唯識説から取られたとすれば、śraddhā を軽視した『宝性論』は、その実質的対象を外したのみならず、その三つの構造を統合するものを従来の śraddhā から adhimukti のみに摩り替えてしまったと考えることができるのである。『法華経』のような śraddhā を捨て[54]、まるで太陽が存在するかのように「永遠の真理」を見せつけようとする『宝性論』にとっては、「真理」をまるで目前に見るように、ただ「容認」してもらうだけの方が都合がよかったのではあるまいか。

だが、あまり余計な口が滑らぬ前に、astitva, guṇavattva, śakyatva 三語に関し、私の知る限り、現時点で最も古いと思われる文献の記述を紹介して本稿を閉じることにしたい。それは、『瑜伽師地論』「摂決択分」の「菩薩地」中に見出されるもので、次のごとく述べられている。[55]下線および傍線はその三語を指示したもの[56]である。

byang chub sems dpa' rnams kyi bsam pa'i khams gang zhe na/ smras pa/ sangs rgyas kyi chos rnams la yod pa nyid du yid ches pas rab tu phye ba gang yin pa'o// byang chub sems dpa' rnams kyi lhag pa'i bsam pa'i khams gang zhe na/ smras pa/ sangs rgyas kyi chos rnams la yon tan dang ldan pa nyid du yid ches pas rab tu phye ba gang yin pa'o// byang chub sems dpa' rnams kyi mos pa'i khams gang zhe na/ smras pa/ sangs rgyas kyi chos rnams la thob par nus par yid ches pas rab tu phye ba gang yin pa'o//

問。諸菩薩意楽界云何。答。於諸仏法、信解有性所顕故。問。諸菩薩増上意楽界云何。答。於諸仏法、信解有徳所顕故。問。諸菩薩勝解界云何。答。於諸仏法、信解可得所顕故。

傍線三語の各問に見える、「意楽界」「増上意楽界」「勝解界」の三語については、『菩薩地』中の、"āśayâdhyāśayâdhimukti-dhātuḥ paripūryate"[57] の用例が参照され検討されなければならない。

約束どおり、以上で本稿を閉じることにしたいが、「信」についての定義を並べて見せただけでは、いくらなんでも、「唯識説における信」について述べたことにはなるまい。唯識説の場合は、「信」についても様々な伝承が取り込まれていること前述のごとくであるが、もしその「信」の特質を一言で指摘すれば、その根幹は如来蔵説の場合と酷似したものとなるであろう。三宝に帰依するとは言いながら、仏（buddha）そのものではなく「仏たること（buddhatva）」という抽象的原理の方を重視するという体質においては、唯識説も如来蔵説と軌を一にしているからである。『大乗荘厳経論（*Mahāyānasūtrālaṃkāra*）』第九章「菩提品」の第一〇頌は、「かの仏たること（buddhatva）がこの世において帰依中の最勝（śreṣṭha）のものである」[58]と述べ、別な箇所の註釈で、アスヴァバーヴァ（Asvabhāva、無性）は、その「仏たること」を次のように説明している。[59]

真如（de bzhin nyid, tathatā）は一切法に追従しており（rjes su song ba, anugata）、属性（chos, dharma）と基体（chos can, dharmin）とはまた異なったものではないから、それゆえに、一切法は仏たること（sangs rgyas nyid, buddhatva）として表わされるのである。

一切法が直ちに「仏たること」と同じだと言われているわけではない。基体たる「真如」や「仏たること」に属性としての一切法が乗っかっており、後者が前者から出てくる関係まで示唆しているのが「一切法は仏たること」という意味なのである。かかる「仏たること（buddhatva）」を如来蔵説における「仏性（buddha-dhātu, budha-gotra）」と異なるなどと反論することは誰にもできぬと言わなければならない[60]。

註

（1）『仏教思想史論集』成田山仏教研究所紀要特別号（成田山開基一千五十年記念、一九八八年四月刊行予定）に掲載〔その後、一九八八年三月の奥付で刊行され、その四九一―五三二頁に公けになったが、その後更に、拙書『本覚思想批判』（大蔵出版、一九八九年）、二三六―二七二頁に再録〕。

（2）十二巻本『正法眼蔵』を巡る問題については別途論じたいと思っているが、一言で私の立場を述べれば、この十二巻本に道元の最も根本的な考えが集約されているということであり、本稿ではかかる立場から、十二巻本だけを取り上げている。〔この私の意図の後に実現したものが、拙書『道元と仏教――十二巻本『正法眼蔵』の道元――』（大蔵出版、一九九二年）である。〕

（3）大久保道舟編『古本校定正法眼蔵』（全）（以下大久保本と略す）、六六九―六七〇頁：岩波文庫本、下、一九一―一九二頁。なお、亀甲カッコで囲った一句、大久保本に欠くが、単なる遺漏か否か確認願いたい。

（4）岩波文庫、下、二六六頁、「帰依三宝」に対する註４、及び、鏡島元隆『道元禅師の引用経典・語録の研究』（木耳社、一九六五年十月）、二二五頁参照。

（5）L. de La Vallée Poussin, *L'Abhidharmakośa de Vasubandhu*, Tome III, p. 80, n. 1. なお、サンスクリット原文については、P. Pradhan (ed.), *Abhidharma-kośabhāṣya of Vasubandhu*, Patna, 1967, p. 217, ll.9-18を参照されたい。以下の諸本との異同については、特別な場合を除き省略する。

（6）P. T. S. ed., *The Dhammapada*, London, 1914, p. 28, ll.6-19参照。

（7）F. Bernhard (ed.), *Udānavarga*, Sanskrittexte aus den Turfanfunden X, Göttingen, 1965, p. 348, l.7-p. 350, l.4参照。Poussin教授は基づいたテキストが異なるために第二七章、第二八―三〇頌とするが、今はBernhardの校訂本番号に従った。

(8) E. B. Cowell and R. A. Neil (ed.), *The Divyāvadāna, A Collection of Early Buddhist Legends*, Repr., Delhi, 1987, p. 164, ll.7-16参照。

(9) 大正蔵、二七巻、一七七頁上、四—一三行参照。

(10) 大正蔵、二四巻、三三三頁上、一—一〇行参照。

(11) 校訂本にはbahuṃとあるが、別な読みの指示に従ってbahūと複数主格に読む。この方が他の諸本とも一致する。なお和訳については、中村元訳『ブッダの真理のことば・感興のことば』（岩波文庫、一九七八年）、三六—三七頁、二五〇頁を参照されたい。

(12) Pradhan, *op. cit.*（前註5）, p. 55, ll.6-7.

(13) 順次に、P. T. S. ed., *Sutta-nipāta*, v.184, v.186 ; *Udānavarga*（前註7）, X, v.5, v.4.

(14) 藤田宏達「原始仏教における信の形態」『北海道大学文学部紀要』6（一九五七年）、七八頁参照。この論文は、後註37の高崎論文、八八頁、註3によって知り、八月七日にコピーしたが、そのまま放置した形で、前註1の拙稿を、同十日に脱稿してしまった。従って、前註1の拙稿、註59で指摘したように、私が、“Credo quia absurdum est（不合理なるがゆえに我は信ず）”と“Credo ut intelligam（知らんがために我は信ず）”という二つの文章を対の形で知ったのは、『職業としての学問』（岩波文庫）の訳者尾高邦雄氏の訳註によるのである。二文中、前者がテルトゥリアヌス、後者がアウグスチヌスのものであり、私はそのことも尾高氏の訳註によって知ったが、藤田博士は二文の著者名に触れていないので逆に別な自明の直接的典拠に依られたのかもしれない。私は、アウグスチヌスがどこでそのようなことを言ったか、前後の文脈を辿るためにも知りたいと思っているので、ぜひ御教示頂きたい。ただ、アウグスチヌスがここで「知る（intelligo）」と言っているのは、本稿で意識して批判的に用いた「理解する」の意味でもなければ、ましてや本稿の結論でもある「容認」のadhimuktiの意味でもないことは確実だと思われる。

(15) 前註1の拙稿、註60参照。いずれも「忠誠を置く」ということを原義としている。

(16) 大久保本、六七八頁：岩波文庫本、下、二〇四頁。

(17) 前註4の鏡島著、二二六頁参照。

(18) 道元と智顗との思想的関連については、一般的論及ながら、特に今の「業」の問題に絡んでは、池田魯参「日本天台と道元禅㈥」『傘松』第五二〇号（一九八七年一月）、五〇—五七頁参照。

(19) 山田和夫「「注維摩詰経」の僧肇注と老荘思想——僧肇と郭象——」『仏教思想史』2〈仏教と他教との対論〉（平楽寺書店、一九八〇年）、一七七頁参照。ただし、この問題の詳論ともいうべき、一七九頁、註7の同氏論文は現在未見。

(20) 前註19の山田論文、一七二頁の引用による。山田氏は、僧肇によって「郭象的な自然とは真向うから対立する因果の必然性が、自、然と形容される」例としてこの文を引用するのだが、「自然」であればもはや「因果」ではないことに注意しなければなるまい。とにかく、僧肇は、道元が批判した「性海に帰す」や「覚海に帰す」という思想を、一切法が「無住」に帰すという形でつくり上げ、むしろ「因果」無視の系譜に属する人である。なお、拙稿「『維摩経』批判資料」『駒沢大学仏教学部研究紀要』第四六号（一九八八年三月刊行予定〔、その後、予定どおりに刊行され、その二九八—二六五頁に掲載さる〕）、資料23参照。

(21) 平井俊榮『法華文句の成立に関する研究』（春秋社、一九八五年二月）、特に第一篇「智顗と吉蔵——経典註疏をめぐる問題」参照。

(22) 『宝慶記』については、「業」や「因果」の観点から別途に論じてみたい気持をもつが、さしあたっては、宇井伯寿訳註『宝慶記』（岩波文庫、一九三八年）によって、その三、四、七、八、二〇、三三、四〇、五〇などの段を参照されたい。

(23) 道元が「本覚思想」に対立するものとして「深信因果」を具体的に意識するようになっていったということに私が初めて触れたのは、拙稿「差別事象を生み出した思想的背景に関する私見」『駒沢大学仏教学部研究紀要』第四四号（一九八六年三月）、特に二〇六頁〔拙書『本覚思想批判』（註1前出）再録の一四四頁〕においてである。

(24) Pradhan, *op. cit.*（前註5）, p. 216, ll.13-14.

(25) Max Weber, *Wissenschaft als Beruf*, Siebente Auflage, 1984, Duncker & Humblot, Berlin, p. 18, l.28-p. 19, l.4：前註14の尾高訳、三六頁。

(26) P. T. S. ed., Samyutta-Nikāya, Vol. 2, pp. 104-107 (XII, 65) 参照。なお、拙稿「縁起と真如」平川彰博士古稀記念論集『仏教思想の諸問題』（春秋社、一九八五年）、二〇五頁〔拙書『本覚思想批判』（註1前出）再録の一〇一頁〕、及び二一一頁〔同上拙書、一〇七頁〕、註48も参照されたい。

(27) 田上太秀『釈尊の譬喩と説話』（レグルス文庫、一九八一年）、七六—七七頁。ただ、断っておくが、私は田上氏を非難せんがために本書を引用したわけではない。本経に対するこういう解釈はどこにでも見かけるのであるが、日頃親しくして頂いているがゆえに、却って手近かなものとして引用させて頂いたまでで、どうか結果的な非礼はお許し願いたい。

(28) E. H. Johnston (ed.), *The Ratnagotravibhāga Mahāyānottaratantraśāstra* (Patna, 1950), p. 73, ll.11-12 所引のサンスクリット原文から訳して引用。なお、本経の和訳については、高崎直道訳註『如来蔵系経典』（大乗仏典12、中央公論社、一九七五年）、七—四一頁（引用相応箇所は一五頁）参照。

(29) adhi-muc の意味として、前註1の拙稿、註32においては、ただ *BHSD*, p.14 に見える訳例のみを挙げておいたが、本稿では、末尾において検討するごとく「容認（する）」をこの語の訳として採用することにする。

(30) Johnston, *op. cit.*（前註28）, p. 73, ll.15-16. ただし、引用末尾相応の adhimoktavyêti は諸訳を参照し adhimoktavyaiva と改めて

読んだ。

(31) Johnston, *op. cit.* (前註28), p. 74, ll.1-2. なお、前半頌 "śraddhayâivânugantavyaṃ paramārthe svayaṃbhuvām" の下線部分を、高崎博士はチベット訳に従って-anugantavyaḥ paramārthaḥと改めている (Takasaki, *A Study on the Ratnagotravibhāga*, Roma, 1966, p.296, n.16) が、私も正しいとみてそれに従う。

(32) 中村瑞隆『蔵和対訳究竟一乗宝性論研究』(鈴木学術財団、一九六七年) の巻末索引、七頁、adhimukti の項、一九七頁の śraddhā の項を比較し、後者に実際当ってみた成果である。

(33) 漢訳としては未翻。なお、本経については、前註32の中村著、二頁、註7を参照されたい。

(34) 順次に、Johnston, *op. cit.* (前註28), p. 2, ll.8-13 ; p. 22, ll.1-4 所引のサンスクリット原文から訳して引用。

(35) Johnston 校訂本では、三シラブル分欠けたままであるが、宇井博士の訂正を経、高崎博士によって最終的に採用された (Takasaki, *op. cit.* (前註31), p.143, n.16) jñātuṃ vā を補う。

(36) Johnston, *op. cit.* (前註28), p.7, ll.6-7では、"tathāgataṃ śaraṇaṃ gacchanto dharmatā-niṣyandâbhiprasādena dharmaṃ ca saṃghaṃ ca śaraṇaṃ gacchanti" といわれている。

(37) 高崎直道「如来蔵説における信の構造」『駒沢大学仏教学部研究紀要』第二三号 (一九六四年三月)、一〇三頁〔高崎直道『如来蔵思想』I (法蔵館、一九八八年) 再録の二八二―二八三頁〕、註14〔同上、註59〕では、『宝性論』の前註36の箇所、及び、同論、第一章、第二一頌 (p.20) 前後の箇所を指し、三宝が「仏を信ずることに帰着する」(高崎同論文、一〇〇頁〔同上、二七〇頁〕) ように論及されているが、『宝性論』では、三宝が dharmatā や buddhatva に帰せられることはあっても、buddha そのものに帰せられることは絶対にない。しかも、この場合の dharmatā や buddhatva が『宝性論』においては buddha-dhātu や buddha-gotra を指していることは言うまでもないことなのである。なお、buddhatva については、本稿の後註58、59、60、及びその番号を付した本文を参照されたい。

(38) 前註1の拙稿を参照されたい。

(39) 前註37の高崎論文を参照されたい。

(40) 『瑜伽師地論』に至るまでの唯識説の形成史について、私はなんら具体的研究を進めたわけではないが、全く瑣細な成果としては、拙稿「Pūrvācārya 考」『印仏研』三四―二 (一九八六年三月)、八六六―八五九頁〔『唯識考』、五〇六―五二〇頁〕を参照されたい。

(41) 前註14の藤田論文、九四―九八頁、及び、久保継成『法華経菩薩思想の基礎』(春秋社、一九八七年)、四五―五〇頁など参照。ただし、私は遺憾ながら、後者の四九頁、註1に指摘される塚本啓祥博士の論文を未見である。

(42) 以下(a)として引用したものは、順次に、V. V. Gokhale, "Fragments from the Abhidharmasamuccaya of Asaṃga", *Journal of the Bombay Branch, Royal Asiatic Society*, N. S. Vol.23 (1947), p.16, ll.2-3：D. ed., No.4049, Ri, 48b2-3：大正蔵、三一巻、六六四頁上、二九行－中、一行による。

(43) 以下(b)として引用したものは、D. ed., No.4059, Shi, 12b7：大正蔵、三一巻、八四八頁下、一五－一六行による。なお、カッコ内は私による還梵を示す。

(44) S. Lévi (ed.), *Deux Traités de Vasubandhu, Viṃśatikā et Triṃśikā*, Paris, 1925, p. 25, ll.25-30による。

(45) *Ibid.*, p. 25, l.21.

(46) N. Tatia, *Abhidharmasamuccaya-bhāṣyam*, Tibetan Sanskrit Works Series No. 17, Patna, 1976, p. 5, ll.5-6.

(47) 以下(a)として引用したものは、順次に、前註42とそれぞれ同テキストにつき、p. 16, ll.7-8：48b4-5：六六四頁中、六－七行による。

(48) 以下(b)として引用したものは、順次に、前註43とそれぞれ同テキストにつき、13a1-2：八四八頁下、二一－二二行による。なお、カッコ内は私による還梵を示す。

(49) S. Lévi, *op. cit.*（前註44）, p. 26, ll.24-30.

(50) N. Tatia, *op. cit.*（前註46）, p. 5, ll.10-12.

(51) Tatia校訂本にはguṇatveとあるも諸本との比較によりguṇavattveと改める。

(52) 前註12を付した箇所を参照されたい。

(53) 前註37の高崎論文、特に九五－一〇五頁参照。

(54) 決定的な意味では、『法華経』だけが「信（śraddhā）」の宗教だということができる。前註34の箇所で示した『勝鬘経』などでは、二乗などの劣ったものにśraddhāに依れと言われるが、『法華経』では、二乗を捨て正しい教えを聞こうとする勝れたものだけにśraddhāが求められるからである。

(55) チベット訳は、D. ed., No. 4038, Zi, 32b3-5：漢訳は、大正蔵、三〇巻、七〇九頁上。

(56) 第三語目のthob par nus paはśakyatvaなどではなく、śakyaṃ prāptumなどのような語を予想させ、術語としては多少難点がある。しかし、それが逆にまだ術語になりきらぬ古さを示しているのかもしれない。ただ、「本地分」ではなく「摂決択分」だという点に幾分の新しさは認めねばなるまい。

(57) U. Wogihara (ed.), *Bodhisattvabhūmi*, p. 340, ll.1-2.

(58) S. Lévi (ed.), *Mahāyāna-Sūtrālaṃkāra*, p. 35, l.10.

（59）　D. ed., No. 4029, Bi, 66b2-3.

（60）「信」を直接問題にした論文ではないが、buddha-dhātu の dhātu の意味については、松本史朗「Madhyamakāloka の一乗思想——一乗思想の研究（Ｉ）——」『曹洞宗研究員研究生研究紀要』第一四号（一九八二年七月）、三〇一—二五五頁、同「唯識派の一乗思想について——一乗思想の研究（Ⅱ）——」『駒沢大学仏教学部論集』第一三号（一九八二年十月）、三一二—二九〇頁、同「『勝鬘経』の一乗思想について——一乗思想の研究（Ⅲ）——」『駒沢大学仏教学部研究紀要』第四一号（一九八三年三月）、四一六—三八九頁（後に刊行された、松本史朗『縁起と空——如来蔵思想批判——』（大蔵出版、一九八九年）に再録の二九九—三三四頁）の一連の論文、特に dhātu-vāda の呼称を導入した第三論文を参照されたい。

（一九八七年八月十七日）

〔付記〕本稿、註14で触れた“credo ut intelligam”の出典等に関し、この句に言及した別な拙稿を機縁に、渡辺重朗氏より二度にわたって御懇切なる御教示を得たので、私なりにそれを簡潔に要約して記し、ここに深謝の意を表したい。まず、今年四月十三日に拝受したお便りでは、その出典は、Augstinus ではなく、Anselmus の *Proslogium* で、その中の“sed credo ut intellegam”に由来する言葉であるから、その限りでは、intellego の subj. 1. sg. は intelligam ではなく正しく intellegam と表記すべきではないかとの御意見であった。また、その後の五月二十五日拝受のお便りでは、わざわざ Augstinus が intelligo を用いている例もあるとして *Serm.* 43, 7, 9 の“ergo intellige, ut credas. crede, ut intelligas.”を御教示頂いた。いずれにせよ、出典は Anselmus とすべきだとのことであったが、万一要約に到らぬ所があれば全て私の落度であることは言うまでもない。また、本稿、註37に掲げた高崎稿は、その後、同著『如来蔵思想』Ｉ（法蔵館、一九八八年）、二五三—二八七頁に再録されたので参照されたい。なお、その補註1によって śaktatva は śakyatva に正されているので、本稿ではその訂正に従った。また、私は、従来 adhimukti に対しては、「承認」の訳語を与えていたが、本稿の初校の段階で全て「容認」と改めた。その方が、śraddhā に対する adhimukti のより妥協的な意味が生かされると思ったからである。なお、本稿、註1、23、26に示した拙稿は、近日刊行の拙著『本覚思想批判』（大蔵出版）に収められ、また、そこには、同、註2で触れた道元に関する論稿も含まれているほか、同著は本書のテーマでもある「信」と密接に関連するのでぜひ参照されたい。また、本稿、註60の松本第三論文を含む同氏著も近く同じ出版社から刊行予定である。

（一九八九年五月三十日）

回顧と弁明

本稿の初出は、『信』（仏教思想11、平楽寺書店、一九九二年五月）、一九九—二二九頁であるが、脱稿は一九八七年八月十七日で、脱稿から刊行までにかなり年月の流れたことを今でもよく覚えている。そのために、やっと初校ゲラが出た時には、「付記」を必要としたのであるが、その校正の一九八九年五月三十日からもまたかなりの時を経てしまったゆえに、刊行直前の最終校正では、一九九二年二月二十九日付で、最末尾の一行の余白に、「ここに言及の拙著および松本著は既に刊行ずみである。」と補足せざるをえなかったのであるが、今回、必要な補足は、各註記においてすませたので、この最末尾の補足は削除した。ところで、本稿の考察対象となっている重要な用語の一つが adhimukti / adhimokṣa であるが、この用語を検討した重要な論文には、櫻部建「勝解 adhimukti について」『仏教語の研究』(文栄堂書店、一九七五年、増補版、一九九七年)、三四―三九頁がある。しかし、私は、この秀れた御論稿のあることを全く知らずに本稿を草してしまっていたのであり、しかも、その存在を知ったのは、増補版を忝のうした一九九七年の末であったと思う。ここに、その重大な粗忽をお詫び申し上げておく次第であるが、もしそれを知っていれば、櫻部博士が、その語につき、「この adhi-muc が心に関して用いられると、「その上に〔心を〕着ける、そこに〔心を〕とどめる」の意、したがって「それに〔心を〕傾ける、それを求める傾向をもつ」の意、あるいは「それに対して〔心が〕揺がぬ、それを確信する」の意にはたらくものと考えられる。」(三七頁)と分析されていることを、私の立論にも積極的に組み込めたのではないかと悔やまれるのである。しかるに、このような文脈の中での「心」は、ある意味では非常に警戒すべきものであるが、この「心」は仏教思想史の中では āśaya の問題と大きく関わっていく。現に、櫻部博士も、増補版の「追記」で、āśaya との関連において、久留宮圓秀「法華経の adhimukti」『大崎学報』第一三四号(一九八一年三月、一―二二頁(横))の参照を示唆しておられる。なお、āśaya に絡む最近の研究には、石見明子「雀の比喩と無記説――『倶舎論』「破我品」の所説に関して――」『印仏研』五五―一(二〇〇六年十二月)、三九九―三九六頁、同「問記と諂心――『倶舎論』の所説に関して――」『印仏研』五六―一(二〇〇七年十二月)、三七八―三七五頁がある。さて、顧みれば、悔やまれることは、見落しの粗忽さのみではなく、立論そのものにもある。特に、考察対象に批判的であり続けることは非常に難しいことで、論じているうちに、龍樹や智顗や道元にはどうか仏教的であって欲しいという願う気持が過度になってしまうことがある。本稿にもその傾向が目につくが、ここでは、自戒の意味も籠めて、最近ものした一論より、次の一節を引くだけにさせて頂きたい。「道元が仏教の一宗派の宗祖である以上は、宗祖無謬説に立ってはならないと私は思う。勿論、これは、道元のみならず日本の仏教の各宗祖に適用されるべきであると私は思うが、いかなる宗祖も仏教の宗祖である以上は仏教の正しさに従うべきであり、従って、宗祖も謬りうるという可能性を残しておかなければ、仏教の正しさよりも宗祖の絶対無謬であることに跪かなければならないことになるからである。しかし、宗祖を無謬とすること自体が「仏教の教義」に則ることとは矛盾するであろうから、やはりこのようなことは避けられなければならないであろう。」(拙稿「大学の理念」『駒仏論』第三八号(二〇〇七年十月)、三九二頁)、以上がその一節であるが、その当時の私の道元論に対しては、松本史朗『道元思想論』(大蔵出版、二〇〇〇年)において既に批判がなされており、その批判を私は、経緯上の言い訳は若干あるにせよ、基本的には認めなければならないと考えている。それにしても、仏教の正しさを知るためには、仏説である「三蔵」について批判的に学んでいかなければならないが、その「三蔵」の学び方の違い、あるいは伝持の仕方の違いに、如来蔵説と唯識説の違いもまたあったかもしれないのである。しかるに、私が、曹洞宗の宗祖道元に絡めて、その典拠を辿った問題の五頌につき、その五頌が示されている典拠の一つである『ディヴィヤ＝アヴァダーナ』に関し、最近、その世界初の全訳が刊行された。平岡聡『ブッダが謎解く三世の物語『ディヴィヤ・アヴァダーナ』全訳』上下（大蔵出版、二〇〇七年）がそれである。問題の五頌が示される第一二章は、上記訳書では、上、二六五—三〇一頁に当り、その五頌は、二八六頁に示されているので、話の前後と共に、参照されたい。また、この第一二章と関連する文献については、同、二八八頁に詳しい指摘があり、また、同、二八九—二九〇頁、註1では、この第一二章が *Prātihārya-sūtra*（『神変経』）として独立して存在していたかもしれないとの観点のもとに、梵蔵漢の対比が簡明になされているので有益である。「三蔵」につき、経蔵と論蔵は「善」、律蔵は「無記」とされるのが正統説であるが、この第一二章は、極めて律蔵的な性格の強い所謂のお話であるが、それが経としても扱われた痕跡のあるところに、北西インド一帯における経典流布の実情も秘せられているかもしれない。宗祖に対すると同様に、「三蔵」に対しても、仏典に対しても、批判的に対処していかなければならぬ由縁である。なお、本稿、註27において、私は、『城邑』に対する通俗的解釈例の一つとして、心ならずも、田上書を選んでしまったが、その後、田上太秀博士は、学位取得論文を、『菩提心の研究』（東京書籍、一九九〇年）として公刊されておられる。今後、「菩提心」（bodhi-citta）を批判的に研究していくためには必須の文献なので参照されたい。

二二　実修行派の経典背景の一実例

いかなる思想傾向のものに展開した仏教においてであれ、仏教徒にとって経典が最も基本的な聖典であることに疑問の余地はない。しかし、ややもすれば、この当然な事柄が等閑に付されてしまうことがないわけでもない。本稿は、実修行派[1]（Yogācāra、瑜伽師）におけるその種の経典背景を探ってみることによって、仏教徒にとって自明であったはずの基本的な事柄へも、自らの反省を含めて、注意を惹起せんとてものされるにすぎないものである。[2]

さて、実修行派の代表的文献である『瑜伽師地論（*Yogācārabhūmi*）』「摂決択分（Viniścaya-saṃgrahaṇī）」中には、次のような文言が示された箇所がある。

問。依他起自性、当云何知。答。……又、当了知、同於幻夢光影谷響水月影像及変化等、猶如聚沫、猶如水泡、猶如陽焔、猶如芭蕉、如狂、如酔、如害、如怨、如飲尿友喩、如仮子喩毒蛇篋、是、空無願遠離無取虚偽不堅、如是等類、差別無量。[3]

gzhan gyi dbang gi ngo bo nyid ji ltar yongs su shes par bya zhe na/ smras pa/ .....de dag kyang sgyu ma dang/ rmi lam dang/ mig yor dang/ brag ca dang/ chu zla dang/ gzugs brnyan dang/ sprul pa lta bur shes par bya'o// dbu ba rdos pa lta bu dang/ chu'i chu bur lta bu dang/ smig rgyu lta bu dang/ chu shing gi sdong po lta bu dang/ smyon pa lta bu dang/ myos pa lta bu dang/ gshed ma lta bu dang/ gcin ldud pa'i dgra bo lta bu dang/ gzhan gyi bu lta bu dang/ sbrul gyi prog ma lta bu dang/ stong pa dang/ smon pa med pa dang/

dben pa dang/ gzung ba med pa dang/ gsog dang/ gsob dang/ snying po med pa dang/ de lta bu la sogs pa'i rnam grangs dag gis yongs su shes par bya'o//(4)

これは、依他起自性（paratantra-svabhāva）とは、どのようなものかと問うて、それに比喩によって答える箇所であるが、本稿で特に問題とするのは、その中の実線および点線の傍線もしくは下線部分である。(5) この部分を見て、ある程度、実修行派の文献に馴染んだ人ならば、それと酷似している比喩が『瑜伽師地論』「思所成地」の「勝義伽他（Paramārtha-gāthā）」と称される頌中の第一七―一八頌で用いられていることを想起したり、より一般的な経典としてパーリ聖典に詳しい人ならば、その経典的淵源として「相応部（Saṃyutta-nikāya）」の『泡沫（*Pheṇa*）』という短経を想起したりするかもしれない。事実、宇井伯寿博士は、『瑜伽師地論』につき、その「小乗経資料」を検討された中で、この問題の「勝義伽他」第一七、一八頌に関しては、その淵源を次のように指摘しておられるのである。(6)

> 勝義を建立する伽他は勝義伽他、勝義聖教伽他ともいひ、人無我の勝義によつて増益損減の二辺の執を対治するもので、経に言ふとして四十四頌を掲げ、之を一一註解的に述べて居るのである。此四十四頌が一経の中に連続して説かれて居るのではなからう。四十四頌中の第十七、十八頌は、
>
> 諸色如聚沫、諸受類浮泡、諸想同陽焔、諸行喩芭蕉、
> 諸識猶幻事、日親之所説、諸行一時生、亦一時住滅。
>
> であつて、最後の二句を除いては、これ雑阿含第十巻、増一阿含第二十七巻に存するもの、S. 3, p. 140 と同じであつて、明かに之を取つたものであるから、之によつて、四十四頌は恐らく諸所の頌を集め、又著者自ら作つて、纏めたものであらうと考へられるのである。

しかるに、その後、「勝義伽他」およびこの註釈箇所については、Alex Wayman 教授によって、そのサンスクリット原文が校訂出版されているので、以下に、それによって、問題の第一七―一八頌を、後の比較の便宜も考慮して、

チベット訳および拙訳と共に、示しておくことにしたい。

phena-piṇḍôpamaṃ rūpaṃ vedanā budbudôpamā/
marīci-sadṛśī saṃjñā saṃskārāḥ kadalī-nibhāḥ/
māyôpamaṃ ca vijñānam uktam āditya-bandhunā/
ekôtpādāś ca saṃskārā eka-sthiti-nirodhinaḥ//(7)

gzugs ni dbu ba rdos pa 'dra// tshor ba chu yi chu bur 'dra//
'du shes smig rgyu lta bu ste // 'du byed rnams ni chu shing 'dra//
rnam shes sgyu ma lta bu zhes// nyi ma'i gnyen gyis bka' stsal to//
'du byed rnams ni skye ba 'dra// gnas pa dang ni 'gag pa 'dra//(8)

色は聚沫に喩えられり。受は浮泡に喩えられり。
想は陽炎に類似せり。諸行は芭蕉に似たり。
そして、識は幻に喩えられり。かく、太陽の親族（仏）は語りき。
諸行は一時に生じ、一時に住しては滅するものなり。

このように、色受想行識という五蘊の各々が、順次に、「聚沫（phena-piṇḍa, dbu ba rdos pa）」と「浮泡（budbuda, chu yi chu bur）」と「陽炎（marīci, smig rgyu）」と「芭蕉（kadalī, chu shing）」と「幻（māyā, sgyu ma）」とに喩えられているのであるが、これらが、上掲の「摂決択分」中のそれと、最後の識蘊の比喩に相当するものを除けば、全く符合することは確実であるし、この両者の文献の経典的淵源として上記の『泡沫』が想定されることも明白なのである。しかし、そのパーリの『泡沫』と対応する短経全体を取り挙げる前に、上引の「勝義伽他」の第一七―一八頌に対する「思所成地」自身の註釈箇所にも触れておきたい。Wayman 教授の校訂によるサンスクリット原文とその拙訳とを示せば、次のとおりである。[9]

ataḥ paraṃ vyavadāna-pakṣaṃ darśayati/ yathā parīkṣyamāṇo vyavadāyate/ sva-lakṣaṇato rūpâdīnāṃ *phena-piṇḍâdy-upamayā* sāmānya-lakṣaṇataḥ saṃskṛta-lakṣaṇa-sāmānyād *ekôtpatti-sthiti-nirodhatayā* saṃvṛti-paramārtha-satyataś ca/

これ以下には、清浄の側面を示す。以下のようにして、個別相（sva-lakṣaṇa、自相）から色など〔の五蘊〕が「聚沫」など〔の五つの比喩〕に喩えられることによって、また、一般相（sāmānya-lakṣaṇa、共相）から有為相の一般性に基づいて「〔諸行は〕一時に生じ住しては滅する」ものであるということによって、また、世俗と勝義との諦から、観察されるならば、清浄となるのである。

なお、この註釈箇所の英訳に対する脚註において、Wayman教授は、第一七頌のより詳細な説明は、『瑜伽師地論』中の「摂事分（Vastu-saṃgrahaṇī）」や「摂異門分（Paryāya-saṃgrahaṇī）」でも与えられていると指摘しておられるが、[10]その当該箇所は本稿の後半で取り扱うことにしたい。しかるに、我々としては、その後半へ移るに先立って、まず、直前に約束したパーリの『泡沫』と対応する短経全体を問題としておかなければならない。

ところで、このパーリ「相応部」中の『泡沫』及びそれと対応する短経の特徴として、先の五蘊に関する五つの比喩の他に、「寿と暖と識とがこの身を捨つるとき（寿暖及諸識離此余身分、āyur ūṣmā 'tha vijñānaṃ yadā kāyaṃ jahaty amī, tshe dang drod dang rnam shes kyis gang tshe lus 'di 'dor byed cing）」という重要な文言のあることが知られるが、[11]この後者の文言の『倶舎論（*Abhidharmakośabhāṣya*）』における引用[12]を介して、その経典全体が、漢訳『雑阿含経』第二六五経のみならず、チベット訳にのみ伝わる『必須（*Nye bar mkho ba*, *Upāyikā*、手引き）』によりチベット訳文としても確認できるようになっている上に、第二六五経相当のチベット訳は、本庄良文氏の御成果により、既に邦訳によっても読みうる状況になっているのである。[13]なお私見によれば、本経は、唯識説、取り分け『成唯識論』においては、アーラヤ識存在論証の所謂「以五教十理、証有本識」の「十理証」中の第五として取り扱われる「寿暖（煖）識証」と関連する重要な経典とみなされるべきであると考えるのであるが、[14]本稿ではこの点に特に触れようとは思わない。

さて、以下においては、目下の問題である『雑阿含経』第二六五経[15]と『必須』中のその相当チベット訳[16]とを提示し、更に、既に本庄訳があるにもかかわらず、単に参照に便宜を図るだけのために、敢えて機械的なチベット訳からの拙訳をも付しておくことにしたい。

如是我聞。一時、仏住、阿毘陀処恒河側。爾時、世尊告諸比丘。

(i)譬如、恒河大水暴起、随流聚沫。明目士夫、諦観分別。諦観分別時、無所有、無牢、無実、無有堅固。所以者何。彼聚沫中、無堅実故。如是、諸所有色、若過去、若未来、若現在、若内、若外、若麁、若細、若好、若醜、若遠、若近、比丘、諦観思惟分別、無[17]所有、無牢、無実、無有堅固、如病、如癰、如刺、如殺、無常、苦、空、非我。所以者何。色無堅実故。(ii)諸比丘、譬如、大雨水泡、一起一滅。明目士夫、諦観思惟分別時、無所有、無牢、無実、無有堅固。所以者何。以彼水泡無堅実故。如是、比丘、諸所有受、若過去、若未来、若現在、若内、若外、若麁、若細、若好、若醜、若遠、若近、比丘、諦観思惟分別。諦観思惟分別時、無所有、無牢、無実、無有堅固、如病、如癰、如刺、如殺、無常、苦、空、非我。所以者何。以受無堅実故。(iii)諸比丘、譬如、春末夏初、無雲無雨、日盛中時、野馬流動。明目士夫、諦観思惟分別。諦観思惟分別時、無所有、無牢、無実、無有堅固。所以者何。以彼野馬無堅実故。如是、比丘、諸所有想、若過去、若未来、若現在、若内、若外、若麁、若細、若好、若醜、若遠、若近、比丘、諦観思惟分別。諦観思惟分別時、無所有、無牢、無実、無有堅固、如病、如癰、如刺、如殺、無常、苦、空、非我。所以者何。以想無堅実故。(iv)諸比丘、譬如、明目士夫、求堅固材、執持利斧、入於山林、見大芭蕉樹、𦟛直長大、即伐其根、斬截其峯、葉葉次剝、都無堅実。諦[18]観思惟分別。

諦観思惟分別時、無所有、無牢、無実、無有堅固。所以者何。以彼芭蕉無堅実故。如是、比丘、諸所有行、若過去、若未来、若現在、若内、若外、若麁、若細、若好、若醜、若遠、若近、比丘、諦観思惟分別。諦観思惟分別時、無所有、無牢、無実、無有堅固、如病、如癰、如刺、如殺、無常、苦、空、非我。所以者何。以彼諸行無堅実故。(v)諸比丘、譬如、幻師、若幻師弟子、於四衢道頭、幻作象兵馬兵車兵歩兵。有智明目士夫、諦観思惟分別。諦観思惟分別時、無所有、無牢、無実、無有堅固。所以者何。以彼幻無堅実故。如是、比丘、諸所有識、若過去、若未来、若現在、若内、若外、若麁、若細、若好、若醜、若遠、若近、比丘、諦観思惟分別。諦観思惟分別時、無所有、無牢、無実、無有堅固、如病、如癰、如刺、如殺、無常、苦、空、非我。所以者何。以識無堅実故。

爾時、世尊欲重宣此義、而説偈言。

(1)観色如聚沫　受如水上泡　想如春時焔　諸行如芭蕉
(2)諸識法如幻　日種姓尊説　周匝諦思惟　正念善観察
(3)無実不堅固　無有我我所　於此苦陰身　大智分別説
(4)離於三法者　身為成棄物　寿暖及諸識　離此余身分
(5)永棄丘塚間　如木無識想　此身常如是　幻為誘愚夫
(6)如殺如毒刺　無有堅固者　比丘勤修習　観察此陰身
(7)昼夜常専精　正智繫念住　有為行長息　永得清涼処

時、諸比丘、聞仏所説、歓喜奉行。

bcom ldan 'das 'Khrug pa can na chu bo Gang gā'i 'gram na bzhugs te/ de nas bcom ldan 'das kyis dge slong rnams la bos te/

(i) dge slong dag 'di lta ste/ chu bo Gang gā'i rgyun gyis dbu ba'i phung po chen po khyer nas 'gro ba de mig dang ldan pa'i skyes bus mthong ste/ bsams shing tshul bzhin du brtags te/ des mthong zhing bsams te/ tshul bzhin du brtags pa na mi bden par snang zhing/ brdzun pa slu ba gsog tu snang ngo// de ci'i phyir zhe na/ dbu ba rdos pa la snying po ci yang med pa'i phyir ro// dge slong dag de bzhin du gzugs ci yang rung ba 'das pa 'am/ ma 'ongs pa 'am/ da ltar byung ba 'am/ nang gi 'am/ phyi'i 'am/ rags pa 'am/ phra ba 'am/ dman pa 'am/ gya nom pa 'am/ thag ring ba 'am/ thag nye ba de dag dge slong gis mthong ste/ bsams bzhin du tshul bzhin brtags te/ des de mthong zhing bsams te/ tshul bzhin brtags pa na mi bden par snang zhing/ brdzun pa slu ba gsog tu snang ngo// snying po med pa dang/ nad dang/ 'bras dang/ zug rngu dang/ mi rtag pa dang/ sdug bsngal ba dang/ stong pa dang/ bdag med par snang ngo// de ci'i phyir zhe na/ gzugs kyi phung po la ci yang med pa'i phyir ro// (ii) dge slong dag 'di lta ste/ lhas char chen po phab pa na chu las chu bur du byung ba dag gzhan skye zhing gzhan 'gag ste/ de mig dang ldan pa'i skyes bus mthong ste/ bsams shing tshul bzhin brtags te/ des de mthong zhing bsams te tshul bzhin du bsams pa na mi bden par snang zhing/ brdzun pa slu ba gsog tu snang ngo// de ci'i phyir zhe na/ chu bur la snying po ci yang med pa'i phyir ro// dge slong dag de bzhin du tshor ba gang ci yang rung ba 'das pa 'am/ ma 'ongs pa 'am/ da ltar byung ba 'am/ nang gi 'am/ phyi'i 'am/ rags pa 'am/ phra ba 'am/ dman pa 'am/ gya non pa 'am/ thag ring ba 'am thag nye ba'i bar du ste/ de dag dge slong dag gis mthong zhing bsams shing tshul bzhin brtags pa/ des de mthong zhing bsams te tshul bzhin brtags pa ni mi bden par snang zhing brdzun pa slu ba gsog dang nad dang/ 'bras dang/ zug rngu dang/ gnod par snang zhing mi rtag pa dang/ sdug bsngal ba dang/ stong pa dang/ bdag med par snang ngo// de ci'i phyir zhe na/ tshor ba'i phung po la snyin po ci yang med pa'i phyir ro// (iii) dge slong dag 'di lta ste/sos ka tha ma'i dus la bab pa na nam mkha' sprin dang bral zhing/

nyi ma dgung gi dus na bye ma la smig rgyu gyo ba dag de mig dang ldan pa'i skyes bus mthong ste bsams shing tshul bzhin brtags te/ des de mthong zhing bsams te tshul bzhin brtags pa na mi bden par snang zhing brdzun pa slu ba gsog tu snang ngo// de ci'i phyir zhe na/ smig rgyu la snying po ci yang med pa'i phyir ro// dge slong dag de bzhin du 'dus shes gang ci yang rung ba 'das pa 'am/ ma 'ongs pa 'am/ da ltar byung ba 'am/ nang gi 'am/ phyi'i 'am/ rags pa 'am/ phra ba 'am/ dman pa 'am/ gya nom pa 'am/ thag ring ba 'am/ thag nye ba'i bar du ste/ dge slong dag gis mthong ste/ bsams shing tshul bzhin brtags te/ des de mthong zhing bsams te/ tshul bzhin du bsams pa na mi bden par snang zhing/ brdzun pa slu ba gsog dang nad dang 'bras dang zug rngu dang gnod par snang ste/ mi rtag pa dang/ sdug bsngal ba dang/ stong pa dang/ bdag med par snang ngo// de ci'i phyir zhe na/ 'du shes kyi phung po la snying po ci yang med pa'i phyir ro//

(iv) dge slong dag 'di lta ste/ mig dang ldan pa'i skyes bu snying po don du gnyer zhing snying po tshol ba dag sta re rnon po thogs nas nags su zhugs te/ des chu shing gi phung po chen po drang zhing legs par skyes la mi rtsub pa dag mthong nas des de rtsa ba nas bcad de 'dab ma 'dab mar phye ba na des de la 'bras bu yang ma mthong na snying po lta smos kyang ci dgos/ skyes bu mig dang ldan pa des mthong ste bsams shing tshul bzhin brtags te/ des de mthong zhing bsams te tshul bzhin brtags pa na mi bden zhing brdzun pa slu ba gsog tu snang ngo// de ci'i phyir zhe na/ chu shing la snying po ci yang med pa'i phyir ro// dge slong dag de bzhin du 'du byed gang ci yang rung ba 'das pa 'am/ ma 'ongs pa 'am/ da ltar byung ba 'am/ nang gi 'am/ phyi'i 'am/ rags pa 'am/ phra ba 'am/ dman pa 'am/ gya nom pa 'am/ thag ring ba dang thag nye ba'i bar du ste/ dge slong dag gis de dag mthong ste bsams shing tshul bzhin brtags te/ des de mthong zhing bsams te tshul bzhin brtags pa na mi bden par snang zhing brdzun pa slu ba gsog dang nad dang 'bras dang zug rngu dang gnod par snang ste/ mi rtag pa dang/ sdug bsngal ba dang/ stong pa dang/ bdag med par snang ngo// de ci'i phyir zhe na/ 'du byed kyi phung po la snying po ci yang med pa'i phyir ro// (v) dge slong dag 'di lta ste/ sgyu ma mkhan nam sgyu ma mkhan gyi slob ma mkhas pa dag lam gyi bzhi mdo chen por 'dug ste/ sgyu ma bzhi sprul pa ston par byed de/ 'di lta ste/ glang po che'i tshogs dang/ rta pa'i tshogs dang/ shing rta'i tshogs dang/ rkang thang ba'i tshogs te/ de dag mig dang ldan pa'i skyes bus mthong ste/ mthong nas bsams shing tshul bzhin brtags te/ des de mthong zhing bsams te tshul bzhin bsams pa na mi bden par snang zhing brdzun pa slu ba gsog tu snang ngo// de ci'i phyir zhe na/ sgyu ma la snying po ci yang med pa'i phyir ro// dge slong dag de bzhin du rnam par shes pa gang ci yang rung ba 'das pa 'am/ ma 'ongs pa 'am/ da ltar byung ba 'am/ nang gi 'am phyi'i 'am/ rags pa 'am/ phra ba 'am/ dman pa 'am/ gya nom pa 'am/ thag nye ba 'am thag ring ba'i bar du ste/ de dag dge slong dag gis mthong ste bsams shing tshul bzhin bsams te/ des de mthong zhing bsams te/ tshul bzhin brtags pa na mi bden pa/ brdzun pa slu ba gsog dang nad dang 'bras dang zug rngu dang gnod par snang zhing mi rtag pa dang/ sdug bsngal ba dang/ stong pa dang/ bdag med par snang ste/ de ci'i phyir zhe na/ rnam par shes pa'i phung po la snying po ci yang med pa'i phyir ro//

bcom ldan 'das kyis de skad ces bka' stsal cing bde bar gshegs pas de skad gsungs nas/ ston pas gzhan yang 'di skad ces bka' stsal to//

(1) gzugs ni dbu ba rdos pa 'dra// tshor ba chu yi chu bur bzhin//
'du shes smig rgyu lta bu ste// 'du byed chu shing lta bu yin//
(2) rnam shes sgyu ma lta bu zhes// nyi ma'i gnyen gyis bka' stsal to//

ji lta ji ltar tshul bzhin du// rab tu brtags shing brtags pa na//
(3) skye ba dang ni 'jig pa dang// slu ba dang ni gsog tu snang//
shes rab dman pa rnams la ni// phung po 'di dag rnam ma bstan//
(4) chos gsum po ni rab spangs na// lus dang bral zhing spong bar 'gyur//
tshe dang drod dang rnam shes kyis// gang tshe lus 'di 'dor byed cing//
(5) bor nas de tshe gnas pa ni// sems med ji ltar shing bzhin no//
'di na 'di 'dra'i rgyud 'di dag// sgyu ma byis pa 'drid pa ste//
(6) gnod par byed pa'i zug rngu ste// mngon par rlom pa tsam med do//
dge slong de ltar phung po rnams// rab tu brtags shing brtson 'grus rtsom//
(7) nyin mo dang ni mtshan mo dag// dran dang shes bzhin dang ldan na//
'du byed zhi zhing rab zhi ba'i// go 'phang rab tu rtogs par 'gyur//

bcom ldan 'das kyis de skad ces bka' stsal ba dang/ dge slong de dag yid dga' zhing bcom ldan 'das kyis gsungs pa la mngon par dga'o//

世尊はアヨーディヤー（'Khrug pa can, Ayodhyā）にあるガンジス河の岸辺に滞在していらっしゃった。そこで、世尊は比丘たちに向かってお話になられた。

(i)比丘たちよ、例えば、ガンジス河の流れが大きな聚沫（dbu ba'i phung po, phena-piṇḍa）を運んで行き、それを具眼の士（mig dang ldan pa'i skyes bu, cakṣumān puruṣaḥ）が見て考え如実に観察し（tshul bzhin du brtags te, yoniśa upaparīkṣet）、彼が見て考え如実に観察するならば、〔それは〕不実なもの（mi bden pa, riktaka）として現われ（snang, khyāyate）虚偽で空無なもの（brdzun pa slu ba gsog[19], tucchakam asārakam）として現われるが、

それはどうしてかといえば、聚沫（dbu ba rdos pa, phena-piṇḍa）[20]には核（snying po, sāra）がいささかもないからであるが、比丘たちよ、それと全く同様に、およそ色（gzugs, rūpa）であれば、過去であれ未来であれ現在であれ内的であれ外的であれ粗大であれ微細であれ下等であれ上等であれ遠くのものであれ近くのものであれ、それらを[21]比丘が見て考え如実に観察し、彼がそれを見て考え如実に観察するならば、〔それは〕不実なものとして現われ虚偽で空無なものとして現われ、核なきもの（snying po med pa, asāra）、病（nad, roga）、癰（'bras, gaṇḍa）、刺（zug rngu, śalya）、無常（mi rtag pa, anitya）、苦（sdug bsngal ba, duḥkha）、空（stong pa, śūnya）、無我（bdag med pa, anātman）として現われるが、それはどうしてかといえば、色蘊（gzugs kyi phung po, rūpa-skandha）にはなにものも存在しないからである。(ii)比丘たちよ、例えば、天神（lha, deva）が大雨を降らせたときに[22]、水中に（chu las, udake）浮泡（chu bur, budbuda）が生じたものが、一方では生じ他方では滅し、それを具眼の士が見て考え如実に観察し、彼がそれを見て考え如実に観察するならば、〔それは〕不実なものとして現われ、虚偽で空無なものとして現われるが、それはどうしてかといえば、浮泡には核がいささかもないからであるが、比丘たちよ、それと全く同様に、およそ受（tshor ba, vedanā）であれば、過去であれ（中略）、それらを比丘が見て考え如実に観察し、彼がそれを見て考え如実に観察するならば、〔それは〕不実なものとして現われ、虚偽で空無なもの、核なきもの、病、癰、刺、傷（gnod pa, vyābādha）として現われ、無常、苦、空、無我として現われるが、それはどうしてかといえば、受蘊（tshor ba'i phung po, vedanā-skandha）には核がなにも存在しないからである。(iii)比丘たちよ、例えば、夏季が最後の時になると[23]、空は雲を離れて[24]、日中正午には[25]、砂地に陽炎（smig rgyu, marīci）が動き、それを具眼の士が見て考え如実に観察し、彼がそれを見て考え如実に観察するならば、〔それは〕不実なものとして現われ、虚偽で空無なものとして現われるが、それはどうしてかといえば、陽炎には核がいささかもないからであるが、比丘たちよ、それと全く同様に、およそ想（'du shes, saṃjñā）であれば、過去であれ〔中略〕、〔それらを〕比丘たちが見て考え如実に観察し、彼がそれを見て考え如実に観察するならば、〔それは〕不実なものとして現われ、虚偽で空無なもの、病、癰、刺、傷として現われ、無常、苦、空、無我として現われるが、それはどうしてかといえば、想蘊（'du shes kyi phung po, saṃjñā-skandha）には核がなにも存在しないからである。(iv)比丘たちよ、例えば、具眼の士[26]が、核を求め（snying po don du gnyer, sārârthika）、核を探し（snying po tshol ba, sāra-gaveṣin）、鋭い斧を手にして（sta re rnon po thogs nas, tīkṣṇaṃ kuṭhāram ādāya）、林に入り（nags su zhugs te, vanaṃ praveśet）、彼は、大きな芭蕉の幹（chu shing gi phung po chen po, mahāntaṃ kadalī-skandham）にして真直ぐで新鮮で粗悪でない（drang zhing legs par skyes la mi rtsub pa, ṛjuṃ navam akarkaśa-jātam）[27]のを見て、彼がそれを根元から切り、葉ごとに切っていくと、彼はそこに実をすら見ないのであるから核を見ないのは言うまでもないことなのであるが、その具眼の士が見て考え如実に観察し、彼がそれを見て考え如実に観察するならば、〔それは〕不実にして虚偽で空無なものとして現われるが、それはどうしてかといえば、芭蕉には核がいささかもないからであるが、比丘たちよ、それと全く同様に、およそ行（'du byed, saṃskāra）であれば、過去であれ〔中略〕、比丘たちがそれらを見て考え如実に観察し、彼がそれを見て考え如実に観察するならば、〔それは〕不実なものとして現われ、虚偽で空無なもの、病、癰、刺、傷として現われ、無常、苦、空、無我として現われるが、それはどうしてかといえば、行蘊（'du byed kyi phung po, saṃskāra-skandha）には核がなにも存在しないからである。(v)比丘たちよ、例えば、幻術師（sgyu ma mkhan, māyākāra）もしくは幻術師の内弟子（sgyu ma mkhan gyi slob ma, māyākārântevāsin）が、大きな十字路（lam gyi bzhi mdo chen po, mahā-catuṣ-patha）にあって、四つの幻（sgyu ma, māyā）を化作し（ston par byed, vidarśayet）、すなわち、象軍（glang po che'i tshogs, hasti-kāya）と馬軍（rta pa'i tshogs, aśva-kāya）と車軍（shing rta'i tshogs, ratha-kāya）と歩兵軍（rkang thang ba'i tshogs, patti-kāya）とであるが、それらを具眼の士が見て、見た後に考え如実に観察し、彼がそれを見て考え如実に観察するならば、〔それは〕不実に現われ、虚偽で空無なものとして現われるが、それはどうしてかといえば、幻には核がいささかもないからであるが、比丘たちよ、それと全く同様に、およそ識（rnam par shes pa, vijñāna）であれば、過去であれ（中略）、それらを比丘たちが見て考え如実に観察し、彼がそれを見て考え如実に観察するならば、〔それは〕不実なもの、虚偽で空無なもの、病、癰、刺、傷として現われ、無常、苦、空、無我として現われるが、それはどうしてかといえば、識蘊（rnam par shes pa'i phung po, vijñāna-skandha）には核がなにも存在しないからである。

以上のように世尊がおっしゃり、善逝（bde bar gshegs pa, sugata）がお話しなさってから、さらにまた、教主（ston pa, śāstṛ）は次のようにおっしゃった。

(1)色は聚沫に喩えられり。受は浮泡に喩えられり。想は陽炎に類似せり。諸行は芭蕉に似たり。

(2)そして、識は幻に喩えられり。かく、太陽の親族（仏）は語りき。[28] かくのごとく、かくのごとく、如実に考え観察せば、

(3)〔そは〕生じ滅して、虚偽で空無なもの[29]として現わる。智慧劣りしものたちには、これら〔五〕蘊は説かれざりしなり。[30]

(4)三法（chos gsum po, trayāṇām dharmāṇām）が断たる（rab spangs, prahāṇa）れば、身と離れて断滅に至り、寿（tshe, āyus）と暖（drod, ūṣman）と識（rnam shes, vijñāna）とがこの身を捨つるとき、

(5)捨てられ終ってそのときに、横たわりしおるは無心にて、あたかも木片のごとし。この世にて、これらのかくのごとき類の相続（rgyud, saṃtāna）は、愚者を欺く（byis pa 'drid pa, bāla-lāpin）幻なり、

(6)傷害をなす刺なり。自慢するほどもなし。[31] 比丘はかく〔五〕蘊を観察し精進を起し、

(7)昼も夜も正念（dran, pratismṛti）と正知（shes bzhin, saṃprajñāna）とを具えおれば、諸行は寂静（zhi, śānta）

にして、極寂静の境地（rab zhi ba'i go 'phang, praśānta-pada）を証得すべし。

世尊が以上のようにおっしゃると、比丘たちは意楽しみ、世尊がお話しなさったことに歓喜した。

以上で、『雑阿含経』第二六五経、および『必須』所引の当該チベット訳、更にその後者に基づく拙訳を提示し了ったが、次には、以上のこの短経が、Saṃyuktâgama もしくは『雑阿含経』に基づいて構成編纂された『瑜伽師地論』「摂事分（Vastu-saṃgrahaṇī）」の中ではどのように扱われているか[32]を、チベット訳を中心に見てみることにしたい。まず、チベット訳文[33]を提示した後に、拙訳を付すことにしよう。

bdun po 'di dag ni shes bya'i gzhi yang dag pa ji lta ba bzhin du khong du chud par bya ba'i shes pa'i rnam pa yin par rig par bya ste/ 'di lta ste/ (1) thob pa'i shes pas/ (2) thob pa ma yin pa'i shes pa dang/ (3) phyin ci ma log pa'i shes pa dang/ (4) gang na med pa gang yin pa de ni de'i sgo nas med do zhes bya ba'i shes pa dang/ (5) 'dir lus gang yin pa de ni de'i sgo nas gsog ces bya ba'i shes pa dang/ (6) sdug bsngal ba dang mi sdug pa'o zhes bya ba'i shes pa dang/ (7) 'jigs pa'i shes pa'o//

rnam pa bco lngas ni 'du byed rtogs pas 'du byed thams cad la rmongs pa spong bar 'gyur te/ bco lnga gang zhe na/ (i) gzugs la ni ㋑ chu'i khams las byung ba dang/ ㋺ bdag med pa la bdag lta bur snang ba dang/ ㋩ ji ltar 'dod pa bzhin du spyod par mi nus pa'i phyir dbu ba'i gong bu lta bur rtogs pa dang/ (ii) tshor ba la ni ㋑㋺㋩ gsum 'dus pa dang 'dra ba'i sgo nas ㋑' sprin dang ㋺' sa gzhi dang ㋩' char pa gsum 'dus pa'i tshul gyis chu bur lta bur rtogs pa dang/ (iii) 'du shes rnams la ni ㋑ shes byar snang ba dang/ ㋺ gdungs pa dang/ ㋩ rmongs par 'dra ba'i sgo nas smig rgyu ba lta bur rtogs pa dang/ (iv) 'du byed rnams la ni ㋑ 'jig tshogs la lta ba'i rtsa ba chad pa dang/ ㋺ lus rnam pa du ma'i rgyu'i bye brag yin pa dang/ ㋩ skad cig tsam las yun ring du mi gnas par 'dra ba'i sgo nas chu shing gi sdong po lta bur rtogs pa dang/ (v) rnam par shes pa la ni (イ) len pa dang bcas pa'i rnam par shes pa dang/ (ロ) rnam par shes pa'i gnas bzhi dang (ハ) lus sna tshogs kyi rjes su 'jug pa'i sgo nas sgyu ma lta bur rtogs pa dang/ rgyas par rab tu byed pa ni 'di lta ste/ rNam grangs bsdu ba las 'byung ngo//

　以下の七つが所知事（shes bya'i gzhi, jñeya-vastu）を如実に（ji lta ba bzhin du, yathā-bhūtam）洞察すべき（khong du chud par bya ba, prativeddhavya）智（shes pa, jñāna）の様相（rnam pa、行、ākāra）であると知るべきである。すなわち、(1)獲得したという智と[34](2)まだ獲得していないという智と(3)不顛倒（phyin ci ma log pa, aviparīta）の智と(4)そこに存在していないものがあればそれがその観点から非存在であるという智と(5)ここに残っているものがあればそれがその観点から集まっているもの（gsog）[35]であるという智と(6)苦（sdug bsngal ba, duḥkha）と不浄（mi sdug pa, aśubhā）であるという智と(7)滅したという智である。

　〔また、〕十五種が、行（'du byed, saṃskāra）を理解することによって全ての行に対する迷妄を断つものとなろう。十五とはなにか。[36] (i)色（gzugs, rūpa）に関しては、(イ)水界（chu'i khams, ab-dhātu）より生じたものであり、(ロ)無我（bdag med pa, anātman）であるのに我（bdag, ātman）のように顕現しているものであり、(ハ)望んだとおりに扱えないものであるから、聚沫（dbu ba'i gong bu, phena-piṇḍa）[37]のようであると理解すること、(ii)受（tshor ba, vedanā）に関しては、(イ)(ロ)(ハ)三つのものが一緒になることに類似しているという観点から、(イ)雲（sprin, megha）と(ロ)大地（sa gzhi, pṛthivī）と(ハ)雨（char pa, varṣa）という三つのものが一緒になるという仕方によって、浮泡（chu bur, budbuda）のようであると理解すること、(iii)想（'du shes, saṃjñā）に関しては、(イ)所知（shes bya, jñeya）として[38]顕現し（snang ba, pratibhāsa）、(ロ)熱焼し（gdungs pa, saṃtapta）、(ハ)昏迷する（rmongs pa, saṃmūḍha）ことに類似しているという観点から、陽炎（smig rgyu ba, marīci）のようであると理解すること、(iv)行（'du byed, saṃskāra）に関しては、(イ)有身見の根（'jig tshogs la lta ba'i rtsa ba, satkāya-dṛṣṭi-mūla）を断つものであり、(ロ)多種の自体の因の区別であり (lus rnam pa du ma'i rgyu'i bye brag yin pa, aneka-prakārâtmabhāva-hetu-bhedatva)[39]、(ハ)一瞬のみ以上は永く留まっていないものであることに類似してるという観点から、芭蕉の幹 (chu shing gi sdong po, kadali-skandha) のようであると理解すること、(v)識 (rnam par shes pa, vijñāna) に関しては、(イ)有取識 (len pa dang bcas pa'i rnam par shes pa, sopādānaṃ vijñānam) であり、(ロ)四識住 (rnam par shes pa'i gnas bzhi, catasro vijñāna-sthitayaḥ) であり、(ハ)多様な自体の随転 (lus sna tshogs kyi rjes su 'jug pa, citrâtmabhāvânuvṛtti)[40] であることに類似しているという観点から、幻 (sgyu ma, māyā) のようであると理解することであって、詳細な説明は、すなわち、「摂異門分 (rNam grangs bsdu ba, Paryāya-saṃgrahaṇī)[41]」に出ているのである。

さて、直前の「摂事分」の引用の最末尾で参照が示唆されている「摂異門分」の記述とは、次に示すようなものである。「摂異門分」と「摂事分」とのいずれが先に成立していたかは一概に決め難いことではあるが[42]、『瑜伽師地論』を形成し伝承していった実修行派の中では、成立した文献相互の関連づけは、当然、子弟の教育指導の一環として行われていたと考えられる[43]。文献の成立を、説明の箇から繁に及ぶものとみなせば、「摂事分」が成立した後に「摂異門分」が成立したと推測することも可能であるが、しかし、厳密にはそれぞれの文献について新古の層を考えなければならないから、そう簡単に事は運ばないものの、今はこの種の問題は等閑に付し、実際に「摂異門分」の当該箇所[44]を追いかけてみるだけのことにしたい。その提示に当っては、直前の「摂事分」の場合に準ずる。

(i) ji ltar na gzugs dbu ba rdos pa lta bu yin zhe na/ bsags pa dang 'jig pa myur ba dang/ chu'i khams las byung ba ltar zas dang skom gyi ro dang/ rnam par rtog pa'i chu las byung ba'i phyir ro// bcang bar mi bzod pa nyid ni bcang bar mi bzod pa dang 'ji ba'i gong bu la sogs pa bzhin du sgyur bar mi nus pa'o// sems can gcig tu mos pa'i phyir gong bu ma yin yang gong bur snang ba'o// (ii) tshor ba chu'i chu bur lta bu ni gsum 'dus pa las skyes pa dang mi gnas par chos mthun pa'i phyir te/ de la sa lta bu ni dbang po ste/ de skye ba'i gnas yin pa'i phyin ro// yul lta bu ni sprin no// chu lta bu ni rnam par shes pa'o// char pas btab pa lta bu ni reg pa'o// chu'i chu bur lta bu ni tshor ba ste/ myur du 'gag pa dang mi gnas pa'o// (iii)'du shes smig rgyu lta bu ni gyo ba'i bdag nyid dang/ rnam pa du ma 'byung ba dang/ dmigs pa la phyin ci log tu byed pa dang/ skyes pa dang bud med la sogs pa yongs su gcod pa'i tshul gyis yul gsal bar byed pa'o// (iv) ji ltar na 'du byed rnams chu shing lta bu yin zhe na/ 'di lta ste/ skyes bu mig dang ldan pa zhes bya ba ni 'phags pa nyan thos so// sta re rnon po zhes bya ba ni shes rab kyi mtshon cha'o// tshal du 'jug ces bya ba ni 'gro ba lngar gtogs pa'o// chu shing gi sdong po zhes bya ba ni sdug bsngal sna tshogs kyi lus shing dang chos mthun pa'o// sar pa drang po zhes bya ba ni bdag byed pa po dang za ba por lta ba'o// des de drung nas bcad nas zhes bya ba ni bdag tu lta ba spong ba'o// lo ma'i glegs bu rnam par bshig ste zhes bya ba ni sems pa du ma'i 'du byed rnam par smin pa tsam du rab tu rnam par 'byed pa'o// des de'i snying po ma yin pa yang mi rnyed na zhes bya ba ni de dag dus gzhan du mi gnas pa'o// snying po lta zhig smos kyang ci dgos zhes bya ba ni shin tu rtag pa dang brtan pa'i bdag dang byed pa po dang za ba po ga la snang zhes bya ba'o// (v) ji ltar na rnam par shes pa sgyu ma lta bu yin zhe na/ sgyu ma byed pa zhes bya ba ni bsod nams dang bsod nams ma yin pa dang mi gyo bar nye bar 'gro ba'i rnam par shes pa'i tshig bla dags so// lam po che'i bzhi mdor 'dug ste zhes bya ba ni rnam par shes pa gnas pa bzhi la brten pa'o// sgyu ma rnam pa bzhi byed ces bya ba ni ji ltar de dag tu glang po che'i tshogs la sogs pa snang ba'o// glang po che la sogs pa'i tshogs de dag yongs su grub pa ma yin pa de bzhin du/ bsod nams dang bsod nams ma yin pa dang mi gyo ba nye bar 'gro ba'i rnam par shes pa gnas pa bzhi la brten cing dmyal ba la sogs pa'i lus ston pa de yang mi snang bar 'gyur ba'i phyir de nyid kyis de'i lus yongs su grub pa med de/ sgyu ma'i gzugs bzhin no//

(i)どうして色は聚沫（dbu ba rdos pa, phena-piṇḍa）のようであるのか。集まって滅するのが迅速であり、水界（chu'i khams, ab-dhātu）より生じたもののように食べ物や飲み物（zas dang skom, anna-pāna）の味と分別の水（rnam par rtog pa'i chu, vitarkôdaka）とより生じたものだからである。[45] 保持するに耐えられない性質とは、保持することに耐えられないものと、泥の塊（'ji ba'i gong bu, mṛt-piṇḍa）などのように変化することのできないもの[46]。一人の有情（sems can, sattva）として容認する（mos pa, *adhimukti）から、塊ではなくても塊として顕現するのである。(ii)受が浮泡（chu'i chu bur, budbuda）のようであるのは、三つのものが一緒になることより生じて存続できないものとして同性質のもの（chos mthun pa, sādharmya）だからである。そこで[47]、大地（sa, pṛthivī）のようであるとは根（dbang po, indriya）である。それ（受）が生じる依処（gnas, āśraya）だからである。雲（sprin, megha）のようであるとは境（yul, viṣaya）であり[48]、雨（chu, varṣa）のようであるとは識（rnam par shes pa, vijñāna）である。雨に潤される（char pas btab pa[49], varṣa-pariṣeka）ようであるのは触（reg pa, sparśa）である。浮泡のようであるのは受であって、すぐに滅して存続できないのである。(iii)想が陽炎（smig rgyu, marīci）のようであるのは、振動の性質（gyo ba'i bdag nyid, capalâtman）であり、多様な変化（rnam pa du ma 'byung ba, aneka-prakāra-pariṇāma）であり、所縁（dmigs pa, ālambana）に対して顚倒して作動することであり、男女など（skyes pa dang bud med la sogs pa, strī-puruṣâdi）を区分する（yongs su gcod pa, pariccheda）仕方によって対象（yul, viṣaya）を明瞭にすることであること。(iv)どうして諸行は芭蕉（chu shing, kadalī）のようであるのか。「例えば、具眼の士が[50]」といわれているのは、聖なる声聞（'phags pa nyan thos, ārya-śrāvaka）が、である。「鋭い斧（sta re rnon po, tīkṣṇaṃ kuṭhāram）」といわれているのは、智慧の刀（shes rab kyi mtshon cha, prajñā-śastra）である。「林に入り（tshal du 'jug, vanaṃ praveśet）」といわれているのは、五趣に堕ちること（'gro ba lngar gtogs pa, pañca-gati-patita）[51]である。「芭蕉の幹（chu shing gi sdong po, kadalī-skandha）」といわれているのは、多種の苦の身樹（lus shing[52]）と同性質（chos mthun pa, sādharmya）ということである。「真直ぐで新鮮で（sar pa drang po, ṛjum navam[53]）」といわれているのは、我（bdag, ātman）を作者（byed pa po, kāraka）や受者（za ba po, vedaka[54]）と見ることである。「彼がそれを根元から切り」といわれているのは、我見（bdag tu lta ba, ātma-dṛṣṭi）を断つことである。「葉ごとに切っていくと（lo ma'i glegs bu rnam par bshig ste[55]）」といわれているのは、種々の思行（sems pa du ma'i 'du byed, aneka-cetanā-saṃskāra）は単なる異熟（rnam par smin pa tsam, vipāka-mātra）にしかすぎないと分析することである。「彼はそこに実をすら見ないのであるから（des de'i snying po ma yin pa yang mi rnyed na[56]）」といわれているのは、それらが他時まで存続しないということである。「核を見ないのは言うまでもない」といわれているのは、極めて常住で堅固な我や作者や受者はどこにも顕現していないということである。(v)どうして識は幻（sgyu ma, māyā）のようであるのか。「幻術師（sgyu ma byed pa, māyā-kāra）」といわれているのは、福（bsod nams, puṇya）や非福（bsod nams ma yin pa, apuṇya）や不動（mi gyo ba, āniñjya）として随行する（nye bar 'gro ba, upagama[57]）識の言い換え（tshig bla dags, adhivacana）である。「大きな十字路（lam po che'i bzhi mdo, mahā-catuṣ-patha）にあって」といわれているのは、四識住（rnam par shes pa gnas pa bzhi, catasro vijñāna-sthitayaḥ）に依っていることである。「四つの幻を化作し（sgyu ma rnam pa bzhi byed[58]）」といわれているのは、あたかも、それら（十字路）に象軍（glang po che'i tshogs, hasti-kāya）など〔の軍〕が顕現するが、それらの象などの軍は〔それ自体で〕成立していないのと全く同様に、福や非福や不動として随行する〔識は[59]〕四識住に依って地獄などの身を示すが、それもまた顕現しないものとなるであろうから、そのこと自体によってその身が成立していることはないのである。あたかも、幻像（sgyu ma'i gzugs, māyā-bimba）のごとくである。

以上で、五蘊を、順次に、聚沫（phena-piṇḍa）と浮泡（budbuda）と陽炎（marīci）と芭蕉（kadalī）と幻（māyā）とに喩えることを中心テーマとした『雑阿含経』第二六五経およびその並行経典、更に、その『雑阿含（*Saṃyuktāgama*）』を四阿含の筆頭として伝承していた実修行派がその第二六五経相当文献を念頭に作成したと思われる『瑜伽師地論』「摂事分」の当該箇所、最後には、直前の同「摂異門分」の当該箇所を提示し終ったことになる。この最後の「摂異門分（Paryāya-saṃgrahaṇī）」とは「経典に説かれている同義異語（paryāya）を善悪両面より取り上げ説明したもの[60]」と考えられるが、直前に提示した当該箇所では、五蘊の説明中の特に想行識の三つについては、一般の同義異語の説明というよりは、当の『雑阿含経』の第二六五経相当文献を手元に置いてその語句を、上記和訳中の引用符の箇所のように示して、解釈したのではないかとすら感じられるのである。これらを、『瑜伽師地論（*Yogācāra-bhūmi*）』の形成というより広い観点から眺めるときには、実修行派（Yogācāra）の学者たちが、『雑阿含』を傍らに、「摂事分」と「摂異門分」とを並行して述作していったか、あるいは、「摂事分」を作ってから「摂異門分」を作ったか、またはその逆であったか、などということは容易に決め難いかもしれないが、それを明らかにする具体例が将来ますます多く報告されることが期待される中で、以上において、実修行派の所持した経典の背景とそれに纏わる文献形成の一実例は示しえたのではないかと思う。

註

（1）Yogācāra を「実修行派」と訳すことについては、袴谷憲昭、荒井裕明校註『大乗荘厳経論』（新国訳大蔵経、大蔵出版、一九九三年）、五四頁、註26、及び、拙書『唯識思想論考』（大蔵出版、二〇〇一年）、一五―一七頁、五五―五六頁、註40―46参照。

（2）仏教教団として正統派の教義を代表する説一切有部の経典観の一部については、拙稿「『発智論』の「仏教」の定義」『駒沢短期大学仏教論集』第一二号（二〇〇六年十月刊行予定〔、その後、同、二三―三一頁に予定どおり刊行さる〕）を参照されたい。なお、本稿とは直接関係ないが、説一切有部の『長阿含』については、松田和信「梵文長阿含の *Tridaṇḍi-sūtra* について」『印仏研』五四―二

（二〇〇六年三月）、九八四—九七七頁などのような最近の成果が注目される。

（3）大正蔵、三〇巻、七〇六頁上—中。

（4）D. ed., No. 4038, *Zi*, 25b4-26b1。なお、高橋晃一『『菩薩地』「真実義品」から「摂決択分中菩薩地」への思想展開――vastu 概念を中心として――』（山喜房仏書林、二〇〇五年）、一四八—一四九頁のチベット訳校訂本、及び、二一一—二一二頁の同高橋訳を参照されたい。

（5）この部分は、本稿で取り上げる意味において、経典の受容展開に重要な示唆を与える記述なのであるが、高橋上掲書には、そのような注意が全く払われていない。この部分のうち、点線箇所は、後に扱う『雑阿含経』第二六五経、及びその相当文献や関連文献の記述から明らかなように、本来は「幻（māyā）」とあるべき箇所であるが、本文献は、恐らくこの「幻」に見合う用語として、それを点線箇所のように敷衍したと考えられる。なお、この五喩、及び、この直前の喩と関連する八喩とに関しては、拙稿「仏教における楽天的虚無主義の系譜」『印仏研』三八—二（一九九〇年三月）、七七八—七八四頁参照。本稿は、その五喩につき、同、七八三頁、註6で記した件を、既に十五年ほど経てしまったが、詳細に検討し直したものと考えて頂けるなら幸いである。

（6）宇井伯寿『瑜伽論研究』（岩波書店、一九五八年）、三一六頁。その所引の頌については、大正蔵、三〇巻、三六三頁中参照。

（7）Alex Wayman, *Analysis of the Śrāvakabhūmi Manuscript*, Berkeley / Los Angeles, 1961, p. 170, ll.1-4. なお、一昨年（二〇〇四年）九月二十二日にお亡くなりになったWayman 教授については、Susan S. Landesman, "Obituary Notice of Professor Doctor Alex Wayman", *Nagoya Studies in Indian Culture and Buddhism : Saṃbhāṣā*, 25 (2006), pp. 152-154 参照。

（8）D. ed., No.4035, Tshi, 205b2-3 : P. ed., No. 5536, Dzi, 236b3-4.

（9）Wayman *op. cit.*（前註7）, p. 176, ll.7-10. D. ed., No. 4035, Tshi, 208b2-3 : P. ed., No. 5536, Dzi, 240a4-6 : 大正蔵、三〇巻、三六四頁下参照。

（10）Wayman, *op. cit.*（前註7）, p. 182, n. 34 参照。

（11）M. Leon Feer (ed.), Saṃyutta-Nikāya, Pt. III, *Pheṇa*, p.143 : 渡辺照宏訳、南伝蔵、一四巻、二二三頁、及び本庄後掲論文（後註13）、三八頁参照。なお、本文中に示した経文のカッコ内のサンスクリット文のみは、『倶舎論』所引のそれによったものである。

（12）P. Pradhan (ed.), *Abhidharmakośabhāṣya*, Patna, 1967, p.243, ll.21-22、本庄良文『倶舎論所依阿含全表』I（私家版、一九八四年）、六八—六九頁、Chap.4〔84〕参照。

（13）本庄良文「シャマタデーヴァの伝へる阿含資料—業品⑷〔4084〕—〔4100〕——」『教育諸学研究論文集』第八巻（一九九四年）、三七—三九頁に〔4084〕として訳出されている。

(14)『新導本成唯識論』巻第三、三三—三四（一二九—一三〇）頁、「五寿煖識証」、及び、大正蔵、三一巻、一六頁下、宇井伯寿『摂大乗論研究』（岩波書店、一九三五年）、三四三—三四四頁、長尾雅人『摂大乗論　和訳と注解』上（講談社、一九八二年）、二三一—二三二頁参照。なお、『新導本成唯識論』巻第一、二八（三八）頁では、同じ「寿煖識」の経証が『雑阿含経』第五六八経（大正蔵、二巻、一五〇頁中）の一頌に求められているが、これは、本稿で取り上げる、同第二六五経の第四頌後半と第五頌前半との一頌分に同じものであることに注意されたい。

(15) 大正蔵、二巻、六八頁中—六九頁中：印順編『雑阿含経論会編』上（正聞出版社、台北、一九八三年）、六五—六八頁。

(16) D. ed., No. 4094, Ju, 239a2-240b6：P. ed., No. 5595, Tu, 273a3-275a3. 両版の対照はなしたが、その相違について一いち記さなかった。よいと思う方を適宜採用し、特に断る必要のある相違については、和訳箇所の註記で触れることにした。

(17) 印順は、「無所有」の直前に、「諦観思惟分別時」を補っている。補った方がよいと思われるが、ここでは、大正蔵のままとした。

(18) 印順は、「諦観」の直前に、「明目士夫」を補っているが、上に順ず。

(19) この箇所で、D. ed. の “brdzun pa slu ba gsog” に対し、P. ed. は “brdzun slu ba gsog” であるが、前者に従う。しかし、いずれにせよ、チベット訳によれば、原文にはサンスクリットの三語が対応していたように思われるが、現行のパーリ対応箇所では、tucchaka と asāraka との二語のみしかない。本来なら、チベット訳により、三語に訳し分けるべきであろうが、gsog につき『蔵漢大辞典』、三〇三一頁の “gsog po” の項に “rdzus ma 'am snying po med pa dang sob pa” とあるによって、「実がない（asāra）」と同義とみて敢えて訳さず、結果的にパーリに従ったかのようになっているのを諒とされたい。因みに、本庄訳は、「嘘、偽りのもの、空しいもの」である。なお、後註29も参照されたい。

(20) このチベット訳語 “dbu ba rdos pa” にサンスクリット語の phena-piṇḍa が対応していることは、前註7と前註8との本文所引の両語によって確認される。とすれば、この(i)の箇所の初めに出る “dbu ba'i phung po” には別なサンスクリット語が対応していたのかもしれないが、しかし、先でも原語は同じであったとみなして phena-piṇḍa としたことをここでお断りしておきたい。なお、これと同じ原語に対する異なったチベット訳語の可能性の例として、後註37も参照のこと。

(21) Feer, *op. cit.*（前註11）, p. 140では「およそ色であれば、過去であれ」よりここに至るまでの対応箇所は、“yaṃ kiñci rūpam atītānāgataṃ paccuppannam// pe// yaṃ dūre santike vā// taṃ” とあって、“pe” で重複が避けられているが、*op. cit.*, p. 68 によってそれを回復すれば “yaṃ kiñci rūpam atītānāgatapaccuppannaṃ ajjhattaṃ vā bahiddhā vā oḷārikaṃ vā sukhumaṃ vā hīnaṃ vā paṇītaṃ vā// yaṃ dūre santike vā taṃ” となる。これに倣って、この箇所のサンスクリット文を複数形で想定すれば、“yāni kānicid rūpāṇy atītânāgata-pratyutpannāni vâdhyātmikāni vā bāhyāni vâudārikāni vā sūkṣmāni vā hīnāni vā praṇītāni vā

dūrāni vântikāni vā tāni”となろう。なお、以下の訳文中の「過去であれ」の後に（中略）とあれば、「未来であれ（anāgata）」以下「それら（tāni）」までが省略されていることを示す。しかし、これを想定した後に、実例として、これは単数形で用いられていることを知ったが、それについては、後註54を参照されたい。

(22) この箇所のチベット訳“lhas char chen po phab pa na”に対応するパーリ文は“sarada-samaye thulla-phusitake deve vassante”で、その渡辺訳は「秋季に大に雨降り」である。このパーリ文を単純にサンスクリット化すれば、“śarat-samaye sthūla-pruṣitake deve vṛṣṭe”となろうが、このうち、śarat-samaye が脱け落ち deve が devena にでも変化したのを、チベット訳者がかく訳したのかもしれない。しかし、『倶舎論』の両訳の対応関係には“devo varṣati”（p.128, l.17）に対して“char 'bab pa”（P. ed., Gu, 142a3）とチベット訳する例もあるので、deva を lha と訳してあるのにそのまま従うのは強すぎるのかもしれないが、敢えてそうした。いずれにせよ、パーリ文との違いは、訳文を介して知るほどではなく、“sarada-samaye”相当語の有無程度であったと考えられる。

(23) この箇所で、D. ed. の“sog tha ma'i dus la bab pa na”に対し、P. ed. は“sos ka tha ma'i dus la bab pa na”であるが、後者を採る。なお、ここに対応するパーリ文は“gimhānaṃ pacchime māse ṭhite”であり、それにより、“grīṣmāṇāṃ paścime māse sthite”なるサンスクリット文も想定しながら読んでいる。

(24) この箇所のチベット訳“nam mkha' sprin dang bral zhing”に相当する文はパーリにはない。漢訳では、「無雲（無雨）」がこれに対応するであろうが、この先の「陽炎」に対応する箇所が漢訳では「野馬」となっているのは奇異に感じられる。「野馬」に marīci の意味でもあれば別であるが、この件は私には不明である。〔「野馬」に marīci の義あること後に知れり。〕

(25) この箇所で D. ed. の“nyi ma gung gi dus na”に対し、P. ed. は“nyi ma dgung gi dus na”であるが、後者に従う。パーリ文は“majjhantike kāle”であるが、サンスクリット文では“madhyâhne kāle”とあったかもしれないと想定しながら訳している。

(26) パーリのこの対応箇所には“puriso”のみがあって「具眼の（mig dang ldan pa, cakṣmat）」に相当する cakkhuman がない。

(27) この箇所のパーリには“akukkajātam”とあるが、その異本の読みを手掛りに、本来は akakkasajātam とあったのではないかとみなし、それに従ってかくサンスクリットを“akarkaśa-jātam”と想定した次第である。

(28) 重要ゆえ、ここまでに対応するパーリ文の頌を示しておけば、以下のとおりである。因みに、これは、前註7、8の箇所の本文中に示した「勝義伽他」の第一七頌、及び第一八頌前半に相当する。

Pheṇapiṇḍūpamaṃ rūpaṃ// vedanā bubbuḷupamā//
Marīcikūpamā saññā// saṅkhārā kadalūpamā//
Māyūpamañca viññāṇaṃ// dīpitādiccabandhunā//

(29) 意味上は、前註19に対応する箇所であるが、ここでは“slu ba dang ni gsog”とのみしかなく、前註19のように三語あったことを予想させず、チベット訳語も二語対応形を示している。

(30) このチベット訳“phung po 'di dag rnam ma bstan”を積極的に示す句はパーリにも漢訳にも示されていない。ここには、異読が大きく二系統に分かれていったことが予想される。

(31) この第六頌前半のチベット訳は“gnod par byed pa'i zug rngu ste// mngon par rlom pa tsam med do//”であるが、この訳には全く自信がない。因みに、本庄訳は「害を及ぼす矢先である。増上慢のかけらも〔起こすべき余地は〕ない。」である。

(32) 『雑阿含経』と「摂事分」との関係については、前掲拙書（前註1）、三六―三七頁、及び、五四―五五頁、註36を参照のこと。特に、註36により、諸学者の研究成果を見られたい。

(33) D. ed., No.4039, Zi, 147a7-b6 : P. ed., No.5540, 'I, 167a5-b4. 両版の取捨については、前註16の場合に準ず。なお、対応の漢訳は、大正蔵、三〇巻、七八一頁中―下：印順前掲書（前註15）、六七頁：国訳一切経、瑜伽部六、三四（一七四二）頁である。

(34) D., P. とも“thob pa'i shes pas”とあるも、“thob pa'i shes pa dang”とあったものとして読む。

(35) このチベット訳語“gsog”に対応する箇所の漢訳は「不空」である。従って、前註19に取り上げた gsog とはむしろ反対の意味でなければならない。ここでは、動詞 gsog pa（集める）とみなして扱った。厳密には「集められているもの」と訳さなければならないのかもしれないが、それならばなぜ bsogs pa となっていないのかなどの疑問が私には浮かぶのである。

(36) 以下の説明で分かるように、五蘊（i―v）のそれぞれにつき三つ（イ―ハ）あるので、計一五となるが、以下ではそれを示す通しの番号は用いなかった。

(37) 前註20に示した場合と同様、ここも原語としては phena-piṇḍa があったと予想できる箇所であるが、チベット訳語は“dbu ba'i gong bu”とある。これで、phena-piṇḍa に対応可能なチベット訳語としては、dbu ba'i rdos pa, dbu ba'i phung po, dbu ba'i gong bu の三語が知られたわけであるが、本稿では、いずれの場合も原語は同じく phena-piṇḍa であったとして処理した。

(38) ここに「所知として」と訳した語は、この箇所では「顕現し」にのみ係るように処理したが、むしろ「熱焼し」と「昏迷する」にまで係るように考えるべきなのかもしれない。

(39) 漢訳に「自体」とあるので、チベット訳語の“lus”を ātmabhāva と還元したが、ここにおける厳密な意味は私には不明である。あるいは、多様に区別される個々の「肉体」を指し、「行」がかかる区別の原因だと言おうとしているのかもしれないが、とにかく、この(ロ)だけではなく(イ)も(ハ)も私にはあまり明瞭ではない。

(40) このサンスクリット語への還元中、ātmabhāva に関しては上註の場合と全く同じ状況であるが、この語を含む全体の意味についても、上註同様に、私には必ずしも明瞭なわけではない。

(41) ここに提示した「摂事分」と、それによって詳細な説明を譲られた「摂異門分」との関係については、勝呂信静『初期唯識思想の研究』（春秋社、一九八九年）、二六四―二七〇頁、二七六―二七九頁を参照されたい。勝呂博士の両者の関係についての結論は、「五分の配列は漢訳の如く摂異門分の次に摂事分が置かれるのが正しいのであって、チベット訳は本来の配列の順序を逆にしたものであろう。」（二七九頁）ということであって、「摂異門分」→「摂事分」となるので、ここの参照指示の意味は、詳細を前出の「摂異門分」に譲ったということになろう。しかるに、勝呂博士は、「五分の統一編纂に先立ってその草稿がすでに用意されていたという仮定に立っている」（二六八頁）という意味での『瑜伽師地論』同時成立説に立っておられるので、「摂異門分」→「摂事分」というのは、必ずしも異時にわたる編纂説を意味しないけれども、「摂異門分」は詳しい経の語句の説明ではあっても決して新たな展開を物語るものではないのに対して、「摂事分」には経を新たな観点から把握しようとの姿勢が顕著なので、「摂異門分」→「摂事分」という勝呂博士の御指摘は成立過程を反映したものと考えてもよいと私は思っている。ただし、これは、『瑜伽師地論』の五分それぞれを全体的に扱った場合のことであって、個々の論述箇所を問題としたり、特に積極的な異時成立説に立つ時は、別途な視点も必要になってくる。かかる視点を導入すれば、五分中、最も古く大部な「本地分」にも新古の層があり、更にそこへ他の四分よりも新しい段階で付加された記述箇所もあるという見解を採ることになる。現在の私は、かかる見解を持つに至っているが、ここでは、その代表的な近時の成果として、L. Schmithausen, "On Three *Yogācārabhūmi* Passages Mentioning the Three *Svabhāvas or Lakṣaṇas*", J. Silk (ed.), *Wisdom, Compassion, and the Search for Understanding : The Buddhist Studies Legacy of Gadjin M. Nagao*, University of Hawai'i Press, Honolulu, 2000, pp. 245-263 のみを挙げておくことにしたい。

(42) 「摂事分」と「摂異門分」との概略については、前掲拙書（前註1）、八八―八九頁参照。その成立の前後については、前註41に示したごとき、勝呂説を再解釈したものに近い立場を採りたいと思う。しかし、本稿全体ではまだ保留の立場でしかないとの印象を与えているかもしれないが、当面は御海容を乞いたい。

(43) 説一切有部における経典伝承の一面については、前掲拙稿（前註2）参照。なお、経典の解釈については、説一切有部（選別学派）と実修行派とでは全く異なっていたであろうが、維持伝承の面では、かなり類似した実態があったのではないかと思う。両派は、仏教教団としては、必ずしも別途の存在として考えなくてもよいという可能性が高まっているからである。

(44) D. ed., No. 4041, 'I, 40a5-b6 : P. ed., No. 5542, Yi, 47b3-48a6. なお、対応の漢訳は、大正蔵、三〇巻、七六八頁下―七六九頁上：国訳一切経、瑜伽部五、三一八（一六九四）頁である。

(45) チベット訳は "zas dang skom gyi ro dang/ rnam par rtog pa'i chu las byung ba'i phyir ro//" であるのに対し、漢訳は「思飲

食味水所生故」で、一見一致するが、実際には "rnam par rtog pa" と「思」との位置取りに異なった読みが生じていたように感じられる。

(46) チベット訳は "bcang bar mi bzod pa nyid ni bcang bar mi dzod pa dang 'ji ba'i gong bu la sogs pa bzhin du sgyur (in D., bsgyur in P.) bar mi nus pa'o//" であるのに対し、漢訳は「不可揉捘故、非如泥団可令転変造作余物。是故説言、不可揉捘。」である。私には両者ともにその文意が明白ではないことをここにお断りしておきたい。しかし、チベット訳の "mi nus pa" の "mi" を衍字とみなしうれば、「(変化することの)できるもの」と解釈することも可能かもしれない。

(47) D. ed., P. ed. ともに "de las" とあるが、"de la sa" の誤りと見て、"de la" を「そこで」と訳した。

(48) チベット訳には "yul lta bu ni sprin no" とあるが、"sprin lta bu ni yul yin no" と改めて読んだ。なお、これを含む、「大地」「雲」「雨」は、経典を踏まえたというよりは、「摂事分」の説明を意識したものとの印象を与える。

(49) P. ed. に "char pas btags pa" とあるが、D. ed. によって、そのチベット訳文を採用した。

(50) これは、前註48の場合と異なり、明らかに経文を意識したものである。

(51) D. ed. に従ったが、P. ed. では "gtod pa" とあり、それによれば、「(五趣に)向うこと」とも読みうる。

(52) 対応漢訳には「樹(法)」とのみあり、"lus" に相当する語を予想させない。サンスクリット原典には kāya-vṛkṣa などとあって、「樹のような(苦の)集まり」を意味していたのかもしれない。

(53) 根拠を示すことができないので推測の域を出ないが、前註27の本文中で示したチベット訳 "drang zhing legs par skyes la" とこの "sar pa drang po" とは、サンスクリット語の順序は違うかもしれないが、原語は同じとみなし "ṛjuṃ navaṃ" を想定して読んだ。

(54) チベット訳語の "za ba po" に対して vedaka を想定する根拠は今のところ全くないが、ātman の同義の連語として kāraka の次に来る語としては vedaka が相応しいだろうとの私の推測があるのみである。サンスクリット語原典はないが、この種の連語を列挙した権威ある文献としては、拙書『仏教入門』(大蔵出版、二〇〇四年)、一四八頁所引の『大毘婆沙論』の一文があるので、そこを参照されたい。なお「北伝」でのこの vedaka に見合う「南伝」の語として vedagū が知られるが、この件については、中村元、早島鏡正訳『ミリンダ王の問い』1(東洋文庫7、平凡社、一九六三年)、一七〇―一七一頁、註14を参照のこと。また ātman の同義の連語を示すサンスクリット文献としては、Raniero Gnoli (ed.), *The Gilgit Manuscript of the Saṅghabhedavastu*, Part I, Roma, 1977, p. 157, 1.26-p. 158, 1.1 などがある。更に、以上とは関係のないことであるが、これを調べていて、前註21で想定したサンスクリット文は、Gnoli, *ibid.*, p. 160, ll.2-4 から回収しうるものであることが判明したので、ここに記せば、"yat kiṃcid rūpam atītânāgata-pratyutpannam ādhyātmikaṃ vā bāhyaṃ vā odārikaṃ vā sūkṣmaṃ vā hīnaṃ vā praṇītaṃ vā, yad vā dūre, yad vā antike, tat"

である。

(55) 『雑阿含経』第二六五経相当のチベット文(iv)ではこれに相当するものが、“'dab ma 'dab mar phye ba na”とあって互いに一致しないが、双方の原文は、完全に同じとはいえないにせよ、ほぼ同じであったとみなして経文と同じ訳とした。

(56) 上註と同じく、これに相当する経文のチベット訳は、“des de la 'bras bu yang ma mthong na”でやはり互いに一致しないが、原文はほぼ同じであったとみなして、上註の場合と同じく処置した。

(57) この語がP. ed.では欠落しているが、D. ed.にはあるので、後者によって補った。

(58) 前註55の場合と同じく、これに相当する経文のチベット訳は、“sgyu ma bzhi sprul pa ston par byed de”でやはり互いに一致しない。しかし、先の場合と同じく、原文はほぼ同じであったであろうとみなして処理した。なお、後で気づいたので註番号は付していないが、この註記の少し前の本文中の「大きな十字路にあって」の「あって」に相当するD. ed.のチベット訳は“dug ste”であるのに対して、P. ed.は“jug ste”である。しかし、D. ed.に従ったままでよいと思うので、ここではP. ed.の違いだけを補足しておきたい。

(59) 「識」に相当するチベット訳が、D. ed., P. ed.ともに欠落しているが、“[rnam par shes pa] rnam par shes pa gnas pa bzhi la brten cing”とrnam par shes paを一つ補って訳す。玄奘訳「識住四識住」はこれを支持するであろう。

(60) 前掲拙書(前註1)、八九頁による。

(二〇〇六年五月二十八日)

回顧と弁明

本稿の初出は、『駒仏論』第三七号(二〇〇六年十月)、六三〇—六〇九頁で、つい最近のものと言ってよいのであるが、その雑誌刊行直後の十一月に、松田和信氏の私の抜刷に対するお礼状にて、本稿にとんでもない瑕疵のあることを早々に気づかされたのである。その年の十月末より十一月に、私は、見ようによっては、本稿でも問題としている「経典背景」のその教団の実態にも関わるかもしれない二つの拙稿、「*Nandimitrāvadāna*の両訳対照本とチベット訳和訳」『駒沢短期大学研究紀要』第三五号(二〇〇七年三月)、四三—八六頁、および「羅漢信仰の思想背景——『法住記』私訳——(序)」『駒仏紀』第六五号(二〇〇七年三月)、一—一七頁を草していたのであるが、松田氏よりお手紙を頂いたのは、その二つの仕事のちょうど間であった。それゆえ、この点については、その後の仕事の冒頭で既に謝罪してあるので、ここにそれを示せば、「生来の無計画と粗忽さに加齢現象まで付随してしまったか、〔私には〕大ポカも益々多くなってきた。つい最近も、先の仕事を終える直前の十一月十一日の土曜日に、松田和信氏より資料を付したお手紙を頂き、拙稿「実修行派の経典背景の一実例」で扱った「摂異門分」の一節は、松田氏がかつて「『瑜伽論』「摂異門分」の梵文断簡」〔『印度哲学仏教学』第九号（一九九四年十月）、九〇―一〇八頁〕で校訂し和訳されたものの中に含まれている、との御教示に与った。しかし、これは、その御論文抜刷を十二年前に著者御自身から頂き、しかもそれを五年前の拙書では補足までしている私としては、単なる呆けの見落としではすまない大失態なのである。それゆえ、決して謝罪してすむようなことではないが、ここに、松田氏の御教示に感謝すると共に、私の粗忽を衷心よりお詫びしておきたい。しかるに、私の方は、その松田氏の御成果を全く参照しなかったために、その当該箇所では、無駄な努力を重ねた上で重要なところでは余計な誤りも犯すという「自業自得」の当然の結果を受けているのである」（二一頁）というものである。ところで、「その当該箇所」とは、本稿の一番最後に示した文献、即ち「摂異門分」の(iv)の直前より最後までで、これに対応する松田上記論文の校訂箇所は、同、九六―九七頁の§ I. 8. viii. C. 9、和訳提示は、一〇〇―一〇一頁であるが、以下に、それによって正されるべき拙稿の誤りを示しておきたい。矢印の先が正されるべきものである。tīkṣṇaṃ kuṭhāraṃ → tīkṣṇā kuṭhārī, vanaṃ praveśet → vana-praveśa, pañca-gati-patita → paṃca-gaty-āttajana, kadalī-skandha → kadalī-stambha, ṛjuṃ navaṃ → navo ṛjuḥ, ātma-dṛṣṭi → ātma-darśana, māyākāra → māyākāraka, upagama → upagamya, mahā-catuṣ-patha → catur-mahā-patha、以上であるが、この箇所につき、更に本稿の註で触れた件で補足しておかなければならないことを以下に記す。本稿、註52は、松田校訂本を見さえしていれば全く不要なものである。また、それに応じて本文中に示した拙訳「多種の苦の身樹（lus shing）と同性質（chos mthun pa, sādhārmya）ということ」も全く誤りで、「多種の苦の身（lus, ātmabhāva）は樹（shing, vṛkṣa）と同性質であること〔によって〕」と訂正されねばならない。また、本稿、註53に絡む本文で、「我（bdag, ātman）を作者（byed pa po, kāraka）や受者（za ba po, vedaka）と見ること」としたのも、チベット訳からはそう読みうるが、松田校訂本“kāraka-bhojakâtma-darśanaṃ”から見れば正しくない。松田訳は「作者や受者の我見」とするが、むしろ「作者と受者と我と見ること」と理解すべきかもしれない。「見」の前の三語は所謂「我」の同義語で並列複合語（dvaṃdva）と解すべきだからである。因みに、これと関連する本稿、註54は、原文にも bhojaka とあった以上、vedaka としたのは全くの邪推でしかなかったことを認め、ここに撤回させて頂きたい。また、本稿、註56で、経文のチベット訳“des de'i snying po ma yin pa yang mi rnyed na”との原文はほぼ同じと推測したことが正しいとすれば、その原文は松田校訂本により、“sa tatra phalgum api nâsādayet”ということになる。そうだとすれば phalgu のチベット訳が前者では“bras bu”、後者では“snying po ma yin pa”ということになるが、phalgu は、「小さな役に立たないつまらぬ物」というニュアンスの強い語であろうから、これを後者に従って「核なきもの」とするのは是としても、私のように「実」とするのは不適切である。せいぜい「穀粒」くらいに訳し直すべきかもしれない。“āsādayet”（取る、見つける）は前者の“mthong na”、後者の“rnyed na”に応じうるであろう。なお、その註56以下の本文中の訳文「極めて常住で堅固な我や作者や受者はどこにも顕現していない」に対応する原文は、松田校訂本によれば、"kutaḥ punar atyānimittaṃ dhruvaṃ ātmānaṃ kārakaṃ bhojakaṃ vā drakṣyati" であるが、原文に "drakṣyati" とあるのを重んじれば、それに対応するチベット訳の "snang" の箇所は、「顕現していない」ではなく「見られない」と改められなければならない。なお、その原文中の "atyānimittaṃ" に対しては、松田上記論文、註21で不明とされているが、この不明箇所は atyantaṃ nityaṃと訂正されて読まれるべきなのかもしれない。本稿、註58でD. ed. に従って "dug ste" を採ると言った件についてはこれでよく、原文は "sthitvā" である。また、本稿、註59で欠落の可能性を示唆した箇所の原文に欠落はないどころか代名詞も加えて "tad vijñānaṃ" とある。これの方が明解であり従うべきであろう。なお、その註59で示したチベット訳文中の "brten cing" に当るサンスクリットは "pratiṣṭhita" であり、これはまた "sthitvā" の説明文たりうることもここに付け加えておきたい。以上で、松田和信氏の御教示に基づく訂正をなし終えたが、これによってやっと私の謝罪も完了したことになる。ここに、重ねて松田氏に深謝の意を表させて頂きたい。最後に、本稿、註14下の本文中で論究を避けた問題について、それがいかなる問題であるかということだけは、ここに補っておくことにする。そこで触れた「寿暖識証」というのは、死者には寿も暖（煖）も識もないが、一見死者と見紛う滅尽定には、その三つともあり、特に、「識は身を離れず」と言われる場合のその識はアーラヤ識でなければならないと実修行派が主張する時に、その経証と共に展開される論証のことである。この経証の『法与経』と呼ばれた経典の全体像は、既に、本庄良文「シャマタデーヴァの伝える「大業分別経」と「法施比丘尼経」」『仏教文化研究』第二八号（一九八三年三月）、九五―一一二頁によって明らかにされており、これを含む関連事項については、『唯識考』、五三五頁、註26の追加記載と五四〇頁を参照されたい。しかるに、その同趣旨の経証たりうるものは、この『法与経』だけではなく既に、本庄良文氏も指摘されているように、『雑阿含経』第五六八経や今の第二六五経だったりする可能性も残っている。特に、有部系を考慮すれば、『雑阿含経』は捨て難いのであるが、実修行派のみならず、他の傾向の教団的背景も考えれば、この箇所の「回顧と弁明」の冒頭に掲げた二つの拙稿で扱った *Nandi-mitrāvadāna*（『法住経』）の記載するような各教団が所持した「三蔵」のことも予期される問題展開の中には関わってくるであろうと思われる。そして、また、このような『雑阿含経』や「三蔵」の系譜や位置づけの問題に関しては、榎本文雄「ヘルンレ写本中の『雑阿含』断片をめぐって――『雑阿含経』、世親、『倶舎論』真諦訳の位置――」櫻部建博士喜寿記念論集『初期仏教からアビダルマへ』（平楽寺書店、二〇〇二年）、一三九―一五三頁（横）のような観点からの研究も今後大いに期待されるのである。

結　対照校訂テキスト

一、本書の「結」とは、本書の結尾を意味するだけにすぎず、論述の結論を意味するものでは全くない。この「結」に収録されるものは、たまたま横組にされているので、左開きと見れば、巻頭に思われないでもないが、「結」の意味はあくまでも以上のごとくである。

一、この「結」に収録されるものも、「本論」の場合と同じく旧稿ではあるが、「唯識文献」について論じたものではなく、「唯識文献」の校訂本を主目的としたものである。

一、収録の順序は、その所掲誌の刊行年月順であり、その時点より今日までの経緯の中で補足されるべき事柄については、「回顧と弁明」欄にて記す。

一、「結」に収録された旧稿は三群に大きく区分されるが、場合に応じて、その第一群を「結」第一校訂本、第二群を「結」第二校訂本序、第三群を「結」第二校訂本と呼びうるものとする。

一、「回顧と弁明」欄は、「結」第一校訂本と第二校訂本とにおいては、それぞれの校訂本の直前に挿入されているが、「結」第二校訂本序においては最末尾に配されている。

一、「回顧と弁明」もしくは本文やその註記中で行われる補足中で使用される略号については、「本論　論稿集成」の初めに掲げたものに準じる。

一、本書「本論」中に収録された旧稿の指示についても、「本論　論稿集成」の初めに記した方式に従う。

一　チベット訳漢訳対照『摂大乗論』「序章」「衆名章」アスヴァバーヴァ註釈

序

『摂大乗論会釈（**Mahāyānasaṃgrahopanibandhana*)』は、アスヴァバーヴァ（Asvabhāva、無性）によって著わされたアサンガ（Asaṅga、無著）の『摂大乗論（**Mahāyānasaṃgraha*)』に対する註釈である。この註釈は、簡潔な本論である『摂大乗論』の理解のためばかりではなく、唯識学派の歴史的展開におけるアスヴァバーヴァの位置を明確にするためにも極めて有益である。

しかしながら、本註釈のサンスクリット原典は現存しないために、我々はこれをチベット訳と漢訳とによって研究しなければならない。

その翻訳テキストは次のとおりである。

1）*Theg pa chen po bsdus pa'i bshad sbyar*

P. ed., No. 5552, Li, 232 b-356 b : D. ed., No. 4051, Ri, 190 b-296 a : N. ed., No. 3543, Li, 212 b-342 a

2）玄奘訳『摂大乗論釈』

大正蔵、No. 1598、31巻、380頁上—449頁中

ラモット教授は、その『摂大乗論』に対するフランス語訳の脚註において、両訳のいずれかに基づいて、部分的にそれを翻訳しておられる(1)。その試みは『摂大乗論』における文言の意味を理解するのには適切であるけれども、アスヴァバーヴァ自身の歴史的位置を検討するには不充分である。

『摂大乗論会釈』の玄奘訳とチベット訳とを比較すると、両者間には内容上かなりの相違のあることが分かる。既に別稿(2)にて論じたように、その相違は、玄奘が翻訳に際して彼の考えを原典に加えたために生じたと考えられる。

以下に、チベット訳と漢訳とを比較しながら、実例を若干指摘しておこう。

(1)

rgyud gang la 'jug pa de lhan cig 'jug pa'i tshul gyis rnam par smin pa'i rnam par shes pa la 'jug ste// 'o ma dang chu bzhin no// zhes bya ba ni rnam par smin pa'i rnam par shes pa dang lhan cig 'byung bar 'dod kyi/ de sa bon nyid du ni mi 'dod do// thos pa'i bag chags kyi sa bon de ni kun gzhi rnam par shes pa'i ngo bo nyid ma yin te/ de'i gnyen po sa bon nyid yin pa'i phyir ro// zhes bya ba ni kun gzhi rnam par shes pa'i gnyen po rnam par mi rtog pa'i ye shes kyi rgyu yin no zhes bya ba'i tha tshig go//

（P. ed., 262 a 2-5, D. ed., 213 b 6-214 a 1）

「与彼和合俱転、猶如水乳」者、此聞熏習、雖非彼識、而寄識中与識俱転、「然非阿頼耶識」者、謂、此聞熏習、是出世心種子、非阿頼耶識自性、亦非彼種子、但就俱転、不相離性、許是唯識。「是彼対治種子性故」者、是阿頼耶識対治、無分別智因性故。

（大正蔵、31 巻、394 頁下）

(2)

khams gsum pa ni khams gsum du snang ba'i rnam par rig pa rnams so// khams gsum pa smos pas ni 'dod pa la sogs pa'i sred pa dang mtshungs par ldan pa khams gsum par gtogs pa'i sems dang sems las byung ba rnams rnam par rig pa tsam nyid du dam bca' ba ste/ de bzhin nyid la dmigs pa dang/ gzhan gyi dbang la dmigs pa lam gyi bden pas bsdus pa rnams dang rjes las thob pa rnams ni ma yin te/ khams gsum na spyod pa'i sred pa rnams kyis bdag gir ma byas pa dang/

「如是三界皆唯有心」、此言顕示三界唯識。言「三界」者、謂、与欲等愛結相応、堕在三界。此唯識言、成立唯有諸心心法、無有三界横計所縁。此言不遣、真如所縁、依他所縁謂道諦摂、根本後得二種所縁、由彼不為愛所執故、非所治故、非迷乱故。非三界摂。亦不離識故、不待説。

（大正蔵、同上、400 頁中）

(5)

gnyen po yin pa dang/ ma 'khrul ba'i phyir ro//

(P. ed., 271 a 3–5, D. ed., 221 a 7–b 2)

(3)

de'i phyir sna tshogs kyi rnam pa nyid la 'jug ces bya ba smos te/ rnam par shes pa gcig nyid gzung ba dang 'dzin pa'i dngos por rnam pa tha dad pas dus gcig tu rnam pa sna tshogs su snang ngo zhes 'jug go// sna tshogs zhes bya ba ni shes pa gcig nyid rnam pa mang por rang gis rig go// (P. ed., 298 b 7–8, D. ed., 245 a 5–6)

為答此問故、説悟入及種種性、謂、唯一識所取能取性差別故、於一時間、分為二種。又、於一識似三相現、所取能取及自証分名為三相、如是三相一識義分非一非異、如余処弁。於一識上有多相現、故名「種種」。

（大正蔵、同上、415頁中一下）

漢訳中の下線部分は、チベット訳中には全く見出されない文言であることを示している。これらの文言のいずれも、『成唯識論』で主張されている正統説もしくは法相宗の伝統説と一致する。

『成唯識論』によれば、唯識（vijñapti-mātratā）説は、一切法が識（vijñāna）とは別に存在しないということ（不離識[3]）を表わしている。実例(1)(2)中の文言、即ち「但就倶転、不相離性、許是唯識」と「亦不離識故、不待説」とは、『成唯識論』と一致した立場から唯識（vijñapti-mātratā）を表現したものである。これらの文言は、ダルマパーラ（Dharmapāla、護法）正義の観点から『唯識三十頌（*Triṃśikāvijñaptikārikā*）』に対する諸註釈を編纂して『成唯識論』という論名の下にそれらを翻訳した玄奘にとっては不可欠のものであるけれども、それらが原典そのものに固有のものであるようには思われない。それゆえ、我々は、これらの文言は玄奘によって挿入されたものであり、チベット訳は原典により忠実であると判断するのである。

『摂大乗論会釈』を玄奘訳だけによって研究した宇井伯寿博士が、アスヴ

ァバーヴァをダルマパーラの先駆者とみなした[4]のも従って当然であろう。博士は、また、実例(3)の漢訳中の下線の文言をディグナーガ（Dignāga、陳那）の『集量論（*Pramāṇasamuccaya*）』にトレースしている[5]。しかし、もしそうであるなら、漢訳にのみ見出されるその文言の意味は、四分説ばかりでなく三分説をも認めている法相宗[6]にとって極めて重大であったに違いないから、我々は、この漢訳の文言の背後に、実例(1)(2)に見られたのと同じ状況を推測することができるかもしれない。

しかしながら、我々は、チベット訳と漢訳との間の相違の全てを、玄奘による原典に対する付加に帰せしめることはできない。両者の間には、実例(1)(2)(3)の性格とは別の相違もあるのである。

以下に、この種の相違中より二つの実例を示してみることにしよう。

(4)

rnam par rtog pas brtags pa'i don//
kun tu brtags pa'i ngo bo nyid//
rnam par rtog pa gzhan gyi dbang//
de yi stong nyid yongs su grub//
(P. ed., 270 b 3, D. ed., 221 a 1-2)

又、遍計所執相即是遍計所執自性。依他起相即是依他起自性、亦名分別自性。円成実相即是円成実自性、亦名法性自性。如是三種、即是宣説応知応断応証三法。如大般若波羅蜜多経中亦説。仏告慈氏、……広説如経[7]。
（大正蔵、31巻、399頁中—下）

(5)

rnam par shes pa'i phung po gyur pas ni me long lta bu dang/ mnyam pa nyid dang/ so sor rtog pa dang/ bya ba sgrub pa'i ye shes la dbang 'byor pa thob ste/

由転阿頼耶識等八事識蘊、得大円鏡智等四種妙智。如数次第、或随所応当知。

de la me long lta bu'i ye shes ni dmigs pa mngon du ma gyur kyang bsnyel ba mi mnga' ba'o//

此中、転阿頼耶識故、得大円鏡智。雖所識境不現在前、而能不忘不限時処、於一切境常不愚迷、無分別行能起、受用仏智影像。

nyam pa nyid kyi ye shes ni sems can thams cad la mnyam par gzigs pa gang las byung ba'o//

転染汚末那故、得平等性智。初現観時先已証得、於修道位転復清浄。由此安住無住涅槃、大慈大悲恒与相応、能随所楽現仏影像。

so sor rtog pa'i ye shes ni gang gis ting nge 'dzin dang/ gzungs kyi sgo rnams dang/ shes bya gzhan dag kyang ji ltar bzhed pa bzhin du thogs pa med par mkhyen pa'o//

転意識故、得妙観察智。具足一切陀羅尼門三摩地門、猶如宝蔵、於大会中能現一切自在作用、能断諸疑、能雨法雨。

bya ba sgrub pa'i ye shes ni gang gis dga' ldan la sogs pa na gnas pa nas bzung ste/ mya ngan las 'das pa'i bar du de dag kun tu ston pas sangs rgyas kyi mdzad pa bsgrub pa'o//

(P. ed., 336 b 1-4, D. ed., 278 a 4-6)

転五識故、得成所作智。普於十方一切世界能現変化、従覩史多天宮而没乃至涅槃、能現住持一切有情利楽事故。

（大正蔵、同上、438 頁上）

漢訳中の下線のそれぞれの文言はチベット訳中には全く見出されないので、それも上述の実例のように玄奘による付加とみなすことができるかもしれない。しかし、それを証明する証拠は、それぞれの文言が必ずしも法相宗の伝統に特有の説を表わしているわけではないので、存在しない。

実例(4)の漢訳だけに示されている文言は、三性（tri-svabhāva）を、順次に「応知（parijñeya）」と「応断（prahātavya）」と「応証（sākṣātkartavya）」として解釈している。かかる解釈を、我々は、唯識説の最古の文献に確認することができる。例えば、次のような頌がマイトレーヤ（Maitreya）の『法法性分別論（*Dharmadharmatāvibhāga*）』中に示されているのである。

kiñcit parijñāya yataḥ praheyaṃ sākṣāc ca kiñcit karaṇīyam anyat/
atas tayor lakṣaṇatā-vibhāgaṃ cikīrṣatā śāstram idaṃ praṇītaṃ[(8)]//

かかる解釈は唯識説に共通しているので、アスヴァバーヴァは漢訳に示されているようなテキストに対して註釈していると想定することは可能である。しかしながら、実例(4)における両訳間の相違が翻訳によるものなのか原典によるものなのかを決定することは困難であろう[(9)]。

実例(5)もまたそうであるかもしれない。漢訳だけにあるそれぞれの文言は、なるほど法相宗の伝統に合致するように見えるけれども、かかる文言は、法相宗では権威とみなされていないスティラマティ（Sthiramati、安慧）の『経荘厳註疏（*Sūtrālaṃkāravṛttibhāṣya*）』中にも見出されうるのである[(10)]。それゆえ、我々は、実例(5)における相違を、玄奘の付加に帰せしむることには逡巡せざるをえないのである。

結論的にいえば、我々は、チベット訳と漢訳とを比較しながらアスヴァバーヴァの註釈を研究する必要性に気づかざるをえないであろう。ラモット教授がなしたように両訳のいずれかに任意に基づいてそれを翻訳したり、あるいは、宇井博士がなしたように漢訳だけでそれを研究したりするのは、取り分け、アスヴァバーヴァ自身の歴史的位置を検討するためには、公正さを欠くであろう。批判的な考究が両訳に対してなされることが極めて重要である。

それゆえ、両訳の比較を容易にするために、我々は、チベット訳を左側頁に、漢訳を右側頁に配しながら、アスヴァバーヴァ註釈のチベット訳と漢訳との校訂本を提示するであろう。これらのテキストが完成された後に、我々は、両者に基づきながら、研究ノートを伴った本註釈の英訳を公けにするであろう。

漢訳の註釈テキストは、本論テキストである『摂大乗論』の全ての文言がそこに挿入された形態のものであるが、チベット訳のそれはその挿入箇所をもたない。本論テキストから挿入されたその部分は中国側の翻訳者たちによって採用された方法に従って配備されたものと思われるので、それは我々の漢訳註釈テキストからは削除されている。

本チベット訳テキストは、北京版（P）、デルゲ版（D）、ナルタン版（N）と対照されている。

本両テキストにおいて、チベット訳中の下線部分と漢訳中のカギカッコとは、本論テキストから引かれた文言であることを示す。

漢訳テキスト中の下線部分はチベット訳中に見出されない文言であることを示す。

略号〔略号は、本稿の（II）と（III）の時点で示されたもので、一部、上の記述とも重複するが、参照の便宜のため、ここに一括して示す〕

D　：デルゲ版

N　：ナルタン版

P　：北京版

MS：É. Lamotte ed., *Mahāyānasaṃgraha*（チベット訳本論テキスト）

__　：チベット訳中の下線は、*MS* から引用された文言であることを示す。

「　」：漢訳中のカギカッコは、玄奘訳『摂大乗論本』から引用された文言であることを示す。

（　）：チベット訳中のカッコは、漢訳中に見出されない文言であることを示す。

__　：漢訳中の下線は、チベット訳中に見出されない文言であることを示す。

文節の前に配されたアラビア数字は、Lamotte ed. によって与えられている分節番号を示す。

註

(1) É. Lamotte, *La Somme du Grand Vêhicule d'Asaṅga* (*Mahāyānasaṃgraha*), Tome II, Traduction et Commentaire, Louvain, 1938〔, Reproduction anastatique de l'édition originale, Louvain-la-Neuve, 1973〕.

(2) 拙稿「玄奘訳『摂大乗論釈』について――チベット訳との比較による一考察――」『印仏研』18-1（1969年12月）、140-141頁〔『唯識考』、490-503頁に「註記補遺」「研究余史」を伴って再録〕、同「MS. に対する Asvabhāva 註釈の特徴――チベット訳を

資料として――」『印仏研』19-1（1970年12月）、444-439頁〔本書「本論」第一論文〕参照。

(3) 『成唯識論』中の以下の文言はかかる考え方を表わしている。「一切有為無為若実若仮皆不離識。唯言為遮離識実物、非不離識心所法等。」、大正蔵、31巻、38頁下：新導本、巻7、21頁：Louis de La Vallée Poussin, *Vijñaptimātratāsiddhi, La Siddhi de Hiuan-tsang*, Paris, 1928, p. 418；「識言総顕、一切有情、各有八識、六位心所、所変相見、分位差別、及彼空理所顕真如。識自相故、識相応故、二所変故、三分位故、四実性故。如是諸法、皆不離識、総立識名。唯言但遮愚夫所執定離諸識実有色等。」、大正蔵、同、39頁下：新導本、巻7、26-27頁：Poussin, *ibid*., p. 431参照。

(4) 宇井伯寿『摂大乗論研究』（岩波書店，1935年）、333頁、396頁参照。

(5) 宇井上掲書、527頁、同『印度哲学研究』第5（甲子社書房、1929年、岩波書店再刊、1965年）、142-147頁参照。

(6) 『成唯識論』、大正蔵、31巻、10頁中：新導本、巻2、29-30頁：Poussin, *op. cit*., p. 131参照。

(7) 『大般若波羅蜜多経（*Mahāprajñāpāramitāsūtra*）』から引用されている文言は次のとおりである。「若於彼彼行相事中、遍計為色為受為想為行為識乃至為一切仏法、依止名想施設言説遍計以為諸色自性乃至一切仏法自性、是名遍計所執色乃至遍計所執一切仏法。若復於彼行相事中、唯有分別法性安立、分別為縁起諸戯論仮立名想施設言説、謂之為色乃至謂為一切仏法、是名分別色乃至分別一切仏法。若諸如来出現於世若不出世、法性安立法界安立、由彼遍計所執色故、此分別色、於常常時、於恒恒時、是真如性、無自性性、法無我性、実際之性、是名法性色。乃至、由彼遍計所執一切仏法故、此分別一切仏法、於常常時、於恒恒時、乃至是名法性一切仏法。」このフランス語訳は、É. Lamotte教授によって、その *Saṃdhinirmocana Sūtra : L'Explication des Mystères*, Louvain/Paris, 1935, p. 15中に与えられている。

(8) 本頌のサンスクリット原文は、Rāhula Sāṅkṛtyāyana教授によって将来された写本写真中に保存されている。Sāṅkṛtyāyana, "Search for Sanskrit MSS. in Tibet", *Journal of the Bihar and Orissa Research Society*, XXIV-4（1938）, p. 163参照。本頌が *Dharmadharmatāvibhāga* のものであるとは、東京大学におけるV. V. Gokhale教授の講義（1971年11月より1972年1月）において同定された。

(9) 私は、実例(4)に示された文言を含む両訳の一節の比較研究を試みたことがあった。拙稿「MS.に対するAsvabhāva註釈の特徴」（前掲）、443-442頁〔本書、238-240頁〕参照。

(10) P. ed, No. 5531, Mi, 128 aに、"rnam par shes pa brgyad las kun gzhi dag na me long lta bu'i ye shes su 'gyur ro// nyon mongs pa'i yid dag na mnyam pa nyid kyi ye shes su 'gyur ro// yid kyi rnam par shes pa dag na so sor kun tu rtog pa'i ye shes su 'gyur ro// mig nas lus kyi bar du rnam par shes pa lnga dag na bya ba sgrub pa'i ye shes su 'gyur te/〔八識中、アーラヤ識が清浄となれば大円鏡智となり、染汚意が清浄となれば平等性智となり、意識が清浄となれば妙観察智となり、眼より身までの五識

が清浄となれば成所作智となる。〕”とある。また、同、Mi, 152 a も参照。私は、かつて、実例(5)における両訳の相違を玄奘の付加に帰したことがあった。拙稿「玄奘訳『摂大乗論釈』について」(前掲)、140頁〔『唯識考』、490頁〕参照。しかし、この場合の私の決定は私の批判的考究が果されるまで保留されるであろう。(拙稿に対する高崎直道博士の御教示によるものである。)

回顧と弁明

本校訂本は、旧稿の拙稿“MAHĀYĀNASAṂGRAHOPANIBANDHANA (I) Its Tibetan and Chinese Texts —— Introduction ——”『駒仏紀』第31号(1973年3月), pp. 368-362, “MAHĀYĀNASAṂGRAHOPANIBANDHANA (II) (III) Its Tibetan and Chinese Texts”、同上、第32号(1974年3月), pp. (1)-(14)、同上、第33号(1975年3月), pp. (15)-(33) を一括し、英文箇所を和文に改めて再録したものである。以上に収録した「序(Introduction)」末尾には、アスヴァバーヴァの本註釈全体の両訳対照校訂本の完成が期待されているが、このような仕事は私には全く不向きであったため、本書に収めただけが全てで、文字どおりの未完に終ってしまった。ましてや、末尾に仄めかした英訳のことなどは、今となっては全くの戯言として虚しく響く。しかるに、全体から見れば、ほんの一部にしか過ぎない本校訂本は、所釈の『摂大乗論』の序章と第1章の衆名章に対する註釈箇所に相当するので、本書に和訳して収録するに際し、題名は実情に即して「チベット訳漢訳対照『摂大乗論』「序章」「衆名章」アスヴァバーヴァ註釈」と改めた次第である。また、原のチベット訳部分の校訂箇所はチベット文字で示されていたが、これ以下に示す本書の校訂箇所では、ワイリー方式のローマ字転写が採用されている。なお、以下の校訂本においては、今回の収録に際して誤りと気づかれたものは、一いち断りなく誤植扱いとして正されている。ところで、以下に示す校訂本中、「序章」の箇所には、その後、片野道雄博士によって解読が進められ、その成果は、1998年刊行の、片野道雄『インド唯識説の研究』(文栄堂書店)、276-301頁に、チベット文字による校訂本と共に、改訂再録されるに至っている。片野博士のこの刊行に先立つ御成果は、「無性造「摂大乗論註」序章の解読」『仏教学セミナー』第27号(1978年5月)、37-54頁で、訳註研究を主としたものであったが、片野上掲書では、チベット文字による校訂本も示されているので、これにより、私の本校訂本中の「序章」の部分は、あまり意味のないものとなってしまった。しかし、漢訳との対応の便宜性はまだ失われていないと思うので、これに引き続く「衆名章」の部分と同様に、敢えてそのまま掲載することにした。さて、校訂本については以上のごとくであるが、これ以下に収録される校訂本に対して言わば序文の役割を果している旧稿(I)に対しては若干の補足を必要とするので、以下にその点に触れておきたい。まず、その「序」の註6を付した本文中の「三分説」「四分説」は、原の英文では“the theory of the three *bhāgas*”“〔the theory of〕the four *bhāgas*”となっているが、訳文中に bhāga の痕跡を全く残さず、しかもそれについてなんの説明も与えられないのはフェアではないので、この弁明をしておく。私は、これに先立つ拙稿「玄奘訳『摂大乗論

釈』について」（初出、1969年、『唯識考』、492頁）で、「“rang gis rig”とは「自ら知る」ということであって、決してHu.に示される「自証分」のような固定的な概念ではない。」との見解を示していたので、「三分説」や「四分説」の「分」をいかに表現しようかと当時迷っていたことは今でもよく覚えているのである。それに加えて、以下に示すような新井一光博士の秀れた研究も示されるに至っている今日、わざわざその本文中に「分」を意図したbhāgaを補っておく必要はないと判断し、訳文中にbhāgaを挿入することは避けた。しかし、当時、英文中で実際“*bhāga*s”を用いていた以上、全くその痕跡を示さないのは、上述のごとくフェアではないと思うので、ここにその経緯を断っておく次第である。因みに、新井博士のその御研究は、「相」「見」と「自証」とにはレヴェルの相違があり、単一なものである知の本質としての「自証（自己認識）」は「分（bhāga, aṃśa）」たりえないということを、後代のインド・チベットの文献を押えながら論証したものであるが、これについては、新井一光「『量評釈』「現量章」第354偈の解釈――識の〈三分〉説をめぐって――」『曹洞宗研究員研究紀要』第32号（2002年3月），pp. 184-148，“An Aspect of Dharmakīrti's Theory on *svasaṃvitti* : in Relation to the Theory of Three Portions of Cognition”『曹洞宗研究員研究紀要』第33号（2003年3月），pp. 226-210を参照されたい。「序」の註7で指示した『大般若波羅蜜多経』のことについては、その後、その関連文献の具体的状況がかなり判明するに至った。これに関しては、拙稿「弥勒請問章和訳」（本書「本論」第七論文）、「史的観点による「弥勒請問章」の一考察」（本書「本論」第八論文）を参照されたい。「序」の註8の直前の本文においては、実例(4)の「三性」と「応知」「応断」「応証」との関係について論じ、その論拠として『法法性分別論』の例を示したが、これは今となっては完全な誤りであったと認めなければならない。なぜなら、当時は唯識の最古の文献と考えられてもよかった『法法性分別論』が、後に私自身でその最古性を疑わざるをえない状況となり、その私見は、拙稿「唯識文献における無分別智」（本書「本論」第二〇論文）の註30で示唆されたが、更にその後、その見解は、舟橋尚哉氏や松田和信氏などによって、より厳密に論証されることになったからである。従って、「三性」と「応知」「応断」「応証」との関係について述べた唯識文献の古いものについてはそれに取って替るようなものが示されなければならないであろうが、なかなか単純にはいきそうもないので、ここでは省略させて頂きたい。「序」の実例(5)に関して、それを玄奘の付加とは断定できない論拠として、註10で、スティラマティの『経荘厳論釈』の八識と四智の関係に言及したが、これに先立って、拙稿「玄奘訳『摂大乗論釈』について」に対して高崎直道博士から御教示を頂いたことにより断定を避けたように記してあるが、記述が曖昧なため、誠に失礼ながら、今となってはその御教示を正確に思い出すことができない。恐らく、類似の説は、『仏地経論』やその他にもあるから参照して断定は回避した方がよい、というような御教示ではなかったかと思うが、ここに失礼をお詫びしつつ、改めて感謝の意を表させて頂きたい。なお、八識と四智の関係については、第六意識を転じて成所作智を得、五識を転じて妙観察智を得るという考えの方が、第六意識を転じて妙観察智を得、五識を転じて成所作智を得るという後に一般化した考え方よりも古いという観点から、関連文献を整理し、従来の諸研究にも関説しながら、新たな問題を提起した論

文に、佐久間秀範「中国・日本法相教学における識と智の結合関係――封印された第六識→成所作智、五現識→妙観察智の正当性」木村清孝博士還暦記念論集『東アジア仏教――その成立と展開』（春秋社、2002年）、65-86頁があるので参照されたい。また、八識と四智との関係、即ち、「転識得智」の考えに先立って確立されていた「転依（āśraya-parivṛtti）」説についても、佐久間博士にはHidenori S. Sakuma, *Die Āśrayaparivṛtti-Theorie in der Yogācārabhūmi*, Alt- und Neu-Indische Studien 40, Teile I, II, Franz Steiner Verlag, Stuttgart, 1990があるので参照さるべきである。ところで、このアスヴァバーヴァ註釈の所釈の『摂大乗論』に関していえば、その「序章」については、当時でも触れておくべきであった重要な論文に、荒牧典俊「摂大乗論の序説」『インド学試論集』VI-VII（1965年3月），156-171頁がある。これは、現存の諸訳を比較することによって、『摂大乗論』の本文のサンスクリット原文を復元し、本文をインド原典態において厳密に解釈しようとした試みである。これに先立って、同種の試みが、『摂大乗論』の第1章の一部に対してもなされている。それが、荒牧典俊「摂大乗論の依他起性」『インド学試論集』IV-V（1963年3月），29-30頁である。これらの試みは、『摂大乗論』全体に及ぶことはなかったが、「序章」「第1章」「第2章」に対する還元サンスクリット文は、後に、まとめられて、長尾雅人『摂大乗論　和訳と注解』上（講談社、1982年）、1-106頁（横）、「チベット訳『摂大乗論』とその還元梵文」中に収められているので、参照されたい。また、更に、『摂大乗論』のヴァスバンドゥ（世親）註釈ということになれば、かなり古いものにはなるが、長尾雅人「摂大乗論世親釈の漢蔵本対照」『東方学報』（京都第13冊第2分、1943年）、119(281)-175(337) 頁がある。これは、誠に残念ながら、「序章」のみで終っており、その後が続くことはなかったのであるが、本校訂本は、体裁などについてこれをお手本にした覚えもあるので、「序章」については、彼此対照して頂けるならば、本校訂本だけを見ている場合よりも、得るところは大きいと思われる。なお、ヴァスバンドゥ註釈との関係から、更に一言加えておけば、「序章」とも「第1章」とも直接の関連はないが、「第2章」のヴァスバンドゥ註釈については、岩田諦静「世親造『摂大乗論釈』所知相章の漢蔵対照」『初期唯識思想研究』（大東出版社、1981年）、65-227頁があるので、参照されるべきである。ところで、上記の佐久間博士の「転識得智」に関する一連の御成果の最新稿が、この欄の記載が完全に終了してしまった後に公けになったが、これについては、本書「本論」第一九論文末尾の「回顧と弁明」中で触れることを得たので参照されたい。

// theg pa chen po bsdus pa'i bshad sbyar bzhugs//

// rgya gar skad du/ ma hā yā na saṃ gra ho[1] pa ni bandha na[2]

bod skad du/ theg pa chen po bsdus[3] pa'i bshad sbyar/

bam po dang po/

'jam dpal gzhon nur gyur pa la phyag 'tshal lo//

slob dpon snga mas rigs tshul du[4]//
rnam par phye bas blo zhan[5] rnams//[6]
mi rtogs pas na tshig re nas//[7]
bsdus pa rnam par dbye bar bya//

1 don bcus theg pa chen po mtha' dag don du bsdu bar 'dod pas bstan bcos kyi lus kyi bdag nyid don bcu po de dag gtsug lag nyid du brjod pa'i sgo nas/ theg pa chen po la shin tu zhugs pa zhes bya ba la sogs pa (N, 213 a) gleng slong bar byed do//

yon tan gyi tshig gam btags[8] pa la theg pa chen po la shin tu zhugs pa zhes bya ste/ 'dis theg pa chen po shin tu (P, 233a) rtogs pa 'am/ de la shin tu zhugs pa'i phyir theg pa chen po la shin tu zhugs pa'o// byang chub sems dpa' theg pa chen po la shin tu zhugs pa gzungs dang spobs pa'i yon tan thob pa theg pa[9] chen po'i don 'dzin pa dang/[10] rab tu ston par nus pa des sam/ ming de skad ces bya bas gsungs pa'o// byang chub sems dpa' zhes bya ba ni[11] 'di byang chub dang sems can la dmigs pa'i phyir byang chub sems dpa' ste/ sems dpa' zhes bya ba'i sgras[12] ni 'dir srog chags brjod pa yin no// dmigs pas kyang de skad ces[13] bya bar snang ste/ dper na mi sdug pa la sogs pa la dmigs pa'i ting nge 'dzin la mi sdug pa dang/ stong pa nyid ces bya ba dang/ (ngan par byas pa la dmigs pa'i yid la gcags pa la 'gyod pa) zhes bya ba lta bu'o// yang na 'di byang chub kyi phyir sran thub pas na byang chub sems dpa'o// theg pa chen po'i[14] che ba'i bdag nyid ces bya ba ni zab pa dang/ rgya che ba gnyis kyis bla na med pa'o// bdag gi sgra ni ngo bo nyid dang/ byed pa'i tshig ste/ dper na me ni tsha ba'i bdag nyid/[15] dug ni 'chi bar byed pa'i bdag nyid ces bya ba lta bu'o// 'di ni

攝大乘論釋　卷第一

無性菩薩造

三藏法師玄奘奉　詔譯

總標綱要分第一

稽首大覺諸如來　　無上正法眞聖衆

爲利自他法久住　　故我略釋攝大乘(1)

1　欲 (380 b) 以十義總攝大乘所有要義、彼義能顯此論體性是聖教故、用此爲門而開發言。

(2)③……「已能善入大乘」者、或依德迹、或共了知、謂、彼已能善入大乘、或卽於此已極善入故、(380 c) 名「已能善入大乘」。顯此已得諸陀羅尼・辯才功德於大乘義能持能闡、故依此義、說如是名。言「菩薩」者、菩提薩埵爲所緣境故名菩薩。依弘誓語、立「菩薩」聲(3)。亦見餘處、用所緣境、而說其名。如、不淨等爲所緣境、二三摩地、說名不淨、說名爲空。或卽彼心、爲求菩提、有志有能、故名「菩薩」。「爲顯大乘體大故」者、甚深高廣無上故大。體聲卽說

(1)　この頌の意味はチベット訳と異なる。

(2)　これ以下の文節の順序はチベット訳に従って変更されている。漢訳本来の順序は①……①から⑦……⑦へである。

(3)　漢訳は 'bodhisattva' を註釈するのに対して、チベット訳は 'sattva' を註釈する。かくして、註釈は互いに相違する。

1 ho PN : ha u D　2 na NP : naṃ D　3 bsdus D : bsdud NP　4 du// DP : du/ N　5 zhan NP : zhen D　6 rnams// DN : rnams P　7 nas// DN : nas/ P　8 gam btags D : gi brtags NP　9 theg pa D : *om.* NP　10 dang/ NP : dang D　11 ni D : *om.* NP　12 sgras D : sgra NP　13 ces D : *om.* NP　14 po'i D : po NP　15 nyid/ D : nyid NP

che ba'i bdag nyid yin pas che ba ste/ de'i dngos po ni che ba'i bdag nyid do// de brjod pa zhes bya ba ni gzhan dag rang gis[1] mi shes pas de[2] rab tu bshad pa'o// phyir zhes bya (D, 191 a) bas ni dgos pa bstan pa'o//

bcom ldan 'das kyi sbyan sngar zhes bya ba la bdud bzhi bcom pa dang/ dbang phyug la sogs pa'i yon tan dang ldan pa'i phyir bcom ldan 'das te sangs rgyas so// de ci'i phyir zhe na/ sangs rgyas bcom ldan 'das zhes 'og nas 'byung ba'i phyir ro// bcom ldan 'das de'i sbyan (P, 233b) sngar zhes (N, 213 b) bya bas ni sangs rgyas kyi gnang bas yid brtan du rung ba nyid du ston te/ ston pa dang nye na gzhan du mi smra ba'i phyir ro//

'di lta ste zhes bya ba ni gnas bcu nye bar 'god pa'i phyir ro//[3] theg pa chen po las brtsams nas zhes bya ba ni de'i ched du 'am/ dbang du byas pa ste/ nyan thos kyi theg pa 'am/ 'jig rten las btsams pa ma yin pa'o// yang theg pa chen po smros pa ni 'di kho na las brtsams kyi bzhan las brtsams pa ni ma yin no zhes nges par bya ba'i phyir te/ 'di ltar 'jig rten pa las brtsams nas/

bden par smra bya khro mi bya//[4]
slong la chung yang sbyin par bya//[5]

zhes bya ba la sogs pa rnam pa gzhan dag las[6] sangs rgyas kyi gsung khyad par du 'phags so// nyan thos kyi dbang du byas na/

kye ma 'du byed rtag pa med//[7]
skye zhing 'jig pa'i chos can yin//[8]

zhes bya ba la sogs pa gzhan dag las khyad par du 'phags te/ de lta bas na nges par bya bar rigs so//

chos mngon pa theg pa chen po'i mdo las zhes bya ba ni chos rab tu rnam par 'byed pa'i rgyu 'am/ grags pa'i phyir chos mngon par ming btags pa theg pa chen po'i mdo khyad par can las gsungs kyi gzhan las ni ma yin no// de ni theg pa yang yin la chen po yang yin pa 'am/ chen po rnams kyi theg pa yin pas theg pa chen po ste/ rgyu dang 'bras bu che ba'i phyir byed pa dang/ brgod par bya ba bsgrub pa'i gzhi yin pa'i phyir ro//

自性作用。如世說言、火煖爲體、毒害爲體。此體大故、説名「體大」。「顯」者、開示他所未了。「爲」者、欲也。③

「薄伽梵」②者、破諸魔故、能破四種大魔怨故、名「薄伽梵」。四種魔者、一者煩惱魔、二者蘊魔、三者天魔、四者死魔。依空三摩地、能破煩惱魔一切麁重、轉依相住、無量善根隨順證得。或復、依止精進慧力、能破蘊魔。依慈等持、能破天魔。依修神足、能破死魔。能破如是四大魔故、名「薄伽梵」。又、自在等功德相應、是故說佛名「薄伽梵」。所以者何。以當宣說佛世尊故。於彼「前」者、顯佛開許。堪廣流通、親對大師、無異言故、如十地經。②

「謂」④聲卽是略標所說十勝處義。「依大乘」者、所爲所說非聲聞乘亦非世間。復擧大乘爲決定義、顯所依者卽此非餘。以依世間、由餘相故、異於佛語。如有頌言、

諦語而無忿　　少施不悕求

如是等。若依聲聞、由餘相故、異於大乘。如有頌言、

諸行無常　　有生滅法

如是等。是故重擧大乘應理。④

「阿毘達磨大乘經」①等、擇法因故、或共了故、阿毘達磨想爲標幟、大乘經言簡別餘處。若略釋者、亦乘亦大、故名「大乘」、或乘大性、故名「大

1　gis D　:　gis de NP　2　de D　:　*om.*　NP　3　nye bar 'god pa'i phyir ro// NP　:　nye bar 'dod par 'god pa ston to//　D　4　bya//　DN　:　bya/　P　5　bya//　D　:　bya　NP　6　las　D　:　gis　NP　7　med//　DN　:　med　P　8　yin//　D　:　yin NP

mdor bsdu na byang chub sems dpa'i sa bcu 'bras bu dang bcas pa'o// rgyas par bya na chen po rnam pa bdun dang ldan pa'i phyir te/ byang chub kyi (P, 234 a) phyogs dang mthun pa rnams dang/ pha rol tu phyin pa rnams dang/ bslab pa rnams dang/ gzhi dang rtags la sogs pa ni theg pa chen po'o// de'i (D, 191 b) mdo ni smros pa'i phyir te/ rkyang pa dang tshigs su[1] sbyar ba'i sgrar snang ba 'dod pa'i don gyi rnam pa'i rjes su 'jug (N, 214 a) pa[2] nyan pa'i rnam par rig pa'i tshig[3] go// gal te de lta yin na byang chub sems dpas[4] de ji ltar bshad de/ nyan pa'i rnam par rig pa ni des ma bshad do zhe na/ de'i dbang gis byung ba'i phyir de skad ces bya ste/ lha la sogs pa'i dbang gis mi lam na bstan bcos dang sngags la sogs pa rnyed pa bzhin no// gzhan du na ngag gi rnam par rig byed kyang sangs rgyas kyis gsungs pa ji ltar 'gyur/ re zhig ngag gi rang bzhin ni mdor mi 'thad de/ yi ge re re ni don rtogs par byed par mi rung ba'i phyir ro// rim gyis 'byung ba lhan cig mi gnas pa rnams kyang tshogs par mi rung ba'i phyir ro// de ltar na bdag ma thob pa'i ngag ni ming la 'jug par mi rung ngo// yi ge'i bdag nyid ma yin pa'i sgra byung ba yang ming la cung zad kyang gsal bar mi byed de/ de ltar na ming gi rang bzhin yang mdor mi 'thad do// de lta bas na ji skad bstan pa nyid mdor rigs te/ chos mngon pa zhes bya ba'i theg pa chen po'i mdo de las so//

rnam pa zhes bya ba ni bye brag ste/ de dag nyid phan tshun ma 'dres pas khyad par du 'gyur bas na khyad par ram/ nyan thos la sogs pa'i chos rnams las mchog tu gyur pa dang/ lhag pa'i phyir khyad par te/ byang chub chen po sgrub par byed pa'i phyir ro//

bcu zhes bya ba ni grangs te/ (P, 234b) sangs rgyas kyi gsung bgrang bar bya ba khyad par du 'phags pas bstan bcos kyi lus rnam par 'jog go//

'di dag gi[5] gsung[6] ni rnam pa bcus khyad par du 'phags pas[7] sangs rgyas bcom ldan 'das rnams kyi gsung[8] rnam pa bcus khyad par du 'phags pa'o// sangs rgyas zhes bya ba ni nyon mongs pa can dang/ nyon mongs pa can ma yin pa'i gti mug gi gnyid gnyis zad pa dang/[9] shes bya thams

乘」。因果大故、業具運故、果謂十地。若廣釋者、七種大性共相應故、謂菩提分波羅蜜多學持相等。貫穿縫綴、故名爲「經」。此中即是、隨墮八時、聞者識上、直非直說、聚集顯現、以爲體性。若爾、云何菩薩能說。非聞者識彼能說故。彼增上生、故作是說。譬如、天等增上力故、令於夢中得論呪等。若離識者、佛云何說諸契經句。語爲自性、且不應理。由一一字能詮顯義不應理故。次第而生不俱時住、無聚集故。如是、不得彼之自性語、無有轉故、不應理。又、非無字轉有少名能詮、故諸契經、名爲自性、亦不應理。是故決定如所說經自性應理。於此所說「阿毘達磨大乘經中……①」。

「⑥……相」者、種也。即此展轉差別無雜、故名「殊勝」。或復、望彼聲聞等法、極懸遠故、又增上故、名爲（381 a）「殊勝」。以能引發大菩提故……⑥。

「⑤……有十」等者、以數顯數殊勝佛語安立論體……⑤。
⑦……由此十相是殊勝故、彼語殊勝、是故說言、「有十相殊勝殊勝語」。「佛世尊」

---

1 tshigs su NP : tshig tu D 2 pa D : pa'i NP 3 nyan pa'i rnam par rig pa'i tshig D : nyan par rig pa'i tshig NP 4 dpas D : dpa' NP 5 gi D : gis NP 6 gsung DN : gsungs P 7 pas P : pas/ DN 8 gsung DN : gsungs P 9 dang/ NP : dang// D

cad la shes pa rgyas pa'i phyir sangs rgyas te/ skyes bu gnyid sad pa gzhin no// me (N, 214 b) tog ku mu da[1] rgyas pa bzhin no//

2,3 shes bya ni shes par bya'o// gnas kyi sgras phye ba'i phyir gnas pa rnams ni 'dus byas rnams te/ kun nas nyon mongs par 'gyur (D, 192 a) ba dang/ rnam par byang bar 'gyur ba'i chos rnams so// 'dus ma byas rnams ni ma yin te/ gnas kyi don med pa'i phyir ro// de dag gi gnas ni kun gzhi rnam par shes pa ste/[2] rgyu yin pa dang/ rten yin pa'i phyir ci rigs su sbyar ro// shes bya nyid shes bya'i rten du 'gyur te/ shes bya nyid kyang rnam par smin pa'i rnam par shes pa dang[3] mi 'gal lo// shes bya'i gnas nyid khyad par yin pas/ shes bya'i gnas kyi khyad par te/ des 'di dag gi[4] gsung khyad par du 'phags pas shes bya'i gnas kyi khyad par gyis khyad par du 'phags pa'i gsung ste/ sangs rgyas bcom ldan 'das rnams kyi zhes bya bar thams cad du rnal ma dang sbyar ro//

shes bya'i mtshan nyid ni shes bya'i ngo bo nyid de de mtshon par bya ba yin pa'i phyir ro// (ngo bo nyid gsum zhes bya ba la (P, 235 a) yongs su grub pa ni dngos po yin pas ngo bo nyid do// kun brtags pa ni ngo bo nyid dang 'dra bas ngo bo nyid do// 'khrul pa'i rgyu yin pa dang/ ngo bo nyid kyi gnas yin pas gzhan gyi dbang gi ngo bo nyid do//) de la yongs su grub pa'i mtshan nyid ni (chos thams cad kyi nang du zhugs pas) spyi'i mtshan nyid do// gzhan gyi dbang ni lus la sogs pa 'khrul pa'i rnam par rig[5] pa rnams phan tshun tha dad pa'i phyir rang gi mtshan nyid de/[6] sa'i khams la sogs pa bzhin no// dper na sa'i khams sra bar yongs su gcod pa na gzhan ma yin yang sra ba'i mtshan nyid ces brjod pa lta bu'o// yang dper na skyes bu chen po'i mtshan nyid[7] rnams dang/ mdo sde pa'i skye ba la sogs pa bzhin no// des na de ni shes bya 'am yin la mtshan nyid kyang yin pa 'am/[8] yang na shes bya'i mtshan nyid yin pas shes bya'i mtshan nyid de/ de[9] gzhan ma yin pa dang/ gzhan dang gzhan ma yin pa las grol ba'i phyir ci rigs su sbyar ro// (des 'di dag gi[10] gsung (N, 215 a) khyad par du[11] 'phags so//)

者、染汚不染汚二癡睡盡故、於一切所知智開發義故、説名爲「佛」。如士夫寤、如蓮華開。如有說言、寤寤開發義、有時業佛界、如是等[7]。

2，3　所應可知、故名「所知」。「依」謂所依、此所依聲、簡取能依雜染清淨諸有爲法。不取無爲、由彼無有所依義故。所依卽是阿賴耶識。是彼因故、能引彼故、如其所應。若爾、所知卽所知依。由異熟識是所知性故、不相違。此「所知依」、卽是殊勝、此殊勝故、語亦殊勝。卽前所說「諸佛世尊」言、一切處隨轉。

「所知相」[(1)]者、所知自性、是所相故。依業運說、多置魯荼、所知所斷所證等故。或依具運、以遍計所執相無所相表無性故。（381 b）圓成實性是其共相。依他起性是其自相、我有情義識展轉別異故。如地界等、以其堅等爲能表相、雖無異性而說爲相。又、如宣說大士夫相・經部等師生等諸相。由此因緣、或所知卽相、或所知之相、故名「所知相」。說無異性故、異無異性故、如其所應、此亦如是。

⑴　以下の文節はチベット訳と異なっており、また、両訳が、特に三性の主題を扱う箇所において相違していることに注意されたい。この点については、例えば、以下の〔750〕頁、註〔⑴，⑵〕、あるいは、拙稿「MS. に対する Asvabhāva 註釈の特徴」『印仏研』19-1（1970 年 12 月）、443-442 頁〔本書、238-240 頁〕を参照のこと。

---

1 da NP : ta D　2 ste/ NP : ste D　3 dang D : dang/ NP　4 dag gi D : ngag NP　5 rig D : rigs NP　6 de/ NP : do// D　7 nyid D : *om.* NP　8 'am/ NP : 'am D　9 de D : *om.* NP　10 gi ND : gis P　11 du DN : *om.* P

'dis shes bya'i mtshan nyid la 'jug pa 'am/ 'di ni shes bya'i mtshan nyid la 'jug pa[1] yin pas shes bya'i mtshan nyid la 'jug pa ste / 'jug pa ni mngon par rtogs pa'o// rnam par rig pa tsam nyid ni shes bya'i mtshan nyid la 'jug pa'o// de nyid khyad (D, 192 b) par te/ des 'dis dag gi gsung khyad par du 'phags so//

'jug pa de'i rgyu dang 'bras bu'i khyad par gyis khyad par du 'phags pa'i gsung zhes bya ba ni 'jug pa zhes bya ba rnam par rig pa tsam nyid de/ de'i rgyu ni mos pas spyod pa'i sa la sbyor ba'i dus na (P, 235 b) 'jig rten pa'i pha rol tu phyin pa ma dag pa rnams so// 'bras bu ni rab tu rtogs pa'i dus na de dag nyid 'jig rten las 'das par gyur pa ste/ lhag pa'i bsam pa dag pas yongs su zin pa'o// de dag nyid des 'jug pa'i rgyu dang 'bras bu'i khyad par te/ des 'di dag gi gsung khyad par du 'phags so//

'de'i rgyu dang 'bras bu bsgom pa rab tu dbye ba zhes bya ba la rnam par rig pa tsam de nyid kyi rgyu dang 'bras bu ni de'i rgyu dang 'bras bu'o// bsgom[2] pa ni de goms par byed pa'o// des rab tu dbye bas de'i rgyu dang 'bras bu bsgom[3] pa rab tu dbye ba ste/ sa bcu'i ngo bo nyid do// de nyid khyad par te/ des 'di dag gi gsung khyad par du 'phags so//

pha rol tu phyin pa goms par byed pa tha dad pa'i sa de dag nyid la de nye bar 'dzin pa la brtson pa na de la slob pa yin pas bslab pa gsum rnam par bzhag[4] go//

tshul khrims kyi dbang du byas pa'i bslab pa ni lhag pa'i tshul khrims kyi bslab pa ste/ sa de dag nyid la byang chub sems dpa'i sdom pa spong ba dang/ sems can gyi don bya ba dang/ dge ba thams cad spyod pa dang/ tshul khrims rnam pa gsum yang dag par len to// gdul ba srab kyis kha lo sgyur ba bzhin du lam log par zhugs pa'i lus la (N, 215 b) sogs pa'i las rnams 'dis sdom pas na sdom pa'o// de ltar na bslab pa nyid lhag pa'i tshul khrims te/ (tshul khrims dang lhan cig spyod pa'i phyir ro//) lhag pa'i tshul khrims nyid[5] khyad par te/ des 'di dag gi gsung khyad par du 'phags so//

「入所知相」者、謂、此能入所應知相、或是所知相之能入。「入」謂現觀。入所知相卽「唯識性」。此卽殊勝、此殊勝故、語亦殊勝。

「彼入因果」者、謂、唯識性說名彼入勝解行地、修加行時、世閒未淨波羅蜜多、名「彼入因」、已證入時、卽出世閒波羅蜜多、淸淨增上意樂攝故、名「彼入果」。彼入因果卽是殊勝、此殊勝故、語亦殊勝。

「彼因果修差別」者、謂、卽唯識性之因果。數習此故、說名爲「修」、分分不同故、名「差別」。彼入因果修差別性、卽是十地。此卽殊勝、此殊勝故、語亦殊勝。

卽、於諸地波羅蜜多修差別中、爲攝取後、復勤修學、卽此爲依、安立三學。

一「增上戒」學、謂、依止戒正勤修學、是故說名「增上戒」學。卽諸地中菩薩律儀、遠離諸惡・饒益有情・攝一切善・三種淨戒、所受尸羅、防護過去已生住等身等諸業。如調御者、極善調攝、故名律儀。如是卽、依增上尸羅、修學正行、故名爲學。此增上戒卽是殊勝、此殊勝故、語亦殊勝。

---

1 'am/ 'di ni shes bya'i mtshan nyid la 'jng pa D : *om.* NP 2 bsgom D : sgom NP 3 bsgom DN : sgom P 4 bzhag NP : gzhag D 5 nyid D : kyi NP

sems kyi dbang du byas pa'i bslab pa ni lhag pa'i sems kyi bslab (P, 236 a) pa'o// dpa' bar 'gro ba dang nam mkha'i mdzod la sogs pa'i ting nge 'dzin dag ni zhes bya ba la sogs pa smos pas ni bzang skyong dang/ ting nge 'dzin gyi rgyal po la sogs pa bsdu'o// lhag pa'i sems kyi bslab pa la ting nge 'dzin (D, 193 a) nyid sems su ston pas gsungs so zhes smras te/ sems kyi rnam pa bris zhes bya ba las su bstan pa lta bu'o//

shes rab kyi dbang du byas pa'i bslab pa ni lhag pa'i shes rab kyi bslab pa'o// rnam par mi rtog pa'i ye shes ni spros pa'i rnam par rtog pa thams cad kyi gnyen po'o// de la sbyor ba'i dngos gzhi'i dbang du byas/ de'i rjes la thob pa'i dbang du byas/ de'i bla na med pa'i dbang du byas nas tshul khrims dang/ ting nge 'dzin dang/ shes rab kyi bslab pa 'di dag ni[1] lam gyi rang bzhin no//

de'i 'bras bu spang pa dang/ ye shes kyi khyad par gnyis kyis[2] khyad par du 'phags pa'i gsung zhes bstan te/ bslab pa 'di rnams kyi 'bras bu ni de'i[3] bras bu'o// de ni de'i 'bras bu yang yin la spangs pa yang yin pas de'i 'bras bu spangs pa ste/ glo bur gyi sgrib pa dang bral ba de bzhin nyid rnam par grol ba'o// mi gnas pa'i mya ngan las 'das pa ni zhi ba nyid du mthong ba'i phyir 'khor ba nyid mya ngan las 'das pa ste/ de shes pa ni chags pa'i gnas ma yin no// phung po'i lhag ma med pa'i mya ngan las 'das pa'i dbyings ni mi[4] gnas pa ma yin no// de nyid khyad par te/ des 'di dag gi gsung khyad par du 'phags so//

bslab pa 'di rnams kyi (N, 216 a) 'bras bu ni de'i 'bras bu ste/ (P, 236 b) de ni de'i 'bras bu yang yin la ye shes kyang yin pas/[5] de'i 'bras bu ye shes so// sangs rgyas kyi sku gsum zhes bya ba la/ ngo bo nyid kyi sku ni dri ma med cing thogs pa med pa'i ye shes te/ chos kyi sku zhes bya ba'i tha tshig go// 'di ltar gnyi ga yang rnam par rtog pa kun tu mi 'byung na rnam par mi[6] rtog pa dang 'di bye brag ci yod ce na/ de ni gnyen po ste bya ba dang bcas pa'o// 'di ni de'i[7] 'bras bu bya ba byas pa ste/ 'di ni bye brag go// longs spyod rdzogs pa ni de'i dbang gis thob pa ste/ ye shes

二「增上心」學、謂、依止心正勤修學、是故說名「增上心」學。此性即是「虛空藏等諸三摩地」、「等」者、等取餘賢護等三摩地王。又於增上心學中言。

即諸三摩地　大師說爲心
(381c)　由心彩畫故　如所作事業(1)

三「增上慧」學、謂、依止慧正勤修學、是故說名「增上慧」學。此性即是「無分別智」、對治一切戲論分別。此中、加行無分別智根本依止、即此根本無分別智後得依止、如是依止、非次所說、如是三種戒定慧學是道體性。

彼果二種、一斷二智。此殊勝故、語亦殊勝。彼果斷者、彼諸學果、名爲「彼果」。彼果即斷、名「彼果斷」。此性即是客障離繫眞如解脫。「無住涅槃」、見彼寂靜故、生死即涅槃、即彼爲緣、而無染著。非無餘依般涅槃界。是故無住此即殊勝、此殊勝故、語亦殊勝。

彼果智者、彼諸學果、名爲「彼果」。彼果即智、名「彼果智」。此性即是「三種佛身」。「一自性身」、即是無垢無罣礙智、是法身義。今此與彼無分別智有何差別、如是二種所有分別俱不行故。彼有對治當有所作、此是彼果所作已

---

(1) この頌に対応するチベット訳は頌型では示されていない。

---

1 dag ni D : *om.* NP　2 kyis D : gyi NP　3 de'i DP : de N　4 mi NP : *om.* D　5 pas/ NP : pas D　6 mi D : *om.* NP　7 de'i D : *om.* NP

khyad par can des byang chub sems dpa' chen po yang[1] ye shes khyad par du 'phags pa rnams dang lhan cig thun mong ma yin pa'i chos kyi longs spyod rdzogs pa so sor myong ngo// phyi rol rnam par dag pa'i ye shes med par byang chub sems dpa'i[2] bya ba dang/ tshogs lhag ma (D, 193 b) yang rdzogs par mi 'gyur ro// sprul pa ni de'i rjes la thob pa'i ye shes nyid kyi bye brag go// des de kho na las rab tu mi nyams shing byang chub sems dpa'i longs spyod rdzogs pa mi gtong bas[3] las dang po'i byang chub sems dpa' rnams dang/ nyan thos rnams la bya ba sgrub po// mig gi dbang po dang/ de'i rnam par shes pa dang/ gzugs kyi dpe rnams dang sbyar te/ de med na de[4] med par 'gyur ro// de ni khyad par te/ des de dag gi gsung khyad par du 'phags so//

nyan thos kyi theg pa las khyad par[5] du byas pa zhes bya ba ni der ma bstan pa'i phyir ro// gnas bcu po 'di dag ces bya ba ni de dag la theg pa chen po'i don mtha' dag gnas pas gnas te/ gzhi[6] zhes bya ba'i tha (P, 237 a) tshig go// gang dag byang chub sems dpas[7] byang chub sems pa'i ched du bshad pa dag go zhes brjod pa'i rigs pa las bcom ldan 'das kyis bstan pa dag go zhes smos pa ni sangs (N, 216 b) rgyas kyi spyan sngar des gnang nas bshad pa'i phyir te/ sa bcu pa la sogs pa bzhin no// de'i phyir/ bcom ldan 'das kyi spyan sngar zhes bya ba smos so// mchog nyid ces bya ba ni lam de sangs rgyas nyid du 'gyur bar bstan pa mchog yin pa'i phyir ro//

4 ji ltar na de bzhin gshegs pa'i[8] gsung khyad par rnam pa bcus khyad par du 'phags pa 'dis zhes bya ba la sogs pa ni[9] mi srid du dogs nas smras pa'o// 'di ltar dngas po drug la sogs pa ni nyan thos kyi theg pa la[10] bstan par mi dmigs la[11]/ bye brag la sogs pa la ni de dmigs te/ de tsam gyis ni bye brag la sogs pa yang sangs rgyas kyi gsung du mi 'gyur ro zhes gzhan gyi skabs su 'gyur ba yid la bzhag nas[12]/ gnas bcu po 'di dag ni byang chub chen po kun tu[13] sgrub par byed pa ste zhes bya ba la sogs pa smos so// de ni byang chub kyang yin la chen po 'ang yin pa 'am/ chen po

辦、如是差別。「二受用身」、卽後得智、卽由此智殊勝力故、與諸殊勝大菩薩衆共、受不共微妙法樂。成辦如是受用事故、名受用身。若無如是外清淨智、菩薩所作所餘資糧應不圓滿。「三變化身」、卽是後得智之差別。卽能變化名變化身、此增上力之所顯現卽智差別。謂由此故、摧伏他論、與諸菩薩共受法樂無有斷絶、成辦初業諸菩薩衆諸聲聞等所應作事。譬如眼識了受諸色、彼若無者此亦應無。此則殊勝、此殊勝故、語亦殊勝。

「異聲聞乘」者、於彼不說故。[1]「由此所說十處」者、謂、於此及餘、總大乘義。處是事義。「世尊但爲菩薩宣（382 a）說」者、此中、應言菩薩但爲菩薩宣說。由佛現見佛所開許而宣說故、名世尊說、如十地等。是故先說「薄伽梵前」。「又顯最勝」者、究竟宣說佛果道故。[2]

4 「復次云何由此」等者、猶未信解故、設此難。何以故、非、於聲聞乘中

⑴ 原の順序では、この文章は、次の文章の「……處是事義。」の後に配されている。
⑵ 原の順序では、この文章は、直前の文章の「世尊但爲……」の前に配されている。

1 yang D : *om.* NP 2 dpa'i D : dpa' NP 3 bas DN : ba P 4 de D : *om.* NP 5 par D : *om.* NP 6 gzhi D : bzhi NP 7 byang chub sems dpas D : *om.* NP 8 pa'i DP : pa N 9 ni D : *om.* NP 10 la NP : *om.* D 11 mi dmigs la D : rigs la NP 12 nas/ D : nas NP 13 tu NP : du D

rnams kyi byang chub yin pas byang chub chen po'o// ye shes dang spangs pa'i khyad par gyi rang bzhin te/

nyon mongs shes bya'i sgrib pa dag/[1]
spangs pa yin te de spangs pas/[2]
dri med ye shes thogs pa med/[3]
'di ni byang chub rnam pa bzhi/[4]

zhes ji skad gsungs pa lta bu'o// de kun (D, 194 a) tu sgrub par byed cing thob par byed pa ni gnas bcu po dag yin gyi/ dngos po drug gam/ btso bo la sogs pa ni ma yin pas de dag ni sangs rgyas kyi bka' ma yin no// (P, 237 b) shin tu 'thad pa zhes bya ba ni tshad ma dang ldan pa'i phyir te/ 'di ltar 'og nas gtan la 'bebs so// mthun pa zhes bya ba ni mngon du 'gyur ba'i phyir te/ rjes su mthun pa[5] zhes bya ba'i tha tshig go// 'gal ba med pa zhes bya ba ni skyon med pa'i phyir te/ ji ltar dngos po drug la sogs pa shes pa 'am/ nyan thos kyi theg pa skyon dang bcas shing sangs rgyas nyid dang mi (N, 217 a) mthun pa ltar gnas bcu po 'di dag ni de lta ma yin no//

'dir tshigs su bcad pa zhes bya ba smos pa ni sngar bshad pa dang 'og nas 'byung ba'i don ston pa'o//

5 bstan 'di[6] 'di ltar gzhan la ma mthong la[7] zhes bya ba la sogs pas ni byang chub chen po mngon du 'gyur ba dang/ grangs dang go rim gyi[8] dgos pa 'thad pa dang bcas pa rnam par 'brel te/

'di ltar byang chub dpas[9] thog ma nyid du re zhig chos rnams kyi rgyu la mkhas pa la brten nas rgyu 'di las 'bras bu 'di 'byung ngo// 'bras bu 'di'i rgyu ni 'di yin no zhes rten cing 'brel bar 'byung ba la mkhas par byas te/ de yang rgyu bstan pa med par ni mi shes so// rgyu ni kun gzhi rnam par shes pa yin[10] ste/ rgyu med pa dang mi mthun pa'i rgyu spangs nas bstan pa'o//

de'i 'og tu sgro 'dogs pa dang skur pa 'debs pa'i mtha' spangs pas rten cing 'brel par 'byung ba'i chos de dag gi mtshan nyid shes

六句義等曾未見説、吠世師等論中處處見説即令吠世師等論眞是佛語。先答容他、如是妨難。故後通言、「謂此十處是最能引大菩提性」等。亦覺亦大故、名「大菩提」。或覺大性故、名「大菩提」。此大菩提、智斷殊勝、以爲自相。如説、煩惱所知障斷、由彼斷故、獲得無垢無罣礙智、如是四種、總名菩提[(1)]。「是最能引」者、謂、此十處是能得性、非六句義或最勝等。是故彼論非眞佛語。「是善成立」者、謂、如是十處正量所隨故、如廣當決擇。言「隨順」者、是能對向、是能順義。言「無違」者、無彼過故、非如六句義等邪智或聲聞乘有過失故佛果相違。

「此中二頌」者、謂、頌已説及當説義。

5 「此説此餘見不見」者、謂、此十處殊勝語説、於此大乘處處見説、於餘小乘曾 (382 b) 不見説。爲辯由此、趣大菩提故、復開示次第方便及所須因。

謂、諸菩薩要先於因得善巧已、方於縁起應得善巧、知從此因而有彼果、復知彼果要從此因、是故非離此因言教能了知彼。因者卽是阿賴耶識。由説此故、

(1) この引用文に対応するチベット訳は頌型で示されている。

1 dag// D : dag/ NP 2 pas// D : pas NP 3 med// D : med/ NP 4 bzhi// D : bzhi NP 5 pa D : *om*. NP 6 bstan 'di NP : *om*. D 7 la NP : la/ D 8 rim gyi NP : rims kyi D 9 dpas NP : dpa' D 10 yin D : *om*. NP

par bya[1] ste/ [(1)]med pa dang yod pa lhan cig tu 'dogs pa ni sgro 'dogs pa'o// yod pa la skur cing sel ba ni skur pa 'debs pa'o// sgro 'dogs pa dang skur pa'i mtha' 'di gnyis ni gyang sa zhes bya ba'i tha tshig ste/ 'di gnyis (P, 238 a) la gnas na dbu ma'i lam las rab tu nyams par 'gyur ro// de gnyis spangs pa la mkhas pa ni yang dag par so sor rtog pa ste/ med pa kun brtags pa la sgro mi 'dogs shing mi skur te med pa'i phyir ro// yod pa la skur pa 'debs pa'i phyir ro// gzhan gyi dbang la sgro 'dogs pa (D, 194 b) mi byed de yod pa'i phyir ro// med[2] pa la sgro 'dogs pa'i phyir ro// skur par yang mi byed de 'khrul pa tsam du yod pa'i phyir ro// yongs su grub pa la sgro 'dogs par mi byed de yod pa'i phyir ro// de nyid kyi phyir skur par[3] mi byed do// yang na 'dir (N, 217 b) sgro 'dogs pa dang/ skur pa'i mtha' spangs pa la mkhas pa 'di ni gang gzhan gyi dbang la kun brtags pa med pas sgro mi 'dogs pa dang/ yongs su grub pa yod pas skur par mi byed pa'o//

mtha' gnyis spangs pas[4] ngo bo nyid gsum la mkhas pa de lta bu la brten nas rnam par rig pa tsam nyid kyis ji skad smos pa'i shes bya'i mtshan nyid rtogs par bya'o// khong du chud pa ni rtogs pa ste/ 'jug pa dang mngon sum du byed pa'o// yang na gang gis rtogs pa'o//

de'i 'og tu 'jug pa rnam par rig pa tsam nyid de dang mthun pa kun rdzob kyi pha rol tu phyin pa drug po dag don dam par rtogs par bya ste/ lhag pa'i bsam pa dag pas yongs su zin par bya'o// 'dun pa dang mos pa ni bsam pa ste/ shes nas dad pas bsdus pa'i phyir de'i tshe de gnyis lhag par che'o// ('jug pa ni rdzogs pa'i byang chub mngon par rtogs pa zhes bya ba dang don gcig go//)

sa bcu dag tu bslab pa gsum la slob[5] cing bskal pa grangs med pa gsum du bsgoms pas de dag nyid yongs su (P, 238 b) rdzogs par bya'o//

de'i 'og tu de'i 'bras bu nyon mongs pa dang/ shes bya'i sgrib pa spangs pa dang/ thams cad mkhyen pa'i ye shes dri ma med cing thogs pa med pa thob par bya'o//

便捨無因不平等因。

次後、於緣所生諸法應了其相、遠離增益損減邊故。

(1)於無無因、强立爲有、故名「增益」。於有無因、强撥爲無、故名「損減」。如是增益及與損減俱說爲邊、是墜墮義。此二轉時、失壞中道。由善數習眞實觀故、於此二邊遠離善巧。於遍計所執唯有增益而無損減。都無有故。以要於有方起損減、於依他起無有增益、以有體故。要於非有方有增益亦無損減、唯妄有故。於圓成實無有增益、是實有故、唯有損減、卽由此故。或復於此、「善能遠離增益損減二邊過」者、謂、於依他起性、(382 c) 增益實無遍計所執性、損減實有圓成實性。

(2)又如大般若波羅蜜多經中說。慈氏、於汝意云何、諸遍計所執中、非實有性爲色非色。不也、世尊。諸依他起中、唯有名想施設言說性爲色非色。不也、世尊。諸圓成實中、彼空無我性爲色非色。不也、世尊。慈氏、由此門故、應如是知。諸遍計所執性決定非有。諸依他起性唯有名想施設言說。諸圓成實空無我性是眞實有。我依此故密意說言、彼無二數謂是色等。

如是解脫二邊過失、於三自性得善巧已、由唯識性、應善通達所知之相。入者卽是通達作證、或由此故能順通達。

次後、卽於順唯識性通達體入所修六種波羅蜜多、由勝義故、應更證得淸淨意樂、應更攝受欲及勝解名爲意樂。此二爾時、雖無增數、證淨攝故、而說淸淨。

次後、卽彼於十地中、由於三學勤修學故、三無數劫數修習故、應令圓滿。

---

(1) 両頁対照。微妙な意味の相違が、三性に言及する以下の文章中におけるチベット訳と漢訳との間に認められる。

(2) これ以下の『大般若波羅蜜多経（*Mahāprajñāpāramitāsūtra*)』からの引用はチベット訳中には見出されない。この事例は、「序」で触れた実例(4)に類似している。

---

1 bya P : byas D : *om.* N　2 med DP : yod N　3 par DP : pa'i N
4 pas D : pa NP　5 slob NP : srob D

de ltar na go rim[1] dang grangs kyi dgos[2] pa dang/ byang chub chen po dang mthun pa yang dngos dang zhar la bshad pa yin te/ go rim[3] ni 'di kho na yin la grangs kyang bcu kho na ste/ mi nyung mi mang ngo//

'bras bu bye brag med par 'gyur ba'i phyir nyan thos kyi lam nyid sangs rgyas kyi lam nyid du mi rung ngo// byang chub sems dpa'i dbang du byas nas nyan thos kyi theg pa las ni gang du yang sangs rgyas kyi lam bstan pa med do// sangs rgyas ni nyon thos las khyad par du ma 'phags par yang mi 'dod de/ ston pa dang slob mar rnam par bzhag[4] pa med par (N, 218 a) 'gyur ba'i phyir ro// de bas na lam (D, 195 a) gyi khyad par nye bar bstan pa 'ga' zhig bshad dgos te/ (de ni theg pa chen po 'di las gzhan du mi 'thad do// de lta[5] bas na byang chub chen po kun tu sgrub par byed pa'i phyir theg pa chen po ni[6] sangs rgyas kyi gsung nyid du mngon te/ sangs rgyas kyi lam ni sangs rgyas ma yin pas bshad par mi nus so// bstan pa 'dir ni theg pa chen po[7] thams cad yongs su rdzogs pa yin no zhes bya ba ni 'dod pa med pa'i phyir te/ rgyu dang 'bras bu khyad par du 'phags pa'i rnam pa thams cad bshad pa'i phyir ro//) de'i phyir 'di ni theg pa chen po bsdus pa ste/ ji snyed dang ji lta ba[8] bzhin du khyad par dang bcas par bstan pa'i phyir ro//

[I shes bya'i gnas]

1 thog ma med pa'i dus kyi dbyings//[9] zhes bya ba la sogs pa ni dang po'i mu med pas na thog ma med pa'i dus so// dbyings (P, 239 a) ni rgyu ste sa bon no// gang dag gi zhe na/ kun nas nyon mongs pa'i chos thams cad kyi'o// rnam par byang ba rnams kyi ni ma yin te/ 'di ltar 'og nas (2……mang du thos pas bsgos pa'i gnas kun gzhi rnam par shes pas bsdus pa ma yin la/ kun gzhi rnam par shes pa ltar tshul bzhin yid la byed pas bsdus pa'i chos rnams kyi sa bon gang yin pa'o……2)[10] zhes 'byung ngo// rten yin pa'i phyir chos rnams kun gyi gnas yin te/ rgyu yin pa'i phyir ni ma yin no// rten gyi don ni gnas kyi[11] don te/ rgyu'i don ni ma yin pas gnas logs

次後、彼果煩惱所知二障永斷、及與無垢無有罣礙一切智智、應更證得。

如是所辨次第方便及所須因、顯是能順大菩提性。卽由如是所說次第、唯有十處、不增不減。如是已釋主隨二論。

是故當知、聲聞乘道卽佛乘道不應道理、若爾其果應無差別。又於一切聲聞乘中、曾未有處爲諸菩薩廣說佛道。

又亦不許佛與聲聞無有差別、師資建立應無有故。由此、說有二道差別。

(1)

是故說此名攝大乘、盡其所有大乘綱要無別說故。

所知依分第二之一　　　(383 a)

1　此引阿笈摩、證阿賴耶識名所知依。「無始時」者、初際無故。「界」者因也、卽種子也。是誰因種、謂、一切法此唯雜染、非是淸淨故。後當言、(2……多

(1)　漢訳は、カッコ内のチベット訳に対応するかなり長い文言を欠如している。

(2……2)　これは、*MS*, III, §1 (p. 49)：玄奘訳、大正蔵、31 巻、142 頁中からの引用である。

1　rim NP : rims D　2　dgos P : dgongs D : bgos N　3　rim NP : rims D　4　bzhag NP : gzhag D　5　lta D : *om.* NP　6　ni D : *om.* NP　7　chen po D : *om.* NP　8　ba D : *om.* NP　9　dbyings// D : dbyings NP　10　yin pa'o P : yod pa'o D : yin pa'i N　11　kyi D : gyi NP

shig tu smos so// gzhan du na[1] ni dbyings kyi sgra nyid kyis chog par 'gyur ro//

de yod pas na 'gro kun dang//[2] mya ngan 'das pa'ang thob par 'gyur //[3] zhes bya ba ni ji ltar gtan la dbab pa'i gnas su 'og nas bshad pa lta bu ste/ skye ba kun nas nyon mongs pa ni kun gzhi rnam par shes pa med na sems can dmyal ba la sogs par mi 'byung (N, 218 b) ngo//[4] zhes bya ba la sogs pa dang/ skye ba la sogs pa'i kun nas nyon mongs pa log pa ni mya ngan las 'das pa ste/ de'i phyir de thob pa yang kun gzhi rnam par shes pa med na mi rung ngo zhes bya ba'o//

2,3 yang zhal nas gsungs pas kun gzhi rnam par shes pa sgrub ste/ chos kun sa bon thams cad pa'i// rnam par shes pa kum (D, 195 b) gzhi ste//[5] zhes bya ba la sogs pa'o//

skye ba can zhes bya ba ni 'dus byas rnams so// kun nas nyon mongs pa'i chos thams cad ces bya ba ni rnam par byang ba'i chos rnams las rnam par dbye ba'o//

rnam par byang ba'i chos rnams ni rang bzhin gyis[6] kun nas nyon mong pa (P, 239 b) can nyon mongs pa thams cad kyi bang ba dang mdzod lta bur gyur pa mi mthun pa'i phyogs la 'bras bu'i dngos por sbyor ba ma yin te/ de'i gnyen po yin pa'i phyir ro// mi mthun pa dag ni rgyu dang 'bras bu'i dngos por mi rung ngo// gong na mi mthun pa'i phyogs yod pa de na[7] gnyen po yod pa'i phyir gnas ni yin[8] no//

(rgyu dang 'bras bu'i dngos po'i don ni kun gzhi'i don no// lhan cig 'jug pa'i don ni gnas kyi don te/ sman nad med kyi thigs[9] pa dug gi bum pa dang lhan cig gnas pa ni dug gi rgyu las 'byung[10] bar mi rung ngo//)

der zhes bya ba ni bag chags kyi gnas ston te/ bag chags tsam ni kun gzhi rnam par shes pa ma yin gyi/ bag chags kyi gnas dang bcas pa la bya ba ste/[11] dper na gzhan dag gi yid kyi rnam par shes pa lta bu'o// sbyor ba zhes bya ba ni[12] mngon du khyab par bag chags bsgo[13] zhes bya ba'i tha tshig go//[14]

聞熏習所依非阿賴耶識所攝、如阿賴耶識成種子、如理作意所攝、似法似義所起2)、等。彼「一切法等所依」者、能任持故、非因性故。能任持義、是所依義、非因性義、所依能依性各異故。若不爾者、界聲已了、無假依言。

「由此有諸趣及涅槃證得」者、如決擇處當廣分別、謂、生雜染等那落迦等、若離阿賴耶識、皆不得有、等、生等雜染畢竟止息、名爲涅槃、若離阿賴耶識、不應證得。

2，3　復、引聖言所說、證阿賴耶識名阿賴耶。

(383 b)

(1)③……「一切有生」者、謂諸有爲。「雜染品法」者、簡清淨法。

非、清淨法是雜染性一切雜染庫藏所治種子體性之所攝藏。能治彼故。非、互相違爲因果性是正道理。然得爲所依、若處有所治、亦有能治故……③。

④……「於此攝藏」者、顯能持習氣。由非唯習氣名阿賴耶識、要能持習氣、如彼說意識……④。①……能「攝藏諸法」者、謂、是所熏是習氣義……①。

---

(1) 以下の文節の順序は、チベット訳に従って改められている。漢訳における原の順序は、①……①から⑤……⑤である。

---

1 du na D : du NP　2 dang// D : dang/ NP　3 'gyur// D : 'gyur NP　4 ngo// NP : ngo D　5 ste// D : ste/ NP　6 gyis NP : gyi D　7 de na DN : de ni P　8 yin D : ma yin NP　9 thigs D : thegs NP　10 'byung D : byung NP　11 bya ba ste NP : bya ste D　12 ni NP : ni/ D　13 bsgo NP : bsgo// D　14 go// D : go/ NP

yang na sems can dag de'i bdag nyid du sbyor ba zhes bya ba ni yongs su 'dzin zhes[1] bya ba'i tha tshig go//[2]

ji ltar chen po la sogs pa gsal ba dag gtso bo la mi gsal ba'i bdag nyid du sbyor ba ltar chos thams cad kun gzhi rnam par shes pa (N, 219 a) la de lta ni ma yin no[3] zhes bye brag tu dbye ba'i phyir/ sa bon thams cad pa zhes bya ba smos te/ sa bon thams cad dang lhan cig 'byung ba dang 'gag pa'i phyir ro// brten[4] pa'i tshul gyis kun gzhi dang 'jug pa'i rnam par shes pa phan tshun du sbyor te/ gtso bo nyid gsal ba'ang yin la bdag gi ngo bo yang yin zhes bya ba de ni 'gal lo//

dam pa dag la zhes bya ba ni byang chub sems dpa' khyad par can[5] (P, 240 a) rnams la bshad pa ste/ 'os yin pa'i phyir ro// 'os ma yin pas gzhan dag la ni ma bshad do//

4 de ni len pa'i rnam par shes pa zhes kyang bya ste[6] zhes bya ba ni lung gzhan gyis kun gzhi rnam par shes pa'i rnam grangs su[7] rnam par 'jog pas grags (D, 196 a) pa ston to//

len pa'i rnam par shes pa zab cing phra//[8] zhes bya ba la sogs pa la zab pa ni 'jig rten pa'i mkhas pa'i blos kyang gting dpag dka' ba'i phyir ro// phra ba ni nyan thos rnams kyis kyang shes par dka' ba'i phyir ro// de'i phyir de dag shes bya phra ba thams cad shes pa'i skabs ma yin pas nyan thos rnams la ma bshad do// chu bo zhes bya ba ni skad cig gcig nas gcig tu brgyud pas rgyun mi 'chad pa'i phyir te/ chu'i chu bo bzhin no// ji srid 'khor gyi bar du rnam pa gzhan du 'gyur ba med pas 'di la bdag tu yongs su sems par gyur na mi rung zhes byis pa bdag tu lta ba de dag la ma bstan to//

5 dbang po gzugs can thams cad kyi rgyu yin pa zhes bya ba la sogs pa ni sgra 'jug pa'i rgyur ston to// 'dis tshe ji srid par rjes su 'jug gi bar du grub pa dang bde ba gcig pas dbang po gzugs can thams cad len pas len pa'i rnam par shes pa[9] zhes bya'o// gzhan du na ni shi ba'i ro bzhin du (N, 219 b) 'jig par 'gyur ro// lus kun te/ lus thams cad nye bar len pa'i

⑤「或諸有情攝藏此識爲自我」者、是執取義。⑤

②非、如大等顯了法性藏最勝中、阿頼耶識攝藏諸法亦復如是。爲簡彼義、是故復言「一切種子識」。與一切種子俱生俱滅故。阿頼耶識與諸轉識互爲縁故、展轉攝藏、是故説名阿頼耶識。非如最勝卽顯了性、顯自簡劣故。

復説言「勝者我開示」、卽大菩薩有堪能故、名爲勝者、爲彼開示。非餘劣者。②

4 復、引餘教所説異名、開示建立阿頼耶識、令極顯了。

言「甚深」者、世聰叡者所有覺慧難窮底故。言「甚細」者、諸聲聞等難了知故。是故不爲諸聲聞等開示此識、彼不求微細一切智智故。「一切種子如瀑流」者、刹那展轉相續不斷、如水瀑流。「我於凡愚不開演」者、懷我見者不爲開示、恐彼分別計執爲我、何容彼類分別計執、窮生死際行相一類無改易故。

5 「執受一切(383 c)有色根故」等者、顯聲轉因。以能執受一切眼等有色

---

1 zhes D : ces NP 2 go// D : go/ NP 3 no D : no// NP 4 brten NP : sten D 5 khyad par can DN : khyad can P 6 ste D : ste/ NP 7 su D : *om.* NP 8 phra// D : phra NP 9 pa D : pas NP

gnas su 'gyur ba'i phyir ro zhes bya ba ni dbang po gzugs can rnams ma byung ba dang/ gzugs med par yang lus mngon par 'grub pa ste/ nying mtshams sbyor ba'o// de sbrel ba ni yongs su 'dzin pa'o// de mngon par 'grub pa nye bar 'dzin pa'i phyir khu chu dang khrag gi nang du brgyal ba na[1] kun (P, 240 b) gzhi rnam par shes pas lus mtha' dag bzung ba yin te/ lus mtha' dag gi bag chags bsgos pa'i phyir yongs su bzung ba yin no//

6 de ni sems zhes kyang bya ste/ zhes bya ba ni rnam grangs rnam par bzhag[2] pa nyid du lung gzhan gyis ston par byed do//

gnyis pa nyon mongs pa can gyi yid ces bya ba ni 'jig tshogs la lta ba la sogs pa nyon mongs pa bzhi po dag dang mtshungs par ldan pa'i phyir ro// de la jig tshogs la lta ba ni bdag dang bdag gir[3] mngon par zhen pa'o// de'i dbang gis nga'o snyam pa'i nga rgyal te/ nga'o bdag go snyam du khengs so// de gnyis yod na bdag la chags pa 'byung ste/ bdag la dga'o// de gsum gyi rgyu ni ma rig pa ste/ mi shes pa rig pa'i mi mthun pa'i phyogs so// de ni rnam par shes (D, 196 b) pa kun nas nyon mongs pa'i gnas yin te/ mnyam par bzhag[4] pa dang/ mnyam par ma bzhag pa dang/ dge ba la sogs pa'i gnas skabs su yang/[5] 'gal ba med par kun tu 'byung ba'i phyir ro// gzhan du na ni dge ba'i sems la nga'o snyam du ji ltar 'gyur/

gnas gcig pos ni skyed ces bya ba ni 'gags ma thag pa'i yid kyis so// gnyis pas ni nyon mongs pa can du byas pa ste[6] zhes bya ba ni[7] nyon mongs pa bzhi dang mtshungs par ldan pa ste/ ngar 'dzin pa la sogs pa'i kun nas nyon mongs pa ni des byas pa'i phyir ro// yul la rnam par rig pa'i phyir[8] zhes bya (N, 220 a) ba ni yul 'dzin par snang ba'i phyir rnam par shes pa'i sgrar grub bo//

de ma thag pa dang ngar sems pa'i phyir yid ni rnam pa gnyis so[9] zhes bya ba ni[10] nges pa'i (P, 241 a) tshig gi[11] tshul gyis te/ yi ge mi mngon par byas pa'i phyir ro// rnam par sgrub pa dang/ nges pa'i tshig gnyis kyis sgra'i don shes pa'i phyir ro//

7 'thad pa med par gzhan la bstan par mi nus pas nyon mongs pa

諸根、安危共同「盡壽隨轉」、是故說名「阿陀那識」。若不爾者、應如死身卽便失壞。「一切自體取所依故」等者、謂、是一切、若一若多所有自體取所依性。若色等根未已生起、若無色界、自體生起、名爲「相續」。攝受彼故、名「正結生」。受彼生故、精血合故、非無阿賴耶識、而有執受一期自體。譬如室宅院攝光明。是一期自體習氣所熏故。

6 「此亦名心」者、復引餘教安立異名、令此堅固。

「第二染污意」者、由四煩惱薩迦耶見等、所染污故。此中「薩迦耶見」者、謂、堅執著我我所性。由此勢力、而起「我慢」。恃我我所、而自高擧。此二有故、便起我貪、說名「我愛」。此三皆用無明爲因。言「無明」者、卽是無智、明所治故。「此卽是識雜染所依」。於定不定善等位中、皆不相違、恒現行故。其如何等、謂善心時亦執我故。

「由第一依生」者、由等無閒滅意故。「由第二雜染」者、由四煩惱相應意故、以計我等能作雜染。「了別境義故」者、是能取境似境現義、此釋識名。

「等無閒義故、思量義故、意成二種」者、此釋意名。若離訓釋、聲義道理終不能令他得解（384 a）了。

7 爲引正理成染污意故、復略擧直說伽他。「謂此若無不共無明不得有」等。

---

1 ba na D : ba'i NP 2 bzhag NP : gzhag D 3 gir NP : gis D 4 bzhag NP : gzhag D 5 su yang NP : su'ang D 6 ste D : ste/ NP 7 ni NP : ni/ D 8 phyir NP : phyir// D 9 so D : so// NP 10 ni NP : ni/ D 11 gi D : gis NP

can gyi yid sgrub pa la rigs pa tshigs su bcad pa rnams kyis 'jog go//[1] ma 'dres pa'i ma rig pa dang zhes bya ba la sogs pa la gal te nyon mongs pa can gyi yid med du zin na de med na[2] ma rig pa ma 'dres pa yang med par 'gyur ro//[3] ma rig pa ma 'dres pa ni de kho na la shes pa skye ba'i gags byed pa gti mug go zhes 'og nas 'chad do// de ni rnam par shes pa lnga po dag la mi 'byung ste/ de la gnas pa la gnyen po med pa'i phyir te/ gang na mi mthun pa'i phyogs yod pa de na gnyen po yod par 'gyur ro// rnam par shes pa lnga ni de'i gnyen po ma yin te de dag la mthong ba'i lam mi skye ba'i phyir ro// nyon mongs pa can ma yin pa'i yid kyi rnam par shes pa la yang ma yin te/ nyon mongs pa'i ngo bo nyid de nyid kyis de nyon mongs pa can du 'gyur ba'i phyir ro// nyon mongs pa can la yang ma yin te/ de las gzhan pa'i nyon mongs pa dang mtshungs par ldan pas ma 'dres par mi 'grub pa'i phyir ro// nyon mongs pa des yid kyi rnam par shes pa nyon mongs pa can du dam bca' na ni gtan du nyon mongs pa can du 'gyur te/ nyon mongs pa'i mtshan nyid de dang mtshungs par ldan (D, 197 a) pa'i phyir sbyin pa la sogs pa'i sems dge bar mi 'gyur ro// gang gi ltar na dge ba'i (N, 220 b) sems dang lhan cig 'byung ba'i nyon mongs pa can gyi yid yod pa de'i ltar na ni de nyid dang mtshungs par ldan par 'gyur gyi/[4] gzhan dang ni ma yin no// nyon mongs pa can gyi yid kyi rnam par shes pas (P, 241 b) ni de'i gnyen po mngon sum du byed par yang mi rung ste/ gang gi ltar na nyon mongs pa can gyi yid dang lhan cig 'byung ba'i dge ba'i sems yod pa de'i ltar na ni des drangs pa'i gnyen po skye ba'i phyir mi mthun pa'i phyogs[5] 'gags te rigs so// de ltar na 'ang 'di de las[6] gzhan pa 'jig tshogs la lta ba la sogs pa'i nyon mongs pa dang mtshungs par ldan pa'i phyir ma 'dres par mi 'grub pa ma yin nam/ mi mthun par bzhag pa ste/ nga[7] ni nyon mongs pa gzhan dang mthungs par ldan pa ma yin pa'i phyir ma 'dres pa nyid du 'dod pa ma yin gyi/ 'o na ji zhe na/ gzhan la med pa'i phyir te/ sangs rgyas kyi chos ma 'dres pa bco brgyad bzhin no//[8] ma 'dres par mi 'grub pa'i phyir ro zhes gang smras pa de ni gzhan gyis rnam par

若不說有染汚意者、則不得有不共無明。「不共無明」當說其相、謂能障礙眞智生愚。此於五識無容說有。是處無有能對治故。若 (384 b) 處有能治、此處有所治。非五識中有彼能治。於此見道不生起故。非於不染意識中有。由彼、此應成染性故。亦非染汚意識中有。與餘煩惱共相應時、不共無明名不成故。若立意識由彼煩惱成染汚者、卽應畢竟成染汚性。諸施等心應不成善。彼煩惱相恒相應故。若復有說、善心倶轉有彼煩惱、是卽一向與彼相應、餘不得有。此染意識引生對治、不應道理。若有說言、染汚意倶有別善心、能引對治能治生故、所治卽滅、應正道理。若爾、所立不共無明、亦不成就。與身見等所餘煩惱、恒相應故。汝難不平。非、我說、彼與餘煩惱不相應故、名爲不共。然說彼惑餘處所無故、名不共。譬如十八不共佛法。前說、與餘煩惱相應名不成者、觀他所立、顯彼過故。

---

1 go// D : go/ NP 2 de DN : *om.* P 3 ma 'dres pa yang med par 'gyur ro// D : ma 'dres par 'gyur NP 4 gyi/ NP : gyi D 5 mi mthum pa'i phyogs D : *om.* NP 6 'di de las NP : 'di las D 7 nga D : de NP 8 no// DN : no/ P

bzhag[1] pa la ltos nas nyes pa brjod pa'i phyir ro//

lnga po dag dang 'dra ba zhes bya ba 'di ni sgrub pa ma yin no// 'o na ci zhe na/ sun 'byin pa ste[2]/ su rnam par shes pa gang zhe na/ rnam par shes pa'i tshogs drug go zhes bya ba 'di khas len pa des ni mig la sogs pa'i rnam par shes pa lnga dang/ yid kyi rnam par shes pa mthun par khas blangs pa de 'gal te/ lhan cig skye ba'i[3] gnas med pa'i phyir ro// gzhan gyi gzhung la ni gang lhan cig skye ba'i gnas med pa'i rnam par shes pa ci yang med do zhes so[4]// kun gzhi rnam par shes pa'i[5] lhan cig skye ba'i gnas ma yin nam zhe na/ ma yin te/ bdag po'i rkyen du brjod pas 'dod pa'i phyir ro// kun gzhi rnam par shes pa ni yid kyi rnam par shes pa'i rgyu'i rkyen yin no// ('dir ni nyon mongs pa can gyi yid bdag po'i (N, 221 a) rkyen du brjod par 'dod do//) gang dag snying la (P, 242 a) gnas pa'i gzugs ci yang rung ba zhig yid kyi rnam par shes pa'i lhan cig skye ba'i gnas so zhes smras pa/ de dag gi de (D, 197 b) yang rnam par rtog pa tsam du zad do// yid kyi rnam par shes pa thams cad ni thams cad du nges par rtog[6] pa dang/ rjes su dran pa'i rnam par rtog pa gnyis kyis rnam par mi rtog pa nyid du 'gyur te/ dbang po gzugs can la brten pa mig la sogs pa'i rnam par shes pa bzhin no//

snyoms par 'jug pa'i bye brag dang[7] zhes bya ba ni 'du shes med pa dang/ 'gog pa'i snyoms par 'jug pa'o// gang la nyon mongs pa can gyi yid yod pa de la ni 'du shes med pa'i snyoms par 'jug pa la de yod pa dang/ 'gog pa'i snyoms par 'jug pa la ni med pa'i phyir khyad par du 'thad do// gzhan du na ni gnyi gar yang 'du shes dang tshor ba 'gog pa dang/ nyon mongs pa can gyi yid kyi rnam par shes pa kun tu[8] 'byung ba med pa'i phyir bye brag med par 'gyur ro// bsam gtan bzhi pa dang/ srid pa'i rtse mo'i sa tha dad pa dang/ nges par 'byung ba dang/ zhi bar gnas par 'dod pa tha dad pa'i phyir yang tha dad[9] par mi 'gyur ram zhe na/ ma yin te/ rang gi ngo bo tha dad pa med pa'i phyir ro// gnyi gar yang sems dang sems las byung ba 'gog par bye brag ci yod/ 'di ni mdo sde pa dang

「又五同法亦不得有成過失」者、此破唯立從六二緣六識轉義。眼等五識、與彼意識、有同法性。謂、從二緣而得生起。彼染汚意、若無有者、與此相違。所謂俱生增上緣依無別有故。又眼等識各具二緣、皆是識性。如是識性、並有眼等俱轉別依。唯增上緣非因緣等。此爲能喩、意識亦爾。應有如是差別所依。阿賴耶識雖是意識俱生所依、然不應立爲此別依。是共依故、因緣性故。經部所立、色爲意識俱生別依、此不成就、不應道理。以就思擇隨念分別應一切時無分別故。由此道理、餘部所立、胸中色物意識別依、亦不成就。如所說過、恒隨逐故。譬如、依止色根諸識。如是難通應廣決擇。

(1)②……「又無想定與滅盡定差別無有、成過失」者、若有定立有染汚意、此有、此無、在凡相續、在聖相續、如其次第、二定差別道理成就。若不爾者、俱想受滅等有識行、應無差別。不可說、在第四靜慮在第一有地差別故、出離・靜住欲差別故、二定差別。由二自相無差別故。心及心法俱滅、何異。今此決擇、對經部師、少相近故。彼部所立、不相應行非實物有、何得二定實有差別。……②

---

(1) 以下の原の文節の順序は、①……①から②……②である。

---

1 bzhag NP : gzhag D 2 ste NP : de D 3 skye ba'i NP : skyes pa'i D 4 zhes so D : zhe'o NP 5 pa'i DNP, pa? 6 rtog NP : rtogs D 7 dang NP : dang// D 8 tu NP : du D 9 tha dad DNP, tha mi dad?

gtan la dbab pa ste/ de dang nye ba'i phyir ro// de ni mi ldan pa rnams rdzas su yod par mi 'dod na snyoms par 'jug pa rdzas tha dad par ga la 'gyur/

nges tshig med pa'i skyon du 'gyur[1] zhes bya ba la nges pa'i tshig ni nges tshig[2] ste/ ngar sems pa'i phyir yid[3] do zhes bya ba'i nges pa'i tshig gang yin pa 'di nyon (P, 242 b) mongs pa can gyi yid med na ci[4] la gnas par 'gyur/ (N, 221 b) rnam par shes pa drug[5] ni ngar sems pa'i phyir yid[6] do zhes bya ba de ltar 'thad pa ma yin te 'gags zin pa'i phyir ro//

'du shes med par skye ba'i rgyun// ngar 'dzin med pa'i skyon du[7] 'gyur //[8] zhes bya ba la 'du shes med pa zhes bya ba ni 'du shes med pa'i lha rnams kyi nang du sems dang sems las byung ba 'gags pa'o// der skye ba ni nying mtshams sbyor zhing sbrel ba'o// de'i rgyun ni de phan chad rgyun du 'byung ba'o// gal te des nyon mongs pa can gyi yid mi 'dod na ngar 'dzin pa med pa nyid du (D, 198 a) 'gyur te/ nyon mongs pa mtha' dag dang ldan pa'i skye ba'i rgyun ni ngar 'dzin pa med par ma mthong ngo// de nyid kyi phyir de ni 'phags pas smad[9] pa'i 'os yin no// skye ba'i skad cig la mngon du gyur pa'i yid kyi rnam par shes pa'i rten can ngar 'dzin pa'i 'phen pas ngar 'dzin pa dang bcas pa nyid do// 'ngar 'dzin pa ma spangs pa'i phyir rjod byed dang bcas pa la sogs pa lta bu'o zhes byar yang mi rung ste/ ngar 'dzin pa dang bcas te 'gags pa dang/ rjod byed la sogs pa yang sems las gzhan du mi 'grub pa'i phyir ro// ngar 'dzin pa'i bag chags ni lus kyi rgyud la mi rigs te/ gzugs kyi phung po la de med pa'i phyir ro// (de lta bas na skad cig phan chad so so'i skye bo'i skye ba'i rgyun ngar mi[10] 'dzin pa med pas ji skad bshad pa de rigs so//) gang la de dang lhan cig 'byung ba'i sems ngar 'dzin pa'i gnas yod pa de la ni nyes pa med do//

ngar 'dzin pa dang ldan par ni //[11] rnam pa kun tu[12] mi 'thad do //[13] zhes bya ba ni rnam pa thams cad du mi rung zhes bya ba'i tha tshig go//

「①又訓釋詞亦不得有成過失」者、如前所說、訓釋意名、依（384 c）思量性。若不立有染汚意者、此何所依。六識已謝、不應成意、體滅無故①。

「又無想天一期生中無我執轉應成過失」。言「無想」者、謂、若生在無想天中、心心法滅。初續生時、有彼暫起、從此已後、相續隨轉。若不許彼有染汚意、一期生中、應無我執。曾不見有、具煩惱者、一期生中、都無我執。又諸聖賢同訶厭故。非、生刹那現起意識我執所依爲勢引故名有、我執未永斷故、如有癇等、應正道理。我執所依俱謝滅故、勢引亦無餘所依故、不應道理。我執習氣、在身相續、亦不應理。色法受熏、不應理故。無堪能故。又經部師不說唯色名爲心法、等無間緣此所無故、心及心法四緣定故。若說別有常俱起心我執所依、此無過失。

---

1 'gyur NP : 'gyur// D 2 nges tshig NP : nges pa'i tshig D 3 yid D : yod NP 4 ci NP : ji D 5 drug NP : drug po dag D 6 yid D : yod NP 7 skyon DN : sbyor P 8 'gyur// D : 'gyur NP 9 smad NP : smras D 10 mi NP : *om*. D 11 ni// D : ni/ N : na/ P 12 tu NP : du D 13 do// DN : do P

dge ba'i (P, 243 a) gnas skabs ni sbyin pa la sogs pa la ngar 'dzin pa dang ldan te/ nga sbyin pa byed do snyam du ngar sems pa'i phyir ro// ngar 'dzin pa dang ldan pa ni ma rig pa med na mi 'byung ngo// ma rig pa yang (N, 222 a) sems las byung ba yin pas gnas med par mi 'byung ste/ nyon mongs pa can gyi yid ma gtogs par gnas gzhan med do// dge ba'i sems ni ma rig pa'i gnas su mi rung ngo//

nyon mongs pa can gyi yid med na gnyis med[1] ces bya ba ni ma rig pa ma 'dres pa dang/ lnga po dag dang 'dra'o// gsum po 'gal bar 'gyur zhes bya ba ni snyoms par 'jug pa'i bye brag dang/ nges pa'i tshig dang/ ngar 'dzin pa med pa'i skye ba gsum mo// ma rig pa ma 'dres pa sngar bstan pa de bshad de/

yang dag don la 'jug pa yi// sems kyi bgegs[2] su rtag gyur dang //[3] zhes bya ba ni yang dag pa'i don mthong ba'i gags[4] byed pa ste/ de yod na de mi 'byung ba'i phyir ro// dus rnams kun tu 'byung ba de/[5] zhes bya ba ni dge ba dang/ mi dge ba dang/ (D, 198 b) lung du ma bstan pa'i gnas skabs su yang rjes su 'brel ces[6] bya ba'i tha tshig go//[7]

8　kun gzhi rnam par shes pa ma gtogs par sems kyi lus gsum pa mi dmigs te zhes bya ba ni ji ltar yid ces bya ba'i sgra'i lus ni 'gags ma thag pa'i rnam par shes pa yin la/[8] rnam par shes pa'i sgra'i ni rnam par shes pa drug po dag yin pa ltar sems zhes bya ba'i sgra'i lus gzhan ni de ltar mi dmigs so// brjod pa 'di'i lus med pa ni ma yin no// 'di rnam grangs su gtogs pa 'ang ma yin te/ yid dang rnam par shes pa'i sgra gnyis kyi brjod par bya ba tha dad pa'i phyir ro// 'dir sgra'i (P, 243 b) lus su 'dod pa ni brjod par bya'o// de lta bas na kun gzhi rnam par shes pa ni sems zhes bya ba'i sgra'i brjod par bya'o//

9　ji lta zhe na/ 'jug pa'i rnam par shes pas bsdus pa'i chos kyi sa bon nus pa'i khyad par can sna (N, 222 b) tshogs rnam pa tha dad pa rnams kyis kun du bsags shing gang bar byas pa'i phyir ro zhes bya ba ni de sgor byas shing brten[9] nas zhes bya ba'i[10] tha tshig ste/ sems[11] kyi sgra de

「又一切時我執、隨逐不應道理」、謂、若不說有染汚意、於一切時義不符順。施等善位、亦有我執、常所隨逐、自謂我能修行施等。非離無明我執隨逐。非離依止而有無明、是心法故。此所依止、離染汚意、定無所有。非、即善心是無明依應正道理。如說、

如是染汚意　是識之所依
(385 a)　此未滅識縛　終不得解脫

「無有二」者、謂、不共無明及與五同法。「三成相違」者、謂、訓釋詞、二定差別、無想天生我執隨逐、如是三種、皆成相違。前已略舉、不共無明、今爲廣釋、故說「眞義心當生」等。謂、能障礙眞實義見。彼若現有、此不生故。「俱行一切分」者、是善不善無記位中、常隨轉義。

8 「心體第三、若離阿賴耶識、無別可得」者、謂、如、意聲說染汚意無閒滅意、識聲則說六種轉識、如是、心聲、離彼二種、無體可得。非無有體而有能詮。亦非異門。意識二聲、所詮異故。此中體聲意取所詮。「是故成就阿賴耶識」等者、顯阿賴耶識是心聲所詮、道理決定。

9 「由種種法」者、謂、由種種品類轉識、所攝諸法。「熏習種子」者、謂、

---

1 na gnyis med D : *om*. NP　2 bgegs NP : gegs D　3 dang// D : dang NP　4 gags DN : 'gags P　5 de/ D : de NP　6 ces NP : zhes D　7 go// D : go/ NP　8 la/ NP : la D　9 brten NP : bsten D　10 bya ba'i D : bya'i PN　11 sems D : de sems NP

la 'jug pa'i sgyur ston to//

10 shes bya phra mo bsdus pa'i phyir ro[1] zhes bya ba ni shes bya phra mo nye bar bzung ba khas blangs[2] nas nyon thos rnams la ma bshad de/ de dag ni shes bya rags pa bsdus pas[3] gdul ba yin pa'i phyir/ shes bya phra mo shes pa la gtogs pa med pa nyid do// nyan thos rnams ni shes bya thams cad shes pa la gtogs pa ma[4] yin no zhes bya ba ni nus pa dang/ don du gnyer ba dang/ gtogs[5] pa'i mtshan nyid med par ston to//

de dag ni de bstan pa med par yang zhes bya ba la sogs pa ni nyan thos rnams la kun gzhi rnam par shes pa ma bstan kyang shes bya gzugs la sogs pa rags pa/ sdug bsngal dang kun 'byung ba'i bdag nyid la mi rtag pa la sogs pa'i rnam par so sor rtog pa dag nyongs mongs pa rnams spong ste[6]/ de'i don du de dag bcom ldan 'das kyi drung na tshangs par spyod par gnas so// rags pa nyid ni gzugs ni lus can yin pa'i phyir ro// tshor ba la sogs pa ni dmigs pa dang rnam pa yongs su chad pa dang/ rgyu ba rags pa'i phyir ro// de las bzlog pa (D, 199 a) kun gzhi rnam par shes pa ni phra ba'o// chos gcig mngon par ma shes shing yongs su ma shes na (P, 244 a) yang sdug bsngal mthar 'byin par ngas ma bshad do//[7] zhes gang gsungs pa de ni nyon mongs pa rnams las dgongs pa'o// ma spangs na zhes bya ba'i bye brag gi sgra dang gzhi mthun pa'i phyir te/ nyon mongs pa la ma gtogs par[8] spang bar bya ba gzhan med pa'i phyir ro// yang na mi rtag pa la sogs pas[9] spyi'i rnam par bsnyegs[10] kyi/ kun gzhi (N, 223 a) rnam par shes pa nyid ces ma bzung bas nyes pa med do//

byang chub sems dpa' rnams ni shes bya thams cad shes pa la gtogs pa yin no zhes bya ba ni rigs kyi mthus nus pa dang/ don du gnyer ba dang/ gtogs pa'i mtshan nyid dang ldan pa'i phyir/ thams cad shes par bya bar gtogs so// gzhan du na ni gzhan gyi don byed mi nus pa'i phyir ro// gzhan dag gi bsam pa dang/ bag la nyal dang/ khams dang/ dbang

所熏成功能差別。「所積集」者、謂、雜種類積集其中。「故」者、即是門義依義、此則顯示心聲轉因。

10 「由此深細境所攝故」者、此顯阿賴耶識、亦是深細亦所知境。由深細故、於諸聲聞、不爲宣說。彼（385 b）是麁淺所知境攝所應化故、深細境智、於彼無恩。「由諸聲聞不於一切境智處轉」者、此則顯彼無有功能・悕願・處相。

「是故於彼雖離此說」等者、謂、於聲聞、雖離爲說阿賴耶識、但由麁淺色等境界・苦集等性・無常等行、正觀察時、便能永斷一切煩惱。彼爲此義、依世尊所、勤修梵行。言麁淺者、謂、諸色法體相麁故、受等諸法所緣行相易可分別行相麁故。與此相違、如其所應、阿賴耶識說名深細。如說、我不說一法未達未遍知、等者、此密意說。不斷煩惱、以別相聲、說總相處。非諸煩惱有各別斷。或取共相無常等行、故不爲說阿賴耶識、亦無過失。

「若諸菩薩定於一切境智處轉」者、顯菩薩有種姓勢力、由與功能・悕

1 ro D : ro// NP 2 blangs D : blangs pa NP 3 bsdus pas NP : bsdu bas D 4 ma D : *om*. NP 5 gtogs D : rtogs NP 6 spong ste NP : spangs te D 7 do// NP : do D 8 par NP : pa D 9 pas NP ; pa D 10 bsnyegs NP : snyegs D

po mchog dang/ mchog ma yin pa dang/ skal[1] ba yod pa dang/ skal[2] ba med pa dang/ dus dang dus ma yin pa mi shes pa thams cad mkhyen pa ma yin pas gzhan gyi don mtha' dag byed mi nus pa'i phyir de don du gnyer ba'i byang chub sems dpa' rnams la kun gzhi rnam par shes pa bshad do//

de shes pa med par ni thams cad mkhyen pa'i ye shes thob par sla ba ma yin no zhes bya ba ni kun gzhi rnam par shes pa yongs su shes pa[3] med par don du yongs su rtog[4] pa spong bar mi 'gyur te/ de ma spangs na yongs su brtag[5] par bya ba'i don yod pa'i phyir rnam par mi rtog pa'i ye shes med do// de'i phyir shes bya thams cad kyi spyi'i mtshan nyid mngon sum du ma byas pas thams cad mkhyen pa'i ye shes thob par sla ba ma yin no//

rnam par rtog pa dang bcas pa'i shes pas yongs su brtag (P, 244 b) par bya ba'i don gcig las gcig bzlog pa'i rang gi mtshan nyid la rtog[6] na ni mtha' yas pa'i phyir thams cad rtogs[7] par mi nus so// gal te 'di dag kun[8] gzhi rnam par shes pa 'di nyid brjod pa'i bag chags yongs su gyur pa'i dbang gis (1······don dang/ sems can dang/ bdag (D, 199 b) dang/ rnam par rig par snang ba 'byung bar······1) shes na de'i tshe gzung[9] ba'i don med par rtogs nas 'dzin pa yang med par rigs pas khong du chud nas rnam par mi rtog (N, 223 b) pa'i ye shes 'thob po[10]// de'i rjes la thams cad kyi spyi'i mtshan nyid de bzhin nyid goms par byed cing de dang chos thams cad ro gcig par shes te/ mtha 'yas pa med pa'i phyir thams cad mkhyen pa'i ye shes thob par sla ba yin no// (dmigs pa dag pa la ma gtogs par shes pa dag pa'i thabs gzhan med do//) de ltar na skad cig gcig dang ldan pa'i shes rab kyis chos thams cad shes so gsungs so// yang smras pa/

brtags[11] pa'i chos la rnam rtog pa//
shes bya kun la ma spangs na//
thams cad mkhyen pa nyid med de//

願・處相具相應故。一切智性爲所期處。異此、不能作他義利。所以者何。非一切智、無有堪能隨順知他意樂隨眠界根勝劣有能無能時分差別具作一切他之義利。如是等事、菩薩所求、是故爲説阿頼耶識。

「若離此智」等者、若離阿頼耶識智、不能永斷於義遍計。彼不斷故、無分別智則不得有。執有遍計所執義故。由此因縁、「不易證得一切智智」。所以者何。〔不〕能證一切所知共相。

是分別智、知遍計義、自相分別、展轉不同、以無邊故、決定無能具證一切。若知此唯阿頼耶識能生習氣轉變力故(1……義・有情・我顯現而……1)轉、爾時覺知無所取義、如是亦能知無能取、由此證得無分別智。次後得智、如所串習、通達法性。由一切法共相所顯眞如一味、知一切法。於一刹那、亦易證得一切境 (385 c) 智。非無邊故。然復説言、要經於三無數劫者、此顯、積習廣大資糧、方能證得、廣大殊勝、一切種相、微妙果智。如是所説、妙智資糧、不離能證法無我境。故説頌言、

非於一切所知境　　不斷所執法分別

(1……1)　この箇所のチベット訳は、*Madhyāntavibhāga* のⅠ-3 ab 頌、即ち artha-sattvâtma-vijñapti-pratibhāsaṃ prajāyate (ed. by Nagao, p. 18) と同じであるが、漢訳はそのうちの vijñapti 相当語を欠く。

---

1 skal D : bskal NP　2 skal D : bskal NP　3 yongs su shes pa D : *om.* NP　4 rtog NP : rtogs D　5 brtag D : brtags NP　6 la rtog NP : ma rtogs D　7 rtogs D : rtog NP　8 kun DN : gur P　9 gzung D : bzung NP　10 'thob po DN : 'thobo P　11 brtags D : brtag NP

de phyir chos la bdag med bstan//

zhe'o[1]// lung gi tshul 'di mi mngon par mi shes pa dag ni/

dper na rgyun gyis nus[2] pa'i[3] phyir//

mes ni thams cad sreg 'dod ltar//

de bzhin thams cad mkhyen 'dod kyi//

cig car thams cad rig phyir min[α]//

zhes[4] smra'o// de lta bas na kun gzhi rnam par shes pa dang[5]/ ma shes pas thams cad mkhyen pa'i ye shes 'thob par sla ba dang dka' bar 'gyur ro zhes[6] btso bor[7] kho nar brjod do// chos thams cad bdag med pa'o zhes bya ba thams cad mkhyen pa ma yin nam zhe na/ thams cad mkhyen pa ni yin nod kyi/ rnam pa (P, 245 a) thams cad mkhyen pa ni ma yin no//

11 yang rnam grangs kyis kun gzhi rnam par shes pa nyan thos kyi theg par yang bstan te zhes bya ba ni sde pa gzhan la grags par nye bar 'dod pas kun gzhi rnam par shes pa'i lam po che gtod[8] pa nyid du mjug sdud par skabs sbyor ba'o//

de bzhin gshegs pa byung na phan yon bzhi yod do zhes mdo gang las gsungs pa de ni/ de bzhin gshegs pa byung ba'i phan yon rnam pa bzhi'i mdo de las 'di gsungs so// skye dgu kun gzhi la kun tu dga' ba zhes bya ba la sogs pa la/ kun gzhi la brten nas dga' bas da ltar gyi dus na kun gzhi la kun tu[9] (N, 224 a) dga'o// ji lta zhe na/ 'di ltar kun gzhi las yang dag par byung ba zhes bya ba ni 'das pa'i dus te de las byung ba'i phyir ro// (D, 200 a) 'di ltar yang 'di ni ma 'ongs pa na mngon par dga' ba'i ngang tshul can te/ de 'dod pa la gzhol ba'i phyir ro// de lta bas na[10]/ kun gzhi la mngon par dga' ba can zhes bya ba'o// kun gzhi spangs pa'i phyir zhes bya ba ni legs par gzhom pa'i phyir ro// nyan thos ces bya ba ni nyan par 'dod pa'o// rna ba gtod ces bya ba ni smon lam btab nas thos pa las byung ba'i shes pas nyan pa'o// kun shes par byed par sems nye bar 'jog ces bya ba ni bsam[11] pa las byung ba'i shes pas don gtan

而能證得一切智　　是故宣說法無我

不善通達如是理教、故有頌言、

由彼相續有堪能　　當知如火食一切

如是應許一切智　　能作一切知一切〔α〕

是故、於此阿賴耶識、知・不知者、易證・難證一切智智。定依此宗、作如是說。非、知一切法無我者、名一切智。彼雖一切智非一切種智。

攝大乘論釋卷第二

所知依分第二之二　　　(386 a)

11　「聲聞乘中亦以異門密意已說阿賴耶識」者、此擧餘部共所成立、顯阿賴耶識、如大王路故。

先總序「如彼增壹阿笈摩說」者、是說一切有部中說。(1……「如來出現四德經中由此異門密意、已顯阿賴耶識」者、謂、此經中宣說、如來出現於世、有其四種可稱讃德。……1)「愛阿賴耶」者、此句總說貪著阿賴耶識。「樂阿賴耶」者、樂現在世阿賴耶識。「欣阿賴耶」者、欣過去世已生阿賴耶識。「憙阿賴耶」者、憙

〔〔α〕これと同じ頌は、*Abhidharmakośabhāṣya*, Pradhan ed., p. 467, ll.18-19 にも引用される。拙稿「〈清浄法界〉考」(初出、1976 年、『唯識考』、785-786 頁)、註 99 参照。〕

(1……1)　原の順序では、この文章は、次の文節の最後「此則說其修所成智。」の直後に配されるべきものである。

1　//zhe'o D : ce'o NP　2　nus D : mi nus NP　3　pa'i D : pa yi NP　4　//zhes DN : zhes P　5　shes pa dang DNP, shes pa shes pa dang ?　6　zhes D : zhes// NP　7　bor P : bo DN　8　gtod NP : btod D　9　tu NP : du D　10　na/ NP : na D　11　bsam NP : bsams D

la 'bebs pa'i phyir ro// chos kyi rjes su mthun pa'i chos sgrub ces bya ba ni bsgoms pa las byung ba 'jig rten las 'das pas so// lam gyi bden pa ni bstan[1] pa'i chos kyi rjes su mthun pa'i chos te nan tan du bya ba yin pa'i phyir ro// de sgrub pa ni rang gi sems kyi rgyud la 'jog (P, 245 b) pa'i phyir ro//

dge 'dun phal chen sde'i lung las kyang zhes bya ba 'dis kyang lam po che gtod[2] par sgrub bo// rtsa ba'i rnam par shes pa zhes bya ba ni rnam par shes pa gzhan dag gi rgyu yin pa'i phyir te/ dper na shing gi rtsa ba ni sdong bu la sogs pa'i rgyu yin pa lta bu'o//

sa ston sde'i lung las kyang zhes bya ba ni de dag gi lung gi phung po rnam pa gsum la skad cig pa ni gang dag skad cig re re la skye ba dang 'gags pa'o// de'i tshe rabs pa ni gang dag 'chi ba la thug gi bar du rjes su 'brang ba'o// 'khor ba ji srid pa ni gang dag rdo rje lta bu'i ting nge 'dzin ma thob kyi bar du rjes su[3] 'brang ba'o// de dag kyang kun gzhi rnam par shes pa las gzhan mi srid pas kun gzhi rnam par shes pa nyid[4] ming gzhan gyis bstan pa ste/ ji skad bstan pa'i phung po rnams ni ji srid 'khor bar yod pa ma yin pa'i phyir ro// (N, 224 b) ji lta zhe na/ la lar res 'ga' zhes bya ba la sogs pa smos te/ gzhi dang dus bstan to// de la gzugs med par ni gzugs rgyun chad do// 'du shes med pa dang/ de'i snyoms par 'jug pa la ni sems kyi rgyun chad do// kun gzhi rnam par shes pa la ni gnyen po skyes kyi bar du gzugs dang sems kyi sa bon gyi rgyun mi 'chad do//

'phags pa gnas brtan pa rnams kyi lung las ni srid pa'i yan lag gi sgrar gsungs te/ srid (D, 200 b) pa'i rgyu yin pa'i phyir ro// rnam par phye ste smra ba'i lung las kyang de skad du 'byung ngo// lta ba la sogs pa drug ni mig la sogs pa'i rnam par shes pa nas[5] yid la sogs pa'i bar du ci rigs su sbyar ro// gang zhig[6] kun gzhi rnam par shes pa la zhe sdang ba ni rnam par shes pa'i cha bdun dang ldan pa'i phreng ba lta bar byed pa nas (P, 246 a) dngos po yongs su gcod pa'i bar ro zhes smra ba de'i lan[7] rigs pa

未來世當生阿賴耶識。此性於彼極希願故。由樂欣喜、是故總名愛阿賴耶。

「爲斷如是阿賴耶故」者、爲永害彼。「說正法時」者、說正教法。「恭敬」者、樂欲聞故。「攝耳」者、立願聽故。此則說其聞所成智。「住求解心」者、如所聞義求決定故。此則說其思所成智。「法隨法行」者、所證名法、道名隨法、隨順彼故。又出世道名法、世間道名隨法。「行」者、行彼、自心相續、樹增彼故、令彼現前、得自在故。此則說其修所成智。

「於大衆部阿笈摩」等者、重成此識、於彼部中、如大王路。「根本識」者、餘識因故。譬如樹根是莖等因。

「化地部」等者、於彼部中有三種蘊。一者一念頃蘊、謂一剎那有生滅法。二者一期生蘊、謂乃至死恒隨轉法。三者窮生死蘊、謂乃至得金剛喩定恒隨轉法。此若除彼阿賴耶識、餘不應有、但異名說阿賴耶識。如名諸蘊、決定無有窮生死故。彼問云何。此答、「有處有時見」等。有處於界。有時於分。於無色界、諸色閒斷。於無想天及二定分、諸心閒斷。(386 b) 非謂、於阿賴耶識中、色心種子乃至對治道未生來、有時閒斷。不應計度、隨所應有、正義有故。計度傍義、違越正義、不應道理。

「等」謂、聖者上座部中、以有分聲、亦說此識。阿賴耶識是有因故。(1……如是等、分別說部亦說此識、名有分識。……1) 如說、六識不死不生、或由有分或由反緣而死、由異熟意識界而生。如是等能引發者、唯是意識故、作是言。五識於法無所了知、唯所引發。意界亦爾、唯等尋求。見唯照矚。等貫徹者得決定智。安立是能起語分別。六識唯能隨起威儀、不能受善不善業道、不能入定、不能

(1……1) 原の順序では、この文章は、この文節の最後に配されるべきものである。

1 bstan D : brtan NP 2 gtod NP : btod D 3 rjes su D : *om.* NP 4 nyid NP : de nyid D 5 nas NP : nas/ D 6 gang zhig D : gang zhig su dag NP 7 lan D : la ni NP

thigs pa'i nang du blta[1] bar bya'o//

12 lam po che gtod[2] pa yin no zhes bya ba ni sde pa gzhan gyi lung du ma las grags pas kun gzhi rnam par shes pa'i lam du dong ba dang rjes su dong ba nyid ston to//

13 kha cig 'di snyam du zhes bya ba ni log par rtogs pa ston te/ sems dang yid dang rnam par shes pa ni don cig ces bya ba la sogs pa ji skad bshad pa lta bu'o// de yang mi 'thad de zhes bya ba ni rigs pa ma yin no zhes bya ba'i tha tshig go//[3] yid dang rnam par shes pa gnyis don tha dad par dmigs pa'i phyir ro[4] zhes bya ba ni brjod[5] pa dang brjod par bya ba'i rang bzhin can gyi sgra gnyis dang don gnyis[6] tha dad pa'i phyir te/ rnam par shes pa drug po 'das ma thag pa ni[7] yid[8] do// yul so sor rnam par rig pa ni rnam par shes pa'o zhes 'byung bas yid dang rnam par shes pa gnyis don tha dad do// de bzhin du sems kyi don gyis kyang tha dad du dbye bar bya'o//

yang kha cig ni zhes bya ba ni kun gzhi la kun tu (N, 225 a) dga' ba la sogs pa don gzhan du rtog pa ste[9]/ de smras pa/ nye bar len pa'i phung po lnga po dag ni kun gzhi zhes bya'o[10] zhes bya ba ste/ de dag la bdag nyid du 'dzin pa'i phyir ro// [11……]'jig tshogs la lta ba kun gzhi'o zhes bya ba ni des de dag la bdag nyid du 'dzin pa'i phyir ro[……11]// bde ba'i tshor ba 'dod chags dang bcas pa ni kun gzhi'o zhes bya ba ni/ 'dod chags dang[12] tshor ba lhan cig spyod pa'i spyi ni kun gzhi nyid de/ 'dod chags rgyas par 'gyur ba'i phyir ro// yang na so so la bya ste/ chags pa dang de'i gnas pa'i phyir ro//

de dag ni kun gzhi rnam par shes pa la rmongs pa rnams so// ji lta zhe na/ lung dang rtogs[13] pas de snyam du (P, 246 b) sems po zhes bya ba rmos pa ste/ nyes[14] par bstan pa (D, 201 a) dang/ nyes par khong du chud pa'i phyir ro// yang na yid ches pa'i lung med pa dang/ rang gis kyang khong du ma chud pa'i phyir ro// nyan thos kyi theg par[15] rnam par[16] gzhag pa'i tshul du na[17] yang de dag gi rnam par gzhag pa de mi rung ba med mod

出定。勢用一切皆能起作。由能引發從睡而覺。由勢用故觀所夢事。

12 由如是等諸部聖教爲定量故、「阿賴耶識如大王路」。

(386 c)

13 「復有一類謂心意識義一文異」者、此顯邪執。謂、如所說心意識名皆同一義。「是義不成」者、是非理義。「意識兩義差別可得」者、兩聲兩義、能詮所詮、自相異故。謂、六識身無閒過去說名爲意、了別境界說名爲識。如意・識名義有差別、如是心義亦應有異。

「復有一類謂薄伽梵所說」等者、此顯、餘師、於愛阿賴耶等、起異義執。言「五取蘊名阿賴耶」者、謂、諸衆生攝爲我故。言「貪俱樂受名阿賴耶」者、謂、貪受俱行、總名阿賴耶。此受是貪所隨增眠故。或復各別名阿賴耶。著處異故。言「薩迦耶見名阿賴耶」者、由此取彼、爲我性故。

「此等諸師由教及證愚阿賴耶識故作此執」者、謂、彼諸師、有惡教故、

---

1 blta D : lta NP 2 gtod NP : btod D 3 go// D : go/ NP 4 ro NP : ro// D 5 brjod NP : rjod D 6 dang don gnyis D : *om.* NP 7 ni NP : ni/ D 8 yid D : yod NP 9 rtog pa ste NP : rtogs te D 10 kun gzhi zhes bya'o D : kun gzhi NP 11……11 この文言は、次の “yang na so so……” の前に配されるべきものである。 12 bcas pa ni kun gzhi'o zhes bya ba ni/ 'dod chags dang D : *om.* NP 13 rtogs D : rtog NP 14 nyes NP : nye D 15 par NP : pa D 16 rnam par D : *om.* NP 17 na DN : ni P

kyi zhes bya ba ni smad pa ste/ rang gis[1] lo rgyus kyi lugs kyis[2] na de thams cad kyi thams cad du rung bar bstan to// de la ma rmongs pa rnams kyi[3] kun gzhi rnam par gzhag pa de kun gzhi rnam par shes pa yin par yongs su bzung nas rnam par 'jog pa ni ches bzang ngo zhes bya ba ni smad par rnam par 'grel te/ de'i bshad pa'i rnam par rtog pa'i nyes pa brjod pa'i phyir ro//

'di ltar nye bar len pa'i phung po lnga po dag ni shin tu sdug bsngal ba'i ngan 'gro rnams su skyes pa dag dang mi mthun pa yin[4] no zhes bya ba la ngan 'gro ni sems can dmyal ba dang/ dud 'gro dang/ yi dags rnams so// de dag ni rtag par shin tu sdug bsngal bar[5] bye brag med de/ de dag la res 'ga' yang bde ba med do// mi mthun pa zhes bya ba ni mi 'dod pa'o// 'dod pa med pa'i don la ni su yang mi sbyor te/ sbyor ba'i don dang mi ldan (N, 225 b) pa'i phyir ro// de dag ni de dang 'bral ba nyid du 'dod do[6] zhes bya bas ni de ston te/ sdug bsngal gyi phung po 'di dag med kyang ci ma rung snyam du sdug bsngal gyi phung po dang bral bar 'dod ces bya ba'i tha tshig go//[7] gang dag dang 'bral bar 'dod pa de dag la sbyor bar mi rung ste/ 'gal ba'i phyir ro//

bde ba'i tshor ba 'dod chags dang bcas pa yang bsam gtan bzhi pa yan chad gong ma gzugs med pa rnams dang mi mthun pa yin te/ yid 'byung ba'i rgyu yin pas rnam par sun 'byin pa'i phyir ro// de dang ldan pa'i sems can rnams[8] zhes bya ba ni bsam gtan bzhi pa thob pa (P, 247 a) rnams so// de lta bas na der yang de la de dag sbyor bar mi rigs te med pa'i phyir ro//

'jig tshogs[9] la lta ba yang chos 'di pa[10] bdag med pa la mos pa dag dang mi mthun pa yin te[11] zhes bya ba ni spang bar bya ba'i phyir ro// mos pa smos pa ni bdag med pa mthong ba rnams la de med pa'i phyir ro// de la yang de dag sbyor ba mi rigs so zhes bya ni spong bar 'dod pa dang/ spong ba'i phyir ro//

de ltar (D, 201 b) gzhan gyi lugs rnams la skyon brjod nas de rang

有惡證故、愚阿賴耶識。或彼諸師、無親教故、無自解故、愚阿賴耶識。「隨聲聞乘安立道理亦不相應」者、隨彼自宗亦不應理。如勝論等所立實等、彼非爲勝、有過失故。「如是安立則爲最勝」者、無過失故、有勝德故。爲欲（387 a）顯彼計執過失故。復問言、「云何最勝」。

「若」立「五取蘊名阿賴耶生惡趣中一向苦處」者、生捺落迦・傍生・餓鬼名生「惡趣」、唯有苦故、似苦現故、名「一向苦處」。由彼曾無有少樂故、「最可厭逆」。於一切時有多苦故、「衆生一向不起愛樂」。非不愛義而有執藏。與執藏義不相應故、「於中執藏不應道理」。「以彼常求速捨離」者、是於苦蘊恒傷歎義。云何當令我無苦蘊。非求速離而復執藏應正道理。以相違故。

「第四靜慮」、及上無色、「貪俱樂受」、恒無所有、「常有厭逆」、是厭因故、可惡逆故。言「具彼」者、第四靜慮已上有情具彼種類。是故、彼處「於中執藏亦不應理」。以無有故。

「於此正法中信解無我」者、常極厭逆薩迦耶見、是應斷故。見無我者、彼無有故、但取信解、恒求斷故、「於中執藏亦不應理」。

---

1 gis NP : gi D 2 kyis D : kyi NP 3 kyi DNP : kyis *MS* 4 yin NP : ma yin D 5 bar NP : ba nyid du D 6 do D : do// NP 7 go// D : go/ NP 8 rnams NP : rnams// D 9 tshogs D : rten NP 10 pa NP : la D 11 te D : te/ NP

gi phyogs la gsal zhing yon tan phul du phyin pa brjod par 'dod nas kun gzhi rnam par shes pa[1] la nang gi bdag gi dngos po khas blangs pa ni zhes bya ba smos te/ ni zhes bya ba'i sgra ni gzhan gyis smras pa'i khyad par zlog[2] pa'i don to// nang du bdag gi dngos por khas blangs pa ni nang gi bdag gi dngos por khas blangs pa'o//

de bas na shin tu sdug bsngal ba sems can dmyal ba la sogs pa'i 'gro ba rnams su skyes pa sdug bsngal gyi phung po rnam par zhig par 'dod pa la gzhol yang kun gzhi rnam par shes pa de la bdag tu chags pa'i zhags[3] pas bcings pa rnams de rnam par zhig par 'dod par ni nam yang mi 'gyur te/ tshor ba btang snyoms dang mtshungs (N, 226 a) par ldan pas mi mthun pa med pa'i phyir ro// 'di ltar de dag ni rtag tu sdug bsngal ba'i phung po 'di dag med kyang ci ma rung snyam du smon gyi bdag med kyang ci ma rung snyam du ni ma yin te/ bdag tu lta ba'i gnyen po med pa'i phyir ro// 'gro ba gzhan la brten pa'i phung po rnams la de dag gi 'dod pa gang yin pa de'ang kun gzhi rnam par shes pa'i dbang gis 'gyur gyi/ yid kyi rnam par shes pa la de ltar bdag tu chags par ni mi rung ste/ de ni ngan 'gror sdug bsngal gyi tshor ba dang mtshungs par ldan pa'i phyir ro// de nyid kyi phyir 'gro ba (P, 247 b) gzhan du yang de la 'dod par ni mi rung ngo//

bsam gtan bzhi pa yang cad gzugs med par skyes pa rnams[4] 'dod chags dang bcas pa'i bde ba dang mi mthun du zin kyang bdag tu chags pas bcings pa ni bdag tu chags pas gnyan gyi dbang gis kun gzhi rnam par shes pa kho na la 'jug gi yid kyi rnam par shes pa la ni ma yin te/ 'di ltar gnyen po ma byung gi bar du kun gzhi rnam par shes pa ni 'gyur ba med par 'jug gi/ yid kyi rnam par shes pa ni ma yin te/ 'du shes med pa'i snyams par 'jug pa dang/ 'du shes med pa dang/ 'gog pa'i snyoms par 'jug pa rnams su rgyun chad pa'i[5] phyir ro// yid kyi rnam par shes pa tshor ba med pa ni gnyi ga la yang grub pa med do//

de bzhin du chos 'di pa kun brtags pa'i bdag tu lta ba dang mi

如是已顯他執過失、復當顯示自宗勝德。「阿賴耶識內我性攝」者、衆生妄執爲內我體。「雖然」兩聲、爲重遮止他說妄計。

捺落迦等名「生惡趣一向苦處」。雖於苦蘊常求遠離、「然彼恒於阿賴耶識我愛」羂索「隨縛」不離曾不於中起無有愛。由捨受相應、非可厭逆故。所以者何。彼雖希願云何當令我諸苦蘊都無所有、然於自我未甞求離我見。對治未有故。異趣更無故、若於諸蘊、有所願樂、此則是其阿賴耶力。非、於意識有此我愛、應正道理。以惡趣中與彼苦受恒相應故。由此道理、於餘趣中、於彼希願亦不相應。

「雖生第四靜慮已上於貪俱樂恒有厭逆」、然內我愛隨縛不離。如是我愛、依他而轉、依阿賴耶、非於（387 b）意識。以阿賴耶乃至對治道未生來無變易轉。意識不爾。於無想定・無想・滅定、有間斷故。非有意識而無有受俱成有故。

「於此正法中信解無我」者、雖恒厭逆分別我見、然有俱生我見隨縛。此

1 pa D : *om.* NP 2 zlog D : bzlog NP 3 zhags D : zhabs NP 4 rnams D : *om.* NP 5 chad pa'i NP : chad med pa'i D

mthun du (D, 202 a) zin kyang kun gzhi rnam par shes pa la bdag tu chags pa dang rjes su 'brel ba lhan cig tu skyes pa ni yod pa nyid de/ glo bur du sgra chen po thos na[1] skrag pa skye ba'i phyir ro// chags pa de phung po dag nyid la ci'i phyir mi 'dod ce na/ 'di ltar de dag la de 'byung ba yang kun gzhi rnam par shes pa nyid las 'byung ngo// phung po bzhi po de[2] dmigs pa dang rnam (N, 226 b) par yongs su chad pa dag ni 'du shes med pa pa[3] dang/ 'du shes med pa'i snyoms par 'jug pa la brten pa ma yin pa'i phyir ro// gal te de ltar na dgra bcom pa la yang 'byung ngo zhe na/ bdag tu lta ba dang mi mthun du zin kyang zhes brjod kyi/ de spangs su zin kyang zhes brjod pa ni ma yin te/ dgra bcom pas ni de spangs pas nyes pa med do// yang na[4] dgra bcom pa la ni de log pas kun gzhi rnam par shes pa la de chags pa med do//

de lta bas na kun gzhi rnam par shes pa kun gzhi nyid du ches legs par rnam par gzhag[5] (P, 248 a) pa grub bo zhes bya ba ni gtan la phab nas mjug sdud pa'o// ches[6] legs par zhes bya ba ni nyes pa med pa dang yon tan phul du byung ba'i phyir ro//

於何處。謂、彼但於阿賴耶識。率爾聞聲、便執內我、驚畏生故。何緣、不許、即於諸蘊而有我愛。以、若於彼有我愛者、此則是其阿賴耶識。由、可分別所緣行相四無色蘊、於無想天二無心定、不相續故。若爾、阿羅漢、雖厭逆身見、亦應得有。如是我愛斷故無有。以阿羅漢一切我見皆已永斷故、無此失。是故說言、阿羅漢、已轉於阿賴耶識、更無此我愛。

「是故安立阿賴耶識名阿賴耶識」、決定成就。無諸過失、有諸勝德、是故說言、「成就最勝」。

---

1 na NP : nas D　2 de D : *om*. NP　3 pa NP : *om*. D　4 na D : *om*. NP　5 gzhag NP : bzhag D　6 ches N : chos DP

二 『解深密経』の新旧両チベット訳*

――初期チベット翻訳史についての覚え書――

a) はじめに

仏教典籍の初期チベット訳の実際の歴史については、今日まで極めてわずかなことしか知られてこなかった。というのも、現存チベット大蔵経は、原則として、それぞれの典籍につき唯だ一つの訳本を保存しているにすぎないからである。仏教典籍のほとんどは、「欽定新訳語（skad gsar bcad）[(1)]」の年の後に翻訳されたか、もしくは「欽定新訳語」によって改訂されたものかである。しかるに、最近、我々は、敦煌チベット文書を介して、「欽定新訳語」以前の初期チベット訳の実際の状況について若干のことを学び始めるに至ったのである。

本稿の目的は、『解深密経（*Saṃdhinirmocana-sūtra*）』のチベット旧訳と、現存チベット大蔵経甘殊爾（bKa' 'gyur）所収の新訳とを分析比較し、その比較に基づいて初期チベット翻訳史に関して所見を加えてみようとするものである。

b) スタイン、チベット文書（Stein Tib.）No. 194 と No. 683

Stein Tib. No. 194[(2)]は、49葉からなる、『解深密経』のチベット旧訳の写本である。それらの葉の順序は乱れたものであるが、東洋文庫チベット研究委員会編の目録[(3)]の助けによって、容易に順序を正して読むことができる。更に、これら49葉に加えて、私は、Stein Tib. No. 683を、Stein Tib. No. 194と同じ写本の1葉であると同定した。それは、India Office Libraryによって付せられた番号のStein Tib. No. 194の第37葉に接続する。しかるに、この1葉をプサン（La Vallée Poussin）教授は三性（tri-svabhāva）か三相（tri-lakṣaṇa）に関する論典の断片と判定されているのである[(4)]。〔かくし

てその同定の結果、49葉に1葉を加えた合計〕50葉のこれらは、北京版[5]（Peking ed.）の葉数とラモット本[6]（Lamotte's ed.）の章節を伴った、以下のような順序に配されるべきである。〔以下の表中〕AよりWの文字は、欠落部分によって隔てられた各群を示すものとする。

正規の順序		S. 194の葉数番号	P（eking ed.）	L（amotte's ed.）
A	1	46	2 b 8–3 b 1	Intro., § 4, l.5–I, § 2, l.5
（欠落箇所：P. 3 b 1–4 b 3, L. I, § 2, l.5–§ 4, l.31）				
B	2	62	4 b 3–5 a 3	I, § 4, l.31–§ 5, l.16
（欠落箇所：P. 5 a 3–7 b 8, L. I, § 5, l.16–III, § 3, l.3）				
C	3	40	7 b 8–8 a 8	III, § 3, l.3–l.30
（欠落箇所：P. 8 a 8–13 a 3, L. III, § 3, l.30–V, § 1, l.2）				
D	4	44	13 a 3–b 3	V, § 1, l.2–§ 2, l.10
（欠落箇所：P. 13 b 3–14 a 1, L. V, § 2, l.10–V, § 4, l.13）				
E	5	47	14 a 1–8	V, § 4, l.13–§ 5, l.15
	6	58	14 a 8–b 6	V, § 5, l.15–§ 6, l.17
	7	63	14 b 6–15 a 6	V, § 6, l.17–VI, § 2, l.4
	8	64	15 a 6–b 7	VI, § 2, l.4–§ 7, l.6
	9	65	15 b 7–16 a 6	VI, § 7, l.6–§ 9, l.2
	10	66	16 a 6–b 8	VI, § 9, l.2–§ 11, l.11
（欠落箇所：P. 16 b 8–17 a 8, L. VI, § 11, l.11–VII, § 1, l.1）				
F	11	41	17 a 8–b 8	VII, § 1, ll.1–26
	12	37	17 b 8–18 b 3	VII, § 1, l.26–§ 5, l.1
	13	[S. No. 683]	18 b 3–19 a 3	VII, § 5, l.1–§ 7, l.8
（欠落箇所：P. 19 a 3–b 2, L. VII, § 7, l.8–§ 9, l.8）				
G	14	56	19 b 2–20 a 2	VII, § 9, l.8–§ 10, l.17
（欠落箇所：P. 20 a 2–22 b 7, L. VII, § 10, l.17–§ 20, l.13）				
H	15	39	22 b 7–23 a 8	VII, § 20, l.13–§ 22, l.4
	16	43	23 a 8–b 7	VII, § 22, l.4–§ 23, l.15

(欠落箇所：P. 23 b 7-24 a 6, L. VII, § 23, l.15-§ 24, l.15)				
I	17	35	24 a 6-b 5	VII, § 24, l.15-§ 25, l.18
(欠落箇所：P. 24 b 5-25 a 6, L. VII, § 25, l.18-§ 26, l.8)				
J	18	53	25 a 6-b 5	VII, § 26, l.8-§ 27, l.5
	19	33	25 b 5-26 a 5	VII, § 27, l.5-§ 28, l.6
(欠落箇所：P. 26 a 5-28 b 8, L. VII, § 28, l.6-VIII, § 4, l.2)				
K	20	31	28 b 8-29 b 3	VIII, § 4, l.2-§ 7, l.13
(欠落箇所：P. 29 b 3-31 b 6, L. VIII, § 7, l.13-§ 16, l.1)				
L	21	55	31 b 6-32 a 6	VIII, § 16, l.1-§ 18, l.1
(欠落箇所：P. 32 a 6-35 a 5, L. VIII, § 18, l.1-§ 23, l.13)				
M	22	26	35 a 5-b 4	VIII, § 23, l.13-§ 24, l.15
	23	29	35 b 4-36 a 4	VIII, § 24, l.15-§ 26, l.10
	24	27	36 a 4-b 5	VIII, § 26, l.10-§ 29, l.9
	25	57	36 b 5-37 a 4	VIII, § 29, ll.9-38
	26	30	37 a 4-b 4	VIII, § 29, l.38-§ 31, l.6
	27	32	37 b 4-38 a 3	VIII, § 31, l.6-§ 32, l.15
(欠落箇所：P. 38 a 4-b 3, L. VIII, § 32, l.15-§ 33, l.21)				
N	28	42	38 b 3-39 a 3	VIII, § 33, l.21-§ 35, l.4
	29	28	39 a 3-b 3	VIII, § 35, l.4-§ 36, l.7
(欠落箇所：P. 39 b 3-43 a 6, L. VIII, § 36, l.7-IX, § 3, l.9)				
O	30	49	43 a 6-b 5	IX, § 3, ll.9-38
(欠落箇所：P. 43 b 5-44 b 8, L. IX, § 3, l.38-§ 5, l.6)				
P	31	50	44 b 8-45 a 7	IX, § 5, ll.6-48
(欠落箇所：P. 45 a 7-b 6, L. IX, § 5, l.49-§ 6, l.12)				
Q	32	38	45 b 6-46 a 6	IX, § 6, l.13-§ 8, l.8
	33	51	46 a 6-b 5	IX, § 8, l.8-§ 9, l.31
	34	36	46 b 5-47 a 4	IX, § 9, l.31-§ 10, l.4
	35	60	47 a 4-b 3	IX, § 10, l.4-l.35
	36	45	47 b 3-48 a 1	IX, § 10, l.35-§ 12, l.10

	37	24	48 a 1-b 1	IX, § 12, l.10-§ 14, l.2

（欠落箇所：P. 48 b 1-49 a 7, L. IX, § 14, l.2-§ 18, l.23)

R	38	34	49 a 7-b 7	IX, § 18, ll.23-62
	39	61	49 b 7-50 a 4	IX, § 18, ll.62-91

（欠落箇所：P. 50 a 4-51 a 3, L. IX, § 18, l.92-§ 22, l.10)

S	40	25	51 a 3-b 1	IX, § 22, l.10-§ 2 5, l.6

（欠落箇所：P. 51 b 1-53 b 2, L. IX, § 25, l.6-§ 34, l.11)

T	41	18	53 b 2-54 a 1	X, § 1, l.1-§ 3, l.3
	42	19	54 a 1-8	X, § 3, l.3-§ 5, l.8

（欠落箇所：P. 54 a 8-b 7, L. X, § 5, ll.8-56)

U	43	22	54 b 7-55 a 7	X, § 5, l.56-§ 7, l.4

（欠落箇所：P. 55 a 7-56 b 2, L. X, § 7, ll.4-109)

V	44	52	56 b 2-57 a 1	X, § 7, ll.109-150
	45	59	57 a 1-6	X, § 7, ll.150-178
	46	48	57 a 6-b 5	X, § 7, ll.178-212
	47	21	57 b 5-58 a 4	X, § 7, l.212-§ 8, l.14

（欠落箇所：P. 58 a 4-b 3, L. X, § 8, ll.14-50)

W	48	23	58 b 3-59 a 3	X, § 9, ll.1-28
	49	54	59 a 3-b 3	X, § 9, l.28-§ 10, l.22
	50	20	59 b 3-60 a 2	X, § 10, l.22-§ 11, l.9

（欠落箇所：P. 60 a 2-b 7, L. X, § 11, l.10-§ 13, l.18)

以上の50葉は、本経の現存チベット新訳（甘殊爾）全体の約42パーセントに当り、また、約70葉が、Stein Tib. No. 194とNo. 683とを含む旧訳の写本から欠落しているものと思われる。その写本の最初と最後との葉は欠落箇所に属するので、本経の旧訳の題名は知られていない。しかしながら、原田覺氏によれば、その〔旧訳の〕題名は、『修習次第（*Bhāvanākrama*）』初篇のチベット旧訳（Stein Tib. No. 648, f. 127 a 1, 5, f. 133 a 8）における本経の引用に基づき、*Bar mtshams ma las par 'grel pa* であったとほぼ疑いなく考

えられるのである[7]。なお、Pelliot Tib. No. 615 もまた『解深密経』のチベット訳の断片であると知られているが、しかし、それは *dGongs pa nges par 'greld pa* という〔新訳の〕題名を持つ[8]。それゆえ、我々は、それをチベット旧訳の一部とはみなさず、従って、本稿もそれを旧訳としては扱わない。

c) 漢訳諸本を伴った新旧チベット訳の比較

以上において、Stein Tib. Nos. 194, 683 と、北京版（Peking ed.）ラモット本（Lamotte's ed.）とを比較した表が示された。これ以下においては、本経の漢訳諸本を伴ったチベット旧訳（Nos. 194, 683）と新訳（Peking ed. と Lamotte's ed.）との比較の実例を提示してみることにしよう。

実　例 1

yod pa de ni sgyus byas pa'o/ yod pa de ni myig 'khrul pa ste/ gang du bal glang du 'du shes zhugs pa'o// bal glang gyi gzugs gyi gzhung du 'du shes sam zhes bya ba nas nor dang 'bru dang bang ba dang mdzod du 'du shesu 'jug [pa dang] de dag gi gzhung du 'du shes sam bya ba'i bar du ste/	gang la glang po che'i tshogs kyi 'du shes dang/ glang po che'i tshogs kyi rnam grangs kyi 'du shes 'byung ba dang/ nor dang 'bru dang mdzod dang bang ba'i tshogs kyi bar gyi 'du shes dang/ de dag gi rnam grangs kyi 'du shes 'byung ba sgyu ma byas pa 'di ni yod/ mig slu bar byed pa 'di ni yod do snyam du sems shing/
de dag gis de la ji ltar mthong ba'am ji ltar thos pa ltar ma yind de nan gyis reg ching chags par myi smra ba ni 'di nyid bden gyi gzhan ni gti mug ces so/ smra yang ji ltar don chud pa'i phyir	de dag ji ltar mthong ba dang ji ltar thos pa bzhin du de la nan gyis mchog tu bzung zhing mngon par zhen nas 'di ni bden gyi gzhan ni brdzun pa'o zhes rjes su tha snyad mi 'dogs kyi/ 'di ltar don rnam par

gyi/ de la dagis phyis nye bar brtag par 'gyur ba ma yin no//
(No. 194. f. 62 a 2-5)

rig par bya ba'i phyir rjes su tha snyad 'dogs par byed de/ de ni de dag gis phyis nye bar brtag par bya mi dgos pa yin no//
(P. 4 b 4-7 : L. p. 37, I, § 4, ll.34-44)

新旧チベット訳語対照表

（サンスクリット語はラモット本で還元されているもの）

1. sgyus byas pa : sgyu ma byas pa (māyā-kṛta) ; 2. myig 'khrul pa : mig slu bar byed pa (cakṣur-vañcana) ; 3. bal glang : glang po che (hastin) ; 4. gzugs : tshogs (kāya) ; 5. gzhung du 'du shes : rnam grangs kyi 'du shes (paryāya-saṃjñā) ; 6. nan gyis reg ching chags pa : nan gyis mchog tu bzung zhing mngon par zhen (āsajya abhiniviśya) ; 7. gti mug : brdzun pa (moha) ; 8. chud pa : rnam par rig par bya ba (vijñapti)

玄奘訳 然有幻状、迷惑眼事。於中発起、大象身想、或大象身差別之想。乃至発起、種種財穀庫蔵等想、或彼種類差別之想。不如所見、不如所聞、堅固執著、随起言説、唯此諦実、余皆愚妄。為欲表知、如是義故、亦於此中、随起言説。彼於後時、不須観察。(大正蔵、16 巻、689 頁中)

菩提流支訳 此幻所作、有此象馬車歩兵等虚妄之相、種種異事、幻惑人眼。彼智慧人、如所見聞、不取為実、亦不執著。亦不取此、畢竟為実、余者虚妄。而知為義、取彼言語。此人不須更観勝法。(大正蔵、16 巻、666 頁中)

真諦訳 象馬等物、及以庫蔵、是人若見若聞、随能随力、不著見聞、作如是言、如我所思、此是真実、異此非真。雖随世言、為顕実義。是人不須重更思惟。(大正蔵、16 巻、712 頁上)

実　例 2

'on te de 'du byed gyi mtsan nyid las/ dond dam pa'i mtsan nyid gzhan yin na/ des ni bden ba mthong ba dag gyis gyang/ 'du

gal te 'du byed kyi mtshan nyid dang don dam pa'i mtshan nyid tha dad pa yin par gyur na ni/ des na bden pa mthong ba rnams kyang

byed kyi mtsan nyid zild kyis myi nond par 'gyuro/
'du byed kyi mtsan nyid las kyang rnam par ma grol/mtshan ma'i bcings pa las kyang ma grol ba yin/ de bden ba mthong ba dang/ mtsan ma'i bcings pa las ma grol/ nyes pa sbom po'i bcings pa las gyang ma grol bar 'gyuro/
(No. 194, f. 40 a 2-4)

'du byed kyi mtshan ma dang ma bral bar 'gyur/
'du byed kyi mtshan ma dang ma bral ba'i phyir bden pa mthong ba mtshan ma'i 'ching ba las rnam par grol bar yang mi 'gyur / mtshan ma'i 'ching ba las rnam par ma grol na/ gnas ngan len gyi 'ching ba las kyang rnam par ma grol bar 'gyur/
(P. 8 a 1-3 : L. p. 43, III, § 3, ll.7-14)

新旧チベット訳語対照表

1. zild kyis myi nond par 'gyur : ma bral bar 'gyur ; 2. nyes pa sbom po'i bcing pa : gnas ngan len gyi 'ching ba (dauṣṭhulya-bandhana)

玄奘訳 若勝義諦相、与諸行相、一向異者、已見諦者、於諸行相、応不除遣。若不除遣諸行相者、応於相縛、不得解脱、此見諦者、於諸相縛、不解脱故、於麁重縛、亦応不脱。(大正蔵、16巻、690頁中)

菩提流支訳 若有為行相是有相者、相即是縛、不応得解脱。若見実諦、不離相縛者、不応得解。亦不得脱煩悩之縛。(大正蔵、16巻、667頁中)

真諦訳 若真如相、異於行相、一切聖人已見真如、則応不能伏滅行相。由不伏滅諸行相故。雖見真諦、不能解脱衆相繫縛。若於衆相不得解脱、亦不解脱麁重繫縛。(大正蔵、16巻、713頁上)

実　例 3

shindu rnam par dag par bye brag phyed pa/ de'i phyir na/ ma rabs ni bden ba mthong ba ma yin/ ma rabsu gyurd pa nyid/ bla na myed pa'i thub pa bde ba mya ngan las

blo gros shin tu rnam dag gang gi phyir so so'i skye bo bden pa mthong ba ma yin/ so so'i skye bo kho nar gyur bzhin du grub pa dang/ bde ba bla na med pa'i mya

'das pa thob par myi 'gyuro/

bla na myed pa'i gyung drung rdzogs pa'i byang chub du yang mngon par 'tshang myi rgya'o// de bas na 'du byed gyi mtshan nyid las/ don dam pa'i mtsan nyid gzhan ma yin zhes byar myi rung ngo//

(No. 194, f. 40 a 6-b 2)

ngan las 'das pa 'thob par yang mi 'gyur/

bla na med pa yang dag par rdzogs pa'i byang chub mngon par rdzogs par 'tshang rgya bar mi 'gyur ba de'i phyir 'du byed kyi mtshan nyid dang/ don dam pa'i mtshan nyid tha dad pa ma yin zhes byar mi rung ste/

(P. 8a4-6 : L. pp. 43-44, III, § 3, ll.17-23)

新旧チベット訳語対照表

1. Shindu rnam par dag par bye brag phyed pa : Blo gros shin tu rnam dag (Suviśuddhamati) ; 2. ma rabs : so so'i skye bo (pṛthgjana) ; 3. thub pa bde ba : bde ba (yogakṣema) ; 4. gyung drung rdzogs pa'i byang chub : yang dag par rdzogs pa'i byang chub (samyak-saṃbodhi)

[玄奘訳] 善清浄慧。由於今時、非諸異生皆已見諦、非諸異生已能獲得無上方便安隠涅槃、亦非已証阿耨多羅三藐三菩提。是故、勝義諦相、与諸行相、都無異相、不応道理。(大正蔵、16 巻、690 頁中一下)

[菩提流支訳] 善清浄慧。以是義故、愚痴凡夫不見実諦、亦非即此凡夫之身得彼無上清浄涅槃、亦非即彼凡夫之身能得阿耨多羅三藐三菩提。是故……有為行相第一義相、一(異)之義、不成一(異)。(大正蔵、16 巻、667 頁中一下)

[真諦訳] 浄慧。由、諸凡夫不見真如、在凡夫位、不得無上如安涅槃、亦不能得無上菩提。以是義故、真如之理、与諸行一、是義不然。(大正蔵、16 巻、713 頁上)

実　例 4

'ond te thang chig du lnga'i bar du rnam par shes pha mang po byung ba'i rkyend nye bar 'dug par gyurd

gal te rnam par shes pa'i tshogs lnga car gyi bar dag lhan cig 'byung ba'i rkyen nye bar gnas par

na// thang chig du lnga'i rnam par shes pa mang po dag 'jug par 'gyuro//
yangs pa bye brag phyed pha de ltar byang chub sems dpa' chos 'dug pa'i ye shes la brten (brtan, *sic*) ching chos 'dug pa'i ye shes la gna'as pa ni/ sems dang yid dang rnam par shes pa'i gsang ba la mkhas par 'gyur mod kyi/ yang dag par gshegs pas thams shad(/) gyis yang thams shad gyi sems dang yid dang rnam par shes pa'i gsang ba la mkhas pa'i byang chub sems dpha'ar ni/ gdag'as (*sic*) shing myi bsngo'o//
(No. 194, f. 58 a 1-b 1)

gyur na yang rnam par shes pa'i tshogs lnga car lhan cig 'byung ngo//
blo gros yangs pa de ltar byang chub sems dpa' chos kyi lugs shes pa la brten cing chos kyi lugs shes pa la gnas nas/ sems dang yid dang rnam par shes pa'i gsang ba la mkhas pa yin yang de bzhin gshegs pa ni byang chub sems dpa' sems dang yid dang rnam par shes pa'i gsang ba la mkhas par 'dogs na de tsam gyis thams cad kyi thams cad du mi 'dogs so//
(P. 14b1-3 : L. p. 57, V, § 5, l.17-§ 6, l.6)

新旧チベット訳語対照表

1. thang chig : lhan cig ; 2. nye bar 'dug pa : nye bar gnas pa (pratyupasthita) ; 3. Yangs pa bye brag phyed pha : Blo gros yangs pa (Viśālamati) ; 4. 'dug pa'i ye shes : lugs shes pa (nīti-jñāna) ; 5. yang dag par gshegs pa : de bzhin gshegs pa (tathāgata)

玄奘訳 若於爾時、乃至有五識身、生縁現前、即於此時、五識身転。広慧。如是、菩薩、雖、由法住智、為依止、為建立故、於心意識、秘密善巧。然、諸如来、不、斉於此、施設彼、為於心意識一切秘密善巧菩薩。(大正蔵、16巻、692頁下)

菩提流支訳 広慧。若五識身、五種因縁、一時現前、無分別意識、即共五識、一時取境。広慧。如是、菩薩摩訶薩、依法住智、如実善知心意意識深密之法。広慧。而仏不説、諸菩薩等、是善解知心意意識深密之法。(大正蔵、16巻、

669頁中)

実　例 5

yon tan 'byung gna'as de la mtshan ma dang/ mying gyis zind pas rkyen byas pas na'a/ kund du rtog pa'i mtshan nyid du rab du shes so//
gzhan gyi dbang las mtshan nyid la kund du rtog pa'i mtshan nyid chags pas rkyen byas pas na'/ gzhan gyi dbang las mtshan nyid du rab du shes so//
gzhan gyi dbang las mtshan nyid la kund du rtog pa'i mtshan nyid ma chags [pas] rkyend byas pas na' yongsu rdzogs pa'i mtshan nyid rab du shes so//
(No. 194, f. 66 a 4-b 2)

yon tan 'byung gnas de la mtshan ma dang 'brel ba'i ming la brten nas ni kun brtags pa'i mtshan nyid rab tu shes so//
gzhan gyi dbang gi mtshan nyid la kun brtags pa'i mtshan nyid du mngon par zhen pa la brten nas ni gzhan gyi dbang gi mtshan nyid rab tu shes so//
gzhan gyi dbang gi mtshan nyid la kun brtags pa'i mtshan nyid du mngon par zhen pa med pa la brten nas ni yongs su grub pa'i mtshan nyid rab tu shes so//
(P. 16 b 3-5 : L. p. 63, VI, § 10, ll.1-7)

新旧チベット訳語対照表

1. rkyen(d) byas pas na'a : brten nas (niśritya) ; 2. kund du rtog pa'i mtshan nyid : kun brtags pa'i mtshan nyid (parikalpita-lakṣaṇa) ; 3. gzhan gyi dbang las mtshan nyid : gzhan gyi dbang gi mtshan nyid (para-tantra-lakṣaṇa) ; 4. yongsu rdzogs pa'i mtshan nyid : yongs su grub pa'i mtshan nyid (parinişpanna-lakṣaṇa)

[玄奘訳] 復次、徳本。相名相応、以為縁故、遍計所執相、而可了知。依他起相上、遍計所執相、執以為縁故、依他起相、而可了知。依他起相上、遍計所執相、無執以為縁故、円成実相、而可了知。(大正蔵、16巻、693頁中)

[菩提流支訳] 応知、功徳林、而依名相因縁、分別因縁相。応知、功徳林、依虚妄因縁、執著名相、是故見他力因縁。功徳林、依他力因縁、執著虚妄分別之

相、見第一義相。(大正蔵、16巻、670頁上)

実　例 6

yang dond dam gyung drung 'phags/ chos rnams gyi mtshan nyid la/ ngo bo nyid myed pa gang zhe na/ gang kund du rtog pa'i mtshan nyid do//

don dam yang dag 'phags de la chos rnams kyi mtshan nyid ngo bo nyid med pa nyid gang zhe na/ kun brtags pa'i mtshan nyid gang yin pa'o//

de ji'i phyir zhe na/ de ltar mying dang mtshan ma'i phyir btags pa'i mtshan ma yind gyi/ bdagi mtshan ma nyid gyis btags pa ni ma yin no// de bas na de'i mtshan nyid la ngo bo nyid myed ces bya'o//

de ci'i phyir zhe na/ 'di ltar de ni ming dang brdar rnam par bzhag pa'i mtshan nyid yin gyi/ rang gi mtshan nyid kyis rnam par gnas pa ni ma yin pas de'i phyir de ni mtshan nyid ngo bo nyid med pa nyid ces bya'o//

yang don dam gyung drung 'phags (No. 683) chos rnams gyi skye ba la ngo bo nyid myed pa gang zhe na/ gang chos rnams gyi gzhan gyi dbang las mtshan nyid do// de ji'i phyir zhe na/ de ltar de gzhan gyi rkyend gyi dbang gyis 'gyur gyi/ bdag rang gis ni ma yin no// de bas na skye ba la ngo bo nyid myed pa zhes bya'o//

don dam yang dag 'phags chos rnams kyi skye ba gno bo nyid med pa nyid gang zhe na/ chos rnams kyi gzhan gyi dbang gi mtshan nyid gang yin pa'o// de ci'i phyir zhe na/ 'di ltar de ni rkyen gzhan gyi stobs kyis byung ba yin gyi/ bdag nyid kyis ni ma yin pas de'i phyir skye ba ngo bo nyid med pa nyid ces bya'o//

yang dond dam gyung drung 'phags/ chos rnams gyi dond dam pa la/ ngo bo myed pa gang zhe na/ gang 'di ltar chos rnams gyi/

don dam yang dag 'phags chos rnams kyi don dam pa ngo bo nyid med pa nyid gang zhe na/ rten cing 'brel par 'byung ba'i chos

skye ba la ngo bo nyid myed pas na'a ngo bo nyid myed pa ste/ rkyend dang 'du ba tshogs te byung ba rnamso// dond dam pa la ngo bo nyid myed pa'ang de'o//
(No. 194, f. 37 b 4–No. 683, a 3)

gang dag skye ba ngo bo nyid med pa nyid kyis ngo bo nyid med pa de dag ni don dam pa'i ngo bo nyid med pa nyid kyis ngo bo nyid med pa yang yin no//
(P. 18b1–5 : L. pp. 67–68, VII, § 4, l.1–§ 6, l.5)

新旧チベット訳語対照表

1. Yang don(d) dam gyung drung 'phags : Don dam yang dag 'phags (Paramārthasamudgata) ; 2. mtshan nyid la ngo bo nyid myed pa : mtshan nyid ngo bo nyid med pa nyid (lakṣaṇa-niḥsvabhāvatā) ; 3. skye ba la ngo bo nyid myed pa : skye ba ngo bo nyid med pa nyid (utpatti-niḥsva-bhāvatā) ; 4. dond dam pa la ngo bo nyid myed pa : don dam pa ngo bo nyid med pa nyid (paramārtha-niḥsvabhāvatā) ; 5. bdagi mtshan ma nyid : rang gi mtshan nyid (sva-lakṣaṇa) ; 6. gzhan gyi rkyend gyi dbang : rkyen gzhan gyi stobs (para-pratyaya-bala) ; 7. rkyend dang 'du ba tshogs te byung ba : rten cing 'brel par 'byung ba (pratītyasamutpanna)

玄奘訳 善男子、云何諸法相無自性性、謂諸法遍計所執相。何以故。此由仮名安立為相、非由自相安立為相。是故説名、相無自性性。云何諸法生無自性性、謂諸法依他起相。何以故。此由依他縁力故有、非自然有。是故説名、生無自性性。云何諸法勝義無自性性、謂諸法由生無自性性故、説名無自性性、即縁生法、亦名勝義無自性性。(大正蔵、16 巻、694 頁上)

菩提流支訳 成就第一義、諸法無自体相者、諸分別相。何以故。以彼諸法随名相説、非有自体。是故我言、無自体相。成就第一義、何者諸法無生体相、謂諸法無体相。何以故。以彼生法依他力因縁、非自体相。是故我説、無生体相。成就第一義、何者是第一義無体相、成就第一義、第一義無体相者、一切諸法本無生体。是故我説、一切諸法無自体相、以彼依於因縁生故、(以依第一義無体相故)。(大正蔵、16 巻、670 頁下)

実　例 7

rtag pa yun du rtag pa/ brtan ba yun du brtan bar/ chos nyid nyid kyis 'dug pa ste 'dus ma byas pa'o/ de ma skyes pa'o/ de ma bgags 'dus ma byas pa'i phyir/
de thog ma nas zhi ba/ rang bzhin [gyis][9] mya ngan las 'das pa ste/ mya ngan thams chad (la) dang 'bral ba'i phyir ro//
(No. 194, f. 56 a 1-2)

rtag pa rtag pa'i dus dang/ ther zug ther zug gi dus su chos nyid de nyid kyis rnam par gnas pa 'dus ma byas pa gang yin pa de ni 'dus ma byas pa'i phyir ma skyes pa dang ma 'gags pa yin la/ de ni nyon mongs pa thams cad dang bral ba'i phyir gzod ma nas zhi ba dang/ rang bzhin gyis yongs su mya ngan las 'das pa yin te/
(P. 19 b 3-4 : L. p. 70, VII, § 9, ll.9-14)

新旧チベット訳語対照表

1. rtag pa yun du rtag pa : rtag pa rtag pa'i dus (nityaṃ nitya-kālam[10]) ; 2. brtan ba yun du brtan bar : ther zug ther zug gi dus su (dhruvaṃ dhruva-kālam[10]) ; 3. thog ma nas zhi ba : gzod ma nas zhi ba (ādi-śānta) ; 4. rang bzhin gyis mya ngan las 'das pa : rang bzhin gyis yongs su mya ngan las 'das pa (prakṛti-parinirvṛta)

玄奘訳 於常常時、於恒恒時、諸法法性安住故、無為。由無為故、無生、無滅。一切雑染不相応故、本来寂静、自性涅槃。（大正蔵、16 巻、694 頁中）

菩提流支訳 若法常常時、恒恒時、依彼法体住、彼法不生不滅、以無為故。若法無為、彼法本来寂静、若法本来寂静、彼法本来涅槃、以遠離一切煩悩毒相応故。（大正蔵、16 巻、671 頁上）

上の比較の結果、Stein Tib. Nos. 194, 683 の訳語は、原田覺氏によって指摘されたようなチベット旧訳語と一致することが知られる[11]。これらの訳語の若干は、漢訳仏典からのチベット訳中に認められるものと同じである[12]。しかし、Stein Tib. Nos. 194, 683 は、本経の漢訳のいかなるものからも重訳され

たとは考えられない。なぜなら、例えば、Shin du rnam par dag par bye brag phyed pa（実例3、表1）や Yangs pa bye brag phyed pha（実例4、表3）は、「善清浄慧（浄慧）」や「広慧」から重訳されたと想定することはできないからである。[13] 更に、我々がその訳を重訳とみなさないのは、Stein Tib. Nos. 194, 683 の翻訳様式が現存甘殊（bKa' 'gyur）所収の対応経典のそれに基本的に最も類似していることによる。それゆえ、その新旧チベット訳は共に共通のサンスクリット原典に基づいてなされたか、もしくは、Stein Tib. Nos. 194, 683 によって示されるような訳本が「欽定新訳語」の規則に従って甘殊版に改訂されたかであると考えられる。[14]

いずれにせよ、Stein Tib. Nos. 194, 683 の写本が、『宝雲経（*Ratnamegha-sūtra*）』や『無尽意所説経（*Akṣayamati-nirdeśa-sūtra*）』や『維摩詰所説経（*Vimalakīrti-nirdeśa-sūtra*）』や『修習次第』初篇のチベット旧訳と同じグループに属する[15]、サンスクリット原典に基づく旧訳の形態を保っていることは確かである。

d） Pelliot Tib. No. 1257：チベット旧訳語彙集

Pelliot Tib. No. 1257, 4-10 頁は、M. Lalou 女史によって報告されているように蔵漢語彙集であるが[16]、そのチベット語彙は上述したごときチベット旧訳語より集められたものと思われるものの、漢訳語の方は、そのあるものは抜けているので、〔先にあった〕そのチベット語彙に対して与えられた附加的メモ以上のものではないと思われる。

〔本文書の〕チベット語彙、特に 4-5 頁に示されたものは、Stein Tib. Nos. 194, 683 によって示されるそれと同じような『解深密経』のチベット訳本から抽出されたように見えることは注目に値しよう。例えば、Pelliot Tib. No. 1257, 4 頁における語、nan gyis reg ching chags, sgyus byas pa, myig 'khrul pa（ll.2-3）, zil gyis myi non par 'gyur（l.5）, rtag pa yun du rtag pa, brtan ba yun du brtan ba, thog ma nas zhi ba, rang bzhin gyis mya ngan las 'das pa（ll.8-9）は、順次に、Stein Tib. No. 194 の実例1、表6，1，

2、実例2、表1、実例7、表1，2，3，4における語と一致している。また、Rigs par kun 'dri ba, Chos gyis 'phags, Yon tan 'byung gnas（これらは、順次に、新訳における Tshul bzhin kun 'dri, Chos 'phags, Yon tan 'byung gnas に対応するものである）のような『解深密経』に特有な菩薩の名前も、本語彙集、5頁、11行に列挙されており、また、それらは、本経の旧訳である Stein Tib. No. 194、第46葉、4-5行の菩薩名と一致しているのである。

更に、本語彙集の他の頁に列挙されている語もまた旧訳の形態を保っている。本語彙集、10頁、4-5行における三相と三無性とに対応するチベット訳語（kun du rtogs pa'i mtshan nyid, gzhan gyi dbang las mtshan nyid, yongs su rdzogs pa'i mtshan nyid, mtshan nyid la ngo bo nyid myed pa, skye ba la ngo bo nyid myed pa, don dam pa la ngo bo nyid myed pa）は、Stein Tib. Nos. 194, 683の実例5、表2，3，4、実例6、表2，3，4の訳語と同じものである。また、本語彙集，8頁，3-4行における四語、即ち、十地中の 'od 'phro ba, shin tu dka' rgyal, mngon du ba, dge ba'i blo gros は、原田覺氏が旧訳の形態を保っているとみなしている[17] Pelliot Tib. No. 842における四語と同じものである。

それゆえ、Pelliot Tib. No. 1257, 4-10頁はチベット旧訳の語彙集であることは疑いえない。ただし、本語彙集が tathāgata に相当する両チベット訳語、即ち、de bzhin gshegs pa（新訳、5頁、4行）と yang dag par gshegs pa（旧訳、6頁、3行）とを含んでいること、また、本語彙集が、kṛtyānuṣṭhāna-jñāna に対して、『翻訳名義大集（*Bye brag tu rtogs par byed pa, Mahāvyutpatti*）』、No. 114[18]と一致する bya ba nan tan gyi ye shes（9頁、2行）というチベット新訳語だけを与えていることは、注目しておくべきである。

e) おわりに、及び残された問題

チベットは、試みの六人（sad mi mi drug）が比丘として具足戒を受けた紀元779年[19]以降に、公式に仏教典籍の翻訳事業に着手した。この事業はティソンデツェン（Khri song lde brtsan, 742-797）王の治世の間継承され、一種

の翻訳体系がある程度までこの時期に確立されたと考えられる。かなりの仏教典籍がチベット旧訳と呼びうる体系に従ってチベット語に翻訳された。この体系と、この体系の下に翻訳されたチベット訳仏教典籍とが、チベットによる敦煌支配（786年[20]）以降に敦煌にもたらされたと考えられる。Pelliot Tib. No. 1257 のチベット旧訳語彙集はかかる体系を反映し、Stein Tib. Nos. 194, 683 の『解深密経』のチベット旧訳はかかるチベット訳典籍の一つである。紀元 814 年には、新しいチベット語訳体系である「欽定新訳語」がチベットに確立され、その後にそれは敦煌に及んだ。敦煌における新旧チベット訳語の存在が両者の用いられたことを証している。

さて我々は、チベット新訳語彙集として『翻訳名義大集（*Bye brag tu rtogs par byed pa, Mahāvyutpatti*）』と『二巻本訳語釈（*sGra sbyor bam po gnyis pa*）』とを有している。しかしながら、チベット旧訳に関しては、わずかな写本だけが利用できるにすぎない。しかるに今や我々は、多くの仏教術語に富んだ『解深密経』のチベット旧訳の約 42 パーセントを所有しているのである。そこから得られる諸語は、新旧のチベット訳用語間の差異、もしくは、あたかも Pelliot Tib. No. 1257 が旧訳であったか新訳であったかを決定するために用いられたような梵漢訳語間の差異、それらを見分けるために、有用である。更に、それらは初期チベット翻訳の展開における諸段階を跡付けるのを助けてくれるかもしれない。これを容易にするためにも、『解深密経』の新旧訳の索引に基づいて、新訳と比較されたチベット旧訳から蒐集された語彙集を作成することが必要なのである。

註

＊ 本稿〔の基本的な部分〕は、第 31 回国際アジア・北アフリカ研究会議（CISHAAN）の学術大会（1983 年 7 月 6 日）で口頭発表されたものである。

(1) skad gsar bcad という用語は、「最終的に決定された〔翻訳〕語〔体系〕」ということを意味し、それは紀元 814 年に確定されたと考えられている。この問題については、山口瑞鳳「吐蕃王国仏教史年代考」『成田山仏教研究所紀要』第 3 号（1978 年 10 月）、1-52 頁、同「『二巻本訳語釈』研究」『成田山仏教研究所紀要』第 4 号（1979 年 12 月）、1-24 頁を参照されたい。本稿においては、skad gsar bcad 以前のチベット訳が、skad gsar bcad に従った新訳と対比されて、旧訳と呼ばれる。

⑵ Lois de La Vallée Poussin, *Catalogue of the Tibetan Manuscripts from Tun-huang in the India Office Library*, London, 1962, pp. 69-70 参照。

⑶ 山口瑞鳳他『スタイン蒐集チベット語文献解題目録』第2分冊（東洋文庫、1978年）、128-129頁参照。

⑷ Poussin, *op. cit.*（前註2）, p. 219参照。

⑸ *'Phags pa dGongs pa nges par 'grol pa zhes bya ba theg pa chen po'i mdo*, No. 774, Ngu, 1-60 b 7参照。

⑹ É. Lamotte, *Saṃdhinirmocana Sūtra : L'Explication des Mystères*, Louvain / Paris, 1935参照。これは、ナルタン版に基づいた校訂本である。

⑺ 原田覺「敦煌本 *sGom rim daṅ po* 考」『日本西蔵学会会報』第28号（1982年3月）、4-8頁参照。この論文において、原田氏は、『解深密経』のこのチベット旧訳における菩薩名 Zab mo'i dond *bar mtshams ma las par 'grel pa*（Stein Tib. No. 194, 46 a 3-4）は、新訳における Don zab *dgongs pa nges par 'grel pa*（P. ed., Ngu, 3 a 3, Lamotte's ed., p. 34, l.12）に相当すると指摘し、更に、同氏は、『修習次第』初篇のチベット旧訳は、サムイェーの宗論の年である紀元794年前後になされたと結論づけている。

⑻ M. Lalou, *Inventaire des manuscrits tibétains de Touen-houang conservés à la Bibliothèque Nationale*, I, Paris, 1939, p. 139参照。

⑼ gyisの語が No. 194, 37 a 2 および 56 a 4 に従って補われるべきである。

⑽ ラモット教授の還梵は nitya-kālaṃ śāśvata-kālam である。しかし、それは、『弥勒請問章』のサンスクリット本に従って nityaṃ nitya-kālaṃ dhruvaṃ dhurva-kālam に正さるべきである。これについては、拙稿「弥勒請問章和訳」『駒沢大学仏教学部論集』第6号（1975年10月）、197頁、〔本書「本論」第七論文、346頁〕註51を参照されたい。

⑾ 原田前掲論文（前註7）、5頁参照。

⑿ 上山大峻「チベット訳『楞伽師資記』について」佐藤教授停年記念『仏教文献の研究』(百華苑，1968年)、191-209頁、同「チベット訳『頓悟真宗要決』の研究」『禅文化研究所紀要』第8号（1976年8月）、33-103頁（横）参照。

⒀ Yangs pa *bye brag phyed pa* と広慧のサンスクリット名は、*Triṃśikāvijñaptibhāṣya*, Lévi ed., p. 33, l.26 における引用により Viśālamati であると知られる。mata というサンスクリット語がイェシェーデ（Ye shes sde）によっては bye brag phyed pa と訳されるのに対して、同じ語がペルツェク（dPal brtsegs）によっては rtogs pa と訳されるということは確認されている。これについては、拙稿「*Mahāyānasūtrālaṃkāraṭīkā* 最終章和訳」『駒沢大学仏教学部研究紀要』第41号（1983年3月）、448頁〔『唯識考』、449頁〕を参照されたい。また、イェシェーデとペルツェクの用語間の相違については、拙稿「*Chos kyi sku la gnas pa'i yon tan la bstod pa* とその関連文献」『駒沢大学仏教学部論集』第14号（1983年10月）、342-324頁を参照のこと。

⒁ 新訳の題名である *dGongs pa nges par 'grel pa* は、*lDan dkar ma* 目録（Lalou No.

117）に記載され、Bu ston 目録（西岡 No. 189）によれば、それはイェシェーデによって校訂されたといわれている。

⒂ 原田前掲論文（前註 7），5-6 頁参照。『維摩経（*Vimalakīrtinirdeśa-sūtra*）』の旧訳に関しては、J. W. de Jong, "Fonds Pelliot Tibétain Nos. 610 et 611"、同 "Encore Une Fois le Fonds Pelliot Tibétain No. 610", Gregory Schopen (ed.), *Buddhist Studies by J. W. de Jong*, Asian Humanities Press, Berkeley, 1979, pp. 431-445 も参照されたい。

⒃ M. Lalou, *op. cit.*（前註 8），II, Paris, 1947, p. 94 参照。上山大峻博士は、これを『翻訳名義大集』へ展開していく過程で編纂された漢蔵語彙集とみなしておられるが、チベット旧訳から集められた語彙集であると明確に判断されておられない。上山前掲論文（前註 12 後者）、47 頁を参照のこと。

⒄ 原田覺「敦煌蔵文資料に於ける宗義系の論書」⑵『印仏研』29-1（1980 年 12 月）、392 頁参照。

⒅ 『翻訳名義大集（*Bye brag tu rtogs par byed pa, Mahāvyutpatti*）』，No. 114 が kṛtyā nuṣṭhāna-jñāna に対して bya ba nan tan du grub pa'i ye shes という訳語を与えているのに対して、『二巻本訳語釈（*sGra sbyor bam po gnyis pa*）』，P. ed., No. 5833, Ngo, 6 b 7 : Pelliot Tib. No. 845, 3 b 2 は bya ba grub/ bsgrub pa'i ye shes を与えている。イェシェーデとペルツェクは、この事例では、後者に従っていることに注意されるべきである。〔その後、『二巻本訳語釈』については、石川美恵氏によって、校訂本と訳註研究が公けにされているので、ここでの問題については、Mie Ishikawa, *A Critical Edition of the sGra sbyor bam po gnyis pa : An Old and Basic Commentary on the Mahāvyutpatti*, The Toyo Bunko, 1990, p. 17、石川美恵訳・注『*SGRA SBYOR BAM PO GNYIS PA* 二巻本訳語釈――和訳と注解――』（東洋文庫、1993 年）、18 頁を参照されたい。〕

⒆ 山口前掲論文（前註 1 前者）、5-6 頁参照。

⒇ 山口瑞鳳「吐蕃支配時代」『敦煌の歴史』（講座敦煌、第 2 巻、大東出版社、1980 年）、197-198 頁参照。

（1983 年 8 月 22 日）

回顧と弁明

本稿は、"The Old and New Tibetan Translations of the *Saṃdhinirmocana-sūtra* : Some Notes on the History of Early Tibetan Translation" の原題で、『駒仏紀』第 42 号（1984 年 3 月）、192-176 頁に発表された英文論文を、自ら訳してここに再録するものである。純然たる校訂本ではないので、本来は、本書の「本論」に収録されるべきものかもしれないのであるが、この本書の「結」中の次に示す第二校訂本とは不離一体の関係にあるので、その第二校訂本の序文の役割をもたせるべく、ここに挿入することにした。それゆえ、ここでは、旧稿の（I）（II）（III）よりなる次の第二校訂本の「回顧と弁明」を兼ねた補足になることをお許し頂きたい。さて、本稿を草しながら私の痛感したことは、本稿末尾にも示唆してあるように、本経全体に及ぶ新旧チベット訳のしっ

かりした対照校訂本を作成すること、および、なんらかの形での新旧のチベット訳語彙集を作成すること、の必要性であった。そこで、本稿が公けになった翌年の 1985 年度と、その二年後の 1987 年度との二度にわたって駒沢大学特別研究助成費を申請し、いずれも認められたので、その助成の下に進められた成果が、旧稿の (I) (II) (III) である。この研究の目的や状況については、これ以下にも和訳再録されている旧稿の前文に記されているとおりであるが、ただし、大学の「特別研究助成費による成果の一部」という一行は、今回削除されている。また、研究協力者としては、前文の段階では、木村誠司氏と荒井裕明氏とのお名前しか出ていないが、旧稿 (III) が成った直後に、索引のためのカード作成にはもう一人の協力者が必要と判断し、急遽、遠藤康氏にもお願いして加わって頂いた。以上の三名に私を加えた計四名で、出来上った校訂本を四等分してカードを作成し、それを私がまとめて新旧訳語彙索引を出版する、というのが当初の予定であった。そして、私を除く三名の方は、1988 年 3 月 16 日までにカード採録を完成し提出して下さったのであるが、私自身はカード作成もほとんど進まず、また、それ以降の私がなすべき任務を全く果さないまま、今日に至っているのである。その今日は、パソコンの圧倒的普及により、カードによって索引作成を考える馬鹿もいないという時代になっている。とにかく、馬鹿な指揮官の下ではなにごとも実らないという典型を私は演じてしまったわけであるが、索引が刊行されていれば、お名前を明記して文字どおりの謝意を表明できたであろうに、上述のような経緯のために、かかる片隅でしか触れえないことになった遠藤康氏には特に私の怠慢をお詫びし、ここに初めて旧交に対する謝意を表させて頂きたい。ところで、『解深密経』に対する研究は、当然のことながら、その当時以降もかなり進展して、管見には及ばぬ相当の成果をみているはずであるが、私の知る限りで、まず挙げるとすれば、吉水千鶴子「*Saṃdhinirmocanasūtra* X における四種の yukti について」『成田山仏教研究所紀要』第 19 号 (1996 年 3 月)、123-168 頁 (横) がある。これは、玄奘訳でいう「如来成所作事品」第八で説かれる「観待道理」「作用道理」「証成道理」「法爾道理」の四種を論じたものであるが、論文末尾には、その時点直前までに刊行された参考文献が過不足なく示されていて便利である。なお、本稿が意図しているチベット訳『解深密経』を中心とするその翻訳当時およびそれ以降の註釈状況を知るためには、吉水上記論文にも掲げられているものではあるが、Ernst Steinkellner, "Who is Byaṅ chub rdzu 'phrul? Tibetan and non-Tibetan Commentaries on the *Saṃdhinirmocanasūtra*—A survey of the literature", *Berliner Indologische Studien*, Band 4/5 (1989), pp. 229-251 がある。これは、チベット語としてのみ伝わる『解深密経』の註釈の一つの著者とされる Byang chub rdzu 'phrul をティソンデツェン王やルイゲーツェンとする可能性を中心に論じたものであるが、チベット語として伝わる本経の諸註釈にも広く文献学的観点からのコメントが与えられており有益である。なお、本論文においても取り上げられている、Bu ston の目録中記載のティソンデツェン王の著作、西岡祖秀「『プトゥン仏教史』目録部索引」III『東京大学文学部文化交流施設研究紀要』第 6 号 (1983 年 12 月)、p. 115、Nos. 2899-2909 に対応する『デンカルマ目録』については、既に、Marcelle Lalou, "Les textes bouddhiques au temps du

roi Khri-sroṅ-lde-bcan", *Journal asiatique*, Tome 241 (1953), p. 336, Nos. 723-729 が指摘されているが、『パンタンマ目録』については、その後刊行になった、川越英真『dKar chag 'Phang thang ma』(東北インド・チベット研究会, 2005 年)、32 頁、Nos. 666-675 を参照されたい。また、『解深密経』において、思想展開上最も重要な章の一つが、「唯識」を初めて明言したと目される第 8 章で、玄奘訳にいう「分別瑜伽品」であるが、その「唯識」を述べた文言が出るのは、先に示した A より W の群でいえば、K 群である。因みに、その文言の解釈については、Lambert Schmithausen, "ON THE VIJÑAPTIMĀTRA PASSAGE IN SAṂDHINIRMOCANASŪTRA VIII. 7"『神秘思想論集』(『インド古典研究』VI, 1984 年), 433-455 頁、加藤弘二郎「「唯識」という文脈で語られる影像——『解深密経』「分別瑜伽品」と「声聞地」の比較検討を通して——」『インド哲学仏教学研究』9 (2002 年 3 月)、53-65 頁、松本史朗「『解深密経』の「唯識」の経文について」『駒仏紀』第 61 号 (2003 年 3 月)、141-224 頁があるので、参照されたい。ところで、今回の校正で気づいたことを一つだけここに補足しておくが、実例 7, 表 3, 4 に加えた ādi-śānta と prakṛti-parinirvṛta は、Lamotte 教授のその箇所の校訂中には示されていないので、私のこの両語の挿入は、同書後半の p. 195, n. 9 の仏訳中の記載に依っていたはずである。この註記で、Lamotte 教授は、その両語の根拠を *Mahāyānasūtrālaṃkāra,* Lévi ed., p. 60, ll.1-4 の記述に求めているのであるが、それと酷似した記述は、後に、Gokhale 教授によって公けにされた、"Fragments from the Abhidharmasamuccaya of Asaṃga", *Journal of the Bombay Branch, Royal Asiatic Society*, New Series, Vol. 23 (1947), p. 35, ll.19-20 には、"yathā niḥsvabhāvās tathā 'nutpannāḥ, yathā 'nutpannās tathā 'niruddhāḥ, yathā 'nutpannāś câniruddhāś ca tathā ādi-śāntāḥ, yathā ādi-śāntās tathā prakṛti-parinirvṛtāḥ//" とあるので、その玄奘訳『阿毘達磨集』大正蔵, 31 巻, 688 頁上, 6-8 行と共に、参照されたい。

三　新旧両チベット訳対照『解深密経』

スタイン、チベット文書中、1葉よりなるNo. 683と49葉よりなるNo. 194とは、一緒になって『解深密経（*Saṃdhinirmocana-sūtra*）』の古いチベット訳の一つの写本を構成している。これら計50葉のもつ意義については、私によって既に論じられている(1)。今なそうとしている仕事は、同じ経典の新しいチベット訳と対照されたこれらの葉の校訂本を作成することである。互いの参照を容易にするために、両訳本は見開きの両頁に示され、右側の頁には旧訳、左側の頁には新訳（北京版）が示される。この仕事は、近い将来、本校訂本に対する用語索引を刊行することによって完結する予定である。

最後になるが、この研究に対し1985年度〈および1987年度〉の特別研究助成費を給付して下された駒沢大学と、両チベット訳の3分の2を転写し、〈本校訂本の最後である（III）の清書をし、1987年度の特別研究助成の下での索引作りに助力して下された〉私の協力者、木村誠司氏と荒井裕明氏とに感謝の意を表しておきたい。

註

(1) 拙稿 “The Old and New Tibetan Translations of the *Saṃdhinirmocana-sūtra*: Some Notes on the History of Early Tibetan Translation”『駒沢大学仏教学部研究紀要』第42号（1984年3月），pp. 192-176（本書「結」第二校訂本序）参照。ここで用いられる略号はそれに準ず。

（(I) 1986年6月29日）
（(II) 1986年12月13日）
（(III) 1987年7月5日）

回顧と弁明

本稿は、“A Comparatve Edition of the Old and New Tibetan Translations of the *Saṃdhinirmocana-sūtra*” (I)『駒仏論』第17号（1986年10月），pp. 616-600,（II）『駒仏紀』第45号（1987年3月），pp. 354-268,（III）『駒仏論』第18号（1987年10月），

pp. 605-572として公けになっていたものを、英文で記した箇所のみを和文に改め、校訂部分は、組み直しはしたが、基本的にそのまま再録したものである。上に和訳して示した箇所中〈 〉内の部分は(III)のみにあるもので、他は(I)(II)(III)ともに同じい。本稿の再録に際し、この直前に、本稿の序文たりうるとみなされた旧稿を挿入してあるので、ここに補われるべきこともそちらにまわしたので、その「回顧と弁明」を参照されたい。ただ、そこにも記したことではあるが、作られるはずであった索引のカード作成の段階からこれに加わった遠藤康氏のお名が、索引が実現しなかったために、ここにもないのは、やはりおかしいように私には感じられる。冒頭に記した、木村誠司氏、荒井裕明氏に引き続いて、ここに、遠藤康氏のお名を記すと共に、再度、索引の実現しなかった私の怠慢をお詫びしながら、当時の三氏の御協力に改めて感謝申し上げる次第である。

さて、今回、上記のごとき三氏との往時を偲びつつ、改めて旧訳写本や新訳諸本に当って校正し直すという機会を持つことになったが、再度見直してみると、やはり種々の不備のあることが目につく。勿論、可能な範囲で、できる限り改めてはみたが、その当初の基本的大枠を全面的に改めることは到底不可能であり、止むなく旧態をとどめざるをえなかった。しかし、ここに、その反省点の若干でも記しておけば、本校訂本利用の際に役立つのではないかと思い、一筆しておく。旧稿においては、まず旧訳を提供するという方向に急であったために、新訳諸本については、Lamotte校訂本が既にあったということもあり、厳密な照合記載は省略された。その結果、北京版を底本としながら、Lamotte校訂本を採用した方がよいと思われる場合には一いち断らずに、その読みをカッコ内に示したり、場合によっては、その逆を行って、北京版の方をカッコ内に示したりもした。しかるに、Lamotte校訂本は、ナルタン版に基づいたものであるが、時々玄奘訳によって修正が施されている場合もある。そのために、Lamotte本に依ると仮りに断った箇所でも、それが、Lamotte本の修正に由来するものなのか、ナルタン版自体に由来するものなのかが分からなくなっているという状況が時には生じてしまったのは残念である。しからば、旧訳の方の復元校訂は厳密なのかといえば、一つの写本しかないという状況もあり、その厳密性にも自ずと限界があったことは率直に認めておかなければならない。それこそ、索引ができていれば、その書写法にも一定の規則性を見出し、難読の箇所にもその規則を適用できたかもしれないのであるが、そこまでは至りえなかった。しかし、かかる不備も、この旧訳自体の価値を損ねるものでは決してないと信じる。なお、最近になって、『法華経』にも旧訳のチベット訳のあることが辛嶋静志博士によって報じられて注目されるが、その詳細で緻密な校訂本については、雑誌末尾に公開された写本影印と共に、Seishi Karashima, "An Old Tibetan Translation of the Lotus Sutra from Khotan: The Romanized Text Collated with the Kanjur Version" (1) (2) (3) (4)『創価大学国際仏教学高等研究所年報』第8号(2005年3月), pp. 191-268, 第9号(2006年3月), pp. 89-181, 第10号(2007年3月), pp. 213-324, 第11号(2008年3月), pp. 177-301を参照されたい。両経のチベット旧訳に基づいて、チベット旧訳語彙集がまず編まれるべき時節が到来しているのかもしれない。

A 1) [rtog pa dang] (, bskal pa dang bskal pa ma yin par) rnam par 〔3 a〕 rtog pa [dang yongs su rtog pa] (acc. L) thams cad bral ba/ bdud dang phyir rgol ba thams cad bcom pa/ nyan thos dang rang sangs rgyas kyi yid la byed pa thams cad las ring du gyur pa/ chos kyi ro'i dga' ba dang/ bde ba chen pos brtan pa / 'jigs pa chen po lnga las yang dag par 'das pa/ phyir mi ldog pa'i sa bgrod pa gcig par gyur pa/ sems can thams cad kyi gnod pa thams cad rab tu zhi bar byed pa'i sa mngon du gyur pa sha stag la 'di lta ste/ byang chub sems dpa' sems dpa' chen po don zab dgongs pa nges par 'grel dang/ tshul bzhin kun 'dri dang/ chos 'phags dang/ blo gros shin du(, tu) rnam dag dang/ blo gros yangs pa dang/ yon tan 'byung gnas dang/ don dam yang dag 'phags dang/ 'phags pa spyan ras gzigs dbang phyug dang/

byams pa dang/ byang chub sems dpa' sems dpa' chen po 'jam dpal la sogs pa dang thabs gcig(, cig) go/ de nas byang chub sems dpa' tshul bzhin kun 'dris kyis brjod du med pa dang/ gnyis su med pa'i mtshan nyid don dam pa las brtsams te/ byang chub sems dpa' don zab dgongs pa nges par 'grel pa la dri ba dris pa/ kye rgyal ba'i sras chos thams cad gnyis su med pa chos thams cad gnyis su med pa zhes bya na chos thams cad ni gang/ ji ltar na gnyis su med pa yin/ rigs kyi bu chos thams cad chos thams cad ces bya ba ni gnyis ji tsam pa ste/ 'dus byas dang/ 'dus ma byas so// de la 'dus byas ni 'dus byas kyang ma yin/ 'dus ma byas kyang ma yin no// 'dus ma byas ni 'dus ma byas kyang ma yin/ 'dus byas kyang ma yin no// smras pa/ kye rgyal ba'i sras ji ltar na 'dus byas ni 'dus byas kyang ma yin/ 'dus ma byas kyang ma yin la/ 'dus ma byas kyang 'dus ma byas kyang ma 〔3 b〕 yin/ 'dus byas kyang ma yin/ rigs kyi bu 'dus byas shes(, zhes) kyang de ni ston pas btags pa'i tshig yin te/

A 1) 〔46 a 1〕 rtog pa dang/ rnam par rtog pa dang yongsu rtog pa dang bral ba sha dag go/ bdud dang phyir rgol ba thams chad bcom ba sha dag go/ nyan thos pa dang rang sangs rgyas gyi thams chad kyi yid la byed pa 〔2〕 las ring du gyurd pa sha dag go/ chos chen po'i ro'i dga' ba dang bde bas brtand pa sha dag go/ 'jigs pa lnga las shindu 'da'as pa sha dag go/ myi ldog pa'i sa'i lam la gcig du 〔3〕 gyurd pa sha dag go/ sems can thams chad kyi gnod pa rab du 'jil ba'i sa mngon bar gyurd pa sha dag la/ 'di lta ste zab mo'i dond bar mtsams ma las par 'greld 〔4〕 pa'i byang chub sems dpa' sems dpa' chen po dang/ rigs par kun 'dri ba byang chub sems dpa' sems dpa' chen po dang/ chos kyi 'phags pa byang chub sems dpa' sems 〔5〕 dpa' chen po dang/ shindu rnam par dag pa bye brag phyed pa dang/ yangs pa bye brag phyed pa dang/ yon tan 'byung gna'as dang/ don dam gyung drung 'phags dang/ spyan ras gzigs gyi dbang

〔46 b 1〕 po dang/ byams pa dang/ 'jam dpal byang chub sems dpa' sems dpa' chen po rnams dang ngo// de nas rigs par kun 'dri ba byang chub sems dpas/ zab mo'i dond bar mtsams 〔2〕 ma las par 'greld pa'i byang chub sems dpa' la/ dri ba dris pa/ rgyal ba'i bu chos thams chad myi gnyis pa chos tham shad myi gnyis zhes bya ba/ myi gnyis pa de gang ji ltar myi gnyis/ rigs kyi bu chos thams 〔3〕 chad myi gnyis shes bya ba ni/ ji snyed du gnyis pa de ni/ 'dus byas pa dang 'dus ma byas pa'o/ de la 'dus byas pa/ 'dus byas pa yang ma yin/ 'dus ma byas pa yang ma yin no// 〔4〕 'dus ma byas pa yang/ 'dus byas pa yang ma yin/ 'dus ma byas pa yang ma yin no// rgyal ba'i bu ji lta bu ji ltar na/ 'dus byas pa 'dus byas pa yang ma yin/ 'dus ma byas pa yang ma 〔5〕 yin// 'dus ma byas pa yang/ 'dus byas pa yang ma yin 'dus ma byas pa yang ma yin zhes bya// rigs kyi bu 'dus byas shes bya ba de ni/ bstan pa bzhag pa'i tshig go// gang

B 2) shing rta'i tshogs dang dpung bu chung gi tshogs dang nor bu dang mu tig dang be dū(, bai ḍhu) rya dang dung dang man shel dang byi (, byu) ru'i tshogs dang nor dang 'bru dang mdzod dang bang ba'i tshogs snang ba gang yin pa'di ni med kyi/ gang la glang po che'i tshogs kyi 'du shes dang/ glang po che'i tshogs kyi rnam grangs kyi(, gyi) 'du shes byung ba dang/ nor dang 'bru dang mdzod dang bang ba'i tshogs kyi bar gyi 'du shes dang/ de dag gi rnam grangs kyi 'du shes 'byung ba sgyu ma byas pa 'di ni yod/ mig slu bar byed pa 'di ni yod do snyam du sems shing/ de dag ji ltar mthong ba dang ji ltar thos pa bzhin du de la nan gyis mchog tu bzung zhing mngon par zhen nas 'di ni bden gyi gzhan ni brdzun pa'o zhes rjes su tha snyad mi 'dogs kyi/ 'di ltar don rnam par rig par bya ba'i phyir rjes su tha snyad 'dogs par byed de/ de ni de dag gis phyis nye bar brtag par bya mi dgos pa yin no// de bzhin du sems can gang dag byis pa'i rang bzhin can so so'i skye bor gyur pa/ shes rab 'phags pa 'jig rten las

'das pa ma thob pa/ chos thams cad kyi brjod du med pa'i chos nyid mngon par mi shes pa de dag ni 'dus byas dang/ 'dus ma byas de mthong ngam thos na/ 'di snyam du sems te/ 'dus byas dang 'dus ma byas snang ba gang yin pa 'di ni yod do snyam du 〔5 a〕 sems shing/ de dag ji ltar mthong ba dang/ ji ltar thos pa bzhin du de la nan gyis mchog tu bzung zhing mngon par zhen nas 'di ni bden gyi gzhan ni brdzun pa'o zhes rjes su tha snyad 'dogs par yang byed do// de ni de dag gis phyis nye bar brtag par bya dgos pa yin no// de la sems can gang dag byis pa'i rang bzhin can ma yin pa bden pa mthong ba/ shes rab 'phags pa 'jig rten las 'das pa thob pa/ chos thams cad kyi brjod du med pa'i chos nyid mngon par shes pa de dag ni 'dus byas dang 'dus ma byas de mthong ngam thos na 'di snyam du sems te/ 'dus byas

C 3) thams cad bden pa mthong ba yin par yang 'gyur/ so so'i skye bo kho nar gyur bzhin du grub pa dang/ bde ba bla na med pa'i 〔8 a〕 mya

B 2) 〔62 a 1〕 shing rta'i gzugs dang rkang thang gyi gzugs dang nor bu dang mu tig dang be du rya dang dung dang shel dang/ byu ru mang po dang nor dang 'bru dang mdzod dang bang ba mang po dag ste/ gang 'di 〔2〕 ltar snang ba'o/ yod pa de ni sgyus byas pa'o/ yod pa de ni myig 'khrul pa ste/ gang du bal glang du 'du shes zhugs pa'o// bal glang gyi gzugs gyi gzhung du 'du shes sam zhes bya 〔3〕 ba nas nor dang 'bru dang bang ba dang mdzod du 'du shesu 'jug pa dang (illegible) de dag gi gzhung du 'du shes sam bya ba'i bar du ste/ de dag gis de la ji ltar mthong ba'am ji ltar 〔4〕 thos pa ltar ma yind de nan gyis reg ching chags par myi smra ba ni 'di nyid bden gyi gzhan ni gti mug ces so/ smra yang ji ltar don chud pa'i phyir gyi/ de la de dagis 〔5〕 phyis nye bar brtag par 'gyur ba ma yin no// de ltar de bzhin du gang sems chan byis ba'i rigs ma rab su gyur pa dag gis ma thob pa ni/ 'phags pa 'jig rten las

〔62 b 1〕 'das pa'i shes rab ste chos thams chad brjod du myed pa'i chos nyid du mngon bar myi shes pa de dag gis/ de 'du byas pa dang 'dus ma byas pha mthong 'am thos na 〔2〕 'di lta bur 'gyur ro// 'di dag 'dus byas dang 'dus ma byas pa yod de gang 'di dag dmyigs pa'o/ de dag gis de ji ltar mthong ba dang ji ltar thos par nan gyis 〔3〕 reg cing chags nas smra ba' 'di nyid bden gyi gzhan ni gti mug ces so/ de la de dag gis phyis nye bar brtag par 'gyur ba yin no/ de la gang sems 〔4〕 chan dag byis ba'i rigs ma yin ba (glen bai rigs ma yin ba, add. under the line) shes rab chan gyi rigs bden ba rnams mthong ba thob pa ni/ 'phags pa 'jig rten las 'das pa'i mngon bar shes pa ste 〔5〕 chos thams chad brjod du myed pa'i chos nyid du mngon bar shes pa de dag gis/ de 'dus byas dang 'dus ma byas pa mthong ngam thos na' 'di lta bur 'gyur ro 'dus byas

C 3) 〔40 a 1〕 dag thams chad kyis gyang bden pa mthong bar (ngar, *sic*) 'gyur/ ma rabsu gyurd pa nyid/ bla na myed pa'i thub pa bde ba mye

ngan las 'das pa thob (, 'thob) par yang 'gyur/ bla na med pa yang dag par rdzogs pa'i byang chub mngon par rdzogs par 'tshang rgya bar yang 'gyur ro// gal te 'du byed kyi mtshan nyid dang don dam pa'i mtshan nyid tha dad pa yin par gyur na ni/ des na bden pa mthong ba rnams kyang 'du byed kyi mtshan ma dang ma bral bar 'gyur/ 'du byed kyi mtshan ma dang ma bral ba'i phyir bden pa mthong ba mtshan ma'i 'ching ba las rnam par grol bar yang mi 'gyur/ mtshan ma'i 'ching ba las rnam par ma grol na/ gnas ngan len gyi 'ching ba las kyang rnam par ma grol bar 'gyur/ 'ching ba de gnyis las ma grol na bden pa mthong bas grub pa dang/ bde ba bla na med pa'i mya ngan las 'das pa thob par yang (, pa 'ang) mi 'gyur/ bla na med pa yang dag par rdzog pa'i byang chub mngon par rdzogs par 'tshang rgya bar yang mi 'gyur ro// blo gros shin tu rnam dag gang gi phyir so so'i skye bo bden pa

mthong ba ma yin/ so so'i skye bo kho nar gyur bzhin du grub pa dang/ bde ba bla na med pa'i mya ngan las 'das pa 'thob par yang mi 'gyur/ bla na med pa yang dag par rdzogs pa'i byang chub mngon par rdzogs par 'tshang rgya bar mi 'gyur ba de'i phyir 'du byed kyi mtshan nyid dang/ don dam pa'i mtshan nyid tha dad pa ma yin zhes byar mi rung ste/ de la gang dag de skad ces 'du byed kyi mtshan nyid dang/ don dam pa'i mtshan nyid tha dad pa ma yin zhes zer ba de dag ni rnam grangs des na khyod kyis 'di ltar tshul bzhin ma yin par zhugs pa yin gyi/ tshul bzhin du zhugs pa ma yin par rig par bya'o// blo gros zhin du (, tu) rnam dag gang gi phyir bden pa mthong ba rnams 'du byed kyi mtshan ma dang bral ba ma yin gyi/ bral ba kho na yin pa dang/ bden pa mthong ba mtshan ma'i 'ching ba las

D 4) zhu ba zhus pa/ bcom ldan 'das byang chub sems dpa' sems dang yid dang rnam par shes pa'i gsang ba la mkhas pa/ byang chub sems dpa' sems dang yid dang rnam par shes pa'i gsang ba la mkhas pa zhes bgyi

ngan las 'das pa thob par 'gyur/ yang bla na myed 〔2〕 pa'i gyung drung rdzogs pa'i byang chub du mngon bar 'tsang rgya bar 'gyuro// 'on te de 'du byed kyi mtsan nyid las/ dond dam pa'i mtsan nyid gzhan yin na/ des ni/ 〔3〕 bden ba mthong ba dag gyis gyang/ 'du byed kyi mtsan nyid zild kyis myi nond par 'gyuro/ 'du byed kyi mtsan nyid las kyang rnam par ma grol/ mtshan ma'i 〔4〕 bcings pa las kyang ma grol ba yin/ de bden ba mthong ba dang/ mtsan ma'i bcings pa las ma grol/ nyes pa sbom po'i bcings pa las gyang ma grol bar 'gyuro/ 〔5〕 de gnyis kyi bcings pa las/ rnam par ma grol ba yin na ni/ bla na myed pa'i thub pa bde ba/ mye ngan las 'das pa'i rjesu myi 'gyur ro/ bden ba mthong ba des/ 〔6〕 bla na myed pa'i gyung drung rdzogs pa'i byang chub du yang mngon bar 'tshang myi rgya'o// shindu rnam par dag par bye brag phyed pa/ de'i phyir na/ ma rabs ni bden ba

〔40 b 1〕 mthong ba ma yin/ ma rabsu gyurd pa nyid/ bla na myed pa'i thub pa bde ba mya ngan las 'das pa thob par myi 'gyuro/ bla na myed pa'i gyung drung rdzogs pa'i 〔2〕 byang chub du yang mngon bar 'tshang myi rgya'o// de bas na 'du byed gyi mtshan nyid las/ don dam pa'i mtsan nyid gzhan ma yin zhes byar myi rung ngo// de la de dag 〔3〕 gang gyis 'di skad du smra ba/ 'du byed gyi mtshan nyid las don dam pa'i mtsan nyid gzhan ma yin zhes pa de/ de dag gang yang dag pa ma yin ba la zhugs 〔4〕 pa (pai, *sic*) rnams/ de yang dag pa ma yin ba'o zhes/ khyod kyis gzhung des/ de ltar shes par bya'o// shindu rnam par dag par bye brag phyed (pyed, *sic*) pa/ de'i phyir na bden ba mthong 〔5〕 ba rnams kyis/ 'du byed gyi mtshan ma zild kyis ma mnand pa ma yin te// de lta bas na mnand pa nyid do/ bden ba mthong ba mtsan ma'i bcings pa las

D 4) 〔44 a 1〕 zhu ba zhus pa'// bcom ldan 'da'as sems dang yid dang rnam phar shes pa'i gsang ba la mkhas pa'i byang chub sems dpha' sems dang yid dang rnam par 〔2〕 shes pha'i gsang ba la mkhas pa'i byang chub

na/ bcom ldan 'das ji tsam gyis na byang chub sems dpa' sems dang yid dang rnam par shes pa'i gsang ba la mkhas pa lags/ de bzhin gzhegs pa byang chub sems dpa' sems dang yid dang rnam par shes pa'i gsang ba la mkhas par 'dogs na yang(, 'ang) ji tsam gyis 'dogs lags/ de skad ces gsol ba dang/ bcom ldan 'das kyis byang chub sems dpa' blo gros yangs pa la 'di skad ces bka' stsal to// blo gros yangs pa khyod de ltar

skye bo mang po la phan pa dang skye bo mang po la bde ba dang 'jig rten la snying brtse ba dang/ lha dang mir bcas pa'i skye dgu'i don dang phan pa dang bde ba'i phyir zhugs te/ de bzhin gzhegs pa la khyod don 'di nyid 'dri bar sems pa ni legs so legs so// blo gros yangs pa de'i phyir nyon cig dang/ sems dang yid dang rnam par shes pa'i gsang ba la mkhas pa khyod la bshad par bya'o// blo gros yangs pa 'gro ba drug gi 'khor ba 'di na sems can gang dang 〔13 b〕 gang dag sems can gyi ris gang dang gang du yang(, 'ang) sgo nga nas skye ba'i skye gnas sam/ yang na mngal nas skye ba 'am/ yang na drod gsher las skye ba 'am/ yang na rdzus te skye ba'i skye gnas su lus mngon par 'grub cing 'byung bar 'gyur ba der dang por 'di ltar len pa rnam pa gnyis po (rten dang bcas pa'i dbang po gzugs can len pa dang/ mtshan ma dang ming dang rnam par rtog pa la tha snyad 'dogs pa'i spros pa'i bag chags len pa la rten nas/) sa bon thams cad pa'i sems rnam per smin cing 'jug la rgyas shing 'phel ba dang yangs par 'gyur ro//

E 5) rnam par rtog pa'i yid kyi rnam par shes pa yang(, 'ang) 'byung ngo// gal te mig gi rnam par shes pa gcig lhan cig 'byung na ni mig gi rnam par shes pa dang spyod yul mtshungs pa/ rnam par rtog pa'i yid kyi rnam par shes pa gcig kho na lhan cig 'byung ngo/ gal te rnam par shes pa'i tshogs gnyis sam/ gsum mam(, 'am) bzhi lhan cig gam/ lnga car lhan

sems dpa' zhes bgyi ba'// bcom ldan 'ba'as ji tsam gyis na' sems dang yid dang rnam phar shes pa'i 〔3〕 gsang ba la mkhas pa'i byang chub sems dpa' lags(illegible) yang ji tsam gyis na yang dag phar gshegs pas sems dang yid [dang] rnam par shes pa'i gsang ba la 〔4〕 mkhas pa'i byang chub sems dpa'ar gdags shing bsngo'// de skad ces gsol pa dang/ bcom ldan 'da'as gyis yangs pa bye brag phyed pa'i byang chub sems 〔5〕 dpa' la 'di skad ces bka' stsald to// yangs pa bye brag phyed pa khyod gyis yang dag phar gshegs pha la 'di lta bu'i dond dris pa dge'o dge'o// de ni

〔44 b 1〕 khyod ji nas gyang 'gro ba mang po la phan ba'i phyir zhugs pa'o// 'gro ba mang po la bde ba'i phyir 'jig rten la brtse ba'i phyir/ lha dang myir bcas pa dang/ skye dgu'i phyir/ 〔2〕 dond gyi phyir/ phan ba'i phyir/ bde ba'i phyiro/ de bas na yangs pa bye brag phyed pa/ nyon cig dang khyod la sems dang yid dang rnam par shes pa'i gsang ba de bshado// 〔3〕 yangs pa bye brag phyed pa 'gro ba drug du 'khor ba'i sems chan rnams/ ga la ga lar sems chan gyi ris su 'on te sgo nga las skye ba skye bar ram/ 〔4〕 'on(on, *sic*) de mngal nas skye ba 'am/ 'on de drod gsher las skye ba 'am/ 'ond te rdzus te skye bar skye ba dag du bdagi lus/ mngon bar 'byung bar 'gyur te de dag la thog mar 〔5〕 ni thams shad kyi sa bond sems rnam par smyind par gyurd te phlong(*sic*) nas/ 'phel pa dang skye zhing rgyas par 'gyur ro// 'di lta ste len pa rnam pa gnyis blangs ba de

E 5) 〔47 a 1〕 [rnam par] rtog pa yid ki rnam par shes pa' 'jugo// 'ond te thang cig myig gyi rnam par shes pa/ shes pa gcig pu 'byung bar gyurd na/ der thang gcig du 〔2〕 yid ki rnam par shes pa gcig gyang rtog cing myig gyi rnam par shes pa dang/ spyod yul mnyam du 'jugo// 'ond te thang gcig du(thu, *sic*) gnyis dang gsum dang bzhi 〔3〕 rnams dang

cig 'byung na yang(, 'ang)/ der rnam par shes pa'i tshogs lnga po dag dang/ spyod yul mtshungs pa rnam par rtog pa'i yid kyi rnam par shes pa yang(, 'ang) gcig kho na lhan cig 'byung ngo// blo gros yangs pa 'di lta ste dper na/ chu'i klung chen po 'bab pa la gal te rlabs cig 'byung ba'i rkyen nye bar gnas par gyur na rlabs kyang gcig kho na 'byung ngo// gal te rlabs gnyis sam/ gal te rab tu mang po dag 'byung ba'i rkyen nye bar

gnas par gyur na rlabs rab tu mang po dag 'byung zhing chu'i klung de rang gi rgyun gyis rgyun 'chad par yang mi 'gyur la/ yongs su zad par mi 'gyur ro// me long gi dkyil 'khor shin du(, tu) yongs su dag pa la yang (, 'ang) gal te gzugs brnyan gcig 'byung ba'i rkyen nye bar gnas par gyur na/ gzugs brnyan yang gcig kho na 'byung ngo// gal te gzugs brnyan gnyis sam/ gal te rab tu mang po dag 'byung ba'i rkyen nye bar gnas par gyur na/ gzugs brnyan rab tu mang po dag 'byung zhing me long gi dkyil 'khor de gzugs brnyan gyi dngos por yongs su 'gyur ba yang(, 'ang) ma yin la yongs su sbyor bar yang mi mngon no// blo gros yangs pa de bzhin du chu klung lta bu dang/ me long lta bu'i len pa'i rnam par shes pa de la rten cing gnas nas/ gal te mig gi

E 6) rnam par shes pa gcig lhan(, lan) cig 'byung ba'i rkyen nye bar gnas par gyur na yang(, 'ang) mig gi rnam 〔14 b〕 par shes pa gcig kho na lhan(, lan) cig 'byung ngo// gal te rnam par shes pa'i tshogs lnga car gyi bar dag lhan(, lan) cig 'byung ba'i rkyen nye bar gnas par gyur na yang (, 'ang) rnam par shes pa'i tshogs lnga car lhan(, lan) cig 'byung ngo// blo gros yangs pa de ltar byang chub sems dpa' chos kyi lugs shes pa la brten cing chos kyi lugs shes pa la gnas nas/ sems dang yid dang rnam par shes pa'i gsang ba la mkhas pa yin yang de bzhin gshegs pa ni byang chub sems dpa' sems dang yid dang rnam par shes pa'i gsang ba la mkhas par 'dogs na de tsam gyis thams cad kyi thams cad du

thang gcig du rnam par shes pa lnga mang por 'byung bar gyurd na/ de dag du thang gcig yid ki rnam phar shes pa gcig kyang rtog cing 〔4〕 rnam par shes pa lnga mang po dang spyod yul mnyam du 'jugo// 'di lta ste/ yangs pa bye brag phyed pa chu chen po rgyund du bab(bib, *sic*) pa de la rlabs gcig byung 〔5〕 ba'i rkyend nye bar 'dug par gyurd na der rlabs gcig byungo// 'on de gnyis dang/ 'ond te gsum dang mang po'i rlabs 'byung ba'i rkyend nye bar

〔47 b 1〕 'dug par gyurd na/ de dag du rlabs mang po 'byung ste/ chu rgyund du bab pa de nyid kyi rgyund gyang chad par myi 'gyurd bar yang myi 'chad do/ yang 〔2〕 shind du dag pa'i mye long gyi dkyil 'khor la gzugs brnyan gcig bu byung ba'i rkyend nye bar gna'as par gyurd na gzugs brnyan gcig 'byungo// 〔3〕 'ond te gnyis dang 'on de mang po gzugs brnyan rnams 'byung ba'i rkyend nye bar 'dug par/ gyurd na/ gzugs brnyan mang po 'byung ste 〔4〕 mye long de'i dkyil 'khord gzugs brnyan gyi ngo bos bsgyurd par myi 'gyur kun du ched du byed par yang myi mngon no/ de de bzhin du yangs pa 〔5〕 bye brag phyed pa 'bab pa lta bu dang/ mye long lta bur lend pa'i rnam phar shes pa la gnas shing brten nas/ 'ond te thang gcig du(thu, *sic*) myig gyi

E 6) 〔58 a 1〕 rnam par shes pa gchig 'byung ba'i rkyend nye bar 'dug par gyurd na thang chig du myigi rnam par shes pa gchig pu 'jugo// 'ond te thang chig 〔2〕 du lnga'i bar du rnam par shes pha mang po byung ba'i rkyend nye bar 'dug par gyurd na// thang chig du lnga'i rnam par shes pa mang po dag 'jug 〔3〕 par 'gyuro// yangs pa bye brag phyed pha de ltar/ byang chub sems dpa' chos 'dug pa'i ye shes la brtan(*sic*) ching chos 'dug 〔4〕 pa'i ye shes la gna'as pa ni/ sems dang yid dang rnam par shes pa'i gsang ba la mkhas par 'gyur mod kyi/ yang dag par 〔5〕 gshegs pas thams shad gyi yang thams shad gyi sems dang yid dang rnam par shes pa'i gsang ba la mkhas pa'i byang chub

mi 'dogs so// blo gros yangs pa gang gi phyir byang chub sems dpa' nang gi so so nang gi len pa mi mthong// len pa'i rnam par shes pa yang(, 'ang) mi mthong la/ de yang(, 'ang) yang dag pa ji lta ba bzhin du yin pa dang / kun gzhi yang mi mthong kun gzhi rnam par shes pa yang(, 'ang) mi mthong/ bstsags(, bsags) pa yang(, 'ang) mi mthong/ sems kyang mi mthong / mig kyang mi mthong / gzugs kyang mi mthong / mig gi rnam par shes pa yang (,'ang) mi mthong / rna ba yang (,'ang) mi mthong/ sgra yang(,'ang) mi mthong/ rna ba'i rnam par shes pa yang(,'ang) mi mthong/ sna yang(, 'ang) mi mthong/ dri yang(, 'ang) mi mthong/ sna'i rnam par shes pa yang(, 'ang) mi mthong/ lce yang(, 'ang) mi mthong/ ro yang(, 'ang) mi mthong/ lce'i rnam par shes pa yang(, 'ang) mi mthong/ lus kyang mi mthong/ reg bya yang(, 'ang) mi mthong/ lus kyi rnam par shes pa yang(, 'ang) mi mthong/ blo gros yangs pa

E 7) gang gi phyir byang chub sems dpa' nang gi so so rang gi yid kyang mi mthong/ chos rnams kyang mi mthong/ yid kyi rnam par shes pa yang(, 'ang) mi mthong la/ de yang(, 'ang) yang dag pa ji lta ba bzhin du yin pa de ni byang chub sems dpa' dom dam pa la mkhas pa zhes bya ste/ de bzhin gshegs pa yang(, 'ang) byang chub sems dpa' don dam pa la mkhas pa ni sems dang yid dang rnam par shes pa'i gsang ba la mkhas pa yin par 'dogs so// blo gros yangs pa de 〔15 a〕 tsam gyis na byang chub sems dpa' sems dang yid dang rnam par shes pa'i gsang ba la mkhas pa yin la/ de bzhin gshegs pa byang chub sems dpa' sems dang yid dang rnam par shes pa'i gsang ba la mkhas par 'dogs na yang(, 'ang) de tsam gyis 'dogs so// de nas bcom ldan 'das kyis de'i tshe tshigs su bcad pa 'di dag bka' stsal to//

len pa'i rnam par shes pa zab cing phra//
sa bon thams cad chu bo'i klung ltar 'bab//
bdag tu rtog par gyur na mi rung zhes//

〔58 b 1〕 sems dpha'ar ni/ gdags(gdag'as, *sic*) shing myi bsngo'o/ yangs pa bye brag phyed pha byang chub sems dpa'as/ gang nas kyang lend pa la mthong 〔2〕 ba myed len pa'i rnam par shes pa la myed// nang dang bdag rang ji lta bur gyur pa la myed/ gund gzhi la myed/ kund gzhi rnam par 〔3〕 shes pa la myed// bsags pa la myed/ sems la myed// myig la myed/ gzugs la myed// myigi rnam par shes pa la myed/ rna 〔4〕 ba la myed/ sgra la myed/ rna ba'i rnam par shes pa la myed/ sna la myed/ dri la myed/ sna'i rnam par shes pa la myed/ lce la myed/ bro la 〔5〕 myed/ lce'i rnam par shes pa la myed/ lus la myed/ reg pa la myed/ lus kyi rnam par shes pa la myed/ yangs pa bye brag phyed pa

E 7) 〔63 a 1〕 byang chub sems dpa'as gang nas gyang yid la mthong ba myed chos la myed yid gyi rnam par shes pa la myed nang dang bdag rang ji lta bur gyurd par mthong ba myed 〔2〕 pa'o// de ni byang chub sems dpa' sems dang yid dang yid gyi rnam par shes pa'i gsang ba la mkhas pa yind no// de tsam gyis na yang/ yang dag phar gshegs 〔3〕 pas sems dang yid gyi rnam par shes pa yid gsang ba la mkhas pa'i byang chub sems dpa'ar gdags shing bsngo'o// de nas bcom ldan 〔4〕 'da'as gyis de'i tshe tshigsu bcad pa 'di skad ces bka' stsald to//

lend pa'i rnam par shes pa zab ching phra//
'bab las ji ltar 'byung ba'i sa 〔5〕 bond kund//
byis ba rnams la nga'is de ma bshad//

byis pa rnams la ngas ni de ma bstan//

blo gros yangs pa'i le'u ste lnga pa'o// // de nas

bcom ldan 'das la byang chub sems dpa' yon tan 'byung gnas kyis zhu ba zhus pa/ bcom ldan 'das byang chub sems dpa' chos rnams kyi mtshan nyid la mkhas pa/ byang chub sems dpa' chos rnams kyi mtshan nyid la mkhas pa zhes bgyi na/ bcom ldan 'das ji tsam gyis na/ byang chub sems dpa' chos rnams kyi mtshan nyid la mkhas pa lags/ de bzhin gshegs pa byang chub sems dpa' chos rnams kyi mtshan nyid la mkhas par 'dogs na yang(, 'ang) ji tsam gyis 'dogs lags/ de skad ces gsol ba dang/ bcom ldan 'das kyis byang chub sems dpa' yon tan 'byung gnas la 'di skad ces bka' stsal to// yon tan 'byung gnas khyod de ltar skye bo mang po la phan pa dang/ skye bo mang po la bde ba dang/ 'jig rten

E 8) la snying brtse ba dang/ lha dang mir bcas pa'i skye dgu'i don dang/ phan pa dang bde ba'i phyir zhugs te/ de bzhin gshegs pa la khyod don 'di nyid 'dri bar sems pa(, dpar) ni legs so legs so// yon tan 'byung gnas de'i phyir nyon cig dang/ chos rnams kyi mtshan nyid la mkhas pa khyod la bshad par bya'o// yon tan 'byung gnas chos rnams kyi mtshan nyid ni gsum po 'di dag yin te/ gsum gang zhe na/ kun brtags pa'i mtshan nyid dang/ 〔15 b〕 gzhan gyi dbang gi mtshan nyid dang/ yongs su grub pa'i mtshan nyid do// yon tan 'byung gnas de la chos rnams kyi kun brtags pa'i mtshan nyid gang zhe na/ ji tsam du rjes su tha snyad gdags pa'i phyir chos rnams kyi ngo bo nyid dam bye brag tu ming dang brdar rnam par gzhag pa gang yin pa'o// yon tan 'byung gnas chos rnams kyi gzhan gyi dbang gi mtshan nyid gang zhe na/ chos rnams kyi rten cing 'brel bar 'byung ba nyid de/ 'di lta ste 'di yod pas 'di 'byung la/ 'di skyes pa'i phyir 'di skye ba 'di lta ste/ ma rig pa'i rkyen gyis 'du byed rnams

shes(, zhes) bya ba nas/ de ltar na sdug bsngal gyi phung po 'di 'ba'

bdag du rtogs par ma gyurd chig par ro//
// de nas yon tan 'byung gnas byang chub sems

〔63 b 1〕 dpa'as/ bcom ldan 'da'as la zhu ba zhus pa'// bcom ldan 'da'as chos rnams gyi mtshan nyid la mkhas pa'i byang chub sems dpa' zhes bgyi ba 〔2〕 tsam gyis na'// chos rnams gyi mtshan nyid la mkhas pa'i byang chub sems dpa'ar 'gyurde// yang ji tsam gyis na yang dag par gshegs pas chos rnams 〔3〕 gyi mtshan nyid la mkhas pa'i byang chub sems dpa'ar gdags shing bsngo'// de skad ces gsol pha dang// bcom ldan 'da'as gyis/ 〔4〕 yon tan 'byung gna'as byang chub sems dpa' la 'di skad ces bka' stsald to// dge'o dge'o yon tan 'byung gna'as gang khyod gyis gang yang dag par 〔5〕 gshegs pha la'// 'di lta bu'i dond dris pa de ni/ khyod ji nas kyang 'gro ba mang po la phan ba'i phyir zhugs pa'o// 'gro ba mang po la bde ba'i phyir 'jig rten

E8) 〔64a1〕 la brtse ba'i phyir/ lha dang myir bca'as pa dang skye gu rnams gyi dond gyi phyir/ phan ba'i phyir bde ba'i phyir ro// de (missing)
〔2〕 rnams gyi mtahan nyid bshado// chos rnams gyi mtshan nyid de ni gsum ste// gsum po gang zhe na kund du rtog pa'i (missing)
〔3〕 yongsu rdzogs pa'i mtshan nyid do/ yond tan 'byung gna'as chos rnams gyi kund du rtog pa'i m[tshan] (missing)
〔4〕 bye brag du smra ba'i phyir mying dang mtshan ma btags pa'o// yon tan 'byung gna'as chos rnams gyi gzhan gyi [dbang] (missing)
〔5〕 'du' ba tshogs te byung ba'o// de 'di lta ste yod pas 'dir 'gyur de 'byung bas 'di 'byung ste/ de ni 'di lta ste ma rig pa'i (missing)

〔64 b 1〕 byed ches bya ba nas/ sdug bsngal 'ba' shig gi phung po chen

zhig po 'di byung bar 'gyur ro zhes bya ba'i bar gang yin pa'o// yon tan 'byung gnas chos rnams kyi yongs su grub pa'i mtshan nyid gang zhe na/ chos rnams kyi de bzhin nyid gang yin pa ste/ byang chub sems dpa' rnams kyis rtul(, btul) ba'i rgyu dang/ legs par tshul bzhin yid la byas pa'i rgyus de rtogs shing de rtogs pa goms par byas pa yang dag par grub pas kyang bla na med pa yang dag par rdzogs pa'i byang chub kyi bar du yang dag par 'grub pa gang yin pa'o// yon tan 'byung gnas 'di lta ste dper na/ skyes bu gang zag rab rib can gyi mig la rab rib kyi skyon chags pa de lta bur ni kun brtags pa'i mtshan nyid blta bar bya'o// yon tan 'byung gnas 'di lta ste dper na/ de nyid la rab rib kyi mtshan ma skra shad(, bshad) 'dzings pa 'am/ sbrang ma 'am/ til gyi 'bru 'am/ sngon po'i mtshan ma 'am/ ser po'i mtshan ma 'am/ dmar po'i mtshan ma 'am/

E 9) dkar po'i mtshan ma snang bar gyur pa de lta bur ni gzhan gyi dbang gi mtshan nyid blta bar bya'o// yon tan 'byung gnas 'di lta ste dper na/ skyes bu gang zag de nyid kyi mig yongs su dag cing mig la rab rib kyi skyon 〔16 a〕 chags pa dang bral bar gyur pa na/ mig de nyid kyi rang bzhin gyi spyod yul ma nor ba'i spyod yul de lta bur ni yongs su grub pa'i mtshan nyid blta bar bya'o// yon tan 'byung gnas 'di lta ste dper na/ shel shin tu gsal ba ni gang gi tshe tshon(, tshe na) sngon po dang phrad par gyur pa de'i tshe ni nor bu rin po che an dha rnyil dang/ mthon ka chen po lta bur snang bar 'gyur zhing// nor bu rin po che an dha rnyil dang mthon ka chen por log par 'dzin pas kyang sems can rnams rnam par rmongs par byed do// gang gi tshe tshon(, tshe na) dmar po dang phrad par gyur pa de'i tshe ni nor bu rin po che pad ma ral lta bur snang bar 'gyur zhing/ nor bu rin po che pad ma ral tu(, du) log par 'dzin pas

sems can rnams rnam par rmongs par byed do// gang gi tshe na tshon (, tshe tshe na) ljang khu dang phrad par gyur pa de'i tshe ni nor bu rin po che ma rgad lta bur snang bar 'gyur zhing/ nor bu rin po che ma rgad

po 'du bar 'gyur ro zhes bya ba'i bar du'o/ yon tan 'byung gna'as (missing)
〔2〕 nyid gang zhe na/ byang chub sems dpa' rnams gyi yongsu gdung ba'i rgyu dang/ yang dag pa'i thabs yid la 'dzind pa (missing)
〔3〕 chud pa ste/ so sor chud pa de goms pa dang kund du yang dag par 'gro ste// bla na myed pa gyung drung (missing)
〔4〕 ba'o// 'di lta ste yon tan 'byung gna'as/ rab rib chen gyi myi gang zagi myig la rab rib gyi nyes pa yod pa (missing)
〔5〕 'di lta ste(ste te, *sic*) rab rib de nyid gyi mtshan mas skra'am zi zi po'am sbrang bu'am thil gyi 'bru'am sngon po'i mtshan ma (missing)

E 9) 〔65 a 1〕 dkar po mtshan ma snang bar gyurd pa de bzhin du gzhan gyi dbang las mtshan nyid du ltos shig// 'di lta ste yon tan 'byung gna'as/ myi gang zag de'i mig yongsu dag 〔2〕 ste/ mig la rab rib gyi nyes pa 'dug pa myed pa de'i myig gi rang bzhin gyi spyod yul ni nord pa myed pa'i spyod yuld te/ de bzhin du yongsu rdzogs pa'i mtshan nyid du ltos 〔3〕 shig// 'di lta ste yon tan 'byung gna'as/ shind du dang bai shel nam/ tshon sngon po dang ldan bar gyurd na'/ de'i the nord bu rind po che/ in 'dra ni la dang ma ha ni la lta 〔4〕 burd/ so sor bsal bar 'gyurd te/ nor bu rin po che in 'dra ni la dang ma ha ni lar log par 'dzind pas sems chen rnams rnam par gti mug par byed do/ nam 〔5〕 tshon dmar po dang ldan bar gyurd na/ de'i tshe nor bu rin po che pad ma ra ga lta bur so sor gsal bar 'gyurd te/ nord bu rind po che pad ma ra gar log par 'dzind pas

〔65 b 1〕 sems chen rnams rnam par gti mug par byed do// nam tshond mthond dang ldan bar gyurd na'/ de'i tshe nor bu rind po che mar ga ta ltar so sor gsal bar gyurd te/ 〔2〕 nord bu rind po che ma ra ga tar

du log par 'dzin pas kyang sems can rnams rnam par rmongs par byed do// gang gi tshe tshon (, tshe na) ser po dang phrad par gyur pa de'i tshe ni gser lta bur snang bar 'gyur zhing/ gser du log par 'dzing pas kyang sems can rnams rnam par rmongs par byed do// yon tan 'byung gnas 'di lta ste dper na/ shel shin tu gsal ba tshon dang phrad pa de lta bur ni gzhan gyi dbang gi mtshan

E 10) nyid la kun brtags pa'i mtshan nyid kyi tha snyad kyi bag chags blta bar bya'o// 'di lta ste dper na/ shel shin tu gsal ba la nor bu rin po che an dha rnyil dang mthon ka chen po dang/ pad ma ral dang/ ma rgad dang/ gser du log par 'dzin pa lta bur ni gzhan gyi dbang gi mtshan nyid la kun brtags pa'i mtshan nyid du 'dzin pa blta bar bya'o// yon tan 'byung gnas 'di lta ste dper na/ shel shin tu gsal ba de nyid lta bur ni gzhan gyi dbang gi mtshan nyid blta bar bya'o// 'di lta ste dper na/ shel 〔16 b〕 shin tu gsal ba nyid nor bu rin po che an dha rnyil dang/ mthon ka chen po dang pad ma ral dang ma rgad dang/ gser gyi mtshan nyid der rtag pa rtag pa'i dus dang/ ther zug ther zug gi dus su yong su ma grub cing ngo bo nyid med pa de lta bur ni gzhan gyi dbang gi mtshan nyid de/ kun brtags pa'i mtshan nyid der rtag pa rtag pa'i dus dang/ ther zug ther zug gi dus su yongs su ma grub cing ngo bo nyid med pa nyid kyis yongs su grub pa'i mtshan nyid blta bar bya'o// yon tan 'byung gnas de la mtshan ma dang 'brel ba'i (, pa'i) ming la (, las) brten nas ni kun brtags pa'i mtshan nyid rab tu shes so// gzhan gyi dbang gi mtshan nyid la kun brtags pa'i mtshan

nyid du mngon par zhen pa la brten nas ni gzhan gyi dbang gi mtshan nyid rab tu shes so// gzhan gyi dbang gi mtshan nyid la kun brtags pa'i

log par 'dzind pas sems chan rnams rnam par gti mug par byed do// nam tshond ser po dang ldan bar gyurd na/ de'i tshe gser 〔3〕 ltar so sor gsal bar 'gyurd te/ gser du log par 'dzind pas/ sems chan rnams rnam par gti mug par byed do// 'di lta ste yon tan 'byung gna'as/ 〔4〕 shind du dang ba'i sheld dang/ tshond du ldan ba de bzhin du/ gzhan gyi dbang las mtshan nyid la kund du rtog pa'i mtshan nyid rtsod pa'i bag chags par lto shig// 'di lta ste 〔5〕 shind du dang ba'i shel la'// in dra ni la dang ma ha ni la dang/ pad ma ra ga dang ma ra ga ta dang gser du log par 'dzind pa de bzhin du gzhan gyi dbang las mtshan

E 10) 〔66 a 1〕 nyid la kund du rtog pa'i mtshan nyid gyis 'dzind par ltos shig// 'di lta ste yon tan 'byung gna'as shind du dang ba'i sheld de nyid ltar gzhan gyi dbang las mtsand 〔2〕 nyid du ltos shig/ 'di lta ste shind du dang ba'i sheld de la/ in 'dra ni la dang ma ha ni la dang pad ma ra ga dang/ ma ra ga ta dang gser gyi mtshan nyid de dag gis/ rtag 〔3〕 pa' yun du rtag pa brtand pa yund du brtand par myi 'grub ste ngo bo nyid myed pa'o// de bzhin du gzhan gyi dbang las mtshan nyid la kund du rtog pa'i mtshan 〔4〕 nyid des/ rtag pa yun du rtag pa/ brtan ba yun du brtan bar myi 'grub ste/ ngo bo nyid myed pa ni/ yongsu rdzogs pa'i mtshan nyid du ltos shig// yon tan 'byung gna'as 〔5〕 de la mtshan ma dang/ mying gyis zind pas rkyen byas pas na'/ kund du rtog pa'i mtshan nyid du rab du shes so// gzhan gyi dbang las mtshan nyid la kund du rtog pa'i mtshan

〔66 b 1〕 nyid chags pas rkyen byas pas na'/ gzhan gyi dbang las mtshan nyid du rab du shes so// gzhan gyi dbang las mtshan nyid la

mtshan nyid du mngon par zhen pa med pa la brten nas ni yongs su grub pa'i mtshan nyid rab tu shes so// yon tan 'byung gnas de la byang chub sems dpa'i(, dpa') chos rnams kyi gzhan gyi dbang gi mtshan nyid la kun brtags pa'i mtshan nyid yang dag pa ji lta ba bzhin du rab tu shes na mtshan nyid med pa'i chos yang dag pa ji lta ba bzhin du rab tu shes so// yon tan 'byung gnas de la byang chub sems dpas(, dpa') gzhan gyi dbang gi mtshan nyid yang dag pa ji lta ba bzhin du rab tu shes na/ kun nas nyon mongs pa'i mtshan nyid kyi chos yang dag pa ji lta ba bzhin du rab tu shes so// yon tan 'byung gnas de la byang chub sems dpa'as(, dpa') yongs su grub pa'i mtshan nyid yang dag pa ji lta ba bzhin du rab tu shes na/ rnam par byang ba'i mtshan nyid kyi chos yang dag pa ji lta ba bzhin du rab tu shes so// yon tan

F 11) bcom ldan 'das la byang chub sems dpa' don dam yang dag〔17 b〕'phags kyis 'di skad ces gsol to// bcom ldan 'das 'di na bdag gcig pu dben pa zhig na mchis pa'i tshe/ sems kyi yongs su rtog pa 'di lta bu skyes lags te/ bcom ldan 'das kyis rnam grangs du mar phung po rnams kyi rang gi mtshan nyid kyang bka' stsal/ skye ba'i mtshan nyid dang/ 'jig pa'i mtshan nyid dang/ spang ba dang yongs su shes pa yang bka' stsal/ phung po rnams kyi ji lta ba bzhin du skye mched rnams dang/ rten cing 'brel par 'byung ba dang/ zas rnams kyi yang bka' stsal/ bcom ldan 'das kyis rnam grangs du mar bden pa rnams kyi mtshan nyid kyang bka' stsal/ yongs su shes pa dang spang ba dang mngon du bgyi ba dang/ bsgom pa yang(, 'ang) bka' stsal/ bcom ldan 'das kyis rnam grangs du mar khams rnams kyi rang gi mtshan nyid kyang bka' stsal/ khams sna

tshogs pa nyid dang/ khams du ma nyid dang/ spang ba dang/ yongs su shes pa yang(, 'ang) bka' stsal/ bcom ldan 'das kyis rnam grangs du mar dran pa nye bar gzhag(, bzhag) pa rnams kyi rang gi mtshan nyid kyang bka' stsal/ mi mthun pa'i phyogs dang/ gnyen po dang/ bsgon pa

kund du rtog pa'i mtshan nyid ma chags pas(illegible) 〔2〕 rkyend byas pas na'/ yongsu rdzogs pa'i mtshan nyid rab du shes so// yond tan 'byung gna'as de la byang chub sems dpa'as/ chos rnams gyi gzhan gyi dbang las/ mtshan 〔3〕 nyid la kund du rtog pa'i mtshan nyid ji ltar gyurd pa rab du shes na'/ mtshan nyid myed pa'i chos la ji ltar gyurd pa'ang rab du sheso// yond tand 'byung gna'as de la byang chub sems 〔4〕 dpa'as/ gzhan gyi dbang las mtshan nyid ji ltar gyurd pa rab du shes na'// nyon mongs pha'i mtshan nyid gyi chos ji ltar gyurd pa yang rab du shes so// yon tand 'byung gna'as de la 〔5〕 byang chub sems dpha'as yongsu rdzogs pa'i mtshan nyid ji ltar gyurd pa rab du shes na'/ rnam par dkar ba'i chos gyi mtshan nyid ji ltar gyurd pa yang rab du shes so// yon tan

F 11) 〔41 a 1〕 dpa'as/ bcom ldan 'da'as la 'di skad ces gsold to/ bcom ldan 'da'as/ 'di na bdag gcig pu dben ba na'/ sems sems nas/ sems 〔2〕 la kund du rtog pa shind du skyes pa ni/ bcom ldan 'da'as gyis gzhung du mas/ phung po rnams gyi bdagi mtshan nyid kund gyang bshad/ skye ba'i mtshan nyid dang/ 'bri 〔3〕 ba'i mtshan nyid dang/ spang ba dang kund shes pa yang kund bshad de/ phung po rnams ji lta ba de bzhin du/ 'du mched rnams gyi dang/ rkyend dang 'du ba tshogs 〔4〕 te byung ba'i rnams gyi dang/ zas rnams gyi dang/ bden ba rnams gyi bdagi mtshan nyid gyang/ bcom ldan 'da'as gyis kund bshad// kund shes pa dang spang ba dang 〔5〕 mngon bar bya ba dang/ bsgom ba yang kund bshad// bcom ldan 'da'as gyis gzhung du mas/ khams rnams gyi bdagi mtshan nyid gyang kund bshad/ khams sna

〔41 b 1〕 tshogs gyi ngo bo dang khams du ma'i ngo bo(illegible) dang spang ba dang kund shes pa yang kund bshad// bcom ldan 'da'as gyis gzhung du mas/ dran ba nye bar bzhag 〔2〕 pa rnams gyis bdagi mtshan nyid gyang kund bshad// log pa'i gnyen dang gnyen po dang

dang/ ma skyes pa rnams skye ba dang/ skyes pa rnams gnas pa dang/ mi bskyud pa dang/ slar zhing 'byung ba dang/ 'phel zhing yangs pa nyid kyang bka' stsal/ dran pa nye bar gzhag(, bzhag) pa rnams kyi ji lta ba bzhin du yang dag par spong ba rnams dang/ rdzu 'phrul gyi rkang pa rnams dang/ dbang po rnams dang/ stobs rnams dang/ byang chub kyi yan lag rnams kyi yang(, 'ang) bka' stsal/ bcom ldan 'das kyis rnam grangs du mar 'phags pa'i lam yan lag brgyad pa'i rang gi mtshan nyid kyang bka' stsal/ mi mthun pa'i phyogs dang/ gnyen po dang/ bsgom pa dang/

F 12) ma skyes pa rnams skye ba dang/ skyes pa rnams [18 a] gnas pa dang/ mi bskyud pa dang/ slar zhing 'byung ba dang/ 'phel zhing yangs pa nyid kyang bka' stsal la/ bcom ldan 'das kyis chos thams cad ngo bo nyid ma mchis pa/ chos thams cad ma skyes pa/ ma 'gags pa/ bzod(, gzod) ma nas zhi ba/ rang bzhin gyis yongs su mya ngan las 'das pa zhes kyang bka' stsal lags na/ bcom ldan 'das kyis ji ltar dgongs nas chos thams cad ngo bo nyid ma mchis pa/ chos thams cad ma skyes pa/ ma 'gags pa/ bzod(, gzod) ma nas zhi ba/ rang bzhin gyis yongs su mya ngan las 'das pa zhes bka' stsal snyam bgyid lags te/ bcom ldan 'das kyis ci la dgongs nas chos thams cad ngo bo nyid ma mchis [pa] (acc. L) / chos thams cad ma skyes pa/ ma 'gags pa/ bzod(, gzod) ma nas zhi ba/ rang bzhin gyis yongs su mya ngan las 'das pa zhes bka' stsal pa'i don de nyid bcom ldan 'das la bdag yongs su zhu lags so// de skad ces gsol pa dang/ bcom ldan 'das kyis byang chub sems dpa' don dam yang dag 'phags la 'di skad ces bka' stsal to// don dam yang dag 'phags khyod kyis(, kyi) sems kyi yongs su rtog pa/ dge ba tshul bzhin skyes pa legs so legs so// don dam yang dag 'phags khyod de ltar skye bo mang po la phan pa dang/ skye bo mang po la bde ba dang/ 'jig rten la snying brtse ba dang/ lha dang mir bcas pa'i skye dgu'i don dang/

bsgom ba dang ma skyes pa rnams bskyed pa dang/ skyes pa la gna'as shing 〔3〕 myi nyams pa dang shin du bsgom ba dang/ 'phel zhing shind du rgyas pa yang kund bshad de / dran ba nye bar bzhag pa rnams gyi ji lta ba de bzhind du/ gyung drung gyi 〔4〕 spang ba rnams gyi dang rdzu 'phrul gyi rkang pa rnams gyi dang/ dbang po rnams gyi dang stobs rnams gyi dang/ byang chub gyi yan lag rnams gyi dang 'phags pai (*sic*) 〔5〕 yan lag brgyad kyi lam rnams gyi bdagi mtshan nyid kyang bcom ldan 'da'as gyis kund bshad// log pa'i gnyen dang gnyen po dang bsgom ba dang

F 12) 〔37 a 1〕 ma skyes pa rnams bskyed pa dang/ skyes pa la gna'as shing/ myi nyams pa dang shind du bsgom ba dang/ 'phel zhing shind du rgyas pa yang kund bshad// yang bcom ldand 〔2〕 'da'as gyis bka' stsald pa'// ngo bo nyid myed pa ni chos thams chad de ma skyes pa ma bgags pa/ thog ma nas zhi ba rang bzhind gyis mya ngand las 'da'as pa ni/ chos thams 〔3〕 chad ces so// de skad ches gsol pa dang/ bcom ldand 'da'as gyis dond dam pa gyung drung 'phags byang chub sems dpa' la 'di skad ches bka' stsald to// khyod gyis dge 〔4〕 ba'i thabs sems la kund du rnam par rtog par skyes pa ni dge'o dge'o/ yang dond dam gyung drung 'phags khyod gyis yang dag par gshegs pa la/ de ltar 'di lta bu' 〔5〕 dond kund dris pa de ni khyod ji nas kyang 'gro ba mang po la phan ba'i phyir zhugs pa'o// 'gro ba mang po la bde ba'i phyir/ 'jig rten la brtre ba'i phyir/ (add. under the line) lha dang myir bcas pa dang skye dgu rnams gyi dond gyi

phan pa dang bde ba'i phyir zhugs te/ de bzhin gshegs pa la don 'di nyid 'dri bar sems pa ni yang (, 'ang) khyod legs so// don dam yang dag 'phags de'i phyir nyon cig dang/ ngas ci las dgongs nas chos thams cad ngo bo nyid med pa/ chos thams cad ma skyes pa/ ma 'gags pa/ bzod (, gzod) ma nas zhi ba/ rang bzhin gyis yongs su mya ngan las 'das pa zhes gsungs pa khyod la bshad par bya'o// don dam yang dag 'phags ngas chos rnams kyi ngo bo nyid med pa nyid rnam pa gsum po 'di lta ste/ 〔18 b〕 mtshan nyid ngo bo nyid med pa nyid dang/ skye ba (,bo) ngo bo nyid med pa nyid dang/ don dam pa ngo bo nyid med pa nyid las dgongs nas chos thams cad ngo bo nyid med pa'o zhes bstan to// don dam yang dag 'phags de la chos rnams kyi mtshan nyid ngo bo nyid med pa nyid gang zhe na/ kun brtags pa'i mtshan nyid gang yin pa'o// de ci'i phyir zhe na/ 'di ltar de ni ming dang brdar rnam par gzhag (, bzhag) pa'i mtshan nyid yin gyi/ rang gi mtshan nyid kyis rnam par gnas pa ni ma yin pas de'i phyir de ni mtshan nyid ngo bo nyid med pa nyid ces bya'o// don dam yang dag 'phags

F 13) chos rnams kyi skye ba ngo bo nyid med pa nyid gang zhe na/ chos rnams kyi gzhan gyi dbang gi mtshan nyid gang yin pa'o// de ci'i phyir zhe na/ 'di ltar de ni rkyen gzhan gyi stobs kyis byung ba yin gyi/ bdag nyid kyis ni ma yin pas de'i phyir skye ba ngo bo nyid med pa nyid ces bya'o// don dam yang dag 'phags chos rnams kyi don dam pa ngo bo nyid med pa nyid gang zhe na/ rten cing 'brel par 'byung ba'i chos gang dag skye ba ngo bo nyid med pa nyid kyis ngo bo nyid med pa de dag ni don dam pa'i ngo bo nyid med pa nyid kyis ngo bo nyid med pa yang (, 'ang) yin no// de ci'i phyir zhe na/ don dam yang dag 'phags chos rnams la rnam par dag pa'i dmigs pa gang yin pa de ni ngas don dam pa yin par yongs su bstan la/ gzhan gyi dbang gi mtshan nyid de ni rnam par dag pa'i dmigs pa ma yin pas de'i phyir don dam pa'i ngo bo nyid med pa

〔37 b 1〕 phyir/ phan ba'i phyir bde ba'i phyir ro// de bas na dond dam gyung drung 'phags nyond chig dang ngas ldem po ngag du bshad pa'// ngo bo nyid myed pa ni chos thams chad de ma skyes ma bgags 〔2〕 pha'/ thog ma nas zhi ba rang bzhin gyi mya ngan las 'da'as pa ni chos thams chad do shes byaste/ dond dam gyung drung 'phags chos thams shad la/ ngo bo nyid myed pa zhes bya ba ni/ ngo bo nyid 〔3〕 myed pa rnam gsum du ngas ldem po ngag du bshad pa'o// 'di lta ste mtshan nyid la ngo bo nyid myed pa dang/ skye ba la ngo bo nyid myed pa dang// don dam pa'i ngo bo nyid myed pa'o// 〔4〕 yang dond dam gyung drung 'phags/ chos rnams gyi mtshan nyid la/ ngo bo nyid myed pa gang zhe na/ gang kund du rtog pa'i mtshan nyid do// de ji'i phyir zhe na/ de ltar mying dang mtshan ma'i phyir 〔5〕 btags pa'i mtshan ma yind gyi/ bdagi mtshan ma nyid gyis btags pa ni ma yin no// de bas na de'i mtshan nyid la ngo bo nyid myed ces bya'o// yang don dam gyung drung 'phags

F 13)　〔S. No. 683, a 1〕 chos rnams gyi skye ba la ngo bo nyid myed pa gang zhe na/ gang chos rnams gyi gzhan gyi dbang las mtshan nyid do// de ji'i phyir zhe na/ de ltar de gzhan gyi rkyend gyi dbang gyis 'gyur 〔2〕 gyi// bdag rang gis ni ma yin no// de bas na skye ba la ngo bo nyid myed pa zhes bya'o// yang dond dam gyung drung 'phags/ chos rnams gyi dond dam pa la/ ngo bo myed pa gang zhe na/ gang 〔3〕 'di ltar chos rnams gyi/ skye ba la ngo bo nyid myed pas na' ngo bo nyid myed pa ste/ skyend dang 'du ba tshogs te byung ba rnamso// dond dam pa la ngo bo nyid myed pa'ang de'o[//] 〔4〕 de ji'i phyir zhe na/ don dam gyung drung 'phags/ gang chos rnams la/ rnam par dag phar dmyigs pa de ni/ ngas don dam pa zhes bshad do// yang de na gzhan gi dbang las(/) mtshan nyid la' 〔5〕 rnam phar dag par dmyigs pa ste/ de bas na don dam pa la ngo bo

nyid ces bya'o// don dam yang dag 'phags gzhan yang chos rnams kyi yongs su grub pa'i mtshan

nyid gang yin pa de yang(, 'ang) don dam pa ngo bo nyid med pa nyid ces bya'o// de ci'i phyir zhe na/ don dam yang dag 'phags chos rnams kyi chos bdag med pa gang yin pa de ni/ de dag gi ngo bo nyid med pa nyid ces bya ste/ de ni don dam pa yin la/ don dam pa ni chos thams cad kyi ngo bo nyid med pa nyid kyis rab tu phye ba yin pas de'i phyir don dam pa 〔19 a〕 ngo bo nyid med pa nyid ces bya'o// don dam yang dag 'phags de la 'di lta ste dper na/ nam mkha'i me tog ji lta ba de lta bur ni mtshan nyid ngo bo nyid med pa nyid blta bar bya'o// don dam yang dag 'phags de la 'di lta ste dper na/ sgyu ma byas pa ji lta ba de lta bur ni skye ba ngo bo nyid med pa nyid kyang blta bar bya/ don dam pa ngo bo nyid med pa nyid de las gcig kyang blta bar bya'o// don dam yang dag 'phags de la 'di lta ste dper na/ nam mka'i(, mka') gzugs kyi ngo bo nyid med pa nyid tsam gyis rab tu phye ba dang/ thams cad du song ba

G 14) thams cad du bral ba yin te/ rtag pa rtag pa'i dus dang/ ther zug ther zug gi dus su chos nyid de nyid kyis rnam par gnas pa 'dus ma byas pa gang yin pa de ni 'dus ma byas pa'i phyir ma skyes pa dang ma 'gags pa yin la/ de ni nyon mongs pa thams cad dang bral ba'i phyir gzod ma nas zhi ba dang/ rang bzhin gyis yongs su mya ngan las 'das pa yin te/ de'i phyir don dam pa ngo bo nyid med pa nyid chos bdag med pas rab tu phye ba las dgongs nas ngas chos thams cad ma skyes pa/ ma 'gags pa/ gzod ma nas zhi ba/ rang bzhin gyis yongs su mya ngan las 'das pa'o zhes bstan to// don dam yang dag 'phags ngas ni sems can gyi khams na sems can rnams kyis kun brtags pa'i ngo bo nyid ngo bo nyid kyis tha dad par mthong zhing gzhan gyi dbang gi ngo bo nyid dang/ yongs su grub pa'i ngo bo nyid kyang ngo bo nyid kyis tha dad par mthong na/

de'i phyir ngo bo nyid med pa nyid rnam pa gsum mi 'dogs kyi/ sems

nyid myed pa zhes bya'o// yang dond dam gyung drung 'phags// gang chos rnams gyi yongsu rdzogs pa'i mtshan

〔S. No. 683, b 1〕 nyid de yang/ ngas dond dam pa la ngo bo nyid myed pa zhes bshad do// de ji'i phyir zhe na dond dam gyung drung 'phags/ gang chos rnams gyi chos la bdag myed pa'o// 〔2〕 de ni de dag ste ngo bo nyid myed ces bya'o// dond dam pa yang de'o// dond dam pa ni chos thams chad gyi ngo bo nyid myed pa la rab du goms pa'o// de'i phyir na' dond dam 〔3〕 pa la ngo bo nyid myed pa zhes bya'o// de la dond dam gyung drung 'phags 'di lta ste nam ka'i me thog bzhin du mtshan nyid la ngo bo nyid myed par ltos shig// 〔4〕 de la dond dam gyung drung 'phags/ 'di lta ste sgyus byas pa bzhind du skye ba la ngo bo nyid myed phar ltos shig// de la yang cha gchig ni don dam pa la ngo bo 〔5〕 nyid myed par ltos shig// de la dond dam gyung drung 'phags 'di lta ste nam kha la gzugs gyi ngo bo nyid myed pa tsam ba dang/ kund du 'gro bar goms

G 14) 〔56 a 1〕 [thams] chad dang bral bas rtag pa yun du rtag pa/ brtan ba yun du brtan bar/ chos nyid nyid kyis 'dug pa ste 'dus ma byas pa'o// de ma skyes pa'o/[/] de ma bgags 'dus ma 〔2〕 byas pa'i phyir/ de thog ma nas zhi ba/ rang bzhin mya ngan las 'das pa ste/ mya ngan thams chad (la) dang bral ba'i phyir ro// de lta bas na chos bdag myed pa yang/ 〔3〕 shin du bsgoms pa yang/ don dam pa la/ ngo bo nyid myed par/ ngas ldem po ngag du bshad pa/ ma skyes pa/ ma bgags pa/ thog ma nas zhi ba/ 〔4〕 rang bzhin gyis mya ngan las 'das pa ni/ chos thams chad do// don dam gyung drung 'phags sems chan gyi khams na/ sems chan rnams kyis so so 〔5〕 kun du rtog pa'i ngo bo nyid la/ ngo bo nyid du myi mthong so sor gzhan gyi dbang las/ ngo bo nyid dang/ yongs su rdzogs pa'i ngo bo nyid la/ ngo bo nyid du myi mthong ste/

〔56 b 1〕 de'i phyir na ngas/ ngo bo nyid myed pa rnam pa gsum gzhag

can rnams gzhan gyi dbang dang yongs su grub pa'i ngo bo nyid la kun brtags pa'i ngo bo nyid du sgro brtags nas/ gzhan gyi dbang dang yongs su grub pa'i ngo bo nyid la kun brtags pa'i ngo bo nyid kyi mtshan nyid rjes su tha snyad 'dogs te/ ji lta ji ltar rjes su tha snyad 'dogs pa de lta de ltar tha snyad brtags pas yongs su bsgos pa'i sems tha snyad btags pa dang rjes su 'brel ba(, pa) 'am/ tha snyad btags pa bag la nyal gyis gzhan gyi dbang 〔20 a〕 dang yongs su grub pa'i ngo bo nyid la kun brtags pa'i ngo bo nyid kyi mtshan nyid du mngon par zhen no// ji lta ji ltar mngon par zhen pa de lta de ltar gzhan gyi dbang gi ngo bo nyid la kun brtags pa'i ngo bo nyid du mngon par zhen pa'i rgyu de dang/ rkyen des phyi ma la gzhan gyi

H 15) med par lta ba thob nas kyang thams cad la mtshan nyid thams cad kyis skur pa 'debs te/ chos rnams kyi kun brtags pa'i mtshan nyid la skur pa 'debs/ chos rnams kyi gzhan gyi dbang gi mtshan nyid dang/ yongs su 〔23 a〕 grub pa'i mtshan nyid la yang(, 'ang) skur pa 'debs so// de ci'i phyir zhe na/ don dam yang dag 'phags 'di ltar gzhan gyi dbang [gi mtshan] (acc. L) nyid dang/ yongs su grub pa'i mtshan nyid yod na ni/ kun brtags pa'i mtshan nyid kyang rab tu shes par 'gyur(, gyur) na/ de la gang dag gzhan gi dbang gi mtshan nyid dang/ yongs su grub pa'i mtshan nyid la mtshan nyid med par mthong ba de dag gis ni kun brtags pa'i mtshan nyid la yang(, 'ang) skur pa btab pa yin pa'i phyir te/ de lta bas na de dag ni mtshan nyid rnam pa gsum char la yang(, 'ang) skur pa 'debs pa zhes bya'o// de dag ni nga'i chos la chos su 'du shes pa dang/ don ma(, dam) yin pa la don du 'du shes pa yin te/ nga'i chos la chos su 'du shes pa dang/ don ma yin pa la don du 'du shes pa de dag chos la yang(, 'ang) chos su 'dzin/ don ma yin pa la yang(, 'ang) don du 'dzin to//

de dag chos la mos pas dge ba'i chos rnams kyis 'phel mod kyi/ 'on

go// yang sems chan rnams kyis kun du rtog pa'i/ ngo bo nyid la/ gzhan gyi dbang las dang yongs 〔2〕 su rdzogs pa'i ngo bo nyid bcug nas// kun du rtog pa'i ngo bo nyid gyi mtshan nyid gyis/ gzhan gyi dbang las dang/ yongs su rdzogs pa'i ngo bo nyid la spyod do// ji 〔3〕 lta ji lta bur rjes su spyod pa de/ de lta de lta bur spyod pa la kun du bsgom ba'i sems kyis/ spyod pa'i rjes su rab du rig pa 'am/ spyod pa'i rjes su slong bas 〔4〕 kun du rtog pa'i ngo bo nyid gyi mtshand nyid gyis// gzhan gyi dbang las dang yongsu rdzogs pa'i ngo bo nyid la mngon bar zhen to// ji lta bu ji lta bur mngon bar zhen 〔5〕 pa/ de lta bu de lta bur/ gzhan gyi dbang las ngo bo nyid kun du rtog pa'i ngo bo nyid la mngon bar zhen pas/ de'i rgyu dang de'i rkyen gyis ma 'ongs pa'i gzhan gyi

H 15) 〔39 a 1〕 myed par lta ba rab du thob nas/ thams chad la mtshan nyid thams chad kyis bskur to/ de dagis kun du rtog pa'i mtshan nyid kyi chos rnams la (missing)
〔2〕 nyid dang/ yongs su rdzogs pa'i mtshan nyid kyi chos rnams la yang bskur to// de ji'i phyir zhe na/ don dam gyung drung 'phags/ gzhan gyi (missing)
〔3〕 nyid yod pas/ kun du rtog pa'i mtshan nyid mngon no// de la gang de dag gis gzhan gyi dbang las/ mtshan nyid dang/ yongs (missing)
〔4〕 kyi mtshan nyid kyang myed par sems te bskur to// de bas na de dag gis mtshan nyid gsum la yang bskur ces bya'o// de (missing)
〔5〕 ma yin ba la dond du 'du shes so// de dag chos la chosu 'dzin/ don ma yin ba la don du 'du shes so// de dag chos (missing)

〔39 b 1〕 kyi/ de dag chos la dad bas/ dge ba'i chos 'phel lo// 'on

kyang don ma yin pa la mngon par zhen pas shes rab las yongs su nyams par 'gyur te/ shes rab las yongs su nyams na dge ba'i chos shin tu(, du) rgya che ba dang/ shin tu dpag tu med pa rnams las kyang yongs su nyams par 'gyur ro// de dag las gzhan dag gis chos la chos su dang/ don ma yin pa la don du thos nas gang dag lta ba la dga' bar byed pa de dag ni chos la chos su 'du shes pa dang/ don ma yin pa la don du 'du shes pas chos la chos su dang/ don ma yin pa la don du mngon par zhen par 'gyur te/ de dag gzhi des na de bzhin du dge ba'i chos las nyams par rig par bya'o// gang dag lta ba la dga' bar mi byed pa de dag ni de dag las chos rnams kyi ngo bo nyid med pa nyid thos shing chos rnams kyi skye ba med pa dang/ 'gag pa med pa dang/ gzod ma nas zhi ba dang/ rang bzhin gyis yongs su mya ngan las 'das pa thos

H 16) nas skrag cing dngang la kun tu dngang bar 'gyur zhing 'di skad ces 'di ni sangs 〔23 b〕 rgyas kyi bka' ma yin gyi/ 'di ni bdud kyis smras pa yin no zhes kyang zer zhing de ltar rig nas mdo sde de dag la skur pa 'debs par byed/ spong bar byed/ mi bsngags pa brjod par byed/ ngan du brjod par byed/ gzhi des na phongs pa chen po 'thob par 'gyur zhing las kyi sgrib pa chen pos kyang reg par 'gyur ro// gzhi des kyang gang dag skye bo phal po che la las kyi sgrib pa chen po 'thob pas bslu (, slu) bar byed pa/ mtshan nyid thams cad med par lta zhing don ma yin pa don du ston par byed pa de dag ni las kyi sgrib pa chen po dang ldan par nga smra'o// don dam yang dag 'phags de la sems can gang dag dge ba'i rtsa ba ma bskyed/ sgrib pa yongs su ma dag/ rgyud yongs su ma smin/ mos pa mi mang/ bsod nams dang ye shes kyi

tshogs yang dag par ma grub cing/ drang po dang drang po'i rang bzhin can ma yin la rtog pa dang sel mi nus la/ rang gi lta ba mchog tu 'dzin par gnas pa de dag gis ni chos de thos na/ nga'i dgongs te bshad pa yang(, 'ang) yang dag pa ji lta ba bzhin du rab tu mi shes shing chos de

gyang chos ma yin ba la chags pas/ shes rab (missing)

〔2〕 shin du tshad myed pa'i dge ba'i chos kun 'bri bar 'gyur ro// gzhan gyis gyang de las chos la chos nyid du ba dang (missing)

〔3〕 shes pa'i rjesu 'thob bo// de dag gis gyang chos la' chosu 'du shes pa dang/ dond ma yin ba la don du (missing)

〔4〕 la don du chags nas/ dai (add. under the line) gzhis na/ de'i gzhis na/ de dag de lta bur dge ba kund bri bar shes par bya'o// gang dag lta ba la (illegible, missing)

〔5〕 ngo bo nyid myed pa' thos zhing myi skye ba dang/ ma bgags pa dang/ thog ma nas zhi ba dang/ rang bzhind gyis mya ngand las 'da' (missing)

H 16) 〔43 a 1〕 shing rab du bskragste/ shind du 'jigs par gyur nas// 'di skad du smra ba ni/ 'di sangs rgyas gyi tshig ma yind gyi/ 'di bdud gyis smras pha nyid do zhes/ rig 〔2〕 par byas nas// mdo sde de dag la bskurd cing/ bgegs byed/ smod par byed/ kund du smra bar byed de/ de'i phyir yang nyes pa rgyas pa 'thob/ rgyas pa'i las gyis bsgribs 〔3〕 pas gyang reg ste/ de'i phyir yang de dag gis/ mtshand nyid thams shad myed par lta bas/ dond ma yind ba la dond du 'chad pa de dag/ las gyis bsgribs pa rgya chen 〔4〕 po dang ldan ba ngas bshado// de dag gis 'gro ba mang po phal po che dag la/ las gyi bsgribs pa'i chen po bslu bas bslu so// de la dond dam gyung drung 'phags/ sems 〔5〕 can gang dge ba'i rtsa ba ma bskyed pha dag/ bsgribs pa yongsu ma dag pa dag// bsam ba yongsu ma smyind pa dag// dad pa myi mang ba dag/ bsod nams dang ye shes gyi

〔43 b 1〕 tshogs ma bsags pa dang myi drang ba dag/ drang po'i rigs ma yin ba rnams te/ rtog ching chud pa dang/ bdagi lta bas reg nas/ gzhog nus su zind gyang de dag 〔2〕 gis/ chos de thos pa dang/ ngas ldem po ngag du bshad pha'/ ji lta bu rab du myi shes/ chos de dag gyang myi

la mos par yang mi 'gyur la/ de dag chos la chos ma yin par 'du shes shing/ don la don ma yin par 'du shes la/ chos la yang (, 'ang) chos ma yin pa dang/ don la yang (, 'ang) don ma yin par mngon par zhen nas 'di skad ces/ 'di ni sangs rgyas kyi bka' ma yin gyi/ 'di ni bdud kyis smras pa yin no zhes kyang zer zhing de ltar rig nas mdo sde dag la skur pa 'debs par byed/ spong bar byed/ mi bsngags pa brjod par byed/ ngan du brjod (, rjod) par byed cing lhad kyang 'jug par byed de/ rnam grangs du mar mdo sde de dag

I 17) bdag gcig pu pa//

mya ngan 'da' bar (, 'das par) byed pa'i sems can dpag tu med//
gang dag mya ngan 'das kyang sems can mi gtong ba'i//
brtan pa snying rje ldan pa de dag shin tu dkon//
gang grol de dag rnams kyi zag pa med pa'i dbyings//
phra zhing bsam gyis mi khyab mnyam zhing bye brag med//
thams cad don grub sdug bsngal nyon mongs spangs pa ste//
gnyis su brjod pa ma yin bang (, pa de, bde ?) zhing brtan pa yin//

de nas de'i tshe bcom ldan 'das la byang chub sems dpa' don dam yang dag 'phags kyis 'di skad ces gsol to// bcom ldan 〔24 b〕 'das ji tsam du sangs rgyas bcom ldan 'das rnams kyis dgongs te gsungs pa phra ba/ mchog tu phra ba zab pa/ mchog tu zab pa rtogs par dka' ba/ mchog tu rtogs par dka' ba ni ngo mtshar rmad du byung ba lags so// bcom ldan

'das bcom ldan 'das kyis bka' stsal pa'i don bdag gis 'di ltar 'tshal te/ rnam par rtog pa'i spyod yul kun brtags pa'i mtshan nyid kyi gnas 'du byed kyi mtshan ma la/ gzugs kyi phung po zhes ngo bo nyid kyi mtshan nyid dam/ bye brag gi mtshan nyid du ming dang brdar rnam par gzhag pa dang/ gzugs kyi phung po skye'o zhe 'am/ 'gag go zhe 'am/ gzugs kyi phung po spang ba dang/ yongs su shes pa zhes ngo bo nyid kyi mtshan

chud/ de dag gis chos la yang/ chos ma yin bar 'du shes 〔3〕 don la yang don ma yind bar 'du shes par 'gyurd/ de dag gis chos la yang chos ma yind bar 'du shes pa dang/ dond la yang dond ma yind bar 'du shes nas/ de' 〔4〕 dag chos la yang chos ma yind ba' dang/ dond la yang dond ma yind bar chags te/ 'di skadu smra'o// 'di sangs rgyas gyi tshig ma yin gyi/ 'di bdud gyis 〔5〕 smras par rig par byas nas/ bskurd par byed// bgegs byed/ smod par byed/ kund du smra bar byed/ lhad 'jug par yang byed/ gzhung du mas gyang mdo sde de dag

I 17) 〔35 a 1〕 bdag rang gchig pu mya ngand zlo//
mkhas shing snying rje chand ni shind du dkond//
mya ngand 'da'as gyang sems chan myi gtong ba'o//
zag myed dbyings 〔2〕 ni phra zhing bsam myi khyab
su grold de las thub par de 'phags te//
thams shad dond grub nyon mongs sdug bsngald spangs//
myi gnyis rab bshad 〔3〕 rtag du bde bar ro/ / /

de nas dond dam gyung drung 'phags/ byang chub sems dpa'as/ de'i tshe bcom ldan 'da'as 〔4〕 la 'di skad ces gsol to// bcom ldan 'da'as/ zab pa shind du zab pa/ chud dka' ba/ shind du chud dka' ba'/ phra ba shind du phra ba'i bar du sangs 〔5〕 rgyas bcom ldan 'da'as gyis/ ldem po ngag du bshad pa/ ngo mtshar to rmad do/ bcom ldan 'da'as bdag gis/ de bzhin du bcom ldan

〔35 b 1〕 'da'as gyis bshad pa'i dond kund 'tshald te/ gang rnam par rtog pa'i spyod yul dang/ kund du rtog pa'i mtshan nyid gyi gna'as dang/ 〔2〕 'du byed gyi mtshan ma la/ gzugs gyi phung pho zhes par/ ngo bo nyid gyi mtshan nyid dam/ bye bragi mtshan nyid du/ mying dang mtshan mas rnam par btags 〔3〕 pa dang/ gzugs gyi phung po skye ba zhes pa'am/ 'gog pa zhes pa'am gzugs gyi phung po spang ba dang kund shes pa zhes/ ngo

nyid dam/ bye brag gi mtshan nyid du ming dang brdar rnam par gzhag pa gang lags pa de ni kun brtags pa'i mtshan nyid lags te/ de la brten nas bcom ldan 'das chos rnams kyi mtshan nyid ngo bo nyid ma mchis pa nyid 'dogs par mdzad lags so// rnam par rtogs pa'i spyod yul kun brtags pa'i mtshan nyid kyi gnas

J 18) ma mchis pa nyid 'dogs par mdzad lags so// rnam par rtog pa'i spyod yul kun brtags pa'i mtshan nyid kyi gnas 'du byed kyi mtshan ma gang lags pa de ni gzhan gyi dbang gi mtshan nyid lags te/ de la brten nas bcom ldan 'das chos rnams kyi skye ba ngo bo nyid ma mchis pa nyid dang/ don dam pa ngo bo nyid ma mchis pa de las gcig kyang 'dogs par mdzad lags so// bcom ldan 'das bcom ldan 'das kyis bka' stsal pa'i don bdag gis 'di ltar 'tshal te/ rnam par rtog pa'i spyod yul kun brtags pa'i mtshan nyid kyi gnas kyi 'du byed kyi mtshan ma de nyid kun brtags pa'i mtshan nyid der yongs su ma 〔25 b〕 grub cing ngo bo nyid de kho nas ngo bo nyid ma mchis pa nyid chos bdag ma mchis pa/ de bzhin nyid rnam par dag pa'i dmigs pa gang lags pa de ni yongs su grub pa'i mtahan nyid lags te/ de la brten nas bcom ldan 'das chos rnams kyi don

dam pa ngo bo nyid ma mchis pa nyid de las gcig 'dogs par mdzad lags so// sdug bsngal 'phags pa'i bden pa la ji lta ba de bzhin du bden pa lhag ma rnams la yang(, 'ang) de bzhin du sbyar bar bgyi lags so// bden pa rnams la ji lta ba bzhin du dran pa nye bar gzhag pa rnams dang/ yang dag par spong ba rnams dang/ rdzu 'phrul gyi rkang pa rnams dang/ dbang po rnams dang/ stobs rnams dang/ byang chub kyi yan lag rnams dang/ lam kyi yan lag rnams kyi yan lag re re la yang(, 'ang) de bzhin du sbyar bar bgyi lags so// bcom ldan 'das bcom ldan 'das kyis bka' stsal pa'i don bdag gis 'di ltar 'tshal te/ rnam par rtog pa'i spyod yul kun brtags pa'i mtshan nyid kyi gnas 'du byed kyi mtshan ma la yang dag pa'i ting nge 'dzin zhe 'am/ ting nge 'dzin gyi mi mthun pa'i phyogs dang gnyen po

bo nyid 〔4〕 kyi mtshan nyid dam/ bye bragi mtshan nyid du nying dang mtshan mas rnam par btags pa de ni/ kund du rtog pa'i mtshan nyid de/ de'i phyir bcom ldan 'das 〔5〕 kyis/ chos rnams gyi mtshan nyid la/ ngo bo nyid myed par rab du bzhago// gang rnam par rtog pa'i spyod yul dang/ kund du rtog pa'i mtshan nyid gyi gna'as/

J 18) 〔53 a 1〕 myed par rab du bzhago/ gang yang der rnam par rtog pa'i spyod yul dang/ de kun du rtog pa'i mtshan nyid gi gna'as dang/ 'du byed gi mtshan ma de ni/ gzhan gi dbang las 〔2〕 mtshan nyid de// de'i phyir bcom ldan 'da'as gyis/ chos rnams gyi skye ba la'// ngo bo nyid myed par rab du bzhag go// de la cha gchig ni don dam pa la/ ngo bo nyid myed pa 〔3〕 ste/ de ltar bcom ldan 'da'as gis bshad pa'i don/ kun bdagis 'tsald to// gang rnam par rtog pa'i spyod yul gi dang kun du rtog pa'i mtshan nyid gi gnas 〔4〕 gi dang/ 'du byed gi mtshan ma de'i la kund du rtog pa'i mtshan nyid gis/ yongsu myi 'grub ste/ de nyid gi ngo bo nyid gis myed pa/ chos la bdag myed pa/ yang dag 〔5〕 pa nyid rnam par dag pa la/ de(illegible) dmyigs pa de ni/ yongsu rdzogs pa'i mtshan nyid de// de'i phyir bcom ldan 'das kyis de la cha gchig ni/ dond

〔53 b 1〕 dam pa la ngo bo nyid myed par rab du bzhago// 'phags pa'i sdug bsngal bden ba ji lta ba de bzhin du/ lhag ma rnams la yang de bzhin du'o/ 〔2〕 bden ba rnams ji lta ba de bzhin du/ dran ba nye bar bzhag pa rnams dang/ gyung drung gyi spang ba rnams dang/ rdzu 'phrul gyi rna (*sic*) rkang pa rnams dang/ dbang po rnams dang/ stobs 〔3〕 rnams dang/ byang chub gi yan lag rnams dang/ lam gyi yan lag rnams la ste/ de re re la yang de bzhin du'o// de ltar bcom ldan 'das 〔4〕 bcom ldan 'das gyis bshad pa'i don bdagis 'tshal to// gang rnam par rtog pa'i spyod yul dang/ kun du rtog pa'i mtshan nyid gi gnas 〔5〕 dang// 'du byed gi mtshan ma la/ gyung drung gyi ti nge 'dzin ces pa dang/ ti nge 'dzin gyi log pa'i gnyen dang/ gnyen po zhes pa dang/ ti nge 'dzin

zhe 'am/ ting nge 'dzin

J 19) sgom(, bsgom) pa zhe 'am/ ma skyes pa skye ba zhe 'am/ skyes pa gnas pa dang/ mi bskyud pa dang/ slar zhing 'byung ba dang/ 'phel zhing rgyas pa nyid ces ngo bo nyid kyi mtshan nyid dam/ bye brag gi mtshan nyid du ming dang brdar rnam par gzhag pa gang lags pa de ni kun brtags pa'i mtshan nyid lags te/ de la brten nas bcom ldan 'das chos rnams kyi mtshan nyid ngo bo nyid ma mchis pa nyid 'dogs par mdzad lags so// rnam par rtog pa'i spyod yul kun brtags pa'i mtshan nyid kyi gnas/ 'du byed kyi mtshan ma gang lags pa de ni gzhan gyi dbang gi mtshan nyid lags te/ de la brten nas bcom ldan 'das chos rnams kyi skye ba ngo bo nyid ma mchis pa nyid dang/ don dam pa ngo bo nyid ma 〔26 a〕 mchis pa de las gcig kyang 'dogs par mdzad lags so// bcom ldan 'das bcom ldan 'das kyis bka' stsal pa'i don

bdag gis 'di ltar 'tshal te/ rnam par rtog pa'i spyod yul kun brtags pa'i mtshan nyid kyi gnas 'du byed kyi mtshan ma de nyid kun brtags pa'i mtshan nyid der yongs su ma grub cing ngo bo nyid de kho nas ngo bo nyid ma mchis pa nyid chos bdag ma mchis pa de bzhin nyid rnam par dag pa'i dmigs pa gang lags pa de ni yongs su grub pa'i mtshan nyid lags te/ de la brten nas bcom ldan 'das chos rnams kyi don dam pa ngo bo nyid ma mchis pa de las gcig 'dogs par mdzad lags so// bcom ldan 'das 'di lta ste/ dper bgyi na bca' sga ni phye ma'i sman sbyar ba dang/ bcud kyis len sbyar ba thams cad du stsal bar bgyi ba lags so// de bzhin du chos rnams kyi ngo bo nyid ma mchis pa nyid las brtsams/ skye ba ma mchis pa dang/ 'gag pa ma mchis pa dang/ gzod ma nas zhi ba dang/ rang bzhin gyis yongs su mya ngan las

K 20) ji ltar bsams pa'i chos de dag nyid nang du ting nge 'dzin gyi spyod yul gzugs brnyan du so sor rtog par byed/ mos par byed do// de ltar

J 19) 〔33 a 1〕 bsgom ba zhes pha dang ma skyes pa (illegible) bskyed ces pa dang/ skyes nas 'dug cing ma nyams pa dang/ phyir zhing rgya cher rab du 'phel ba zhes/ ngo bo nyid gi mtshan 〔2〕 nyid dam/ bye bragi mtshan nyid du mying dang mtshan mas// rnam par btags pa de ni kun du rtog pa'i mtshan nyid de/ de'i phyir bcom ldan 'das gis/ chos rnams 〔3〕 gi mtshan nyid la/ ngo bo nyid myed par rab du gzhag go// gang yang rnam par rtog pa'i spyod yul dang/ kun du rtog pa'i/ mtshan nyid gi gnas 〔4〕 dang// 'du byed gi mtshan ma de ni gzhan gyi dbang las mtshan nyid de/ de'i phyir bcom ldan 'das gis/ chos rnams gi skye ba la/ ngo 〔5〕 bo nyid myed par rab du gzhag go// de la/ cha gchig ni dond dam pa la ngo bo nyid myed pa ste/ de ltar bcom ldan 'da'as gyis bshad pha'i dond/ kund

〔33 b 1〕 bdag gis 'tshal to// gang rnam par rtog pa'i spyod yul gyi dang/ kund du rtog pa'i mtshan nyid gyi gna'as gyi dang/ 'du byed gyi mtshan ma de'i la/ kund du rtog pa'i 〔2〕 mtshan nyid gyis/ yongsu myi 'grubste/ de nyid gyi ngo bo nyid gyis ngo bo nyid myed pa chos la bdag myed pa/ yang dag pa nyid rnam par dag pa la dmyigs pa de ni yongsu 〔3〕 rdzogs pa'i mtshan nyid de/ de'i phyir bcom ldan 'da'as gyis/ de la cha gchig ni/ dond dam pa la ngo bo nyid myed par rab du bzhago// 'di lta ste bcom 〔4〕 ldan 'da'as/ sga btags pa'i smand ni/ tshe bsrings pa'i smand gyi phye ma sbyar ba thams shad du stsald 'tshal bar 'gyur ro// de bzhin du bcom 〔5〕 ldan 'da'as gyis/ chos rnams gyi ngo bo myed pha 'di dag brtsams pa ni/ myi skye ba myi 'gog pa thog ma nas zhi ba rang bzhin gyis mya ngand las

K 20) 〔31 a 1〕 de dag ji ltar bsam ba'i chos rnams/ nang gyi thi nge 'dzind kyi spyod yul la gzugs brnyan du rtog cing dad par byed nas/ bsam

ting nge 'dzin gyi spyod yul gzugs brnyan de dag la shes 〔29 a〕 bya'i don de rnam par 'byed pa dang/ rab tu rnam par 'byed pa dang/ yongs su rtog pa dang/ yongs su dpyod pa dang/ bzod pa dang/ 'dod pa dang/ bye brag 'byed pa dang/ lta ba dang/ rtog pa gang yin pa de ni lhag mthong zhes bya ste/ de ltar na byang chub sems dpa' lhag mthong la mkhas pa yin no// bcom ldan 'das byang chub sems dpa' de la sems la dmigs pa'i sems nang du yid la bgyid pa na/ ji srid du(, tu) lus shin tu sbyangs pa dang/ sems shin tu sbyangs pa ma thob pa de'i bar du yid la bgyid pa de la ci zhes bgyi/ byams pa zhi gnas ni ma yin te/ zhi gnas kyi rjes su 'thun pa'i mos pa dang mtshungs par ldan pa yin par brjod par bya'o// bcom ldan 'das byang chug sems dpa' de ji srid du lus dang sems shin tu(, du) sbyangs pa ma thob pa de'i bar du ji ltar legs par bsams pa'i chos de dag nang du ting nge 'dzin gyi spyod yul gzugs brnyan du yid la bgyid pa'i yid la bgyid pa de la ci zhes bgyi/ byams pa lhag mthong ni ma yin te/ lhag mthong gi rjes su 'thun pa'i mos pa dang mtshungs par ldan pa yin par brjod par bya'o// bcom ldan

'das zhi gnas kyi lam dang/ lhag mthong gi lam tha dad ces bgyi 'am/ tha dad pa ma lags shes bgyi/ bka' stsal pa/ byams pa tha dad pa yang(, 'ang) ma yin/ tha dad pa ma yin pa yang(, 'ang) ma yin zhes bya'o// ci'i phyir tha dad pa ma yin zhe na/ lhag mthong gi dmigs pa'i sems la dmigs pa'i phyir ro// ci'i phyir tha dad pa ma yin [pa ma yin] (acc. L) zhe na/ rnam par rtog pa dang bcas pa'i gzugs brnyan la [mi] (acc. L) dmigs pa'i phyir ro// bcom ldan 'das rnam par lta bar bgyid pa'i ting nge 'dzin gyi spyod yul gzugs brnyan gang lags pa de ci lags/ sems de dang tha dad pa zhes bgyi 'am/ tha dad pa ma lags shes bgyi/ byams pa tha dad pa ma yin zhes bya'o// ci'i phyir tha dad pa [ma] (acc. L) yin zhe na/ gzugs brnyan de 〔29 b〕 rnam par rig pa tsam du zad pa'i phyir te/ byams pa rnam par shes pa ni(, pa'i, L) dmigs pa rnam par rig pa tsam gyis rab tu phye ba yin no zhes ngas bshad do// bcom ldan 'das

ba'i rnam pa spangste/ des 'di ltar tinge 'dzind kyi gzugs 〔2〕 brnyan de la shes pa'i don kun shes pa dang/ rab du shes pa dang/ kun du brtags pa dang/ kun du dpyad pa dang/ bzod pa dang mos pa dang/ bye brag phyed pa dang/ lta ba dang/ rtog pa 'di ni lhag mthong 〔3〕 zhes bya'o// de ltar na byang chub sems dpa' lhag mthong la mkhas pa (illegible) yino/ bcom ldan 'da'as byang chub sems dpa' sems kyis dmyigs shing/ nang gyi sems yid la 〔4〕 ni byed/ lus kyi rang dbang ngam/ sems gyi rang dbang (dpang, *sic*) ma thob kyi bar du/ yid la byed pa la ji zhes bgyi// byams pa zhi gnas ma yin te/ zhi gna'as kyi rjesu 'thun ba'i dad pa dang ldan 〔5〕 ba'o// bcom ldan 'das/ byang chub sems dpa'/ lus dang sems gyi rang dbang ma thob gyi bar du// nang gyi ting nge 'dzind kyi spyod yul gyi gzugs brnyan yid la byed pa la 〔6〕 ji ltar bsams pa'i/ chos de yid la byed pa la ji zhes bgyi// byams pa lhag mthong (illegible) ma yin te// lhag mthong gyi rjesu 'thun ba'i dad pa dang ldan ba'o// bcom ldan

〔31 b 1〕 'das/ zhi gnas kyi lam/ lhag mthong gyi lam las gzhan zhes bgyi 'am/ gzhan ma lags shes bgyi// bka' stsald pa gzhan ma yin gzhan ma yin 〔2〕 ba yang ma yin zhes bya'o// ji'i phyir gzhan ma yin zhe na/ lhag mthong gyis dmyigs pa'i sems la dmyigs pa'i phyiro// ji phyir na gzhan ma yin ba yang ma yin zhe 〔3〕 na/ rnam par rtog pa dang bcas pa'i gzugs brnyan la dmyigs pa'i phyiro (illegible)// bcom ldan 'da'as/ gang tinge 'dzind kyi spyod yul gyi gzugs brnyan la/ lhag mthong byed pa'i 〔4〕 sems/ de las de ji gzhan zhes bgyi'am gzhan ma lags shes bgyi// byams pa gzhan ma yin zhes bya'o// ji phyir na gzhan ma yin zhe na/ rnam par rig pa tsam 〔5〕 gyi phyir te/ gzugs brnyan de la dmyigs pa rnam par rig pa tsam du rab du bsgoms pa ste/ byams pa ngas rnam par rig pa zhes bshado// bcom ldan 'da'as 'o na spyod yul gyi gzugs brnyan 〔6〕 de sems de las gzhan ma lags na/ de ji ltar sems/ de nyid kyis sems de nyid la

ting nge 'dzin gyi spyod yul gzugs(, gi zugs) brnyan de gal te gzugs sems de las tha dad pa ma lags na/ sems de nyid kyis sems de nyid la ji ltar rtog par bgyid lags/ bka' stsal pa/ byams pa de la chos gang yang chos gang la yang(, 'ang) rtog par mi byed mod kyi/ 'on kyang de ltar skyes pa'i sems gang yin pa de [ni](acc. L) de ltar snang ngo// byams pa 'di lta ste

L 21) 'dres pa'i chos la dmigs pa'i zhi gnas dang/ lhag mthong de gang la rtogs shing gang la 'thob par 'tshal bar bgyi lags/ bka' stsal pa/ byams pa sa dang po rab tu(, du) dga' ba la ni rtogs pa yin la/ sa gsum pa 'od byed pa la ni thob par rig par bya ste/ byams pa de lta mod kyi/ byang chub sems dpa' las dang po pas kyang de la rjes su slab cing yid la bya ba mi gtang bar bya'o// bcom ldan 'das ji ltar na zhi gnas dang/ lhag mthong rtog pa dang bcas shing dpyod pa dang bcas pa'i ting nge 'dzin du 'gyur 〔32 a〕 ba lags/ ji ltar rtog pa ma mchis shing dpyod pa tsam du 'gyur ba lags/ ji ltar na rtog pa ma mchis pa dang dpyod pa ma mchis par 'gyur ba lags/ byams pa ji ltar bzung zhing brtags pa dang/ dpyad(, dpyod) pa'i chos rnams la de dag gi mtshan ma gsal zhing rags (, rigs) pa myong ba'i rjes su dpyod pa'i zhi gnas dang

lhag mthong gang yin pa de ni/ rtog pa dang bcas shing dpyod pa dang bcas pa'i ting nge 'dzin yin no// de dag nyid kyi mtshan ma gsal zhing rags(, rigs) pa myong ba'i rjes su dpyod pa ma yin mod kyi/ 'on kyang de snang ba 'od kyi(, 'ol byi) dran pa tsam phra mo myong ba'i(, pa'i) rjes su dpyod pa'i zhi gnas dang/ lhag mthong gang yin pa de ni rtog pa med cing dpyod pa tsam gyi ting nge 'dzin yin no// de dag gi mtshan ma la thams cad kyi thams cad du lhun gyis grub par chos myong ba yid la byed pas rnam par dpyod pa'i zhi gnas dang lhag mthong gang yin pa de ni rtog pa med pa dang dpyod pa med pa'i ting nge 'dzin yin no// byams pa yang yongs su tshol ba las byung ba'i zhi gnas dang lhag mthong

brtag/ bka' stsal pa byams [pa] chos gang yang chos gang la yang rtog pa myed mod kyi/ de ltar sems skyes pas de de ltar snango 'di lta ste byams pa (illegible)

L 21) 〔55 a 1〕 gis 'dus pa'i chos 'di la dmyigs pa'i zhi gnas dang/ lhag mthong rab du chud/ gang gis rab du thob pa 'tshal par bgyi'// bka' stsal pa'/ 〔2〕 byams pa chud pa ni/ sa dang po ba ste 'di lta ste rab du dga' ba'o// 'thob pa ni gsum pa ste/ 'od byed par rig par bya'o// byams pa yang las thog ma pa'i 〔3〕 byang chub sems dpa'as kyang/ de dag gi rjes su bslab cing yid la gzung ba myi gzhig par bya'o// bcom ldan 'da'as/ ji lta bu ji ltar na'/ lhag 〔4〕 mthong dang zhi gna'as rtog pa dang bcas/ dpyod pa dang bcas pa'i ti nge 'dzin lags// ji ltar na myi rtog myi dpyod pa lags// bka' stsal pa 〔5〕 byams pa ji ltar bzung ba dang/ brtags pa dang dpyad pa'i chos gyi mtshan ma gsal zhing cher 'byung ba'i rjesu myong ba dang/ dpyod pa'i zhi gna'as dang

〔55 b 1〕 lhag mthong 'di ni/ rtog pa dang bcas/ dpyod pa dang bcas pa'i tinge 'dzind do/ mtshan ma de la gsal zhing che ba ma yin bar myong ba'i rjes su dpyod gyang/ de'i 〔2〕 snang ba la dran ba tsam gyi phra mos myong ba'i rjes su/ dpyod pa'i zhi gna'as dang lhag mthong 'di ni// myi rtog ching dpyod pa tsam gyi ti nge 'dzind to// thams chad kyi yang thams chad du/ de'i 〔3〕 mtshan ma/ lhun gyis grub pa'i chos kyi rjesu myong ba yid la' 'dzin ching dpyod pa'i lhag mthong dang/ zhi gna'as/ 'di ni myi rtog myi dpyod pa'i ti nge 'dzind to// byams 〔4〕 pa yang kun du tshol ba'i lhag mthong dang/ zhi gna'as de yang/ rtog pa dang bchas/ dpyod pa dang bcas pa'i ti nge 'dzind to// gang rab du rtog pa'i de ni/ myi

gang yin pa de ni rtog pa dang bcas shing dpyod pa dang bcas pa'i ting nge 'dzin yin no// so sor rtog pa las byung ba gang yin pa de ni/ rtog pa med cing dpyod pa tsam gyi ting nge 'dzin yin no// 'dres pa'i chos la dmigs pa gang yin pa de ni rtog pa med pa dang/ dpyod pa med pa'i ting nge 'dzin yin no// bcom ldan 'das zhi gnas

M 22) rnam pa rab tu dbye ba'i mtshan nyid dang/ gnas dang gnas par 'brel ba'i (, pa'i) mtshan nyid dang/ yongs su shes pa la sogs pa'i bar du gcod pa'i chos kyi mtshan nyid dang/ rjes su 'thun pa'i chos kyi mtshan nyid dang/ yongs su mi shes pa la sogs pa dang/ yongs su shes pa la sogs pa'i nyes dmigs dang/ phan yon gyi mtshan nyid do// byams pa de la khams kyi don ni khams lnga ste/ 'jig rten gyi khams dang/ sems can gyi khams dang/ chos kyi khams dang/ 'dul ba'i khams dang/ 'dul ba'i thabs kyi khams te/ byams pa don rnam pa gsum po de dag gis kyang don thams cad bsdus par rig par bya'o// bcom ldan 'das thos pa las byung ba'i shes rab kyis don so so yang dag par rig pa gang lags pa dang/

bsams pa las byung ba'i shes rab kyis don so so yang dag par 〔35 b〕 rig pa gang lags pa dang/ bcom ldan 'das zhi gnas dang lhag mthong bsgoms pa las byung ba'i shes rab kyis don so so yang dag par rig pa gang lags pa de dag la tha dad du bgyi ba ci mchis lags/ bka' stsal pa/ byams pa byang chub sems dpa' (, dpa'as) thos pa las byung ba'i shes rab kyis ni tshig 'bru la (, brul) gnas pa/ sgra ji bzhin pa/ dgongs pa med pa/ mngon du ma gyur pa/ rnam par thar pa'i rjes su 'thun pa/ rnam par thar par byed pa ma yin pa'i don so so yang dag par rig par byed do// byams pa bsams pa las byung ba'i shes rab kyis ni tshig 'bru la gnas pa kho na yin la/ sgra ji bzhin ma yin pa/ dgongs pa can/ mngon du gyur pa/ rnam par thar pa'i rjes su ches (, chos) 'thun pa/ rnam par

M 23) thar par byed pa ma yin pa'i don so so yang dag par rig par

rtog ching 〔5〕 dpyod pa tsham gyi ti nge 'dzind to// gang ma (add. under the line) 'dus pa'i chos la dmyigs pa de ni/ myi rtog myi dpyod pa'i ti nge 'dzin to// bcom ldan 'da'as zhi gnas

M 22) 〔26 a 1〕 rnam pa tha (thad, *sic*) dad pa'i mtshan (illegible) rnam pa tha dad pa'i mtshan nyid dang gna'as la gna'as pa 'brel pa'i mtshan nyid dang// kun shes pa las 〔2〕 stsogs pa'i bar du gchod pai chos gyi mtshan nyid dang 'thun ba'i mtshan nyid dang/ kun myi shes pa las stsogs pa dang/ kun shes pa la stsogs 〔3〕 pa la nyes pa dang/ yon tan gyi mtshan nyid do// de la byams pa khams gyi dond ni khams lnga ste/ 'jig rten gyi khams dang sems 〔4〕 chan gyi khams dang/ chos gyi khams dang/ gdul ba'i khams dang/ gdul ba'i thabs gyi khams so// byams pa dond de gsum gyis 〔5〕 gyang/ don thams chad sdus par shes par byos shig// bcom ldan 'da'as/ gang thos pa'i shes rab gyis don rab du rig pa dang

〔26 b 1〕 bcom ldan 'da'as/ gang sems pa'i shes rab gyis dom rab du rig pa dang/ bcom ldan 'da'as/ gang zhi gna'as dang/ lhag 〔2〕 mthong/ bsgom ba'i shes rab gyis// don rab du rig pa 'di rnams gyi rnam pa ji lta bu// bka' stsald pa// byams pa/ byang chub sems 〔3〕 dpa'/ thos pa'i shes rab gyis ni/ yi ge la gna'as te/ sgra ji bzhin du'i/ bsam ba'i kho na ma yin te// rnam par grol ba dang 〔4〕 'thun ba mngon bar ma yin bas rnam par grol ba'i don rab du myi rig pa'o// byams pa/ sems pa'i shes rab gyis ni/ yi ge la gna'as 〔5〕 pa nyid ltar/ sgra ji bzhin du ni ma yin mod gyi bsams pa'i kho nas rnam par thard pa dang/ rab du 'thun bar ni yid la myi byed de/ rnam par

M 23) 〔29 a 1〕 grol ba'i don rab du myi rig go// byams pa/ byang

byed do// byams pa byang chub sems dpa' (dpa'as) bsgom pa las byung ba'i shes rab kyis ni tshig 'bru la gnas pa dang/ tshig 'bru la gnas pa ma yin pa dang/ sgra ji bzhin pa dang/ dgongs pa can dang/ shes bya'i dngos po dang cha 'thun pa'i ting nge 'dzin gyi spyod yul gyi gzugs brnyan gyis mngon du gyur pa/ rnam par thar pa'i rjes su ches shin tu(, du) 'thun pa/ rnam par thar par byed pa'i don kyang so sor yang dag par rig par byed do// byams pa de dag gi tha dad du bya ba ni de yin no zhes bcom ldan 'das kyis bka' stsal to// bcom ldan 'das byang chub sems dpa' zhi gnas dang/ lhag mthong sgom pa chos so sor yang dag par rig pa dang/ don so so yang dag par rig pa'i shes pa ni gang lags/ mthong ba ni gang lags/ byams pa nga ni shes pa dang/ mthong ba rnam grangs du mas ston par byed mod kyi/ 'on kyang mdor bsdus te bshad par bya'o// 'dres pa'i chos

la dmigs pa'i zhi gnas dang/ lhag mthong gi shes rab〔36 a〕gang yin pa de ni shes pa yin no// ma 'dres pa'i chos la dmigs pa'i zhi gnas dang/ lhag mthong gi shes rab gang yin pa de ni mthong ba yin no// bcom ldan 'das byang chub sems dpa' zhi gnas dang/ lhag mthong bsgom pas yid la bgyid pa gang gis mtshan ma gang ji ltar rnam par sel bar bgyid lags/ byams pa de bzhin nyid yid la byed pas chos kyi mtshan ma dang/ don gyi mtshan ma rnam par sel bar byed la/ ming la ming gi ngo bo nyid mi dmigs shing de'i gnas mtshan ma yang dag par rjes su mi mthong bas rnam par sel lo// ming la ji lta ba bzhin du tshig dang/ yi ge dang/ don thams cad la yang(, 'ang) de bzhin(, bzhi ni) du rig par bya'o// byams pa khams kyi bar la khams

M 24) kyi ngo bo nyid mi dmigs shing/ de'i gnas kyi mtshan ma yang (, 'ang) yang dag par rjes su mi mthong bas rnam par sel lo// bcom ldan 'das ci lags/ de bzhin nyid kyi don so so(, sor) yang dag par rig pa'i mtshan ma gang lags pa de yang(, 'ang) rnam par sel bar bgyid lags sam/

chub sems dpa' bsgoms ba'i shes rab gyis ni/ yi ge la gna'as pa dang/ yi ge la myi gna'as pa dang 〔2〕 sgra ji bzhin ba dang/ bsam ba'i kho nas shes pa'i dngos po la/ ngo bo nyid gyi ti nge 'dzin gyi spyod yul gyi gzugs brnyan gyis rnam par thard pa dang/ rab 〔3〕 du 'thun ba mngon bar byed de// rnam par thard pa'i don rab du rig pa'o// byams pa de ni de dag gi bye brag go zhes/ bcom ldan 'da'as gyis 〔4〕 bka' stsald to// bcom ldan 'da'as/ zhi gnas dang lhag mthong bsgom ba'i byang chub sems dpa'/ chos rab du rig pa dang/ don rab du rig pa'i 〔5〕 ye shes ni gang/ lta ba ni gang/ byams pa ngas gzhung du mar/ ye shes dang lta ba bshad mod gyi/ mdor bshad do// gang 'dus pa'i chos

〔29 b 1〕 la/ dmyigs pai (*sic*) zhi gnas dang/ lhag mthong gyi shes rab de ni ye shes so// gang ma 'dus pa'i chos la dmyigs pa'i shes rab de ni/ lta ba'o// 〔2〕 bcom ldan 'da'as zhi gnas dang/ lhag mthong bsgom ba'i/ byang chub sems dpa' yid la byed pa gang gyis/ mtshan ma 〔3〕 gang la/ ji ltar rnam par sgom// byams pa yang dag pa nyid yid la byed pas chos gyi mtshan ma dang don gyi mtshan ma 〔4〕 rnam par/ sgom ste/ de mying dang/ mying gyi ngo bo nyid gyang/ myi dmyigs shing/ de'i gna'as gyi mtshan ma yang/ myi mthong bar rnam par/ 〔5〕 bsgom mo// mying la ji lta ba bzhin du tshig dang yi ge dang don thams chad la'ang/ rig par bya'o// byams pa khams gyi bar du khams (illegible)

M 24) 〔27 a 1〕 kyi ngo bo nyid gyang/ myi dmyigs shing/ de'i gna'as gyi mtshan ma yang myi mthong bar rnam par bsgom mo// bcom ldan 'da'as gang yang dag pa nyid/ rab du rig pa'i mtshan ma 〔2〕 de yang/ ji rnam par bsgom 'am// byams pa yang dag pa nyid gyi dond rab du rig pa

byams pa de bzhin nyid kyi don so so yang dag par rig pa la ni mtshan ma med de mi dmigs na/ de la ci zhig rnam par sel bar 'gyur te/ byams pa de bzhin nyid kyi don so so yang dag par rig pas ni/ chos dang don gyi mtshan ma thams cad zil gyis gnon gyi de ni gang gis kyang zil gyis gnon (, mnan) par bya ba yin par nga mi (, ma) smra'o// bcom ldan 'das bcom ldan 'das kyis (, kyi) chab rnyog pa can mchis pa'i snod kyi dpe dang/ me long yongs su ma dag pa'i dpe dang/ mtshe'u 'khrugs pa'i dpes ji ltar rang gi (, rang) bzhin gyi mtshan ma brtag par mi nus pa de las bzlog pa ni nus pa de bzhin du ma bsgoms pa'i sems kyis yang dag pa ji lta ba bzhin shes par mi nus kyi/ bsgoms pas ni nus so zhes bka' stsal pa gang 〔36 b〕 lags pa de la sems kyis

so sor brtag pa ni gang lags/ de bzhin nyid ni gang las dgongs te (, de) bka' stsal pa ni gang lags/ bka' stsal pa/ byams pa sems kyis so sor brtag pa rnam pa gsum gyi phyir te/ thos pa las byung ba'i sems kyis so sor brtag pa dang/ bsams pa las byung ba'i sems kyis so sor brtag pa dang/ bsgom pa las byung ba'i sems kyis so sor brag pa'o// rnam par rig pa'i de bzhin nyid las dgongs te yangs su bstan pa yin no// bcom ldan 'das byang chub sems dpa' de ltar chos dang don so so (, sor) yang dag par rig pa dang/ mtshan ma rnam par sel ba la zhugs pa'i mtshan ma du zhig ni rnam par bsal dka' ba dag lags la/ gang gis ni de dag rnam par sel lags/ byams pa bcu ste/ de dag ni stong pa nyid kyis rnam par sel lo// bcu gang zhe na/ chos kyi don so so (, sor) yang dag par rig par byed pa'i tshig dang/ yi ge'i mtshan ma sna tshogs gang yin pa de ni chos thams cad stong pa nyid kyis

M 25) rnam par sel lo// gnas pa'i de bzhin nyid kyis don so so yang dag par rig par byed pa'i skye ba dang/ 'jig pa dang/ gnas pa dang/ gzhan du 'gyur ba (, pa) nyid kyi rgyun gyi rjes su 'jug pa'i mtshan ma gang yin pa de ni mtshan nyid stong pa nyid dang/ thog ma dang tha ma med pa

la/ mtshan ma myed cing/ myi dmyigs pa na/ ji de la rnam par sgom bar 'gyur 〔3〕 'am// byams pa yang dag pa nyid gyi don rab du rig pas chos thams chad gyi don gyi mtshan ma zil gyis gnon de/ de la ni gang gyis 〔4〕 gyang/ zil gyis gnod to zhes nga myi (smra'o// bcom ldan 'das gang bcom ldan 'das kyis gsungs (illegible) snod kyi chu rnyog pa can gyi dpe dang yongsu ma dag pa mye long gyi dpe dang rdzing bu dkrugs pa'i dpes, add. under the line) ji ltar bdagi bzhin gyi mtshan ma la brtag pa'i skal ba myed pa dang/ bzlog na skal yod do zhes pa de bzhin du 〔5〕 ma bsgoms pa'i sems gyis ni/ yang dag pa ji lta bu ba shes pa'i skal ba myed/ bsgoms pas ni skal ba yod do zhes pa de// sems gyi

〔27 b 1〕 rtog pa gang la/ yang dag pa nyid/ gang gyis ldem po ngag du bshad// bka' stsald pa// byams pa (add. under the line) sems gyi rtog pa rnam gsum gyis te// thos pa'i sems 〔2〕 gyi rtog pa dang/ sems pa'i sems gyi rtog pa dang/ bsgom ba'i sems kyi rtog pa la/ rnam par rig pa'i yang dag pa nyid gyis ldem po ngag du bshad 〔3〕 do// bcom ldan 'da'as chos gyi don/ rab du rig pa'i byang chub sems dpa' de bzhin du// mtshan ma la rnam par sgom bar zhugs 〔4〕 pa'i mtshan ma rnam par bsgom ba dkar ba ni du lags gang gyis na/ de bsgom// byams pa/ stong pa'i nyid bcus ste/ de rnam par bsgom 〔5〕 mo// bcu gang zhe na chos gyi don rab du rig nas gang rnam pa sna tshogs gyi yi ge'i mtshan ma la chos thams chad stong pa' nyid gyis de

M 25) 〔57 a 1〕 rnam par bsgom mo// chags pa'i yang dag pa nyid gyi don rab du rig nas gang skye ba dang 'jig pa dang gna'as pa dang/ gzhan du 'gyur ba'i rgyun gyi rjes su 'jug 〔2〕 pa'i mtshan ma la/ mtshan nyid stong pa nyid dang/ thog ma dang mtha' ma myed pa'i stong pa nyid

stong pa nyid kyis rnam par sel lo/ 'dzin pa'i don so so yang dag par rig par byed pa'i 'jig tshogs la lta ba'i (, pa'i) mtshan ma dang/ nga'o snyam pa'i mtshan ma gang yin pa de ni nang stong pa nyid dang/ mi dmigs pa stong pa nyid kyis rnam par sel lo// gzung ba'i (, pa'i) don so so (, sor) yang dag par rig par byed pa'i longs spyod la lta ba'i (, pa'i) mtshan ma gang yin pa de ni phyi stong pa nyid kyis rnam par sel lo// yongs su longs spyod pa'i don du skyes pa dang/ bud med kyi bsnyen bkur dang yo byad dang 〔37 a〕 ldan pa so so (,sor) yang dag par rig par byed pa'i nang gi bde ba'i mtshan ma dang/ phyi rol gyi

sdug pa'i mtshan ma gang yin pa de ni phyi stong pa nyid dang/ rang bzhin stong pa nyid kyis rnam par sel lo// gnas kyi don so so (,sor) yang dag par rig par byed pa'i tshad med pa'i mtshan ma gang yin pa de ni chen po stong pa nyid kyis rnam par sel lo// gzugs med pa la brten te/ (L om. la brten te, ad. 11 words instead) nang gi zhi ba'i rnam par thar pa'i mtshan ma gang yin pa de ni 'dus byas stong pa nyid kyis rnam par sel lo// mtshan nyid kyi de bzhin nyid kyi don so so (, sor) yang dag par rig par byed pa'i gang zag bdag med pa'i mtshan ma dang/ chos bdag med pa'i mtshan ma dang/ rnam par rig pa tsam kyi mtshan ma dang/ don dam pa'i mtṣhan ma gang yin pa de ni mtha' las 'das pa stong pa nyid dang/ dngos po med pa stong pa nyid dang/ dngos po med pa'i ngo bo

M 26) nyid stong pa nyid dang/ don dam pa stong pa nyid kyis rnam par sel lo// rnam par dag pa'i de bzhin nyid kyi don so so (, sor) yang dag par rig par byed pa'i 'dus ma byas kyi mtshan ma dang/ 'gyur ba med pa'i mtshan ma gang yin pa de ni 'dus ma byas stong pa nyid dang/ dor ba med pa stong pa nyid kyis rnam par sel lo// mtshan ma de'i gnyen po stong pa nyid de nyid yid la byed pa'i stong pa nyid kyi mtshan ma gang yin pa de ni stong pa nyid stong pa nyid kyis rnam par sel lo// bcom ldan 'das mtshan ma rnam pa bcu rnam par sel bar bgyid na/ mtshan ma gang

gyis/ de rnam par bsgom mo// 'dzin pa'i don rab du rig nas/ 〔3〕 gang bdag tu lta ba'i mtshan ma dang/ bdag ces pa'i mtshan ma la// nang gyi stong pa nyid dang/ myi dmyigs pa'i stong pa nyid gyis/ de rnam 〔4〕 phar bsgom mo// gzung ba'i don rab tu rig nas/ gang long spyod pa la lta ba'i mtshan ma la/ phyi'i stong pa nyid gyis/ de rnam par bsgom mo// kun 〔5〕 du longs spyod pa'i dond/ gyog bud med dang/ skyes pa pa dang/ yo byad dang/ ldan ba/ rab tu rig nas/ gang nang gyi bde ba'i mtshan ma dang/ phyi rol gyi

〔57 b 1〕 dge ba'i mtshan ma la/ phyi nang gyi stong pa nyid dang/ rang bzhin gyi stong pa nyid gyis/ de rnam par bsgom mo// gnas pa'i dond rab du rig nas 〔2〕 gang tshad myed pa'i mtshan ma la/ stong pa chen po nyid gyis/ de rnam par bsgom mo// gzugs myed pa blangs pa'i phyir/ nang rab du rig nas 〔3〕 gang zhi ba rnam par thard pa'i mtshan ma la/ 'dus byas/ stong pa nyid gyis/ de rnam par bsgom mo// mtshan nyid gyi yang dag pha' 〔4〕 nyid 'gyi dond/ rab du rig nas/ gang gang zag la/ bdag myed pa'i mtshan ma dang/ chos la bdag myed pa'i mtshan ma dang/ rnam par rig pa 〔5〕 tsam gyi mtshan ma dang/ dond dam pa'i mtshan ma la/ rab tu stong pa nyid dang/ ngo bo nyid myed pa'i stong pa nyid dang/ ngo bo myed pa'i ngo bo

M 26) 〔30 a 1〕 nyid gyi stong pa nyid dang/ dond dam pa'i stong pa nyid gyis// de rnam par bagom mo// rnam par dag pa'i yang dag pa nyid gyi don rab du rig nas/ gang 'dus ma byas pa'i (pai *sic*) 〔2〕 mtshan ma dang/ rnam pa myed pa'i mtshan ma la/ 'dus ma byas pa stong pa nyid dang/ rnam pa myed pa'i stong pa nyid gyis/ de rnam par bsgom mo// de dag nyid stsogs pa'i mtshan 〔3〕 ma rnams gyi gnyen po/ stong pa nyid/ yid la byed pa ste/ gang stong pa nyid gyi mtshan ma de la/ stong pa nyid gi stong pa nyid gyis/ de rnam par bsgom mo// bcom 〔4〕 ldan 'da'as/

rnam par sel bar bgyid cing 'ching ba'i mtshan ma gang las yongs su grol bar 'gyur lags/ byams pa ting nge 'dzin gyi spyod yul gzugs brnyan gyi mtshan ma rnam par sel bar byed cing kun nas nyon mongs pa'i 'ching ba'i (acc. L, mtshan ma'i, *sic*) mtshan ma las yongs su grol bar 'gyur ba de yang rnam par sel lo//

byams pa stong pa nyid de dag ni dngos su na mtshan ma de dag gi gnyen por gyur pa 〔37 b〕 yin par rig par bya'o// re re yang('ang) mtshan ma thams cad kyi gnyen por mi 'gyur ba ni ma yin no// byams pa 'di lta ste dper na/ ma rig pa nas(, ni) rga shi'i bar gyi kun nas nyon mongs pa grub par mi byed pa [ma](acc. L) yin mod kyi/ nye ba dang shin tu(, du) nye ba'i rkyen(, rgyen) nyid yin pa'i phyir/ dngos su na 'du byed 'grub par byed pa yin par bstan pa bzhin du 'di la yang(, 'ang) tshul de bzhin du blta bar('par) bya'o// bcom ldan 'das theg pa chen po la byang chub sems dpa' rnams kyis gang rtogs na stong pa nyid kyi mtshan nyid la mngon pa'i nga rgyal ma mchis pas rab tu nyams par mi 'gyur ba'i stong pa nyid kyi mtshan nyid bsdus pa gang lags/ de nas bcom ldan 'das kyis byang chub sems dpa' byams pa la legs so zhes bya ba byin te/ byams pa

M 27) khyod de ltar byang chub sems dpa' rnams stong pa nyid las rab tu nyams par mi 'gyur bar bya ba'i phyir/ de bzhin gshegs pa la khyod don 'di nyid 'dri ba legs so legs so// de ci'i phyir zhe na/ byams pa byang chub sems dpa' stong pa nyid las rab tu nyams pa ni theg pa chen po mtha' dag las kyang rab tu nyams par 'gyur ba'i phyir ro// byams pa de'i phyir nyon cig dang/ stong pa nyid kyi mtshan nyid bsdus pa khyod la bshad par bya'o// byams pa gzhan gyi dbang gi mtshan nyid dang/ yongs su grub pa'i mtshan nyid rnam pa thams cad du kun nas nyon mongs pa dang/ rnam par byang ba'i(, pa'i) kun brtags pa'i mtshan nyid dang/ shin tu rnam par bral ba'i mtshan nyid dang/ de la de [mi] (acc. L) dmigs pa

mtshan ma rnam pa bcu la/ rnam par bsgom na gang rnam par bsgom mtshan ma gang las rnam par dgrol/ byams pa ti nge 'dzin gyi spyod yul 〔5〕 gyi gzugs brnyan gyi mtshan ma la rnam par bsgom na// nyon mongs pas bchings pa'i mtshan ma la/ yongs su 'grol de/ de yang rnam par bsgom mo[//]

〔30 b 1〕 byams pa stong pa nyid 'di rnams// gtso bo bas mtshan ma rnams gyi gnyen por gyur bar rig par bya'o// re res gyang mtshan ma thams chad gyi gnyen 〔2〕 po ma yin ba ma yin no// byams pa/ de lta ste/ ma rig pa'i rga shi bar du/ nyon mongs pa myi skyed pa ma yin te/ gtso bor ni 'du byed skyed par mthong ste 〔3〕 nye ba dang/ shin du nye bar 'dug pa'i rkyen gyi phyir 'di la yang/ de(da, *sic*) lta bu'i tshul du ltos shig// bcom ldan 'da'as stong pa nyid rnams gyi stong pa nyid gyi 〔4〕 mtshan ma nyid gyi mdo rgag(*sic*)/ byang chub sems dpa'as shes nas/ nga rgyal ma mchis par/ stong pa nyid gi mtshan nyid la/ myi rtsol bar myi 'gyur 〔5〕 ba gang lags// de nas bcom ldan 'da'as kyis(add. under the line, illegible) byams pa'i byang chub sems dpa' la dge ba byin de/ dge'o/ dge'o/ byams pa' gang

M 27) 〔32 a 1〕 khyod gyis yang dag par gshegs pa la/ 'di'i don dris pa ni ji nas gyang byang chub sems dpa' rnams gyi stong pa nyid/ myi rtsol par 〔2〕 myi 'gyur ba'i phyir ro// de ji'i phyir zhe na'/ byams pa byang chub sems dpa'as/ stong pa nyid ma rtsol pa ni// theg pa chen po 〔3〕 thams chad ma rtsol pa yin no// de bas na byams pa/ stong pa nyid gyi mtshan nyid gyi mdo mshad(*sic*) gyis nyon cig// byams pa 〔4〕 gang gzhan gi dbang las mtshan nyid dang/ yongs su rdzogs pa'i mtsan nyid la/ rnam pa thams chad du/ nyon mongs pa dang/ rnam par dkar ba' 〔5〕 kun du(/) rtog pa'i mtshan nyid gis shin du spangs te/ de de la myi dmyigs pa 'di ni/ theg pa chen po stong pa thams chad gyi

gang yin pa de ni theg pa chen po la stong pa nyid kyi mtshan nyid bstan pa zhes

bya'o// bcom ldan 'das zhi gnas dang lhag mthong dag gi(, gis) ting nge 'dzin du zhig bsdus lags/ bka' stsal pa/ byams pa ngas nyan thos rnams dang/ byang chub sems dpa' rnams dang/ de bzhin gshegs pa rnams kyi ting nge 'dzin rnam pa du ma bstan pa gang yin pa de dag thams cad 〔38 a〕 bsdus par rig par bya'o// bcom ldan 'das zhi gnas dang/ lhag mthong rgyu gang las byung ba lags/ byams pa tshul khrims rnam par dag pa'i rgyu las byung ba dang/ thos pa dang bsams pa las byung ba'i lta ba rnam par dag pa'i rgyu las byung ba yin no// bcom ldan 'das de dag gi 'bras bu gang lags par brjod par bgyi/ byams pa sems rnam par dag pa ni 'bras bu yin/ shes rab rnam par dag pa ni 'bras bu yin no// byams pa yang (nyan thos rnams kyi 'am/ byang chub sems dpa' rnams kyi 'am/ de bzhin gshegs pa rnams kyi) dge ba'i chos 'jig rten pa dang/ 'jig rten las 'das pa thams cad

N 28) choms par gyur pa'o// bcom ldan 'das byang chub sems dpa' zhi gnas dang lhag mtbong la zhugs pas rnam pa du dag gis sems rnam par gyeng bar 'tshal bar bgyi lags/ bka' stsal pa/ byams pa rnam pa lngas te/ yid la byed pa'i rnam par gyeng ba dang/ phyi rol du sems rnam par gyeng ba dang/ nang du sems rnam par gyeng ba dang/ mtshan ma'i rnam par gyeng ba dang/ gnas ngan len gyi rnam par gyeng bas so// byams pa gal te byang chub sems dpa' theg pa chen po dang ldan pa'i yid la byed pa btang ste/ nyan thos dang/ rang sangs rgyas dang ldan pa'i yid la byed par rab tu lhung na de ni yid la byed pa'i rnam par gyeng ba yin no// gal te phyi rol gyi 'dod pa'i yon tan lnga po dag dang/ 'du 'dzi dang/ mtshan ma dang/ rnam par rtog pa dang/ nye ba'i nyon mongs pa dang/ phyi rol gyi

dmigs pa rnams la sems rnam par 'phro bar gtong na de ni phyi rol

mtshan nyid ces

〔32 b 1〕 bya'o// bcom ldan 'da'as/ zhi gna'as dang/ lhag mthong du/ ti nge 'dzin chi snyed 'du'as/ rnam pa du mar nyan thos pa'i rnams dang/ byang chub sems 〔2〕 dpa' rnams dang/ yang dag par gshegs pa rnams gi ti nge 'dzin/ rnam pa du mar bshad pa de dag thams chad 'dus par shes par bya'o// bcom 〔3〕ldan 'da'as/ zhi gnas dang/ lhag mthong dag gi rgyu ji tshul khrims rnam par dag pa ni rgyu'o// thos pa dang sems dang/ lta ba rnam par 〔4〕 dag pa ni rgyu'o// bcom ldan 'da'as/ de dag gi 'bras bu ji zhes bgyi/ byams pa sems rnam par dag pa ni 'bras bu'o// shes rab 〔5〕 rnam par dag pa ni 'bras bu'o// yang byams pa 'jig rten dang 'jig rten las 'da'as pa thams chad gyi yon tan dang/ dge ba'i chos rnams

N 28) 〔42 a 1〕 bcom bar gyurd na'o// bcom ldan 'da'as/ lhag mthong dang/ zhi gna'as la zhugs pa'i byang chub sems dpa'as/ sems gyi 'khrug pa' 〔2〕 rnam pa du mchis par kund 'tsald// bka' stsald pa byams pa/ rnam pa lnga ste yid la byed pa'i 'khrug pa dang/ phyi rold gyi sems gyi 'khrug pa 〔3〕 dang/ nang gyi sems gyi 'khrug pa dang/ mtshan ma'i 'khrug pa' dang/ nyes pa sbom po 'khrug pa'o// byams pha gal te byang chub sems dpa'/ theg 〔4〕 pa chen po dang/ rab du ldan ba'/ yid la byed pa btang ste/ rang sangs rgyas dang/ nyan thos pa dang/ rab du ldan bar/ yid la byed par ltung ba de ni yid la' byed 〔5〕 pa'i 'khrug pa'o// gald te phyi rol gyi 'dod pa'i yon tan lnga la'// 'du zhing 'dzi ba'i mtshan ma dang/ rnam par rtog pa nye ba'i nyon mongs pa dang/ phyi rol du

〔42 b 1〕 dmyigs pa la'// sems gyi skabs 'byind pa'/ 'di ni phyi rol gyi

tu(, du) sems rnam par gyeng ba yin no// gal te rmugs pa dang gnyid kyis bying ba 'am/ snyoms par 'jug pa'i ro myang ba 'am/ snyoms par 'jug pa'i nye ba'i nyon mongs pa gang yang rung bas nyon mongs par gyur na/ de ni nang du sems rnam par gyeng ba yin no// gal te phyi rol gyi 〔39 a〕 mtshan ma la brten nas/ nang gi ting nge 'dzin gyi spyod yul gyi mtshan ma yid la byed na de ni mtshan ma'i rnam par gyeng ba yin no// gal te nang gi yid la byed pa la brten nas byung ba'i tshor ba la gnas ngan len gyi lus kyis nga'o snyam du rlom sems su byed na de ni gnas ngan len gyi rnam par gyeng ba yin no// bcom ldan 'das zhi gnas dang lhag mthong dag byang chub sems dpa'i sa dang po nas bzung ste/ de bzhin gshegs pa'i sa'i bar la gang gi gnyen po lags/ byams pa

N 29) zhi gnas dang lhag mthong sa dang po la ni ngan song ba'i nyon mongs pa dang/ las dang skye ba'i kun nas nyon mongs pa'i gnyen po yin no// gnyis pa la ni ltung ba phra mo'i 'khrul pa kun tu(, du) 'byung(, byung) ba rnams gyi'o// gsum pa la ni 'dod pa'i 'dod chags kyi'o// bzhi pa la ni snyoms par 'jug pa la sred pa dang/ chos la sred pa'i'o// lnga pa la ni 'khor ba dang/ mya ngan las 'das pa bdag la gcig tu mi phyogs pa nyid dang/ mngon du phyogs pa nyid kyi'o// drug pa la ni mtshan ma mang po kun tu(, du) 'byung ba'i'o// bdun pa la ni mtshan ma phra mo kun tu(, du) 'byung ba'i'o// brgyad pa la ni mtshan ma med pa la rtsol ba dang/ mtshan ma la dbang du ma gyur pa'i'o(, ba'i'o)// dgu pa la ni rnam pa thams cad du chos ston pa la dbang du ma gyur pa'i'o(, ba'i'o)// bcu pa la ni chos kyi sku yongs su rdzogs pa so so yang dag par rig pa mi 'thob

pa'i'o// byams pa zhi gnas dang lhag mthong de bzhin gshegs pa'i sa la ni nyon mongs pa dang shes bya'i sgrib pa shin tu(, du) phra ba mchog tu ches shin tu phra ba'i(, pa'i) gnyen po yin te/ de legs par bcom pas thams cad la chags pa med pa dang/ thogs pa(, ma) med pa'i shes pa

'khrug pa'o// gald te gnyid 'am snyom ba'am/ zhum ba'am/ snyoms par 'jug pa 〔2〕 la' myong ba'am/ gang yang rung bas snyoms par zhugs pa la'/ nye ba'i nyon mongs phas nye bar snyon smongs pa 'di ni/ nang gyi 'khrug po'o// gald te phyi rol 〔3〕 gyi mtshan ma la' gna'aste/ nang gyi ti nge 'dzind gyi spyod yul gyi mtshan mar yid la byed pa' 'di ni/ mtshan ma'i 'khrug pa'o// gald te nang gyi 〔4〕 yid la byed pa de rkyend las skyes par shes la nyes pa sbom po'i gzugs gyis/ bdagi so/ snyam ba ni nyes pa sbom po'i 'khrug pa'o// bcom ldan 〔5〕 'da'as/ lhag mthong dang zhi gna'as dag/ byang chub sems dpa'i sa dang pho nas bzung nas yang dag par gshegs pa'i sa'i bar du gang gi gnyen po byams pa

N 29) 〔28 a 1〕 lhag mthong dang zhi gna'as/ sa dang po la ni/ ngan song gyi nyon mongs pha dang// las dang tshe'i nyon mongs pa'i gnyen po'o// gnyis la ni ltung ba' 〔2〕 phra mos 'khrul ba'i gti mugs kund du spyod pa'i'o// gsum la ni 'dod pa'i 'dod chags gyi'o// bzhi la ni snyoms par 'jug pa'i 〔3〕 sred pa dang/ chos la sred pa'i'o(pai'o, *sic*)// lnga la ni 'khor ba dang mya ngan las(illegible) 'da'as pa la gchig du ba la'/ skyo zhing mngon bar byed pa'i'o// drug la ni mtshan ma 〔4〕 mang po mngon bar spyod pa'i'o// bdun la ni mtshan ma phra mo mngon bar spyod pa'i'o// brgyad la ni mtshan ma la myed pa la myi spyod pa'i dang/ mtshan ma'i 〔5〕 dbang du byed pa'i'o(pa'o, *sic*)// dgu la ni rnam pa thams chad du 'chad pa la myi dbang ba'i'o// bcu la ni chos gyi sku yongsu rdzogs pa' rab du myong ba' ma thob

〔28 b 1〕 pa'i'o// byams pa zhi gna'as dang lhag mthong/ yang dag par gshegs pa'i sa la ni nyon mongs pa dang// shes pa'i bsgribs pa shind du phra zhing rab du mchog 〔2〕 du phra ba'i gnyen po'o// de'i bsald nas ma chags pa/ myi choms pa' thams shad du/ ye shes gyi snang ba rab du thob

dang/ mthong ba thob cing dgos pa yongs su grub pa'i dmigs pa la chos (, cha shas) kyi sku shin tu rnam par dag pa la gnas pa〔39 b〕yin no// bcom ldan 'das byang chub sems dpa' zhi gnas dang lhag mthong la ji ltar sgrub na bla na med pa yang dag par rdzogs pa'i byang chub mngon par rdzogs par 'tshang rgya bar 'gyur lags/ bcom ldan 'das kyis bka' stsal pa/ byams pa 'di la byang chub sems dpa' de nyid (L. om. de nyid) zhi gnas dang lhag mthong thob nas/ de bzhin nyid rnam pa bdun las brtsams te/ ji ltar thos pa dang/ bsams pa'i chos rnams mnyam par

O 30) lag des yongs su rdzogs pa yin yang ltung ba phra mo'i 'khrul pa kun tu(, du) 'byung ba dag la shes bzhin du spyod par mi nus pas de yan lag des yongs su ma rdzogs pa yin te/ de yan lag de yongs su rdzogs par bya ba'i phyir 'bad pas de yang(, 'ang) 'thob po(, bo)// de yan lag des yongs su rdzogs pa yin yang 'jig rten pa'i ting nge 'dzin yongs su rdzogs pa la snyoms par 'jug pa dang thos pa'i gzungs yongs su rdzogs pa thob par mi nus pas de yan lag des yongs su ma rdzogs pa yin te/ de yan lag de yongs su rdzogs par bya ba'i phyir 'bad pas de yang(, 'ang) 'thob po (, bo)//〔43 b〕de yan lag des yongs su rdzogs pa yin yang byang chub kyi phyogs dang mthun(, 'thun) pa'i chos ji ltar thob pa dag gis de la mang du gnas par

bya ba dang snyoms par 'jug pa la sred pa dang/ chos la sred pa las sems lhag par btang snyoms su 'jug mi nus pas de yan lag des yongs su ma rdzogs pa yin te/ de yan lag de yongs su rdzogs par bya ba'i phyir 'bad pas de yang(, 'ang) 'thob po(, bo)// de yan lag des yongs su rdzogs pa yin yang bden pa rnams rnam par dpyad pa dang/ 'khor ba dang mya ngan las 'das pa dag la gcig tu mi phyogs pa nyid dang/ mngon du phyogs pa'i yid la byed pa lhag par btang snyoms su bzhag ste/ thabs kyis yongs su zin pa'i byang chub kyi phyogs dang mthun(, 'thun) pa'i chos rnams bsgom par mi nus pas de yan lag des yongs su ma rdzogs pa yin te/ de yan

ste/ dgos pa yongsu grub pas/ dmyigs 〔3〕 pa la rab du rnam par dag pa'i chos gyi sku gna'as pa'o// bcom(illegible) ldan 'da'as ji ltar na' zhi gna'as dang lhag mthong la nan tan bgyid pa'i byang chub 〔4〕 sems dpa' bla na myed pa/ gyung drung du rdzogs pa'i byang chub du(illegible) mngon bar 'tshang rgya// bcom ldan 'da'as gyis bka' stsald pa'// byams pa byang chub 〔5〕 sems dpa'/ zhi gna'as dang lhag mthong rab du thob nas/ yang dag pa nyid rnam pa bdun brtsam ste/ ji ltar thos pa dang bsams pa' la' snyoms par

O 30) 〔49 a 1〕 lag de yongsu rdzogs pa yin no/ ltung ba phra mo'i 'khrul pa mngon bar spyod pa la'/ shes bzhin du spyod pa' 'gyur bar myi nus pas na'/ des yan lag 〔2〕 de dag yongsu ma rdzogs pa yind te// des yan lag de dag yongsu rdzogs par bya ba'i phyir// 'bad cing de thob par byed pas// des yan lag de dag 〔3〕 yongsu rdzogs pa yin no// 'jig rtend gyi ti nge 'dzind la(illegible) mnyam bar 'jug pa dang/ thos pa 'dzind pa yongsu rdzogs pa rab du thos par 〔4〕 myi nus pas na'/ des yan lag de dag yongsu ma rdzogs pa yind te/ des yan lag de dag yongsu rdzogs par bya ba'i phyir 'bad cing de thob par 〔5〕 byed pas/ des yan lag de dag yongsu rdzogs pa yind no// ji ltar byang chub gyi phyogs gyi chos rnams rab du thob pa de/ mang du spyod par

〔49 b 1〕 bya ba dang/ ti nge 'dzind du 'jug pa la sred ching/ chos la sred pa(illegible) sems btang snyomsu myi nus pas na'/ des yan lag de dag yongsu ma rdzogs pha yin 〔2〕 te/ des yan lag de dag yongsu rdzogs par bya ba'i phyir 'bad ching de thos par byed pas/ des yan lag de dag yongsu rdzogs pa yino 〔3〕 bden ba rnams la rnam par sgom ba dang/ 'khor ba dang/ mya ngand las 'da'as par gchig du ba la/ skyo zhing mngon bar yid la byed pa de/ btang 〔4〕 snyomsu byas te/ thabs gyis kun bzung ba(illegible) la'/ byang chub gyi phyogs gyi chos rnams bsgom bar myi nus pas na'/ des yan lag de dag yongsu 〔5〕 ma rdzogs pa yind te/ des

lag de yongs su rdzogs par bya ba'i phyir 'bad pas de yang(, 'ang) 'thob po(, bo)// de yan lag des yongs su rdzogs pa

P 31) chos la mngon par zhen pa kun tu rmongs pa dang/ ngan song ba'i nyon mongs pas kun tu(, du) nyon mongs pa(, ngan song ba'i kun tu nyon mongs pa kun tu rmongs pa, acc. L) dang/ de'i gnas ngan len mi mthun pa'i phyogs so// 〔45 a〕 gnyis pa la ni ltung(, lhung) ba phra mo'i 'khrul pa kun tu(, du) rmongs pa dang/ las kyi rnam par smin pa rnam pa sna tshogs la kun tu(, du) rmongs pa dang/ de'i gnas ngan len mi mthun pa'i phyogs so// gsum pa la ni 'dod pa'i 'dod chags kyi kun tu(, du) rmongs pa dang/ thos pa'i gzungs yongs su rdzogs pa la kun tu(, du) rmongs pa dang/ de'i gnas ngan len mi mthun pa'i phyogs so// bzhi pa la ni snyoms par 'jug pa la sred pa kun tu(, du) rmongs pa dang/ chos la sred pa kun tu(, du) rmongs pa dang/ de'i gnas ngan len mi mthun pa'i phyogs so// lnga pa la ni 'khor ba la gcig tu mi phyogs pa nyid dang/ mngon du phyogs pa nyid yid la byed pa kun tu(, du) rmongs pa dang/ mya ngan

las 'das pa la gcig tu mi phyogs pa nyid dang/ mngon du phyogs pa nyid yid la byed pa kun tu(, du) rmongs pa dang/ de'i gnas ngan len mi mthun pa'i phyogs so// drug pa la ni 'du byed kyi 'jug pa mngon sum du bya ba nyid la kun tu(, du) rmongs pa dang/ mtshan ma mang po kun tu 'byung ba kun tu rmongs pa dang/ de'i gnas ngan len mi mthun pa'i phyogs so// bdun pa la ni mtshan ma phra mo kun tu(, du) 'byung ba kun tu(, du) rmongs pa dang/ mtshan ma med pa gcig tu yid la byed pas thabs la kun tu rmongs pa dang/ de'i gnas ngan len mi mthun pa'i phyogs so// brgyad pa la ni mtshan ma med pa la rtsol ba kun tu(, du) rmongs pa dang/ mtshan ma rnams la mi dbang ba kun tu(, du) rmongs pa dang/ de'i gnas ngan len mi mthun pa'i phyogs so// dgu pa la ni chos bstan pa dpag tu med pa dang/ chos kyi (tshig dang/ yi ge) dpag tu med pa dang/

yan lag de dag yongsu rdzogs par bya ba'i phyir/ 'bad cing thob par byed pas/ des yan lag de dag yongsu rdzogs pa

P 31) 〔50 a 1〕 chos la chags pa'i shind du/ gti mug dang/ ngan song gyi nyon mongs pha'i shind du/ gti mug ste/ de ni gnyen po nyes pha sbom pho'o// sa' 〔2〕 gnyis la ltung ba'/ phra mor 'khrul pha/ shind du gti mug dang/ sna tshogs gyi las dang/ 'gro ba'i shind du gti mug ste/ de ni gnyen po nyes pa sbom po'o 〔3〕// sa gsum la 'dod pa'i 'dod chags gyi shind du gti mug dang/ thos pa 'dzind pa yongsu rgyas ba'i(illegible) shind du gti mug ste de ni 〔4〕 gnyen po nyes pa sbom po'o// sa bzhi la snyoms par 'jug pa la sred pa'i shind du/ gti mug dang/ chos la sred pa'i shind du gti mugs te/ 〔5〕 de ni gnyen po nyes pa sbom po'o// sa lnga la 'khor bar gchig du ba la/ skyo zhing mngon bar yid la byed pa'i shind du/ gti mug dang/ mya ngand

〔50 b 1〕 las 'da'as phar gchig du ba la/ skyo zhing mngon bar yid la byed pa'i shind du gti mug ste// de ni gnyen po nyes pa sbom po'o// sa drug la'/ 〔2〕 'du byed du 'jug par/ mngon bar byed pa'i shind du gti mug dang/ mtshan ma mang po la spyod pa'i shind du gti mug ste/ de ni gnyen po nyes 〔3〕 pa sbom po'o// sa bdun la mtshan ma phra mo la' spyod pa'i shind du gti mug dang gcig du mtshan ma myed par yid la byed pa'i thabs 〔4〕 gyis shind du gti mug ste de ni gnyen po nyes pa sbom po'o// sa brgyad la mtshan ma myed par spyod pa'i gti mug dang/ mtshan ma la'/ 〔5〕 dbang du byed pa'i shind du gti mug ste/ de ni gnyen po nyes pa sbom po'o// sa dgu la tshad myed pa'i chos bshad phar tshad myed pa'i chos gyi

Q 32) spyan ras gzigs dbang phyug sa dang po la lhag pa'i bsam pa rnam par dag pa nas mthu rnam par dag pa'i bar gang yin pa dang/ sa gong ma gong ma rnams dang/ sangs rgyas kyi sa'i bar la lhag pa'i bsam pa rnam par dag pa nas mthu rnam par dag pa'i bar gang yin pa de ni ches rnam par dag pa dang/ ches shin tu rnam par dag pa yin par rig par bya'o// de la sangs rgyas kyi sa la skye ba rnam par dag pa ma gtogs pa sa dang po'i yon tan gang yin pa de dag gis de'i gong ma'i sa rnams de'i yon tan dang/ yang mnyam la/ rang gi sa'i yon tan gyis khyad par du 〔46 a〕 'phags pa yang(, 'ang) yin par rig par bya'o// byang chub sems dpa'i sa bcu po thams cad ni yon tan bla na yod pa dag yin la/ sangs rgyas kyi sa ni yon tan bla na med par yang dag par rig par bya'o// bcom ldan 'das ci'i slad du srid par skye ba thams cad kyi nang na byang chub sems dpa'i skye ba rab tu mchog ces bgyi lags/ spyan

ras gzigs dbang phyug rnam pa bzhi'i phyir te/ dge ba'i rtsa ba shin tu(, du) rnam par dag pa 'grub pa nyid kyi phyir dang/ so sor brtags te (, pa'i) [stobs kyi] (acc. L) len pa nyid kyi phyir dang/ 'gro ba thams cad yongs su bskyab pa'i snying rje dang ldan pa nyid kyi phyir dang/ bdag nyid kun nas nyon mongs pa can ma yin pa nyid dang/ gzhan gyi kun nas nyon mongs pa rnam par zlog par byed pa nyid kyi phyir ro// bcom ldan 'das ci'i slad du byang chub sems dpa' rnams smon lam rgya chen pos mchi ba dang/ smon lam gya nom pa dang ldan pa dang/ smon lam gyi stobs can lags/ spyan ras gzigs dbang phyug rnam pa bzhi'i phyir te/ 'di ltar byang chub sems dpa' rnams ni mya ngan las 'das pa'i bde ba la gnas pa la mkhas pa dang/ de myur du thob(, 'thob) par nus pa dang/ myur du thob pa de dang bde bar gnas pa de yang(, 'ang) spangs te/ sems can gyi don rgyu ba med pa dgos pa med pa sdug bsngal

Q 33) mang po sna tshogs yun ring po 'byung ba la yid kyis smon par

Q 32) 〔38 a 1〕 spyan ras gzigs gyi dbang po/ sa dang po la/ bsam ba rnam par dag pa nas mthu rnam par dag pa'i bar du ste/ de dag thams cad bla ma'i yang bla 〔2〕 ma'i sa rnamsu yang/ rab du rnam par dag ching shind du rnam par dag par shes pa'ar bya'o// de la sangs rgyas gyi sa la skye ba rnam par dag pa ma gtogs so// 〔3〕 gang sa dang po yond tan de dag de'i bla ma'i yang bla ma'i de dag gi yond tan dang mtshung ste/ sa rang gyi yon tan mchog gyang shes par bya'o// 〔4〕 byang chub sems dpa'i sa bcu thams chad ni bla ma dang bcas pa'i yon tan no// sangs rgyas gyi sa ni bla na myed pa dang bcas pa'i yon tan du shes// 〔5〕 par bya'o// bcom ldan 'da'as ci'i slad du/ stsogs par skye ba thams shad pas byang chub sems dpa'i skye ba mchog ces bgyi// spyan

〔38 b 1〕 ras gzigs gyi dbang po rnam pa bzhi'i phyir/ de shind du rnam par dag pa la mkhas pa shind du rnyed pa'i phyir dang so sor rtogs nas len pa'i phyir dang 〔2〕 'gro ba thams shad gyi dpung nyen dge ba'i phyir dang/ bdag snyond ma smongs phas gzhan snyon smongs pa las bzlog pa'i phyir ro// bcom ldan 'da'as 〔3〕 ci'i slad du na/ byang chub sems dpa' rnams/ smon lam chen pos 'gro zhing smon lam bzang po rnams dang/ smon lam gyi stobs chan lags 〔4〕 spyan ras gyi dbang po rnam pa bzhis te/ gang mya ngand las 'da'as pa'i bde ba la gna'as pa dang/ de myur du thob par nus pa la mkhas pa dang byang chub 〔5〕 sems dpa' rnams/ de myur du rnyed pa dang bde ba la gna'as pa de yang spangs nas/ phyir ba myed cing dgos pa myed par yun ring por sdug bsngald

Q 33) 〔51 a 1〕 rnam pa sna tshogs mang por ltung ba'i sems chan gyi

byed pas te/ de'i phyir smon lam rgya chen pos 'gro ba dang/ smon lam gya non pa dang ldan pa dang/ smon lam gyi stobs(, spangs) can rnams shes byo'o// bcom ldan 'das byang chub sems dpa' rnams kyi bslab pa'i gzhi du mchis lags/ spyan ras gzigs dbang phyug drug ste/ sbyin pa dang/ tshul khrims dang/ bzod pa dang/ brtson 'grus dang/ bsam gtan dang/ shes rab po(, bo)// bcom ldan 'das gzhi drug po de dag las du ni lhag pa'i tshul khrims kyi bslab pa lags/ du ni lhag pa'i sems kyi bslab pa lags/ du ni 〔46 b〕 lhag pa'i shes rab kyi bslab pa lags/ spyan ras gzigs dbang phyug dang po gsum ni lhag pa'i tshul khrims kyi bslab pa yin par rig par bya'o// bsam gtan ni lhag pa'i sems kyi brlab pa yin no// shes rab ni lhag pa'i shes rab kyi bslab pa yin no// brtson 'grus ni

kun tu(, du) 'gro ba yin par nga smra'o// bcom ldan 'das bslab pa'i gzhi drug po de dag las du ni bsod nams kyi tshogs lags/ du ni ye shes kyi tshogs lags/ spyan ras gzigs dbang phyug lhag pa'i tshul khrims kyi bslab pa gang yin pa de ni bsod nams kyi tshogs yin no// lhag pa'i shes rab kyi bslab pa gang yin pa de ni ye shes kyi tshogs yin no// brtson 'grus dang bsam gtan ni kun tu(, du) 'gro ba yin par nga smra'o// bcom ldan 'das bslab pa'i gzhi drug po de dag la byang chub sems dpa'as(, dpa') ji ltar bslab par bgyi lags/ spyan ras gzigs dbang phyug rnam pa lngas te/ pha rol tu phyin pa dang ldan pa'i dam pa'i chos bstan pa/ byang chub sems dpa'i sde snod la thog ma kho nar shin tu(, du) mos pa dang/ de'i 'og tu chos spyad pa bcu po dag gis thos pa dang/ bsams pa dang bsgoms pa las byung ba'i shes rab bsgrub

Q 34) pa dang/ byang chub kyi sems rjes su bsrung ba dang/ dge ba'i bshes gnyen la bsten pa dang/ rgyun mi 'chad par dge ba'i phyogs la sbyor bas bslab par bya'o// bcom ldan 'das ci'i slad du bslab pa'i gzhi de dag grangs drug tu gdags par rig par bgyi lags/ spyan ras gzigs dbang phyug rnam pa gnyis kyi phyir te/ sems can la phan gdags pa dang/ nyon mongs

phyir/ yid gyis smon pa ste/ de'i phyir smon lam chen pos/ 'gro ba dang smon lam bzang po rnams dang/ smon 〔2〕 lam gyi stobs chan zhes bya'o/ bcom ldan 'da'as byang chub sems dpa' rnams gyis bslab pa'i dngos po du mchis/ spyan ras gzigs gyi dbang 〔3〕 po drug ste/ sbyin pa dang tshul khrims dang/ bzod pa dang/ brtson 'grus bsam gtan dang shes rabo// bcom ldan 'da'as dngos po de dag rnam drug la// lhag 〔4〕 pa'i tshul khrimsu bslab pa du/ lhag pa'i semsu du/ lhag pa'i shes rab du/ bslab pa du/ spyan ras gzigs gyi dbang po/ thog ma'i gsum po ni/ lhag pa'i tshul 〔5〕 khrims gyi nang du bslab bo// bsam gtan ni lhag pa'i sems gyi nang du bslab bo/ shes rab ni lhag pa'i shes rab gyi nang du bslab bo// brtson 'grus ni

〔51 b 1〕 thams chadu 'gro bar ngas bchad do// bcom ldan 'da'as bslab pa'i dngos pho 'di rnam drug la// bsod nams gyi tshogs du/ ye shes gyi tshogs du/ spyan 〔2〕 ras gzigs gyis dbang po/ gang lhag pa'i tshul khrimsu sblob pa de ni/ bsod nams gyi tshogso// gang lhag pha'i shes rab du slob pa de ni ye shes gyi tshogs so/ 〔3〕 brtson 'grus dang bsam gtan ni thams shadu 'gro bar ngas(illegible) bshad do// bcom ldan 'da'as bslab pa'i dngos po// 'di rnam drug la ji ltar byang chub 〔4〕 sems dpa'as bslab par bgyi/ spyan ras gzigs gyi dbang po rnam pa lnga ste/ pha rol du phyind pa dang/ ldan ba'i dam pa'i chos/ bshad pa na/ byang chub 〔5〕 sems dpa'i sde snod la'/ de thog mar shind du dad pa dang/ de nas chos rnams bcu/ spyad pa thos pa dang bsam ba dang/ sgom ba'i ye shes gyi nan tan du

Q 34) 〔36 a 1〕 byed pa dang/ byang chub gyi sems gyi rjesu bsrung ba dang dge ba'i bshes gnyend dang/ bstend pha dang/ rgyun myi chad phar dge ba'i phyogs la brtson ba ste/ de ni bslab 〔2〕 par bya ba'o// bcom ldan 'da'as ji'i slad du/ bslab pa'i dngos po 'di rnams/ grangs drug du bcas phar rig par bgyi/ spyan ras gzigs gyi dbang 〔3〕 po rnam pa gnyis te/

pa'i gnyen po nyid kyi phyir ro// de la gsum ni sems can la phan gdags pa yin la/ gsum ni nyon mongs pa'i gnyen po yin par rig par bya ste/ de la byang chub sems dpa' sbyin pas ni sems can rnams la yo byad nye bar bsgrub pa'i phan 'dogs pas phan 'dogs so// tshul khrims kyis ni phongs pa dang/ gnod pa 〔47 a〕 dang rnam par tho 'tsham pa nye bar mi sgrub pa'i phan 'dogs pas(, pa'i) phan 'dogs so// bzod pas ni

phongs pa dang gnod pa dang rnam par tho 'tsham pa la ci mi snyam pas phan 'dogs te/ de gsum gyis ni sems can la phan 'dogs so// brtson 'grus kyis ni nyon mongs pa rnam par bcil ba dang/ nyon mongs pa yang dag par bcom pa'i dge ba'i phyogs la sbyor bar byed de/ de ni nyon mongs pas dge ba'i phyogs la sbyor ba las bskyod par mi nus so// bsam gtan gyis ni nyon mongs pa rnams rnam par gnon to// shes rab kyis ni bag la nyal legs par 'joms par byed de/ de gsum ni nyon mongs pa'i gnyen po yin no// bcom ldan 'das ci'i slad du(, tu) pha rol tu(, du) phyin pa gzhan dag grangs bzhir gdags par rig par bgyi lags/ spyan ras gzigs dbang phyug pha rol tu phyin pa drug po de dag nyid kyi grogs su gyur pa nyid yin

Q 35) pa'i phyir te/ de la pha rol tu phyin pa gsum gyis sems can rnams la phan btags nas byang chub sems dpas(, dpa') bsdu ba'i dngos pos zin pa'i thabs la mkhas pas dge ba la 'jog par byed de/ de'i phyir ngas thabs mkhas pa'i pha rol tu phyin pa ni gsum po dag gi grogs su gyur pa yin par yongs su bstan to// spyan ras gzigs dbang phyug gal te byang chub sems dpa' tshe 'di la nyon mongs pa mang bas rtag tu sgom mi nus pa dang/ khams dang mos pa dma' ba'i phyir lhag pa'i bsam pa stobs chung bas sems nang du 'jog mi nus pa dang/ byang chub sems dpa'i sde snod thos ba'i dmigs pa la bsam gtan yongs su ma bsgoms pas 'jig rten las 'das

pa'i shes rab mngon par sgrub mi nus pa yin na/ de bsod nams kyi tshogs chung ngu yang(, 'ang) yang dag par blangs te gnas shing phyi ma

sems chan bsdu ba dang nyon mongs pa'i gnyen poi phyir ro/ de la gsum ni sems can rnams bsdud pa'o/ gsum 〔4〕 ni nyon mongs pa'i gnyen por shes par bya'o// de la byang chub sems dpa' sbyin bas ni sems can rnams la yo byad nye bar sbyin ba'i 〔5〕 sdig(illegible) pas sdud do// tshul khrims gyis ni 'phongs pa dang/ gnod pa dang gtse bas nye bar myi bstun ba'i sdig(illegible) pas sdud do// bzod pas

〔36 b 1〕 'phongs pa dang gnod pa dang gtse ba la myi khro ba'i sdig (illegible) pas sdud pa ste/ 'di rnam gsum gyi sdud par byed do// brtson 'grus gyis ni rnam par ma 〔2〕 choms pa'i nyon mongs pa dang/ shind du ma bsal pa'i nyon mongs pa/ dge ba'i phyogsu rab du sbyor ro// bsam gtan gyis ni nyon mongs pa 〔3〕 dge ba'i phyogsu rab du sbyor bas// bskyod ma nus pa'i nyon mongs pa de rnam par 'jom mo// shes rab gyis ni rjesu 'jug pa shind 〔4〕 du seld pa ste/ 'di rnam gsum ni nyon mongs pa'i gnyen po'o// bcom ldan 'da'as ji'i sladu pha rol du phyin pa gzhan grangs bzhir 〔5〕 bcas par rig par bgyi// spyan ras gzigs gyi dbang po 'di dag ni pha rold du phyind pa' drug po rnams gyi grogsu 'gyur bai

Q 35) 〔60 a 1〕 pa'i phyir te/ de la pha rol du phyind pa gsum gyis/ sems can sdud pha la byang chub sems dpa'as// bsdu ba'i dngos phos/ sdig (illegible) pa la thabs mkhas 〔2〕 pas// dge ba la rab du gzhogste/ de bas na thabs mkhas pa'i pha rol du phyind pha gsums po rnamskyi grogsu 'gyur bar ngas bshad do/ 〔3〕 spyan ras gzigs gyi dbang po/ gald te byang chub sems dpa' lta ba'i chos la/ nyon mongs pa mang ba dang/ khams chu ngus dang 〔4〕 pa'i phyir/ rtag par bsgoms pa la/ myi bzod pa dang/ bsam ba nyam chung ba'i phyird// sems nang du gzhog par myi nus pha dang/ byang 〔5〕 chub sems dpa'i sde snod/ thos pa la dmyigs shing kund du ma bsgoms pa'i phyir/ bsam gtan dang 'jig rtend las 'da'as

〔60 b 1〕 pa'i shes rab mngon bar sdud/ myi nus pa yind te// des 'phrald du bsod nams gyi tshogs chung zhig bzung bas ma 'ongs pa'i nyon

la nyon mongs pa chung ba nyid du yid kyis smon par byed pa de ni de'i smon lam gyi pha rol tu phyin pa yin te/ des nyon mongs pa chung ba dang/ brtson 'grus rtsom nus par 〔47 b〕 'gyur bas de'i phyir smon lam gyi pha rol tu phyin pa ni brtson 'grus kyi(, gyi) pha rol tu phyin pa'i grogs su gyur pa yin no// des skyes bu dam pa yang dag par bsten pa dang dam pa'i chos mnyan pa la brten nas tshul bzhin yid la byed pa thob cing lhag pa'i bsam pa stobs chung ba nyid rnam par bzlog nas khams gya nom pa las bsam pa'i stobs thob par 'gyur ba de ni de'i stobs kyi pha rol tu(, du) phyin pa yin te/ des sems nang du 'jog nus pas/ de'i phyir stobs

Q 36) kyi pha rol tu phyin pa ni(, pa'i) bsam gtan gyi pha rol tu phyin pa'i grogs su gyur pa yin no// de la byang chub sems dpa'i sde snod thos pa'i dmigs pa yongs su bsgoms pa la bsam gtan byed de/ de ni de'i phyir shes rab(, ye shes, acc. L) kyi pha rol tu phyin pa yin te/ des 'jig rten las 'das pa'i shes rab mngon par sgrub nus par 'gyur bas de'i phyir ngas ye shes kyi pha rol tu phyin pa ni shes rab kyi pha rol tu phyin pa'i grogs su gyur pa yin par yongs su bstan no// bcom ldan 'das ci'i slad du pha rol tu phyin pa drug po de dag gi go rims de ltar bstan par rig par bgyi lags/ spyan ras gzigs dbang phyug de dag gong nas gong du 'grub pa'i rten nyid yin pa'i phyir te/ byang chub sems dpa' lus dang longs spyod la mi lta na (, ltan, acc. L) tshul khrims yang dag par len par byed do// tshul khrims rjes su srung na bzod pa dang ldan par 'gyur ro//

bzod pa dang ldan na brtson 'grus rtsom par 'gyur ro// brtson 'grus brtsams na bsam gtan sgrub par 'gyur ro// bsam gtan grub na 'jig rten las 'das pa'i shes rab 'thob po(, bo)// bcom ldan 'das pha rol tu phyin pa de dag rnam pa dur rab tu dbye lags/ spyan ras gzigs dbang phyug rnam pa gsum du ste/ sbyin pa rnam pa gsum ni chos sbyin pa dang/ zang zing sbyin pa dang/ mi 'jigs pa sbyin pa'o// tshul khrims rnam pa gsum ni mi dge ba las ldog pa'i tshul khrims 〔48 a〕 dang/ dge ba la 'jug pa'i tshul

mongs 〔2〕 pa bskyung ba'i phyird// yid gyis smon na des de'i smon lam gyi pha rol du phyind par 'gyurd te// des nyon mongs pha chung du gyurd pas na'/ brtson 'grus 〔3〕 la'/ brtson nuso// de bas na smon lam gyi pha rol du phyin pha'/ brtson 'grus gyi pha rold du phyind pa'i grogsu gyur to// de skyes bu dam pa la' 〔4〕 bstend pa dang/ dam pa'i chos la mnyan pha dang/ yang dag pha nyid la byed pa thob nas/ bsam ba nyam chung ba la/ bzlog na bsam ba'i stobs dam 〔5〕 pa'i dbyings rab du thob pas// des de'i stobs gyi pha rol du phyind par gyur te/ des sems nang du gzhog nus pa yin no// de bas na stobs

Q 36) 〔45 a 1〕 gyi pha rol du phyin pha'/ bsam gtan gyi pha rold du phyind pa'i grogsu gyurd to// de byang chub gyi sde snod thob pha la dmyig ste kun du bsgoms 〔2〕 nas/ bsam gtan du byed pas// des de'i ye shes gyi pha rol du phyind par 'gyur te// des 'jig rtend las 'da'as pa'i shes rab mngon bar sdud par 'gyur ro/ 〔3〕 de bas na ye shes gyi pha rol du phyind pa'/ shes rab gyi pha rol du phyin ba'i grogsu gyurd par ngas bshad do// bcom ldan 'da'as ci'i sladu pha rol 〔4〕 du phyin pa' 'di rnam drug gi/ go rims 'di shind du bshad par rig par bgyi// spyan ras gzigs gyi dbang po de ni/ bla ma'i yang bla ma'i gna'as/ blang 〔5〕 ba'i phyir byang chub sems dpa' lus dang longs spyod la myi lta bas na'// tshul khrims gyi yid dam byedo// tshul khrims bsrung bas na'/ bzod par 'gyuro

〔45 b 1〕 bzod pas na'/ brtson 'grus la/ rtsom bar 'gyur ro// brtson 'grus la brtsams pas na'/ bsam gtan bsgrubo/ bsam gtan bsgrubs pas 〔2〕 na'/ 'jig rtend las 'da'as pa'i shes rab/ rab du thob bo// bcom ldan 'da'as/ 'di dag pha rol du phyin pa'/ de rnams rnam pha dus na/ rnam pa rab du tha 〔3〕 dad par 'gyurd/ spyan ras gzigs gyi bang po/ rnam pa gsum gyi ste// de la sbyin ba la rnam pa gsum ste chos gyi sbyin ba dang/ zang zing kund sbyind ba dang 〔4〕 myi 'jigs pa sbyin ba'o// tshul khrims la rnam

khrims dang/ sems can gyi don la 'jug pa'i tshul khrims so// bzod pa rnam pa gsum ni gnod pa byed pa la mi mjed pa'i bzod pa dang/ sdug bsngal la ji mi snyam pa'i bzod

Q 37) pa dang/ chos la nges par rtog pa'i bzod pa'o// brtson 'grus rnam pa gsum ni go cha'i brtson 'grus dang/ dge ba la sbyor ba'i brtson 'grus dang/ sems can gyi don la sbyor ba'i brtson 'grus so// bsam gtan rnam pa gsum ni rnam par mi rtog cing zhi la rab tu zhi bas nyon mongs pa dang/ sdug bsngal gyi gnyen po bde bar gnas pa'i bsam gtan dang/ yon tan mngon par sgrub pa'i bsam gtan dang/ sems can gyi don mngon par sgrub pa'i bsam gtan no// shes rab rnam pa gsum ni kun rdzob kyi bden pa la dmigs pa dang/ don dam pa'i bden pa la dmigs pa dang/ sems can gyi don la dmigs pa'o// bcom ldan 'das ci'i slad du pha rol tu phyin pa de dag pha rol tu(, du) phyin pa rnams shes bgyi lags/ spyan ras gzigs

dbang phyug lnga'i phyir te/ chags pa med pa nyid dang/ mi lta ba nyid dang/ kha na ma tho ba med pa nyid dang/ rnam par mi rtog pa nyid dang/ yongs su bsngo ba nyid kyi phyir ro// de la chags pa med pa nyid ni pha rol tu phyin pa dang mi mthun pa'i dngos po la lhag par chags pa med pa gang yin pa'o// de la mi lta ba nyid ni pha rol tu phyin pa'i 'bras bu rnam par smin pa dang/ lan du phan 'dogs pa dang/ 'brel ba'i sems med pa gang yin pa'o// de la kha na ma tho ba med pa nyid ni pha rol tu phyin pa de dag kun nas nyon mongs pa can gyi chos dang ma 'dres shing thabs ma yin pa rnam par spangs pa gang yin pa'o// de la rnam par mi rtog pa nyid ni pha rol tu phyin pa de dag gi rang gi mtshan nyid la sgra ji bzhin du mngon par zhen pa med pa gang yin pa'o// de la yongs su bsngo ba nyid ni pha rol tu phyin pa de dag nyid byas shing bsags pa byang〔48 b〕chub sems dpa'i bras bur smin(, smon) pa gang yin pa'o// bcom ldan 'das

pha gsum ste// myi dge ba bzlog pa'i tshul khrims dang/ dge bar gzhug pa'i tshul khrims dang/ sems 〔5〕 can gyi dond bya ba'i tshul khrims so// bzod pa la yang rnam pa gsum ste/ gnod pa la myi mjed pa'i bzod pa dang// sdug bsngal la ji myi snyam ba'i bzod

Q 37) 〔24 a 1〕 pa dang/ chos la rtog pa'i bzod pa'o/ brtson 'grus la rnam pa gsum ste/ go cha'i brtson 'grus dang/ dge ba sbyor ba'i brtson 'grus dang/ sems 〔2〕 can gyi dond sbyor ba'i brtson 'gruso// bsam gtan la rnam pa gsum ste myi rtog cing zhi la/ rab du zhi bas nyon mongs pa dang/ sdug bsngal gyi gnyen po 〔3〕 bde bar gna'as pa'i bsam gtan dang/ yon tan mngon bar sdud pa'i bsam gtan dang/ sems chan gyi dond mngon bar sdud pa'i bsam 〔4〕 gtan no// shes rab la rnam pa gsum ste/ kund rdzob gyi bden ba la dmyigs pa dang/ dond dam pa'i bden ba la dmyigs pa dang sems chan gyi dond 〔5〕 la dmyigs pa'o// bcom ldan 'da'as ji'i slad du pha roldu phyind pa'/ 'di rnams/ pha rol du phyind pa' zhes bgyi'// spyan ras gzigs gyi

〔24 b 1〕 dbang po rnam pa lnga ste/ ma chags pa dang/ myi lta ba dang/ kha na ma tho ba myed pa dang/ myi rtog pa dang sngo ba'i phyir ro/ de la ma chags pa ni/ gang pha rol du 〔2〕 phyind pa'i gnyen gyi dngos po la ma chags pa'o/ de la myi lta ba ni gang pha rol du phyind pa'i 'bras bu rnam par smyin pa dang/ phyir bya ba la sems ma 'dzings 〔3〕 pa'o/ de la kha na ma tho ba myed pa ni pha rol du phyind pa/ 'di rnams kyi snyon smongs pa'i chos dang/ ma 'dres pa dang thabs ma yind ba rnam par sphangs pa'o// 〔4〕 de la rnam par myi rtog pa ni/ gang pha rold du phyin pa 'di rnams gyi sgra ji bzhin ba dang/ rang gyi mtshan nyid la ma chags pa'o/ de la sngo ba ni pha rold du phyind pa 〔5〕 'di rnams gyis byas shing bsags phas/ byang chub chen pai 'bras bur smond pa'o// bcom ldan 'da'as/ pha rol du phyind pa'i gnyen gyi dngos po gang

pha rol tu phyin pa dang mi mthun pa'i dngos po gang

R 38) ser sna mi byed cing gzhan dag la phrag dog mi byed pa yin no// pha rol tu(, du) phyin pa'i rnam par dag pa so so tha dad pa de yang (, 'ang) rnam pa bdun kho nar rig par bya ste/ tha dad pa'i rnam pa bdun gang zhe na/ 'di lta ste sbyin pa rnam par dag pa rnam pa 〔49 b〕 bdun po sbyin par bya ba'i dngos po rnam par dag pas sbyin pa rnam par dag pa sbyin par byed pa dang/ tshul khrims rnam par dag pa dang/ lta ba rnam par dag pa dang/ sems rnam par dag pa dang/ ngag rnam par dag pa dang/ shes pa rnam par dag pa dang/ dri ma rnam par dag pas sbyin pa rnam par dag pa sbyin par byed do zhes ngas bstan pa gang yin pa de dag byang chub sems dpas(, dpa') yang dag par blangs te gnas pa de ni sbyin pa rnam par dag pa [rnam pa] (acc. L) bdun yin no// 'di lta ste/ byang chub sems dpa' sdom pa bcas pa la bslab pa'i gzhi rnam pa thams cad

la mkhas pa dang/ ltung ba las bslang ba la mkhas pa dang/ de la (, las) nges pa'i tshul khrims can dang/ brtan pa'i tshul khrims can dang/ rtag tu byed pa['i tshul khrims can] (acc. L) dang/ rtag tu 'jug pa['i tshul khrims can] (acc. L) dang/ bslab pa'i gzhi rnams yang dag par blangs ste slob par byed pa de ni tshul khrims rnam par dag pa rnam pa bdun yin no// 'di lta ste/ thams cad las gnod pa thams cad nye bar gnas pa na/ bdag nyid kyi las kyi rnam par smin pa la ston(, rton) pas mi 'khrug pa dang/ lan bya ba'i phyir slar spyo ba dang/ gshe ba dang/ brdeg(, rdeg) pa dang/ bsdigs pa dang/ mtshang 'bru ba'i gnod pa dag gis sbyor bar mi byed pa dang/ khon gyi bsam pa mi 'dzin pa dang/ shad kyis 'chags (, chags) pa na yongs su nyon mongs par mi byed pa dang/ shad kyis 'chags pa la mi sdod pa dang/ 'jigs pa dang zang zing gi sems kyis bzod par byed pa ma yin pa dang /phan gdags par

R 39) bya ba la yal bar mi 'dor ba de ni bzod pa rnam par dag pa

R 38) 〔34 a 1〕 ser sna myi byed pa yin no// so sor spros pa'i pha rold du phyind pa/ rnam par dag pa ni/ rnam pa bdun du rig par byas te/ rnam pha bdun po rnams 〔2〕 gang zhe na'// ji ltar yang byang chub sems dpa'/ de gang ngas sbyin ba rnam par dag pha/ rnam pa bdun du bshad pa las stsogs pa blangs nas/ 'jug pa ste/ 〔3〕 sbyin ba'i dngos pho rnam phar dag pa yang/ rnam phar dag sbyin ba/ sbyin ba dang/ tshul khrims rnam par dag pa dang/ lta ba rnam phar dag pa dang sems/ 〔4〕 rnam par dag pa dang/ ngag rnam par dag pa dang/ ye shes rnam par dag pa dang/ dri ma rnam par dag pa'/ yang rnam par dag par sbyind ba/ sbyin zhes bya ste/ 〔5〕 'di ni sbyin ba'i rnam phar dag pa rnam pa bduno// byang chub sems dpa'/ de ji ltar yang sdom ba bcas pa la/ bslab pa'i tshig rnam pha thams chad

〔34 b 1〕 la mkha'as pha yind// ltung ba bas (illegible) slong bar mkhas pa dang de la brtand/ ba'i tshul khrims dang rtag pa'i tshul khrims dang rtag du byed pa dang/ 〔2〕 rtag du 'jug pa dang/ bslab pa'i tshig la/ yang dag par bzung nas slob pa yin te/ 'di ni tshul khrims gyi rnam par dag pa bdun no// ji ltar yang 〔3〕 de dagi las rnam par smyind pa la'/ dmyigste// thams chad du thams chad gyi gnod pa nye bar gna'as pa la/ myi khro ba dang spyos pa la phyir 〔4〕 myi gshe zhing bsdigs pa dang/ bsnyogs pa'i/ gnod pa'i lan la'/ myi rtsold pa dang/ khond gyi semsu myi 'dzind pa dang/ gsol ba byed pa 〔5〕 na snyond (illegible) myi smongs pa dang/ gsol ba bya ba la myi gyel ba dang/ 'jigs pa dang zang zing bcas pas/ bzod pa ma yind ba dang/ phan bar

R 39) 〔61 a 1〕 bya ba la yal bar myi skye ba ste/ 'di ni bzod pa'i

rnam pa bdun [yin] (acc. L) no// 'di lta ste/ brtson 'grus kyi mnyam pa (, ba) nyid rab tu shes pa dang/ brtson 'grus brtsams pa des bdag la mi bstod (, stod) cing gzhan la mi smod pa dang/ mthu dang ldan pa dang/ brtson 'grus dang ldan pa dang/ spro (, sgro) ba dang ldan pa dang/ rtul ba brtan pa dang/ dge ba'i chos rnams la brtson pa ma gtang ba de ni brtson 'grus rnam par dag pa [rnam pa] (acc. L) bdun yin no// 'di lta 〔50 a〕 ste/ mtshan ma legs par rtogs pa'i ting nge 'dzin la bsam gtan pa dang/ yongs su rdzogs pa'i ting nge 'dzin la bsam gtan pa dang/ gnyi ga'i (, ka'i) cha'i ting nge 'dzin la bsam gtan pa

dang/ shugs kyis 'byung ba'i ting nge 'dzin la bsam gtan pa dang/ mi gnas pa'i ting nge 'dzin la bsam gtan pa dang/ shin tu sbyang ba byas pa'i ting nge 'dzin la bsam gtan pa dang/ byang chub sems dpa'i sde snod kyi dmigs pa yongs su bsgoms pa dpag tu med pa'i ting nge 'dzin la bsam gtan pa de ni bsam gtan rnam par dag pa rnam pa bdun yin no// 'di lta ste/ 'di'i shes rab de sgro 'dogs pa'i mtha' dang skur pa (, ba) 'debs pa'i mtha' rnam par spangs te dbu ma'i lam gyis nges par 'byung ba dang/ shes rab des stong pa nyid dang/ smon pa med pa dang/ mtshan ma med pa'i rnam par thar pa'i sgo gsum po dag la rnam par thar pa'i sgo'i don kyang yang dag pa ji lta ba

S 40) gzhi yin pa'i phyir dang/ mi 'gyur ba'i chos nyid yin pa'i phyir ro// bcom ldan 'das pha rol tu phyin pa de dag gi so so'i mthu gang lags/ spyan ras gzigs dbang phyug de dag gi so so'i mthu ni rnam pa bzhir rig par bya ste/ pha rol tu phyin pa bsgom pa ni (, na) mi mthun pa'i phyogs ser sna dang/ 'chal ba'i tshul khrims dang/ sems 'khrug pa dang/ le lo dang/ rnam par gyeng ba dang/ lta ba'i rnam pa rab tu spong ba dang/ bla na med pa yang dag par rdzogs pa'i byang chub tu 'gyur ba dang/ tshe 'di la bdag dang sems can rnams la phan 'dogs par 'gyur ba dang/ phyi ma la rnam par smin pa'i 'bras bu 'dod pa rgya chen po zad mi shes pa

rnam phar dag pa bdun no// byang chub sems dpa' ci ltar yang/ brtson 'grus mnyam 〔2〕 bar shind du chud par yind te/ brtson 'grus de brtsams pas/ bdag myi(mye, *sic*) stod pa dang/ gzhan la myi smad pa dang/ mthu dang ldan ba yind/ 〔3〕 brtson 'grus dang ldan ba yind/ spro ba yind/ ba (illegible) bas gzhan la(illegible) gnon pa yind/ dge ba'i chos la brtson 'grus myi gtong ba yin 〔4〕 te 'di ni brtson 'grus rnam par dag pa rnam pa bdun no// de ji ltar yang shind du chud pa'i mtshan ma'i ti nge 'dzind la// bsam 〔5〕 gtan pa yind/ yongsu rdzogs pa'i ti nge 'dzind la bsam gtan pa dang/ gnyis ka'i cha'i ti nge 'dzind la bsam gtan pa yind

〔61 b 1〕 'goms pa ti nge 'dzind la bsam gtan pa dang myi gna'as pa'i ti nge 'dzind la bsam/ gtan pa dang/ shin du sbyangs pa'i ti nge 'dzin 〔2〕 la bsam gtan pa yind/ byang chub sems dpa'i sde snod la/ dmyigs shing bsgom ba'i ti nge 'dzind la'/ bsam gtan pa yin no 〔3〕 'di ni bsam gtan rnam phar dag pa/ rnam pa bduno// de ji ltar yang bskyed pha'i mtha' dang/ bskur pa'i mtha' spangs nas// nan tan gyis 〔4〕 bdu mar shind du 'grol ba yind te/ de ni de'i shes rab ste/ shes rab des rnam par thard pa'i sgo'i dond kyang ji lta bu ba yang dag par rab du 〔5〕 shes pa yind// stong pa nyid dang mtshan ma myed pa dang smond pa med pha'i rnam par thard pa'i sgo mo'i ngo bo nyid kyi dond kyang ji lta bu ba

S 40) 〔25 a 1〕 dngos po'i phyird ba (illegible) dang/ gzhan du myi ' gyur bai chos kyi phyir ro// bcom ldand 'da'as pa rol du phyind pa'i rnams kyi so so'i 〔2〕 mthu gang/ spyand ras gzigs gyi dbang po/ pha rol du phyind pa 'di rnams gyi/ so so'i mthu rnam pa bzhir shes phar byas te/ pha rol du 〔3〕 phyind pa bsgom ba na// 'jungs pha dang log pa'i tshul khrims dang sems la rab du khro ba dang/ le lo dang 'khrugs pa dang lta bar 〔4〕 gyurd pa'i gnyend po rnams/ spong ba dang bla na myed pa gyung drung rdzogs pa'i byang chub gyi tshogsu 'gyur ba dang/ lta ba'i chos la bdag 〔5〕 dang sems chan gyi phyird skyong bar bsgrub pa dang ma 'ongs

'thob par 'gyur ba'o// bcom ldan 'das pha rol tu phyin pa de dag rgyu gang las byung ba dang/ 'bras bu gang dang ldan pa dang/ don gang dang ldan pa lags/ bcom ldan 'das kyis bka' stsal pa/ spyan ras gzigs dbang phyug pha rol tu phyin pa rnams ni snying rje'i rgyu las byung ba dang/ rnam par smin pa'i 'bras bu 'dod pa dang/ sems can la phan 'dogs pa'i 'bras bu dang ldan pa dang/ byang chub chen po yongs su rdzogs par byed pa'i don chen po dang ldan pa yin no// bcom ldan 'das gal te byang chub sems dpa' rnams longs spyod bas ma 'tshal ba dang ldan pa dang/ snying rje can lags na ci'i slad du 'jig rten na dbul po gda' lags/ spyan ras gzigs dbang phyug de ni sems can rnams kyi rang gi las kyi(, gyi) nyes〔51 b〕pa kho na yin no// de lta ma yin te sems can rnams kyi rang gi nyes byas de'i gegs su gyur pa ma yin du zin na/

T 41) de nas bcom ldan 'das la byang chub sems dpa' 'jam dpal gyis zhu ba zhus pa// bcom ldan 'das de bzhin gshegs pa rnams kyi chos [kyi] (acc. L) sku zhes bgyi na/ bcom ldan 'das de bzhin gshegs pa rnams kyi chos kyi sku'i mtshan nyid ji lta bu lags/ bcam ldan 'das kyis bka' stsal pa/ 'jam dpal de bzhin gshegs pa rnams kyi cho skyi sku'i mtshan nyid ni sa dang pha rol tu phyin pa shin tu(, du) bsgoms pa'i nges par 'byung bas (, ba'i) gnas gyur pa yang dag par grub pa yin no// de yang(, 'ang) rgyu gnyis kyis bsam gyis mi khyab pa'i mtshan nyid du rig par bya ste/ de ni spros pa med cing mngon par 'du bya ba med pa nyid kyi phyir dang/ sems can rnams ni spros

pa dang mngon par 'du bya ba la mngon par zhen pa nyid kyi phyir ro// bcom ldan 'das ci lags/ nyan thos dang/ rang sangs rgyas rnams kyi gnas su gyur pa gang lags pa de yang(, 'ang) chos kyi sku lags(, legs) par

pa'i yid du 'ong ba'i 'bras bu rnam par smyind pa zad myi shes pa/ rgyas pa

〔25 ba 1〕 rab du thob par bsgrub pa'o// bcom ldan 'da'as pha rol du phyind pa 'di rnamskyi rgyu ji[/] bras bu ci/ dond ji// bcom ldand 'da'as kyis bka' 〔2〕 stsal pha/ spyan ras gzigs gyi dbang po/ pha rol du phyind pa rnams gyi rgyu ni snying rje'o/ yid du 'ong ba'i 'bras bu rnam par smyin ching/ sems can skyong ba' ni 'bras bu'o// 〔3〕 byang chub chen po yongsu rdzogs par byed pha ni dond chen po'o// bcom ldan 'da'as/ byang chub sems dpa' rnams// long spyod myi zad pa dang/ snying rje chen 〔4〕 lags na'/ ci'i slad du 'jig rtend na'/ sems can rnams dbul bar gda'// spyan ras gzigs gyi dbang po/ sems can rnams/ bdagi las gyi nyes 〔5〕 pas de ltar ro// de ste de dagi bya ba la zhugs shing zad myi shes pa'i/ longs spyod yod de// sems can rnams gyi bdagis nyes byas phas zind par ma gyurd na'

T 41) 〔18 a 1〕 de nas bcom ldan 'da'as la/ 'jam dpal byang chub sems dpa'as zhu ba zhus pa/ bcom ldan 'da'as yang dag par gshegs pa rnams gi chos gi sku 〔2〕 zhes bgyi ba// bcom ldan 'da'as yang dag par gshegs pa rnams gi/ chos gi sku'i mtshan nyid ji lta bu ba// bcom ldan 'da'as gis bka' stsal 〔3〕 pa// 'jam dpal yang dag par gshegs pa rnams gi chos gi (illegible) sku'i mtshan nyid ni/ sa dang pha rol du phyin pa shin du bsgoms pas// gdon myi za ba'i theg par 〔4〕 gna'as/ 'phos nas// mngon bar thob pa/ mtshan nyid de/ 'jam dpal de ni/ yang dag par gshegs pa rnams gi chos gi sku'o// de ni bsams gis myi khyab 〔5〕 pa'i mtshan nyid du shes par bya'o// de yang rnam pa gnyis gyi phyir te/ smrar myed pa dang/ mngon bar 'dus ma byas pa'i phyir ro// sems chan rnams ni smrar

〔18b1〕 yod pa dang// mngon bar 'dus byas pa la chags pa'i phyir ro// bcom ldan 'da'as nyan thos pa dang/ rang sangs rgyas rnams gi gna'as 'phos pas (illegible) 〔2〕 de yang ji/ chos gyi sku zhes bgyi 'am// 'jam dpal

brjod par bgyi 'am/ 'jam dpal brjod par mi bya'o// bcom ldan 'das 'o na (, 'on) ci lags par brjod par bgyi/ 'jam dpal rnam par grol ba'i lus yin te/ 'jam dpal rnam par grol ba'i lus kyis ni de bzhin gshegs pa rnams dang/ nyan thos dang/ rang sangs rgyas rnams kyang mtshungs shing mnyam mo// chos kyi skus ni khyad par du 'phags te/ chos kyi skus khyad par du 'phags na yon tan gyi khyad par dpag tu med pas kyang khyad par 'phags pa yin te/ de la ni dpe bya bar yang sla ba ma 〔54 a〕 yin no// bcom ldan 'das de bzhin gshegs pa rnams kyi skye ba 'byung ba'i mtshan nyid ji lta bur rig par bgyi lags// 'jam dpal

T 42) sprul pa'i sku'i mtshan nyid 'jig rten gyi khams 'byung ba dang 'dra'o// sprul pa'i sku'i mtshan nyid 'byung ba'i de bzhin gshegs pa'i yon tan bkod pa'i rgyan gyi rnam pa thams cad kyis byin gyis brlabs pa'i mtshan nyid du blta bar bya'o// [sprul pa'i sku la ni skye ba 'byung ba yod kyi] (acc. L) chos kyi sku la ni skye ba 'byung ba med do// bcom ldan 'das sprul pa'i sku ston pa'i thabs la mkhas pa gang lags par blta bar bgyi lags/ 'jam dpal sprul pa'i sku ston pa'i thabs la mkhas pa ni stong gsum gyi stong chen po'i sangs rgyas kyi zhing thams cad du bdag por grags pa 'am/ sbyin gnas su grags pa'i khyim du mngal du 'jug pa dang/ btsas pa dang/ skye ba dang 'dod pa la longs spyod pa dang/ mngon par 'byung ba dang/ dka' ba spyad pa cig char (, car) kun tu (, du) ston pa dang/ de gtong ba dang/ mngon par rdzogs par byang chub pa'i rim pa kun tu (, du) ston pa yin par blta bar bya'o//

bcom ldan 'das de bzhin gshegs pa de bzhin gshegs pa'i byin gyi brlabs kyi skus gsung gang dag brjod pas 'dul ba'i khams yongs su ma smin pa ni yongs su smin par mdzad la/ yongs su smin pa ni dmigs pa de nyid kyis rnam par grol bar mdzad pa'i gsung brjod pa du zhig brjod par mdzad lags/ 'jam dpal de bzhin gshegs pa'i gsung brjod pa ni gsum po 'di dag yin te/ mdo sde brjod pa dang/ 'dul ba brjod pa dang/ ma mo brjod pa'o//

myi bya'o/ bcom ldan 'da'as ji'i lus shes bgyi// 'jam dpal rnam par grol ba'i lus te// 'jam 〔3〕 dpal/ rnam par grol ba'i lus su ni// yang dag par gshegs pa rnams dang/ nyan thos dang/ rang sangs rgyas rnams/ mtshungs mnyam mod gi/ chos 〔4〕 gyi skus bye brag 'bye'o// chos gyi skus bye brag bye bas/ yon tan gyi bye brag gyang dpag du myed pa// bye brag phye ba yin te// de la dper yang bde bar byar myi rungo (illegible) / 〔5〕 bcom ldan 'da'as/ yang dag par gshegs pa rnams gi mngon bar skye ba dang 'byung ba'i mtshan nyid ji lta bur rig par bgyi// 'jam dpal

T 42) 〔19 a 1〕 sprul pa'i sku'i mtshan ma ste// 'jig rten gyi byung ba 'dra' bar// yang dag par gshegs pa'i yon tan rgyan rnam pa thams chad gyis brgyan pa'i mtshan 〔2〕 nyid sprul pa'i sku'i mtshan mar skye bar blta'o// chos gyi sku la ni skye ba myed do// bcom ldan 'da'as sprul pa'i skus bstan pa la thabs mkhas pa gang 〔3〕 lags// 'jam dpal sangs rgyas gyi zhing thams chad (illegible) du// stong gsum gyi stong chen poi bdag poi rigs su bsngos pa'am// sbyin ba'i gnas su 〔4〕 bsngos pa'am/ thang cig la/ mngal du 'jug pa dang skye ba dang rgya' ba dang/ 'dod pa la/ longs spyod pa dang/ 'byung ba dang/ dka' ba spyod pa 〔5〕 bstan pa dang/ de dag bthang ste/ mngon bar byang chub pa dang/ rims gyis bstan pa ni// 'jam dpal sprul pa'i skus// bstan pa la thams mkhas pa

〔19 b 1〕 'o// bcom ldan 'da'as// yang dag par gshegs pa rnams gyi mthu'i skus/ sgra 'byin pa phyung ba du// de ni sgra byung bas yongs su ma smyin pa'i gdul 〔2〕 ba'i khams yongs su smyin bar byed de// yongs su smyin pa rnams gyang/ de nyid la/ dmyigs pas/ rnam par 'grol ba ste/ 'jam dpal/ yang dag par 〔3〕 gshegs pa'i sgra 'byin pa rnam pa gsum mo// gsum gang zhe na/ 'di lta ste mdo sde 'byin pa dang/ 'dul ba (illegible)

bcom ldan 'das mdo sde ni gang lags/ 'dul ba ni gang lags/ ma mo ni gang lags/ 'jam dpal 'di lta ste/ dngos po bzhi 'am/ dgu 'am/ nyi shu rtsa dgu'i dbang du byas nas chos rnams kyi dngos po bsdus pa tsam ngas gang du bstan pa de ni mdo sde yin no// dngos po bzhi gang zhe na/ 'di lta ste/ thos pa'i dngos po dang/ skyabs su 'gro

U 43) dngos po dang/ de las rnam par mi gyeng ba'i dngos po dang/ rnam par mi gyeng ba gnas kyi dngos po dang/ bsgom pa las yongs su skyob pa'i sbyor ba gsal ba'i dngos po dang/ bsgom pa'i phan yon gyi dngos po dang/ de brtan pa'i 〔55 a〕 dngos po dang/ 'phags pa'i dbang phyug bsdu ba'i dngos po dang/ 'phags pa'i phyogs dang 'khor bsdu ba'i dngos po dang/ de kho na rab tu rtogs pa'i dngos po dang/ mya ngan las 'das pa yang dag par 'thob pa'i dngos po dang/ legs par gsungs pa'i chos 'dul ba la 'jig rten pa'i yang dag pa'i lta ba 'di las phyi rol pa thams cad kyi yang dag pa'i lta ba las spyi bor gyur pa nyid kyi dngos po dang/ de mi bsgom pas yongs su nyams pa'i (, pas) dngos po ste/ 'jam dpal 'di ltar legs par gsungs pa'i chos 'dul ba la ni mi sgom pas yongs su nyam par 'gyur gyi/ lta ba'i nyes pas ni ma yin no// 'jam dpal ngas gang du nyan thos rnams dang/ byang chub sems dpa' rnams kyi

so sor thar pa 'am/ so sor thar pa dang ldan pa yongs su bstan pa gang yin pa de ni/ 'dul ba'i dngos po yin no// bcom ldan 'das byang chub sems dpa' rnams kyi so sor thar pa rnam pa dus bsdus par (, bsdu bar) rig par bgyi lags/ 'jam dpal rnam pa bdun gyis te// yang dag par blang ba'i cho ga bstan pa dang/ pham pa'i gnas lta bu'i dngos po bstan pa dang/ ltung ba'i gnas lta bu'i dngos po bstan pa dang/ ltung (, lhung) ba'i ngo bo nyid bstan pa dang/ ltung ba ma yin pa'i ngo bo nyid bstan pa dang/ ltung ba la (, las) dbyung ba bstan pa dang/ sdom pa gtong ba bstan pas so// 'jam dpal ngas gang du mtshan nyid rnam pa bcu gcig bshad pa dang/

'byin pa dang/ ma mo 'byin pa'o// bcom ldan 'das 〔4〕 mdo sde gang/ gdul ba gang/ ma mo gang/ 'jam dpal ngas (illegible) / chos rnams gi dngos po bsdus pa kun du bshad pa/ 'di ni mdo sde'o// (illegible) 'di lta ste/ dngos 〔5〕 por bzhi dang/ dgu dang/ sum chur/ gcig myed pa'i/ dbang du byas pa'o// dngos po bzhi gang zhe na/ 'di lta ste thos pa'i dngos po dang/ skyabsu 'gro

U 43) 〔22 a 1〕 dngos po dang/ de 'khrug pa'i dngos po dang/ myi 'khrug pa'i mthu'i (illegible) dngos po dang/ bsgom bar sbyar ba la/ yongsu skyob seld pa'i dngos po dang/ 〔2〕 bsgom ba'i yon tan gi dngos po dang/ de brtan pa'i dngos po dang/ myur du dbang por sdud pa'i dngos po dang/ 'phags pa'i 'khor sdud pa'i dngos po dang/ de kho na nyid rab 〔3〕 du chud pa'i dngos po dang/ mya ngan las 'da'as pa yang dag par 'thob pa'i dngos po dang/ rab du bshad pa'/ chos gi 'dul ba la// 'jig rten gyi yang dag par lta ba 〔4〕 dang/ de las phyi rol gyi yang dag par lta ba thams chad las bla ma rnyed pa'i dngos po dang/ de la ma bsgoms na// 'bri ba'i dngos po'o// de ni 'jam dpal rab 〔5〕 du bshad pa chos gi 'dul ba ma bsgoms na// 'bri ba'i lta bas ni/ nyes pa myed do// yang 'jam dpal gang du nyan thos pa rnams dang/ byang chub sems dpa' rnams la

〔22 b 1〕 so sor thard pa dang/ so sor thard pa dang ldan ba ngas bshad pa de ni/ 'dul ba'i dngos po'o// rnam pa dus na byang chub sems dpa' rnams gyi so sor 〔2〕 thar pa' 'dus par rig par bgyi// 'jam dpal/ rnam pa bdun gyis te/ yid dam du spyod pa/ shin du bshad pa dang/ phas 'pham ba'i/ gna'as gi dngos 〔3〕 po shin du bshad pa dang// lthung (illegible) ba'i/ gna'as gi dngos po/ shin du bshad pa dang/ lthung (illegible) ba'i ngo bo nyid shin du bshad pa dang/ myi lthung ba'i ngo bo nyid 〔4〕 shin du bshad pa dang/ lthung ba las bslang ba shin du bshad pa dang/ sdom ba bltam (illegible) gtang ba/ shin du bshad pa'o// 'jam dpal gang du mtshan

rnam par phye ba dang/ bstan pa gang yin pa de ni ma mo zhes bya'o// de la mtshan nyid rnam pa bcu gcig gang zhe na/ kun rdzob kyi

V 44) med pa'i dmigs pa nye bar sbyar ba dang/ pha rol dag na yang (, 'ang) 'jig rten thams cad la grags pa'i 'byor pa dang/ rgud pa dmigs pa nye bar sbyar ba dang/ de lta bu dang 'thun pa gang yin pa de ni rang gi rigs kyi dpe nye bar sbyar ba'i mtshan nyid yin par rig par bya'o// de ltar de mngon sum du dmigs pa'i mtshan nyid dang/ de la gnas pa mngon sum du dmigs pa'i mtshan nyid dang/ rang gi rigs kyi dpe nye bar sbyar ba'i mtshan nyid gang yin pa de ni grub par bya ba la gcig tu nges pa'i phyir yongs su grub pa'i mtshan nyid yin par rig par bya'o// 'jam dpal gtan la bab(, dbab) par bstan pa thams cad mkhyen pas gsungs pa 'di lta ste/ mya ngan las 'das pa ni zhi ba'o zhes bya ba dang/ de lta bu dang mthun (, 'thun) pa gang yin pa de ni lung shin du rnam par dag pa gtan la bab (, phab) par bstan pa'i mtshan nyid yin par rig par bya'o// de lta bas na mtshan nyid rnam pa lnga po de dag gis rigs pa brtag pa yongs su dag pa ste/

/ yongs su dag pa'i phyir bsten par bya'o// bcom ldan 'das thams cad mkhyen pa'i mtshan nyid rnam pa dus rtogs par bgyi lags/ 'jam dpal lngas te/ gang su yang(, 'ang) rung ba zhig byung na/ 'jig rten du thams cad mkhyen pa nyid du sgra rnam par grags pa dang/ skyes bu chen po'i mtshan sum bcu rtsa gnyis dang ldan pa dang/ stobs bcus sems can thams cad kyi the tsom thams cad gcod pa dang/ mi 'jigs pa bzhis chos ston pas de'i tshig la phas kyi rgol ba thams cad kyis brgal du med cing brtsad du (, tu) med pa gang yin pa dang/ su'i chos 'dul ba la 'phags pa'i lam yan lag brgyad pa snang zhing dge sbyong bzhi snang ba yin te/ de ltar na 'byung ba dang 〔57 a〕 mtshan

〔5〕 nyid rnam pa bcu gcig du gdon myi za bar// phye ste/ ngas bshad pa 'di ni ma mo'o// de la mtshan nyid rnam pa bchu gchig gang zhe na kun rdzob gyi

V 44) 〔52 a 1〕 myed pa dmyigs pa bsnyad pa dang/ phyi rol gyi 'jig rten thams chad du/ grags pa 'byor pa dang/ myi 'byor pa dmyigs pa bsnyad pa dang/ rnam pa 'di lta bu dag ni rang 〔2〕 gyi rigs gyi dpes bsnyad pa'i mtshan nyid du/ shes par bya'o// 'di ltar mngon bar dmyigs pa'i mtshan nyid dang/ de la gna'as pa'i mngon bar dmyigs pa'i 〔3〕 mtshan nyid dang/ rang gyi rigs gyi dpes bsnyad pa'i mtshan nyid po de/ de gching du 'grub pa'o/ shes pa ni/ yongs su rdzogs pa'i mtshan nyid du shes par bya'o/ 〔4〕 'jam dpal de la yang thams chad mkhyen pas/ bshad ching/ bstan pa ni// 'di lta ste zhi ba mya ngan las 'da'o zhes bya ba/ 'di lta bu'i rnam pa dag ni kun chud 〔5〕 pa shin du rnam par dag pa'i bstan pa'i mtshan nyid du shes par bya'o// de bas na mtshan nyid/ de dag yongsu dag par rigs pas rtog pa ste'/

〔52 b 1〕 yongsu dag pa'i phyir bsten pa zhes bya'o// bcom ldan 'da'as/ thams chad mkhyen pa'i mtshan nyid rnam pa dur yid ches par bgyi/ 〔2〕 'jam dpal lnga ste/ thams chad mkhyen pa/ 'jig rten du skyeso zhes/ sgrar/ grags pa dang// gar skyes sbu (*sic*) chen po'i/ mtshan sum 〔3〕 chu rtsa gnyis dang/ stobs bchu dang/ ldan ba dang/ sems chan thams chad gyi the tshom/ thams chad gcod pa dang/ myi 'jigs 〔4〕 pa bzhis chos/ brtan pa'i tshig la// pha rol pho shin du smra ba thams chad gyis// gnod par myi nus shing/ rtsod pa myed pa 〔5〕 dang/ de'i chos 'dul pha la/ 'phags pa'i yan lag brgyad gyi lam yod pas dge sbyong bzhi yang/ yod pa ste/ de skyes pa dang mtshan

V 45) dang/ the tsom gcod pa dang/ brgal du med cing brtsad du (, tu) med pa dang/ dge sbyong dmigs pas thams cad mkhyen pa'i mtshan nyid lngar rig par bya'o// de ltar 'thad pas (, pa'i) sgrub pa'i rigs pa de ni mngon sum gyi tshad ma dang/ rjes su dpag pa'i tshad ma dang/ yid ches pa'i lung gi tshad mas mtshan nyid lnga po dag gis yongs su dag pa yin no// yongs su ma dag pa'i mtshan nyid rnam pa bdun gang zhe na/ de las gzhan dang mthun (, 'thun) par dmigs pa'i mtshan nyid dang/ de la gzhan dang mi mthun par dmigs pa'i mtshan nyid dang/ thams cad mthun (, 'thun) par dmigs pa'i mtshan nyid dang/ thams cad mi mthun par dmigs pa'i mtshan nyid dang/ gzhan gyi rigs kyi dpe nye bar sbyar ba'i mtshan nyid

dang/ yong su ma grub pa'i mtshan nyid dang/ lung shin tu rnam par ma dag pa bstan pa'i mtshan nyid do// de la chos thams cad yid kyi rnam par shes pas rnam par shes par bya ba nyid gang yin pa de ni thams cad mthun (, 'thun) par dmigs pa'i mtshan nyid yin no// rtags dang ngo bo nyid dang/ las dang chos dang rgyud dang 'bras bu mtshan nyid mi mthun pa rnams kyi mtshan nyid mi mthun pa gang yang rung bas phan tshun mtshan nyid mi mthun par nges pa nyid gang yin pa de ni thams cad mi mthun par dmigs pa'i mtshan nyid yin no// 'jam dpal de la de las gzhan dang mthun (, 'thun) par dmigs pa'i mtshan nyid dpe dang bcas pa la thams cad mi mthun par dmigs pa'i mtshan nyid yod pas

V 46) des na de grub par bya ba la gcig tu ma nges pa'i phyir de ni yongs su ma grub pa'i mtshan nyid ces bya'o// de las gzhan dang mi mthun par dmigs pa'i mtshan nyid dpe dang bcas pa la yang (, 'ang) thams cad mthun (, 'thun) par dmigs pa'i mtshan nyid yod pas des na de

V 45) 〔59 a 1〕 dang/ the tsom gchod pa dang/ gnod par (illegible) myi nus zhing// rtsod pa myed pa dang/ dge sbyong du dmyigs pa dang/ 'di rnam lngas thams chad mkhyen pa'i 〔2〕 mtshan nyid du/ shes par bya'o// de ltar mngon bar skye ba'i (illegible)/ bsgrub pas rigs mngon ba'i tshad dang/ yid tshod(*sic*) du dpag pa'i tshad dang/ kun chud pa shin du rnam par dag pa'i 〔3〕 bstan pa'i tshad gyang/ mtshan nyid lnga pos/ yongsu dag pa yin no (illegible)// yongsu ma dag pa'i mtshan nyid/ rnam pa bdun gang zhe na'/ de las gzhan du gzugs lta bu la dmyigs 〔4〕 pa'i mtshan nyid dang/ de las gzhan du gzugsla myi(mying, *sic*) 'thun bar/ dmyigs pa'i mtshan nyid dang/ thams chad gzugs lta bur dmyigs pa'i 〔5〕 mtshan nyid dang thams chad gzugs dang/ myi 'thun bar dmyigs pa'i mtshan nyid dang/ gzhan gyi rigs gyi dpes(add. under the line, illegible) bsnyad pa'i mtshan nyid

〔59 b 1〕 dang/ yongs su ma rdzogs pa'i mtshan nyid dang/ kun chud pa'i shin du rnam par ma dag pa'i mtshan nyid do// de la gang chos thmas chad 〔2〕 la/ yid gi rnam par shes pas rnam par shes pa de ni thams chad gzugs lta bur dmyigs pa'i mtshan nyid do// tshul dang ngo bo 〔3〕 nyid dang/ las dang chos dang/ rgyu dang/ 'bras bu myi 'thun ba (illegible) rnams gi mtshan nyid// myi 'thun ba gang yang rung bas/ gdon myi za bar phan tshun 〔4〕 du mtshan nyid myi 'thun ba 'di ni/ thams chad gzugs dang/ myi 'thun ba'i mtshan nyid do// 'jam dpal de la de las gzhan du gzugs 〔5〕 lta bur (illegible) dmyigs pa'i mtshan nyid ni/ thams chad gzugs/ dang myi 'thun bar/ dmyigs pa'i mtshan nyid yod do zhes par dpe dang bcas pa'o//

V 46) 〔48 a 1〕 des de gcig du myi 'grub pa'i phyir/ yongs su ma rdzogs pa'i mtshan nyid ces bya'o// de las gzhan du gzugs la/ myi 'thun bar dmyigs pa'i mtshan nyid 〔2〕 ni/ thams chad gzugs lta bur dmyigs pa'i mtshan nyid yod do zhes par/ dpe dang bca'as pa'o// des de gchig du myi

grub par bya ba la gcig tu ma nges pa'i phyir de yang(, 'ang) yongs su ma grub pa'i mtshan nyid ces bya'o// yongs su ma grub pa'i phyir rigs pas brtag pa yongs su ma dag pa yin te/ yongs su ma〔57 b〕dag pa'i phyir bstan par mi bya'o// de lung shin tu rnam par ma dag pa bstan pa'i mtshan nyid ni rang bzhin nyid kyis yongs su dag pa yin par rig par bya'o// de la de bzhin gshegs pa rnams byung yang rung/ ma byung yang rung ste/ chos gnas

par bya ba'i phyir chos nyid dbyings gnas pa nyid gang yin pa de ni chos nyid kyi rigs pa yin no// de la bsdus pa dang rgyas pa ni mdor bsdus te/ tshig gcig gis bstan pa'i chos tshig phyi ma phyi ma dag gis rab tu phye ste/ mthar thug par byed pa gang yin pa'o// ngas rnam pa dang bcas pa'i dmigs pa 'dzin pa byang chub kyi phyogs dang mthun(, 'thun) pa'i chos dran pa nye bar gzhag pa la sogs pa gang dag bstan pa ni de dag gi ngo bo nyid kyi mtshan nyid yin no// 'jig rten pa dang 'jig rten las 'das par bcas pa'i nyon mongs pa spong bas de'i 'bras bu 'jig rten dang 'jig rten las 'das pa'i yon tan mngon par sgrub pa gang dag yin pa de ni de'i 'bras bu thob pa'i mtshan nyid yin no// de nyid

V 47) rnam par grol ba'i shes pas so so yang dag par rig pa gang yin pa gzhan dag la yang(, 'ang) rgya cher sgrogs pa dang/ 'chad pa dang/ yang dag par ston pa de ni de myong ba rnam par bsnyad pa'i mtshan nyid yin no// byang chub kyi phyogs dang mthun(, 'thun) pa'i chos de dag nyid bsgom(, sgom) pa la bar chad byed pa'i gnas lta bu nyon mongs pa can gyi chos gang dag yin pa de ni de'i bar du gcod pa'i chos kyi mtshan nyid yin no// de dag nyid la gces spras byed pa'i chos gang dag yin pa de ni de dang rjes su mthun(, 'thun) pa'i chos kyi mtshan nyid yin no// bar du gcod pa rnams kyi skyon gang yin pa de ni de'i nyes dmigs kyi mtshan nyid yin no// 'jam dpal rjes su mthun(, 'thun) pa rnams kyi yon tan gang yin pa de ni de'i phan yon gyi mtshan nyid yin par rig par bya'o// de nas bcom

'grub pa'i phyir/ yongsu 〔3〕 ma rdzogs pa'i mtshan nyid ces bya'o// de bas na yongsu(illegible) ma rdzogs pa'i phyir/ yongsu ma dag par rigs pas rtog pa ste/ yongsu ma dag pa'i 〔4〕 phyird/ bstand(bstend, *sic*) par myi bya'o// kund chud pa shin du rnam par ma dag pa'i mtshan nyid ni de dag rang bzhin gyis yongsu dag par shes par 〔5〕 bya'o// de la gang yang dag par gshegs pa' rnams/ skyes gyang rung/ yang dag par gshegs pa' rnams ma skyes gyang rung ste chos nyid dang/ chos gyi gna'as

〔48 b 1〕 nyid dang/ dbyings ni/ gna'as pa nyid do/ 'di ni chos nyid gis rigs pa'o// de la bsdus pa dang/ spros pa ni/ gang mngon bar sdus te// tshig 〔2〕 gcig du bshad pa'i chos dang/ bla ma'i yang bla mar/ tshigis rab du spros(illegible) ste/ kun gyi mthar khid pa'o/ gang rnam par dmyigs pa dang 〔3〕 bcas pa ni byang chub gyi phyogs gyi chos rnams te/ ngas dran ba nye bar gzhag pha las stsogs pa gsungs pa'o// de ni ngo bo nyid gyi 〔4〕 mtshan nyid do// 'jig rten dang/ 'jig rten las 'da'as pa'i nyon mongs pa spangs pa dang bcas pa 'jig rten dang 'jig 〔5〕 rten las 'da'as pa'i 'bras bu/ yon tan mngon bar sdud pa 'di ni/ de'i 'bras bu'i thob pa'i mtshan nyid do// de nyid gyi

V 47) 〔21 a 1〕 rnam par grol ba'i ye shes gyis rig nas gzhan dag la yang/ rgyas par ston pa dang/ 'chad pa dang/ shin tu bshad pa 'di ni/ myong ba rnam 〔2〕 par bsnyad pa'i mtshan nyid do// byang chub gyi phyogs rnams la/ bsgom ba'i phyir ba la/ gang dri ba'i gna'as su/ snyon smongs pa'i chos 'di 〔3〕 ni bar du gchod pa'i chos gi mtshan nyid do// de dag nyid la mang du byed pa'i chos 'di ni/ de dang 'thun ba'i chos gyi mtshan nyid do// gang 〔4〕 bar du gchod pa rnams gyi nyes pa/ 'di ni// nyes pa'i mtshan nyid do// gang 'thun ba'i yon tan rnams 'di ni/ yon tan gyi mtshan 〔5〕 nyid du 'jam dpal shes par bya'o// de nas yang 'jam dpal byang chub sems dpa'(s, add. under the line)// bcom ldan 'da'as la 'di skad

ldan 'das la byang chub sems dpa' 'jam dpal gyis yang 'di skad

ces gsol to// bcom ldan 'das gzungs kyi don 〔58 a〕 gang gis byang chub sems dpa' rnams de bzhin gshegs pas gsungs pa'i chos zab mo rnams kyi ldem por dgongs(, dgengs) pa'i rjes su 'jug par 'gyur ba byang chub sems dpa' rnams kyi mdo sde dang/ 'dul ba dang/ ma mo de dag gi gzungs kyi don ma lus pa 'di las slad rol pa rnams dang thun mong ma lags pa bshad du gsol/ 'jam dpal de'i phyir nyon cig dang/ 'di ltar byang chub sems dpa' rnams nga'i ldem(, ldom) po ngag(, dag) la 'jug par bya ba'i phyir gzungs kyi don ma lus pa khyod la bshad par bya'o// 'jam dpal kun nas nyon mongs pa'i chos gang dag yin pa dang/ rnam par byang ba'i chos (, byed pa'i ches) gang dag yin pa de dag thams cad ni gyo ba med pa gang zag med pa yin te/ de'i phyir ngas chos rnams rnam pa thams cad du byed pa med par bstan

W 48) pas rab tu phye ba ma yin mod kyi 'on kyang de bzhin gshegs pa'i sems ni mngon par 'du byed pa med par 'byung ste/ sprul pa(, ba) lta bur rig par bya'o// bcom ldan 'das gal te de bzhin gshegs pa rnams kyi chos kyi sku mngon par 'du bgyi ba thams cad dang bral ba lags na/ 'o na ji ltar mngon par 'du bgyi ba ma mchis par sems 'byung bar 'gyur lags/ 'jam dpal sngon thabs dang shes rab bsgom pa mngon par 'dus byas pa'i phyir te/ 'jam dpal 'di lta ste/ dper na/ gnyid log pa sems med pa la phyir sad par mngon par 'du bya ba med kyang sngon mngon par 'dus byas pa'i dbang gis sad par 'gyur ba dang/ 'gog pa(, ba) la snyoms par zhugs pa la ldang bar mngon par 'du bya ba med

kyang sngon mngon par 'dus byas pa'i dbang kho nas ldang bar 'gyur te/ gnyid log pa dang/ 'gog pa la snyoms par zhugs pa dag gi sems 'byung ba ji lta ba de bzhin du/ de bzhin gshegs pa'i sems 'byung ba yang(, ang) 〔59 a〕 sngon thabs dang shes rab bsgom pa mngon par 'du byas pa las rig par bya'o// bcom ldan 'das ci lags/ de bzhin gshegs pas sprul pa'i sems

〔21 b 1〕 ces gsol to// bcom ldan 'da'as/ byang chub sems dpa' rnams kyi mdo sde dang/ 'dul ba dang/ ma moi gzungs gyi don gyi (add. under the line, illegible) mdo phyi rol gyi dang/ myi mtshungs pa/ 〔2〕 'di gzugs gyi don des/ byang chub sems dpa' rnams yang dag par gshegs pa (illegible) dag gi chos zab mo ldem po ngag gi rjes su chud par 'gyur ba 〔3〕 bshad du gsol// 'jam dpal nyon cig dang/ gzungs gyi don gi mdo (illegible) / ji nas gyang byang chub sems dpa' rnams gyis// ngas ldem po ngag du 〔4〕 bshad pa/ chud par bya ba'i phyir/ khyod la bshad do// 'jam dpal/ gang nyon mongs pa'i chos rnams dang/ rnam par dkar ba'i chos rnams 〔5〕 dang de dag thams chad gyo ba yang myed/ gang zag gyang myed do// de'i phyir ngas rnam pa thams chad du/ chos rnams byed pa/ myed par bshad

W 48) 〔23 a 1〕 pa las skyes pa ma yin gyis yang dag phar gshegs pa'i sems skye ba ni mngon bar 'dus ma byas pa ste/ de sprul pa lta (illegible) bur shes par bya'o// de ste' 〔2〕 bcom ldan 'da'as/ yang dag phar gshegs pa'i chos gyi sku 'du byed thams chad dang bral ba na/ de ji ltar 'du byed/ dang bral ba las 〔3〕 sems skye ba lags// 'jam dpal smgon thabs dang shes rab bsgoms pa mngon bar 'dus byas pas so// 'jam dpal 'di lta 〔4〕 ste/ sems pa myed par gnyid gyis log pa las sad pa yang/ mngon bar 'dus byas pas ma yin mod gyi// sngon mngon bar 〔5〕 'dus byas pa'i dbang gyis// sad par 'gyuro/ 'gog pa'i snyoms par zhugs pa las langs pa yang mngon bar/ yang 'dus byas pa ma yind mod

〔23 b 1〕 gyi sngond mngon bar 'dus byas pa'i dbang gyis/ ldang bar 'gyuro/ ji ltar gnyid gyis log pha dang/ 'gog pa'i snyoms par zhugs phar las sems skye ba de bzhin du yang dag 〔2〕 par gshegs pa'i sems kyang sngond thabs dang/ shes rab bsgoms pa/ mngond bar 'dus byas pas skye bar blta'o/ bcom ldand' 'da'as/ yang dag par gshegs pai spuld 〔3〕 pa la/

mchis sam/ ma mchis shes bgyi/ 'jam dpal sems yod pa yang(, 'ang) ma yin/ sems med pa yang(, 'ang) ma yin te/ sems rang dbang med pa nyid dang/ sems kyi dbang nyid yin pa'i phyir ro// bcom ldan 'das de bzhin gshegs pa'i spyod yul gang lags pa dang/ de bzhin gshegs pa'i yul gang lags pa de gnyis la tha dad du bgyi ba ci mchis lags/ 'jam dpal de bzhin gshegs pa'i spyod yul ni de bzhin gshegs pa thams cad thun mong pa/ yon tan bsam gyis mi khyab pa dang/

W 49) tshad med pa'i rgyan bkod pa'i sangs rgyas kyi zhing yongs su dag pa gang yin pa'o// de bzhin gshegs pa'i yul ni khams lnga po sems can gyi khams dang/ 'jig rten gyi khams dang/ chos kyi khams dang/ 'dul ba'i khams dang/ 'dul ba'i thabs kyi khams rnam pa thams cad de/ de gnyis la tha dad du bya ba ni de yod do// bcom ldan 'das de bzhin gshegs pa'i mngon par rdzogs par byang chub pa gang lags pa dang/ chos kyi 'khor lo bskor ba gang lags pa dang/ yongs su mya ngan las 'das pa chen po gang lags pa de dag gi mtshan nyid ni ji lta bur rig par bgyi lags/ 'jam dpal gnyis su med pa'i mtshan nyid yin te/ mngon par rdzogs par byang chub pa yang(, 'ang) ma yin/ mngon par rdzogs par byang ma chub pa yang(, 'ang) ma yin/ chos kyi 'khor lo bskor ba yang(, 'ang) ma yin/ chos kyi 'khor lo mi skor ba yang(, 'ang) ma yin/ yongs su mya mgan las 'das pa chen po yang(, 'ang) ma yin/ yongs su mya ngan las 'das pa chen po med pa yang(, 'ang) ma yin te/

chos kyi sku shin tu(, du) rnam par dag pa nyid kyi phyir dang/ sprul pa'i sku kun tu(, du) ston pa nyid kyi phyir ro// bcom ldan 'das sprul pa'i sku la lta(, blta) ba dang/ nyan(, mnyan) pa dang/ bsnyen bkur bgyid pa 〔59 b〕 dag gis sems can rnams bsod nams skyed(, bskyed) pa de ci'i slad du de bzhin gshegs pa las byung bar rig par bgyi lags/ 'jam dpal de bzhin gshegs pa la lhag par dmigs pa'i bya ba nyid yin pa'i phyir dang/ sprul pa'i sku yang(, 'ang) de bzhin gshegs pa'i byin gyis rlabs nyid yin pa'i phyir

sems mchisam sems ma mchis shes bgyi// 'jam dpal sems yod pa 'ang ma yin sems myed pa yang ma yinte/ sems bdagi dbang gyis ma yind 〔4〕 gyi// gzhand gyi dbang gyi phyiro// bcom ldan 'da'as yang dag par gshegs pa'i spyod yul dang/ yang dag par gshegs pa'i yul gyi bye brag jis dbye'/ 'jam 〔5〕 dpal yang dag par gshegs pha'i spyod yul ni/ yang dag par gshegs pha thams shad thund mong ba'i yond tan gyi rgyand bsam gyis myi khyab ching/

W 49) 〔54 a 1〕 dpag du myed pas brgyand ba'i sangs rgyas gyi shing yongsu dag pa'o// yang dag par gshegs pa'i yul ni/ khams (illegible) lnga ste/ sems chan gyi khams 〔2〕 dang/ 'jig rtend gyi khams dang chos gyi khams dang gdul ba'i khams dang gdul ba'i thabs gyi khams te/ de dagi bye brag ni de'o// bcom ldand 'da'as 〔3〕 (illegible) yang dag par gshegs pa'i mngon bar byang chub dang/ chos gyi 'khor lo bskor ba dang/ mye (*sic*) ngan las 'da'as pa chen po de dagi mtshand nyid ji ltar rig par bgyi/ 〔4〕 'jam dpal myi gnyis pa'i mtshan nyi du ste/ mngon bar byang chub pa' yang myed/ mngon bar byang ma chub yang myed// chos gyi 'khor lo bskord pa yang 〔5〕 myed// chos gyi 'khor lo ma bskor pa myed/ mya ngan las 'da'as pa chen po ma yind/ mya ngan las 'da'as pa chen po ma yind ba 'ang ma yin te/

〔54 b 1〕 chos gyi sku ni shind du rnam par dag pa'i phyir (pyir, *sic*) ro// spruld pa'i sku ni kund du stond pa'i phyi (pyi, *sic*) ro/ bcom ldand 'da'as sphruld pa'i sku mthong 〔2〕 zhing thos nas// bsnyend ching gyog bgyis pa'i sems chan rnams/ yang dag par gshegs pa las bsod nams 'phel ('pel, *sic*) pa de'i ji sladu 〔3〕 bar rig par bgyi/ 'jam dpal yang dag par gshegs pa la dmyigs pa'i rgyu'i phyir (pyir, *sic*) te/ sphruld pa'i sku yang/ yang dag par gshegs 〔4〕 pa'i mthu'i phyir (pyir, *sic*) ro/ bcom ldand 'da'as

ro// bcom ldan 'das mngon par 'du bgyi ba ma mchis par 'dra ba(, pa) lags na/ ci'i slad du de bzhin gshegs pa'i chos kyi sku kho na las sems can rnams la ye shes kyi snang ba chen po 'di 'byung zhing/ sprul pa'i(, ba'i) gzugs brnyan dpag tu ma mchis pa dag kyang 'byung la/ nyan thos dang rang sangs rgyas

W 50) kyi rnam par grol ba'i lus las ni mi 'byung lags/ 'jam dpal 'di lta ste/ dper na mngon par 'du byed pa med par 'dra yang(, 'ang) 'di lta ste/ sems can mthu chen po'i byin gyi rlabs nyid dang/ sems can gyi las kyi dbang nyid kyi phyir zla ba dang/ nyi ma'i dkyil 'khor gyi chu shel dang/ me shel kho na las sems can rnams la snang ba chen po 'byung la/ de las gzhan pa'i chu shel dang/ me shel dag las ni mi 'byung ba dang/ nor bu rin po che rigs dang ldan pa dang/ las kyi byi dor legs par byas pa las rgya'i gzugs brnyan 'byung la// de las gzhan pa'i byi dor ma byas pa dag las ni mi 'byung ba de bzhin du de bzhin gzhegs pa'i chos kyi sku yang (, 'ang) chos kyi dbyings dpag tu med pa la dmigs pa'i thabs dang shes rab bsgom pas shin tu(, du) sbyangs pa byas pa las yang dag par grub pa yin pa'i phyir/ de la sems can rnams la ye shes kyi snang ba chen po dang/ sprul pa'i gzugs

brnyan dpag tu(, du) med pa dag 'byung gi/ rnam par grol ba'i lus 'ba' zhig dag las ni mi 'byung ngo// bcom ldan 'das de bzhin gshegs pa dang/ byang chub sems dpa'i byin gyi rlabs kyi mthus 'dod pa'i khams kyi mi'i lus phun sum tshogs pa rgyal rigs dang bram ze'i rigs [dang](acc. L) shing〔60 a〕sā la chen po lta bu rnams dang/ 'dod pa na spyod pa'i lus phun sum tshogs pa thams cad dang/ gzugs na spyod pa'i lha'i lus phun sum tshogs pa thams cad dang/ gzugs ma mchis pa na spyod pa'i lha'i lus phun sum tshogs pa thams cad gda'o zhes bgyi ba de la bcom ldan 'das dgongs pa gang lags/ 'jam dpal 'di la de bzhin gshegs pa rnams de bzhin gshegs pa'i

(gyi. illegible) mngon bar 'dus ma byas par 'dra' na ji'i slad nas/ yang dag par gshegs pa'i chos〔5〕gyi sku las ni sems chan la ye shes gyi snang ba dang/ dpag tu myed pa'i spruld pa'i gzugs brnyand 'byung gyi/ nyan thos pa dang rang sangs rgyas

W 50) 〔20 a 1〕gyi rnam par grol ba'i lus las myi 'byung/ 'di lta ste/ 'jam dpal mngon bar 'dus ma byasu 'dra' ba las zla ba dang nyi ma'i dkhyil 'khor gyi chu (illegible)〔2〕dang/ mye'i shel las/ 'od chen po sems chan la 'byung gyi/ gzhand gyi chu dang mye'i shel las ni ma yino// 'di lta ste mthu chen po'i sems chan kyi〔3〕mthu dang/ sems chan gyi las kyi dbang dang zhing gyis (illegible) yongsu sbyangs pa'i phyir/ nor bu rin po che las/ 'od gyi gzugs brnyand 'byung〔4〕gyi/ de las gzhan ba yongsu ma sbyangs pa las ni ma yino/ de bzhind du dpag du myed pa'i chos gyi dbyings la dmyigs pa'i thabs dang shes〔5〕rab bsgom ba shind du yongsu sbyangs pas yang dag par gshegs pa'i choskyi sku thobs pas na/ de'i phyir (pyir, *sic*) ye sheskyi snang ba dang sphruld pa'i gzugs

〔20 b 1〕brnyand 'byung gyi// rnam par grol ba'i/ lus 'ba' shig las ni ma yino/ bcom ldan 'da'as/ yang dag par gshegs pa dang byang chub sems (illegible)〔2〕dpa'i mthu dang/ gzi brjid gis 'dod pa'i khams na myi'i lus phun sum tshogs pa rgyal rigs dang/ bram ze'i(bra mdze'i, *sic*) rigs/ che zhing mtho〔3〕ba dang/ 'dod pa'i lha rdzas la spyod pa'i lus thams (illegible) chad/ phun sum tshogs pa dang/ gzugs gi lha rdzas la spyod pa rnams gyi〔4〕lus thams chad/ phun gsum tshogs pa dang/ gzugs myed pa'i lha rdzas las spyod pa'i lus thams chad/ phun sum tshogs〔5〕par snang zhes bgyi na'// bcom ldan 'da'as/ de la ji lta bur dgongs// 'jam dpal yang dag gshegs pha'as/ yang dag par gshegs pa'i

Stcherbatsky, Th.　399, 494, 497
Stein, Aurel（スタイン）　697, 717
Steinkellner, E.（シュタインケルナー）　10, 80, 136, 160, 699
Strawson, P. F.（ストローソン）　99
勝呂信静　96, 97, 347, 498, 501, 600
鈴木晃信　226
Swanson, Paul L.　416, 499, 501
【T】
立花俊道　159, 162
田上太秀　570, 575
高田順仁　407
高橋晃一　192, 224, 548, 596
高橋壮　217
高楠順次郎（Takakusu, J.）　85, 296
高崎直道　9, 39, 46, 51, 60, 61, 83, 84, 86, 87, 94, 214, 254, 257, 313, 347, 348, 424-426, 432, 434, 435, 467, 469, 472, 491-494, 545, 561, 566, 569-573, 769
竹村牧男　38, 497
竹内覚　445
田村芳朗　495
田中良昭　215
谷貞志（Tani, Tadashi）　407, 408
Tatia, Nathmal　98, 222, 280, 294, 385, 492, 572
寺本婉雅　48, 86, 160, 226, 311
常盤大定　177, 212-214
常盤義伸　313
戸崎宏正　406, 408
Tripāṭhī, Chandrabhāl　231
Tshul khrims skal bzang（ツルティム・ケサン，白館戒雲）　312, 349, 407, 408, 470, 472
辻直四郎　233
塚本啓祥　571
Tucci, Giuseppe（トゥッチ）　61, 62, 89, 425, 436, 437, 440, 445, 448, 449, 536
【U】
上田昇　407, 408
上田義文　244, 347, 434
上杉隆英　216, 436
上山大峻　400, 407, 465, 700, 701
宇井伯寿　42, 43, 62, 89, 90, 98, 113, 114, 118, 119, 123, 152-154, 168, 169, 218, 219, 221, 226, 241, 244, 255, 277, 296, 306, 307, 362, 372, 373, 381, 385, 424, 432-434, 489, 496, 544, 571, 596, 771, 773, 776
海野孝憲　349, 350, 360, 365, 408, 445, 450
畝部俊也　87
宇野惇　156
瓜生津隆真　165
【V】
Vaidya, P. L.　343, 344, 542
Vetter, Tilmann　159, 219
【W】
Walleser, Max　34, 86
Warder, A, K.　234
Wassiljew, W.　399
渡辺重朗　406, 408, 573
渡辺照宏　158, 201, 227, 229, 406, 498, 596, 598
渡瀬信之　167, 219
Wayman, Alex（ウェイマン）　101, 150, 151, 161, 170, 255, 270, 271, 275, 278-280, 293, 296, 306, 375, 383, 447, 570, 577-579, 596
Weber, Albrecht　152, 154
Weber, Max（ウェーバー）　556
荻原雲来（Wogihara, Unrai）　233, 344, 365, 392, 489, 491, 499, 542, 543, 572
【Y】
矢板秀臣　220, 408
矢島道彦　85
山部能宜　85, 95, 165
山田和夫　569
山田龍城　393
山口益（Yamaguchi, Susumu）　35, 37, 56-59, 88, 89, 161, 168, 190, 221-224, 244, 254, 262, 276, 319, 322, 340, 348, 349, 351, 360, 364, 392, 395, 424, 425, 481, 485, 493, 507, 537, 538, 540, 541, 543, 544, 548
山口瑞鳳　90, 99, 216, 399, 402, 403, 405-408, 417, 463, 464, 468, 469, 536, 537, 700-702
安井広済　214, 313, 319
印順（Yin Shun）　131, 159, 167, 219, 229, 231, 233, 597, 599
横山紘一　85, 94, 373, 381, 382, 424
吉水千鶴子（Yoshimizu, Chizuko）　224, 407, 408, 699
芳村修基　416, 464, 536, 537
吉津宜英　39, 84, 217
四津谷孝道（Yotsuya, Kodo）　82, 216, 407, 408
湯田豊　150, 152, 154, 164, 165, 233
結城令聞　41, 84
【Z】
Zacchetti, Stefano　219
張怡蓀（Zhang, Yi sun）　547

御牧克己（Mimaki, Katsumi）　406, 450, 536
都真雄　312
宮坂宥勝　406
水野弘元　86, 91, 113, 114, 121, 122, 130, 131, 137, 152, 154, 158-161, 184, 219, 230, 270
水谷真成　42, 84
望月海慧　216, 408, 450
望月海淑　95, 155
望月良晃　95
Monier-Williams（モニエル・ウィリアムズ）　157, 164, 167, 183, 228
Monteiro, Joaquim（ジョアキン=モンテイロ）　158, 215, 548
向井亮　71, 96, 159, 167, 313, 374, 377, 381-386, 496
村上真完　85
村中祐生　228
室寺義仁　159, 223

【N】
長尾雅人（Nagao, Gajin M.）　52, 56, 88, 217, 218, 225, 292, 294, 296, 309, 313, 318, 319, 363, 364, 377, 383, 416, 424, 425, 463, 467, 491, 496, 499, 500, 537, 768
中村元　43, 89, 90, 144, 153, 164, 165, 167, 168, 170, 209, 219, 233, 347, 569, 601
中村瑞隆　571
南條文雄（Nanjio, Bunyiu）　319
Neil, R. A.　227, 228, 569
西義雄　64, 81, 86, 91
西尾京雄　253, 254, 256, 371, 372, 492, 495, 497
西岡祖秀　406, 417, 464, 699
野沢静証　221, 277, 293, 295, 415, 489, 544, 548

【O】
Oberhammer, G.（オバーハムマー）　10, 80
Obermiller, E.（オバーミラー）　32, 34, 35, 60, 83, 292, 311, 322, 340, 341, 348, 351, 360, 363, 365, 399, 466, 467, 494, 497
尾高邦雄　569
小谷信千代　168, 218, 223, 280, 312, 418, 463, 470, 499, 539
岡本一平　64, 92, 93, 215, 257
岡崎康浩　408
沖和史　446, 496
沖本克己　230
大久保道舟　568
奥野光賢　95, 215
大野栄人　215
小野田俊蔵　407
大竹晋　39, 83, 217
小澤憲雄　313

【P】
Pandeya, Ramchandra（パンデーヤ）　56, 89, 311, 364, 425
Pensa, Corrado　307, 308, 310
Pradhan, Pralhad　150, 157, 169, 218, 225, 230, 260-262, 275-277, 285, 286, 293-295, 341, 417, 418, 538, 543, 568, 570, 596

【R】
Rahula, Walpola　363, 417
Renou, L.　424
Roerich, G.　466
Ruegg, David Seyfort（ルエッグ）　60, 82, 90, 298, 299, 305, 311, 365, 371, 373, 374, 379, 382, 384, 466, 467
Russell, Bertrand（ラッセル）　77, 99

【S】
三枝充悳　85, 296
佐伯定胤　213
斎藤明　82, 165, 350, 395, 406
齋藤滋　367
佐久間秀範（Sakuma, Hidenori S.）　493, 501, 768
櫻部文鏡　348, 349
櫻部建　85, 150, 154, 157, 163, 168, 218, 223, 226, 230, 233, 280, 319, 349, 408, 538, 574
Sāṅkṛtyāyana, Rāhula　771
佐々木月樵　244, 447, 489, 492
佐々木閑　93
Sastri, N. A.　387, 393, 394
佐藤良純　313
佐藤哲英　215
Schiefner, A.　311
Schlingloff, Dieter　95
Schmithausen, Lambert（シュミットハウゼン）　40, 71, 84, 96, 170, 313, 373-375, 377, 378, 380-386, 446, 447, 539, 543, 600, 698
Schwartzberg, Joseph E.　228
Senart, É.　151
Shastri, Swami Dwarikadas　393
島地大等　255
下田正弘　95
下川邊季由　96, 97, 498, 501
Shukla, Karunesha.　222, 224, 280
Silk, Jonathan A.　96, 313
Speijer, J. S.　295

池田練太郎　406
池田魯参　41, 84, 215, 569
池田和貴　158
稲葉正就　455, 458, 464, 466
稲見正浩（Inami, Masahiro）　407
石田貴道　90, 216, 472, 473
石井公成　39, 84, 215
石川美恵（Ishikawa, Mie）　700
石飛道子　221, 407
伊藤秀憲　277
伊藤隆寿　157, 215, 227
石見明子　160, 161, 574
岩田諦静（良三）　12, 64, 80, 89, 91, 98, 213, 432-434, 768
岩田孝（Iwata, Takashi）　407
【J】
Jaini, P. S.（ジャイニ）　40, 349, 494
城福雅伸　153
Johnston, E. H.（ジョンストン）　32, 60, 83, 87, 570, 571
Jung, C. G.（ユンク）　291, 296, 297
【K】
鏡島元隆　568
加治洋一　226
梶山雄一（Kajiyama, Y.）　8, 11, 40, 83, 168, 221, 343, 363, 383, 445, 450, 542, 545
鎌田茂雄　84, 214, 215, 217, 228
金倉圓照　153, 157, 164, 165, 223, 340, 347, 360
金沢篤（Kanazawa, Atsushi）　164, 408, 545, 546
金子宗元　407
菅野博史　84
辛嶋静志（Karashima, Seishi）　95, 696
柏木弘雄　38, 83
片野道雄　319, 320, 349, 350, 360, 365, 407, 424, 463, 467, 770
片山一良　140, 151, 159-163, 226, 229, 231
加藤純章　82, 84, 214, 218, 228, 350, 407
加藤弘二郎　698
勝又俊教　152, 173, 176, 177, 179, 213, 214, 415, 436, 450, 468, 495
勝本華蓮　96
桂紹隆（Katsura, Shoryu）　156, 407, 446
川越英真　698
川崎信定　407, 408
河谷淳　78
Keenan, John P.　416, 499, 501
計良龍成　407
木村清孝　84, 768
木村隆徳　397, 405, 406, 535
木村誠司　83, 90, 214, 224, 313, 386, 407, 548, 696, 699
木村高尉（Kimura, Takayasu）　92, 350, 500
木村俊彦　406
北川秀則　157
小林圓照　230
近藤隆光（Kondō, Ryūkō）　94, 546
Kritzer, Robert　84, 85
久保継成　571
雲井昭善　8, 9
久留宮圓秀　574
桑山正進　94, 214, 228
【L】
Lalou, Marcelle　416, 699, 704
Lamotte, Étienne（ラモット）　34, 90, 159, 171, 172, 177, 212, 231, 244, 245, 267, 276-279, 292-296, 318, 320, 322, 340, 346, 351, 352, 360, 362-364, 366, 416, 447, 478, 489, 491, 492, 497, 539, 540, 545, 696, 698, 701, 716, 772, 778
La Vallée Poussin, Louis de（ラ・ヴァレ・プサン）　33, 34, 57, 59, 88, 89, 205, 206, 213, 230, 255, 319, 393, 545, 551, 568, 701, 717, 771
李鍾徹（Lee, Jong Cheol）　161, 222, 224
Lefmann, S.　232
Lévi, Sylvain（レヴィ）　87, 244, 255, 294, 306-310, 415, 424, 432, 488, 489, 572
Lindtner, Chr.　395, 546
Lokesh Chandra　541
【M】
前田惠學　189, 222, 226, 227, 272, 278
前田専学　43, 115-117, 126, 153, 161, 165
真野龍海　494, 497
Mathes, Klaus-Dieter　90, 473
Matilal, B. K.（マティラル）　156
松原光法　165
松田和信（Matsuda, Kazunobu）　42, 83, 84, 150, 216, 218, 281, 386, 407, 472, 499, 539, 540, 544, 595, 602-604, 769
松本史朗　91, 93, 97, 122, 123, 154, 155, 157, 161, 163, 166-168, 215, 349, 406, 407, 445-447, 450, 456, 463, 465, 468, 536, 573, 574, 698
松本照敬　85
松濤誠廉　341, 362
神子上恵生（Mikogami, Esho）　219

Ⅳ　研究者名

【A】
赤松明彦　408
赤沼智善　86, 91, 228, 233
荒井裕明　93, 216, 312, 367, 595, 696, 699
新井一光　408, 769
荒牧典俊　94, 225, 216, 227, 768
【B】
Bahulkar, S. S.　395
Beal, Samuel　94
Bendall, Cecil　393
Bergson, H.（ベルクソン）　99, 149, 163, 169, 533, 544
Bernhard, F.　568
Bhattacharya, Vidhushekhara　88, 220
【C】
Conze, Edward（コンゼ）　323, 341, 343, 344, 346, 347, 359, 361-365, 500
Cowell, E. B.　227, 228, 569
Csoma de Körös（チョーマ・ド・ケレス）150
【D】
Dasgupta, S.（ダスグプタ）　117
Davids, Rhys　219
De Jong, J. W.　700
Deleanu, Florin　280
Demiéville, Paul（ドミエヴィル）　9, 14, 33, 37, 38, 41, 83, 90, 382, 384
Deussen, Paul　85
Dutt, Nalinaksha　92, 307, 350, 392
【E】
Edgerton, Franklin　151, 226, 231
江島恵教（Ejima, Yasunori）　393, 406, 450, 465, 467, 538, 540
遠藤康　220, 696, 699
榎本文雄　168, 604
【F】
Feer, M. Leon　596, 597
Frauwallner, Erich（フラウワルナー）　7-10, 12, 14, 37, 39-49, 51-53, 55, 56, 58-60, 62-64, 66, 70-72, 74, 75, 77, 80, 82, 83, 85, 86, 88, 111, 113, 114, 152, 179, 362, 364, 370, 372, 375, 380, 415
藤仲孝司　407
藤田光寛　489
藤田宏達　97, 158, 562, 569, 571
藤田正浩　230
藤田祥道　225
深浦正文　213, 218, 255
富貴原章信　88
舟橋一哉　85, 168
舟橋尚哉　83, 216, 281, 386, 769
【G】
Gnoli, Raniero　151, 601
Gokhale, V. V.（ゴーカ(ー)レ）　50, 51, 222, 260, 275, 276, 293, 294, 342, 363, 416, 572, 698
後藤恵照　543
Griffiths, Paul J.　88, 312, 416, 499, 501, 548
Gyatso, Janet　548
【H】
Hacker, Paul（ハッカー）　114-116, 126, 153
Hahn, Michael　165
Hanayama, S.　392
原實　165
原田覺　400, 406, 463, 495, 700, 701, 705, 714
服部正明　11, 80, 340, 364, 544
林純教　93
早島鏡正　601
早島理（Hayashima, Osamu）　88, 446, 448
干潟龍祥（Hikata, Ryusho）　323, 341, 350, 362
平井俊榮　215, 217, 570
平川彰　86, 90, 152, 217, 230, 347, 491
平松友嗣　48, 86, 160, 226
平岡聡　79, 93, 158, 201, 227-229, 575
外薗幸一　232
本多恵　408
本庄良文　161, 162, 218, 223, 227, 233, 579, 596, 597, 604
阿理生　224
兵藤一夫　349
【I】
一郷正道　406
伊原照蓮（Ihara, Shōren）　90
飯田昭太郎（Iida, S.）　323, 340, 341, 351, 360-365
池田道浩　216, 350, 366, 408, 548

【'】
'od zer　517
'od gsal gyi lha'i ris　151
【Y】
yang dag pa'i mtha'　65
yang dag pa'i ye shes　502
yang dag par rtog pa med pa　521
yang dag par 'das pa　520, 526
yang dag par so sor rtog pa　503
yid kyi rnam par shes pa　504, 526
yid ches pa'i lung　186-188
yid la bya ba　502
yid la byed pa　503
yid la byed pa med pa　503, 504, 526
yid la mi byed pa　520, 523, 527
yul　593
Ye shes sde　400-404, 414, 416, 456, 701
yongs gcod　547
yongs su grub pa'i mtshan nyid　239
yongs su gcod pa　449, 593
Yongs su mya ngan las 'das pa chen po　191
yod pa nyid　567
yon tan dang ldan pa nyid　567
【R】
ra ro ba　524, 525
rang gi 'od can　151
rang gis rig　769
Rang rgyud pa　399
Rang rgyud shar gsum　397
rang bzhin　520
rab tu myos pa　520
rigs pa　180, 186
Rigs pa'i rjes 'brangs sems tsam pa　400
Rin chen bzang po　457
【L】
lam gyi bzhi mdo　587
lam po che'i bzhi mdo　594
las 'dzin par tshig bsdu　419
lung　180, 186, 221, 222
Lung gi rjes 'brangs sems tsam pa　400
lus　599, 603
lus sing　594
Legs bshad snying po　461
len pa dang bcas pa'i rnam par shes pa　591
lo ma'i glegs bu rnam par bshig　594
【Sh】
Shanti pa (Śāntipa)　439, 463
shing　141, 603
shing rta'i tshogs　587
shing rta'i srol　461
shin tu rgyas pa　264, 271, 284
Shin tu 'dus　494
shes bya'i gzhi　590
shes rab kyi mtshon cha　593
【S】
sa　593
Sa skya pa　463
Sa sde lnga　453
sa gzhi　590
Sangs rgyas kyi sa'i ting nge 'dzin ti ka　368
sangs rgyas kyi gsung　191
sangs rgyas nyid　480, 567
Sa'i dngos gzhi　477, 491
sar pa drang po　594, 601
sems　517, 525
sems kyi chos nyid　433
sems tsam　317
sems las byung ba　517, 525
so so rang gis rig par bya ba yin pa　475
so so'i skye bo　525
so sor rtog pa'i shes pa　535
so sor rtog pa'i shes rab　502
Srid pa 'pho ba　387
gsog　597
bsags pa　230
bsam gyis mi khyab pa　410, 411, 475
bsam pa　505
bSam yas　502
bsod nams　594
bsod nams ma yin pa　594
【H】
lha　586
lhangs por　223
lhas char chen po phab pa　598
【A】
A khu rin po che　467

sprin 590, 593
sprul pa 576
spros pa med pa'i rnam par mi rtog pa nyid 521
【Ph】
phub ma 141
phyi dar 452
'phags pa nyan thos 593
'phags pa'i ye shes kyi spyod yul 531
【B】
bag med pa 524
bam po 416, 417
Bar mtshams ma las par 'grel pa 714
bu chung 527
Bu ston 305, 341, 363, 402, 417, 454, 502, 536
bems po 524
bya ba grub pa'i ye shes 495
bya ba nan tan gyi ye shes 495
Byang chub rdzu 'phrul 699
Byams chos 459
Byams chos sde lnga 379, 453, 471
Byams pa'i chos lnga 453
Byams zhus kyi le'u 322, 351, 359, 377, 388
byis pa 527
Bye brag tu rtogs par byed pa 702
byed pa po 594
brag ca 576
Blo gros rgyal mtshan 463
dbang po 593
dbang 'byor pa 499
dbu ba rdos pa 576, 578, 586, 593, 597
dbu ba'i gong bu 590, 599
dbu ba'i rdos pa 599
dbu ba'i phung po 585, 597, 599
dBu ma pa 469
dBu ma rtsa ba'i tshig le'ur byas pa shes rab ces bya ba 454
dBu ma'i bstan bcos 454
dBus dang mtha' rnam 'byed 454
'bog pa 502
'byed rnam gnyis 461
'bras 586
sbas don 461, 469
sbur ma 141
【M】
ma nor ba de bzhin nyid 65
ma mo 189
mi rtag pa 586
mi bden pa 585
mi gyo ba 594
mig dang ldan pa'i skyes bu 585
mig yor 576
mos pa 563, 593
myos pa 520, 527
dmigs pa 520, 593
dmus long 525
rmi lam 576
rmongs pa 590
smig rgyu 576, 578, 586, 593
smig rgyu ba 590
smon pa med pa 343
【Ts】
Tsong kha pa 340, 360, 399, 400, 458
rtswa 141
【Tsh】
tshad mar gyur pa'i skyes bu 221
tshul bzhin du yid la byed pa 505
tshul bzhin yid la byed pa 520
tshe 588
tshor ba 586, 590
tshor ba'i phung po 586
mtshan ma med pa 343
mtshungs bral 272
【Dz】
brdzun pa slu ba gsog 585, 597
【Zh】
zhu chen gyi lo tsā ba 456
gzhan gyi dngos po stong pa nyid 65
gzhan gyi dbang gi ngo bo nyid 576
gzhan gyi dbang gi mtshan nyid 239
gZhan phan bzang po 459
gzhan ma yin pa de bzhin nyid 65
gzhi 412
【Z】
za ba po 594
zas 146
zas dang skom 593
zug rngu 586
gzugs 586, 590
gzugs kyi ngo bo nyid 523
gzugs kyi phung po 586
gzugs brnyan 576
bzlog pa 547
bzlog pa'i sgo nas 525

rta pa'i tshogs 587
rtag pa rtag pa'i dus 346,356
rten cing 'brel bar 'byung ba 146
rtog ge pa'i spyod yul ma yin pa 411
rtog ge'i spyod yul ma yin pa 410,475
rtog pa dang bcas pa dang dpyod pa dang bcas pa'i sa las shin tu 'da' ba 523
rtog pa dang dpyod pa las 'das pa 525
lTa ba'i khyad par 400,401,403,456
sta re rnon po 587,593
stong pa 586
stong pa nyid 343,503,505
ston pa 188,222
【Th】
Thal 'gyur pa 399
theg pa chen po 274
Ttheg pa chen po bsdus pa 410,411
Theg pa chen po bsdus pa'i bshad sbyar 778
ther zug ther zug gi dus 346,356
thob par nus pa 567
thos pa 505
【D】
dad pa 564,565
dam pa'i chos 504
de kho na nyid kyi don 524
de kho na'i don la bkra bar 'dzin pa 523
de bzhin nyid 65,368,369,410,411,531,567
De bzhin gshegs pa skye ba 'byung ba bstan pa'i mdo 248
de bzhin gshegs pa'i gsung 197
deng sang 224
Deb ther sngon po 414
de'i skyes bur tshig bsdu 419
don dam pa 505
don rnam pa bdun 490
dran pa 503
dran pa med pa 503,504
drod 588
gdungs pa 590
bdag 590,594
bdag tu lta ba 594
bdag med pa 586,590
mdung khyim 148
mDo sde rgyan 454
mDo sde dbu ma 456
'dab ma 'dab mar phye ba 602
'du byed 587,590
'du byed kyi phung po 587
'du shes 586,590
'du shes kyi phung po 587
'du shes dang tshor ba 'gog pa nye bar zhi ba 523
'du shes dang tshor ba rnam par zhi ba 525
ldangs por 223
lDan dkar ma 414,453
sdug bsngal ba 586
sdom rnam pa gnyis 453
【N】
Nag tsho Tshul khrims rgyal ba 458
nad 586
Nam mkha' dang myam pa 437,438
nam mkha' la 'gro ba 151
gnas 593
gnas kyi mtshan nyid 354
gnas bdun po 490
gnas pa 147
gnod pa 586
rNam grangs bsdu ba 591
rnam bcod 547
rnam par rtog pa 240,506,527
rnam par 'thag pa 272
rnam par mi rtog (pa) 502,506
rnam par mi rtog pa'i rnam pa 527
rnam par mi rtog pa'i ye shes 504,505,523,525
rnam par smin pa 594
rnam par rig pa 240
rnam par rig pa tsam nyid 180,238
rnam par shes pa 588,591,593
rnam par shes pa gnas pa bzhi 594
rnam par shes pa'i bstan bcos 453
rnam par shes pa'i gnas bzhi 591
rnam par shes pa'i phung po 588
rNam par bshad pa'i rigs pa 190
rnam shes 588
rnal 'byor pa 502,504
rNal 'byor spyod pa'i dbu ma 403,456
snang ba 590
【P】
pra ka ra ṇa brgyad 453
dPal brtsegs 414,416,701
sPa tshab Nyi ma grags 458

Grub mtha'i rnam par bzhag pa 399
Grub mtha'i rnam bshad 399
Grub pa'i mtha' rnam par bzhag pa 439
glang po che'i tshogs 587
dga' ba za 151
dGe lugs pa 458
dGongs pa nges par 'greld pa 713
dGongs pa nges par 'brel(, 'grel) ba 365
'gog pa' i snyoms par 'jug pa 524, 526
'gro ba lnga 593
rGyud bla ma 454
sgyu ma 576, 578, 587, 591, 594
sgyu ma mkhan 587
sgyu ma byed pa 594
sgyu ma'i gzugs 594
sGra sbyor bam po gnyis pa 702
brgyal ba 502, 503, 527
bsgom pa 505
bsGom pa'i rim pa 503
bsgrub pa 186, 547
bsgrub pa'i sgo nas 525, 540
【Ng】
nges par rtog pa dang rjes su dran pa'i rnam par rtog pa 507
ngo bo nyid 523
ngo bo nyid med pa 503
ngo bo'i don 526
dngos bstan 461, 469
dngos po 413, 521
dngos po med pa 520, 521
mNgon rtogs rgyan 454
mNgon pa'i chos bsdus pa 413, 414
mngon par 'du byed pa 520
mngon sum 186
rNgog Blo ldan shes rab 458
snga dar 62, 452
【C】
lCang skya (Rol pa'i rdo rje) 399, 439, 400, 461
lci ba 141
lCe bkra shis 414, 416
【Ch】
char pa 590
chu 593
chu bur 586, 590
chu zla 576
chu yi chu bur 578
chu shing 576, 578, 587, 591, 593, 594
chu'i khams 590, 593
chu'i chu bur 576, 593
chos 567
chos kyi sku 410, 411
chos kyi gnas nyid 65
chos kyi dbyings 65
chos kyi dbyings rnam par dag pa 368, 369
chos kyi dbyings shin tu rnam par dag pa 477
chos skyon med pa nyid 65
chos mngon pa 190
Chos mngon pa kun las btus pa 193, 194, 260, 412, 414
Chos mngon pa kun las btus pa'i bshad pa 260
chos can 567
chos nyid 65
chos nyid kyi mtshan nyid 354
Chos dang chos nyid rnam 'byed 454
chos bdag med pas rab tu phye ba 531
【J】
ji skad du sngar bshad pa bzhin 369, 370
'Jam dbyangs bzhad pa 399, 400
'jig rten na dpe med pa 410, 411, 475
'jig rten las 'das pa'i shes rab 502
'jig tshogs la lta ba 590
rjes su dpag pa 186
【Ny】
Nya dbon Kun dga' dpal 360
nyan thos 525
nyams su myong ba 502
Nyi khri lnga stong pa 359
nyi ma 517
nye bar bskyed pa'i rgyu 369
Nye bar mkho ba 579
nye bar bstan pa 188, 189
nye bar zhi ba 526
gnyid kyis log pa 525
gnyid log pa 520, 524, 527
snying po 586, 587
snying po med pa 586
【T】
Tāranātha 305
ting nge 'dzin la snyoms par zhugs pa 504
gtan la phab par bstan pa'i sde 222
gtan la dbab par bstan pa'i sde 189, 222

saṃbhoga-kāya 438, 444
saṃmūḍha 590
saṃmūrchita 503, 527
sayam-pabha 105, 121
sarva-gata 87
sarva-jña 130, 187, 220, 221
sarvatrâvasthita 87
Sarvāstivāda 20, 67, 68, 197
savikalpa-pratibimba 283
savitarka-savicāra-bhūmi-samatikrama 523
sassata-vāda 136
sākṣātkartavya 773
sākṣāt-kriyā 335
Sāgaramegha 392
sāṃkleśika-dharma 442
Sāti 138
sādhana 186, 220
sāmānyaṃ lakṣaṇam 532
sāmānya-lakṣaṇa 534, 579
sāṃbhogika 444
sāmbhogikaḥ kāyaḥ 478
sāra 586, 587
Sāratamā 254, 493
Sāramati 21, 45, 61
sārūpya 220
sukha 50, 63, 487, 500
sukha-vedanā 217
sukha-sthāyin 105, 121
supta 520, 522, 524, 525, 527
Suppāraka 178, 201, 228
subha-ṭṭhāyin 105, 121
suvarṇa 53
Suvarṇadvīpa 439, 450
suviśuddho dharma-dhātuḥ 483
Susamudita 483, 494
sūkṣma 162
sūkṣmaḥ sparśa [āhāraḥ] 139
sūtra 196, 200, 220, 223
sūtra-piṭaka 196
Sūtrālaṃkāravṛttibhāṣya 247, 368, 409, 773
Sūrpāraka 201
sopādānaṃ vijñānam 591
Sautrāntika 396
skandha 130, 148
Skandha-saṃyukta 131
sthāna 147
sthita 147
sthiti 147
Sthiramati 40, 72, 181, 305, 409, 439, 441, 481, 482, 490, 533, 562, 773
smṛti 184, 503, 536, 548
svatantra-vṛtti 333
svabhāva 248, 327, 351, 354, 520, 523
svabhāva-vikalpa 534
svabhāvârtha 526
svayaṃ-prabha 105, 121
sva-lakṣaṇa 534, 579
svābhāvikaḥ kāyaḥ 478
svābhāvika-kāya 443
【H】
Haribhadra 365
hasti-kāya 587
Hitopadeśa 157, 165
hṛdaya 142, 143
hetu 220, 248

III チベット語

【K】
kun brtags pa'i mtshan nyid 239, 354
kun rdzob 505
Kun gzhi'i dka' 'grel 470
bkra bar 'dzin pa 526
rkang thang ba'i tshogs 587
skad gsar bcad(, chad) 392, 402, 414, 702, 717
skye ba'i rgyu 369
【Kh】
khams 146
Khyu mchog pa'i tshogs 185
Khri song lde brtsan 703
'Khrug pa can 585
【G】
Go mi 'chi med 459
grangs su 'gro 141
grub mtha' 398, 399
Grub mtha' rnam bzhag 461

śamâikāyanaḥ śrāvakaḥ 349
śarīra 450
śalya 586
Śāntarakṣita 388, 396, 397, 400, 403, 404, 455
Śāntarakṣita-Kamalaśīla 398
Śāriputra 129
śārīra 145
śārīra ātmā 145, 146
śāśvata-vāda 136
Śikṣāsamuccaya 389, 402
śīla 70, 79, 109, 197
Śīlabhadra 253, 439, 441, 484
śukla 202, 230
śukla-dharma-maya 478, 491
Śuddhamatī 357
śubha 50, 63
śūnya(tā) 337, 485, 505, 586
Śūrpāraka 178, 201, 228
śraddadhāti 555
śraddhā 552, 554, 560, 564-566
śrad-dhā 559
śraddhā-gamanīya 560
śraddhādhana 552
śrāvaka 231, 338, 525
śrāvaka-piṭaka 270
Śrāvakabhūmi 101, 189, 270, 280
śrāvaka-yāna 191
śruta 505
śrutavat 231
śrutavān ārya-śrāvakaḥ 206
śruta-vāsanā 76, 200
śruti 184
Śroṇāparāntaka 201
【Ṣ】
ṣaḍ-vijñāna 420
ṣaṣṭy-aṅgôpetaḥ svaraḥ 299, 307
ṣaṣṭy-ākārôpetā vāc 299
【S】
Saṃyutta-Nikāya 131
saṃvaṭṭati 105
saṃvartati 105
saṃvṛti 505
saṃsāra 325, 336
saṃskāra 324, 587, 590
saṃskāra-nimitta 326
saṃskāra-skandha 587
saṃskṛtâsaṃskṛta-lakṣaṇa 478
sakalika 140
sakalikaggi 140
saṅkāra 140, 141
saṅkāraggi 140
saṃketa 328
saṃkleśa 328
saṅkhaṃ gacchati 141
saṅkhāra 131-134
saṃkhyāṃ gacchati 141
Saṃghadeva 228
Saṃghabhadra 203
sacittaka 315
sac-cid-ānanda 17, 43
Sajjana 459
saṃjñā 211, 324, 327, 586, 590
saṃjñā-vedita-nirodha-vyupaśama 523
saṃjñā-vedita-nirodha-samāpatti 522
saṃjñā-vedita-vyupaśama 525
saṃjñā-skandha 587
saññā 131-134
sat 43
satkāya 479
satkāya-dṛṣṭi 590
satkāraṇavāda 117
satkāryavāda 115
sattva 354
sattva-gotra 338
sattva-dhātu 560
satya 552
Satyadvaya 397
sad-asal-lakṣaṇa 478
saddahāna 552
saddharma 504
saddhā 552
saṃtapta 590
saṃtuṣṭi-nirvikalpatā 539
Saṃdhinirmocana-sūtra 171, 268, 270, 273, 274, 282, 311, 374, 697, 717
sapta sthānāni 490
Saptadaśabhūmika 67
samatā-jñāna 248, 249, 483
samatikrama 520, 526
samādhi 70
samādhi-samāpanna 504
samāpatti 316
samuccaya 194
saṃbhoga 421

【L】
lakṣaṇa 351, 354
lakṣaṇânuvyañjana 486
Lakṣmī 465
Laṅkāvatāra (sūtra) 83, 171, 319, 352
loke'nupama 410, 411, 475
【V】
Vakkali 229
vacana 128, 130, 195
Vajradhara 437, 442
vana-praveśa 603
varṣa 590, 593
Valabhī 16
Vasubandhu 67, 68, 178, 304, 306, 497, 562
Vasumitra 22
vastu 192, 329, 413, 531-534, 542, 547
vastu-paryantatā 283
vastu-mātra 532
Vastu-saṃgrahaṇī 579, 589
vastv-ālambana 533
vāk-karman 195
vāk-patha 195
vāg-ghoṣa 195
vāg-vijñapti 195
vāc 195
Vātsīputrīya 45, 137
vāri 53
Vārṣagaṇa 219
Vārṣagaṇya 185, 219
vāsanā 442
vikalpa 241, 333, 422, 506, 527, 534
vikalpa-mātra 332
vikalpita 331, 332, 345, 347
vikalpita-lakṣaṇa 351, 353, 354
Vikhyāpana 35
vijñapti-mātra (tā) 180, 238, 282, 375, 776
Vijñaptivāda 246
vijñāna 95, 146, 147, 203, 204, 211, 324, 579, 588, 591, 593
vijñānam āhāraḥ 139
Vijñānavāda 383
vijñāna-skandha 588
vijñāna-sthiti 148
vijñānâtman 145, 146
viññāṇa 131, 133, 138, 139, 146, 147
vitarka-vicāra-samatikrama 525
vinaya 70, 79, 109, 196, 197
vinaya-piṭaka 197
vinirhāra 479
Viniścaya-saṃgrahaṇī 102, 141, 439, 477, 507, 520, 576
Vinītadeva 221
Vindhyavāsin 44
vipāka 230, 479, 594
vibhutva 478
Vimalakīrti-nirdeśa-sūtra 704
Vimuktisena 298, 304, 305
vivaṭṭati 105
vivarta 115, 118
vivartati 105
vivarta-vāda 114, 116, 120
viśuddha 479
viśuddhaṃ vijñānam 147
viśuddhi 432, 433
viṣaya 420, 421, 593
Visuddhimagga 184
vihāra 479
vṛkṣa 603
vṛtti 248, 257
Vṛṣagaṇa 219
vedaka 601
vedanā 131-134, 324, 586, 590
vedanā-skandha 586
Vedāntasiddhāntamuktāvalī 153
vedita-bhoga 421
vaitulya 272
vaidalya 272
vaipulya 263, 269-274, 280, 284
Vaibhāṣika 396
vaimalya-vyavadāna 482
vairūpya 220
vyañjana-kāya 196, 208
vyaya 328
vyavaccheda-mukha 547
vyavadāna 328
vyavahāra 328
Vyākhyāyukuti 189
vyāpyâlambana 274, 283
vyābādha 586
Vyāsa 45
vyāhāra 195
vyupaśama 520, 526
【Ś】
śakyatva 564, 566

marīci 578, 586, 590, 593, 595, 598
Mahatī Bhagavatī 487
Mahājana 460
Mahātaṇhāsaṅkhaya-sutta 138, 141, 161, 166
mahâpadeśa 199, 226
Mahāparinirvāṇa[-sūtra] 191
Mahāprajñāpāramitā(sūtra) 171, 352, 771
Mahābhārata 33, 43, 85, 93
mahāyāna 193
mahāyāna-dharma 487, 500
Mahāyānasaṃgraha 16, 244, 246, 263, 265, 267, 274, 282, 354, 381, 409-411, 475, 513, 523, 778
Mahāyānasaṃgrahabhāṣya 270, 523
Mahāyānasaṃgrahopanibandhana 237, 246, 314, 525, 778
Mahāyānasūtrālaṃkāra 26, 35, 51, 62, 68, 247, 267, 270, 285, 298, 380, 409, 475, 567
Mahāyānasūtrālaṃkāraṭīkā 247, 409
Mahāvastu 103, 107, 151
Mahāvibhāṣā 70, 129, 196
Mahāvyutpatti 402, 702
Mahāsāṃghika 197
Mahīśāsaka 35, 67, 68
Maheśacandra 124
Māṇḍūkyopaniṣad 66
mātṛkā 189
Mātṛceta 401
Mādhyamika 43, 45, 66, 81, 388, 393, 396, 469
mānava 354
māyā 117, 578, 587, 591, 594, 595
māyākāra 587, 594
māyākāraka 603
māyā-bimba 594
mārga 73, 412, 415, 418, 440, 443
mārgâśraya-parāvṛtti 438, 443
mārgâśraya-parivṛtti 73
Mālava 17
māhātmyâdhyāśya 339
mukta 202
megha 590, 593
Maitreya 46, 61, 68, 216, 306, 324, 374, 385, 471, 773
Maitreya-Asaṅga 373, 375, 379
Maitreya(nātha) 21, 45, 61, 62, 380
Maitreyaparipṛcchā-parivarta 340
Maulī bhūmiḥ 101, 499

【Y】
yaṃ kiñci rūpam 597
yat kiṃcid rūpam 601
yatra śikṣante 476
yathāvad-bhāvikatā 283
yad yatra na bhavati 531
Yamaka 135
Yaśomitra 45
yasyāṃ nirodhaḥ 412-415, 418
Yājñavalkya 17
yāna 479
yāvad-bhāvikatā 283
yukti 180, 182, 185, 192, 210, 221, 238, 353, 366, 563
ye śikṣante 476
yena nirodhaḥ 412-415, 418
yena-kāmaṃ-gata 105, 121
yo nirodhaḥ 412-415, 418
yoga 71, 248, 274
Yogabhāṣya 45
yogabhūmi 276
Yogācāra 45, 62, 70, 81, 95, 172, 313, 351, 373, 380, 383, 388, 393, 396, 409, 544, 561, 576, 595
Yogācārabhūmi 68, 70, 101, 507, 520, 561, 576
Yogācāra-madhyamaka 403
yogin 504
yoniśo-manasikāra 505
yoniśo-manaskāra 520

【R】
rati 487, 500
ratna 552
ratna-gotra 560
Ratnagotravibhāga 13, 46, 62, 379, 484, 559
Ratnamati 15, 39
Ratnākaraśānti 254, 357, 436-439, 441, 447, 463, 482-484, 487, 493, 496
Ratnāvalī 165
ratha-kāya 587
rasa-paṭhavī 107
riktaka 585
rūpa 131-134, 232, 324, 586, 590
rūpa-kāya 486
rūpa-skandha 586
rūpa-svabhāva 523, 526
roga 586

phassa 138
Phena 577
phena-piṇḍa 578, 585, 586, 590, 593, 595, 597, 599
【B】
Bandhuprabha 252, 371
bahuvrīhi 73
bāla 231, 527
bāla-pṛthagjana 330
bimba 165
Bīja 147
bīja 419, 442
buddha 478
buddha-kṣetra 479
buddha-gotra 560, 568
Buddhaghosa 184
buddhatva 480, 491, 492, 567, 568
buddha-dharma 325, 343, 479
buddha-dhātu 49, 65, 560, 568
buddha-bhūmi 483
Buddhabhūmivyākhyāna 253, 368, 484
Buddhabhūmisamādhiṭīkā 368
Buddhabhūmi-sūtra 247, 248, 401, 402, 404, 483
Buddhamitra 44
buddha-vacana 76, 98, 130, 149, 191, 195-198, 208, 225, 313
buddha-vihāra 478
Buddhasiṃha 68, 71
buddhânusmṛti 479
buddhi 19, 44
budbuda 578, 586, 590, 593, 595
Bṛhaṭṭīkā 358, 365
Bṛhadāraṇyakopaniṣad 101, 150, 152, 164
bodhi 475, 480
Bodhi-paṭala 476
Bodhiruci 15, 39
bodhisattva-piṭaka 270, 271
Bodhisattvabhūmi 71, 178, 192, 377, 388
Bodhisattvabhūmi-viniścaya 475
bodhisattva-śikṣā 324, 339
Bodhisattva-śikṣā-prabheda 359
Bodhy-adhikāra 476
Brahmajāla-sutta 205
brahman 17, 102, 110, 111
Brahmasūtra-Śāṃkarabhāṣya 164, 165
Brāhmaṇa 167
【Bh】
Bhagavadgītā 50, 93
Bhavasaṃkrāntisūtra 192, 225, 377, 387, 388, 402
Bhavya 322, 350, 455, 506
bhāva 521, 529, 530
bhāvanā 335, 505
Bhāvanākrama 503, 714
bhāvâbhāvâdvayatā 337
Bhāvaviveka 392, 398, 399, 404
Bhāviveka 322, 350, 351, 388, 392, 455, 506
bhāṣā 195
bhūta-koṭi 65, 66, 332, 485
bhūta-pratyavekṣā 503
bhoktṛ 145
bhoga 419-422
bhoga-nimitta 420
bhogâya-dvāra 421
bhojaka 603
bhojane mātra-jñatā 101, 109
【M】
Majjhima-Nikāya 133
matta 520, 522, 524, 525, 527
Madhusūdana Sarasvatī 114
madhyama(ka) 81
Madhyamaka 81-83
Madhyamaka-kārikā 81, 535
Madhyamakahṛdaya 546
Madhyamakahṛdayakārikā 392
Madhyamakahṛdayavṛtti-Tarkajvālā 322
Madhyamakālaṃkāra 397, 403
Madhyamakāloka 397
Madhyamakāvatārabhāṣya 391
madhyamā pratipad 335
Madhyāntavibhāga 35, 51, 62, 68, 244, 305, 354, 380
Madhyāntavibhāgaṭīkā 31, 37, 481
mana-udgraha-vikalpa 422
manaḥ-saṃcetanā [āhāraḥ] 139
manas 95, 203, 204
manasikāra 503, 536, 548
manuja 354
Manusmṛti 167
mano-maya 105, 121
mano-vijñāna 95, 208, 526, 534, 504
manosañcetanā 138
mamāyita 206, 231

parikalpita 241, 331, 332, 345, 347
parikalpita-lakṣaṇa 238, 351, 353, 354
parikalpita-svabhāva 274, 351
pariccheda 444, 593
pariccheda-mukha 547
parijñā 335
parijñeya 773
pariṇāma 115, 118
pariṇāma-vāda 113-115, 120
paritrāṇa 479
parinirvṛta 202
pariniṣpanna 241, 345, 347
pariniṣpanna-lakṣaṇa 238, 428
pariniṣpanna-svabhāva 274, 351
parivṛtti 440
parivṛtti-nimitta-bhāvanā 286
pariśuddhi 432
pariṣan-maṇḍala 488
Paryāya-saṃgrahaṇī 591, 579
paryudāsa 135, 547
pāpakaṃ diṭṭhi-gataṃ 135, 139
Piṇḍārtha 409
Pitāputrasamāgamasūtra 389, 402
pīti-bhakkha 105, 121
puggala 137
Puṇṇa 201
puṇya 594
puṇya-kriyā-vastu 228
puṇya-kṣetra 201
Puttamaṃsa 161
pudgala 45, 130, 137, 354
puruṣa 44, 119
Puruṣapura 67, 69
Pūrṇa 201
pūrvācārya 43, 543, 544
pṛthagjana 231
pṛthivī 590, 593
pṛthivī-rasa 107
poṣa 354
prakāśa 442-444
Prakāśānanda 116
prakṛti 44, 49, 70, 432, 444, 483, 487, 500
prakṛti-pariśuddhi 427
prakṛti-prabhāsvara 427, 428
prakṛti-vyavadāna 482
pracyuta 164
prajñapti 327
prajñapti-mātra 327
prajñapti-vāda 530
prajñā 70, 552
prajñā-pāramitā 324
Prajñāpāramitā 339
Prajñāpāramitopadeśa 450
pratijñā 220
pratipatti 73
pratibimba 165
pratibhāsa 444, 590
pratiṣṭhā 73, 123, 143, 145, 147, 419, 448
pratiṣṭhā-deha-bhoga 422, 425, 442
Pratiṣṭhā-paṭala 476
pratiṣṭhā-hetu 147
pratiṣṭhita 123, 142, 143, 145, 147, 164, 211, 336
pratītya 166
pratītyasamutpāda 130, 206
pratyakṣa 186-188, 220, 221, 534
pratyaya 166
pratyavekṣaṇā-jñāna 248, 249, 483, 535
pratyātma-vedanīya (tva) 410, 411, 475
prapañca 522
Prabhākaramitra 429, 434
prabhāsvara 70, 432
prabheda-prajñapti 331
pramāṇa 187
pramāṇa-bhūta-puruṣa 221
pramāda 520, 524
Pramāṇasamuccaya 775
pravacana 204, 205
pravṛtti 440, 443
Praśastapāda 223
prasajya-pratiṣedha 135, 547
prasāda 552, 564-566
Prasthānabheda 114, 120
prahāṇa 335, 490
prahātavya 773
prāṇa 102, 111
prāpti 73
prāpnoti 549
prāmodya 487, 500
prīti 487, 500
prīti-bhakṣa 105, 121
【Ph】
phala 248, 552
phalgu 603

dharma-nairātmya-prabhāvita 531
dharma-nyāmatā 65
Dharmapāla 40, 179, 246, 439, 776
dharma-prabheda 331, 354, 355
Dharmarakṣa 178
Dharmarāja Adhvarin 114
dharma-rāśi 481
Dharmaviniścaya 259, 263, 269, 293
dharma-sthititā 65, 332
Dharmasvin 178
dharmin 567
dhātu 49, 324, 329, 560, 573
dhātu-vāda 122, 123
dhruvaṃ dhruva-kālam 332, 346, 355, 356, 701

【N】

naḍa-kalāpa 148
navo ṛjuḥ 603
Navya-nyāya 124
Nāgārjuna 454
nānātvâikatva-lakṣaṇa 478
nānā-dhātuka 338
nāma-kāya 196, 208
nāmadheya 326
nāman 208-211, 232, 327
nāma-pada-vyañjana 130
nāma-mātraka 326
nāma-rūpa 147, 167
nāvika 147
niḥsvabhāva 272, 273
niḥsvabhāvatā 332, 427
nitya 50, 63, 478
nityaṃ nitya-kālaṃ 332, 346, 355, 356, 701
nimitta 419-422
nirabhilāpya 329, 474
nirabhilāpya-svabhāvatā 530, 532
Nirākāra-vijñānavāda 438
nirukti 195
nirodha 73
nirodha-samāpatti 315, 524, 526
nirmāṇa-kāya 438, 444
nirvāṇa 336, 338
nirvāṇa-dhātu 325
nirvāṇa-pratisthā 338
nirvikalpa 506, 522
nirvikalpaṃ jñānam 504, 505
nirvikalpa-jñāna 315, 505, 523, 525, 528, 532, 「533
nirvikalpatā 528, 539
nirvikalpa-prajñā 529
nirvikalpa-pratibimba 283
Nirvikalpapraveśadhāraṇī 533
nirvikalpâkāra 527
nivṛtti 440, 443
Niṣṭhâdhikāra 476
niṣprapañca 442
niṣprapañca-dhātu 523
niṣprapañca-nirvikalpatā 521, 528, 539
nītârtha 198
neyârtha 198
nairmāṇikaḥ kāyaḥ 478
nau 147
Nyāyaratna 124

【P】

paccaya 146, 166
pañca-gati 594, 603
pañca-dharma 247
Pañcaviṃśatisāhasrikā-prajñāpāramitā 322, 351, 359, 500
pañca-vijñāna-kāya 534
pañca-viṣaya 420
Pañcaskandhaprakaraṇa 562
pañcupādānakkhandha 132
paṭicca 166
paṭiccasamuppanna 139
patiṭṭhā 147
patiṭṭhita 147
patti-kāya 587
pada-kāya 196, 208
Papañcasūdanī 163
pabhassara 22, 64
paratantra 241, 345, 347
paratantra-citta 76, 428
paratantra-lakṣaṇa 238, 427, 429
paratantra-svabhāva 274, 351, 577
para-bhāva-śūnyatā 65, 92
paramâtman 145
paramārtha 485, 505
Paramārtha 15, 39, 179
Paramārthasaptati(*kā*) 19, 44
para-hita 130
Parahitabhadra 459
parârtha 130, 336
parāvṛtti 422, 440
parikalpanā 332

【Ṭh】
ṭhāna 147
ṭhita 147
ṭhiti 147
【T】
tat tena śūnyam 531
tattva-lakṣaṇa 534, 535
Tattvasaṃgraha 388, 397
Tattvasaṃgraha-pañjikā 388, 397
tattvârtha 524
Tattvārtha 388
tattvârtha-citrīkāra 523
Tattvārthapaṭala 192, 377, 530
tatpuruṣa 73, 419, 420, 422, 440
tat-pṛṣṭha-labdha-jñāna 533
tathatā 15, 24, 36, 39, 53, 59, 65, 66, 73, 74, 76, 130, 332, 410-415, 418, 440, 442, 443, 485, 507, 522, 529-534, 542, 543, 547, 548, 567
tathatâlambana 533
tathatâśraya-parāvṛtti 438, 441, 443
tathatâśraya-parivṛtti 73, 97, 98, 434
tathatā-parivṛtti 434
tathatā-mātra 532
tathāgata 195, 196
tathāgata-garbha 65, 558, 560
Tathāgatagarbha-sūtra 558
tathāgata-dhātu 49
tathāgata-vacana 197
tathāgata-śraddhā 559
Tathāgatopattisaṃbhavanirdeśasūtra 248, 251
Tarkajvālā 350, 353, 361, 392, 455, 506
tiṇa 140, 141
tiṇaggi 140
tīkṣṇaṃ kuṭhāram 587, 593
tīkṣṇā kuṭhārī 603
tīrṇa 202
tucchaka 585, 597
tuṣa 141
tṛṇa 141
Taittirīyopaniṣad 165
Triṃśikā Vijñaptimātratāsiddhiḥ 16
Triṃśikāvijñaptikārikā 181, 246, 776
Triṃśikāvijñaptibhāṣya 221, 244, 562
tri-kāya 375
Triratnastotra 401
trividhaḥ kāyaḥ 477
tri-svabhāva 773
【Th】
thusa 140, 141
thusaggi 140
【D】
Daṃṣṭrasena 358
damūpasama 202
darpaṇa 165
daśa-vaśitā 478
Dignāga 362, 363, 439, 534, 775
Divākara 179
Divyāvadāna 158, 201, 551
Dīpaṃkaraśrījñāna 179
duḥkha 50, 343, 586
dukkha 131-133
Dṛḍhādhyāśaya-parivarta 559
dṛṣṭi 70, 79, 109, 196
deva 586
dauṣṭhulya 74, 76, 440, 442
dauṣṭhulyâśraya-parāvṛtti 438, 439, 443
dauṣṭhulyâśraya-parivṛtti 73
dravyato 'sti 208, 232
dvaya 530
dvādaśāṅgaḥ pratītyasamutpādaḥ 341
dvādaśâyatana 341, 421
【Dh】
Dhammapada 551
dharma 126, 130, 567
dharmāṇāṃ dharmatā 332
dharma-kāya 31, 32, 37, 368, 410, 411, 443, 474, 478, 480, 492, 560
Dharmakīrti 397, 398, 404, 439, 451
Dharmakṣema 178, 389
dharmatā 65, 66, 199, 227, 232, 331, 332, 345, 430, 483, 558
dharmatā-kāya 37
dharmatā-citta 76, 427, 431, 433
dharmatā-lakṣaṇa 351, 353, 354
Dharmadharmatāvibhāga 35, 62, 380, 430, 518, 526, 538, 773
Dharmadharmatāvibhāgavṛtti 526
dharma-dhātu 24, 65, 66, 200, 332, 479, 483, 485, 492
dharma-dhātu-niṣyanda 76, 200
dharma-dhātu-viśuddha 248
dharma-dhātu-viśuddhi 254, 368, 477, 482, 483
dharma-nairātmya 332, 530, 532

kṛtyânuṣṭhāna-jñāna 248, 249, 483
kṛṣṇa 202, 230
kelāyita 206, 231
kauśalyâlambana 274, 283
kliṣṭa-manas 203
kleśa 342
kleśa-viśodhanam ālambanam 274
kleśa-viśodhanâlambana 283
kleśânutpāda 73, 412, 415, 418
kṣetra 147
【Kh】
Khandha-vagga 131
kha-sama 438, 444
【G】
gaṇḍa 586
Gaṇḍavyūha 172, 212
Gandhāra 68, 69
gamika 201
gāmbhīrya 479
gir 195
guṇa 479
Guṇaprabha 458
Guṇabhadra 178
Guṇamati 16
guṇavattva 564, 566
Guṇavarman 178
Guhyakādhipatinirdeśa 299
gocara-viṣaya 530
gotra 60, 560
gotra-jāti 338
gotra-bhūmi 338
gopāyita 206, 231
gomaya 140, 141
gomayaggi 140
grāhaka 423
grāhya 422
glāna 201
glānôpasthāyaka 201
【Gh】
ghaṭâkāśa upādhi-paricchinnaḥ 145
Ghanavyūha 171, 172, 176, 212, 352
【C】
cakṣumān puruṣaḥ 585
catasro vijñāna-sthitayaḥ 147, 591, 594
catur-mahā-patha 603
caturvidhaṃ jñānam 477
catuṣ-patha 587, 594
cattāri ariya-saccāni 551
cattāro āhārā 139
cattāro viññāṇa-ṭṭhitiyo 147
catvāra āhārāḥ 139
catvāry ārya-satyāni 342
Candrakīrti 391, 399, 458
Candrapāla 31, 55
Carakasaṃhitā 221
carita-viśodhanam ālambanam 274
carita-viśodhanâlambana 283
cit 43
citta 70, 74, 95, 203, 204, 211, 316, 427, 429, 430, 525
cittaṃ prakṛti-prabhāsvaram 48
cittasya prakṛtiḥ 65
citta-tathatā 428, 429, 431
citta-dharmatā 430, 433
citta-mātra 69, 375, 546
citta-vaśitā 337
citta-viprayukta-saṃskāra 208
citta-saṃtati 389
citta-santāna 442
cittâśraya-parāvṛtti 443
cittâśraya-parivṛtti 73, 97, 98
citra 230
citrīkāra 526, 540, 541
cintā 505
cihnakāra 540, 541
Cūḷasaccakasutta 134
cetya 551
caitta 316, 526
caitya 551
【Ch】
chandas 210, 233, 234
Chāndogyopaniṣad 167, 233
【J】
jantu 354
jāty-andha 525
jīva 119, 354
jñāna 337, 478, 490
Jñānagarbha 397, 404, 455
Jñānaprasthāna 195
Jñānaśrī 409, 460
Jñānaśrīmitra 364
jñeya-lakṣaṇa 238
jñeya-vastu 590 「530
jñeyâvaraṇa-viśuddhi-jñāna-gocara-tattva

ātma-vāda 113, 120, 134
ātmârtha 336
ādarśa 165
ādarśa-jñāna 248, 249, 482, 483, 534
ādāna-vijñāna 282
ādhāra 125, 126, 145, 156, 442
ādhārâdheya-bhāva 145, 157, 165
ādheya 125, 126, 145, 156
ānanda 43
āniñjya 594
āpta 220, 221
āptâgama 186-188, 192, 220, 221, 223
āptôpadeśa 221, 223, 563
Ābhassara 105
Ābhāsvara 105
āyatana 324, 421
āyus 579, 588
ārambha-vāda 113, 114, 116, 120, 124
ārya 231
ārya-jñāna-gocara 531
ārya-mārga 442
ārya-śrāvaka 231, 593
ālambana 337, 420, 520, 522, 529, 593
ālaya 442
ālaya-vijñāna 14, 15, 39, 55, 59, 76, 203, 282, 532
āśaya 160
āśayâpekṣā 160
āśraya 125, 126, 145, 443, 478, 593
āśraya-parāvṛtti 54, 59, 74, 437, 439, 440, 442, 446, 447, 477
āśraya-parivṛtti 59, 74, 478, 480
āśraya-lakṣaṇa 354
āśrayâśrita-bhāva 145
āśrita 125, 126, 145
āśvasta 202
āhāra 107, 146, 150
āhāra-nirodha 141
āhāra-sambhava 141
【I】
indriya 593
【U】
uccheda-vāda 136
Ujjayinī 179
Uuttaratantra (*Ratnagotravibhāga*) 32
utpāda 328
Udāna 147
Udānavarga 551
udārâśaya 339
udāharaṇa 220
udgraha 422
upagata 206, 231, 232
upadeśa 68, 188-190, 199, 221, 222, 227
upadrava 479
upadhi-vārika 201
upabhoga 421, 487, 500
upādatta 206, 231, 232
Upāyikā 579
【Ū】
ūṣman 579, 588
【Ṛ】
ṛjuṃ navaṃ 601
【E】
eka-citta-samāśrita 69
ekatva 120
【AI】
aitihya 221, 223
【O】
oḷārika 138
【AU】
audārika 162
【K】
kaṭṭha 140
kaṭṭhaggi 140
kadalī 578, 587, 591, 593-595
kadalī-stambha 603
kabaḷiṃkāro āhāro 138
Kamalaśīla 388, 397, 400, 403, 455, 502
kartṛ 145
karmadhāraya 73, 419, 420, 422, 440
karman 230, 248, 552
karma-phala-satya-ratna 565
Karmasiddhiprakaraṇa 190
kavaḍīkārâhāra audārikaḥ 139
Kātyāyanīputra 195
kāraka 594, 601
kāraka-bhojakâtma-darśana 603
kārya-pariniṣpatti 283
kālâpadeśa 199, 226
kāṣṭha 141
kullūpama-dhamma 141
kuśala 79, 195, 196
kuśala-citta 196
kuśala-mūla 339

apuṇya 594
apracyuta 164
apratiṣṭhāna 123
apratiṣṭhita 73, 147
apratiṣṭhita-nirvāṇa 375
aprapañcanā 337
ab-dhātu 590, 593
abhāva 521, 529, 530
abhāvasya bhāvaḥ 507
abhidharma 70, 79, 109, 130, 136, 189, 190, 196, 200, 220
Abhidharmakośabhāṣya 102, 218, 341
abhidharma-piṭaka 196, 199
Abhidharmasamuccaya 35, 188, 193, 194, 200, 259-261, 263, 265, 267, 282, 353, 377, 409, 412-414, 439, 509, 521, 562
Abhidharmasamuccaya-bhāṣya 148, 260, 285, 522
abhidharma-sūtra 194, 200
Abhidharmasūtra 181, 193
abhidhāna 208, 210, 211
abhidheya 208, 210, 211
abhinirūpaṇânusmaraṇa-vikalpa 507, 534
abhiniveśa 327
abhiprāya 272
abhilāṣa 564-566
abhisaṃskāra 520, 522
abhisaṃdhi 272
Abhisamayālaṃkāra 62, 357
Abhisamayālaṃkāravṛtti 305
abhisaṃpratyaya 552, 564-566
abhūta-parikalpa 375, 430
abhyāsa-vāsanā 444
amanasikāra 503, 504
amanaskāra 520, 522, 523, 525-527
Amaragomin 459
amala-jñāna 12
amala-vijñāna 12, 14, 39, 43
Amoghavajra 179
Ayodhyā 68, 69, 585
ariyaṃ aṭṭhaṅgikaṃ maggaṃ 552
artha 73, 208, 210
artha-pariccheda-bhoga 421
Arthavargīya 192
arha(t)tva 338
Alagaddūpama-sutta 136
avayava 144
avayavin 144
avikalpa 534, 546
avikalpa-dhātu 336
avitathatā 65
avidyā 117
aviparyāsa 25
aviparyāsa-nirvikalpatā 539
avipāka 230
avyākṛta 79, 195, 196
avyākṛta-citta 196
aśukla 230
aśubha 50, 343
aśrutavat 231
aśrutavān pṛthagjanaḥ 206
aśva-kāya 587
Aṣṭasāhasrikā 542
aṣṭādaśa-dhātu 341 「351
Aṣṭādaśasāhasrikā-prajñāpāramitā 322,
Asaṅga 46, 67, 68, 188, 259, 263, 267, 268, 280, 282, 298, 304, 306, 310, 311, 374, 377, 380, 384, 409, 439, 441, 471, 533, 544, 562, 778
asaṃjñi-samāpatti 315
asatkāryavāda 116
asaṃtīraṇa 521
asaṃtuṣṭa-bhāvanā 286
asaṃmūḍha 251, 252, 256
asāra 586
asāraka 585, 597
astitva 564, 566
asmṛti 503, 504
Asvabhāva 72, 171, 237, 241, 243, 246, 322, 351, 409, 439, 441, 475, 490, 497, 567, 778
Assaji 229
【Ā】
ākāra 441
ākāśa 53, 87, 123, 127, 142, 143, 165
āgantuka 22, 64, 91, 201, 326, 427, 431
āgantuka-mala 481
āgama 103, 180-185, 188-193, 200, 202-205, 208, 210, 217, 220-222, 238, 353, 366
ācārya 71
ātma-darśana 603
ātma-dṛṣṭi 594
ātman 17, 50, 63, 113, 119, 130, 135, 137, 145, 165, 354, 590, 594, 601
ātma-bhāva 144, 145, 149, 599, 603
ātma-vastu 148, 149

【り】
リンチェンサンポ　457
利他　128, 130
理　128, 181, 182, 186, 210, 485
理証　183, 186, 353, 366
理乗　74
理知不二　486
理本　128
離言　128, 130
離辺中観説　93
律　70, 79, 109, 197
律蔵　197, 575
龍樹　554, 574
了義　198, 199, 203
量　187
楞伽経　83, 319, 320
輪廻　29, 325
【れ】
レニングラード学派　399
霊魂　128, 130, 146
霊魂肯定説　234
霊魂讃美　229
霊魂否定　229
霊魂否定説　234
【ろ】
ロトゥゲーツェン　463, 468
蘆束　148
六経十一論　172
六境　126, 140
六根　126, 140
六識　126, 140, 141, 203, 420
六識論者　446
六十支分の音声　312
六十二見　206
六相　257
六道説　395
六波羅蜜　478
勒那摩提　15, 39, 42, 55
論　70, 79, 109, 130, 196
論議　189, 199, 227
論蔵　196, 199, 575
論母　189
論理　180, 563
論理追従唯識派　400

II　サンスクリット・パーリ語

【A】
akṛṣṇa　230
Aggañña-sutta　103, 107, 151
aggi　140
acittaka　315
acintya　338, 410, 411, 474-476, 478
Atiśa　473
Atīśa　457, 473
atyantânyad　158
advaya　333, 478, 530
advaya-lakṣaṇa　335
adhikaraṇa　126
adhimukti　560, 561, 563, 564, 574, 593
adhi-muc　559
adhimokṣa　562, 564, 574
adhiṣṭhāna　118
adhyāropita　223
anañña　139
anattan　131, 132, 134
ananya-tathatā　65
anabhilāpya　130
anātman　50, 343, 590, 586
anātma-vāda　113, 119, 121, 135, 136
anāśrava　481
anicca　131-134
anitya　50, 343, 586
animitta　485
anirvāṇa　336
anupalabbhiyamāna　136
anupādhi-paricchinna ākāśaḥ　145
anupāya　479
anupūrva-racanā　196
anupūrva-samāyoga　196
anupūrva-sthāpanā　196
anumāna　186-188, 220, 221, 534
anuvyavahāra　327
aneka-dhātuka　338
antarīkṣa-cara　105, 121
antalikkha-cara　105, 121
anna　101, 102, 111, 143, 150
anna-pāna　593
apāya　479

無住　123　└778
無住処涅槃　375
無所得　136
無所有　509
無性　171, 241, 246, 322, 339, 351, 409, 475, 498, 567, 778
『無上依経』　434
無常　50, 76, 131-134, 136, 343, 586-588
無心　315, 515
『無尽意所説経』　704
無相　343, 485
無相唯識派　496
無想起　503, 504
無想定　315
無知　158
無注意　503, 504
無顚倒無分別　539
無二　335, 478, 530
無分別　506, 513, 534, 539
無分別の慧　529
無分別性智　513, 514
無分別智　251-253, 315, 318, 504-506, 518, 528, 532, 533, 547
無分別影像　283
無明　117
無聞　207, 231
無漏　481
夢　576
【め】
名詞否定　135
迷悟依　60
滅の三規定　73, 97
滅の手段　73, 412-414
滅の主体　73, 412-414
滅の場所　73, 413, 414, 547
滅受想定　512, 522
滅定　516
滅尽定　315, 526
【も】
木　141
木火　140
黙説　199, 226
本居宣長　79
文身　196, 208
聞　505
聞熏習　76, 98, 200, 227
「聞所成地」　186, 188, 221
【や】
ヤージュニャヴァルキヤ　17, 43, 110
ヤショーミトラ　45
ヤマカ　135, 136
野馬　598
【ゆ】
瑜伽行　383, 456, 457
瑜伽行中観　403, 456
瑜伽行派　396
瑜伽師　576
『瑜伽師地論』　54, 70, 71, 101, 141, 453, 456, 457, 477, 520, 528, 561, 576, 579, 589, 591, 595, 600
瑜伽者　504
唯有心　320
唯識　238, 240, 374, 375, 383, 776
『唯識義私記』　173
『唯識三十頌』　181, 246, 776
『唯識三十頌釈論』　562
唯識思想　9, 13, 60, 75-77, 122, 149, 178, 179, 203, 451, 452, 457
唯識初期文献　374
唯識性　180
唯識説　69, 72, 95, 176, 246, 430, 431, 495, 561, 562, 564, 567
『唯識二十論述記』　55, 88
唯識派　396, 506, 507, 535
唯識無境　176
唯識論典　453, 455-458
唯心　375
唯心派　461
『維摩詰所説経』　704
【よ】
余事空　66
『要義』　409
容認　560, 561, 564
陽炎　578, 586, 588, 590, 593, 595, 598
陽焔　576, 577
影像　576
癰　586-588
【ら】
ラクシュミー　465
ラトナーカラシャーンティ　254, 349, 350, 357, 360, 365, 436, 450, 463, 500
ラトナマティ　15, 30, 31, 39, 55
楽受　217

『法華玄義』 41,74
『法華玄義釈籤』 41
法差別 331
『法住記』 48,67
法住性 332
法性 65,66,73,199,200,220,227,232,430,431,483,484,558
法性心 427,428,431
法性身 37
法成 457
法身 30-32,37,57,58,368,410,411,438,443,474,475,478,482,485,486,560
法相宗 182,251,253,482,486,775,776
法蔵部 230
『法法性分別論』 53,62,454,459,529,769,773
法無我 530-532
『法与経』 604
『泡沫』 577,579
北西インド 129,130,178,200,201
北道派 41,42
『発智論』 195,196,199,225
本 128
本有 74
本覚 89
本覚思想 554
「本地分」 101,477
本識 60
本性 487
本性清浄 122,482-484,486,494,495,498
本来清浄 485
翻訳可能論 129
翻訳不可能論 129
『翻訳名義大集』 702
凡夫 231
『梵網経』 205-207
煩悩 342
煩悩の不起 412,415
【ま】
マーラヴァ 17,42
『マーンドゥーキヤ=ウパニシャッド』 66
マイトリーパ 473
マイトレーヤ 46,47,61-63,69,71,72,86,216,255,313,324,386,461,471,773
マイトレーヤナータ 21,24,26-28,30-32,45,46,53,55,59,61-63,86,388
マイトレーヤの五法 46,61,62,179,216,453-455,459-461,471,472,538
マイトレーヤ非実在説 63
マドゥスーダナ=サラスヴァティー 114
『マヌ法典』 183
マハージャナ 460
『マハーバーラタ』 43,45,85
マヘーシャチャンドラ 126,127,143,156
摩訶衍 502,506
摩臘婆国 42,84
末 128
満願 201
【み】
未了義 198,199,203
未了義経 160
弥勒 46,61,62,216,471
弥勒主 21,45,61
「弥勒請問章」 322,348-353,355,356,359-361,388,391
密意 272
密教 179
『密厳経』 171-174,176,212,352
「密迹金剛力士会」 307
名 150,208-212,232,234
名色 147,148
名身 196,208
妙観察智 248,249,483
妙生 494
命根 102
眠 509
【む】
無為 54,136,232
無異熟 230
無我 50,76,131,132,134,136,343,586-588,590
無我説 45,113,118,119,121,135,136,209,234
無願 343
無記 79,195,196
無記心 196
無垢清浄 482-486,494,495,498
無戯論 442
無戯論界 513
無戯論無分別 509,539
無形象派 496
無形象唯識説 438,441
無言 128
無作意 509,512,514,518
無自性 272,332
無自性性 427
無著 46,176,188,280,282,409,471,533,562,

毘奈耶　196
毘婆沙師　396
白法所成　478,491
表詮門　518,540,547
平等性智　248,249,483
病　586-588
頻闍訶婆娑　44
【ふ】
プールナ　201
ブッダゴーサ　163,184,185
ブッダシンハ　71
ブッダミトラ　44
ブッディ　19,44
プトゥン　363,454,458,459,463,468,502
プドガラ　45
プラカーシャーナンダ　116,126,153
プラクリティ　44
プラシャスタパーダ　223
ブラフマン　17,102,110,111,117
プルシャ　44
プルシャプラ　69,70,94,177,178,228,313
不異如性　65
不可言説　474
不可思議　410,411,474,475,478
不空金剛　179,217
不更異　139
不作意　509
不思議　498
不浄　50,76,343
不動　54,594
不離識　776
不離如性　65
『父子合集経』　389-391
浮泡　577,578,586,588,590,593,595
補特伽羅　137,160
富楼那　201
普遍相　534,544
福　594
福田　201,228
仏音　184
仏教　76,95,98,149,195-199,208
『仏教史』　459
仏語　191,195,224,227
仏国土　479
『仏地経』　247,248,483
『仏地(経)解説』　253,368-370,484
『仏地経論』　252,257,371,534
『仏地三昧註解』　368-370
仏住　478
仏性　49,65,560,568
『仏性論』　87
仏説　136,139,200,227,575
仏陀扇多　180
仏陀僧訶　68,71
仏法　325
船乗り　147,169
船　147,169
分別　241,506,534
糞　141
糞聚　140
【へ】
ペシャワール　94
ペルツェク　414,416,701
ベンガル　473
変化　576
変化身　438,444,478
遍計所執自性　240
遍計所執相　239
遍知　335
遍満所縁　283
【ほ】
ボーディルチ　15,30,31,39,55
菩薩学差別　359
『菩薩地』　71,178,192,388,389,476,477
『菩薩地註』　458
『菩薩善戒経』　178
菩薩蔵　271
菩提　476,477
「菩提品」　476
菩提流(留)支　15,39,42,55
方広　271
方広分　284
『方便心論』　221
宝　552
『宝雲経』　704
宝性　560
『宝性論』　13,46,49,50,61-63,484,559,560,
「566
放逸　515
『放光般若経』　65,93
法　126,130
法界　59,65,66,73,76,200,332,479,483,485
法界等流　76,98,200,227
『法界無差別論』　87
『法華経』　566

犢子部　45,137
敦煌　702
敦煌チベット語文献　405
鈍無知　515
曇無讖　178,214,389
【な】
ナーガールジュナ　81,221,454,461
ナーランダー　16,31,40,42,178,200,372
ナーランダー学派　55
ナクツォ=ツルティンゲーワ　458
南道派　41,42
暖　579,581,588
【に】
『ニヤーヤ=ラトナ』　124
ニヤーヤ学派　116
ニャウン=クンガペル　360
二　530
二河白道　129
『二巻本訳語釈』　702
二種の綱要書　453,464
『二万五千頌般若』　65,73,322,351
肉体　146
担い手（Träger）　30,55
『入中論』　391
『入法界品』　69,172
『入楞伽経』　171,172,174,177,178,212,224,352,426
如所有性　283
如来　195,196
如来語　307
『如来興顕経』　248,251
如来言辞　307
如来性　49
如来蔵　65,177,431,484,558,560
『如来蔵経』　558
如来蔵思想　9,13,47,60,65,75-77,122,149,178,179,224,484,495,498
如来蔵説　558,561,567
『如来不思議秘密大乗経』　307
如来妙音　312
如理作意　505,509
人　130
認識の担い手　18,43-45
認識我　145,146
【ね】
涅槃　29,97,202,229,338
涅槃界　325
『涅槃経』　70,178
【の】
能依　125-128,145
能持　125,126,145,156,157
能持所持関係　145
能詮　208,210,211
【は】
バーヴィヴェーカ　351,353,360,361,363,366,388,455-458,506,507,538
バヴィア　350
『バガヴァッド=ギーター』　50,51,63
パツァプ=ニマタク　458
パラヒタバドラ　459,460
パラマールタ　15,30,39,55
ハリバドラ　365
バンドゥプラバ　252
波羅頗〔迦羅〕蜜多羅　429,434
場所　5,73,76,87,97,98,123,124,126-128,136,142,144,146-149,155,166,169,208,211,212,412,418,422,547,548
場所仏教　123,127-130
『婆藪槃豆法師伝』　44,47,67,85,94
伐臘毘国　42,84
芭蕉　576-578,581,587,588,591,593-595
八喩　596
八論書　453,464
『八犍度論』　225
八支聖道　552
八識　501,768,769
八識論者　446
『八千頌般若』　542
栰喩法　141
『般若経』　66,339,487
『般若燈論釈』　433,434
【ひ】
ヒンドゥーイズム　63,70,78,96,473
比量　186,187,189,220,221,534
非我　134
非我説　135,136,234
非貫達　509
非三蔵　199
非即非離蘊我　136,137,146
非択滅　54,485
非定立的否定　135
非福　594
非仏説　136,139
批判仏教　123,127-130

285,288,292,298,409,415,416,475-477,567
『大乗荘厳経論広註』 246
『大乗荘厳経論疏』 409,412
大乗非仏説 223
『大乗百法明門論』 36
大乗仏教 178
大乗仏説論 193
大乗法 487
『大乗法苑義林章』 173,175,214
大説 199,226
『大智度論』 64,65
『大唐西域記』 67,84,94
『大般涅槃経』 191
『大般若波羅蜜多経』 171,245,322,352,769,
771
『大毘婆沙論』 70,91,129,196,199,551
達磨笈多 180
湛然 41
段食 139
断 490
断滅論 136
【ち】
チェタシー 414,416
『チャラカ本集』 221
チャンキャ 461
チャンドラキィールティ 391,458
チャンドラパーラ 31,55,56
チョナン派 216
〈地〉の部 439
地の五部 453,464
知足無分別 539
智 58,478,482,485,490
智顗 41,74,75,98,215,554,574
択滅 54,485
中 81,82
『中阿含経』 138
中観 82,457
中観思想 451
『中観心論註思択炎』 322
中観派 396,399,461,506,535
中観論典 454,455,458
中道 82,335 「485
『中辺分別論』 25,51,52,62,64,90,354,454,
『中辺分別論釈疏』 31,55,56,58,59,481
中論学学派 18,81 「469
中論学派 20,43,45,66,82,225,388,391,393,
『中論頌』 454,534
注意 503,536
超過 509
超過作意 509
超基体（super-locus） 122,155
調伏天 221
【つ】
ツォンカパ 100,350,360,365,458,461
【て】
ディーパンカラシュリージュニャーナ 179,
216
『ディヴィヤ=アヴァダーナ』 551,575
ディグナーガ 362,363,534,775
ティソンデツェン 703
『デンカルマ(目録)』 414,453,455,457
定立的否定 135
哲学 70,71,79,109,111,113,121,127,130,
136,170,196,200,209
天啓文献 184
天神 586
『転有経』 387-391,395
転依 29,56,58,59,74,75,437,442,477,478,
484,486,499,501,768
転識 487
転識得智 501
転変説 113,114,118-120,166
田 147,169
伝承 223
伝統的仏教教団 47,67,69,75,199,201
【と】
トゥルプパ 216
土着思想 5-7,63,64,66,78,98,100,111,121,
123,127,129,170,178,228,473,501
東方自立(派)の三論 397,464
同一不変 139,142
洞窟の比喩 556
動詞否定 135
道 412,415,443
道元 550,553,554,574
道後 485,486
道後真如 75,98
道前 485,486
道前真如 74,75,98
道中 485,486
道転依 73,74,443
道理 183
得乗 75
徳慧 16

真如転依　73,74,443
真理　556,557
新ニヤーヤ学派　124,156
親光　252,371
尽所有性　283
甚深　479
陣那　534,775
【す】
スティラマティ　16,31,40,42,55,72,74,181,221,223,247,248,252,253,368,370,395,409,412,415,499,533,562,773
水　53
水界　590,593
水月　576
水上泡　581
水泡　576
酔　509,512,518
随愛　207,231
随乗　75
随念　507
【せ】
『世起経』 103,105,107,109
世親　176,178,562
世俗　505
世友　22,35
生活　70,71,79,109,111,121,128,170,197
『聖ナンディミトラ教訓物語』 67
聖典　180,189
聖典追従唯識派　400
聖伝文献　184
説一切有部　20,67,70,136,197,199,201,230,232
説教　128
説示　189
絶対否定　135,547
闡陀　210,233
染汚意　203
染汚末那　774
前期伝播期　452-454,457
善　79,195,196
善巧所縁　283
善心　196
善不善無記法真如　54
【そ】
素怛纜　196
麁重　442
麁重転依　73,74,443
麁摶食　139
相応　248
相対否定　135,547
草　141
草糞聚火　140
僧伽提婆　228
僧肇　554,570
想 132,133,211,324,577,578,581,586,588,590,593
想起　503,536
想受滅　54,518
想受滅寂静　514
想受滅定　515
想蘊　587
『雑阿含』 131,133,192
『雑阿含経』 137,149,159,166,168,178,206,207,579,580,595
雑染法　442
触食　139
属性　126,127,567,568
【た】
ダルマキールティ　136
ダルマパーラ　17,31,40,42,55,179,246,253,370,775,776
ダルマラージャ　114,116,153
ダルマ王　457
ダンシュトラセーナ　358,360,365
『ダンマパダ』 551
他空説　65,216
他法空　65,93
『多界経』 163
多聞　207,231
『蛇喩経』 136,160
体理　128
諦　552
『大愛尽経』 138
大円鏡智　57,58,248-250,253,482,483,534
大虚空　119,120,123
『大事』 103,105,107
大衆部　22,48,49,122,197,199
大乗　193,273,274
『大乗阿毘達磨集』 193,194
『大乗阿毘達磨雑集論』 260
『大乗起信論』 14,37-39
大乗教団　47,67,69
大乗経典　190,488
『大乗荘厳経論』 26,51,53,62,64,72,90,247,

所縁　126,513
所縁境　509
所作成就　283
所持　125,126,145,156,157
所詮　208,210,211
諸法実相　332
正教量　186,187,220,221
『正法眼蔵（十二巻本）』 550
正理　181-183
『正理門論』 547
生因　369,370
声聞　231,518
『声聞地』 101,189,224
声聞乗　191
性　49,509,560
性相各別　75
性相隔別　432,493
性相融即　75,432,493
『荘厳経論釈』 409,412,416,417
消滅　440
清浄　432
『清浄道論』 184
清浄法界　32,57,58,75,122,248,368,369,477,482-485,490,498,499
清弁　322,339,350,351,388,506
勝義　485,505
勝義の三解釈　73,97
「勝義伽他」 577,598
勝解　563
『勝鬘経』 559
証成道理　224
傷　586-588
「摂異門分」 579,591,595,600,603
「摂決択分」 102,147,477,520,528,530,566,576
「摂事分」 579,589,591,595,600
『摂真実論』 388
『摂真実論釈』 388
『摂大乗論』 16,29,42,54,72,90,148,180,181,183,191,192,200,244,246,282,285,289-292,315,354,409-412,415,453,454,475,477,480,486,498,501,528,534,778
『摂大乗論会釈』 246,314,352,778
『摂大乗論釈（世親釈）』 458,523
『摂大乗論釈（無性釈）』 322,361,525,778
摂論宗　74
聖　231
聖教　181-183,563
聖教量　189
聖道　442
『成業論』 190,191
成所作智　248,249,483
『成唯識論』 36,56-59,74,153,154,173,174,176,242,244,246,250,252,253,255,257,316,320,481,483,484,493,534,547,579,776
『成唯識論述記』 172,498
定　70,316
『城邑経』 169
浄行所縁　283
浄惑所縁　283
常一主宰　137
常住　478
常住論　136
常楽我浄　50,63,70,76,87
心　95,204,211,316,317,427,429,430,518
心の真如　428,429,431
心の法性　430
心意識　203-205,231,232
心所　316,317
心性　65
心性本浄　22,48,49,64,65,70,75,148,152
心相続　442
心臓　142,143
心転依　73,74,443
心不相応行　208
心分説　176
心法　518
信　552,554,560,564,566
神秘思想　474
真義　516
真義異計度　514
真興　173,214
真際　66
「真実義」 388,515
「真実義品」 192,224,377,530,531
真性軌　74,98
真諦　15,39,42,55,98,179,180,183,215,217,430,485,496
真如　15,24,36,39,53,57-60,65,66,73,76,89,92,128,130,136,232,251,253,332,369,370,410-415,431,441-444,482,485,486,507,512,522,529-534,542,547,548,567
真如凝然　485
真如凝然不作諸法　482

自性清浄　427-429
自性清浄心　431
自性分別　534
自証分　776
自相　544,579
自内証　410,411,475
自然　554,570
自立派　399
地波訶羅　179,217
地論宗　39,41,74
事　128
事迹　128
事辺際　283
持種依　60
慈氏　61
色　132,133,232,324,577,578,581,586,588,590,593
色蘊　586
色自性　514,516
色身　486
識　95,132,133,139,142,146-148,169,204,211,324,578,579,581,588,591,593,594
識蘊　147,149,588
識蘊差別　147
識食　139
識住　169
識随所縁生　140
識変　176
食　107,146,150,170
食の生起　141
食の滅　141
『七十真実論』　19,44
七仏通戒偈　95
実有　208,232,234
実有性　566
実際　65,66,73,76,332,485
実修　71
実修行学派　15,30,36,81,212,219
実修行派　21,45,54,55,62,63,67,69-71,75,172,203,313,351,388,391,393,409,576,595
実体　127
舎利子　129
舎利弗　129
捨身　229
捨断　335
遮詮門　518,540,546,547
迹　128
『釈軌論』　83,189-191,193,222-224,312
積集説　113
積聚説　114,118-120,124,166
寂静　509
首波羅　178
修　505
修習　335
『修習次第』　503,704,714
修定主義　114
衆賢　203
種子　147,169,442
『種々なる道』　114
種姓地　338
寿　579,588
寿暖(煖)識証　580,604
寿煖識証　597
受　132,133,324,577,578,581,586,588,590,593
受蘊　586
受者　145
受用身　438,444,478,486-488
聚沫　576-578,581,585,586,588,590,593,595
宗義　398
『宗義規定』　461
宗祖無謬説　574
習慣　70,71,79,109,111,121,128,170,197
執着　207,231
集合説　116,120,166
十字路　587,594
十自在　478,491
『十地経』　69,70,193
『十地経論』　39,40,42,181
十二支縁起　341
十二処　341,421
十二分教　189,199,227,270,274
十八界　341
『十八空論』　430
住　147
住処　128
『集量論』　775
『集学論』　389
熟眠　512,515,518
春時焔　581
『順正理論』　203,210,217
処　324
所依　125-128,145
所依能依関係　145

五道説　395
五法　247, 248, 481
五喩　596
牛糞　141
後得智　533
護月　31, 55, 88
護法　40, 55, 176, 179, 241, 243, 246, 776
光音天　105
『光讃経』 93
光明　442-444
光影　576
『厚厳経』 172, 173, 176, 179, 211, 212, 426
後期伝播期　452, 456, 457
後伝期　62, 90
糠　141
業　230, 248, 552
谷響　576
黒説　226
黒白　202
黒白業　229, 230
言葉　128, 130
今有　75
金　53
建立因　147
「建立品」 476
根　593
根境識和合　127
『根本説一切有部毘奈耶雑事』 551
【さ】
サーティ比丘　138, 139, 141, 142, 146
サーラマティ　21, 22, 24, 26, 28, 45, 46, 53, 61, 63, 72, 86
サーンキヤ　18
サーンキヤ学派　44, 114, 115, 153, 185, 219
サキャ派　463
サッジャナ　459, 460
サムイェー　502
サンガバドラ　203, 205
作者　145, 594
嗏帝　138
『嗏帝経』 137-139, 141, 142, 146, 161-163, 166
細触食　139
最高我　145
在家菩薩　201
罪悪生死凡夫　129
札　141
三解脱門　343
三界唯心　69
三学　70
三種転依　72, 73, 75, 97
三十二相八十随好　486, 487
三性　351, 773
三性説　176
三身　375, 404, 477, 481
三相　351
三蔵　70, 71, 187, 198, 220, 270, 575
三分説　770, 775
『三無性論』 485
三類境　165
【し】
シーラバドラ　55, 253, 368, 370, 372
シャーリプトラ　129, 136
シャーンタラクシタ　388, 455-457
シャンカラ　144, 145, 149
シュールパーラカ　178, 201, 228
ジュニャーナガルバ　455
ジュニャーナシュリー　409, 460
ジュニャーナシュリーミトラ　364
シュローナーパラーンタカ　201
『子肉』 161
四蘊　147-149
四学派　396
四識住　101, 137, 147, 148, 150, 591, 594, 602
四食　101, 102, 137-139, 141, 142, 146, 150, 161
四種道理　224
四聖諦　342, 551
四智　248, 404, 477, 501, 768, 769
四顛倒　343
四分説　176, 770, 775
『至元録』 348
刺　586-588
思　505
思想　70, 71, 79, 109, 111, 113, 121, 127, 170, 196, 200, 209
『思択炎』 312, 350, 353, 361, 392, 395, 455, 457, 506, 546
指方立相　129
獅子覚　71
資成軌　75, 98
自己　130
自在　478
自殺　229
自性　247, 509
自性身　57, 58, 438, 443, 478, 486

基盤　412
義　208,210,211
吉蔵　215,554
教　128,181-183,186,210,221
教証　176,179,180,182,183,188,203,366,367
経　183
経証　179,180,183,186,188,191,202,208,210,233,353,366,367,388,391
『経荘厳註疏』 247,368
経蔵　181,187,188,196,575
経中観　456
経量部　396
境　593
鏡　165
行　132,133,324,577,578,581,587,588,590,593
行蘊　587
行往　128
行性　257
欽定新訳語　717
【く】
グナマティ　16,42
クリプトムネジア（cryptomnesia） 291,292,297,311,381
九無為事　48
功徳　479
句身　196,208
『究竟一乗（宝性論）』 32,454,459
「究竟品」 476
苦　50,76,131-133,136,343,586-588
苦行主義　114
『倶舎論』 102,182,190,203,217,551
求那跋陀羅　178,179,215
求那跋摩　178,179,214
空　586-588
空性　343,485
空性の定型句　377
共相　534,544,579
窮生死蘊　137
熏習　442
【け】
ゲルク派　458,461
化現説　114,118,120,166
化地部　35,47,54,67,70
加行　509,513
仮現　118
仮現説　116,118,120,134,166
計度　507
計度随念分別　534
『華厳経』 69
戯論　512,522
『解深密経』 171,172,181,190,192,193,212,282,285,287-292,322,352,353,355,356,697,699,717
解脱　166,169,207
解脱の四連語　202,228,229
解脱思想　166,202,228,232
形象　441
形象虚偽論　496
形象真実論　496
罽賓　178,214,228
『決定蔵論』 141,147
月称　391
見　70,79,109,196
『見差別』 456
堅慧　21,45,46,61
『堅固増上意楽経』 559
『顕揚聖教論』 35,36
幻　576,578,581,587,591,594,595
幻事　577
幻術師　587,594
玄奘　31,36,39,42,55,179-181,183,217,221,241,253,318,352,372,482,775
『現観荘厳論』 62,357,454,459,483
現証　335
現量　186,187,189,220,221,534
【こ】
ゴク=ロデンシェーラプ　458-460
虚空　24,51,53,54,87,97,119,123,127,142,143,145,165,444,548
虚妄分別　375,430
個物　531-534,542,547
個別観察　502,504,505
個別観察智　535
個別相　534,544,579
五蘊　130,131,136,147,149,232,341,578,595
『五蘊論』 36,562
五教十理　182,580
五境　420
五識　774
五識身　534
五取蘊　133
五趣　593
五受陰法　133

ヴァラビー　16,31,40,42,370
ヴァラビー学派　55
ヴィクラマシラー　179
ヴィニータデーヴァ　221
ヴィヤーサ　45
ヴィンディヤヴァーシン　44
ヴェーダーンタ学派　115
『ウダーナヴァルガ』 551
ウッジャイニー　179
ウパニシャッド　17,23,43,50,51,53,63,64,66,78,101,111,167,209
有依七福業事　228
有形象派　496
有言　128
有取識　591
有性　567
有情界　560
有情種姓　338
有心　315
有身見　590
有相唯識派　496
有体　564
有徳　564,567
有徳性　566
有能　564
有分識　137
有分別影像　283
雨衆　185
優禅尼　179
蘊　130,148
【え】
依　59
依止　478
依他起　427,429,430
依他起の心　428
依他起自性　240,576
依他起性　29,242
依他起相　239
慧　70,552
慧影　92
慧遠（浄影寺） 215
円のイメージ　97,98,123,127,154,166
円測　89
円成実　428,430
円成実自性　240
円成実相　239
焔摩迦　135
縁　142,146,166
縁起　128,130,150,207,208,232
「縁起食諦界択摂」 146
【お】
応証　775
応断　775
応知　775
狂　509
狂酔　515
【か】
カーティヤーヤニープトラ　195
カシュミーラ　460,473
カマラシーラ　349,388,455-457,502,503,505
ガンダーラ　69,177,178,473
可得　567
可能性　566
果　248,552
迦多衍尼子　195
過尋伺　518
過有尋有伺地　514
我　113,119,135,137,594
我説　113,118,120,134,209
戒　70,79,109,197
戒賢　253,484
戒定慧　71
界　49,324
開展　118
開展説　115,118,120,166
外来思想　5-7,63,64,66,78,100,121,123,127,129
隠された記憶　296
客塵障垢　481
客塵煩悩　24,91
活動　440,443
観照軌　75,98
観真如　75
頑鈍無思　516
【き】
帰謬派　399
起行　248,257
基　55,172,173,498
基準　187
基層　442,443
基層の変貌　29,30,32,54,59,74,442
基体　117,118,126,127,157,548,567,568
基体（dhātu, locus） 122,155,166
基体説（dhātu-vāda） 122,126,157,161

索　　引

I　和漢語

【あ】
アーダーナ識　282
アートマン　17,78,100,120,145,165,166
アートマンの基体　148,149
アートマンの場所　144
アーラヤ識　14,15,28,39,43,53-55,59,74,141,191,203,282,429,431,487,532
アクリンポチェ　467
アサンガ　21,27-30,32,35,46,47,53-55,59,63,64,69,71,72,75,94,188,191,200,225,255,280,282,290-292,313,353,355,363,378,386,409,415,453,456,461,471,533,562,778
アスヴァバーヴァ　72,74,171,246,248,251,253,288,317,318,351,352,360-362,395,409,412,415,499,567,773,776,778
アッサジ　229
アティーシャ　216,450,457-459,473
アティシャ　216,473
アドヴァヤヴァジュラ　473
アビダルマ　190
アマラゴーミン　459
アマラ識　14,39,43,74
アヨーディヤー　44,69,94,313,585
阿笈摩　217
阿含　103,181,183
阿修羅　395
阿毘達磨　196
『阿毘達磨経』　181,183,192-194
『阿毘達磨集』　194
『阿毘達磨集論』　35,72,148,188,193,282,288,290-292,353,409,412-415,453,521,528,562
『阿毘達磨集論釈』　285
『阿毘達磨雑集論』　157
阿摩羅識　12,14,39,43,59,429,430,434
阿踰闍国　44
阿頼耶識　42,59,177,774
阿羅漢　338
阿黎耶識　42
愛護　207,231
愛惜　207,231
愛着　207,231
『青冊』　414,466
悪見　139,142,146
悪邪見　135,139
悪成見　135
安慧　40,55,72,181,409,481,499,533,562,773
菴摩羅識　42,43
【い】
イェシェーデ　414,416,456,457,701
意　95,204
意思食　139
意識　95,208,504,518,534,774
意趣　272
意図次第　160,170
異熟　230,594
異生　231,518,525
『異部宗輪論』　48,49,92,137,197
一音演説法　70,79,91,95,129,157,199,200
一向趣寂声聞　349
一向他者　158
一真如　89
一切智者　76,98,130,158,187,188,220
一如　92
一般相　579
『一万八千頌般若』　322,351
一味蘊　137
因　248
因果　554,570
因果決定の義　208
因中無果論　116,117
因中有果論　115,117
【う】
ヴァールシャガニヤ　185,219
ヴァイシェーシカ学派　114,116,153
ヴァジュラダラ　437,438,441-443,445
ヴァスバンドゥ　15,36,44,69,71,83,84,94,178,179,182,189,190,193,200,205,212,214,223,224,255,312,313,355,382,386,454,458,533,562
ヴァスバンドゥ二人説　40,71
ヴァスミトラ　22,35
ヴァッカリ　229

著者略歴

袴谷憲昭（はかまや　のりあき）

1943年12月25日　北海道根室市に生まれる。
1966年　駒沢大学仏教学部仏教学科卒業。
1969年　東京大学大学院修士課程（印度哲学）修了。
現　在　駒沢大学仏教学部教授。
〔著書〕
『阿毘達磨俱舎論索引』第1部～第3部（共著），
『玄奘（人物中国の仏教）』（共著），
『本覚思想批判』，『批判仏教』，
『道元と仏教―十二巻本『正法眼蔵』の道元―』，
『法然と明恵―日本仏教思想史序説―』，
『唯識思想論考』，『仏教教団史論』，
『仏教入門』，『日本仏教文化史』（以上，大蔵出版）
『唯識の解釈学―『解深密経』を読む―』（春秋社）

唯識文献研究

2008年9月10日　初版第1刷発行

著　者　袴谷憲昭
発行者　青山賢治
発行所　大蔵出版株式会社
〒113-0033　東京都文京区本郷3-24-6-404
TEL.03-5805-1203　FAX.03-5805-1204
http://www.daizoshuppan.jp/
印刷所　中央印刷（株）
製本所　（株）ブロケード
装　幀　小池奈津子

ISBN 978-4-8043-0572-1 C 3015